肥东县地方志系列丛书

众兴乡志

（上册）

肥东县众兴乡地方志编纂委员会 编

方志出版社
Publishing House of Local Records

图书在版编目（CIP）数据

众兴乡志 / 肥东县众兴乡地方志编纂委员会编.
北京：方志出版社，2024.8
ISBN 978-7-5144-6051-3

Ⅰ. K295.45

中国国家版本馆CIP数据核字第2024WS3814号

责任编辑：王娜
责任校对：张玉霞
责任印制：梅中英
出 版 者：方志出版社
地　　址：北京市朝阳区潘家园东里 9 号（国家方志馆4层）
邮　　编：100021
网　　址：http://www.zgfzcb.cn
发　　行：方志出版社图书营销中心（010-67110500）
印　　刷：安徽牧人文化传媒有限公司
开　　本：889毫米×1194毫米　1/16
印　　张：55.75　　插页：2.75印张
字　　数：1372千字
版　　次：2024年8月第1版
印　　次：2024年8月第1次印刷
定　　价：588.00元 （上下册）

众兴乡人民政府　　　（2021年/摄，乡党政办/供）

“肥东第一面党旗升起的地方”众兴乡红色教育基地　　　（孙绵越/摄）

2006年众兴乡人民政府办公楼　　　　（2019年11月/摄，乡地方志办/供）

2008年8月，乡党委书记梁建文（中）代表众兴乡接受合肥百大电器民生捐赠
（2008年8月/摄，乡民生办/供）

2015年6月，乡党委书记费晓芳（左一）到乡老年学校与老人们一起包端午粽子
（2015年6月/摄，乡老年大学/供）

2019年5月，乡党委书记黄庆梅（左二）到众兴社区看望原村工作人员，听取农村建设发展情况
（乡组织办/供）

2020年6月，乡党委书记黄庆梅（右一）、乡党委副书记、乡长陈宏云（左一）看望霞光社区参加解放战争的老战士　　（乡民政办/供）

2020年8月，乡党委书记席储芳（右一），乡党委副书记、乡长陈宏云（右二）、乡党委副书记许在刚（右三）到永安社区看望扶贫对象户　　（乡扶贫办/供）

2023年11月，乡党委书记许在刚（右一）到联合社区家庭农场察看蔬菜冬季保湿设施

（乡农办/供）

2024年4月，乡党委副书记、乡长阚建伟与市高校人员探讨“先锋农场“发展建设情况

（乡建设办/供）

肥东县众兴乡谢岗村农家书屋　　（2011年3月/摄，谢岗村/供）

2017年3月，众兴乡召开道德模范表彰大会　　（乡文明办/供）

2019年4月，乡机关工作人员与中心学校师生同升国旗同唱国歌

（乡团委/供）

2020年5月，乡纪委在中心学校开展“绿书签进校园”廉政文化教育活动

（乡纪检办/供）

肥东县众兴乡华光社区专场文艺演出　　（2020年3月/摄，乡综合文化站/供）

众兴中学举行高三学生毕业典礼暨十八岁成人仪式　　（2021年6月/摄，众兴中学/供）

众兴水库涵养林　（2016年3月/摄，乡林业站/供）

义务植树造林　（2022年3月/摄，乡实践所/供）

众兴乡乡级河长公示牌　　　　（2017年7月/摄，乡水利办/供）

华光众兴植物村　　　　（2017年9月/摄，华光社区/供）

众兴水库饮用水水源保护区　（2020年9月/摄，乡水利办/供）

建设于20世纪70年代的义合提水站台　（2020年9月/摄，乡水利办/供）

园林绿化公司　　（2020年9月/摄，乡林业站/供）

鼎木园林　　（2020年9月/摄，乡林业站/供）

金涞生态农业示范园　　　　（2020年9月/摄，乡农办/供）

土地复垦　　　　（2020年9月/摄，乡土管所/供）

秸秆禁烧　　　　（2020年9月/摄，乡环保办/供）

小（2）型水库金大坝　（2021年7月/摄，乡水利办/供）

金大坝水库管理房

道路绿化　　　（2016年3月/摄，乡林业站/供）

众元路　　　（2021年9月/摄，乡公路站/供）

众霞路（众兴集—新站区三十头社区） （2021年9月/摄，乡公路站/供）

众兴乡路灯“雪亮工程” （2021年9月/摄，乡公路站/供）

2015年10月，众兴乡环保办开展环境提升
（乡环保办/供）

广胜管业工人在做产品检测（2016年6月/摄，乡招商办/供）

2016年9月，乡征迁办在花灯村开展拆违行动（乡征迁办/供）

霞光社区果木园林　　　　（2017年9月/摄，乡农办/供）

花灯社区众联采摘园　　　　（2019年5月/摄，花灯社区/供）

永安社区县自来水厂　　（2019年5月/摄，永安社区/供）

合肥供电公司500千伏众兴变电站　　（2019年7月/摄，乡供电所/供）

2018年6月，菜农在天勤家庭农场采摘、打包、运输蔬菜　　　　（联合社区/供）

联合社区天勤家庭农场　　　　（2019年5月/摄，联合社区/供）

众兴乡桃园　　　　（2019年5月/摄，乡团委/供）

霞光社区园林公司　　　　　　　（2020年3月/摄，乡农办/供）

群众依托大棚蔬菜实现产业脱贫。图为2020年6月联合社区群众采摘蔬菜

（联合社区/供）

永安社区污水处理设施　　　　（2024年7月/摄，乡建设办/供）

华光社区人口文化广场　　　　（2017年3月/摄，乡综合文化站/供）

华光社区的地震宏观观测点　　（2019年8月/摄，华光社区/供）

滁河干渠众兴段　　（2018年10月/摄，乡水利办/供）

众兴水库　　（2018年11月/摄，众兴水库管理处/供）

众兴集　　（2019年3月/摄，乡市容中队/供）

永安集　　　　　　（2019年3月/摄，永安社区/供）

花灯大街　　　　　　（2019年3月/摄，乡市容中队/供）

众兴社区农家小院满庭芳　　（2019年5月/摄，众兴社区/供）

华光新村鸟瞰图　　（2008年3月/摄，乡宣传办/供）

永安社区田埠周自然村（2024年7月/摄，乡建设办/供）

花灯社区居民点建设（2020年3月/摄，花灯社区/供）

水库移民项目众西站支渠　　（2020年4月/摄，霞光社区/供）

农田水利“最后一公里”砂塘岗支渠　　（2020年4月/摄，联合社区/供）

众兴社区美好乡村　　（2020年5月/摄，众兴社区/供）

众兴民生入民心　　（2021年3月，李建中/摄）

永安社区党群服务中心　　（2019年10月/摄，乡地方志办/供）

联合社区居家养老服务站、卫生室　　（2020年6月/摄，乡地方志办/供）

义诊进社区　爱心暖民心　　　　　　　　（2021年10月/摄，乡文明实践所/供）

合肥市第九（众兴）水厂取水泵站及输配水管道工程取水泵房封顶大吉

（2024年7月/摄，乡建设办/供）

众兴集农贸市场
（2022年1月/摄，众兴社区/供）

合肥至周口高速众兴施工现场
（2023年8月/摄，霞光社区/供）

《众兴乡志》编纂委员会

（2016 年 3 月 20 日）

主　任： 黄庆梅

副主任： 黄俊华

编　委： 管理静　何长亚　王　林　王兵宏　周保章　夏宏武　汪　丽　黄科盈　葛学刚　李　丹　张　华　李　然　孙家亮　吴　丹　米　寅　范照东　元冬青　王礼宝　张君武　张国福　胡恒飞　朱翠红　窦本高　韩海峰　徐大文　张国元

办公室主任： 李　丹

副　主　任： 张　华

（2017 年 10 月 20 日）

主　任： 陈宏云

副主任： 王　俊

编　委： 管理静　何长亚　王　林　王兵宏　袁　颢　夏宏武　汪　丽　黄科盈　葛学刚　王礼宝　张君武　张国福　胡恒飞　朱翠红　窦本高　韩海峰　徐大文　张国元　孙　伟　张　瑶　张　芹　郭　伟　李婷婷

办公室主任： 郭　伟

副　主　任： 张　芹

（2021 年 4 月 20 日）

主　任： 许在刚

副主任： 王克如

编　委： 孙家威　薛华领　王宾红　袁　灏　夏宏武　刘　斌　汪　丽　徐　勇　张国臣　李世广　陈其道　高清柱　谢　兵　沈晓兰　陈　琳　葛绍伦　吴　蕾　杨文静　张国福　汪元萍　朱翠红　韩海峰　任晓敏　刘　斌

办公室主任： 刘　斌

（2023 年 10 月）

主　任：阚建伟

副主任：王克如

编　委：王泽云　陈兆金　王宾红　袁　灏　张传洲　刘　斌
汪　丽　司前进　张　谣　王艺融　杨文静　李世广
葛绍伦　王贤松　应祚超　吴　蕾　许鼓才　于小伟
陈　琳　沈晓兰　张　忠　束永家　程　刚　周祝华
费磊洋　张国臣　汪圣道　陈立常　周　娜　徐　勇
谢　兵　陈其道　郭明雪　胡　宇　王　超　朱翠红
任晓敏　韩海峰　张国福　刘　斌

办公室主任：刘　斌

《众兴乡志》编辑部

主　编：刘　斌（2017 年 12 月至出版日）

编　辑：樊德林（2015 年 2 月至 2016 年 2 月）
张华美（2016 年 3 月至 2018 年 11 月）
王国发（2016 年 6 月至 2018 年 6 月）

《众兴乡志》评审专家组成员

史五一　省委党史研究院（省地方志研究院）第五研究室主任
黄玉华　省委党史研究院（省地方志研究院）第六研究室主任
章慧丽　省委党史研究院（省地方志研究院）第五研究室副主任
储茂仁　合肥市委党和地方志研究室资料信息处长、四级调研员
张国松　肥东县委党史和地方志研究室主任
王培垠　《肥东县志（1986—2005）》主编

《众兴乡志》供稿部门、单位

乡机关：

党政办　经济发展办　安监办　卫健办　扶贫站　妇联　团委　民生办
宣传办　司法所　便民服务中心　国土所　地方志　农村经济文化服务中心
综治办　信访办　财政所　工会　组织室　统战室　纪委监察室　城管执法中队
文明办　民政所　综合文化站　军人服务站　经济发展办

村（社区）：

谢岗村　大高村　华光社区　花灯社区　众兴社区　联合社区　霞光社区
永安社区　范岗村

乡直机关：

众兴市场监督管理所　众兴供销社　众兴卫生院　众兴邮政所　众兴派出所
农村商业银行众兴分行　众兴粮站　众兴中学　国税众兴分局　众兴供电所
众兴学区中心学校　众兴敬老院

众兴乡工商联企业：

合肥刚强建筑保温材料有限公司
合肥晨坤生态旅游开发有限公司
安徽香榭丽园林景观工程有限公司
肥东丹鸣机械有限公司
合肥旭升绿化有限公司
合肥众联枣业专业合作社
安徽徽艺坊朗迪木艺制造有限公司
安徽云森园林工程有限公司
安徽帝茂园林绿化有限公司
安徽尚品园林景观工程有限公司
合肥永发家具有限公司
安徽木风园林工程有限公司
安徽景逸生态农业有限公司
肥东汇金草坪种植专业合作社
安徽省天豪电缆有限公司
合肥鼎亮光学科技有限公司
安徽广胜管业科技有限公司
合肥君茂现代农业科技有限公司
合肥宝强生态旅游开发有限公司
安徽锦天红园林工程有限公司
合肥市九鑫园林绿化有限公司
安徽饭米粒园林有限公司
肥东县众兴汇高蔬菜种植专业合作社
合肥昊达冷冻食品有限公司
肥东县李圩苗木有限公司
安徽省南溪生态农业有限公司
合肥驰天生态农业有限公司

《众兴乡志》供稿人员

（排名不分先后）

周业端	王国松	许慧荣	许昌镜	窦维奉	张俊武	陈道铸	张先锋	陈立常
袁长宏	王洪贤	史海峰	席庆银	张　勇	杨义松	司圣萍	张玉芬	霍　张
葛学刚	王国杰	范礼让	於建国	徐道荣	程文祥	王　华	张松武	刘经凯
程永法	朱翠红	许运友	张厚东	张国福	胡恒所	司圣元	张华所	张华金
张仁忠	王国法	金开文	张国元	汪元萍	韩永为	范家文	童乃华	孙圣义
王　超	孙建维	陈其道	张君武	施玉文	高清柱	韩海峰	金祥寿	张金楚
孙维财	释无能	葛绍伦	谢志祥	司亮亮	陈　涛	康　琛	管理静	司前进
徐　勇	张　瑶	陈　琳	夏红武	王斌红	孙　伟	袁　颢	陈大勇	汪　丽
许鼓才	程　刚	许文祥	李世广	刘　斌	郭　伟	武蔚蔚	陈先荣	王贤松
应祚超	王　林	陈祥选	王家孟	孙圣德	关朝政	宰开群	程忠长	王道富
高怀贵	张国银	许高银	叶守权	孙圣涛	韩传守	孙维柱	韩龙惠	徐守榜
卞华璞	王培垠	张国松	张沈昌	黄忠粹	郑圣祥	徐守枝	许家宝	韩成勇
范春平	王　晋	朱含忠	戈　星	谷　剑	刘　丹	张武勇	刘绍山	范运昌
范文璋	钟圣锁	朱长青	陈　飞	柏培龙	黄佑明	刘　斌		

序

盛世修志。迈入新时代，历经八年多的时间，在乡地方志编纂委员会工作人员的共同努力下，《众兴乡志》同大家见面了。

众兴乡位于安徽省肥东县中部西缘，毗邻合肥市，众兴水库如一颗明珠镶嵌于众兴东北部；市外环高速（合六叶）、合新高铁（合肥至新沂）、合周高速（合肥至周口）穿境而过，省淠史杭灌溉支渠滁河干渠自西向东泽润桑田。众兴土地肥沃，民风淳朴，环境优美。

众兴乡素有“苗木花卉乡镇”之美誉，森林覆盖率达46%，居全县第一。是安徽省森林乡镇、合肥市科学发展先进乡镇、合肥市植树造林20佳乡镇、合肥市综合发展十快乡镇，在全县年度目标管理绩效考核中众兴乡位于“优秀”等次，是合肥东乡（肥东）第一面党旗升起的地方，合肥市团组织发源地。

众兴历史源远流长。商朝时期，就有先民开始在此繁衍生息。据所辑谱序载，居民多是自明朝时期相继迁入，世代辛勤耕作，绵延发展，开创了令人瞩目的农耕文明和灿烂的众兴文化。

众兴是中共合肥地区第一个党小组和东特党支部的诞生地，也是淮军的发源地，有水利风景区众兴水库、祭祀明代“马政娘娘”赈灾济民的马政寺、军民两用的刘伯温大古井、犒劳淮军将领的鸿章枣树、弘扬忠义的关家庙遗址、保存尚好的清代许氏宗祠、拥有三百年历史的柿树群和千年麻栎树、许河湾殷商遗址等自然、人文景观。

中华人民共和国成立后，为了实现国民经济的快速发展，党和政府重视开展群众性农田水利基本建设，滁河干渠、众兴水库、砂塘岗支渠、众西站支渠、众南站、众西站、义合站等重点水利工程的建成，使全乡乃至全县农业经济得到了长足的发展和保障。众兴是肥东县优质稻谷、禽畜、水产的重要生产基地。

改革开放后，农村经济全面发展。家庭联产承包责任制的贯彻实施、农业科技及产业结构调整的深入开展、教育改革全方位的进行使众兴乡公共卫生体系更加健全、基础建设成效显著、电力通信比翼齐飞、乡镇企业突飞猛进、市场经济繁荣发展、财税金融稳步增长、人民生活水平逐步提高，历届党委、政府带领众兴人民勇于实践、开拓奋进，众兴发生了翻天覆地的变化。

奋进新时代，“花样众兴、生态众兴、宜居众兴”是党委、政府实施乡村振兴战略、建设美好众兴的根本遵循。产业振兴、文化振兴、人才振兴、生态振兴、组织振兴是乡村振兴战略的目标和路径。众兴乡实施“生态、红色领航”工程，开展4个县级、6个乡级“红旗党支部”创建工作，强化党的领导核心，突出党群服务中心，抓好党建促经济；拓展发展思路，着力合肥市非物质文化遗产马政寺(马政娘娘庙会)，发展水利风景区众兴水库、众联桑葚园、宏珍枣园等“人地共生”产业，发展观光休闲采摘农业，建设省城近郊花样生态特色乡；招商引资，凝聚新动能，力促安徽红星机电技改、国营九三七四厂技改搬迁、丹明机械精加工、广胜管业主体建设、森林庄园生态养生育儿、安徽锦天红文化旅游等项目落地生根；县首批示范乡镇众兴“四好农村路”稳步推进，县道石三路、店元路全线贯通，直达县城352路、357路、313路公交永安、霞光两个停保场落成运行，公交313路直达市地铁3号线。县城至元疃236路公交开通运营；“三大革命”工程、“两违”拆除、脱贫攻坚、美丽乡村建设工作整体推进，扮靓花样众兴；搭建电商平台，提振民生工程快速发展；乡村两级4座乡贤馆、民俗馆建成并对外开放，“农民文化月”活动深入开展，文化兴乡助力乡村振兴。

《众兴乡志》全面记述了众兴的自然环境、建置沿革、社会经济发展、人文教育、民俗风情、村居概况等内容，涉及面广、时限长，是一部展现众兴面貌的地情书。它将为众兴社会经济的发展，发挥着“存史、资政、育人”等社会作用，为新时代乡村振兴谱写新的篇章。

付梓之际，谨向全体工作人员以及关心支持众兴事业发展的各界人士表示深切的谢意。

中共众兴乡委员会书记　许在刚

众兴乡人民政府乡长　阚建伟

2024年10月

凡 例

一、本志以马克思列宁主义、毛泽东思想、邓小平理论、“三个代表”重要思想、科学发展观、习近平新时代中国特色社会主义思想为指导，坚持辩证唯物主义和历史唯物主义的立场、观点和方法，力求系统全面记述众兴乡自然、政治、经济、文化和社会的发展历程。

二、本志坚持志体，据事直书，述而不论。分章、节、目、子目 4 级展开，有的章节因内容所限未设子目。

三、本志坚持详今略古，上溯不限。重点记述 1949—2014 年众兴乡发展历史和现状，尤其是众兴乡改革开放以来的重大变化和发展成就，不随意越境或突破志书下限时间。对于历史特性、时代特点、地方特色等个性内容的记述有所突破。因多方面因素，内容存在缺项、断档、不具体现象，如乡村组织建设、机构沿革、乡镇企业发展等内容。

四、本志资料取自档案、文件、文献、回忆录、网络、口述、日记、回忆录、家谱、证书、遗址等资料的整理、甄别。注重使用原始资料，有歧义但不可或缺的资料，一并收录。

五、本志人物辑录严格按大纲要求标准（如，党政军界为副科、副营级及以上；教科文卫体界为中级职称及以上；经济民营界为其经营企业注册资金 1000 万元及以上）。以众兴本地兼收在众兴有影响的人，分为人物传略、简介、人物表。

六、乡村工作人员任职资料主要依据当事人口述兼甄别，部分源自文件、会议记录、档案。

七、本志艺文辑录以众兴人士发表且与众兴相关的出版物获奖作品或其他艺文。

八、本志文字以全国文字改革委员会、文化部、教育部发布的《简化字总表》为准，数字用法、标点符号用法分别采用国家标准《出版物上数字用法》（GB / T 15835—2011）、《标点符号用法》（GB / T 15834—2011），计量单位采用国家技术监督局 1993 年 12 月发布的《量和单位》系列国家标准。

九、关于名称

（1）人物表有单位与职务不一致，单位是退休前任职单位，职务是曾任最高职务名称。

（2）地名、行政职务按当时名称记载，如社区原为社区居民委员会，2021 年并村后，称为社区村民委员会。

(3)出版、报刊文章文字保持原文，未作改动。如合肥农业大学(合肥应为安徽)、科技大学(应为中国科技大学)等。

(4)价格按当时物价计量。

(5)“党”、“党员”、中共党员未明确政党的，均指中国共产党。

总目录

第六章　人大　政府　政协

第七章　群众组织

第八章　政法　军事

第九章　民政与社会保障

第十章　乡村建设

第十一章　交通　邮电

第十二章　水利　电力

第十三章　农业　科技

第十四章　林业　畜牧水产

第十五章　工　业

第十六章　建筑业

第十七章　商　贸

第十八章　经济综合管理

第十九章　教　育

第二十章 文化 旅游

第二十一章 艺 文

第二十二章 卫 生

第二十三章 方言 民俗

第二十四章 居民生活

第二十五章 民族 宗教 姓氏 宗祠 宗谱

第二十六章 人 物

第二十七章 村、社区概况

附 录

上册目录

第十三章　农业　科技

第十四章　林业　畜牧水产

第十五章　工　业

第十六章　建筑业

第十七章　商　贸

第十八章　经济综合管理

概　述

一

众兴乡位于肥东县中西部，东与牌坊回族满族乡相连，南及东南与店埠镇相邻，西南与合肥新站综合开发试验区磨店乡交界，西与合肥市瑶海区三十头镇毗连，北与肥东县元疃镇接壤，东北与白龙镇连接。2014年，辖9个村（社区），乡域面积53.44平方千米，人口2.8万人，耕地4.3万亩。拥有2所小学、1所完全中学、1所卫生院、2个传统集镇、1个新兴花灯大街、获得市核准的合肥市众兴乡镇工业聚集区、市级现代农业示范区。店埠河、淠史杭灌区滁河干渠如两串翡翠蜿蜒盘旋于乡境内，众兴水库如一颗珊瑚镶嵌在乡东北部。

众兴乡位于江淮之间，处于中纬度地带，北纬31° 3′ 1.49″ ~31° 57′ 32.05″ 、东经117° 27′ 36.11″ ~117° 22′ 1.5″ ，为亚热带湿润季风气候。多年平均气温15.9℃，1月最低，平均气温2.6℃；7月最高，平均气温28.1℃。极端最低气温-17.1℃（1991年12月29日），极端最高气温40℃（1998年7月9日）。多年平均降水量在999毫米。

众兴乡季风明显，四季分明，气候温和，雨量适中，春温多变，秋高气爽，梅雨显著，夏雨集中，气候条件优越，气候资源丰富。适宜多种动植物生长繁衍，利于农林牧副渔业发展。

众兴境内有“九岗十八冲”之称，两岗夹一冲，岗冲交错。乡域地势略倾斜，西北高东南低。河流交错，有店埠河、永安河、郑小河、单岗河，水流经店埠河流向巢湖入长江。适宜水稻、棉花、花生、油菜、麦子、花卉树木等种植，以及禽畜、水产养殖，工业污染少。至2014年，56%的土地栽种花卉树木，绿化面积达2.6万亩，人居环境优越。

二

许河湾殷商遗址、村名多带“郢”字的楚文化现象说明众兴地区远自商以来就有人类在此延绵生息。

中华人民共和国成立前，众兴地区尚未建制。从记载的资料显示，众兴地区汉属逡遒县，县治在今龙城；南北朝时期，众兴为南朝宋占据，设梁县，县治在梁园；明洪武初期，梁县并入合肥县。1949年1月21日，合肥解放；2月1日，合肥县析为合肥市、肥东县、肥西县，在众兴地区成立兴林乡；3月，兴林乡改名为众兴乡，政府驻地众兴集，属肥东县下辖乡。

1958年，众兴乡改为人民公社。1983年，复改乡。1992年，永安乡并归众兴乡，有31个村。1994年10月，牌坊回族满族乡成立，众兴划出7个村，有24个村。2011年，众兴乡3

个村划入合肥新站综合开发试验区磨店社区。

三

历史众兴，人文大乡。众兴境内有合肥市非物质文化遗产马政寺（马政娘娘庙会），珍楼宝屋；明代宗室规制，广殿长廊；紫烟袅袅，庙会梵音禅语；钟声幽幽。

晚清遗存，文物满布村落；淮军将领，闻名遐迩。郑埠古井，李府粮仓万石；花灯元夜，鱼龙舞动一方。张文宣，晚清武进士，扼守刘公岛；韩永乐，今朝儒将军，戎马设绛帐。文翰墨海，诗联俯仰触目；厚史崇文，词曲童叟吟唱。张伯平点燃革命星火，播拯救民族真理；孙子模首建中共小组，启肥东党史新章。花墩私塾，砥砺英才摇篮；众兴中学，栽培桃李。

四

中华人民共和国成立以后，特别是中共十一届三中全会以来，众兴社会经济发展取得令人瞩目的成就，人民生活从摆脱饥寒到实现温饱，正迈上康庄大道。

迈入新时代，众兴乡围绕“聚焦产业转型、打造特色乡镇”目标，坚持“生态众兴、花样众兴、宜居众兴”发展战略，做好美丽乡村、休闲旅游、生态养老、特色小镇四篇文章，全力打造“城在绿中、人在景中”的省城后花园魅力乡镇。

众兴乡是 “安徽省森林乡镇”“合肥市造林绿化二十佳乡镇”“合肥市综合发展十快乡镇”“合肥市科学发展先进乡镇”“肥东县科学发展乡镇”“肥东县大新专项目推进工作先进单位”。

1949—1952 年国民经济恢复时期，经济发展较快，众兴乡贯彻执行党的总路线，对农业、手工业、资本主义工商业进行社会主义改造，各项事业蒸蒸日上。三年困难时期，农村出现因饥饿致病、逃荒、死亡现象，人口减少。1962 年进入三年调整时期，贯彻执行中央“调整、巩固、充实、提高”的方针，加强发展农业和手工业，国民经济得以初步恢复和发展，至 1965 年，工农业经济年平均增长 7.8%。“文化大革命”期间，经济建设再次遭到了严重破坏。至中共十一届三中全会召开，经过拨乱反正，贯彻“调整、改革、整顿、提高”方针，实行“对内搞活、对外开放”政策，建立各种经济责任制，重视发展乡镇企业，国民经济发展步入快车道。至 2019 年，经过 40 年来的改革发展，中国特色社会主义乡村社会经济面貌发生了翻天覆地的变化。

众兴市级乡镇工业聚集区以大众路、众牌路、众霞路为主轴，西起霞光村、东至永安社区，占地 88 平方米。众兴乡通过实施土地复垦、增减挂等项目，抓招商、做配套、促集聚，聚焦市县产业转移，引进重点项目落户园区，为村民提供宽阔就业平台，实现工业强乡目标。

近年来，众兴乡以发展城郊型农业为方向，以推进农村经济结构调整为主线，以“农业增效、农民增收”为目标，拓展农业功能，延伸农业产业链和价值链，实现规模化经营，建设美丽乡村、现代农业示范区、休闲农业和乡村旅游业，促进农业由传统农业向现代农业的转变。引进龙头企业、专业合作社、专业协会、家庭农场等经营主体，发展以休闲观光、养老、亲子、农家乐、休闲度假为主的服务业。

在永安、联合、霞光三村建成具有一定特色的设施农业生产基地。建立众兴、永安、花灯3个“村淘”服务站，实现“网货下乡”和“农产品进城”双向流通功能，让农民足不出户买到商品，让众兴的花卉苗木及现代农产品走向全国，让群众共享“互联网+”成果，促进农民致富，凝聚致富能人返乡创业。

依托众兴合肥市现代农业示范区，拓展农业功能，优化产业结构，培育一批具有自主产权的品牌产品，建成各具特色的“一村一品”。

华光社区依托众兴水库水源涵养林、市首批非物质文化遗产马政寺(马政娘娘庙会)、云森公司、景创公司、鼎和现代农业示范园，打造旅游观光民俗文化体验产业。范岗村是县苗木花卉传统基地，依托保强公司、景创公司、鼎和现代农业示范园、云森公司打造精品苗木花卉产业；霞光村以香榭里公司、福森公司、同创公司、357路公交车停保场、小(2)型水库金大坝、宏珍果园为依托，打造乡村旅游休闲产业。谢岗村依托众联枣业、金涞蔬果、帝茂园林，打造经果林观光采摘业。花灯社区依托工业聚集区、农贸市场、旭升公司、云森分公司、花灯大街、众兴中学、乡中心学校，打造商贸物流、教育产业园。大高村依托晨坤农业示范园(合肥市特色农业示范园)、泰自达公司、君茂公司，打造乡村休闲农事体验产业。永安社区依托传统集镇永安集、饭米粒公司、驰天公司、广胜管业、县352公交停保场、236路公交通道，打造商贸物流园服务产业；联合村位居众兴水库下游、店埠河上游，地理位置得天独厚，依托辖区内天勤家庭农场，打造优质高产无公害粮油产业；众兴社区依托众兴集徽派立面大街、金涞蔬果，打造集贸旅游物流服务产业。2014年申报的华光、霞光、大高三村(居)“一村一品”现代农业示范村获合肥市人民政府批准认证。

联合社区天勤家庭农场大棚蔬菜　(康琛/摄)

中华人民共和国成立初，众兴属合肥兴林乡，具有“传统苗木花卉基地”之美誉。“生态众兴、花样众兴、宜居众兴”，建成省城“后花园”是众兴的发展战略。以土地流转政策为突破，以招商兴林为抓手。至2014年，共流转土地26000余亩，全乡园林企业达38家，建千亩以上的园林企业8家，500亩以上的园林企业22家。其中华光社区、范岗村的安徽鼎和现代农业示范园，包括众兴水库涵养林总面积达8000多亩，是安徽省最大的彩叶林基地；霞光村香榭里园林1000亩；花灯社区安徽云森园林1100亩；谢岗村“众联枣业”市民采摘园300亩；永安社区“南溪生态园”建有小桥流水、水中有凉亭，是永安社区美丽乡村建设的亮点；滁河干渠风光绿化带、市外环合六叶高速长廊绿化带1400亩，是市民的休闲观光区。各处园林栽植的多为珍贵树苗，有乔木、灌木等，品种达60余个，终年花香四季，绿树常青。

众兴是安徽省森林乡镇、合肥市造林绿化二十佳乡镇之一。

“生态众兴、花样众兴、宜居众兴”是城郊型众兴发展的战略选择。打造、发掘、提升以众兴水库水源涵养林为核心的市级现代农业示范区、滁河干渠风光绿化带（与市区铜陵北路相交通）和环城合六叶高速公路绿色长廊、市首非物质文化遗产马政寺、淮军文化、乡贤馆、民俗馆、农家乐、立面徽派建筑众兴大街以及“五尺巷”“文明巷”“加工厂巷”等旅游资源。2010年，众兴“一水一寺一生态，花美果美人文美”的旅游格局已粗具规模。店元路（县城—元疃镇）、石三路（石塘镇—新站区三十头社区）呈“十”字形穿越全乡、交会与众兴集，大众路直达市滨湖科学城，352路、357路、236路公交自县城通往各村庄，城乡一体化融合发展，交通便捷，区位优势明显，旅游资源丰富。

滁河干渠风光带具有区域居民供水、生态补水和农业灌溉的功能，同时也是一条重要的区域生态廊道，沿途风景秀美，生态良好，花木成片，诗情画意，是单骑、暴走、慢跑的理想地，是不可多得的农旅、休闲、运动的好去处。

马政寺是为祭祀朱元璋之妻马政娘娘放粮赈灾而建，庙宇朱红，气势恢宏，是合肥地区单体面积最大的合肥市首批非物质文化遗产寺庙。一年一度的三月三文化旅游庙会祭祀观光者多达20万人。

众联枣园、众联桑葚园、宏珍桃园、天勤家庭农场等无公害采摘园粗具规模，引游人竞相采摘。

水利风景区众兴水库，景观式大坝高大宏伟，8000亩水库涵养林生态环保工程绿浪翻腾，集水面积114平方千米，渔产丰富，水林田湖融为一体，由拦河坝、进水闸、节制闸、泄洪涵洞、非常溢洪道、水文观光台组成，形成一幅山水画枢纽工程。

五

众兴水库始建于1958年，竣工于1972年。水库位于店埠河上游，属巢湖水系南淝河支流，是淠史杭灌区滁河干渠上的反调节水库。年均农业灌溉水量达1937万立方米。

位于永安社区的肥东县自来水厂车间　（党政办/供）

众兴水库承担着县城及周边乡镇和市龙岗工业区居民的生活用水以及合肥二电厂、合肥市铁路枢纽等工业企业供水任务，2014年，年均供水量达1344万立方米，对肥东县和合肥市的社会经济发展起着举足轻重的作用。

县自来水厂创办于1971年，新厂位于乡永安社区，于2012年9月投产，日供水量10万立方米。供水范围主要为县城店埠、合肥东部新城、龙岗镇合店路以南片区、撮镇镇、桥头集镇、长临河镇、合肥循环经济园区、包公镇、石塘镇、梁园镇、白龙镇、八斗镇部分地区，覆盖面积约1700平方千米，服务人口80余万人。

合肥外环高速大高服务区　位于大高村，双侧式服务区布局，两侧服务设施及功能分区相同。配套建设便利店、汽修厂、餐厅、加油站、停车场、公共厕所等便民服务设施。

合肥东城变电站是合肥地区的第三座500千伏变电站，与肥西500千伏变电站、合肥南500千伏变电站、合肥北部的吴山500千伏变电站互为联通、相互支撑，构成“四足鼎立”的坚强供电格局，是保障省城安全稳定用电的重要一环，被誉为安徽电网“迎峰度夏”头号工程。

位于众兴水库江水西调滁河干渠　（刘斌/摄）

滁河干渠是集农业灌溉、城市防洪、城市供水、江水西调、旅游观光于一体的大型水利工程，沟通江淮两水系，横跨合肥市中部全境。肥东滁河干渠自三十头王岗闸入众兴至袁河西水库，长41千米，沿途有众兴、管湾、袁河西3座中型反调节水库，经滁河注入长江。

大 事 记

汉

永初七年(113年)　大饥,九月,租米赈灾民。

元嘉元年(151年)二月　大疫。

建安十四年(209年)十二月　曹操屯军合肥,活动于众兴一带。

晋

元康五年(295年)五月　大水。

大兴二年(319年)五月　蝗食夏麦。

唐

贞观十七年(643年)夏　大疫。

宝应元年(762年)秋　旱。

大历二年(767年)秋　大水。

贞元六年(790年)夏　大旱,井泉俱竭,疫。

永贞元年(805年)　旱。

元和三年(808年)　旱。

元和四年(809年)秋　旱。

元和九年(814年)秋　大水。

大和四年(830年)　大水,害稼。

大和七年(833年)秋　大水,害稼。

开成五年(840年)夏　螟、蝗害稼。

大中六年(852年)夏　饥。

大中九年(855年)秋　饥。

咸通二年(861年)秋　不雨,至于明年六月。

咸通三年(862年)夏　饥。

大顺二年(891年)春　大饥,疫,死者十之三四。

宋

开宝四年(971年)　白露,舒、汝、庐、颖水并涨,坏庐舍民田。

开宝五年(972年)　大水。

庆历八年(1048年)　庐州合肥县稻实。

治平元年(1064年)　大水。

绍兴五年(1135年)　秋,大旱。

隆兴二年(1164年)　七月,大水。浸城郭,坏庐舍、圩田、军垒,舟行市中累日,人溺死甚众。越月,积阴苦雨,水患益甚。

乾道三年(1167年)六月　大水。坏庄稼,漂人畜。

淳熙十五年(1188年)五月　大水。漂庐舍没田稼。

绍熙五年(1194年)冬　大饥,人相食。

咸淳十年(1274年)三月　水,后旱。

元

元贞元年(1295年)九月　大水。

元贞二年(1296年)六月　大水。

大德三年(1299年)十月　旱。

至大二年(1309年)六月　蝗灾。

延祐五年(1318年)四月　大雨,水。

泰定元年(1324年)七月　雨,伤田稼。

泰定四年(1327年)十二月　蝗灾。

天历二年(1329年)四月、七月　蝗灾。

至元元年(1335年)十二月　丙子,地震。

明

洪武年间(1368—1398年)　朝廷推行移民政策,先后路过江西瓦屑坝移民到合肥地区的人口有赵、韦、毕、吴、童、葛、杨、桑、王、梁、管、韩、陈、蔡、阚、李、姚、黄、郑、许、马、宣、卞、沈、刘等姓氏。

景泰五年(1454年)十月　大水。

成化十七年(1481年)二月　地震。

弘治十七年(1504年)　饥,人相食。

正德三年(1508年)　饥。

正德九年(1514年)　旱。

正德十三年(1518年)　饥。

嘉靖元年(1522年)七月　大风、雨、冰雹,河水泛涨,溺死人畜无算。

嘉靖二年(1523 年) 境内大旱、饥荒、瘟疫同时发生,死人无数。

嘉靖八年(1529 年) 饥。

嘉靖三十三年(1554 年) 饥。

万历十三年(1585 年)二月 地震,江水沸腾。

万历二十二年(1594 年)七月 大水。

崇祯十三年(1640 年) 大旱,飞蝗蔽天而下,厨房、厕所皆满。秋季饥荒,百姓食草木、观音土(矿物黏土),病死甚多。

清

康熙七年(1668 年)六月十七日 地大震,后数日小震。

道光二十二年(1842 年)七月八日 日全食,白昼成夜晚。

道光二十五年(1845 年) 合肥旱、蝗灾。

道光二十九年(1849 年) 合肥大水,淹没无数田庐人畜,城内水深丈余。

咸丰五年(1855 年) 庐州旱、蝗,米价飞涨,路有饿殍,人相食。

同年 旱、蝗灾。

同治五年(1866 年)十月 发生罕见大水灾。

同治七年(1868 年)九月 发生地震。

同治八年(1869 年) 合肥发大水。

同年十一月 发大水。

同治十一年(1872 年) 有人开始种植罂粟。

同年九月 《中英烟台条约》签订,增开芜湖通商口岸,始用“洋油”(煤油、汽油、柴油)。

光绪六年(1880 年)五月五日 出蛟,平地水深丈余,淹没人畜、田庐无数。

同年八月十二日三时许 地震。八月十三日 11 时许,又震,自西北向东南,有声如雷。

光绪八年(1882 年) 旱灾,民吞食草根树皮,饥饿而死者无数。

光绪十九年(1893 年) 始有电报业务。

宣统二年(1910 年)七月 水灾。

中华民国

民国 8 年(1919 年)

6 月 淫雨兼旬,山洪暴发,本地遭水淹,灾情颇具,至 8 月水尚未退。

民国 10 年(1921 年)

5 月 滁河流域大水,一片汪洋,村庄房屋倒塌,灾情历史罕见。

民国 16 年(1927 年)

4 月　军阀激战于梁园镇,波及众兴。

8 月　八七会议后,曾参加“八一”南昌起义的共产党员童汉章奉党的指示到众兴开展活动。

9 月　童汉章在合肥城内建立中共合肥小组。

年底　建立中共合肥特别支部。

同年　合肥县国民党党部成立。

民国 17 年(1928 年)

春季　共产党员张伯平从安庆回到众兴地区开展活动,秘密地组织农民协会,宣传马列主义和革命道理。

春季　中共合肥特别区委建立后,合肥城内党组织随着形势变化,活动中心逐步由城市转向农村,相继派张建之、谷隅三、崔筱斋、张伯平等人到合肥西乡、南乡、北乡和东乡开展活动,建立党组织。

同年　孙子模在孙吴大郢、陆岗、磨店等村庄秘密组织农会。

民国 18 年(1929 年)

秋季　共产党员周味韶(化名邹韦萧)从西乡转到众兴地区,以教书职业作掩护,开展党的地下活动。

冬季　孙子模加入中国共产党。后又发展何守圣、罗邦道 2 人入党,并成立党小组,周味韶任组长。

同年　众兴地区多处设大刀会、红字会等会堂。

同年　众兴发生旱灾,持续 7 个月,秋又发生蝗灾,庄稼颗粒无收。

民国 19 年(1930 年)

发展中共党员有龚建平、杜经林、郑默奇、陆志远、杜崇长、陆广容、郑仰山、陆业银等,建立支部,下划 3 个小组,周味韶任支部书记,接着周味韶调走,孙子模任支部书记。

春季　旱情持续至 7 月,农作物无法安种,出现吃树皮、秧根或外出乞讨现象。

同年　众兴出现霍乱病致人死亡情况。

民国 20 年(1931 年)

3 月　中共肥东支部改称为中共东乡特别支部(简称东乡特支即待展支部),隶属中共合肥中心县委,有党员近 30 名。

8 月　改属中共皖西北中心县委,1932 年 7 月,复属中共合肥中心县委,下辖 3 个党小组。

同年夏季初　连降大雨，发生水灾，房屋倒塌普遍。

民国 21 年(1932 年)

实行保甲制，众兴设永安、郑河、众兴、马郢、中岗 5 个保，时众兴为合肥县第五区。

民国 22 年(1933 年)

8 月　特支书记孙子模赴上海，东乡特支活动停止。

同年　大旱。

民国 23 年(1934 年)

土匪横行，部分保甲丁白天是兵，晚上是匪。一时民众遭殃，惶恐度日。

民国 24 年(1935 年)

孙子模自上海回到家乡集中全村 50 余人组织开办红枪会保家。

民国 25 年(1936 年)

5 月　日本侵略军侵占合肥城，在众兴集西南一华里处设置碉堡(位于原众兴食品站，即现农商银行西对面)，时常骚扰百姓，众兴地区更乱。

夏季　孙子模、李家煌一批青年骨干共 40 人，分 2 个班(孙子模、李家煌分别任班长)去藕塘、褚老圩子训练。

同年　孙子模参加合五区民运工作，被委任动委会指导员。

同年　众兴地区农民协会改为农抗会和妇抗会，组织群众抗捐抗税。

民国26 年(1937 年)

7 月　新四军十五团张和、俞佩洲政委召见孙子模、李家煌、刘家宝 3 人，当即批准 3 人重新入党。

同月　成立合五区党委会，孙子模任书记、李家煌任区委委员，刘家宝回部队。

同年　众兴地区连续发展建立 3 个党支部，近 60 名党员，农抗会、妇抗会近千人。

冬季　建立中共磨店区委，属新四军四支队十四团党组织领导，1940 年春撤销。

民国 28 年(1939 年)

11 月　孙子模在磨店地区成立抗日游击队，有六七十人，属新四军四支队十四团领导，次年 1 月编入江北游击纵队新八团二连。

民国 30 年(1941 年)

众兴成立乡政权。

冬季　巢合庐中心县委迁至白龙厂后,由于活动范围的变化,改名为巢合县委(亦称合巢县委)(隶属中共巢合县委和巢合办事处磨店区)。

1949 年 1—9 月

1 月 21 日　即农历戊子年腊月二十三,众兴全境解放。众兴成立兴林乡,张武臣任乡长,龚少成(臣)任副乡长,张建民任中队长(隶属中共肥东北工委及政权、军事组织草庙区)。

1 月　草庙区建立,亦称合三区,辖双芦、杨店、兴林(众兴)、三星、草庙 6 个乡。

2—9 月　隶属中共肥东县委及政权、军事组织草庙区。

中华人民共和国

1949 年10—12 月

10 月 1 日　农民在众兴集集会游行,庆祝中华人民共和国成立。

10 月至 1955 年成立的中共党组织隶属草庙区:

众兴乡党支部(1949 年 10 月至 1955 年 12 月)。

许河乡党支部(1954 年 4 月至 1955 年 12 月)。

郑埠乡党支部(1953 年 6 月至 1954 年 10 月)。

梁宇乡党支部(1950 年 10 月至 1955 年 12 月)。

单岗乡党支部(1955 年 3 月至 12 月)。

马庙乡党支部(1951 年 6 月至 1955 年 12 月)。

隶属店埠区:

永安乡党支部(1950 年 12 月至 1955 年 12 月),隶属店埠区。

12 月　各村庄办冬季学校,教目不识丁的贫苦农民识字,学会认识、书写本人及家人的姓名、住址。

1950 年

4 月 22—26 日　开展禁止吸毒、铲除罂粟活动。

上半年　开展减租减息、退押、清匪、反霸运动,镇压一批匪霸、反革命分子。

8 月　全乡各地开展土地改革运动。划分成分:地主、富农、富裕中农、佃中农(后改称为上中农、下中农)、贫农。地主、富农的土地、房屋、财产、农具、家具等除了生活所需外,其余部分全部分给当地贫农、佃中农。同时,为配合土地改革,实行耕者有其田,镇压当地民愤较大的恶霸。次年冬天,土地改革结束。

10 月　抗美援朝开始。众兴青年踊跃报名,积极参加志愿军。许高祥、胡先友、司开武、黄圣朝、刘华忠、田庆番、王华俊、张锡文、黄学银、高理让、许其河、周道圣、王泽熙、刘长余、刘长和、金宏林等20余名青年参加抗美援朝战争。

1951年

6月　“抗美援朝,保家卫国”誓师大会在众兴集召开,会上人们振臂高呼:“打倒美帝国主义!”“保卫祖国!”“中国共产党万岁!”“中华人民共和国万岁!”“毛主席万岁!”“世界人民大团结万岁!”“全世界无产者联合起来!”“打倒一切反动派!”

10月　宣传《中华人民共和国婚姻法》,开始办理婚姻登记,提倡婚姻自由,允许寡妇改嫁,禁止童养媳。

12月至次年6月　众兴乡开展“三反”运动:反贪污、反浪费、反官僚主义。

同年　众兴信用合作社在众兴集老街成立。

1952年

8月　众兴乡唯一的一所民办完小改为公办小学。公章是正方形,从右往左刻有“肥东县花墩小学印”三行字。首任校长韩传鲁。

12月　全乡组织近50名农民去参加治理淮河水利工程建设。

同月至次年春　众兴组织农民冬修,主要是人工挑塘。

1953年

5月　众兴成立互助组,农忙时节相互帮忙。

7月1日　众兴开展第一次人口普查。

10—12月　从定远传来“水鬼毛人”谣言,闹得群众夜间集中躲避,轮流打更,人心惶惶。

11月　全国实行粮食统购统销,成立粮油供应站,基本取消粮食自由贸易,凭票证供应粮油。

1954年

春　草庙区政府由草庙集王圩迁至众兴乡花墩圩,安装可直通县政府的有线电话。

7月上旬至8月　众兴连续降大到暴雨,10日内总降水量达180余毫米,洼冲积水如湖,一时难退,发生民房倒塌。

9月　设众兴、永安信用合作社,开展无抵押、无信贷业务,农民入股分红。

11月　实行棉花统购统销,按人定量发布票供应棉布。粮食按“三定”(定产量、定征购、定销售)政策执行,时众兴卖出余粮16万千克。后又返销7万千克。

同月　撤牌坊乡并入永安乡。

1955 年

1 月　众兴连降大到暴雪十余天，地面积雪至成人大腿深，屋檐结冰柱约 0.66 米；塘坝水面结冰，成人可行走；农户家水缸结冰，炊饮困难。

3 月　使用新人民币元、角、分，回收取消旧币万元、千元、百元。

5 月　众兴成立初级农业生产合作社。

同月　农户的大型农具，如石磙、犁、耙、水车及耕牛等作价入社抵股。

同月　众兴供销合作社成立，群众入股，得利分红，后转为国营。

10 月　组织学习毛泽东为《为多余劳动力找到新出路》（主要记述石塘区青春、陈祠两个初级社发展情况）一文写的按语。

12 月底　撤马庙乡并入郑埠乡，撤单岗乡并入众兴乡，撤梁宇乡、许河乡、合作乡并入永安乡。

12 月　众兴乡总支委员会成立（1955 年 12 月至 1956 年 12 月），隶属草庙区委。

同月　永安乡总支委员会成立（1955 年 12 月至 1956 年 12 月），隶属草庙区。

同月　开展对私营工商业的社会主义改造，加入集体成为社员。

1956 年

2 月　撤并小乡。

9 月 1 日　县城店埠初级中学（肥东一中前身）首次对众兴地区招收初一新生。

9 月 2 日　花墩圩草庙区政府办公电话（有线）线路改从众兴集邮局直通县邮电局。至此，区、县之间的办公电话经邮局周转，开始计费。乡政府或者民间通电话需邮局经转。

12 月　永安乡撤并入众兴乡。众兴乡（公社）党委成立，隶属草庙区。

1957 年

春季　高级农业生产合作社在全乡各地成立，当时有霞光社、井店社、华光社、众兴社、曙光一至四社等。农民收入实行评工记分，年终结算，取消私有土地，农具入股分红。

冬季　众兴联合诊所改为中心卫生所。

1958 年

5 月　开展爱国卫生运动，消灭"四害"（苍蝇、蚊子、老鼠、麻雀）。

8 月　众兴中学（原名花灯中学）创办，校址在花墩圩东，首任校长由原双墩区委副指导员何硕夫兼任。

9 月　"大炼钢铁"运动开始。众兴有半数以上劳动力聚集到桥头集附近的铜鼓山、双山，安营扎寨建小高炉炼铁。

10 月　众兴乡改为"众兴人民公社"。永安并入众兴，各社改称为生产大队，各村组改称生产队，农民称为社员，出工称为"上工"，收工称为"下工"，统一出工、收工，按上、下工记工分。实行军事化管理,公社成立民兵团,大队成立民兵营,生产队设民兵连、排、班,一切听从上级指挥。

同月,“大跃进”开始。众兴百姓高举“总路线”“大跃进”“人民公社”三面红旗,鼓足干劲,力争上游,多快好省地建设社会主义。浮夸、虚报、瞎指挥成风。

11月　农村普遍办起公共食堂,不花钱吃大锅饭,不允许农户私家烧灶。

同月　农民家庭里含铁的装饰或用具均被收集用于炼造钢铁。

同月　众兴邮电所成立。

1959年

5月2日　各小学一律由大队管理。

11月　滁河干渠第一次开挖,因缺粮而暂停。

同月　众兴水库建设开工。

同年　“粮食超高产”,瞒报实情,粮食收上来未等晾干就被催交到粮站,除去征购任务外,生产队所剩无几,一些地方出现饿死人现象。

1960年

1月　统一使用10两制秤,废除原16两制秤。

2月　受“共产风”、浮夸风、多雨雪天气灾害等影响,农民生活极端困难,被迫食野菜、麦糠等,饥荒严重,浮肿病盛行,出现病、饿死人等严重情况。

同年　实行计划经济,物资匮乏,每人每年只有3尺1寸布票。煤油、火柴、食盐等须一律凭票供应,红糖、肥皂更是难得。

同年　小学由“四二制”改为“五年一贯制”,中学由“三三制”改为“二二制”和“三二制”。

1961年

2月　纠正人民公社平均主义分配和无偿调用农民财物的“共产风”做法,农村集体食堂停办。

3月　农业生产开始试行“田间管理、责任到人”的办法,生产队的集体土地临时划分到户。当年,众兴地区的胡萝卜、绿豆等生产期短的农作物喜获丰收,农民能填饱肚子。

4月　农村实行责任田制。

5月　返还农民自留地,开放集市贸易。

同月　恢复成立永安公社。

6月　双墩区委恢复,分别成立众兴公社党委(1961年6月至1965年6月)、永安公社党委(1961年6月至1965年6月)。

1962 年

2 月　各大队办五保场,兼办畜牧场。

3 月　由于国家把“工、轻、农”政策调整为“农、轻、重”,强调农业是国民经济基础,农业开始复苏,城镇部分工人落户回村,大抓粮食生产,粮食总产量增长幅度较大。

12 月　经过整风,责任田被收回生产队,恢复社员评工记分、年终结算酬劳,以生产队为独立核算单位。

冬季　农村办起耕读班。

1963 年

秋季　社会主义教育在全公社展开。“四清”(清政治、清组织、清思想、清经济)工作队进驻众兴公社,历时两年有余。各生产队田地重新收归集体所有制。

9—12 月　各生产队按规定接受从城市下放到农村的知识青年。

冬季　众兴公社中心卫生所改称众兴公社卫生院。

1964 年

1 月　大队成立贫下中农协会,生产队设贫下中农小组。

各生产队的土地收归集体耕种,每个农村社员可统一分到 1.5 分至 2 分地,作自留地用,允许种点蔬菜或杂粮。集体粮食按三七或四六分成。三成或四成粮食用于劳动工分分配,七成或六成粮食按人口平均分配。一般一个劳力口粮要抵上两个人口的口粮。

7 月 1 日　众兴公社开展第二次全国人口普查。

1965 年

3 月　肥东县被列为全国棉花重点县,众兴公社计划安排 300 亩棉花生产任务,生产队配备一名农技员,成立棉花专业队,负责棉花育苗、移栽、整枝打杈、科学施肥及其生长过程中农药使用等技术。

6 月 5 日　众兴人民公社从肥东县双墩区撤离至店埠区管辖。

10 月　人工开挖淠史杭滁河干渠(自长丰县三十头公社王岗闸起至众兴水库)工程再次启动。由于当年大旱,地面板结,两个劳力共踩一把锹,民工饮用水是从巢湖经磨店 5 个机电灌站引入众兴共和大队西岗头生产队。十几个公社数万劳动力历经两年,连同众兴水库一起开挖。

11 月　受旱灾严重,许多生产队耕牛无草料吃,众兴组织劳力到磨店公社各生产队挑运稻草。

1966 年

5 月中旬　“文化大革命”在众兴、永安两公社展开。

7月下旬　县委派工作组进驻众兴人民公社，领导“文化大革命”运动。一切听从工作组安排。

1967年

4月20日　淠史杭滁河干渠长丰县三十头王岗闸至众兴水库初步建成，大别山水流入众兴水库。

6月　公社成立革命指挥部办公室，负责“抓革命、促生产”。

1968年

春季　众兴粮油管理站建成，占地约13333.4平方米，新建5个大仓。

1969年

春季　“农业学大寨”运动开展，各生产队采用大寨式评分，搞平均主义。

9月　城市知识青年要上山下乡接受贫下中农再教育。谢岗大队王小郢生产队安排十几名上海下放知青。

12月　组建“评农专政指挥部”，清理干部队伍。

1970年

2月　众兴中学开始创办高中部，高中学制为两年制，春季招生，次年冬季毕业。第一批高一新生招收84人。

同月　小学由六年制改为五年制。

11月　众兴公社革命委员会开展“一打三反”（打击现行反革命，反对贪污盗窃、反对投机倒把、反对铺张浪费）活动。

1971年

5月27日　县革委会通知，众兴安置上海20余名知识青年插队落户。

秋季　公社增补成立扩点小学要求每个生产大队办小学。

10月　开展批判林彪反革命集团罪行活动。

冬季　组织民工参加治淮工程建设。

1972年

8月　永安公社大礼堂落成，位于永安集。

10月　众兴公社大礼堂落成，位于众兴集。

1973年

6月　众兴文化站成立。

8月　高校招生实行推荐、保送办法。

同年　公社电影队、广播站成立，

1974年

3月　众兴成立共和大队。由原谢岗大队划拨滁河干渠南2个生产队和原八联大队西边的5个生产队组建成共和大队。

8月　创办共和小学、三兴小学、水库小学、华光小学。

1975年

4月　成立农科站，各大队设农科队。

6月　推行合作医疗制度，培训大队赤脚医生，各大队推选一名赤脚医生到县医院接受培训。

10月　在公路沿线部署农田基本建设保护界桩，立界桩牌30余块。

1976年

1月8日　公社组织干部群众悼念周恩来总理。

1月　动工兴建众西电灌站(坐落在谢岗村王岗自然村)。

5月　众兴拖拉机站成立。

8月　唐山地区发生大地震，灾区的部分耕牛运来众兴公社，由各生产队负责饲养。

9月9日　毛泽东主席逝世，公社设灵堂，人民群众戴黑纱、白花，公社设主会场，大队设分会场，举行悼念活动。

9月　阴雨连绵，秋收作物难以收获。

10月　众兴集市封闭，不准社员上集购买日用品，供销社关门，由售货员挑货担轮流下乡，取缔自由市场。

冬季至次年春季　全公社80%的农村劳力安营扎寨，大战店埠河。

12月　开展揭发、批判江青反革命集团运动。

1977年

春季　肥东县基本路线教育工作队陆续蹲点众兴公社，把学习大寨运动推向新高潮。

同季　全公社上下掀起“农业学大寨、工业学大庆、全国学人民解放军”运动，一个“大学习、大宣传、大贯彻、大落实”学习大寨的声势居高不下，传遍众兴各个角落。

5月　公社成立农技站、拖拉机站。

夏季　开始拨乱反正，废除大寨式评工记分，实行社员“分组劳动、定额记分、年终分配”的分配制度。

同年　众兴公社联系当时农村的浮夸风、瞎指挥及生产队“大呼隆”干活，声势大、效率差等严重问题，揭批江青反革命集团罪行及其在安徽代理人的严重政治错误。

1978 年

7—12 月　众兴地区大旱无雨，部分生产队人畜饮用水出现困难。

10 月　中共十一届三中全会胜利召开，确立以经济建设为中心的消息传到众兴，部分生产队自秋种开始，以几户联合承包旱田的方式种植。摘除“地、富”帽子，改变其子女成分，取消唯成分论的评判标准。

12 月　原插队落户的知识青年陆续离开众兴返城或就地安排工作。

1979 年

春季　推行联产承包责任制。粮、油、棉等征购、派购任务及各项提留资金一律分摊到户，按质按量按期完成任务。

12 月　复查“四类分子”(地主、富农、反革命分子、坏分子)，取消“四类分子”帽子。

同年　开展村村通广播、小喇叭入户工作。

1980 年

3—10 月　农民先分组承包田地，后发展为家庭联产承包责任制。

同年　众兴公社电力管理站成立，站址在众兴集滁河大桥东北侧。

1981 年

2 月　撤销公社革命委员会，成立公社管理委员会。

4 月　全面推广农村多种经营，合理利用和开发各种资源。

6 月　调整主要农产品价格。

1982 年

7 月　第三次全国人口普查开展。

8 月　县举办“在支持和发展多种经营中作出优异成绩”表彰大会，众兴有 3 人参加。

1983 年

4 月　公社管委会改称为乡政府，生产大队改称为村(习惯称为行政村，以区别于自然村)。

8 月　对初中学历的小学民办教师进行培训、考试、整顿。

同月　停办众兴农业中学。

同月　利用原众兴农中校舍建起众兴敬老院,第一批入住5名“五保”老人。

9月20日　根据中央关于严厉打击刑事犯罪活动的指示精神，乡举办不法人员法制教育学习班。

12月　取消布票,棉布开始敞开供应。

1984年

秋季　永安、三合、徐户三所小学荣获县级“文明学校”称号。

冬季　县整治党风工作指导小组入驻众兴乡。

1985年

1月　降雪数日,地面积雪厚度为平均50厘米,全成年人膝盖处。政府及时供应煤炭,众兴路况差,村民需要到长丰县五十头集去挑运煤炭。

同月　众兴乡取消征购,改为定购。

1986年

1月　众兴乡执行县关于“划分税种、核定收支、超收分成、分级包干”的财政管理体制。

4月　全县开展“严打”斗争第三战役,众兴乡成立“严打”办公室,由乡政法委、纪检、司法、民政、派出所抽派人员带领民兵一连数晚把守各交通路口,进行巡逻。

5月　众兴乡开始征收教育附加费。1986—2003年,累计征收教育附加费228.7万元,逐步改善中小学办学条件。

夏季　永安众兴分别成立土地管理办公室。

秋季　花墩、范岗2所小学荣获肥东县“文明学校”称号。

1987年

4月　开征耕地占用税。

4—5月　正值夏种季节,众兴旱情严重,农作物难以耕种,抗旱工作压倒一切。

7月上旬　境内连降大暴雨,众兴水库水位达45.68米,超警戒水位0.08米,泄洪流量50米^3/秒,水库大坝出现塌方,由15米延伸到125米,险情严重,防汛排涝形势严峻。

7月14日　中共安徽省委副书记杨永良到众兴水库检查防汛工作。

同月　废止“子女顶替”和“内招”职工子女的招录方式,实行全员劳动合同制。

9月　县教育局基建科专程到众兴乡检查校舍危房,共查出C级危房27平方米、D级危房3440平方米。

12月　众兴30%以上的农民工聚集撮镇南巢湖边，参与世界粮食计划署援助的“WFP——中国2814工程项目”。

1988 年

2 月　专业队到村指导沼气池建议工作并进行沼气燃烧试验。

4 月　乡土管所成立，众兴、永安两乡共有工作人员 6 名。

6 月　《中华人民共和国村民委员会组织法》开始实行，生产队改称村民小组。

10 月 21 日　众兴乡组织有关人员参加县统一举办的首届全国农村法律知识竞赛活动。

冬季　众兴乡组织 6000 名民工挑挖“2814”渔产项目肥东县长临渔场。

1989 年

1 月　众兴乡贯彻执行《肥东县普及九年制义务教育实施规划》。

同月　众兴乡开展民师整顿工作。

2—4 月　全乡开展土地登记工作。

3 月　众兴乡贯彻执行县政府印发的《关于加强粮油市场管理的通知》，规定“大米、稻谷由粮食部门统一收购，其他任何部门、单位、个人不得经营”。秋后，粮食议价收购改为平价收购。

4—12 月　第一代中华人民共和国居民身份证登记、办理、发放工作开展。

7 月上中旬　连降暴雨，降雨量达到 300 多毫米，店埠河梁宇便桥淹没，交通受阻。

8 月 4—6 日　受 13 号台风影响，又连降暴雨，众兴水库开闸泄洪，大坝出现 20 米长滑坡。

同年，开展婚姻普查登记。

1990 年

3—7 月　降雨稀少，发生严重旱灾，播种时节 40 天无雨，夏季烈日炎炎，庄稼枯萎严重。

4 月　设立计划生育办公室。

7 月　第四次全国人口普查开始。

秋季　众兴、永安供销社转型分营，职工下岗分流，化肥经营、棉花收购放开，转为市场化经营。

9 月　众兴粮站露天仓倒塌，发生伤人事故。

冬季至次年春　24 个村办起扫盲班，通过 3 年的努力，原青壮年文盲人数由 3694 人减少到 350 人。

12 月　永安集老街 7 米水泥路硬化工程完工，彻底改变街道雨雪天泥泞不堪、晴天尘土飞扬、坑坑洼洼及脏乱差状况。

同年　众兴、永安开展鼓励村民建沼气池工作。

1991 年

3 月　龙卷风狂吹，强冰雹打趴田里麦苗，砸断油菜薹，出现罕见倒春寒天气。

4 月　许河湾大桥建成通车，众兴、永安两乡交通状况发生历史性改变，“天堑变通途”，众兴通过永安集直达县城。

5—8 月　3 次特大强暴雨降临众兴、永安全境。暴雨来势凶，短时间内降雨量就达到 1000 多毫米，属百年罕见，灾情严重。

秋季　开展生产自救，当年，粮食大幅减产。

冬季　众兴乡的最后一个无电村——共和村通电，实现村村通电目标。

1992 年

春季　肥东县星火苗木公司在众兴乡司老村挂牌成立，投入资金 9 万元。

4 月　开展撤区并乡工作，撤店埠区建制，同时撤永安乡并入众兴乡，至此，众兴乡辖 31 个村。

5 月　乡司法所成立。

夏季　众兴乡土地管理所成立。不久，改为城建办公室，1999 年又改为规划所。

8 月　众兴乡教育委员会成立。辖 26 所完小和 2 所初中。

同年　取消统购统销政策，国家计划经济时代发放的各种粮票、油票和布票等停止流通使用。

1993 年

春季　县首次下达众兴乡棉花生产任务 3000 亩，秋后棉花定购任务 7500 千克。为确保任务完成，将任务分解到各农户。

8 月 25 日　众兴乡组织乡、村、组三级干部及群众代表数百人收看县委、县政府召开的“减轻农民负担”广播电视大会。

8 月 30 日　众兴乡成立政协联络组。

冬季　众兴乡通过市级扫盲验收。

同年　全乡财政总收入 177.4 万元，总支出 177.5 万元，赤字 0.1 万元。

同年　众兴乡政府原办公大楼、土管大楼、教委大楼、卫生院医疗大楼相继在众兴集建成并投入使用。

同年　乡镇企业合肥兴皖电器厂获得中国技术市场金桥奖。

1994 年

1 月　众兴乡农民文化技术学校成立。

2 月　众兴派出所成立，地址位于众兴集滁河干渠大桥东南附近。

3 月　众兴乡下达棉花生产任务 4000 亩，棉花定购任务 14.3 万千克，全年粮食定购任务 3030 吨，油菜籽定购任务 500 吨。

4 月 20 日　众兴乡计划生育领导组成立，党委书记兼任组长。

4 月 25 日　众兴乡计划生育服务所成立，各村成立计划生育服务室。

同月　众兴乡成立流动人口管理领导组。

5 月　众兴乡建设管理办公室成立。

6 月　梁宇店大桥建成通车。

7 月　一辆众兴至合肥的客运车辆开至卫生院门前的中心位置时突然失控，时逢众兴集，发生交通事故，死伤 5 人。

7 月 2 日　司老村电工违反农村照明用电收费标准，被通报批评。同时，全乡统一规定：农村照明用电最高限价 1 元 / 千瓦时。

10 月　牌坊回族满族乡成立，原众兴乡牌坊、大兴、赵坊、大塘、许大郢 5 个村划入新成立的民族乡。次年，曙光、树周两村又划入民族乡。

同月　众兴小学学生高明获得省奥林匹克数学竞赛三等奖。

秋季　众兴乡遭受特大旱灾，塘坝干涸，人畜用水困难。

同季　众兴乡敬老院迁址大高村东风组，新址占地面积 6666.7 平方米，建有 10 间住房和 5 间生活用房。2005 年新建 10 间，至 2007 年 10 月入住老人达 92 位。

1995 年

1 月　民工对滁河干渠花灯段进行清淤护坡，于两岸种植意杨。

2 月　众兴供销社商场门市部发生火灾，门市部房屋及商品付之一炬。

3 月　众兴乡分配棉花定购任务（皮棉）15 万千克，财贸任务 147.9831 万元。

5 月 22 日　开通数字程控电话，电话号码由 6 位升至 7 位。

夏季　众兴窑厂改 14 门窑为 18 门窑。

春、夏、秋三季特别干旱，众兴水库失去抗旱能力。

秋季　众兴乡粮食在五年三大灾的年份中仍能保持 498.5 万千克产量，完成皮棉生产任务 151 吨。

12 月　众兴乡开展农村土地二轮承包调整、登记、发证工作。

同年　众兴乡开通 900 门程控电话。

同年　众兴乡农村土地二轮承包政策实行，承包期 30 年不变。

同年　众兴信用社从众兴集老街中间旧址迁至众兴集滁河大桥东，建造三层营业大楼。

同年　众兴乡工农业总产值 1.52 亿元，财政收入 258 万元，乡村企业资产 594 万元，从业人数 3200 人，共完成财贸任务 147 万余元，人均纯收入 918 元。

1996 年

2 月 6 日　众兴乡第九届人民代表大会召开。

3 月 10 日　众兴乡成立“双基”工作领导组，党委书记兼任组长。

4 月 20 日　众兴乡成立“严打”工作领导组，下设办公室，地点设在乡派出所。

7 月 20 日　党委、政府决定，在一定范围和时间内，征收教育集资费，兴建乡中心小学教学楼。

8 月　撤漕坊小学并入光华小学。

8 月 24 日　乡党委、政府在县“两基”工作汇报会上作了“强化政府行为，深挖办学潜力，加快‘双基’步伐”的经验介绍，刊登县“两基”简报第二期，题目是《众兴乡“两基”花絮》（“双基”即“两基”，指基本普及九年制义务教育，基本扫除青壮年文盲）。

10 月　乡政府三层 18 户职工宿舍楼落成投入使用。

11 月 24 日　发布《关于进一步抓好扫盲工作的若干规定的实施意见》。

11 月 28 日　“众兴乡全力以赴抓‘两基’——抓重点，攻难点，治顽症”文章刊登在《肥东报》头版头条。

12 月　众兴乡印发《清财方案》《清财实施意见》等文件，组织清理 24 个村集体财务，追回赃款 8097.52 元。1997 年 1 月起，村级财务实施“村筹、乡管、村用”制度。

同月　大众路至永安经大高村的乡内第一条砂石路（众牌路）建成通车。

同月　众兴南北大街建成，增加门面房 60 余间，与原大街形成十字形街面。

同月　全国第一次农业普查开展。

12 月 28 日　副县长黄德生在县“两基”通报会上再次表扬众兴乡“两基”工作。

同年　乡居民人均纯收入达 1417 元。

同年　众兴乡政府档案管理达安徽省二级标准，是肥东县乡镇档案管理第一家达省级标准的乡镇。

1997 年

1 月　全乡安排农业生产计划：水稻 16721 亩、玉米 4218 亩、豆类 2012 亩、山芋 3900 亩、棉花 4350 亩、花生 4420 亩、瓜菜 4000 亩。

1 月 18 日　众兴乡颁发《扫盲工作奖惩办法实施细则》。

3 月 25 日　众兴乡召开妇女大会，表彰 1996 年“双学双比”女能手 9 名、“优秀妇女干部”3 名、“好母亲”4 名、“好婆婆”3 名、“好媳妇”3 名。

3 月 30 日　《肥东县儿童少年发展规划纲要（1996—2000 年）》印发至各村、乡直各单位、各学校及众兴乡儿童少年工作协调委员会。

4 月 10 日　建成众兴卫生院至滁河大桥水泥路、卫生院至企业办公室水泥路。

5 月 10 日　众兴乡成立农村妇女“学文化技术”“比成绩比贡献”竞赛活动小组，乡人大主席兼任组长。

同月　县号召各地平坟还田，众兴部分坟地被平整，因工作不到位，后又逐渐恢复。

6月25日　《众兴乡农村集体财务管理制度》印发。

同日　众兴窑厂18门轮窑改装成24门轮窑，并升高烟囱。

7月8日　村建立“妇女活动之家”，张贴“四自”和“五好家庭”宣传画。

8月24日　众兴乡中心幼儿园挂牌成立。

同日　撤去共和小学，并入花灯小学。

8月　众牌路升级为沥青路建成通车。

同月　刘岗村利用荒坡地建18门轮窑厂，年产红砖700多万块，产值110多万元，年上缴利税近20万元，交村级管理费1.2万元每年，带动村民就业，增加村民收入。

9月1日　众兴乡印发《关于农村用电管理若干规定》。

9月　旱情凶猛，持续时间过长，水稻七成歉收，绝收3500余亩，连花生、山芋、玉米等旱作物也严重减产。

秋季　落实小麦1500亩（主要是小麦良种“158”）、油菜880亩（主要是良种“华杂3号”）示范片建设。

同季　组织上万名农民对滁河干渠众兴段进行清淤加固。

10月　林业通道工程开启：众兴—张店、众兴—民族乡大兴庄、众兴—华光、众兴—霞光4条路总长19千米，种植意杨15200棵。

10月12日　众兴乡成立农田基本建设指挥部，开展农田保护工作。

10月28日　许河村连片开发大棚蔬菜100亩，露天蔬菜200亩。

12月16日　农业税费收缴，晓钟村发生一起妇女服毒身亡事件。

同年　年终核算，众兴乡村提留、乡统筹资金2137.7192万元，占上年人均纯收入的4.61%，控制在5%以内。

同年　众兴乡通过省级“两基”验收，霞光小学获评县先进单位。

同年　乡统计全乡共7719户，有厕所7701户，还有18户无厕所（其中1户单身汉）。有18户人家无井仍饮用水塘的水。

1998年

1月3日　肥东县委常委、宣传部部长张吕金为组长，县农委副主任陆维鹏、磨店乡乡长王道富为副组长的县委工作组到众兴主持乡党委、政府工作。

1月20日　县监察局决定，因“晓钟事件”撤销众兴乡乡长和一名副乡长职务，同时给该村支部书记开除党籍处分。

2月　修建永安集供销社东至粮站西、众兴北大街两条长300米水泥路面。

3月　众兴邮电局扩建8间两层楼房。

4月　人口理论学校成立。

5月　对滁河干渠圩坎、谢岗2支渠进行清淤。

5月26日　大众路磨店集至众兴集段5千米建成水泥路面通车。

6月　滁河干渠南岸砂石路建设任务完成。

6月25日　乡成立勘界工作领导组。

9月　撤销梁宇中学并入永安中学,同时撤销红星小学并入单岗小学,撤销华光小学并入庙岗小学。

11月　整修众兴集原乡政府至小朱户桥右岸1.1千米长砂石路面。

12月　整治沙塘岗支渠。

同月　全乡建立村级财务公开栏,公开财务收支,加大群众监督力度。

12月29日　众兴乡召开第八次党员代表大会。

同年　人均地区生产总值达8500元,人均纯收入1300元。集镇聚居人口6000人,占全乡总人口的19%。

年底　众兴乡开通600门程控电话。

同年　电信、邮政分营,众兴邮电局分为众兴邮政所和众兴电信所。

同年　众兴乡计划修建乡内11条40千米砂石路,总投资约360万元(大高至浏河长7千米、众兴集至华光长6千米、金大坝至郑埠3千米、众兴集至水库2.5千米、众兴集至郑河4千米、永安集至小钟小学3千米、陈户至钟小郢2千米、八联至三兴2.5千米、司老至义合2.5千米、花灯至共和4千米)。

1999年

1月　农村教育附加费实行乡征、县管、乡用的管理模式。

1月　众兴乡第八次人民代表大会召开。

7月　滁河干渠因三十头节制闸封闭,梅天无雨,伏旱如虎。保秧苗、保耐旱农作物、保人畜饮水是当时抗旱的中心任务。

10月　老年大学成立。

同年　土地管理所更名为众兴乡土地管理规划所。

2000年

2月　农村实行税费改革,将农村优待金、“五保”供养经费纳入乡政府财政预算,改由农业税附加列支。

3月　开展改水改厕,新建无害化卫生厕所470座,创建2个县级改厕示范村(大高村、众兴村),4个乡级改厕示范村,促进农村环境卫生面貌的改善。

同月　农村税费改革开始,取消乡统筹等面向农民征收的行政事业性收费和政府性资金,取消农民教育集资,取消屠宰费和农民义务工、劳动积累工。

同月　县教委授予众兴中学“肥东县甲级管理学校”称号。

4月　村级计生干部参加县统一考核。按专业化、年轻化、知识化要求,择优选配村级计划生育专干，实行乡聘、县管、村用的管理机制。

同月　众兴水库直通县自来水厂的水源联络管道工程破土动工。

9月5日　众兴乡在花灯村圩坎、西岗头、老圩实施节水灌溉工程。

9月　打通众兴集南大街，兴建农贸市场，浇灌混凝土路面，投入资金13.8406万元。

10月　大高村计生主任张玉芬被安徽省计划生育委员会授予“优秀基层计生干部”荣誉称号。

1991—2000年　众兴乡机挖当家塘20口，耗资200多万元，总面积约300亩。

12月　第五次全国人口普查开展，众兴总人口37622人，其中，男性19242人，女性18380人。

2001年

3月14日　县人大常委会副主任袁光耀到众兴调研人大工作和水源联络管工程实施情况。

3月22日　乡第十届人民代表大会第三次会议在乡政府会议室召开。

3月31日　许河村架通有线广播。

4月12日　副县长黄维春、县自来水厂负责人到乡了解水源联络管工程施工情况。

4月14日　县长张进、县计委主任王兴梅到乡指导合肥东区水源联络管工程。

4月17日　县委书记熊建辉、副县长阚延平到众兴指导工作。

5月24日　合肥市“三个代表”重要思想学习教育活动进驻肥东，督察组组长吴智洋到众兴督查工作。

5月29日　县委常委、常务副县长到众兴乡指导税费改革工作及水源联络管工程施工情况。

5月31日　从县抗旱服务公司租借5台“十进十出”提水机，安装在沙塘岗支渠，昼夜提水。众南站、众西站开机提水。

6月8日　大众路柏油路动工建设。

6月30日　庆祝中国共产党成立80周年暨表彰大会在大会场举行。

7月底　众兴乡梅期无雨，旱灾严重。

9月15日　县委常委、组织部部长，县人大常委会副主任施成才及县人大选举室到乡指导选举工作。

9月16日　众兴乡召开第十届四次人民代表大会。

9月24日　众兴16名体检合格人员参加无偿献血活动。

9月26日　县委常委、宣传部部长张吕金，县委常委、纪委书记刘华胜到众兴乡检查指导工作。

9月　第一所民办幼儿园——小白灵幼儿园在永安集开办。

同月　村中小学教师工资统一发放至个人银行账户。

10月3日　上海市闵行区委常委、区人武部部长陆广银，县委副书记朱正跃等到花灯村大陆老组寻根访亲。

10月16日　县长张进到众兴开展调研工作。

11月6日　中共众兴乡第九届委员会产生党委委员9人，第一次会议选举王道富为党委书记。

12月4日　水利部副部长张基尧、副省长田维谦考察众兴水库除险加固工程准备工作。

2002年

2月20日　经县民政局批准，撤销田埠村，并入许河村；撤销三星村，并入八联村；撤销滁河村，并入谢岗村；撤销司老村，并入范岗村；撤销义合村，并入华光村；撤销共和村，并入花灯村。保留众兴、金王、郑埠、大高、永安、光华、郑河、小钟、刘岗、梁宇、浏河、霞光12个村，时众兴乡辖18个村委会。

7月　中心小学在县级学校管理中获得优良等级。

8月　报请县教育局批准，撤销三合、徐户、浏河3所小学，新组建联合小学；撤去大高、范岗、谢岗3所小学的高小部分，保留初小部分。

9月　众兴粮站兴建高规格粮仓2栋。

10月　众兴供电所迁址花灯街，兴建二层营业楼和职工生活食堂，占地面积7000平方米。

12月　众兴中学科教楼建成，建筑面积2435平方米，造价147.8万元。

同年　城镇职工实行基本医疗保险制度。

2003年

2月　广泛宣传发动预防“非典”疫情活动。

3月　肥东县社会治安综合管理委员会授予众兴中学“社会治安综合治理先进单位”荣誉称号。

4月　学习贯彻党关于减轻农民负担文件精神，加快农村经济发展和招商引资工作，农业特产税改征农业税。

8月　撤范岗小学并入众兴小学；撤谢岗小学并入霞光小学；撤大高高小（高小指低年级办学）并入花灯小学；撤去三合、徐户、浏河3所小学，新建联合小学，后更名为平和希望小学。

同月　小学由五年制改为六年制，同时，有条件的小学三年级以上开设英语课程。

9月　众兴民办幼儿园在井店组开办。

12月　众兴中学建成一栋教师宿舍楼，面积2160平方米，可居住24户。

同月　众兴水库大坝加固工程开工，捕获一条重53.25千克草鱼。

2000—2003年　小学危房改造，投入109.4万元(其中省、市投入69万元，群众集资6万元，乡自筹34.4万元)，拆除危房面积3467平方米(其中D级危房3440平方米，C级危房27平方米)，竣工面积为3986平方米(其中新建2944平方米，改造1042平方米)。

2004年

8月4日　乡决定原花灯小学更名为众兴乡中心学校，原中心小学更名为众兴小学，后又改为中心学校分校。

10月　乡财县管、乡用改革全面启动。

2005年

2月　信访办公室挂牌成立。

5月　众兴乡荣获肥东县“社会治安综合治理先进单位”称号。

8月　组织党员干部参观合肥市反腐倡廉展览馆，开展践行“三个代表”重要思想和保持共产党员先进性教育活动。

10月　众兴中学建成一口30米深水井。

12月下旬　取消农业税，农民负担减轻，从根本上治理乱收费、乱集资、乱摊派的“三乱”现象，同时实行粮食保护价收购。

2006年

3月　众兴中学860平方米的学生餐厅竣工(造价45万元)，并投入使用。

4月　乡国土资源规划建设管理所获肥东县社会治安综合治理委员会颁发的“2005年度社会治安综合治理先进单位”奖牌。

5月28日　众兴乡司法所由众兴集迁至花灯大街。

7月　众兴中学女生公寓建成并投入使用，面积3023平方米，造价235万元。

10月　众兴劳保所挂牌成立。

同月　在华光村进行缩村让地新农村建设试点工作。次年，拆去村民旧房；2008年兴建徽派建筑2处，分别是华光新村、义合新村，占地534669.34平方米；2009年，村民入住新房。

11月　经合肥市发改委批复，众兴乡建设工业聚集区。

下半年　申报的合肥市第一批“515敬老工程”项目获批准，重新规划敬老院，新建84间3000平方米标准宿舍。

2007年

3月20日　众兴乡获县“投资工作三等奖”。

5月　众兴乡第二个水泥篮球场在众兴中学建成，面积840平方米。

8月　合肥市社会治安综合治理委员会授予众兴司法所“合肥市矛盾纠纷排查调处工作先进集体”奖牌。

同月　众兴乡被肥东县授予“人口和计划生育工作先进乡镇”称号。

12月13日　报请县政府批准：①撤并浏河村、刘岗村、梁宇村，组建为沿河村；②将永安村、许河村合并，组建为永安村；③撤并光华村、小钟村，组建为漕坊村；④撤并金王村、郑河村，组建为联合村；⑤将霞光村、郑埠村合并，组建为霞光村；⑥保留众兴村、大高村、谢岗村、华光村、范岗村、八联村、花灯村（全乡共12个村）。

12月　众兴中学4242平方米的综合实验楼工程完成招标并开工建设。

同月　众兴乡花灯村荣获肥东县“平安村（居、社区）”称号。

2008年

2月　土管所、规划办合并改为“国土资源规划建设管理所”。

同月　县司法局授予众兴司法所“2007年度司法所目标管理三等奖”奖牌。

3月6日　实行粮食收购最低保护价：每50千克白小麦79元、混合麦75元、中晚稻76元、中稻75元、粳稻79元。

4月2日　举行平和希望小学教学楼竣工典礼。县领导刘华胜、余永松及合肥琪瑞房地产有限公司负责人等出席竣工典礼，县人大常委会副主任刘华胜向捐资单位负责人颁发荣誉证书，并为教学楼揭牌。副县长余永松致辞。

4月6日　众兴乡举办“三月三”文化旅游庙会。开幕式上，市委常委、副市长刘烈东，县领导许华、刘华胜、余林、阚延长等出席。

4月17日　县人大常委会副主任刘华胜在县人大、县政府有关部门负责人陪同下，到众兴敬老院，就农村“五保户”集中、分散供养情况进行专题调研。

5月5日　水利部病险加固专项检查组、副市长张进、副县长丁玉金及省市县水利部门负责人对众兴水库除险加固工程进行专项检查。

5月　四川汶川“5·12”大地震发生，全乡广大党员积极响应，交纳“特殊党费”，支援震区人民抗震救灾。

7月　众兴中学高三（1）班学生蒯庆华获“安徽省优秀青年”称号。

9月8日　众兴乡开展政策性农业保险试点工作。

10月3日　众兴中学50周年校庆召开。

10月4日　120名“五保”老人入住敬老院，副市长杨增权和县委副书记、县长杨宏星到众兴乡为敬老院揭牌。县杨炳华、王海霞、刘华胜、丁玉金、阚延长等出席揭牌仪式。

10月　众兴自来水厂竣工，10月26日，开始试供水运行，2010年正式运营，2016年1月纳入肥东县自来水厂管理。

同月　众兴中学被评为“肥东县平安校园”。

11月13日　市委宣传教育处处长张平在众兴乡主持优秀党课下基层巡回报告会，蜀山区五里墩社区书记陶文驹主讲。

11月24日　副县长丁玉金深入众兴乡华光村建设现场进行调研。

截至11月20日　众兴乡2009年度新农合参合筹资工作在全县率先完成。全乡12个村参合人数29541人,共筹资590820元。

同月　众兴中学被评为肥东县“综合治理先进单位”,同时,被评为“合肥市依法治校示范学校”。

同年　众兴卫生院新建住院楼一栋,使用面积880平方米。

同年　安徽省电力公司在众兴乡联合村征地6.52公顷,兴建500千瓦变电站,系华东电网,属省电力公司主管。规划投资2.26亿元。

2009年

1月8日　县委常委、宣传部部长王海霞、县文明办和乡党政主要负责人慰问漕坊村的李大才和花灯村的王保安2位困难老党员。

1月24日　县民政局到众兴乡敬老院慰问老人。

1月　众兴乡集中供养五保对象生活费标准由每月180元提高到200元,分散五保供养标准由年人均1460元提高到1800元。

同月　众兴中学被评为合肥市“家教名校”。

2月　众兴乡召开在外乡友招商恳谈会,来自江苏、北京等地的企业界人士50余人参加了恳谈会。

同月　众兴中学被评为合肥市“绿色学校”。

同月　众兴乡国土所荣获县国土局颁发的“全县创建国土资源执法模范乡镇先进单位”奖牌。

同月　众兴乡花灯村荣获“合肥市‘清洁家园、绿化乡村’活动先进村”称号。

同月　县司法局授予众兴司法所“2008年度安置帮教业务工作考核先进司法所”称号。

同月　乡召开土地流转工作会议。

3月4日　县人大和县检察院到乡敬老院组织一次以关爱老人为主题的送温暖活动。

4月　省、市、县领导及市佛教协会一行到马政寺文化旅游庙会活动现场进行指导。省政协副主席王鹤龄宣布庙会开幕。据统计,参加庙会人数超过10万人次,各类商品成交额达200余万元。

4月11日　县人大常委会副主任刘华胜到众兴乡调研并参加人大代表评议活动。

4月22日　县人大常委会副主任张业顺等出席众兴乡第十二届人大第三次会议。

5月22日　市农委主任何杰到众兴乡华光村调研新农村建设项目。华光新农村建设项目启动于2008年,是省里批准的缩村让地建设项目。项目区涉及6个自然村,357户、1272人,土地规模1122亩。

6月29日　安徽日报社记者与市、县民政局对“合肥市515工程”众兴乡敬老院五保老人集中供养情况进行实地采访。

8月18日　省国土资源厅副厅长及征转处处长胡萍、市国土资源局副局长黄志宏、副县长丁玉金等到众兴乡华光村进行土地置换项目中期检查。

8月31日　省司法厅政治部主任夏训发到众兴乡对江淮分水岭地区综合治理开发对口扶持及党建工作结对共建进行指导和调研。

9月4日　合肥市王小郢污水处理厂德方代表赛古、马青山一行到众兴学区中心学校，实地察看学校教育教学情况，带来620套教学、办公课桌椅。

9月22日 肥西县民政局负责人及该县各乡镇分管民政负责人及民政办主任到众兴，参观众兴乡敬老院。

9月27日　省司法厅省级示范所创建工作第四检查组组长、阜阳市司法局副局长王丹一行及县委常委、政法委书记干文宏，县司法局局长郑波到众兴司法所检查验收创建省级示范所工作。

10月13日　县移民领导组对众兴2008年第三批22个移民项目工程进行检查验收。

10月24日　副县长丁玉金及县老龄委、政府办、民政局等人到众兴乡敬老院看望慰问老人。

11月　成立乡农村经济文化服务中心。

12月30日　省司法厅副厅长王翠凤一行5人，县委常委、政法委书记干文宏及县司法局局长郑波到众兴乡慰问五保老人。

2007—2009年　花灯村荣获“全县农村基层组织建设工作‘五个好’村党组织”称号。

2009年　合肥市“十快乡镇”公示名单中，众兴乡成功入围合肥市2009年度经济社会发展“十快乡镇”。

2010年

1月　4659名60周岁及以上农村老人开始享受每人每月60元养老补助。

同月　众兴司法所被中共合肥市委政法委、合肥市司法局授予“2009年度合肥市优秀司法所”称号。

同月　合肥市司法局授予肥东县司法局众兴司法所“集体嘉奖”。

2月　众兴司法所获得“肥东县司法行政工作2009年度目标管理一等奖”。

同月　众兴中学被评为“肥东县农远工程应用与管理先进单位”。

同月　沿河村、漕坊村和八联村整建制划属合肥市磨店社区管辖。

同月　中共肥东县委、县政府授予众兴敬老院“2009—2010年度县级文明单位”称号。

4月16日　合肥市政府副秘书长、办公室主任王予安，县委副书记、组织部部长汪义军和乡主要负责人到第四批选派干部派驻村霞光村调研。

7月　中华全国妇女联合会授予众兴乡“全国妇联基层组织建设示范乡”称号。

9月25日　由省残联党组书记、理事长张纯和,省残联康复处处长荣晓平,省卫生厅妇社处主任李维康,省残联康复处等相关部门领导组成的“残疾人社区康复示范区”创建验收专家组,市残联有关领导以及副县长余永松等到众兴乡考察残疾人康复社区建设工作。

10月　众兴司法所荣获肥东县司法局“全县双百日维稳攻坚行动先进集体”奖。

11月19日　合肥市妇联主席江玲一行、肥东县妇联负责人到众兴乡检查指导留守流动儿童活动室建设情况。

11月　众兴司法所荣获安徽省司法厅颁发的“全省司法所双百日维稳攻坚行动先进集体”奖牌。

2010年　西范岗提水站荣获“安徽省2010年度移民群众满意项目”奖。

同年　众兴信用社改为肥东县农商银行众兴支行。

2011年

1月　众兴乡残联获县残联综合考评二等奖。

1月21日　县委常委、宣传部部长王海霞一行到花灯村、永安村生活困难群众家中进行走访慰问。

2月　肥东县司法局授予众兴司法所“2010年度全县司法行政系统先进集体”称号。

3月　众兴中学被评为“肥东县留守儿童之家示范点”。

同月　众兴中学获肥东县“青年文明号”奖牌。同时获合肥市“平安校园”奖。

5月17日　县委常委、纪委书记韩东亚到众兴乡检查指导工作。

6月8日　县委常委、宣传部部长宣丽玲一行到众兴乡检查指导抗旱打水工作。

7月　众兴中学获国家级“普法教育优秀组织奖”称号。

8月　3名大学生村官到众兴工作。

同月　一座集餐厅、会议室、娱乐室、健身房和办公接待于一体的多功能大楼在众兴乡敬老院动工兴建。该大楼占地面积500平方米,建筑使用面积1000平方米,造价100万元。

9月19日　县委统战部及县宗教局机关党支部到众兴开展“万名党员行,真情暖民心”主题实践活动。县政协副主席、县委统战部部长阚延长及县宗教局局长罗虎等参加此次主题实践活动。

11月11日　省发改委主任沈卫国在县委书记、县人大常委会主任杨宏星和县发改委、众兴乡党政主要负责人的陪同下,到众兴乡调研走访。

11月17日　省计生委副主任朱庆在肥东县委常委、宣传部部长宣丽玲及县计生委等主要领导的陪同下到乡调研计划生育利益导向机制贯彻落实情况。

11月　众兴中学被评为“肥东县高效推进肥东地区教师专业化发展议题研究先进集体”,并荣获国家“有效推进地区教师专业化发展”课题研究二等奖。

同月　县民政局授予众兴敬老院“管理服务工作”三等奖。

同年　众兴司法所荣获“安徽省级示范所”称号。

同年　乡残联被合肥市残疾人基本信息调查工作领导小组评为先进集体。

同年　校安工程规划改造总面积6000平方米，总投资181万元。

2012年

1月5日　安徽百大集团副董事长、总经理陈明辉及海信科龙安徽分公司总经理张楚东一行到众兴，慰问捐助困难群众，副县长宋琪、县民政局副局长许畏等出席捐助仪式。

1月　肥东县为民服务全程代理工作领导组授予众兴乡花灯村“为民服务全程代理先进村(社区)”称号。

2月14日　副市长江洪、市林业局和县领导调研众兴乡植树造林工作。

3月7日　市委副秘书长、市委政研室主任司胜平一行到众兴，对合肥市第一批“515”工程——众兴敬老院、安徽鼎和生态农业科技园等造林现场、华光新村等项目进行调研。

同月　县委常委、副县长韩东亚，县直各部门有关负责人到众兴乡，就北京鼎和投资有限公司投资兴建合肥众兴现代农业科技园项目召开前期论证会议。该项目拟用地10000亩，投资额为12亿元。

3月　花灯村被合肥市妇女联合会授予“合肥市优秀妇女之家”称号。

同月　乡残联被合肥市残工委和合肥市组织部评为先进集体。

同月　中共肥东县委、县人民政府授予众兴乡花灯村“肥东县阳光村务工程建设工作先进集体”称号。

5月　众兴中学被评为市“红旗团委”，荣获合肥市“禁毒示范学校”奖。

5月22日　市委政法委副书记、综治办主任许道和市综治办副主任丁源军一行，县委常委、政法委书记余永松，县委政法委副书记、县综治办主任郑顺新到众兴乡调研“666”平安呼叫网建设工作。

6月　众兴敬老院多功能大厅建成投入使用。

6月15日　省住建厅、市委组织部有关领导到众兴看望选派干部，并就选派干部集中调研月活动开展情况、选派干部任期工作规划和年度计划制订情况、选派单位联系选派工作的负责人和责任处室到村调研情况以及美好乡村建设情况等相关工作进行调研。县委书记、县人大常委会主任杨宏星参加。

7月4日　县档案局局长、党组书记程道行及县档案局机关部分党员干部，到范岗村开展党员“1+1结亲”活动。

7月　“保持党的纯洁性、迎接党的十八大”主题教育集中学习活动开展。

8月21日　喜迎第五批大学生干部。

9月　县家电办到乡检查指导家电下乡工作。

同月　县委常委、宣传部部长许高彬，县政协副主席、县委统战部部长阚延长和县交通局、公路局主要负责人到乡参加“保持党的纯洁性”专题民主生活会。

9月上旬　投入资金400多万元，花灯大街改造扩建项目启动，水泥路大街两边各拓宽1.5米，达10米宽，道路两边铺设彩色道板砖3.5米，每50米安装一盏路灯，同时对大街进行了绿化。

9月28日　肥东县文物所一行到众兴乡对永安村许河湾村民组西南200米的商周遗址进行立碑。

12月5日　省委宣传部副部长、省外宣办主任张宗良到众兴乡调研社会管理创新工作，市委宣传部副部长、市外宣办主任魏玉萍，县领导杨宏星、余永松、许高彬等参加。

12月8日　固定电话号码由7位升至8位。

12月18日　国家电网投资2000万元在大高村征地1300平方米，兴建35千瓦变电站。

2012年冬至2013年春　众兴乡共修大小塘坝32座，清淤灌溉主渠道2.5千米，改造电灌站3座，硬化渠道1千米。

2013年

3月15日　上午，东亚银行合肥分行负责人一行，在省司法厅、乡有关领导的陪同下，到众兴乡中心学校，为师生们捐赠价值数千元的文体用品和书籍。

3月　永安、联合、大高等7个村，深挖浅塘、扩建小塘、改建不规则水面，深挖改建扩建精品塘致富塘22口，总投入17.6万元，动用机械20多台(套)，蓄水量增加20多万立方米。

4月20日　省立医院急救中心20余位专家和医务人员到众兴乡敬老院为老人做义务健康体检。

春季　县领导对众兴乡工贸企业安全生产情况开展检查。

同季　县林业局林业技术人员到众兴参加科普赶集活动，接受群众咨询。

5月　“信访维稳调处中心”挂牌成立。

6月7日　安徽省副省长方春明、省市相关领导到乡调研基层综治维稳工作，县委书记杨宏星，县委副书记、县长路军等参加。

7月6日　中心学校学生许小璐获省读书活动二等奖。

7月11日　合肥师范学院数学系师生一行到众兴乡开展暑期实践教育活动，为期12天的为留守儿童义务辅导拉开序幕。

8月13日　市林业局副局长施广金和县林业局有关负责人到众兴乡督查林业抗旱保苗工作。

9月　冬小麦出现严重旱冻灾害，对小麦生长造成严重影响。此次受灾共有960户获得农业保险理赔，理赔面积1085亩，获得赔偿款87921元。

同月　第三次全国经济普查开展。

10月　众兴中学获“安徽省家教名校”称号。

同月　华光村、花灯村分别改称华光社区和花灯社区。

同月　众兴卫生院增建综合楼一栋，使用面积1000平方米。

11月5日　众兴中学通过市教育局验收，被评为“合肥市示范高中”。

11月12日　县人大常委会副主任张翔、县人大财经工委和县财政局一行到众兴开展乡镇财政管理调研工作。

11月20日　合肥皖星公司总经理侯昌杰一行到众兴乡敬老院开展“送温暖、献爱心”活动。

12月　众兴乡获“秸秆禁烧合肥市先进单位”称号。

2014年

1月25日　县工商局负责人等到众兴慰问范岗村百岁老人李兰英、花灯社区百岁老人陆叶年。

2月25日　民兵整组工作开始实施。

3月4日　以高致病性禽流感和牲畜口蹄疫、高致病性猪蓝耳病、猪瘟、狂犬病等重大动物疫病防控为中心，强化免疫、强化监测，落实综合防控措施，实施集中免疫行动。

3月7日　全乡2014年粮食补贴发放工作全部完成。核定小麦种植面积21358亩，水稻种植面积12885亩，计发放粮食直补及农资综合补贴资金2776761元。补贴标准为粮食直补每亩12.6元，农资综合补贴每亩71元，合计每亩83元。

3月10日　《关于开展2014年民生工程宣传活动方案的通知》下发。

3月　众兴乡第一届全民文化月活动举办。

4月　众兴中学获“合肥市平安校园”称号。

5月　贝因美公司第三次到众兴捐赠160箱奶粉，价值16万元。

同月　共青团合肥市委为花灯社区颁发“合肥市优秀五四红旗团支部”称号。

7月30日　众兴乡召开群众路线专题民主生活会。县委常委、宣传部部长许高彬参会，县第十二督导组组长黄忠琴对民主生活会进行点评，县纪委、县委组织部等相关人员参会。

7月　众兴中学获肥东县“青少年读书育人特色学校”奖。

8月　乡在花灯社区投入15万元资金，在原共和村和花灯村的交界处建立一座便桥以及900多米的砂石路。

9月5日　根据县江淮分水岭综合治理办公室的文件要求，众兴乡开展申报林间土鸡养殖基地建设和安徽香榭里黄山栾树特色苗木示范基地建设2个项目。

9月　合肥市公务员局副局长方亮一行到众兴乡敬老院慰问老人。

10月12日　2014年秋季计划生育集中服务活动总结暨兑现工作开展，全乡9个村(社区)综合评比谢岗位列第一、众兴第二、华光第三名。

11月26日　县人大常委会副主任杨玉好一行到乡调研大高村文明创建工作。

12 月 31 日　众兴乡 2014 年 1—12 月“三公”经费和会议费支出情况统计公开。

同年　肥东县民政局授予众兴敬老院管理工作三等奖。

同年　众兴乡被评为合肥市信访先进单位。

同年　众兴供电所被国家电网安徽省电力公司评为“四星级供电所”。

同年　众兴乡获肥东县秸秆禁烧先进单位称号。

同年　众兴乡残联获县残联综合工作一等奖。

第一章 建置区划

肥东县众兴乡人民政府办公地　（康琛/摄）

第一章

建置区划

肥东县众兴乡人民政府办公地 （康琛/摄）

第一章　建置区划

众兴乡因众兴集而得名。一说，众兴集原居住张、许、周（也说李）三姓，清光绪年间（1875—1908年）为起集名曾各自争姓，互不相让，后入京报直隶总督兼北洋通商大臣李鸿章调处。席间，李鸿章提笔："三人为众，为众人兴办的集市，众家兴旺，该叫'众兴集'"。又说，以众兴集为中心，等距离有永安、草庙、元疃、三十头、磨店、店铺等集镇，众兴集市繁荣，曾名为中心集，久之，改谐音为众兴集。

众兴隶属肥东地区，西汉属浚遒县、合肥县，南朝宋乔迁梁园慎县。南宋避讳慎字，改慎县为梁县。

1949年1月，合肥解放，成立兴林乡，同年3月改名为众兴乡。同年成立乡的有：永安乡、梁宇乡、牌坊乡、马庙乡。

1955年12月底，撤销马庙乡、郑埠乡、单岗乡，并入众兴乡；同年12月，撤销梁宇乡、许河乡、合作乡，并入永安乡。1956年12月，撤销永安乡，并入众兴乡。1961年5月，恢复永安乡改称永安公社。

1949年春至1958年为乡人民政府；1958年11月至1976年10月为人民公社；"文化大革命"期间为革命委员会；1976年11月至1983年4月为公社管理委员会；1983年5月以后为乡人民政府；1992年3月，撤区并乡，永安乡与众兴乡合并成立众兴乡人民政府。

第一节　建置沿革

一、位置

众兴乡地处肥东县中部西缘，合肥市东北方位，众兴水库南偏西。众兴乡人民政府驻地的地理坐标：北纬31° 99′ 35″ 08，东经117° 41′ 67″ 12，属东八时区。乡境东邻牌坊回族满族乡，南挨合肥新站区磨店社区，西接瑶海区三十头社区，北依元疃镇。乡境最东端是永安村关大郢，最南端是永安村的小何岗，最西端是霞光村瓦锡岗，最北端是华光社区王大郢、庙岗。乡域疆界周长约45千米，其中陆地37千米，水岸疆界8千米，辖区面积为53.44平方千米，乡域东西向最大距离10千米，南北向最大距离12千米。

众兴乡人民政府驻地：花灯社区花灯大街。

电话区号:0551;邮政编码:231634。

乡政府驻地距县城店埠镇唐杨路13千米,公交357线路约20分钟可直达。

众兴乡地形西北高东南低,最高海拔56米,号称“九岗十八冲”,土壤以黄土为主,适合各类农作物及花卉苗木生产。

乡域属北亚热带季风性湿润气候,四季分明,气候温和,适宜动植物生长、繁衍。

二、沿革

据大陈墩遗址(今肥东县龙城乡仓陈村)印证,在殷商时期当地就有先民在此茹毛饮血,刀耕火种,生息繁衍。另外,众兴姓氏宗谱中也多有记载,现居民大多于明洪武年间(1368—1398年)自江西瓦屑坝和皖南青阳等地迁徙到众兴地区。

先秦　1956年龙城乡大陈墩遗址(今石塘镇仓陈村)出土稻粒结块,证明新石器时期肥东地区就是产稻区。氏族公社末期,该地区为淮夷部落活动区域。夏、商为虎方部落所建方国领域。周仍为方国活动区域。春秋时期,先后为北上的吴、越领地。战国时期,属楚国。

秦　众兴地区属九江郡(治寿春,今寿县县城)。

西汉　设浚遒县,治在今石塘镇龙城集(一说在费集乡清水桥),众兴地区属浚遒县。

西晋　浚遒县并入合肥县。太康元年(280年),复浚遒县,改浚为逡。逡遒县在东晋乱后荒废(历时5个多世纪)。众兴地区属合肥县。

南朝宋　颍上县西北江口集慎县侨至于逡遒县境内(治在今梁园)。众兴地区属慎县。

南宋　为避孝宗赵昚讳,改慎县为梁县。至元朝,众兴地区属梁县。

明朝　洪武元年(1368年)废梁县,并入合肥县,众兴属合肥东部地区。

清朝　初袭明制。庐州府入清,仍属南京。顺治二年(1645年),建省、府(州)、县三级政区。闰六月乙巳(8月19日),庐州府改属江南省(省会驻今江苏省南京市江宁区)。康熙六年七月甲寅(1667年8月30日)庐州府改属安徽省(省会驻江宁,乾隆二十五年移驻今安庆市区)。咸丰三年(1853年)四月二十三日,决定将临时省会迁驻庐州。十二月十日,安徽巡抚江忠源赶到庐州上任,庐州为省会临时驻地。此间,庐州成为清政府与太平军争夺的中心,太平军曾3次攻下庐州府城。同治元年(1862年)下半年,因庐州无险可据,清政府慑于太平军余威和捻军力量,将安徽省会迁回安庆。同治六年六月甲午(1867年7月23日),庐州府改属安徽省安庐滁和道(道治安庆城)。光绪三十四年五月甲午(1908年6月8日),庐州府改属安徽省皖北道。

中华民国　民国时期,二、三级行政区划改置多次变革,继废府存县,改州为县,设置辖县之后,又撤道设区,后又改设行署辖县。

北京政府　辛亥年农历九月十九日(1911年10月28日),合肥为革命军光复,废道。民国元年(1912年)1月,废庐州府,合肥县直属安徽省(省会驻安庆城)。民国3年(1914年)6月2日,合肥县改属安徽省安庆道(道尹驻安庆城)。

南京政府　民国17年(1928年)8月,废道,合肥县直属安徽省。民国21年(1932年)4月2日,合肥县属安徽省第三行政区(首县为合肥县)。10月10日,合肥县改属安徽省第三专区(专员驻六安县城,今六安市区)。民国27年(1938年)5月14日,日本侵略军占领合肥,合肥县政府临时迁驻肥西鸽子笼(今肥西县铭传乡),仍属第三专区[为便于领导,民国29年(1940年),在梁园设肥东办事处,直属安徽省第五专区。在此之前,今县境一直为合肥县东部地区]。民国27年(1938年)11月10日,合肥县改属安徽省(此时省会临时迁驻立煌县城金家寨,1954年没入梅山水库)第三专区(专员先后驻六安、金寨、六安)。民国29年(1940年)2月2日,撤销皖北行署,合肥县仍属第三专区。7月,合肥县改属第二专区。民国34年(1945年)8月,撤销肥东办事处,合肥县回治合肥城。同年9月,安徽省会迁驻合肥县城。11月,合肥县改属安徽省第十专区(专员驻田家庵,今属淮南市),今县境仍为合肥县东部地区。民国37年(1948年)8月,安徽省会迁驻安庆城,余仍之。

中国共产党　1941年4月,在广兴集成立中国共产党领导的合肥县抗日民主政府。辖广兴、王子城,青龙厂3个区,同年9—11月,津浦路西各县联防办事处在王子城成立合肥县东南各区联合办事处,辖合六区、合二区。此外,今县境还先后属3个抗日的县级政权:1942年4—7月,合肥县抗日民主政府撤至全椒县孤山地区,与全西抗日民主政府合并,成立全合县抗日民主政府;当年7月至1945年8月,定合县抗日民主政府成立,驻定远县吴家圩,属津浦路西专员公署,在今县境内设有合五区(以青龙厂为中心)、花张集区;1944年5月至次年8月,建立合巢办事处,属津浦路西专员公署,设西山驿、磨店、吴店、肥南、西黄等区。

1949年1月21日,中国人民解放军先遣纵队解放合肥城,今县境也随之解放。2月1日中共江淮区委决定析合肥县为合肥市、肥东县和肥西县,因肥东县位于合肥市之东,故名肥东。至此,秦汉古县合肥正式退出历史舞台,新建的合肥市仍延古县旧名。

1949年2月3日,肥东县政府在撮镇大郭村四大户自然村宣布成立,县政府驻梁园,同月下旬迁至店埠,属江淮行署第五专区。4月15日,改属巢湖专区。

中华人民共和国　1949年10月,肥东县属皖北人民行政公署(一级行政区划)巢湖专区。1952年3月28日,肥东县改属皖北人民行政公署滁县专区。同年8月7日,中央人民政府撤销皖南、皖北人民行政公署,合并成立安徽省。实行省、市(专区、后称行署)、县三级管理体制。肥东县仍属滁县专区。1956年11月12日,肥东县改属蚌埠专区。1958年6月21日,肥东县改属合肥市。1961年4月7日,肥东县改属滁县专区。1965年5月21日,肥东县改属巢湖专区。1971年3月29日,肥东县改属巢湖地区。1979年2月27日,肥东县改属巢湖行署。1983年6月7日,肥东县改属合肥市。众兴随合肥、肥东县沿革。

三、治所

众兴乡政府　2006年前,位于众兴集新大街,2006年6月后,位于花灯大街。

永安乡政府　1992年撤区并乡前,先位于永安集南端,后重建于永安集与关大郢自然村之间。

第二节　行政区划

一、中华人民共和国成立前后

众兴及周边建立的小乡　众兴现有乡域是由解放初期陆续建立的9个小乡合并而成的。1949年2月建立兴林乡(3月改称众兴乡)、永安乡、梁宇乡;1949年5月建立牌坊乡;1949年10月建立马庙乡;1950年8月建立单岗乡、许河乡;1951年12月建立合作乡;1952年9月建立郑埠乡。同时还包含龙庙乡、张巷乡(位于众兴水库淹没区)的部分地区。

二、区属机构的变迁

1949年2月至1958年10月,众兴乡、马庙乡、郑埠乡、单岗乡、梁宇乡、许河乡属草庙区;1949年2月至1955年12月,永安乡、牌坊乡、合作乡属店埠区;1955年12月至1956年12月,永安乡划属草庙区;1961年6月至1965年6月,众兴公社、永安公社划属肥东县双墩区;1965年6月至1992年4月,众兴公社、永安公社划属店埠区;1958年10月至1961年6月,不设区级机构;1992年4月,撤销区级机构,不设区级机构。其间,众兴公社、众兴乡人民政府直属肥东县。

三、乡级机构的变迁

1954年11月,撤销牌坊乡,并入永安乡;1955年12月底,撤销梁宇乡、许河乡、合作乡,并入永安乡。同时,撤销马庙乡、郑埠乡、单岗乡,并入众兴乡;1956年12月,撤销永安乡,并入众兴乡;1958年10月,众兴乡改称众兴人民公社;1961年6月,恢复永安乡级建制,为永安人民公社;1983年4月,取消人民公社建制,众兴、永安两公社重新称众兴乡、永安乡;1992年4月,撤销永安乡,并归众兴乡,成立众兴乡人民政府。

四、村(居)撤并调整

1955年,由互助组进到初级社;1957年通过整合,2~3个初级社组合成一个高级农业生产合作社。1958年底,人民公社化开始,众兴乡改称众兴人民公社,各高级社改为生产大队,有众兴、华光、义合、司老、范岗、郑埠、霞光、谢岗、花墩、八联、大高、金王12个生产大队。为了体现"一大二公"政社合一,郑埠、霞光和谢岗成立霞光联防,众兴、金王、花墩、大高为井店联防,华光、司老、义合、马庙为华光联防等。

众兴地区成立井店一至四社,永安地区成立曙光一至八社。按军队组织形式,用连、排、班称谓社内组织。曙光一社:邹岗、赵坊;曙光二社:梁宇、浏河;曙光三社:槽坊、小钟;曙光四社:许河、郑河;曙光五社:永安;曙光六社:大兴庄;曙光七社:牌坊;曙光八社:树周。1958年,成立人民公社,"一至八社"取消,改为"大队"。

1961 年夏秋时节（三年困难时期之后），众兴人民公社为了便于管理，撤销联防，以原来的 12 个大队经营农业生产。

1974 年，众兴公社分设 3 个生产大队：滁河、共和、三兴。至此，众兴公社共有 15 个生产大队：众兴、金王、范岗、司老、义合、华光、郑埠、霞光、谢岗、滁河、共和、花墩、八联、大高、三兴。

1983 年随着行政体制的改革，人民公社退出历史舞台，恢复乡政府称谓；各生产大队改为村（习惯称为行政村，以区别于自然村）。1988 年，又称为村民委员会（生产队为村民组，社员改为村民）。如霞光大队改称霞光村民委员会。

1992 年，撤区并乡，永安乡并归众兴乡，原永安乡的郑河、许河、田埠、光华、晓钟、刘岗、梁宇、浏河、邹岗、赵坊、牌坊、树周、许大郢、大兴、大塘、永安 16 个村划入众兴乡所辖，时众兴乡共 31 个村民委员会。

1994 年 10 月，牌坊回族满族乡建立，众兴乡划出邹岗、赵坊、树周、许大郢、大兴、大塘和牌坊 7 个村，众兴乡时有 24 个村。

2002 年底，撤去滁河村并入谢岗村，撤去共和村并入花灯村，撤去三兴村并入八联村。众兴有 21 个村民委员会。

2005 年，经上级批准，撤义合并入华光，撤司老并入范岗，撤田埠并入许河。众兴有 18 个村民委员会。

2008 年，经县民政局批准，撤郑埠村并入霞光村；合并金王、郑河两村，新立联合村；撤许河村并入永安村；撤晓钟、光华两村，新立漕坊村；撤刘岗、梁宇、浏河三村，新立沿河村。至此，乡有 12 个村民委员会。

2011 年，八联、漕坊、沿河三村划入合肥新站区磨店乡。众兴乡有 9 个村，谓“袖珍”之乡。

2012 年底，华光村改称华光社区居民委员会；花灯村委会改称花灯社区居民委员会。至此，众兴乡辖 7 个村委会和 2 个社区居委会。

第三节　地　名

一、乡名

1949 年 3 月，改兴林乡为众兴乡；1958 年 10 月建社，称众兴人民公社；1983 年 4 月复置众兴乡；1992 年，撤区并乡，永安乡与众兴乡合并，成立众兴乡。2014 年，辖 2 个社区居委会，7 个村委会，123 个自然庄，6074 户，25250 人。

永安乡名源自永安集。

二、村（居）、自然村名

华光社区　1958 年建队时名为华光大队，1983 年改制为村，1988 年称为村民委员会。2007 年，义合村并入，2012 年 12 月更名为华光社区居委会，辖 6 个自然村，551 户，2277 人。居委会设在胡大郢。

王大郢　王姓大村子,故名。86 户,330 人。

庙　岗　因地处岗地,旧时因有马政庙得名。68 户,270 人

塘　稍　清代咸丰年间,村民在门前挖口大塘而得名。27 户,110 人。

胡大郢　原胡姓人多,故名。2008 年,新农村建设,将胡大郢、吕小郢、河心拆迁至胡大郢旧址建新农村居住。154 户,677 人。

义合新村　水库移民户命名。新农村建设将原村组王小郢、吴高、前进、建设、胜利、义合集、团结拆迁,建义合新村居住。192 户,789 人。

十家庄　"文化大革命"期间,原从胡大郢移居十家人到此盖房居住,故名。24 户,101 人。

花灯社区　1958 年建队时以旧地主家庄园花墩命名,"花墩"后被写成"花灯",沿用至今。1983 年改制村,1988 年称为村民委员会。2002 年共和村并入。2012 年 12 月更名为花灯社区居委会,辖 16 个自然村,792 户,3083 人。居委会设在花灯大街。

李　园　因李氏果园得名。47 户,165 人。

罗　岗　原住村民多姓罗,居住地势高,故名。29 户,135 人。

圩　坎　住在原老贾圩自然庄的坎下部位,得名。"文化大革命"时改名"立新"。13 户,41 人。

河　北　20 世纪 60 年代,因开挖滁河干渠,老贾圩几家拆迁至滁河干渠北另建新村而得名。10 户,65 人。

坎　南　村处坎的南边,故名,又名"新村"。20 户,62 人。

老(贾)圩　村庄形成年代较久,起初是贾姓住在此地,四周挖沟蓄水做圩,故名。后被写成"老家圩",简写"老圩",又名"圩南",75 户,204 人。

井　店　路边开家店,旁边凿口井(供草庙集、三姓集周边等北边人往来磨店集、合肥落脚休息)而得名。70 户,246 人。

高　店　因地势高、开店得名。74 户,256 人。

四　房　张姓某一代第四子建立的郢坊,故名。68 户,239 人。

贾　户　初立郢坊时因贾姓而得名。169 户,498 人。

西岗头　原名西岗上。村北有张氏十四世祖坟,上百冢,称大岗上。而众兴集东边也有岗上,称东岗上,此处称西岗上。"大跃进"时被写成西岗头,沿用至今。40 户, 126 人。

龚河湾　村处河流弯曲处,村民多姓龚,故名。1958 年,原钟小郢、罗松岗两小庄并入称"共和",计 50 户 176 人。

陆老家　因陆姓多而得名。74 户,259 人。

义　一　多为外来户,取义为重,故名。14 户,48 人。

义　二　多为外来户,取义为重,故名。23 户,75 人。

义　三　多为外来户,取义为重,故名。16 户,96 人。

霞光村民委员会　1958年,属郑埠大队;1962年,析置霞光大队,1983年改制村,1988年称为村民委员会;2008年郑埠村委会并入。辖19个自然村,819户,3524人。村委会设在郑埠田。

柏果岗　岗地,始多柏果树,得名。23户,117人。

童下郢　童姓村庄,处于岗下,故名。38户,164人。

黄小郢(一)　建村时有黄姓人家居住,故名。

胡　冲　姓胡居民住在冲地而得名。31户,125人。

瓦锡岗　地势较高,地形似古瓦片状,故名。50户,131人。

黄　窑　黄姓村民很久前在此烧窑,得名。50户,199人。

钟保岗　岗地,旧时实行保甲制,居中部,故名人(曾被写成中堡岗、中岗)。84户,560人。

稻塘郢　以大稻塘取名。29户,113人。

郑埠田　以郑姓户做木工活得名。37户,169人。

高　岗　村处高岗而得名。41户,190人。

司　岗　司姓久居地,地处高岗,故名。60户,240人。

黄小郢(二)　黄姓小村,故名。18户,70人。

朱小郢　朱姓小村子,得名。54户,180人。

高　冲　村地势低洼,立村时高姓人家居住,得名。61户,340人。

尹　岗　村原有姓尹的一户建村居住,地势较高,得名。79户,290人。

金王大郢　原一户姓金在此立户,后姓王的迁入,得名。40户,147人。

张小郢　张姓小村,故名。47户,160人。

蔡小郢　原姓蔡第一个立户,村庄小,故名。31户,138人。

蒯油坊　原姓蒯人家在村里建一油坊,故名。34户,149人。

范岗村民委员会　1958年建队时属于华光大队,1962年设置范岗大队,1983年改制村,1988年称为村民委员会。2007年司老村并入。辖12个自然村。533户,2547人。村委会住址西范岗。

西范岗　范姓村庄有二,以东西方位取名,本村位于西方,因名。75户,356人。

高小郢　村庄地势较高,故名。31户,119人。

司老家　司姓老村庄,故名。37户,207人。

金　户　村民多姓金,故名。68户,305人。

檀树巷　村庄树多,形成树巷,且有一棵大檀树,故名。52户,206人。

朱老家　朱姓老村庄,故名。30户,120人。

吴小郢　村民多姓吴的小村庄,故名。16户,72人。

老　司　司姓老村,故名。30户,165人。

钟香店　村民多姓钟,曾开香店的,故名。40户,276人。

范　庙　村民范姓居多，村旁有座庙，故名。11 户，61 人。

东范岗　范姓村庄有二，以东西方位取名，本村位于东，因名。100 户，450 人。

黄　巷　原村民有姓黄，村中有条巷，故名。43 户，210 人。

谢岗村民委员会　1958 年属郑埠大队，1962 年析置谢岗大队，1983 年改制村，1988 年称为村民委员会。2002 年滁河村并入。辖 19 个自然村，640 户，2463 人。村委会设在吴小郢。

谢岗头　原姓谢的村民在此岗头上立村，故名。30 户，99 人。

王　岗　原姓王多，且居高岗上，故名。后刘岗并入王岗，82 户，267 人。

王小郢　原姓王多，村庄不大，故名。40 户，152 人。

坝　冲　村庄居住在冲下，故名。42 户，134 人。

童小郢　童姓在此率先建房，村庄小，故名。后柿树郢并入童小郢，32 户，162 人。

立　新　20 世纪 70 年代，众兴水库移民到此建立新村，故名。15 户，66 人。

吴莫岗　来自南方吴姓最先在此建房，在高地建村庄，被当地人称蛮子，即吴蛮。因不会写“蠻”字，用“莫”代替，变成吴莫岗。52 户，175 人。

梁小郢　原为梁姓小村子，故名，现多为童姓，名称沿用。46 户，163 人。

金小郢　金姓小村，故名。10 户，38 人。

吴小郢　吴姓小村，故名。17 户，59 人。

冲　西　位处低冲以西，故名。44 户，149 人。

小朱户　朱姓最先开始在这居住，故名。49 户，154 人。

杨克坦　“文化大革命”时改名整新。26 户，149 人。

大油坊　村庄较大，早年村中曾有一家油坊，故名。45　户，246 人。

何小郢　何姓小村，故名。26 户，85 人。

高小郢　多数姓高，村庄小，故名。16 户，75 人。

槽坊郢　早年有一村民曾开一家槽坊，故名。45 户，240 人。

新　庄　相对周边新建的庄子，故名。21 户，79 人。

黄道郢　原先择黄道吉日而建村立户，故名。28 户，99 人。

众兴村民委员会　1958 年建队，时以驻地众兴集命名为众兴大队，1983 年改制村，1988 年称为村民委员会。辖 8 个自然村，509 户，1982 人。村委会设在众兴集。

许　岗　200 年前，姓许的几户在此居住，加之该地较高，故取名许岗。76 户，318 人。

大朱户　村庄较大，原来多姓朱，故名，沿用。67 户，261 人。

众兴集　清，许姓小庄，张姓、周姓迁此后兴集，为众人兴办集市而得名。149 户，512 人。

张小郢　开始有几户张姓居住在此，因邻近有一大村，比之较小，故名。54 户，186 人。

东王岗　有几户王姓始居于此，地势高，故名王岗。后众兴集西也有村子叫王岗，此地居东，叫东王岗。70 户，261 人。

小塘稍　村外老鹰塘稍有两村庄，一大一小，此庄较小，故名。37 户，150 人。

大塘稍　村外老鹰塘稍有两村庄,一大一小,此庄较大,故名。后三村庄合并叫塘稍,33户,127人。

沙塘岗　村外岗上有口沙塘,故名。23户,128人。

联合村民委员会　1958年建队,时名为金王大队(原众兴乡)、郑河大队　(原永安乡)。1983年分别改制金王村和郑河村,1988年,分别称为金王村民委员会和郑河村民委员会。1992年永安并入众兴乡,2007年两村合并组成联合村民委员会,辖17个自然村,718户,3374人。村委会设在郑小河。

郑小河　姓郑村民居住在河边,故名。33户,133人。

田中份　田姓中份原居住村庄,故名。45户,230人。

田南份　原田姓南份居住的村庄,故名。28户 151人。

钟小郢　姓钟小村,故名。46户,195人。

陈　户　原姓陈的庄户居住在此,故名。83户,352人。

李　户　原姓李的庄户,故名。22户,123人。

金王户　原姓金与姓王合建的村庄,人多了,又分为上金王、下金王,现统称金王户。76户,343人。

许小郢　姓许的小郢坊。18户,101人。

沈皇地　据传古时有个姓沈的想当小皇帝,在此挖圩围城,因方言"地"与"帝"同音,把"沈皇帝"写成地名"沈皇地"。71户,316人。

宋　巷　原姓宋居民在大路(过去众兴集到梁园、高塘集的必经之路)两边建村子,中间一条巷,故名。69户,362人。

白地岗　位处河边,地势较高,每当河水漫流,除此地之外多遭水淹,四周皆白,故名。20户,101人。

东　岗　岗处村东,原有张氏祖坟,故名东岗上(相对众兴集西边的西岗上而言),后简写成东岗。22户,123人。

刘小郢　姓刘小村,故名。36户,142人。

王小郢　王姓小村,故名。35户,146人。

张郢坊　张姓祖居地,故名。64户,313人。

郑　岗　岗地,原村民多姓郑,故名。30户,123人。

河沿上　村庄坐落在河沿上而得名。20户,120人。

大高村民委员会　1958年建队时命名为大高大队,1983年改制村,1988年称为村民委员会。辖9个自然村,530户,1726人。村委会设在东风组。

东　风　原名娘娘庙,后改名东风村。30户,104人。

窦小郢　以姓窦居多,村庄小,得名。78户,277人。

范小郢　原先一户姓范居住的小郢,故名。29户,96人。

陈小郢　陈姓小村,故名。59户,210人。

余　岗　位处岗头，村民多姓余，故名。34 户，134 人。

童翎岗　清时，因张汉英被朝廷封为二十四营童翎，而得名。42 户，134 人。村庄又名“童田上”。

小胡套　胡姓大小二村，旧社会多以出门讨饭为生，时人取　“讨”与“套”谐音命村名。（曾因村西有条众兴通往合肥的古道，又叫古道村）80 户，252 人。

大胡套　胡姓大小二村，旧社会多以出门讨饭为生，时人取“讨”与“套”谐音命村名。25 户，101 人。

大高户　因村民多姓高，村庄大而得名。150 户，403 人。

永安村民委员会　1958 年建队，时以驻地永安集命名为永安大队，1961 年永安公社成立时沿用，1983 年改制村，1988 年称为村民委员会。1992 年永安乡撤销并入众兴乡，2008 年许河村委会并入。辖 17 个自然村，972 户，4307 人。村委会设在永安集。

永安集　原名关集，关家庙改称永庆庵后，关集亦改称永安（音同“庵”）集。224 户，932 人。

老　徐　原姓徐的建村，邻村人称之“老徐”而得名。15 户，69 人。

王宣户　姓王祖先居住地，后姓宣的迁入，故名。96 户，450 人。

田埠周　店埠河上游的一大块地，适合建码头商埠，姓周的农户在此居住，得名。95 户，444 人。

赵　岗　村处岗地，因赵姓出才子，故名。14 户，61 人。

万　岗　村西边岗头上为万姓祖坟，得名。92 户，406 人。

王六九　原王姓排行老六和老九的在此居住，故名。33 户，130 人。

许河湾　村民多姓许，位处店埠河拐弯处，故名。92 户，429 人。

李新圩　李姓地主家挖的圩沟而得名。原名李圩，中华人民共和国成立后，改称李新圩。21 户，84 人。

小　高　高姓小村，得名。48 户，246 人（西边不远有大高户）。

小　周　周姓小村，故名。23 户，112 人。

张小郢　原是姓张的小村子，故名。43 户，183 人。

关大郢　村民多姓关，村庄较大，故名。89 户，373 人。

罗　户　村民多姓罗，故名。28 户，125 人。

吴小郢　吴姓小村，故名。16 户，83 人。

李　圩　四周挖圩沟的地主庄园，解放后为李姓村庄，故名。26 户，104 人。

小何岗　原何姓小村居住的岗地，故名。17 户，74 人。

三、路名

大众路　修建于民国 28 年（1939 年），起始为土路。中华人民共和国成立后，铺设石子儿。自众兴集经磨店集与合肥原合蚌路（后改为长江东路）相交，向东至肥东县城店埠镇,向西至合肥市。

店青路　路基修建于1958年,自县城店埠唐扬路至众兴集,向北达白龙、青龙,因兴修众兴水库而阻断改道牌坊、高塘。2014年位于众兴段老路基已建成柏油路,名为众店路。

石卅路　由众兴集至永安集、牌坊,名为众牌路和众兴集,至长丰三十头,名众霞路组成,是众兴乡东西通道。东至县石塘镇,西至新站区三十头社区。

众元路　众兴集至元疃镇,起自众兴集与合白路相交,向南至合肥市,向北至白龙镇、合徐高速,市外环高速入口,是众兴北向通道。

第二章 自然环境

华光新村　（康琛／摄）

第二章 自然环境

华光新村　（康琛/摄）

第二章　自然环境

众兴地处肥东中部西缘，江淮之间，属北亚热带季风性温润气候区。四季分明，按温度界定，夏冬两季各占近4个月，春秋二季各占2个月左右。正常年景，雨水充沛，光照充足，气候温和。

众兴境内有“九岗十八冲”之称，两岗夹一冲，岗冲交错，适宜水稻、棉花、花生、油菜、花卉树木等种植和禽畜、水产养殖。工业污染少，56%的土地栽种树木花卉，绿化面积达26000亩，是安徽省森林乡镇，连续4年入围合肥市森林绿化最佳乡镇名单，人居环境优越。

第一节　地　质

一、地史

在元古代以前，合肥及其周围广大地区为海浸区，沧海横流、烟波浩渺。距今18亿～9亿年的吕梁运动，使江淮地区出现最远古的陆地“淮阳古陆”。现在肥东地下石灰岩，是当时海相沉积物。

距今大约5亿年寒武纪时期，由于海浸范围扩大，淮阳古陆缩小。

进入奥陶纪晚期（距今4.4亿年左右），由于加里东造山运动的作用，海水隐退，陆地上升，淮阳古陆向南扩展，逼近长江北岸。

二叠纪末（距今2.5亿年），苏皖造山运动产生古大别山和淮阳高地。

距今1.4亿年的燕山运动时期，合肥及其附近地区进入一个新地史发展阶段，即由上升剥蚀为主，转为下沉接受沉积。这个时期，地壳运动以断块运动为主要特征，褶皱作用极其微弱，沉积环境变为陆相。合肥基底在断块运动作用下，断陷成合肥盆地。

第三纪以后，合肥及其附近地区，一直受喜马拉雅运动影响。第三纪早期（距今4000万年左右），合肥盆地大幅度下沉，经短期扩张后，又退缩为肥东、花岗、石涧埠等几个孤立的次级凹陷，继续接受沉积。另外，应力场由南北向压力转变为东西向压力，新生一些北西西向和北东东向断层，交切早期的北东向和北北东向断层，在几组活动交叉部位，形成断陷洼地，巢湖在这时已具雏形。

第三纪晚期（距今2000万年），地壳长期相对稳定和缓慢地上升，经受风化剥蚀作用发育成江淮准平原。

第四纪(距今二三百万年)以后,地壳以隆起为主,流水作用加强,侵蚀、切割的结果是破坏江淮平原,加剧地面起伏。分水岭地带继续上升,两侧相对下降,形成自分水岭向两侧逐渐降低的地势。

晚更新世(距今 100 万 ~ 1.1 万年),地壳普遍下降,基岩上广泛堆积沉积物。受后期微弱上升和流水切割影响,形成波状起伏地形。

全新世(距今 1.1 万年)起,河流下切缓和,侧移活动加强,河床附近和湖滨地带普遍堆积松散土层,形成平原。

二、地层

肥东境内地层由上太古界、下元古界、上侏罗纪、白垩系、下第三系和第四系组成。

上太古界　分布于解集、王铁、桥头集、六家畈等地的一些低山丘陵上。岩性以片麻岩为主,夹变质火山岩,在铜鼓山一带含多层磁铁矿。出露厚度大于 3671 米。

下元古界　分布于西山驿、桥头集、复兴、六家畈等地的低山丘陵上,岩性以片岩、大理石岩及白云岩为主,底部夹粉黄色磷块岩及锰土层。出露厚度 747 米。大何山沉积变质磷矿床和双山白云岩矿床均形成于早元古代。

上侏罗纪　地表仅零星出露于六家畈及龙山南部一带。据钻孔揭示,在长乐第四系松散沉积物覆盖之下有较广泛的分布。岩性为中性火山碎屑沉积岩,厚度不详。

白垩系　广泛分布于县境中、北部岗地第四系覆盖之下,只在沿江淮分水岭的白龙、八斗、古城、广兴线及东南部的西山驿至桥头集附近地表零星出露,岩性为紫红色沙砾岩、粉砂岩和泥岩。在响导铺的钻孔中还含有多层石膏岩,本系厚度大于 2433 米。桥头集型沙矿床赋存于上白垩纪。

下第三系　地表未见出露。据钻孔揭示,分布范围比白垩系小,在梁园及撮镇附近两地为沉积中心,岩性为杂色矿岩、粉矿岩、泥岩,含石膏层,厚度为 753.50 米。

第四系　除东南部低山丘陵区外,全县几乎均被第四系所覆盖。大体是高处薄,低处厚,即北部地区薄,南部地区厚。八斗岭地层厚 9 米,护城 24 米,梁园 26 米,店埠 44 米,撮镇 93 米。下、中更新纪分布于东部丘陵边缘的狭长地带,由黏土、砾石层等沉积物构成。上更新纪广布于起伏岗地,由棕黄色亚沙土、亚黏土组成,在江淮分水岭构成海拔 80 ~ 90 米的二级阶地。全新纪分布于现代河流两侧属近代堆积物,下部为亚沙土和沙砾,上部为亚黏土,组成河漫滩及级阶地。

三、地质构造

2014 年,众兴面积 53.44 平方千米,位肥东中部西缘,地质构造并无二样,即肥东县内大地构造以池河至西山驿深断裂为界,分别属于淮阳古陆及合肥盆地范畴。

淮阳古陆　皖南运动(距今 8 亿年)使东部边缘地区上太古界及下元古界巨厚地槽沉积全面褶皱回返,构成淮阳古陆的一部分,在郯庐断裂带内伴有斜长角闪岩和闪长岩侵入。自震旦纪起漫长的地史时期中,淮阳古陆一直处于隆起剥蚀状态。燕山期(距今 1.5 亿年)郯庐深大断裂表观活跃,沿北北东向的断裂带有花岗岩侵入,于古老岩层中带来铀、钍及多种金属矿产。

合肥盆地　自侏罗纪(距今1.35亿年)起,由于盆地不断下陷,接受巨厚的中新生代红色陆相堆积。在晚侏罗纪县境南部曾发生以安山岩为主火山喷发活动。早白垩系至晚白垩系早期,县境普遍接受富含有机质的浅水湖相沉积。晚白垩系晚期至第三纪早期,湖盆缩小,沉积中心转移到撮镇和梁园一带,形成鲜红色砂砾岩沉积,局部含有石膏层。新第三纪盆地开始抬升遭到剥蚀。第四纪新构造运动使县境东北部继续抬升,西南部数度下降,在一些低洼及沿河地区沉积第四系松散堆积物。

第二节　地　貌

众兴乡地形犹如“黄河三尺鲤”。

众兴乡依据形态特征,多属岗丘地形。地势西北高,东南低,最高海拔56米,位于高小郢自然村。浅丘、脊线从王刘岗至东范岗及以北是东西向,其南是南北向。北边东西脊向水流向东入众兴水库。从王刘岗向北经高小郢至庙岗为界,水流向南偏东流至单岗河入店埠河於湾段,大众路以东水流入店埠河。

岗丘区地形特点,一是坡度较缓慢。一般小于10~20度,没有悬崖峭壁,丘顶多呈浑圆状态,微倾斜的岗地和冲坳相间,呈带状有规律地展布,冲坳开阔,向河流方向倾斜。二是由多种岩系组成。既有火成岩,如花岗岩等;又有水成岩、沙岩;还有大量的变质岩,为花岗片麻岩、云母岩、千枚岩等。往往在同一岗丘上,有几种岩石发育,所形成土壤多粗骨形,一般含有砾石。三是土壤沙性大、土层浅,岩石经过长年累月的风化后形成的土壤;沙性大,松散,易被洪水冲刷,因此土层厚度大多不到30厘米,其下即为风化石层。

众兴素有“九岗十八冲”之称,远离江淮分水岭与巢湖。两冲搂一岗,两岗夹一冲。岗多,如柏果岗、瓦锡岗、高岗、司岗、伊岗、王岗、谢岗、吴莫岗、罗岗、范岗、许岗、东王岗、东岗、郑岗、白地岗、万岗、沙塘岗、庙岗、钟保岗等,凡岗有两塝到冲的相间区域多受水流切割而成。

永安、联合两村位于众兴水库下游、店埠河两侧,属于波状平原区,地势相对平坦,地势向东南倾斜,因受水流切割,多呈岗、塝、冲相间状态。

第三节　气候　水文

一、气候

众兴属北亚热带季风气候区。四季分明,气候温和,阳光充足,雨量适中。

春季　56天左右,气温回升较快,日均气温在18.5℃,雨量适宜,天气多变,常有寒流侵袭，时冷时暖，时有低温连阴雨，倒春寒，晚霜冻，三月还下"桃花雪"。

夏季　123天左右，日照强，水分蒸发快。年蒸发量1247毫米之多(月份蒸发量7月最大为180毫米，1月份最少为37毫米)，7月份多于年降水量的1/3，降水集中，多雷暴雨，有时洪水泛滥，间有台风、龙卷风、冰雹灾害；有些年份被副热带高压控制时长，酷热少雨，造成伏旱。

秋季　61天左右，降温快，雨量骤减，常有秋旱，有时也阴雨连绵。

冬季　125天左右，北方冷空气频繁入侵，气温低，平均气温8℃，气压高，雨量少，有时降冻雨或雪。此外，秋冬春三季时有浓雾或雾霾。

众兴乡四季划分一览表

表2-1　　单位：天

季节	春	夏	秋	冬
始日	3月23日	5月21日	9月21日	11月21日
天数	56	123	61	125

气温　1960—1985年，乡内平均气温15.4℃；1986—2005年，平均气温15.9℃；2006年至2014年，平均气温16.1℃。极端最高气温40℃(1998年7月9日)，极端最低气温为-17.1℃(1991年12月29日)，气温呈缓慢上升趋势。

日照　1986—2005年，乡内平均日照1855.7小时。最多的为2004年，日照2088小时，最少的为2000年，日照1556.1小时。年日照分布夏季最长，7月、8月均达418.2小时，占全年日照时数的21%。冬季日照最少，平均年太阳辐射总量4453.95兆焦耳/平方米。

2014年众兴乡部分月份日出日没时刻表

表2-2

2014年1月

日期	日出	日中	日落	昼长	天亮	天黑
1月1日	07:11:07	12:14:34	17:18:01	10:06:54	06:44:22	17:44:45
1月2日	07:11:20	12:15:02	17:18:44	10:07:24	06:44:36	17:45:28
1月3日	07:11:31	12:15:30	17:19:29	10:07:58	06:44:49	17:46:11
1月4日	07:11:40	12:15:57	17:20:14	10:08:34	06:45:00	17:46:55
1月5日	07:11:48	12:16:24	17:21:01	10:09:13	06:45:09	17:47:40
1月6日	07:11:53	12:16:51	17:21:48	10:09:55	06:45:16	17:48:25
1月7日	07:11:57	12:17:17	17:22:36	10:10:39	06:45:22	17:49:11
1月8日	07:12:00	12:17:42	17:23:25	10:11:25	06:45:27	17:49:58
1月9日	07:12:00	12:18:08	17:24:15	10:12:15	06:45:29	17:50:46
1月10日	07:11:59	12:18:32	17:25:05	10:13:06	06:45:30	17:51:34
1月11日	07:11:56	12:18:56	17:25:56	10:14:00	06:45:30	17:52:23
1月12日	07:11:52	12:19:19	17:26:47	10:14:55	06:45:27	17:53:12
1月13日	07:11:45	12:19:42	17:27:39	10:15:54	06:45:23	17:54:01

续表 2-2

2014 年 1 月

日期	日出	日中	日落	昼长	天亮	天黑
1 月 14 日	07:11:37	12:20:04	17:28:32	10:16:55	06:45:17	17:54:51
1 月 15 日	07:11:27	12:20:26	17:29:25	10:17:58	06:45:10	17:55:42
1 月 16 日	07:11:15	12:20:47	17:30:18	10:19:03	06:45:01	17:56:33
1 月 17 日	07:11:02	12:21:07	17:31:12	10:20:10	06:44:50	17:57:24
1 月 18 日	07:10:47	12:21:26	17:32:06	10:21:19	06:44:38	17:58:15
1 月 19 日	07:10:30	12:21:45	17:33:00	10:22:30	06:44:23	17:59:07
1 月 20 日	07:10:11	12:22:03	17:33:55	10:23:44	06:44:08	17:59:58
1 月 21 日	07:09:51	12:22:20	17:34:50	10:24:59	06:43:50	18:00:50
1 月 22 日	07:09:29	12:22:37	17:35:44	10:26:15	06:43:31	18:01:42
1 月 23 日	07:09:05	12:22:52	17:36:40	10:27:35	06:43:10	18:02:35
1 月 24 日	07:08:40	12:23:07	17:37:35	10:28:55	06:42:48	18:03:27
1 月 25 日	07:08:13	12:23:21	17:38:30	10:30:17	06:42:24	18:04:19
1 月 26 日	07:07:44	12:23:35	17:39:25	10:31:41	06:41:58	18:05:12
1 月 27 日	07:07:14	12:23:47	17:40:20	10:33:06	06:41:31	18:06:04
1 月 28 日	07:06:42	12:23:59	17:41:16	10:34:34	06:41:02	18:06:56
1 月 29 日	07:06:09	12:24:10	17:42:11	10:36:02	06:40:31	18:07:48
1 月 30 日	07:05:34	12:24:20	17:43:06	10:37:32	06:40:00	18:08:41
1 月 31 日	07:04:58	12:24:29	17:44:01	10:39:03	06:39:26	18:09:33

2014 年 4 月

日期	日出	日中	日落	昼长	天亮	天黑
4 月 1 日	05:59:39	12:15:01	18:30:23	12:30:44	05:35:12	18:54:51
4 月 2 日	05:58:23	12:14:43	18:31:03	12:32:40	05:33:54	18:55:32
4 月 3 日	05:57:08	12:14:26	18:31:44	12:34:36	05:32:37	18:56:14
4 月 4 日	05:55:52	12:14:08	18:32:24	12:36:32	05:31:20	18:56:56
4 月 5 日	05:54:37	12:13:51	18:33:04	12:38:27	05:30:03	18:57:39
4 月 6 日	05:53:23	12:13:34	18:33:44	12:40:21	05:28:46	18:58:21
4 月 7 日	05:52:09	12:13:17	18:34:25	12:42:16	05:27:30	18:59:03
4 月 8 日	05:50:55	12:13:00	18:35:05	12:44:10	05:26:14	18:59:46
4 月 9 日	05:49:41	12:12:43	18:35:46	12:46:05	05:24:58	19:00:29
4 月 10 日	05:48:28	12:12:27	18:36:26	12:47:58	05:23:43	19:01:11
4 月 11 日	05:47:16	12:12:11	18:37:07	12:49:51	05:22:28	19:01:54
4 月 12 日	05:46:04	12:11:56	18:37:47	12:51:43	05:21:14	19:02:37
4 月 13 日	05:44:52	12:11:40	18:38:28	12:53:36	05:20:00	19:03:21
4 月 14 日	05:43:42	12:11:25	18:39:09	12:55:27	05:18:46	19:04:04
4 月 15 日	05:42:31	12:11:10	18:39:50	12:57:19	05:17:33	19:04:48
4 月 16 日	05:41:22	12:10:56	18:40:31	12:59:09	05:16:21	19:05:32
4 月 17 日	05:40:12	12:10:42	18:41:12	13:01:00	05:15:09	19:06:16
4 月 18 日	05:39:04	12:10:29	18:41:53	13:02:49	05:13:57	19:07:00

续表 2-2

2014 年 4 月

日期	日出	日中	日落	昼长	天亮	天黑
4 月 19 日	05:37:56	12:10:15	18:42:34	13:04:38	05:12:47	19:07:44
4 月 20 日	05:36:49	12:10:03	18:43:16	13:06:27	05:11:37	19:08:28
4 月 21 日	05:35:43	12:09:50	18:43:57	13:08:14	05:10:27	19:09:13
4 月 22 日	05:34:38	12:09:38	18:44:39	13:10:01	05:09:19	19:09:58
4 月 23 日	05:33:33	12:09:27	18:45:20	13:11:47	05:08:11	19:10:43
4 月 24 日	05:32:29	12:09:16	18:46:02	13:13:33	05:07:04	19:11:28
4 月 25 日	05:31:26	12:09:05	18:46:44	13:15:18	05:05:57	19:12:13
4 月 26 日	05:30:24	12:08:55	18:47:26	13:17:02	05:04:52	19:12:58
4 月 27 日	05:29:23	12:08:46	18:48:08	13:18:45	05:03:47	19:13:44
4 月 28 日	05:28:23	12:08:36	18:48:50	13:20:27	05:02:44	19:14:29
4 月 29 日	05:27:24	12:08:28	18:49:32	13:22:08	05:01:41	19:15:15
4 月 30 日	05:26:26	12:08:20	18:50:14	13:23:48	05:00:39	19:16:01

7 月

日期	日出	日中	日落	昼长	天亮	天黑
7 月 1 日	05:09:01	12:14:55	19:20:49	14:11:48	04:41:00	19:48:50
7 月 2 日	05:09:26	12:15:06	19:20:47	14:11:21	04:41:26	19:48:47
7 月 3 日	05:09:51	12:15:18	19:20:44	14:10:53	04:41:53	19:48:42
7 月 4 日	05:10:18	12:15:28	19:20:39	14:10:21	04:42:21	19:48:36
7 月 5 日	05:10:45	12:15:39	19:20:33	14:09:48	04:42:50	19:48:28
7 月 6 日	05:11:13	12:15:49	19:20:25	14:09:12	04:43:21	19:48:18
7 月 7 日	05:11:42	12:15:59	19:20:16	14:08:34	04:43:52	19:48:06
7 月 8 日	05:12:12	12:16:09	19:20:05	14:07:53	04:44:24	19:47:53
7 月 9 日	05:12:43	12:16:18	19:19:53	14:07:10	04:44:57	19:47:39
7 月 10 日	05:13:14	12:16:26	19:19:39	14:06:25	04:45:31	19:47:22
7 月 11 日	05:13:46	12:16:35	19:19:23	14:05:37	04:46:05	19:47:04
7 月 12 日	05:14:19	12:16:42	19:19:06	14:04:47	04:46:40	19:46:45
7 月 13 日	05:14:52	12:16:50	19:18:48	14:03:56	04:47:16	19:46:23
7 月 14 日	05:15:25	12:16:57	19:18:28	14:03:03	04:47:53	19:46:00
7 月 15 日	05:16:00	12:17:03	19:18:06	14:02:06	04:48:30	19:45:36
7 月 16 日	05:16:35	12:17:09	19:17:43	14:01:08	04:49:08	19:45:10
7 月 17 日	05:17:10	12:17:14	19:17:18	14:00:08	04:49:47	19:44:42
7 月 18 日	05:17:46	12:17:19	19:16:52	13:59:06	04:50:26	19:44:12
7 月 19 日	05:18:22	12:17:23	19:16:25	13:58:03	04:51:05	19:43:42
7 月 20 日	05:18:58	12:17:27	19:15:56	13:56:58	04:51:45	19:43:09
7 月 21 日	05:19:35	12:17:30	19:15:25	13:55:50	04:52:25	19:42:35
7 月 22 日	05:20:13	12:17:33	19:14:53	13:54:40	04:53:06	19:42:00
7 月 23 日	05:20:50	12:17:35	19:14:19	13:53:29	04:53:47	19:41:22
7 月 24 日	05:21:28	12:17:36	19:13:44	13:52:16	04:54:28	19:40:44
7 月 25 日	05:22:06	12:17:37	19:13:08	13:51:02	04:55:10	19:40:04

续表 2-2

7 月						
日期	日出	日中	日落	昼长	天亮	天黑
7 月 26 日	05:22:44	12:17:37	19:12:30	13:49:46	04:55:52	19:39:23
7 月 27 日	05:23:23	12:17:37	19:11:51	13:48:28	04:56:34	19:38:40
7 月 28 日	05:24:02	12:17:36	19:11:10	13:47:08	04:57:17	19:37:55
7 月 29 日	05:24:41	12:17:35	19:10:29	13:45:48	04:57:59	19:37:10
7 月 30 日	05:25:19	12:17:32	19:09:45	13:44:26	04:58:42	19:36:23
7 月 31 日	05:25:59	12:17:30	19:09:01	13:43:02	04:59:25	19:35:34
2014 年 10 月						
日期	日出	日中	日落	昼长	天亮	天黑
10 月 1 日	06:04:46	12:00:49	17:56:51	11:52:05	05:40:31	18:21:07
10 月 2 日	06:05:25	12:00:29	17:55:34	11:50:09	05:41:09	18:19:50
10 月 3 日	06:06:04	12:00:11	17:54:17	11:48:13	05:41:47	18:18:34
10 月 4 日	06:06:43	11:59:52	17:53:01	11:46:18	05:42:26	18:17:18
10 月 5 日	06:07:22	11:59:34	17:51:45	11:44:23	05:43:05	18:16:03
10 月 6 日	06:08:02	11:59:16	17:50:30	11:42:28	05:43:44	18:14:48
10 月 7 日	06:08:42	11:58:58	17:49:15	11:40:33	05:44:23	18:13:34
10 月 8 日	06:09:22	11:58:41	17:48:01	11:38:39	05:45:02	18:12:20
10 月 9 日	06:10:02	11:58:25	17:46:47	11:36:45	05:45:42	18:11:08
10 月 10 日	06:10:43	11:58:08	17:45:33	11:34:50	05:46:21	18:09:55
10 月 11 日	06:11:25	11:57:53	17:44:21	11:32:56	05:47:01	18:08:44
10 月 12 日	06:12:06	11:57:37	17:43:09	11:31:03	05:47:42	18:07:33
10 月 13 日	06:12:48	11:57:23	17:41:57	11:29:09	05:48:22	18:06:23
10 月 14 日	06:13:30	11:57:08	17:40:46	11:27:16	05:49:03	18:05:14
10 月 15 日	06:14:13	11:56:55	17:39:36	11:25:23	05:49:44	18:04:05
10 月 16 日	06:14:56	11:56:42	17:38:27	11:23:31	05:50:26	18:02:57
10 月 17 日	06:15:39	11:56:29	17:37:19	11:21:40	05:51:07	18:01:51
10 月 18 日	06:16:23	11:56:17	17:36:11	11:19:48	05:51:49	18:00:45
10 月 19 日	06:17:07	11:56:06	17:35:04	11:17:57	05:52:32	17:59:40
10 月 20 日	06:17:52	11:55:55	17:33:58	11:16:06	05:53:14	17:58:36
10 月 21 日	06:18:37	11:55:45	17:32:53	11:14:16	05:53:57	17:57:32
10 月 22 日	06:19:22	11:55:35	17:31:49	11:12:27	05:54:41	17:56:30
10 月 23 日	06:20:08	11:55:27	17:30:46	11:10:38	05:55:24	17:55:29
10 月 24 日	06:20:54	11:55:19	17:29:44	11:08:50	05:56:08	17:54:29
10 月 25 日	06:21:40	11:55:11	17:28:42	11:07:02	05:56:52	17:53:30
10 月 26 日	06:22:27	11:55:05	17:27:42	11:05:15	05:57:37	17:52:32
10 月 27 日	06:23:14	11:54:59	17:26:43	11:03:29	05:58:22	17:51:36
10 月 28 日	06:24:02	11:54:54	17:25:45	11:01:43	05:59:07	17:50:40
10 月 29 日	06:24:50	11:54:49	17:24:48	10:59:58	05:59:53	17:49:46
10 月 30 日	06:25:38	11:54:46	17:23:53	10:58:15	06:00:39	17:48:52
10 月 31 日	06:26:27	11:54:43	17:22:58	10:56:31	06:01:25	17:48:01

续表 2-2

2014 年 12 月						
日期	日出	日中	日落	昼长	天亮	天黑
12 月 1 日	06:53:04	12:00:02	17:06:59	10:13:55	06:26:37	17:33:26
12 月 2 日	06:53:54	12:00:24	17:06:55	10:13:01	06:27:24	17:33:24
12 月 3 日	06:54:42	12:00:48	17:06:53	10:12:11	06:28:11	17:33:24
12 月 4 日	06:55:31	12:01:12	17:06:53	10:11:22	06:28:57	17:33:26
12 月 5 日	06:56:18	12:01:36	17:06:54	10:10:36	06:29:43	17:33:29
12 月 6 日	06:57:05	12:02:01	17:06:57	10:09:52	06:30:28	17:33:34
12 月 7 日	06:57:51	12:02:27	17:07:02	10:09:11	06:31:12	17:33:41
12 月 8 日	06:58:36	12:02:53	17:07:09	10:08:33	06:31:56	17:33:49
12 月 9 日	06:59:21	12:03:19	17:07:17	10:07:56	06:32:39	17:33:59
12 月 10 日	07:00:05	12:03:46	17:07:28	10:07:23	06:33:21	17:34:11
12 月 11 日	07:00:47	12:04:13	17:07:40	10:06:53	06:34:03	17:34:24
12 月 12 日	07:01:29	12:04:41	17:07:53	10:06:24	06:34:43	17:34:39
12 月 13 日	07:02:10	12:05:09	17:08:09	10:05:59	06:35:23	17:34:56
12 月 14 日	07:02:50	12:05:38	17:08:26	10:05:36	06:36:02	17:35:14
12 月 15 日	07:03:29	12:06:07	17:08:44	10:05:15	06:36:39	17:35:34
12 月 16 日	07:04:06	12:06:36	17:09:05	10:04:59	06:37:16	17:35:55
12 月 17 日	07:04:43	12:07:05	17:09:27	10:04:44	06:37:52	17:36:17
12 月 18 日	07:05:18	12:07:34	17:09:50	10:04:32	06:38:27	17:36:41
12 月 19 日	07:05:52	12:08:04	17:10:16	10:04:24	06:39:00	17:37:07
12 月 20 日	07:06:24	12:08:33	17:10:42	10:04:18	06:39:33	17:37:34
12 月 21 日	07:06:56	12:09:03	17:11:11	10:04:15	06:40:04	17:38:02
12 月 22 日	07:07:26	12:09:33	17:11:40	10:04:14	06:40:34	17:38:32
12 月 23 日	07:07:54	12:10:03	17:12:11	10:04:17	06:41:03	17:39:03
12 月 24 日	07:08:21	12:10:33	17:12:44	10:04:23	06:41:30	17:39:35
12 月 25 日	07:08:47	12:11:02	17:13:18	10:04:31	06:41:56	17:40:09
12 月 26 日	07:09:11	12:11:32	17:13:53	10:04:42	06:42:21	17:40:44
12 月 27 日	07:09:34	12:12:02	17:14:29	10:04:55	06:42:44	17:41:19
12 月 28 日	07:09:55	12:12:31	17:15:07	10:05:12	06:43:06	17:41:56
12 月 29 日	07:10:15	12:13:00	17:15:46	10:05:31	06:43:26	17:42:35
12 月 30 日	07:10:33	12:13:30	17:16:26	10:05:53	06:43:45	17:43:14
12 月 31 日	07:10:49	12:13:58	17:17:08	10:06:19	06:44:03	17:43:54

降水　1949—1986 年，乡内平均降雨量为 910 毫米。年际降水量变幅较大，降水量最多的 1954 年为 1569.2 毫米，最少的 1978 年为 562 毫米；1987—2014 年，乡内平均降水量为 990 毫米。其间降水量最多的 1991 年为 1649.9 毫米，超过 1954 年 80.7 毫米，最少的 1995 年为 546.2 毫米，比 1978 年还少降 20 毫米。四季降水量也有差异，正常年景下，春季降水 250 为毫米，夏季降水 450 为毫米，秋季降水 160 毫米左右，冬季降水近 120 毫米。平

均降水日 114.8 天，最多的 139 天（2003 年），最少的 90 天（1995 年）。

梅雨　正常的梅雨约从 6 月中旬开始，7 月中旬结束，也就是出现在“芒种”和“夏至”两个节气内。梅雨期长 20～30 天，雨量 200～400 毫米。正是江南梅子的成熟期，故称其为“梅雨”，众兴地区梅雨季节明显，常发洪水。阴雨绵绵、高温高湿，衣物等家具容易发霉，所以也有人把梅雨称为同音的“霉雨”。此时段便被称作“梅雨季节”。小暑前后起，天气开始转为晴朗炎热的盛夏。

早梅雨，有的年份，梅雨开始得很早，在 5 月底、6 月初就会突然到来。在气象上，通常把芒种以前开始的梅雨，统称为“早梅雨”。

迟梅雨，同早梅雨相反，是姗姗来迟的梅雨，在气象上通常把 6 月下旬以后开始的梅雨称为“迟梅雨”。

特长梅雨，1954 年，江淮流域出现了百年一遇的特大洪水，这次大水，就是由持续时间特别长的梅雨造成的。

短梅和空梅，同特别长的梅雨完全相反，时间短。

倒黄梅，有些年份，长江中下游地区黄梅天似乎已经过去，天气转晴，温度升高，出现盛夏的特征。可是，几天以后，又重新出现闷热潮湿的雷雨、阵雨天气，并且维持一段时间。

风力　乡内风向显示明显的季风特征。春季东风最多，南风次之；夏季西南风最多，南风次之；秋季东北风最多，东风次之；冬季北风为主，东北风次之。平均风速年均为 2.70 米/秒。8 级或 8 级以上大风平均每年约出现两次。

霜　每年二十四节气中霜降，一般 10 月 21—23 日。此地有“霜不过降”说法，即 10 月 22 日霜降节气之前不会降霜。一般立冬后即到 11 月中旬出现初霜期最多。在 1986—2005 年的资料记录中，最早见霜期是 1992 年 10 月 25 日（“霜降”节气后）。每年终霜期为 3 月上旬或中旬，最迟终霜期是 1991 年 4 月 20 日。乡平均无霜期为 230 天。

雪　众兴年年冬天均有降雪。降雪集中期多在 12 月下旬至次年 2 月上旬，1 月是降雪的多发时节。降雪有大有小，大的雪有 200 多毫米，小的不覆地面。天数有多有少，有时持续 20 天左右，有时只几个小时。

雹　众兴下冰雹次数不多，一般几年才会发生一次，时间短，只有几分钟，大雹成团有鹌鹑蛋大，小雹如豆粒般。对农作物及人畜有伤害性。

二、水文

众兴水流以霞光村的柏果岗、东黄小郢、谢岗村王岗、范岗村的老司、范岗的一条岗垅为界，界北流入众兴水库，界南流入店埠河，均为店埠河水系。

店埠河　源于长丰县双墩镇吴店，是南淝河最大支流。流经肥东元疃、众兴、店埠、撮镇、长临河等乡镇至三汊河汇南淝河入巢湖。乡内流长 8 千米。境内河道弯曲，宽窄不一，河底高程差大，水位不稳。东西两岸（境内）有永安河、郑小河、单岗河 3 条支流。

永安河　源于高塘集张大郢，流经永安集东转向西南方向，自小何岗自然村南流入店埠河。流径长10千米，经众兴乡3千米，下游河面宽5米左右，深2米左右。河道弯曲，水位不稳定。

郑小河　源于众兴乡范岗村老司自然村，下穿滁河干渠，经众兴集北头洼冲流向东南，在联合村白地岗自然村入店埠河。流径长7千米，流域面积25平方千米，上下游落差8米左右，河口上游宽约6米，下游均宽20米。

永安河桥　（刘斌/摄）

郑小河桥　（刘斌/摄）

单岗河　有2条支流，西边一支流源于长丰县五十头乡井面塘南，向南偏东方向经霞光村高冲西（漾泊河）蒯油坊、龚河湾汇入单岗河，流径长8千米，乡内长5千米，上下游落差12米左右，河口宽5米左右，中间设拦水坝，蓄水灌溉农作物。还有一支流源于谢岗村的王岗，向南经圩坎、西岗头至磨店社区汤户汇入单岗河，单岗河经於湾大坝流入店埠河。这两条支流通过涵洞穿越滁河干渠河床底部。

径流与蓄水量　众兴乡降水时空分布不均，地域间年内、年际变化较大。年降水，夏季最多，春季次之，秋季较少，冬季最少。除去蓄水、蒸发和渗透外，即为年径流量。径流系数因地势、土地、植被和农作物种类等的不同而有差异。根据省水利部门调查分析，年径流量占年降雨量比例分别为山区约45%、丘陵区约35%、平原区约20%。依此计算，众兴土地面积53.44平方千米，全乡年径流量约为1835万立方米（不含所领众兴水库水面5平方千米）。

蓄水量随降水和蓄水条件的变化而变化，中华人民共和国成立前由于田地塘坝属私有制，界限分明，不宜连渠塘坝整修，蓄水能力弱，浪费惊人。中华人民共和国成立后，虽然打破了原有的隶属关系，投入了大量的人工，加深拓宽塘坝，但作用非常有限，加之水资源不能充分利用，更无机电排灌，仍靠旧式的水车抽点水，往往是“家住大河沿，望水干断田”。

1986—2014年，全乡兴修当家塘坝。1999年起，实施江淮分水岭“把水留住”工程，扩大蓄水能力。2011年实施“八小”水利工程。至2014年，全乡大小塘坝192座，其中小（2）型水库两座，大中型塘坝52座，年可拦径流蓄水0.13亿立方米。

洪水流量　洪水一般发生在7—8月。众兴水库最大泄洪量为1987年5月6日、1989

年 9 月 1 日、1997 年 7 月 10 日、2003 年 7 月 10 日，泄洪量分别为 60 米³/ 秒、60米³/ 秒、120 米³/ 秒、138 米³/ 秒。

地下水　乡境地表的绝大部分被第四系黏土覆盖，土壤结构紧密，水分渗漏量少，地下水不多，尤其是北部高岗区，地势落差较大，降雨流速快。但东部低丘陵地带附近的一些地区和部分天然河岸旁，因土层裂虽较发达，或覆盖着河流冲积的松散物质，有一定的地下水。根据 30 多年来打井掌握的情况分析，高岗地带水系较深，这些地下水水位大多较低，一般离地面 10～20 米，深的超过百米，且储量有限，只可作生活用水，灌溉作用不大。

第四节　物　候

一、物候特征

自然环境中动植物生命活动的季节性现象和在一年中特定时间出现的某些气象、水文现象的特征。包括三方面：

植物物候　又称作物物候，如各种植物发芽、展叶、开花、叶变色、落叶等现象，农作物生育期中的物候现象。

动物物候　如候鸟、昆虫及其他动物的迁徙、初鸣、终鸣、冬眠等现象。

各种水文、气象现象　如初霜、终霜、结冰、消融、初雪、终雪等自然现象。

五天一候，一年 365 天(平年)，为与二十四节气(起源于黄河流域，反映季节、气候、物候等自然现象的变化)对应，规定三候为一节(气)、一年为七十二候。

七十二候均以一个物候现象相应，称候应。其中植物候应有植物的幼芽萌动、开花、结实等；动物候应有动物的始振、始鸣、交配、迁徙等；非生物候应有始冻、解冻、雷始发声等。七十二候的依次变化，反映了一年中气候变化的一般情况。

一月(正月)　小寒：一候雁北乡，二候鹊始巢，三候雉始鸲。古人认为候鸟中大雁是顺阴阳而迁移，此时阳气已动，所以大雁开始向北迁移；此时北方到处可见到喜鹊，并且感觉到阳气而开始筑巢；第三候“雉鸲”的“鸲”为鸣叫的意思，雉在接近四九时会感阳气的生长而鸣叫。

大寒：一候鸡乳，二候征鸟厉疾，三候水泽腹坚。这就是说到大寒节气便可以孵小鸡了；而鹰隼之类的征鸟，却正处于捕食能力极强的状态中，盘旋于空中到处寻找食物，以补充身体的能量抵御严寒；在一年的最后五天内，水域中的冰一直冻到水中央，且最结实、最厚。

二月　立春：一候东风解冻，二候蛰虫始振，三候鱼陟负冰。这说的是东风送暖，大地开始解冻。立春五日后，蛰居的虫类慢慢在洞中苏醒，再过五日，河里的冰开始溶化，鱼开始到水面上游动，此时水面上还有没完全融解的碎冰片，如同被鱼负着一般浮在水面。

雨水：一候獭祭鱼，二候鸿雁来，三候草木萌动。此节气，水獭开始捕鱼了，将鱼摆在岸边如同先祭后食的样子；五天过后，大雁开始从南方飞回北方；再过五天，在“润物细无声”的春雨中，草木随地中阳气的上腾而开始抽出嫩芽。从此，大地渐渐开始呈现出一派欣欣向荣的景象。

三月　惊蛰：一候桃始华，二候黄鹂鸣，三候鹰化为鸠。其描述已是桃花红、梨花白，黄莺鸣叫、燕飞来的时节，大部分地区都已进入了春耕。惊醒了蛰伏在泥土中冬眠的各种昆虫的时候，此时过冬的虫卵也要开始孵化，由此可见惊蛰是反映自然物候现象的一个节气。

春分：一候元鸟至，二候雷乃发声，三候始电。是说春分后，燕子便从南方飞来了，下雨时天空便要打雷并发出闪电。

四月　清明：一候桐始华，二候田鼠化为鹌，三候虹始见。其意思是在这个时节先是白桐花开放，接着喜阴的田鼠不见了，全回到了地下的洞中，然后是雨后的天空可以见到彩虹了。

谷雨：一候萍始生，二候鸣鸠拂其羽，三候为戴胜降于桑。这是说谷雨后降雨量增多，浮萍开始生长，接着布谷鸟便开始提醒人们播种了，然后是桑树上开始见到戴胜鸟。

五月　立夏：一候蝼蝈鸣，二候蚯蚓出，三候王瓜生。这一节气中首先可听到蝼蛄在田间的鸣叫声（一说是蛙声），接着大地上便可看到蚯蚓掘土，然后瓜的藤蔓开始快速攀爬生长。

小满：一候苦菜秀，二候靡草死，三候秋麦至。这是说小满节气中，苦菜已经枝叶繁茂；而喜阴的一些枝条细软的草类在强烈的阳光下开始枯死；此时麦子开始成熟。

六月　芒种：一候螳螂生，二候鹏始鸣，三候反舌无声。意思是在这一节气中，螳螂在去年深秋产的卵因感受到阴气初生而破壳生出小螳螂；喜阴的伯劳鸟开始在枝头出现，并且感阴而鸣；与此相反，能够学习其他鸟鸣叫的反舌鸟，却因感应到了阴气的出现而停止了鸣叫。

夏至：一候鹿角解，二候蝉始鸣，三候半夏生。麋与鹿虽属同科，但古人认为，二者一属阴一属阳。鹿的角朝前生，所以属阳。夏至日阴气生而阳气始衰，所以阳性的鹿角便开始脱落。而麋因属阴，所以在冬至日角才脱落；雄性的知了在夏至后因感阴气之生便鼓翼而鸣；半夏是一种喜阴的药草，因在仲夏的沼泽地或水田中出生所以得名。由此可见，在炎热的仲夏，一些喜阴的生物开始出现，而阳性的生物却开始衰退了。

乡政府大院夏至荷花开　（刘斌/供）

七月　小暑：一候温风至，二候蟋蟀居宇，三候鹰始鸷。小暑时节大地上便不再有一丝凉风，而是所有的风中都带着热浪。

大暑：一候腐草为萤，二候土润

溽暑,三候大雨时行。世上萤火虫有2000多种,分水生与陆生两种,陆生的萤火虫产卵于枯草上,大暑时,萤火虫卵化而出,所以古人认为萤火虫是腐草变成的;第二候是说天气开始变得闷热,土地也很潮湿;第三候是说时常有大的雷雨会出现,这大雨使暑湿减弱,天气开始向立秋过渡。

八月　立秋:一候凉风至,二候白露生,三候寒蝉鸣。这是说立秋过后,刮风时人们会感觉到凉爽,此时的风已不同于暑天中的热风;接着,大地上早晨会有雾气产生;并且秋天感阴而鸣的寒蝉也开始鸣叫。

处暑:一候鹰乃祭鸟,二候天地始肃,三候禾乃登。此节气中老鹰开始大量捕猎鸟类;天地间万物开始凋零;"禾乃登"的"禾"指的是黍、稷、稻、粱类农作物的总称,"登"即成熟的意思。

九月　白露:一候鸿雁来,二候元鸟归,三候群鸟养羞。此节气正是鸿雁与燕子等候鸟南飞避寒,百鸟开始贮存干果粮食以备过冬。可见白露实际上是天气转凉的象征。

秋分:一候雷始收声,二候蛰虫坯户,三候水始涸。古人认为雷是因为阳气盛而发声,秋分后阴气开始旺盛,所以不再打雷了。

十月　寒露:一候鸿雁来宾,二候雀入大水为蛤,三候菊始黄华。此节气中鸿雁排成一字或人字形的队列大举南迁;深秋天寒,雀鸟都不见了,古人看到海边突然出现很多蛤蜊,并且贝壳的条纹及颜色与雀鸟很相似,所以便以为是雀鸟变成的;第三候的"菊始黄华"是说在此时菊花已普遍开放。

霜降:一候豺乃祭兽,二候草木黄落,三候蛰虫咸俯。此节气中豺狼将捕获的猎物先陈列后再食用;大地上的树叶枯黄掉落;蛰虫也全在洞中不动不食,垂下头来进入冬眠状态中。

十一月　立冬:一候水始冰,二候地始冻,三候雉入大水为蜃。此节气水已经能结成冰;土地也开始冻结;三候"雉入大水为蜃"中的雉即指野鸡一类的大鸟,蜃为大蛤,立冬后,野鸡一类的大鸟便不多见了,而海边却可以看到外壳与野鸡的线条及颜色相似的大蛤。所以古人认为雉到立冬后便变成大蛤了。

小雪:一候虹藏不见,二候天气上升地气下降,三候闭塞而成冬。由于天空中的阳气上升,地中的阴气下降,天地不通,阴阳不交,所以万物失去生机,天地闭塞而转入严寒的冬天。

十二月　大雪:一候鹖鴠不鸣,二候虎始交;三候荔挺出。因天气寒冷,寒号鸟也不再鸣叫了;由于此时是阴气最盛时期,正所谓盛极而衰,阳气已有所萌动,所以老虎开始有求偶行为;"荔挺"为兰草的一种,也感到阳气的萌动而抽出新芽。

冬至:一候蚯蚓结,二候麋角解,三候水泉动。传说蚯蚓是阴曲阳伸的生物,此时阳气虽已生长,但阴气仍然十分强盛,土中的蚯蚓仍然蜷缩着身体;麋与鹿同科,却阴阳不同,古人认为麋的角朝后生,所以为阴,而冬至一阳生,麋感阴气渐退而解角;由于阳气初生,所以此时山中的泉水可以流动并且温热。

二、十二月物候

一月，北风凛冽，天寒地冻，滴水成冰，晴天中午微解冻，有时不解冻。降水多为雪或冻雨。蜡梅花开放。

二月，水面、表土夜结冰，昼解冻，始闻雷声，水仙花开。

三月，虫类开始活动，蛙初鸣，蛇出洞，草木返青萌芽，柳、椿绽芽，桃花盛开。

四月，小燕始来，蜂蝶飞舞。麦出穗，霜雪止。早稻进入播种安全期，棉、玉米等喜温作物下地，牡丹花开。

五月，油菜、麦子成熟收割，早、中稻开始栽插，布谷鸟飞鸣。

六月，桃、杏上市，石榴花开，知了树上叫。

七月，荷花娇艳，早稻开镰，阳光炽烈，地面烫脚。开始晒霉。

八月，枣子成熟，莲花盛开，棉花吐絮。

九月，梨子熟，柿子黄，双晚抽穗，丹桂飘香。秋分平均气温下降到 20℃左右，是双季晚稻抽穗杨花的最低临界温度。

十月，油菜、麦子播种，菊花盛开，树叶飘落满地。小燕南归，大雁北来。

十一月，初见霜、雪，蛙、蛇蜷曲洞内冬眠，树叶落满地，老人穿棉衣。

十二月，水、土始冻，草木凋枯，鱼潜水底，鸟缩兔藏，越冬作物停止生长。

三、农事谚语

正月雷打节，二月雨不歇，三月犁旱田，四月秧上架。

正月好过年，二月好做田，三月忙不闲。

惊蛰闻雷米似泥，春风有雨病人稀，月中但得震三卯，棉花豆麦定丰收。

卯时雷，饭后雨。春东风，雨祖宗。久旱东风无雨，久雨东风不晴。

麦到春分昼夜长。三月三，南瓜葫芦都上滩。

清明要晴，谷雨要淋；清明断雪，谷雨断霜。正月二十阴，滴滴答答到清明。

谷雨前，好种棉；谷雨后、好种豆。立夏不下(雨)，犁耙高架。

立夏十日连枷响。麦要风，稻要烘。小满栽秧家把家，芒种栽秧普天下。

蓼子开花若不做，楝树开花把脚跺。

不怕慢，就怕站，五月六月站一站，十冬腊月少顿饭。

人误地一时，地误人一年。夏至不完秧，栽上无指望。

栽秧栽到小暑，收稻只够喂老鼠。出梅不栽鲜，犟汉栽三天。

十成稻，九成秧；三分种，七分管。下种清水，栽秧浑水，人要油水。

黄豆开花，田缺口张虾。十成黄，九成收；九成黄，十成收。

稀三石，满六箩，不稀不满(密)收九箩。

好种出好苗，好葫芦结好瓢，好种好苗产量高。

秧到田边靠靠，够养活个代罩(方言，即剃头匠，现称理发员)。

六月初一下一阵，放羊哥哥跑成病。大暑前，小暑后，两暑之间种绿豆。

秋前秋后，鹰爪绿豆。接秋三场雨，遍地出黄金。

立秋无雨灾堪忧，万物只能一半收。处暑若逢天下雨，纵然结果也难收。

处暑田里纳弹子，有稻不饱米。白露场上堆响草。

天上鱼鳞斑，晒草不要翻。霜降霜降，霜不过降。

霜前冷，雪后寒。八月初一雁开门，孤雁脚下带霜来。

重阳无雨看十三，十三无雨一冬干。过了寒露夜，一夜凉一夜。

寒露豌豆霜降麦。（安种）吃了冬至面，一天长一线。小寒大寒，缩成一团。

三九天不冷也是冷，三伏天不热也是热。

西风不过酉，过酉连夜走（酉时：傍晚 5—7 点）。

日落乌云涨，半夜听雨响。卯时雷，饭后雨。早凉晚凉，干断种粮。

春雾麦，夏雾热，秋雾凉风，冬雾雪。 瑞雪兆丰年。

头场雪不盖土坷垃，叫花认不得家。今冬麦盖三层被，明年枕着馒头睡。

四、二十四节气谚语

“二十四节气”是中国古人通过观察太阳周年运动，认知一年中时令、气候、物候等方面变化规律所形成的知识体系和社会实践。和通用的阳历一样，是以地球绕太阳公转的周期为根据划分的，因此节气的日期在阳历中是相对固定的。

古人将太阳周年运动轨迹划分为 24 等份，每一等份为一节气，形成于中国黄河流域，以观察该区域的天象、气温、降水和物候的时序变化为基准，作为农耕社会的生产生活的时间指南，逐步为全国各地所采用，并为多民族所共享。

芒种开了铲，夏至不纳棉。小暑不算热，大暑三伏天。

立秋忙打靛，处暑动刀镰。白露忙割地，秋分把地翻。

寒露不算冷，霜降变了天。立冬交十月，小雪封地严。

大雪河汊上，冬至不行船。小寒再大寒，转眼又一年。

春雨惊春清谷天，夏满芒夏暑相连。秋处露秋寒霜降，冬雪雪冬小大寒。

第五节　土　壤

一、土壤类型

众兴地区以黄褐土和水稻土为主，适合粮、油、棉等大宗农作物生长，也有利经济作物的发展。但中低产土壤面积较大，占全乡耕地面积 80%以上。

就众兴乡整体而言，岗冲交错，浅丘土壤较普遍。

二、土壤主要分布

麻石黄棕土 分布在岗丘下部的缓坡地带，土坡厚度大于30厘米，质地沙壤至沙土，微酸性，为耕种旱地，适宜种植花生、山芋等旱作物，但不耐旱。

浅黄马肝土 分布在低岗或高塝上，因水土流失较严重，耕层较浅，水耕熟比程度不高，肥力较低。

瘦马肝田 众兴乡分布较广，多位于冲田，耕层较浅，质地重壤质黏土，脱水后可见较多的"鳝血"斑，物理性状较差，肥力较低。

油白土田 主要分布在店埠河两岸及其开阔的冲坳，肥源条件好，肥力较高，质地中壤至轻壤，如许河湾、田埠周、王小郢、宋巷、沈王地、圩里、圩外等地，土壤经受雨水冲刷。

澄白土田 多分布在较宽阔的岗丘上，耕层浅，粉沙壤至轻壤，水耕后易淀浆板结，养分贫乏，作物生长后期易脱肥。

第六节 植　被

由于长期开发、垦殖，原始植被很难见到。裸田土，是在农作物收获后于下茬安耕前短期出现。其余，皆为青枯草及庄稼、树木覆盖。除了一部分是自然草丛植被外，余下基本是人工植被（树木、庄稼等）。全乡分5个植被类型。

一、自然草丛植被

荒岗、郭拐、田间土埂、池塘大埂、滩涂等空闲地方都自生着蒿草灌木丛等绿色植被。以荒草、茅草为主的多种杂草，几乎覆盖所有山丘荒野，供放牧和作绿肥、农家烧锅灶用。丘陵和平原区的隙地、埂边，到处杂草丛生，常见的有巴根草、狗尾草、睡藤草、茅草、三棱草、丧棒草、香附草、霸王草、猫眼草、人字草、八瓣子、苍耳、辣蓼、凤仙花、牵牛花、闹羊花、鸡冠花、野菊花、野苋、野薄荷、野芹、野胡萝卜、野苘麻、土姜、金针菜、荠菜、苦荬菜、黄花苜蓿、野蒜、挂金灯、扫帚条、黄蒿、白蒿、青蒿、蒲公英等。田间害草有稗草、椎棒草、猪毛草、鸭舌草、老豆子、毒麦、野麦、野荸荠、菟丝子等。

二、"四旁"植被

"四旁"植被，堤旁、渠旁以保持水土的柳树、水杉、紫槐、白蜡树为主；路旁以防风固尘和绿化遮阴的枫树、杨树、法梧、刺槐为主；村旁以绿化、果实、用材兼备的臭椿、桃树、李树、柿树、枣树、桑树、刺槐为主；集镇街道旁以绿化、美化、遮阴的冬青、法梧、雪松、侧柏、香樟、广玉兰及各类花草为主。

三、岗丘植被

以农作物植被为主，由于每小块土地地势平坦，土质经常翻耕、地力较肥，气候资源充足，农作物以水稻为主，兼有玉米、麦子、棉花、花生、山芋、豆类、西瓜、芝麻、蔬菜、红花草、蓝花草等。

四、池塘沼泽植被

池塘沼泽里长满了各种水草、藻类植被。莲藕、菱角、浮萍、海秧、野菱、芡实、茭白、芦柴、菖蒲、虾子草、四叶草、水花生、荇菜、红萍、绿萍等。

五、退耕还林、园林公司植被

植被以冬青、桂花、香樟、雪松、侧柏、红枫、意杨、梨树、桃树、枣树、柿树等各类风景果木及花卉为主。

第七节　自然资源

一、土地资源

1992年撤区并乡后，众兴乡域面积73.3平方千米。1994年牌坊回族满族乡成立，众兴乡先后析离7个村；2010年众兴又划出3个村归合肥新站区磨店乡；2014年，众兴乡域面积53.44平方千米。

农用地　经过农业产业结构调整、土地整治以及华光社区缩村让地新村建设。2014年，众兴乡有农用地46139.62亩，占全乡总面积的58.04%。

耕地　2014年，全乡耕地面积18686亩，农业人口人均拥有耕地0.7224亩，占农用地面积的40.5%。

园地　2014年，全乡园地692亩，占农用地面积的1.5%。

林地　2014年，全乡林地24455亩，占农用地面积的53%。

其他农用地　2014年，全乡其他农用地2307亩，占农用地面积的5%。

建设用地　2014年，由于人口增长、经济发展、村庄建设的不断扩大，加之招商引资，工矿企业的进入和水利建设的不断完善，全乡建设用地31926亩，占乡域面积的40.16%。

集镇工矿用地　2014年，众兴集、永安集、花灯街及工矿企业用地4790亩，占建设用地面积的15%。

农村居民点用地　2014年，全乡农村居民点用地16474亩，占全乡建设用地面积的51.6%。

交通运输用地　2014年，全乡交通道路用地1724亩，占建设用地面积的5.4%。

水利设施用地　2014年，全乡水利设施用地8942亩，占建设用地面积的28%。

未利用地　2014年，全乡未利用地1430亩，占乡域面积的1.8%。各类地所占比例大体上：四成农田二份水，一成村镇一份路，还有二份是绿树，农田大半也植上树。

二、矿产资源

1986—2005年，肥东经过3次地质勘查，查明肥东有金属矿产、非金属矿产、能源矿产和地下水四大类。众兴乡境内储藏有陶土、黏土、地热、地下水和煤等资源。

三、水资源

众兴水库蓄水量达1亿立方米，可提水灌溉全乡土地；滁河干渠引淠史杭、长江水源流经花灯、众兴、谢岗、联合四村（居）；店埠河自众兴水库流经联合、永安两村（居）；乡域有小（2）型水库金大坝、关老塅两座；单岗河、郑小河、永安河、砂塘岗支渠、众西站支渠纵横交错。建有众西站、众南站、义合站等提水泵站。

众兴属北亚热带湿润季风气候区，四季分明，雨量适中。多年平均蒸发量为890.6毫米，最小是1月30.5毫米，最大是8月117.8毫米。多年平均降水量965.4毫米（1952—2014年），多年平均5—9月降水量为586.7毫米，占年均降水量的60.8%。众兴降水量的特点是降水量年际变化大，年内分配不均。年降水量最多的1991年为1649.9毫米，1954年为1541.9毫米，1989年为1479.8毫米。年降水量最少的是1995年为546.2毫米，1978年为562毫米，1966年为622.1毫米。降水量最多年份是降水量最少年份的3.02倍。灌溉期5—9月降水量最少的是1966年为224.5毫米，其次为1967年的301毫米和2001年的304.1毫米。多年平均春、夏、秋、冬季节降水量分别占年降水量的21.6%、41.56%、25.04%和11.8%。众兴降水时空分布不均的原因，主要是过渡性季风环流的影响，冷暖气团交锋频繁，夏季不仅降雨天数多，雨量大，而且常出现暴雨，造成洪涝灾害。

2014年，众兴基本每户有一口压水井或砖制井，汲取地下水饮用。

天然降水化学性质稳定，pH值5.6～7。

四、森林资源

境内属江淮丘陵植被区，温带与亚热带生物共同生长繁衍。地带性植被以落叶林为主，兼有少量的阔叶树。2001年以前，林木主要分布在房前屋后村庄旁，全乡林地面积不足3000亩。2002年起，实施退耕还林，森林面积增长加快，且林木种类增多，以薪炭林为主。2010年后，经济林、常青树扩种较多，特别是香樟、桂花树、石楠等。至2014年，众兴森林覆盖率达53%，有安徽省森林乡镇之称。

五、野生动物资源

至2014年，人口密度增加，矿产和土地开发及化学农药普遍使用，道路加宽伸长，车水马龙，野生动物生长环境遭到一定程度的影响，品种和数量有所减少。

禽　类　有麻雀、黑喜鹊、灰喜鹊、斑鸠、家燕、大雁、鹌鹑、布谷鸟、野鸡、野鸭、野鹅、鸳鸯、鹭鸶、江鸽、刁鱼郎、鹰、猫头鹰、鹞、啄木鸟、百灵鸟、白头翁、相思鸟、苦寒鸟、画眉、秧鸡等。猫头鹰偶尔可见，大雁、家燕、布谷鸟等候鸟定时来去。

兽　类　有野兔、黄鼠狼、鼠、刺猬、蝙蝠等哺乳动物。

甲贝类　有虾、蟹、螺、蚌等，2014 年，草虾较少，龙虾繁殖快。

爬行类　有龟、鳖、蛇、蚯蚓、壁虎、蜈蚣等。龟原较多，中华人民共和国成立初到处可见，自 20 世纪 80 年代近于绝灭，蛇有水蛇、赤练蛇、蝮蛇（土公蛇）、翠青蛇、泥蛇等。以水蛇较普遍，蝮蛇、赤练蛇、翠青蛇毒性很大，能致人死亡。

两栖类　有青蛙、牛蛙、蟾蜍（2014 年，数量下降趋势明显）、水蛭等。

昆虫类　有蜂、知了、蜻蜓、螳螂、蚊、蝇、蚤、臭虫、蚂蚁、蚁螟、蟋蟀、蝼蛄、蚱蜢、稻蝗、稻螟、虻、稻叶蝉、稻飞虱、蚜虫、瓢虫、甲虫、天牛及部分蛾类、蝶类昆虫等。

六、野生植物资源

林木类　当地的树木有柳树、榆树、椿树（臭椿、香椿）、白槐、刺槐、苦楝、麻栎、枣树、毛桃树、桑树、李树、梨树、檀树、马尾松、石榴树、鸡屎藤、皂角树、乌柏树、枫树、白玉兰等，这些树多半为野生，也有人工培育。改革开放后，引进花卉树木有水杉、柳杉、罗汉松、雪松、广玉兰、紫玉兰、石楠、紫薇、紫荆、千头柏、侧柏、瓜子黄杨、葡萄、猕猴桃、无花果、枇杷、棕榈、栾树、法国梧桐、红叶李、月季、月月红、枸杞、柑橘、花椒、朴榆、油桐、榉树、茶花、龙柏、重阳木、合欢、银杏、枫香树、仙人掌、垂柳、冬青、蜡梅、五角枫、三角枫、无患子、木瓜、海棠花、意杨、金桂、银桂、丹桂、月桂等。

草　类　陆地均被杂草覆盖。陆地常见有巴根草、狗尾草、睡藤草、茅草、三棱草、丧棒草、香附草、霸王草、猫眼草、人字草、八瓣草、苍耳、辣蓼、凤仙花、牵牛花、闹羊花、鸡冠花、野菊花、野苋、荠菜、黄花苜蓿、野蒜、挂金灯、扫帚条、黄蒿、白蒿、青蒿、蒲公英、老兜胡、黄花菜、野大烟、地兜、奶腥草等。水生有野菱、芡实、菱白、芦柴、菖蒲、虾子草、四叶草、水花生、水葫芦、荇菜、红萍、绿萍等。田间害草有稗草、椎棒草、猪毛草、鸭舌草、老豆子、毒麦、野麦、野荸荠、菟丝子等。1990 年后，引进并用于园林绿化的有马尼拉、羔羊毛、红花苲浆草等。

药材类　有半枝莲、墨旱莲、夏枯草、瞿麦、小蓟、扁蓿、香附、地榆、白茅根、芦根、寻骨风、百蕊草、马鞭草、金钱草、青蒿、地丁、合欢、艾蒿、野菊花、灵仙、山豆根、苦参、马齿苋、车前草、蒲公英、槐米等。

第八节　灾　害

众兴地区以旱灾为主，涝灾次之，其他灾害有间歇性地交替发生，给生产生活造成不同程度的损害。

一、自然灾害

1949—2014 年，众兴地区发生旱灾 17 年次，水灾 14 年次，水、旱灾交替 2 年次，风雹灾 9 年次，大雪灾 7 场次，虫灾 1 年次。

旱灾 1953年7—8月,40多天无透雨,三成庄稼减产。

1955年8—11月,80多天无透雨,秋收减产,秋种无法进行,人们望“旱”哀叹。

1958年春夏之际,大旱当头,百日无雨,塘坝干涸,直到立秋后才下雨。

1961年4—8月,少雨,三分之一生产队无水开秧门,受旱严重,农作物枯萎,人畜饮用水困难。

1962年3—6月少雨,大多生产队无水开秧门,庄稼减产三分之一。

1966年,发生持续101天的冬旱。

1966年,大旱一年,特别是春、夏、秋三季无透雨,耐旱作物山芋因缺水分而长成又细又长的鞭索状,许多村民被迫去众兴水库裸露的滩涂上兴种蔬菜。10月,滁河干渠开挖,因土地干旱板结,两个劳动力共踩一把锹。民工饮用水引自巢湖,经磨店五站、张店、万坝抽水到共和驻地,社员口粮由政府发放,耕牛吃的稻草经县政府协调,派劳力去县南部乡镇挑运。

1976年6—8月,近百天无透雨,气温高,日照长,“双晚”无水栽插,棉花、花生、豆类等耐旱作物受损占2/3,公社各单位支援农村抗旱,“天大旱,人大干”,把旱灾损失减小到最低限度。

1978年7—12月,境内大旱达百年罕见,农作物歉收、绝收普遍。本来春天就大旱,加之夏季炎热、高温,塘坝库渠尽干涸,田土龟裂,作物赤枯。人畜饮用水困难,早上的洗脸水留作晚上洗脚用,洗菜水留作浇菜地用,社直机关帮社员找水源挖土井。部分生产队社员用秤分水吃。

1979年3—10月,未下过透雨,早稻无水下秧,中稻很少栽插,水源稀缺。这是在上年大旱的前提下又接上大旱。

1985年6—8月,高温少雨,旱作物萎蔫,稻田开大裂,收成大幅度减产。

1988年7月以后,天气持续高温无雨,人畜用水发生困难,汽车运水,平车拉水,庄稼无指望。

1990年4—7月,降水量比上年同期少300多毫米,8月5日至11月7日,降水70余毫米。岗丘地区90%塘坝干涸。农作物成灾2.5万余亩,其中大部分绝收,近50个村民组发生人畜饮用水困难(滁河干渠断流)。

1992年,春旱、伏旱加秋旱,重演1966年旱情,众兴水库发挥抗旱作用,减缓了旱灾。

1994年1—8月降水较常年偏少,岗丘上庄稼枯死,出现个别耕牛渴死现象,农业损失严重。

1995年,境内连续遭受大旱,1—9月降水470毫米,比1993年同期少降水550毫米,比大旱的1978年少降16毫米,岗丘所有塘坝干涸,田地龟裂,农作物赤枯,点火即燃。饮用水困难,耕牛渴死9头,农业经济损失大。

1997年7月,持续晴热高温无雨,旱情迅速发展,加上稻飞虱暴发,成灾面积上万亩,饮用水困难,耕牛渴死12头,农业直接经济损失超1000万元。

1998 年 8 月至 1999 年 8 月，大旱一整年，降水稀少，塘坝干涸，田地龟裂，受灾达 4 万亩，其中绝收 8 千亩。大部分村民组人畜饮用水发生困难。农业直接经济损失 1450 万元。

2000 年 1—7 月，降水 430 毫米，比正常年间同期少降水 600 毫米，全乡所有塘、堰、坝及小型水库干涸，河渠断流，众兴水库枯竭，成片农作物干枯，点火即燃。受灾 45000 亩，其中绝收 15000 亩。同年 11 月至 2001 年 8 月，乡内降水 350 毫米，其中 4 月下旬后降水不足 50 毫米，造成梅期无雨，汛期无汛现象。成灾 43000 余亩，其中绝收 1 万余亩，粮食减产 6500 余吨。近 2 万人和 600 余头耕牛饮用水困难。

2010 年 9 月至 2011 年 6 月，未曾下过一场透雨，油菜籽干瘪不实，麦子减产六成以上。

2013 年 7 月中旬至 8 月下旬，持续晴热高温、无雨、蒸发量大，机灌器材一时短缺。众兴水库水位低，抗旱能力不足。

水灾　1952 年 9 月 17—19 日连降大雨，冲田一片汪洋，店埠河出现淹死人现象。

1954 年是水灾年，7 月降雨 630 毫米，全年共降雨 1569 毫米。6 月 24 日至 7 月 3 日，连下大雨，县域南方破圩，众兴低冲全是水。7 月 4—7 日又下暴雨，下游水位高，下流慢，冲田水位抵上塝田，8—12 日洼地一片汪洋，水顺着塘坝大埂往下冲，冲田庄稼淹没水里浸泡数日，造成农作物绝收，出现部分家庭投亲靠友情况。

1962 年 7—8 月，降雨 550 毫米。

1965 年 4 月 4—5 日，两天降水 150 毫米，麦菜田沟水上埂，快露穗的麦苗和收上场的油菜被淹得发黄，午季减产五成。

1969 年 7 月上旬，降水 396 毫米，洪水漫塘溢坝，洼冲白茫茫一片，庄稼减收两成，农村出现房塌现象。

1974 年 8 月中旬，众兴地区连降暴雨，洪水泛滥，洼地庄稼损失严重。

1975 年 9—10 月，阴雨连绵，稻谷难脱粒，稻草无法晒，山芋田不能翻犁，社员用杈样从土里起山芋，粮食霉变、腐烂。

1980 年 7 月上中旬，连降暴雨 470 毫米，洼冲庄稼全被水淹没，粮食减产 3 成。

1983 年 6—7 月，连降大暴雨，塘坝水涨横溢，洪水泛滥，农作物成灾 2 万亩，农业经济损失 2000 万元。

1987 年 7 月 1—9 日，境内连降大暴雨，店埠河许河湾桥、梁宇店桥和单岗河桥被水淹没，交通一时中断，水位下降缓慢。众兴水库水位高达 45.68 米，超警戒水位 0.08 米，泄洪流量 50 立方米 / 秒，水库大坝出现塌方，由 15 米长延伸到 125 米，险情严峻，防洪排涝紧迫。

1989 年 7 月 5 日，境内 19 个小时连降大暴雨 150 毫米，大部分农作物被淹没在水里，部分房屋损毁。6—12 日，又连降暴雨，降水量达 329 毫米，永安、众兴两乡村庄受损严重。8 月 4—6 日，再次强降雨 120 毫米，水稻正扬花抽穗就被泥水淹没，民房损毁上百间，交通受阻。众兴水库开闸泄洪，大坝出现 20 米长滑坡。

1991 年 1 月至 7 月 15 日降水 1267 毫米，超过年平均降水量 268 毫米，比大灾的 1954 年同期多降水 238.6 毫米;5 月 18 日起,持续低温阴雨,大小麦和油菜子大部分发芽霉变,午季成灾 3600 亩。6 月 8—14 日又连降大暴雨 249.5 毫米。7 月 1—13 日,境内再次连降大暴雨,洼冲一片汪洋,交通受阻,损失严重,历史罕见。

1996 年 6—7 月,境内连降大雨 672.4 毫米,近 1 万亩农作物受涝成灾(其中绝收 2000 余亩),花灯小学 12 间校舍,根基下沉,墙体开裂,内外倾斜。

2003 年 6 月下旬至 7 月中旬,连降大暴雨,冲田一片汪洋,田埂滑坡坍塌,水土流失严重。众兴水库泄洪流量 138 米 ^{3}/ 秒。

2005 年 7 月 6 日和 9 月 3 日,两次强降雨分别是 149 毫米和 101 毫米,雨势凶猛,“飞流直下三千尺,疑是银河落九天”。

风灾 雹灾 雷灾 1965 年 6 月 13 日,境内遭大风、冰雹袭击,掀飞屋顶,打断秧苗,砸伤路人。

1987 年 4 月 1 日 2 时,持续 10 分钟风雹袭击,刮倒牛棚,砸死耕牛 1 头。

1987 年 8 月 10 日 14 时 15 分,境内遭受 40 多分钟风雹袭击,农作物被刮倒砸坏,滁干渠边电线杆被刮断倒地。

1991 年 3 月 7 日 21 时至次日早,狂风夹冰雹袭击全乡。雹大似鸟蛋,雹小如豆粒,砸断菜薹,狂风刮断电线,农作物倒伏。

2005 年 8 月 31 日,风雹袭击全乡,4000 亩农作物严重受损,大风刮断滁河干渠意杨树 10 棵。

2011 年 7 月 25 日 17 时 45 分,全乡遭遇强对流雷雨狂风,大树被雷击劈开,电线杆撕裂,屋瓦吹飞。

多灾交替 1949 年上半年大旱,农村抢水械斗事件接连发生。而当年夏天,连续降雨 20 多天,旱作物受损,水作物被淹。至 7 月,又遇大旱,伏暑天庄稼急需水灌,农村为抢水,有的燃香计时(当时无钟表),有的拼手腕,打架斗殴现象常有发生。

1952 年,5 月以前少雨缺水,春耕春种大受影响,7—9 月,多次大雨,其中 9 月 17—19 日,7 天降雨 300 毫米,又发生了洪涝灾害,大水汇积低冲,已收割的稻把在水里翻滚闪现。

1954 年是水灾年,全年降雨 1569 毫米,其中 7 月就降水 630 毫米,破塘坝淹庄稼,下游去水慢,上游水漫灌。到了冬季,从 12 月 24 日起,连降 7 天大雪,雪降 69 毫米,一直下到 1955 年 1 月,积雪 450 毫米。同年 8—11 月的 80 多天无透雨,成灾面积 4 万亩。

雪灾 1954 年 12 月 24 日起,连降 7 天大雪,雪降 69 毫米,遍地银装素裹。

1955 年 1 月,大雪纷飞,地面积雪 450 毫米,最低气温达 -18℃,河、塘坝封冻,冰上行人;农家水缸四周结冰,人们手脚被冻皴裂。

1986 年 1 月 24 日午时起,鹅毛般的大雪一连飘落 4 天,地面积雪深度 500 毫米,农村不通电,又无煤气,政府供应煤炭在长丰县五十头集上,农户自己去挑运。

1987 年 4 月 2 日,临清明节,降雪量近 250 毫米,正生长旺盛的麦菜受损。

1998 年 3 月 19—20 日，刮起 8 级以上西北风，普降中雪，气温降至 -2.5℃，临近春分气节，昼短夜长，麦菜忽被冻伤，油菜倒伏、萎缩，造成经济损失 600 余万元。

2008 年 1 月 12 日至 2 月 1 日，降雪持续 20 天，特别是 1 月 25—29 日，大暴雪，累计降雪 46.5 厘米，最大降雪深度 39 厘米（1 月 28 日），为众兴地区自 1954 年以来最大一场降雪，低温时间长，正逢春运，车轮打滑，长途车轮捆绑链条，短途的箍上草绕。乡政府组织青壮年劳力去主干道上铲雪，撒沙子、工业盐等，确保外流务工人员返乡过春节。低温冻坏外露自来水管网，水、冰、雪压倒塑料大棚，冻坏棚里蔬菜和家禽。

地震 1954 年春季某日上午 10 时许，众兴发生约里氏 3.5 级地震，未发生人员伤亡事件。

2009 年 4 月 6 日 22 时 22 分，梁园、高塘一带地震，波击众兴全境，未发生伤亡事故。

2012 年 7 月 22 日，众兴有地震微感。

雷击 1984 年农历六月十二日午后，花灯村罗岗组村民张某某在瓜田务农被雷电击亡。

二、生物灾害

生物灾害是影响农业发展的重要因素之一，生物灾害种类繁多，情况复杂，对农业生产的影响十分严重，农作物生物灾害主要是指由严重危害农作物的病、虫、草、鼠等有害生物在一定的环境条件下暴发或流行，造成农作物及其产品损失巨大的自然变异过程。

虫灾 对水稻危害性最大的是稻飞虱、二化螟。1997 年稻飞虱迅猛异常，境内八联、小钟、花灯、大高、霞光等 10 个村遭受危害。稻飞虱所到之处，稻秆即刻枯萎伏倒，如火势蔓延。

棉花红蜘蛛、蚜虫、地老虎等危害大。花生、玉米就怕地老虎咬断。蔬菜上易生叶跳虫、蜗牛、蚜虫。

在众兴地区，农作物不时受到病灾、鼠灾、兽灾危害。农作物一旦遇到虫菌，即刻生病，须对症下药灭虫菌。田鼠藏在地洞里，当豌豆、蚕豆、黄豆、花生米及麦种等一下地，就会遭受鼠灾，成熟的玉米等庄稼也会受鼠灾。田鼠繁殖快，天敌少，危害大。野兔爱吃黄豆嫩叶，一旦黄豆苗被咬断，便不会再发育。

杂草危害 杂草是田地边自生的，对农业有危害的植物。田间杂草在农作物产量和品质方面造成损失。杂草有顽强的生命力，与农作物争夺水分、养分、阳光等，从而抑制农作物的生长发育。

第三章 人口

众兴学区中心学校学生玩游戏 （刘斌/摄）

第三章 人口

众兴学区中心学校学生玩游戏（刘斌/摄）

第三章　人　口

中华人民共和国成立至2014年，人口持续增长，仅1960年人口自然增长率为负。其余年份均为正。在1970年开展计划生育工作前，众兴地区人口增长率超过20‰。2014年之前的10年，人口自然增长率保持在5‰左右。

中华人民共和国成立初期，众兴地区人口总和出生率较大。1980年，开始大幅下降；进入1990年，平均每个育龄妇女生育2.1个孩子。

受生育政策、性别观念以及经济发展等多种因素影响，众兴人口性别较1990—2004年大幅上升，高于110(每出生100个女婴对应出生110个男婴，下同)，正常性别比106左右。

随着医疗卫生、生活水平的提高，众兴居民预期平均寿命接近80岁。婴儿死亡率持续快速下降，老年人均赡养比不断升高。

1984年起，国家允许农民进入县城以下的城镇、集镇务工经商，大批农村剩余劳动力流向城市。1990年起，流动人口数量大幅上升。

中华人民共和国成立以来，人口受教育程度提升，文盲率大幅降低，受教育人口从1964年的人均受教育年限3年上升到2014年的9年。

1980年起，出现人口红利，劳动力人口比重大幅上升，至2014年有所下降。

1990年起，社会保障覆盖面逐年扩大，养老和医疗保险人数最多，工伤保险次之。

中华人民共和国成立至改革开放初期，大家庭、户人口较多；改革开放后，农村家庭小型化趋势明显。

第一节　人口规模与变动

一、人口总量

1986年，全乡辖15个村，4271户，总人口20678人，其中男性10929人，女性9749人。

2005年，全乡辖18个村，8982户，总人口32064人，其中男性17184人，女性14880人，非农业人口851人。

2008年，全乡辖12个村，9866户，总人口33567人，其中，男性17841人，女性15726人。

2010年，全乡辖12个村，总人口36289人。

2011 年,全乡辖 9 个村(居),7569 户,总人口 25579 人,其中,男性 13539 人,女性 12040 人(2011 年,区划调整,众兴划拨 3 个村到合肥磨店乡)。

2012 年,全乡辖 9 个村(居),总人口 25451 人,其中,男性 13409 人,女性 12042 人。

2014 年,全乡辖 9 个村(居),总户数 6926 户,总人口 26645 人。

二、人口密度

1986 年,全乡总面积 65 平方千米,总人口 20678 人,人口密度为每平方千米 318.12人。

1994 年,全乡总面积 83 平方千米,总人口 37589 人,人口密度为每平方千米 452.88 人。

2005 年,全乡总面积 72.65 平方千米,总人口 32064 人,人口密度为每平方千米 441.35 人。

2011 年,全乡总面积 70.4 平方千米,总人口 25525 人,人口密度为每平方千米 362.57 人。

2014 年,全乡总面积 65.8 平方千米,总人口 26645 人,人口密度为每平方千米 404.94 人。

三、人口变动

中华人民共和国成立前,众兴地区人口增长缓慢。中华人民共和国成立后,人口高速增长。

1949—1958 年,随着国民经济恢复和发展,人民生活水平提高,当时鼓励多生,全乡人口出现两高(出生率、自然增长率)情况,其中 1954—1956 年,年均出生率 39.4‰,自然增长率 27.5‰。

1959—1961 年,全乡人口出现“两低”(出生率低、自然增长率低)、“一高”(死亡率高)情况,其中 1960 年最为严重,死亡率高达 113.31‰。

1962—1976 年进行国民经济调整和落实各项方针政策,人民生活有所改善,人口达到补偿性增长。

“文化大革命”期间,全乡人口出现“两高”(出生率高、自然增长率高)、“一低”(死亡率低)情况。其中,1962 年和 1963 年是中华人民共和国成立后第二个生育高峰,年均出生率为 54‰,自然增长率为 47.19‰。

1977—1985 年,计划生育工作深入开展,人们对多子多福的传统观念有了改变,开始少生优育,全乡人口较以前出现“三低”(低出生率、低死亡率、低自然增长率)情况。

1953 年 7 月 1 日、1964 年 7 月 1 日、1982 年 7 月 1 日、1990 年 7 月 1 日、2000 年 11 月 1 日、2010 年 11 月 1 日,国家先后开展六次人口普查。其中第五次、第六次人口普查规模最大,项目最多。2010 年普查,众兴乡有 25525 人。

中华人民共和国成立后,特别是改革开放后,社会安定团结,经济发展飞速,人民生活水平不断提高,卫生合作医疗水平大大提高,惠民政策深入普及,实行计划生育,提倡晚婚晚育、少生优育的生育观,破除重男轻女、养儿防老旧观念、旧风俗。人口再生产由原来高出生、高死亡、高增长转变为低出生、低死亡、低增长。

1986—2000 年,全乡出生 7625 人,死亡 6105 人,自然增长 1547 人,年均增长 103 人。

其中 1986 年，全乡总人口 20678 人，出生 180 人，死亡 84 人，自然增长 96 人；1990 年，全乡总人口 22195 人，出生 439 人，死亡 389 人，自然增长 50 人；2000 年，全乡总人口 32708 人，出生 490 人，死亡 567 人，人口负增长 77 人。

2010 年，全乡总人口 36289 人，出生 386 人，死亡 194 人，自然增长 192 人；2014 年，全乡总人口 26645 人，出生 367 人，死亡 137 人，自然增长 230 人。1986—2014 年，平均自然增长率为 0.42‰。

1986—2014 年部分年份众兴乡自然人口变动表

表 3-1　　　　单位：人

年份	人口			自然变动					
	总计	男	女	出生			死亡		
				小计	男	女	小计	男	女
1986	20673	10924	9749	180	95	85	84	46	38
1990	22195	11702	10493	439	231	208	389	205	184
1995	27057	14815	12242	537	288	249	357	185	172
2000	32708	17624	15084	490	251	239	567	312	255
2005	32064	17184	14880	498	247	251	551	273	278
2010	36289	18403	17886	386	202	184	194	103	91
2011	25525	13539	11986	477	243	234	165	87	78
2012	25449	13409	12040	276	136	140	142	73	69
2013	25572	13472	12100	385	201	184	135	65	70
2014	26645	14001	12644	367	188	179	137	72	65

第二节　人口结构

一、民族构成

众兴乡是以汉族为主的、15 个民族散杂居地区，特别是改革开放后，人口跨地区流动、迁徙性大，增加多个少数民族。据 2014 年调查统计，居住众兴乡的少数民族有回族、满族、蒙古族、土家族、苗族、侗族、哈尼族、水族、土族、维吾尔族、瑶族、壮族、布依族、傈僳族 14 个。少数民族 103 人，占全乡总人口的 0.4%。少数民族人口以回族、满族为主，其中回族人口 52 人，占少数民族人口的 50.49%；满族人口 15 人，占少数民族人口的 14.56%；土家族人口 10 人，占少数民族人口的 9.7%；其他 11 个少数民族人口 26 人，占少数民族人口的 25.24%。这些少数民族多居住在永安村（回族 32 人，满族 9 人，土家族 4 人，蒙古族 1 人，傈僳族 1 人，计 47 人），占少数民族人口总量的 45.6%。

二、性别及年龄构成列表

1991 年、2000 年、2010 年众兴乡人口性别及年龄构成一览表

表 3-2　　　　单位：人

年龄段	1991 年人口数			2000 年人口数			2010 年人口数		
	合计	男	女	合计	男	女	合计	男	女
总计	22195	11702	10493	32708	17624	15084	36289	18403	17886
0~4 岁	2061	1123	938	2176	1340	836	2715	1478	1237
5~9 岁	1918	1105	813	3195	1852	1343	2737	1461	1276
10~14 岁	2278	1275	1003	3145	1730	1415	3191	1749	1442
15~19 岁	2721	1454	1267	2265	1310	955	3211	1798	1413
20~24 岁	2781	1401	1380	2270	1220	1050	2150	1118	1032
25~29 岁	1846	935	911	3069	1578	1491	3416	1648	1768
30~34 岁	992	516	476	3480	1770	1710	3876	1848	2028
35~39 岁	1567	797	770	2737	1400	1337	3047	1462	1585
40~44 岁	1251	672	579	1208	635	573	1343	663	680
45~49 岁	1088	594	494	2147	1107	1040	2389	1156	1233
50~54 岁	912	506	406	1738	950	788	1926	992	934
55~59 岁	835	446	389	1452	806	646	1634	868	766
60~64 岁	724	372	352	1217	687	530	1345	717	628
65~69 岁	573	273	300	1005	532	473	1117	556	561
70~74 岁	368	150	218	779	382	397	862	391	471
75~79 岁	164	57	107	497	220	277	559	230	329
80~84 岁	77	18	59	237	80	157	470	184	286
85~89 岁	31	6	25	70	20	50	239	65	174
90~94 岁	5	1	4	16	4	12	46	18	28
95~99 岁	2	1	1	4	1	3	15	1	14
100岁及以上	1	0	1	1	0	1	1	—	1

三、文化结构

中华人民共和国成立前，众兴教育落后，90%以上的人是文盲和半文盲。

中华人民共和国成立后，教育事业有很大发展。1982 年，具有小学以上文化程度人口占总人口的比例由 1964 年的 30.70%增至 50.05%，增长 19.25%。与全省具有小学以上文化程度占总人口的 48.34%相比高 1.71%。

1964 年，12 岁以上文盲、半文盲 5735 人；1982 年，有 2770 人，占总人口的比例由 1964 年的 42.64%降至 39.53%，与全省文盲、半文盲占总人口的 33.70%相比降低 3.17%。在 1982 年的文盲、半文盲人口中男性占 26.30%，女性占 73.70%。

1982 年，在总人口中具有大学文化程度的 42 人，每千人中有 1.51 人；具有高中文化程度的 587 人，每千人中有 33.63 人；具有初中文化程度的每千人中有 151.08 人；具有小学文化程度的每千人中有 314.16 人。

据 1990 年第四次人口普查统计，全乡 6 岁以上文盲、半文盲占比 26.9%；6~14 岁文

盲、半文盲占同年龄人口的 6.7%。文盲、半文盲中，男性占男性总人口的 7%，女性 6 占女性总人口的 15%。6 ~ 14 岁文盲、半文盲占同龄人口的 1.9%。文盲、半文盲中，女性占同年龄人口文盲、半文盲的 50%。15 岁及其以上文盲、半文盲占同龄人口的 11.42%。

1990 年第四次人口普查统计，6 岁及以上人口中具有大学本科文化程度的占 6 岁及以上人口总数的 0.1%，其中男性与女性比为 9 : 1；大学专科占 0.3%，其中男性与女性比为 5 : 1；中专占 0.8%，其中男性与女性比为 4 : 1；高中占 4%；初中占 25%；小学占 42%。

2000 年第五次人口普查统计，6 岁及以上人口中具有研究生文化程度 1 人；大学本科文化程度 116 人，占 6 岁及以上人口总数的 0.24%，其中男性与女性比为 5 : 1；大学专科占 0.9%，男女比为 3 : 1；中专占 1.9%，男女比为 1.5 : 1；高中占 5.5%，男女比为 1.57 : 1；初中占 41.7%，男女比为 1.5 : 1；小学占 38.2%，男女比为 1 : 1.2。

2010 年第六次人口普查统计，6 岁及以上人口中具有研究生文化程度 12 人；大学本科文化程度 416 人；占 6 岁及以上人口总数的 0.46%，其中男性与女性比例为 3 : 1；大学本科占比 0.8%，男女比例为 2 : 1；中专占比 0.9%，男女比例为 1.5 : 1；高中占 4.5%，男女比例为 1.2 : 1；小学占 46.7%，男女比例为 1 : 1。

2000 年第五次人口普查数据与 1990 年第四次人口普查数据相比，众兴人口文化程度明显提高。

至 2014 年，幼儿入学率达 92%，小学入学率达 99.5%，初中入学率达 95%，高中入学率达 42%。国民素质教育也有较大提高，孩子从牙牙学语就开始进行音乐、舞蹈以及美术、体育等素质教育方面的培训。

1990 年众兴乡人口文化构成表

表 3-3　　　　单位：人

年龄组		文化程度													
		本科		大专		中专		高中		初中		小学		文盲、半文盲	
		男	女	男	女	男	女	男	女	男	女	男	女	男	女
6 岁及以上		20	3	55	9	116	40	656	147	3729	1420	4414	3892	1391	3888
7 ~ 14 岁		—	—	—	—	—	—	3	—	252	120	12	4	33	20
15 ~ 25 岁		4	1	—	—	—	—	—	—	—	—	833	1406	65	536
劳动年龄	男 16~59 岁	20	—	53	—	107	—	624	—	3215	—	2615	—	742	—
	女 16~54 岁	—	2	—	9	—	38	—	142	—	1217	—	1992	—	2257
被扶养年龄	0~14 岁	—	—	—	—	—	—	3	—	252	120	1653	1241	1382	1249
	65 岁以上	1	—	1	—	1	—	10	1	45	2	132	19	314	753
兵源组 18~22 岁		—	—	4	1	16	10	110	37	896	385	405	720	33	324
选龄 18 岁及以上		20	3	55	9	106	37	599	131	295	1072	2397	2234	1234	3540
育龄妇女 15~49 岁		—	2	—	8	—	37	—	143	—	1281	—	2440	—	1964
法定婚龄	男 22 岁以上	20	—	53	—	94	—	481	—	2212	—	2071	—	1207	—
	女 20 岁以上	—	2	—	9	—	32	—	114	—	916	—	1959	—	3432
老龄	男 60 岁以上	1	—	2	—	4	—	20	—	94	—	255	—	502	—
	女 55 岁以上	—	—	—	1	—	1	—	2	—	8	—	71	—	1369

2000年众兴乡人口文化构成表

表3-4　　　　单位:人

年龄组		文化程度													
		本科		大专		中专		高中		初中		小学		文盲、半文盲	
		男	女	男	女	男	女	男	女	男	女	男	女	男	女
6岁及以上		64	11	214	59	338	369	1292	369	7922	4620	5286	6058	668	2093
7~14岁		—	—	—	—	2	5	35	17	750	566	2057	1641	7	7
15~25岁		6	3	35	19	103	120	453	170	2047	1511	131	418	8	16
劳动年龄	男16~59岁	56	—	198	—	323	—	1123	—	6583	—	2026	—	163	—
	女16~54岁	—	10	—	57	—	196	—	315	—	1776	—	3516	—	492
被扶养年龄	0~14岁	—	—	—	—	2	5	35	17	750	566	2395	1873	—	—
	65岁以上	3	—	7	—	17	2	35	2	209	17	541	190	382	1067
兵源组18~22岁		2	1	13	9	49	56	171	60	898	657	65	165	4	6
选龄18岁及以上		63	11	214	58	342	179	1031	265	6641	365	2864	4120	637	2080
育龄妇女15~49岁		—	10	—	56	—	202	—	338	—	3885	—	3091	—	314
法定婚龄	男22岁以上	62	—	206	—	272	—	880	—	5940	—	2817	—	633	—
	女20岁以上	—	10	—	54	—	157	—	231	—	3394	—	4069	—	2075
老龄	男60岁以上	8	—	17	—	38	—	68	—	400	—	855	—	476	—
	女55岁以上	—	1	—	2	—	9	—	8	—	91	—	647	—	1590

2010年众兴乡人口文化构成表

表3-5　　　　单位:人

年龄组		文化程度													
		本科		大专		中专		高中		初中		小学		文盲、半文盲	
		男	女	男	女	男	女	男	女	男	女	男	女	男	女
6岁及以上		160	30	398	110	360	342	1092	565	8834	6985	7120	6883	436	608
7~14岁		—	—	—	—	3	4	20	18	1345	1843	3360	1805	48	156
15~25岁		78	25	62	36	110	92	388	265	6518	5385	110	385	140	205
劳动年龄	男16~59岁	65	—	209	—	340	—	940	—	2100	—	3741	—	145	—
	女16~54岁	—	28	—	53	—	185	—	458	—	1757	—	3608	—	203
被扶养年龄	0~14岁	—	—	—	—	3	4	20	18	1345	1843	3360	1805	48	156
	65岁以上	15	5	110	—	11	—	42	5	530	145	788	385	245	251
兵源组18~22岁		70	18	49	10	84	82	235	263	1243	1087	154	198	110	245
选龄18岁及以上		81	26	255	38	323	265	987	371	2658	1846	324	4005	370	442
育龄妇女15~49岁		—	29	—	65	—	170	—	402	—	1625	—	3250	—	125
法定婚龄	男22岁以上	68	—	208	—	278	—	645	—	2430	—	3046	—	320	—
	女20岁以上	—	20	—	30	—	304	—	338	—	1758	—	3865	—	365
老龄	男60岁以上	24	—	136	—	15	—	68	—	740	—	315	—	223	—
	女55岁以上	—	11	—	10	—	14	—	95	—	2480	—	3458	—	308

四、职业结构

2010 年"六普"统计，分农业、牧业、水利业、采掘业、制造业、电力煤气、水生产和供应、建筑业、地质勘查业、水利管理业、交通运输业、仓储、邮电、批发零售、餐饮业、金融、保险、房地产、社会服务业、卫生、体育、社会福利、教育、文化艺术、广播电影电视、科研、技术服务、国家机关、党政机关和社会团体 31 个行业。

在业人员中，农、林、牧、渔、水利业有 7783 人，占在业人口的 42.47%，其中男性 4052 人，女性 3731 人。建筑业 3600 人，占在业人口 19.65%，其中男性 2520 人，女性 1080 人。

2010 年众兴乡人口职业结构表

表 3-6

行业	在业人口(人)		
	合计	男	女
总计	18324	9898	8426
农林牧副渔、水利业	7783	4052	3731
采掘业	86	75	11
制造业	386	268	118
电力煤气及水生产和供应业	45	35	10
建筑业	3600	2520	1080
地质勘查、水利管理业	58	41	17
交通运输、仓储及邮电通信业	1860	1054	806
批发、零售、餐饮业	2458	1036	1422
金融、保险业	94	26	68
房地产业	100	56	44
社会服务业	676	145	531
卫生、体育和社会福利业	372	152	220
教育、文化艺术及广播电影电视业	498	246	252
科学研究和综合技术服务业	156	96	60
国家机关、党政机关和社会团体	140	88	52
其他行业	12	8	4

五、婚姻家庭构成

中华人民共和国成立至 1990 年，众兴地区平均每户人口 4.2 ~ 4.95 人，1990—2014 年平均每户人口有所下降，保持在 3.2 ~ 4.5 人。

1990 年第四次人口普查统计，众兴有 6061 户，平均每户 4.57 人。其中，单身户 32 户，一对夫妇家庭占 4.45%；二代家庭户占比 65.92%；三代家庭户占比 18.50%；四代家庭户占比 0.65%。

2000 年第五次人口普查统计，众兴有 6361 户平均每户 3.75 人。其中，单身户 32 户，一对夫妇家庭占比 16.94%；二代家庭户占 61.93%；三代家庭户占比 20.9%；四代家庭户占比 0.85%。

1982 年，15 岁以上人口未婚的占同龄组 31%，其中，男性 22 岁以上、女性 20 岁以上已婚的占同龄组分别为 85%、86%；丧偶的占比 6%，其中男性占 1/3；离婚占已婚人口的 0.75%。

2002 年众兴乡婚姻家庭构成表

表 3-7　　单位：户

项目	总计	1 人户	2 人户	3 人户	4 人户	5 人户	6 人户	7 人户	8 人户	9 人户	10 人户以上
合计	9866	462	834	1474	2245	2248	1242	709	352	167	133
单身户	462	462	—	—	—	—	—	—	—	—	—
一对夫妇户	521	—	481	17	13	6	2	2	—	—	—
二代户	6842	—	353	1417	2038	1784	798	320	100	25	7
三代户	1972	—	—	40	194	455	435	376	238	128	106
四代户	69	—	—	—	—	3	7	11	14	14	20
五代户	—	—	—	—	—	—	—	—	—	—	—

2010 年众兴乡婚姻家庭构成表

表 3-8　　单位：户

项目	总计	1 人户	2 人户	3 人户	4 人户	5 人户	6 人户	7 人户	8 人户	9 人户	10 人户以上
合计	11640	752	1629	2964	3244	1925	633	273	114	56	50
单身户	—	—	—	—	—	—	—	—	—	—	—
一对夫妇户	1972	752	1168	34	10	5	3	—	—	—	—
二代户	7138	—	461	2846	2707	935	140	33	9	3	4
三代户	2432	—	—	84	524	970	465	216	89	45	39
四代户	98	—	—	—	3	15	25	24	16	8	7

第三节　计划生育

一、机构设置

1979 年，公社配有一名计生专职干部，负责管理指导宣传全公社计划生育。1990 年，县批准众兴乡设立计划生育办公室（简称计生办），事业单位，定编 4 人，聘用 7 人。

1998 年，众兴乡计划生育领导小组二层办公楼
（刘斌／摄）

1988 年，众兴增设计划生育服务所；1993 年，众兴建立计划生育服务中心，配有 2 名计划生育技术服务人员。1995 年，乡计生

服务所配置统一的计划生育服务器械。

1994 年 4 月，乡成立计划生育领导组，由乡党委书记任组长。

1988 年，各村配备专职计划生育主任。2000 年，乡按照"35 岁以下、初中以上文化、女性"的要求，统一考试、考核，择优配齐村级计生专干，工资由乡财政统一发放，实行乡聘、县管、村用。村级设有人口学校、计生服务室、孕检室、悄悄话室。

2020 年，众兴乡人口与计划生育服务中心

（刘斌 / 摄）

1990 年，众兴乡计划生育协会成立，召开乡计生协第一次大会，选举产生协会常务理事会组成人员，制定计生协会章程，建立协会办事机构，分管副乡长当选为第一届计生协会会长。

2002 年 3 月，县委组织部发文，确定乡计生办主任享受副科级待遇。

1998 年，全乡建立健全乡村二级工作网络，有工作人员 11 名，计生服务人员 3 人，村级计生专干 24 人，计划生育协会组织 26 个，会员 3701 人。

众兴乡计划生育办公室负责人一览表

表 3-9

姓名	任职时间	姓名	任职时间
朱益平	1979—1986 年	李凤志	2004—2010 年
关道斌	1994—1997 年	陈长富	2011—2014 年
刘 勇	2002—2004 年	黄科盈	2014 年起

二、宣传教育

1982 年，计划生育被确立为基本国策。1986 年起，每年的"三八"国际妇女节、"六一"国际儿童节、国庆节、元旦、春节，乡组织开展文艺演出以及晚婚、晚育、优生优育知识宣传。

众兴乡计划生育公开栏 （刘斌 / 摄）

2000—2005 年，计生系统举办乡村专兼职培训班，请省市县有关专家讲课，乡村人口理论学校定期宣讲，层层举办有奖知识

竞赛，广泛开展“关爱女孩”“婚育新风进万家”活动。

三、宣传活动

宣传计生利益导向政策，拓展服务和生育关怀，乡计生办、妇联每年开展主题突出、形式多样、内容丰富的宣传活动，社会效果明显。

开展“三优”宣传 组织村（社区）围绕优生、优育、优教“三优”，举办“孕妈妈、新妈妈”孕育知识讲座，邀请县计生服务站医生及乡卫生服务中心医生向辖区居民传授孕产期保健、育龄妇女安全妊娠、分娩和婴儿喂养、保健等知识，使准父母、新父母对孕产期、育儿期的常见情况能够正确判断，并向孕育对象发放了相关宣传资料。

开展宣传咨询服务活动 计生办设立计划生育咨询台，为群众提供相关咨询，向群众发放各类计生宣传册、避孕套、避孕药等，发放印有计生政策手提包和围裙，免费为群众进行血压测量、义诊，对群众答疑解惑计生知识。

开展关爱困难群体树新风活动 乡、村（社区）开展空巢老人志愿帮扶、结对帮扶留守儿童及关爱计生特殊困难家庭活动，为困难家庭送去爱心，让他们感受切身关怀。

开展广场舞大赛 积极组织辖区广场舞爱好者举办“关爱母亲放飞梦想”婚育文化大赛，通过形态多样、内容丰富等各项活动，倡导科学文明婚育观念、婚育行为。

节假日宣传 每年“三八”国际妇女节、“六一”国际儿童节、母亲节、“5·29”计生协会会员日、父亲节、“7·11”世界人口日、“10·31”男性健康宣传日，在街头悬挂横幅，书写墙报，集中人力、物力、财力赶集宣传，利用广播、网络媒体、宣传墙、宣传纸、宣传画等形式，广泛宣传。

第四节 人口寿命

根据第四次全国人口普查，1990 年全乡 60 岁及以上人口 1945 人，70 岁及以上人口 648 人，80 岁及以上人口 116 人，90 岁及以上人口 7 人，100 岁以上 1 人。分别占总人口的 8.76%、2.92%、0.523%、0.032%和二万二千分之一。

根据第五次全国人口普查，2000 年全乡 60 岁及以上人口 3826 人，70 岁及以上人口 1604 人，80 岁及以上人口 328 人，90 岁及以上人口 21 人，100 岁以上 1 人。分别占总人口的 11.7%、4.9%、1%、0.06%和三万三千分之一。

根据第六次全国人口普查，2010 年全乡 60 岁及以上人口 4654 人，70 岁及以上人口 2192 人，80 岁及以上人口 771 人，90 岁及以上人口 62 人，100 岁以上 1 人。分别占总人口的 12.82%、6.04%、2.12%、0.17%和三万六千分之一。

至 2014 年，众兴乡无百岁健在老人。

2010年众兴乡90岁以上老人健在一览表

表3-10　　单位:岁

姓名	性别	年龄	住址
刘运州	男	93	众兴村大朱户组
胡兴兰	女	96	众兴村许岗组
张华庭	男	91	众兴村众北组
徐爱英	女	99	众兴村众南组
司文英	女	99	众兴村众南组
张贤昌	女	95	众兴村王北组
徐明余	男	94	大高村小胡套组
张芝武	女	90	大高村高中组
余孝英	女	93	大高村高东组
王继英	女	91	大高村胡前组
陆清荣	女	91	大高村窦小郢组
宋业珍	女	94	范岗村司西组
韩先英	女	93	范岗村华前组
钟世英	女	93	范岗村兴华组
高明发	男	93	范岗村树下组
关道兰	女	92	范岗村司东组
张道凤	女	93	范岗村华前组
张明华	女	93	范岗村黄巷组
范开成	男	92	范岗村兴华组
杨桂英	女	92	范岗村金南组
童长芳	女	92	范岗村司上组
张华英	女	93	华光村王西组
谢道珍	女	90	华光村王西组
苏仁珍	女	94	华光村王西组
刘兰英	女	92	华光村吴东组
张文英	女	90	华光村胡一组
金运芝	女	92	华光村胜利组
蒋凤英	女	92	花灯社区高店组
王家坤	女	90	花灯社区贾北组
张华香	女	90	花灯社区李园组
童兴方	女	93	花灯社区立新组
凌圣芳	女	91	花灯社区陆老组
张华亮	男	93	花灯社区罗岗组
许高兰	女	90	联合村郢西组
管孟兰	女	97	联合村东岗组
张大娴	女	90	联合村郢西组
秦正华	女	93	联合村河沿组
刘长英	女	90	联合村郑小河组
宋三珍	女	93	联合村白地岗组

续表 3-10

姓名	性别	年龄	住址
张华福	男	91	联合村白地岗组
周宝珍	女	91	联合村王小郢组
许高英	女	95	联合村下金王组
许高炎	男	94	联合村钟小郢组
孙维兰	女	91	联合村陈户组
窦长华	女	94	联合村中份组
许其能	男	90	联合村上金王组
刘炳芳	女	94	联合村圩外组
朱德厚	男	92	联合村钟小郢组
许运兰	女	90	联合村宋巷组
王华英	女	93	联合村南份组
程育兰	女	90	永安村张小组
金宏桂	女	92	永安村李圩组
许运有	男	92	永安村永红组
徐守英	女	93	永安村永北组
黄业英	女	90	永安村兴旺组
郑文英	女	90	永安村关一组
李凤云	女	90	永安村关三组
黄思兰	女	93	永安村关二组
关道荣	男	90	永安村关二组
张昌凤	女	92	永安村田西组
高潮仙	男	90	永安村宣东组
李道珍	女	90	永安村宣东组
关世仓	男	91	永安村宣东组
金开凤	女	92	永安村宣东组
金运兰	女	95	永安村宣东组
陈端英	女	90	永安村宣西组
钟以华	男	91	永安村王六九组
周道华	女	90	永安村中东组
胡运凤	女	91	谢岗村何小组
许高珍	女	90	谢岗村王岗组
汪调芳	女	95	谢岗村何小组
徐凤英	女	92	谢岗村王小组
孙维财	男	95	谢岗村王小组
刘凤霞	女	92	谢岗村油北组
张华三	男	95	谢岗村金小郢组
刘家珍	女	90	谢岗村王岗组
王德银	男	94	霞光村黄小组
王德华	女	98	霞光村黄小组

续表 3-10

姓名	性别	年龄	住址
谢有珍	女	97	霞光村下东组
程道珍	女	93	霞光村黄南组
徐存福	男	90	霞光村尹北组
葛道华	女	94	霞光村高南二组
孙道珍	女	91	霞光村高北组
王申华	女	93	霞光村油坊组
王成英	女	90	霞光村蔡小组
杜金华	男	91	霞光村稻塘组
刘世琴	女	90	霞光村上一组
杜金银	男	91	霞光村黄南组
沈春桂	女	90	霞光村瓦锡组
李世英	女	92	霞光村柏果组

通过走访长寿老人，发现老人们的生活起居有一些共同点：自然环境好，老人们居住高岗丘陵地，空气清新，饮水清洁，污染少。一生勤劳，日出而作，日落而息，耕耘在田间地头。家庭和睦，知足常乐，乐观开朗，团结友善。控制烟酒，很少人抽烟喝酒。以素食为主，按时按量进食。起居定时，生活有规律，早睡早起。当然，遗传因素也很重要。

第四章 土地

机械在田间作业 （土管所/供）

第四章 土地

机械在田间作业 （土管所/供）

第四章　土　地

中华人民共和国成立后，在全国范围开展土地改革运动和农业合作化运动，实行社会主义土地公有制（即全民所有制和集体所有制）。在土地管理方面，中央人民政府财经委员会于1950年10月批准公布《农业税土地面积及常年应产量订定标准的规定》。1951年7月，财政部颁布《农业税查田定产工作实施纲要》，清查田亩，定实产量，是中华人民共和国土地调查、统计工作的开端。1981年后，国务院先后颁布《村镇建房用地管理条例》和《国家建设征用土地条例》；1981年3月，中共中央、国务院又联合发出《关于加强土地管理、制止乱占耕地的通知》，并成立国家土地管理局，统一管理全国土地，同时在省以下建立各级土地管理机构。1986年6月25日，第六届全国人民代表大会常务委员会通过《中华人民共和国土地管理法》。

肥东县众兴乡国土资源规划建设管理所

（刘斌／摄）

1986年前，众兴乡没有专门机构进行土地管理，缺乏规范性管理制度，各类建设用地缺乏宏观调控与严格管理，乱占耕地现象较为严重，居民点用地更是混乱，乱占乱用、随意扩大用地规模，耕地被侵占、毁坏。1986年8月，众兴乡成立土地管理办公室，土地管理工作步入集中统一规范性管理轨道。1992年，改为土地管理所，2008年又改称众兴乡国土资源规划建设管理所，对土地的规划、利用与管理进一步加强，各类用地严格按照审批权限，并实行总量“占补平衡”。特别在基本农田保护区立界牌桩保护耕地。

第一节　土地所有制

一、土地改革运动

土地改革前土地占有情况　清末至民国期间，官僚、地主、豪绅利用权力和经济优势，肆意兼并农民土地，使大量土地被地主占有。清廷大学士、直隶总督、北洋大臣李鸿章及其兄弟李瀚章、李鹤章于同治、光绪年间，在合肥（含今合肥市郊、肥东、肥西全部和长丰一部分）、巢县、舒城、含山、芜湖等地兼并土地250余万亩，其在肥东土地遍及各地，仅众兴、永安、磨店3个乡集中连片的土地就有4000亩。李翰章在永安乡小刘河的庄园，占地1.5平方千米。李鸿章、李鹤章在原长乐乡南圩建的李家楼，占地300余亩，原居此地的36户温姓农民全被赶走。土地兼并使各阶级占有土地量极不合理。据土地改革时调查，全乡地主只占农业总人口的3.45%，却占有耕地总面积25.18%的耕地，人均21.70亩；贫农和雇农占农业总人口57.60%，仅占耕地总面积21.29%，人均1.09亩。地主人均占有量为贫农、雇农的19.91倍。

土地改革运动　中华人民共和国成立初期，第一个大运动就是土地改革运动。土地改革是一场激烈的阶级斗争，必须贯彻党的群众路线，把广大农民充分发动起来，斗地主、分田地。

二、农业社会主义改造

土地改革以后，以土地私有制为基础的小农经济成为农村经济结构的基本形式。广大农民虽然分到土地和其他财物，但有不少农户仍然缺乏农具、耕牛和生产资金。每户独立生产普遍存在一定困难，一部分缺乏劳力农户甚至不得不走上借高利贷、变卖土地的老路，农村中开始出现了新的两极分化，另外一家一户的小农经济也没有兴修水利、抵御自然灾害的能力，不利于生产力进一步发展。为了克服这些弊端，乡人民政府根据上级指示精神，号召广大农民组织起来，走农业互助合作道路。遵照自愿互利、国家帮助、循序渐进、逐渐发展的规则分三步走：第一步，在农村广泛发展以私有制为基础的带有社会主义萌芽性质的农业生产互助组（简称互助组）；第二步，在互助组的基础上发展半社会主义性质的初级农业生产合作社（简称初级社）；第三步，由初级社发展为完全社会主义性质的高级农业生产合作社（简称高级社）。

农业生产互助组　1952年4月，众兴普遍掀起互助合作运动，到年底全乡共建立互助组254个（常年的只有4个），参加户数1628户，人口9480人，分别占全乡总农户和总人口的70%和72.5%。

互助组是农民群众在生产资料私有制的基础上，根据自愿互利原则组织起来的劳动组织，实行集体劳动，分户经营。互助组有临时互助组（季节性互助组）和常年互助组。

初级农业生产合作社　1953年冬，中共中央召开第二次农业互助会议，并作出《关于发展农业生产合作社的决议》(以下简称《决议》),1954 年初,遵照《决议》,采取"逐级领导试办,树立好榜样,逐渐巩固与扩大"的方针。年底,众兴乡农户陆续加入初级社,前后不到一年时间,入社农户占全乡 100%。

高级农业生产合作社 1955 年 9 月是肥东县及众兴乡农业合作社的转折点（包括当时的永安乡在内)。9 月前,众兴乡有华光社、霞光社、井店一至四社、曙光一至四社等。9 月中旬,县委召开县、区、乡三级干部会议,宣传贯彻毛泽东《关于农业合作化问题》的报告,中共七届六中全会决议和社章草案等,学习办社的方针,并广泛深入地向广大农民展开宣传,极大地鼓舞农民走社会主义的积极性,群众敲锣打鼓,申请入社,合作化进入前所未有的高潮。

县把村庄集中、土地连片的大兴乡群生初级社作为高级社的试点经验推广过后,当时的众兴、永安等一片一片地开始建社、扩社、并社,郑埠、霞光、谢岗 3 个初级社并成霞光高级农业生产合作社,井店社、曙光社、华光社等应运而生,所有农户都加入了高级社。

经过建社、扩社、并社等,至 1957 年,众兴所有农户都进入高级社。至此,整个众兴、永安两乡全部实现完全社会主义性质的农业合作化。

三、人民公社

1958—1959 年,人民公社以"一大二公"为基点,即组织规模要"大",平均每社有人口 2.6 万多人,耕地 6.6 万多亩,经济成分求"公",严格抑制个体经济。基本措施:主要生产资料(含耕地、山场、水面、耕畜、大农具)归公社所有,收回社员的自留地、垦荒地,社员的果园、山林纳入集体,农民经营的家庭副业或限制或取缔;农业生产由公社统一计划、统一指挥、统一行动、统一核算;公社对下属单位的生产资料、产品以至社员的房屋,用具任意平调或占用;劳动组合实行军事编制,社以下设营、连、排、班,以连为基本生产单位,大忙时则抽调精壮劳力,组成"野战团"打流动式的"歼灭战";农民生产集体化,建连办公共食堂,全连人口集中就餐;收益分配实行"半供给制",社员上工不记工分,不分配实物和现金,年终发少量零用钱。

1961 年 3 月,众兴部分生产队试行"责任田"办法,亦称"田间管理责任到人",具体做法是"定产到田、责任到人,增奖减赔"。此法一经传开,遍地效法,数月内实行责任田的生产队占生产队总数的 80%。最先实行的生产大队,当年粮食增产一倍,各地都有不同的增产效果,农民生产情绪很高,但被认为"犯方向性错误",强令陆续改正。1962 年,改大队核算为三级所有、队为基础,以生产队为基本核算单位,把生产、分配权统一到生产队,调动生产队的经营积极性,生产逐渐恢复。

1958 年 8 月 13 日,《人民日报》发表毛主席《人民公社好》的讲话后,全国各地迅速开展人民公社化运动,包括众兴公社在内顺应诞生,一直至 1983 年 4 月,撤社设乡,设乡(镇)人民政府,改公社为乡,改生产大队为村,人民公社渐被淡化,两年后退出历史舞台。

1988 年,村改为村民委员会,改生产队为村民小组。

四、家庭联产承包责任制

20世纪80年代前后，安徽在全国率先突破“左”的框框，积极探索农村改革，影响深远。

1977年6月，万里任安徽省委第一书记。万里上任后，首先到农村去看农村、看农民。他下乡调研时，轻车简从，一部小车，三两个人，事先不打招呼，说走就走，直接进村入户，随时随地同基层干部和群众进行无拘无束的交谈，这样看到的才是真实情况，听到的才是农民群众的心里话。通过3个多月调研，他发现安徽作为农业大省，农村问题远比城市问题严重得多。万里认为农民吃不饱肚子，生产搞不好，主要是农民的生产积极性没有调动起来，根本原因是党的农村政策脱离了实际，严重挫伤农民生产积极性。摸清了根底，万里和省委以极大的胆识和勇气，大胆纠“左”，大胆破除旧的条条框框，促成农村改革，支持农村改革，推进农村改革。首先制定出《中共安徽省委关于当前农村经济政策几个问题的规定》(简称《省委六条》)，发至全省各地农村执行。“六条规定”的中心内容是强调保护和尊重生产队自主权，因地制宜地发展生产，反对瞎指挥。尊重生产队自主权的内容包括生产自主权、分配自主权、劳动力支配自主权等。这六条政策的规定，在当时是很大的突破，可以说，是粉碎江青反革命集团后中国诞生的第一份关于调整农村经济政策的开拓性文件，在全国率先突破了农村既定政策“左”的框框，给农民“松绑”。

1978年2月中旬，万里在省委召开的地、市委书记会议上，提出“农村在农业生产大忙季节，要以农业生产为中心”。

1978年，安徽遭遇百年罕见的旱灾，众兴10个月没有下过透雨，河水断流，水库干涸，禾苗枯黄，田地龟裂，人畜生活用水告急，干群忧心如焚。

1978年秋，公社有33个生产队试行包工到组联产计酬形式的责任制。1979年春，这种形式得到确认。当年夏收后，作物产量比其他队增产20%左右，因此，责任制在全公社迅速推广。开始有小段包工，定额计酬；包工到组，联产计酬；水统旱分(水稻由队或组统一经营，旱作物分户经营)，小宗作物包产到户；小组包工、包产等形式。随后，在一些“三靠队”和“老大难”队，又出现包干到户的责任制(联产承包责任制)，即将土地、耕牛、大农具按人口分配到户，以户包产，以家庭为单位生产经营，包交国家征购、派购任务和集体提留，多余归己。到7月上旬，公社实行了不同形式的责任制。以小组包工、包产为主，占生产队总数的69%；包干到户的队只占总队数的5.3%。后一种形式虽然出现较迟，为数不多，但它彻底解决了从农业合作化以来搞平均主义的弊端，充分体现多劳多得的原则，最受农民欢迎。1980年底就代替其他各种形式的责任制，并显示其优越性，粮食总产量1981年比1980年增长18.8%，1982年又比1981年增长12.1%。仅3年时间就解决了农民长期存在的温饱问题。油料作物发展更快，1982年比1978年增长1.87倍。

实行责任制后，社员有了生产自主权，他们依据实际情况，不走水路走旱路，多种旱作物，并精耕细作，平均户产万斤粮。户均年养猪8.7头，超额完成国家粮油征购任务，一年就扔掉了“穷帽子”。1985年，众兴地区人均粮食598.5千克，绝大多数农户有余粮，油料作物总产人均 81 千克，粮、油单产比 1978 年分别增长 60.5%和 61.8%，其他作物产量也相应增长。

中共十一届三中全会后，大包干的农业生产责任制彻底解放了农业生产力，农、林、牧、副、渔五业兴旺，年年有余。人均收入逐年增加明显。

1995 年，土地实行二轮承包，可以流转，政府逐田逐块确权登记、发证，30 年不变，农民吃了“定心丸”。自此，农民有了土地所有权、承包权和经营权，在惠民富民政策指引下，脱贫致富。由站起来到富起来，有不少农民已举家进入城市，实现了农民转为市民的梦想。

第二节　土地使用制

2014 年，众兴乡辖 7 个村、2 个社区，乡域面积 53 平方千米，其中，水域面积 1.5 平方千米，陆地面积 51.5 平方千米。

一、耕作用地

为进一步贯彻落实“十分珍惜、合理利用土地和切实保护耕地”的基本国策，严格实施《中华人民共和国土地管理法》，确保全乡耕地总量平衡，切实遏制国土资源违法违规行为，乡党委、政府研究决定，实行由乡人民政府乡长与各村签订责任状的管理模式。

责任状内容：

一、确保行政区域内达到预定目标

稳定耕地面积，确保耕地总面积不减少。严格保护基本农田，严格控制占用耕地，不越权批地。协助国土资源管理部门和规划城建部门搞好村民建房用地的初审、察看和跟踪管理。违法占用耕地案件逐年减少，如发生违法占用耕地现象，应立即制止，并报告乡政府或乡国土资源管理所。加强规划用地和国土资源法律、法规，特别是耕地保护政策的宣传，做到普法率 95%以上。

二、乡政府将安排相关职能部门负责对村级耕地保护、规范用地工作进行指导、监督与检查，并对本责任状的执行情况进行考核、奖惩。

考核内容：擅自改变基本农田性质和用途，不及时制止、上报的；违法占用耕地建设，不及时制止、上报的；私自交易、非法买卖土地，不及时制止、上报的；水土保持无举措，封禁区域从事取土、采石等行为，不及时制止、上报的；宅基地违规乱建，私自承诺，私自收费，不按程序报批的。有上述行为造成影响的，对村（社区）书记、主任和有关村干部给予警告或记过处分；情节较重的，问责书记、主任且扣除村级年度目标管理考核中土地方面的全部分值；情节严重的，给予书记撤职处分，对主任依照选举法程序予以罢免处理，构成刑事犯罪的，将移送司法机关依法处理。

2014 年，众兴乡有农用地 4017 公顷，占全乡土地总面积的 78%。其中，耕地 1810 公顷，占农用地的 45%，园地 13 公顷，占农用地的 0.33%，林地 2129 公顷，占农用地的 53%，其他农用地 65 公顷，占农用地的 1.67%。

二、道路交通用地

2012 年 10 月，众兴乡关于加强公路两侧用地管理，制定《关于加强公路两侧用地管理的实施意见》印发至各村、乡直有关部门。内容如下：

为加强公路两侧用地管理，保护公路路产、路权，充分发挥公路的使用效能，确保公路两侧用地管理有序规范，根据《中华人民共和国土地管理法》《中华人民共和国城乡规划法》《中华人民共和国公路法》《公路安全保护条例》，以及省市县文件精神，结合实际，特制订本实施意见。

一、高度重视公路两侧用地管理

公路两侧用地是指依照国家有关法律法规的规定，在公路建筑控制区外一定范围内禁止修建建筑物和地面构筑物的范围。加强公路两侧用地管理是防止公路街道化、充分发挥公路效能的重要手段，是充分保障行车安全、保护人民群众生命财产安全的基本需要。根据有关法律法规规定，国道、省道建筑控制区的范围是自公路用地外缘起国道为 30 米，省道为 20 米，高速公路的为 50 米，县道不少于 10 米，乡道不少于 5 米，建筑控制区外规划和新建村、学校、货物集散地、商业网点、农贸市场等，其外缘与建筑控制区外缘的距离为 50 米，县、乡道不少于 20 米。各村（社区）、集镇和相关部门努力营造良好行车环境、人居环境，加强公路两侧尤其是县乡干线公路两侧用地管理工作。

二、强化公路两侧用地规划

乡国土资源规划建设管理所、公路站及各村（社区）等单位按照有关要求，各负其责，相互配合，切实加强公路两侧用地规划管理。

乡国土所严格按照公路两边用地范围的规定，完善和修订土地利用总体规划和专项规划，加强对公路两侧用地的范围内土地用途管控。

新建村镇、开发区、学校、货物集散地、商业网点等，应尽可能在公路一侧，以垂直于公路纵向组团的方式进行布局，避免沿公路条状发展，新建项目规划定点应严格按公路两侧用地有关规定执行。

乡公路站在乡村公路规划公路线位设计应充分考虑公路途经区域的城镇规划和乡村规划，处理好公路安全畅通和服务沿线经济发展的关系，防止出现公路街道化现象。

三、严格规范公路两侧用地管理

乡国土所、公路站、村等部门要根据公路两侧用地管理的规定，按照各自职责范围制订相应的管理制度。

公路两侧用地范围划定前合法的建筑物和地面构筑物，由各村（社区）按属地管理原则与所有人签订协议，保证不在原址进行改建或扩建，不改变其使用用途，并做好建筑物独立排水系统和路宅隔离设施。

由国土所、公路站及各村（社区）等部门依据各自的职责和管辖范围，对公路两侧的建筑物和地面构筑物建立管理档案，并加强日常巡查，建立长效机制。

乡国土所、公路站、公安派出所及相关单位要定期召开工作会议，及时通报有关情况，解决存在的困难和问题，形成工作合力。

四、严格追究违反公路两侧用地管理的行为

对个人或企业未经批准私自在县乡干线公路两侧用地范围内建设各类建筑物、构筑物的，由乡国土资源所牵头，相关部门及各村（社区）配合，依法进行拆除。

未经许可在国省县乡干线公路两侧用地埋设管道、电缆等设施的，由国土所、住房和城乡建设、交通运输、公安等单位联合依法予以清理。

凡未经审批私自在公路两侧设立影响公路行车安全的非公路标志标牌，属国省道的，报合肥市公路管理局依法拆除，属县乡道路的，由县、乡依法拆除。

乡国土所、交通运输等部门及其管理机构要加人公路两侧用地管理工作的检查力度，对不重视、不配合、不落实有关要求的部门和单位将予以通报批评，对违规办理审批手续的人员按照有关规定严肃处理。

三、建设用地

2014年，全乡各类建设用地1030公顷，占全乡总面积的20%。其中，道路交通用地260公顷，占整个建设用地面积的25%；文化教育事业用地25公顷，占建设用地的2.45%；水利设施用地165公顷，占建设用地的16%；居民点用地500公顷，占建设用地的48.5%；厂矿用地16.5公顷，占建设用地的1.6%；其他建设用地63.5公顷，占建设用地的6.45%。

第三节　土地利用与保护

一、土地利用规划

土地利用规划的编制与实施，与全乡经济建设发展相适应，对各类建设用地实行宏观调控、严格管理。

为进一步贯彻落实“十分珍惜、合理利用土地和切实保护耕地”的基本国策，促进土地资源节约集约利用和土地资源优化配置，保障乡域国民经济与社会持续、高效、协调、健康发展，依据《中华人民共和国土地管理法》《中华人民共和国城乡规划法》《基本农田保护条例》《国务院关于深化改革严格土地管理的决定》《国务院办公厅转发国土资源部关于做好土地利用总计规划修编前期工作意见的通知》等有关文件精神，编制出《肥东县众兴乡土地利用总体规划（2006—2020）》。

土地利用规划以2005年为基期年，2010年为近期年，2020年为目标年，2030年为展望年。划分为三个阶段，着重是做好前两个阶段工作。第一阶段重点加强基本农田保护，控制耕地锐减，及居民点用地规模，统一安排各类建设用地、完善土地制度改革，规范土地市场，抓好土地整理，开发和复垦，挖掘土地利用潜力，全面发展“四旁”绿化，在土地二轮承包中，逐渐把森林覆盖率提高到50%以上。第二阶段要实现农用地包括耕地、园林、林地等面积数量基本稳定，其中耕地实现“占补平衡”或有余，深化土地制度改革，发挥土地市场调节机制，优化土地利用结构和布局，充分挖掘土地利用潜力，进一步抓好低产田、低产林、低产水的改造，提高土地肥力和林、水质量，全面增加土地利用效益。

二、基本农田保护

20世纪90年代初，公路沿线两侧逐步成为人们建房经商的“热点”地带，一些单位和个人在公路两边、集市附近抢占好的“堂口”建房，凡县道、乡道、村道两旁都有这种现象。众兴在全县率先确定基本农田保护区，保护耕地。同时把保护耕地的任务通过责任状形式落实各村。积极采取有效措施，把各村各片的农田保护区田块登记造册，制定保护区若干规定，同时竖立保护区标牌，埋设界桩。保护区分布图以广告宣传画的形式，在交通路口、集市附近最显眼的建筑墙上公示出来，使过往行人一目了然，村民家喻户晓。

1998年乡政府立的基本农田保护区界牌　（党政办/供）

通过建立基本农田保护区，增强了广大群众珍惜土地、节约土地、保护耕地的责任和自觉性。耕地保护率达90%以上。

对农田保护区实行“八不准、二提倡、一奖励”。“八不准”即不准在保护区内取土、打坯；不准建房、葬坟；不准烧窑、建预制厂；不准毁田抛荒；不准排入“废水”“废渣”等污染物；不准破坏水利和交通设施；不准改变土地的利用现状；不准破坏农田保护标志。“二提倡”即提倡对保护区耕地投入，培肥地力；提倡搞好农田林网绿化，改善农业生态环境。“一奖励”即奖励土地开发整理和保护耕地有功者。

1994年和2011年，众兴乡两次区划调整少10个村，分别划给县牌坊回族满族乡和新站区。因此保护区面积减少，但保护率反而提高，达到96%。

三、土地开发复垦管理

2006年起，众兴启动土地开发复垦整理工作。乡国土所与分管干部、村干及技术人员深入田间地头现场察看。在保护生态环境前提下，合理确定土地开发用途和规模，有计划有步骤地推进后备土地资源的开发利用。2006—2010 年通过土地开发,增加耕地 9.98 公顷,2010—2020 年通过开发增加耕地 5.32 公顷。

土地复垦　按照改善生态环境、优先农业、鼓励多用途使用,因地制宜、科学安排,开展废弃窑厂的复垦。拆除刘岗窑厂(2010 年划入磨店社区)、众兴窑厂和吴莫岗窑厂,复垦土地 15 公顷。华光、义合新村建设复垦土地 50 公顷。关闭店埠河、龚河湾、滁河干渠附近 7 家养殖场,腾退土地 0.8 公顷。土地开发、复垦整治,补充耕地 30.38 公顷。

严格控制耕地流失。非农建设避免占用耕地,利用劣地耕地不占用好地,以不占或少占耕地为原则。

耕地总量"占补平衡"　按照"先补后占""占补平衡"的规则,加大补充耕地的力度,严格执行占用耕地补偿制度。非农建设经批准占用耕地的,在占用耕地前补充与占用耕地数量和质量相当的耕地。建立土地开发复垦专项资金,确保补充耕地的数量与质量。

第四节　建设用地管理

一、建设用地审批

在众兴乡规划区内进行建筑物、构筑物、道路、管线和其他工程建设的,建设单位或者个人向县人民政府城乡规划主管部门申请办理建设工程规划许可证。需要提交使用土地有关证明文件、建设工程设计方案等材料。需要建设单位编制修建性详细规划的建设项目,修建性详细规划。对符合控制性详细规划和规划条件的由县人民政府城乡规划主管部门核发建设工程规划许可证。

二、村民建房申请受理流程

申请人提出申请→村民组意见→村委会意见→乡人民政府意见→县国土资源局意见→县国土资源局对拟符合申请人进行公示→对公示无异议的报县政府审批→县国土资源局拟供地方案→规划局办理用地手续→国土资源局拟定办理划拨建设用地手续。

2000—2014 年,经合肥市、肥东县审批 277 宗 9186.4 公顷,其中含六叶高速公路众兴境内 9000 公顷,水利项目 10.33 公顷,村级水泥路 25 公顷,众兴工业聚集区 160 公顷,众兴中学、花灯小学及各类文化、卫生、公益建设用地 23 宗 86.07 公顷,其余为村民宅基地建设用地。

三、土地储备与招标拍卖

土地增减挂钩　2011 年 4 月 2 日,国务院下发《国务院关于严格规范城乡建设用地增减挂钩试点,切实做好农村土地整治工作的通知》。土地增减挂钩,即城镇建设用地增加与农村建设用地减少相挂钩,是指依据土地利用总体规划,将若干拟整理复垦为耕地的农村建设用地地块(拆旧地块)和拟用于城镇建设的地块(建新地块)等面积共同组成建新拆旧项目区，通过建新拆旧和土地整理复垦等措施，在保证项目区内各类土地面积平衡的基础上，最终实现增加耕地有效面积，提高耕地质量，节约集约利用建设用地，城乡用地布局更合理的目标。至 2014 年，众兴荒塘、荒滩、荒地、废弃窑厂等复垦 1500 余亩，华光新村、义合新村建设拆旧地块 750 亩。

招标拍卖由县有关部门统一组织实施。

第五节　地籍管理

一、土地登记

1988—1993 年，乡土地管理办公室启动农村土地初始登记工作。主要是农户宅基地使用权和集体建设用地使用权的确权登记发证，众兴、永安两乡计发宅基地证书 2000 余份，集体建设用地证书 20 余份。1993—1999 年，为减轻农民负担，国家取消土地登记收费，农村集体土地登记工作处于停滞阶段。2001 年 11 月，国土资源部下发《关于依法加快集体土地所有权登记发证工作的通知》，众兴乡开始集体土地所有权登记发证工作，计发证书 6000 余份，解决有争议土地 200 多宗。2008 年国土资源部下发《关于进一步加快宅基地登记发证工作的通知》，乡开始农户宅基地确权登记发证工作，计发证书 5000 多份，确定农户与土地长期的稳定关系，纠纷调处 150 起。

2014 年，通过测量、航拍，对众兴乡 9 个村(居)委的土地面积进行登记造册。花灯社区 8004.6 亩、华光社区 12117 亩、众兴村 4372.35 亩、大高村 5362.5 亩、谢岗村 8479.6 亩、霞光村12438.6 亩、范岗村 9735.66 亩、联合村 9287.11 亩、永安村 10370.7 亩，合计 80168.12 亩。

二、土地调查

全国第一次土地调查从 1984 年 5 月开始一直到 1997 年底结束。

1989 年 3 月至 1993 年 9 月，县开展第一次土地资源详查并请省测绘局协助，编制各乡镇的图纸。

全国第二次土地调查于 2007 年 7 月 1 日启动。调查的主要任务包括农村土地调查和基本农田调查，建立土地利用数据库和地籍信息系统，实现调查信息的互联共享。在调查的基础上，建立土地资源变化信息的统计、监测与快速更新机制。

农村土地调查　农村土地利用现状调查。以 1∶10000 比例尺为主，以乡为基本单位，按照统一的土地调查技术标准，以正射影像图为基础，实地调查城镇以外的每块土地的地类、位置、范围、面积、分布等利用状况，查清全乡耕地、园地、草地、林地、农村居民点等各类土地的分布和利用现状。

农村土地权属调查。农村土地权属调查主要是查清农村集体土地所有权和公路、河流以及农、林、牧、渔场等国有土地的使用权状况。充分利用土地调查成果，加快推进土地登记发证,完成农村集体土地所有权登记发证工作。

基本农田调查 将基本农田保护地块(区块)落实至土地利用现状图上,统计汇总出各村区域内基本农田的分布、面积、地类等状况,并登记造册。

2013年,众兴乡经过航拍,对土地的权属界线、村庄坐落、土地资源及土地利用等情况调查更加精准。众兴乡土地总面积5349.34公顷,占肥东县土地总面积的2.42%。

三、土地执法监察

众兴的土地执法监察主要是围绕"两违"整治工作开展,整治的对象:

1.非法买卖、转让土地和套取拆迁补偿为目的的违法违规建房;

2.利用集体土地,变相搞房地产开发(小产权房)的违法违规建房(厂房出租);

3.违反农民建房"一户一宅"的原则,拥有两处及两处以上住宅的村民违法违规建房;

4.党员干部及其亲属的违法违规建房;

5.非本乡村民的违法违规建房;

6.城镇居民占用农村集体土地建设住宅的或购买宅基地、农民住宅的;

7.顶风抢建的违法违规建房。尤其是对以套取拆迁补偿为目的的涉黑涉恶人员,非法买卖、转让土地以及阻碍执行公务、暴力抗法人员,从重从快、重点打击。

众兴乡自1986年成立土地管理办公室以来,确立专人负责,严格控制在土地上乱搭乱建房屋。至2014年底,拆除违章建筑房屋7000平方米;补办1997年4月前乡村、集市建设用地手续28宗;对人口增加,确需增房的,按程序严格控制审批手续。将原住房拍照绘图、登记,责任到人,有效遏制各类违法用地事件。

附:众兴乡国土资源规划建设管理所

1986年8月,分别成立众兴、永安两乡土地管理办公室,办公室设在两乡政府大院内。项军、许俊福分别任两乡土地办主任。

1992年,撤区并乡,两土地办公室合并成立众兴乡土地管理所,王广俊任所长。办公地点位于乡卫生院东,新建四间三层综合办公楼,使用面积300平方米。6月,成立众兴乡城建办公室。

1999年,城建办改名众兴乡土地规划所,王广俊任所长。

2001年,土地管理所、规划所"三权"下放至乡。减轻农民负担,实行人员分流,乡土地管理工作处于调整阶段。

2004年,进行乡国土管理规划工作体制改革,国土管理与规划合并办公。

2008年2月,成立众兴乡国土资源规划建设管理所,办公地点位于花灯大街花灯社区党群服务中心东,上下两层5间房屋,使用面积150平方米。工作人员4名,周宝章任所长。

第五章 中国共产党众兴乡地方组织

肥东县第一个党支部诞生地——众兴　（刘斌/摄）

第五章 中国共产党众兴乡地方组织

肥东县第一个党支部诞生地——众兴　（刘斌/摄）

第五章　中国共产党众兴乡地方组织

众兴是中共合肥东(乡)第一个党小组、特(别)党支部(待展支部)的诞生地;是肥东第一面党旗升起的地方;合肥地区党团重要发源地;是马克思主义和五四运动新思想、新文化在肥东地区传播最早的地区。

20世纪20年代,受五四运动影响,众兴一批青年知识分子具有初步共产主义思想以及反帝反封建的斗争经验,在思想上、组织上、政治上为中国共产党在众兴及肥东地区的建立奠定基础。

第一节　中国共产党早期活动

中共东乡第一个党小组、东特支部的建立　1915年,张伯平考入安徽省立第一师范(安庆)学校读书,便积极投入反帝反封建的爱国运动。1925年任共青团安庆地方委员会委员。1927年,蒋介石叛变革命,在安庆、芜湖先后制造“三二三”和“四一八”反革命事变。党的工作由公开转入地下,由城市转向农村,张伯平回到家乡,在众兴、梁园一带以教师身份为掩护,组织农民成立协会,开展农民运动工作,秘密散发《新青年》《每周评论》《新潮》等进步刊物,让一些青年相互传阅,初步接触了马克思主义新思想、新文化,使马克思主义新思想、新文化开始在众兴乃至肥东、合肥地区传播。张伯平和梁园柯岗的柯武东,造甲崔小圩的崔筱斋以及张建之、何序东、徐梦观、颜文斗、张开泰、程明远、周味韶组成了“十人团”,把一些进步青年组织起来,领导当地群众开展抗捐、抗税、抗丁、抗租斗争,唤醒民众,投身革命。

1928年秋,中共合肥特别区委委员张伯平受党组织派遣,再次回家乡众兴进行秘密活动。为工作,为革命,举家搬到一里远的孙吴大郢——大众路东的一个小郢,住在孙子模家隔壁,晚上召集孙子模、陆志远、郑默奇等青年到东冲老鹰塅边的大旱塘秘密开会,并发展党员十五六人,成立中共合肥中心县委,领导和扩展革命活动。

1927年,住在孙子模隔壁邻家的张伯平在安庆读书时加入中国共产党,这年冬天回众兴地区,进行秘密活动,此后,张伯平的同学——共产党员周味韶受党组织指派到众兴,以教书职业为掩护,秘密组织农会,发展党员;1929年12月,孙子模被发展为共产党员。1930年春,被选为党小组组长,同年建立党支部,孙子模任支部书记。

1931 年 2 月 23 日，成立中共合肥中心县委。众兴支部改为东特支部（准备区委），孙子模为书记。

1932 年 9 月，因合肥党组织遭到破坏，东特支部与上级党组织联系不上，孙子模等人坚持到 1934 年 8 月，为避风和谋生，离家到上海谋出路。

抗日战争爆发后，日军进攻上海，孙子模从上海又回到家乡。1938 年秋，新四军四支队东进皖东敌后抗日到肥东，孙子模等人主动到梁园一带找老八团民运股长周利人联系后，他受组织指派带领 40 多名青年到青龙厂四支队政训班学习结业，重新填表办理了入党手续。1939 年 7 月，成立党小组，不久即扩大成立党支部，孙子模任支部书记。

1939 年冬，成立磨店区委，孙子模任书记。同年 11 月，组成磨店游击队，孙子模兼任队长。

1940 年 3 月，孙子模随游击队编为新四军江北游击队新八团一营二连任连长，后调任新八团特务连指导员。

1942 年秋，成立淮南铁路工委，孙子模为委员，同时被派到磨店开辟新区。

1943 年，孙子模任书记兼任区武装游击队教导员。

1945 年，孙子模被调任定合县合五区委书记，在青龙厂一带活动。

1946 年春，新四军和地方主力北撤，孙子模等带领 40 多人留下，就地坚持活动，直到六七月间，因国民党进攻津浦路西地区，孙子模等离开肥东，转移调任苏北八大家区委书记。

妇女运动　1928 年，孙吴大郢第一个成立农民协会，在协会负责人的宣传影响下，龚建平（女，生于 1909 年，系众兴人。其父龚大寿佃种地主外号王七爷、又称“闯街虎”家的土地，因身患痨病，经常遭地主打骂。其母李氏双目失眠，生女三人，龚建平居长，十几岁就为家中主要劳动力，农忙种地，春冬季节即拉着母亲外出乞讨。生活极端困难，她妹妹出生后就送给别人家做童养媳）积极参加活动，被吸收为农协会员。1930 年春季，加入了共产党，龚建平是肥东县最早女共产党员、妇女运动带头人。

1930 年夏季，党的组织扩大为东特支部，孙子模担任支部书记。龚建平同志采取串亲访友办法，深入贫苦农民，动员十几位妇女与她们的丈夫一道参加了农协会，并从中介绍了刘大姐、沈大姐等人加入了党组织。在国民党白色恐怖下，为了安全起见，她向参加组织的人提出，对外要绝对保守秘密，上不准传父母，下不准告诉儿女。因此，被发展入会入党的女同志和男同志一样，她们虽然东奔西走，以砍草、铲野菜、拾粪等各种形式，深入敌占区的梁园镇、店埠镇、元疃集等地搜集情报，张贴宣传标语，以及在农村进行反封建、反压迫斗争，发动群众抗租、抗税、抗丁（壮丁）等活动，为有力地打击反动势力，扩大革命影响做了大量工作，始终没有一个女同志暴露自己的身份，或者给革命造成过损失。

1932 年，合肥地区党组织遭到敌人破坏，众兴东特支部与上级失去了联系，无法坚持斗争，被迫停止活动，龚建平随爱人孙子模于 1934 年去上海谋生。1938 年，日本侵略军侵占合肥，国共合作成立抗日动员委员会，龚建平与孙子模得悉，毅然回到众兴集，重新组织妇抗会、农抗会，并于1939年秋恢复了党的组织，龚建平被委任为妇抗会负责人。妇抗会在其领导下，迅速壮大，由众兴集扩展到永安、磨店、张洼、瓦庙、三十头、五十头、元疃、草庙、梁园、高塘等十几个乡镇，从事声势浩大的抗日活动和反对地方恶霸豪绅的斗争。例如众兴地区的农抗会、妇抗会领导成员，大多数都是恶霸地主张五毛家的佃户或户工，一次由龚建平主持妇抗会员诉苦时，农民孙道煌的妻子在会上控诉张五毛有枪不打敌人，而惨无人道地把她正在田间劳动的丈夫、张家的长工孙道煌作为活靶子打死，这件事激起妇抗会的极大愤恨，遂于众兴集召开群众大会，龚建平在会上宣布了张五毛的罪行，勒令其承担无辜受害家属的生活，并惩罚限期交纳五挺机枪。张五毛怀恨在心，后来还组织反革命武装进行报复，被彻底消灭。

1943年，成立中共磨店区委和区政府，孙子模担任区委书记，龚建平为区妇抗会负责人、当时成立这个区是为有利新四军二师与七师的交通而建立的地下政权，斗争非常尖锐。妇抗会就在这种恶劣的环境下，为二师、七师的联络做了大量工作。但由此引起了敌人的注意，曾通告以千元高价收买龚建平的人头。由于她活动机警，紧密依靠人民群众，一次又一次地化险为夷。1944年，龚建平由组织决定调到新四军二师六旅十八团工作。

第二节　党员代表大会

一、众兴乡(公社)历届党员代表大会

众兴乡(公社)党员代表大会是“文化大革命”结束后开始的。

众兴人民公社第一届党员代表大会于1977年11月召开，应到代表85名，实到代表85名。会议听取并通过中共众兴人民公社委员会工作报告，选取产生众兴人民公社第一届党委委员，选举王汝静为中共众兴公社委员会书记。

众兴人民公社、永安人民公社第二届党员代表大会分别于1980年冬在众兴集、永安集召开，会议听取并通过党委会的工作报告，选举产生新一届党委成员，选举王汝静为众兴人民公社党委书记、王庆凡为永安人民公社党委书记。

众兴乡第三届党员代表大会于1983年召开，会议听取并通过乡党委工作报告，选举新的党委会成员，选举关朝政为党委书记。众兴乡第四届党员代表大会于1986年冬召开，选举张华保为党委书记。

众兴乡第五届党员代表大会于1989年冬召开，会议听取并通过乡党委工作报告和纪检工作报告，选举新的党委组成人员。张华保为众兴党委书记，张华平为纪委书记。

众兴乡第六届党员代表大会(永安乡撤销，合并到众兴乡)于1992年春召开，会议听取并通过乡党委工作报告和纪律检查委员会的工作报告。应到121名，实到121名。产生新的党委成员和纪委成员。选举宰开群为党委书记，程忠长、高怀贵、许高银、周本华为党委委员。

众兴乡第七届党员代表大会于1995年冬召开。会议听取并通过党委工作报告和纪委工作报告。选举程忠长为党委书记,张国银为纪委书记;高怀贵、张国银、许高银、陈卫华为党委委员。

众兴乡第八届、第九届党员代表大会分别于1998年、2001年冬召开。会议听取并通过党委工作报告和纪委工作报告。选举王道富为众兴乡第八届、第九届党委书记,张恒乐为八届、九届纪检书记;杨松泉、陈卫华、许高彬、张维珍、周本华、刘斌、许道发、黄在榜为第八届党委委员;杨松泉、张维珍、陈卫华、周本华、刘斌、许道法、许才伦、高克香为第九届党委委员。

众兴乡第十届党员代表大会于2006年12月18日召开,会议听取并通过党委工作报告和纪委工作报告,会议选举产生乡党委书记,高克香为乡纪委书记;高克香、孙来新等为党委委员。

众兴乡第十一届党员代表大会于2011年3月22日在乡政府会议室召开，应到代表100名,实到99名。会议听取并通过党委工作报告和纪委工作报告。选举梁建文为党委书记,费晓芳、王建华、孙来新、李凤志、张文裕、张良金、张登荣、高克香为党委委员。

二、永安乡(公社)历届党员代表大会

永安人民公社第一届党员代表大会于1977年11月召开,应到代表83名,实到代表82名。会议听取并通过了中共永安人民公社委员会工作报告,选取产生永安人民公社第一届党委委员,选举杨国宪为中共永安人民公社委员会书记。

永安人民公社第二届党员代表大会分别于1980年冬在永安集召开,会议听取并通过党委会的工作报告,选举产生新一届党委成员,王庆凡为永安人民公社党委书记。

永安乡第三届、第四届党员代表大会分别于1983年、1986年冬召开,会议听取并通过乡党委工作报告,选举新的党委会成员。分别选举葛庆来为永安乡党委书记(后调出,由丁之应续任书记),张华高为党委书记(后调出,由何章鹤、周性和续任书记)。

永安乡第五届党员代表大会于1989年冬召开,会议听取并通过乡党委工作报告和纪检工作报告,选举新的党委组成人员。宰开群为永安乡党委书记,周文新为永安乡纪委书记。

第三节　机构沿革

众兴地区1949年2月解放，成立兴林乡,3月改为众兴乡，同时成立众兴乡党支部。1955年成立众兴乡党委;1956年12月，众兴与永安合并成立众兴乡党委,1958年10月,众兴乡党委改为众兴人民公社党委;1961年恢复成立永安人民公社党委,1983年4月,众兴、永安人民公社党委改为众兴、永安乡党委;1992年4月撤区并乡,永安与众兴合并成立众兴乡党委。

一、历任党委书记

1956—2014 年众兴乡(公社)党委书记一览表

表 5-1

机构名称	职务	姓名	性别	籍贯	任职时间
众兴乡	党委书记	范耀民	男	元疃镇	1956 年 12 月至 1958 年 6 月
众兴公社	党委书记	邹远福	男	民族乡	1958 年 7 月至 1960 年 7 月
众兴公社	党委书记	丁朝成	男	撮镇镇	1960 年 9 月至 1961 年 6 月
众兴公社	党委书记	项以树	男	元疃镇	1961 年 6 月至 1966 年 5 月
众兴公社	党委书记	高用璋	男	巢湖市烔炀镇	1970 年 5 月至 10 月
众兴公社	党委书记	邹远福	男	民族乡	1970 年 10 月至 1974 年 10 月
众兴公社	党委书记	丁业根	男	长临河镇	1974 年 10 月至 1975 年 10 月
众兴公社	党委书记	王汝静	男	长临河镇	1975 年 12 月至 1980 年 12 月
众兴公社	党委书记	史世源	男	马湖乡	1981 年 2 月至 1982 年 2 月
众兴乡	党委书记	关朝政	男	众兴乡	1982 年 3 月至 1986 年 8 月
众兴乡	党委书记	张华保	男	元疃镇	1986 年 8 月至 1992 年 2 月
众兴乡	党委书记	宰开群	男	合肥小东门	1992 年 2 月至 1994 年 3 月
众兴乡	党委书记	程忠长	男	众兴乡	1994 年 3 月至 1997 年 4 月
众兴乡	党委书记	陈富中	男	石塘镇	1997 年 4 月至 1997 年 12 月
众兴乡	党委书记	王道富	男	肥东经开区	1998 年 2 月至 2002 年 4 月
众兴乡	党委书记	童国锦	男	梁园镇	2003 年 3 月至 2008 年 5 月
众兴乡	党委书记	梁建文	男	店埠镇	2008 年 5 月至 2012 年 3 月
众兴乡	党委书记	费晓芳	女	八斗镇	2012 年 3 月起

1961—1992 年永安乡(公社)党委书记一览表

表 5-2

机构名称	职务	姓名	性别	籍贯	任职时间
永安公社	党委书记	周家发	男	梁园镇	1961 年 10 月至 1966 年 3 月
永安公社	党委书记	程敬洲	男	白龙镇	1966 年 5 月至“文化大革命”
永安公社	党委书记	王恩胜	男	合肥磨店社区	1970 年 10 月至 1974 年 2 月
永安公社	党委书记	杨国宪	男	店埠镇	1974 年 2 月至 1980 年 3 月
永安公社	党委书记	王庆凡	男	肥东经开区	1980 年 3 月至 1983 年 4 月
永安乡	党委书记	葛伦来	男	合肥磨店社区	1983 年 4 月至 1984 年 3 月
永安乡	党委书记	丁之应	女	长临河镇	1984 年 3 月至 1985 年 2 月
永安乡	党委书记	张华高	男	众兴乡	1985 年 2 月至 1987 年 2 月
永安乡	党委书记	何章鹤	男	合肥磨店社区	1987 年 2 月至 1988 年 3 月
永安乡	党委书记	周性和	男	店埠镇	1988 年 4 月至 1989 年 1 月
永安乡	党委书记	宰开群	男	合肥小东门	1989 年 2 月至 1992 年 4 月

二、历届党委委员

1992—2014 年众兴乡历届党委委员一览表

（1992 年撤区并乡成立众兴乡）

表 5-3

届次	党委委员名单
第六届	宰开群　程忠长　高怀贵　许高银　周本华　张华平　杨海燕
第七届	程忠长　高怀贵　张国银　许高银　陈卫华
第八届	王道富　杨松泉　张维珍　陈卫华　许高彬　周本华　刘斌　许道法　黄在榜
第九届	王道富　杨松泉　张维珍　陈卫华　周本华　刘斌　高克香　许才伦
第十届	孙来新　高克香
第十一届	梁建文　费晓芳　王建华　孙来新　李凤志　张文裕　张良金　张登荣　高克香

三、党委内设机构

2014 年，乡党委设委员 7 名，其中书记 1 名、副书记 1 名，内设组织委员、宣传委员、纪委书记、统战委员、政法书记、武装部部长，均由党委委员兼任。党委委员按照乡领导职务配备，进行合理分工，保证各项工作有人负责。提倡一人多岗，交叉任职。

内设机构：综治办、纪检监察室、武装部、妇联、共青团等。

第四节　党委中心工作

一、社会主义改造和社会主义建设时期（1949 年 5 月至 1966 年 4 月）

社会主义过渡时期　1949 年 2 月，众兴地区解放，中共众兴地区组织领导人民群众接收旧政权。

1949 年下半年，废除保甲制，建立中华人民共和国人民乡镇政权，开展剿匪肃特斗争，打击银圆贩子和不法奸商破坏活动，稳定社会秩序，帮助工商业者恢复生产等。

1950 年 5 月《中华人民共和国婚姻法》公布以后，中共众兴地区组织宣传、贯彻《中华人民共和国婚姻法》，废除封建婚姻制度，实行男女婚姻自由，一夫一妻制。

1950 年 7 月，众兴地区开展土地改革运动，没收地主土地，分给无地和少地的农民，实现耕者有其田，结束几千年的封建土地制度，解放农村生产力。

1950 年 10 月，开展“抗美援朝，保家卫国”运动，发动青年参加中国人民志愿军，众兴地区有 27 名青年参加中国人民志愿军。

1950 年底，众兴地区开展镇压反革命运动，镇压一批中华人民共和国成立前欺压人民群众、并坚持与人民为敌的反革命分子。

1952 年 3 月，在干部中开展反贪污、反浪费、反官僚主义的“三反”运动。在工商业者中开展反行贿、反偷税漏税、反盗骗国家资财、反偷工减料、反盗窃国家经济情报的“五反”运动，巩固新生政权，维护经济秩序，实现经济恢复。

1953 年，开展农业互助合作运动，按照自愿互利的原则，先组成互助组，然后到初级社，再到高级社。

在农业合作化运动中，同时对农业、手工业和资本主义工商业进行“一化三改造”。经过三年的整顿和改革，国民经济得以恢复和初步发展，为大规模的社会主义改造和有计划的经济建设创造必要条件，这个过渡时期（1949—1952 年）中心工作是要在一个相当长的时间内，逐步实现国家的社会主义工业化，并逐步实现国家对农业、手工业和资本主义工商业的社会主义改造。

在“一五”（1953—1957 年）期间，众兴乡先后成立中共众兴支部、众兴总支，众兴乡党委。党委的中心工作是坚决贯彻执行国家过渡时期的总路线，积极而又稳妥地发展互助合作，正确发挥农民生产积极性，进一步开展爱国增产运动，改造农业技术，提高生产力，尽一切努力增产粮食、油料和主要工业原料，巩固工农联盟，提高人民生活水平。

众兴地区宣传、贯彻中国共产党在过渡时期的总路线和第一个五年计划；按照“积极领导、稳步前进”的方针，引导农民走农业合作化道路。

1955 年底，众兴开始对私营工商业和手工业进行社会主义改造。至 1956 年，工商业和手工业基本实现公私合营或生产合作。农村 90%以上农户参加农业生产合作社，并转为高级农业生产合作社。

农业“大跃进”　1957 年 9 月，中共八届三中全会通过了《1956 年到 1967 年全国农业发展纲要（草案）》，这标志着农业“大跃进”的序幕正式拉开。

1958 年的“三秋”（秋收、秋耕、秋种）工作，众兴、草庙两公社开展积肥竞赛，实行大兵团作战，群众在田头安营扎寨，连续搞了几个昼夜，夜晚各自点几十盏灯干活，开始一两夜搞得认真，后来因社员疲劳过度，只好出勤不出力，白天坐在田头打打“号声”，表示在干活，晚上点着灯，人都回家睡觉去了，完全搞形式。为了应付检查，竟然欺上瞒下，弄虚作假，丰实的粮囤里，其实只有上面放的一层是真稻，下面填装的是瘪稻、稻壳、草什么的。

1959 年，贯彻中共中央政治局郑州会议精神，开展整风整社运动，克服纠正浮夸风、“共产风”，停止“大炼钢铁”，停办农村食堂。

1961 年春到 1962 年底，众兴公社在农村实行责任田到户制度，称之为“五统一”政策，其实质是农民按人口平均分到一份耕地，以户为单位承包耕种，并依据核定的产量上交给国家。

责任田到户后，群众生产积极性充分调动起来了，农业生产力大大提高。1962 年，农业取得大丰收，出现第一次“卖粮难”的局面，这本是好事，但却引起了中央领导的关注和争论，竟然定性为倒退的社会主义“单干风”，是资本主义复辟。甚至连农户在房前屋后兴种的一点蔬菜也被铲除。责任田到户被全部取消。重新实行“三级所有、队为基础”制度。

1965 年秋季，省、市、县组织的社会主义教育工作队进驻众兴，贯彻中共中央《农村社会主义教育运动中目前提出的一些问题》（简称 23 条），开展清政治、清经济、清组织、清思想运动，公社领导作“下楼检查”，一般干部“洗手、洗澡、放包袱”。至冬季，社会主义教育工作组进驻大队、企事业单位。工作队员访贫问苦，扎根串联，帮助干部改进作风。至1966年结束。

二、“文化大革命”时期（1966年5月至1976年10月）

1966年5月16日，中共中央政治局扩大会议通过的《中国共产党中央委员会(通知)》（简称“五一六”）通知，成为错误地发动“文化大革命”的纲领性文件。6月，众兴公社也掀起一场运动，9月学校被迫停止招生，学生停课闹革命。

1976年10月，党中央一举粉碎江青反革命集团，宣告“文化大革命”的终结，党和国家进入了新的历史时期。众兴公社直接在县委领导下进入同步前进的新阶段。

1977年2月起，中共众兴人民公社委员会开展“揭、批、查”运动，一批在“文化大革命”中受迫害的干部重新出任领导职务。1978年，响应县委号召，派出农业学大寨工作队进驻生产大队和生产队。全力开展“农业学大寨”运动，工农业生产有了起色。

三、建设中国特色社会主义时期（1978年12月起）

众兴公社新的党委积极响应并认真推广联产责任制。农村以生产为中心，即国家以经济建设为中心，走中国特色社会主义道路。

1979年，根据中共十一届三中全会精神，开展真理标准问题的讨论，贯彻实事求是的思想路线，进行全面拨乱反正，对“文化大革命”中的冤、假、错案进行了复查工作，使蒙冤受屈的干部得到了平反昭雪，有的重新走上领导岗位。同时，对解放后历次政治运动中受到错误处理的干部进行平反。对在1957年反右派斗争中被错划为“右派分子”的5人给予恢复名誉、安排工作。

1980年起，对所有“四类分子”(地主分子、富农分子、反革命分子和坏分子)进行逐个评审，到1981年，对原71名“四类分子”全部予以摘帽。

20世纪70年代末至80年代初，中共众兴人民公社委员会集中精力发展社队工业，社办企业发展迅速。

1983年，全面推行家庭联产承包经营责任制，把土地承包给农民自主经营，激发生产积极性。

1984年，根据《中共中央关于整党的决定》，进行全面整党工作，县委派出整党联络员对整党工作进行督促、检查，最后进行党员登记。对“文化大革命”中犯有错误的人进行处理，有3人受到警告处分。

1985年起，开展文明单位创建活动，每两年开展一次评选活动。

从20世纪80年代中期起，在企业中推行厂长负责制，扩大企业经营自主权，企业经营逐步搞活。受1989年春夏之交发生在北京的政治风波影响，众兴乡党委采取有力措施，调整产业结构。同时进一步改革经营机制，普遍实行厂长经营承包责任制。

20世纪90年代，中共众兴乡委员会领导干部、群众不断学习社会主义市场经济理论，不断探索在社会主义市场经济条件下进一步发展经济的途径和方法，完成从计划经济到社会主义市场经济的转换。

1990年,乡党委对全体党员进行民主评议,经过学习、教育、自评、互评,对每一个合格党员由支部填写中国共产党党员民主评议情况表,每两年评议一次,形成制度。

1999年10月,众兴857名党员参加评议的有839名,占97.9%。各支部评议出优秀党员102人,不合格党员2人,劝退1人,脱党除名1人,限期改正2人。

1999—2000年度,乡党委开展"'六好'乡镇党委"创建工作。

1997年起,逐步实行经营机制转换,至2002年7月,众兴绝大多数企业转制为民营或私营。同时对种植业进行结构调整,形成以粮、棉、油为主到以高产、优质、高效为特色城郊型农业的转变,经济效益明显提高。

1999年,根据中共中央精神,完成农民土地延长30年承包期不变的工作。

在社会主义建设新时期,中共众兴乡委员会注重抓社会主义精神文明建设,使社会主义新风尚在新形势下有新的发展;加强党风廉政建设,制定一系列规章制度;加强统战、民族、宗教工作,调动一切积极因素,发展经济和各项事业;根据干部"革命化、年轻化、知识化、专业化"的要求,对领导班子不断进行调整充实,使干部队伍始终保持朝气蓬勃的精神状态。

第五节　组织建设

一、总支、支部组织

中华人民共和国成立初期,众兴地区各小乡成立了党支部:1949年10月,众兴乡党支部建立;1951年6月,马庙乡党支部建立;1950年10月,梁宇乡党支部建立;1955年3月,单岗乡党支部建立;1953年6月，郑埠乡党支部建立;1949年2月，永安乡党支部建立;1952年12月,合作乡党支部建立;1954年4月,许河乡党支部建立。

1955年12月,马庙乡、郑埠乡、单岗乡的全部与龙庙乡部分并入众兴乡。此间,众兴乡建立党总支委员会,下设4个党支部:众兴党支部、马庙党支部、郑埠党支部、单岗党支部。

同时,将梁宇乡、合作乡、许河乡和牌坊乡并入永安乡。此间,永安乡建立党总支委员会,下设5个党支部,分别是永安党支部、梁宇党支部、合作党支部、许河党支部和牌坊党支部。

1958年,人民公社成立,高级社改称生产大队,生产大队成立大队党支部。

1983年,人民公社改制为乡人民政府,生产大队改制为村,大队党支部改制为村党支部。

1988年,村改制村民委员会,村党组织仍称村党支部。

2008年,开展合并村工作,众兴成立12个村党总支。

2010年,因区划调整,众兴有9个村党总支。

至2014年,众兴有9个村党总支,下设22个党支部;党群、政府2个机关党支部;乡直一、乡直二2个乡直党支部;1个教育党总支,下设3个党支部;1个企业党支部;1个公司党支部(众建和园林)。

二、党员发展

党员管理,从发展党员开始做起,发展党员坚持做到"五个不发展",即考察时间不到一年的党委不讨论;党委没有指派专人谈话的不讨论;没有经过培训、不了解党的基本知识、对党的认识模糊的不照顾发展;问题未搞清楚的不急于发展;入党材料不健全的不草率发展。发展新党员、预备党员转正全部实行公示制度,广泛听取党内外群众意见。

1978—2014年部分年份众兴乡基层组织建设及党员发展情况表

表5-4

年份	党委(个)	总支(个)	支部(个)	党员(人)				开除党籍(人)
				小计	正式	预备	女性	
1978	2	—	42	280	272	8	51	—
1980	2	—	42	311	302	9	55	—
1985	2	—	42	361	343	18	66	—
1990	2	—	42	462	442	20	84	—
1998	1	1	36	574	550	24	105	1
2000	1	1	36	616	590	26	112	—
2005	1	1	30	822	794	28	150	—
2010	1	4	24	982	969	12	180	—
2012	1	4	21	832	820	12	152	—
2014	1	4	21	887	881	6	162	2

说明:2个党委是众兴和永安。2011年,因从众兴乡析离八联、槽坊、沿河3个村给磨店乡。1921年7月至1927年7月,众兴乡有党员1人;1927年8月至1937年7月,众兴乡有党员15人;1937年7月至1949年9月,众兴乡有党员24人;1945年9月至1949年9月,众兴乡有党员48人;1949年10月至1966年4月,众兴乡有党员201人;1966年5月至1976年10月,众兴乡有党员137人;1976年11月至1991年,众兴乡有党员136人。

1992年(包括永安乡),众兴乡党员总数为986人。

2014年,众兴乡党员总数为752人。

三、党组织建设

(一)基层组织建设

中华人民共和国成立后,众兴乡属农村地区,基层党组织建设主要是探索如何建设好农村党支部。乡党委始终围绕建设一个团结、坚强、群众拥护的有战斗力的好领导班子,尤其要有一个好书记,加强村级党组织建设。具体措施如下:

1.选拔:(1)在党内推荐、群众推荐的基础上,严格按照党章的有关规定,把群众公认的政治合格、能力过硬、真正能代表群众利益的人才选拔到党支部工作岗位上来。(2)部分村党支部班子成员按照全乡整体工作安排与企业进行交流轮岗。

2.培养:(1)党委加大对农村党支部班子的教育培训力度。每年初都结合党委、政府的重点工作做出详细计划,从政治理论、科技文化、市场经济、现代农村管理、民主法制等多方面进行有针对性的培训,用以会代训的形式对他们加强教育培训,使之在思想上同党中央保持高度一致,在行动上成为乡党委贯彻落实党的路线方针政策的带头人。(2)积极组织他们参加上级举办的农村党支部干部培训班,更直接、更准确地领会、把握上级意图和形势。(3)鼓励他们业余充电、参加各种学历教育,不断学习新知识、掌握新技能。

3.使用:(1)党委充分信任、适度放权,增强农村党支部班子工作的积极主动性。(2)通过领导干部联系村制度、基层支部书记例会制度等加强上下级及时沟通,保持党对基层事务的快速应变能力。

4.管理:每年初确定工作任务,由党支部书记作为第一责任人与党委、政府签订责任书;众兴乡党委每年“七一”以纪念党的生日为契机对各党支部进行考核、评选和表彰;每年底对基层党支部班子进行民主评议和年度考核,确定不同等次,并与年终分配和任用相挂钩。

2018 年 9 月,众兴乡村干部大会 (党政办/供)

2001 年后,随着农村城镇化的进展,众兴乡基层党支部的工作环境和工作内容发生了深刻变化,由原先的任务型向服务型过渡。从 21 世纪初开始,众兴乡党委按照“建组织、建阵地、建服务体系”的要求,从理顺组织关系,拓宽党建工作渠道,改进党建工作方式出发,2006 年将原先的 24 个村合并为 18 个村,加快实施党群企业一体化服务中心建设。

至 2014 年,全乡共有 5 个村级基层党支部、4 个党总支。

附:党群服务中心

众兴乡 9 个村级党群服务中心自 2013 年正式运行,后逐步完善软硬件建设。各党群服务中心建有便民服务大厅(设党员之家、民政残联、社会救济、计生、再就业、养老医疗、信访、财务、涉农基金、国土建设等窗口)、党员活动室、多功能会议室、电化教育站、农民文化学校、议事恳谈室、民事调解室、文化娱乐室、档案室、健身活动室、卫生服务站、警务室等,室内各项制度和职责上墙。室外悬挂一面国旗、党务公开栏、村务公开栏、宣传栏、文化长廊、室外活动场地配备各类体育健身器材。

党群服务中心功能集集党建阵地、服务平台、活动中心、党员学校、人才驿站、信息枢纽,融党群活动、教育培训、形象展示、资源整合、服务群众于一体,着力构建开放式、集约化、共享性的党建工作和服务平台。

党群服务中心建设目的：以便民、利民、服务于民为理念，以“马上就办、办就办好”为原则，积极建设功能完善、设施先进、制度健全、管理规范的党群服务中心，最大限度地为辖区内群众、企业提供便捷、高效的服务，努力做到“群众动嘴，干部跑腿”。服务中心坚持做到分工明确、责任到人，严格执行机关效能建设有关规定；按服务事项公开申报材料、办事程序等各项规章制度，以一流的管理，一流的服务，把中心建设成为依法行政、管理规范、运作协调、公开透明、廉洁高效的服务示范窗口。

党群服务中心建设的意义：逐步构建起以基层党组织为主导、各类组织广泛参与、面向广大党员群众的综合性党群服务体系，全面提升基层服务型党组织建设的质量和水平，为促进乡村治理体系和治理能力现代化，建设充满活力的美好乡村提供坚强保证。

（二）基层组织整顿

第一轮整顿（1994 年 10 月至 1997 年 10 月） 1994 年 10 月，中央发出《关于加强农村基层组织建设的通知》和《关于进一步整顿农村软弱涣散和瘫痪党支部的意见》等文件，众兴乡开始农村基层组织建设整顿工作。整顿工作的目标是坚决改变村党支部的软弱涣散和瘫痪状态，实现“五个好”的目标：一是建设一个好的领导班子，尤其是有一个好书记，能够团结带领群众坚决贯彻执行党的路线方针政策；二是培养锻炼一支好的队伍，共产党员能够发挥助手和后备军的作用；三是选准一条发展经济的好路子，充分发挥当地经济的优势，加快农民脱贫致富奔小康的步伐；四是完善一个好的经营体制，把集体统一经营的优越性和家庭承包经营的积极性结合起来；五是健全一套好的管理制度，体现民主管理原则，保证工作有效运转，使村级各项工作逐步走上制度化、规范化的轨道。

大高、华光、谢岗 3 个村获得县“五个好”村党支部称号。

第二轮整顿（1997 年 10 月至 2000 年 10 月） 1997 年 10 月，根据中共十五大提出的中国改革开放和现代化建设以及党的建设目标要求，中央对继续推进农村基层组织建设工作进行了全面部署，由此开始了新时期第二轮农村基层组织整顿和建设工作。第二轮农村基层组织整顿和建设继续把创建“五个好”村党支部作为主要目标，同时提出了抓好乡镇党委建设的目标。乡镇党委建设的目标要求是达到“六个好”：一是选配一个坚决贯彻党的路线方针政策、公正廉洁、团结合作、战斗力强的好班子，首先要有一个党性强、作风正、能力强的乡镇党委书记；二是建设一支精干高效、素质优良、群众拥护的好乡镇干部队伍；三是选准一条符合本地实际的发展经济、共同致富的好路子；四是建立一套行之有效的工作、管理和监督的好制度；五是保持一种密切联系群众、艰苦奋斗、实事求是的好作风；六是形成一个坚持两手抓、两手都要硬，促进物质文明和精神文明协调发展的好的工作格局。

众兴乡按照“六个好”和“五个好”的目标要求，经过整顿，农村基层组织建设工作得到全面加强，有力地推进农村的改革、发展和进步。

（三）农村基层组织建设工作的创新和发展

建立领导联系点，与农民同吃、同住、同劳动　2000年11底，中央批准下发《关于在农村开展"三个代表"重要思想学习教育活动的意见》，决定用两年左右时间，在全国县（市）部门、乡镇村领导班子和基层干部中，有计划有步骤地开展"三个代表"重要思想学习教育活动。

2000年底至2002年6月，以"干部受教育、群众得实惠"为目标的"三个代表"重要思想学习教育活动在农村轰轰烈烈、扎扎实实地开展起来。众兴乡所有机关单位、村党员干部参加这次学习教育活动。党员领导干部建立学习教育活动联系点，与农民同吃、同住、同劳动。众兴建立领导干部联系点15个，取得一系列实践成果和制度成果，巩固党在农村的思想基础。

三级联创　2003年9月6日，中共中央办公厅下发《关于深入开展农村党的建设"三级联创"活动的意见》，对农村基层组织建设提出新的目标和要求。

农村党的建设"三级联创"活动，是指创建以"领导班子好、党员干部队伍好、工作机制好、小康建设业绩好、农民群众反映好"为主要内容的"五个好"村党组织、"五个好"乡镇党委和农村基层组织建设先进县（市）活动。它规范了县、乡、村三级党组织争创先进的具体目标和工作内容，是把农村党的建设与农村改革发展稳定紧密结合起来的一个重要载体，是落实党建工作责任制、实现农村基层组织建设整体推进、常抓不懈的一个有效机制。中央明确规定，在"三级联创"中，村级党组织是基础，乡镇党委是重点，县（市、区）委是关键，县（市、区）委书记是第一责任人。

众兴在实施中，不断增强联创意识，充分发挥积极性和主动性，在"创"上下功夫，在"联"上抓落实，对创建活动的各项内容和责任目标制定具体的量化标准，坚持一级抓一级、一级带一级，有力地促进了农村基层党组织建设整体水平的提高。众兴乡党委成立"三级联创"工作领导组，全面开展创新发展。永安、郑河、浏河、范岗、花灯五村获县级"五好"村党支部称号；对晓钟、郑埠两个软弱涣散村进行整顿，调整了村党支部书记和两名支委委员。

保持共产党员先进性教育和建设社会主义新农村　根据中共十六大和十六届四中全会精神，进一步加强党的执政能力建设，全面推进党的建设新的伟大工程，确保党始终走在时代前列，更好地肩负起历史使命，中央于2004年11月7日，印发《中共中央关于在全党开展以实践"三个代表"重要思想为主要内容的保持共产党员先进性教育活动的意见》，决定从2005年1月开始，用一年半左右时间，在全党开展以实践"三个代表"重要思想为主要内容的保持共产党员先进性教育活动，农村安排在第三批，于2006年上半年进行。

中共十六届五中全会提出建设社会主义新农村的重大历史任务，对统筹城乡经济社会发展、进一步加强农村基层组织建设提出新的要求。在农村先进性教育活动中，胡锦涛同志提出要紧紧围绕建设社会主义新农村这个主题，有针对性地开展正面教育，解决党组织和党员队伍中存在的突出问题，解决影响改革发展稳定的主要问题，解决群众最关心的重点问题，务求取得实效。2006年和2007年两年的中央一号文件就发展现代农业、建设社会主义新农村作出了具体的部署，强调不断增强农村基层组织的创造力、凝聚力和战斗力，充分发挥农村基层党组织的领导核心作用，为建设社会主义新农村提供政治和组织保障。

领导班子建设“火车跑得快，全靠车头带” 历届党政领导都把自身建设作为重中之重。1984年以来，众兴乡着力从思想建设、能力建设、作风建设、廉政建设、组织建设等方面加强领导班子自身建设，从而使得乡党委领导班子执政能力不断提高，并积累一些经验。具体做法有以下几点：

一、坚持民主集中制，增强合力。不断完善健全党委内部议事和决策机制，营造民主氛围，坚持集体领导与个人分工负责相结合，形成在分工负责的基础上共同研究、共同推动、共同落实的工作机制。完善党员代表会议、民主生活会、组织生活会等制度，不断拓宽党内民主渠道，推进决策民主化、科学化、制度化。建立健全多方联动机制，以便处理好领导之间、条块之间、部门之间的不同职能和利益关系。

二、加强教育，提高能力。众兴乡党委十分重视提高干部尤其是主要领导成员素质和执政能力。每年都安排脱产培训、外出考察、调查研究等活动，科学安排在职学习，力争培训的系统性、针对性和实效性。从2009年开始，众兴的中层以上干部都已轮训一遍，并将参加培训学习的情况纳入领导干部考核评价体系。

三、改进领导，强化服务。长期以来，众兴乡实行领导干部联系村制度。每个班子成员都采取包片一个或几个基层单位，展开经常性联系，重点研究，找出突出问题及矛盾症结所在，有重点、有步骤地推动解决，以求抓点带面之成效。

四、加强党风廉政建设，拒腐防变。坚持党委统一领导，党政齐抓共管、纪委监督协调、部门各负其责的防腐工作机制，不断提高领导干部拒腐防变能力。开展形式多样的廉政系列教育活动，在众兴地区营造思廉、爱廉、崇廉、敬廉的良好氛围。积极推动党务公开、政务公开、民主评议等民主形式，加强对领导干部尤其是主要负责人的党内监督、社会监督和舆论监督。对落实党风廉政建设动真格，做到有腐必反，有贪必肃，避免“建一批工程，倒一批干部”的恶性循环。

五、加强干部管理，带好队伍。众兴乡加大干部公开选拔、竞争上岗、轮岗交流力度，鼓励干部参加挂职锻炼、调查研究、学历教育等，健全多种方式培养干部机制。加大对领导干部考察考核力度，不断提高考核评价体系科学性。在培养任用干部时，坚持严把“八个环节”：宣传动员、公布职位；公开报名；笔试、面试；民主测评；组织考察；党委集体研究，确定拟任人选；任前公示；报主管部门审批备案后，正式任命。不简化步骤，不缺少环节，不走过场。同时，强化正确的用人导向，杜绝“带病提拔”。平时，对广大干部真正做到政治上多关怀，思想上多关注，工作上多关心，生活上多关照，促进健康成长。

四、党员教育管理

（一）思想建设

众兴乡党员教育的思想建设，可分为前后两个阶段，“文化大革命”前主要是通过政治运动加强思想建设。在新的历史时期，除继续坚持“三课一会”制度外，主要以专题教育活动统一思想认识，提高政治觉悟。1988—2014年，在广大党员和党员干部中主开展4次较大的思想教育活动：一是基本路线教育活动；二是“三讲”教育；三是保持共产党员先进性教育活动；四是党的群众路线教育实践活动。在理论学习方面，着重组织学习邓小平理论、“三个代表”重要思想、科学发展观、习近平总书记重要讲话精神。

2021年6月，中共合肥东乡支部展陈中心开放仪式举行

（党政办/供）

基本路线教育活动　1988年，乡党委根据上级部署对全体党员进行基本路线教育，以上党课形式为主，辅以看录像。通过学习，广大党员弄清楚什么是党的基本路线，在改革开放的形势下，如何发挥党员的先锋模范作用。1989年，全乡开展社会主义教育，实际是基本路线教育的延续，使每个党员了解到什么是社会主义初级阶段，初级应以经济建设为中心，贫穷不是社会主义，扭转了“以阶级斗争为纲”的思维模式，使多数党员思想转过弯来，打消顾虑，带头致富，坚决拥护走中国特色社会主义道路。

“三讲”教育活动　2000年，按照县委统一部署，开展“讲学习、法政治、讲正气”的“三讲”教育活动，全乡党员均参加这次教育活动。重点学习中共中央总书记江泽民关于“三讲”的论述。整个学习分为动员发动、学习提高，自我解剖、听取意见，交流思想、开展批评3个阶段。通过“三讲”教育活动，增强了乡、村两级班子的凝聚力和服务水平。

保持共产党员先进性教育活动　2003年7月，按照市委、县委的总体部署，开展保持共产党员先进性的主题思想教育活动，县委派出督导组到众兴乡作具体指导，要求紧密结合地区实际进行。整个活动分为学习动员、分析评议和整改提高3个阶段。这次教育活动全乡20个党支部955名党员参加，学习覆盖率为98%。其中，有437名党员按规定写了书面心得体会。

2005年4月21日，众兴召开年度党建工作会议，再次部署2005年度保持共产党员先进性教育活动。5月16日，组织党员干部赴延安接受革命传统教育。在保持共产党员先进性教育期间，集中组织党支部上党课17次，组织收听、收看专题讲座2次，召开交流座谈会17次，组织演讲比赛3场，组织参观见习12次，送学助学上门173人共876人次。为群众办实事5件，投入经费84万元。在分析评议阶段，广泛征求意见，开展谈心活动，撰写党性分析材料，召开专题组织生活会和民主生活会，支部向党员反馈评议意见。

党的群众路线教育实践活动　2014年春，众兴分两个层次开展党的群众路线教育实践活动。24个基层党组织、841名党员参加教育实践活动。2月25日和3月4日，众兴乡分别召开领导班子和基层党组织群众路线教育实践活动动员大会。坚持把学习中共中央总书记习近平重要讲话精神贯彻教育活动始终，做到教育实践活动每推进一环，学习就跟进一步，思想认识就深化一层，引导广大干部特别是班子成员自觉“补钙”，为扎实有效推进活动奠定坚实思想基础。

乡党委把召开高质量的专题民主生活会作为确保活动取得实效的关键举措，始终聚焦严守政治纪律、反对“四风”，深入查摆问题，开展批评和自我批评，达到团结—批评—团结的目的。

从活动一开始就把解决问题、整改落实牢牢抓在手上，边学边改、边查边改、立行立改，立足当前抓整改落实，着眼长远建章立制，以真抓实改取信于民、赢得民心。班子成员共确定整改任务59项，近期整改任务34项，中长期整改任务21项，各村(居)党组织及负责人也都结合实际制定整改方案和整改措施并进行公示。

(二)理论教育

教育党员认真学习马列主义、毛泽东思想、邓小平理论、“三个代表”重要思想、科学发展观、习近平总书记系列重要讲话精神，2017年提出学习党的路线、方针、政策和决议，学习党的基本知识，学习党章、党纲，学习科学、文化、法律和业务知识，努力提高为人民服务的本领。教育党员带头参加改革开放和社会主义现代化建设，带动群众为家乡经济发展和社会进步艰苦奋斗，在生产、工作、学习和社会生活中起先锋模范作用。

教育党员坚持党和人民的利益高于一切，个人利益服从党和人民的利益，要吃苦在前，享乐在后，克己奉公，多做贡献。

教育党员自觉遵守党的纪律，首先是党的政治纪律和政治规矩，模范遵守国家的法律法规，严格保守党和国家的秘密，执行党的决定，服从组织分配，积极完成党的各项任务。

教育党员密切联系群众，向群众宣传党的方针、政策，遇事同群众商量，及时向党组织反映群众的意见和要求，维护群众的正当利益，做好党和群众工作的纽带。

教育党员发扬社会主义新风尚，带头实践社会主义核心价值观和社会主义荣辱观，提倡共产主义道德，弘扬中华民族传统美德，为了保护国家和人民利益，在困难和危险的时刻挺身而出，英勇斗争，不怕牺牲。

从1990年起，对各地党组织开展民主评议党员活动，评出先进党支部、优秀党员和不合格党员。对不合格党员视其错误性质、情节，分别要求限期改正，直至给予党纪处理，在计划生育工作中处理了10人，在“晓钟事件”中处理了5个人。

乡党委结合时代特点和形势要求，组织开展教育活动。1995年，向每个党员发放邓小平理论《建设有中国特色社会主义》书籍,供党员、干部学习;2000年在农村党员中广泛开展“三学三带”活动;2005年,开展学习“三个代表”学教活动。中共十八大后学习内容更加丰富扎实。如“三严三实”专题教育的开展,打造一支“风正、气顺、心齐、劲足”的乡村干部队伍,为全乡经济社会的快速发展提供坚定的组织保障。抓工作绩效管理,严格按照“规范、高效”的工作标准和要求,实行“村为主”工作综合月评机制,强化村干部工作责任。对涉及计划生育、信访、安全生产、组织建设及为民服务全程代理等工作适时提高绩效标准,进行每月综合月评,按月兑现村干部绩效工资奖惩。对村级年度工作实行分别考核,采用平时检查和年终考核相结合的考评办法。

在党员干部中大力弘扬“解放思想、抢抓机遇、实干实效”的工作理念。在机关和部门树立“人人树形象,事事讲效能”的理念。通过对党员干部的不断教育管理,众兴的自然生态环境、人文社会环境、基础设施环境和政治生态环境不断优化,为众兴跨越式发展提供坚强的环境和组织保障。

(三)党员管理

民主评议党员 1990年5月,众兴乡党委根据县委组织部的要求,开展民主评议党员、民主评议党支部和评选先进党务工作者活动,至5月底,全乡有462名党员参加民主考评,参评率为92.5%,264名群众代表参加帮评,462名党员参加评议,评议出先进党员69人,合格党员和基本合格党员392人,不合格党员1人。是年,被评为县优秀共产党员1人、优秀党务工作者1人、先进党支部1个;评出乡先进党员45人、先进党务工作者10人、先进党支部5个、受表扬党员有13人。

1995年6月,党委对全乡在职在岗党员开展民主评议工作,有883名党员参加,参评率为96.5%,合格和基本合格党员占93.2%,先进党员占6.8%。1998—2004年,在全乡党员中开展8次民主评议工作,合格党员和基本合格党员占99.57%。

流动党员管理 1994年初,县委组织部出台《肥东县外出流动党员管理暂行办法》。4月,乡党委转发给各基层党支部贯彻执行。根据“暂行办法”,党委试行党组织与流动党员联系卡制度,给外出党员开具流动党员证明信。党员外出无固定就业单位,组织关系保留在原单位,参加原单位的组织生活和党内活动;党员受组织委派帮助外出单位从事技术开发、生产经营活动,时间在3~6个月,且不在肥东县范围内,委派单位党组织应出具党员证明信,参加从事单位党组织生活;时间在6个月以上,将党员的组织关系转到派往单位的党组织;组织关系暂时难以落实或工作无固定地点的党员,在支部或与个体工商户的党员建立联合支部或党小组,在私营企业中党员集中建立党支部;各基层党组织对外来的党员,按规定接收他们的党员组织关系或党员证明信并妥善安排他们参加党的组织生活。

老龄党员管理 1994年7月,乡党委下发《关于建立农村老龄党员党小组活动制度的若干(意见)规定》,在农村党支部中建立17个老龄党小组并建立名册。组长由本组党员推选产生,或由支部委员会指定。老龄党员除参加支部组织的活动外,根据老龄党员的特点,每月活动1次。每年“七一”建党节、春节前,支部召开座谈会或茶话会。对老弱病残,不能参加党组织活动的，支部或党小组至少每季度上门拜访一次，告知支部近期活动情况，使他们真正体会到老有所用，老有所为，老有所教，老有所管，老有所学，老有所乐。

党员干部档案管理工作 1994—2002年，众兴乡干部人事档案管理由党政办配备档案兼管员1人。1995年，有干部人事档案1082卷，其中在职干部人事档案68卷，党员档案716卷，退休人员档案26卷。

1997年，众兴乡档案管理达省2级标准，是肥东县第一家达省级标准的乡镇。

1998年，贯彻落实中共中央组织部关于《干部人事档案工作目标管理暂行方法》和县委组织部有关文件精神，乡党委制定《1998—2003年众兴乡干部人事档案工作5年规划》和实施意见，争创干部人事档案工作目标管理创省一级单位。将档案库房、阅档室、办公室分开，配备专职档案管理员2名。抽调王华玉、樊德林两名在职教师修订和补充建立健全档案材料查(借)阅、收集等制度，并逐步使用了市委组织部研制的干部人事档案管理系统(CPRS)软件，将全乡干部人事档案材料录入计算机，干部人事档案管理进一步规范化、制度化、科学化。

档案分为十大类：①履历材料；②自传及属于自传性质的材料；③鉴定(含自我鉴定)、考察、考核材料；④学历、学位、学籍、培训和评聘专业技术职务的材料；⑤政审材料；⑥加入党、团组织的材料；⑦奖励(包括科技和业务奖励)材料；⑧处分材料；⑨工资、任免、待遇、各种代表会议和出国审查材料；⑩其他可供组织参考有保存价值的材料。2004年12月，乡干部人事档案有293卷，其中在职干部人事档案80卷、党员档案156卷、退休人员档案32卷、死亡人员档案25卷。

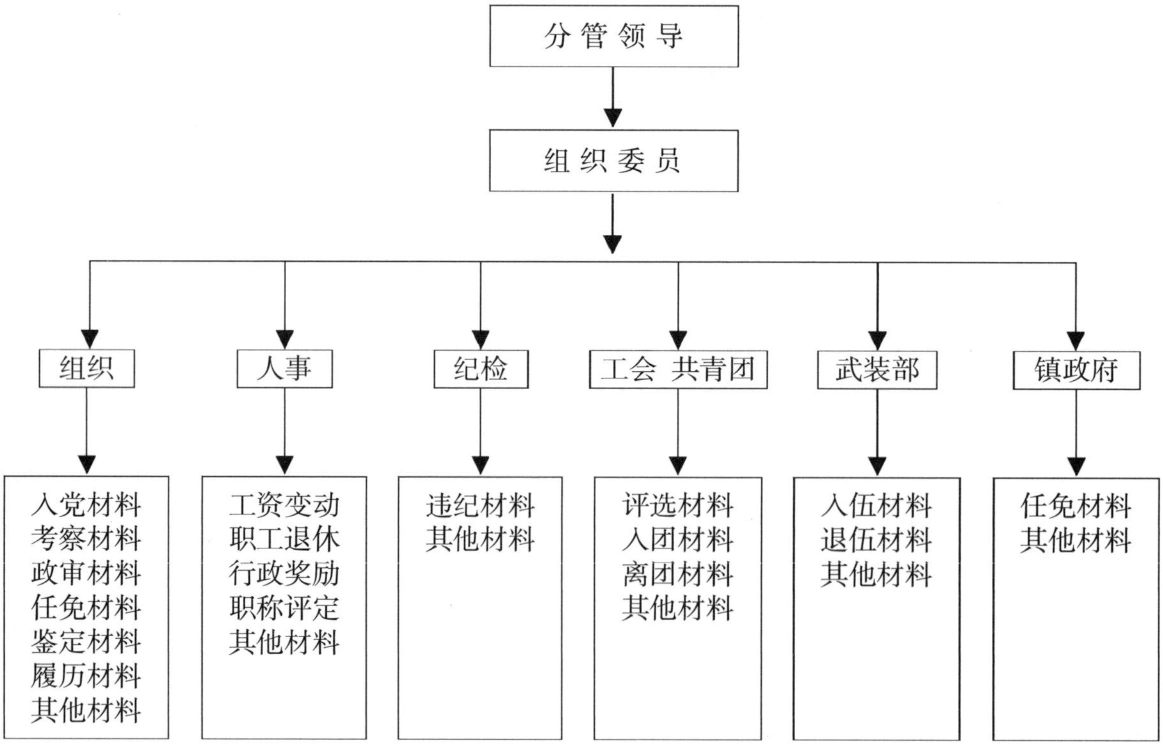

干部档案管理组织结构图

第六节　宣传工作

中华人民共和国成立后，党和人民政府历来重视宣传教育工作。众兴乡各机关在乡党委的统一领导下，围绕本部门工作的重难点和要求，通过学习，解放思想，提高认识，然后宣传、贯彻、落实。干部既是宣讲员，又是执行员，抓住某个时期某项重点工作贯彻党的路线、方针、政策。宣传形式主要是理论宣传、新闻宣传、社会宣传和对外宣传。

1949 年 2 月，众兴地区解放，众兴地区党组织向广大人民群众宣传中国共产党的路线、方针和政策，发动群众恢复生产，支持前线，开展镇压反革命，维护革命秩序。

1950 年，宣传《中华人民共和国土地改革法》，发动贫雇农控诉封建剥削制度，为土地改革作舆论准备。

1950 年 5 月，组织宣传《中华人民共和国婚姻法》，为废除封建婚姻制度作舆论宣传。

1950 年 7 月，中央人民政府政务院和最高人民法院联合发出《关于镇压反革命活动的指示》，宣传部门积极宣传镇压反革命运动。

1950 年 10 月，朝鲜战争爆发，组织发动群众进行游行示威，开展声势浩大的“抗美援朝，保家卫国”宣传活动。众兴有 27 名青年参加中国人民志愿军，跨过鸭绿江，支援朝鲜。

1951 年 9 月，众兴党组织发动各界人民捐献支援国家制造飞机大炮，支援抗美援朝，保家卫国。

1953 年，众兴地区广泛宣传中国共产党在过渡时期的总路线，宣传粮油统购、统销政策，农民纷纷把余粮卖给国家。

1954 年，在农村广泛宣传《关于发展农业生产合作社的决议》，积极引导农民走农业合作化道路。在集镇广泛宣传对资本主义工商业和手工业的改造，引导私营企业实行公私合营和手工业者走合作化道路。

1955 年，组织群众学习《关于农业合作化问题的决议》，继续推进农业合作化。

1957 年，组织党员、干部学习毛泽东《关于正确处理人民内部矛盾的问题》著作。

1958 年，在全国“共产风”、浮夸风、对生产瞎指挥风等的影响下，众兴人民公社推行“组织军事化、生产战斗化、生活集体化”，大办食堂，“大炼钢铁”，高指标放卫星，造成人力、物力的浪费。

1960 年，宣传中共中央《关于农村人民公社当前政策问题的紧急指示信》，开展整风、整社，纠正“五风”（“共产风”、浮夸风、命令风、干部特殊风和对生产瞎指挥风）。

1961 年，宣传国民经济“调整、巩固、充实、提高”的八字方针和《农村人民公社工作条例（草案）》。是年，乡机关、企事业单位职工响应政府号召，有 95 名职工下放农村，200 多名机关工作人员回乡务农。

1962 年，农村落实“以生产队为基本核算单位、至少 30 年不变”政策。

1964—1965年，开展“工业学大庆、农业学大寨、全国学解放军”的宣传活动；同时，配合“四清”(清工分，清账目，清仓库，清财物)进行社会主义教育运动。

1966年，“文化大革命”开始后，宣传“无产阶级专政下继续革命”的理论。

1971年，党内传达中共中央关于林彪反革命集团罪行的文件。

1974年，开展所谓“批林批孔”运动。

1976—1977年粉碎江青反革命集团，众兴人民公社掀起“揭、批、查”运动。

1978年10月，众兴人民公社开展“关于真理标准问题”的讨论。

1979年，学习、宣传中共十一届三中全会精神，进一步拨乱反正。

1981年，开展《关于建国以来党的若干历史问题的决议》宣传活动，统一干群的思想认识。

1982—1984年，宣传中共十二大精神，组织群众为实现工业、农业、国防和科学技术四个现代化而奋斗；开展“五讲、四美、三热爱”(讲文明、讲礼貌、讲卫生、讲秩序、讲纪律，心灵美、语言美、行为美、环境美，热爱党、热爱祖国、热爱社会主义)宣传活动，开展创建文明村、文明单位活动。

1985年，全面推行家庭联产承包责任制。

1986年，学习、宣传《中共中央关于社会主义精神文明建设指导方针的决议》，深入开展创建文明单位活动。

1987年，中共众兴乡委员会开展坚持四项基本原则、反对资产阶级自由化的教育，开展宣传中共十三大精神、落实中共十三大任务的活动。

1989年春夏之交，北京发生政治风波，中共众兴乡委员会开展坚持四项基本原则、反对资产阶级自由化的宣传教育。

1992年，深入学习、宣传邓小平南方谈话精神，掀起改革开放的新浪潮。1993—1994年，组织党员干部学习邓小平著作。

1994年，组织干部学习社会主义市场经济理论，做好从计划经济向社会主义市场经济转换的思想准备。

1996年5月，众兴乡开展学习徐虎精神，“辛苦我一人，方便千万家”。10月，学习贯彻中共十四届四中全会精神。

1997年6月，开展“庆七一”迎香港回归的宣传活动，洗雪中华民族的屈辱，增强民族团结自豪感。9月，深入宣传中共十五大精神。

1998年，乡举办改革开放20年摄影展，展出200多幅作品，反映改革开放20年成就。

1999年5月，以美国为首的北约悍然用导弹袭击中国驻南斯拉夫使馆，众兴乡人民强烈抗议。7月，在全乡开展“崇尚科学、反对迷信”的宣传教育活动。

2000年，全乡开展以“抓住新机遇、迎接大开发”为主题的宣传活动，在党员干部中开展“我为众兴作贡献”的大讨论。

2001年，全乡开展“学习实践‘三个代表’重要思想，保持共产党员的先进性”活动。广大党员深入群众，广泛听取群众意见和要求，不断改进工作方法，切实解决群众关心的问题。6月,开展"庆祝中国共产党成立80周年"活动。

2002年,宣传高举邓小平理论伟大旗帜,认真贯彻"三个代表"要求,按照中央的部署,进一步做好各项工作,以优异成绩迎接中共十六大召开。

2003年,宣传思想工作是把思想和行动统一到中共十六大精神上来,为全面建设小康社会、开创中国特色社会主义事业新局面提供强大精神动力、思想保证和舆论支持。

2004年,党委中心组学习贯彻"三个代表"重要思想经验交流会,总结、交流、推广各地、各部门的新鲜经验。

2005年,宣传开展以实践"三个代表"重要思想为主要内容的保持共产党员先进性教育活动。

2006年,深入宣传贯彻中共十六届五中全会精神,落实科学发展观,推动现代化建设事业迈出新步伐、开创新局面。

2007年,中共十七大召开、香港回归10周年、建军80周年、北京奥运会的准备工作也将进入倒计时阶段,加入世贸组织过渡期即将结束,文化市场竞争和意识形态阵地的争夺更加激烈。

2008年,宣传工作着眼于统一思想、凝聚力量,把学习宣传贯彻中共十七大和胡锦涛视察安徽重要讲话精神不断引向深入。在全面准确理解、广泛深入宣传上下功夫,在指导实践、推动工作上取得明显成效。为动员全乡上下深入贯彻落实科学发展观,进一步解放思想、改革创新、强化责任,在新的起点上奋力开创众兴跨越式发展新局面营造良好的舆论环境。

2009年,中华人民共和国成立60周年。大力宣传60年来特别是改革开放30年来,中国政治、经济、文化等社会主义事业取得的辉煌成就、人民群众精神面貌发生的巨大变化。

2011年,宣传开展"走基层、转作风、改文风"活动,宣传新闻战线贯彻落实党的群众路线的重要举措,宣传活动的总体目标、工作要求、重要进展及取得的积极成效,宣传社会各界对活动的反响和评价。

2012年,全面贯彻落实中共十七届四中、五中、六中全会精神,迎接中共十八大召开,组织收看中共十八大开幕式,认真学习中共十八大精神。

2013年,深入开展中共十八大精神主题宣传教育活动,全面推动中共十八大精神深入基层。

2014年,做好全乡党的群众路线教育实践活动宣传工作,开展宣传农民文化月活动。

第七节　纪律检查

一、机构沿革

1957年,中共众兴乡委员会设监察委员,负责纪律监察工作。

2012 年 7 月，众兴乡开展坚守"廉洁心"远离"微腐败"，做清正廉洁的合格党员活动　（纪检监察室 / 供）

1985 年 9 月，根据中共中央纪律检查委员会和中共中央组织部关于建立和健全各级纪律检查委员会的精神，经中共肥东县委批准，成立中共众兴乡纪律检查委员会，属原店埠区委管辖。此后，在中共众兴乡历届代表大会上，同时选举产生中共众兴乡纪律检查委员会。每届纪委设书记 1 名，副书记或委员 1～4 名。基层党(总)支部配备专(兼)职干部 1 名。纪委行使党风廉政建设、党风廉政监察、党纪检查和案件查处等职能。

1992—2014 年中共众兴乡纪律检查委员会书记一览表

表 5-5

姓名	任职时间	姓名	任职时间
张华平	1992—1993 年	张维珍	2003—2005 年
张国银	1993—1996 年	高克香	2006—2014 年
张恒乐	1996—2002 年		

二、反腐倡廉

众兴乡纪委履行纪委监督执纪问责职能作用。开展反腐倡廉宣传教育工作，建设廉政文化墙、廉政文化走廊等，推动廉政文化进社区、进机关、进校园、进农村、进企业、进家庭创建活动，多次举办反腐倡廉宣讲大会，反腐倡廉警示教育，反腐倡廉漫画书画展，反腐倡廉作风宣传活动等形式多样的宣传教育，使党员干部在潜移默化中接受反腐倡廉教育，党纪党规观念进一步增强。

1993 年起，中共众兴乡纪律检查委员会抓领导干部不准利用职权和职务的影响为配偶、子女谋取非法利益规定的落实，抓党政机关干部使用小汽车的清理工作，抓领导干部住房情况申报和中共中央《关于坚决制止党政机关工作人员在公务活动中收受现金和有价证券的规定》的贯彻以及领导干部外出考察严格履行手续的工作。同时，抓中共众兴乡委员会和各基层支部的民主生活会。

1994 年，开展廉洁奉公、勤政为民演讲活动。邀请 6 位优秀党员先后在全乡党员干部大会、企业领导干部会议和"七一"党员大会上进行演讲，用身边的事，教育身边的人，受教育达 1300 多人次。同时还利用反面典型案例向党员干部进行宣传教育。

1995 年,中共众兴乡纪律检查委员会进行"立党为公,勤政为民,接受监督,做人民的好公仆""廉洁勤政,艰苦创业""让人民放心,使人民满意"等主题教育,受教育的机关干部和企事业单位的党员、干部有 950 余人次。

三、制度建设

1989—1995 年,乡党委、纪委制定《党政干部廉洁自律制度》《村财务制度若干规定》《党政干部百分考核制度》《制止搓麻将、严禁赌博若干规定》《干部建房分房和装修住房申报制度》《四个不准制度》《加强廉政建设、纠正行业不正之风的意见》《关于严肃纪律、坚持制止超标准招待和公款旅游、送礼的通知》等。成立由 10 人组成的纪检信息员队伍。

1996—1998 年,重点围绕"从严治党,端正党风",加强制度建设。制定《减轻农民负担,实行村务公开制度》《机关政务公开制度》。1996 年 6 月 25 日,县农民负担监督管理领导小组办公室在众兴乡举办推进减轻农民负担"一卡、一表、一审计"(简称监督卡)制度试点单位培训班,60 余人参加。同时对公费购置移动电话、公费安装家庭电话、机关业务招待等作出相应规定,细化完善党风廉政建设制度。

1997 年,根据众兴实际,中共众兴乡纪律检查委员会制定《众兴乡领导干部廉洁自律的若干规定》《关于通讯费补贴的有关规定》等制度,规范乡、村、企业领导干部行为。办理领导干部手机公转私 30 部(即将用公费购买的手机作价转给个人)。

1999—2001 年,党委、政府带头贯彻执行《中国共产党纪律处分条例》《领导干部个人重大事项报告制度》等制度,制定《加强村务管理的若干意见》《村业务费定额报销奖惩制度》等,规范党员干部行为。

2000—2001 年,中共众兴乡纪律检查委员会帮助 24 个村建立民主理事理财小组和村务公开制度,指导机关事业单位建立和完善政务公开制度。加强财务、审计监督,制定会计委派、领导干部任期和离任审计制度,严格监管集体资金。

2002—2004 年,乡党委、纪检、监察工作主要是深入学习邓小平理论和"三个代表"重要思想,贯彻中共十五届六中全会《关于加强和改进党的作风建设的决定》、中纪委七次会议精神,按照"八个坚持""八个反对"的要求和坚持"早教育、早预防、早纠正、严格管理"的方针,重点查办党政机关、行政、经济管理部门和领导干部的违纪违法案件;查处违反政治纪律、贪污受贿、失职渎职、弄虚作假和领导干部收受现金、有价证券、支付凭证等案件。先后制定《乡管领导干部个人重大事项报告制度》《村撤并筹建工作中的若干纪律规定》《党风廉政建设责任制考核检查意见》等,用监督制约机制制止不廉政行为。

四、案件查处

1985 年至 2002 年 7 月,中共众兴乡纪律检查委员会开展党员干部违纪案件查处工作,查处违纪案件 42 件,其中,通奸、嫖娼、流氓案 9 件,贪污、受贿、挪用公款 8 件,偷盗、投机倒把 5 件,赌博 14 件,以权谋私、渎职 2 件,领导责任 1 件,其他 3 件。有 40 名中共党员受到处分，其中：警告 11 人，严重警告 9 人，留党察看 1 年 1 人、2 年 7 人，行政警告 1 人，开除 11 人。同时，为集体挽回一定的经济损失，1995—1998 年，追缴违纪资金和追回集体资金 44.12 万元。

众兴乡纪委加大党员干部违纪案件的查处力度，增加违纪党员干部违纪成本，加大对违纪党员干部的惩处力度。2003—2014 年，共立案查处违纪党员干部 18 人次，给予党纪政纪处分 18 人次，其中开除党籍 2 人，留党察看 1 人。

第八节　统战工作

一、组织网络

1990 年起，众兴乡统战工作领导小组正、副组长由 1 名党委副书记、1 名副乡长和 1 名党委委员兼任，乡党政办公室副主任、工、青、妇负责人为领导小组成员，设 1 名统战干事负责日常工作。各村、企、事业单位配备 1 名统战联络员，由党支部委员兼任，负责对统战工作的联络、走访及信息反馈工作。

二、主要工作

宣传理论政策　贯彻落实《中共中央关于坚持和完善中国共产党领导的多党合作和政治协商制度的意见》和江泽民在全国统战工作会议上《努力发展最广泛的爱国统一战线》讲话精神；1990—1995 年，根据县委实施细则，统战部门广泛开展统战理论宣传教育，学习《邓小平文选》关于新时期统一战线的精神实质、《九十年代统一战线部门工作纲要》和 1995 年江泽民总书记《为促进祖国统一大业的完成而继续奋斗》讲话精神。从理论上加深对新时期统战工作重要性、必要性、长期性认识。普及和宣传统战知识。

1996—2000 年，新时期统战工作以思想政治教育为重点，做好对台、侨务等统一战线工作。

2001—2004 年，重点开展民族宗教法治宣传，拉横幅 8 条，张贴标语 200 余条，广播专题节目 28 次，举办讲座 12 期。

建立交朋友制度　2014 年全乡有 14 个少数民族，占全乡总人口的 0.4%，其中回族占少数民族总人口的 50.49%，满族占少数民族的 14.5%，土家族占少数民族的 9.7%。

2014 年，乡内民间宗教信仰有佛教、道教、伊斯兰教、天主教、基督教五大宗教，活动场所有 5 处，信教群众 500 多人。

婚嫁到众兴落户的居民涉及汉族、回族、满族、蒙古族、布依族、侗族、哈尼族、傈僳族、苗族、水族、土家族、土族、维吾尔族、瑶族、壮族 15 个民族，共计 104 人。

中共十一届三中全会召开以后，以经济建设为中心，号召众兴地区有家族或亲戚在国外、境外的人回到家乡开厂办企业，为故乡复兴做点贡献。为外商建立良好的投资环境，提供政策支撑、土地支撑，鼓励他们回国，还实行了一系列税收减免政策。

1994 年 4 月起,建立乡党政正副职领导与党外知识分子、党外人士交朋友工作制度。1 位领导交党外朋友 2~3 人,每年联系 2~3 次,沟通感情。

2003 年,乡党委、政府制定《众兴乡党政干部与党外重点代表人士交朋友制度》,13 名副科级以上领导与 22 名党外重点人士结对交朋友,进行走访、谈心活动。听取他们对党委、政府工作的意见和建议,邀请他们参加乡举办的春节各界人士茶话会等。做到有困难支持、有成绩鼓励、有缺点提醒,让他们感受到党的关怀和温暖。

制定《关于众兴乡开展创建民族团结进步优秀村区的实施办法》,针对乡内少数民族人数少、分布散的实际,鼓励他们自我教育,自我管理,自我服务,开展民族团结优秀村区创建。维护少数民族同胞的合法权益,营造团结进步、稳定和谐的社会环境。

成立商会组织　商会按照工作细则,坚持思想政治理论学习,发动广大会员开展捐资助学、扶贫帮困、社会公益等慈善活动。

第九节　信访工作

一、机构沿革

1979—1990 年,众兴乡(公社)信访专项由党政办负责处理。1995 年,国家颁布《信访条例》,信访工作步入法制轨道,众兴乡成立信访办公室,与党政办公室是一套班子两块牌子。

1990 年,乡成立信访工作领导小组,由乡党委书记和分管政法党委副书记担任信访工作领导小组正副组长。下设信访办公室,设专职助理 1 人。各村、企业单位设有信访员 28 人。同时还成立化解人民内部矛盾工作协调委员会,由分管政法的副书记和副镇长任正、副主任,设立接待组、疏导组和过激行为处理组,参加成员有信访办、综治办、司法所、法律服务所、工会、共青团、妇联、派出所等单位。

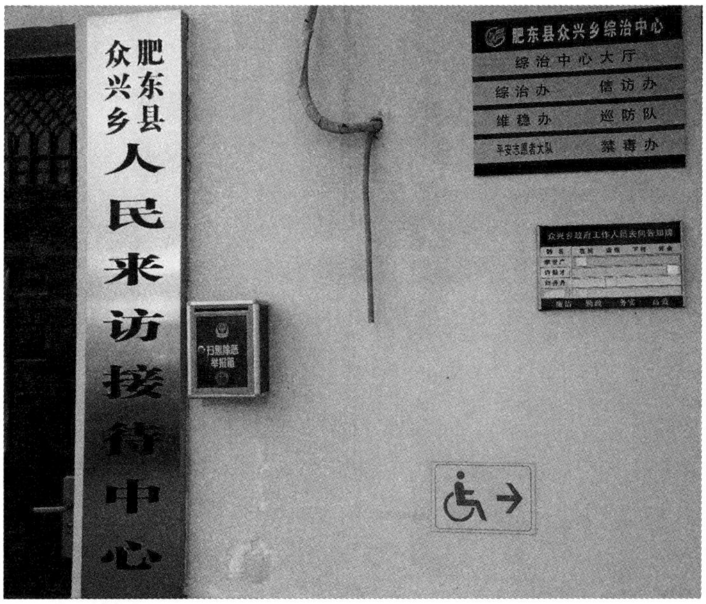

肥东县众兴乡人民来访接待中心　(刘斌/摄)

2005 年 5 月 1 日,新修订的《信访条例》实施后,众兴乡成立信访办公室,编制 1 人,归乡政法管理。2010 年 1 月,乡实施全员定岗定编,设立信访岗,专门从事信访来人接待,纳入新成立的管理机构,编制 2 人。2005—2009 年,李勇任信访办主任;2009—2016 年,刘骥任信访办主任。

二、职能

众兴乡综治中心宣传栏　　（刘斌/摄）

众兴乡信访办公室的职能是受理来信，接待来访；承办上级行政机关和本级行政机关负责人以及有关部门转办、交办的信访事项；向下级机关或者有关责任单位转办、交办、督办信访事项；参与调查、协调、处理有关重要信访事项；指导检查本地区、本系统的信访工作，对不负责任造成严重后果的单位和个人，向有关单位提出处理建议；调查研究，向领导提供信息；为信访人提供有关法律、政策咨询；法律、法规、规章规定的其他职责。

三、主要工作

信访办公室的主要工作是受理；告知；转送、交办；办理和督办。①办理时限；②办结；③复查；④复核；⑤听证；⑥督查督办；⑦来访信息分析、通报和报告；⑧材料整理后归档。

1999年，乡信访部门受理群众来信43件，办结率94.1%。2000年，受理群众来信37件，办结率95.3%。2001年，受理群众来信47件，办结率94.5%。

第十节　精神文明建设

1978年，中共十一届三中全会后，社会主义精神文明建设活动展开。1982年，公社组织开展以讲文明、讲礼貌、讲卫生、讲秩序、讲道德和心灵美、语言美、行为美、环境美为内容的“五讲四美”文明礼貌活动。1983年，开展“五讲四美三热爱”活动，并结合开展创建文明村、文明单位、五好家庭和新风户活动。1989年4月，众兴成立精神文明建设领导小组。2003年8月，成立众兴乡精神文明建设委员会。

1980年后，众兴乡（公社）社会主义精神文明建设内容不断拓展，形式不断创新，各项创建活动不断深化。1982—2014年，全乡企事业单位、村（社区）及居民家庭中，被评为合肥市文明单位1个，肥东县文明单位8个，合肥市文明村2个，卫生村1个，肥东县五好家庭7户。一大批爱岗敬业、自强不息、见义勇为、敬老爱幼和奉献爱心的社会主义建设者不断涌现。

2006年，结合社会主义新农村建设，众兴各村制定《村规民约》和《家规家训》，并张贴至每家每户，丰富社会主义精神文明建设内涵。

一、组织机构

1983年成立众兴公社“五讲、四美、三热爱”领导小组，党委副书记任组长。4月，成立众兴乡精神文明建设领导小组，党委书记任组长，党委宣传委员、副乡长任副组长，文化站、妇联、宣传、组织等部门负责人为小组成员。下设精神文明建设办公室，党委宣传委员任主任（主持办公室日常工作），宣传干事任副主任。同年11月，调整众兴乡精神文明建设领导小组，党委副书记任组长，其余组成人员不变。1997年4月，成立众兴乡精神文明建设领导小组，党委书记任组长，党委副书记、乡长任第一副组长，党委副书记任常务副组长，党委分管委员、副乡长任副组长，派出所、妇联、计生办、团委、教委、宣传办、文化站、广播站等部门单位的负责人为小组成员。下设精神文明建设办公室，负责精神文明建设日常工作。

2003年8月，成立众兴乡精神文明建设委员会，党委书记任主任，党委副书记、乡长任第一副主任，党委副书记任常务副主任，党委分管委员、副乡长、人大、工会负责人和村、企、事业单位负责人为委员。下设精神文明建设委员会办公室，负责精神文明建设日常工作。

二、主要任务

按照县精神文明建设指导委员会的工作安排，做好组织、协调、督促、落实众兴乡工作。

调查了解、研究分析精神文明建设的新情况、新问题，及时向县精神文明建设指导委员会反映并提出建议。组织精神文明建设工作经验的交流推广。负责委员会的文秘、会务工作。完成委员会交办的其他事项。

三、创建活动

创建文明村　1990年4月，县委、县政府批转县文明委《关于创建和管理文明单位的意见》。同年9月，乡党委转发县委《关于文明单位创建标准与考核办法》，要求各村、单位广泛宣传，制订规划，认真组织实施。11月，制定《众兴乡文明单位考核验收细则》。1991年8月，命名文明单位5家；1996年2月，命名文明单位3家；1997年11月，命名文明单位3家；1998年5月，命名文明单位4家，重新确认文明单位5家；至2006年，全乡共有12个村创建成为文明村、14家企事业单位创建成为文明单位，1家单位创建成为县文明单位，1家村创建成为市文明单位。

五好家庭　1984年10月，乡妇联发出评选五好家庭的通知，经各村和单位召开大会、座谈会等进行宣传发动，推荐后，年底评出乡“五好家庭”26户，选送县“五好家庭”5户。1985年，乡妇联修订“五好家庭”条件，进行广泛宣传，并确定花灯村为“五好家庭”创建点，举办竞赛，看哪家责任田种得好，哪家公婆、妯娌相处得好，哪家文明礼貌好，哪家首先满足“五好家庭”条件；同时印发争取“合格家长”倡议书。1986—1987年开展评选“好家长”活动，树立“好家长”典型。至2014年底，全乡先后表彰“五好家庭”和“五好文明家庭”216户、文明标兵户78户，其中12户“五好文明家庭”受到市县妇联表彰。

社会公德教育 1981年4月，县委根据中央宣传部等5家单位《关于开展文明礼貌活动的通知》精神和市委意见，号召开展以讲文明、讲礼貌、讲卫生、讲秩序、讲道德和心灵美、语言美、行为美、环境美为内容的“五讲四美”文明礼貌活动。公社团委根据团县委意见，在全公社团员青年中率先开展包括晚婚晚育、维护公德10项内容的竞赛活动。当年有12对夫妇领取独生子女证。1982年，公社组织开展“移风易俗宣传月”“全民文明礼貌月”“学雷锋、做好事、送温暖”等活动，涌现了许多破旧创新的新人新事。是年，公社评“五讲四美”县先进集体1个、县先进个人1人、公社先进集体10个、先进个人26人。

1983—1984年，公社通过文艺宣传队下乡演出、黑板报展览、制定乡规民约、评选“五讲四美”先进集体和人物表彰等形式，在全乡广泛开展社会公德教育。1985年，组织开展“学先进、讲理想、树新风”活动。

1986年1月，乡党委组织全乡人民学习《人民日报》元旦献礼，号召全乡人民遵守社会公德和职业道德，做一个讲文明、讲礼貌、讲卫生、讲秩序、讲道德的好公民。

1987—1989年，全乡组织“五讲四美三热爱”系列演讲活动，开办职业道德、科普、应知应会等专题培训班；多次开展禁毒扫黄活动，利用广播、画廊、黑板报、大小会议等渠道对全乡党员干部和群众进行普法宣传教育，以法治教育促社会公德的形成。

众兴乡永安社区农村精神文明建设宣传栏

（永安社区/供）

1990年起，通过开展创“新风户”活动，促进村风、民风的好转。

1992年起，组织开展职业道德、社会公德、家庭美德“三德”教育，爱祖国、爱集体、爱社会主义“三爱”教育和学技术、学科学、学文化“三学”活动，尊师重教、敬老爱幼、助人为乐等民族优良传统得到弘扬。

1996年，组织开展向孔繁森、徐虎等先进人物学习活动和创建县卫生乡镇活动。进行讲卫生、讲文明、建文明家乡教育。

1999年起，结合“三下乡”活动，深入开展科学、民主法治和“三德”“三热爱”教育，举办“崇尚科学、破除迷信”系列教育活动，邀请市图书馆、县新华书店、县文化馆举办图书展销和送书送戏下乡活动，大力倡导文明健康的生活方式。

2002年起，围绕《公民道德建设实施纲要》，开展一系列宣传和教育活动。2002年，举办以公民道德建设为内容的综合文化专场演出，在乡大会场举行，观众达1000余人；举办公民道德知识竞赛、公民格言征集以及“讲道德、讲文明”农民读书征文等活动。

2003 年,组织开展“公民道德宣传月”活动,各单位都张挂宣传横幅,出黑板报,同时大力兴建农村文化设施;各村兴建农家书屋、老年活动室、文化广场;在村办公室配置宣传栏;在中心醒目位置设置大型宣传牌。

2008 年,以新农村建设为抓手,开展“树文明新风,建和谐众兴”主题教育。通过举办“树文明新风、展特色风采”系列活动,“送戏下乡”,制定村规民约、家规家训等活动,提高村民文明素质。

职业道德教育　1987 年起,结合行业部门特点,采取学习辅导、黑板报、文明组室评比等形式。在企事业单位开展职业道德教育。1991 年起,结合青年文明岗创建和“三学”(学知识、学文化、学技术)活动,深化职业道德教育。

1993 年起,在企业中开展“尽主人责、献主人心、我与企业共命运”主题教育。

1997 年起,在企事业单位中开展“三学三比”和庆“七一”、“迎回归”活动。

1998 年,在企事业单位和个体户中开展争创文明行业、文明班组、文明窗口和文明经商优质服务活动。

2005 年,在职工中广泛开展“三观”(人生观、世界观、价值观)、“三德”(社会公德、职业道德、家庭美德)和“四有”(有理想、有道德、有文化、有纪律)教育。2006 年,在职工中开展“文明礼仪”“移风易俗”“社会主义荣辱观”等教育活动。

家庭美德教育　1984 年、1985 年,乡妇联发出争做“合格家长倡议书,宣传科学育儿知识,加强家庭教育。

1987—1988 年,在妇女中进行自尊、自爱、自重、自强教育。1989—1990 年,开展尊重父母、热爱孩子教育,举办优生、优育、优教系列教育和服务活动。

1990 年,利用广播、黑板报、标语等形式,向妇女宣传正确的婚姻、恋爱观,清除妇女中的封建迷信思想,倡导健康、文明、科学的生活方式。

1998 年,开展“家庭文明示范村、示范户”创建活动,引导妇女学习新技术,提高农户增收水平,并开展“一帮一”结对帮困活动。2000 年,有 176 户结成对子;2002 年,有 126 户结成对子。

四、爱国爱乡教育

1983 年起,运用文艺演出、乡广播站、电影放映队、制定乡规民约等形式,在全公社开展“三热爱”教育。

1986—1989 年,组织系列讲座活动,对全乡人民进行“党的基本路线”“七年巨变”“五讲、四美、三热爱”教育。

1993 年,开展以“一年一个样、三年变大样”为主题的爱国爱乡教育活动。

1993—1995 年,重点进行中国特色社会主义理论学习教育,共组织培训班 10 多期,对乡机关、村负责人普遍进行轮训。乡党政领导定期下基层向广大党员作专题讲座;同时利用广播、黑板报、会议等形式向广大群众进行宣传。

1997年，迎接香港回归祖国，进行统一祖国，把祖国建得更加繁荣富强教育活动，采取报告会、讲座、讨论座谈等形式，学习邓小平统一祖国“一国两制”理论。1998年，围绕纪念中共十一届三中全会召开20周年活动，举办“改革颂”“祖国颂”社会主义颂”等系列教育活动。

1999年，结合“双迎双庆”(迎澳门回归、庆中华人民共和国成立50周年)，进行爱国爱乡教育，在乡大会场举办文艺演出5场，书画作品展览等系列活动。

2000年，在全乡党员群众中开展“致富思源、富而思进”教育活动。各基层单位通过组织多种形式的专题讨论会，让广大群众感受众兴改革开放20年来取得的巨大成就，增强“再创众兴新辉煌”的信心。

2001年围绕庆祝中国共产党成立80周年，举行大型歌咏会、“党的光辉历程”图片展等，生动活泼地向广大党员群众进行爱国主义教育。

2002年，党委中心组成员分成6个宣讲小组，下基层向广大党员进行形势教育。

2003年起，每年组织党员干部、学生前去瑶岗渡江战役纪念馆和青龙新四军旧址参观学习，举行党员宣誓，增强全乡人民热爱党、热爱祖国、热爱家乡、建设家乡的热情。

第六章 人大 政府 政协

众兴乡人大、政府、政协办公楼 （刘斌/摄）

第六章

人大 政府 政协

兴兴乡人大、政府、政协办公楼 （刘斌/摄）

第六章　人大　政府　政协

众兴自1992年4月撤区并乡后，至2014年，众兴乡召开第八、第九、第十、第十一、第十二、第十三、第十四届人民代表大会，其中第八至第十届每届任期三年，第十一届开始每届任期改为五年。历届人大依法履行职责，加强对政府工作的监督。12年间召开会议12次，开展调研20余次，作出决议10余项，决议罢免正科级干部1人，提出代表议案30余件，办结率100%。从1996年开始，坚持对乡政府各个职能部门和乡直机关进行工作评议，充分发挥乡人大的职能作用。

中华人民共和国成立至1958年，为乡人民政府，1959年至1983年10月称为人民公社，1983年11月，为乡人民政府。政府组织乡长、副乡长由同期乡人民代表大会选举产生，任期同每届人民代表大会。

乡政协组织是改革开放后发展起来的，经历了撤销、恢复的曲折发展进程。发展社会主义协商民主重点在基层，人民政协是协商民主深入基层，坚持群众路线，巩固党的执政基础的重要措施。

第一节　人民代表大会

一、人大代表选举

每届人民代表大会第一次会议，选举新一届人大主席、副主席、乡人民政府乡长、副乡长。除特殊情况外，每年召开一次会议，会议由人大主席团负责召集。每次会议着重学习中央、省、市及县委、县政府、县人大有关文件，审议上年度工作落实情况，讨论本年度各项议案等事项。

乡第八届人民代表大会代表选举　34个选区选举出席乡第八届人民代表大会代表68名。其中，工农代表31名，占比45.59%；乡村干部代表17名，占比25%；党员代表51名，占比75%；妇女代表17名，占比25%；文教卫代表3名，占比4.41%；中青年代表62名，占比91.18%；少数民族代表2名，占比2.94%；年龄最大的70岁，最小的22岁，平均年龄43岁；具有高中文化程度31名，占比45.59%。

乡第九届人民代表大会代表选举　乡第八届人民代表大会第三次会议决定，34个选区选举出席乡第九届人民代表大会代表68名。其中工农代表28名,占比41.18%;干部代表20名,占比29.41%;党员代表51名,占比75%;妇女代表16名,占比23.53%;文教卫代表4名,占比5.88%;中青年代表60名,占比88.24%;少数民族代表2名,占比2.94%;年龄最大的70岁,最小的22岁,平均年龄43岁;具有高中文化程度34名,占比50%。

乡第十届人民代表大会代表选举　乡第九届人民代表大会第三次会议决定,26个选区选举出席乡第十届人民代表大会代表61名。其中工农代表24名,占比39.34%;干部代表18名,占比29.51%;党员代表48名,占比78.69%;妇女代表11名,占比18.03%;知识分子代表4名,各占比6.56%;少数民族代表2名,占比3.28%;具有高中文化程度33名,占比54.10%;中青年代表55名,占比90.16%;

乡第十一届人民代表大会代表选举　乡第十届人民代表大会第三次会议决定,26个选区选举出席乡第十一届人民代表大会代表58名。其中工农代表22名,占比37.93%;干部代表18名,占比31.03%;文教卫代表4名,占比6.90%;党员代表48名,占比82.76%;妇女代表12名,占比20.69%;少数民族代表2名,占比3.45%;具有高中文化程度34名,占比58.62%;中青年代表55名,占比94.83%。

乡第十二届人民代表大会代表选举　乡第十一届人民代表大会第五次会议决定,13个选区选举出席乡第十二届人民代表大会代表65名。其中农民代表12名,占比18.46%;干部代表30名,占比46.15%;党员代表52名,占比80%;妇女代表13名,占比20%;文教卫代表5名,各占比7.69%;少数民族代表2名,占比3.08%;具有高中文化程度40名,占比61.54%;外来务工人员6名,占比9.23%。

乡第十三届人民代表大会代表选举　乡第十二届人民代表大会第五次会议决定,10个选区选举出席乡第十三届人民代表大会代表60名。其中农民代表16名,占比26.67%;干部代表30名,占比50%;党员代表48名,占比80%;妇女代表15名,占比25%;文教卫代表6名,各占比10%。少数民族代表2名,占比3.33%;具有高中文化程度40名,占比66.67%。中青年代表55名,占比91.67%;农民工代表3名,占比5%。

二、人大代表会议

乡第八届人民代表大会　乡第八届人民代表大会第一次会议于1992年5月7日在乡大会场召开,会期2天,出席代表68名。会议听取并审议乡长程忠长所作的众兴乡人民政府工作报告、财政所关于原众兴、永安两乡1991年财政预算执行情况和1992年合并后财政预算(草案)的报告,选举周文新为众兴乡第八届人大主席,选举程忠长继续担任众兴人民政府乡长,并选举副乡长两名。

1993年2月12日,乡八届人大二次会议在乡大会场召开,会期1天。出席代表66名。会议听取并审议乡长程忠长所作的众兴乡《人民政府工作报告》、财政所《关于1992年财政预算执行情况和1993年财政预算(草案)的报告》、乡人大主席周文新作乡第八届人大工作的报告。

1994年4月15日，乡八届人大三次会议在众兴大会场召开，会期2天，出席代表65名。会议听取并审议乡长程忠长所作的众兴乡人民政府工作报告，乡财政所所长沈永刚关于1993年财政预算执行情况和1994年财政预算(草案)的报告，乡人大主席周文新所作的人大工作报告。会议选举王成龙为众兴乡人民政府乡长。

乡第九届人民代表大会 1995年11月26日，乡第九届人民代表大会第一次会议召开，为期2天，应到代表68名，实到67名。会议听取并审议乡长王成龙所作的众兴乡人民政府工作报告、乡财政所关于1994年财政预算执行情况和1995年财政预算(草案)的报告。

会议选举王成龙为众兴乡人大主席，高怀贵为众兴乡人民政府乡长。会议研究和通过众兴乡计划生育工作的有关措施。

1996年2月6日，众兴乡九届人大二次会议在乡大会场召开，会期1天。出席会议代表68名，会议听取并审议乡长高怀贵所作的众兴乡人民政府工作报告、乡财政所关于1995年财政预算执行情况和1996年财政预算(草案)的报告。会议对"双基"工作做了进一步研究和部署。

1997年11月16日，众兴乡九届人大三次会议在乡大会场召开，会期1天。会议决定乡第十届人民代表大会定于1998年1月12日召开。

乡第十届人民代表大会 1998年1月12日，众兴乡第十届人民代表大会第一次会议在乡大会场召开，会期2天。出席会议的代表61名，特邀2名。会议由人大主席王成龙主持。公布"小钟事件"，罢免乡长和1名副乡长。会议听取和审议财政所关于1997年财政预算执行情况和1998年财政预算(草案)的报告。会议选举杨松泉为众兴乡第十届人民政府乡长。

1999年3月1日，乡十届人大二次会议在乡大会场召开，会期1天。应到代表62名，实到60名。会议听取并审议乡长杨松泉所作的众兴乡人民政府工作报告、乡财政所关于1998年财政预算执行情况和1999年财政预算(草案)的报告、乡人大主席王成龙所作的人大工作报告。会议还讨论了小学危房改造和有关民办教师问题。

2000年2月20日，众兴乡十届人大三次会议在乡大会场召开，会期1天，出席代表61名。会议听取并审议乡长杨松泉所作的乡人民政府工作报告、乡财政所关于1999年财政预算执行情况和2000年财政预算(草案)的报告、乡人大主席王成龙所作的人大工作报告。

乡第十一届人民代表大会 2001年3月22日，乡第十一届人民代表大会第一次会议在乡大会场召开，会期2天。出席会议代表58名，列席2名。会议听取乡长杨松泉所作的乡人民政府工作报告、乡财政所关于2000年财政预算执行情况和2001年财政预算（草案)的报告、乡人大主席王成龙所作的人大工作报告。会议选举王成龙继续担任众兴乡第十届人大主席。

2001年9月16日，乡第十一届人大二次会议选举产生众兴乡人民政府乡长。

2002年1月18日，众兴乡第十一届人大三次会议在乡大会场召开，会期2天，应到代表60名。会议听取并审议乡长所作的乡人民政府工作报告、乡财政所关于2001年财政预算执行情况和2002年财政预算(草案)的报告、乡人大主席所作人大工作报告。会议选举胡恒所、范开高、刘经凯、金开文、高榜业、孙建维等8位县十四届人大代表。

2002年12月14日,乡第十一届人大四次会议在乡大会场召开,会期1天,出席代表58名。会议听取并审议乡长所作的乡人民政府工作报告、乡财政所关于2002年财政预算执行情况和2003年财政预算(草案)的报告。

2004年1月8日,乡十一届人大五次会议在花灯街乡会议室召开,会期一天,出席代表60名。会议听取并审议乡长所作的乡人民政府工作报告、乡财政所关于2003年财政预算执行情况及2004年财政预算(草案)的报告。

乡第十二届人民代表大会　2006年12月5日,乡第十二届人大一次会议在花灯街乡政府会议室召开,会期1天,出席代表65名。会议听取乡长作工作报告、乡财政所关于2006年财政预算执行情况及2007年财政预算(草案)的报告。会议选举程世友为众兴乡十二届人大副主席。

2008年5月18日,乡十二届人大三次会议,选举费晓芳(女)为乡长,王家成当选为乡人大主席。

乡第十三届人民代表大会　2011年4月2日,众兴乡第十三届人大一次会议在乡政府会议室召开,会期2天,出席代表60名。会议听取并审议乡长费晓芳所作的乡人民政府工作报告、乡财政所关于2010年财政预算执行情况及2011年财政预算(草案)的报告、乡人大主席王家成所作的乡人大工作报告。

会议讨论了对外招商引资有关事项。

会议选举王家成继续担任人大主席、程世友为人大副主席、选举产生众兴乡人民政府乡长。

三、历届人大主席、副主席

1992—2014年众兴乡历届人大主席、副主席一览表

表6-1

届次	姓名	籍贯	职务	时间
第七届	周文新	牌坊乡	主席	1992年4月至1995年3月
第八届至第十届	王成龙	定远县	主席	1996年2月至2002年5月
第十一届	童国锦	梁园镇	主席	2006年12月至2008年4月
第十二至十四届	王家成	白龙镇	主席	2008年5月起
第十一至十四届	程世友	陈集镇	副主席	2006年12月至2014年12月

四、人大工作

人大职能　建立代表活动网络,督办代表建议意见,完善主席团联系代表制度,组织代表开展活动,组织开展代表评议工作,加强代表小组活动工作,开展代表述职活动,注重依法履职，开展换届选举工作，抓好执法检查工作，加强自身建设。

主要工作　针对农村、农业、农民这些与经济发展紧密相关的问题，乡人大从确保农民增收这个关键问题入手，监督春耕生产、救苗抗旱、科技推广、秋种示范、农民负担、农机补贴、阳光村务、农业政策性补贴等重点工作，并针对乡农业生产基础条件较差问题，向政府提出切实加强农业基础，搞好水利兴修，探索发展科技农业的新思路、新办法等建议。乡人民政府结合实际认真落实，采取一事一议、财政奖补、土地置换等措施，逐步改善农业生产条件，确保农业增产、农民增收。

2017年2月，众兴乡人大代表调研重点工程建设
（人大办公室/供）

针对广大群众普遍关心的社会治安状况，存在偷狗牵羊等群众反映突出问题，乡人大从维护社会稳定的高度出发，要求综治部门认真贯彻严打方针，健全治安联防体系，实行群防群治，开展夜巡夜查。通过乡人大有效监督，综治单位的努力，全社会共同参与，全乡社会秩序日趋良好，人民群众安居乐业。

依法做好信访工作，维护人民权益，依法受理人民群众来信来访是强化法律监督，切实维护人民群众合法权益的重要环节，也是乡人大密切联系群众，获取监督信息的重要渠道。乡人大年均接待来访群众16人次，处理信访案件10余起，其中土地承包纠纷、水面承包纠纷是重点。针对来信来访反映问题的不同性质和情节，对来访人员做好政策法规的解释和思想疏导工作，化解矛盾，使一些难点、热点问题得到了较好解决，基本上做到件件有着落，事事有交代。

众兴乡政府办公楼　（人大办公室/供）

围绕校园周边环境治理加大执法检查力度，撤掉中小学校内商店、摊点，遏制学校乱设摊点，取缔花灯街道一家黑网吧。

对新型农村合作医疗工作进行监督。针对群众反映“报销比较难、时间常拖延”的问题，乡人大组织代表开展入户进院，向政府提出诚恳意见，从而缩短新农合报销周期，提高报销比例，维护群众利益。

对教育危房改造。农村低保、五保户集中供养等民生工作进行考察，牢固树立“发展至上、民生为重”的理念，维护弱势群体的根本利益。

切实开展矫正调研，加大矫正对象法治教育力度，避免脱管、漏管和重新犯罪，引导矫正对象迷途知返，树立浪子回头金不换的理念。

充分发挥乡人大的职能作用，在推进工作、服务发展上建言献策、尽职出力，全程参与招商引资、计划生育、信访、创先争优点评日等党务中心工作和防汛抗旱、村级区划调整、水费征收、殡葬改革、科技种植、新型农村合作医疗、村两委换届选举等阶段性重点工作，切实做到任务同安排，职责共担当，成为领导和推动全乡经济社会发展的重要力量。

第二节　人民政府

一、机构沿革

众兴清代属梁乡，后为合肥东乡。1949年3月，改为众兴乡，因众兴集而得名。中华人民共和国成立初为兴林乡。1958年10月，全国实行农村人民公社化，众兴乡改为众兴人民公社，是工农商学兵相结合的基层单位，也是国家政权的基层单位。人民公社实行政社合一体制，乡党委改为公社党委，乡人民委员会改为社务委员会，管理机构分为公社管理委员会、生产大队、生产队三级，公社管理委员会受县人民政府领导，下设各类管理机构，负责生产建设、财政、粮食、贸易、民政、文教卫生、治安、民兵、调解民事等，设主任一名，副主任若干名。生产大队是分片管理工农商学兵和进行经济核算的基本单位，生产队是劳动组织单位，时众兴设14个生产大队、132个生产队。生产大队设大队长1名、副大队长1～2名，设妇联、共青团等组织兼职人员，配治保、调解等委员及民兵营长各1人。生产队设队长、副队长、会计各1人。

肥东县众兴乡人民政府大门　　（刘斌/摄）

1967年，众兴革命委员会成立，取代原有公社党政领导机构行使党政领导权。革命委员会设政治组、生产组、保卫组、办事组，一直存在12年之久。1979年7月1日，五届全国人大会议通过新宪法明确规定，改变政社合一体制，建立乡人民政府。

1983年4月，众兴公社党委改为众兴乡党委，设正副书记各1人；成立众兴乡人民政府，设正副乡长各1人。做好公安、民政、司法、文教卫生、计划生育等工作。生产大队改为村（1988年，改为村民委员会，生产小组改为村民小组），生产队改为生产小组。

乡政权从最初的政社分开时的党委政府两套班子逐步发展为乡党委、政府、人大、政协、纪委、人武部等班子，内设机构也增设计生办、教委，七站八所为乡政府的下属单位，由上级主管部门管理，村委会成为村民自我管理、自我教育、自我服务的基层群众性自治组织，乡政府对村委会工作给予指导、支持和帮助。

1992年，全县开展撤区并乡工作，众兴、永安两乡合并为众兴乡。

2006年，全县再次开展合并乡镇，保留众兴乡。改革政府机构和控制工作人员数量是最主要内容。其中，严格控编，核定人员，辞退乡招聘人员，规范县聘人员管理。

乡政府的职能也在发生着变化。中华人民共和国成立初期的乡政权主要贯彻来自中央的方针政策、上级指令和对政策的服从执行，管理和组织区域内居民生产生活是主要任务。人民公社时期，乡政权基本上没有发生改变。"文化大革命"时期的革命委员会实行的是党的一元化领导。改革开放后，产权的多元化和经济市场化改革，分灶吃饭，层层包干式财税体制的实行，乡政权组织依靠行政权力获取更多资源解决农村社会现实问题。

1998年开始，中央自上而下推动全国范围的政府机构改革，开始着力强调政府职能的根本性转变。市场经济呼唤政府行政职能从监管型向服务型转变，从直接参与经济活动向宏观管理转变，从行政手段为主向法律和经济手段为主转变，从政府配置社会资源为主向市场配置资源为主转变。

所谓服务型政府，是指政府由原来的控制者改变为组织者和服务者，政府由以控制管理为主转变为以提供服务为主，管理目标由以经济领域为主转移到以公共服务领域为主，政府的运行以服务公众为宗旨，以培育完善市场为过程，以调动社会各方面力量为原则，激活社会资源的竞争性，实现资源高效配置，推动经济的高效运转。中共十六届三中全会决定强调：增强政府服务职能，政府职能从全能型转向服务型。这一切都表明，政府职能在悄悄转变；服务行政正作为一种核心价值观被注入政府职能设计和政府行政中来。

中共十六届六中全会通过《中共中央关于构建社会主义和谐社会若干重大问题的决定》，决定提到要扎实推进社会主义新农村建设，将工作重点转移到农村，开展和谐创建活动，广泛吸引群众参与建设服务型政府，强化社会管理和公共服务职能，完善基层服务和管理网络。

自建乡之日起，众兴乡人民政府办公地点在众兴集，永安乡人民政府办公地点在永安集。2003年6月，迁址至花灯大街。

二、组织机构

1949—1985 年众兴乡、村、组机构设置一览表

表 6-2

年份	乡		村		组	
	名称	机构设置	名称	机构设置	名称	机构设置
1949—1954年（区人民政府）	乡人民政府	正副乡长、财粮员	村	村长、财粮员	生产小组	组长、统计员
1955—1957年（区公所）	乡人民委员会	乡长、副乡长、会计、文书、民政、公安等办事员	农业生产合作社	主任、会计	生产队委员会	队长、统计员
1958—1960年（区级建制撤销）	人民公社管理委员会	正副主任、办公室、组织、财贸、宣传、人武、政法、畜牧、生产、生活等部门	生产大队管理委员会	大队长、会计	生产队委员会	队长、妇女队长、统计员、保管员
1961—1967年（区公所）	人民公社管理委员会	正副主任、会计、民政、生产、财粮、治安等办事员	生产大队管理委员会	大队长、会计	生产队委员会	队长、妇女队长、会计、保管员
1968—1980（区革命委员会）	人民公社革命委员会	正副主任、秘书、政工、民政、财经、生产、人保、群工、教卫等干事，粮管员	生产大队革命委员会	队长、妇女队长、会计、保管员	生产队革命领导小组	队长、妇女队长、会计、保管员
1981—1982年（区公所）	人民公社管理委员会	正副主任、民政、生产、财经、公安等干事	生产大队管理委员会	队长、妇女队长、会计、保管员	生产队领导小组	队长、妇女队长、会计、保管员
1983—1985年（区公所）	乡人民政府	正副乡长、民政、生产、教卫等干事，公安员	村	村长、文书	生产小组	组长、会计
1986—1991年（区人民政府）	乡人民政府	正副乡长、民政、生产、教卫等干事，公安员	村	村主任	生产小组	组长、会计
1992 年撤区并乡	乡人民政府	正副乡长、办公室、民政办、计生办、财政所、文化站、广播站、农技站等部门	村	村主任、村委委员	生产小组	组长、会计
2006 年乡机构配套改革	乡人民政府	正副乡长、党政综合办公室、经济发展办公室、社会事务办公室和财政所	村（居）民委员会	村主任、村委委员	村（居）民小组	组长、会计

2014 年，众兴乡人民政府设置机构有党委政府办公室、社会治安综合治理办公室、农业办公室、民政所、城建办、计划生育办公室、经济发展办、财政所、统计站、工会、团委、妇联、重点项目办 。

与上级对口还有金融、电信、公路、科技等，不设专门站办，挂在相关站办下，明确专人负责。

乡人民政府实行乡长负责制，由乡长领导政府工作，副乡长协助乡长工作，乡政府其

他组成人员均对乡长负责，做好各部门工作。

三、历届政府组成人员

（一）1949—1992年众兴周边小乡存续时间和合并情况

1949—1992年众兴乡周边小乡存续时间和合并情况表

表6-3

起止时间	属草庙区管辖的乡	属店埠区管辖的乡
1949年2月至1949年9月	众兴 梁宇 龙庙	永安
1949年10月至1950年8月	众兴 梁宇 龙庙 马庙	永安 牌坊
1950年8月至1952年9月	众兴 梁宇 龙庙 马庙 单岗 许河 郑埠	永安 牌坊 合作
1952年9月至1955年12月	众兴 梁宇 龙庙 马庙 单岗 许河 郑埠	永安 合作
1955年12月至1956年12月	众兴 永安	—
1956年12月至1958年10月	众兴	—
1958年1月至1961年6月	县不设区级机构	—
1961年6月至1965年6月	县恢复区级机构，不再设草庙区	—
1965年6月至1992年4月	—	众兴 永安
1992年4月起	众兴乡（撤区并乡）	

说明：1958年10月至1983年4月，乡级政府改为人民公社。

（二）1949—1955年众兴及周边各小乡乡长、副乡长名录

1.众兴乡（1949年1月至1955年12月）

1949—1955年众兴乡乡长、副乡长一览表

表6-4

职务	姓名	任职时间	职务	姓名	任职时间
乡长	张武臣	1949年1月至1949年6月	副乡长	龚玉金	1949年1月至1949年7月
乡长	龚玉金	1949年7月至1949年8月	副乡长	郑荣文	1951年5月至1951年12月
乡长	龚少成	1949年9月至1949年9月	副乡长	高理银	1951年5月至1954年8月
乡长	张武臣	1949年10月至1950年3月	副乡长	张华凤	1953年4月至1955年12月
乡长	许昌道	1952年10月至1954年4月	副乡长	王邦荣	1954年4月至1955年12月
乡长	戚炳南	1954年4月至1955年10月	副乡长	范文南	1954年9月至1955年12月
乡长	刘金华(女)	1955年12月至1956年2月	副乡长	吴良全	1955年10月至1955年12月
副乡长	龚少成	1949年1月至1949年2月	副乡长	金宏榜	1955年11月至1955年12月

2.马庙乡（1955年12月并入众兴乡）

1949—1955年马庙乡乡长、副乡长一览表

表6-5

职务	姓名	任职时间	职务	姓名	任职时间
乡长	童长桂	1950年1月至1950年7月	副乡长	谢文和	1950年8月至1950年12月
乡长	司运金	1950年7月至1950年10月	副乡长	窦元阶	1951年5月至1954年1月
乡长	彭海洲	1950年10月至1951年12月	副乡长	童长桂	1954年2月至1954年5月

续表 6-5

职务	姓名	任职时间	职务	姓名	任职时间
乡长	童长桂	1951年12月至1954年2月	副乡长	程伯勋	1952年5月至1954年2月
乡长	程伯勋	1954年10月至1955年2月	副乡长	金宏榜	1954年9月至1955年10月
副乡长	司运金	1950年4月至1950年7月	副乡长	司宏富	1955年1月至1955年10月

3.郑埠乡(1955年12月并入众兴乡)

1949—1955年郑埠乡乡长、副乡长一览表

表 6-6

职务	姓名	任职时间	职务	姓名	任职时间
乡长	许德高	1953年8月至1955年3月	副乡长	许德高	1952年2月至1953年8月
乡长	许昌道	1955年3月至1955年11月	副乡长	蔡善江	1954年4月至1955年12月

4.单岗乡(1955年12月并入众兴乡)

1949—1955年单岗乡乡长、副乡长一览表

表 6-7

职务	姓名	任职时间	职务	姓名	任职时间
乡长	葛学凯	1952年1月至1953年2月	副乡长	何守发	1952年1月至1953年4月
乡长	王恩胜	1954年1月至1955年3月	副乡长	王恩胜	1953年5月至1954年1月
乡长	王邦荣	1955年3月至1955年12月	副乡长	许国栋	1953年5月至1954年1月
副乡长	张克良	1951年11月至1951年12月			

5.龙庙乡(1955年12月并入众兴乡)

1949—1955年龙庙乡乡长、副乡长一览表

表 6-8

职务	姓名	任职时间	职务	姓名	任职时间
乡长	张开河	1949年7月至1949年8月	副乡长	范海山	1949年10月至1950年12月
乡长	陶传卿	1949年8月至1949年9月	副乡长	谢文和	1950年12月至1951年4月
乡长	张开河	1949年10月至1950年12月	副乡长	李家福	1951年4月至1952年1月
乡长	陶传卿	1950年2月至1952年12月	副乡长	吴良才	1954年2月至1954年11月
乡长	郑宗先	1953年2月至1955年12月			

6.永安乡(1956年12月并入众兴乡)

1949—1955年永安乡乡长、副乡长一览表

表 6-9

职务	姓名	任职时间	职务	姓名	任职时间
乡长	李建国	1949年2月至1949年3月	副乡长	梁庆和	1952年10月至1953年4月

续表 6-9

职务	姓名	任职时间	职务	姓名	任职时间
乡长	束锦云	1949年3月至1949年5月	副乡长	许才华	1952年10月至1955年12月
乡长	孙本元	1949年7月至1951年12月	副乡长	完礼江	1952年11月至1953年5月
乡长	完卜(满)	1956年3月至1956年12月	副乡长	刘仁昌	1954年3月至1956年3月
副乡长	韩岐峰	1949年2月至1949年3月	副乡长	许超然	1956年3月至1956年12月
副乡长	吴宝友	1949年11月至1950年2月	副乡长	黄学存	1956年3月至1956年12月
副乡长	张克和	1950年10月至1952年10月	副乡长	王存高	1956年3月至1956年12月
副乡长	宋珍甫	1951年9月至1952年9月			

7.梁宇乡(1955年12月并入永安乡)

1949—1955年梁宇乡乡长、副乡长一览表

表 6-10

职务	姓名	任职时间	职务	姓名	任职时间
乡长	徐守炎	1949年7月至1949年9月	副乡长	吴长青	1950年10月至1951年8月
乡长	关敬发	1951年8月至1952年10月	副乡长	刘经祥	1951年8月至1955年1月
副乡长	李栋才	1949年5月至1949年6月	副乡长	吴良金	1952年10月至1955年10月
副乡长	李盛余	1949年10月至1950年10月	副乡长	程伯勋	1955年6月至1955年12月
副乡长	侯乃元	1949年11月至1950年10月			

8.许河乡(1955年12月并入永安乡)

1949—1955年许河乡乡长、副乡长一览表

表 6-11

职务	姓名	任职时间	职务	姓名	任职时间
乡长	方华友	1951年9月至1954年6月	副乡长	钟静书	1955年6月至1955年12月
副乡长	黄学存	1953年4月至1955年12月	副乡长	梁华凤(女)	1955年6月至1955年12月

9.合作乡(1955年12月并入永安乡)

1949—1955年合作乡乡长、副乡长一览表

表 6-12

职务	姓名	任职时间	职务	姓名	任职时间
乡长	孙本元	1951年12月至1952年12月	副乡长	王存高	1953年5月至1955年12月
乡长	许超然	1954年3月至1955年12月	副乡长	张克震	1953年6月至1955年5月
副乡长	许建平	1952年9月至1953年6月			

10.牌坊乡(1950 年 9 月并入永安乡)

1949—1955 年牌坊乡乡长、副乡长一览表

表 6-13

职务	姓名	任职时间	职务	姓名	任职时间
乡长	李广寿	1949 年 5 月至 1949年5月	副乡长	完敬礼	1949年5月至1949年6月
乡长	李耀柱	1949年12月至1949年10月	副乡长	白庆余	1949年11月至1950年7月
乡长	施中元	1949年12月至1955 年1月			

(三)1955 年后乡(公社)政府组成人员情况

1.永安乡(公社)

1955 年永安乡(公社)政府组成人员情况表

表 6-14

永安乡(1955 年 12 月至 1956 年 12 月)		
职 务	姓 名	任 职 时 间
乡 长	完 卜	1956 年 3 月至 1956 年 12 月
副乡长	刘仁昌	1955 年 12 月至 1956 年 3 月
副乡长	许超然	1956 年 1 月至 1956 年 12 月
副乡长	黄学存	1956 年 3 月至 1956 年 12 月
副乡长	王存高	1956 年 3 月至 1956 年 12 月
永安公社		
职 务	姓 名	任 职 时 间
公社主任	黄学才	1961 年 10 月至 1965 年 5 月
副主任	王存高	1961 年 10 月至 1965 年 5 月
副主任	李之元	1961 年 10 月至 1962 年 9 月
副主任	王继刚	1965 年 6 月至 1966 年 5 月
永安公社革命(管理)委员会		
职 务	姓 名	任 职 时 间
革命委员会主任	程敬洲	1968 年 8 月至 1970 年 2 月
革命委员会主任	王恩胜	1970 年 2 月至 1974 年 2 月
革命委员会主任	杨国宪	1974 年 2 月至 1976 年 5 月
革命委员会主任	邹守创	1976 年 5 月至 1978 年 2 月
革命委员会主任	葛伦来	1978 年 2 月至 1981 年 2 月
革命委员会副主任	许伦高	1969 年 4 月至 1970 年 2 月
革命委员会副主任	王继刚	1969 年 4 月至 1970 年 2 月
革命委员会副主任	王运传	1970 年 2 月至 1974 年 1 月
革命委员会副主任	吕道广	1970 年 2 月至 1973 年 2 月
革命委员会副主任	邹守创	1974 年 1 月至 1976 年 5 月
管委会副主任	管国洲	1978 年 4 月至 1983 年 4 月
管委会副主任	徐绪江	1981 年 2 月至 1983 年 2 月

续表 6-14

永安公社革命(管理)委员会		
职　务	姓　名	任职时间
管委会副主任	张华高	1983 年 1 月至 1983 年 4 月
管委会副主任	周文新	1983 年 1 月至 1983 年 4 月
永安乡		
职　务	姓　名	任职时间
乡　长	高理顺	1983 年 4 月至 1984 年 3 月
乡　长	程忠长	1984 年 3 月至 1985 年 3 月
乡　长	丁必荣	1985 年 3 月至 1986 年 12 月
乡　长	牛忠仁	1986 年 12 月至 1987 年 11 月
乡　长	周文新	1989 年 3 月至 1990 年 3 月
副乡长	程忠长	1983 年 4 月至 1984 年 3 月
副乡长	吴良合	1983 年 4 月至 1985 年 3 月
副乡长	陈兆茂	1985 年 3 月至 1986 年 12 月
副乡长	李保国	1985 年 3 月至 1987 年 2 月
副乡长	高绍武	1987 年 2 月至 1987 年 11 月
副乡长	郭世兴	1987 年 2 月至 1987 年 11 月

2.众兴乡(公社)

1958—1992 年众兴乡(公社)政府组成人员情况表

表 6-15

职　务	姓　名	任职时间
公社主任	王继刚	1958 年 11 月至 1961 年 4 月
公社主任	周家发	1961 年 5 月至 1961 年 6 月
公社主任	胡锦禄	1961 年 6 月至 1963 年 7 月
公社副主任	王存高	1958 年 11 月至 1961 年 6 月
公社副主任	唐志源	1959 年 7 月至 1961 年 6 月
公社副主任	吴良才	1961 年 6 月至 1965 年 6 月
公社副主任	郑治长	1962 年 10 月至 1964 年 2 月
公社副主任	王立权	1964 年 8 月至 1966 年 6 月
革委会主任	高用璋	1969 年 4 月至 1970 年 8 月
革委会主任	邹远福	1970 年 8 月至 1975 年 2 月
革委会主任	史鉴林	1975 年 12 月至 198 年 12 月
革委会副主任	余云舞	1968 年 8 月至 1970 年 2 月
革委会副主任	吴良才	1968 年 8 月至 1970 年 2 月
革委会副主任	王继刚	1970 年 2 月至 1976 年 10 月
革委会副主任	王存高	1970 年 2 月至 1976 年 1 月
管委会主任	史鉴林	1976 年 10 月至 1981 年 3 月
管委会主任	关朝政	1981 年 3 月至 1983 年 4 月

表 6-15

职 务	姓 名	任职时间
革、管委会副主任	高理顺	1973 年 5 月至 1978 年 2 月
管委会副主任	王仁俊	1976 年 10 月至 1983 年 4 月
管委会副主任	窦维凤	1978 年 2 月至 1979 年 9 月
管委会副主任	张华宝	1981 年 2 月至 1983 年 4 月
乡 长	程宏元	1983 年 4 月至 1985 年 3 月
乡 长	程忠长	1985 年 3 月至 1992 年 3 月
副乡长	侯其志	1983 年 4 月至 1987 年 3 月
副乡长	许道胜	1984 年 3 月至 1987 年 11 月
副乡长	许昌年	1986 年 12 月至 1987 年 11 月
副乡长	高怀贵	1987 年至 1992 年

3.众兴乡(公社)

1992—2021 年众兴乡(公社)乡长一览表

表 6-16

职 务	姓 名	性 别	任职时间
乡 长	程忠长	男	1992 年 3 月至 1994 年 3 月
乡 长	王成龙	男	1994 年 4 月至 1995 年 11 月
乡 长	高怀贵	男	1995 年 12 月至 1998 年 1 月
乡 长	杨松泉	男	1998 年 3 月至 2001 年 9 月
乡 长	童国锦	男	2001 年 9 月至 2005 年 3 月
乡 长	葛伦保	男	2005 年 1 月至 2008 年 5 月
乡 长	费晓芳	女	2008 年 5 月至 2012 年 3 月
乡 长	杨思臻	男	2012 年 6 月至 2016 年 1 月
乡 长	黄庆梅	女	2016 年 3 月至 2018 年 12 月
乡 长	陈宏云	男	2017 年 6 月至 2021 年 6 月
乡 长	许在刚	男	2022 年 7 月至 2023 年 7 月
乡 长	阚建伟	男	2023 年 7 月起

四、内部机构设置

中华人民共和国成立初期(1949—1958 年),乡村并存,为农村基层行政机构,乡内部不设机构,只配备数名专职甚至不脱产工作人员,按民政、公安、财政、粮食、调解等事务设专职干部。

农业合作化和社会主义改造运动兴起后,工作重心从抓政治运动转到组建集体经济组织和发展文化事业上来。1954 年,众兴乡人民政府设置生产合作、文教卫生、治安保卫、人民武装、民政、财粮、调解等工作委员会,并设文书一人。吸收有文化人员参加工作。

人民公社化时期,1958 年,众兴乡改制为众兴人民公社,成立公社管理委员会,基层政权分为公社、大队、生产队三级，内设机构变化不大。

“文化大革命”时期，公社革委会内设政治组、生产组、保卫组、办事组。

“文化大革命”结束后，一切混乱秩序通过拨乱反正，社会走向稳定。乡政府的办事机构逐渐趋于完善、合理。

1983年，公社改制为乡政府，增加计划生育和乡镇企业管理机构。

2006年，乡镇综合配套改革，推行党政交叉兼职，内设机构合并，只设党政综合办公室、经济发展办公室、社会事务办公室和财政所。

2014年，内设机构有党政办、经济发展办、安监办、计生服务中心、扶贫站、妇联、团委、民生、宣传办、司法所、便民大厅、民政所、国土所、地方志、农村经济文化服务中心、综治办、信访办、财政所、工会、组织室、统战室、老干部室、纪律检查监察室、文明办、城管执法中队。

乡直单位有派出所、众兴学区中心学校、众兴中学、供电所、邮政所、卫生院、国税众兴分局、农村商业银行众兴分行、众兴供销社、众兴粮站、永安供销社、永安粮站。

五、政府主要工作

执行本级人民代表大会决议以及上级国家行政机关的决定和命令；执行全乡的社会和经济发展计划、预算，管理本乡内的经济、教育、科技、文化、卫生、体育事业和财政、民政、治安、人民调解、安全生产监督管理、移民开发、计划生育等行政工作；保护社会主义的全民所有财产和劳动群众集体所有财产，保护公民私人所有的合法财产，维护社会秩序，保障公民的人身权利、民主权利和其他权利；保护各种经济组织的合法权益；贯彻执行党和国家的民族宗教政策，保障少数民族的权利和尊重少数民族的风俗习惯，尊重民族宗教信仰；保障宪法和法律赋予妇女的男女平等、婚姻自由等各项权利；办理上级人民政府交办的其他事项。

众兴乡政务公开栏　（刘斌/摄）

肥东县众兴乡财政财务公开栏　（刘斌/摄）

第三节　人民政协

一、机构沿革

乡政协组织是人民政协在基层工作的重要载体，在促进乡经济发展和社会稳定方面发挥着重要作用。自20世纪90年代初至2014年，众兴乡政协组织经历了设立、变迁、撤销、恢复的曲折发展历程。

设立　20世纪90年代，随着以家庭联产承包责任制为主要内容的农村改革深入持续推进，农村经济有了全面发展，集中农村各阶层群众力量，建设农村基层社会主义民主政治成为必然要求。1992年撤区并乡后，五届县政协党组研究制定了《肥东县乡镇政协联络组工作暂行规定》(以下简称《暂行规定》)，并向县委作了报告。1993年8月，县委批转了县政协党组报告，要求“结合本地区、本单位实际，认真贯彻执行”东发〔1993〕33号文件精神。此后，众兴乡成立政协联络组。《暂行规定》对联络组的机构性质、人员、职责和政治地位等进行了明确。

联络组机构性质：乡镇政协联络组是政协工作向基层延伸的重要组织形式，是政协在乡镇一级的工作机构，受同级党委领导，业务上受县政协指导。

联络组人员：联络组以本地区政协委员为主体，吸纳社会各界有影响的代表人士。一般由7～15人组成。具体人选由联络组组长提名，报同级党委研究批准。联络组组长、副组长按干部管理权限任免，任免前应征得县政协党组同意。联络组设兼职秘书1人。

联络组的职责：主要是学习教育、联谊交流、协商建言。联络组的政治地位：联络组长列席同级党委会议和政府办公会议，参加乡镇重要会议和重大活动。联络组成员列席乡镇人民代表大会，参加所在单位的重要工作会议。各种文件应送联络组负责人阅读。联络组经费，列入同级财政预算。

此后，乡政协联络组，积极组织本地区委员和各界人士学习有关文件精神，并根据县政协工作要点，围绕党政工作中心，结合社会热点和本地实际，大力开展调研、视察活动，为众兴改革、稳定、发展和“两个文明”建设做积极贡献。

变迁　1999年3月，为进一步加强和改善党对乡镇政协工作的领导，推进政治协商、民主监督、参政议政的规范化、制度化，县委下发《中共肥东县委关于加强乡镇政协工作的决定》。这一文件关于乡镇政协工作的内容较为具体，工作支持力度较大，决定将乡镇政协联络组更名为乡镇政协工作委员会。

文件明确乡镇政协工作委员会在乡镇党委领导下开展工作，并接受县政协指导。乡镇政协工作委员会设主任1名(时许高银为主任、关道斌为副主任)，人口比较多、工作量比较大的乡镇可增设副主任1～2名，副主任可兼任乡镇党委统战委员或民族宗教助理员。文件要求，乡镇党委要把政协工作列入重要议事日程，纳入党政领导的目标管理范围。乡镇党委要经常讨论研究政协工作。各乡镇党委都要确定1名副书记和1名党员副乡(镇)长负责联系政协工作。乡镇政协工作委员会主任不是党委委员的,列席乡镇党委书记办公会和党委会议。乡镇政府召开的全体会议和有关重要会议,可视需要邀请乡镇政协工作委员会主任或主持工作的副主任列席。同年,县政协根据政协章程和东发〔1999〕8号文件精神,出台《乡镇政协工作委员会工作规则》。

撤销 2000年,中共安徽省委、安徽省人民政府联合下发了《关于乡镇党政机构改革的实施意见》,文件指出"乡镇一级不设政协机构"。2001年,县委顺应全省机构改革形势,撤销乡镇政协工作机构。此后乡镇政协工作一般由1名乡镇副书记联系。乡镇党委副书记一般被推荐为政协特邀界别委员(时众兴乡党委副书记叶守权担任),负责加强和当地政协委员联系,确保乡镇政协工作做到有人抓、有人管。此后,广大政协委员对在乡镇恢复政协联络组织呼声不断。全省各地的基层政协组织设置情况不尽相同。九届县政协以后,县政协主要领导对恢复设置乡镇政协机构高度重视。为了解外地乡镇政协机构设置情况,2016年3月份,县政协成立考察组,分赴肥西县、桐城市学习考察基层政协组织建设情况。通过考察,了解到肥西县的乡镇政协联络组已经恢复设立,安庆地区的乡镇政协联络组一直没有撤,乡镇政协联络组工作在这些县市均能够正常开展。

恢复 进入21世纪,乡村经济社会显著发展,协商民主需要向基层延伸,县、市政协及广大基层政协委员要求恢复设立乡镇政协机构的呼声很高。

2016年3月,县政协党组根据考察情况向县委报送《关于成立乡镇(园区)政协机构的请示》。2016年4月,市政协向市委报送《关于县(市)区进一步加强乡镇(街道)民主协商有关工作的报告》。这个报告向市委建议"县(市)区要切实加强对基层协商民主工作的服务保障力度,明确基层协商民主工作有专人负责、有活动场所、有工作制度、有经费保障""鼓励县(市)区在不增加机构、编制、职数的情况下,积极探索乡镇(街道)民主协商工作机制,可以明确专人从事乡镇(街道)民主协商工作联络,参与中心工作,列席乡镇(街道)党委会议和党政办公会议"。市委办公厅以文件形式向各县(市)区委转发(厅〔2016〕30号),要求"结合实际抓好报告中相关建议的贯彻"。众兴乡政协机构的恢复设立工作正式提上日程。

根据县委安排,县政协会同县委组织部,充分学习借鉴肥西、长丰、庐江等地乡镇政协机构设立情况,研究县工作落实。2018年11月,县委常委会审议通过《关于进一步加强乡镇民主协商工作若干意见》,并以县委文件下发(东发〔2018〕23号)。文件规定:民主协商的内容确定为重大决策、重要报告、重大项目安排。加强民主协商的组织领导,成立乡镇政协联络组,配备联络组组长。联络组组长一般由主任科员担任,初步人选由乡镇党委提出,县委组织部征求县政协党组意见后,报县委同意,县委组织部部务会研究,提请县政协常委会通过。联络组组长负责乡镇民主协商工作联络,参与乡镇中心工作,列席乡镇党委会议和党政联席会议;参与乡镇领导班子考核,与乡镇人大主席享受同等考核待遇(乡镇党委副书记兼任的除外),副县级乡镇的按照正科级干部参与考核。在乡镇加挂乡镇政协联络组牌子,设组长1名,根据工作需要,可配备兼职工作人员1~2名。确保基层民主协商工作有专人负责,有活动场所,有工作制度,有经费保障。随着文件的下发,各乡镇政协联络组迅速设立,完成挂牌等工作。随后,县政协印发《肥东县乡镇政协联络组工作规则(试行)》。

县委对乡镇政协工作的支持力度是空前的,有力贯彻中共十八大报告"推进协商民主广泛多层制度化发展""积极开展基层民主协商"的要求,为协商民主向基层延伸打下了坚实基础。肥东县乡镇政协组织经历一个曲折发展的过程。进入新时代,在县委的高度重视和县政协的积极推动下,乡镇政协工作迈入了发展新阶段。

二、政协负责人

1997—2000 年众兴乡政协负责人一览表

表 6-17

姓名	性别	职务	任职时间
关道斌	男	众兴乡人民政协联络组副组长	1997 年 3 月
许高银	男	众兴乡政协工作委员会主任	1998 年 11 月
叶守权	男	众兴乡政协特邀界别委员	2000 年

三、主要工作

定期组织政协委员学习政协统战理论、时事政策、法律法规,宣传党的方针政策和党委、政府重大决策,开展形式多样的活动,提高政协委员的综合素质和参政议政能力。

围绕本地区经济社会发展中的热点、难点问题,组织开展调查、视察活动,通过撰写调查报告,提出提案、建议等形式协助党政部门改进工作,推动民主、科学决策。

充分发挥政协组织人才荟萃、联系广泛的优势,发动政协委员和各界人士,大力开展招商引资活动,积极参与地区经济建设和社会公益事业,为建设振兴多办实事,多做好事。

及时收集和反映社情民意,通过视察调研,协助基层党委、政府做好协调关系、化解矛盾、理顺情绪、增进团结工作;搞好各界人士联络联谊,协助党委、政府组织中秋和春节茶话会。维护政协委员的合法权益,积极促进地区稳定和社会和谐。

完成上级政协和同级党委交办的工作任务。

1988—2014 年众兴乡政协委员调研工作主要内容一览表

表 6-18

时 间	调研内容或课题
1988 年 3 月	众兴新大街建设工程预算执行情况
1989 年 6 月	中小学思想政治教育开展情况
1990 年 7 月	众兴乡第四次全国人口普查工作开展情况
1991 年 8 月	暴雨过后,众兴农民开展生产自救情况
1992 年 10 月	撤区并乡后,中小学教学开展情况

续表 6-18

时 间	调研内容或课题
1994 年 2 月	众兴敬老院迁址大高村事宜
1996 年 3 月	征集教育集资,新建中心校教学楼
1997 年 8 月	平坟还田工作
2000 年 4 月	众兴乡第五次全国人口普查工作
2001 年 5 月	县自来水水源联络管工程
2002 年 6 月	全乡并村工作
2003 年 2 月	调研发动预防“非典”疫情活动
2004 年 4 月	乡财县管乡用改革
2005 年 10 月	粮食保护价执行情况
2006 年 12 月	华光村缩村让地建设
2007 年 12 月	安徽雷鸣化工有限公司征地工作
2008 年 4 月	调研马政寺治安情况
2010 年 6 月	调研沿河、漕坊和八联三村托管磨店社区衔接情况
2012 年 10 月	花灯大街建设施工
2013 年 6 月	基层综治维稳工作
2014 年 10 月	各村秸秆禁烧履职情况

第七章 群众组织

合肥团史展陈中心　（刘斌/摄）

第七章 群众组织

合肥团史展陈中心　（刘斌/摄）

第七章　群众组织

1949—2014年，工会、共青团、妇联、科协、农协等群众组织，是由中国共产党领导的，围绕党的中心工作，按照其各自特点组成的从事特定社会活动的群众性组织。定期召开代表大会，“文化大革命”期间除外，按规定履行各自职责。

第一节　农民组织

一、农民协会

农民协会简称农会。中华人民共和国成立后，众兴地区成立乡农会。1950年春，村农会也相继建立。入会人数广泛，除地主、富农分子外，绝大部分农民都入会。农会与区、乡、村行政机构并存，相互配合开展工作。其主要任务是领导农民反对封建剥削制度，实行土地改革，保护农民利益，参加政权建设等。在土地改革、抗美援朝、发展农业生产、实现农业合作化等方面，起了重大作用。

1950年农村实行土地改革。党和政府及时开展访贫问苦，召开座谈会、村民会、贫雇农代表会，由村民组成“农民协会”。农民协会当时成为划分“阶级成分”和“土地改革”的主要依靠力量。当时众兴地区共有104个农民协会组织，每个协会产生1名农会主席，接受乡政府领导。1953—1956年，众兴建立初级农业生产合作社，农民协会组织由合作社代替。1956年，普及高级农业生产合作社，撤销乡、村建制后，农民协会活动停止。

二、贫下中农协会

贫下中农协会（简称贫协）是中国共产党领导下的、由贫下中农组成的群众性组织，筹建于1964年社会主义教育运动初期。其主要任务是维护贫下中农的合法权益，帮助和监督干部贯彻执行中国共产党的方针、政策等。入会人数众多，90%以上的贫下中农社员均入会。1965年2月5日，众兴人民公社贫下中农协会第一届一次会议召开，选举公社贫协主席。同时下属各生产大队贫协均设贫协代表。

1973年9月，恢复并整顿人民公社、生产大队、生产队三级贫协组织，时会员有9035人，占总劳动力的52.5%。在整顿基础上，众兴人民公社召开贫协第二届代表大会，选举产生贫协主席及贫协委员15人。

1978 年之后,贫协组织停止活动,组织解散。

在土地改革时期,农村划分阶级成分有贫农、雇农、佃中农、自耕中农、小土地出租、富裕中农、富农、地主。后来改称佃中农、自耕中农为下中农,富裕中农为上中农。20 世纪 60 年代,随着人民公社制度的推行,乡村社会的冲突也激烈起来,根据 1963 年 5 月《中共中央关于目前农村工作中若干问题的决定》要求,重新组织阶级队伍,在农村开展社会主义教育活动,巩固集体经济,发展集体生产,各地开展组织贫下中农协会,简称"贫协"。贫协组织配备专职干部,由公社干部兼任,配合当时形势搞阶级斗争。在关心农民利益方面没有起到多少积极作用。对此,农民不关心、不认可、不期待,流于形式,每年只开一两次会而已。

三、养猪协会

2008 年,众兴乡成立养猪协会。由乡畜牧水产站牵头,群众自愿参加的群众性组织,是党和人民政府加强与养猪户联系的桥梁和纽带。其主要任务是组织养猪户学习养殖业技术,宣传政府法令和国家方针、政策,帮助农民发展生产,改善生活条件,组织经营生猪产销,保护农民合法权益等。众兴地区为合肥市近郊,养猪是农户副业增收的主要来源,农户历来有圈养生猪的传统。规模化养猪前,每家农户每年都能出产生猪十来头,供往合肥市及周边地区。

四、苗木花卉协会

众兴是传统苗木花卉之乡,2014 年有苗木花卉公司 12 家, 整体基地苗木花卉种植面积超过 2 万亩,年产值超过千万元,拥有 70 多年的苗木花卉种植和绿化配送经验,与全国各地众多企事业单位和市政单位保持长期稳定合作。全国各地拥有代理商 100 多家。产品优质优价,服务方便快捷,同时提供绿化工程配送种植全套解决方案。众兴苗木花卉协会各会员单位生产的绿化苗木花卉品种多样,精品繁多,乔木品种、规格齐全,主要有香樟、女贞、广玉兰、白玉兰、红玉兰、朴树、榔榆、黄山栾树、乌桕、杜英、法梧、青桐、喜树等;观花灌木品种多样,主要有桂花、樱花、紫薇、花石榴、木槿、紫荆、蜡梅、颂春梅、丁香、含笑等各类球形苗木、草坪各种色块苗木、花草。众兴苗木花卉协会发起人韩成勇经过多年的艰辛打拼,以优质优价的苗木产品、丰富的苗木栽培技术以及真诚热情完美的全程式跟踪服务得到顾客满意和好评,苗木事业取得很大成效。

第二节 工 会

一、组织沿革

1995 年,众兴乡开始成立工会工作委员会,作为乡工会的工作机构,工会工作委员会主席由总工会考核,县委组织部发文配备,并对首批乡工会干部进行培训。

1996年，众兴乡正式成立工会组织，由一名副乡长兼任工会主席。

2020年，众兴乡工会联合委员会成立暨第一次会员代表大会召开
（工会/供）

1998年，众兴乡按县委出台《关于加强工会工作的决定》，强调坚持和加强党对工会工作的领导，建立健全必要的工会工作制度。具体措施是党政组织召开涉及改革、发展、稳定的全局性工作会议或中心组理论学习，安排同级工会主要负责人参加或列席；工会主席按同级党政副职配备，享受相应的政治、经济待遇；是党员的进入党组织班子，十分突出的可享受同级正职待遇。

二、历届工代会

众兴乡自工会成立起至2014年共召开三次工会代表会议。

1999年1月10日，乡第一次工代会在原众兴乡大会场召开，时间半天。会议应到代表12人，实到代表11人。当时由高朝来代表传达《关于加强工会工作的决定》，并结合形式，安排工会的主要工作。在乡党委、政府统一领导与安排下，帮助新建立的企业职工维护合法权益，搞好乡镇企业和个体工商业的发展。

2009年1月18日，乡第二次工代会在花灯街乡政府会议室召开。参会代表28人。李凤志传达《做好招商引资工作，促众兴经济又快又好向前发展》的动员报告，并强调要求各位代表为众兴确立的“生态立乡、工业强乡、文化兴乡、绿色美乡”的发展理念而努力奋斗。

2013年11月15日，众兴乡第三次工代会在花灯街中心学校二楼召开。李凤志主持召开，中心学区工会代表介绍经验。会议强调要求学习党的十八大会议精神，全体代表团结一心，为实现“两个一百年”奋斗目标不懈努力。

三、主要工作

企业民主管理 1992年，众兴乡仅有教育、卫生事业单位和电信部门建立有职工代表会议制度。1998年后，众兴乡实行企业办公室负责全乡的国有、集体和个体推行职代会制度。

评议领导和厂务公开 根据《中华人民共和国合伙企业法》规定，工会在工作中不断扩大职工民主管理范围和内容。1998年在企业推行民主评议负责人和厂务公开工作。当年有4家单位开展民主评议单位负责人活动，评议单位负责人18人，3家单位实行厂务公开。2008年有8家单位开展民主评议单位负责人22人，8家单位实行厂务公开。

职工教育 1998年，乡工代会开展学习中共十五大精神，广泛开展党的群众路线教育实践活动,倡导职工学文化、学技术,培养造就有理想、有道德、有文化、有纪律的职工队伍。通过学习,涌现出 20 多名读书积极分子。

2003 年,在企事业职工中开展学法律、学理论、学文化、学业务、学技能的"五学"活动,不断提高职工的文明活动和政治思想素质。

开展劳动竞赛、送温暖活动,抓安全生产,维护职工的合法权益等,都是工会的主要工作。

第三节 共产主义青年团

一、组织沿革

中华人民共和国成立前，众兴乡是合肥地区中国共产主义青年团组织早期发展的重要发源地。

众兴地区解放后，即建立新民主主义青年团众兴工作委员会（简称团青委),团青委首先在乡机关建立团部，后陆续在农村及各单位发展团员,建立基层支部。1952 年,全乡有团支部3 个,有团员 170 人。此后,团的队伍不断壮大,组织活动日益活跃。在历次政治运动中,团员成为中国共产党的有力助手，在生产劳动中,团员成为主要骨干力量。

共青团员走基层 （众兴社区 / 供）

"文化大革命"开始时曾充当破四旧、立四新先锋队。"文化大革命"开始后,团组织停止活动。中共十一届三中全会后,陆续恢复共青团组织,乡里设立团委会,配团委书记 1 名,另外各学校、机关组织、企事业单位和各村民委员会也都有团支部,教育机关成立团总支。

1990 年,共青团众兴乡委员会下辖团支部 15 个,有团员 835 人。2001 年,有团支部 24 个,团员 1653 人。

1957— 2014 年,众兴乡召开过 14 届代表大会,选举产生 14 届共青团众兴(人民公社、乡)委员会。

2014 年,众兴乡有团总支 4 个,团支部 18 个,共青团员 760 人。

二、历届团代会

1972 年,众兴乡武装部部长主持召开共青团和民兵工作会议,题目是"抓革命、促生产,把'农业学大寨'运动推向更高潮"。要求年轻人积极上进,靠拢组织,带头响应党的号召，为祖国征召做好准备。

1986年5月4日，共青团众兴乡委员会主持召开第二届团员代表大会，大会传达团县委关于“振奋精神、投身革命，为实现‘七五’计划贡献青春”的会议精神，结合众兴实际工作，党委书记关朝政到会讲话，号召广大青年奋发有为，努力学习科学文化知识和生产技能，为振兴众兴作努力。

1994年6月14日，共青团众兴乡委员会在乡大会场召开第三次团员和青年积极分子代表大会，参加代表88人，列席20人。会议主题是“求实创新、开拓进取，团结带领团员青年在跨世纪的历史进程中建功立业”，乡党委书记宰开群到会讲话，号召广大团员青年，再接再厉，更上一层楼，把学习十四大精神，贯彻到实际生活中去。再创佳绩，再创辉煌，再创历史新高。

1998年9月24日上午，共青团众兴乡委员会在乡政府会议室召开第四次团员青年代表大会，参加会议代表70人，列席15人。会议传达团县委会议精神，主题是“高举邓小平理论伟大旗帜，团结带领广大青年为实现富民强县目标而努力奋斗”。联系众兴，更要治贫致富，不能落伍，不能拖后腿。广大青年团员要身先士卒，身体力行投身到社会实践中，积极响应团县委号召，努力拼搏，努力向前，有所作为，有所创造。

2004年12月28日上午，共青团众兴乡委员会召开第五次团员青年代表大会，参加会议代表75人。大会通过乡团委书记高朝来所作的《与时俱进，开拓创新，团结带领全乡青年为早日实现小康社会贡献力量》的报告，大会选举高朝来为众兴乡第五届团委书记。

2010年11月18日上午，共青团众兴乡委员会在乡政府会议室召开第六次团员青年代表大会，参加会议代表82人，大会通过李凤志所作题为《为围绕“生态立乡、工业强乡、文化兴乡、绿色美乡”，建设众兴，砥砺奋斗》的报告。大会选举李凤志为众兴乡第六届团委书记。乡党委书记梁建文到会祝贺并讲话，他号召青年团员树立正确的人生观、价值观，多学习科学文化和生产技术，掌握适合自己特长的专业知识，为全面建成小康社会贡献青春、贡献智慧、贡献力量。

三、主要工作

20世纪50年代，开展争当社会主义积极分子，争当“青年突击手”“生产小老虎”等活动。在抗美援朝斗争中，众兴地区有27名青年参加志愿军，赴朝鲜参战。

20世纪60年代，响应国家号召，积极上山下乡，有66名知识青年先后到众兴支援建设。1963年起，响应毛泽东“向雷锋同志学习”的号召，开展学雷锋活动，各共青团支部组织学雷锋小组，发动团员青年参加义务劳动，为群众做好事，为烈军属帮困助耕。每年3月5日，团员青年上街设摊，义务为群众理发、修理、裁缝、义诊等。

共青团众兴乡委员会除组织团员、青年参与和完成各个历史时期的各项中心任务外，还根据青年特点开展各项活动，将广大青年紧紧地团结在党组织周围。中共十一届三中全会后，先后开展了争当新长征突击手（队）活动；“学雷锋、做好事、树新风”活动；“五讲、四美、三热爱”活动；争做“四有”（有理想、有道德、有文化、有纪律）新人活动；“三提倡、三反对”（提倡婚事新办，勤俭节约，反对大操大办，铺张浪费；提倡相信科学，反对封建迷信；提倡健康文明娱乐，反对赌博恶习）活动；“优质服务树新风，文明生产当先锋”活动；“学雷锋、讲理想、作贡献”活动；“爱我众兴、献我青春” 活动。与此同时，还适时组织各种文化娱乐活动，不定期地举办形式多样的各类培训班。各项活动的开展，提高广大青年政治、文化、技术水平，丰富青年的业余文化生活。积极为中国共产党输送合格的后备力量，1999—2001 年向中国共产党组织部门推荐建党积极分子 21 人。

20 世纪 80 年代，乡团委提出，学习践行“五讲四美”。在青年中开展“爱祖国、爱人民、爱党、爱社会主义”系列主题活动。

20 世纪 90 年代，学习江泽民总书记“三个代表”重要讲话。开展“学雷锋、学赖宁”活动；向广大团员青年号召，开展“崇尚科学，拒绝法轮功”活动。

2005 年，开展以“举团旗、带团徽、学团章、交团费、唱团歌、过团日”为主题的活动，增强团员团队意识；以未成年人为重点，开展深化“民族精神代代传”主题教育和党团知识教育活动。

2008 年，开展“奥运精神”主题，号召广大青少年“爱我中华，爱我家乡”，为花样众兴增光添彩。

第四节　少年先锋队

2014 年 5 月 30 日，肥东农业农村局慰问众兴乡部分困境儿童

（组织办 / 供）

中华人民共和国成立初期，众兴地区各学校普遍建立中国少年儿童团。众兴乡较早的花墩小学、光华小学和中岗小学开始组织少年先锋队。根据学校的分布情况，在教育辅导中心小学建立大队，村校普遍建独立中队。

“文化大革命” 期间，少先队组织一度为“红小兵”组织所代替。

1978 年，恢复少先队组织。当时，众兴地区共建立 12 个中队，约有队员五六百人，每个中队设队委 3 ~ 5 人，聘请辅导员 1 人。众兴中心小学设总辅导员，负责众兴地区少先队工作。各完全小学普遍建立大队，下设 3 ~ 5 个中队，经常开展活动。

花墩小学(现众兴学区中心学校的前身)从20世纪50年代起，一直坚持每天早晨7:00举行升旗仪式。“文化大革命”期间，升旗仪式中断。拨乱反正后，恢复少先队组织，学生积极加入少先队，唱队歌，举行入队仪式，并向少先队组织宣誓，由少先队大队辅导员为少先队员佩戴鲜艳的红领巾。每个班级为一个少先队中队，班主任为中队辅导员，班长为中队长，每个学习小组为一个小队。少先队大队干部的标志是三道杠，中队干部两道杠，小队干部一道杠，统一佩戴在左臂上方前侧。

少先队一般每月召开1~2次队委会和全体队员会议，配合学校各项中心工作，组织和开展形式多样、生动活泼、体现少年儿童特点的活动。经常开展“学雷锋，做好事”活动；每学期组织队员参加社会实践活动1~2次；组织观看电影和儿童戏剧，要求高年级少先队员写好影评和戏评等文章，进行评比交流。

中华人民共和国成立后，乡(公社)花墩小学为众兴地区辅导小学。20世纪60年代，众兴小学建立后为乡中心小学。2003年，花墩小学定为众兴学区中心学校。

20世纪50年代，少先队主要贯彻落实《小学生守则》，20世纪80年代，提倡开展“五讲”(讲文明、讲礼貌、讲道德、讲卫生、讲秩序)、“四美”(心灵美、语言美、行为美、环境美)、“三热爱”(热爱祖国、热爱社会主义、热爱中国共产党)活动。

1990年4月，在“三学”(学雷锋、学赖宁、学杨业兰)活动中，原刘岗村三合小学少先队员王艳被全国少工委授予“学赖宁先进个人”称号。

2000年，少先队中心学校大队部对品学兼优的蒯世华同学(后改叫蒯庆华)实行结对帮扶，直到初三毕业。

2008年，众兴学区中心学校少年宫落成。每年6月1日前，由少年宫组织全学区少先队员参加书法、绘画和读书演讲比赛。

第五节 妇女联合会

一、组织沿革

1958年9月，众兴乡成立妇女联合会，办公地点位于众兴集原乡政府大院内，先是两间土墙草屋，后翻建为砖瓦房，40平方米。2005年，随乡政府机关迁至花灯大街。

中华人民共和国成立前，众兴地区无妇女组织，妇女受政权、神权、族权、夫权四重压迫，地位低下。中华人民共和国成立初，众兴地区建立各级妇女组织。1951年5月，众兴成立妇女代表委员会，由乡长刘金华负责。1958年9月，成立众兴人民公社妇女联合会，设正、副主任及若干执行委员。后各生产大队(村)建立妇女代表大会(以下简称妇代会)，设正、副主任及若干执行委员。各生产队(村民小组)建立妇代小组，设正、副组长及组员若干人。2001年，众兴乡有18家基层单位建立妇代会。

乡妇女联合委员会在乡党委和县妇女联合会领导下开展工作。各级妇女联合会，简称妇联。

二、历届妇代会

朝鲜战争爆发后，广大妇女积极响应“抗美援朝、参军光荣”的号召，乡妇女组织召开座谈会、诉苦会，宣传抗美援朝，保家卫国，人人有责。众兴和其他地区一样，有许多母亲送儿子、妻子送丈夫、姑娘送未婚夫、姐送弟弟、妹妹送哥哥去参加中国人民志愿军的可歌可泣故事。众兴（包括原各小乡）有 27 名青年参加抗美援朝。

1952 年 11 月，乡妇联主任去县学习《中华人民共和国婚姻法》，回来采取各种方式大力宣传中华人民共和国成立后的第一部婚姻法律，批判封建婚姻制度，支持妇女为争取男女平等、婚姻自主等权益。

1954 年 11 月，县妇联举办妇干培训班，培训区、乡妇联主任、女劳动模范等，学习过渡时期总路线、农业合作化等方针政策、《中华人民共和国婚姻法》、基层妇代会的工作业务等。

1956 年 10 月，乡妇联主任从县开会回来，第一次召开各村（组）妇联主任、妇女组长会，宣传贯彻大会交给的任务。要求全乡妇女组织起来，向一切可以发挥自己力量的地方和部门进军，向生产的深度和广度进军，替自己创造日益增多的福利事业，积极参加农业合作化运动。全乡妇女进社人数占总人数的 48.2%，妇女担任正副主任的有 16 人。

1958 年，贯彻党中央毛主席提出的“鼓足干劲，力争上游，多快好省地建设社会主义”的总路线。全乡妇女积极参加社会主义生产劳动，当时农村大部分男劳动力去“大炼钢铁”，妇女承担犁田耙地任务，种样板田、试验田、丰产田。在家庭要学会勤俭持家、厉行节约、精打细算过日子，吃用开支有计划，要求邻里和睦团结，遵守政策法令，自尊自重、自强自立，男女同工同酬，男女分配一律平等。

1964 年 5 月，乡妇联主任从县开会回来，召开各大队妇联主任、生产队妇女组长会，号召广大妇女学习大庆、大寨精神和基层妇代会条例。认真做好政治思想工作，进一步发动妇女参加集体劳动，宣传计划生育和提倡晚婚，认真执行《中华人民共和国婚姻法》，高举总路线、“大跃进”、人民公社三面红旗，学习毛泽东著作（《为人民服务》《愚公移山》《纪念白求恩》）。用毛泽东思想武装头脑，发扬一不怕苦、二不怕死的革命精神，促进妇女革命。

1973 年 6 月，乡妇联主任参加县第四次妇代会开会，接着召开公社第三次妇代会，传达全县妇女干群以毛主席理论“反修防修、斗私批修”、安定团结、抓革命促生产三项指示，深入开展“工业学大庆”“农业学大寨”运动，为实现三年变“昔阳”（山西省昔阳县）而努力奋斗。

1977 年“三八”国际妇女节，众兴公社妇联主任许高珍等 6 名妇女代表参加揭批查江青反革命集团反党罪行活动，激发干劲，在农业生产上发挥积极作用。组织铁姑娘专业队、农科队、农田基本建设专业队、植棉专业队等，还有的当上大队“赤脚医生”。

1988 年 4 月 2 日上午，众兴乡召开第四次妇女代表大会，参加会议的妇女代表 80 人。

窦维凤作主题为“在改革中开创我乡妇女工作的新局面”的工作报告，听取了3位妇女代表先进事迹介绍，选举窦维凤为乡妇联主任。乡党委书记张华保到会祝贺，并联系当时财贸任务发表重要讲话，他要求各村组妇联督促完成午季各项财贸任务和夏种生产指标。

1994年3月25日，乡妇联主席张维珍主持召开众兴乡第五次妇女代表大会，传达县第八次妇代会精神，并结合众兴乡实际情况，要求广大妇女为夺取众兴改革开放和经济建设而努力奋斗。乡党委书记程忠长到会祝贺讲话。他强调妇女在社会中起半边天作用，一定要保护好妇女合法权益，并指出分配给众兴的各项生产指标要按时完成。

1999年5月18日，众兴乡第六次妇女代表会议在乡大会场召开，参加会议代表120人，特邀代表8人，列席代表6人。王霞文向大会作题为《高举伟大旗帜，不断开拓创新，团结带领全乡妇女为实现跨世纪目标再创佳绩》的工作报告。结合传达县第九次妇代会精神。会议选举王霞文为乡妇联主席。乡党委书记王道富、乡长杨松泉参加并发表讲话。

2004年12月2日，众兴乡第七次妇女代表大会在乡政府会议室召开，时间半天。参加会议代表78人，特邀代表10人，列席若干人。乡妇联主席许芳向大会作题为《自尊自信，自强自立，做社会主义建设的主力军》工作报告，并号召广大妇女向大高村妇联主任张玉芬学习。张玉芬抓计划生育工作，深入细致，耐心说服，对外出打工人员摸清底细，关心询问，大高村计生工作出色，受到省计划生育委员会嘉奖。

2012年3月8日，众兴乡第八次妇女代表会议在乡政府会议室召开，与会代表105人，特邀代表6人，列席4人。乡妇联主席陈琳向大会作题为《依法执政，提高广大妇女依法自我保护意识》的工作报告。会议选举产生9位执委委员，第一次执委会会议选举陈琳继续担任众兴乡妇联主席、李颖为副主席。

众兴乡历届妇联主任(主席)一览表

表7-1

姓名	性别	职务	任职时间
戴秀英	女	主任	1956—1961年
许家英	女	主任	1961—1971年
周业芳	女	主任	1971—1982年
窦维凤	女	主任	1982—1991年
张维珍	女	主席	1991—1997年
王霞文	女	主席	1997—2001年
费菊贤	女	主席	2007—2010年
陈　琳	女	主席	2010年起

三、主要工作

团结、动员妇女投身于改革开放和社会主义现代化建设，推动科技文化发展，促进社会和谐。

教育和引导广大妇女发扬自尊、自信、自强的精神，提高综合素质，促进全面发展，宣传马克思主义妇女观和男女平等基本国策，营造有利于妇女全面发展的社会环境。

2014 年 5 月，众兴乡妇联、工会在众兴集做防家暴宣传活动

（工会 / 供）

代表妇女参与国家或地方以及社会事务的民主决策、民主管理、民主监督，参与有关妇女儿童法律、法规、规章和政策的制定，参与社会管理和公共服务，培养、推荐女性人才，推动妇女、儿童发展纲要的实施。

维护妇女儿童合法权益，向各级国家机关提出意见和建议，协助有关部门或单位查处侵害妇女儿童权益的行为，为受害妇女儿童提供帮助。

关心妇女工作生活，拓宽服务渠道，建设服务阵地，发展公益事业，壮大志愿者队伍，为妇女儿童和家庭服务。加强与社会各界联系，协调和推动社会各界为妇女儿童办实事、办好事。

20 世纪 50 年代，宣传贯彻《中华人民共和国婚姻法》，反对封建包办婚姻，提倡男女平等、婚姻自由；开办扫盲班，组织妇女识字、学文化；提倡妇女解放，发动妇女参加生产劳动和社会活动。

2014 年，乡妇联在众兴集开展宣传工作　（妇联 / 供）

20 世纪 60—70 年代，发挥妇女“半边天”作用，提倡男女同工同酬；注意培养妇女干部，一大批妇女积极分子走上基层领导岗位。

从 1982 年起，在全乡广大妇女中开展以“爱国守法，热心公益好；学习进取，爱岗敬业好；男女平等，尊老爱幼好；移风易俗，少生优生好；

勤俭持家，保护环境好”为内容的争创“五好”文明家庭和新风户活动，由妇联组织每两年评比一次。

1987年，评选出新风户12户。1988年，评选出新风户16户。1982—2001年，评选出县“五好文明家庭”6户。

1989年起，在全乡妇女中开展学文化、学技术、比成绩、比贡献的“双学双比”竞赛活动，培育出多位自立自强、勇闯市场的致富带头人。下岗女工陆平娟从学养鸡到学销售，至2001年拓展定点养鸡户12家，年销售肉鸡10万只，每家养鸡户年收入达到2万～5万元。

1997年起，众兴乡妇联开展帮困助学活动。每学年为全乡特困学生提供每人800元，资助学生10人次。挑选学习成绩优秀的特困学生，向合肥市申报学习资助，先后有18名学生获得资助金额3.48万元。1999年，在开展百万母亲奉献活动中，各界妇女献爱心捐款4500元。2002年，参与全国妇联开展的“举全国妇女之力，建美好家园”捐款活动，共捐款1.8万元。

2001年8月，众兴乡成立妇女儿童法律援助工作站，为弱势妇女群体提供法律、法规咨询，为经济困难或情况特殊儿童提供法律帮助。妇联还配合卫生部门开展对妇科病普查和治疗工作，落实“四期”（月经期、怀孕期、围生期、哺乳期）保护措施。2001年9月，妇联创建0～3岁儿童“亲子俱乐部”，51户家庭成为第一批会员。亲子俱乐部以关怀儿童、服务家庭、回报社会为宗旨，依托幼儿园的人才资源和物质资源，采用现代科学育儿最新理念，传播正确儿童观、育儿观，传授家庭早期教育的科学知识和方法，为0～3岁的婴幼儿服务。

乡妇联积极开展争当“三八红旗手”、争创“三八红旗集体”活动，并每两年组织评选一次。1994—2014年，有26名妇女被评为县“三八红旗手”，有5名妇女被评为合肥市“三八红旗手”。

附记：

众兴乡开展“五好文明家庭”等评选活动　为弘扬家庭美德，倡导文明新风，引导广大家庭及成员树立科学、文明、健康的生活方式，以家庭平安促进社会稳定，以家庭廉洁促进社会廉政，以家庭和谐促进社会和谐，以家庭学习传承社会文明。近日，由众兴乡妇联和文明办牵头开展“五好文明家庭”“平安家庭”“廉洁家庭”评选活动。据悉，此次评选将严格按照评选标准，在全乡9个村（居）产生“五好文明家庭”50户、“平安家庭”20户、“廉洁家庭”10户。

“三八”妇女维权月活动拉开大幕　3月3日上午，众兴司法所、妇联、团委、计生、劳保等部门在众兴大街开展以“建设法治中国，巾帼在行动——万家联动.送法到家”为主题的法律宣传活动，全面拉开众兴乡“三八”妇女维权月活动大幕。

此次活动以维护妇女儿童的合法权益，促进妇女群众就业等相关法律法规宣传为重点。活动现场，县青年医生志愿者为广大妇女群众开展义诊；乡妇联、司法所、劳保所、团委工作人员通过悬挂宣传条幅、发放宣传资料、现场咨询等形式，向广大村民宣传《中华人民共和国妇女权益保障法》《中华人民共和国劳动合同法》《中华人民共和国婚姻法》《中华人民共和国妇女权益保障知识读本》等法律法规知识，进一步增强了妇女的法律素质和维权意识。

此次活动共向广大群众发放《中华人民共和国妇女权益保障法》《安徽省人口与计划生育条例》《中华人民共和国婚姻法》等有关妇女维权法律知识宣传资料1000多份，各类招工信息宣传单页300余份，并现场为前来咨询的妇女解答了有关婚姻家庭、妇女人身权益保护等法律知识。

第六节　科学技术协会

一、组织沿革

1984年4月，众兴乡建立科普协会，会长由分管生产的乡副职领导兼任。农业上各村配有农技员（棉花技术员、水稻种植技术及管理员）、农机员。

1990年，科技协会涉及面扩大，农学、林学、水利学、水产学、医学、建筑学、科学养殖家禽家畜等，协会会员多达80人。

2010年，众兴乡科技协会工作人员到大高村进行科技宣传

（科协/供）

2008年，各类专业协会进行登记，95%是有科学头脑及成年人，他们干一行爱一行，讲求质量，讲求实用、美观、大方。同年，乡成立科协办公室正式配备一名干部负责管理科协工作。

二、历届科代会

1984年5月，众兴乡召开生产与科技会议，各生产组长、农技员参加，主要介绍农业生产的时节性，科技种植与管理的效益性；农作物在生长过程中的各个环节讲究科学，科学是第一生产力，农业生产不抓科学是不行的；各村组的主管人员必须接受技术指导，陈规旧矩要革新，特别是引进新棉花、新稻种等新品种的技术管理，不能任性，不能我行我素。会上聘请农科教授专门谈了微量元素的应用知识。

2014年5月，众兴乡召开第二次科学技术会议，出席代表100人，特邀代表5人，列席代表4人。会议听取题为《深化科技改革，促进众兴经济又快又好发展》的工作报告。

2014年8月29日，乡科协第三次代表大会召开。

三、科学技术普及协会

2012年，众兴乡科学技术协会第二次代表大会召开

（科协/供）

1984年，众兴乡科学技术普及协会（简称科协）第一届代表大会召开，选举一名副乡长任协会主任。科协是由具有一定科学文化水平的科技爱好者参加的社会团体。组建时有13个专业小组，有会员172人，分布于全公社农、工、副、建筑、文教、卫生等各业。科协的主要任务是开展各种形式的科学技术活动，普及科学技术知识，推广应用科研成果，总结交流科普经验，为社会主义建设服务。

1999年12月16日，众兴乡科协第一届代表大会召开，到会代表78人。乡党委书记王道富作题为《面向经济建设，服务经济建设，进一步促进科技工作与经济建设相结合》的讲话，分管农业的副乡长作题为《围绕中心，努力工作，团结和动员全乡科技工作者为众兴两文明建设做贡献》的报告。大会选举成立乡科协第二届委员会。

第八章 政法 军事

公安警务在众兴服务区执勤　　（派出所/供）

第八章

政法　军事

公安警务在众兴服务区执勤　（派出所/供）

第八章　政法　军事

众兴派出所是肥东县公安局在众兴乡的派出机构，成立于1994年，2004年派出所整合并入龙岗派出所，2007年6月13日经省公安厅、市公安局批准又重新恢复众兴派出所。地址在众兴集滁河下渠大桥东南边。众兴派出所为维护众兴的社会治安履行职责。

1950年，县法院曾在基层成立调解组织进行民事调解，众兴成立调解委员会。但由于组织不健全，工作开展不正常。1979年，乡配备一名司法助理员，具体指导乡调解委员会工作。

众兴司法所成立于1992年，是县司法局在众兴乡的派出机构，乡司法所在乡内公民中普及国家法律法规宣传教育，提高公民法律素质，提高执法人员依法行政水平，加快依法治乡进程。

人民调解和安置帮教工作以稳定压倒一切为宗旨，防止矛盾激化，把人民内部矛盾消灭在萌芽之中，促进社会安定和谐。在参与社会治安综合治理和推进民主法制建设中，充分发挥职能作用，为构建富强、民主、文明、和谐众兴做贡献。

1958年秋，众兴乡改称众兴人民公社，政社合一，随之成立众兴公社武装部，余云舞担任公社武装部部长，“文化大革命”后期中断。1986年春，又恢复众兴乡人民武装部。

第一节　公　安

一、机构沿革

公安派出所　1949年，乡由公安员主管社会治安。1957年，众兴乡政府设治安保卫委员会。1958年，人民公社设公安特派员，各生产大队和各单位均建立治安保卫委员会。1991年起，对社会治安实行综合治理。1994年，成立众兴派出所。2004年，众兴派出所整合并入龙岗派出所。2007年6月，省公安厅、合肥市公安局批准重新成立众兴派出所。所址位于众兴集滁河大桥南侧。建有综合办公楼、户政大厅、附属用房3幢，面积650平方米。

二、治安保卫

治安保卫委员会　中华人民共和国成立初期，众兴地区各小乡、高级农业生产合作社设治安保卫委员会，主任由民兵连连长兼任。各村和企事业单位设治安保卫小组，其职责为维护本单位的治安，组织群众搞好防特、防盗、防火、防毒和安全保卫工作。

人民公社化后，各生产大队(村)和各企事业单位建立治安保卫委员会，并设1名专职治安保卫干部。20世纪90年代，各村(厂)建立护村(厂)队，负责本单位治安保卫工作。

治安联防队　1981年，众兴人民公社组建治安联防队，成员一般由复员退伍军人、农民及乡镇企业中的积极分子组成，人数10～30人。联防队一般在夜间执勤、巡逻等，盘查、发现违法犯罪嫌疑人员，维护众兴地区治安秩序，并协助有关部门参与人口管理工作，还参加抢险救灾。治安联防队建立后，全体队员尽职尽责，配合上级部门和众兴(公社、乡)对辖区内的村和2个集镇及各类公共场所进行管理。1989—2014年，协助公安部门处理各类案件99起，其中，破刑事案件26起，处理治安案件73起；为群众排忧解难36起。

社会治安综合治理领导小组　1994年，众兴乡成立社会治安综合治理领导小组，由中共众兴乡委员会、众兴乡人民政府及派出所、人民武装部等有关领导组成，乡党委副书记任组长。下设综合治理办公室，配1名专职干部主管日常工作。

1991年后，乡每年与基层单位签订治安责任书。2001年，签订治安责任书28份，签约率为100%。

不断加强治安队伍建设，调整充实联防队人员，成立外来人口管理办公室，健全村及企事业单位治安保卫委员会，建立护村(厂)队，全乡形成社会治安协防网络。2014年，为加强防范措施，投资5万元，建有与“110”联网的电子报警装置、道路交通电子摄像装置。对“两劳”(劳动改造、劳动教养)释放、有犯罪前科和吸毒等重点对象进行管理和帮教。1989—2014年，全乡查处治安案件112件，处理违法、违纪151人次，拘捕28人次，清查公共场所99次。

三、打击犯罪

中华人民共和国成立之初，曾进行两次集中打击刑事犯罪活动(1950—1951年1次、1955—1956年1次)，为安定社会秩序、发展工农业生产起到良好作用。

“文化大革命”期间，打、砸、抢盛行，刑事犯罪活动增多。

1980年后，刑事犯罪明显增多。

1983年8月22日夜，县统一行动，打击刑事犯罪分子。众兴收审1个犯罪团伙，3名刑事犯罪分子被依法判刑。

四、户籍管理

清康熙后期，为征收人丁赋税，众兴地区实行保正户籍制度：10户为牌，设牌长；10牌为甲，设甲长；10甲为保，设保长(亦称保正)；进行户口调查，编订人口册。清光绪七年(1881)，遵清廷令，编查户口，各户张贴门牌，载明户册。

民国元年(1912)，众兴地区实行乡镇户口管理制。民国25年(1936)，国民政府改乡镇户口管理制为保甲户籍管理制：以户为单位，每户设户长；10户为1甲，每甲设甲长；10甲为1保,每保设保长。实行各户互相监督、告发和连坐法。

民国35年(1946),国民政府在乡设户籍员,恢复抗日战争前的保甲制度。民国36年(1947)后,为各户编钉门牌号码。民国37年(1948),印发居民证。

1949年底,人民政府废除保甲制度,农村设村、组。1953年5月,在第一次普选查工作中,建立农村户籍管理制度,由区公所文书负责办理,备有户籍内册,以乡(小乡)为单位发集体户籍簿,一般由乡财粮助理员兼管。农业合作化运动后,以合作社为单位发集体户籍簿,由总会计兼管。

1958年9月,众兴人民公社成立后,以生产大队为单位发集体户籍簿,由人民公社文书负责办理户籍变动手续。1994年10月起,户籍手续由众兴派出所直接办理。1982年7月1日,在全国第三次人口普查工作基础上,众兴人民公社以户为单位发户口簿。

1985年12月,为凡年满18周岁的中华人民共和国公民申领居民身份证。之后,每年办理申领、补证、换证手续。1997年,为各户编钉门牌号码。2000年,全乡进行户籍整顿。

五、户口管理

1955年7月,《国务院关于建立经常户口登记制度的指示》公布后,农村建立户口管理制度。凡人口出生、死亡、迁出、迁入均须登记入册。“文化大革命”期间,户口管理遭到削弱和破坏,1978年后,逐步恢复和健全。1982年,结合全国第三次人口普查,逐户核实人口,填发户口簿。1990年,结合第四次人口普查,户籍管理由“常住人口登记表”取代户口登记簿,身份证底卡取代人口卡片。1991年之前,国家允许顶职和农民进工厂等,有限名额的农转非指标一律交县公安局研究解决。1992年,开始办理捐资“农转非”户口(农业人口交纳一定数额城镇建设配套费,奖励1名“农转非”户口)。1992—1999年,全乡办理“农转非”户口115人,办理民师转正“农转非”户口及科技干部家属“农转非”户口60人。

1996年起,众兴乡派出所设专职户籍民警管理户口。实施农村户口城市化管理,对农村户口进行整顿,通过逐村逐户逐人核对,纠正长期存在的错报、漏报、重报人口和死亡、迁出未注销户口的现象。至1999年末,逐人建立常住人口登记表3万份,分村民组建户口册7000份,制发门牌3000块,每个自然村制村庄住宅图一张,实现一人一表、一户一簿、一户一牌、一村一图的城市化管理要求。

2010年后,乡户籍实行县、市、省联网。

六、身份证管理

1988年5月,众兴开展符合发证公民摸底登记工作。1989年,实行临时身份证制度;11月,完成首次制发居民身份证3.2万人,占应发证人数的80%。

1995年,启用防伪标志身份证,编号由15位数码组成。众兴居民身份证前六位数统一是340123,第15位数字是奇数的表示男性,偶数的表示女性。1996年,身份证制作改为电脑制作,废除人工填写,做到常住人口表、户口簿、编码表、计算机人口信息所记载的与身份证信息相统一。至 2002 年末，众兴申领居民身份证 2.4 万人，补领 1000 人，换证 5000 人。

2004 年 11 月，众兴开始换发第二代居民身份证，身份证号码由 15 位升至 18 位。刚出生婴儿 20 天内能登记编排身份证号码。

第二节　司　法

一、机构沿革

1979 年，众兴人民公社设司法助理员。1985 年 4 月，众兴乡建立法律事务所。1986 年起，众兴乡开展普法教育。1990 年，成立众兴乡人民政府信访办公室。众兴司法所成立于 1992 年，众兴司法所原名为“民政司法办公室”，是县司法局在众兴乡的派出机构。

肥东县司法局众兴乡司法所　（刘斌 / 摄）

至 2014 年，众兴司法所内设所长室、会议室、干警室、档案室、矫正室、谈话室、调解室、值班室、调处中心及普法办公室。有在编人员 4 名，皆为司法专项编制（东编〔2007〕6 号文件），由司法局垂直管理，所长是副科级公务员，其他 3 人为参公身份，均是中共党员，具法学大专以上学历，其中 2 人为省警官学院毕业。

众兴司法所结合自身业务工作实际，建立排查、预防、调解、协调、奖励五项机制，有效地推进了人民调解工作的开展。2014 年，排查矛盾纠纷隐患 21 起，调解矛盾纠纷 21 起，调解纠纷成功 21 起，调解成功率达 100%，做到小事不出村、大事不出乡。

1992—2008 年众兴司法所负责人一览表

表 8-1

姓名	职务	任职时间	姓名	职务	任职时间
高克香	所长	1992—1994 年	陈道平	所长	2004—2008 年
司圣祥	所长	1995—1999 年	夏宏武	所长	2008 年 12 月起

二、人民调解

1986年,众兴成立乡村调解委员会(简称“调委会”),其中村(居)调委会27个,乡调委会1个,有调解员63人。调解纠纷58次,成功率82%。

1987年,调解工作开始向机关、企业延伸。

1989年,县对基层调委会进行整顿,使众兴乡基层调解组织得到充实加强。

1991年,各村(居)委会开展创建“三无村”(无民转刑、无群众性械斗、无非正常死亡村)活动。全乡通过纠纷调解,防止民转刑16次,防止非正常死亡8人,制止群众械斗7起。

1995年,整顿基层调解组织6个,集中培训调解人员50人,健全调委会达32个,调解员81人,其中村委会有调委会28个,调解员68人;企业调委会4个,调解员13人,乡村组三级调解网络得到巩固和完善。全乡调解民事纠纷32次,成功率87.9%。民间纠纷的调处,基本做到小事不出村民组,大事不出村(居)委会。

2008年10月,永安社区“邻里守望,和谐社区”纠纷调解现场会

(信访办/供)

2002年,乡建立调解中心,构建由党委、政府负责政法综治牵头,以司法行政为主,各相关部门联动“大调解”工作机制。全乡调解民事纠纷29次,成功率96.93%。

2003年4月,县政府召开全县人民调解工作会议,全面落实人民调解工作规范化管理,结合村级换届选举建成标准化调解委员会27个。全乡调解民事纠纷28次,成功率97%。

2004年,人民调解员实行统一考试,持证上岗,统一使用司法部统一印刷的调解文书。

2014年末,全乡建立健全乡、村、组三级调解网络。全乡有调解委员会16个,联调委2个,调解员142人,持证上岗76人。

三、法治宣传

众兴乡全面落实,突出重点,切实做好普法工作。

开展法制宣传教育,上法制课,举办普法培训班,全面开展法律“六进”活动,同时配以宣传图片等多种形式,大力宣传与群众日常生产生活密切相关的法律知识,增强群众法律意识。

结合重点民生工程以及秸秆禁烧等重点工作进行普法。举办《中华人民共和国农村土地承包法》《中华人民共和国大气污染防治法》等相关法律法规及政策宣传咨询活动，发放宣传材料300份，解答村民遇到的各类法律问题。

乡司法所工作人员开展普法宣传　（司法所/供）

结合节日、活动开展普法宣传。如2014年的“3·15”国际消费者权益日、“三八”国际妇女节、“五一”国际劳动节、“十一”国庆节、“12·4”国家宪法日、“综治宣传月”、“安全生产月”以及众兴乡“三月三”马政寺庙会，乡司法所联合派出所、乡林业站、农业站、综治办和相关部门形成合力进行普法。采用悬挂宣传条幅、发放宣传单、设立咨询台等形式向社会宣传法律知识，支持法律援助，促进条例的贯彻实施。

在“一五”（1986—1990年）、“二五”（1991—1995年）普法期间，以党政机关、企事业单位，特别是领导干部、司法人员和行政执法人员及中小学在校学生为主，开展以《中华人民共和国宪法》为核心，以专业法律、法规为重点的全民法制教育，深入普及“十二法一条例”，即《中华人民共和国行政诉讼法》《中华人民共和国义务教育法》《中华人民共和国集会游行示威法》《中华人民共和国国旗法》《中华人民共和国土地管理法》《中华人民共和国环境保护法》《中华人民共和国森林法》《中华人民共和国水法》《中华人民共和国矿产资源法》《中华人民共和国食品卫生法》《中华人民共和国文物保护法》《中华人民共和国军事设施保护法》和《安徽省计划生育条例》。至1995年末，乡举办普法宣传骨干培训班26期，培训1000人次，2万名普法对象受到不同程度的法律、法规教育，干部、中小学生学法普及率100%，职工90%，个体劳动者学法普及率80%，乡村居民学法普及率70%以上。

众兴乡综治中心开展普法宣传　（司法所/供）

“三五”（1996—2000年）普法期间，主要宣传《中华人民共和国宪法》《中华人民共和国国家赔偿法》《中华人民共和国刑法》《中华人民共和国刑事诉讼法》《中华人民共和国妇女权益保障法》《中华人民共和国未成年人保护法》《中华人民共和国农业法》《中华人民共和国治安管理处罚条例》《中华人民共和国水法》《中华人民共和国土地管理法》《安徽省计划生育条例》《合肥市社会治安综合治理条例》。其间,乡党委、乡政府把法制宣传教育和依法行政纳入目标管理范围,领导干部、青少年、执法人员作为普法教育重点,乡组织宣传部门把法律知识作为考核公务员实绩内容和晋升条件之一。全乡 24 个村委会设村务公开栏 24 处,实行村务公开,乡及乡直机关全面推行政务公开。至 2000 年末,举办各类普法培训班 20 期,培训普法骨干 200 人,印发普法资料 1400 份,开展法制文艺演出,放映法制题材电影 24 场（每村一年一场),受教育达 2 万人,党政、司法、行政执法人员学法普及率 100%,学生、企业管理人员学法普及率 95%,群众学法普及率 80%。

“四五”普法期间(2001—2005 年),围绕提高公民法律素质特别是领导干部法律素质,实现由提高公民法律意识向提高公民法律素质转变,主要依靠行政手段管理经济和社会事务。重点在乡、村、乡直机关干部,司法、行政执法人员、青少年和企业管理人员中宣传《中华人民共和国宪法》《中华人民共和国刑法》《中华人民共和国民法通则》《中华人民共和国合同法》《中华人民共和国劳动法》《中华人民共和国行政处罚法》《中华人民共和国税法》《中华人民共和国农业法》《中华人民共和国土地管理法》《中华人民共和国治安管理处罚条例》《安徽省计划生育条例》《合肥市社会治安综合治理条例》等法律法规。举办 3 期 60 人参加的普法骨干培训班,印发各类普法教材 150 册,各单位、各部门相继举办法律讲座 20 场次。全乡中、小学聘请法制教员,上法制课 30 场,向农民赠送《农民应知法律知识读本 100 问》5000 册。在农村以“民主法制示范村”创建为载体,推动基层民主法制建设。

“五五”(2006—2010 年)普法期间,普法的主要目标是适应党和国家工作大局,顺应整个社会和广大民众对法律知识的现实需求,紧密配合国家民主法制建设的新进展新成果,通过深入扎实的法制宣传教育和法制实践,进一步提高全民法律意识和法律素质,进一步增强地方政府和社会组织依法治理的自觉性,提高依法管理和服务社会的水平。普法的主要任务:①深入学习,宣传宪法。②深入学习宣传经济社会发展的相关法律法规。③深入学习宣传与群众生产生活密切相关的法律法规。④深入学习宣传整顿和规范市场经济秩序的法律法规。⑤深入学习宣传维护社会和谐稳定、促进社会公平正义的机关法律法规。⑥坚持普法和法治实践相结合,大力开展依法治理。⑦组织开展法制宣传教育主题活动。

“六五”(2011—2015 年)普法期间,主要宣传《淘汰落后产能中央财政奖励资金管理办法》《关于 2013 年促进中部地区崛起工作要点》《关于一事一议财政奖补作用推动美丽乡村建设试点》《安徽省关于推进土地整治建设美好乡村的实施意见》《安徽省美好乡村建设规划》《安徽省人民政府关于实施千万亩森林增长工程推进生态强省建设的意见》《合肥市人民政府关于印发合肥市城市生活垃圾处理费征收管理办法的通知》《合肥市农村生活垃圾收集运输处理实施意见》《合肥市人民政府办公厅关于加快发展家庭服务业促进就业的实施意见》《合肥市人民政府办公厅关于深化户籍管理制度改革的意见》《关于合肥市推进土地整治建设美好乡村的实施意见》等。为此,众兴乡司法所召集有关部门和单位工作人员进行专业培训。在学习中贯彻落实,在具体操作中对照文件学习。

四、法律援助

2005 年 3 月,众兴乡成立法律援助工作站,在县司法局法律援助中心直接指导下工作。积极为众兴乡领取最低生活保障金或无业保险金人员、经济困难的优抚对象、社会福利机构中由政府供养的收养人员、经济困难的残疾人、孤老孤儿和自然灾害造成经济困难人员等社会弱势群体提供法律援助。

2006 年至 2014 年底,众兴法律援助工作站,积极开展法制宣传、人民调解、协助办理公证和诉讼等业务,并为 30 多家企业义务担任常年法律顾问。受理各类案件 157 起;帮助顾问单位及农民工催讨回收拖欠款 581 万元,避免经济损失 119 万元;承接非诉讼调解案件 32 起,代写法律文书 92 件,解答法律咨询 272 人次。

2009 年, 众兴司法所获县司法局授予 “肥东县司法行政工作 2009 年目标管理一等奖”。同时荣获“合肥市优秀司法所”称号。

2010 年,县司法局授予众兴司法所“全县双百日维稳攻坚行动先进集体”“全县司法行政系统先进集体”称号。

同年,众兴司法所被评为“合肥市优秀司法所”,还被安徽省司法厅授予“全省司法所双百日维稳攻坚行动先进集体”称号。

2011 年,众兴司法所荣获“安徽省省级示范所”称号。

第三节　综合治理

一、专项整治

专项整治也称突出治安问题和治安重点地区整治,是指专门对社会治安某方面的问题集中进行的整治工作。包括校园及周边环境专项整治、扫黑除恶专项斗争、扫黄打非专项整治、禁毒专项整治、禁赌专项整治等。

肥东县众兴乡综治中心　　(刘斌/摄)

禁毒　中华人民共和国成立前,众兴境内有贩毒、吸毒现象。少数烟馆公开贩毒以致烟禁废弛,烟害严重。

2008 年 8 月，综治办制作的综治宣传进万家扇子发放给群众

（刘斌 / 摄）

（据《安徽民政季刊》第一卷第一期载，民国 22 年(1933 年)，合肥全县吸鸦片有 1.5 万余人，年耗鸦片烟土 70 余万两，价值银圆 100 余万元)。日本侵略军侵占时期，种植罂粟更为普遍。

中华人民共和国成立后，县人民政府多次发布“禁种罂粟”“禁吸鸦片”的布告，进行宣传教育。1949—1952 年，众兴共铲除罂粟 3000 多棵，取缔烟馆 3 个，教育和处理吸毒 54 人。个别长期吸毒，面黄肌瘦，屡教不改的人员，后被拘留，强制戒烟，数月后出狱，恢复了健康，他们逢人就说，“共产党挽救了我”。此后一个较长时期，乡境吸毒、贩毒、种植罂粟基本绝迹。

1982 年起，众兴少数地方有人偷种罂粟，2 户种植 400 多棵。1983 年，区派出所配合区、乡干部趁罂粟开花时进行查铲，众兴共铲除 3000 多棵。1984 年铲除 2000 多棵。

禁赌　中华人民共和国成立前，乡境内有“摇摊”“推牌九”“打麻将”“摸纸牌”“掷骰子”“出宝”等赌博活动。集镇逢集日公开摆设赌台，有私摆，也有官摆。农村赌博多在冬季、春节，有的延至农历三月[据民国 37 年(1948 年)5 月 10 日《合肥日报》报道：梁园镇每逢集日有赌台 13 场，赌博人有的来自百里外的定远县张桥、江巷等地。每场输赢法币 2 亿元左右]。有些人因赌博而倾家荡产，妻离子散，上吊自杀；有些人偷盗抢劫，谋财害命。

众兴派出所开展创建平安众兴活动　　（综治办 / 供）

中华人民共和国成立初，县开展大规模禁赌工作。对赌棍和赌窝者，视其情节，分别给予拘留、管制、监督劳动等惩处，使公开赌博基本绝迹，但暗地赌博仍然存在。

1985 年，县公、检、法联合发出“查禁赌博活动”的通知，众兴进行多次统一抓赌行动，共抓获赌徒 161 人，其中给予行政拘留处分 36 人，批评教育 125 人，缴获赌款近千元，没收各种赌具51副，使赌风有所收敛。

二、平安创建活动

平安创建活动是指通过采取法律、经济、行政等手段，使一定区域范围内的社会治安状况得到好转或控制，人民群众得到安居乐业。历年来，众兴乡开展的平安创建活动包括“平安众兴”创建、“平安村(社区)”创建、“平安村民组”创建、“平安家庭”创建、“平安单位”创建、“平安学校”创建、“平安医院”创建、“平安企业”创建、“平安工程”创建。

2006年，众兴乡荣获“合肥市平安乡镇”称号，此荣誉一直保持到2014年。

2008年以来，众兴乡永安村、谢岗村、联合村、范岗村、众兴村、大高村、霞光村、花灯社区、华光社区相继获得“肥东县平安村(社区)”称号。

第四节　武装组织

一、机构沿革

1958年秋，公社建立武装组织为营级，各联防的武装组织为连级，各个生产大队为排级，各生产队为班级，全公社都实行军事化管理，一切行动服从命令听从指挥，在全社会营造全民皆兵的氛围。

1984年后，恢复乡村建制，众兴乡人武部在县人武部领导下，为适应军事斗争需要，调整改革，积极推进国防后备力量建设，兵役工作逐步走上法制化轨道。

二、主要活动

自1986年起，《中华人民共和国兵役法》和《征兵工作条例》执行，每年9月30日前，乡人武部对当年12月31日前，年满18~21岁的男性公民进行兵役登记，对参加兵役登记的适龄青年，由兵役机关根据其身体、文化、年龄、政治表现等情况进行登记，确定为征兵公民或缓服兵役、免服兵役、不得服兵役对象，并加强对应征公民的教育管理，根据当年征兵任务确定预征对象。把党团员、应届高中毕业生、大学生优先确定为预征对象。

随着国防现代化程度提高，军队对兵役文化程度更加重视。征集农业户口适龄青年须高中以上文化程度。1996年后，加大对高中毕业生征集力度，对高考落榜生和大学生优先征集入伍，按集体定兵，择优定兵原则，优先挑选政治可靠、思想基础好、身体健壮、文化程度高的青年入伍。

预备役登记。预备役分士兵预备役和军官预备役。1989—1991年，参加预备役培训的学员按参军条件进行体检和政审，符合“双合格”条件可报名参加县人武部统一培训。培训后学员的政治素质和军事素质明显提高，列入当年输送到部队服现役的主要对象。

第五节 征兵工作

一、民国时期兵役制

民国22年(1933年)6月,国民政府颁布《兵役法》,实行义务兵役制,规定中华民国男子有依法服兵役之义务;18~35周岁为甲级壮丁,36~45周岁为乙级壮丁,独子免征,公务人员缓征;壮丁凭票抽签,三丁抽一,五丁抽二,独子不征,中签者应征(称抽壮丁)。

民国23年(1934年),成立兵役团管区司令部,掌管兵役征集和预备役训练。民国26年(1937年)实施方法:先由各保、乡造送壮丁名册,按兵役法条件征集,经体检合格者送团管区司令部集训。是年,抗战开始,爱国青年踊跃参军。民国28年(1939年)军政部颁布《国民兵役设施规则草案》,规定20~40周岁服常备兵役,其中分现役(3年)、正役(6年)、续役(年满40周岁止)3种;凡18~45周岁未服常备兵役者服国民兵役,平时受训,战时征集。

之后由于征兵数额增多,兵役法执行程序混乱,有钱有势的壮丁可不入册,一般青年只要册上有名,无须体检即送入伍,应征青年多外出逃避。社会上出现一批流氓专以卖身充壮丁为业,卖一名壮丁可得谷约1.5吨。这些人在送兵途中或入营后贿赂官吏,又逃回再卖壮丁。有一农户有三男一女,倾资卖女还不了壮丁债,最后3个儿子仍全被抓去当兵。

同时制定《壮丁逃亡之惩处》,规定:一、逃避兵役的壮丁一经缉获立即提前征送;二、中签壮丁潜逃期间,将其家属扣留,限期交出,举家远避者得暂行查封其财产,呈候处置,并限令原地保甲长严缉归案;三、中签壮丁避入境内,知情不报或包藏者与逃役壮丁同罪惩处。此后征兵变为抓兵(称抓壮丁)。

民国32年(1943年)3月,国民政府修正兵役法,明确规定兵役分为国民兵役和常备兵役两种。民国32年(1943年)、民国33年(1944年)年组织远征军,分配应征名额,政府在催征远征军时,明文规定,对“虽领有独子证而无独负家庭生活者,仍送征不得推诿”,从此独子亦征,抓壮丁现象更盛。由于征兵制度腐败和民众对政府消极抗战的不满,逃征者日众。民国33年(1944年)6月16日,国民兵团函称:“据密报本部,最近征集壮丁不按年次,无论独子与否,概行征送,并不依法征集,既不检验身体,仅由乡镇长按保支配,并无填发征集票,致壮丁大起恐慌,纷纷逃避,耕作大受影响,妨害后方生产。”

民国35年(1946年),军政部颁布《兵役法修正案》,将原来三丁抽一、五丁抽二的规定,改为三丁抽二、五丁抽三,加重各地征兵负担。百姓中有用弄瞎一只眼、或装哑巴、或砍掉右手指等方式抵抗抓壮丁。抓到的壮丁用棕绳串起捆绑,甚至用铁丝穿锁骨,集中待发。民国37年(1948年),乱抓兵丁现象更为严重。

二、中华人民共和国成立后的兵役制

兵役登记 1985年,实行兵役登记工作制度以来,武装部组织适龄青年做好一年一度

的兵役登记工作。依据《中华人民共和国宪法》和《中华人民共和国兵役法》规定，当年在 12 月 31 日之前，年满 18 ~ 22 岁的男性公民，在 8 月 15—31 日，到乡武装部兵役登记机关进行兵役登记，履行国家赋予的兵役义务。在兵役登记期间，乡武装部每年组建兵役登记站，开展政审、体检、《中华人民共和国兵役法》教育等，根据登记情况，对被登记对象作出“应征”“缓征”“免征”“不征”等结论，同时做好每年兵役登记的统计上报工作，为当年的冬季征兵确定预征对象做准备，在兵役登记属地化前，乡每年的适龄登记公民为 180 ~ 220 人，2001 年，兵役工作属地化以后，乡适龄登记公民每年有所增加。

征兵　1984 年以来，乡每年完成和超额完成上级下达的征兵任务。1992 年撤区并乡后，也有一定数量的女青年被批准应征入伍。乡党委、乡政府每年为应征入伍的新兵举行入伍欢送会，赠送纪念品。

第六节　民　兵

一、民兵组织

众兴乡人武部自组建之日起，配合上级做好民兵组织工作。民兵分基干民兵和普通民兵。民兵建制为营、连、排、班。民兵整组本着“编为用，建为战”的原则，按照“控制规模、合理布局、优化结构、重点建设”的要求，每年进行一次。整顿内容为调查摸底、思想教育、出入团队、调整组织、选任干部、清点装备和健全制度。同年调整民兵组织，调整参加民兵的年龄，男性公民由 16 ~ 45 岁改为 18 ~ 35 岁，其中基干民兵为 18 ~ 28 岁。把 28 岁以下退伍军人和训练合格的民兵编入基干民兵组织，民兵组织由过去的数量规模型逐步转向质量效能型。

1995 年，按照“重点突出、规模适当、组织严密、队伍精干、预备完善、反应快速”的要求，基干民兵主要任务是担负维护辖区社会治安和抢险救灾等急、难、险、重任务。

1999 年 9 月，根据省委、省政府《关于加强预备役部队调整改革工作的实施意见》，肥东县组建预备役部队，实行地方党委、政府和上级军事机关双重领导，营部和各连办公室经费列入县乡财政预算。

2000 年，民兵组织建设按照“减少数量、合理布局、突出重点、分类建设”的原则进行整组，做到与生产、行政组织相适应，与预备役制度和战时兵员动员相结合，以便于领导、便于活动、便于担负战备执勤任务、便于发挥民兵在两个文明建设中的作用。

2002 年，根据县人武部制定的《肥东县民兵工作调整改革实施方案》，众兴乡压缩普通民兵，扩大技术兵规模，重点加强战时保障分队，应急分队和专业技术分队建设。

2004 年，肥东县人武部针对民兵预备役人员在册不在位、失管失控、召之难来等新情况，制定出《肥东县流动民兵管理办法》，建立县、乡、村（居）三级流动民兵联管联控责任制，实行县人武部、乡（镇）、村（居）委会逐级签订流动民兵管理合同，确保外出务工民兵随时能联系上、召得回、起作用。

二、民兵训练

民兵训练坚持以提高战斗力为标准，以提高训练质量为目的，以乡专武干部和基干民兵连、排及应急分队、专业技术兵训练为重点，训练内容为军事理论、基本战略战术和组织动员及指挥业务。

民兵应急分队训练　按先基础后应用、先技术后战术和先分专业后协作的办法，年度训练不少于 15 天，交由县人武部统一组织。

对口专业技术分队的训练，交由县人武部与对口单位共同组织，以专业训练的岗位训练为主，年度军事训练一般不超过 5 天。

预备役部队训练　1993 年，依据民兵和预备役部队所担负的任务和防空建设的需求，众兴乡部分民兵被编入预备役师某团某营某连，承担驾驶、炊事等后勤备勤工作。2000 年，改编为团营连组织。2006 年后，预备役部队每年整组 1 次，每次整组后进行 1 次点验。

民兵和预备役人员训练　按照上级的指示和要求，乡武装部每年完成民兵训练任务。民兵训练任务是依据上级武装部下达的训练人数及训练兵种和科目为主要内容。

1996 年以前主要是完成基干民兵训练任务，具体训练由乡武装部组织。1996 年后主要以民兵应急分队训练为主。

在 2004 年和 2006 年乡武装部派出民兵两次参加合肥预备役高炮师防空分群的演练，平均参训时间为 45 天。平时，预备役训练是以储备骨干为主要内容的连长、排长、班长和侦察、测绘、驾驶员、炊事员、后勤保障等业务骨干训练。

乡每年要为民兵、预备役人员参加军事训练承担一定的参训人员的误工补贴、伙食补贴以及物资保障等费用。民兵训练费用列入年度预算。

三、民兵工作

18～21 岁的基干民兵除了为军队提供兵役人员外，还同普通民兵一起为确保家乡平安建设做贡献。参与维护社会治安(护村、护路、护电、护林、护校、护厂)、开展夜间巡逻、协助公安侦破案件、制止动乱、进行“严打”斗争、参加抗洪救灾等工作。

支部党员大会每年不少于 1 次，主要结合整组训练、执行任务召开，支委会根据需要召开。每半年至少集中开展 1 次党日活动，主要用于党课教育和组织活动。

支委会每年向支部党员大会报告 1 次工作，集中训练和执行任务时，及时报告履行职责和重要事项；党员每半年至少汇报 1 次思想，遇有重要情况和问题及时汇报。

第七节　境内战事

一、淮军将领

鹤丽总兵张继良，清光绪二十年（1894 年）中日甲午战争起，在威海卫与日军作战，身先士卒，三易其马中伤蹶地，仍坚持抗敌，迫使日本侵略军不得上岸。后调至直隶，在聂士成部下任马队管带兼左军后营管带。为加强上海海防，又被调至吴淞炮台任第八标标统。后又调粤，任惠州东路巡防营统领。四川地方动乱，又被调至四川充兵备处参议，后改任全省营务处兼统中路巡防军营，并奉命入藏平乱。李经羲总督云贵，迭奏请张继良由藏入滇委任全滇团防兵备处会办，旋奏授云南鹤丽总兵。1911 年 10 月 10 日辛亥革命起义成功，被调任安徽省全省营务处兼将校讲习所所长，后省都督兼署民政长倪嗣忠令募新军四营统领训练，移防合肥。1914 年任安武军首第六路统领，授路军少将，获三等文虎章、三等嘉禾章各一枚。1917 年夏，张继良经由蚌埠出师临淮，为国事而病亡，享年 47 岁。

二、早期革命

五四运动后，众兴人张伯平（又名张定武）由安庆回到家乡，在众兴、梁园一带以教师身份为掩护，秘密参加革命，是众兴地区的第一位共产党员。因此，张伯平被称为肥东革命火种的传播人。1929 年冬，众兴人孙子模被介绍入党，经中共合肥党组织批准，成立东（乡）特（别）党支部，下设党小组，兼任组长，1930 年 5 月，孙子模任支部书记，有党员 16 人，这是合肥地区的第一个建立的党组织。孙子模领导的中共党员与国民党进行游击战，到 1939 年成立磨店区委，孙子模任区委书记，领导抗日游击，后被编入新四军四支队九团。

1939 年，日本侵略军进驻众兴，在众兴集西南百米外兴建一座碉堡，即食品站所在地（当地百姓称之为“鬼洞”），圆筒形砖墙，一丈多高，四周一人高处各留有瞭望孔，日军驻里面通过瞭望孔窥探外围虚实，并饲养烈犬伤人，经常骚扰百姓。

范运章，众兴乡范岗村人。1922 年 12 月出生。1938 年 5 月入伍。在华东军区服役期间，积极参战，由士兵逐渐升为排长。1941 年加入中国共产党。1947 年 4 月，于戴桥、战集岗、大塘赵战斗中负伤：头部炸伤，右大腿贯通伤，肩关节贯通伤，左小指炸伤并挛缩，中功能障碍。伤残等级为二等乙级。1949 年 11 月退役后在草庙公社担任公社副主任。1999 年 10 月 1 日去世。

第八节　日本侵略军暴行

众兴也留下了日本侵略军的滔天罪行。

烧——民国30年(1941年),日本侵略军进驻众兴,当时众兴集北约2里远的小朱户,曾是清代淮军张继良的祖籍地,四周圩沟宽约6米,圩内面积约108亩(300米×240米),6路瓦房百余间,全被日本侵略军焚烧。

杀——一次日本侵略军在光天化日之下,竟然进农家猥亵幼女,被孩子奶奶发觉后,当场指着脸辱骂,不料鬼子把大娘双脚捆绑,拴在马后腿上,骑马大跑,拖得老大娘鲜血淋漓,直到气绝身亡,惨不忍睹。

抢掠——日本侵略军每到一处,总是横冲直撞,横眉怒目,横行霸道,无恶不作,只要一见农家鸡犬,就捉去炊餐。

残暴——众兴集西南三里外有个某小圩,原本住着两家人,因孤村独庄,鬼子不知羞耻地常来骚扰,其中一家被迫搬走,只剩一家也不得安宁,未出嫁的闺女常被性侵,一来几个日本侵略军,轮奸作案,导致该女终身残疾。

据当年被强行拉去挖碉堡壕沟的华光坝冲社区94岁老人(2021年)范运昌回忆,日本侵略军在众兴碉堡原址位于现在的食品站旧址,即众兴农村商业银行西对面,占地20余亩,四周挖壕沟,中央建碉堡、炮楼,机枪可扫四周。稍有怠工,日本侵略军就用枪托打人,众兴一句俗语"给日本人打了,就像哑巴给狗咬了"就是从这流传下来的。

第九章 民政与社会保障

肥东县众兴乡养老服务中心　（刘斌/摄）

第九章 民政与社会保障

肥东县众兴乡养老服务中心 （刘斌/摄）

第九章　民政与社会保障

1949 年中华人民共和国成立初期，乡有民政助理员或专管民政副乡长。

1953 年 1 月，安徽省人民政府公布《安徽省乡人民政府试行组织条例》，其中规定，乡人民政府设立民政工作委员会、优抚工作委员会。委员 9～13 人，主任委员由正、副乡长担任。分别负责人口、土地调查统计、户籍整理、土地清丈和房地产管理；宣传贯彻婚姻法；禁烟、禁毒、禁赌和改革风俗；办理社会福利、救济和游民改造；执行少数民族政策；优待抚恤；复员安置；国家工作人员退休安置管理；烈士遗物收集、保护、管理及其他民政事项。1958 年，人民公社建立后，基层民政组织未单独设立。1959 年 2 月 1 日，中共安徽省委《关于人民公社组织机构和分级管理的意见》规定，公社管理委员会设七部一委一室，基层民政业务由政法部、人民武装部、生活福利部分管，以后公社机构几次调整，未恢复基层民政组织。基层民政任务难以贯彻落实。

1983 年，实行政社分开，建立乡人民政府，众兴配备民政助理员一名，基层民政工作有所加强。当时只有一人工作，称为民政干事。因为是计划经济时代，民政干事负责统计全公社人口，发放布票，批准农民建房，发放外出证明，登记结婚等事务工作。随着社会的发展，加强社会福利、优抚、退伍安置和“双拥”工作，加强军队离退休人员福利管理，提高优抚对象待遇，依法保障优抚对象合法权益，解决复员军人生活、住房、医疗等基本问题。社会保障制度由建立到日臻完善，众兴乡的社会养老、生育、城镇职工和城乡居民的养老保险、最低生活保障、农村特困群众救助制度由形成到发挥积极作用。1994 年之后，推行殡葬改革，提倡节俭，文明办丧事，促进精神文明建设。2002 年前，依法开展婚姻登记和清理整顿民间组织。2003 年后，加强社区和基层政权建设，维护社会和谐稳定；发展老龄事业，促进社会和谐；加快发展慈善事业，有利于良好社会风尚的形成；完善社会组织建设和管理，健全社会功能。

第一节　基层群众自治组织建设

一、民国保甲制

民国成立之初，由于受西方以个人为社会组织单位的政治观影响，废弃了保甲制度。

南京国民政府成立后，在《国民政府县组织法》中规定区以下每百户为乡（镇），乡镇以下每25户为闾，闾以下每5户为邻。

保甲制度起源于北宋，一直沿用至清朝。

民国时期保甲图片　　（地方志／供）

民国保甲制度提出于国民党对工农红军进行军事“围剿”之时，蒋介石以军事委员会委员长身份督师江西，认为“剿”共不力的原因之一是民众不支持政府。于是在“剿匪总司令部”所属党务委员会内专门设立地方自卫处，研究保甲制度，草拟法规，先在江西试行。民国22年（1933年）6月，蒋介石划定江西修水等43个县编组保甲，将原有闾邻等自治组织一律撤销。次年，以蒋介石兼总司令的鄂豫皖三省“剿匪”总司令部颁布《剿匪区各县编查保甲户口条例》，规定10户为甲，10甲为保，联保连坐。1934年，国民党“中政会”第432次会议议决由行政院通令各省市切实办理地方保甲，据此，行政院于同年12月通知各省，普遍实行保甲制度。于是，保甲制度便由“剿匪”区推向全国。

保甲制的实质是通过联保连坐法将全国变成大囚笼。联保就是各户之间联合作保，共具保结，互相担保不做通共之事；连坐就是1家有“罪”，9家举发，若不举发，10家连带坐罪。国民政府内政部曾专门发布过一份连坐暂行办法，其主要内容是出具连坐切结时，由户长签名盖章或画押，一式两份，正结存县，副结存区。各户如发现另户为“匪”、通“匪”、窝“匪”等情，应立即报告，如隐匿不报，便以“庇护罪”或“纵匪罪”论处。内政部一名长期从事编查户口的官员谈到为什么要采用联保连坐法时说，以往，政府用悬赏来奖励检举者，但赏金的代价往往不能抵偿因受“匪方”报复所受的损失。实行联保连坐法以后，便起到拘束民众的作用，使其“畏法而不畏匪”。抗日战争发生后，国民政府在《整理川黔商省各县保甲方案》中修正上述具结的做法，改为不具结而连坐。即各户不必签名具结，但如发生甲内居民有通“匪”、为“匪”等情形，一经审判机关查明，对同甲各户立即予以连坐处分。在该法的说明中提出上述变动的理由是同甲各户因关系不同往往不愿联保具结；而愿意联保具结的各户则往往素来关系密切，某户如有非法行为，同结者必不肯告发，故不如使同甲各户共负联保连坐之责，不另具切结，只需于各户门牌内加以说明。

从辛亥革命一直到中华人民共和国成立前夕，国民党政府在乡村基层组织体系建立过程中，也广泛采用“保甲制”。国民党政府采用的保甲制度和历代封建王朝实行的“保甲制”相比，有明显的不同：首先，进一步强化“连坐法”，实行各户相互监督和互相告发；其次，进一步强化军事职能，在“管”“教”“养”“卫”四大职能中，“卫”的职能得到高度重视，把地方村社武装（壮丁队、民团、自卫队等）作为准军事力量，一方面为国家正规武装提供兵员，另一方面维护地方治安和社会秩序；再次，进一步强化法西斯统治，抗日战争后，国民党政府在保甲制度基础上，又使之进一步“军事化”“警察化”“特务化”，将其和警察、国民党军队结成一体，在乡村组成了严密的法西斯统治。

众兴地区在乡级政府以下设立“保”，“保”下设立“甲”。“保”相当于后来的村级组织，一般由十几到二十几个自然庄组成一个“保”，保长当然是当地有钱有势的霸主担任；“甲”相当于一个自然村或两三个自然村范围，甲长也是有威望或有势力的人担当，旧时的保长、甲长主要催交农民上缴的苛捐杂税等财粮任务，兼管地方治安事务。

中华人民共和国成立前，众兴地区有众兴保（众兴集、许岗、张小郢、大朱户、沙塘岗、王岗、塘稍、沈王地、钟小郢、田南份、田中份、李户、陈户、金王、许小郢、吴莫岗、坝冲、小朱户、梁小、正新、吴莫岗、立新、吴小、童小），张建思任保长；花墩保（贾户、圩南、高店、四房、井店、陆老、共和、西岗头、义一、义二、义三、李园、新村、立新、河北、罗岗、大胡套、小胡套、东风、范小郢），张鹤任保长；中岗保（中岗、郑埠田、瓦锡、胡冲、柏果、童下、黄窑、黄小、稻塘、司岗、高岗、朱小、高冲、尹岗、金王、张小、蒯油坊、蔡小、王岗、王小、谢岗头、冲西、金小、黄道、槽坊、油坊、高小、何小、新庄）；郑河保（王宣户、小高、万岗、田埠周、许河湾、赵岗、小周、郑岗、张郢坊、河沿、王小郢、东岗、周大郢、小岗上、刘小郢、白地岗、郑小河、宋巷、大高、童岭岗、窦小郢、陈小郢、余岗以及民族乡的舒圩、古塘、宋户、北王小郢、小魏庄、司小郢、余巷、老坟岗、田大郢、田小郢、周岗、大新塘拐、张小郢、金坎、汪坎（又名汪小郢）、沈坎），张寿山（又名张汉卿）任保长；司底保（东范岗、西范岗、高小郢、司老家、金户、檀树衖、朱老家、吴小郢、老司、钟香店、范庙、黄巷、义合新村、十家庄、庙岗、塘稍、王大郢、胡大郢），张武清任保长；张仿周、张武春等分别负责众兴地区三个自卫队工作，时属合肥第五区、埠里区；永安保（关大郢、中心户、永安集、永和、李圩、河岗、张小郢、老徐、王六九、兴圩以及民族乡的余林岗、刘小郢、李小郢），许其福（号海如）、吴先友先后任保长，时属合肥第二区、店埠区。

永安乡民国20年（1931年）前称永庆乡。永安保：永安集、关大郢、罗户家、吴小郢、小河岗、李圩；双河保：李大郢、双郢、大树周、栗树周、塘稍、王油坊、金鱼地；牌坊保：大兴庄、汪冲、许户、白小店、螃蟹地、黄槽坊、王底、东关、白大户、钟岗；完牌坊、兴旺户、宋小郢、王巷、和春、吴小郢；刘河保：邹岗、张小郢、尤岗、小郢庄、余小郢、郭岗、王大郢、罗大塘、赵小郢、童小郢、许大郢、赵坊、汪塘拐、李沟院、汪郢、瓦屋郢。

二、村（居）委会建设

中华人民共和国成立后，中国共产党迅速在农村全面开展农村基层组织建设工作。众兴地区成立初级社和高级社，时众兴有井店、华光、霞光等社。1958年，众兴成立人民公社，实行分级管理制度，下设生产大队、生产队，生产大队（村级管理组织）设党支部、大队委员会、民兵连、妇代会、团支部等组织，一直维持到1983年政社改革。1983年，大队改为村。

家庭包产责任制确立，形成“双层经营、队为基础”的格局。1987年11月，全国人大常委会通过并颁布《中华人民共和国村民委员会组织法（试行）》，进一步明确村民委员会是村民自我管理、自我教育、自我服务的基层群众性自治组织。村民委员会主任、副主任和委员由村民直接选举产生，村民委员会向村民会议负责并报告工作，村民会议由本村18周岁以上村民组成。村规民约由村民会议讨论制定。同时明确要求乡政府对村民委员会工作给予指导、支持和帮助，村委会协助乡政府开展工作。

1988年，众兴24个、永安18个大队改为村民委员会。

村委会民主选举　1987年，《中华人民共和国村民委员会组织法(试行)》颁布实施，众兴乡在县委县政府以及店埠区的领导下，开展以党支部为核心，村民委员会为重点的村级基层组织建设。当时结合城乡开展党的基本路线教育，进行村委会首次民主选举，由村民直接民主选举产生村民委员会。

1994年11月，开展第二届村委会换届选举。居委会建设与村委会建设在内容和形式上基本一致。

1994年，按照省、市、县政府的统一部署，众兴乡开展村民自治活动，重点进行法制教育、形势教育、思想政治教育，使村民能够正确行使民主选举、民主决策、民主管理和民主监督权利。

以后每届选举，由选民等额提名，直接产生村委会或居委会成员候选人，民主选举新一届村(居)委会成员。

2012年，永安村村民代表会议召开　(永安社区/供)

1996年起，村委会每3年换届一次，居委会换届选举与村委会换届选举同步实施。1999年3月为第四届换届选举。2002年5月，全乡进行第五届换届选举。2005年3月、2008年4月、2011年4月分别为众兴乡的第六届，第七届和第八届村(居)换届选举。其中，2008年全乡12个村(联合、沿河、众兴、华光、范岗、漕坊、永安村、霞光、谢岗、大高、花灯、八联)，选民15000人，参加投票13500人，参选率90%。选出村委会成员40人，其中，村委会主任12人，当选的村委成员中，全部具有初中以上学历，年龄在49岁以下的占比80%；2011年划出3个村给合肥新站磨店社区，众兴乡辖7个村委会和2个社居委。

社区居民委员会以《中华人民共和国城市居民委员会组织法》为依据，规范自己的职责和任务，维护居民合法权益，教育居民依法履行义务。开展拥军、优属、优抚、救灾、计划生育、调处民事纠纷、教育青少年、扶残助困、关爱老年和便民利民等多种形式，为社区居民服务。

2014 年 4 月，众兴乡 9 个村（居）委会全部进行第九届换届选举，当选成员平均年龄在 42.8 岁，初中以上学历人数占比 90%以上。

三、村务公开

1998 年 4 月 24 日，县委、县政府召开全县村务公开动员大会，部署村务公开工作。会后，众兴乡在各村建立村民会议和村民代表大会制度，协助制定（订）村规民约和实施村民自治章程。村民代表大会定期召开会议，民主讨论决定村中大事，改变以前大小事由少数村干部说了算的局面。

1999 年，县委制定《肥东县村务公开和民主管理工作实施方案》。众兴乡在各村设立村务公开栏，按照规定程序，定期进行村务（财务收支、农民负担、计划生育、土地征用、宅基地审批、集体经济项目、承包经营、公益事业、新上项目、合同定购、村干部责任目标、工资报酬）和其他公共事务公开，广泛接受村民监督。同时各村委会均成立村务公开监督小组，负责监督村务公开制度的落实。2011 年花灯村获“阳光村务工程先进集体”荣誉称号。

村（居）务公开成为民主管理、建设美好乡村的常规制度。

第二节　拥军优属

一、社会优待

伤残抚恤　中华人民共和国成立后，政府陆续对革命残废人员进行残废等级评定，每年按等级发给残废金。

1984 年众兴乡革命残废人员抚恤标准一览表

表 9-1　　单位：元

等　级	在乡残废金		在职残废金	
	因战	因公	因战	因公
特等	570	518	132	120
一等	498	464	118	108
二等甲级	390	350	96	86
二等乙级	296	268	84	76
三等甲级	178	180	70	64
三等乙级	140	140	60	56

说明：1985 年 7 月 1 日起，农村伤残军人每月生活补贴：一等增加 12 元，二等增加 6 元，三等增加 4 元。

1986 年，众兴乡按照肥东县贯彻省优待办法的实施意见，制定优待标准：以众兴乡上年人均纯收入为基数，现役义务兵家属优待为基数的全部；“三属”（烈士遗属、因公牺牲遗属、病故军人遗属）优待为上年人均收入的 2/3，生活特别困难的在乡伤残、复员、退伍军人不少于上年人均收入的 1/3。优待面：“三属”为全部，伤残、复员军人为 20%，退伍军人为

1.5%。同时根据义务兵服役年限,立功嘉奖等不同情况实行奖励优待和分等优待。对部队当年立功的干部、战士发放奖励金,一等功发 300 元,二等功发 200 元,三等功发 100 元。战士每超期一年多发 10 元优待金。奖励和分等优待金由乡里从优待金总数的 5%中提取。同年,全乡优待 40 户,发放优待金 11320 元,户均 283 元。

1987 年,众兴乡学习桥头集乡改革优待金使用办法,坚持“自愿积存、数额不限、还本付息、时间不限”的原则,变死钱为活钱,化零钱为整钱,兴办经济实体,发挥社会、经济两方面效益。同时鼓励优待对象自愿将优待金存入信用社,为义务兵退伍办大事情储蓄一笔专款,便于解除他们的后顾之忧。

1995 年,全乡优待 48 户,发放优待金 22080 元,户均 460 元。1996 年全乡复员军人优待面扩大到全部。1997 年,全乡优待 110 户,发放优待金 13.42 万元,户均 1220 元。

2000 年,实行农村税费改革,取消农村优待金由乡统筹办理,将其纳入乡预算,改由农业税中列支。2001 年起,众兴乡将优待金纳入本级财政预算予以保证。

2004 年,非农业义务兵优待面 100%,标准全年户均 460 元,所需经费由其父母所在单位共同负担。农村复员军人优待标准为优待基数的 70%,伤残军人优待面和优待基数均为 50%,退伍军人优待基数提高到 35%。

复员、退伍安置　1949 年 2 月,县民政科设荣管股,负责复员、残废军人的接收安置工作。1952 年 1 月,县成立转业建设委员会,区、乡成立转业安置小组,对复员、转业军人的生活、生产或工作给予妥善安置。1952 年,众兴分给无耕地、房屋的复员军人耕地 12 亩,房屋 3 间。1953—1959 年,发给复员、退伍军人房屋修缮费 1200 元,并发动群众献工、献草,帮助复员、退伍军人修缮房屋。

1950—1959 年,接收复员军人 152 名。

优待　中华人民共和国成立至 1956 年,农村生产以个体经营为主,对烈、军属的优待主要是代耕。1956 年农业实现合作化后,改代耕为优待劳动工分。一个优待对象年优待 80 ~ 150 个劳动日。1980 年,农村实行生产责任制,把优待工分折成现金发给优待户,一个优待对象年优待金 150 ~ 170 元。以乡为单位实行统一评定、统一负担、统一提取、统一兑现。

1986 年起,军属(现役)每户年优待 320 元,烈属每户年优待 180 元,复员、退伍军人每户年优待 130 元。

医药补助　1953—1959 年,县民政科发给复员、退伍军人医药补助费。1960 年后,此项费用直接由部队发给复员、退伍军人。

二、定期定量补助

中华人民共和国成立后,政府对生活无依靠的烈军属和带病回乡不能参加生产劳动的复员、退伍军人,每人每年给予 30 ~ 100 元的生活补助,使他们生活确有保障。1985 年起,烈属定期生活补助费改为定期抚恤金,每人每月:农村 20 ~ 25 元,城镇 30 ~ 35 元。

享受定期定量生活补助(以下简称定补)主要是在乡复员军人和带病退伍军人。

1986 年,定补标准:复员军人每人每月 12 元,退伍军人每人每月 8 元。

1989 年,复员军人定补增至每人每月 30 元,孤老复员军人增至每人每月 40 元,以后又连续 5 次调整定补标准,2002 年 7 月起,复员军每人每月增至 100 元,退伍军人每人每月增至40 元。

2005 年 1 月起,再次提高复员军人定补标准,复员军人中抗日战争时期入伍的每人每年 2680 元,解放战争时期入伍的每人每年 1940 元,中华人民共和国成立后入伍的每人每年 1820元。

三、国家抚恤

一次性抚恤　1986 年,战士至师职军人牺牲发给 2000 ~ 2400 元一次性抚恤金。1988 年 7 月 18 日起,县民政部门据其死亡性质和死亡时本人的工资发给其遗属一次性抚恤金。抚恤标准:烈士 40 个月工资,因公牺牲军人 20 个月工资,病故军人 10 个月工资。

2004 年 10 月,一次性抚恤标准作大幅度提高。抚恤标准:烈士 80 个月工资,因公牺牲军人 40 个月工资,病故军人 20 个月工资。月工资或津贴低于排职干部工资标准的,按排职干部工资标准发给其遗属一次性抚恤。获得荣誉称号或者立功的烈士、因公牺牲军人、病故军人,在一次抚恤金基础上增发一定比例的抚恤金;被中央军事委员会授予荣誉称号的增发 35%,被军队军区级单位授予荣誉称号的增发 30%;荣立一等功的增发 25%、二等功的增发 15%、三等功的增发 5%。

“三属”定期抚恤　1986 年,全乡享受定期抚恤的“三属”对象,人均月抚恤标准:农村 20 ~ 25 元,城镇 30 ~ 35 元;1989 年,平均月每人增加 15 元;1993—2004 年 10 月,先后 10 次提高“三属”定期抚恤标准。

2014 年,全乡农村享受“三属”定期抚恤金 5 人,年发放抚恤金 3.17 万元,享受一次性抚恤金对象的顺序为:父母、配偶、子女、16 岁以下弟妹、抚养已故军人的其他亲属。如无以上亲属者不发。

伤残抚恤　伤残抚恤对象:因战或因公致残的军人、人民警察、国家机关工作人员和民兵及民工。伤残分:因战、因公、因病致残。据伤残程度和劳作能力分四等六级,即特等、一等、二等甲、二等乙、三等甲、三等乙;伤残对象分在职和在乡两种。1986 年,全乡有享受伤残抚恤对象 49 人,其中在乡 46 人,在职 3 人。20 年间,伤残抚恤金进行七次调整,伤残证也即时进行更换。1990 年,更换新证不称“残废”,改称“伤残”。在乡人员残废抚恤金改称伤残抚恤金,在职人员残废抚恤金改称伤残保健金。伤残人员每半年到县民政局凭证领取伤残抚恤金或伤残保健金。为重残人员配备手摇车、假肢、拐杖等,伤残人员乘坐车船,一律享受半票待遇;二等乙级以上伤残人员享受公费医疗待遇;特、一等重残军人每月发一普工工资护理费。

2004 年,国家实施伤残抚恤改革,取消在乡抚恤金和在职保健金区别,统称抚恤金。同年,调整伤残等级,将原四等六级的伤残标准套改为一至十级。套改标准:特等为一级、一等为三级、二等甲级为五级、二等乙级为六级、三等甲级为七级、三等乙级为八级。

2014年,残疾军人(含伤残人民警察、伤残国家机关工作人员、伤残民兵民工)残疾抚恤金标准,城镇“三属”(含烈属、因公牺牲军人遗属、病故军人遗属)定期抚恤金标准在现行基础上分别提高20%,农村“三属”(含烈属、因公牺牲军人遗属、病故军人遗属)定期抚恤金标准在现行基础上提高40%。调整后,一级因战、因公、因病残疾军人抚恤金标准每人每年分别为52360元、50700元、49040元;居住在城镇的烈属定期抚恤金标准由原来的每人每年15060元提高至17830元;居住在农村的烈属由原来的每人每年7970元提高至11160元。

抗日战争、解放战争、中华人民共和国成立后3个时期的在乡复员军人生活定期定量补助标准每人每月提高100元,分别达到695元、650元、645元。60周岁以上(含60周岁)、未享受到国家定期抚恤补助的农村籍退役士兵的老年生活补助标准,每人每月提高5元。带病回乡退伍军人、参战参试人员的生活补助标准每人每月提高40元,分别达到380元和360元。60周岁以上农村籍退役士兵每服一年义务兵役每人每月补助标准由原来的10元提高到15元。居住在农村和城镇的无工作单位、18周岁以前没有享受过定期抚恤金待遇且年满60周岁的烈士子女等的定期生活补助标准由原来的每人每月210元提高到280元。

中华人民共和国成立前加入中国共产党的农村老党员和未享受离退休待遇的城镇老党员生活补贴标准,每人每月提高40元。调整后,1937年7月6日前入党的,每人每月由原来的490元提高到530元;1937年7月7日至1945年9月2日入党的,由原来的每人每月430元提高到470元;1945年9月3日至1949年9月30日入党的,由原来的每人每月350元提高到390元。已享受优抚对象抚恤补助的老党员,仍按每人每月50元发放生活补贴。

四、烈士褒扬

烈士追恤 革命战争年代,战斗频繁,情况复杂,部队波动性大,建制也经常变动,以至部分在中华人民共和国成立前为革命牺牲的人员未能及时追认为烈士称号。

烈士英名录 为中华民族的独立、解放和社会主义建设事业,众兴有一批革命志士献出宝贵生命。经上级民政部门认定,从新民主主义革命至2014年末,全乡有11名烈士:刘圣标、郑默奇、司开光、刘长余、张昌友、张正华、张华勉、孙邦界、徐桥吾、范文才、关敬圣。

烈士纪念墓 众兴乡永安村中西组建有2座烈士墓,每年清明节,政府组织机关干部、群众和学生前往祭扫,敬献花圈,举行悼念活动。

第三节　救灾救济

乡境地处江淮分水岭以南，易旱易涝。干旱、洪涝、风雹、病虫、霜冻等自然灾害交替发生，甚至多灾并发。1949—2014年发生严重旱灾16次、涝灾8次、风雹14次、病虫害6次，其中1954年、1991年涝灾，1978年、1994年旱灾尤为严重。每次自然灾害给农民造成经济损失要等到下一正常年份才能恢复。本地有句谚语“庄稼不收当年穷”。

乡坚持党政主要领导负责制，“政府主导、分级负责、生产自救、社会互助”的方针，救灾责任分级承担，分工协作，职能明确，责任到人。在大灾之年成立“众兴乡生产救灾指挥部”或“救灾工作领导组”（办公室设在民政办），统一指挥救灾工作。每当发生严重自然灾害，乡各职能部门、重灾村都按照救灾预定方案，对组织领导、部门分工救灾款物发放、灾民转移安置、交通工具、灾民救助等进行详细部署和规定，使灾情得到迅速处理。1992年后，乡政府不断加大资金投入力度，配备生产救灾专车、传真、电话等设备，实现救灾信息一体化。通过灾害管理信息系统，结合灾后现场勘察、核实灾情，快速准确统计和汇总上报灾情。

一、灾后救济

乡境自然灾害频繁，每当发生严重灾情后，乡政府及时抽调人员奔赴灾区，组织抗灾救灾，帮助转移安置灾民，保障灾民生命财产安全，把灾害损失降到最低限度。灾情稳定后，乡安排专职人员配合县民政部门深入灾区，调查核实灾情，及时下拨救灾粮、款、衣被、肥料等物资，确保灾民住有房、吃有粮、疾病能及时得到医治。对救灾款物管理发放实行救灾政策、发放救济款物数额和救济对象公开，在民主评议的基础上登记造册、张榜公布，接受群众监督。审计部门定期进行审计，发现问题及时纠正处理。1985—2014年，全乡下拨救灾款676.17万元、粮食240吨、煤110吨、化肥62吨、衣被1900件、木材6立方米，保障灾民度过灾荒，确保发生严重自然灾害之年无冻死人、无饿死人、无大批灾民外流、无大疫病发生。

二、生产自救

自然灾害发生后，乡政府积极组织灾民开展生产自救。根据当地的资源和条件，采取补种套种、经商、务工等措施，增加灾民收入。1991年，增加种植蔬菜500公顷，增养生猪2000头、黄牛100头、家禽2万只，组织灾区群众外出务工3000人。1994—1997年，县政府累计向众兴乡开仓借粮500吨，赈济灾民1万人次。其间，组织灾区群众打井80口，缓解部分地区群众饮水困难。1998年组织灾民开展补种套种、经商、务工2000人次，创收28.50万元。

三、互助互济

接受国内外捐赠、发动群众互助互济，是生产救灾工作重要措施之一。重大灾害发生后，县政府组织县直机关事业单位与受灾严重乡镇结对帮扶。发动无灾和轻灾地区群众支援重灾乡镇，帮助重灾地区灾民解决生活、生产方面困难。1989—1990年，县接受上海杨浦区、虹口区捐赠衣服20吨。1991年，接受中国人民解放军原总后勤部、军事科学院和合肥市总工会捐赠衣被22万件，接受香港天主教、爱德华基金会捐赠物品50包；接受国内外捐赠大米面粉、饮料罐头和其他食品300吨；接受县内外社会各界捐款70万元。1994—1995年，发动无灾和轻灾20个乡镇捐粮2000吨，救助15个重灾乡镇的灾民；组织县内党政机关、企事业单位干部职工捐款75.50万元，衣服1.58万件。众兴乡受灾群众均获得相关物资救助。

第四节　社会福利

五保供养　1956年，农业社实行按劳分配，对失去劳动能力，无依无靠的孤、老、残实行五保供养。他们占孤、老、残总户数的91.4%。全年五保金额2000多元(实物折款)。

1959年，在“一大二公”的思想指导下，人民公社办起敬老院，对五保人员进行集中供养，维持时间不长，于1960年停办，仍实行分散供养。

1979年，县民政局组织人员对全县的社会救济对象进行普查，众兴摸清121户五保户(204人)的生活状况，建立五保户档案，发放五保供养证。

1981年，农村普遍通实行生产责任制，对五保户的供养采取以下办法：①每个五保对象，全年供给粮、草各300千克，食油3千克，零用钱60元，由生产队或生产大队统一筹发。②较好的社、队，由生产队、生产大队、公社共同负担。生产队保吃、烧、住，生产大队保零用钱和节日加餐费，公社保穿衣、治病。对生活自理有困难或生病的五保人员，由生产队派专人照料，付给照料者适当报酬。

1985年，县政府下发《关于切实做好五保供养工作的通知》，给予农村五保村民中无劳动能力、无生活来源、无法定扶养义务人，或者有法定扶养义务人，但扶养义务人无扶养义务能力的老年人、残疾人和未成年人，实行集中和分散供养。五保供给形式为村筹乡管，供养内容包括：保吃、保住、保穿、保医、保葬(或孤儿保教)。供养标准：每人每年350～400元，以后根据众兴乡人均收入的增加情况逐年增加供养标准。2014年，全乡享受五保供养340户近350人，其中296人在居住地实行分散供养。

2004年1月，根据国务院《农村五保供养工作条例》规定，结合全乡农村特困群众生活救助摸底调查，符合五保供养条件的申请由县发给五保供养证，年人均供养标准平均提高100元，满60周岁的年人均720元，满80周岁的年人均1120元，满百岁的年人均1200元。

2005年，五保供养经费由过去村级集体经济组织负担为主逐步转变为财政负担为主；

兑现方式上，从过去提供粮、油等食物为主转变为通过金融部门采取“一卡式”发放资金为主；供养内容上，从初期单纯的针对供养对象的生、养、死、葬等基本生存需求，调整为主要针对供养对象的衣、食、住、医等正常生活需求，还包括丧葬服务和未成年的五保对象义务教育等，供养水平逐步提高。

2014 年，老龄人口占总人口的 23%左右。众兴乡有养老金的发放人数：60 周岁以上 4047 人，70 周岁以上 1750 人，80 周岁以上 562 人，90 岁以上 43 人，百岁以上 1 人。

第五节　婚　姻

一、婚姻制度

中华人民共和国成立前，众兴地区的婚姻制度是以夫权为中心的封建婚姻制度，男尊女卑，广大妇女受尽残酷的压迫和奴役。在封建思想束缚下，奉行“三纲五常”“三从四德”“三贞五烈”等旧礼教。婚姻无自由可言，强迫、包办、买卖，父母之命、媒妁之言不许违背，嫁鸡随鸡，嫁狗随狗，从一而终。把妇女当作商品进行买卖，男人花点钱就可买到一个女人，穷苦人家生活困难，女孩在童年时期就给人家领养，做人家的童养媳，受尽虐待，甚至过着不如牛马的生活，吃不饱穿不暖，饥寒交迫。男女极不平等，男人有休妻、纳妾、一夫多妻的权利，女子一旦失偶则受到社会的歧视，终生不许再嫁。同时，盘亲、抢亲、代亲、转卖以及典妻、租妻、早婚、重婚等各种封建婚姻陋习普遍存在。妇女地位低下。政治上不能参加管理国家大事，经济上过着依附男人的生活，文化教育上在家庭中以男孩为先。女孩基本上享受不到教育的权利。

《中华人民共和国婚姻法》废除包办强迫、男尊女卑、漠视子女利益的封建婚姻制度，实行男女婚姻自由、一夫一妻、男女权利平等，保护妇女和子女合法权益的婚姻制度。禁止重婚、纳妾，禁止童养媳、允许寡妇有再婚的自由，等等。

二、婚姻登记改革

中华人民共和国成立初期，众兴乡青年婚姻，仍沿袭封建礼教，凭父母之命，媒妁之言，经过“纳采”“问名”“纳吉”等旧六礼即成为“合法”婚姻，基本不到政府登记。

1950 年，《中华人民共和国婚姻法》颁布，规定婚姻自主，废除父母包办。男女婚姻，两相情愿，到乡（镇）人民政府登记领取结婚证后，才算合法婚姻。

20 世纪 60 年代，众兴乡婚姻登记由乡（公社）民政干事负责，20 世纪 70 年代开始发放结婚证书，同时要生产大队出具证明。

1980 年始，婚姻自主的新风形成，办婚事到政府登记、领证，渐成习惯。

1986 年，晚婚、晚育、少生优育普遍。众兴乡成立人口与计划生育服务站，工作人员 5 人以上，每个村都配备计生干部，对未办理婚姻登记、已形成事实婚姻的并符合《中华人民共和国婚姻法》规定的，动员其补办婚姻登记手续。1989 年清理补登 23 对。

1990 年，按照县政府批转县民政、公安、司法、计生委、土管、妇联 6 家单位联合下发《关于对违法婚姻进行综合治理的意见》，加大对违法婚姻的处罚力度，规定凡结婚不登记者不准其中一方到另一方入户，不分给责任田和宅基地。

1991—1993 年，据查证，结婚登记率 97%。1994 年，通过《中华人民共和国婚姻法》《中华人民共和国婚姻登记管理条例》的宣传实施和开展对违法婚姻的综合治理，婚姻登记工作逐步规范，未婚生育、早婚早育现象得到有效遏制，婚姻登记率和合格率逐年提高。同年，申请准予结婚登记的 206 对，不准登记的 2 对，补办登记的 1 对，纠正违法婚姻 2 对，其中未到法定婚龄的 1 对，外地流入妇女非法同居 1 对，未结婚未登记。全乡每年登记在 150 对左右。

1997 年起，婚姻纠纷渐增，离婚率有所上升。至 2002 年末，申请离婚 16 对，调解和好 11 对，准予离婚 5 对，占申请离婚的 31.25%。

2002 年 8 月 1 日起，根据省民政厅要求，经县政府批准，婚姻登记不再由乡办理，转归县民政局集中办理，同时增加婚前健康检查内容。

2014 年，县局登记众兴乡进行婚检的 150 对，占结婚登记数的 98%，通过婚检建议暂缓结婚 2 对。

第六节　殡葬管理

机构　众兴丧葬沿袭土葬旧习时间较长，死者咽气后入殓，第三天上午出殡，建丘房，三年后用土筑坟，入土为安。

1988 年肥东县成立殡葬管理所，隶属县民政局，负责全县的殡葬管理，众兴乡死亡人口随即纳入。

1994 年 4 月，县政府颁发《肥东县殡葬管理实施细则》和《肥东县人民政府关于强化殡葬改革的布告》。

至 2014 年，火葬在众兴地区已全面施行。群众普遍能够接受。乡有一殡葬专运车，通过电话联系，运尸体到县殡仪馆火化，殡葬车运费也由县民政局承担，火化后骨灰装入骨灰盒内入土。

第七节　老龄工作

一、老年活动室

1985 年，众兴乡成立老龄工作委员会，各村配备老龄工作联络员。

1998 年，乡创立老年大学，每月上课一次，主要由乡人大主席安排，根据不同爱好，学校组织书法、绘画、棋类等活动。地点设在乡“群众文体活动室”内。

自 2000 年起，农历九月初九，乡开展敬老爱老活动。乡老龄委向有关单位宣传《中华人民共和国老年人权益保障法》。

二、社会助老

2001 年，县民政局为 60 周岁以上老人发放老年证，每人每月由 60 元增加至 2014 年 100 元。同时为 70 周岁以上老年人发放老年优待证，上车、乘船、看病等可优先入内，乘公交车、游览公园可免费进入。

1988 年起，为百岁老人发放长寿保健津贴，每人每月 50 元；2002 年起每人每月 100 元。同时 80 周岁以上老年人每年增发 400 元，上升到 600 元。2014 年，众兴乡为 610 位80周岁以上老龄人发放长寿津贴 65.2 万元。

三、众兴乡敬老院

1983 年，众兴乡利用停办的众兴农业中学校舍（土墙草房）办起敬老院，入住 5 名老人，由原农中炊事员负责照料老人食宿。永安乡于 1990 年在大兴庄东兴建 2 幢 20 间房子作为敬老院。

1992 年撤区并乡，众兴乡范围扩大，老人增多，原先的院房已不适应，为改善老人们的居住环境，方便老人们出行，也便于加强管理。1994 年，乡政府选择在大高村东风组新建占地面积近 10 亩、具有 10 间住房和 5 间生活用房的乡敬老院，2005 年又建房 10 间。至 2007 年 10 月，入住老人 30 名。当时全乡还有 260 多名老人散居在农村，乡急老人之所急，为五保老人改善居住条件。2007 年初，获得合肥市首批“515”项目资金 180 万元，多方筹措 42 万元，新建起 2230 平方米的 2 幢老人公寓楼。

2006 年，青春志愿行——省未成年人戒毒所走进众兴乡敬老院送健康活动举行　（民政所／供）

2008 年元月 4 日，新楼开院入住五保老人 120 名。乡人民政府按每人每月 120 元生活标准付费，洗理费每人每年 30 元。每个节日另增 1000 元餐费。老人生病治理加入合作医疗，全给报销。院内有 3 亩菜地，因地制宜，发展院办经济，蔬菜基本自给。每年出栏四批次肥猪共约 30 头，鸡鸭 200 多只，每遇年节宰猪 8 头。每天中餐配有一荤一素一汤。早晚餐为馒头、粥、鸡蛋和面条等。

2009年,五保老人的生活费提高到月每人180元,两年后又提高到220元。根据社会发展,老人们的伙食标准不断提高。

2014年,投资100万元新建860平方米的多功能餐厅和老年教育中心,让老人老有所乐。

2014年,众兴乡敬老院有标准宿舍84间,每间宿舍设有卫生间并通自来水,每2人住1间,每人1张床、1个衣柜、1个床头柜、1把椅子、4床棉被和1个海绵床垫。此外,院里有5间办公用房、3间医疗室、5间文化娱乐室、5间厨房、1间大餐厅、2间洗衣房、3间养殖房、1座公共浴室、1座公共厕所,共有8名工作人员。每逢时令季节变化,为五保老人们购置相应衣物。

众兴敬老院 (民政所/供)

敬老院门口有一座357路公交车站,交通便捷,乘坐方便,老人们凭证免费乘车。

众兴乡敬老院逐步实现"院内园林化、管理规范化、服务标准化、设施齐全化"的目标。

附:众兴乡敬老院负责人名录

张继金(1983—1994)、高清炎(1994—2007)、刘经凯(2008—2010)、张玉芬(2010—2014)。

第八节 残疾人工作

一、管理机构

2008年,众兴乡成立残疾人联合会,简称"残联",张红任乡残联主席。残联为乡残疾人的管理机构,属于人民团体,属乡人大负责。据统计,2008年乡共有残疾人851名。其中,363名享受800元、400元不等的困难救助金。村设康复室,乡设康复站。

二、主要工作

贯彻落实《中华人民共和国残疾人保障法》,听取残疾人意愿,维护残疾人合法权益。团结教育残疾人遵纪守法,发扬乐观进取精神,自尊自信。发扬人道主义精神,宣传残疾人的事业,沟通政府、社会与残疾人之间的联系。营造"理解、尊重、关心、帮助"残疾人的良好社会氛围，指导村(居)做好残疾人工作。

附一：众兴乡民政办负责人名录(按时间顺序至2014年)

吴洪勋 洪候云 许忠林 司圣祥 吴道平 吴立新 陈卫华 高克香 王正华 孙来新 代玮敏 王斌红

附二：众兴乡劳动保障所简介

成立于2006年10月，李勇任所长；2010年1月，许芳任所长。主要职责：农民参保信息登记、核对、领取，外出务工人员摸底、调查、登记、信息发布、帮扶。成立老年书法、棋牌等兴趣小组，让老人老有所为、老有所乐。

第十章 乡村建设

华光新村鸟瞰图 （党政办/供）

第十章 乡村建设

华光新村鸟瞰图 （党政办/供）

第十章　乡村建设

中华人民共和国成立前，众兴地区的集镇、村建设发展缓慢，农村面貌破旧不堪。

中华人民共和国成立至“文化大革命”期间，集镇建设没什么明显变化。2个集镇都只有一条街道，狭窄，不足5米宽，200米左右。泥土路，久晴天，尘土飞扬，货架上满是灰垢；阴雨天，满地泥泞，两旁是土墙草顶，禁不起风吹雨淋；破旧低矮，光线暗淡。

中共十一届三中全会后，众兴（人民公社、乡）将镇村建设列入政府工作和社会发展总体规划，增加投资，镇村面貌发生巨大变化。

十天逢四集。集上设有粮食行、棉纱行、禽蛋行、柴草行、饭店（茶馆、旅店）、烟店和猪市、牛行（猪市和牛行统称牙行，牙行十天只有两个大集买卖）。

中华人民共和国成立后，两个集镇除了故有的商铺外，还分别增设众兴乡（公社）政府和永安乡（公社）政府驻地，之后增设小学、医院、供销社。

改革开放后，两个集镇街道地面硬化、路灯亮化和环境绿化，农贸市场统一规划，市场经济有序，生意红红火火。

中共十一届三中全会后，农村面貌发生了翻天覆地的变化。年久失修的桥梁改建为牢固的钢筋混凝土桥梁；宽阔道路通向各村、宅，机耕路通向农田。

至2014年，全镇有大小桥梁53座，农村主要干道水泥路有53.7千米。农民住房得到彻底改善，农民基本上都住进楼房，并有相当部分住进别墅。至2014年，全乡农村建房3.23万间，建筑面积106.20万平方米，其中楼房（包括别墅）1.66万间，建筑面积63.72万平方米。

众兴农村用水、用电也发生巨大变化。中华人民共和国成立前，村民多饮用河水、池塘水、土井水；改革开放后，村民开始饮用砖井水，后逐渐发展为户户有口压水井。2003年，众兴乡建自来水厂，集镇居民和部分农民开始饮用自来水。至2014年，全乡70%的群众开始饮用自来水。

中华人民共和国成立前，众兴地区用油灯照明，1967年，乡人民政府驻地开始通电。1991年底，全乡实现了户户通电。2000年始，农村用电与城市用电一体化，实行同网同价。

中华人民共和国成立前，众兴地区的泥、木、竹匠大多为个体分散从业。中华人民共和国成立后，这些个体手工业者逐渐组织起来，并于1958年成立众兴运输施工队，后发展为建筑安装公司。

第一节 集镇建设

一、集镇演变

众兴集 众兴集起于清光绪年间（1875—1908 年），永安集起于清乾隆时期(1736—1795 年)[现老街成形于民国 20 年(1931 年)];永安集原称关集,因与关大郢靠近,由关家庙改称永庆庵后,关集也随之改称永安集。两个集镇起初均属合肥县梁乡管辖。

众兴集十天逢 4 个集日,农历二、五、七、十日,其中五、十两日为大集,猪牛赶集市买卖;永安集逢集日为农历二、四、七、九日,其中四、九两日为大集。逢集日,集市上人摩肩接踵,热闹非凡,粮食行、棉纱(土布)行、禽蛋行、猪、牛行以及相亲、杂耍等各业就市。有少数亲戚朋友或家族人在集上相遇时,有去茶馆饮茶呱蛋叙叙旧情的习惯。不逢集日,集上不上人但有门店经商,旧时的饭店生意多为大集之日,猪、牛行的行老板(价格中证人)用中餐,最多也不过四样菜,白酒饮三五小杯(旧时,16 两为一斤,也不过二三两酒)。至于烟客们吸烟,旧时从烟店买的是烟叶切碎后,装在旱烟台或水烟袋里点着吸,中华人民共和国成立后出现手指长的烟纸裹着的叫纸烟,一般烟客上集买 3～5 支纸烟,没有钱买整包,纸烟的正名为香烟,也称为“洋烟”,到“文化大革命”后出现买整包香烟,从一毛钱到几毛钱,改革开放后,吸烟人一般整条买(10 包为一条),价格也提升到十元至几百元一条。

至于肉案,逢集当日,中华人民共和国成立前,难销售百儿八十斤猪肉,中华人民共和国成立初期,瘦肉难卖,肥肉 1.12 元一千克,渐渐地涨到 1.5 元、1.76 元、2.1 元……改革开放后,各类物价均呈上涨趋势。2014 年,十几元一斤肉,且排骨、骨头比肉还贵,卖到 40 多元一千克。仅一个众兴集日除街上肉案七八个外,乡下每村都有肉案,销量终年不衰。

中华人民共和国成立后,众兴集增设乡人民政府驻地及乡直机关,中心小学、粮站、邮电所、公社大礼堂(兼文化演出场所)、卫生院、供销社、食品站等一系列单位建筑相继建成并投入使用。范围不断扩大,货物不断增多。众兴集、永安集的功能类型属生产、生活商贸型集镇。

改革开放后,众兴、永安两集镇逐步扩大,由一条街变成几条街,街面越来越宽,房屋越变越高,由低矮的土墙草房变成高大亮丽的二层、三层楼房,功能越来越多,农贸市场、百货商店、仓储、电力、电信、金融、医院、加工业、学校、文化、幼儿园、车站、饭店、早餐……

中共十一届三中全会后,进入 20 世纪 90 年代,众兴集镇建设加快。1989 年,对众兴老街及新街进行全面整修,铺设水泥路面;1992 年,政府机关三层办公楼,乡教委、土管所、规划所三层办公楼,信用社、卫生院医务大楼,邮电所办公楼相继竣工并投入使用。1994 年众兴派出所办公楼建成;1995 年,众兴集南大街建设,与新大街形成十字街面;1995 年,乡政府职工宿舍楼落成;1996 年供销商场翻新扩建，众兴农贸市场开始建设;1997 年把众兴新街北面门面房拆旧翻新成两层楼房。1998 年乡政府计生服务中心办公楼、财政办公楼、政府会议室、移动联通信号塔建成；2006年起，再次改造两街道的新街铺设沥青路面建设（永安新街是关老堈至村办公室，众兴新大街是南至众兴邮电所、东至老街口、西至滁河干渠大桥），同时铺设地下管道。同年，港湾式众兴公交汽车站建成。

众兴集五尺巷　（宣传办/供）

永安集　1989年永安供销商场建成并投入使用；1991年，永安集老街水泥路街道建成；1993年，原永安乡政府办公地改为永安中学校舍；1994年，永安小学改扩建12间教室；1995年，永安中学扩建12间两层教学楼；1997年，开始对永安新街原乡政府门面房进行拆旧，改建为2层楼房，同时永安信用社营业楼建成；1998年，永安粮站与永安小学相间建成2层楼房形成对面街；2002年，原永安中学校舍改由永安小学使用；2004年永安集农贸市场开始建设。2012年，永安集进行全面美化、亮化、绿化、净化工程建设，总投入近600万元，对街面房屋立面、雨水管网、街道地面、亮化工程、文化广场、健身游园等进行统一规划、统一建设，并顺利通过上级部门验收。

永安集　（宣传办/供）

原永安乡政府　（宰开群/摄）

集老街形成于民国20年（1931年），多年来，街容依旧。群众中流传着："永安集真突出，屋外比家高三尺；下雨天，像麦粥，浅领胶鞋望它哭。"为改造这种状况,乡党委、乡政府决定一改旧貌,铺设长500米的水泥大街,得到了上级领导和有关部门的大力支持。同时,家乡在外从事建筑行业的志士能人慷慨解囊,积极捐款,于1991年7月1日竣工。为表达永安乡2.2万多人的感激之情,特筑碑铭记,以传后世。

大众路花灯大街 (刘斌/摄)

赞助单位:县人民政府、县计划委员会、县供销社、工商部门、县农机管理站、店埠食品站(组)、永安乡信用社、省乡镇企业建筑公司、永安集街道居民。

捐款个人:钟明林、李光奇、唐之春、周业端、侯邦舜、梁华俊、刘经栋、完杰群、黄业生、葛伦年、侯业贵、王继祥、许业奇、陆光香、钟富明、唐之明、李道吾、梁发年、余华焕、周先海、钟成锁、胡朝顺、刘国年、刘泽长、许高元 、朱恩怀、朱恩祥、许俊林、完有征、许高文、王云海。

花灯大街　2003年,在众兴中学南开始花灯大街建设。乡政府办公楼、供电所办公楼、中心学校办公楼、土管办公楼、花灯村办公楼及相关单位职工公寓宿舍楼、农贸市场、200间二层商业门面房、酒店、公共厕所、健身乐园、自选商场、工业聚集区相继建成,花灯大街发展迅速,市场与建设同步形成。

二、建设规划

集镇规划　根据众兴镇区用地发展现状及未来发展趋势,规划形成"一主三次、两中心、五区"的布局结构。

一主三次　"一主":将大众路作为一条南北向交通发展轴,是众兴城镇建设发展的主要轴线。乡区沿此轴线南北向发展,逐步完善镇区的行政、文化、居住等各项功能区,将南北两个组团有机联系起来。并引导向合肥方向发展。

"三次":乡区用地空间沿两条次要交通轴线深化,并将内外部交通联系组织起来:南部居住片区沿街设带状绿化,形成绿化发展轴,创造优美的居住环境,逐渐向东发展。

"两中心"　南部行政中心:南部片区依托现状工业基础与交通的便利带动以农产品深加工为主的工业集中区。伴随着乡政府办公楼的迁入,带动南部片区的文化、居住形成行政中心区。

北部商业中心:乡区的北部,这里商业店面、市场集中,门类齐全,既可依托众兴集发展商贸流通,又能对内提供良好的居性和商业服务。

“五区” 花灯工业区:在原冷冻厂的基础上向其南北部建设扩建。

行政办公区:位于花灯大街、大众路西侧,集中了政府机关、学校等单位,紧密联系工业区和花灯西部居住区。

南部服务区:位于乡区的两空间发展轴的交汇处,集文化科技、商业金融、旅游服务等诸多功能于一体,是整个乡区的中心所在。在现状建成区的基础上大力发展各种商业与运输服务业,以充分挖掘交通经济效益。

花灯居住区:居住用地向深度发展,以利于设施的配套与环境建设。

众兴居住区:在原有大量居住用地的基础上进行改建、扩建、布绿,改善集镇区生活、商业、居住环境。

众兴集除了老街逐渐拆旧翻新外,另打通一条南北向街道和一条东西向街道,东边许岗自然村增盖房屋一律由原猪市向东逐渐延伸,南边高店盖房一律规划在大众路两旁,沿大众路向南延伸,与后建的花灯街衔接,西至众兴粮站。单位有粮油管理站、信用社、派出所、供销社、众兴村办公室、医院及自来水厂、众兴中学、众兴小学、邮政所、电信、车站、供电所、沿街各类商铺、花墩小学(后改中心校)。

2006 年,乡政府迁入花灯街,与众兴中学并排而立。现众兴集、花灯大街各建有一个农贸市场,为乡民生活提供了便利。

永安集在老街改造的基础上,经营户包括外来经商的,一律规划在众牌路边,在不影响车辆来往的交通前提下,规划房屋建设。至 2014 年,2 个集镇的路面硬化,街道亮化、美化和市政建设工程进行完善。

2006 年 1 月,经合肥市发改委批复,众兴乡建立了工业聚集区。至 2019 年,几十家厂矿企业通过招商引资,陆续落户众兴,厂址多选在众牌路、大众路、众霞路两侧。花灯主大街南北走向,北连众兴集,南接合六叶高速路跨桥,长约 600 米;东通众兴敬老院及众兴大高服务区,西到贾户,长约 1000 米。大众路、元店路、众牌路在花灯街并道会聚。众兴中学、众兴乡人民政府、中国电网众兴供电所、众兴学区中心学校坐落于花灯街西侧;农贸市场、休闲广场、健身公园、国土所、花灯社区党群服务中心座落于花灯街东侧,广场上设置健身器材 8 种,娱乐园门前树立 10 米高的大广告牌,年年更新宣传标语;园内建有篮球场、乒乓球台,场边设有演出舞台,鹅卵石曲径、石凳。空地布植风景树和花草。刻有“花样众兴”的大基石矗立在大众路与众牌路的交叉口,公园两面临墙,两面铁栅栏护园护绿。花灯大街商店林立,门类齐全。

众兴集、永安集、花灯街都设有文化宣传墙,统一立大型广告牌,宣传新时代,释放正能量,催人奋进。

附记:花样众兴的新农村足迹

“以前花灯公园这里有个垃圾场臭气熏天,现在终于闻不到了,马路边上乱摆的小摊都不见了,大街干净整洁多了,我们村环境比以前好太多了。”近日,众兴乡花灯社区健身休闲广场上,村里老人一边锻炼一边聊着村里的新变化,喜悦之情溢于言表。花灯社区的华丽转身得益于美丽乡村民生工程建设，让我们沿着花灯大街共同感受碧水蓝天下的新农村足迹。花灯大街是众兴乡政府所在地,花灯美丽乡村围绕新型城镇化建设,高标准规划设计了大街和绿化、亮化工程,力争将其打造成合肥近郊生机勃勃的明星镇。作为2016年美好乡村民生工程中心村建设项目,众兴乡立足历史文化底蕴,从生态宜居、文化传承入手,重点围绕污水治理、垃圾场整治、景观绿化、道路硬化亮化、文化长廊建设、立面改造、店招店牌整治等15项内容开展建设。在花灯社区美丽乡村建设中,众兴乡修整刷白墙体60000平方米,文化墙砌筑、彩绘3000平方米;新增太阳能路灯20盏,采购垃圾桶1000个,道路两边绿化、成品花桶及景观点绿化、栅栏6000米;垃圾场约2亩填埋、废塘整治约12亩、草皮铺设及绿化,沿线3000米垃圾清理及清运,建设了新的花灯农贸市场等,同时保留了具有深厚文化底蕴的李鸿章所赠植的三棵枣树,花灯公园用天然灵璧石雕刻的“花样众兴”俨然成了众兴乡地标,既体现了花灯特色原始村貌,又增添了现代特色,全面改善了村民的生活环境,美化了生活。花灯社区美丽乡村建设已成为众兴乡该项民生工程建设的成功缩影。如今,在众兴乡“生态立乡”战略的指引下,按照“花样小乡、生态众兴”的定位,众兴乡高度重视播绿种花,积极引进造林绿化企业,打造生态宜居地。众兴乡荣获2014年度安徽省森林乡镇称号,并连续四年入围合肥市造林绿化二十佳乡镇名单。现在,无论你何时踏上众兴的土地,你都能感受到四季的鸟语花香、碧水蓝天。

三、公共建筑

移动信号塔　属于永久性建筑,1999年6月建设，位于众兴集原乡政府机关大院内,信号塔的建成,众兴以及周边地区居民的通信畅通工程得到完善。

乡政府水井　众兴集位于岗头上，地下约3米即为岩石层,水位低,水井出水困难，众兴集居民及机关工作人员饮用水时常发生困难。1986年,乡政府资金有限,多方筹措,克服困难,在原乡政府驻地深挖水井。由于地下岩石层复杂，第一次没有成功出水,1993年进行第二次挖掘,深挖至20米,成功出水,水质甘冽,引众兴集居民竞相提水饮用。

众兴集滁河大桥　(地方志办/供)

滁河干渠大桥　位于众兴集与梁小郢之间，是华光、范岗、谢岗、霞光四村居通往众兴集、肥东县城的必经要道，也是众兴通往元疃镇、合肥市新站区、长丰县的必经之路。桥面长15米，由1个主拱圈、4个副拱圈、桥墩组成，桥面铺设砂石路面，设简易栏杆，拱腹填料为砂石，拱背由多个水泥预制结构拼接。副拱圈相对称，美观又减轻桥身重量。2008年改建为钢筋水泥混凝土平面大桥。

永安集小河桥　（刘斌/摄）

永安桥　位于众牌路(民族乡大兴庄至永安集)关老塅处，1984年10月建造，砼板石台结构，跨径7米，净宽5.5米，全长14米，载重8吨。

汽车站　位于众兴南大街上，占地1800平方米，建有停车场、办公室、驾驶员休息室、乘客室等。

众兴自来水厂　位于滁河干渠东、众兴集北街之间，占地10400.05平方米，由安徽省水利厅金汇水利投资300万元兴建。始建于2007年10月，2008年10月竣工，26日试运营，首批供水单位有众兴中学、合六高速服务区。至2010年覆盖全乡供水管网70余千米，水价每吨2元。水源取自众兴水库，供水目标为5万人，供水规模为560天/吨，属于乡镇类小型自来水厂工程。水厂设施有反应池、沉淀池、滤池、清水池等，水源取自众兴水库，水质优良。

众兴农贸市场　（刘斌/摄）

四、街道建设

众兴集位于县城店埠西北12千米，合肥新站区磨店集5千米。市场交易较繁荣，交易场所原借助街道两边，往往占道经营，严重影响车辆交通、人员来往和街容市貌。众兴乡人民政府根据县政府 1996 年 4 月 8 日会议决定，结合众兴集网点市场建设规划的实际，亟待解决农贸市场问题。本着节约用地、旧街改造原则，在人民街与南大街交会处，拆除破旧房屋 12 间，腾出宅基地 3500 平方米，建立长 70 米、宽 50 米的众兴集农贸市场。进出口 8 米宽拱形大门和 5 米宽走道，南北两侧建商品房，上下两层计 52 间，建筑面积 1437 平方米，市场内做好水泥地坪，面积 2800 平方米，掘口大井（当时无自来水），东南建公厕 2 间，总计投资 93 万元。

花灯大街改造建设　（建设办/供）

改革开放后，老街住户逐渐拆旧翻新成两层楼房，上层住宿，底层经商。2008 年街道地面硬化，阴雨天泥泞路滑、久晴天尘土飞扬的现象已成为历史。街道地下同时埋设了电网、管道，两边风景绿化，灯火通明，如同城市一般，县 357 路公交车的开通缩短众兴到县城的往返时间。

花灯街是 2003 年开始建设的，为众兴工业聚集区核心位置，较大的企业有合肥市兴皖电器厂、金强保温材料厂、肥东众兴面粉厂、肥东新型琉璃瓦厂、肥东众兴棉织厂、胶带厂、昊达冷冻厂、晶徽达名门制造厂、徽海吸塑制品厂。

永安集曾是永安乡人民政府（公社）办公驻地，传统集镇。1992 年春撤区并乡后，永安乡的 16 个行政村整体划归众兴乡所辖。1996 年，众（众兴集）牌（牌坊）路经过永安集修成；1998 年，永安新街改造工程开始，从永安集信用社起至永安粮站西侧，两边的房屋拆除并建成 2～3 层楼房，街道的地下设施及路面硬化同步进行，柏油浇灌 200 米长、8 米宽的永安新街，路面、门面招牌统一配置。建成后永安新街一派新气象，市容整洁，店铺鳞次栉比，绿化、亮化建设配套，逢集日，人头攒动，方便群众生产生活。

改造后的众兴集、永安集，全面实行“门前四包”：包门前绿化；包门前公共设施完好完损；包门前水泥路面干干净净；包门面不堆放杂物、不准占道经营，保证交通畅通，市容美观。

五、供水　供气　路灯

众兴自来水厂筹建于 2007 年 10 月，由省水利厅金汇投资公司投资 300 万元兴建，2008 年 10 月竣工，10 月 26 日开始试水运行，首先对众兴中学、合六高速大高服务区供水，水源来自众兴水库。之后，埋设管网达 70 余千米，众兴集、永安集、花灯街已全部饮用自来水。至2019年,在全县率先实现村村通自来水。

至2014年,罐装液化气进入平常百姓家。

至2014年,众兴集安装电灯20盏,永安集安装电灯35盏,花灯街安装电灯42盏,从花灯村贾户至永安集长6千米,安装太阳能路灯196盏。

附:众兴乡实施安饮工程,让贫困户喝上自来水

按照肥东县水务局关于实施水务扶贫的统一部署，组织人员摸排贫困户家中接通自来水情况,对未接通自来水的贫困户免费安装自来水,确保广大贫困群众都能喝上干净卫生又清凉的自来水,为精准扶贫做出贡献。

众兴乡位于肥东县中西部,北与元疃镇接壤,东与牌坊回族满族乡毗连,西与新站区三十头社区相邻,南与新站区磨店职教园交界。众兴乡交通便捷,分别距合肥火车站和肥东高铁站12千米和13千米,距合宁高速肥东道口15千米,距合肥北环高速三十头道口10千米。境内有国家中型水库——众兴水库,全乡森林覆盖率超过46%,素有“苗木花卉之乡”美誉,是安徽省森林乡镇。

近年来,众兴乡在解决农村群众饮用水方面做出了极大的努力,在抓好农村基础设施建设的同时,积极和县自来水厂沟通,基本实现自来水管道村村通。在自来水入户安装服务上,执行县水务局安排,实施对贫困户免费安装服务,随着今年扶贫工作的深入开展,众兴乡总计136户贫困户,其中已经接通自来水114户,尚余22户贫困户未接通自来水,针对未接通自来水的贫困户,众兴乡与县自来水厂积极对接,正在铺设水管至村民组,实现贫困户安装自来水全覆盖。每当贫困户饮上甘甜清凉的自来水时,都无不感激是党的扶贫政策好,使他们不花一分钱,喝上这最幸福的水。

第二节　农村建设

一、村庄演变

中华人民共和国成立前,众兴地区农民大多居住土墙稻草房。卧室、厨房、客厅是混合一起,屋内装饰简陋,人畜同住。仅有花墩圩子、小朱户圩子、永安村李圩极少数大户人家住四合院、七路七开间的砖木结构瓦房。更有贫苦农民利用牛棚或四周围以“翻絮芦笆”当住房。

中华人民共和国成立后，随着农民经济收入的提高，众兴地区农民开始改善居住条件。20世纪50年代起,以翻建土墙草房为主;20世纪80年代后,开始兴建土墙瓦房,居民建屋有攀比现象,房屋宽度、屋脊高度越建越大,宽度有达10米、屋脊有达4.5米以上的间宽均为3.5米左右,以大平瓦盖顶;此后农村建造楼房渐多。20世纪90年代初,形成农民新建、翻建楼房的热潮,农民普遍住进楼房,室内开始讲究装饰。2000年后,农民住房向别墅式发展。房内有卫生间、起居室、客厅、书房等,装潢十分讲究。有的还配以花园,养花草鱼鸟，情趣高雅，环境优美。

1996年，农民住房有2.60万间，84.31万平方米，其中楼房40.69万平方米；2001年，农民住房有3.18万间，103.97万平方米，其中楼房61.20万平方米；2010年，农民住房有3.23万间，106.20万平方米，其中楼房63.72万平方米。

2014年，众兴乡有123个自然庄，居住环境向大、富、美、强方面发展。

大　农村单村独户的零碎小村庄为了便于生产和管理，大多迁址到公路边。人口繁衍，大家分小家，农户数多了，建房户也就多了，房屋和户数同时增加，村庄向外扩延。

富　中华人民共和国成立后，农民生活日渐改善，特别是改革开放后，农民由原来吃不饱、吃不好到如今的吃得好、吃不了，吃的品种也多样化。农村富余劳力外出进城打工，大多数有了一技之长，回来建设家乡，对社会贡献大了，家庭的经济收入增长了；再者道路村村通，水泥路、沥青路交织如网，风雨无阻，出门交通工具电气化，衣、食、住、行富足。生活发生巨变。

美　20世纪90年代的"双基"工作，使人们能上学，多数达到高中以上学历，文化素质不断提高，一些陈规陋习逐渐被淘汰，人们的心灵美、语言美、行为美、环境美生根开花结果，社会主义核心价值观正是人们的时尚追求，农民观念在转变。

强　农村普法教育和文化素质提高，科技水平增强了，机械化的推广使生产效率提高，生产能力增强了；智能手机、电脑、电气化、机械化的广泛普及，信息化普及，这一切带来了经济实力的增强。

二、建设规划　乡村建设主要是住宅和道路建设

居民建房　规划原则是便于生产生活，使用原有的宅基地和村内空闲地，能够利用劣地的不占用好地，能够占用荒地的不占用耕地，使用国有土地的必须办理出让手续。2005年，党和国家提出新农村建设，2006年中央1号文件做出全面部署，建设的重点实际是基础设施和公共服务两个方面。2013年12月，中央农业工作会议上。"中国要强农业必须强，中国要富农村必须富，中国要美农村必须美"，"强富美"就是中国"三农"的目标。在这次会议上，美丽乡村建设作为全面小康建设的重点乃至中国梦的定位提出来的，美丽乡村建设重点是生态文明建设，众兴先后开展华光新村、义合新村、瓦锡岗新村和大高村美丽乡村建设。

附：众兴乡铺就"四好农村路"提升乡村人居环境

农村公路是保障农民群众生产生活的基本条件，是农业和农村发展的先导性、基础性设施，"修好农村路，服务城镇化，让农民走上油路和水泥路"是"四好农村路"民生工程的建设目标。走进花样众兴、生态众兴，道路两旁的鲜花散发着淡淡的清香，一排排太阳能路灯整齐排列，宽敞的主干道路上一辆辆轿车、公交车来回穿梭，这是肥东县众兴乡推进"四好农村路"建设的一大缩影。

科学规划　打通出行“最后一千米”

“建好、管好、护好、运营好”农村道路，一直是当地百姓的迫切愿望，主干道路日益改造完善，但通往农户、村民组的“最后一千米”亟须打通。近年来，众兴乡将“四好农村路”建设作为民生工程的一项重要内容来抓，积极争创全县示范乡镇。该乡建立健全组织机构，层层压实责任，坚持科学规划制定实施方案，将创建工作与美丽乡村建设、脱贫攻坚、人居环境提升相结合，全力打造惠及全乡百姓的清洁、美丽康庄大道。

因地制宜　打造乡间特色道路

该乡今年计划建设“四好农村路”99.5千米，对通村组主、次道路均采用混凝土路面，限定主要道路宽度不小于5米，次要道路不小于3米。村内户户通道路、宅间道路结合村内地形、环境因地制宜修建，基础条件好的村居修建混凝土路面，条件较差的村选用块石、卵石等材料，路面宽度不小于1.5米，结合各村正在重点打造的人居环境提升试点，建成具有当地特色的石板路、青砖路，突出亲切宜人、古典的特点，避免“千村一面”，打造“一村一品”。

久久为功　提升乡域交通水平

“尽量利用现有道路进行改建，减少占地，降低造价，同时结合地域环境特点和需求合理设置配套设施，提升综合服务水平，路修好了，群众生产生活便利了，收入才会增加，百姓的腰包才能实实在在鼓起来。”党政主要负责人对该项工作进行深刻思考。众兴乡致力于提升乡域整体交通水平，随着元店路、石三路、大众路等重点道路众兴段的改造升级以及道路“五小工程”的跟进完善，群众出行改变了以往“晴天一身灰，雨天一腿泥”的不便状态，出行更加便捷、安全、高效。乡村道路的改造升级、建后管养讲究循序渐进、久久为功，来不得半点虚假。

三、住宅建设

1990年后，农村掀起建房热潮，主要是居民根据经济条件，陆续推掉土墙换砖墙，拆除草房盖瓦房，到2008年草房算是绝迹。开始筑房时，地脚一般挖80厘米深，用石灰拌土夯实夯紧夯板结，后来直接用砖纳地脚，并用钢筋混凝土做地脚梁、圈梁、防震柱，房子质量越建越好，由砖混结构平房到楼房，使村居有规模，向公路沿靠近，进出方便，避免了独户现象。2010年后，新盖的大多是楼房，一般为两层，也有三层，室内设施较为高档、齐全、现代化，不亚于城市居民的房屋装修。农村建住宅，适应生产发展和方便生活。

同时，道路、排水、绿化、路灯及休闲活动场所等市政设施配套进行。

四、公共建筑

医疗　2008—2010年，众兴乡12个村的医疗室由财政投入资金120万元购买仪器、床位等。

供电　2008年省电力公司在联合、永安两村征地新建500千伏变电站；2012年在大高村东风组征地1300平方米，兴建35千伏众兴变电站，解决合肥市东部地区用电高峰电压不足问题。

华光新农村建设　投入140万元，改造12户危房；投入14万元新修350米人行水泥便道，并铺设600平方米人行砖道，投入8万元进行墙体立面改造；投入10万元栽植法国梧桐和火龙球绿化树苗；新修400米水泥路，完成华光休闲广场建设和四口塘坝改造工程；房前屋后安装栅栏，保幼苗护绿色。

水利设施　2014年在永安村新建自来水厂，占地5.33公顷。整修塘坝17口，清淤渠道一处（罗岗段）配套桥梁涵闸等投资额20万元；排污沟一处650米，总投资26万元。

敬老院　大高村新建敬老院，占地1.01公顷，能集中供养200余名老人。

桥梁　中华人民共和国成立前，众兴只有小浏河（店埠河一段）是座石拱桥，又窄又矮，常被洪水淹没，其他河流没有桥，晴通雨阻，要么绕道而行，耽误时间，耗费精力；要么过河涉水，危险且很不方便。中华人民共和国成立后，特别是改革开放后，根据交通状况，陆续修建桥梁，店埠河上游众兴段3座水泥钢筋桥，滁河干渠众兴段建7座桥，合六高速公路上众兴段建有6座上跨桥。

交通及亮化工程　2014年，众兴到合肥有大众路；到县城有元店路穿众兴南北，柏油浇灌；通三十头、草庙、高塘、牌坊有乡道，乡内道往各村各组实现了“村村通”水泥路，晴雨无阻。总长超过100千米。

众兴集经花灯街到贾户，敬老院一直到永安集，沿公路旁全部绿化、亮化，集镇是高杆电灯，贾户到永安村沿路是太阳能灯。

供水　众兴居民在中华人民共和国成立前饮水：饮砖井水的农户约占1/5，饮土井水的用户约占3/5，饮池塘、河水的用户约占1/5。20世纪80年代，以饮地下水为主，起初是机钻井，一般20多米深，用人工压水。后期机钻井口径大了，农村电也通了，井底放抽水泵，接水管通水缸，电闸一开井水瞬间到达水缸、通向太阳能，冬天用温水方便多了，并节约燃料。2010年，农村75%的人饮用自来水。

供气　2014年前后，众兴合六叶高速路北70米外，沿路旁埋设内径69厘米的液化气管道，还有一分支从贾户东向北经李园，穿滁河底通向东北方向，但众兴仍未启用。家家都有罐装液化气。

众兴历史不通暖气，寒冬腊月取暖早前用烘暖盆、焐炕，后来用热水袋、电热毯、取暖器、空调等。

第三节　居民点建设

一、总体概况

众兴居民住房建设大体分两种方式：一是拆零散老屋，向便于生产、生活、交通便捷的公路两旁聚集，避免独户。二是建居民点，如华光社区胡大郢居民点、义合居民点、瓦锡岗居民点。道路、排水、绿化、路灯等市政工程同步进行。这样能缩村让地，扩大耕地面积。

义合居民点 （康琛／摄）

二、居民点

华光村 550 户人家，除王大郢、塘稍、庙岗、十家庄 4 个自然庄 201 户未规划外，其余 443 户农家规划在 2 个居民点：胡大郢点和义合点。

胡大郢居民点，将原胡大郢、吕小郢、河心自然村拆迁至胡大郢居民点，计 143 户，600 余人。总计 210 套两层楼房（每套住 1 户，每层 2 间，每户安排上下层共 4 间），门面南北向相对，形成对面街。前后每栋距离 13 米，其中通道 4 米，水泥路面，路旁暗沟排水，绿化、灯盏设施配套。庙前广场为休闲场所。

义合居民点将原王小郢，吴高、前进、建设、胜利、义合集、团结自然村迁住此点，共 200 户 800 人，总计 50 栋两层楼房分五大片。东一片 5 排，每排 3 栋，每栋住 4 户，计 15 栋住 60 户。东二片前 3 排，每排 3 栋，每栋住 4 户，计 9 栋 36 户。中间一片 4 排，每排 4 栋，每栋4 户，计 16 栋住 64 户。西二片 3 排，每排 3 栋，每栋 4 户，计 9 栋住 36 户。西一片 1 栋住 4 户。

市政设施配套，水泥道路通往每片每栋每户，出进方便，风雨无阻；统一绿化、亮化，宜居宜业。

第四节　乡村建设管理

一、机构

乡人民政府统一领导，负责众兴乡的乡村建设管理工作，具体管理事务由分管乡村建设管理乡副职干部和土管、规划部门负责。乡村制定建设规划，作为乡村建设的依据。乡人民政府的乡村建设管理人员，有权对本行政区域内的乡村建设活动进行检查，依法处理违反规划建设行为。被检查者应当如实提供情况和必要资料。

乡村规划编制遵循下列原则：

（1）从当地的自然环境、资源条件、历史和现状等实际情况出发，并同集体经济及农民生活水平相适宜；

（2）以本地的经济、社会发展长远规划为依据，并与土地利用总体规划和农业、水利、环境保护、乡镇企业、商业等有关部门的专业规划相协调；

(3)有利生产、生活；

(4)执行国家和省制定的有关规程和技术指标。

二、村容管理

村规民约　乡村设有专门的村容村貌建设管理机构，村民按约定俗成或村规民约的习惯，基本是以德自治，必要时由乡村协调处理。乡村制定以及村民自治制度和习惯有：

(1)实行禽畜圈养，禁止村范围内散养禽畜，因散养而伤及他人财物的，责令其养主负责赔偿。

(2)任何单位和个人不得擅自在道路两侧和公共场地设置广告招牌、张贴栏等。因实际情况需要设置的，必须提出申请，经村委会上报乡主管部门批准。其设置广告招牌设计时必须内容健康，构图色调美观。

(3)辖区内所有绿化设施保护人人有责，任何人未经批准，不准砍伐树木、花草。禁止在辖区范围内的建筑物及树木上涂写、刻画或张贴各类宣传品。

(4)不将烂秸、垃圾直接放在道路旁、池塘内。

(5)农户门前实行"三包"，对在门前乱丢、乱贴、乱摆等行为进行监督教育。农户监督自家房屋墙壁、树木、门前线杆等不被乱贴乱画标语广告等，不乱搭乱建，否则，自行清除，恢复清洁。谁家的残墙断壁，谁家修复；谁家门前有污水，谁家清理。

(6)住房建设做到布局合理，实用美观。否则，不予审批。

(7)农户住房建设建材要集中摆放在自家宅内，不得在公路上、村内道路上堆放建材，一经发现，限期清理，由村里统一处理。

(8)农户新建住宅要搞好庭院及房前屋后绿化，三线架设要合理规范，杜绝私拉乱扯。

(9)乡全面禁止秸秆焚烧。

美丽乡村建设　2013年，众兴乡成立美好乡村建设领导组，下设办公室。按照"生态宜居村庄美、兴业富民生活美、文明和谐乡风美"的总体目标，制定规划。开始对众兴集、永安集、花灯大街、大高村窦小郢、霞光村金王大郢、华光新村等进行绿化、亮化工程建设。投入140万元对华光美好乡村12户危房进行改造，投入14万元新修350米人行水泥便道并铺设600平方米人行砖道，投入8万元进行墙体立面改造和村办公楼内外装修改造，投入10万元栽植法国梧桐和火龙球等绿化树苗。在华光新村新修一条长400米的水泥路。

"三线三边"整治　指铁路沿线、公路沿线、江河沿线及城市周边、省际周边、景区周边。2014年5月，众兴乡村分别成立专门组织，全面整治县乡村道路、店埠河、滁河干渠、众兴水库、马政寺、各塘坝沟渠以及合肥市周边环境治理，集中开展垃圾污水治理、建筑治理、广告标牌治理、生态环境治理、绿化改造提升等"四治理一提升"。路面及"三线三边"的卫生工作由乡环卫所与村保洁员清扫，公路缺损维修由公路管理站负责，标牌宣传由乡文化站负责管理，绿化由乡林业部门管理。

2014 年众兴村庄建设用地一览表

表 10-1

村(居)委会	人口(人)	建设用地(公顷)	人均建设用地(平方米/人)
众兴	2000	56.5952	282.98
花灯	2320	44.7582	192.92
华光	1974	55.5693	281.51
范岗	2245	44.9979	200.44
霞光	3184	72.3166	227.13
谢岗	2446	46.0864	188.42
联合	2424	46.0864	190.13
大高	2012	36.0665	179.26
永安	4168	56.5318	135.63
总计	22773	4590083	201.56

三、绿化

合六高速公路众兴境内，2009 年，沿公路两侧栽植广玉兰、香樟、紫微、桂花等树苗，长 10 千米，宽 400 米，被称为绿色长廊。

滁河干渠两边堤岸土坡众兴段 20 世纪 80 年代全部栽上杨树，2014 年已成参天之木，形成规模绿化带。

通过招商引资，成立多家园林公司，如北京天创森源农业科技发展有限公司在花灯投资建设 1000 亩观光园林基地；鼎和公司造林 1000 余亩，总造林达 3000 余亩；君茂园林、香榭里园林陆续建成园林配套产业。

2013 年，众兴新增成片造林面积 4000 余亩，完成金王大郢等 10 个自然村的村庄绿化，绿化道路 11 千米。

至 2014 年，全乡累计已流转土地 18460 亩，占农户承包土地面积的 56.2%。

众兴乡获“合肥市 2013 年植树造林二十佳乡镇”称号。

四、拆迁

1996 年，新农村建设，众兴乡华光村实行“缩村让地”规划，拆去 16 个村民组 343 户农家，在本村建立两个居民点——胡大郢居民点

2012 年众兴乡轮窑厂拆迁 （建设办 / 供）

和义合居民点。

拆迁村庄是胡大郢(6个村民组)、吕小郢、河心、王小郢(2个村民组)、吴高(2个村民组)、义合集(4个村民组)。

1999年,村民入住新楼。两个居民点共71栋686间,上下两层计1372间。让出土地802亩。

永安集从永安信用社至粮站西两边房屋于1997—1998年全部拆除重建。

1998年,众兴集农贸市场选址在众兴集南大街东侧、利用老宅基地350平方米,拆迁旧房12间。

2012年,滁干渠边的窑场、养猪厂及店埠河边的养猪、养鸡厂以及众兴水库水源保护地的养殖场全部拆除。

2014年,拆除"两违"(违法占地、违法建设的建筑)厂房近1万平方米。

拆去学校的危房以及农村住户的危房150间,面积400多平方米,大部分由政府重建。

村民翻建房屋拆迁旧房8万平方米。

第十一章 交通 邮电

众店路公交站牌 （刘斌/摄）

第十一章

交通 邮电

众店路公交站牌 （刘斌/摄）

第十一章　交通　邮电

明清两代，众兴地区的邮政自店埠、梁园等驿传、铺递通往外地。

民国15年(1926年)，众兴集开办邮政业务，名曰众兴邮政代办处。时地点位于众兴集南头，坐东门朝西开，两间正屋，一间厢房。

中华人民共和国成立前，众兴地区没有公路。东北杨店、草庙、三星集人往来合肥经众兴集、磨店集都是土大路，肩挑步行。起早带晚赶路程，很辛劳，常常脚底磨成泡。众兴人北上去元疃集经马政寺，也是土路。去县城店埠经店埠河(村民习惯称小浏河，因位于原浏河村)，去合肥经单岗河，两条河上各有一座简易石拱桥，又窄又矮，遇洪水时通行困难，总是三五人成群结队蹚水，危险性大，曾发生多次溺水事件。农村人很少进城赶集，生活艰苦。

“文化大革命”时期，滁河干渠修成并通水，大众路铺设砂石路，众兴滁河干渠大桥建成，汽车、客车能正常通行。滁河干渠将众兴乡南北一分为二，渠上修筑许多便桥(只能人行)，供庄稼人务农。

改革开放后，单岗桥(众兴通往合肥的必经之路)筑成，但一遇大水，水从桥面横溢，雨天交通受阻。20世纪90年代，众兴集往县城店埠，经梁宇店处修做桥，经许河湾处修一座桥，刘小郢通往永安集的郑小河上修一座桥，许槽坊、小钟通往永安集店埠河上修一座桥，这样店埠河众兴段共建三座桥。

众兴中国邮政所　(康琛/摄)

2010年，众兴乡实现村村通水泥路，统一3.5米宽。

乡村公路的修筑经费由政府按一事一议方式投入，乡与村两级共同护养。

大众路、店元路、水库路、众霞路、众牌路成为众兴主干道(7～9米宽)。

有路便有车，中华人民共和国成立后，自行车(当时称脚踏车)成为主要交通工具。

改革开放后，摩托车开始流行。运输工具也不断变化，由肩挑背扛畜驮到人畜力拉平板车，直至手扶柴油拖拉机逐渐普及，既能耕田又能运输。再接着是电瓶车，几乎家家有。至 2014 年，40%的农户购置私家小汽车。

1985 年，邮电所搬迁到众兴集大众路口、卫生院西南对面，盖四间上下两层。1998 年，邮电分营，众兴成立电信所和邮政所。

第一节　公　路

中华人民共和国成立后，众兴集至磨店集修通一条公路，约 4 米宽，之后铺设有盆口大的石块，上面放层土，路面高低不平整，稍不留神就会被绊倒。“文化大革命”后，合肥市公交公司曾开通这条线路，不到半年，车子停了。当时“三蹦车”广泛流传：车在路上蹦，人在车里蹦，心在肚里蹦，伤车又伤人。后铺设成石子路，个体户购买的中巴车往来这条线路。每遇夜晚或雨雪天、节假日，尤其春节期间，车价成倍上涨。

直至 2006 年，大众路众兴段才扩建为 7 米宽，浇筑混凝土。

同年，元店路众兴段修通 12 千米长，浇筑水泥路面。其中众兴集至马政寺 3.5 米宽，众兴集向南至梁宇店(店埠河)7 米宽。

同年，众兴集至众兴水库修通水泥路，长 3 千米、宽 5 米。

同年，关大郢至永安集修通水泥路，长 2 千米、宽 3.5 米。北连通民族乡沟梗村。

众元路　(康琛/摄)

2008 年，小何岗至永安集修通水泥路，长 2 千米、宽 3.5 米。

同年，霞光黄窑至金大坝修通霞光东路水泥路，3 千米长、3.5 米宽。霞光东西两条村路相接，长 1 千米，宽 3.5 米。

2004—2008 年，合六高速公路众兴段 12 千米，从征地到浇筑砼混铺沥青直至通车，前后 4 年多时间，路面六车道，路肩隔离带，净宽 24 米(高速)。

众霞路　(康琛/摄)

2009 年,众兴集至联合村办公室修通水泥路,长 4.5 千米、宽 5 米。

2010 年,联合村扩大村组道路建设,各村民组之间连接修通的水泥路长 3.5 千米,宽 3.5 米。

同年罗岗路[北圩坎经罗岗通梁小郢(众兴集)]修筑水泥路,长 1.5 千米、宽 3.5 米。

同年霞光西路(柏果岗—蒯油坊)修通水泥路,长 4 千米、宽 3.5 米。

2012 年,共和路(西岗头河埂—义二、义三)水泥路面灌筑成功,长 2 千米、宽 3.5 米;大陆老通滁河干渠南埂水泥路筑成,长 1.2 千米、宽 3.5 米。

2014 年众兴乡道路一览表

表 11-1

村别	名 称	区间走向	宽度(米)	里程(千米)	性质
花灯	河埂路	众兴大桥—龚河湾	3.5	3.01	水泥路
	小贾路	小胡套—贾户	7	0.9	沥青路
	陆老家路	滁干河埂—陆老家	3.5	1.087	水泥路
	井三路	井店—义三	5	3.012	水泥路
大高	大高路	乡政府—花灯菜市场	5	0.5	水泥路
永安	永黄路	永安集—黄沟埂	5	0.7	水泥路
	小何岗路	永安集—小河岗	5	1.3	水泥路
	王宣户路	田埠周—王宣户	5	1.01	水泥路
	变电所路	变电所—王宣户岔口	5	0.5	水泥路
	万周路	王宣户—小周	5	1.3	水泥路
华光	胡长路	胡大郢—扁头岗	5	1.156	水泥路
	胡义路	胡大郢—义合	5	1.6	沥青路
霞光	众霞路	金小郢—合六路桥	7	1.443	沥青路
	司郢路	金王大郢—瓦锡	5	3.3	水泥路
	柏金路	胡冲—金大坝	5	3.4	水泥路
	何黄路	王岗—柏果	5	2.7	水泥路
	黄扁路	黄瑶—扁头岗	3.5	0.5	水泥路
谢岗	众霞路	滁干河—金小郢	7	3	沥青路
	罗岗路	罗岗—粮站	5	3.5	水泥路
	何黄路	王岗—何小郢	5	2.6	水泥路
众兴	众郢路	众兴集—张郢坊	5	1.7	水泥路
	众水路	大朱户东—众兴集	5	1.767	水泥路
联合	郢变路	张郢坊—变电所	5	1.1	水泥路
	众水路	大朱户东—水库	5	1.21	水泥路
	水钟路	滁干河—村办公室	5	2.7	水泥路
	郑小路	郑小河—变电所	5	1.8	水泥路
	许小郢路	众兴小学—下金王	3	1.4	水泥路

续表 11-1

村别	名 称	区间走向	宽度(米)	里程(千米)	性质
范岗	司香路	元店路口—香店	3.5	0.6	水泥路
	司小路	元店路—原范岗小学	5	0.5	水泥路
	小庙路	原范岗小学—水库	5	1.6	水泥路
	朱檀路	元店路口—吴小郢	3.5	0.5	水泥路
	十高路	十家庄—高小郢	5	0.65	水泥路
	檀金路	元店路口—金户	5	1.468	水泥路
	鼎和路	元店路口—东范岗	5	2.2	水泥路
省道	合六叶高速	永安村—霞光村	22	8	沥青
县道	元店路	店埠镇—元疃镇	9	9	沥青
县道	大众路	高速路桥—众兴集	7	3	沥青
县道	石三路	永安集—花灯村	9	9	沥青

2014 年众兴乡兴建道路一览表

表 11-2

路名	长度(千米)	宽度(米)	起至
滁渠南路	4	3.5	众兴集沿滁河干渠至共和大涵洞
谢岗路	3	3.5	王刘岗至新庄
贾义路	1.5	3.5	贾户高速跨桥西至义一,接通共和路
贾圩路	1.5	3.5	贾户石三路修通至老圩河埂,接通滁渠南路
花灯路	1.5	3.5	大众路井店修通至老圩,接贾圩路
大高路	0.5	3.5	花灯街乡政府门至农贸市场
华光路	3	4	马政寺至新村

至 2014 年,众兴乡境内公路总长 110 千米。

第二节 机耕路

机耕路是农机具出入田间地头，进行农田耕作的通道,众兴地区的机耕路大部分修建于20 世纪 80 年代，家庭联产承包制的施行,人拉畜力胶轮板车普及后,村民自发在原有的田间主干道拓宽培土修成“土大路”,便于板车、拖拉机等运输工具晴天通行。农村机耕路没有建立规划,纳入建设计划,处于急用急

机耕路 （刘斌/摄）

修状态。随着农业机械化、规模化种植的推进,部分种植大户为了提高机械效率,部分改建成砂石机耕路。

风雨侵蚀,机械碾压,2010年,路况大多坑洼不平,弯多路窄,能勉强维持农机通行机耕路占1/3不到,急需维修的机耕路约占五成,机耕路的桥梁涵洞大多年久失修。

至2014年,随着"村村通"工程建设,部分农田机耕路问题得到解决。

第三节 桥梁 涵洞

一、桥梁

众兴乡建在高速路、店埠河、滁干河及支系上大小桥梁有18座。

跨合六叶高速公路众兴境内有4座大桥,位于许庙、小胡套、贾户、金王大郢处,每条桥长50米、宽20米。

跨店埠河上游众兴境内23座大桥:桥二墩桥长10米、宽5米;许河湾桥长15米、宽8米;梁宇店桥长15米、宽7米。

跨永安河有2座桥,分别位于永安集东、永安集南,桥皆长12米、宽7米。

跨滁干河龚河湾段上有合六叶大桥,长100米、宽25米;众兴集滁河干渠大桥,桥长30米、宽8米;共和、西岗头、圩坎、罗岗、小朱户、烟笼岗6处建6座桥,桥长都是30米、宽5米(其中只有罗岗桥宽2.2米,设人行便道)。

另外,众水路众兴集北头1座桥,贾义路跨义一东冲河上有1座桥,桥长都是6米、宽3.5米。

梁宇店大桥流芳亭 (刘斌/摄)

许河湾大桥 位于许河湾自然村,南横跨店埠河,桥纵轴线与水流方向正交,南北走向,为钢筋混凝土拱桥,于1990年建成。是原众兴与永安地区群众来往以及去县城的唯一车行通道,时百姓称为永安的"南京长江大桥"。

梁宇店大桥 位于梁宇店自然村,横跨店埠河,南北走向,为钢筋混凝土拱桥,建成于1996年,是众兴人民来往于县城的又一通道。是由政府主导、各界人士捐款筹资建成。

二、隧道

合六高速公路众兴段有6个隧道，分布在金王大郢、共和、西岗头（两处）、小何岗、胡老君自然村。其中共和隧道长30米、宽10米，其余5个隧道长25米、宽5米。

三、涵洞

众兴乡境内的合六叶高速公路下有9个涵洞，分布在金王大郢、共和、西岗头、贾户、小胡套、大胡套自然庄的洼冲里（西岗头4个:深闷塘、水沟、小河、大冲）。滁河干渠众兴境内有13个涵洞:分布在大陆老、蒯油坊、龚河湾、共和（南北岸各1个）、西岗头、圩坎（3个）、梁小郢、小朱户、陈户、田中份自然村内。

第四节　公路管理

一、公路养护

众兴乡公路养护实施“分级负责、条块结合、乡村联动、齐抓共管”的机制，配合县公路管理部门管养公路工作。1986年，乡公路由县交通局负责养护，当时大众路全长17千米，乡内只有4千米。永安集至白小郢（现牌坊乡民兴村）长约5千米（现乡内1千米）。

道路维护　（公路站/供）

1995年，乡村公路通达里程粗具规模，县交通局帮助乡搞好公路养护工作，要求乡村公路养护做到日常化、正规化。通过学习石塘镇和张集乡管理公路的经验与方法，众兴乡制定《农村公路日常养护管理办法》，成立农村公路管理站，站长由1名副乡长兼任，1名副站长任专职路管员，经常巡查乡内道情路况，并适时填报养护质量表。众兴乡农村公路养护工作进一步日常化、规范化。2003年5月、10月，县政府召开两次农村工作会议，将农村公路养护纳入乡日常工作进行目标考核。众兴乡成立乡村公路管理领导组，制定公路养管领导组，落实一事一议和其他渠道筹集资金，建立公路档案等长效管理机制（成立乡村道路养护队、道路绿化承包组织、乡村路管员等）。

二、路政管理

1986年11月，肥东公路管理站设路政股，负责养路费征收、维护路产路权。1991年6月成立征稽股，养路费征收与路政管理分开。

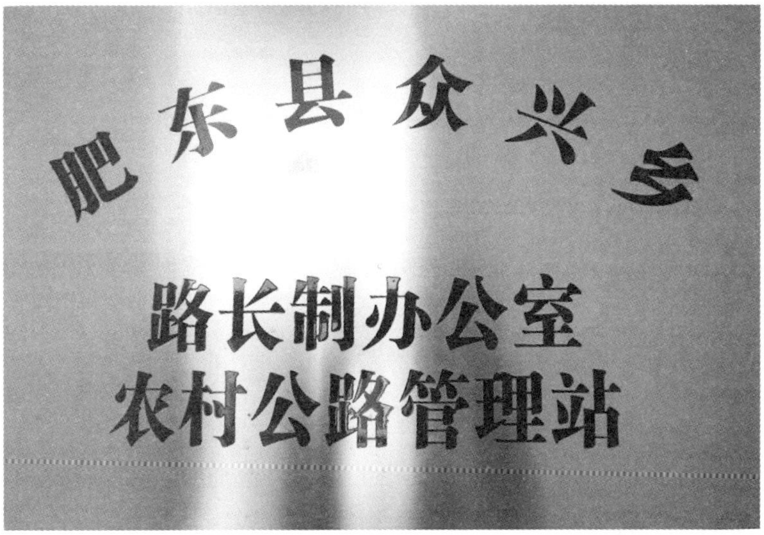

肥东县众兴乡路长制办公室农村公路管理站体会牌子

（刘斌/摄）

1995年，县政府召开由乡镇长、土管、城建、工商、公检法等有关部门参加的路政工作会议，并组成由交通、公路、土管、城建四部门参加的联合调查组。当年，众兴调查侵犯路产路权和违章建筑7户处，并逐一登记，分步拆除。

1996年，肥东首创路政“路长制”管理模式，把公路路政管理工作纳入县乡领导年度工作目标中，县委、县人大、县政府负责人分别担任县内各主要干线公路“路长”，将创建样板路与创建文明城镇结合起来，形成“领导重视、政府挂帅、部门配合、齐抓共管、综合治理”的局面。

1997年，针对公路路政管理工作难点和热点，县政府进一步深化和推广路长制，与乡镇签订《路政管理目标责任书》和《爱路护路公约》，并设置规范化示意牌，众兴乡综合治理效果显著。

众兴乡公路站整改道路安全设施　（刘斌/摄）

2000年始，路政管理纳入县文明创建工作考核内容，县文明委定期考核通报路政管理情况，公路路政管理与文明创建融为一体。同年，众兴的公路桥梁护栏标牌等公路附属设施得到及时修复，保证文明创建顺利实施。

2004年6月，路政管理又重新划归肥东公路分局，成立肥东公路分局路政中队，路政管理工作的责任更加明确且逐步走上法制轨道。

2004 年,众兴乡主动配合县运政、公安部门,对来往于众兴、梁园与长丰三十头乡以及合肥市的超载货车进行检测,对超限超载车辆坚持卸载、转载,消除违法行为,遏制超限超载现象,维护公路正常运行。

为了加强乡村公路路政管理,维护公路的完好,保障公路的安全与畅通,提高乡村公路质量,众兴乡制定《路政管理制度》。

建立乡村两级农村公路路政管理网络。村级养路员作为乡村两级路政管理的联络员。

公路路政和土管部门联合从严控制乡村道路两侧的建筑红线(标准为边沟外缘 5 米)无违章建筑。

保证农村公路路容整洁,无杂物乱堆存放,无侵占公路用地现象。

及时制止侵占公路打谷脱粒和摊晒现象。

管理好维护好乡村公路的标志、标牌等交通设施,缺损、丢失的应及时补救,歪斜的应及时修正。

对侵占公路的违法行为要及时查处或制止。如有侵犯路产路权严重的请司法、公安人员参与。

实施行政执法,处理案件程序规范。

协助管理路边绿化,防止砍伐及牲畜践踏。

三、运政管理

改革开放后,车辆迅猛增长,两轮、三轮的电动车,摩托车,小汽车,面包车,手扶拖拉机等营运繁杂,由县统一管理。

1988 年 1 月,肥东县交通运输管理所成立,负责全县道路运输市场管理、监督及交通规费征收。随后,车辆维修行业也纳入管理行列。

众元路 (康琛/摄)

1996 年,开始对从事营业性的驾驶员发放上岗证,2001 年改换从业资格证书。至 2003 年底,众兴发放从业资格证 172 份,接受县分批培训人员 150 人次,提高从业人员安全意识和技术素质。

2000 年 5 月至 2001 年 8 月,县政府开展道路运输市场管理年活动,县交通局、公安局牵头,联合相关部门共同治理客货运输市场秩序,重点整治县城客货运输市场。同时加强道路危险品运输安全检查,培训运输危险品从业人员,检测特殊运输车辆安全性能,严格执行证照齐全和道路经营许可证制度,监督和管理运输市场安全。

2002 年 4 月，县内道路运输经营许可证、道路运输证和道路运输企业资质评定办理和审验权收归合肥市运管处。

2003 年 5 月，众兴运输市场重点淘汰从事客运的厢式农用车、三轮车。2003 年 6 月起停止营运，7 月 20 日前，全乡 12 部厢式农用车车辆全部更新为小面的（又称小红车），并给予办理临时营业许可证。其中，进合肥市区的有 4 辆。

2010 年，众兴开始取缔小面的，开通往返于众兴集、永安集的 352、357 路公交车。

通过一系列措施，运政管理不断加强，至 2014 年，基本改变运输市场无序竞争状态。

大众石子路面子修通后，路面石块大小不匀，高低不平，私人用三轮车载客经营。2005 年后，私人购买中巴车从众兴集到合肥花冲站，不几年改停合肥东站。众兴高峰时有 18 辆中巴车运营，三轮车逐渐被退出。中巴车驾驶员先后按顺序，基本上每 20 分钟发车一次，有时乘客不足不开车。

第五节　运　输

一、货运

平车运输　二十世纪七八十年代，由于机耕路的出现，农村的平板车逐渐增多，拉土粪、运化肥、卖西瓜、送公粮、运加工料草、运粮食等，只要路基好，车气足，能拉运 500 余千克。如人力不足，往往用耕牛驾运。

人力板车　（地方志办/供）

拖拉机运输　20 世纪 90 年代，手扶拖拉机出场，仅三五年时间，就有 80%农户购买。相比平车，拖拉机运输负荷量大，速度快，省时省力，此外能犁田耕地，拖运稻把麦穗，还能在打谷场上脱粒、扬场，用途大，一家一户使用较方便。

手扶拖拉机　（地方志办/供）

汽车运输　20 世纪 80 年代，众兴公社滁河大队吴小郢生产队张国斌首次购买一辆货运汽车，拉砖运瓦送石子等建筑材料，为大户运送西瓜，为供销社拉运化、磷肥，为粮站运送粮食等，一车能装好几吨。受到当时路基限制，只能跑石子路，那时众兴还没有水泥路。汽车拉货多，速度快，但那时不能自卸，还得全靠人工装卸。再后来，汽车全部自卸。个体户汽车渐渐增多，国营的汽车运输公司逐渐被替代。

运输汽车　　(地方志办/供)

二、客运

公交线路　“文化大革命”后期，合肥公交公司曾开通从合肥东七里站顺大众路到众兴集，每人次0.6元。不到3个月，因路况太差而停运。柴油三轮车“上岗”，短短两三年时间，个体户的十几辆三轮车在大众路奔来跑去如穿梭般，时而超负荷载客，时而赶时间抢跑，十分危害。到站时乱停乱放，影响交通秩序。群众怨声载道，反映强烈。不久，安凯牌中巴车出现了，人们纷纷抢乘，中巴车比三轮车稳当多了，渐渐地三轮车被淘汰了，取而代之的是十几辆安凯汽车在大众路上驾来驶去。每到春运或节假日或雨雪天期间价格就上浮，涨幅达到200%～300%。

三、车站

大众路众兴境内曾设有众兴集站、众兴中学站、孙吴大郢站、单岗站。后因个体户开车，路上有人，只要一招手，车便停了，路上各地都成了招手站。

2012年，原5路公交车从县城店埠开通至许庙。要去县城只好步奔或乘电动三轮车到许庙换乘。不到两年时间，5路公交车延伸至花灯街口，竟然被个体运输户排挤，县交通局配合公安局采取果断措施，或收买个体车辆或加入路线行驶(遵守公交秩序和政策)。经一段时间整治，到2014年底，县东鼎公交公司357路公交正式从肥东东站经塘杨路直奔众兴邮电支局，境内设8个站牌：街口、邮政局站、砂厂站、中学站、乡政府站、东风站、敬老院站、大高站。车次间隔15～20分钟。

四、乘客人次

2014年底，东鼎公交357线路车每天往返8次，平均每车每次载客18人，10辆车每天乘客达1500人。高峰时段或赶集之时，乘客摩肩接踵。每逢周五下午，中、小学学生上学、回家，人数多，乘车有拥挤现象。

第六节　邮　政

一、机构沿革

民国 15 年(1926 年),众兴集邮政代办处开办,隶属庐州邮局,并与三河、梁园、店埠、撮镇、长临河、长乐集、中庙、六家畈、施口、油坊集、元疃集、双墩集、桥头集、大兴集、义兴集通邮。

民国 24 年(1935 年),新辟村镇邮班:元疃—众兴—磨店。

民国 35 年(1946 年),众兴集邮政代办所隶属合肥邮政局。

1962 年 10 月,安徽省邮电管理局批复,撤销张集邮电所、三十头邮电支局,众兴邮电所升为邮电支局。

1984 年,众兴邮电支局降格为众兴邮电所。

1984 年,实现村村通邮政,众兴邮电所直属县邮电局管辖。

1986 年 11 月,省邮电管理局批复增设马岗邮电支局,众兴邮电所隶属马岗邮电支局。

1999 年 1 月 27 日,众兴邮政所划属肥东县邮电局管辖。

2004 年,众兴邮政所隶属龙岗邮电支局,直至 2014 年底。

二、设备

众兴邮政代办处初创时,在众兴老街南头有两间正屋和一间厢房,私人经营。

1956 年 9 月,厢房变成机房,有线电话直拨肥东县邮电局。

1966 年起,实现村村通邮件。

1985 年,众兴邮电所搬迁至大众路众兴集西南侧,盖 4 间上下两层砖混结构,仍然是有线电话。

1988 年取消步班邮递,改由自行车邮送。

1999 年,邮政、电信分营。邮政设职工宿舍 2 间、办公室 2 间,对外营业厅 40 平方米,分发室 20 平方米,职工 2 人。成立村邮站 3 所、便民服务站 1 家。众兴邮电所属营投合一网点。业务范围:收寄各类包裹,特快信件,征订各类报纸、杂志,办理汇兑收缴各类通信费及电费,负

1986 年,邮递员投送报刊自行车　(地方志办/供)

责全乡邮件投递和代理邮政分销。

2007年,改用摩托车邮送,随着报刊的投送量递增,路况好,改用汽车邮运。

附:众兴邮电所负责人名录(按时间顺序)

音良才、音继树、关旭东(1989—1991年);关朝根(1991—1994年);吉兴平(1994—1995年);倪修福(1995—1996年);张道贵(1996—2002年);司圣平(2002年起)。

2014年,乡邮政所配送报刊专车　(邮政所/供)

三、业务

函件　中华人民共和国成立前,众兴地区函件很少,1950年,全国统一邮政资费。改革开放后,随着外出务工人员及大学生增多,函件量增速较快。1990年,众兴函件业务量增至1.8万件,为高峰年度。1991年后,电信技术迅速发展,程控电话、手机逐渐普及,人民群众相互来往的函件明显减少。1997年,众兴地区的函件量降至1.2万件;1998年邮政、电信分营后,函件业务再次减少;2003年、2004年、2005年函件业务量分别为0.6万件、0.4万件、0.2万件。2002年,众兴邮政所承办各类商函广告、明信片、邮资信封等业务,扩大服务范围。

包件　1950年,众兴地区包裹收递业务传至县局办理,业务量少,所寄包件多为食品、服装类。改革开放后,商品流通量增大,个体户、专业户商品包件比重大。1993年,众兴包件业务量达0.3万件,是1986年的5倍。1994年起,商业物资流向多渠道发展,业务量有所下降。2010年起,随着电子商务的快速普及,邮政快递业务量增加迅猛,2014年,众兴地区包件业务量达3.5万件。

汇兑　1950年,众兴地区汇兑业务须到县局办理,业务量少。1978年起,业务量增加明显,主要是外出工人工资和个体工商户汇款。1990年后,外出务工以及求学人员增多,汇兑户数及款额逐年上升,1994年达0.5万件,1998年达1.2万件。2003年,开办全国联网电子汇兑业务,邮政汇款即汇即收,汇兑时限由4天缩短为2小时,取消普通汇款和电子汇款,众兴汇兑业务量增大,经济效益增长明显。

报刊　据1978年3月27日统计,众兴邮局设党报、党刊发行站,发行员5人,农村代办发行员132人。1996年6月,众兴乡分为众兴、永安两路投递,每日1班,信、报合投;平均每天投递报刊 320 份、信函 75 件。各条线路平均 35 千米,投递点 45 处,投递面包括 31 个村、24 所学校、18 个卫生所。每天投递报刊约 410 份、信件 150 封。团体单位每天到,特邮送到户。当日报刊投递占 75%;隔日报刊占 25%。学校寒暑假期间,将师生订的报刊直接送上门。1991 年,众兴邮电所在众兴大街设置报刊零售门市部,并在集镇四周设置信箱、信筒 5 处。

2003 年,集镇区读者能够看到当天报纸。

1999 年,邮路总程 78 千米,有投递信箱 39 只、信筒 9 个。全年业务量:投递报纸 58.39 万份,杂志 300 余种、8.41 万份。2001 年底,邮路总里程 82.05 千米,投递员 3 人,投递点 65 个,投递信箱 20 只、信筒 12 个、书报亭 5 所。业务量:投递报纸 320 种、168 万份,杂志 480 种、1.60 万份。并办理邮储和代发养老金等业务。

2004 年底,众兴邮政所有农村投递邮路 7 条、85 千米,每天 2 个频次,村民小组可以当天收到中央、省市报纸,集镇附近当天傍晚可以收看到《合肥晚报》。

特快专递　1993 年 8 月,众兴开展邮件特快专递业务,为外出务工、大学生等人员速递证照、文件材料,为专业部门速递身份证、传票、法律文书等。特快专递具有安全、快速、便捷、准确的特点。

物流　2003 年 2 月,众兴邮政所配合县邮政物流公司开展物流配送业务,为众兴地区商户及群众配送烟酒、牛奶、饮料、农资等生活生产必需品。

邮政储蓄　2000 年,众兴开展活存活取、整存整取、零存整取、定活两便、有奖储蓄等邮政储蓄业务,2002 年,实现全国联网、通行通兑。

集邮　1995 年,众兴邮政所设立集邮专柜,集中出售各种票面、票额的邮票以及集邮册和集邮用品。

邮政新业务　1998 年,邮政独立运营,新业务不断出现。同年下半年,开始发行企业贺年卡、校园明信片、邮资明信片、广告挂历等,储蓄发展新的中间业务,如代理财产保险、代发工资,代办联通 191/192 寻呼、联通 130 SIM 卡,出售各类型电话、移动电话及附属部件,与国信寻呼、中国移动公司合作开展业务代办。

四、邮路

1926—2004 年部分年份邮路情况表

表 11-3

年份	邮路线	邮路长
1926	庐州邮局—梁园—众兴邮路	—
1935	元疃—众兴—磨店	23 千米
1946	合肥—店埠—撮镇—白龙厂—众兴—五十头—双墩—上派	—
1998	龙岗—马岗—长江批发市场—磨店—众兴	18 千米,每周 6 个班次
1999	肥东县局(店埠)—白龙—众兴	51 千米
2004	龙岗邮电支局—马岗邮政所—磨店邮政所—众兴邮政所	18 千米

第七节　固定电话

一、市内电话

1990 年 9 月，肥东县城开通合肥市内电话，标志着县城 1000 门 09 型长途、市内、农村三合一纵横制自动电话正式开通。县城电话号码由三位数升到六位数。县城普通用户电话与众兴总机电话可自动直拨，电报传输实现传真化。同年 11 月份，国家地下光缆通信试验工程即合肥—芜湖的肥东段 27.48 千米竣工，为众兴自动电话出局提供大容量通信。1995 年，县城长、市、农三合一纵横制自动电话增加 3200 门。2000 年完成通信网计算机时钟“千年虫”过渡。次年，市内的电话又增设桂王、城东两个模块局。众兴区号为 0551。

二、农村电话

1958 年，在人民公社化的高潮中，众兴地区设置电话交换机，架接铁丝明线，电话通到各生产大队。1978 年后，因生产承包责任制推行，大队部电话逐渐拆除，只存乡机关一部电话联系工作用。

1993 年，县城建成 S1240 数字程控电话 4096 门的扩器容。此前，撮镇、梁园、白龙、桥头集、龙塘等实现半自动拨号。撮镇、龙岗的电话可直拨国外。1994 年架通农村光缆 109 千米，农话传输由原来明线载波改为光缆微波。开通八斗、撮镇 2 套 120 路数字微波和众兴、梁园 2 套 24 路特高频，众兴开通程控电话，电话号码升至 7 位数。

1996 年，县兴建 1.3 万门的华为 C&CD8 程控交换设备系统，众兴乡的交换设备率先实行集中监控、集中计费、集中管理。

1998 年，寻呼业务拨归国信寻呼，众兴通信综合楼建成，各村委会、学校全部开通程控电话。2000 年后，农村 90%农户安装程控电话，从此时开始，安装费由 1800 元 / 门逐渐下调至 800 元 / 门。

20 世纪 80 年代，众兴地区电话通信较落后，发展迟缓，住宅电话所占比例低，1988 年，众兴住宅用户所占比重为 1.3%。进入 20 世纪 90 年代，住宅电话开始有较大发展，到 1994 年，众兴住宅电话达 398 户，占全乡全部用户 11%。1995 年后，住宅电话发展更为迅猛，1997 年住宅电话达到 6377 户，住宅电话比重达 82.5%。2004 年，众兴乡住宅电话达到 8282 户，家家户户都通了电话。2006 年后固定电话逐渐被移动电话替代，至 2014 年，成人移动手机普及率达 85%。

三、长途电话

1987 年，众兴实行长途电话半自动拨号，长途电话和电报电路长期紧张状态得到缓解。

1990 年前，众兴地区用户打长途电话需通过众兴邮电所人工台转发和转接。

1990 年 4 月,开通纵横制自动拨号电话,人工交换台撤销,长话转发、转接业务纳入长途电信局“113”网络。

1992 年,县城 S1240 型 4096 门程控电话建成,依托国家“八五”重点工程——“京—济—宁”光缆 150 条长途电路开通,众兴乡的程控电话用户能直接进入国内外电话大网。

1995 年,众兴电话全部实现程控化,电信主管部门全面开放国内、国际长途直拨,用户可在自家电话上拨打长途电话。长途电话业务种类由国家主管部门拟定,按规定日期颁发,全国各地统一施行。

第八节　无线通信

一、移动通信

1995 年,县移动通信“大哥大”信道、移动通信基站信道扩容。次年,众兴 GSM 数字移动通信基站建成(GSM 表示全球移动通信系统),由于价格昂贵,众兴仅乡政府机关有 2 部“大哥大”。

1999 年 6 月,众兴 GSM 数字蜂窝移动通信系统基站(“全球通”)信号塔建成。拥有“139”“138”“137”“136”“135”“134”等网号,以独立通信网络形式接入国家公众通信网,实现国内、国际联网自动漫游。

肥东移动基站建设,用先进技术不断优化网络,以基础网、业务网、智能网、支撑网和传输网融为一体的现代化移动网络通信,实现众兴地区移动网络无缝覆盖。

服务项目除传统的话音业务、数据、语音信箱、移动秘书、短信息、主叫号码显示、呼叫等待、呼叫限制、移动 IP(网络)电话、信息点播服务外,还有 MO(表示流通中现金)手机上网、随 E 行、无线音乐、手机报、飞信、手机地图、手机导航、手机证券、手机钱包、手机电话、手机动漫、百宝箱等多种增值业务。针对集团客户,移动推出移动办公助理、企业信息机、手机邮箱、企业 E 行、集团虚拟网、集团彩铃等多种集团业务。移动还推出网上营业厅、短信营业厅、掌上营业厅、电话营业厅等多种自助业务电子办理渠道,使客户足不出户就能畅享移动新生活。

二、联通通信

2002 年 6 月,众兴 G 网基站建成,基站光缆为环线光缆,具有系统容量大、抗干扰强、语音清晰、通信保密安全、绿色环保等特点。

至 2003 年底,众兴建成 GSM 网基站 1 座、CDMA 网基站 1 座,两网覆盖众兴全乡。业务项目有 GSM 网“130”“131”“132”、CDMA 网“133”“153”“193”、长途固定电话、无线公话、“17911”“17910”IP 电话、“165”拨号上网、“126”“127”“128”“129”“191”“192”“198”“199”联通寻呼。

三、无线传呼

在发展固定电话的同时，1994年，众兴地区开始使用寻呼机，俗称BP机，机型大于火柴盒，可佩戴在裤带上。如要寻呼，通过电话发出信号，就在寻呼机的荧屏上显示出号码，寻呼机没有对讲装置。同时出现中文机、股票机，可以在荧屏上显示短信息或查股票行情。1995年无线寻呼"127""129"实现全省联网。1997年，联网无线寻呼通信覆盖全省。

众兴乡公用电话亭　（邮政所/供）

20世纪90年代初，众兴地区出现移动电话，俗称"手机""大哥大"，机形似砖头，较为笨重，可直接与对方通话，价格昂贵。至2000年初，移动电话迅速发展，型号升级换代快，机型向小而薄发展，功能越来越多，有彩屏、可录像、照相、上网。价格越来越便宜，广受用户欢迎，很快普及到职工和居民家庭。2001年，全乡移动电话有1万余部，平均每户1部以上。至2014年，移动智能手机得到广泛使用，包含PDA(掌上电脑)、游戏机、MP3、照相机、摄影、录音、GPS(全球定位系统)、上网等多种功能。

四、小灵通

2004年7月，环保、健康、低廉的无线市话小联通(小灵通)业务在众兴开通。2006年，小灵通业务在众兴达到峰值。至2010年，小灵通业务基本退出历史舞台。

五、公用电话

20世纪90年代，公用电话开始在街头出现，极大地满足公众通信需求。20世纪90年代末，众兴在车站、街道、工厂、学校、政府机关等地方，随处可见矗立的公用电话亭，群众、学生、打工者排队打电话的场景十分常见。

公用电话数量和话务量在2003年达到最高峰，之后随着移动通信技术的发展和移动电话的迅速普及，公用电话话务量持续下滑，2005年后，逐渐退出市场。

公用电话形式分为有人值守和投币式电话机以及磁卡电话。磁卡电话是一种用磁卡控制通话和付费的公用电话机。磁卡是一种代替现金支付电话费用的磁性卡片，可预先在邮电局或代办处购买。将磁卡插入磁卡电话机即可打电话，话机随时显示磁卡上所剩的费用，其特点是方便、快捷、公正、准确。

第十二章 水利 电力

滁河干渠江水西调工程　（康琛/摄）

第十二章 水利 电力

滁河干渠江水西调工程　（康琛/摄）

第十二章　水利　电力

众兴位于江淮分水岭南侧，中华人民共和国成立初，众兴地区农田灌溉，基本全靠当家塘坝。一种是居民利用低洼地修建塘坝梗汇集周边花水而形成的池塘；一种是在天然河设坝拦截水流形成的塘坝，众兴有关老堰、金大坝、郑小河坝。抗旱能力差，局部或轻微干旱几乎每年都有，大多农田靠天收。大旱年，庄稼绝收。民间俗语“庄稼、庄稼，装到家才算庄稼”。

中华人民共和国成立后，党和政府把修塘筑坝作为水利工程的重点，因当时人力有限，以挖深、培埂为主，小挖小修。1956 年实现农业合作化后，各生产大队开始有规划地兴建当家塘坝，沟渠串联配套，开辟水源，变死水塘为活水塘，众兴地区农业灌溉水平得到了提高。

19 世纪 60 年代至 70 年代末，滁河干渠众兴段以及国家中(2)型众兴水库连续 10 多年，全县 10 万余名民工开挖成功。与之相配套的众南站支渠、众西站支渠、义合站支渠、砂塘岗支渠陆续建成，众兴农业灌溉得到了根本改善，水稻基本旱涝保收。众兴水库总容量近 1 亿立方米。

众兴原有塘坝蓄水量低。2000 年后，机械化开挖塘坝作业逐步推广，结合县自来水厂水源管道、合肥外环高速建设，众兴先后改造 26 口塘，蓄水容量由原来的 12.36 万立方米扩增到 22.3 万立方米。完成土方 9.93 万立方米，石方 0.4 万立方米，投资额达百万元。

2013 年清淤河沟 7.5 千米，土方 9 万立方米，清淤当家塘坝 7 口，土方 15.5 万立方米。

国家电网众兴供电所　（康琛/摄）

1968 年，众兴至罗冈支线架通，众兴开始有了电，仅机关单位、提水站通电。那时谁用电，谁花钱，包括电杆、电线，需自备，由专业人员安装，老百姓是用不起电的，就连公社建电灌站也是靠农户集资。

众兴水库建成后，兴建一座

小型水力发电站,时间不长。

直到1978年,众兴地区仍有80%的农民依然过着“耕地靠牛、照明靠油、用水靠挑、碾米靠推”的无电生活。

1979年,改革开放的春风吹遍神州大地,农村电力事业迈开了大发展步伐。众兴开始第一次大规模农村电网改造。

直到1991年底,各村才全部通电。

1994年,电力扶贫共富工程开始实施。电力系统开展电力为农业、为农民、为农村经济服务达标竞赛活动。众兴居民生产生活普遍使用电力。

1998年,国务院针对农村电网水平落后,农电管理体制混乱,电价高昂,农民用电难状况,政府作出了“两改一同价”重大决策,即改造农村电网,改革农电管理体制,实现城乡用电同网同价。

至2004年,众兴农村电网面貌焕然一新:电网供电能力明显增强,电力管理体制得到理顺,农村电价大幅下降,农村电气化水平不断提高。最明显的变化是基本实现了城乡居民生活用电同价,农户每千瓦时电从0.76元下降到0.52元。

2006年,为了配合“家电下乡”活动,国家电网启动农户“低电压”整治工程,电价高,电压不正常现象达到根本治理。

第一节 水 库

一、水库概况

1957年,众兴的水利建设大踏步前进,当时永安的大七塘水库,合陂塘水库动工兴修。

1959年10月至1972年,众兴水库从兴建到全面竣工。

1962年,永安河关老堰坝开工建设。

1965年,霞光与谢岗村间的金大坝水库建成。

其中,众兴水库水容量近1亿立方米,属国家中(2)型水库,安徽省重点中型水库;其他4个水库为小(2)型水库,水总容量50万立方米。

二、众兴水库

众兴水库水域面积16平方千米,众兴乡范围5平方千米,占1/3,大坝埂长3180米,众兴占1/4长。

简介　众兴水库位于肥东县中北部店埠河上游,周边有众兴、元疃、白龙、民族等乡镇,是淠史杭灌区滁河干渠上的国家中(2)型反调节水库,安徽省重点中型水库。

省水利厅和县水利局汇编设计任务书报送省计划委员会于1965年11月27日〔65〕计基字第1452号批复兴建。首先,主要引蓄淠史杭工程发电尾水,同时拦蓄上游径流,解决县境中北部丘陵地区农田灌溉水源不足问题;其次,提高店埠河的防洪标准。水库上游来水面积为114平方千米。按百年一遇的特大洪水标准量设计（即24小时降雨1000毫米）。设计流量176米³/秒，按此标准校核洪水水位为48.5米（吴淞高程），相应库容为12640万立方米，兴利水位45.60米，相应库容6800万立方米，底水位39米，相应库容600万立方米，总库容9948万立方米。设计灌溉效益30万亩农田。灌区跨巢湖、滁州、池河三大水系，枢纽工程由拦水坝、进水闸、节制闸、泄洪涵洞、非常溢洪道五部分组成。

水库大坝附近蕴藏着丰富的适合筑坝土料，滁河干渠从坝下通过，选用均质双坝型土坝，大坝埂西端从众兴东范岗起，东至民族乡余巷村止，全长3180米，是省内较长的土坝之一。老河槽底高程为23米，坝顶高程49.2米，最大坝高26.2米，其他地段多在5～18米。上坝坝顶宽度为5米，临水坡1：3，背水坡1：2.5，下坝顶高程为46.6米，顶宽为3米，临水坡1：2.5，背水坡1：3，在36.6米高程设一平台，宽5米，上坝临水坡在37.7米高程设一平台，宽2米，是块石护坡的起点高程。

众兴水库先后分3次施工。

第一次是1959年10月动工。县委成立肥东县众兴水库工程指挥部，县委副书记、县长张建任政委，副县长袁树仁、妇联主任朱铁华任副指挥，区成立“指挥所”，公社成立“民工团”，劳动力以白龙区为主，店埠、梁园区参加，共动员1万余名劳力参加施工。在做好大坝部分清基和填筑老河槽工程后，因受客观环境影响，于1961年春暂停施工。

第二次是1965年10月恢复施工，县成立工程指挥部，由县委副书记韩立仁任指挥，宣传部部长汪海波和县教育局局长张映发任副指挥，动员全县7万余名民工安营扎寨附近村庄，在3180米长的大坝上坚持秋冬季施工。1967年3月，大坝填到48米高程时，因“文化大革命”，停止施工。

第三次是1969年11月继续施工，淠史杭滁河干渠指挥部统一组织，由白龙区完成上下坝剩余土方任务。1970年4月，上坝按设计要求填至49.2米高程，下坝填至46.60米高程，完成土方185万立方米。接着继续修建涵洞和砌好护坡等工程。

泄洪闸、进水闸、节制闸、大坝护坡、非常溢洪道、桥梁、水电站、管理房、鱼苗场等，均由县水利工程队承建，指导员李安才，队长胡斌长期驻库指导，最多时有200余名技工突击施工。省水利厅沈家树工程师，水利科学研究所宋钧玉，县水利局卞华璞、张继贵、张文晋、付文时等人负责施工技术。

1975年，在该库建有1座水力发电站，利用滁河干渠灌溉用水和向县城自来水厂送水发电。水库技术员史万瑛负责设计施工，安装一台卧式水轮机，带动18千瓦发电机，夜晚为库上照明，白天为农民加工粮食、饲料。1976年8月，水库全面竣工。前后共历时17年。

枢纽工程　枢纽工程由拦河坝、泄洪洞、非常溢洪道、防洪闸、进水闸、节制闸、工业及民用水取水口等组成。

(1)拦河坝。拦河坝为均质土坝，滁河干渠由下游坝坡通过组成上、下双坝形式，上坝顶高程为49.20米（水库基准面为吴淞标高，下同）坝顶防浪墙顶高程50.30米，坝顶长

3180 米，最大坝高 26 米，平均坝高 14 米，上坝临水坡 1∶3，并在 37.20 米高程处留 2 米平台一道，背水坡 1∶2.5（为滁河干渠左岸），下坝即为滁河干渠右岸堤埂，堤顶高程 46.60 米，渠底宽度 5.0 米；一级平台宽 2.0 米，高程 41.60 米，边坡 1∶3，进库公路宽 12.0 米，路肩下边坡 1∶4。

（2）泄洪洞。泄洪洞位于西库中段，坝内泄洪洞处坝顶高程 49.20 米，洞身长 96 米，涵洞进口为两孔，孔径 2.5×2.5 米，进口处底高程 33 米；启闭房内设两台螺杆式启闭机，启闭两扇弧形钢板主闸门，主闸门前设两扇事故检修平板钢闸门，两台卷扬式启闭机启闭闸门，设计洪水位时泄洪流量 164 米 ^{3}/ 秒。

（3）非常溢洪道及干渠防洪闸。非常溢洪道和防洪闸位于水库东坝头，非常溢洪道宽 200 米，控制断面为钢筋砼实用堰，堰顶高程 46.70 米，堰下护坦宽 5.0 米，高程 46.20 米，校核洪水位时溢洪流量 138 米 ^{3}/ 秒；防洪闸为防止非常溢洪道行洪时洪水倒灌至上下坝区，在干渠上设置的，闸型为开敞胸墙式闸，闸底板高程 42.76 米，两孔孔口尺寸为 2.5×3.0 米。

（4）进水闸。进水闸位于水库西坝头，是水库从滁河干渠引水入库的建筑物，兼作自流灌溉放水闸，采用两孔胸墙式箱涵结构，孔口尺寸 2.5×3.0 米，闸底高程 42.5 米，设计流量 25.2 米 ^{3}/ 秒。

（5）节制闸。节制闸位于水库西段，为抬高滁河干渠引水入库之用。闸底板高程 42.76 米，孔口形式为双孔城门洞形，尺寸为 2.5×3.0 米，拱顶半径 1.25 米，边墙高 2.5 米。

（6）工业及民用水取水口。2001 年 3 月，肥东县自来水公司经批准在水库进水闸西侧建取水口，取水口底高程 39 米，两孔，孔径 ∮100，设计取水流量 2.0 米 ^{3}/ 秒。

众兴水库在建设期间存在质量问题，加之工程日益老化，水库安全问题日渐显现，坝身填筑质量（当时没有机械碾压、作业，全靠人力夯打）排渗设施不完善；坝脚严重沼泽化，泄洪涵洞周边填土已被冲刷；老河槽坝段下游坝坡抗震安全系数不足；泄洪涵、进水闸、节制闸、防洪闸主要结构强度不足等。2001 年 8 月，水利部大坝安全鉴定中心对大坝进行安全鉴定，评定大坝为“三类坝”。为保障下游肥东县城，高速公路、淮南铁路等重要设施的防洪安全和该地区工农业生产的持续发展，安徽省水利厅 2002 年 3 月批复众兴水库除险加固工程。工程总投资 2224.2 万元，主要建设下坝压重、平台建筑、反滤排水、非常溢洪道改造和整修；泄洪涵洞加固，进水闸拆除重建，节制闸、防泄闸改造；上坝迎水坡护砌，部分拆除重建；坝身、坝基防渗处理；坝顶泥结石道路建设、坝下混凝土防汛道路建设及完善管理设施。加固工程于 2002 年 11 月开工，2004 年 11 月竣工。

此外，加固除险工程还有：

增设防浪墙。在吸取河南省驻马店 1975 年 8 月特大暴雨发生时，造成下游灾害的深刻教训后，对众兴水库防洪要求按可能最大暴雨复核，最高洪水水位为 48.68 米，原上坝顶高程为 49.2 米，超高不够。1981 年由巢湖地区水利局会同县水利局编报水库加固设计文件，同年 10 月，省水利厅同意增设防浪墙。还批准做路缘石，用浆块石砌成高 1 米，顶宽

0.5米，以及倒滤排水体等，投资60万元。自1982年开始到1985年加固竣工，完成投资70万元。省水利厅和市水利局等有关单位于1988年验收，认为该加固工程，自1985年加固竣工后，通过三年运行进一步发挥效益，未发现问题，因此验收小组一致通过了“验收合格，交付使用”。

抗震措施。根据加固设计文件，对水库土坝抗震进行了稳定分析计算，取古河道、店埠河、天然河三个断面取样分析具体力学指标，计算结果是古河道、店埠河段下坝下游坝坡的抗滑稳定安全系数，无论有无地震力作用，均不能满足要求，需要采取适当加固措施。措施是：结合坝下公路面修建，提高公路路面，加做站台、台顶高32米和36米，宽14米，长度分别为300米和170米。1983年冬完成1.4万立方米土方任务。

灌浆。水库自1972年建成并蓄水运行以来，观测发现下坝脚35～40米高程内在0+500至0+900、1+600至1+800处，有渗水现象，总面积达850平方米。根据外地经验采取灌泥土浆补救。于1980年7月由县水利局建筑安装公司承担灌浆任务。1981年7月，巢湖地区水利局下达灌浆经费2.7万元。1982年灌浆告一段落。累计完成上坝一排一序孔122孔，下坝完成28个孔，总计进尺深2457米，灌自然泥土浆1500吨，共用去经费3.7万元。通过灌浆后，基本上无渗漏现象，保证大坝安全。

移民安置　水库20年一遇洪水位为46米。根据此标准作为迁移淹没水位，涉及草庙、高塘、众兴、元疃4个乡镇，10个村委会，65个村民组，1316户，5518人，须拆迁房屋4518间，淹没田亩15320亩。

在安置去向上很复杂，移民户大多“故土难舍”，习惯当地的生产生活，故安置原则一般在本区、乡、村非淹没区内，进行分散安置。如就近安置确有困难，或不愿就近安置的即可外地联系，投亲靠友，落户安家。本着先急后缓，先低后高（地形）原则，分期进行安置。对淹田不淹村，淹没后人均耕地达到一亩的不迁移，若剩余土地人均不足1亩的可部分迁移，剩余土地仍由本组不迁移的人耕种，不得荒废。移民户迁到接纳的村民组，宅基地、耕地、场地等应本着节约土地的精神，给予合理安排，所占耕地，免除田亩和农业税，减除征购任务，以减轻接纳组的负担。

功用　众兴水库总库容9948万立方米，除了解决县境中北部丘陵地区农田灌溉水源不足问题外，还承担着肥东县城和合肥市龙岗工业区20万居民的生活用水和合肥二电厂、合肥铁路枢纽、循环经济园、龙岗新海工业园、肥东经济开发区等工业企业供水任务，素有“肥东大水缸”之称。2000年4月，众兴水库直通县自来水厂的水源联络管道破土动工。

众兴水库借助日趋完善的水利工程设施，通过多元化投资发展策略，不断开发水库旅游资源，由资源优势型转向经济优势型，走综合开发发展道路，即合作共赢，进而满足人们不断增长的旅游需求，加大生态环境的治理力度，使其更大地发挥抗旱、防洪、灌溉、发电、养殖、旅游等效益功能。

众兴水库是纯天然氧吧，无污染，水质上乘。2003年12月，因水库库堤加固，放水至最低水位时，曾捕获一条草鱼，重53.25千克，是当时合肥地区最大、最重的一条鱼。鱼、虾、毛蟹等水产丰富。

防洪　洪水一般多在7—8月发生。水库有资料记载自1985年至2014年，众兴水库四次最大泄洪量为1987年5月6日、1989年9月1日、1997年7月10日、2003年7月10日，泄洪流量分别为60米^3/秒、60米^3/秒、120米^3/秒、138米^3/秒（众兴水库设计最大流量为176米^3/秒）。5次累计滞洪2.1亿立方米，消减洪峰。1991年大水是建库以来发生的百年一遇的大洪水，水库蓄水水位达46.25米，超汛限水位45.60米0.65米，错峰泄洪水量达7632万立方米，保护下游店埠、撮镇镇及圩区的安全。最大泄洪下泄流量达120米^3/秒。

灌溉　水库建成前，十年九旱，当地农作物以高粱、山芋、豆类为主且“靠天收”，居民食不果腹，每到冬季靠外出乞讨过活。偶遇洪灾年庄稼、村舍被淹没，下游肥东店埠、撮镇镇也成了泽国。水库自1972年建成蓄水后，运行40多年来，效益显著。

水库承担上游众兴（一级、二级、三级）、高塘电灌提水灌区（主要原白龙区）31.15万亩商品粮基地的农业灌溉重任，40年来累计灌溉供水8亿立方米，生产商品粮2亿千克，生产鲜鱼600万千克，使昔日贫瘠的江淮分水岭变成江南鱼米粮仓。水库建成以来发生大旱年份有1978年、1994年、1995年、1997年、2000年。1978年水库水位降至死库容，仍在天河设翻水站6级提水抗旱保苗。特别是1997年大旱，众兴、高塘电灌提水灌区累计提水6000多万立方米，保证当年农业大丰收，水库水位降至死水位39.00米。

民用、工业、生态　自20世纪80年代中期以来，众兴水库又承担起肥东县城及周边地区民用、工业、生态补水的重任，20多年来累计供水达3.6亿立方米。特别是近10年来，随着县域经济的高速发展，年均供水量已突破2000万立方米，水库功能效益已逐步从以防洪、农业灌溉为主转移到以防洪、民用、工业、生态补水为主。

管理　乡党委、乡政府按县委、县政府以“三分兴修，七分管理”的原则为要求，强化水利工程管理。“文化大革命”后期，水利管理从完善和健全各项规章制度入手，认真落实县委、县政府提出的要求，对已经修好的水利设施，按照岗位职责，实行规范化管理。

1973年2月16日，肥东县革命委员会颁发《肥东县国有水利工程管理条例》，共10条，对工程维修、养护、配套计划、灌溉制度、用水分配、负担政策、处理水利纠纷等工作做出明确规定。主要内容：划定灌区，不准擅自扩大或缩小灌区范围；平衡南北用水；实行计划用水；确定水电费征收标准；加强纪律教育。这一条例的颁布和实施，使水利工程管理有章可循。

1974年1月29日，肥东县革命委员会又颁发《肥东县众兴水库管理办法》，共6条，明确规定众兴水库的管理、综合利用、专管和群管相结合等项职责，严格奖惩制度。主要内容有实行农、林、牧、副、渔五业并举的方针；成立众兴水库管理委员会；确定水库渔业捕捞期和禁渔期，加强水库周边管理，保护水库大坝安全。

《肥东县国有水利工程管理条例》和《肥东县众兴水库管理办法》颁布实施后，众兴水库管理委员会内部管理得到不断强化。

1987年7月上旬，众兴境内连降大暴雨，省委副书记杨永良一行到肥东检查众兴水库防汛工作;2001 年 12 月 4 日,水利部副部长张基尧在副省长田维谦陪同下,考察众兴水库除险加固工程前期准备工作;2005 年,省长王金山到众兴水库检查防汛工作。

肥东县众兴水库管理处隶属肥东县水务局，属差额拨款事业单位。管理处下设办公室、人秘、工程、财务、水政水资源等 5 个股室,截至 2020 年 7 月底,管理处有在册职工 109 人,退休 81 人,离休 1 人。具有专业技术人员 22 人,中高级以上技术职称 9 人,大专以上文化程度 32 人,党员 47 人。

2006 年底完成水管体制改革，并通过合肥市水务局和肥东县政府的验收。水库管理逐步步入规范化轨道,水库第二次除险加固后,工程管理设施逐步完善。自 1990 年以来,水库水文、水工观测逐步完善,水文、水工资料整编归档工作规范,多次获省水利厅"三等奖"、市水务局表彰。供水户签订供用水合同,按计划计量供水,与肥东县自来水公司实现自动化计量供水。为保护水库水源地水质安全,肥东县人大、政府出台水源保护区办法;水务局成立水政大队,水库成立水政中队,定人、定期巡视水源保护区,确保水库水质;配合县环保局设立水质自动监测系统,24 小时进行不间断监测。

加强自身管理,建立管理岗位责任制,进行管理区环境建设。2010 年获"肥东县文明单位"称号,2011 年通过淠史杭总局"二级管理单位"验收,2012 年通过淠史杭总局"一级管理单位"验收。2011 年获"肥东县先进基层党组织"称号。2012 年获肥东县水务系统综合考评"一等奖"。2012 年获安徽省水利厅水利工程考核"二级单位"称号。

2015 年滁河干渠生态修复工程建设开始,总投资 2.87 亿元,提升滁河干渠通水能力,为长江水输送到合肥提供通道,2019 年 10 月"江水西调"正式运行。"江水西调"路程 172 千米,通过 8 级泵站提水,江水一路攀爬西进,抬高水位 38 米,江水进入众兴水库和合肥董铺水库。2019 年和 2020 年分别为合肥供水 1.2 亿立方米,为合肥的工农业用水提供强有力的保障。

肥东县滁河干渠工程管理处二十年

（张厚东供稿）

一、基本情况

肥东县滁河干渠工程管理处属差额补贴的事业单位,属肥东县水务局二级机构。截至 2011 年 12 月底,有在职职工 146 人,离休职工 4 人,退休职工 56 人,遗属补助职工 7 人,合计 213 人。管理一条西自长丰县三十头节制闸东至肥东县合蚌公路桥止 36.5 千米长的滁河干渠,4 条灌溉面积万亩以上的支渠;众兴、管湾 2 座中型水库,总库容 1.22 亿立方米,兴利库容 0.714 立方米;一座小型电灌站——众西电灌站,装机 3 台(套),555 千瓦,提水灌溉面积 0.8 万亩;一座店埠河橡胶坝,拦蓄库容 22 万立方米,作为肥东县自来水公司补充水源地和合肥二电厂生活水源地;一条 12.6 千米长的引巢济滁干渠;滁河自流灌区农业灌溉面积 18.4 万亩,农业年均供水量 5500 万立方米,工业及民用水年均供水量 1800 万立方米。2011 年水费收入 380 万元。1991—2011 年 21 年累计供水 7.8 亿立方米,生产商品粮累计 17.5 万吨，解决区域内 50 万人口安全饮水问题，支撑肥东县及合肥东区社会经济 60%国内生产总值用水的需求，年保护下游国内生产总值约 300 亿元。

1.机构设置

管理处现下设 5 个职能股室、5 个供水管理站（段）、4 个工程管理所，负责生产供水和公益性工程运行管理。（机构设置见方框图）

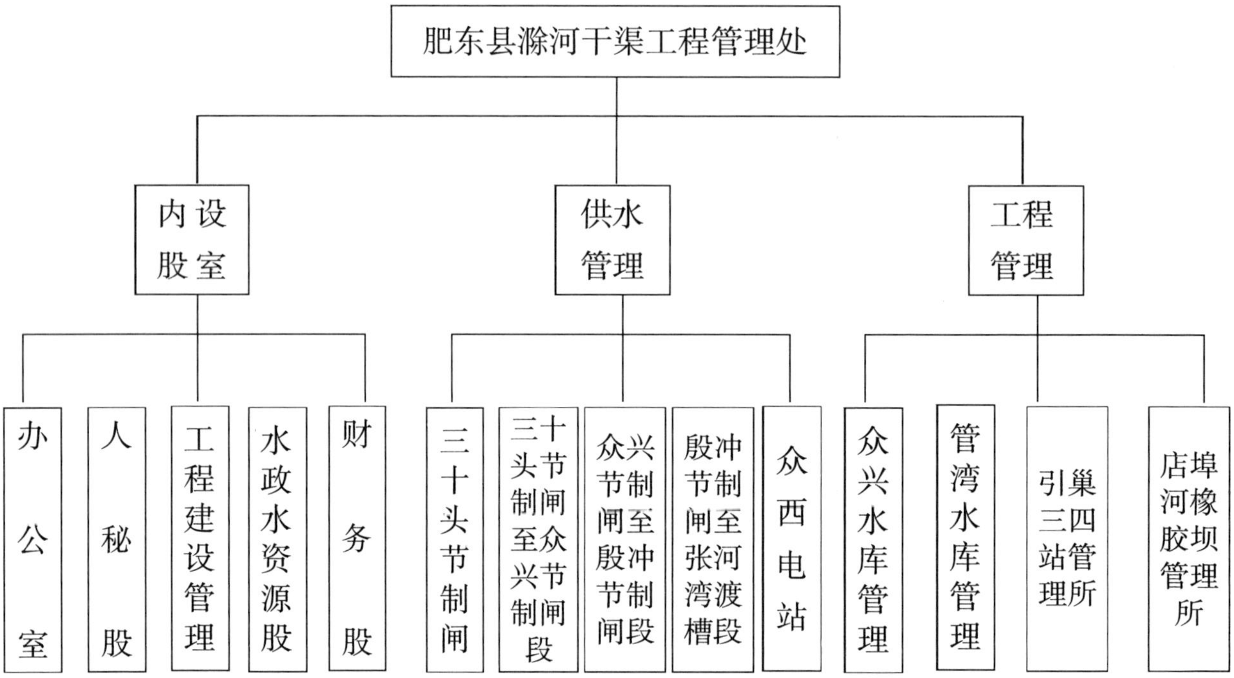

（1）管理岗位（26 个）

肥东县滁河干渠工程管理处具体岗位设置见表

表 12-1　　单位：人

岗 位	办公室	人秘股	工程建设管理股	财务股	水政水资源股	合 计
股长岗位	1	1	1	1	1	5
股员岗位	4	1	6	1	2	14
领导岗位 7 人						

（2）站（段）所岗位（54 个）

肥东县滁河干渠工程管理处站（段）所岗位一览表

表 12-2　　单位：人

岗位	三十头节制闸	三十头节制闸至众兴节制闸段	众兴水库管理所	众兴节制闸至殷冲节制闸段	殷冲节制闸至张河湾渡槽段	管湾水库管理所	众西电站	引巢三四站管理所	店埠河橡胶坝管理所	合计
站（段）所长岗位	1	1	1	1	1	1	1	1	1	9
常年工岗位	1	2	10	2	2	6	2	1	3	29
季节工岗位	1	5	—	5	3	—	2	—	—	16

2.人事制度

根据东编〔2006〕11 号文件精神,肥东县滁河干渠工程管理处定性为副科级准公益性单位,下达公益性编制为 70 人;按照水利部、财政部关于“水利工程管理单位定岗标准”的规定,需编制人员 115 人;管理处根据县财政尚有困难的实际,有在职职工 146 人,暂设定岗位人员 70 人。

3.人员经费及维修养护经费的落实

县政府 2006 年第 40 次常务会议纪要,从 2006 年始县财政每年拿出 200 万元补助水管单位,每年按 20%递增,直至 700 万元。每个水管单位根据本单位实际每年上报人员和维修养护经费由水务局核批后拨付差额。

4.供水及水费收缴机制

灌区实行供水、收费自主经营管理,根据本灌区水源保证率不高的特点,农业供水主要实行以乡镇为单位灌溉田亩包干、定额供水,代收代缴的办法为主,试行部分村组直接向水管单位申请供水、缴纳水费的供水合同制,供需双方直接见面;对各用水户从众兴水库提水需加收淠史杭水源费;城镇居民生活及工业用水实行合同供水。

(1)实行包干计量供水:在渠系不配套或水源保证率不高的情况下,仍实行乡镇、村田亩包干、定额供水,与其签订供用水协议。根据皖政办〔2002〕38 号、县政办〔2003〕19 号文件规定,确定受益田亩,核定供水定额,即自流灌区水旱田亩均用水量 430 方,每方水价格 0.056 元,每亩包干水费 24 元;提水灌区按自流灌区的 70%计收水费,每亩包干水费 16.8 元。

(2)试行“管理处＋行政村”模式:按市场经济做好供水经营工作,减少中间环节,供需直接见面。选择水源条件好的行政村,成立村农民用水者协会。明确双方权利和义务,实行水商品买卖关系,采用渠首计量、泵口计量供水,先缴费、后供水,缴多少钱,供多少水,按水量定时定额收费。

(3)计划合同供水:城镇居民生活用水和工业用水实行合同供水、计划供水,计量收费,按有关政策,超计划用水实行累进加价制度。鼓励节约用水,充分利用宝贵的水资源。

5.工程管理

按照“统一指挥,分级管理,分段计量,确保防洪安全,兼顾城镇生活、工业、农业供水,上下游供水”的管理原则,对灌区、水库、站所段设置如下:

①三十头节制闸;②三十头节制闸至众兴节制闸段;③众兴节制闸至殷冲节制闸段;④殷冲节制闸至张河湾渡槽段;⑤众兴水库管理所;⑥管湾水库管理所;⑦众西电站;⑧引巢三四站管理所;⑨店埠河橡胶坝管理所。

各管理运行单位要保证灌区工程完好和正常运行,按照统一指挥,分级负责的要求,制定调度运行规划和操作规程,建立各项管护制度,同时强化安全意识,加强对水利工程的安全保卫工作,加大水行政执法的力度,充分发挥工程效益。

二、1991—2020 年大事记

1991 年滁河干渠管理处有在职职工 46 人,管理范围为滁河干渠、众兴、管湾水库、众西电灌站；年均水费收入12万元，干渠基本无配套实施，水库未进行除险加固，电灌站破败，管理处仅有400平方米简陋渔业仓库作为临时办公场所。1991年百年一遇的大水，众兴水库蓄水位达46.25米，超汛限水位0.65米，当次水库泄洪0.76亿立方米；管湾水库蓄水位达45.95米超汛限水位0.8米；两水库均安全度汛。

1991年底，对众兴水库上下坝进行加土培厚，新建下坝土路。

1992年，滁河干渠罗岗段滑坡，合肥市水利局设计室设计，国家拨"以工代赈"款40万元用于水库治理。

1993年，张怀林任滁河管理处主任。

1994年，引巢济滁管理处并入滁河，净增加职工22人。

1995年，滁河干渠灌区大旱，全年供水7600多万立方米，众兴水库发挥效益，水库供水5000多万立方米，本灌区18.4万亩农田、白龙提水灌区27万亩农田喜获丰产。当年水库水位降至死水位36米。

1997年，合肥市政府组织滁河干渠整治工程，投资800万元对渠道清淤、涵闸、右岸砂石路进行配套建设。

1998年，滁河自流灌区节水改造与续建配套工程开工，投资60万元建设众兴水库段上坝背水坡砼护砌、投资98万元进行滁河沿岸42座放水涵改造。

1999年，管湾水库进库沙石路投资34万元进行建设，当年竣工。

2000年，试行计量供水，农业自流灌区每立方米水价按0.056元计收，不再计收每亩2.5元的基本水费，当年80%水利职工下岗，大量水利建筑物因无人管理荒废或报废，水利职工大量流失，技术断档；年底滁河众兴水库段干渠右岸投资64万元进行砼护砌；众兴水库除险加固工程立项。

2002年11月，众兴水库除险加固工程开工，批复投资2960万元，实际到位投资2156万元；2006年8月进行竣工验收，使水库险情得以解除，面貌得到改善。

2003年，因众兴水库除险加固需要腾空库容，泄水0.92亿立方米。同年，管湾水库除险加固项目立项。

2004年，店埠河管理处并入滁河，干渠工程管理处净增加职工19人。

2005年，滁河续建配套工程实施，投资126万元，建设众兴水库段护底、舒圩生产桥。

2006年，在店埠镇人民路与浮槎路交口金巨大厦8楼购置众兴水库办公室430平方米，年底装修完工并入住办公。

2007年，滁河干渠危桥除险工程开工，县政府当年投资60万元，改造5座危桥；截至2011年，在滁河干渠共投资约300万元，改造危桥40座。

2008年10月，管湾水库除险加固项目投资3169万元，开工建设。

2010年8月，管湾水库除险加固工程完工。当年滁河管理处被省淠史杭总局授予"二级管理单位"称号。

2011年，县财政投资48万元对滁河管理处办公区进行改造。

2011年,11月谈六聪任滁河管理处主任。

2013年,众西电站进行技术改造,完成投资400万元,提高众西电站的供水能力。

2015年,滁河干渠生态修复工程建设开始,总投资2.87亿元,提升滁河干渠通水能力,为长江水输送到合肥提供通道。

2019年2月,高海清任肥东县滁河干渠工程管理处主任。

2019年6月,滁河干渠高塘滑坡段建设长度600米的箱涵。

2019年10月,“江水西调”正式运行。“江水西调”路程172千米,通过8级泵站提水,江水一路攀爬西进,抬高水位38米,进入众兴水库和合肥董铺水库。2019年和2020年分别为合肥供水1.2亿立方米,为合肥的工农业用水提供了强有力的保障。

2020年4月,肥东县众兴水库达标建设工程正式开工建设,总投资3267万元,新建了一栋办公楼和三栋职工宿舍楼。同时也对众西电站、管湾水库进行达标改造,工程完成后滁河干渠工程管理处真正做到“三达标、一美丽”,成为美丽的水利风景线。

2020年4月,滁河干渠江水西引提升工程进行提升改造,干渠上的桥、涵、闸进行重新建设,为“江水西引”提供有力保障。

附:各类请示批复

关于申请批准解决众兴水库管理房维修经费的报告

水字第035号

滁专水利电力局:

我县众兴水库7间管理草房,是在1961年冬季续建众兴水库时兴建的。由于年久失修,屋上的草烂得只剩下一层很薄很薄的草铺在屋上。因此,每逢阴雨期间,屋上普遍漏水,形成外面大下、屋里小下,甚至雨大屋内有水还要把东西搬到附近群众家里去,影响工作。同时四面土墙因受潮也要倒塌,特别是西山墙倾斜严重,快要倒了。这种情况如果让它长期发展下去,不仅管理房要倒塌,而且也会出现职工人身伤亡事故发生。为了搞好工程管理工作和维修好管理房,适应今后水利建设事业发展需要。为此,故特报告,请专局批准解决维修经费958.14元(详见附表)以便即时维修有利做好工作。

众兴水库维修草房材料计划表

一九六四年三月廿日

表12-3

名称	单位	数量	单价(元)	金额(元)
1.山墙	—	—	—	173.20
(1)土坯	块	3000	0.05	150.00
(2)砌工	工日	5	2.64	13.20
(3)小工	工日	5	2.00	10.00

续表 12-3

名 称	单位	数量	单价(元)	金额(元)
2.屋面	—	—	—	642.86
(1)原有屋面拆除	工日	7	2.64	18.50
(2)泥巴	间	7	10	70.00
(3)扎纲上巴	工日	7	2.64	18.50
(4)麦楷	千克	5250	0.045	472.50
(5)铺屋面	工日	21	2.64	55.44
(6)泥卷心檐	工日	3	2.64	7.92
3.泥墙	—	—	—	142.38
(1)内墙	工日	21	2.64	55.44
(2)外墙	工日	14	2.64	36.96
(3)缮墙麦楷	千克	350	0.045	31.50
(4)缮墙工	工日	7	2.64	18.48
合计				958.44

一九六四年三月廿六日

安徽省水利厅
转报肥东县众兴水库设计任务书的批复

水技字第 1596 号

省计委：

肥东县众兴水库设计任务书已由巢湖专署农办 65 年 11 月 6 日农办金字第 109 号抄报你委，我厅同意兴建该工程。在扩大初设阶段，除希对巢湖专署农办所提的灌区范围、自流与提灌的比例和区别、灌溉用水量、水量损失、工程规模、枢纽部署、泄洪涵洞和进水闸能否结合等问题，通过调查作进一步研究外，补充下列几点意见：

1.本工程规模较大，枢纽建成后尚需发展大面积电灌工程，完成这些工程尚需一定时间，因此：

(1)必须在兴修水库的同时，抓紧冬春兴修的有利时机，大力兴修小型蓄水引水工程(主要是小水库、塘坝)，这些工程不花钱或花钱少，可以发动群众自办，效果立竿见影。不能等到水库建成再来搞，在设计自流和提水灌区时，必须调查摸清和充分利用这些小型工程的蓄水能力，并提出相应的工程措施。

(2)灌区水旱作物的补种比例，需考虑与工程建设进度(即水源保证制度)相适应。

2.电灌工程的布局和规模应按规定另行编报规划和设计任务书。

3.本工程投资估值偏高，同意巢湖专署农办意见，土方工程应尽量发动受益区群众自办，对于困难的社队及动员非受益区劳力，可以采取低标准补助。

4.库区淹没拆迁应调查落实到户,并作妥善安置。

抄送:省农行 巢湖专署农办、计委 肥东县委、县水电局 厅设计院 技术室 计划处 基建局

安徽省水利厅

1965年11月13日

巢湖专员公署农业办公室文件

农办工字第180号

转发省计委关于肥东县众兴水库

庐江县金汤水库设计任务的批复

肥东、庐江县水利局:

你两县众兴水库与金汤水库设计任务书经省计委65计基字第1452号及1496号予以批复,现转发给你们,请在编制扩大初设与施工中遵办为荷。

附件:如文

巢湖专员公署农业办公室

一九六五年十一月二十一日

安徽省计划委员会关于肥东县众兴水库设计任务书的批复

〔65〕计基字第1452号

水利厅:

你厅水技字第1596号涵送来肥东县众兴水库设计任务书及审核意见悉。经研究,批复如下:

一、为解决肥东县北部沿分水岭高地的旱灾,发展农业生产,同意兴建众兴水库。设计标准同意按百年一遇洪水设计,千年一遇洪水校核,十年一遇洪水加百分之二十保坝安全。

二、考虑到淠河灌渠上游,尚有不少工程,要完成引淠河水灌溉的工程,尚需一定的时间。因此,该水库在设计和施工上,要尽量求得与上游工程的密切配合,同时在洪区内要大力兴修小型蓄水、引水工程,以便减轻旱情。

三、设计中请考虑在提水灌区未兴建前和滁河干渠送水前,如何利用水库本身来水进行自流灌溉的方案,使水库能早日生效。

四、该水库的自流灌区设计应与水库工程设计一并进行。至于提水灌区应另行编报规划和设计任务书。

五、水库淹没区的迁移和安置工作,要编制详细的计划,作为设计文件的组成部分,并根据工程进度分期做好安置工作。

六、该工程土方工作量及小型建筑物应发动群众当地受益社队自办。

巢湖专员公署农业办公室

一九六五年十一月二十一日

关于成立众兴电灌工程指挥组的报告

最高指示

备战、备荒、为人民。

政治路线确定以后,干部就是决定的因素。

水利是农业的命脉。

县革委会为了认真落实伟大领袖毛主席“奋战、备荒、为人民”,“水利是农业的命脉”,“水利是保证农业增产的大事”的教导。省、专革委会决定七〇年兴建我县众兴电灌站。这是以伟大领袖毛主席为首,林副主席为辅的党中央和省、专革委会,对我县七十万人民最大关怀、最大支持。遵照毛主席“政治路线确定之后,干部就是决定的因素”的教导,为切实做好施工准备,力争当年受益。经研究必须立即成立,“肥东县革委会众兴电灌工程指挥组”。需要配备干部二十四人。其中:

工程指挥组:正、副组长各一人,

政工组:5人,(组长一人,组织、宣传,治保2人,办公室2人)

财供组:8人,(正、副组长各一人,会计2人,采购员2人,运输一人,保管员一人)

工程组:9人,(组长一人,技术干部8人)

在调配上述人员中,请革委会考虑要作为调于配备,不仅负责施工,工程建成后要留下管理工作。以上报告妥否请批示。

1969年12月11日

兴修情况

——肥东县众兴水库工程指挥部编印

一九六五年十二月四日

水库自开工以来,截至目前,清基工程基本结束,整个工程正转向填方阶段。广大民工情绪高,干劲大,好人好事到处出现。元疃指挥所教导员许忠堂同志经常同民工一道,卷袖赤脚深入泥水清基,下决心大战老河槽。众兴指挥所民工提出:“大战老河槽,人人逞英豪,不怕寒和冷,下水把泥捞”。纷纷表示坚决学习王杰同志不怕苦、不怕死的革命精神,要在工地上为革命兴修水利。他们立誓说:扫烂泥、除废水、挖深、夯实,百年大计,做到质量第一。提出“一年任务,一冬完成”。草庙指挥所民工提出“以大寨精神为榜样,把工地当战场,苦干实干加巧干,风霜雪地不怕寒”的口号。立志在工地上争当五好民工。高塘指挥所民工提出:坚决把学习王杰同志的革命精神落实到兴修中去,做毛主席的好民工,该所油坊大队程家有同志立誓说:王杰同志为革命不怕苦,不怕死,难道我们在水库上还怕苦怕累吗?我要拿出我的干劲,工地不完工,坚决不回家。乌龙指挥所教导员刘家岭每天在工地去在人前,回在人后,既是指挥员,又是战斗员。民工反映说:我们的刘教导员不怕苦,不怕累,经常带着我们在工地上干。元疃指挥所的河东大队民工汪元周(贫下中农代表)在清基塘口中排水到天黑都不回去,领导叫他休息,他的回答是:今晚不把水排掉,明天上工就会窝工。这种不怕苦,不怕累的精神,受到广大民工的好评。

挑应战、提倡议,开展比学赶帮超竞赛活动。草庙指挥所长王大队117个民工,个个写了决心书,开展了人与人的竞赛活动。元疃指挥所民工在挑战书上提出:比思想看干劲,比进度看质量,比工效看革新……的"十比十"看竞赛。在竞赛中各个指挥所出现了你追我赶的局面。众兴指挥所清老河槽一丈多深的淤泥,为了加速超过泉水位,后方公社书记项以树亲自带领社员轮流奋战两天两夜。邻近的元疃指挥所民工不甘落后,干劲倍增,及时采取了调兵遣将,赶上众兴。乌龙指挥所质量好、速度快,邻近的高塘指挥所立即采取增加兵力,早上班迟下班的办法,赶上了乌龙。永安指挥所打夯低于白龙,他们就采取了歇人不歇夯的轮班办法,超过了白龙。

在工地上各指挥所密切了前后方协作,发扬了奋发图强,自力更生的精神,想办法克服了很多困难,工地上房子不够住,就同就地社员协商,为就地社员整修房屋,腾挤民房住,工具不足就自己带,技术力量不够,就采取以老带新的办法培训。八斗指挥所为就地社员整修了7间房屋,解决了160名民工的住宿。高塘指挥所民工自打土基自托土砖1900多块,解决了支锅缺砖的困难。草庙指挥所培训了工地15个保健员,解决了医务人员不足的困难。据上月二十八号永安、八斗、黄疃、费集、王城等九个指挥所不完全的统计,生产队和民工自带大锹3903把,挑筐5148担,扁担5148条,绳索8276条,稻草49634斤,毛竹、木料、竹竿3018根,自盖锅棚154间,为就地社员整修房屋470余间,培训技术员、收方员、保健员300余人,大大解决了住房、工具和技术力量不足的困难。高塘公社党委书记王泽民曾几次亲自来前方慰问民工,听取了前方同志汇报后,安排了后方大队书记到前方召开协作会。高塘大队书记梁正银,看到工程进度慢,民工未上齐,回去发动了80多名青壮年劳力上库兴修。周岗大队书记王华川发现民工口粮未带足,就发动后方生产队送了2000多斤粮食到工地。元疃公社,元疃、元东大队后方干部经常发动社员送菜到前方,民工基本上每人每天吃到一斤半的白菜和各种小菜。八斗公社大圣大队还送了黄豆,在工地上加工给民工做菜。众兴公社每天有两名医生上工地巡回治疗,公社书记项以树经常到工地帮助前方解决问题,高塘、众兴两公社把就近的房屋让给远道民工住。这种把方便让给别人,把困难留给自己的精神,得到各个指挥所的好评。

目前工地上广大干部和民工可以说是个个精神饱满,人人斗志昂扬。他们的口号是:"大战六十天,完成任务过新年",一个高大效、高出勤、高标准、奋发图强、自力更生的兴修高潮,正在全库范围内展开。

但也有少数所队,在劳动组合上还不够好,出勤率还不够高,工程进度有些缓慢,质量还没有达到高标准的要求;民工口粮有没有带齐的,这些问题正在注意改进。

倡议书

各水利指挥所全体指战员同志:

建好众兴水库,对改变我县中、北部水利面貌和促进农业生产的发展具有极大意义。为了保证做好和力争提前完成工程任务,以发挥灌溉效益,我所全体人员立大志,下决心,大学毛主席著作,高举毛泽东思想伟大旗帜,认真抓住阶级斗争、生产斗争、科学实验,坚持“四个第一”发扬“三大作风”,更好地把水库兴建工程推向高潮,为此,特提出如下几点保证,以作倡议竞赛条件:

一、保证分配我所13万方任务争取一冬完成,全部符合质量要求。

二、保证做好原水库心老河槽的艰险工程质量,并及时修通公路。

三、保证上库3100名民工,个个身强力壮,劳动出勤率达到95%以上。

四、保证做到每天每人完成难方0.4—0.6立方米,易方1.5—2立方米。

五、保证做到安全生产,不出工伤事故。

为了实现上述保证,我们采取如下措施:

一、干部做到明确分工,划片包干,层层蹲点,做好样板,与民工同吃、同住、同劳动,既是指挥员又是战斗员、技术员、宣传员。

二、大力开展比学赶帮超运动,全面掀起高工效竞赛热潮。抓典型、树标兵,采取定人员、定领导、定任务、定时间、定质量。包质、包量、包时间完成。

三、广泛深入开展大学毛主席著作,做到边学边用,学用结合。全面建立党团夜校,进行党课教育,并搞好业余文化学习和文娱体育活动,加强民兵训练,把工地当课堂,把工地当战场,使民工精神饱满,斗志昂扬。

四、大搞技术革新,力争实现车子化,做到工效日日增。每个民工做到备足双套工具,一把锹一担筐。

五、切实抓好劳动组合,杜绝一切窝工现象,采取骨干搭配,男女劳力搭配,体力强弱搭配,技术高低搭配,做到无闲人。

六、安排好民工生活,划好民工住地,保证民工带齐标准粮菜,做到民工吃饱吃好,每天睡眠8小时,狠抓安全卫生工作,严格执行安全制度,确保整个工程任务的顺利进行。

众兴指挥所全体指战员

第二节　塘　坝

一、古塘坝改造

至2014年,众兴乡改造塘坝26口,扩增水容量9.93万立方米。霞光村蔡小郢新塘容量由原0.8万立方米扩挖成1.4万立方米容量;联合村宋巷大沟塘容量由原0.75万立方米扩挖成 1.2 万立方米容量；永安村宣东长塘由原 0.85 万立方米扩挖成 1.2 万立方米容量；宣西方塘由原 0.95 万立方米扩挖成 1.3 万立方米容量；花灯社区圩北大坝塘由原 0.85 万立方米扩挖成 1.2 万立方米容量；贾北杨塘由 0.65 万立方米扩挖成 1.4 万立方米；义三圩塘由原 0.45 万立方米扩挖成 1 万立方米；老圩湾塘由原 0.45 万立方米扩挖成 0.6 万立方米；贾中提水站西方塘由原 0.35 万立方米扩挖成 0.55 万立方米；贾南鸡塘由原 0.5 万立方米扩挖成 0.7 万立方米；贾北后塘由原 0.5 万立方米扩挖成 0.8 万立方米；老圩圩塘由 0.3 万立方米扩挖成 0.5 万立方米；圩坎长塘由原 0.4 万立方米扩挖成 0.85 万立方米；众兴村张小郢中心塘由原 1 万立方米扩挖成 1.8 万立方米等。

臭蒲塘整治前后对比 （水利站 / 供）

二、新修塘坝

众兴乡因地势高低有差别，两岗夹一冲，冲里多有河沟，居民拦冲打坝，拦截流水，灌溉农田。

任大塘　位于联合村，堤防长度 200 米，能灌溉 80 亩地，迎水面为混凝土坡。

金大坝 （水利站 / 供）

金大坝　位于霞光、谢岗村，堤防长度 380 米，为众霞路基，蓄水灌溉 80 亩地。

关老堰　位于永安村关二组，堤防长度 290 米，蓄水灌溉农田 60 亩。

第三节　河道治理

一、新开河

20 世纪 60 年代，众兴乡新辟一条滁河干渠，属淠史杭工程一部分，从长丰县三十头的王岗至众兴水库东，全长 12 千米，从西向东穿境众兴，河底宽 7 米，河口宽 50 ~ 100 米。高处挖方成渠，低冲填方筑堤。

滁河干渠众兴段两岸灌区开挖水沟渠8条（砂塘岗支渠、众西站支渠、众南站支渠、郑小河支渠、联合支渠、谢岗支渠、圩坎支渠、龚河支渠）和电灌渠6条，总长近60千米。

疏浚后的滁河干渠 （康琛/摄）

二、疏浚

至2014年底，滁河干渠清淤3次，罗岗段沟渠塌方曾3次大整修。一方面增加坡度，下水泥桩；一方面从河底砌防塌坡墙，让水从河槽流淌；耗资近百万元。塘坝、沟渠根据农业生产需要随时整治清淤。2014年清淤土方25万立方米，如沙塘岗支渠、圩坎支渠、众西站支渠等清淤疏浚。

三、护岸

众兴水库采用干砌块石护坡和浆砌石护坡相结合。滁河干渠众兴境内及小(2)型水库任大塘、金大坝、关老塅下面水位部分是混凝土块板护坡，水位上部是草皮护坡，浆砌石开沟护坡从岸上到河底，引雨水进沟入河。

当家塘坝、沟渠护岸以培土植绿为主。

四、河流名

店埠河　源于长丰县双墩镇吴店，形成于元疃镇的徐老家，是南淝河的支流，流经元疃镇、众兴水库、永安集至店埠镇、撮镇镇于三汊河汇入南淝河注巢湖入长江。是乡内最长、最大的河流，众兴乡位于其中上游。众兴居民曾称众兴水库淹没区段为马政寺河、众兴水库至许河湾段为龙王大河，现统称店埠河。众兴水库至梁宇段的河道弯曲、浅窄，九曲十八弯，群众戏称“鸡肠河”。稍有旱情，上游少水或断水，河漕露底，两岸农田易受旱灾。雨季常出现河水泛滥、交通中断现象；下游店埠、撮镇淹没庄稼、冲毁房屋。1959年，开始在上游河道兴建大(2)型众兴水库。兴利除弊、蓄泄兼筹进行综合治理，使其在抗旱防洪中发挥重大作用。下游店埠、撮镇区段主要是疏浚工程。20世纪90年代，许河湾大桥、梁宇店大桥相继建成，天堑变通途。众兴人民称店埠河为“母亲河”。

店埠河 （康琛/摄）

滁河干渠　引大别山淠史杭水自流入肥东的大干渠，自肥西的将军岭起至县境袁河西水库，穿越众兴乡花灯、谢岗、众兴、联合四村（居），渠底宽度达16～17米，通水流量3米³/秒。众兴乡可通过自流、机电灌溉农田2万余亩，又可江水西调，充蓄调节众兴、管弯、袁河西等大中型水库水位，保障合肥市供水。

滁河干渠　（康琛/摄）

干渠经过的众兴地段，岗冲交错，高低悬殊，深挖处达10米，高填方处15米，渠道配套建筑有节制闸、泄洪闸、溢流堰、地下涵、公路桥、人行便桥，支干渠有众西站支渠、砂塘岗支渠、众兴支渠、联合支渠等。

滁河干渠便桥　（康琛/摄）

1958年开挖，1971年全线通水。前后13年斗转星移，农民用肩挑手推背扛创造了奇迹。

滁河干渠沿线峰峦叠嶂、碧水连天、林木葱茏、鸟语花香。

众兴西边有条更小的天然河，上游几个洼冲汇合到蒯油坊、龚河湾、万坝经单岗河至於湾大坝入店埠河。此河为店埠河支流。

龚河　发源于长丰县，流经霞光社区黄小郢、蒯油坊、花灯社区陆老家、新站磨店社区老郭冲水库河、店埠镇橡皮坝入店埠河；其中，源自花灯社区坎南两条支流、贾户一条支流均入龚河。

2014年众兴乡河渠一览表

表12-4　　单位：千米

河流名称	众兴区域河域长度	流向	发源地	流入地	形成原因
店埠河上游	—	南北	元疃镇徐老家	南淝河	自然形成
龚河	1.5	南北	五十头井杏塘霞光柏果岗	店埠河	自然形成
郑小河	4	东西	西范岗	店埠河	自然形成
单岗河	3	南北	谢岗村刘王岗	店埠河	自然形成
滁河干渠	7	东西	肥西	众兴水库	人工开凿
众兴站沟渠	5	南北	滁河干渠	店埠河	人工开凿
众南站沟渠	3	南北	滁河干渠	店埠河	人工开挖

续表 12-4 单位：千米

河流名称	众兴区域河域长度	流向	发源地	流入地	形成原因
圩坎水渠	4	南北	滁河干渠	店埠河	人工开挖
沙塘岗沟渠	4	南北	滁河干渠	店埠河	人工开挖
共和沟渠	3	南北	共和湾	店埠河	人工开挖
金王沟渠	3	南北	金王	店埠河	人工开挖
罗松沟渠	3	南北	罗岗	店埠河	人工开挖

五、桥名

2014 年众兴乡桥梁表

表 12-5 单位：米

路线名称	桥梁名称	跨处名称	桥长	梁宽	跨径	建成年月
北外环高速	小胡套桥	北外环高速	25	9	40	2006 年 12 月
店元路	大高塝桥	北外环高速	25	9	40	2006 年 12 月
石三路	贾户桥	北外环高速	25	9	40	2006 年 12 月
石三路	许河湾桥	店埠河	15	5	20	1990 年
众霞路	众兴集滁河大桥	滁河干渠	18	5	20	2006 年
北外环路	共和大桥	跨共和路	45	20	40	2008 年 10 月
北外环高速	西岗头涵桥	跨共和路	40	3	6	2008 年 10 月
北外环高速	小何岗桥	永安河	25	20	40	2008 年 10 月
众牌路	永安集桥	店埠河	3	5	6	2000 年
众联路	刘小郢桥	店埠河	10	3.5	12	2002 年
滁河南北通道	共和桥	滁河干渠	15	3	20	2010 年
滁河南北通道	西岗头桥	滁河干渠	15	4	20	2010 年
滁河南北通道	圩坎桥	滁河干渠	15	4	20	2010 年
滁河南北通道	小朱户	滁河干渠	15	4	20	2010 年
滁河南北通道	大朱户	滁河干渠	15	4	20	2010 年

第四节　农田灌溉

一、灌排

排水　众兴岗冲交错。岗、塝田易排水，水土易流失。冲田排水不流畅，冬季成沤泥田，“文化大革命”后期，为了增产，沤泥田改点播油菜，深挖排水沟。

一般较大的塘坝在塘坝埂一端或两端开排洪沟，及时泄洪。

灌水　改革开放前，稻田灌水，用人工水车拾级而上抽水，旱粮靠天收。加之土壤渗透力强，损耗大，保不到三五天就干了，产量低，不包(保)收。1980 年后，电力水泵逐步得到了普及，村民自滁河干渠、众兴水库、当家塘坝或店埠河、郑小河等自然河抽水灌溉庄稼，用塑料管接水泵能输送到两三百米远，扬程可达50米高，灌速快、效率高。农户自购抽水器材。农业收成有了根本保障。

二、渠系配套

中华人民共和国成立初，各塘坝都有引水沟渠，比较狭窄。因土地私有，引、灌规模小。农业合作化期间，大搞塘坝串联、沟渠配套建设，沟渠功能也由单一灌溉向调、排等多功能发展。滁河干渠、众兴水库构成众兴农业灌溉主要渠系和水源。众兴东部、南部农田用水除了塘坝外，从店埠河筑台挖沟，提水灌溉农作物；永安集东南部位农田用水从永安河提水。

滁河干渠　属自流灌溉。众兴段起于陆老家，终于田中份。流经12个村民组。

众南站干渠　属提水灌溉。东线起于高店，流经砂塘岗、窦小郢、大高、至新站区许大郢。南线起于高店，沿大众路流经高店、井店、小胡套等村民组。

众西站干渠　属提水灌溉。起于王岗，流经童下郢、胡冲等7个村民组。

砂塘岗支渠　属提水灌溉。许河湾线：起于滁河干渠，流经许岗、张小郢、砂塘岗、高截岭、童岭岗、赵岗、老徐至许河湾。王小郢线：起于滁河干渠，流经许岗、张小郢、砂塘岗、张郢坊至王小郢。刘土地庙线：起于滁河干渠，流经许岗、张小郢、砂塘岗、高截岭、童岭岗、大高、许槽坊、陆岗、刘土地庙。

义合站干渠　属提水灌溉。起于众兴水库，流经义合新村、华光新村至范岗村。

谢岗支渠　属自流灌溉。起于滁河干渠流经龚河湾入金大坝。

圩坎支渠　属自流灌溉。起于滁河干渠，流经老贾圩、贾户、孙吴大郢、建一、建二、南孙等村民组。

龚河支渠　属自流灌溉。起于滁河干渠，流经西岗头、义一、义二、花灯等村民组。

郑小河　属自流灌溉。起于滁河干渠，流经许小郢、郑小河、白地岗、王小郢，入店埠河。

滁河干渠　滁河干渠引大别山区淠史杭水自流经肥西县将军岭至县境张集乡袁河西水库，长95.2千米，渠底宽度7～16米，通水流量10～30.5米³/秒。既可自流灌溉渠道两侧13万亩农田，又可充蓄县内众兴、管湾、袁河西等中、小型水库，通过配套机电灌溉站提灌30万亩农田，受益面积可达60余万亩。

改造后的滁河干渠　（康琛/摄）

干渠经过的地段，岗冲相间，高低悬殊，有深挖方7处，挖深10～15米，最深

20.1米，高填方9处，填高12米左右，最高26米。高填方与深挖方总长13.5千米。县内渠段的配套工程有众兴水库大坝和管湾、袁河西水库大坝土方240多万立方米以及渠道配套建筑物等，其中规模较大的有节制闸4座，泄洪闸5座，溢流堰4个，大型地下涵9处，公路桥51座，人行桥20多座，堤坝护坡7处共长9千米多，支干渠14条，总长117千米。连干渠在内共完成工程量土石方1207万立方米，国家投资1082万元。

众兴境内，西东流向，低处有自留灌溉渠7条，高处垅身建有提水站台：众西站、众南站、陆老站、罗岗站、新庄站、老圩站、李户站、东范岗站、刘小郢站共9座，从滁河干渠提水，顺着配套沟渠灌溉农作物。

2014年众兴当家塘坝一览表

表12-6　　　　单位：亩

塘坝名称	村(居)	蓄水面积	塘坝名称	村(居)	蓄水面积
陈小郢长塘	大高	10	正新南泥塘	谢岗	9
陈小郢新塘	大高	12	正新门口塘	谢岗	10
胡潺塘	大高	20	小朱户大冲背	谢岗	10
余岗大冲贝	大高	12	郑小河河坝	联合	20
余岗小冲贝	大高	15	王小郢组王新塘	联合	15
大胡套黄泥塘	大高	12	王小郢组王大塘	联合	14
大高大塘	大高	18	王小郢组门塘	联合	13
大韦塘	大高	13	王小郢组大墩塘	联合	17
包塘	大高	15	河沿组美丽大塘	联合	19
小胡套新塘	大高	15	圩外组荷叶塘	联合	11
窦小郢双塘	大高	20	钟小郢组王新塘	联合	10
贾北组大苇塘	花灯	15	新蕊农场大泽背	霞光	15
贾中犁治塘	花灯	12	新蕊农场泽背稍	霞光	7
尚品新大塘	花灯	16	新蕊农场大段塘	霞光	10
李园大芦塘	花灯	12	韩永年新塘	霞光	12
冉艺长塘	花灯	16	韩永建大沽塘	霞光	40
河北大新塘	花灯	15	同创园林稻塘	霞光	60
钟先国下湾塘	花灯	15	同创园林三联塘	霞光	18
天江大凼	花灯	40	同创园林四连塘	霞光	40
新村大凼	花灯	20	同创园林长塘	霞光	8
天江团塘	花灯	20	同创园林窑塘	霞光	7
天江长塘	花灯	20	同创园林玫瑰塘	霞光	9
天江新塘	花灯	15	同创园林岗头小长塘	霞光	6
徐义国墩塘	花灯	13	新蕊农场草塘	霞光	10
陆老组大新塘	花灯	13	马尚门口塘	霞光	15
陈家年冲新塘	花灯	11	香榭里园林司岗门口塘	霞光	12
新纪元新塘	花灯	13	许家红西小段	霞光	18
龚德斌大窝塘	花灯	14	许家红大草坝	霞光	15

续表 12-6

塘坝名称	村(居)	蓄水面积	塘坝名称	村(居)	蓄水面积
龚河湾西首塘	花灯	17	许家红海贝塘	霞光	13
吕小组豌塘	华光	12	富强园林大坡塘	霞光	16
庙塘组井塘	华光	10	黄窑大郢塘	霞光	13
胡中组西湾塘	华光	13	童下大郢塘	霞光	14
立新组下塘	华光	14	守业公司新双塘	霞光	18
胡后组东湾塘	华光	15	高宏园林东大河塘	霞光	40
庙塘组庙塘	华光	23	高宏园林东冲长塘	霞光	15
义上组五呗塘	华光	15	高宏园林小双塘	霞光	12
王东组封呗塘	华光	12	九鑫园林门前新塘	霞光	15
团结金坝	华光	15	沈家园林西大河塘	霞光	16
塘梢组塘梢大塘	华光	15	朱老朱大塘	范岗	25
王中组王大塘	华光	20	金户门面塘	范岗	15
王西组冲心塘	华光	15	高小牛蛙塘	范岗	13
庙塘组三联塘	华光	18	东范岗文德大塘	范岗	18
庙西组大蒲塘	华光	14	吴小万秋塘	范岗	12
胡大塘	华光	15	老施家大塘	范岗	25
马政寺放生塘	华光	20	陈老塅大塘	范岗	60
大朱户大藕塘	众兴	15	王六九大新塘	永安	13
张小郢中心塘	众兴	12	宣西长墩塘	永安	16
许岗组大破塘	众兴	15	小高赵大塘	永安	12
王小孙胜国长大塘	谢岗	12	老徐东边塘	永安	13
樊昌才新塘	谢岗	13	万岗新塘	永安	14
油坊帝茂大塘	谢岗	75	新圩圩塘	永安	15
帝茂新大塘	谢岗	12	李圩大塘	永安	18
帝茂红塘	谢岗	13	小河岗大平塘	永安	15
帝茂八果塘	谢岗	15	关二弯塘	永安	13
吴莫岗国成冲塘	谢岗	13	罗户组西草塘	永安	12
吴莫岗荣福冲塘	谢岗	14	罗户组东草塘	永安	13
国成王大塘	谢岗	15	许河湾墩塘	永安	15
国成汇丰大塘	谢岗	17	陈户支渠	联合	1.5
孙维斌鸭蛋塘	谢岗	13	龚河湾支渠	花灯	1.2
童小众联门面大塘	谢岗	12	田中份支渠	联合	1
童小众联大藕塘	谢岗	15	谢岗支渠	谢岗	2.21
立新风箱塘	谢岗	13			
新街排水沟	大高	0.65			
圩坎支渠	花灯	1.08			

第五节 提水工程

一、电力排灌站

众兴电力排灌主要是众南站、众西站和义合站，众南、众西 2 个泵站水源取自滁河干渠，义合站水源取自众兴水库。

众南站建在花灯社区高店境内，有内径 20 厘米粗的钢管，泵机 2 台，扬程 30 米，灌溉农田 5000 余亩。

众南提灌站房　　（康琛/摄）

众西站建在谢岗村王岗东南部位，扬程 50 米，沟渠总长 5000 米。泵机 4 台，灌溉农田 10000 余亩。

义合站建在原义合村河心组，有内径 20 厘米粗的苏联铁管，泵机 1 台，扬程 30 米，可灌溉农田 3000 余亩。

二、节水灌溉工程

众西提灌站房　　（康琛/摄）

众兴乡节水灌溉工程系合肥市财政发展资金支持项目，总投资 50 万元，于 2000 年建成。其中，财政发展资金 48 万元，乡筹资金 12 万元。采取涵管引水、沟渠硬化、沟梗植绿，结合格田成方、平整田地等措施，防止水土流失，提高水土综合利用效率。位于花灯村滁河干渠下南圩坎村民组，老圩西冲及西岗头东部，300 余亩田地。先用机推土修好机耕路，机耕路两边挖沟成渠，然后整田成方，成阶梯形田块，埋有涵管，灌水可顺沟渠和涵管流入农田庄稼，具有节水、蓄水作用。

第六节 防汛抗旱

乡域岗丘地形，四季分明，冷暖空气时常交汇，降雨量时空分布不匀，年际间变化大，旱涝灾害频繁发生。在1949—2014年的65年中，众兴发生洪灾14个年头，平均每5年一次；旱灾19个年头，平均每3年发生一次；有时一年会发生两次，防汛抗旱任务比较艰巨。

一、组织机构

众兴地区防汛抗旱工作以抗旱工作为主。中华人民共和国成立以来，每年春季，县防汛抗旱组织即编制当年抗旱预案。年中，视水情、雨情、旱情，适时调整布置防汛抗旱工作。乡成立相应组织，支持参加全县的防汛抗旱工作。众兴地区参与的县防汛工作是在长江沿线和撮镇圩区。1995年后，众兴乡专门负责众兴水库和滁河干渠的防汛工作，避免乡内人员来回调动。防汛抗旱组织主要负责人由乡（公社）、村（大队）主要负责人担任。

二、防汛

汛期防备　县防汛抗旱指挥部在众兴水库管理所成立防汛前线指挥部。众兴乡成立防汛领导组，明确水库防汛负责人，并通过媒体和有群众代表参加的会议公布，便于接受社会监督。每年春季，乡政府配合县水务局对众兴水库进行汛前检查，制订水库防汛控制运用计划，成立防汛组织，严明防汛纪律。汛前组织成员吃住在库边。众兴水库设防水位45.60米，当临近这水位时，管理单位及防汛人员必须分兵把守，加强值班巡逻、观测，密切注视雨情、水情、工情（出工情况），做到水涨堤高，当达到警戒线水位时，县领导上岗，乡镇抢险队到位。如果水位继续上涨，则开闸泄洪，综合众兴水库、巢湖、店埠河水位调节泄洪闸起关，一般白天泄洪，夜间关闸滞洪。并及时通知店埠河下游特别是店埠镇、撮镇有关单位、人员。防汛人员手机、电话保证24小时开通。

防汛物资储备　有麻袋、编织袋、草袋、铁丝、圆钉、铁锹、木桩、毛竹、雨布、塑布、铁锤等，如果汛情紧张，可通知后方各村组发动群众从家里筹集麻袋、草袋、编织袋，指定地点，专人登记，专人保管，待汛期过后按价付款。

乡直各单位按照各自职责，密切配合，共同完成防汛抗洪任务。民兵做好准备，集结待命，承担急、难、险、重防汛抢险任务；气象员密切注视天气变化，随时联系防汛领导组，做好突发性降雨及转折性天气预报；交通部门根据要求，做好抗洪抢险、救灾人员和物资的紧急运输工作。上下联动，各方配合，确保将洪涝灾害造成的损失降到最低限度。

水灾纪实　1949—2014年，乡内1954年、1969年、1980年、1983年、1987年、1989年、1991年、1996年、1998年、2003年、2005年先后发生洪涝灾害。其中大洪灾是1954年、1987年和1989年3年，特大洪灾是1991年。在特大洪灾中死亡1人。

1987年水灾　1987年7月1日夜，众兴乡域普降暴雨，后接连不断，到7日上午，店埠河上游的许河大桥、梁宇大桥及汉河单岗河桥被大水淹没，交通受阻，且水位下降缓慢。众兴水库水位高达45.68米，超过警戒水位0.08米，泄洪流量为50米^3/秒。7月8日，众兴水库出现建库以来大坝第一次塌方，初长15米，后发展为125米。房屋坍塌，农作物严重受损。乡村干群奋战第一线。

1989 年水灾　1989 年 7 月 5 日午夜至 6 日，连降大暴雨 19 个小时，岗水下冲，冲田白浪滔天，一片汪洋。7 月 8 日午后，11 日下午又是大雨倾盆。8 月 4 日夜至 6 日上午，受台风影响，乡内又降大到暴雨，华光降水量达 148 毫米，永安达 152 毫米。各村组塘坝满涨，众兴水库超汛限水位，开闸泄洪。各支系河渠沟溪排水缓慢，洪水漫溢，造成大面积农田漫淹。众兴干群驻守水库抢险抗洪，众兴选派突击队出防无为大堤。

1991 年水灾　1991 年特大洪灾，1 月至 7 月 15 日降水量为 1267 毫米，超过年平均降水量 268 毫米，比大灾的 1954 年同期多降水 238.6 毫米。5 月 18 日起，持续低温阴雨，午季作物大小麦和油菜籽大部分发芽霉变，午季成灾 3600 亩。6 月 8—14 日，又连降大暴雨 249.5 毫米。众兴中学一位初三女生中考回来经单岗河桥时被洪水冲没，她一个人过河桥时被洪水冲入旋涡，只露出黑发，恰巧被当地一位放牛大爷揪住头发拽上来，救了命。7 月 1—13 日，境内再次连降大暴雨，其中 7 月 10 日众兴水库达建库后最高水位 46.25 米，以 120 米^3/秒流量泄洪。乡内洼冲汪洋如湖，交通中断，个个村出现墙倒屋塌现象（土墙草顶），农作物大幅减产，损失惨重，实属罕见。8 月 1—7 日，众兴降大暴雨 194.3 毫米，水库又涨至超限水位，为排洪防涝，抢险队伍昼夜巡逻，丝毫不懈怠。

1996 年 6 月、7 月，大暴雨持续。原花墩小学校舍出现 12 间危房，根基下沉，墙体开裂，并向外倾斜，被迫停课，不久陆续迁至大众路边。

2003 年 6 月下旬至 7 月中旬，大雨加暴雨袭击众兴。田埂被流水冲塌，众兴水库泄洪流量加大到 138 米^3/秒。

每年 4 月，成立县乡两级防汛抗旱领导组。早谋划，早准备，人力、物资有备无患。做好防大汛抗大旱应急准备工作，使之成为常规制度。

三、抗旱

预防干旱，每年春季，县防汛抗旱指挥部在撮镇、众兴、滁干河、驷马山、撮八五个灌区分别成立抗旱前线指挥部。并在 4 月、5 月就编制好当年抗旱预案。年中，在各抗旱阶段转换前，视当时雨情、水情、旱情变化，及时召开指挥长及乡（镇）负责人会议，布置下一阶段抗旱任务。众兴乡根据县抗旱预案，结合众兴乡实际，编制各阶段抗旱预案。

春季，滁河干渠上游水位高，水价低，计量松，县、乡动员滁河灌区群众引水、蓄水，为抗旱赢得时间，奠定基础。水路远，易受旱的村、组引导农民调整种植结构。水路不通走旱路，宜水则水，宜旱则旱，因地制宜。对易旱地区多兴种“四旱”作物，即旱玉米（六谷）、旱山芋、旱花生、旱棉花，收入不比水稻差，且省水、省肥，还能优化灌溉模式，做到科学用水、合理用水、节约用水。对滁河干渠两岸自流灌溉区组织巡逻队监护涵闸启闭，防止偷水、漏水、抢水现象发生，注意险工险段，防灌溉渠道溃破。对滁干河两岸高岗及店埠河沿岸的提水灌溉区，电线拉到位、火表安到杆，提供用电，方便抗旱。高温季节，如遇电力紧张，可一面向上争取供电指标，一面调荷避峰，争取白天少开机，夜间多开机。流水沟渠组织民工守护，段段有人守，节节保畅通。

2010年后，机挖当家塘遍及各村，增加蓄水量，大大减轻或缓解旱灾造成的损失。

旱灾纪实　1955年8—11月、1958年5月至8月上旬、1961年4—8月、1966年全年、1976年6—8月、1978年7—12月、1979年3—10月、1985年6—8月，1988年7月至年底、1990年4—7月、1992年4—8月、1994年1—8月、1995年1—9月、1997年伏天、1998年8月至1999年8月、2000年1—7月，2010年9月至2011年6月、2013年7月中旬至8月下旬，这些时段皆发生严重旱情，给众兴的农业生产、村民生活带来困难。

1966年旱灾　1966年大旱，4—12月基本无降雨。春季，水源差的地方无水下秧，改栽植耐旱作物山芋等，5—8月雨量极少，秋收的山芋细长如鞭索。众兴西部有几个生产队秋季无水种植蔬菜，人们到众兴水库的滩涂上种菜。当年冬季开挖滁河干渠，土地极其坚硬，两个劳动力合踩一把锹，都难以开挖。挖河民工无水吃，引巢湖水拾级而上，经磨店集南五站到张店万坝，再从龚河湾水台往上抽，以前农村没通电，全靠柴油机抽水。耕牛没稻草吃，众兴大部分生产队组织劳力到磨店公社南边大队、生产队去挑运稻草（县里统一安排，免费）。群众靠政府发放供应粮，直到次年5月。

1976年旱灾　1976年6—8月，百日无降雨，天气晴朗，烈日高照，双晚秧无水栽插。春播花生、棉花、豆谷、山芋等耐旱作物减产。公社、大队及社直单位深入各生产队。到处找水源，挖土井，当时提出“天大旱、人大干”，把旱灾带来的损失降到最低限度。

1978年旱灾　1978年7月至1979年10月（1978年7月，滁干渠断流），境内大旱百年罕见，农作物枯黄能点着火，绝收、半收的生产队占大部分，大多数塘坝干枯，早晨的洗脸水留作晚上洗脚用。洗菜水留作浇菜用，耕牛无水淹汪，地下水位下降，少数生产队出现用秤称水、按人口供应现象，保不住庄稼保人、畜。同时县委要求进一步搞好生产自救工作。1978年11月，农村联产责任制开始实施。农民各显神通，干劲十足。

1988年旱灾　1988年7月，天气持续晴热高温，人畜用水发生困难。政府组织汽车队运水，村民用平车拉水，运水队伍一茬接一茬。水来自巢湖，贵如油，禾苗枯萎、减产、绝收。

1990年旱灾　1990年3—10月，乡内降雨340毫米，比正常年景同期少300多毫米，比大旱的1978年仅多45毫米。5月下旬正值水稻抢栽季节，40天无雨，滁河干渠来水迟，供水时间短。7月下旬，旱情日趋严重。到10月底连续90天未下过透雨，仅降水70毫米，塘坝干涸。5月26日开始，全乡动员干群2000人投入抗旱，众南站、众西站水泵不停，昼夜开机抽水。8月2—4日，降雨112.7毫米，旱情暂时缓解。11月，旱情持续发展。

1992年旱灾　1992年，春旱、伏旱加秋旱，干旱时间长。6月3日，县委、县政府召开各乡镇、县直机关紧急动员会，面对日趋严重的旱情出对策。乡党委、乡政府在思想上首先引起高度重视，召开村组干部会议，逐村逐组落实抗旱工作。提出必须要把抗旱抢种作为当时压倒一切的中心工作，全力以赴，提水抢苗，提水抗旱。战天斗地，所有劳力站在抗旱第一线。

1994年旱灾　1994年众兴乡发生特大干旱，从夏种到秋收持续干旱。干旱时间长，高温天气多，旱情发展快，属50年罕见。1—8月，降雨510毫米，其中7月降雨55毫米。8月份降雨18.7毫米，少数地区滴雨未落，与正常年份1993年同期相比下降420毫米，塘、坝、库蓄水量日枯，从6月下旬到8月中旬，连续37天高温无雨。旱情来得早，来得猛，且持续时间长，灾情严重。时乡党委、政府带领群众全力以赴投入抗旱保苗，防病救灾。5月下旬至6月底，抗旱打水抢栽秧，7月初至7月底抗旱保苗，8月抗旱保苗、保人畜用水、防火防疫、开展生产自救。9月起，重点解决人畜饮用水问题。

1995年旱灾　1995年境内雨水偏少，全年遭受大旱。1—9月，降雨470毫米，比1993年同期少降一半，特别是立秋之后，50天时间滴雨未落，出现比1994年更严重的少雨局面，塘坝干涸，田地龟裂，农作物赤枯，点火即燃。全乡3.5万亩田地受旱，霞光等村灾死耕牛9头。旱情发展厉害，众兴水库供水处于紧张状况。

1997年旱灾　1997年7月，乡域晴热高温无雨，滁河干渠供水无保障，开动40余台（套）抽水机也无济于事，旱情发展迅速。8月稻飞虱暴发，人畜饮水困难。灾死耕牛12头，水稻歉收、绝收9500多亩，花生、棉花、山芋等9400余亩，减产严重。

1999年旱灾　1999年，乡域降水偏少。1998年9月至1999年7月近一年时间仅降雨540毫米。比1998年同期少降145毫米，1998年秋旱导致春季大部分塘坝干涸。中小型库坝蓄水不足，只有正常年份的25%。在农作物最需水的7月，降水更是稀少，众兴水库有水2200多万立方米。压水抗旱，压缩水稻面积，开动所有抗旱机械、盘活内水为必然措施。

5月19日，三十头王岗节制闸关闭，加之梅雨期空梅，给众兴加大了旱情。7月，晴热无雨持续高温，伏旱又来得猛、来得快。乡党委、政府提出以抗旱保苗为重点：保旱玉米、花生、棉花、山芋、西瓜及保水产养殖、保人畜用水。

2000年旱灾　1997年、1998年、1999年连续三年干旱。2000年，降雨量严重偏少，自1999年11月至2000年7月底，9个月降雨455毫米，与多年同期平均降水量697毫米还少234毫米；与特大旱灾的1978年同期相比下降53毫米。自入春以来，降雨偏少，为50年罕见的春旱。

第七节　供电机构和人员

一、机构沿革

1979年，永安公社成立了电力管理站，1986年，众兴成立了电力管理站。

1997年两管理站分别改称为永安供电所和众兴供电所，2004年撤销永安供电所，并入众兴供电所，众兴供电所负责管理全乡的用电、维修、改造和收费等事项。2012年众兴供电并入国家电网，直接受肥东县供电公司领导。

附：众兴供电所简介

1979年，永安乡电力管理站成立，站址位于乡政府大院内，设办公、生活用房3间。1979—1985年，有2名工作人员，1985—1998年，有5名工作人员。1997年，更名为永安供电所。1979—1994年，葛伦根任站长；1994—2002年，刘经华任站长。

1980年，众兴乡电力管理站成立，站址位于众兴村街南村民组、滁河大桥东北，占地900平方米；建有办公、生活用房8间，270平方米。6名工作人员，从事供电、抄表、收费、维护等职责业务。1980—1995年，杨忠保任站长；1995—2001年，张有香任站长。

肥东众兴中心供电所　（供电所/供）

2002年10月，众兴供电所迁至花灯大街。占地7000平方米，建有办公楼、生活用房两幢，办公楼设营业大厅、会议室、值班室、器材室等面积共计550平方米，7间生活平房面积180平方米。有内外勤工作人员16人。

2003年，永安供电所并入众兴供电所。2002—2005年，张有香任站长；2005—2006年，卜海龙任站长；2006—2014年，蒯兴胜任站长；2014年起，杨义松任站长。

供电服务范围及设施：至2014年，众兴全乡2.6万人口；合肥新站区1.2万人口；总面积78.5平方千米，1.1万户。10千伏线路84.5千米，低压线路298千米。专用变电用户68户，容量14538千安。公用支配变110台，容量14970千安。年供电量2500千瓦。

2008年，安徽省电力公司在联合村征地兴建500千伏变电设施，系华东电网，安徽省电力公司负责管理。2012年，投资2000万元，在大高村征地1300平方米，兴建35千伏众兴变电设施。

二、人员

1979—1985年，永安电力管理站有工作人员2名，之后逐渐增加到5人。众兴乡电力管理站有工作人员4名。

2004年，永安供电所和众兴供电所刚合并时共有管理人员22名，后逐渐精简；至2014年，有管理人员15名。

第八节　电　网

一、电网建设

输电线路　王小线，起点肥东二线T接，终点众二变。1971年1月开工建设，1971年5月正式投运，县供电局设计，供电局工程队施工。起点T接于35千伏肥东二线，终点35千伏众兴二站变电所，全长10.93千米，途经众兴、元疃、同心，沿线地形为丘陵、平地和泥沼地带。导线型号LGJ-95，杆塔主要型号为Y2、ZD1、YD1，29基。

肥东供电公司35千伏众兴变电站　　　　（刘斌/摄）

电网建设　中国电网众兴供电所曾三次对电网进行集中建设(改造)。第一次于1997年，改造面积较小，仅从原供电所(位于信用社西)到众兴集各乡直机关周边，当时只有公用变压器26台，总容量不超过2000千伏安，10千伏线路43.5千米。第二次于2000年至2002年，改造谢岗村、滁河村、金王村、范岗村、华光村、郑埠村，新增变压器7台，配变容量1.37万千伏安。10千伏输电线路48.3千米。第三次于2005—2010年，改造花灯、大高、永安(包括后划属磨店的八联、漕坊、沿河3个村)线路。配变台数90台，装机总容量1.81万千伏安，输电线路60.1千米。

为了确保全乡工农业及居民生活正常用电，农网加低压不断改造升级。至2014年，全乡总计公用变压器117台，配变容量1.75万千伏安。专用变压器68台，总容量约为1.4万千伏安。

二、超高压线路过境

500千伏5条：门兴5702线、龙兴5701线、众长5371线、众临5372线、孔兴5364线。

220千伏5条：众东4C52/4C51线、众撮4C55/4C56线、众秋4C54/4C53线、众杜4C50/4C59线、众郜2DQ6线。

三、变电站

2010年，肥东供电公司在众兴乡大高村兴建一所35千伏变电所，两台主变为8000千伏安变压器，分3条10千伏线路向全乡供电(众兴变04开关永安南线、09开关众兴南线，08开关众兴北线)。专用线2条(其中1条为肥东自来水厂)。

第九节　供电　用电

一、供用电

2005年，非工业及普通工业用电105.7万千瓦时，居民生活用电541.1万千瓦时，非居民照明用电15.4万千瓦时，商业用电19.5万千瓦时，农业生产用电79.2万千瓦时。

2008年,大工业用电10.7万千瓦时,非工业及普通工业用电182.3万千瓦时,居民生活用电580.1万千瓦时,非居民照明用电18.1万千瓦时,商业用电24.3万千瓦时,农业生产用电76.4万千瓦时。

2010年,大工业用电61.3万千瓦时,非工业及普通工业用电252.3万千瓦时,居民生活用电609.9万千瓦时,非居民照明用电21.3万千瓦时,商业用电32.2万千瓦时,农业生产用电78.3万千瓦时。

2011年,大工业用电103.7万千瓦时,非工业及普通工业用电254.7万千瓦时,居民生活用电632.4万千瓦时,非居民照明用电22.2万千瓦时,商业用电33.4万千瓦时,农业生产用电80.5万千瓦时。

2012年,大工业用电363.5万千瓦时,非工业及普通工业用电270.3万千瓦时,居民生活用电652.1万千瓦时,非居民照明能用电24.4万千瓦时,商业用电34.3万千瓦时,农业生产用电72.2万千瓦时。

2013年,大工业用电501.7万千瓦时,非工业及普通工业用电301.4万千瓦时,居民生活用电682.3万千瓦时,非居民照明用电26.1万千瓦时,商业用电72.2万千瓦时,农业生产用电74.3万千瓦时。

2014年,大工业用电645.3万千瓦时,非工业及普通工业用电325.3万千瓦时,居民生活用电743.8万千瓦时,非居民照明用电27.3万千瓦时,商业用电143.2万千瓦时,农业生产用电82.7万千瓦时。

二、用电户数,用电量

2007年,全乡用电户数9819户,用电总量814.9万千瓦时。

2008年,全乡用电户数10121户,用电总量888.4万千瓦时。

2009年,全乡用电户数10387户,用电总量10387万千瓦时。

2010年,全乡用电户数10448户,用电总量1160.3万千瓦时。

2011年,全乡用电户数11087户,用电总量1239.2万千瓦时。

2012年,全乡用电户数11193户,用电总量1556.8万千瓦时。

2013年,全乡用电户数8608户,用电总量2043万千瓦时。

2014年,全乡用电户数8790户,用电总量2252.6万千瓦时。

三、村民用电

2007年,全乡村民用电568.3万千瓦时。

2008年,全乡村民用电580.1万千瓦时。

2009年,全乡村民用电587.2万千瓦时。

2010年,全乡村民用电609.9万千瓦时。

2011年,全乡村民用电632.4万千瓦时。

2012年,全乡村民用电652.1万千瓦时。

2013年,全乡村民用电682.3万千瓦时。

2014年,全乡村民用电743.8万千瓦时。

四、一户一表改造工程

众兴乡原来用电户的电表全都是机械表,多为DD862型号,功率小,且是人工逐户抄表,然后查账减去上月用电度数,即为本月用电度数,按用电数乘以每度电价,进行收费。通过户户电表更换为智能电表,通过网络,采用电脑采集纳入指数,核算电费,相当精准。

第十节 用 电

一、计划用电

根据国家有关法规、政策,对发电、供电、用电实行综合平衡,统筹安排。计划用电是使生产发展速度与电力供应能力相适应的主要手段之一,也是能源管理的一个重要组成部分。众兴计划用电的重点放在工业和农业。众兴供电所做好用电分析和用电负荷预测工作,依据各工业企业和农业电能消耗定额,制定电能分配计划,确定用电指标,并根据电网调峰需要调整负荷,确定不同时间的用电负荷。用电指标由县供电公司通过众兴供电所下达到用电单位。用电单位根据用电证所列的电量、负荷、负荷率指标和规定的厂休日进行生产,并充分挖掘用电潜力,增加产能,以提高用电水平。此外,供电部门还组织社会力量,做好计划用电管理,并运用用电监控技术进行用电监测,协助用电单位落实分配指标。

做好计划用电工作,主要是抓好以下四个环节。

合理分配　在执行国家电力统配政策条件下,按照当时当地的具体情况,参照历史上较好产品用电单耗和国家生产计划进行分配。这是实行计划用电的重要基础。

科学管理　通过行政、技术、经济等手段进行管理,实行凭证、定量供电。

节约使用　节约使用电能,降低产品用电单耗,充分发挥每千瓦电力和每千瓦时电能的作用。利用电网中不同时间用电的不平衡性,组织用电单位让峰填谷,用有限的发、供电能力满足更多用户对电能的需求。

灵活调度　发、供、用电情况经常发生变化,电网平衡是发、供、用电的动态平衡。企业生产,除受供电影响外,还受制约原材料、劳动力以及季节等多种因素。因此,用电指标分配以后,在不超过指标情况下,允许企业内部、企业之间以及地区之间进行调整,以满足电网需要,满足生产变化需要。

二、节约用电

阶梯式电价　"阶梯电价"于2012年7月1日在全国范围内实施。阶梯式电价是阶梯式递增电价或阶梯式累进电价的简称，也称为阶梯电价，是把户均用电量设置为若干个阶梯分段或分档定价计算费用。阶梯电价仅仅指居民生活电价。

阶梯式电价措施的施行，鼓励居民节约用电。阶梯式电价的具体内容是：

第一阶梯为基数电量，此阶梯内电量较少，电价也较低，保持原电价不变，电价乘以电量即为电费。

第二阶梯电量较高，电价也较高一些，在原电价基础上加 0.05 元。

第三阶梯电量更多，电价更高，在原电价基础上加 0.3 元。

随着户均消费电量的增长，每千瓦时电价逐级递增。对居民用电实行阶梯式递增电价可以提高能源效率。通过分段电量可以实现细分市场的差别定价，提高用电效率，节约能源。

例如：第一档是 180 千瓦时，第二档是 350 千瓦时，在 2012 年 7—12 月，180 × 6=1080 千瓦都是原价，也就是前两个月包括第三个月的 180 千瓦时都是 0.56 元 1 千瓦，在用到 350 × 6=2100–1080=1020，1020 千瓦时则属第二档电价，每度 0.61 元，累计用电量超出 2100 千瓦时，每千瓦 0.86 元，那么电费：阶梯电价前，500 × 6=3000 × 0.56=1680 元；阶梯电价后，1080 × 0.56+1020 × 0.61+900 × 0.86=604.8+622.2+774=2001 元。半年多付电费 321 元。用电量越大（超过 350 元 / 月）付的电费越多。

峰谷分时电价　峰谷分时电价是指根据电网负荷变化情况，对一天 24 小时、一年 12 个月的不同时段、月份，分为用电高峰、用电平段、用电谷期三个时段分别计价收费。制定出不同的电价，以鼓励用电客户合理安排用电时间，削峰填谷，提高电力资源的利用效率。主要是指企业和用电大户用电。

各时段划分：高峰时段，14:00—17:00；19:00—22:00；平时段：8:00—14:00，17:00—19:00，22:00—24:00；低谷时段，0:00—8:00。

执行峰谷电价后，高峰段电价为 0.9857 元 / 千瓦时、平时段电价为 0.6021 元 / 千瓦时、低谷时段电价为 0.3070 元 / 千瓦时。

计算公式：

总电量＝第一档电量＋第二档电量＋第三档电量＝峰时段电量＋平时段电量＋谷时段电量；

总电费＝基础电费＋第二档加价电费＋第三档加价电费；

基础电费＝峰时段电量 × 峰时段电价＋平时段电量 × 平时段电价＋谷时段电量 × 谷时段电价；

第二档加价电费＝第二档用电量 × 第二档加价标准（0.05 元 / 千瓦时）；

第三档加价电费＝第三档用电量 × 第三档加价标准（0.3 元 / 千瓦时）；

实行峰谷分时电价，是电能商品时间差价的反映，体现了市场经济原则。电网为满足用户的用电需求，必须保证相应的电力供应及容量储备，不同的时间，电能的需求不同，电能商品的生产成本也不同，使用不同时段的电能，应该承担不同的电价，这就体现了商品的价值规律,也体现了用户公平负担的原则。

实行峰谷分时电价,有利于奖励用户合理转移用电负荷,削峰填谷,降低峰谷时段用电负荷率,提高系统设备容量的利用效率和节约能源。对用电客户来说,高峰时段少用电、低谷时段多用电,有利于降低用电成本;对电网企业而言,可以降低电网的投资成本和运行成本,保障电网的安全稳定运行;对发电企业来讲,可以降低由于调峰而增加的调峰成本费用;对社会而言,有利于减少或延缓电力投资,促进社会资源的合理配置。

为了尽量避免高峰用电供应紧张的局面,推行峰谷分时电价制度,利用价格杠杆引导电力科学消费,缓解电力供需矛盾。

节约用电,不光能节省开支、更重要的是节约能源资源,保护环境,保护生态平衡,造福千秋万代。

供电设备改造　改造高压线路。改造的重点是导线截面积小的"卡脖子"线路,布置不合理的迂回线路,供电半径长且不符合负荷距的线路。

改造低压线路。改造的重点是导线截面积小、供电半径长、破股线和用铁线架设的线路。

改造配电台区。改造的重点是低压线损率在18%及以上的配电台区。

更新、改造高能耗变压器。重点是64系列,并逐步对73系列和高能耗主变压器有计划地进行更新和改造。

更新、改造高能耗电动机。

增装无功补偿设备。

采用新技术和选用新产品。

广泛宣传居民用电节能常识,推广节能家用电器。

三、安全用电

为了避免在用电中发生意外事故,众兴供电所利用广播、宣传车在乡域范围内经常性宣传季节性用电安全知识,在各村(居)委会等人口集中的地方张贴安全用电宣传画册及雷电、雷击知识。

附:众兴乡居民用电常识

1.用电要申请,安装、维修找供电所,不准私拉乱接电线。

2.安全用电,人人有责。自觉遵守安全用电规章制度。低压线路安装漏电保护器,合理选用熔丝(保险丝)、熔片(保险片)或熔管,严禁用铜、铝、铁丝代替。

3.不要在电线底下盖房、堆柴草、打场、打井、栽树,不要在电线和其他带电设备附近演出、放电影,防止触电伤人和起火。

4.在电线附近立架、修理房屋或砍伐树木时要采取措施,对可能碰到的线路设备,要找供电所停电后进行。

5.机动车辆行驶或在田间作业,不要碰电杆和拉线。

6.不在电线附近采石放炮，不靠近电杆挖坑或取土，不准在电杆附近挖鱼塘，不准在电杆上拴牲口，不准破坏拉线，以防倒杆断线。

7.电力线、通信线和广播线要分开。发现电线与其他线搭连时，要立即找供电所处理。

8.晒衣服的铁丝和电线要保持足够距离，不要缠绕在一起，也不要在电线上晒挂衣服。

9.教育儿童不玩弄电器设备，不爬电杆，不爬变压器台，不摇晃拉线，不在电线附近放风筝、打鸟，不准往电线、磁瓶和变压器上扔东西。

10.电线断落时不要靠近，要派人看守，并赶快找供电所处理。

11.小水泵、脱粒机等临时用电设备，不准带电移动，不准挂钩接电，不准使用破损线，不准使用地爬线、拦腰线。严禁未成年人接近带电设备，未经电业部门考核合格的人员，严禁操作电气设备。

12.不要用手摸灯头、开关、插头以及其他家用电器金属外壳。有损坏、老化漏电的，要赶快修理或更换。家用电器设备的金属外壳要妥善接地。

13.不要使用不合格的灯头、灯线、开关、插座等用电设备。用电设备要保持清洁完好，灯线不要过长，也不要拉来拉去。

14.家用电器打火或者冒烟时，要拉断开关，不要带电泼水救火。

15.发现树杈碰触导线，立即找供电所处理。

16.禁止私设电网防盗、捕鱼、狩猎、捕鼠和灭害。严禁使用"一线一地"照明。

17.非供电所人员不得操作高压开关，不得进入配电室乱动电气设备。

18.若发现有人触电，千万不要用手去拉触电人，应立即拉断开关和用干燥木棍、干燥竹竿挑开电线，用正确的人工呼吸或胸外心脏按压法进行现场急救。

1997—1982 年中国电网(众兴)通电情况摸底表

表 12-7

村别	通电时间	线路里程(千米)	电杆数(个)	变压器台数(台)	总容量(千伏安)	用电户数(户)	造价(万元)
众兴	1977 年 6 月	5.1	120	2	180	245	35
范岗	1981 年 11 月	4.5	77	2	150	189	31
华光	1982 年 3 月	3.9	66	2	200	201	28
郑埠	1981 年 12 月	4.0	71	1	100	171	27
霞光	1980 年 9 月	4.4	76	2	150	198	30
谢岗	1981 年 7 月	3.1	52	2	150	201	24
共和	1983 年 2 月	2.9	49	1	100	145	20.5
花灯	1981 年 7 月	4.1	72	2	150	236	27.3
八联	1982 年 1 月	3.3	60	1	80	173	22
大高	1980 年 3 月	2.8	39	1	100	137	20.4
永安	1981 年 7 月	4.8	83	2	150	222	33.5
联合	1982 年 7 月	3.7	61	2	150	213	28.5
小计		46.6	826	20	1660	2331	327.2

2010—2013年中国电网(众兴)改装情况摸底表

表 12-8

村别	改装时间	改线长度(千米)	电杆数(个)	变压器台数(台)	加工厂数(个)	用电户数(户)
众兴	2010年7月	18.7	473	11	5	850
范岗	2011年4月	14.9	377	7	4	876
华光	2011年11月	18.8	469	10	3	912
郑埠	2013年12月	14.1	343	6	5	636
霞光	2012年10月	15.3	391	7	7	579
谢岗	2013年5月	15.9	544	7	5	614
共和	2010年4月	12.4	305	3	6	312
花灯	2011年9月	17.7	444	11	9	823
八联	2012年11月	14.6	363	5	7	419
大高	2010年9月	16.4	409	10	5	611
永安	2012年12月	25.3	641	15	10	705
联合	2011年11月	20.4	514	12	10	711
小计	三年半	204.5	5273	104	76	8048

第十三章

农业 科技

天勤家庭农场收割蔬菜场景　　（农办/供）

第十三章 农业 科技

天勤家庭农场收割蔬菜场景　（农办/供）

第十三章　农业　科技

众兴是以粮食为主，林、牧、副、渔为辅的农业地区。农业种植主要是水稻、小麦、花生、山芋、黄豆、棉花、油菜、蔬菜、西瓜等，养殖业主要是猪、牛、鸡、鸭、鹅、鱼类等。中华人民共和国成立前，由于土地掌握在少数人手里，广大农民无田或少地，加之水、旱灾害频繁，生产技术落后，粮食产量低，生活水平低，食不饱肚，衣不暖身。中华人民共和国成立后，通过土地改革，农民分得土地，实现"耕者有其田"。农民生产积极性提高，加之兴修水利，推广农业"八字宪法"——水、肥、土、种、密、保、工、管，适当扩大复种指数，使农业生产有较大发展。

农业生产由互助组到高级社，进而到人民公社。急于向共产主义过渡，并刮起了"一平二调三收款"的"共产风"，给生产造成极大破坏，给人民造成深重灾难。1959 年开始出现粮食紧缺，农村食堂从粮食浪费到改用吃饭票，后来改吃稀饭加瓜菜，直到吃不饱，食堂停伙，不少农民因饥饿而发生了浮肿病，众兴和其他乡镇一样，农村出现了"饿、病、逃、荒、死"等灾难现象。

改革开放的春风给众兴带来了勃勃生机。农村以生产为中心，农民有了主动权和生产支配权，由"借地度荒"到"包产到户"，农民生产积极性得到了空前高涨。1983 年，众兴公社试行家庭联产承包责任制。1985 年起，众兴农作物熟制统一调整为麦(油菜)—单季稻一年两熟制。1990 年起，进行稳粮、调棉、扩大花生等经济作物种植的结构调整。2004 年，众兴乡粮食与经济作物面积比例从 1989 年的 8∶2 调整到 6∶4。随着耕作制度改革，乡村工业发展，农业机械化程度的提高，农村劳动力分布发生变化。1989 年从事农林牧渔副业的占全乡总劳动力的 49.8%。1996 年从事农林牧渔副业的占比 44.14%。2004 年从事农林牧渔副业的占比 32.96%。1985 年，政府取消农副产品统购派购制度，改为定购；2002 年取消农业税和其他各种名目繁多的诸如上缴公积金、公益金、管理费、教育附加费、抚养费、计划生育费、民兵训练费、公路集资、农业特产税等，给农民"松了绑"，减轻负担。1995 年土地实行"二轮承包 30 年不变"，农民对土地有了承包权、经营权、管理权。1989 年起，"五八"绿色规划、林业二次创业、退耕还林、绿色长廊和土地流转等政策的实施，众兴乡的森林覆盖率达 53%，入围"合肥市森林二十佳乡镇"。

第一节　生产关系变革与调整

一、封建土地所有制

民国时期，众兴地区土地关系复杂。地主占有大量土地，众兴地区主要有花墩圩子张孟英地主、众兴集张鹤地主、永安李经武地主、郑小河张汉卿地主等。无地或缺地农民向地主租地，或外出打工谋生。

地租　地租有死租、活租两种。死租按预定租额丰歉不变；活租先定租率，收获前主佃双方登田估产，依据租率计算租额。其中有少数采用收获时当场核产分成的办法。地租率一般占产量40%～60%，少数达70%。种子、耕牛、农具、肥料均由佃户负担，佃户实际收入只有收获量的30%左右，难以维持基本生活。中华人民共和国成立前，永安乡张小郢20多户佃农有12户逃荒讨饭。

众兴地区农民缴地租和还借米等方式主要有以下7种。

1.押租　先缴租后种田，按土质好坏先缴豆租或米租，上等田每亩1石，中等田每亩8斗，下等田每亩6～7斗。

2.虚田实租　租种七八分土地，缴租时一律按1亩计算。

3.分成租　抗日战争前，租田1亩，作物收成后种者得六成，田主得四成。抗日战争期间，种者与田主平分。抗日战争胜利后，种者得四成，田主得六成。

4.糙三斛　青黄不接时，农民向地主、富农借1石白米，稻熟时归3斛(1.5石)糙米。脚色田，田主不收租，佃户在1年中给田主无偿做工每亩30天，随叫随到，农忙时佃户先为田主耕种，再耕种自己的租田。

5.印子钱　借钱100，实得80，下个月须还100。

6.滚雪球　当年还不了租米，下一年按复利计租。

7.夹底斛、水银秤　白米借出时用夹底斛，归还时将夹底抽去。如用秤，秤杆里嵌水银，称出时水银置秤纽一边，称进时水银置秤梢一边。

雇工　地主还以低工资雇用农民种地。有常年工(俗称长工)、季节工、日工等。长工又有壮工、牧童之分。工钱以米计，壮工一年400～500千克，牧童一般50多千克，年龄小的甚至只供伙食不给工钱。他们生活清苦，劳动繁重，每天起早摸黑，除田间作业外，还承担地主部分家务，如砍柴草、做稻米、养牲畜、挑水等，稍有不慎还要遭地主斥责或解雇。季节工、日工都在大忙时雇用，作业时间长，劳动强度大，日酬大米2.5～3.5千克。

高利贷　地主常趁农民危难之机，向农民放高利贷。中华人民共和国成立前夕，因货币不断贬值，多贷放粮食，春借秋还或冬借夏还，利息一般是1石(10斗)加5斗，超过一年加倍。有些地主利用不同粮食的季节差价，采取不断折价转换粮种办法以加重剥削，如夏季贷麦，秋季米巧麦贵，就按秋季麦价转算成米，冬春贷米，夏季麦巧米贵，按夏季米价换

算成麦。欠户如不能及时付还，则反复换算，并利转为本，本又生利，越滚越多。佃农司宏高借地主5石米，3年本息要还20石。

此外，按照习俗，佃户还要向地主送年、节、婚、嫁等礼物，请地主喝成佃、上庄、揣租等酒，奉送时鲜食品，为地主无偿劳动等。中华人民共和国成立后，此陋俗在少数地方仍然存续，演变成为村组干部请客送礼。

二、土地改革

（一）建立机构

1950年9月，县成立土地改革委员会，由县党政机关、群众团体负责人和民主人士15人组成，负责领导全县的土改工作。众兴以农民协会为基础，吸收有关方面人士参加，成立相应组织。

组织力量　乡抽调干部和农村积极分子，组成土改工作队，配合县区驻点工作队，经过培训后派往各地，指导和帮助基层实施土改。

宣传动员　首先召开规模较大的群众大会，然后各地召开群众大会、农民代表会以及青年、妇女、民兵等多种会议，对农民群众进行形势、阶级路线、土改政策的宣传教育，提高农民的阶级觉悟，在农村中造成热烈浓厚的土改气氛。

土改试点　1950年11月底，众兴开始搞土改试点，总结经验，指导土改工作全面开展。

面上土改　共分3批：第一批从1950年11月底开始，至1951年1月上旬结束；第二批从1951年1月10日开始，至2月下旬结束；第三批从1951年2月底开始，至4月上旬结束。

复查纠偏　为保证正确贯彻执行土改政策。防止偏差，从1951年7月至11月，对土改工作进行一次全面复查，对漏划地主、阶级成分偏高偏低户，均依照政策予以纠正。

颁发土地证　众兴召开群众大会，颁发土地证，庆祝土改完成，发动农民搞好农业生产，颁发土地房产证书，并当众焚毁地主的土地、房产旧契约。

（二）方法

划分阶级成分　先由乡农会划出全乡的地主，再由村农会划出富农、小土地出租者或工商业者，农民阶级中的贫农、雇农、中农，实行自报互评。初步划出的阶级、阶层，由乡土改工作队审核，报区批准后出榜公布。众兴最终划出没收、征收土地对象有地主114户，富农316户，小土地出租204户，工商业3户。

没收、征收土地财产　地主的五大财产（土地、房屋、耕牛、农具、粮食）全部没收，其余对象只征收其多余土地而不涉及其他财产。在没收地主五大财产时，并令地主交出土地、房产契约，同时开展反隐瞒、反分散、反破坏的斗争。对不法地主和恶霸地主，召开群众大会进行批斗，罪恶严重的交人民法院依法惩办。1950年，地主张汉卿、张文府、张仿周、张武宏、张华瑞、范传厚、朱奎山以及汉奸赵普生在许岗大旱塘被枪毙。

分配五大财产　以村为单位进行，差距过大的，由乡作必要的调剂。在分配财产时优先照顾雇农，对地主采取给出路政策，也分给他们一份生产、生活资料，监督其劳动生产，使其在劳动中改造自己，成为自食其力的新人。土地改革后，各阶级、阶层平均每人占有耕地：富农 4.69 亩，中农 3.15 亩，雇农 2.53 亩，贫农 2.14 亩，地主 2.10 亩，其他阶层 0.50 亩。

三、农业社会主义改造

互助合作　农业生产互助组（下称互助组）。土地改革后，农民虽分得了土地和其他财物，但有不少农户仍缺少耕牛、农具、生产资金，有的劳力不足，各户独立生产困难较多。为克服这些困难，党和人民政府及时引导农民走互助合作道路。

在 1951 年夏收夏种中，发动农民在当地原有的换工协作的基础上组建互助组。众兴开始建立示范性互助组，接着组建 1 ~ 2 个重点互助组，许多地方也随之自发组建，至 6 月底全乡共组建 12 个，入组农民 500 多人（劳力）。因清工结资未抓好，秋种中多数解散。

1952 年春，经过整顿和宣传发动，迅速恢复发展，互助组在众兴地区全面开展。由于部分基层干部有急躁情绪，单纯追求数量，忽视自愿原则，有些互助组不是在自觉自愿的情况下组织起来的，基础不牢。1953 年春，通过学习贯彻中共中央《关于农业生产互助合作的决议》后，推行积极引导稳步发展方针，重点是巩固提高已有互助组。这一年，既增建一批新的互助组，也解散一些条件不成熟而勉强凑合起来的老互助组，全乡互助组略有减少，但多数趋于巩固。1954 年又有新发展，众兴各地均完成了互助组的建立。

互助组是农民群众在生产资料私有制的基础上，党和政府的引导组织下，根据自愿互利原则组织起来的劳动组织，实行集体劳动，分户经营。有季节性（又叫临时性）和常年两种。季节性互助组：忙时互助，闲时单干；大农活（播种、栽、割）互助，小农活（田间管理）单干；农业互助，副业单干。常年互助组，组织常年存在，大农活、小农活、农业、副业都互助合作，有的经营集体副业，有的耕牛和犁、耙、水车等大农具折价归公，一般有少量公积金、年度生产计划和简单的分工分业。互助组的规模一般 10 户左右，计酬方式是以工换工（含人工换牛工），分季结算，缺工付资。互助出勤，工具自带，伙食自理。大忙时伙食由被助户招待，随茶便饭。

互助组由于能调剂劳力、畜力、大农具的余缺，并能开展一些个体户无力经营的副业生产，对发展农村经济发挥了一定作用。

初级农业生产合作社（下称初级社）　1953 年春，建立初级社。1954 年春，依据“积极领导、稳步前进”方针，逐步扩大初级社建立试点工作。1955 年，众兴各地成立初级社。

互助组或个体农户入初级社时，土地、耕牛、犁、耙等随带入股。土地仍属社员私有，由社统一经营；耕牛、犁、耙折价归公，分期付款。收益除提留公积金、公益金、生产费用、管理费用和农业税外，其余按土四、劳六分配。劳动分配部分，按工分分配。初级社打破传统的个体经营方式，能因地制宜安排作物，因人制宜分工分业，有效地组织人力、物力，改造自然，扩大再生产。

高级农业生产合作社（下称高级社）　1955 年秋，毛泽东《关于农业生产合作化问题》

的报告宣传贯彻后，众兴开展批判在农业合作化方面的右倾思想和“小脚女人”作风，着手组建高级社。12月，形成办高级社高潮，众兴各地初级社纷纷联并、扩大，转为高级社，部分互助组、个体户在大势影响下，“一步登天”跨入高级社。1956年，放手组建，有些干部急于求成，不经群众酝酿讨论，就划框分块、成片组建高级社。至年底，众兴全面完成农业社会主义改造任务。众兴地区成立的高级社是霞光、华光、井店一至四社等；永安地区是曙光一社（牌坊、大兴）、曙光二社（永安）、曙光三社（赵坊、槽坊）、曙光四社（许河、郑河）。邮政步班有句顺口溜：一社有小广，二社有索岗，三社有俊长，四社有家强。

高级社的土地属集体所有，收入按劳分配，生产管理实行社、队两级负责制，由社统一计划，统一指挥，统一核算、分配。生产队为基本生产单位，对社包耕地、包工、包产、包费用。计酬方式用评工记分方法。

高级社的普遍建立，结束土地私有制历史，是土地改革后农村经济体制和生产关系的又一次重大变革。组建高级社是在大张旗鼓地批判右倾思想的形势下进行的，各级干部为不犯所谓右倾错误，弃稳求快，也发生一些问题。首先是以社统一核算，各生产队经济收益产生严重的不合理现象。比如，某生产队，因自然条件好，劳力多，作物产量高，但因耕地不多，承包工分较少，决算分配时，产品被大量调出，社员还普遍付超支款。相反，同一个社的某生产队，自然条件差，收获量少，不能满足本队需要，由于耕地较多，承包工分多，决算分配时，既进大量农产品，又进大批现金。其次是干部缺乏管理经验，生产指挥不得力，有的规章制度不健全，财务、物资管理乱。三是群众未经充分发动，不少人入社思想基础不牢，中农尤其如此，一不遂心就要求退社。发生过社员集体到社或区公所要求退社的问题。

四、人民公社

1958年9月底，众兴各地高级社全部联并组成众兴公社，实现公社化。

人民公社既是国家政权的基层组织，又是全社经济生产的领导管理机构，集工农商学兵于一体，组织农林牧副渔各业生产，统帅全社政治、经济、文化各个领域。公社的土地属农民集体所有，管理体制、收益分配、经济结构因时而异。

12月下旬，取消自留地，农家灶头全部拆除，办大食堂，实行伙食供给制，规定社员一律在公共食堂用膳，口号是：“敞开肚皮吃饱饭，鼓足干劲搞生产”。

1959年，取消地区界限，搞“一平二调”（生产生活资料分配使用上的平均主义；无偿调用劳动力和生产资料），生产“大跃进”，瞎指挥，高指标，提“亩产千斤皮棉万斤粮”的口号。还号召生产大队、生产队种试验田。在小麦生产上要求做到“三个一”，即每亩施肥一万担，土地深翻一米，三麦亩产一万斤。结果麦苗因过密过细而倒伏，许多田块颗粒无收。

1958—1959年，人民公社以“一大二公”为基点，即组织规模要“大”，平均每社有人口2.6万多人，耕地6.6万多亩，经济成分求“公”，严格抑制个体经济。1958年和1959年两年，粮食总产量比1957年分别减少43.3%和54%。1958年，公社粮食总产被夸大2.5倍。虚产量带来高征购，1959年公社粮食征购额达产量的57%。农村存有粮食除去种子平均每人不到50千克，导致1959年冬和1960年春发生普遍性的饥荒，人口外逃、疾病、死亡和土地荒芜等严重问题。

1960年冬，全面开展整风整社运动，重点是纠正“五风”。

1961年，恢复大队、生产队建制，以大队为基本核算单位，土地、劳力、耕牛、农具固定到生产队，大队和生产队实行“三包”（包产量、包工分、包费用）、“一奖”（超产奖励）办法，同时归还社员自留地，解散农村公共食堂，粮、油、烧草分配到户；恢复评工记分；允许社员利用业余时间经营家庭副业。

众兴地区推行“责任田”办法，亦称田间管理责任到人，具体做法是“定产到田、责任到人，增奖减赔”。此法一经传开后，遍地效法，两个月内实行责任田的生产队占总数的80%。最先实行的生产大队，当年粮食增产一倍，各地都有不同的增产效果，农民生产情绪很高，但被认为“犯方向性错误”，强令陆续改正。1962年，改大队核算为三级所有、队为基础，以生产队为基本核算单位，把生产、分配权统一到生产队。

1966年11月起，公社全面推广“大寨式评工记分”，取代小包工、定额工分计酬。主要做法是“树立标兵、自报互评”，强调“政治分”（政治思想好的可多记工分）。“大寨式”评分变成“大概式”评分、“做多做少一个样，干与不干一个样”、“照不照，只要到”、“中不中，十分工”、“出工一条龙，干活大呼隆”。

“文化大革命”期间，每逢农村大忙季节，总有市区学生、县属企业职工下乡劳动。公社学校停课，工厂停工，商店打烊，全力以赴支援农业。

在“农业学大寨”过程中，在发动农民发扬艰苦奋斗精神，开展农田水利基本建设，改善生产条件，推行科学种田等方面，也取得一定的成果，如滁河干渠、众兴水库、机电灌溉站大多是在这个时期兴建的，同时平整土地近500亩，冲田改沤种油菜，水旱轮作，农作物推广良种化，其中稻麦实现高产矮秆化，发展了双季稻，推广绿肥生产，提高作物栽培技术等。但由于“左”倾的干扰而不能发挥应有作用，最根本特点是不能调动农民生产积极性，农业恢复、发展很慢。在一些条件差或生产管理不善的地方，存在“三靠队”（吃粮靠回销、生产资金靠贷款、生活费用靠救济）。生产队日工分值偏低，高的不上3角钱，少的只有5分钱。

五、联产承包责任制

1978年秋，众兴有少数生产队试行包工到组联产计酬形式的责任制。1979年春，这种形式得到确认，当年夏收后，作物产量比其他队增产20%左右，因此，责任制在众兴迅速推广。开始有小段包工，定额计酬，包工到组，联产计酬，水统旱分（水稻由队或组统一经营，旱作物分户经营），小宗作物包产到户，小组包工、包产等。随后，在一些三靠队和老大难队，又出现包干到户的责任制（联产承包责任制），即将土地、耕牛、大农具按人口分配到户，以户包产，以家庭为单位生产经营，包交国家征购、派购任务和集体提留，多余归己。到7月上旬，全乡实行不同形式的责任制。以小组包工、包产为主，占生产队总数的69.7%；包干到户的队只占总队数的5.3%。后一种形式虽然出现较迟,为数不多,但它彻底消除了从农业合作化以来搞平均主义的弊端,能充分体现多劳多得的原则,最受农民欢迎。1980年底代替其他各种形式的责任制,并显示其优越性,全乡公社粮食总产量1981年比1980年增长18.8%,1982年比1981年增长12.1%。用3年时间解决农民长期存在的温饱问题。油料作物发展更快,1982年比1978年增长1.87倍。

有个生产队,地处高岗,水源不足,实行生产责任制前,由上级规定种植计划指标,强令栽水稻,由于缺水漏水,经常受旱减产,或者颗粒无收,是个典型的穷队,有的社员外出讨饭。1979年实行责任制以后,社员有了生产自主权,他们依据实际情况,不走水路走旱路,多种旱作物,并精耕细作,粮食年平均户产万斤。平均每人1000千克以上。户均养猪8.7头,超额完成国家粮油征购任务,一年就摘掉"穷帽子"。

1982年10月后,公社在粮棉生产上实行以"完成国家的、留足集体的、多余自己的"为原则的包干到户承包制,逐步取消工分计酬制。

1985年,众兴粮食产量人均598.5千克,绝大多数农户有余粮,油料作物产量人均81千克。粮、油单产比1978年分别增长60.5%和61.8%,其他作物产量也相应增长。

农业责任制的建立和完善,又促使农村多余劳力,特别是具有专长的劳力,开拓新的生产领域,发展多种经营,由单一种植业转为多类型生产,其中有养殖业(猪、鸡、鱼),粮食、饲料、金属加工业,饮食、服务业,以及其他多种生产,同时还出现一批新经济联合体。

1985年,众兴有专业户146户,从事专业劳力401人;农村新经济联合体14个,从业人员152人。两项总收入143.9万元。这标志着农民由生产粮食为主的单一种植业向多种经营方向发展,由自然经济向商品经济迈进。

土地联产承包到户,农民有了土地承包权、经营权和管理权,生产积极性普遍高涨。农民及时精耕细作,因地制宜安排庄稼种耕除草,科学施肥,管理周全,庄稼长势良好。每一块田地都成样板田、试验田、丰产田,产量连年提高。1995年9月实行二轮承包政策30年不变,给农民吃"定心丸",坚定信心、挖掘潜力,最大限度发挥土地效益。

至2014年,农村土地开始流转,流向种田大户、种植能手、养殖专业户、家庭作坊、家庭合作社、苗木种植大户,适度扩大规模经营,机械化安耕、收割,速度快、效率高,加之农民文化科技水平的提高,各种优良品种的推广与应用,土地利用率达到最大化发展,人尽其力,物尽其用,农民解决了温饱问题,奔向小康。

第二节　农业机具

一、传统农具

中华人民共和国成立初期,农事作业全用手工器具。翻整土地用木犁、木耙、铁耙、铁锹;旱地栽苗、点播和中耕除草用铁铲、锄子,稻田除草用薅锄;提水多用木制的手摇或脚踏龙骨水车，有的用戽斗；收割用镰刀、锯刀；运输用扁担、绳索、箩筐、秧架、稻架或木制独轮小车；脱粒用禾桶、掼床、连枷、石碾；粮食除杂用风车、筛子、簸箕；粮食加工用石磨、石臼、木砻、土砻；榨油用木榨、石榨。

改革开放前，农民一直用旧式的传统农具干活。

犁　翻土用的农具，多用畜力拉。靠底部是犁底(木制)。犁底前端安装铁制的犁铧，略呈三角形，尖头插入土中，后面有两个小耳。稳住犁镜(俗名犁花)，犁镜像块弯板，铁制品，一面凹，凹面有许多凸起的小包，便于透气或透水，减少弯板与土块的接触面，易于把土翻卷过去。此外还有犁梢，向后弯，尖头部分便于手扶，另一头与犁底、犁弓相接。犁弓也是弯的，前端有两个铁制的耳，便于挂绳，套在牛的脖子上，牛向前走，带动犁翻土，人在后面扶犁带吆喝。旱田土塞，格外难犁，伤人伤畜伤犁，速度慢，一天只能犁一亩多田。

犁田　(地方志办/供)

犁　(地方志办/供)

众兴乡农具展示　(华光社区/供)

耙　破碎平整田地土块的农具。有耙框和耙横(各2个)组成一个木制的长方形(3.2米×0.6米)，拴上绳，用牛拉。前框一般安装16个铁齿，后框安装17个木齿，使用人站在耙筐上增加重量，便于破碎土块，整平土地。

水车　旧式提水灌溉耕地(使用人力手摇或脚踩两种类型)用的农具，有50多块龙骨节、车辐顺着水箱从下向上翻水。有3~4米长，一头放低处吸水，一头在高处，使抽上来的水能够浇灌庄稼。

括墒　有些地方称“扎样”，用来括去墒沟里的土，旧式全木制少铁制。把田沟里的土括到墒上去，使田沟易于沥水、排水。

石磙　石制的圆柱体,有小型的一四七式,中型的二五八式,大型的三六九式(比如中等石磙二五八式:小头内径 0.396 米,长度是 0.495 米,磙大头内径 0.594 米),套上磙架可轧平打谷场,也便于牛拉脱谷粒。

此外,锹、锄、铲、刮样、手摇风车、铁锨、钉耙、木锨等也是传统农具。

二、农具更新

翻耕机具　众兴地区农民传统以畜力耕田、耙田。中华人民共和国成立初期,众兴地区有耕牛(水牛为主)100 余头,1 头牛 1 天耕田约 0.20 公顷,无牛,农民则用铁搭、钉耙人力翻耕,效率更为低下。

犁　(华光社区/供)

1954 年,众兴开始试点用双轮双铧犁,以牛牵引。由于众兴地区土壤多黏重,畜力不适应,不久即停用。

1958 年,盲目推广"深耕一尺五",开展以大搞绞关犁为主的农具改革运动,调动大量人力、物力制造绞关,众兴人民公社制绞关 15 部,改制深耕双铧犁 13 部。后因费工、费时和破坏熟土层而取消。

1978 年,乡拖拉机站配有 2 台手扶拖拉机,配戴单铧犁、旋耕耙代为耕田,耕作田亩少,带有试验性质。

从 1980 年农业包干到户后,一家一户仍靠人、牛力耕田。

抽水　(地方志办/供)

1990 年,手扶拖拉机耕田得到广泛使用,农忙时用于耕田,农闲用于运输。

1995 年,众兴乡拥有小型拖拉机 88 台。农业实现机械化操作,农村劳动力得到进一步解放。

2000 年后,大中型旋耕机推广迅速,至 2014 年,众兴地区牛力耕作基本消失。

灌溉机具　众兴地区水田灌溉传统用人力脚踏水车抽水,每天约灌田 0.20～0.30 公顷,工效很低。

1960年后，机电排灌设备逐年增多。1970年，众兴南电灌站、众兴西电灌站、义合电灌站相继建成，机械灌溉逐步普及。1980年，除大小机电排灌站的固定提水机械外，生产队还有轻便灵活的小柴油机泵、电动靠埂泵、深井泵等。至1990年，电力排灌全部代替机械排灌，基本上实现排灌机械化。

石磨　（地方志办/供）

脱粒机具　众兴地区传统的脱粒工具是竹枷、掼床。竹枷是用人力挥动竹条，上下甩动，进行脱粒。掼床是用木床架，中间横隔若干竹竿作肋条，用于农作物掼拍脱粒。这些脱粒农具费力，工效低。如遇雨季，收割的作物往往因来不及脱粒而霉烂。中华人民共和国成立初的互助组时期，逐步购进铁木齿轮滚筒脚踏式脱粒机，劳动强度有所减轻，工作效率略有提高，每次2人操作1台。1965年开始使用机械滚筒式脱粒机，由4人操作，8人协作，每天能脱粒稻子或麦0.50公顷，此机省工、省时、省力。1981年起，农业实行分户经营，脱粒机不适用家庭使用，麦稻脱粒绝大部分仍用牛拉石磙碾压脱粒，1985年后用效率高的小型拖拉机带动石磙碾压比较普遍，少数仍用脚踏钉齿式脱粒机。1990年后，拖拉机成为稻谷、麦子脱粒的主要工具，牛拉石磙碾压脱粒基本消失。2014年，收割机在收割稻麦的同时自动完成脱粒。

植保机具　1952年起，众兴先后开始用人力喷雾器，1954年始用手摇喷雾器。20世纪70年代，水稻面积扩大（特别是双季晚稻），防治水稻病虫任务繁重。原有的老式人力喷雾器不能适应需要，普遍使用背袱式工农16型人力喷雾器。1985年，众兴地区人力喷雾器普及到户。

粮食加工机械　中华人民共和国成立初期，众兴地区农民以山芋等粗粮为主，大米用量少。时农民用擂子碾稻谷去稻壳，筛子筛，再放到臼窝（整块石头开凿制成的）擂，人力用石锤冲，几次反复。也有少数农户挑稻谷去县城粮食部门换取加工好的粮食。

1951年，撮镇碾米厂用柴油机带动金刚砂砻加工稻米，开创肥东县机械加工粮食的历史。1952年，粮食部门用横式铁磙碾米机加工稻米。1959年，引进碟式小钢磨加工面粉。1961年，店埠米厂引进14英寸橡皮滚筒碾米机。1962年，国营撮镇等米厂引进捣式磨面机，农村社队开始使用横式铁磙碾米机和碟式小钢磨。

1965年，众兴粮站引进14英寸橡皮滚筒碾米机，更用65型平板磨面机。

1971年后，众兴地区农村粮食、饲料加工网点迅速发展，部分大队有碾米、饲料粉碎柴油机，为农户加工粮食饲料。1980年，众兴乡拥有碾米机20台、小型磨粉机11台、饲料粉碎机25台，粮食饲料加工全部实现机械化。

1990 年，村民加工粮食部分到固定地点加工，个体户用小拖拉机改装的碾米机上门服务为村民加工粮食。

2000 年后，分工越来越细，出现专门的米厂和饲料厂，农民不再需要加工粮食和饲料，直接卖了稻谷购买粮食和饲料。至 2014 年，小型加工厂逐渐退出市场。

油脂加工机械　1970 年，社队企业开始用铁拉榨(扳榨)，以人力扳动，联合村农户仍存有出油流淌石槽。随之又引用机动的 43 型螺旋式机动榨油机。1978 年，社队企业普遍引用 95 型榨油机，并开始引用 90 型液压榨油机。1988 年，粮食部门引用预榨浸出工艺。预榨用 200A 一型螺旋式榨油机代替原 95 型榨油机，浸出工艺用 50 吨平转式浸出器。这套机械日产油 50 吨，不仅油质好，且出油率比其他类型高 3%左右。

农用运输机具　20 世纪 50 年代初，以胶轮平板车代替独轮手推车，并有少量畜力胶轮板车。1970 年，众兴地区以驴力胶轮板车运输为主。1980 年，有载重汽车 1 部，拖拉机 14 部、1080 马力，拖拉机配备车厢搞农事运输比较广泛。1990 年，汽车、手扶拖拉机、四轮拖拉机、柴油三轮车一齐上，畜力胶轮板车逐渐被淘汰。

收种机具　众兴境内传统用镰刀收割水稻、三麦、油菜等作物，用锄刀耙沟、打眼播种油菜、棉花等，水稻的播种靠人工拔秧、插秧、播撒种植。

1967 年，县开始使用插秧机栽秧，先引进半机动插秧机，效果不理想。1969 年，改用手扶拖拉机牵引机动插秧机，每次栽 1 排 12 棵，速度较快，秧栽大小不匀，且有漏插、漂秧等现象，经反复试验未能成功。1980 年，购进省内出产机动插秧机 2 台，在众兴公社试用，也有上述缺点，因此一直未能推广。

至 1990 年，仍靠人工播种各类作物。随着棉花栽培方法的改变，移栽棉花使用营养钵育苗，损伤小、成活率高，很快推广。

1990 年起，众兴地区推广使用联合收割机。2000 年后，全乡收割水稻、三麦全部实现机械化。1995 年，众兴先后又增添 3 台久保田收割机，此机收割水稻做到稻秆短，稻谷无杂质，浪费少，同时能够在湿地和倒伏的地块进行收割，很受农民欢迎。收割实现机械化后，全乡 670 多公顷水稻成熟后，1 个星期可以完成收割任务，水稻插秧、油菜移栽等仍以手工操作为主，人工插秧机因技术不过关而停用。2000 年后，部分农户开始采用种稻和抛秧办法移植水稻，因产量不及人工栽插，只是在人手不济的情况下采用。

三、现代农机

拖拉机　1995 年，小型拖拉机(又称手扶拖拉机)开始引入众兴，三五年后基本普及，能翻田、耙地、打谷、运输等。

旋耕机　2007 年，众兴有少数农户购进旋耕机，耕田耙地效率高。

收割机　2010 年，收割机开始下田割稻，一天能割好几十亩，边割边脱粒，又快又好。

割草机　利用齿轮飞速转动，把地上的草切割掉。

抽水机　先是柴油抽水机，后是电泵抽水机，扬程高、水路远，抽水又多又快。

四、农机管理

20 世纪 70 年代，众兴公社成立农机站，起初为拖拉机站。主要为社会主义改造后的集体农场、互助组和农业生产合作社提供农机作业服务、农具改革和农业机械化推广服务。

1983 年，分田单干全面实行后，农民自置农业机具，自主作业，自我管理。改革开放至 2014 年，农机大户、农机专业合作社、农机专业协会、股份（合作）制农机作业公司等新型农机社会化服务组织不断涌现，经营效益稳步提高。乡农机站功能弱化，仅有一名聘用工作人员。

第三节　作物栽培及作物产量

一、耕作制度

民国年间及中华人民共和国成立初期，水田一年一季中稻，冬季沤田休闲。旱地因条件不同而有差别，多实行麦子和其他秋熟旱作物连作；有的仅种一季山芋或花生、高粱、棉花，冬季休闲；冲榜田、平畈田多为麦稻连作。1949 年，一熟比重占 62%，两熟比重占 34%，其他占 4%，复种指数为 117.8%。

20 世纪 50 年代至 70 年代初，有条件地改造沤田和旱地，水田推行肥—稻耕作或油—稻耕作，旱田增加麦、稻连作面积。1971 年，一熟比重下降到 58%，两熟上升到 41%，其他占 1%。1972—1977 年，普遍发展肥—稻耕作制，有条件的推行油—稻或麦—稻耕作制。1977 年，双季稻面积占 38%，冬季绿肥面积占 40%。两熟制比重占 65%，一熟制占 34%，三熟制占 1%，复种指数为 162.9%。1978—1985 年，逐步改肥—稻为一麦一稻或一油一稻，扩大午季粮油生产，扩大中稻面积。多地发展为油稻耕作制。1984 年，两熟比重占 69%，一熟占 25%，三熟占 6%，复种指数为 177.1%。1995 年后，外出打工人数逐年增多，众兴地区种植油菜面积大幅减少，水田普遍实行稻麦耕作制，旱田实行麦旱作物耕作制。

一年一熟制　一年一熟制的农作物，午季有小麦、油菜、豌豆、蚕豆、扁豆、豆荚，头年秋季“霜降”前后翻耕安种，次年午季收获；中稻、棉花、黄豆、花生、山芋等农作物是春末夏初翻耕安种，百天之后，当年秋季收获。西瓜等瓜果类春季播种，当年夏季收获。田块收获一次要耕作一次，耕作过后才能安种。

众兴属丘陵地带，一直以粮食稻谷、小麦、山芋、玉米耕作为主，辅以油菜、棉花、花生、黄豆经济作物。农田分水田和旱田，农作物分水稻和旱粮。

中华人民共和国成立后，改革耕作制度，1950—1956 年，压缩冬闲田，扩大三麦、油菜种植面积。1957—1964 年，推行双季稻种植。1988—1995 年，推行油菜或麦后棉花移栽，油菜、三麦、棉花全面增产。

1985 年实行家庭联产承包经营后，种植业结构进行调整，开始向粮经型发展。玉米、棉花基本停止种植。套种作物面积扩大，西瓜田套种黄豆，花生田沟点播黄豆，棉花田种植向日葵，等等。

一年二熟制　生长期短的农作物，如绿豆、玉米种下去两个半月可以采收。水稻也可一年二熟，早稻收上来，晚稻插下田，由于“双抢”正处于7月高温炎热天气，时间抓得很紧，一边抢收前茬，同时一边又要抢耕抢种。且两季收入加起来不如一季中稻，众兴早、晚稻少见栽插。从前，因缺口粮，早稻能早接嘴，以度荒。比算一下，不如一季中稻收入大，且省工又省时。

一年三熟制　一年三熟的只有蔬菜。韭菜割一茬发一茬，只要保留土里的根部，半月至20天就可采收一次；青菜（白菜）一年四季生长；木耳菜、苋菜、空心菜切去茎又重新长上来嫩茎，一年好几熟。1990年后塑料薄膜大棚生产蔬菜，气温高，长得快，一年有好几熟。

二、水稻栽培

中华人民共和国成立前，众兴地区基本上都是种植单季稻，由于品种单一，耕作方法粗糙，栽培技术落后，产量低，一般水稻亩产175千克～200千克。歉收年只收至丰收年的50%～60%。遇到严重自然灾害则颗粒无收。

插秧　（地方志办/供）

中华人民共和国成立初期，水稻品种单一，产量低。为此，人民政府引导农民扩大早稻种植面积。晚秋增种荞麦、绿豆等杂粮，增加粮食产量。

20世纪50年代的农业合作化时期，众兴地区积极引进水稻高产品种，不断改进水稻栽培技术。1960年，推广早稻尼龙薄膜育秧，提倡合理种植，水稻产量逐渐增长。

1960年，众兴人民公社推广一年二熟制，增加早稻、晚季稻种植面积，积极引进优良品种，水稻亩产显著增加。

1970年，众兴乡减少早稻种植面积，种植单季稻。1978年后，开始大面积种植单季稻，不再种植早稻和晚季稻，水稻亩产超过500千克。

1949年前，众兴地区农民多数种直播散稻，少数为露天育秧，耕作粗糙，秧田和移栽田的比例一般为1∶20，播种密度过高，秧苗比较瘦弱，影响水稻产量。

催芽　1952年起，众兴地区农民逐步改直播为育苗移栽，至1956年，基本取消散播。育苗方法：秧田内每隔1.30～1.70米留一走道（称排水沟），挖深0.13～0.17米，形成秧垄和秧沟，秧田与移栽地比例1∶8，推行落谷稀，增施肥料，培育壮秧，以利水稻增产。过去惯用的老方法是：谷雨后泡稻种，2天后捞上来捂出芽（这就是根），稻包内外温度不一，出牙不整齐，有时会“高温烧芽，家中得病，田里送命”。再炼芽，等水汽晾干后撒到大板秧田去，浅水勤灌，白日幼芽怕阳光裸晒放进秧水。浅水掩盖，傍晚秧田放干水，让稻芽扎下土生根，反复六七天后秧田才能蓄点浅水。这一阶段的秧田最难管理，搞得不好会烂根坏种。一亩田秧苗要用三四十斤稻子做种。秧苗长到20天后，水要时深时浅，水深是提升秧苗长高，水浅是让秧苗粗壮。俗话说十成稻九成秧。1970年，推行地窖催芽，芽质显著提高。

育秧　小秧在生长期间，首先需要底肥和追肥，欠肥的小秧苗易黄易死。其次用水去调节温度和深浅。"满月"后可移栽到大田去。

田间管理　二十世纪六七十年代，强调科学种田。八字宪——水、肥、土、种、密、保、工、管齐上阵。矮秆良种推广，配上合适秧田（旱田抽沟成小墒，一般2米宽，墒平土细肥足，放上满沟水，种上稻种，水浅时可盖上牛屎面、草木灰、草稳一类，水略深时可用平锹或木锨踏谷入泥，要求晴天满沟水，阴天半沟水，让秧田不干也不渍，目的是让稻籽湿润，不干也不潮，等主根入土后，根据秧苗深浅灌水，这比大板秧田省种子，一般一亩田10千克稻子足够，35天后可移栽到大田。上述两种方法，亩产250千克左右）。

改革开放后，杂交稻种研制成功并普及到众兴，一亩田只要0.75千克至1千克稻籽做种，方法是"二段育苗"：4月上、中旬（清明节后，谷雨之前）将良种遴选后用袋子装起来，放在水塘（活水最好）里浸泡8～10个小时，捞上来晾一下，散子（不结团块）后直接撒进在门面场地上，先放点活泥或沤泥（一般水塘、水沟里未断过水的底泥），稻子进泥后，用锹、锨踏入泥土，撒层灰稳，盖上薄膜（注意中午温度高烧苗），两个礼拜可移栽到秧田去，再生长25～35天，全部栽插完毕。因为一根秧苗一栽，一籽可分裂十几根。四个月后便可收获，亩产稻谷550～650千克，相当于原先3亩田产量，收上来的稻子不能作为种粮，来年播种需重新购种子。

1959—2014年部分年份众兴（乡、公社）水稻种植情况表

表13-1

年份	种植面积（公顷）	亩产（千克）	年份	种植面积（公顷）	亩产（千克）
1959	956	140	1986	1457	505
1965	702	185	1991	1802	564
1971	1213	437	1995	1744	589
1978	1500	482	2000	1305	590
1980	1470	435	2014	502	660

三、麦种植

众兴地区历来以种植小麦为主，大麦次之，元麦较少。

大麦　"文化大革命"前，就已越种越少了。大麦品种有五柱头、火烧头等，亩产100千克左右。因为一不耐肥，易倒伏；二产量低，养分差，一般作饲料用。1950年前后，生活困难，兴种（早熟）作春荒接嘴。改革开放后，大麦停止种植。

小麦　小麦生长期长，一般七个多月。头年"霜降"前后，下地安种，或条播或穴播或撒播，一亩田需12.5千克种子。施足底肥（基肥）、返青肥、拔节肥，看苗情适量追点化肥，次年

5月底成熟，墒情好，粒粒饱满，出苗率高达85%。

中华人民共和国成立前，众兴地区农民对麦类生产耕作比较粗放，均为翻耕播种，小垄浅沟，不施基肥，小麦品种单调，产量低，以白壳麦、红壳麦为主，亩产在100～120千克。

1950年，农民在用肥上有所改进，冬前泼浇河泥浆，开春返青时增施猪粪肥等。

1960年起，小麦种植面积扩大，逐步改进耕作，垅面平整，一垄一沟，并增施面肥，推广施用磷肥。特别重视田沟畅通，做到雨停水干，预防渍害。

1970年，众兴人民公社学习县三麦高产经验，阔垄深沟，施足基肥，普遍施用腊肥、返青肥、拔节孕穗肥等，播种后拍泥盖子，消灭露子麦，后期积极防治病虫害，小麦亩产可达250公千克。

1984年起，众兴乡推广稻田抛麦。即水稻收割前6～10天把麦种抛在成熟的稻田里，推行免耕，改耕翻麦为板出麦，在水稻收割后直接在稻板田上施肥，因产量低，推广时间较短即停止。

1959—2014年部分年份众兴(乡、公社)小麦种植情况表

表13-2

年份	种植面积(公顷)	亩产(千克)	年份	种植面积(公顷)	亩产(千克)
1959	374	140	1986	457	305
1965	702	85	1991	402	264
1971	696	137	1995	744	289
1978	488	182	2000	305	290
1980	470	235	2014	102	360

四、油菜栽培

油菜是众兴地区种植的主要油料作物。1950前后，众兴地区种植的是本地油菜，亩产在30千克左右。1956年，众兴地区引进“胜利青梗”品种，亩产40千克左右。1977年后，改种74～101品种，亩产达到80～90千克。1984年，改种“77-150”品种，平均亩产100余千克。1985年实行家庭联产承包经营后，油菜种植面积逐渐扩大。至1995年，众兴油菜种植面积达500公顷。

众兴地区种植油菜历来采用点播方法。直至改革开放后，育苗移栽才逐步推广。

起初，当地品种的油菜在“霜降”前后穴播下地一次成功，亩收入不到100千克，籽满小出油率低。现在一般是橄榄型油菜、杂交油菜，9月下旬育成秧后，10—11月移到大田(简称“二段育苗”)，

一棵一栽，穴距30×28厘米，较耐肥。秧苗粗壮高大，枝杈多，籽粒大，一棵苗可发十多个杈枝，重施基肥。亩产油菜达175～200千克，收入高。省种又高产，出油率达38%左右。面积适宜扩大(杂交油菜不能留种)。油菜饼渣施在农作物田地，庄稼长势良好，施在西瓜地里，西瓜大又甜，且肥效长。2000年后，部分村民实行免耕条栽(生板油菜)，主要提高

土地利用率，节省用工。

1959—2014 年众兴部分年份油菜种植情况表

表 13-3

年份	种植面积（公顷）	亩产（千克）	年份	种植面积（公顷）	亩产（千克）
1959	412	40	1986	478	105
1965	506	45	1991	506	164
1971	712	37	1995	733	209
1978	512	82	2000	238	210
1980	463	95	2014	98	350

五、棉花种植

棉花曾是众兴地区的主要经济作物之一，是中华人民共和国成立前至农业合作化时期农民收入的主要来源。

中华人民共和国成立前，众兴地区以种植本棉为主，俗称小棉。多数种植麦田棉花，少数种植旱棉花。

中华人民共和国成立前，粮价上升，棉花种植比例占三成左右，由于棉花品种单调，栽培技术落后，产量低，亩产 15 千克左右。

中华人民共和国成立以后，众兴（乡、公社）重视棉花生产，积极引进岱字棉。此品种纤维长，产量高。1963 年起，众兴公社普遍种植岱字棉。1965 年，开始复种提纯。1968 年，公社皮棉实现亩产 79 千克。1980 年，改种“204”品种，亩产高达 90 千克以上。1985 年实行家庭联产承包经营后，棉花种植面积逐年减少。1994 年，国家对棉花停止收购后，农民基本不种棉花。

中华人民共和国成立前，众兴地区农民传统的种植棉花方法是用天抛花和牛耙花。中华人民共和国成立后，20 世纪 50 年代起，改种岱字棉，才开始用点播、条播。点播即用锄头打眼，在麦田里将种子点播眼里，用细土覆盖。20 世纪 80 年代，推广夏熟作物收后移栽。1985 年开始，试行营养钵育苗移栽。1990 年后，均采用收麦后营养钵移栽。

营养钵育苗技术，隔年秋播时留好棉花苗床田，冬天对苗床施河泥，深翻 2 次，开春后整细泥土，去杂质。在播种前施大粪，过磷酸钙作基肥，细削泥土，浇水拌泥制作钵播籽，用塑料薄膜棚架覆盖至 5 月下旬至 6 月上旬移栽，苗龄 45 ~ 50 天，移至田地，每亩密度 4500 ~ 5000 株。营养钵育苗移栽，棉花苗早、苗壮，有利于苗期管理，有利于早发、稳长，早现蕾，早开花，早吐絮，有利于棉麦双增产。棉花田管理推行“四早五抢”先进经验。“四早”：即早播种（掌握“四月苗”“七月桃”）、早间苗（防止过密）、早松土（增加地温）、早施肥（断奶肥），“五抢”，即抢中耕除草、抢定苗、抢施肥、抢查虫治虫、抢清理沟系，还要合理密植。1967 年后，种植沪棉 479 亩，每亩密度 5000 株上下。推广营养钵移栽后，每亩保持在 4500 ~ 5000 株。

1960年后，推广"施足基肥、早施苗肥、巧施蕾肥、重施铃肥"。1975年后，推广巧施当家肥，中施盖铃肥，取得棉花早发、稳长、不早衰的良好效果。

众兴公社棉花种植面积1970—1984年根据肥东县下达的种植计划，保持在370～470公顷，棉花总产多数年份在400吨左右，皮棉亩产多数年份在60～75千克，产量最高的大队、生产队皮棉亩产超过100千克，成为农民经济收入的主要来源。

1987年，国家对棉花生产布局作了调整，棉花种植以长江以北省市为主，南方省市因雨水多，皮棉质量差，棉花种植计划逐步减少。2001年众兴棉花种植面积不足7公顷，主要是农民在自留地上种植，产出皮棉自家用。

1959—2014年众兴部分年份棉花种植情况表

表13-4

年份	种植面积(公顷)	亩产(千克)	年份	种植面积(公顷)	亩产(千克)
1959	204	40	1986	379	205
1965	232	85	1991	421	164
1971	355	137	1995	56	189
1978	348	102	2000	78	190
1980	369	135	2014	13	160

六、西瓜种植

中华人民共和国成立前，众兴地区没有种植西瓜，中华人民共和国成立后种植也甚少。1979年起，少数农户在棉花地夹种西瓜，用于自家食用。特别是1984年后，农村实行家庭联产承包责任制，发展粮经型种植模式，西瓜种植发展迅速，向生产规模化、管理科学化、产品商品化发展。种植方法有了改进，主要用地膜覆盖西瓜苗地种植方式，也有大棚种植。

大棚保温种植，有利于提高地温，西瓜提早上市，一般在5月中旬就可以上市，到7月西瓜采收结束，还可以种植后季稻等晚秋作物。1990年前后，西瓜种植在众兴地区盛行，全乡各村都有农户种植西瓜，种植面积96.50公顷，年产瓜40余吨，除了自家食用，主要供销于合肥、肥东县城地区市民，增加经济收入。

七、作物产量

2014年，众兴地区主要粮食作物：中稻亩产600千克，小麦亩产350千克，玉米亩产500千克，山芋亩产1500～2000千克(鲜山芋，折成干为500千克)；

主要油料作物：菜籽亩产175千克，花生亩产200千克左右；

主要经济作物：棉花亩产160～200千克，折皮棉60～75千克；

马铃薯既能当饭又能当菜，产量颇丰，宜沙土种植。

第四节　种　子

一、品种、良种培育与引进

水稻　老品种有小白稻、小红稻、大白稻，早已被淘汰。更新的品种有“南京 11 号”“桂阳 2 号”“油优 6 号”等；1993 年后，引进并推广水稻“四喜粘”“中粳 319”；1997 年后有“协优 10 号”“国丰 1 号”“汕优 63”“中粳 63”“粳杂 80”“协优 63”“两优 Ⅰ 号”“Ⅱ优 838”等优良品种。

小麦　老品种有“三月黄”，1986 年，引进“内香 5 号”“马场 2 号”“杨麦 4 号”“杨麦 5 号”；1993 年，引进“杨麦 158 号”“皖麦 18 号”“绵阳 26 号”“皖麦 33 号”等。

山芋　老品种有本山芋（红皮白心）、“洋”山芋（白皮白心）。1953 年，改换胜利百号（噎人），为本地多年当家品种。后又陆续引进“南京 234”“宁薯 2 号”等。1980 年，引进“徐薯 18”作接班品种，逐步推广。至 2014 年，白心红薯吃起来口感较差、水分少，已淘汰。现普遍种植红心红薯和黄心红薯，水分足，吃起来香甜、又脆又嫩，品种有“济薯 18”“秦薯 9 号”等。

玉米　1986 年，众兴有零星玉米种植，面积很少。品种有“掖单 2 号”“掖单 13 号”“丹玉 13 号”，属低劣饲料型，产量低，但耐旱性强。2005 年后，玉米种植面积扩大，引进高产优质的“陕单 902 号”“农大 108 号”“登海 1 号”等。

花生　花生老品种有“二洋子”“大花生”藤长、匍匐在地上，生长期长且收入低（果粒小），亩产不到 100 千克。20 世纪 70 年代，引进山东伏品种（“站秧”），亩产达 150 千克之多，生长百余天可收。1993 年后，从广东白沙农场引进良种“白沙 1016 号”“粤油 116 号”，抗逆性强，亩产达 175～250 千克，同时又引进“皖花 1 号、2 号”良种。

油菜　地方老品种黄鳝子是白菜型低产，亩产 75 千克。1956 年，引进推广橄榄型油菜“宁油 7 号”“当油早 1 号”等，有的产量略有提高，但适应性和品质不如“黄鳝子”，本地仍以“黄鳝子”为当家品种。1986—1996 年，换“皖油七号”，抗病力差，产量低而不稳定，单产也不过 100 千克。后来又引进胜利油菜，属橄榄型。2000 年后，众兴种子站出售的油菜良种有“秦油 2 号”“华杂 4 号”“皖油 2 号”“皖油 18 号”“陕油 6 号”“秦油 7 号”“油研 7 号”“油研 8 号”等双低（低硫苷，低芥子）等优质油菜，籽粒大，且出油率达 38%～40%，采用育苗移栽技术，亩产达 200 千克左右。

棉花　老品种，结桃少，棉丝短，棉质差，产量低。20 世纪 60 年代，引进岱子棉。改革开放后，不断引进优质品种，如“泗棉 1 号”“泗棉 2 号”“泗棉 3 号”（为春播品种）、“皖棉 1 号”（为接茬品种）；2000 年后又引进“豫棉 5 号”（出絮率为 40%）。优良品种发杈多，结桃又大又多，棉丝长，收入高。

二、用种量

2014 年，农作物种子均由国家专门培育，收上来的作物不能再做种子留用，全部由种子公司供应。

良种越来越优，种子用量少，产量越来越高。

众兴地区每亩用种量：稻种是 0.75～1 千克；小麦是 10～12.5 千克；玉米是 1.5 千克左右；花生果 15 千克（花生仁 10 千克左右）；油菜籽 0.1 千克足矣。

第五节　肥　料

一、有机肥料

中华人民共和国成立前，众兴地区农作物的主要肥料是农家肥（人粪、猪牛粪、鸡鸭粪、草木灰、豆饼、菜籽饼、河泥等）和绿肥（红花草、黄花草、青蚕豆、杂草等）。通常情况下，棉花、油菜、三麦等旱田作物使用人粪、畜粪、禽粪、草木灰、草塘干河泥等。水稻等水田作物则施绿肥、草塘泥、豆饼、菜籽饼、人粪、畜粪、禽粪等肥料。畜粪、禽粪、草塘泥等被作为水、旱田作物的基肥使用，人粪、棉籽饼、河泥等则作面肥施用，不使用化肥。有机肥料多指农家肥、人畜粪（水肥）、草木灰土杂肥、沤制的青稞绿肥（秸秆还田）。

"大跃进"时期曾烧"土包"，"文化大革命"期间，秋后种植兰花草、红花草，到来年春季翻埋到土壤里去做绿肥，还有饼肥。挑塘泥也曾作肥料，原先土墙草屋拆下后墙土屋巴还是好肥料。俗话讲，"十年塘一年墙"，农家肥适宜作基肥，土地蓬松、不易板结。

二、无机肥料

1954 年前，众兴地区农户仍以农家肥为主。1955 年后，国家批量生产和供应部分氨水、硫酸铵、碳酸氢氨、氯化氨等化学肥料。众兴地区开始使用少量化肥充作面肥。随着生产的发展和作物轮作制度的变革，无机肥料的需求量不断增加。

1958 年，国家供应给众兴化肥 108 吨，每亩约 2 千克。一般只用于水稻、棉花、小麦、油菜等作物的面肥。1958 年后，国家化肥生产大幅度上升，供应量逐步增加。至 1980 年，农作物所施无机肥量已达到施肥总量的 50%。1981 年，碳酸氢氨施作早稻基肥的试验成功，早稻增产 15.18%，次年普遍推广，早稻亩产量大幅度上升，比上年度每亩增产 51 千克，增产率为 15.01%。

1973 年开始，用无机肥作为其他农作物的基肥，化肥应用更加广泛，除主要作物使用外，也应用于蔬菜、瓜果等作物的基肥和面肥，无机肥成为农作物主要肥料。1977 年，全公社无机肥施用量 580 吨，平均每亩耕田使用 33 千克。1977 年后，无机肥的使用量又有新的增长，逐步处于以无机肥为主，农家肥为辅的状况。

1984 年后，农村劳动力大量外出务工、经商，农家肥逐年减少，无机肥用量逐年增加。

2000 年以后，众兴乡土地大量被流转，耕地面积减少，二熟制改成一熟制，复种指数降低，无机肥用量有所下降。

1995年以后，推广秸秆还田，同时减少麦、油菜播种面积，闲田绿肥生长有所增长，增加有机质肥料。随着退耕还林政策的实施，1995年，全乡无机肥肥用量为1200吨，比1990年减少54%。

无机肥料多指化肥，如尿素、碳酸氢铵、五氧化二磷、氯化钾等氮磷钾化学肥料。含氮钾的化肥宜作追肥，磷肥宜作基肥，促使农作物分蘖性强，果枝多。另外还有硼、镁等微量元素的应用，至2014年，市场上广泛推销复合肥，复合肥含氮磷钾和微量元素等多种肥料的复合体。

三、积肥

俗话说"庄稼一枝花，全靠肥当家""收不收在于水，收多收少在于肥"，可见肥料对农作物生长的重要。

人畜粪肥　农家积肥，人畜粪在粪窖里腐烂沤制变成腐殖质，土壤易于吸收；土杂肥下粪窖沤数月后捞上来。翻一翻，堆上堆，捂一捂，发热，腐烂熟化，提高肥效。

土肥　1960年前后，施肥主要靠人畜粪、草木灰、油饼等农家肥，因数量过少，经常开展积肥运动，广积自然肥，如塘泥、河泥、换老锅、墙土、落叶碎草堆积沤制等作为肥料。

绿肥　1950年前后，有打秧草、种大麦、豌豆作绿肥，但不多；1949年绿肥面积只有500亩，占耕地总面积2.4%；1965年推广红花草、苕子、黄花苜蓿，后又引种柽麻、田菁、小竹豆、乌豇豆、紫穗槐等。1970年，利用水面放养水葫芦、水浮莲、水花生、红萍、细绿萍作肥料，以红花草、苕子为主。

四、施肥及用肥量

庄稼施肥讲究科学。增产多收，农业八字宪法缺一不可。就肥料而言，施肥种类、时间、数量得看天、看地、看苗情、看人力。一般是瘦田多施，肥田少施；基肥多施，追肥少施；有机肥多施，无机肥少施。以小麦为例，施足基肥、土杂类肥、水肥，磷肥，来年春再追施点返青肥、拔节肥。油菜定植后，施点复合肥或磷肥，活棵后浇施水肥（沤制发酵过的人畜粪），覆土后到来年用水肥配化肥作返青肥、薹肥。俗语："千浇万浇，不如薹肥一浇"，浇上薹肥，菜薹苗壮，肯发杈，多结荚，产量高。

化肥用量不宜多，化肥一般作追肥用，科学施肥，施多了庄稼伸长秸秆，发嫩易倒伏，易烂苗。如尿素追肥，一亩田5千克。农家基肥可多施一点（农家积肥有限）。秸秆还田，土松不板结，既环保，作物生长也好。

第六节　植物保护

一、主要病虫害

水稻病虫害有纹枯病、稻螟（大化螟、二化螟、三化螟）、稻飞虱、稻苞虫、稻纵卷叶螟、白叶枯等。以白叶枯、三化螟、稻飞虱危害最大。螟虫高发的1964年，发生面积占中晚稻总面积的85%，一般减产10%～20%。稻飞虱高发的1975年，发生面积占“双晚”总面积的69%，严重田块减产60%～70%。白叶枯病严重的1974年，一般减产10%～20%，严重的达40%左右。

小麦病害有麦锈病、麦类赤霉病、小麦线虫病、麦类病毒病、麦类白粉病等。虫害有麦黏虫、麦蚜、麦蜘蛛等。以锈病、黑穗病、线虫病、麦黏虫危险较重。1956年、1966年两年，锈病发生面积占比15%。黑穗病，1980年发生面积占比20%。线虫病高发的1975年，小麦普遍受害，严重田块亩产量10～15千克。

花生病害有花生枯萎病、花生褐斑病，虫害有蛴螬、蚜虫。危害最重的是蛴螬（众兴地区俗称土蚕、地老虎），久旱易生蚜虫，1979年发生面积占比10%，受害严重田块几乎绝收。

油菜病害有油菜病毒病、油菜菌核病、油菜霜霉病。虫害有蚜虫、油菜潜叶蝇等。以霜霉病和菌核病危害较大，高发年份发生面积占比10%。

棉花病害有棉立枯病、棉炭疽病、棉烂铃病、棉枯萎病、棉黄萎病、棉红叶枯病、棉角斑病等。虫害有七星瓢虫、棉蚜虫、红铃虫、棉铃虫、棉蓟马、棉金刚钻、棉叶蝉、棉红蜘蛛、地老虎等。以立枯病、棉铃虫、棉蚜虫、红铃虫、棉叶蝉、棉红蜘蛛危害严重。列为国家植物检疫对象的棉枯萎病，众兴地区1983年始见棉田有病株。

玉米病虫害以玉米螟为主。

山芋病虫害以炭疽病为主。

蔬菜类，以白菜为例，主要病虫害是蚜虫、叶跳虫、蜗牛等。

树木类，如意杨、柳树、朴榆的主要病虫害是钻心虫、天牛类。

二、病虫害防治

中华人民共和国成立前，无防治农作物病虫的药、械，农民对作物病虫认识甚少，没有有效的防治方法，病虫害对农作物的危害极大。除了“士蚕（地老虎）挖、蝗虫打、结虫（稻苞虫）梳”之外，对其他病虫，农民没法防治。

民国25年（1936年），众兴地区发生稻飞虱，中稻部分田块颗粒无收。

2013年4月2日，花灯社区进行病虫害防治　（刘斌/摄）

中华人民共和国成立后，不断加强和改进病虫害防治，逐渐掌握各种主要病虫害的发生、发展规律，进行有效防治。

1950年起，以人工防治为主、以药剂防治为辅。在缺乏药物防治的情况下，政府发动群众，进行人工防治，采取人工捕捉。如用手掀稻苞虫、挖地老虎、捉麦黏虫，用扫帚扑打蝗虫，用泥水选种法剔除部分麦、稻种中的病籽，用烫种法或闷种法杀灭附在种子上的病菌或虫卵，晚上点灯诱蛾等方法；用两次高剪苗法防控山芋黑斑病等。

20世纪60年代，开始使用有机磷农药。当时仅有少量的666粉、滴滴涕、西力生等药剂，多用于棉花，其他作物病、虫害主要靠人工防治。

1970年起，农药及植保器械逐渐增多，转为"药剂防治为主，人工防治为辅"。大量使用的农药有666粉、1605、1059等，这些农药或为剧毒，或残留期长，虽有较好的杀虫效果，但严重污染环境，人畜中毒事故时有发生。

1975年起，实行"以防为主，防治并举"和"综合防治"的方针。主要是农业耕作防治。如选用无病种子和抗病品种，轮作换茬，以减少病虫滋生机会。在栽培中，控制氨肥用量，改善通风透光条件，搞好烤田（稻）及清沟沥水（旱作物），提高作物抗病虫能力等。大宗作物需要进行药剂防治时，县植保部门设立的测报站及区、乡的观察点，及时发布病虫情报，提供防治时间和方法，做到有的放矢。

在使用药剂种类方面，1980年开始，逐步改用高效、低毒、低残留药剂，如杀虫双、敌虫菊酯、辛硫磷、涕灭威、五氧酚嗪、代锌森、代锌铵等。少数农户用杀螟杆菌、白僵菌等生物药剂治虫。

水稻主要病虫害及防治　稻瘟病在20世纪60年代初，水稻主要病虫害未能有效控制，至20世纪60年代末，得到基本控制。防治方法：以防为主，选用抗病高产品种，消灭菌源（处理有病稻根）。用1%石灰水和西力生或赛力散浸种；加强栽培管理（合理施肥、用水）等；农药防治主要用稻瘟净、克瘟散、春雷霉素、邻五氯乙甲苯、西力生、赛力散和4%富民蜂等。

打药　（地方志办/供）

纹枯病在20世纪60年代后期种植双季稻后时有发生，危害水稻叶梢。防治方法：用20%稻脚青，加水喷洒。20世纪70年代用井岗霉素、多菌灵加水喷洒。20世纪80年代起危害逐渐减少。

三化螟在分蘖期造成水稻"枯心"，在抽穗期造成"白穗"。1960年后，采取栽培防治和药剂防治相结合措施，同时加强预测预报，有效地控制危害。"枯心"和"白穗"率基本上控制在10%以下。防治的主要方法：拔除白穗株，齐泥割稻；处理稻根稻草，灌水杀蛹；合理安排冬作，铲除田边杂草；拔除中心凋萎虫伤株，点灯诱蛾和采卵。药物防治主要用的 666 粉、50%乙基、1605 乳剂、40%苏化 203、乙六粉等。

稻飞虱危害水稻严重的是以褐飞虱为主。20 世纪 70 年代，危害严重时少数田块颗粒无收。1990 年以来，稻飞虱危害基本控制。主要用敌百虫或混灭威冲水喷洒进行防治。

小麦主要病虫害及防治　赤霉病俗称烂麦穗头，严重影响麦子产量和质量，人、畜食用病麦会引起中毒。中华人民共和国成立初期，众兴尚无防治赤霉病方法，20 世纪 70 年代初，采用耕作防治和药物防治两种方法。耕作防治主要是开沟排水，降低地下水位；适时早播，施足基肥，早施腊肥，使小麦冬壮、早发、早熟，减少发病；选育早熟高产抗病品种，进行种子消毒；深翻土壤，去除稻根等前茬残株。药物防治一般喷射 50%托布津可湿性粉剂、40%灭菌丹可湿性粉、50%福美双、50%二硝散可湿性粉剂、65%056 乳剂（邻五氯二甲苯）等农药。

黏虫俗称五花虫、麦蟥，是一种暴食性虫害，1950 年前屡次暴发成灾，后采取以防为主，防治结合，有效地控制了黏虫危害。

棉花主要病虫害及防治　炭疽病在棉花整个生长期都有发生，以苗期和铃期危害尤为严重。受害轻则影响生长，重则死苗、断垄，甚至翻田重播。耕作防治主要是开沟排水，降低地下水位；早松土、早间苗、早施肥、培育壮苗，增强抗病能力。

黄矮萎病是 20 世纪 80 年代新发现的一种病害。发病棉花叶黄变枯而脱落，继而花蕾脱落，严重影响棉花产量和质量。防治方法：主要是种子消毒，播种前农药浸种。发病田块调换茬口或播种抗黄矮萎病的品种，无有效药剂防治。

蚜虫药物防治主要用棉油皂、40%乐果乳剂、50%的 1065 乳剂、25%亚胺硫磷乳剂、50%马拉松乳剂、50%的 1059 乳剂、50%甲胺磷乳油等农药。

花生病虫害防治　地老虎和蛴螬是地下害虫，不仅为害期长而且严重。常造成花生缺苗断垄现象，是影响花生产量的最主要害虫。因害虫常在地下活动，隐蔽性强，防治困难，采取综合防治。

防治方法：

1.合理轮作。与非豆科作物轮作两年以上，以有效破坏地老虎、蛴螬的生存环境，减轻危害。花生的良好前茬作物是玉米、谷子等禾本科作物。

2.秋后深耕晒垡。秋季深翻可将害虫翻至地面，使其暴晒而死或被鸟雀啄食，可减少越冬虫源。

3.拌种。播种前，花生仁下地前用药水搅拌，发病时，用药水喷洒或用土拌撒入田间，此法还能有效防治鼠害。

三、田间除草

众兴地区田间杂草丛生，一年四季都兴旺，而且发棵力强，分蘖快，长得旺。农村有句俗语：“臭葡问刺秸，锄田大姐是否走掉，走掉我就出来。”这些野草比割去的韭菜发芽还快。有些野草根深蒂固,比如茅草、水花生等根系相当发达,斩草要除根。

除草可以减少杂草与农作物争水源、肥料营养、光照、空间等,促进农作物的生长。

传统田间除草工具主要是人工用锄头,辅以铲、镰刀等工具,或用手拽拔。

农民在田地锄田 (地方志办/供)

点播移栽的棉花、黄豆、花生、山芋、瓜类等旱作物在幼苗生长期,通常需要经过一至三次甚至更多次的反复除草松土,尤其是雨天后还需及时除草。瓜类、山芋等有藤庄稼生长后期,需要人手拽拔草。生产效率低下,农民从年初忙到年底。

水稻等到秧苗茁壮时需用耨锄顺着秧苗间来回拖拉除去水中杂草,人工选摘除去稗子。

1990年起,各类除草剂开始陆续推广应用。

2000年前,除草剂只少量用,仍靠人工除草,既不及时又不彻底,草荒导致减产10%~30%。

2000年后,除草剂大面积推广,如盖草能、一扫光、百草枯等多种除草剂的广泛应用,挽回了粮食、油料等农作物的草害损失。人工不再除草了,几千年来的田间除草方法发生了改变,生产力发生了变革。

第七节 管理与分配

一、管理机构

乡级政府设有农业生产办公室,后有农资部门、种子公司、供销社和土管规划部门等,村级有村主任、文书,生产组有组长、会计等。一级领导一级,各级管理都在乡(公社)党委的统一领导与安排下,各负其责、各司其职管理好本职工作。

二、生产管理

改革开放前,生产管理主要是为计划经济服务,按上级下达任务,将水稻、小麦、油料、棉花、猪禽蛋等任务分解到公社、大队、生产队,为确保完成下达指标而管理生产。

改革开放后,责任田联产到户,农民有了生产主动权、经营权、支配权。市场经济逐步取代计划经济,每年的生产安排及作物兴种根据市场行情,生产管理积极主动、自觉、时令性强。

三、劳动管理

劳动管理主要是对劳动力的管理、劳动纪律的管理和劳动技能的管理。“文化大革命”时期，农村劳动力是不准随便外出的，一律坚守农业岗位，劳动力的权利、义务除了搞农业生产还是在生产队劳动。干农活由生产队负责监管。不上工扣劳日工分。干活不出力是常有现象 。消极怠工普遍存在。“照不照，只要到；中不中，十分工”就是那时管理制度的写照。

中共十一届三中全会召开以后，取消以阶级斗争为纲的指导思想，确立以经济建设为发展战略。农民的生产情绪高涨，劳动纪律自觉性强，农忙时积极主动干完农活。农闲时外出务工，学技术，提技能，亦农亦工，成为社会主义建设的生力军。

四、财务管理

乡政府设有财政所。负责管理全乡的财务工作，各个单位（包括村）的收支情况，凭三章制手续且合乎政策性支付由乡政府审批。乡 、村财务进行公开，管理制度上墙，日清月结，做到在阳光下操作，合情合理。对过去手脚不干净的财务工作者进行清查、退赔、处理、辞退。财务人员廉洁化，管理步入正规化，强化教育正常化。

乡级以下各机关、村配有会计或文书一人。有财经小组若干人，负责其分内的账目管理并报于本行业的上级主管部门审查、备案。

五、收益分配

1958—1983 年，农村人民公社存续期间，收益分配不同。

1958 年，正值农业生产“大跃进”时期，“一天等于 20 年”的大干快上阶段，跑步进入了共产主义社会，吃饭不要钱，按需分配。一个家庭的人口多少与劳力无关，都到食堂吃饭。约半年后，粮食空缺，提出“低标准，瓜菜代”（以瓜菜充饥，代替粮食）。

三年困难时期（1959—1961 年），田地按水利、养分、土色、远近等作出单产，口粮按三七（也有些生产队按四六）分到农户，即总产量中的 30%或 40%按劳动力平均分，70%或60%的产量按人口平均分，基本上一个劳力抵两个人的口粮。这种三七分或四六分一直延续到 20 世纪 80 年代。年终结算时，口粮按国营价格，劳动工日达不上一定标准的农户要折合经济，拿钱赔付给劳动工日多的农户。

改革开放后，农村实行家庭联产承包责任制，土地、征购按人口平均分配，多劳多得，各尽所能。

第八节　农业基地建设

一、综合开发

众兴乡是农业大乡。众兴乡党委、乡政府紧扣“生态立乡 、工业强乡 、文化兴乡 、绿色美乡”的发展理念，全乡干群众志成城，兴业创业。经济和社会事业保持良好的发展态势，

2009—2013年连续五年居肥东县科学发展先进乡镇综合考评前列。2009年、2011年分别进入合肥市综合发展十快乡镇名单,2013年起连续荣获"合肥市植树造林二十佳乡镇"称号。

至2014年,土地向集约型流转,向种田大户和种田能手流转,发挥最大经济效益。

二、三高粮田建设

所谓农业"三高"是指粮食产量高、质量高、经济效益高,简称高产、高质、高效。众兴"三高"粮田选择在基本农田保护区内,水利条件好,靠近公路沿,便于机械翻耕、施肥等。立桩、挂牌、划界、建制度,不准随意更改、取土、建房、毁坏等。加大投入力度,使"三高"粮田凸显出"高"的特色。

水稻品种根据种子公司提供良种信息,如"丰优香黏""国丰1号",高产、稳产、米质优、价格高,且抗病率强。油菜种全是橄榄型的杂交种,其他如小麦、棉花、玉米、红薯、花生等粮油农作物品种都倾向于高产、优质。种植业上台阶,加工业升级,经济效益提高。

第九节 科 技

在技术推广体系建设方面,农业技术推广体系先后经历了艰难的创建期、市场和体制改革双重冲击下,"线断人散网破"阵痛期和新时代"一主多元"的融合发展期。众兴农技推广机构认真履行先进实用技术推广、动植物疫病及农业灾害的监测预报和防控等职责,为农业、农村持续稳定发展做出重大贡献。

花灯社区进行塘坝整治 (花灯社区/供)

在教育培训体系建设上,农民教育培训体系先后经历农民业余学校、识字运动、干部学校、"五七大学"、各级农业广播电视学校和"一主多元"的现代新型职业农民教育培训体系,在提高农民科学生产、文明生活和创新经营的科学文化素质方面,起到积极的促进作用。

从"靠天吃饭"的传统生产,发展成良种良法配套、农机农艺融合的现代农业技术体系。中华人民共和国成立后,"农业八字宪法",一直到今天,都对实现科学种田起到积极作用和深远影响。

在品种培育上,农业生产的种子来源在很长一段时期是农民自留种。改革开放后,以矮化育种、远缘杂交、杂种优势利用等为代表的重大技术突破，促成5～6次作物品种更新换代，粮食单产从中华人民共和国成立初期的69千克/亩增加到500千克/亩以上，良种推广率达到100%。

在病虫害防治上，中华人民共和国成立初期，面临蝗虫连年起飞成灾、小麦条锈病爆发蔓延、棉铃虫肆虐为害，几乎没有有效防治手段，经过几代人的努力，逐步建立起科学有效的病虫害监测预警与防控技术体系，确保没有发生大面积重大生物灾害。

在设施农业上，实现新鲜蔬菜和水果的周年供应，打破水、温、光等自然条件对农业生产的限制，有塑料大棚、拱棚到现代日光温室和连栋温室。

在农业科研基础条件建设方面，乡农技部门有了专用办公场地、购置仪器设备，乡农业科技推广基础条件得到很大改善。

从"人扛牛拉"的传统生产方式，发展成了机械化、自动化、智能化的现代生产方式。农业生产方式实现了从人畜力为主向机械作业为主的历史性跨越，目前农作物耕种收综合机械化率超过87%，在部分领域、部分环节逐步实现"机器换人"，显著增强农业综合生产能力。

在农机装备方面，小麦生产基本实现全程机械化，水稻耕种收机械化率超过80%，油菜、花生、大豆、棉花机械化作业水平大幅提高，畜禽水产养殖、果菜、设施园艺等设施化、机械化取得长足发展。

在农业生产信息化精准化智能化方面发展迅速，2014年农业数字经济占行业增加值比重已达6.3%；农产品网络零售额保持高速增长，2014年达到230万元。智能农机与机器人、无人机植保服务、农业物联网、植物工厂和农业大数据等概念在农村得到全面推广和应用。

从"大水、大肥、大药"的粗放生产方式，转变为资源节约环境友好的绿色发展方式。

在农业节约用水上，旱作节水、滴灌喷灌等实用技术得到广泛运用。

在化肥农药科学施用上，从二十世纪八九十年代增产导向的过量施用，向目前提质导向的科学施用转变，实现化肥农药从过量施用到现在的零增长、负增长转变。全面推广测土配方施肥、水肥一体化的施肥模式，实施有机肥替代化肥行动。农作物生物防控技术迅猛发展，推广运用高效低毒农药和生物农药。

在农业废弃物资源化利用上，农作物秸秆从单纯的燃料化向原料化、饲料化、肥料化、基料化等多用途综合利用转变。畜禽养殖废弃物由直接排放向集中处理、循环利用转变，农膜使用带来的耕地"白色污染"，通过捡拾、统一回收处理、生物降解等方式逐步得到控制和解决。

一、科技网络、队伍

中华人民共和国成立初期，党和政府高度重视农业生产的恢复工作，制定一系列政策推动农村农业技术推广体系的建立。1951年颁布的《中共中央关于农业互补合作的决议》

规定:每个县有1~2个农事试验性的国营农场,用于改进农业技术和使用新农具,另一方面按可能的条件给互助组和合作社以技术上的援助和指导。

1955年,农业部颁布《关于成立农业技术推广站的指示》,明确要求应在县以下的行政区划设立农业技术推广站,主要业务包括耕作技术、作物良种、病虫害防治、土壤肥料、新式农具、灌溉排涝、水土保持、畜牧兽医和会计辅导等。

1958年,众兴乡成立农业技术推广站(农技站),由乡村初中毕业的和退伍军人组成,设站长1名。至1960年,三年困难时期,经济严重困难,乡农技站基本解散。

1962年12月,农业部下发《关于充实农技推广站,加强农业技术推广工作的意见》,对农技站的任务、工作方法、人员配备、生活待遇、奖励制度等做明确规定,乡农技站进行整顿和充实,推广体系得到恢复和加强。“文化大革命”时期,乡农技推广站被撤销,农技员被下放回村插队。

1978年,中共十一届三中全会提出把全党工作重心转移到经济建设上来,随着农村家庭联产承包责任制的推行和人民公社的转型,乡农技站机构、任务、编制队伍、经费和奖惩等得到了明确规定,各村设1名农民技术员和科技示范户。

1991年,乡农业技术推广机构被定为事业单位,接收大中专毕业生专业农技人员,其编制和经费由省、市、县统一解决。

1992年,农业部、人事部联合颁发《乡镇农业技术推广机构人员编制标准》,明确乡建立农技、畜牧兽医、农机、水产、经管站,实行农技员“三定”(定岗、定编、定员)工作。

1993年7月,《中华人民共和国农业技术推广法》正式颁布,标志着农村农业技术推广工作走向法制轨道。

1993年起,乡逐步将农技推广机构承担的经营性服务分离出去,由原聘用人员或社会人士经营种子农药,按市场化运行。乡农技站实行“条块结合、双重领导、以条为主”的管理体制。

1996年,省对乡镇农业技术推广站的组织结构、人员配额、基础设施和仪器设备、推广体系以及管理制度的建设内容和方法,作明确规定。

二、机构设置

以乡镇为单位设立农技站。乡镇建成集作物栽培、植保、土肥、种子专业于一体的种植业农业技术推广机构,是国家设在基层的全民事业单位。

三、职责

承担上级主管部门下达的农业技术推广项目以及农业新技术、新成果的试验示范、推广任务,开展技术咨询、技术指导、技术承包、传播农业科技经济信息。

根据上级主管部门和有关部门的授权范围,依照有关法律法规和规章,认真开展本地区化肥、农药、农膜、种子、种苗等农业生产资料的监测、监督和检查工作。

四、网络与队伍建设

乡设立农技站，村建立农技服务队或农民专业技术协会，每个组配备 2～3 名兼职农民技术员，在村民中建立科技示范户。在县农业技术推广中心的指导下，以乡为重点，建成“三级一户”的农业技术推广网络。至 2014 年，乡成立的农业协会有联合村养鸡协会、范岗村苗木协会、霞光村养猪协会。

五、办公和仪器设备

至 2014 年，乡先后建立众兴乡农业生产废弃物综合治理办公室、众兴乡农产品质量安全监管站、众兴乡林长制办公室。室内购置仪器有“农药残留速测仪”“土壤养分速测仪”“光照培养箱”“GPS 面积测量仪”“实验检测台”等多项设备。

六、科技宣传、活动

科技宣传　形势有科普赶集、科普画廊、科普讲座等。

科普赶集　乡农技站组织乡种田大户、种植养殖示范户参加国家、省市举办的科普赶集活动。

2001 年 1 月，中国科协暨省市县科协四级联动在撮镇开展的大篷车科技下乡活动。12 月，中宣部、中国科协组织全国科普大篷车下乡万里行活动在石塘镇启动。众兴乡 2 次参加人数达 92 人。

1986 年，配合县科协、农业局、畜牧水产局联合组建一支“乌兰牧骑式”科普服务队到众兴赶集，开展种植业和养殖业科技宣传服务活动，宣传群众 5000 人次。

1999 年，由省、市、县有关农林牧渔部门单位专家到众兴开展科普赶集活动，向群众推广良种 700 千克，农药 610 袋，肥料 8 吨，发放图书资料和科技明白纸 5000 册，销售花卉苗木 36 盆，宣传群众 4000 多人次。2004 年 4 月，乡配合县科协组办的 78 名科技人员到众兴开展科普赶集活动，发放各类科技明白纸等资料近 3000 份，销售良种 242 千克，向咨询群众提供书籍、良种、药物、饲料、花卉等科技服务。

天勤家庭农场　（农办/供）

2005 年 3 月，配合县科协、县农委、畜牧水产局、林业局、妇联、新华书店等单位 46 人，到众兴开展科普赶集活动，发放各类科技明白纸 3000 余份，科技书籍 72 本，出售各种良种 54 千克，各类农药 152 袋，果树苗木 120 多株，同时为农民开展农作物栽培管理、林业、沼气建造、太阳能安装、计划生育政策宣传等咨询活动。

科普画廊　1994年，乡政府办公楼建成后，在大门两侧设两块28平方米的黑板，利用黑板报的形式，适时向农民宣传生活常识、地震环保、破除迷信、农业技术等方面知识。2000年，又在原乡政府大院内建立5米长，9块标准橱窗式的多功能宣传画廊。2006年，在乡政府新址建立8块橱窗式专业科普画廊。

科普讲座　乡自成立农业技术推广站以来，在每年春天的乡村组干部大会上，邀请省市县有关专家，就农业、农村、农民等涉农生产生活、经济发展事项举办科普讲座。同时参加的还有科技示范户、种植养殖大户。

2012年11月，"互联网+"理念提出以来，新常态下的农业从传统转向集约化、自动化、智能化、规模化。乡农技站工作人员充分把互联网和农技推广紧密结合起来，用数字技术提升农业生产效率，适时对农田的土壤肥力、空气湿度、降雨量、土壤墒情、气象等进行大数据分析，然后提供相应的播种量、施肥、防治等工作预案。通过互联网发布至村组干部和涉农农户手机和电脑，让农民科学种田，提升农业生产效益。创新农技服务方式，提高农技推广服务效能，加快农业科技成果转化推广应用。

发放科技小报　对"两户"（专业户、重点户）和乡镇企业单位发放县科技部门创办的科技杂志。如1980年创办《肥东科技》、1981年创办《科学种田》、1983年创办《科技情报》和《农村科普》、1984年创办《致富信息》。这些小报和刊物，对宣传科学知识、传递技术信息起到积极作用。

放映科技电影　县科技部门从1980年开始建立科教电影队，经常巡回农村、工厂、农场、学校，放映科技影片和科技幻灯片。如《食用菌培植》《蜜蜂王国》《白叶枯病防治》《猪瘟防治》《孕期护理》《婴儿常见病防治及护理》《更年期》等科教片，并放映科教幻灯片232场次。

七、科技服务成果

"双低"油菜种植　菜籽中芥酸含量低于5%，硫代葡萄糖含量低于15%的油菜籽品种简称"双低"油菜，菜籽经加工后可制成色拉油。

免耕麦栽培技术　水稻出茬后不耕翻，直接施肥，播种麦子。1980年，开始试验种植。1985年，占二麦面积的15%，免耕麦比耕翻麦每亩节省耕作费约45元。

水稻抛秧栽培技术　在平整的秧板上铺上塑料孔盘，浇上河泥浆，把种子均匀播种在塑料盘上，每盘播种子75～100克。播种后用薄膜或秸秆覆盖盘体保湿，促进出苗，达到齐苗后揭除覆盖物，秧龄15～18天，长出3片真叶即可抛秧。每亩大田抛50～60盘。抛秧栽培节省秧田和育秧人工，功效提高近10倍。1992年试验示范，1993年后推广。1990年后，抛秧面积减少，被直播秧取代。

直播稻栽培技术推广　1998年起，试验示范，先用矮秆耐肥、抗逆性强的高产良种，平整大田，开好大田沟系。播种前大田施足基面肥，播种前后用好除草剂。播期在5月下旬至

6月上旬，亩用种量3～4千克，竖苗返青后浅水勤灌，总苗数控制在35万～40万株。中期注重脱水管理和病虫害防治，适时适量施好长粗肥，做好病虫害防治。后期不宜过早断水，以收割前一星期断水为宜。与抛秧相比，直播稻更具有省工、省力、省成本优势。2000年后水稻大部分采用直播栽培技术。2010年起，直播被广泛推广。农民弯腰拔秧、插秧成为历史。

综合防治花生蛴螬　蛴螬是众兴地区地下主要害虫，20世纪80年代前后，花生深受其害。乡农技人员积极推广县制定的"三结合"（药剂防治与农业防治相结合、播种期与生长期相结合、防治成虫与防治幼虫相结合）方案，引导农民防治花生蛴螬侵害，使花生亩产增产近一倍。

环境绿化种植推广　2003年起，众兴成立苗木花卉公司，通过自繁自育，培育优良苗木1万多亩，供应合肥市及全国部分地区，解决本地苗木供应紧张状况，同时为本地农民提供就业岗位。

生态林带培育技术　乡农业办公室于2001—2002年利用县级河道、乡村道路种植水杉、杨柳、香樟等树种6万株，林带长度20千米。

八、地震和气象服务

地震　从1970年开始，县根据中央制定的"在党的领导下，以预防为主，专群结合，土洋结合，依靠广大群众，做好预测预防工作"的方针开展防震工作。1975年2月4日，辽宁省海城县发生7.3级地震，1976年7月28日河北唐山又发生7.8级的大地震。众兴成立"防震抗震组织"，即向群众宣传防震抗震知识，先后印发《地震知识问答》《辽南地震》《唐山地震前兆》《动物与地震》《利用地下水预报地震》《地震来了怎么办》《房屋抗震基本知识》《地震与宏观异常》等防震资料。

2010年众兴乡地震群测群防信息站成立，并在霞光村中保岗大古井、联合养殖场、乡政府水塘、华光马政寺设立地震观测点4处。观动物行为，测水位涨落，查地表异情。

第十四章

林业 畜牧水产

果农嫁接苗木　（宣传办/供）

第十四章

林业　畜牧水产

果农嫁接苗木　（宣传办/供）

第十四章　林业　畜牧水产

众兴居民一直有在房前屋后、沟梗移植当地自生树苗的习惯，用于遮阴乘凉、防风、制作各类家具和生产生活用具，少有出售。主要树种有椿树、楝树、槐树、榆树；果木树以柿树、枣树、桃树为主。

道路植树，中华人民共和国成立后，一直很重视，由于居民物资匮乏，难于管理，成活率低，直至 1990 年都是“年年植树不见树”。

1990 年后，每年植树节，众兴乡政府组织乡村干部到大众路、店白路和滁河干渠植树，树种以意杨、水杉为主。

2002 年，退耕还林政策实施。至 2006 年，全乡有近 8000 亩的开荒地、岗垄地种上意杨。

2008 年，众兴加快土地流转政策的实施。至 2014 年，全乡土地流转 26000 余亩，由薪炭林到风景林的转变。滁河干渠风光绿化带和合六叶高速绿色长廊工程初步建成，水库涵养林和生态林粗具规模。塘埂路旁街道边桂花树、红石兰、广玉兰、香樟、红叶李、黄杨、栾树等风景树交叉点缀。占全乡辖区面积的 60%都是活生生的绿油油的树苗，漫步苗圃、林园，空气清新，心旷神怡。成立专业有规模苗木公司的有霞光的香榭里、花灯的云森公司、凯博公司、大高的君茂等 14 家。

中华人民共和国成立初，土改工作队队员封安福承担众兴地区的兽医工作。封安福有祖传阉割术（业务范围包括永安、磨店、三十头、五十头、双墩、草庙等周边地区），属个体经营。

1955 年，草庙、众兴、永安、磨店在双墩成立联合诊所，业务站长是吕汝常，属集体核算自负盈亏经营。

1959 年，排头（时属撮镇区）成立兽医中心站，站长王圣友，为事业单位，经营性质为自负盈亏。

1961 年，店埠通济桥西头设兽医诊所，时有程立铭、王维彬、柏宗汉、张克胜、封安福、吕汝常等，经营性质仍属自负盈亏。

1969 年，恢复店埠区。店埠区兽医站成立，站长谷然福，会计许昌镜。当时众兴为农牧站，站长封安福；永安农牧站，站长程立铭。

1972 年，许昌镜任众兴公社兽医站站长。1975 年 10 月，实行“一根针一把草”方针给禽畜治病，同年各村培训一名赤脚兽医，众兴培训13名动物防疫员。永安程立铭培训15名动物防疫员。在编兽医解决农转非户口。

1980年，兽医人员大调动，以区为单位，统一核算，上级下拨防疫经费。

1985年，许昌镜由八斗兽医站调到众兴兽医站任站长，程立铭从店埠兽医站调到永安兽医站任站长。

1996年“三定”工作后，为事业单位，财政拨款。

第一节 林业资源

一、林地面积

2014年，全乡有林地面积56500亩。其中，村庄绿化23000亩主要分布在村庄周围，以椿树、楝树、槐树、榆树及一些果木树为主；退耕还林12000亩，以杨树为主；园林公司苗圃13000亩；桃树、枣树等果木林2300亩；水库涵养林、环城高速路绿化长廊、滁河干渠绿化风光带计6200亩，以各类风景林为主。

二、林木蓄积量

2014年，众兴乡林木蓄积量200万立方米，森林覆盖率达56%。众兴林木蓄积量变化分四个阶段，1990年前，林木蓄积量基本以村庄为主，变化不大；1990—2002年，增加主干道路、干渠的绿化面积；2002—2014年，林木蓄积量变化较大，增加退耕还林和土地流转园林的面积。

三、树种

当地树种　境内定名的木本植物40科150余种，占全乡木本植物科的60%。用材树种有杨、榆、槐、栎、松、檀。经济果木有柿、梨、枣、桃、杏、李、葡萄等。乡土林木树种有皂角树、栗树、栎树、檀树、刺槐、槐树、杨树、柳树、桃树、李树、梨树、杏树、枣树、柿树、桑树、榆树、椿树等。树种按照造林类别可分为针叶林和阔叶林，阔叶林又可分为常绿阔叶林和落叶阔叶林，有马尾松、黑松、扁松、国外松、杉木、柏树、女贞、黄杨、无花果、桂花、香樟等。按功能分，堤旁、渠旁多栽保持水土的柳树（包括垂柳）、水杉、泡桐、紫槐、蜡条等；路旁多栽防风固沙和绿化遮阳的枫树、杨树、法梧、刺槐等；村旁多栽绿化、用材兼备的臭椿、桃树、李树、柿树、枣树、桑树、刺槐、白槐等。集镇街道旁多栽绿化、美化、遮阴的法梧、雪松、冬青、侧柏、香樟、黄杨、广玉兰及各类花草等。

引入树种　中华人民共和国成立后，特别是改革开放后，从外地引进的用材、经果和园林观赏树种有柳杉、水杉、樟树、雪松、黑松、花柏、龙柏、翠柏、白榆、海桐、扶桑、胡桑、佛手、金橘、樱花、月桂、火炬松、湿地松、金钱松、悬铃木、钻天杨、千头柏、广玉兰、白兰花、珊瑚树、夹竹桃、茉莉花、布朗李、重阳木、东阳木、意大利杨、加拿大杨、美国红枫等。

四、古树名木

2001 年，县调查众兴乡古树名木，登记造册，实行一树一卡，拍摄照片，建立古树名木档案，树上挂树牌。对古树采取涂药、设栅栏、搭支架等复壮保护措施。2005 年，众兴乡有 7 棵：檀树巷有 2 棵，四房有 3 棵，孙吴大郢 3 棵。

2014 年众兴乡百年古树名木一览表

表 14-1

名称	科	属	树龄（年）	树高（米）	胸围（米）	冠幅（平方米）	级别（级）	所在地
麻栎	壳科	麻栎	140	23	1.88	19	3	范岗村檀树巷
柿树	柿树	柿树	210	10.5	1.5	12.5	3	范岗村朱老家
白榆树	榆	榆	120	14.5	1.5	9	3	花灯社区四房组
枣树	鼠李	枣	130	12	1	10	3	花灯社区四房组
枣树	鼠李	枣	130	16	0.95	10	3	花灯社区四房组
麻栎	壳科	麻栎	190	17	1.88	14	3	八联村孙吴大郢
麻栎	壳科	麻栎	190	17	2.05	14	3	八联村孙吴大郢

第二节　造林绿化

一、采种育苗

20 世纪 80 年代，乡民有采麻栎种子的习惯，1992 年后不再采种。

1986—1995 年，众兴主要发展个体育苗。苗农、专业户主要集中在原司老、华光、范岗、义合村，也是众兴苗木花卉生产的发源地。除培育用材林、经济林苗木外，还培育园林绿化、高档观赏和珍贵花卉苗木等。1988 年，全乡育苗面积 520 亩，皆为个体育苗。年出苗圃经果林和各种风景绿化苗木 50 余万株，除满足乡内造林绿化用苗外，还向外地出售经济果木苗、风景绿化苗木。

1989 年 3 月，省委、省政府颁布《动员全省人民实现五年消灭荒山、八年绿化安徽的决定》（简称“五八绿化”），肥东县在实施“五八绿化”消灭宜林荒山造林中，乡内苗木生产不能满足需求，众兴个体育苗户从金寨、六安、含山等地调进国外松、马尾松等苗木，广泛育植。

1992—2001 年，随着“五八绿化”达标工作开展，造林用苗供不应求。众兴乡组织育苗户扩大育苗面积，苗农普遍采用、运用新技术，开展嫁接和大棚容器育苗。嫁接育苗和容器育苗具有周期短节省圃地、易于控制苗木质量和规格、造林不受季节限制、不需起苗不伤根、造林成活率高、幼苗生长快等特点。供应县内消灭宜林荒山和绿化点用苗需要，同时也扩大众兴造林用地面积，带动周边大量农户开展育苗生产。

随着县林业二次创业、建设万里绿色长廊等一系列造林任务开展，造林苗木需求量越来越大。为解决造林苗木需求，县政府提出“村育基础苗、乡育保证苗、县育项目苗”发展思路，众兴乡把林业育苗作为造林绿化基础工程，动员育苗农户拿好地、用好肥、出劳力、投资金，引进优良品种。将林业育苗作为一项产业来发展，全乡育苗面积不断扩大，苗木出圃量逐年增加，2001 年，全乡育苗面积达 12000 亩。

2002—2005 年，县林业发展面临国家投资建设林业六大工程（退耕还林、天然林保护、长江与淮河流域防护林、三北防护林、京津风沙源治理、防沙治沙林）机遇，县委、县政府提出发展苗木花卉产业，引导农民和民间资本投入苗木花卉生产。

2014 年，全乡苗木花卉生产面积 16500 亩，品种有绿化苗、盆景景观苗、造林苗、经果林苗、彩叶苗和花卉等 6 个大类 260 个品种，其中广玉兰、香樟、女贞、紫薇、雪松、合欢、马褂木、栾树、杨树、桃树、枣树等苗木存量 500 万株，盆景景观苗存量 7000 株，彩叶苗木年产量 100 万株，花卉品种有菊类草本花卉、微型盆栽观赏花卉、蝴蝶兰、惠兰等，年产量 20 万盆。全乡规模以上苗木花卉生产企业有 26 家。

2014 年，全乡苗木花卉产业实现产值 1000 万元，农户育苗户均年收入 30000 元，通过发展苗木花卉走上致富路。

二、人工造林

“五八绿化” 1989 年 3 月，省委、省政府颁布“五八绿化”后，县绿化委员会做出规划，开展造林绿化。众兴乡制定绿化目标，明确造林任务。乡村签订造林绿化责任状，一级抓一级，一级对一级负责。基层干群积极投资投劳，全乡形成全民搞绿化良好氛围。

众兴乡机关干部参加植树节植树　　（宣传办/供）

“五八”绿化期间，乡根据各村的土质情况，因地制宜，在丘陵岗畈地区、结合农田基本建设，进行田林、水、路、渠统一规划，统一树种，栽植意杨、水杉等；在公路、渠道旁栽植香樟、水杉、法梧等树种，营造农田林网和防护林带。1989—1997 年，全乡造林 800 亩、植树 8550 株。

2002 年，乡林业用地面积比 1985 年增长 31.5%。其中苗圃地 58 公顷、疏林地 13 公顷、灌木林地 6 公顷、特用林 20 公顷、经济林 10 公顷。四旁林网植树折合占地面积 701 公顷。林木总蓄积量 7.11 万立方米，比 1985 年增长 5.99 倍。林木覆盖率增加到 22.8%，比 1985 年提高 4.1 个百分点。

林业二次创业　1995 年 2 月，县政府成立规划组，对全县适宜种植经果林的荒山荒地进行调查登记，制定县林业二次创业方案，为全县在“绿起来”基础上，向“产业活起来、农民富起来”目标迈进。

1998年4月，众兴乡结合农业综合开发，在花灯村滁河干渠下面发展节水灌溉农业300亩，在沟田四旁集中栽植矮棵林木。

1999年10月，乡主要负责人参加县组织的赴山东五莲县、江苏沭阳县参观学习林业建设、调整农业产业结构先进经验。认真总结、转变观念、扩大经济林栽植面积。2002年底，乡经果林面积1200亩。

“把树种上”工程　1997年，省委、省政府《关于加快江淮分水岭易旱地区综合治理开发的意见》颁布实施，明确把林业建设作为综合治理开发的一项内容。2000年，省政府适时提出“把树种上”工程。众兴位于江淮分水岭地区属市级综合治理区。大力营造经济果木林和农田林网，坚持生态效益与经济效益兼顾，山、水、田、林路统筹规划，坚持突出重点、长短结合、以短养长原则，以增加农民收入和促进农村经济持续发展为目标，发展和培育森林资源，增加森林和绿色植被面积，提高森林覆盖率，增强水土保持能力。至2005年，众兴乡完成大众路、众店路、众霞路、众牌路以及滁河干渠绿化建设28千米，用材林820亩，商品经济林420亩，经果林320亩。林木覆盖率由1998年的7%提高到20%。

经果林建设　1997年，县提出“东果西菜南渔北畜”（东部沿山地区发展经果林，西部近城近郊地区发展蔬菜产业，南部湖圩平畈区发展水产养殖业，北部江淮分水岭地区发展畜禽养殖）发展思路后，众兴经果林产业得到较快发展。2005年底，全乡有经果林面积500公顷，年产值1000万元，品种有柿子、桃枣、葡萄等，形成合肥近郊经果林产业。同时，乡政府通过对好品种、面积大的经营户予以奖代补，进行扶持，推广众兴“柿饼”研发。

万里绿色长廊工程建设　2000年，县成立绿色长廊工程建设指挥部，根据县内自然条件和地理状况，制订全县绿色长廊规划，提出林带建设所占农田，由县政府调减农业税，青苗费按每亩300元补助。滁河干渠被确立为绿化重点，众兴安排造林方案分年度实施，总长546米。在沿渠两侧营造林带和300米范围内的农田林网建设，山地、岗丘、村庄、河渠绿化同步进行，形成四通八达绿色长廊。

市外环高速绿色长廊　（宣传办/供）

2003年，省政府提出建设万里绿色长廊二期工程，绿色长廊向乡村道路延伸，众兴分类型安排树种，大众路、众牌路通道绿化栽植水杉，乡村道路栽植意杨，农田林网栽植意杨、水杉、柳树等；成片经济林栽植枣、柿、油桃、石榴、葡萄等；众兴形成以众牌路、大众路、小钟路（众兴集至店埠）、众霞路、众华路（众兴集至华光）、众水路（众兴集至水库）、滁河干渠路（众兴集至长丰界）等12条主干道为骨架，以村组道路、农田林网绿化为网络，以退耕还林为成片造林的绿化格局。

长江防护林建设　2001年，省林业厅下达肥东县长江防护林建设任务533公顷，每亩补助 80 元，下达封山育林任务 667 公顷。任务安排后，众兴等六乡镇和县林场，开展项目作业设计，2002 年，完成造林任务。

退耕还林　2002 年，乡成立退耕还林工程建设指挥部，落实退耕还林优惠政策，并针对全县劳动力外出务工、荒山荒地逐年增多现状，提出实行树随田走、谁栽谁管谁有，栽树可免农业税等配套政策措施，广泛宣传发动，按照“相对集中、连片治理、按流域推进”和“生态优先、突出重点、注重实效”原则，实施退耕还林，造林 695 公顷，超计划完成 60 多公顷。2003 年，县对众兴乡 2002 年退耕还林予以追加计划，一年造林 650 公顷，相当于前 20 年造林面积总和。

在实施退耕还林过程中，严禁将基本农田纳入退耕还林工程范围，科学确定林种比例，经济林不超过 20%。到 2005 年底，全乡 12 个村，以及林业场圃，退耕还林 1516 公顷，其中退耕地造林 1150 公顷，荒山荒地造林 366 公顷，生态林占林地总面积 99%以上。

1996 年，县政府组织江淮分水岭乡镇前往江苏沭阳县参观考察杨树产业，众兴乡把杨树种植作为植树重点树种。2002 年，实行退耕还林工程时，杨树种植量迅猛增长。2005 年底，全乡杨树面积 1221 公顷，仅次于水稻油菜种植面积，居第三位。2002 年至 2014 年，全乡杨树年均增长 2000 立方米。

第三节　森林保护

一、林区规划及退耕还林发证

1996 年，众兴乡领取县政府印制《加强林木林地管理，切实保护森林资源》布告 100 多份，在各村、机关、学校、车站张贴宣传。各村制定相应护林公约，并在主要交通要道和林区配备专职护林人员。1998 年 4 月，国务院重新修改《中华人民共和国森林法》和《中华人民共和国森林法实施条例》，乡政府利用广播、电视、报刊等新闻媒体进行宣传，乡林业部门摘录有关法律法规编成宣传册和录音带，发给各单位和林区进行宣传，使之家喻户晓，人人皆知。1999 年 5 月县政府下发《林木管护暂行办法》，使全县林木管护工作做到有法可依、有章可循。

众兴乡林区规划分五个部分：一是合肥市外环高速绿化长廊；二是滁河干渠风光绿化带；三是众兴水库涵养林；四是岗垄河埂退耕还林；五是园林公司苗圃、经果林。

2001 年 6 月，按照省、市、县的部署，结合所处的生态区位、区划界定，列入国家森林生态效益补助试点。按照“严格保护、分级管理”原则，由林业主管部门和社会力量共同建设管理。2002 年，县政府对省林业厅验收合格的退耕还林，依法变更地类性质，按照程序申请登记，核发林权证。2005 年，按照县退耕还林“回头看”部署，众兴乡集中开展退耕还林整改和确权发证，用 3 个月时间，完成全乡 1.2 万亩退耕还林林权证核发工作。

二、森林防火

2002年10月，乡政府确定每年11月1日至翌年4月30日为森林防火期，春节至清明节为森林防火紧要期。乡林业部门和各村及园林公司等林区严格执行森林防火值班制和“森林火情报告制”，积极贯彻“预防为主，积极消灭”方针，加强森林防火宣传，每年清明节前后或高温少雨季节以及秋、午两季庄稼收割时节，乡政府结合禁止秸秆焚烧方针，安排宣传车到各村组巡逻检查，利用喇叭、文件、布告、明白纸等形式开展防火宣传，增强群众防火意识。

2008年，众兴乡配备风力灭火机1台。2009—2014年，先后为林区、苗圃配置防火服30套，铁扫把20把，以及防火靴、头盔等。2012年，乡林业站投资5万元，建立乡森林防火物资储备库。同年，成立乡护林防火指挥部，以林区青壮年职工为骨干组建乡森林防火专业队1支；以乡村干部、基干民兵为主设立乡半专业防火队1支，并制定护林防火公约，明确责任，加强防范，提高灭火应急能力。护林防火中，公安派出所、乡村干部都在第一时间赶到现场。每次火情发生后，都能迅速出动，积极参加扑救。至2014年，众兴乡一次大的火灾也没有发生，火情苗头每年有不同程度发生，均因发现及时、处置迅速，未酿成大的林区火灾，造成损失比较轻微。

三、森林病虫害防治

乡林木病虫害见有10多种，以杨树天牛类、大袋蛾、蚜虫等病虫危害较为严重。2012—2014年采取“准确掌握虫情，连续治点保面，通步改善林相”等综合治理措施，主要病虫害没有大面积发生。2005年后，众兴园林公司纷纷成立，从外地引进观赏类新树种，带来新的病虫害，如食叶病虫害、蛀干虫等，经济林类病虫害不断增加。2008年春季起，乡政府每年从省森防总站购进毒签，分别发到各林区毒杀天牛；每年5—6月，利用药罐车对主要道路两侧林带喷药防治，控制局部地区虫害蔓延；每年5—10月，乡林业站配合县森防站组织进行病虫情测报，在病虫发生期，实行每日一测，每周一报，重点地区重点指导。至2014年，众兴乡没有发生一次规模较大的林木病虫害疫情。

第四节　林业技术

一、林业技术推广体系

撤区并乡前，店埠林业站负责众兴的林业技术推广，隶属县林业局。1994年11月，县编委批准众兴乡设立林业员1名。1997年9月，经县政府批准，县林业技术推广中心正式组建成立，隶属县林业局，负责全县的林业技术推广工作。2005年底，众兴乡成立林业站，配备专业技术人员2人，配合县林业技术推广中心负责众兴的林业技术推广工作。2014年，林长制普遍实行，至此，众兴乡的乡、村林业技术推广体系建立，为开展林业技术推广、优良品种引种试验、防治病虫害和提高林业科技含量打下基础。

二、林业技术推广应用

1986年后，县积极依靠林业科技人员，引进优良品种和先进技术，将科研成果和实用技术推广应用到林业生产建设项目中去。1990年，省"五八绿化"实施"146"(14个山区县、6个丘陵县)林业技术开发工程中，原司老村居民把营养钵育苗造林技术运用到造林工程中，使造林成活率提高。1991年，众兴居民又推广容器育苗，为全县消灭荒山提供优质苗木1万多株，运用全光照喷雾扦插技术育苗1万多株，解决一部分树种扦插育苗成活率低的难题。

1997年，县、乡林业技术推广中心体系建立后，从外地引进中林系列杨树新品种中林10号、中林46号、南抗、中驻和107号杨树等用材树种。因杨树移栽后易失水，造林成活率低，造林中推广栽前浸泡技术，提高苗木含水量，增强苗木抗失水分能力。另外栽植杨树时，推广"三大一深"(大苗、大水、大穴，深栽)，成活率有效地提高到95%以上。

三、林业成果

嫁接技术　将一种植物的枝条或芽(通称接穗)等营养器官通过手术接到另一株(通称砧木)植物上，这种操作方法就叫做植物嫁接。众兴乡居民培育树苗、栽植经果林的传统由来已久，远近有名。居民广泛采集树种、引进优良树苗，还自创了一套嫁接技术。如霜期采集冬青树种育苗，用冬青树苗可嫁接桂花树；糖榴树种育苗后嫁接梨树；毛桃树种育成苗后可嫁接白桃、红桃等桃树；柘刺树种育苗后嫁接橘子树等。此技术在树农中广泛应用。

嫁接能保存住花卉或果树优良品种的经济性状；砧木生长适应性强，接后能使优良花木提前开花结果，并增强抗涝、抗寒等能力；选择矮化木类嫁接可使盆栽苹果、梨、樱桃等果树矮化，结果早，果实大，品质好；用嫁接法可以植皮修补病虫害或机械损伤的珍贵苗木。花卉嫁接方法有常有切接、靠接、劈接、芽片接、套皮接等。

第五节　林政管理

一、采运管理

乡林业员根据县林业局林政科和森林派出所的指导，严格控制林木的采伐指标，切实加强木材运输管理。凡采伐者都必须按许可证核定数额、地点采伐，木材运输须开具检疫证和木材运输证，且货证同行，木材经营加工必须办理经营加工许可证，在指定地点进行。对不按规定乱采滥伐，违法经营运输、木材加工者一经发现立即上报，并及时制止，给予处罚。林业局林政科和林业派出所联合执法，严厉打击乱采滥伐、违法经营运输、木材运输加工行为。采伐运输规范有序。

二、林政执法

1988年后，县乡林业执法队伍逐渐形成，众兴派出所和县林业派出所依据国家林业法律、法规，依法查处各类森林案件。1994—1996年，针对林地管理中存在的问题。重点监督林木凭证采伐，开展占用林地葬坟、建房和占用林地乱采土石等专项治理。

1997年10月，县政府下发《关于进一步加强森林资源保护管理的通知》，众兴乡规定道路两侧建房不得毁坏和占用林地，严禁林地建房。

2003—2005年，乡政府配合县政府连续开展"林涛一号""林涛二号"林涛三号"专项行动。截至2014年，受理森林治安案件2件，乱砍滥伐案件2件，毁林案件12件，捕猎野生动物案件3件，非法占用林地6件，处罚当事人26人，挽回直接经济损失3万余元，没收放生青蛙、蛇类、蟾蜍等野生动物1000多只(条)。

2000—2014年，全乡办理林地征用占用、林木采伐、植物及植物产品检疫、木材运输、种子生产和经营、野生动物驯养繁殖和经营、林权登记变更等涉林行政审批事项39件。

第六节　林场　苗圃

一、林场

众兴乡原司老村有个林场，后因品种单一，经营不善而自行消失。

至2014年，有安徽香榭里园林景观工程有限公司、安徽鼎和瑞海现代农业科技有限公司、合肥君茂现代农业科技有限公司、合肥晨坤生态旅游开发公司等大小26家园林企业，面积共计2万余亩，占农户承包面积的58.8%，全乡一半以上的土地种植苗木花卉，众兴乡获"安徽省森林城镇""合肥市2014年度植树造林20佳乡镇"称号。

安徽香榭里园林景观工程有限公司成立于2010年7月，注册资金200万元，坐落在霞光村，基地面积1000多亩。水塘40余亩，沟渠50多亩，主要品种为茶花、高杆桂花、红枫、樱花、紫薇、海棠、香樟、广玉兰、红头石楠、红花继木、月季、金银花、杜娟等十几个品种，其中红花紫薇、单杆桂花是从四川成都青春园林公司引进的，茶花是从四川宜宾高县引入的。

公司有职工40名，其中高工2名，中层管理技术人员6名，技术工人30名。公司以人为本，实行人性化岗位管理和绩效管理相结合的管理模式，最大限度地调动了员工的积极性。公司还聘请安徽农业大学知名专家、教授为技术指导，并成为大学生实习、培训基地。

公司探索集种植、养殖、销售、生态休闲于一体的城乡经济模式，实现农业增效、农民增收、农村增绿的发展道路。

二、果树生产

二十世纪六七十年代，众兴地区的华光、司老、范岗等村农户在房前屋后种植柿子树，冬天施基肥，春天喷药，三年后挂枝结果。树越长越大，柿子越结越多。初秋时分，未成熟的柿子就像青草果似的缀满树丫，缀弯枝头，农户间隙采摘一部分（减轻枝丫下沉的负担），有的农户还出村去收买别人家的青柿，运回家用适度温水浸烫一下（去除涩味），再泡几个钟头，柿子便可口爽甜。深秋，柿子由黄变红，就像红灯笼挂满了枝头。

摘下来红柿放在箩筐里，一层稻草一层柿，不两天就透熟了，赶集出售。手一捏，软乎乎的，爱不释手，吃柿子拣软的捏；嘴一咬，绵绵可口，又香又甜，有吃了还想吃的感觉，余味无穷。未吃到的会让你馋涎欲滴。有的在树上自然成熟，引得鸟雀来叨吃。

丁香树嫁接成柿树，毛桃树嫁接成白桃、红桃树，糖榴树嫁接成梨树，枸杞树嫁接成橘子树……这都是众兴人的创举，本是件好事，可在那个阶级斗争年代，不仅受压制，还因此挨过批斗。

改革开放后，林业大发展，党和政府大力提倡，大力支持，果木生产已经迈上快车道。普遍造林绿化，大兴果木。谢岗村就有枣树500棵，90亩地，全是贡枣；梨树160亩地；桑树60亩地；吊瓜100亩地。其他诸如黄桃、水蜜桃、苹果、李子、杏树等遍布村庄。

木材经营　改革开放后，众兴才有木材经营，经营范围不大，种类不多。一般是房屋桁条，专供厨房、厕所、猪舍等小屋用。2014年，住户大房全都是楼房，连窗子也是塑钢制品，房里家具电器产品等，即使有木制品也是三合板做的。

众兴木材经营始终处于低潮，有需要的大多去梁园竹木市场购买。2000年后，农村需要量日渐其少，反之，砍伐少，有利于木材的成长与积累。

三、苗圃

众兴乡加快林业发展，促进农民增收，改善人居环境。林业是基础产业，众兴乡林业生产有一定的历史，退耕还林地面积近7000亩，有一定规模的高档苗木花卉基地13个，其他各种苗木3000多亩，可以说林业已经成为众兴的一项基础产业。

育苗基地　众兴苗木花卉基地的形成已有近百年的历史，育苗经验丰富。基地加农户种植面积12000余亩，主要产品有各种规格的绿化乔木，兼有各种环境树木及各种花卉。产品远销北京、天津、山东、河北、山西、内蒙古、新疆、河南、陕西、四川等省、市自治区、直辖市。

至2014年，众兴育苗基地有云森公司、景创公司、鼎和现代农业示范园（已获合肥市批准）、香榭里公司、福森公司、同创公司、众联枣业、金莱蔬果、木枫园林、南溪生态园、帝茂园林、旭升公司、云森分公司、晨坤农业示范园（获“合肥市特色农业示范园”称号）、泰自达公司、君茂公司。

花卉生产及主营产品

乔木类　国槐、白蜡、火炬、法国梧桐、龙爪槐、千头椿、合欢、栾树、金叶槐、刺槐、红花槐、香花槐、嫁接毛槐、黄金槐、紫芯槐 、泡桐、臭椿、速生柳、金丝柳、嫁接金丝柳、馒头柳、黄皮柳、旱柳、速生杨、垂柳、银中杨、毛白杨、榆树、五角枫、杜仲、银杏、榆树、金叶榆、构树、柿子树、苹果树、桃树、梨树、葡萄树、山楂树等。

灌木类　紫叶李、榆叶梅、碧桃、西府海棠、紫薇、樱花、红宝石(红黄白)玉兰、迎春、金银木、马莲、红玫瑰、红栌、丁香、龙桑、黄玫瑰、红瑞木、紫叶矮樱、黄栌、花石榴、果石榴、金山(金焰)、锈线菊、红王子锦带、连翘、女贞、萱草、青桐几十种。

常青类　大叶黄杨、小叶黄杨、女贞、连翘、丁香、卫矛、木槿、金银木、黄刺梅、北京桧、河南桧、蜀桧、西安桧及雪松、油松、沙地柏、白皮松、华山松、云杉、水蜡等30多种。

附:《肥东报》登载文章

众兴乡地处省会合肥和县城店埠的近郊,众兴水库之畔,是远近闻名的"苗木之乡"。为实施安徽省"千万亩森林增长工程",落实合肥市创建国家森林城市各项任务,众兴乡党委政府高度重视,成立组织及早谋划,多措并举,造林绿化工作全面展开。

众兴乡计划植树5000余亩。为了保护肥东的"大水缸"——众兴水库,该乡把造林重点放在众兴水库水源涵养林上,总面积达4300余亩,分布在华光、范岗、谢岗、霞光等村,四旁绿化造林点全部落实到位,折合面积600余亩。众兴乡坚持"走出去,引进来"的思路,把林业招商作为造林绿化工作的重要抓手,截至2014年,全乡共有林业企业九家,今年新引进企业五家,计划造林4000亩,其中已完成瑶海建安园林公司1000多亩土地流转供地,整地打凼正热火朝天进行中,其他造林供地正在丈量登记,尽早交付企业。四旁造林绿化工作也已全面展开。确保春节前全面完成造林整地和30%以上的植树任务,为明年植树节栽植到位打下坚实基础。

专记

建设"生态众兴、花样众兴"特色乡镇

——改革开放以来众兴经济社会发展综述

众兴乡毗邻县城店埠镇、与合肥市新站区无缝对接,是众兴水库的水源地。众兴水库是县城乃至合肥市部分地区的"大水缸",店埠河、淠史杭灌区滁河干渠如两串翡翠项链蜿蜒盘旋于乡境内。众兴乡获"安徽省森林乡镇、合肥市造林绿化20佳乡镇、合肥市综合发展十块乡镇、合肥市科学先进乡镇"等荣誉称号。2018年全乡森林覆盖率达50%以上,位居全县第一。

2011年1月,乡制定《众兴乡国民经济和社会发展第十二个五年规划纲要》,紧紧围绕"四个全面"战略布局和县同步率先建成小康社会目标。坚持"生态立乡、文化兴乡、工业强乡、城乡融合"的战略,以调结构转方式促升级为主线,全面推进农业现代化和新型城镇化、工业化,着力实施森林增长工程,打造环境优美的生态宜居地,把众兴建成省城"后花园"的生态特色乡镇。

众兴乡属于传统苗木花卉之乡,新一届党委政府把发展林业作为建设美丽乡村的重要措施。坚定"绿水青山就是金山银山"的发展理念,明确建设特色乡镇的总目标:"生态宜居村庄美、文明和谐乡风美"。大地只有披上绿装才有美的基础,美不美关键要看绿和水,

山清才能水秀，林茂才能物丰，建设特色明星镇绿色是根本。

2014年2月，乡适时提出实施“五把工程”。统一部署、统一规划、重点突出，培育森林资源，提高森林覆盖率，促进众兴经济社会全面发展。

一、把森林增长工程同乡村道路畅通工作结合起来

2016年起，农村道路畅通工作纳入33项民生工程以来，乡制定《关于进一步推进美丽乡村提档升级的实施意见》，加快推进全乡农村道路及村庄绿化美化工作。以农业增效、农民增收、农村增绿为总目标。注重人与自然和谐发展，坚持科学规划、因地制宜、生态优先原则，按照彩色化、珍贵化、效益化要求，全域化推进农村道路绿化提档升级，推动绿化资源量质齐升，立足5年内可形成林荫大道的标准。开展行道树规划建设，选择适生树种，通过近3年的努力，完成了全乡40千米畅通安全、干净整洁、绿树成荫、季相分明的乡村林荫通道工程。具体工作如下：

1.突出重点 统筹推进

2014年投入200万元，采用杨树、栾树、榉树、落羽杉、无患子、马褂木、合欢等适生树种，着力打造滁河干渠沿岸50米内高规格风景林绿化。按照“补齐断档、连接成片、整体植绿”的原则进行整体提档升级。2017年投资300多万元，按照“一路一景、四季绿色长青”的思路，坚持“乔灌结合、用材林和经济林、观赏林与乔木树相结合”的原则，改善道路绿化结构。完成了石三路以香樟、元店路以栾树、众牌路以水杉为亮点的主干道路绿化工作。鼓励村民和林业大户在道路两侧发展经果林和绿化苗木，做到大地增绿、农民增收。建设成生态景观与经济效益兼顾的绿色长廊。

2.加强管护 注重长效

落实管护责任，实行林长制，强化考评督察。按路段配备养护人员16名，实行定人员、定职责、定路段、挂牌公示、明确管护包保职责。把道路绿化管护工作纳入常态化，确保树栽得下、种得活、长得好，及时做好绿化植株的除草、浇水、施肥，坚持道路绿化水平年年都有新提高，乡村面貌年年都有新变化。通过近3年来的努力，全乡近40千米纵横交错、错落有致的林荫体系已形成，路景相融的道路畅通生态绿化工程已成为众兴的亮点。

二、把森林增长工程同推进现代农业结合起来

依托“众兴合肥市现代农业示范区”，拓展农业功能，优化产业结构。发展以休闲观光、养老、育儿、农家乐、休闲度假为主题的服务业。培育一批具有自主产权的品牌产品，以龙头企业、专业合

马尚生态园 （康琛/摄）

作社、专业协会、家庭农场等经营主体为主导，建成各具特色的“一村一品”。华光社区依托众兴水库水源涵养林、市非物质文化遗产马政寺、云森公司、景创公司、鼎和现代农业示范园（已获合肥市批准）打造旅游观光民俗文化体验产业；范岗村是县苗木花卉传统基地，依托保强公司、景创公司、鼎和现代农业示范园、云森公司打造苗木花卉精品产业；霞光村以香榭里公司、福森公司、同创公司、357路公交站、小(2)型水库金大坝为依托，打造乡村旅游休闲产业；谢岗村以众联枣业、金涞蔬果、帝茂园林为依托，打造经果林产业；花灯社区依托工业聚集区、农贸市场、旭升公司、云森分公司、花灯大街、众兴中学、乡中心学校打造商贸物流教育产业园；大高村依托晨坤农业示范园（获合肥市特色农业示范园称号）、泰自达公司、君茂公司打造乡村休闲旅游产业；永安村依托传统集镇永安集、饭米粒公司、驰天公司、广胜管业、县352公交站打造商贸物流园服务产业；联合村依托众兴水库下游、天勤家庭农场打造优质高产无公害粮油产业；众兴村依托众兴集、金涞蔬果打造集贸物流服务产业。2014年申报的华光、霞光、大高三村居“一村一品”现代农业已获合肥市政府批准认证。

安徽木风园林　（康琛/摄）

谢岗村众联采摘轩园　（康琛/摄）

众联枣园　（康琛/摄）

三、把森林增长工程同碧水蓝天工作结合起来

1.按照生态立乡的工作思路规划水库水源保护区和建设标准，设置标志牌和界桩。水源一级保护区禁养止耕，禁止花卉种植、恢复生态湿地；二级保护区实施农改林，禁止规模化蔬菜种植，适度发展有机农业；三级保护区压缩耕地面积，调整种植结构，发展经果林和水源涵养林。

2.乡成立众兴水库水源涵养林增长工作领导组，下设土地流转服务中心。制定水源涵养林目标责任制，纳入部门年终考核的主要内容。乡水务、林业、农业、国土、市容、供水等部门各司其职，相关村与政府签订责任书，问责奖惩分明，做到事事有人抓、事事有落实。2017年新增造林企业2家，新造林地1500亩。至2018年造林企业总数达18家，水源涵养林栽植总面积达24000亩；栽植杨树、柳树、香樟等苗木达236万株；完成围塘养鱼退养14处，计826亩，恢复生态湿地2800亩；拆除入库河流沿岸大棚672亩，拆除辖区内养殖场15处，计1127平方米；每年实施冬季休耕2000亩、种植绿肥1600亩，发展有机农业1800亩。

水源保护区 （康琛/摄）

3.做好水资源保护区居民人口转移工作。结合华光社区新农村建设和花灯大街建设，实施人口转移工程，有计划引导和鼓励水源区居民向外迁移，向城镇集中。通过华光社区新农村建设整体搬迁2200多人，实施奖补办法向集镇集中300多人。

4.拓宽融资渠道，调整财政支出结构，增加对水源涵养林建设的支持。围绕水源区“生态修复、生态治理、生态保护”三道防线的构筑，以植树造林、退耕退养还林、农改林为抓手，恢复水源区森林植被，稳步提升森林覆盖率，加强水源区涵养林生态隔离带的建设与保护。

至2018年，24000亩生机盎然的水库涵养林生态基地已建成。充分发挥其水土保持、滞洪蓄洪、调节水源、改善水质、调节气候、保护野生动物的综合性生态功能。并通过森林游憩和增加就近就业发挥其经济和社会效益。

四、把森林增长工程同美丽乡村建设结合起来

良好的新农村环境是“村容整洁、乡风文明”的具体要求，是“生产发展、生活宽裕”的具体体现。按照“创绿色家园、建富裕新村”的主题要求，结合“三线三边”“三大革命”，以森林村庄创建与美好乡村示范村建设为载体，全面提升大环境绿化水平。自2014年起，开展“百户栽百树”活动，即每年有100户以上、每户栽植不少于100棵树木。重点从乡村道路、渠系、房前屋后、荒滩古埂、闲置土地五个方面植绿布景，促进森林增长，逐步实现全乡“村庄园林化”“道路林荫化”“农田林网化”“庭院花园化”“岗坡林果化”的目标。

永安社区南溪生态园 （康琛/摄）

在村庄绿化建设过程中，实行村务公开、村事民定，把村民组织到参与规划建设、管理和监督中来。按照“三不两保留”原则，“不推山、不填塘、不砍树，保留传统民俗风情和田园风光”，做到绿化、河道、池塘、房屋和谐自然。鼓励村民在房前屋后建“小花园”“小菜园”“小果园”等庭院经济。推行林木拍卖、产权到人，明确投资主体及收益，让村民在绿化建设中发挥主导作用。采取以奖代补办法和扶贫工作相结合给村民苗木供应支持。林权属土地承包者所有，所有者按规定采伐、移植及采摘林产品，并及时给予补植，费用自理。村组道路绿化及管护由各村负责，渠系绿化及管护由乡水务部门统一负责，林木采伐须按规定严格执行。制定绿化管理制度和包含村民植绿护绿内容的村规民约并张贴到户。安排林业部门专人指导苗木栽植后期管护，提高苗木存活率。

大高君茂农业公司　（康琛/摄）

至 2018 年，大高村窦小郢自然村、花灯社区李园自然村、永安集、众兴集、华光社区新农村完成了绿化美化。花灯社区、永安村美好乡村建设示范村已圆满完成，实现了城乡绿化一体化，达到了让森林进村、入户、绕路、依水、环田的目标。

五、把森林增长工程同旅游服务业结合起来

依托合肥大都市近郊的区位优势，以服务百万市民为目标。按 AAAA 级景区标准打造乡村旅游业，重点规划“一片两带一圈”的旅游布局，镶绿添景，植绿造景，挖掘“一寺一水一生态，花美果美人文美”的旅游资源。即着力打造以众兴水库水源涵养林为核心的市级现代农业示范区发展生态观光业；以滁河干渠风光绿化带和环城合六叶高速公路绿色长廊发展生态休闲观光业；以市非物质文化遗产马政寺、淮军文化、乡贤馆、生态示范村为旅游圈发展民俗旅游、人文旅游、农家乐旅游。按市场化思路、产业化办法狠抓招商兴林工作，引进行业龙头企业投资经营，鼓励企业和造林大户租地造林，农民以土地使用权入股，坚持政府引导、立足乡情、突出特色，大力实施森林增长工程。

2016 年，投资 300 万元建成的樱花园、紫薇园、广玉兰园镶嵌在滁河干渠沿岸；众联枣园、众联桑葚园、宏珍桃园 3 个无公害采摘园已对游人开放；1 万多平方米的马政寺旅游生态广场已落成，栽植香樟、广玉兰、石榴、果梨等苗木果树近 2 万株；库固生态隔离带栽植各类苗木 6 万株；结合扶贫工作，乡采取统一提供苗木和技术管理，帮助贫困户集中成片规

永安社区饭米粒农庄　（康琛/摄）

模发展家庭农场 2 户、经果林场 6 家、采摘园 12 家、农家乐 8 家。马政寺是为祭祀朱元璋之妻马政娘娘放粮赈灾而建，数排朱红庙宇，气势恢宏，是合肥地区单体面积最大的寺庙，合肥市首批非物质文化遗产。一年一度的“三月三文化旅游庙会”祭祀参观者多达 20 万人。

2018 年 2 月 10 日，乡第十二届党代表大会第三次会议上，党委工作报告提出众兴乡村振兴总思路。坚持“良好生态环境是最普惠的民生福祉和山水田林湖是生命共同体”的理念，要求党员干部担起生态文明建设的政治责任，人人尽责、人人享有。一件事情接着一件事情办，一年接着一年干，众志成城谱写花样众兴新篇章。

（此文刊登于《肥东改革开放四十年》专刊 刘斌撰稿）

第七节 畜牧水产

一、畜禽养殖

众兴畜禽品种繁多，传统的有猪、牛、羊、鸡、鸭、鹅、鸽等。20 世纪 50—70 年代，强调以猪为首，养猪业发展较快。1972 年，众兴人民公社生猪饲养量达 3.3 万头，平均每户 4.8 头。中共十一届三中全会后，饲养业迅速发展，兴起养猪热、养鸭热、养鸡热，涌现一批养殖专业户。1986 年，全乡养殖专业户有 828 户。同年，鸡、鸭、鹅的饲养量达 8.05 万只，鸭、鹅毛上市量达 36 吨。2000 年，全乡肉禽饲养量达 298.8 万只，上市量达 297 吨；鲜蛋上市量达 426 吨。

家畜饲养

乡内家畜种类主要有猪、牛、羊、狗等。

养猪 众兴地区居民饲养肥猪有悠久的历史。

中华人民共和国成立前，贫者缺资本，富者怕脏累，唯中等农户养猪者居多，年圈养两三头不等，居民大多一年吃不到几次肉。

1960 年前后，生活物资匮乏，众兴地区少有农户养猪。

1970 年后，农户饲养猪发展很快，几乎家家户户饲养猪。

1980 年实行责任田后，养猪达到顶峰，时广泛流传“猪多肥多粮食多”。

1990 年后，由于化肥、磷肥放开经营，畜肥用量越来越少，粮食价格提升，外出打工人数增多，家庭养猪经济效益开始下滑，养猪户逐年减少。

2000 年后，众兴地区生猪饲养基本上由养猪专业户承担，规模也越来越大，小的养猪场年出栏达几百头，大的养猪场年出栏达 3000 头以上。且养猪场自备母猪，做到生猪自供；自办加工厂，饲料自配；饲养人员既是饲养员又是防疫员，还是接生员。

至 2014 年，众兴地区家庭养猪户基本消失。

改革开放前，以圈养为主，早晚由老人或小孩把猪赶到闲置的花生田、山芋田、塘埂等空旷地带散放。

1980年责任田推行后,逐步发展为完全圈养。

在养猪场出现前,家庭养猪户时期,没有防疫措施,只是在猪生病了才请兽医上门医治,猪一旦生病,死亡率较高。直到养猪场产业出现后,防疫措施逐步普及。至2014年,每个养猪场对每头猪都采取防疫措施。

1990年前,众兴农户习惯购苗猪育肥,俗称养肉猪。农户大多饲养本地猪(俗称土猪),苗猪由农户自行从肥东县梁园、富旺、广兴等产猪仔地集镇购买。养母猪者各村仅有2~3户。

本地猪分黑、白、花(黑白相间)三种颜色,以黑色为多。本地猪体型小,生长慢,饲养七八个月,重100千克左右,少数也能长成近200千克,一年长成125千克以上才出栏。以山芋、稻米、玉米、糠麸、碎山芋叶或花生秧混合喂养,生长期长。

1991年后,开始推广"长白山""杜洛克""大约克"等国内国外猪种,体型大,6个月长成125千克左右即可出栏。以配置混合专业猪饲料为主,生长期较短。

自1996年后,县实施畜牧进位工程和牧业富民工程,调整畜牧业产业结构,推广生猪品种改良,发展瘦肉型杂交猪。

1950年前,众兴地区生猪圈存量400头左右。

1950年后,人民政府号召和扶持农家户户养猪。1956年后,农村养猪列为副业之首,肉猪实行统购。为自主解决苗猪紧缺问题,各高级农业生产合作社相继兴建集体养猪场,饲养母猪育苗。

1958年秋,强调集体养猪(俗称小猪厂),私人户养猪"平调归公"。众兴、永安公社均办养猪场,因脱离实际,盲目蛮干,最高圈存量仅为300余头,效益差,未满2年即停办。其间,各养猪场也都存在棚舍拥挤、饲料不济、母猪产仔少、肉猪不长膘、死亡率高等问题。集体养猪业面临困境。

1961年起,调整养猪政策,推行"公私并举,两条腿走路"的方针,退还平调社员的生猪,农家养猪业得以恢复发展。国家对社员出售肉猪实行以每头出肉35千克为上市合格标准,超重部分给予奖励,发给饲料、猪肉、百货等优惠供应券,以调动农户养猪的积极性、促进生猪生产的发展。

中共十一届三中全会后,国家对养猪政策进行调整,集体养猪场推行承包责任制,同时鼓励发展农村专业户规模化养猪。1980年后,养猪由农户自主安排,管理部门负责生猪的治病防治和猪肉市场安全。

养牛　历史传统,众兴养牛纯粹是为了耕田、运输、拉磨等劳役使用。品种单一,为力大耐劳的水牛,毛色多棕黑。母牛性情和善,公牛体形略大,阉割前性情暴躁,偶有摔跤顶撞伤人,俗称碰膙牛,当发育成熟后均实行阉割,作为耕牛使用。黄牛少见,不适应本地耕田。2000年后才有奶牛场饲养奶牛。

1950年前,1头成年牛价值大米750千克,地主和富农才有条件饲养,贫农户养牛可望而不可即，长期存在以人力代替牛力的现象。

1950年后，人民政府对耕牛实行鼓励养殖和保护措施。农业合作化时期，耕牛被列为主要农业生产资料之一，初级社时实行私有租用，付给租金以充分发挥耕牛的作用；高级社时实行作价归公，由集体饲养并统一使用，分期付还折价款。每年还由供销合作社、兽医站等举办耕牛交流会，调节畜力余缺。

中华人民共和国成立初期，耕牛饲养量200多头。20世纪60年代，增加到500多头。

1980—1990年，责任田到户，牛饲养量发展迅速，平均每2户共养一头牛，条件好的农户一家饲养一头牛。1990年起，农业机械化与电力灌溉事业发展，耕畜的使用范围逐渐减少。2000年后，耕牛饲养量锐减。至2014年，耕牛不再有人饲养，只有年纪大的老人养牛宰杀出售，以增加经济收入。

夏季有老人或小孩牵着到荒埂阔地吃青草，不喂食。冬季喂养稻草、花生秧、山芋秧，间歇喂养黄豆、豆腐渣、稻谷等农作物食品，膘肥力壮，来年好耕田。

养羊　众兴地区养羊历史悠久。品种多山羊，还有粗毛绵羊（俗称火尾巴湖羊），但饲养者较少。

中华人民共和国成立前，田边岸旁草源丰盛，当春草萌发时，农民出工随手牵羊。羊绳一端缚有尺许小木桩，往草丛中插之，俗称缆羊。羔羊饲养10个月左右，近50千克。农家自繁自养，成本低，少量自宰自食。

中华人民共和国成立后，人民政府支持养羊，以发展家庭副业。由于荒地垦殖，饲草减少，缆羊无处，山羊饲养量甚少。

1980年后，有少数农户自养1～2头、自食，少有买卖。进入20世纪90年代，饲养量有所增长，除了年关宰杀自用，少量出售，增加经济收入。

1990年后，羊肉为人们喜爱的肉食品，羊肉火锅是畅销美食，众兴经营熟羊肉的个体商贩较多，众兴饲养的羊不足供应，需从合肥市、肥东等农贸市场购入。

2000年后，随着生活水平提高，羊肉作为肉类仅次于牛肉，每至年关，有商贩从外地调来宰售羊肉。

至2014年，众兴各村委会均有1～2户养羊专业户，每户年养羊300头左右。

“山羊能吃百样草”。对各种牧草、灌木枝叶、作物秸秆、菜叶、果皮、藤蔓、农副产品等均可采食。山羊单吃草长得慢，要想山羊长得快，需要合理搭配饲料。饲料配方为玉米、麸皮、豆粕、豆饼、磷酸三钙、食盐、添加剂等混合饲料。

马、骡、驴饲养　主要用于拉车、驮运。中华人民共和国成立前，有地主家饲养马，用作交通工具，据说，以前众兴有一条专供黄姓地主的跑马道，贯穿霞光、谢岗、花灯等村。

1950年后，众兴地区马、骡的饲养相继消失。养驴成为众兴地区人们用来拉平板车的唯一牲畜。农业合作化时期，个体运输业受到干扰，饲养量骤减。1980年起，农村发展多种经营，个体运输业蓬勃兴起，驴饲养量回升，专用于短途运输，众兴运输队穿梭于合肥市大街小巷。

驴是草食动物,青饲料为食,偶尔吃些粉饲料。其食草尤以干、硬、脆的农作物秸秆为佳。例如玉米、谷子、黍子、豆蔓、芙蔓等质地较硬的秸秆,用铡草机切成3~4厘米长的段(最忌喂半干不湿、折之不断的饲草。因为此类饲草最易让驴闹“结”症)。同时再辅以黄豆、玉米、炒棉籽等精料或小麦麸皮等,但都是喂养,牵至野外放养者少。

家禽饲养

养鸡　家禽中,鸡最好饲养,而且初出壳的雏鸡就会自己找食物,鸡的饲养在古代就已经相当普遍,自古南北各地都适宜养鸡。鸡蛋一直是农家的最佳营养品。

中华人民共和国成立后,家庭养鸡业延续不衰。实行粮食统购统销和贯彻“以粮为纲”方针后,对放养鸡鸭造成啄食粮食的现象,各生产队都自立限养措施,有以户限饲养一两只的,有对啄食集体庄稼造成损失进行赔偿的,甚至少数生产队用毒饵药杀的,但禁绝的生产队很少。

1965—1975年,众兴、永安公社先后建有鸡场,发展集体养鸡。

20世纪70年代起,提倡每户圈养两三只,但超养户较多。

20世纪80年代,在改革开放政策的推动下,家庭式散养户养鸡鸭不断增长,村村鸭鹅叫,户户有鸡窝,每户饲养一二十只不等。当时物资缺乏,营养品稀缺,鸡蛋基本用来换零用钱,补贴家用。自己养的家禽就是过节或是招待客人的。贩鸡蛋者终年不绝,入冬起最盛,穿乡叫卖日有所闻,日走乡间,晨奔于市,相当活跃。

不占家庭主要劳动力时间来经营,晨起放养喂把粮食,傍晚上笼喂把粮食,白天逐草虫与房前屋后,远至田野。

1990年起,众兴原金王村有10多户尝试大棚养鸡,集约化养殖。由于受品种、疫病防控条件、管理能力、技术水平和资金问题等条件限制,大规模养殖场发展受到制约。

至2014年,科技日新月异,众兴养鸡向着产业化方向发展,散户养鸡渐少。专业养鸡场的技术水平形成一个完善的系统,包括良种繁育体系、饲料工业体系、疫病防治体系、禽舍设备供应体系、生产经营管理体系、产品处理加工销售体系。市场鸡肉、禽蛋基本有专业养殖场供应。农户自养鸡(土鸡)也实行关养,由于营养、口感、质量高于养殖场,基本用于自宰自食,少有出售。

鸭、鹅、雉饲养　众兴农家历来有养鸭鹅雉的习俗,众兴养鸭鹅雉历来为家庭私养。但历来饲养量较少,每户三五只,与鸡同舍,因这三类家禽喜戏水,较鸡野性大,不宜多养,多数产蛋肉自食。

鸭子的食物很广,鸭子既可以吃谷物类的东西,也可以吃一些昆虫,而且鸭子非常喜欢吃一些小鱼小虾,也吃蚯蚓,厕蛆更是鸭子的美食。我们可以根据不同时期的鸭子,喂养给它不同的食物。雏鸭时期可以喂食大米饭,待到稍大一些后就可以喂一些五谷杂粮了。

鹅品种系草鹅,分为白鹅、花鹅两种。因鹅主食青草、蔬菜等,辅食一些粮食,故饲养成本低。养者以食肉为主、少数饲养一些蛋鹅,一般家养一两只,多则八九只。因鹅比鸭产蛋率低,故养鹅者比养鸭者少。

雉的食物与鸭相似，饲养方式与鸡相同，家庭养殖数量一般仅几只，肉质比不上鸡鹅鸭，一直以来都是自养自食，少有出售，丰富了农家禽肉味美。

2000 年以后，众兴家庭饲养鹅、鸭、雉渐少。反之，专业鸭鹅养殖场逐渐增多，市场专业门市也越来越多。至 2014 年，居民家禽肉蛋需求大多从市场购买，家庭户散养的禽蛋肉成为紧俏商品，市场上很难买到所谓的“土”家禽肉蛋了。

二、特种养殖

乡内家庭特种养殖种类有肉鸽、鹌鹑等。

2000—2010 年，众兴乡先后有肉鸽零星养殖，未形成规模。

鹌鹑体型小，酷似小鸡，头小尾秃，周身的羽毛上都有白色羽干纹，成熟早、繁殖力强，产蛋率高，饲养 45 ~ 50 天开始产蛋，年产蛋量 260 ~ 280 枚，蛋重 11 克左右。一年可繁殖 3 ~ 4 次，成年鹌鹑重 120 克左右，其肉味道鲜美、营养丰富、脂肪较少，食不腻人。2006 年，专业户开始饲养，后因蛋肉销路不畅而未能得到发展。2011 年和 2014 年，全乡鹌鹑、肉鸽养殖量分别为 500 只、18000 只。

三、水 产

乡境内共有河流面积 4780 亩，为发展养殖业创造有利条件。

众兴位于水库中下游，河网密布，野生水产资源丰富，农民从事捕鱼历史悠久。

中华人民共和国成立前，农民利用塘坝，有的单一投放家鱼，有的投放鲤鱼、青鱼，品种少，塘坝不投放鱼食，基本上属于自生自灭，由于管理不善，一般得益甚少，仅供逢年过节时食用，很少出售。

1956 年，塘坝归集体所有，但在管理方法上没有改进，故鱼产量仍不高。

家庭联产承包制度实行后，养鱼户也开始承包，承包户改变原来养鱼的老框框，实行科学养鱼，在同一条塘坝里，按比例投放白鱼、青鱼、鲤鱼、鳊鱼等，采取上、中、下多层养鱼法，按其需要定时定量下食，并做好水的消毒和防病治病工作。鱼产量大幅提高，集市也出现了渔产市场。

其他水产：除家鱼外有黑鱼、鲫鱼、鳑鲏鱼、肉鲥鱼、鲇鱼等野生鱼，其他还有黄鳝、泥鳅、鳖、龟、蚌、螺丝、虾、蟹等水产品种。农民利用空余时间采取多种办法捕捉，有些农民在自食有余的情况下，去集贸市场出售。1980 年众兴开始有龙虾出现。1980 年，龙虾越来越多，有水的地方就有龙虾，随着龙虾数量的增多，河蟹却越来越少。

水产资源　众兴俗语：“水过百日自生鱼”，1990 年以前，除草剂等农药还未普遍使用，各种鱼类可谓随处可见，几乎只要有水的地方，就会看到它们的身影，每逢夏季阴雨连绵，河水暴涨之际，鱼儿就会逆流而上。大伙拿着各种捕鱼工具，往往都能满载而归。

2000 年后，塘坝等水面养殖逐渐发展为专业养殖场或由私人承包。也有挖塘拦坝的，众兴水产养殖水面随之扩大。

众兴可养水产水面4780亩。其中池塘坝水面1380亩,众兴水库1680亩,店埠河、永安河等河沟水面520亩,机械开挖水面1200亩。

众兴地区常见鱼类:

鲫鱼　鲫鱼个头小,身体为扁平。鲫鱼肉质很嫩,味道也不错,鲫鱼熬汤是一道传统的催奶食物,用来给产妇补养身体。鲫鱼肉中富含丰富的微量元素和矿物质,物美价廉,是餐桌上的一道美食。

鲤鱼　又叫鲤子、鲤拐子,产于亚洲,是淡水鱼类中品种最多、分布最广、养殖历史最悠久的鱼类之一。经典的做菜有糖醋鲤鱼。

鲇鱼　又叫鲶鱼、塘虱鱼,最大的特点就是周身无鳞,身体表面有非常多的黏液,头扁口宽,为肉食性鱼类,夜出活动,以小鱼、小虾、水生昆虫等为食,在脏水环境中生长会更好。

草鱼　草鱼属于众兴地区“四大家鱼”之一,个头大,最大的有1.5米那么长,分布于各大水系,肉味美,鱼胆有毒。草鱼适合用来清蒸、红烧,炸鱼块。

鲢鱼　鲢鱼是四大家鱼里体型非常大的一种,它和草鱼青鱼不同,整个体型呈现明显的纺锤形。鲢鱼有一个明显的特征,就是它的眼睛比嘴巴还要低。经典做法:豆豉蒸鱼。

鳙鱼　鳙鱼又叫花鲢、胖头鱼、大头鱼,和鲢鱼是长得非常像,外观的区别在于头更大,身上有黑灰色的花斑,故而又得名黑鲢,花鲢。鳙鱼全在鱼头,大个的鳙鱼鱼头能占到身体长度的1/3,而鱼头的脂肪含量,更是占到了整条鱼的四成。经典做法:剁椒鱼头、鱼头火锅。

黄骨鱼　身体有明显的黄色斑纹,背鳍和腹鳍上有三根尖尖的硬刺,在水中游的时候,会时不时发出“轧轧”的声音。黄骨鱼无鳞,肉质细嫩,清香可人,这些特点让它成为一种非常适合食用的鱼。

鳜鱼　鳜鱼又叫桂花鱼、鳜花鱼,在众兴地区属于一种可以食用的名贵鱼类,主要分布于众兴水库中,鳜鱼是一种凶猛的肉食性鱼类,以鱼、虾为主要食物,繁殖能力强。肉质鲜嫩、醇滑爽口。

黄鳝　黄鳝在本地是非常著名的珍贵淡水鱼类,无论是红烧,还是做鳝鱼汤,都是让人回味不止,营养价值高。

泥鳅　泥鳅为两栖鱼类,栖息于河流、湖泊、沟渠水田、池沼等各种浅水多淤泥环境水域的底层。昼伏夜出,适应性强,可生活在腐殖质丰富的环境内。水中缺氧时,能跳跃到水面吞入空气进行肠呼吸。在水池干涸时,潜入泥中,只要泥土有少量水分保持湿润,便不致死亡。可红烧、水煮,泥鳅挂面是众兴的招牌菜。

水产养殖　“养猪不如养羊,养羊不如放塘”,这是众兴农村广为流传的老话。养鱼投资小、投工少、收益好。水量稳定的塘坝,塘塘养鱼,一年三节(春节、端午节、中秋节)不缺鱼。但农村养鱼普遍存在管理问题,就是广大群众有四怕:一怕养鱼被人偷,二怕水位不稳鱼干死,三怕养鱼得罪人,四怕有放无收白花钱。责任田到户后,大多塘坝鱼处于自生自灭的状况。直到2000年后,产业化分工越来越细,专业化的水产养殖场和塘坝承包户发展迅速。至2014年,众兴有水产养殖场42家,承包鱼塘户76家。

2007年,众兴水产养殖面积1458亩,其中水库养殖1388亩;2010年,众兴水产养殖面积2440亩,其中水库养殖1680亩;2014年,众兴水产养殖63户、面积2041.5亩,其中9户养殖水面1212亩。

水产饲草　鱼是杂食类动物,生长在水中的各种植物、水生昆虫和小鱼、小虾、微生物,以及陆上各类动植物及粪便皆是鱼的天然饲料。专业养殖场均以加工现成饲料喂养,辅以鹅鸭粪便等天然饲料。众兴地区居民习惯把水产分为野生和饲养两类。

水产捕捞

渔具　渔网是众兴地区传统捕鱼工具。一般分为粘网、推网、网兜、拉网、箍网、撒网、赶网以及鳝笼、卡、钓、叉等,推网、网兜家家户户都有,也有竹篾制作的鱼罩。改革开放前,农民农闲时可以自己结网,后都从鱼网店直接购买。

捕捞方式　夏季捕捞鱼一般是在发大水或塘坝干涸时进行, 冬季捕鱼是在年关将至时,主要是节日食用,多余出售。养殖场一年四季捕鱼、卖鱼。

粘网是在水面较深较大的塘坝使用,渔民划着渔船(木头做的)布下粘网,震动小渔船,使鱼往网里窜,一会即可起网收鱼。

推网是在浅水区,一人推着网可以捕捞一些小鱼小虾。

网兜是在田塘溢水时,扎在水流下方张鱼,也可捕捞露头的鱼虾。

拉网是在冬季鱼潜底是用绳子牵着网从鱼塘的一边拉到另一边进行捕鱼。

箍网两头由2~4人张开牵着下到水中,从池塘的一边将鱼箍到另一边岸上的捕鱼方法。

龙虾用迷魂阵网投饵捕捉,除寒冬龙虾入洞外,春夏秋季捕多,冬季捕少。

天然的黄鳝、泥鳅夜晚多用电瓶击昏用网捕捞;人工饲养,直接网捕。

养殖场大多用粘网捕鱼。

少数较专业渔民冬季穿橡皮衣下河塘摸鱼,有经验的农民,能根据河中泛起的水泡、田埂洞口的不同状况摸鱼,挖黄鳝、泥鳅等。

捕捞人员　众兴是农渔结合,一是众兴水库附近华光、司老、义合、范岗、金王等村民在农闲时节,结网划小木盆下水库捕鱼,自食之余上市以贴补家用。二是平时务农,捕捞季节,一户或几户联合,专为别人捕鱼,以服务换取收入,也有按捕获量分成的,此类捕捞户有鱼盆、专业捕捞网具。三是农闲时间,每家每户都有捕捞自然生长鱼、扒泥鳅、掏黄鳝、钓海虾的习惯,作为副业,增加收入或改善生活,网具单一。

至2014年,因居民收入水平不断提高,水库渔业由承包户管理,散户捕鱼现象基本消失。

2007年水产品总量932吨,其中鱼产量301吨,甲壳类水产品总量227吨。2010年水产品总量1180吨,其中鱼产量460吨。2014年水产品总量1250吨,其中鱼产量752吨。

水产经营　至2014年,水产经营由专业个体户饲养、贩卖,赚取差价,只有零星小农户赶集卖鱼。天然的水产品(俗称野生的)市场上很少了。水产品除了鱼外,还有黄鳝、泥鳅、龙虾、蟹、甲鱼等。

2014年，黄鳝大一点的每千克100元左右，野生泥鳅每千克30元左右，龙虾因季节不同，每千克10～40元，个头儿越大越值钱。

四、科研与技术推广

畜牧科技与技术推广

制度要求　众兴乡大力实施科技兴牧和科技兴渔战略，根据上级安排，每年都要推选部分养殖大户到县参加由畜牧水产局组织的养殖业培训，并邀请市县养殖专家到乡授课，多媒体教学，并到养殖基地现场指导，帮助养殖户解疑释难。

肥东县“扶贫助残百头小牛进农户”项目众兴乡发放现场

（残联/供）

积极调整养殖结构，引进良种良法。大力推广畜牧养殖先进技术，实施畜牧业“良种计划”，使良种普及率和覆盖率达100%。

加强动物防疫　乡动物防疫办公室规范化建设顺利通过市级验收。防疫队伍健全，人员、设施、资金到位，防疫人员“召之即来，来之能战”，工作热情，情绪饱满，事业责任心强。年年对猪、牛口蹄疫，高致病性禽流感，猪瘟，猪蓝耳病，狗狂犬病等强制疫苗。畜禽死亡率控制在1%以内。

建立健全规模养殖场养殖档案。畜牧放养不许破坏水土，践踏环境卫生，对违者进行批评、教育或罚款处理。

技术推广　1986年，乡畜牧站推广县畜牧部门6种配方加工配制混合饲料。与传统养殖方法比较，增重快、经济效益显著，广大养猪接受新型喂养技术快。

1986年后，推广“三化”养猪、商品瘦肉型猪生产配套、良种杂种优势利用及人工授精、配方饲料、程序免疫等技术。

1995—1996年，推广实施县良种猪及配套饲养技术“丰收计划”项目，众兴乡组织专业技术人员抓点示范，做好对比试验，全面推广良种猪人工授精、配合饲料、仔猪补料、仔猪补铁、适度规模饲养、适时屠宰、传染病防治等适用技术，使全乡生猪出栏率比1994年提高7.5%，瘦肉猪占出栏猪比重75%，良种公猪普及率100%，仔猪补料40%、补铁20%，经济及社会效益有较大幅度提高。

1998—2005年，乡配合县畜牧部门在众兴推广畜禽良种和先进实用技术，开展畜牧科技进村入户活动，鼓励技术人员开展技术承包或领办创办养殖企业。开展技术培训7次、科普赶集6次，印发科技明白纸500份，建立示范点(户)12户，设立咨询点2家，推广先进实用技术，搞好技术服务。

"九五"后期，重点推广三元杂交猪配套生产，动物疫病综合防治、肉羊、肉牛杂交改良、牛羊胚胎移植，奶牛高产稳产大棚饲养、自配饲料种草养畜等技术。2005年，全乡三元杂交猪的饲养比重为75%，农民自配料比例为45%，猪死亡率分别控制在5%以下，畜牧科技贡献率49%以上。

水产科研与技术推广

制度要求 水产与畜牧一样，每年推选部分养殖大户到县参加由畜牧水产局组织的养殖业培训班培训。结合实践学习理论，提高养殖大户养殖水平。并邀请市县养殖专家到乡授课，多媒体教学，并到养殖基地示范教学，现场指导，帮助解决实地(际)问题。

积极调整养殖结构，引进优良品种和池塘蓄养先进技术，实施渔业"种苗工程"。

大力实施"水产富民"工程，对众兴水库周边进行水产规划，改选中低产田，小水面产权制度改革，宜渔水面承包放养率达90%以上；众兴乡的华光、范岗、联合等村(社区)都已形成面积不小的养鱼示范基地；金大坝综合改造后已进行农家乐建设，既能灌溉又能养鱼，供休闲垂钓，收到很好的社会效益和经济效益。

对池塘水面的放养，注意自然水草和饲养饲料的结合，视水容量与鱼苗种类、数量相结合。如水草茂密的池塘可适当增加草鱼放养量，以提高自然利用率，加强防治水污染。

技术推广 1988年3月，县水产技术推广站成立，负责全县水产新品种，新技术试验示范、推广。

1996年5月，组建众兴畜牧水产站。

2001年，乡镇机构改革，乡畜牧水产站并入农业综合服务站。

2005年，众兴乡在编水产技术人员1人。乡畜牧水产工作人员配合县水产技术推广站指导全乡渔业生产单位进行品种引进和技术推广。

1989年起，连续三年推广实施"丰收计划"项目，使渔场精养池塘平均亩产从1989年的不足200千克提高到1992年的339.8千克，产量提高70%、效益翻番。

1992—1994年，推广县水产技术推广站研究的"鱼用止血散"技术，防治鱼类暴发性出血病，效果良好。

1993年，推广人工繁育胡子鲇获得成功。

1998年，实施农业部"丰收计划"项目"淡水池塘8：2养鱼模式高产高效技术推广"。

五、检疫与疫病防治

检疫 1986—1990年，乡畜禽及其产品检疫多头管理，加工及市场检疫由商业部门管理，畜牧部门负责防疫。

1990年7月，县政府办公室牵头，县农委、商业局、工商局、卫生局、畜牧水产局、公安局、物价局八部门联合发出通告，全县生猪市场实行"定点屠宰、集中检疫、统一纳税、分散经营”管理办法。

1993 年 8 月，众兴畜禽及其产品检疫交给乡畜牧水产站统一管理，结束畜禽及其产品检疫多头管理局面。

疫病防治　2004 年春，暴发禽流感疫情。2 月，乡成立防治高致病性禽流感指挥部，乡长任指挥长。乡防治高致病性禽流感指挥部办公室设在畜牧水产站，负责信息宣传、技术保障、现场处理、督察公共卫生、综合治理，人员分工和职责明确。成立动物疫情处理预备队，负责按照县防治高致病性禽流感指挥部要求，具体实施有关疫情处理。乡防治高致病性禽流感指挥部办公室实行 24 小时值班制度，公布禽流感咨询热线，乡实行日报告、零报告制度。发放安徽省防治高致病性禽流感指挥部印发的《致全省家禽养殖户的一封信》420 份、技术资料宣传材料 50 份，严防禽流感的发生。

2005 年，全乡注射口蹄疫疫苗 12 万毫升、禽流感疫苗 15 万毫升。规模养殖场、种禽场和养殖大户牲畜口蹄疫、禽流感免疫密度均达 100%，散养户存栏畜禽免疫密度达 95%以上。经抽检，免疫抗体保护率全部达标。2004 年、2005 年，乡内没有发生一起高致病性禽流感疫情，县动物防疫督查检查，给予充分肯定。

六、畜牧管理与渔政管理

（一）畜牧管理　中华人民共和国成立以来，党和人民政府十分重视养殖业生产的发展。从 1955 年创办高级农业生产合作社开始，乡设 1 名负责养殖业干部，各高级社均有副业主任负责副业生产。1958 年人民公社化后，众兴、永安人民公社各设 1 名公社副主任负责养殖业生产。1982 年，成立副业办。2006 年底，众兴乡为养殖业服务的机构有兽医站、苗猪市场、众兴冷库等单位。动物疫病预防控制由乡畜牧水产站负责，配备动物防疫、检疫员 2 人，畜牧执法人员认真履行职责，依法治牧，使动物防疫、兽药饲料管理种畜禽管理逐步走上法制化轨道。

动物防疫　1986—1998 年，众兴动物防疫以养殖户自发请兽医防疫方式。1998 年，实行特种病强制免疫制度。畜牧部门坚持以“两瘟一病”为重点，组建乡、村、组三级防疫网络，实行春秋季集中免疫与平时补免相结合，全面开展免疫接种工作，及时采取防治措施，确保重大动物疫情不扩散、不蔓延。每年猪瘟、鸡瘟等防疫密度分别在 90%以上。2004 年，禽流感列入强制免疫病种，全乡规模养殖场、种禽场和养殖大户存栏家禽禽流感免疫密度 95%。2005 年，全乡规模养殖场种禽场和养殖大户牲畜禽流感免疫密度均达 100%，散养户存栏畜禽免疫密度 95%以上。经市县主管部门血清学抽检，免疫抗体保护率全部达标。

检疫执法监督　1989 年，县动物防疫监督机构制定强化检疫监督措施：制定动物防疫管理办法，建立岗位责任目标检疫操作规程和证、章、票据管理等制度，规范执法行为，加强对检疫员监督检查，每年进行两次考核，考核结果与工资挂钩；加强屠宰场点防疫卫生条件审查，实行动物防疫合格证制度，严把宰前、宰后检疫检验关，对合格肉品出具检验合格证明和加盖验证印章。1990 年，畜牧部门负责屠宰检疫后，检疫率逐年上升，2003—2005

年,全乡屠宰受检率100%。

自2006起,乡畜牧水产站重点抓产地检疫,加强免疫耳标监管,严禁无免疫标牲畜上市屠宰和运输,生猪耳标打挂从2003年开始推行,2005年打挂率在90%,2014年打挂率达100%。

兽药饲料监管　1998—2005年,县畜牧部门每年均举办一期培训班,学习有关法规和兽药饲料知识,提高兽药饲料经营人员法制观念和经营责任,符合条件的每两年发一次"兽药经营合格证"。2005年,全乡核发"兽药经营合格证"4份。乡配合县兽药饲料打假领导小组,加大行政执法和监管力度,每年两次开展兽药、饲料经营市场检查,严罚违法人员。通过开展打假专项行动,乡兽药、饲料经营市场步入良性发展轨道。

兽医管理　中华人民共和国成立后,人民政府重视牲畜疾病防治。1956年,在供销合作社内设兽医人员2人,负责牲畜疾病的防治工作。1958年,众兴人民公社建立后,有畜牧兽医3人。1959—1963年,众兴公社兽医站设于公社养殖场内,有兽医3人。1983年,兽医站增至7人。

1985年,众兴畜牧兽医站成立,属于县畜牧水产局管理。1992年,撤区并乡后,乡兽医站划归乡管理,后并入乡农业技术服务站,业务上接受县站指导。1993年,成立乡畜牧兽医技术服务站。1996年,县编委确定"两站"为事业单位,实行合署办公,条块结合,以条为主管理体制。2004年11月,乡畜牧水产站增挂动物防疫监督管理、动物防疫牌子。

1985年,全乡有大集体身份兽医4人。1996年,县政府第85次常务会议决定,同意聘用乡镇畜牧兽医技术人员80名,承认其聘用干部身份,每月补贴工资80元。1997年7月,经考试考核,县人事局批复同意聘用80人为乡镇畜牧兽医技术干部。2003年8月,县畜牧水产系统企业和自收自支事业单位职工全部参加社会养老保险(其中乡镇兽医144人),以解决乡镇畜牧兽医技术人员后顾之忧。2005年,县畜牧水产局按照3~4个村或100农户配备1名防疫员原则,经考试考核,录用180名村级防疫员,持"肥东县村级动物防疫员资格证书"上岗,众兴乡政府与村级防疫员签订防疫承包合同,7月,村级动物防疫员全部到岗到位。

1982年,众兴乡成立副业办公室,设在乡政府内,有畜牧防疫部门工作人员4人负责。副业办主要为养殖户提供产前、产中和产后服务;为养殖户落实生产饲养计划,签订副业产品的产销合同;为养殖户提供副业棚舍、通电、通水、通道等服务;帮助引进优良品种,提供疫病防治,以及做好销售等服务,帮助牧场、水产、冷库、种畜场等单位抓好内部管理;年初落实生产计划,平时检查督促,年终进行考核总结等工作;指导各村副业专职干部为生产服务,落实工作责任制,每月做好情况统计,交流总结经验,年终进行副业生产考核评比总结等工作。

(二)渔政管理

队伍建设　1986年,县畜牧水产局要求众兴畜牧水产站负责众兴的渔政管理。2002年,县畜牧水产局制定肥东县渔政管理办法,依法治理。2006年,众兴乡配备渔政员1名,严格遵守县畜牧水产局制定肥东县渔政人员十条纪律。提高执法人员素质，建立一支作风过硬、纪律严明、清正廉洁的渔政管理队伍，确保依法行政。

法律宣传　1994—2014 年，每年 9 月，县开展《中华人民共和国渔业法》（简称《渔业法》）宣传月和渔业环境专项治理工作。县人大常委会、县政府分管负责人在电视台发表专题电视讲话，编印渔业法规宣传材料 2 万份，利用广播电视报纸和流动宣传车，把法律法规宣传到渔业生产第一线，增强人们学法、用法、守法意识。

渔业执法　1998 年，《渔业法》开始在众兴乡贯彻实施，对天然水域特别是众兴水库渔业资源由水库指挥部看护管理，采取人工放养等措施培育鱼苗资源。众兴水库安排一艘小艇一直在水域四周巡逻，严防盗捕。乡严禁捕捞人员随意在众兴水库捕鱼，先后配合派出所缴获电捕器 12 台（套）。

2014 年众兴乡养殖场一览表

表 14-2

村别	组别	姓名	存栏数（只、头）	畜禽
联合村	郑小河	沈光炳	4000	鸡
联合村	田仲份	张　生	1000	鸡
联合村	白地岗	张俊国	6000	鸡
联合村	许小郢	张继云	2500	鸡
联合村	李陈户	李　琼	6000	鸡
联合村	李陈户	程国权	4000	鸡
联合村	钟小郢	钟圣银	1000	鸡
联合村	宋巷	宋尚发	2000	鸡
霞光村	司岗	韩功斌	1000	鸡
谢岗村	王岗组	王贤圣	2000	鸡
谢岗村	槽坊	范圣友	2000	鸽子
谢岗村	金小郢	张国银	7000	鸡
谢岗村	冲西	孙维所	1000	鸡
谢岗村	冲西	童兴发	7500	鸡
谢岗村	王岗	许文俊	20000	鸡
众兴村	张小郢	张继富	4000	鸡
联合村	李陈户	陈红丽	6000	鸡
谢岗村	良小郢	夏圣年	20000	鸡
霞光村	黄北	朱　奇	60000	鸡
霞光村	司岗	韩功木	500	鸡
谢岗村	黄道郢	陈家福	3500	鸡
谢岗村	黄道郢	陈家中	6000	鸡
花灯社区	西岗头	胡运飞	500	鸡
和诚一场	永安村	孙成林	60000	鸡

续表 14-2

村别	组别	姓名	存栏数（只、头）	畜禽
众兴村	张小郢	张继富	1200	猪
花灯社区	义二	陈家林	75	猪
范岗村	司下	司圣发	20	猪
花灯村	义二	陈家年	75	猪
华光村	胡大郢	陈正梅	640	猪
霞光村	高岗	胡家财	1000	猪
霞光村	高岗	胡家友	1430	猪
霞光村	中岗、上三	韩永仓	75	猪
霞光村	胡冲	李永寿	300	猪
谢岗村	何小郢	王忠良	330	猪
谢岗村	王岗	孙胜国	7000	猪
众兴村	塘稍	张继年	50	猪
众兴村	塘稍	张武之	120	猪
霞光村	高西	胡家宝	500	猪
霞光村	胡冲	王　顺	2000	猪
永安村	永红	马会山	50	猪

第十五章 工业

环境整治　（刘斌/摄）

第十五章 工业

环境整治　（刘斌/摄）

第十五章　工　业

1949年2月[民国32年(1943年)春成立的是小乡,时间不长]众兴乡成立,农村在党和政府的领导下,通过经济恢复,有计划地社会主义建设和社会主义改造,农村经济社会面貌发生了历史性的变化,农村的工副业生产有了很大的发展和进步。1958年,随着“大跃进”运动的开展,农村人民公社的兴起,在农村副业和手工业的基础上,一大批社队企业蔚然兴起。20世纪60年代初,随着国民经济的调整,社队企业纷纷下马。1970年8月,全国北方地区农业会议后,农村社队企业又开始复苏,中共十一届三中全会后,社队企业发展速度加快,1984年社队企业改称为乡镇企业。由于政策的扶持和多年的积累,众兴乡镇企业有了长足的发展,形成了一定规模的城乡结合工业体系。

乡镇企业是中华人民共和国成立以后,在农村出现的具有历史意义的新生事物,乡镇企业于1958年诞生。在人民公社体制时期称社队企业,即人民公社和生产大队、生产队兴办的企业,属集体所有制性质。

1983年,中央1号文件正式提出改革人民公社体制。此后,撤销众兴、永安人民公社,分别成立众兴、永安乡人民政府,生产大队改为村。同时,改革开放以后,乡村涌现出一大批户办和联户办企业以及其他形式的合作企业。继续使用“社队企业”这个名称,已不能反映变化了的农民办企业的情况。1984年3月,中共中央、国务院批转的农牧渔业部的报告,将“社队企业”这个名称,改为“乡镇企业”,包含农民兴办的各种不同经济成分、多种经济层次和以第二、第三产业为主体的多种产业的经济实体。

乡镇企业是在农村副业和手工业的基础上发展起来的,中华人民共和国成立前,由于地主阶级剥削和长期的战争创伤,乡村副业和手工业基础十分薄弱。中华人民共和国成立后,党和政府对农村副业和手工业给予积极扶持,生产迅速得到了恢复和发展。到1952年,农村手工业的总产值已占工农业总产值的6%。此后,人民公社贯彻落实中共中央关于过渡时期总路线,对农业、手工业和资本主义工商业进行社会主义改造。在农村,开展互助合作运动。各地生产合作社大力发展农村副业,开展多种经营,鼓励社员经营家庭副业。对手工业的改造则采取积极引导,稳步前进的方针,从供销入手,采取加工订货收购包销等方式,通过由小到大、由低到高、先供销小组、再供销合作社,最后到手工业生产合作社的途径,逐步将原来分散的个体经营的手工业者组织成集体所有的规模相对较大的手工业生产合作社。

1958 年初,“大跃进”开始,乡村手工业生产合作社转为工厂。4 月,众兴成立人民公社,公社可以任意平调生产队的劳力、物资、土地,这为社队企业的举办提供更为有利的条件。12 月 10 日,中共中央印发《关于人民公社若干问题的决议》,要求“人民公社必须大办工业”。由于急于求成,缺乏基础,至 1962 年,社队企业基本停办。1963 年以后,经济水平得到了一定的恢复和发展,但是由于农村经济遭受的损失严重,生产队只是从事单一的粮食生产。1966 年刚刚稍有转机,“文化大革命”开始了,这对社队企业发展更是雪上加霜。

1970 年 8 月,国务院召开北方地区农业会议,社队企业开始复苏,纷纷办起了农机厂、农具社,以及与农业生产有关的其他行业,取得了一定的成效。

1976 年 10 月,省委在县西山驿公社召开全省社队企业经验交流会,出台了一个发展社队企业的 9 条意见,后经农业部批转全国,产生较大影响。由于“左”的影响大,条条框框多,社队企业发展受到很大约束。1979—1982 年,省对社队企业发展进行调整后,社队企业进入了快速发展阶段,特别是 1982 年 1 月,省委 9 号文件《关于大力发展社队企业的决定》要求各地坚定不移贯彻在计划指导下“放手发展、阔步前进”的方针,充分调动各方面积极性,使发展社队企业成为人们的共识。

从 1984 年起,社队企业随着农村行政体制撤社建乡后,进入乡镇企业阶段。为了促进全国乡镇企业的发展,1984 年,中共中央、国务院连续下发了 1 号、4 号两个文件;7 月,省政府也印发《关于加快发展乡镇企业若干问题的暂行规定》,从政策上鼓励发展乡镇企业。众兴户办、联户办企业发展迅速,1984 年达到 12 家,产值达 2.6 万元。

1985 年 4 月,省乡镇企业先进大会又发出“发展乡镇企业力量源泉在于千家万户”的号召,确定发展乡镇企业的路子是以户办、联户办为主,乡、村、联户、家庭 4 个轮子一起转。次年 12 月,全省乡镇企业会议又要求变产品经济为商品经济观念;变小打小闹只求过得去的观念为上规模、上质量、上水平的理念;变片面强调速度观念为速度效益并重的观念;变一种模式为主观念为“四轮齐转”观念。

1987 年 9 月,省委、省政府在滁县召开全省乡镇企业会议,提出发展乡镇企业是振兴安徽经济的战略重点,这次会议还提出实行更加灵活的政策,为发展乡镇企业创造更加宽松的环境。1988 年 9 月,中共十三届三中全会提出“治理经济环境,整顿经济秩序,全面深化改革”的方针,乡镇企业面临新的考验。省委、省政府从安徽实际出发,对发展乡镇企业及时提出“三个不变”坚持一个稳定增长、两个加快发展战略决策不变,坚持乡镇企业稳步健康发展不变,坚持多方面对乡镇企业大力支持不变,从而统一思想,稳定了情绪,明确了方向。这一时期,众兴乡镇企业得到迅猛发展,从 1984 年的 12 家增加到 1989 年的 32 家,形成具有一定规模、门类较为齐全的农村工业体系,主要工业门类有机械、建材、木材加工、食品、纺织、缝纫、电器、文化用品等,产值占整个乡镇企业产值的比重超过 50%。企业管理进一步加强,涌现出一批骨干企业、名牌产品、优秀农民企业家。

第一节　工业管理机构

一、县管理机构

1976年以前，众兴尚没有专门负责乡镇企业的机构。当时的乡镇企业作为农村多种经营的一部分，直属人民公社或生产大队，业务由农业部门管理。1976年1月，省第八次农业学大寨会议要求地、县设立专门机构管理社队企业。同年11月，肥东成立社队企业局，有了专门机构。此后，机构经常变动，名称不一，分分合合。直至20世纪80年代，县社队企业管理机构基本健全稳定下来。

1984年，根据中发〔84〕4号文件指示，各地县将原来的社队企业局、社队企业办公室等不同名称的管理机构改为乡镇企业局。并增加编制，充实管理、业务人员，明确机构职责。

二、乡(公社)管理机构

乡村企业萌芽时期，众兴地区以农副业和手工业两种形式存在，由众兴农业生产合作社和手工业生产合作社管理。1958年社队企业兴起后，由众兴人民公社、各生产大队直接管理，少数由县工业部门管理。公社配备副业主任，管理社内工副业生产。1958年人民公社建立后，社内设置工业科，专管社队工业。1961年，随着"工业下马"而撤销。1976年以来，随着社队企业的再度兴起，众兴公社成立副业办公室，为公社的职能机构。1983年改革了人民公社管理体制，实行政社分设。1986年众兴乡成立了企业办公室，组成人员7人，业务上隶属县乡镇企业局，行政、财务等属众兴乡政府。并对人员编制职能等作了明确规定，乡成立乡镇企业领导组，由党委书记任组长，亲自抓乡镇企业，明确1名副书记分管乡镇企业。

企办室职责　开展调查研究，检查督促企业贯彻执行国家法律、法规和政策，向乡人民政府提供促进企业发展、企业规模、生产经营和劳动分配等经济资料和情况分析。

指导和帮助企业调整产业、行业和产品结构，促进企业技术进步和协调发展，开展对外经济往来，增加出口创汇，帮助乡企业不断提高计划、物资、资金、设备、技术、劳动、质量等方面的管理水平，促进企业管理现代化。

培训企业干部和职工，帮助企业提高职工队伍素质，同各行业及综合经济部门、行政监督部门配合，加强对乡企业产品质量、安全生产、劳动卫生、环境保护、资源开发、供销等方面的管理与服务，维护乡企业合法权益，促进横向经济技术的联合及协作。

总结推广乡镇企业及个人在改革和生产经营中的先进经验，促进乡企业在社会主义精神文明建设中发挥重要作用。

第二节 工业所有制结构

一、手工业

木业 是专门以木材为原料加工制作器物的行业。木匠，是专门从事木业的手艺人，是中华人民共和国成立前拜师学艺，而后走村串户上门为雇主服务。雇主备料，木匠加工。中华人民共和国成立前的木匠行业，主要分为大木作和小器作两个作行。

大木作 基本没有固定的作坊，主要是建筑房屋，包括房架和门窗的打造。大木作用料将就，几乎所有树种的木料都可用。还有室内家具和丧葬棺材的打造。

小器作 活计精致小巧，用料讲究，做工细腻，以加工制作室内装饰和摆放物为主，服务的对象是较富有的人家。

编篾器 （地方志办/供）

篾匠 篾匠和木匠一样是一门古老的职业，随着塑料制品的出现，篾制品几乎被淘汰。至2014年，随着人们环保意识的增强，篾制品又逐渐有了一定的市场。篾制工艺品也很受人们的欢迎。旧时，人们的吃喝拉撒衣食住行，几乎都有篾匠的影子，淘米的篮子，刷马桶的缠，遮阳挡雨的斗笠、竹席、竹床等，可谓古代先民的一大创造。

打铁 （地方志办/供）

铁匠 铁匠铺起源于古代，中华人民共和国成立初至中共十一届三中全会前，众兴有两家铁匠铺。何谓“铺”，只是一两间房子，屋子靠墙边通风好的地方放个大炉子，即烘炉，炉边架一风箱，风箱一拉，炉膛内火苗直窜。要锻打的铁器先在火炉上烧红，然后铁匠师傅再将烧红的铁器移到打铁墩上，一般由打铁徒弟手握大锤进行锻打，铁匠师傅左手握铁钳翻动铁料，右手握小锤一边用特定的打击方式暗号指挥徒弟锻打，使一块铁打成圆铁棒或粗铁棍打成细长的铁棍。铁制品多为犁耙齿、锄、镐、镰刀等生产农具，也有如菜刀、锅铲、剪刀等部分生活用品。还有如门环、泡钉、门插等。农村还有少量的驴掌、马掌。

织布　手工织布，用农户自行纺织的线，由织布匠上门为户织布，名为家织布，仅有两种颜色，即为本色白布和另外染成的青色。手工织布机是一种全木结构的简陋工具，在我国各地广泛存在，是制作布料的简易机器，编制时需手脚并用，灵活配合，直到改革开放前，还在农村起着重要作用。

织布　（地方志办／供）

二、其他手工业

编笤帚　（地方志办／供）

吊挂面　（地方志办／供）

做瓦罐　（地方志办／供）

编米菜篮、竹筐　（地方志办／供）

纳鞋底 （地方志办/供）

漏粉条 （地方志办/供）

纺线 （地方志办/供）

三、社队企业

1951年，手工业合作社运动兴起，至1953年，先后成立乡（公社）木业组、篾业组、铁业组、缝纫组、农具组。1956年1月，成立众兴手工业合作社——农具社。1958年，社队企业“大跃进”，先后创办饲料加工厂、草包厂、土肥厂、农机厂。1958年春，众兴又创办两座土窑，收购农民手制砖坯。队办企业始于高级社期间，霞光、大高等村先后创办碾米厂。1959年，以队为基础，三级核算后，队办工业陆续兴办，有饲料加工厂、豆制品加工、土窑生产砖瓦等。

1961年11月，手工业社与农具社分开，分别又成立铁业、木业生产合作社和竹器、木器生产合作社，公社设手工业生产联社，属县手工业社领导。

1962年，贯彻中央“调整、巩固、充实、提高”的方针，对社队工业采取“关停并转”，停办工厂，变价出售，人员下放，回到原生产队。

1963年，按照国家计划和国计民生需要，又陆续兴办土肥、砖瓦厂等企业。1960—1969年的10年，社队企业不景气的同时，农村手工业和副业却有较大的发展。

第三节　工业门类

社队工业企业初创阶段，多以手工劳动为主，机械设备简单，企业规模偏小，主要工业有粮油加工，小农具修造，纺织、针织低档织物，土化肥、土农药，砖瓦等建材。1960年后期至1970年，随着城市工业的发展，社队工业企业规模逐步扩大，机械化程度提高，商品量增加，日用五金等建材工业及食品、纺织等工业日渐兴旺。自1980年后，在市场机制的导向下，乡镇工业行业结构向多元化方向发展，形成多个行业，主要为棉纺织业、缝纫业、机电业、建筑材料业、塑料橡胶制品业。2014年，全乡乡镇工业中，轻工业占68.39%，重工业占31.6%。轻重工业均以加工业为主。轻工业以纺织工业为重点。

一、机械工业

肥东丹明机械有限公司（位于永安社区），模具制造主要的生产工艺为蜡模制造、脱模、焊膜、涂（浆）料、撒砂、型壳干燥、硬化、脱蜡、型壳焙烧、模具等。铸件浇注机加工主要生产工艺为铸钢熔化、浇铸、脱壳、割浇冒口、清理、检验、热处理、抛丸、二次检验、入库等。项目实施后，年加工机械铸造件1万吨。

二、电气器材制造业

1999年7月，注册成立的合肥市兴皖电器厂（位于众兴集）主要经营电熨斗、电吹风、电沸水壶、电烙铁、熨衣板、速热器等塑料电器制品。安徽省天豪电缆有限公司位于众兴乡工业聚集区，从事高低压电线、电缆、电缆材料、钢材制品生产、加工、销售，化工产品（危险品除外）销售。

三、建材工业

中华人民共和国成立之前，乡内生产的建筑材料只有砖、瓦，且都属个体经营生产，规模小，采用手工操作。机制红砖、水泥预制件等乡办建材厂家，都是1980年后引进设备和技术建立的，厂家不多，产品远不能满足乡内的需求。1987年，乡建材工业企业年总产值约24万元。

中华人民共和国成立后，随着人民生活的改善，基建工程逐年增多，乡、村、个人建窑烧砖、烧瓦。从20世纪50年代后期开始不断发展。至1987年，乡办、村办、个体办的砖瓦窑厂共有3家，年产值17万元。

进入21世纪，众兴建材工业发展迅猛，门类较为齐全，有壁纸、地板、防火材料、防水防潮材料、隔热吸声材料、管件管材、混凝土及制品、活动房建筑、玻璃胶黏剂、金属建材、绝缘材料、仓库建材、门窗墙体材料、木材板材、石材石料、塑料建材、特种建材、天花板、各类砖及砌块、垫块和各类护栏。位于众兴的厂家有合肥志桥架设备有限公司、合肥中欧木业有限公司、肥东新睿建材预制品厂、中丽包装材料有限公司、众才水泥制品厂、肥东鸿福水泥垫块厂、合肥昊博门业有限公司、众兴新型建材预制厂、合肥锦成胶粘厂、肥东县金宝木业加工厂、合肥天力阻燃材料有限公司、众兴庆超预制厂、肥东县苏菊门窗厂、合肥智奇门窗装饰工程有限责任公司、合肥超然家具有限公司、合肥王者门业有限公司、合肥佳虎建筑装饰有限公司、安徽徽艺坊郎迪木艺制造有限公司、合肥鼎亮光学科技有限公司、合肥市狼途包装材料有限公司、肥东县众兴永虎护栏加工厂、肥东县欧帕斯新型建材厂等36家。

四、食品饮食与粮油饮料加工业

合肥范二食品有限公司(范岗村)、合肥香满客食品有限公司(范岗村)、金王四妹米粉加工厂(联合村)、王华权对农加工厂(联合村)、肥东海凤年糕厂、肥东县坝冲粮油加工厂(谢岗村)、安徽饭米粒园林有限公司(永安社区)、老王头水饺(霞光村)。

五、塑料制品业

刘浩塑料颗粒加工厂,范晶晶塑料制品厂,徽海吸塑(众兴工业聚集区)生产各种真空吸塑面罩、托盘、内托、折边、对折、三折等吸塑制品、透明或丝印胶合;卷边圆筒;高周波;热合;胶片整平、软膜袋、切片印刷等产品。

六、其他工业

众兴恒景木雕加工厂(众兴社区)、合肥佛缘工艺制香有限公司(众兴社区)、合肥古坛香业有限公司(众兴社区)、缘法制香厂(众兴社区)、合肥农业农发科技有限公司(范岗村)。

第四节　企业管理

乡镇企业管理机构是随着乡镇企业发展不断建立健全和完善起来的。乡镇企业萌芽时期,类属农村工副业,大部分隶属于农业社,由乡(公社)人民政府农业部门的合作经济管理单位分管,部分属于手工业生产合作社,由手工业生产合作社分管。从1958年起,随着众兴人民公社体制的建立,社队企业蔚然兴起。社队企业主要由人民公社、生产大队直接管理,少数由手工业部门分管。总体上讲,这时期管理体制不完善,管理手段单一,力度较弱。从1976年开始,县建立社队企业管理局,专门负责管理人民公社、生产大队的企业。1984年,随着农村人民公社体制的改革,中共中央、国务院决定将社队企业改称乡镇企业,县社队企业管理局改名为乡镇企业管理局。乡设立企业办公室,村企业归属村委会管理。

乡镇企业在不同的历史时期,管理形式侧重不同,形式因地制宜。在经营体制上,乡镇企业紧紧围绕市场不断地进行调整。其生产、供应和销售部分纳入国家计划的范围,但所占份额一直较小,特别是随着社会主义市场经济的逐步确立,纳入国家计划的部分更为减少,基本靠市场调节、自主经营。其劳动用工制度、产品价格等也逐渐挣脱计划经济体制的束缚,企业拥有更多自主权。

一、计划管理

乡镇企业在发展初期,计划管理不健全,企业发展多属自发经营。

1955年,手工业建立统计制度,开始以计划指导生产。

1958年,副业生产提出副业生产的发展方向与发展重点,“大跃进”促使一些手工业和副业迅速转为社队企业,为了保证钢铁工业和机械工业的“大跃进”,社队企业都必须服从和服务于这个中心工作,随时变更企业的发展计划。在具体行业上,有些计划管理工作做得比较细致,总体上带有很大盲目性,如1959年制订的工业改革计划,当年12月,省委又要求每个公社都要制订发展社会经济计划。

1962年前后,社队企业几乎全部下马,计划管理工作基本停止。1970年后,社队企业围绕农业机械化进入复苏时期,提出要建立县、社、队三级农机修造网,做到大修不出县,中修不出社,小修不出队。

1975年10月,全国农业学大寨会议后,省委把发展社队企业,壮大人民公社集体经济列为一项主要内容。

1976年10月,召开全省社队企业经验交流会,要求各级党委把发展社队企业纳入“农业学大寨”的规划,制定切实可行的发展计划和措施,并在1977年内消灭空白社队。此后,省开始重视社队企业的计划管理。但由于没有实行全行业的计划管理,存在着数字说不清、情况道不明的问题,因此,很难有效实行宏观指导。

1986年,乡企办室真正把计划管理摆上议事日程,建立起一套计划管理体系,计划管理范围主要包括乡村两级工业、建筑业和劳务输出。

二、财务管理

乡镇企业发展初期,财务管理方式采用农业合作社方式管理。1960年7月,社队企业建立简易的财务管理制度。自1963年起,社队企业编制财务计划,定期进行财务分析。到1976年11月,社队企业财务制度比较健全,实行民主理财,定期公布账目,实行“报账制”,由公社核算。企业在人、财、物、产、供、销方面没有自主权,吃“大锅饭”,账在公社算,票据归公社管,摸不清,看不着,企业心中无底,束缚了企业的手脚。这种经济核算体制,不适应社队企业的需要。1977年,《安徽省农村人民公社、队企业财务会计制》颁布后,在县主管部门的指导下,培训社队企业财会人员和改账建制工作,建立起一支比较强的财会队伍。社办企业实行改账建制,初步建立和健全财务管理制度。逐步开展经济分析,实行财务互审、民主理财活动,提高企业管理水平。

1980年4月,农业部、财政部颁布《农村人民公社社办企业财务管理办法(试行草案)》和《农村人民公社社办企业会计制度(试行草案)》;9月,省财政厅和省社队企业局做了加强财务管理的补充规定,主要内容是加强社办企业财务管理。包括基本建设要履行审批手续，固定资产的单位价值定为200元以上，固定资产可按原定的折旧年限缩短一半计算，计入生产成本的劳动报酬要按实列入；成本项目一般要求设置材料、劳动报酬（包括福利费）和其他费用3项；管理费按照社办企业销售收入总额，以不超过1%的比例提取，在销售收入中列支；实行利润留成制度，奖金的提取要同企业经营成果联系，要把社队、企业、个人三者利益有机结合在一起，采用增减记账法的仍采用收付记账法，可以在新的年度开始时改过来，也可继续使用，在乡内力求统一，按月编制财务成本主要指标，按季（或年度）编制资金平衡表、利润表；工业企业按年编制产品成本表，并报公社主管部门。初步改变"无章可循"的混乱状况。

社队企业财务工作有了较大的进展，但财务管理不规范的状况，仍没有根本改变。

1981年6月，安徽省财政厅会同省社队企业局又制定《安徽省农村人民公社企业办公室会计制度》，规定了公社企业办公室财会工作的主要任务，要求公社企业办公室的会计核算，一般采用增减记账法，也可采用其他记账法，要和所属企业采用的记账方法取得一致，使用15个会计科目。规定公社企业办公室的会计年度采用公元制，从每年1月1日起到12月31日，为一个会计年度，要求企业办公室设置日记册、总分类账和明细账，编资金平衡表、利润及管理费收支明细表。

同年，农业部、财政部印发《全国社队企业系统供销公司财会制度（试行草案）》。1982年5月，安徽省财政厅会同省社队企业局结合全省具体情况，作了如下补充规定，要认真编报财务计划中的四项经济指标，即商品销售收入、利润总额、商品流通费用率和流动资金周转率；运输设备可以提大修理资金；必须按照商品管理和核算的要求划分商品大类；简易货棚的范围及管理；营业外收入，积压商品降价处理，财产损失处理；税后利润安排；工会经费、福利资金、奖励基金的提取等。

1982年1月，国务院批转了国家农委、农业部关于整顿社队企业财务的意见，要求各级政府必须把认真整顿社队企业财务，杜绝损失浪费和贪污，提高经济效益，作为当前农村工作的一项重要任务。各地在开展打击经济领域犯罪活动的斗争中，结合社队企业的实际情况，进行清理财务的活动。1987年2月，省财政厅会同省乡镇企业局制定《关于乡镇企业财务会计制度》的补充规定。

三、劳动工资

乡镇企业发展初期，支付劳动报酬的形式有工分制和工资制两种，并根据技术、能力等划分不同的标准。

1957年，采用省规定要求，集体副业的按记工报酬。有技术的要高于无技术的，技术高的要高于技术低的，搞副业的技术工人的收益最低要相当于过去的工资。

1958年，社队企业兴起时，有实行评工记分的，有实行半供给半工资制的。

1962年，社队企业下马后，对农村副业，其劳动报酬原则上略高于农业，记工的方法有交钱记工，多余归己；有按件记工，也有实行基本工资加奖励的。对手工业企业，凡是能实行计件工资的，一律改为计件工资，不能计件的，实行计时工资加奖励、拆账分成等多种多样的工资形式。

至 1965 年，农副业和手工业企业普遍采取的方法是交钱到队，由队记工参加分配。劳动量大、技术性强的企业生产人员，劳动报酬高于同等劳力。

1970 年，社队企业再度兴起后，从业人员的劳动报酬大多采用工资制，也有采用工分制。

1972 年省委规定：基本核算单位所办企业的职工报酬应和社员一样，评工记分，参加统一分配；非基本核算单位的大队，公社所办企业的职工报酬，由企业付给，或由企业将报酬拨付有关生产队记工参加分配，不得向生产队摊派企业人员工资。

1974 年，批“资产阶级政权”后，企业改为“不拿工资拿工分”，实行“劳动在厂、分配在队、厂队结算、适当补贴”的办法，使企业职工与社员的收入大体保持平等水平。一般情况是，大队企业职工在厂劳动工分参加生产队分配，其分值按全大队平均工分计算，年终决算后厂队结算。公社企业按全公社平均工分直接与生产队结算。职工在厂劳动期间，适当给予补助。肥东县内大多采用西山驿公社社队企业职工报酬的支付方式：一是平调，厂给生活费，生产队支付工资；二是按固定工资交 70%给生产队记工分，30%作为生活补助、劳保、加班等补贴；三是厂补生活费，其余到年终付给生产队，生产队按同等劳力工分处理；四是厂队结算，见工加 1 角；五是按固定工分制付工资，富队吃亏，穷队沾光；六是全部工资交给本人，只给生产队适当费用。

中共十一届三中全会以后，社队企业计酬形式灵活多样，但概括起来是两大类：一类是工分制，另一类是工资制。实行工资制的，一种是计时工资，另一种是计件工资，还有少数的按账分成。随着按劳分配政策的贯彻落实，实行工资制越来越多，实行计件工资的不断增加。社队企业人员不论实行工资还是工分制，都存在厂队结算的问题。

20 世纪 70 年代后期实行的是交钱记工，参加分配。交多少钱，记多少工，做法多种多样。有的按工资收入比例交，如 60% ~ 70%缴队，有的统一规定每月交多少钱；有的按平均值记工分，低的不退，高的补足；有的按实际工分值或高于实际工分值一定的比例记工分；这些办法都不能处理好生产队和工人的利益，矛盾较多。

到 20 世纪 80 年代初期，实行厂队工分估算的方法逐步减少。采用缴积累队分口粮的办法，务工社员固定向生产队缴积累，按工资收入比例交，如交 10% ~ 15%；有的一年固定交多少钱，生产队不计工分，参加分配口粮和实物。分配标准，有的按同等劳动力靠，有的按人口平均分。为了避免务工社员家庭超支，企业根据实际需要，留下一部分转给生产队。随着农业生产责任制的逐步推行，生产队这个基本核算单位支付劳动报酬的功能削弱，社队企业不再实行工分制，也就不存在厂队结算问题，其他几种基本计酬形式依然保留。

20 世纪 80 年代，实行各种形式的生产责任制，把企业好坏和企业人员物质利益紧密联系起来，力求按劳分配，多劳多得的社会主义分配原则，以充分调动企业人员的生产积极性。这时期，乡镇企业的计酬形式更加多样化。普遍实行把职工的劳动工资分成多个小指标，即出勤工资、定额工资、技术工资、工龄工资、职务工资和质量奖赔等。随着经营承包责任制的广泛推行，社队企业内部也实行层层承包，把任务指标落实到班组、个人，严格定额管理，使劳动报酬与贡献成果挂钩，实行交够国家的、留足集体的、剩下由职工分配的办法，采取计件工资制、奖金制、浮动工资制等。通过不同的计酬形式，企业职工的责任制明确了，生产积极性调动起来了，从而促进乡镇企业的进一步发展。

1978—1989 年众兴乡镇企业从业人员及工资收入情况表

表 15-1

年 份	从业人数占农村劳动力比例(%)	年平均每人收入(元)	年 份	从业人数占农村劳动力比例(%)	年平均每人收入(元)
1978	5.04	96	1979	5.07	121
1980	5.17	132	1981	5.11	146
1982	5.08	151	1983	5.37	162
1984	5.92	178	1985	6.2	192
1986	7.1	201	1987	7.8	232
1988	8.1	256	1989	7.2	367

四、工业体制及改革

乡镇企业在发展初期，由公社统一领导、统一计划、统一核算，简称“统管制”，也称“报账制”。企业内部主要采用农业生产的管理办法，实行家长式管理，由厂长行使职权，确定分工报酬，经营范围等。虽然在 20 世纪 50 年代中期实行过按件计酬，定额管理的方法，1959 年，社办厂实行过“五包五定”的生产责任制；20 世纪 60 年代中期推广“四定一奖”的管理办法，但不普遍。

中共十一届三中全会以后，社队企业逐步实行分企业独立核算，公社对企业实行“五定一奖”(定任务、定人员、定费用、定利润、定上缴、超额奖励)，人、财、物三权有统有分，企业有一定的独立性和自主权。企业内部也推行各种形式的责任制，如按件记工、以产计工、利润分成、“五定一奖”等，也有的实行计时工资加奖励。

1978 年，实行家庭联产承包责任制。不久，承包责任制的管理形式被引进社队企业。20 世纪 80 年代中期，社队企业广泛推行各种责任制，把死工资改为活工资，取得明显成效。公社、大队对企业采取利润包干上缴和定额上缴、超利润分成等经济责任制。企业内部承包责任制有计件工资、浮动工资、基本工资加奖励，按纯收入比例分成大包干等。这年，社队企业管理的重点就是推行和完善以承包为中心的经营责任制。

1984 年，乡镇企业根据因地制宜的原则，在管理制度、工资制度、人事制度、分配制度等方面进行改革，全面推行“一包三改”的管理制度。即改干部任免制为聘用制、任期制、选举制，工人录用制为合同制，改固定工资为浮动工资制，实行联产、联利经营承包责任制。企业既可以集体承包，也可以个人承包；承包形式既可以采取定额包干联产计酬，超利分成，也可以采取“利润包干、全奖全赔”。在国家多收，集体多留的前提下，个人可以多得。但整体上乡镇企业内部管理制度仍然落后，不同程度地束缚和限制着企业的放开搞活。

政企不分,所有权与经营权没有分离,行政干预较多,企业自主权少,一些企业逐步变成乡村政权的“附庸”。办厂一句话,人权一把抓,用钱一笔划。生产、经营者积极性不高,乡村集体企业虽然实行了各种形式的经营承包责任制,但尚不完善。少数仍套用“农业大包干”形式,采取“一年包、一年缴、一脚踢”,只管提取利润,别的撒手不管,让承包者拼设备、挖家底,结果“富了和尚穷了庙”。

1987年,乡镇企业按照政企分设,所有权与经营权分离的原则,积极推行厂长(经理)负责制和厂长(经理)任期目标责任制,扩大企业经营自主权,维护集体企业的合法权益,并继续完善经营承包责任制,增强企业活力。部分集体企业进行管理体制和所有制结构的改革,使乡镇企业向股份制方向发展。

1988年,乡镇企业管理的重点是进一步扩大企业自主权,增强企业活力,扩大承包面,采用招标承包办法,完善承包责任制,推行租赁制和股份制。这样,乡镇企业的所有权和经营权的分离有了较大的突破。

到1989年,中央提出的“配套、深化、完善、发展”的方针,以提高经济效益为中心,重点深化乡镇企业内部的配套改革。一是继续稳定、完善多种形式的承包经营责任制,积极推广招标承包和全面风险抵押承包的经验,建立健全企业内部承包责任制体系,鼓励厂长树立长期观念,扩大企业留利,抑制消费基金的增长。二是对小型微利亏损企业推行租赁制,提倡企业之间的相互承包,提倡优势企业兼并劣势企业,实行企业结构的优化,把企业搞活。三是推行股份制,有职工资金入股,有集体和私人共同入股。

定额管理责任制　从20世纪50年代中期开始,农业社对农村副业实行按件计酬,实行定额管理,并采用农业社生产管理的方法,实行“三包”,即包工、包料、包费用。1959年对社办厂实行“五包五定”的生产责任制,即包产品、包投资、包上缴利润、包工分(或工资)、包伙食供给,定任务、定规格、定时间、定工分(或工资)。

经营承包责任制　主要特点是承包者责权利紧密结合,企业经营成果与职工福利紧密联系。经营承包的组织形式与分利方法是多种多样的,按由谁承包,有以下几种类型:干部牵头,集体承包;厂长承包,联利奖赔;个人承包,自负盈亏;分项经营,直接承包。

招标承包责任制　1984年,试行招标合同制,一些有专业知识和管理才能的人被选聘到乡镇企业中来。实行招标承包企业的厂长、经理,有权任命副厂长,有权招聘技术员,有权设置内部机构,有权招收和解雇职工。

厂长负责制　乡镇企业从20世纪50年代到70年代,主要实行的就是公社或大队,生产队领导下的厂长负责制。厂长在上级部门的计划安排下,行使生产、经营指挥权,确定分工、报酬、经营范围等。实际上厂长的职权有限,权属部门随意抽调企业的职工、财物,决定企业的领导干部和经营方向等。

股份制　是劳动者与生产资料相结合的一种具体形式,体现了股份占有者占有生产资料所要求的经济权力与经济利益相统一的经济关系,解决了企业所有者对企业没有管理权,在企业得不到应得利益的问题。20世纪50年代初,对农村乡村私营工商业者和个体手工业者实行社会主义改造时期，曾把个体劳动者的人财物折价作股进行合作、合营。但随着社会主义改造的结束，不再发展新的股份制企业。中共十一届三中全会后，股份制又开始兴起。1987年后，企业普遍实行了股份制，重点是放在为乡镇企业资产的增量开辟来源上。①已有企业，通过发动本企业职工入股的办法，来克服资金困难和改造企业的管理机制；②在新建、扩建企业中，吸收企业职工和社会成员入股，并同企业兼并结合起来，以初步形成股份制企业；③采用股份制的办法，来推动乡镇企业的横向联合与协作。

租赁制　乡镇企业实行租赁制是从20世纪70年代开始的，是在不断改变企业所有制性质的基础上，企业主管部门将企业资产有期限、有条件、有偿出租给承租者，并将经营权交给承租者的一种经营形式，主要是在小型、微利或亏损企业中实行。租赁的形式有个人租赁、合作租赁、全员租赁和企业租赁等。1989年，乡镇企业系统大力推行租赁制，条件许可，适合个人经营的，也准予拍卖，以形成新的生产力，把一些小型、微利、亏损企业搞活了。

产权制度改革　1997年6月，全乡12家企业推进以股份制形式为主的多种形式的改革。吸收法人股50.9万元，个人股37万元，形成企业投资多元化局面。同年，全乡以拍卖、出售、股份制、并、破产等形式实行体制改革。合肥市兴皖电器厂、金强保温材料厂、众兴棉织厂、肥东县新型琉璃瓦厂4家企业实施破产重组；众兴轮窑厂、众兴面粉厂、众兴建安公司进行股份制改制。各企业在改制的过程中，严格按照法律程序操作，企业财务和固定资产委托有资质的会计事务所审计、评估，对企业改制方案反复论证，经职工大会后批准实施，符合破产条件的企业进入法律程序，确保企业改制的规范化、合法化。与此同时，认真做好职工的思想工作，赢得企业绝大多数职工的积极参与。

至2005年8月，全乡12家企业进行各种形式的改制，其中实施净资产出售4家，关闭破产8家。同年开始在大高、花灯、八联3个村0.5平方千米范围内，本着用地集约、产业集聚、布局集中的原则，筹建工业企业集聚区。2006年11月，众兴乡乡镇工业企业聚集区获得市级批准。2006年起，乡在工业聚集区内投资240万元，新修2条长2200米的混凝土道路，工业聚集区项目用地实现“六通一平”。同时投资500万元，建成日供水5000吨的自来水厂，乡确定专人为进驻企业立项、注册、环境评价、用地预审办证、规划选址、项目施工及生产经营等全程服务。先办理业务后结算费用，及时解决项目建设中遇到的问题和纠纷，确保项目建设、企业生产经营不受干扰。

乡通过实施土地整理项目，申报缩村让地项目，为发展工业提供土地，解决了发展工业与占用农用地的矛盾。在征用农民土地中，认真贯彻执行中央有关补偿安置政策，切实保护农民利益，做到了在稳定的前提下谋求工业和经济发展。

乡坚持工业强乡战略，合理确定招商重点，积极承接产业转移。以乡工业聚集区为中心，吸引更多的项目落户聚集区。至2018年底，先后有天豪电缆厂、鼎亮反光、锦成胶粘、广胜管业、丹明机械、合肥市荣泽古建筑公司等企业落户工业聚集区。至2018年，全乡工业总产值7262万元。第二、三产业占地区生产总值的60%。工业从业人员1720人，建筑从业人员4200人，财政收入1316.2万元。

第五节　企业与产品选介

合肥昊达冷冻有限责任公司　地处众兴乡工业聚集区大众路西侧，拥有一座50000吨高货架单层组合冷库，占地面积18666.76平方米，总投资为1000万元。

合肥昊达冷冻有限责任公司引进全套美国HUSSMANN公司的制冷设备，对温度进行自动控制，冷库采用西班牙货架，确保各类产品不受压损和外包装完整无缺。单层冷库出租无须用电梯做垂直运输，高速叉车平面运输进出货更快捷。昊达冷库拥有经过多年技术攻关和经验积累的冷藏工艺技术人才，在多项果蔬冷藏方面有独特的技术，特别对板栗、鸭梨和南果有专门冷藏工艺技术，并设有专门仓库。

合肥昊达冷冻库出租公司拥有完善的质量保证体系，并获得ISO 9002质量保证体系国际认证。树立"产品质量在我心中、质量意识在我心中"理念，用科学冷藏技术工艺、先进检验方法，全过程控制冷藏商品质量。

合肥昊达冷冻库具有世界先进的制冷设备和设施，同时也有一流的管理和服务，是一家"五星级"服务的冷库出租公司。为客户提供24小时全天候服务，货物进出、库存、库位、结账全过程实行电脑管理，具有健全的客户服务体系和高素质客户服务队伍。主营冷库、厂房出租、冰块出售。

徽海吸塑　合肥徽海吸塑包装材料有限公司总部坐落在瑶海工业园，公司创立于2002年。2012年在众兴工业聚集区设立厂区，公司采用PVC、PET、PS、PP、APET等各种防静、镀金、普通环保、植绒等原料，按客户要求设计、制造等各类包装成型、压空成型产品。产品具有晶莹透亮、美观大方、环保等诸多特点，秉承总公司精湛技术和优良传统，凭借价廉、质优、交货快捷而深受广大客户好评，产品在江浙沪等地得到广泛肯定和认同。

合肥徽海吸塑包装材料有限公司是上海总部在合肥设立的分公司，公司规模发展迅速，已经发展成为合肥市一家非常有知名度的公司。8年来公司一直致力于各种吸塑包装制品生产，积

2014年3月3日，合肥徽海吸塑包装材料有限公司食品用工具获得全国工业产品生产许可证　（徽海吸塑厂/供）

累了丰富的专业吸塑经验。

公司的优势在于有自己的模具设计团队，为产品开发设计和后续的吸塑生产节省生产时间,保证交货日期。公司设备均由香港、深圳、台湾引进,拥有2台电脑全自动高速成形机、冲床、折边机、热压机、半自动成型机多台以及其他相关配套设施,设备齐全,在同行业中处于先进水平。

主要产品:各种真空吸塑面罩、托盘、内托、折边、对折、三折等吸塑制品、透明或丝印胶合;卷边圆筒、高周波、热合、胶片整平、软膜袋、切片印刷等。

公司秉持“高品质、准交期、合理价、优服务”的一贯信念,不断完善,与广大新老客户携手共进!

另外,公司已经拿到“全国工业产品生产许可证”,证书编号:QS34-10301-01782。

合肥荣泽古建公司　1970年创建于东阳,1979年到合肥发展,开始木雕制作。2010年迁至众兴乡工业聚集区,大众路西侧。其主要承接徽派建筑、仿古建筑、仿古别墅建造,大型古建园林仿古木雕工程的设计、制作、安装、红木家具、博古架的生产定做以及木雕工艺品、仿古门窗、花格的制作。公司专业从事古典木雕的研究、设计、生产,拥有一批从事传统木雕多年、具有丰富经验的专业设计人员。

2014年众兴乡企业基本情况表

表15-2

企业名称	位置	占地（亩）	年产值（万元）	产品	职工人数（人）
合肥鼎亮光学科技有限公司	霞光	4	10000	反光材料	40
安徽徽艺坊朗迪家具木艺制造有限公司	霞光	10	10000	家具木艺	100
合肥永发家具有限公司	花灯	10.8	200	家具	14
合肥天力阻燃材料有限公司	范岗	2.5	10000	阻燃材料	15
合肥天豪电缆有限公司	大高	48.3	5000	电缆	130
合肥刚强保温材料有限公司	大高	12	3000	建筑材料	20
合肥顺明建筑材料有限公司	大高	12	3000	建筑材料	20
合肥锦成胶粘制品有限公司	大高	19	1000	胶带	46
北京丰瑞工贸有限公司肥东分公司	大高	7	500	家具	16
安徽广胜管业科技有限公司	永安	21	在建		
合肥丹明机械有限公司	永安	27	在建		

第六节　工业开发区

一、众兴工业聚集区

在工业立市战略的指导下,合肥市自2006年开始批准一批乡镇工业聚集区,肥东县有近 10 个，各工业聚集区的发展为乡镇经济发展提供了重要的造血功能。

众兴工业聚集区位于众牌路、大众路两侧，距县城 17 千米，比邻合肥市新站区。

2005 年，在充分调研、论证的基础上确定按照“产业集中、布局集聚、模式集群”的原则，在大高、花灯、八联三村筹建工业聚集区，成为合肥市内产业向外延伸的一个重要分支和合肥北城产业区的有机组成部分。重点产业是食品加工、建材工业、机械工业等行业。

2014 年，区内投产企业 49 家，规模以上企业 16 家，在建项目 6 家。较大企业有合肥刚强保温材料有限公司、北京丰瑞工贸有限公司肥东分公司、合肥天豪电缆有限公司、合肥永发家具有限公司、合肥鼎亮光学科技有限公司、安徽徽艺坊朗迪家具木艺制造有限公司、安徽广胜管业科技有限公司、合肥丹明机械有限公司等。

2014 年，工业总产值 3.2 亿元，第二、三产业占比 65%，工业从业人员 2000 多人。

二、政策措施

基础设施建设　通过招拍挂获得的出让金和土地开发复垦整理向聚集区内处于起步阶段的企业给予倾斜。

县财政在每年专项资金安排中，重点支持聚集区基础(配套)设施建设。

加大以奖代补力度，根据实际情况逐年增加奖励资金，重点用于支持发展快、潜力大且具有一定规模的企业。

企业融资　有关部门在为工业聚集区内企业办理房产、土地证件时开辟绿色通道，为提高企业融资能力创造条件。

建立健全信用担保体系，协调金融部门加大对区内企业信贷力度，积极为符合条件的中小企业争取专项扶持资金和贷款。

有关职能部门定期或不定期组织开展银企对接活动，特别是要有针对性地加强工业区内中小企业与县内各金融机构的联系合作、建立银企合作长效机制。

用足用活政策，走节约集约之路。随着经济的发展，土地供需矛盾越来越突出，必须正确对待，积极应对。

坚持依法、节约、集约、合理用地。严格执行工业用地投资强度和容积率定额指标，最大限度地控制项目土地使用量，合理确定入区企业占地规模，提高工业区土地利用率和产出率。对工业区内企业，经考核，集约节约用地达到一定标准的，建议给予年度用地指标奖励。

盘活存量闲置建设用地。采取置换等多种形式，把乡村老宅基地、老厂房等闲置土地盘活，加大土地复垦力度，通过建设用地置换来增加工业区建设用地指标，通过土地利用总体规划的修编调整，科学合理确定工业区发展规模。

研究和探索农村集体土地使用权的流转问题，可采用土地使用权出让、转让、租赁、作价入股或土地置换等形式，促进农村集体土地依法、合理、有序地流转。

多措并举，增加土地供应量，统筹安排用地指标。按照工业区建设总体规划，对工业区建设用地实行预留、预征、用地指标优先考虑工业区建设需要，切实向工业区倾斜。

“敢”字当头，勇于创新。没有风险就没有发展，要克服“怕”的心理，学习发达地区的成功做法，就是做了再说或者只做不说，“敢”字当头，发展为先，创新办法，把工业区建设与新农村建设、移民建镇、整村推进等相结合，创造性地解决工业区发展中遇到的困难和问题。

搞好协调服务，走合力推进之路　努力营造良好环境。在搞好对乡工业区企业服务的同时，杜绝乱检查、乱罚款、乱摊派、乱收费等问题，使工业区真正成为中小企业的孵化器、保护伞。

增强部门服务意识，乡各有关部门把支持工业区和企业发展作为自己的分内事，着力做好供水、供电、通信等配套建设，协调解决好土地、房产办证以及贷款办理等事宜，特别是要积极做好企业入区的后续服务工作，及时帮助企业解决实际困难和问题。

切实履行服务发展的职能，克服在服务过程中的“只表态、不落实”的现象，增强部门抓服务的落实力和执行力，特别是在工业区建设、项目入区过程中，部门要切实兑现承诺，对企业提出的问题及时作出回应。

三、招商引资

（一）指导思想　以市区东进北扩为契机，以“工业立乡、工业强乡”为主战略，以招商引资为突破口，以扩大开放为动力，优化投资环境，改进招商方式，拓展招商渠道，推进众兴产业聚集区建设，促进经济再上新台阶。

（二）总体目标　至2014年，招商引资到位资金23.6亿元，新招固定资产投资1000万元以上的项目10个，利用外资400万美元。

（三）工作重点

工业招商　立足培育产业集群，重点抓好合肥市外迁等工业企业的签约落地，开拓原有的食品、包装材料、轻工等产业的发展空间，搞好产业链的协作配套，着力解决土地、用工、建设等工业项目落地的瓶颈问题。

农业招商　大力发展观光农业、特色农业、传统农业及农产品加工业方向进行招商。进一步做大做强园艺种植业，重点策划搞好苗木花卉产业和果蔬产品加工业。

（四）主要措施

1.发挥资源优势，拓宽招商引资领域，从“四个围绕”入手抓招商引资

围绕资源优势招商引资　充足的土地资源储备、电力资源、水资源是招商引资、项目开发的优势，也是加快发展的潜力所在。以资源吸引外来客商，以开放促进园区开发，重点做好产业招商，尽快将资源优势变为经济优势。

围绕盘活存量招商引资　现有存量资产是对外招商引资的“资本”和潜力。按照“你求发财、我求发展，你图创业、我图就业”的思路，以存量换增量，以市场换项目，以眼前“失利”换长远“得利”。

众兴乡"肥东发展之我见"金点子大赛举行

(经济发展办/供)

围绕培育新兴产业招商引资 突破固有的思维方式，把招商引资与调整产业结构结合起来，通过引进技术、资金、品牌，发展新兴产业。

围绕生态旅游招商引资 众兴是安徽省十大森林乡镇，借助合肥市近郊、市非物质文化遗产马政寺(马政娘娘庙会)、水利观光旅游众兴水库的开发建设，加强宣传，吸引更多的客商来投资旅游开发项目，要争取众兴水库水利设施旅游的早日开发建设，使旅游产业成为新的经济增长点。

2.创新招商方式，增强招商引资实效

促进以商招商 服务好落地企业并与之建立长期友好的信任合作关系，以吸引更多的客商来投资兴业。本着"结识新客商、巩固老客商"的原则，建立"客商库"，促进以商招商。

实行委托招商 聘请县内外有实力、有门路的招商中介机构和投资个体以及众兴籍在外人士为经济发展顾问或招商联络员，明确招商责任和奖励标准，建立有偿招商制度。

开展亲缘招商 充分发掘各方人士的对外联系，精心策划、激励引导、动员广大干部群众采取走访亲友、书信电话联络等方式，传导乡情和招商政策。

借助园区招商 以"园区建设"为载体，坚持园区建设与花灯大街建设相结合的原则，明确园区功能定位和产业主导方向，园区规划要有利于项目聚集，要有利于产业布局的优化，能最大限度地发挥辐射带动作用，把产业规划、园区规划、城镇规划相互融合、相互依托，构建新型经济发展平台。

实施网络招商 建立专业的招商网站，把优惠政策、奖励办法、项目库上网，不断从网络上收集最新招商信息，了解招商形势，增强网上招商功能。

3.狠抓项目落实，搞好项目跟踪服务，突出抓好项目建设工作

抢时间、争进度，千方百计克服建设中的各种困难。对计划实施的工业项目抓紧抓实抓好，切实做到"线索项目抓跟踪、跟踪项目抓签约、签约项目抓报批、报批项目抓开工、开工项目抓投产、投产项目抓增资"。

(1)对计划开工而未开工的项目，主要是要针对项目建设中存在的具体问题，下大力y度逐一解决，为项目建设创造基本条件，力争实现当年建设、当年收益。

(2)对在建项目，确保竣工投产。

(3)对新建项目，提高服务水平，加大洽谈力度，争取开工建设。

4.优化投资环境，增强招商引资吸引力，把环境建设作为招商引资工作重要环节来抓，努力营造"四个环境"

(1)营造宽松政策环境。在引进资金、引进人才、用电用地、税费征收等方面执行原有一系列优惠政策的同时,采取一事一议、一企一策的办法,让客商有利可图,有钱可赚。

(2)营造优质服务环境。创造条件,努力为投资者提供更优质服务,给客商打开一条“绿色通道”,让他们放心投资,安心创业。对重点项目实行“一章先行”制度,做到跟踪服务和全程服务。

(3)营造规范法制环境。要大力制止和严肃查处“三乱”行为,理顺政府与企业的关系,使行政审批工作走上规范化的轨道。进一步规范和整顿市场秩序,努力营造守法经营、公平竞争的市场环境。凡是干扰、破坏、延误项目开发的单位和个人,依法依规严肃查处。对屡教不改、明知故犯者,从重、从严、从快查处。同时,追究其单位或主管部门主要领导责任。

(4)营造完善硬环境。要重点抓好聚集区交通路网、通信网络、广电网络建设,逐步实现基础设施网络化,切实抓好集镇区街道建设、绿化美化建设、人文景观建设和服务设施建设,以完善优美的环境吸引客商,留住客商。

5.加强组织领导,推动招商引资工作上新台阶。招商引资是经济工作的重中之重,要做到“四个抓”

(1)领导带头抓,带头解放思想。做到“四个树立”,即树立环境开放观念,破除吃亏上当思想;树立合作双赢观念,破除“求稳怕乱”思想;树立敢闯敢冒观念,破除平衡用力、样样争先的思想;树立只争发展第一的观念,以思想大解放,推动招商引资、项目开发。带头转变作风,把招商引资当作第一要务来抓,找准招商引资切入点,争取洽谈一个、建设一个、见效一个。

(2)部门联动抓。各村、各部门必须增强全局观念,服从、服务于招商引资、项目建设。各职能部门要紧密结合各自工作实际,创造性地服务于招商引资工作。要实行招商引资项目跟踪落实责任制,搞好全程服务,使其发挥示范作用,确保引进一个、带动一片。

(3)发动全民抓。招商引资、项目建设是一项系统工程、全民工程。鼓励各种经济组织踊跃参与招商引资、项目开发;激发干部、农民、个体私营业主以及在外地工作的本籍人员招商引资、项目开发热情,营造一个全民招商的良好氛围。

(4)检查督办抓。把招商引资、项目建设作为衡量乡、村、组干部工作成绩的第一指标进行量化考核,实行责任追究,坚持“一月一通报,半年一初评,全年总考核”,确保招商引资工作常抓不懈,常抓常紧,常抓常新。

四、企业选介

安徽广胜管业科技有限公司

安徽广胜管业科技有限公司埋地式高压电力电缆套管生产项目一期工程总建筑面积约9830平方米,位于永安社区。主要建设内容:厂房、配套设施建设以及设备购置安装等。项目一期工程生产规模:年产电力管套400万米。

总投资 6800 万元,其中,固定资产投资 5668 万元,流动资金 1132 万元。资金来源:公司自筹解决。

经营范围　电线电缆保护管、塑胶管、玻璃钢管、玻璃钢复合管、涂塑钢管、电力管道及器材的研发、生产、销售;钢构件、铁附件、线路杆塔、电力金属、高低压电气成套设备、仪器仪表、水泥制品研发、生产、销售;电线电缆、五金建材、通信网络设备、办公用品及设备销售。

合肥泽晟机械制造有限公司

泽晟机械车间　（刘斌/摄）

公司成立于 2014 年 9 月 4 日，注册资金 500 万元，坐落于乡大高村,主要从事五金模具开发、五金冲压、五金喷塑、五金电镀、五金装配等生产制造,经营五金模具及五金配件加工、生产、销售,机械设备及配件销售。致力于为客户提供一站式服务的民营企业。合肥泽晟机械制造有限公司以顾客为中心,以服务为特色，以专业价值追求卓越,创造行业品牌典范,实现价值最大化,回报社会,诚信奉献为企业使命,在肥东县逐渐树立起公司良好品牌效应。

安徽省永安建筑有限公司

公司成立于 1986 年 10 月，原永安乡属乡镇企业,2001 年 12 月改制。2008 年 3 月 4 日,经建设部审查核准为“房屋建筑施工总承包一级资质”,同时还具备“市政公用工程施工总承包二级资质”“建筑装饰装修工程设计与施工二级资质”。公司注册资金 5020 万元,净资产 9243.1 万元。初级以上职称工程技术和经济管理人员 325 人。其中,高级职称 11 人,中级职称 83 人，企业项目经理 86 人，一级资质建造师 12 人。公司设置生产经营处、设备材料处、财务会计处、资金运营处、质量技术处、安全文明处、综合管理办公室及人力资源部,并下设淮南、巢湖、滁州、无为、芜湖、亳

安徽省永安建筑有限公司　（刘斌/摄）

州、西藏、河南分公司。

至2014年，先后完成合肥长江批发市场商品交易市场、糖酒广场三期、服装城一期、二期、塑铝百货城工程，岱山湖旅游区迎宾山庄工程，天地人科文苑住宅小区工程，东河丽景小区工程，月亮湾小区工程，实嘉原创生活小区工程，新淝家园工程，求实华都工程，北美印象工程，柳林苑主体一、二期工程，肥东县公安局石塘派出所工程，肥东新农村建设工程，芜湖迎宾花园一、二期工程，芜湖、滁州、淮南长江商贸城工程，亳州帝景华庭小区工程，无为四季花城小区工程，巢湖徽商御花园工程，芜湖市检察院技侦大楼工程，西藏山南地区儿童福利院综合楼工程，河南周口市中原国际商贸城，蚌埠医学院实验教学楼工程，合肥市瑶海区双窑洞棚户区拆迁改造安置房二期工程，芜湖柏庄观邸三期1标段工程，芜湖市碧园小区公租房等大批具有代表性的工程。所建工程质量合格率100%，安全生产、文明施工达标率100%，平均优良率达60%。未发生过一起重大施工质量、安全伤亡事故。

公司通过了ISO 9001:2000质量管理体系认证、ISO 14001:2004环境管理体系认证和GB/T 28001—2001职业健康安全管理认证；连续多年被省建设厅、市建设局评为“优秀建筑业企业”“安全文明先进集体”；多项工程获得“黄山杯”“琥珀杯”，以及省级“文明示范工地”奖项；被安徽省人民政府、安徽省工商行政管理局、合肥市工商局分别授予“重合同、守信用”先进单位称号。

北京丰瑞工贸有限公司肥东分公司 （康琛/摄）

北京丰瑞工贸有限公司肥东分公司

公司位于众兴工业聚集区，2010年4月13日在合肥工商局注册成立。主要经营：木制家具制造、销售，五金、建材（砂石除外）、针纺织品、日用百货销售。

安徽省天豪电缆有限公司 （康琛/摄）

安徽省天豪电缆有限公司

公司位于众兴乡工业聚集区，于2007年2月7日在肥东县市场监督管理局注册成立，注册资本为300万元，公司经营高低压电线、电缆材料、钢材制品生产、加工、销售，化工产品（危险品除外）销售。

安徽香榭里园林景观工程有限公司

公司成立于2010年,位于乡霞光村。现有苗圃基地2800亩,众兴基地面积1200亩,玻璃温室大棚7396平方米,鱼塘155亩,农家乐600平方米;元疃基地面积1100亩,是集园林绿化、景观、仿古建筑设计、施工,盆景生产、销售、租赁,雕塑、假山、亮化、装饰工程、园林器械销售及种苗研发、生物监测、资产评估、休闲农业于一体的综合性园林景观公司。花卉苗木产品主要有香樟、栾树、无患子、广玉兰、桂花、樱花、紫薇、海棠、红叶石楠球、红花继木球、金森女贞球、红叶石楠色块苗等,数量达100多万株。

安徽香榭里园林景观工程有限公司　(康琛/摄)

2018年3月30日至4月1日,第十二届中国园林绿化高峰论坛暨第二届中国林业生态大会召开　(康琛/摄)

公司注重科技创新,工程技术优势明显;注重与国内大苗木基地联合,重点开发园林园艺用苗和绿化造林用苗两大系列品牌,建立覆盖全国的苗木营销网络。

公司法人韩成勇,肥东县苗木花卉协会秘书长,肥东县苗木花卉产业领头人。韩成勇常携志同道合的伙伴,奔赴全国各地参加各种培训会和交流会,参观学习全国各地优秀苗木企业,采取"走出去,引进来"的方针,把看到的、听到的落实到苗圃生产和营运中,同时还引进全国各地优秀苗木企业来肥东投资兴业。

2016年,公司获得肥东县苗木花卉产业特殊贡献奖章,是唯一荣获肥东县个人5万元奖金的先进模范。

合肥晨坤生态旅游开发有限公司

公司由原合肥巨豪房地产开发有限公司改制创立,公司以"生态旅游开发"为中心,"园林苗圃、园林工程、园林建筑、园林艺术"为依托,"新技术,新的艺术理论,新的表现手法”为支撑,“绿色生物系统的生产者”为定位,集“健康、舒适、节能、方便、文化、休闲于一体的生态群落”为特色,将现代化的苗木培育,专业化的规划设计,标准化的施工管理,自产自销的运作模式相结合;合理利用自然因素、生态因素、社会因素,致力于创建优美的、生态平衡的生活境域。

公司开发的众兴晨坤生态园是一个以可持续发展为指导思想,集种植、灌溉、休闲娱乐、生态养生、观光表演于一体的现代庄园。庄园坐落于乡大高村,紧邻众兴水库,环境优美,民风淳朴,交通便利。园区规划总面积约 1000 亩,水域面积 160 亩,绿化覆盖率达 80%,内部设有七大功能分区:专类景观植物园、特色盆景园、科技研发园、果蔬采摘园、农林牧生产园、绿色餐饮区、休闲垂钓区。

在政府和群众的支持下，众兴晨坤生态园区内道路及灌溉系统等附属设施建设已基本完成。新建道路 7 千米,改造园区内老旧池塘 6 口,新建池塘 2 口。园内专类景观植物园已完成 80%,达 600 余亩,栽植有桂花 100 亩、日本晚樱 50 亩、紫薇 50 亩、无患子 50 亩、黄山栾树 50 亩、高秆红叶石楠 50 亩、香樟 50 亩、白玉兰、红玉兰、广玉兰、银杏、红枫等。另外也引进了像北美彩叶海棠等一些新品种。

肥东丹明机械有限公司

公司于 2016 年 6 月 8 日在肥东注册成立,注册资本 1000 万元,主要从事机械铸造、加工及设备装配。

公司由原合肥丹明机械有限公司搬迁设立，位于永安村。原合肥丹明公司创建于 1992 年，位于合肥龙岗工业区内,占地面积约 8600 平方米,2014 年员工 60 多人,固定资产 1000 多万元,年销售额 3000 多万元。公司主要从事水泵零部件加工及装配，拥有卧式镗铣加工中心、数控龙门铣床、镗床、龙门刨床、磨床等 10 多台设备以及装配生产线 1 条。

肥东丹明机械有限公司　　(康琛/摄)

肥东丹明机械有限公司机械加工及设备装配项目系肥东县招商引资项目，计划总投资 13400 万元,其中固定资产投资 12074 万元,流动资金 1326 万元。项目完工以后可实现年精加工 1 万吨铸件并实现设备装配的能力，不仅可以满足凯泉电机电泵及神马集团等现有市场客户的配套要求,而且可以适应不断扩大的市场需求。

公司一期项目于 2018 年底顺利投产，年销售额达 6000 多万元，年上缴国家税收约

300多万元，增加就近就业80多人，有力地推动了本地经济的发展和机械设备加工制造能力。

公司坚持以“客户满意，社会认同”的经营理念，真诚与社会各界朋友携手合作，愿以优质的产品，完善的售后服务为机械事业做贡献。

合肥旭升绿化有限公司

位于乡花灯社区，成立于2013年，注册资金500万元。专业从事园林绿化和苗木种植养护，专注于发展生态养殖、生态旅游、生态酒店等服务业。拥有800亩苗木基地，30多个苗木花卉品种。就近从业200余人。

第七节　乡镇企业　民营企业

一、乡镇企业沿革

合作化前的农村副业　中华人民共和国成立初期，农业在整个国民经济中占绝对主导地位，经济基础非常薄弱。乡村企业几乎全部倒闭，工人和手工业者大批失业，农村生产力还停留在原始水平上，工具简陋，耕作方法陈旧，完全依靠手工劳动，绝大部分耕地靠天收，产量很低，稻谷亩产不足100千克，棉花亩产只有7千克，农民除了抓紧冬耕春种，还要义务兴修水利，农村妇女及农闲男劳动力从事纺纱织布、编芦席、砍柴、割草、捕鱼、捉虾、挖藕、刨中药材等副业，开展自给自足活动或换取同等价值的物品。

至1952年，完成土地改革，开展互助合作运动，爱国生产竞赛运动，实行一系列对农业生产保护的奖励政策，众兴地区农林牧副渔全面复苏，农村经济得到较大发展。

合作化时期的农村工副业　1953年，农村劳动力农忙以外的时间，主要投入以发展粮、棉、油为目的的兴修水利、平整土地、改良土壤等改造农业生产条件的活动上。政府普遍采取以工代赈的传统办法，动员农村劳动力参加诸如堵决口、修复堤坝、筑公路等建筑工程，有条件地组织地方制砖瓦、打麻绳、砍柴、编芦席、解决建筑材料不足问题，还组织村民捕鱼、加工粉丝、挖药材等，当时，众兴地区由村民合伙建起2座土窑，自制土坯，烧制砖瓦。这些生产自救性的农村工副业，在一定程度上减轻了农民的生活负担。

1956年，基本上完成了对农业、手工业和资本主义工商业的社会主义改造。对私营的副业加以扶持，农村养鱼、养猪、养羊、养蚕、养兔、养家禽等各项副业生产，有了很大发展，市场繁荣，收入增加，对公对私都有利。

农村手工业　其大体上与农业社会主义改造同步，具体步骤是从供销入手，遵循由分散到集中，由小到大，由低级到高级的原则。先手工业供销小组，而后手工业供销合作社，再过渡到手工业生产合作社，实行按劳分配原则，有的实行按工具分红和按劳分红相结合的分配办法，从而消除了雇主剥削雇工的不合理现象，废除了旧社会遗留下来的封建陈规陋习和师傅剥削学徒的现象。这种新型的生产关系，提高了广大手工业者的经济地位和社会地位。但在手工业合作化过程中，普遍出现过激情绪，以致速度过快，有的盲目办大社，盲目合并，工资制度也欠完善，存在不分技术等级、平均分配的倾向。

社队企业的兴起　1958年8月，众兴一些农业社纷纷建起小高炉。广大农民放下农活参加钢铁大会战。

10月，众兴成立人民公社，实行“政社合一”的管理制度。公社可以任意抽调生产队的人力、物资、土地。社办工业发展速度加快，众兴社办农具社、土化肥、土农药厂各1个，粮食、油料和食品加工厂6个，纺织、酿酒、砖瓦等8个厂，大办工业付出了巨大的代价。大量劳动力参加大办钢铁，农村劳动力紧张，成熟的庄稼无法收割。

1958年11月，众兴开始纠正人民公社化运动中出现的“共产风”和浮夸风等问题，“压缩空气”，把高指标降下来。1959年，社办工业生产计划和方针政策都作了调整。

1961年，众兴办起手工业生产合作社、街道工厂、学校勤工俭学工厂和小型合营工业等，生产品种主要有各种纺织品、日用杂品、小百货以及桐油、米粉、半机械化农具、改良农具、小农具、硫黄、明矾等。

1962年，众兴强调注意养猪事业，办2个养猪场，以养猪为纲，发展畜牧业，大力发展多种经营。

社队企业的停滞　1959年6月下旬至10月底，持续100多天的大旱，粮食产量跌至谷底，众兴地区群众开始遭受严重的饥荒。

1962年，众兴集镇上的手工业只保留必要的铁、木、竹制造力量和原材料供应正常的传统生产行业。9月，竹、木匠下放到大队或生产队。这样在社队企业纷纷下马的同时，农村手工业反而有了较大的发展。

1963年5月，众兴重新建立合作店、组，归供销社领导和管理。调整部分社队企业，大部分被砍掉，人员回到生产队。

1963年7月，众兴把发展集体副业生产当作一项重要的经济任务和政策任务。坚持以农为主，以副养农，以集体经营为主，兼顾社员家庭副业。集体副业以生产队经营为主，公社大队可以根据条件，在不搞平调的前提下，举办一些为农业生产服务的企业，同时要积极指导和帮助社员发展家庭副业。

1967年3月底，实行军管。着手整顿社会秩序，恢复生产，提出社队经营的“四坊”，只能接国家、集体和社员的来料加工，不许进行商业活动。

劳动力统一使用，采用农闲大干，农忙小干与常年不停，稳定专业生产人员相结合的方式。

经营遵循以农为主，以副养农，综合经营和因地制宜，有所侧重，长短结合，以短养长的方针。

社队企业的复苏　1972年，众兴乡办2个拖拉机站、农具社。同时兴办小型工业、手工业、民间运输和其他副业，以及良种场、林场、养猪场、渔场等。社队办企业所需资金，仍依靠集体积累。社队企业人员除少数专业工作者和技术骨干外，多数实行亦工亦农，定期轮换，或者农忙时务农，农闲时做工。此外，还制定了许多具体政策界限，如不准私自招工，不准吸收外来人员，不能与国营工业和城市手工业争原料，严禁长途贩运和从事转手买卖等商业活动，以地区为主组织协作，不准乱搞协作等。

1975 年春，开始治理整顿经济秩序。对现有社队企业建立健全必要的规章制度，打击贪污盗窃、投机倒把活动，取缔地下工厂和地下包工队、地下运输队，改善和加强企业的管理。

1976 年 10 月，省委在肥东西山驿公社召开全省社队企业经验交流会，会议出台发展社队企业的 9 条意见，后经农业部批转全国，产生较大的影响。12 月，省财政部门制定《安徽省农村工商税收征收办法》，对发展社队企业从税收政策上加以扶持和鼓励。该办法规定，农村社队企业工商所得税，统一实行四级超额累进税率。对直接为农业生产服务的社队所生产的化肥、农药、兽药、炸药、电力、水泥、水泥涵管和陶瓷涵管、石灰、农具、农机具修造、农用车船修造、孵坊、饲料加工和农机站、拖拉机站、排灌站的排灌机等收入免征工商税和所得税；对直接为社员生活服务及以自己生产的农副产品为原料加工的，如豆腐坊、粉坊、油坊、碾米坊和粮油棉加工收入，免征工商税和所得税。农村新办社队企业，自投产之日起，给予免征工商税和所得税两年的照顾。众兴社队企业遍地开花。

乡镇企业的发展　1984 年，众兴乡镇企业即在社（乡）队（村）举办的企业，部分社员联营的合作企业，其他形式的合作企业和个体企业，并给予了极大的支持，对社队企业与国营工业一视同仁。坚持国家、集体、个人一齐上。对现有社队企业下决心进行整顿，整顿的中心是建立和完善厂长（或经理）承包责任制，原厂长或经理不称职的，采用招标的办法，选择企业领导人。改革劳动工资制度，克服捧“铁饭碗”、吃“大锅饭”的弊病。

政策上进一步放宽，允许专业户雇工，允许雇主和雇工的收入有差别。发挥价格和税收的经济杠杆作用，原材料和产品价格允许浮动，对生产市场急需产品的开发性生产的，直接为人民生产和生活服务的农副产品综合加工利用的乡村工业，实行减税或免税照顾，食品工业和饲料工业发展所需原料，在国家完成收购任务后，企业可以自行采购。

发展城乡个体经济，鼓励农民特别是农村专业户自带资金到小集镇办工厂、开商店和从事各种服务性经营活动。雇工人数可以不受限制，而且只要在税后利润中留下一定积累的，可以不以私人企业对待。

小城镇新办的集体企业和合作企业，在开办初期给予免征工商税一年和所得税一至两年的照顾；小城镇的建筑人员和运输队，可以到城市场承包工程和从事运输，收费标准可以在国家规定的 20%的幅度内浮动。引进外资，对于外地、外省到小城镇合资或独资兴办企业的要提供一切方便，给予优惠照顾。

二、乡镇企业

企业规模　1986 年，众兴乡镇企业规模不大，技术含量不高，有乡镇企业 190 家，从业人员 1070 人，总产值 10.5 万元；1997 年，乡镇企业从业人员 4200 人，总产值 720 万元，成为发展乡镇经济的主体力量;2002 年后,乡镇企业逐步退出集体所有制序列。

2005 年,众兴有民营企业 276 家,从业人员 2610 人,注册资金 1720 万元,个体工商户 127 家,从业人员 1670 人,注册资金 176 万元。

1986 年,众兴设乡镇企业管理办公室(简称企办室)。2002 年后,由于乡镇企业改制,陆续退出集体所有制序列,企办室也随之撤销。

乡镇企业办主要职责是参与编制全乡乡镇企业的发展规划,分析乡镇企业经济运行情况,下达乡镇企业生产指标,协助乡镇企业进行技术改造和新产品开发,指导乡镇企业进行产业调整和质量达标验收,组织和指导乡镇企业各类专业技术培训,督促乡镇企业加强基础管理工作,负责乡镇企业经济指标收集和统计工作。随着计划经济转为社会主义市场经济,乡镇企业办的管理职能也由指令型转变为指导型,由全能型转变为服务型。

1986 年前,众兴有乡镇企业 26 家,完成产值 5.5 万元。在计划经济向市场经济转变过程中,乡镇企业生产时起时落。发展比较好的时期是 20 世纪 90 年代初。进入 21 世纪,乡镇企业全面改制,逐步退出集体所有制序列。2002 年,全乡有个体私营企业 262 家,生产总值 1760 万元;2008 年,全乡有个私企业 361 家,生产总值 3262 万元。

崛起时期(1986—1989 年)。1986 年,全乡乡镇从业人员 1070 人,其中,农业企业 6 家,从业人员 126 人;交通运输企业 16 家,从业人员 72 人;建筑业 2 家,从业人员 476 人;商业 121 家,从业人员 272 人;饮食业 21 家,从业人员 56 人;服务业 16 家,从业人员 36 人;其他行业 8 家,从业人员 32 人。

1988 年,全乡有乡镇企业从业人员 1200 人,固定资产(原值)960 万元,总产值 4120 万元,实现利润 461 万元,缴纳税金 72 万元,乡镇企业总产值占全乡工农业总产值的52%。

1989 年,全乡乡镇企业 232 家,总产值 5080 万元,从业人员 1421 人。

众兴乡镇企业规模可分为三大类:第一类,生产粗具规模;第二类,生产有一定规模和效益,能维持生存或能上缴少量的利税,但难于扩大再生产,企业产值占总产值的一半;第三类,管理混乱,财务制度不健全,长期亏损,入不敷出,企业总产值占 20%。

稳定发展时期(1990—2000 年)。1991 年,县委、县政府提出"稳定发展农业,加快发展工业,突出发展乡镇企业"的经济发展战略,先后两次组织县直有关单位和区、乡镇负责人到江苏、上海、山东参观学习,强化发展工业和为乡镇企业服务的意识,城乡经济联合有新的进展。在 7 月底召开的合肥市第三次城乡经济联合洽谈会上,众兴乡达成 3 个扩散产品项目协议。接受扩散产值 170 万元。同年,虽然遇到百年不遇的洪涝灾害,乡镇企业的发展仍取得较好成绩,众兴乡镇企业总产值 500 余万元,首次突破 500 万元大关。

1992 年,省政府在肥东宾馆召开全省乡镇企业现场会,推广肥东乡镇企业发展的经验,各市、县分管乡镇企业的副市长、副县长、乡镇企业局局长参会,省长傅锡寿出席会议,分管乡镇企业的副省长到会讲话,县政府负责人在会上作经验介绍。

1993 年,众兴乡镇企业 312 家,是 1980 年的 30 倍,从业人员 3621 人,是 1980 年的 15 倍,固定资产原值 2230 万元,是 1980 年的 19 倍,涌现出众建、永建、众兴轮窑厂等 6 家产值超百万元的企业，乡镇企业产品质量技术水平和管理水平有所提高。1997 年，全乡乡镇企业从业人员 5890 人，成为发展乡镇集体经济的主体力量。2002 年前后，乡镇企业先后退出集体所有制序列。

经济结构　1986 年后，乡镇企业开始扩大生产经营自主权，通过调整企业和职工的关系，强化企业责任，推动企业逐步走上自主经营、自负盈亏、自我约束、自我发展的道路。以区、乡、村、家庭、联户办的乡镇企业出现蓬勃发展的态势，在振兴乡镇工业经济中发挥重要作用。进入 21 世纪，个私企业逐步占主导地位。

所有制结构　计划经济时期，乡镇企业由乡政府投资兴建，属于集体经济。20 世纪 80 年代中期，乡镇企业从四个方面展开企业领导体制改革：一是实行厂长（经理）负责制；二是企业经营体制改革，推行承包经营责任制；三是企业产权制度改革，试行租赁制、股份制以及其他所有制形式；四是企业用人、用工、分配制度以及与之配套的其他方面改革。

1995 年后，随着国家工业经济政策的调整，开始将乡镇企业转给个人承包，签订合同，承包者每年上缴一定数额的利润给乡政府。经过 2 年的运转，企业曾出现过“承包者负盈，企业负亏，银行负债，政府负责”的不正常现象。1998 年，永安建筑安装公司率先开展乡镇企业产权制度改革试点，以净资产 20 万元卖出，成为民营企业。此后，乡镇企业逐步改制，经济效益好的企业实行股份制改造，进一步做大做强，能够维持生存的小企业被大企业兼并。经济效益差，扭亏无望的企业关停。

乡镇集体企业改制改组不断推进，集体企业逐渐退出竞争行业，让位于民营经济，经济民营化的主体经济结构逐渐确立。2002 年，乡镇企业改制步伐加快，众兴出售企业 6 家，股份制改造 3 家，破产 6 家，租赁承包 16 家。年底全乡有个体工商户 132 家，私营企业 282 家，比 1997 年分别增长 22.8%、205%，从业人员增长 42%，组建私营企业 3 家，全乡个体私营经济上缴占全乡工商税收的比例提高到 30%以上，至此非公有制企业逐步取代乡镇集体企业。

行业结构　1986 年，乡镇企业的工业门类主要有食品制造业、缝纫业、建筑材料业、粮食加工业。1987 年，乡镇企业年产值 10 万元以上的工业企业有 6 家。

1987 年乡镇企业年产值 10 万元以上的工业企业一览表

表 15-3

企业名称	总人数(人)	企业总产值(万元)	主要产品
众兴建筑安装公司	142	310	城市楼房建设
永安建筑安装公司	176	420	城市楼房建设
众兴轮窑厂	96	210	砖、瓦
众兴面粉厂	72	260	麦面粉、饲料
众兴预制品厂	58	126	楼板、涵管
众兴缝纫厂	114	262	工作装、玩具

1992年后，众兴乡镇企业发展很快，众兴新建、扩建、技改项目16个，实现固定资产投资2360万元（其中，金融部门贷款960万元，企业自筹和群众集资420万元，吸收县外资金980万元），这些资金的投入，加快产业结构和产品结构的调整。以建材、建筑、纺织、机械和农副产品加工为主体的乡镇企业体系初步完成。行业门类及主要企业有永安建筑安装公司、众兴建筑安装公司、众兴轮窑厂、吴莫岗轮窑厂、众兴米厂、众兴面粉厂、众兴合肥市兴皖电器厂、众兴大禹防水涂料厂、众兴预制品厂、众兴新型琉璃瓦厂、刚强保温材料厂、众兴棉织厂、众兴拉丝厂。

经济效益　1989年，众兴乡镇企业有190家，总产值70.5万元，其中工业产值3.2万元，占全乡工业总产值的4.54%，乡镇企业创利润5.6万元，企业留利1.2万元，村及村以下工业企业年产值1.6万元。

乡镇企业先后实行经济责任制承包后，效益明显提高。1991年，众兴乡镇企业完成产值112万元，其中乡办工业产值46万元。全乡创利税10万元企业有8家。

1993年，众兴乡镇企业的发展，成为农村经济的支柱，乡镇企业连续三年跨上三个台阶。1992年乡镇企业总产值160万元，1993年为482万元，三年时间增长4倍多，按可比口径计算，比1980年增长5倍，平均每年增长32%。

2002年后，众兴乡镇企业以个私企业为主，与20世纪80年代末相比，企业的户数虽然有所减少，但规模扩大，技术含量提高。2000年，众兴有个私企业216家，完成产值5400万元；2005年，有个私企业232家，完成总产值5820万元；2014年个私企业216家，完成总产值29620万元，其中：规模以上工业企业6家，创产值22215万元，占全乡工业总产值的75%。

企业管理　在发展过程中，乡镇企业不断总结经验，互相学习，互相借鉴，逐步建立健全一套比较完善的管理办法。

计划管理。1984—2002年，众兴乡镇企业实行计划管理，企业根据主管部门下达的月、季生产指标，编制月、季生产大纲或生产计划。内容含总产值、劳动生产率、出勤率、生产费用、原材料定额消耗和产品质量要求等，然后细化分解落实到每一个生产车间，由生产车间组织定员定量生产。规模较小的个体私营企业的生产管理则较为简单，一般没有规范性的月、季生产大纲，根据订货合同组织原材料直接安排生产。

生产管理。20世纪80年代，乡镇企业形成较为系统的生产管理办法，制定生产调度、统计监督、定员定额、废次品定额奖惩、制品和成品库存管理，以及外协业务管理等一系列生产管理制度，由负责生产的副厂长和生产科室，各车间主任贯彻执行。

进入20世纪90年代，生产管理日趋科学、合理，乡镇企业普遍推行厂长负责制，实行岗位责任制和车间核算制，厂部、车间、班组实行三级责任承包。同时推行两项改革，改革工资分配办法，职工工资和产品质量、产量挂钩；将企业内部工序或工种之间的协作关系改为买卖关系，制定材料、部件，内部统一结算。

质量管理。企业在质量管理上从源头抓起，从原材料进厂到生产的每一个环节，直到产品入库，根据行业的各自特点和要求，制定出严格的标准。兴皖电器厂、众兴缝纫厂等企业，把产品质量合格率与工资挂钩，从严考核，明确责任，目标是提高产品一次性合格率。在市场激烈竞争过程中，企业不断增强竞争意识和品牌意识。兴皖电器厂从最基础的质量管理工作抓起，在班组设立质量管理员，车间设立质量检验员，厂部设立质量管理小组，层层把好质量关。经过努力，"兴皖"牌电器产品畅销全国各地，"兴皖"商标被评为省著名商标，1993 年获得中国技术市场协会金桥奖。

营销管理。乡镇企业灵活运用销售策略，扩大销售队伍，适时召开订货会、产品发布会，运用广告和媒体宣传等多种形式促销。兴皖电器厂、大禹防水涂料厂以销售诚信和产品质量取胜，产品不仅在国内有市场，而且销往南美、非洲等国家和地区。与此同时，乡镇企业注重实施名牌销售战略，以品牌为载体，挖掘市场潜力，扩大规模效益，提高市场覆盖率、市场占有率和出口创汇率。

财务管理。企业在做好财务基础工作的同时，对各项费用支出支持"一支笔"审批制度，压缩非生产性开支，加强成本核算，加速资金回笼，提高流动资金的周转率。企业实行厂长(经理)负责制以后，财务实行"两公开、一监督"，即收支公开、账目公开和审计监督制度。财务预决算、重大投资人、招待费使用必须经职工代表大会审议。

1996 年，各乡镇企业学习邯郸钢铁公司财务管理经验，着力加强成本预算和核算。依据原辅材料和产成品市场价格采用"倒逼成本法"，把市场价格信息换算为目标成本，逐步建立一套科学的成本管理方法，加快管理机制与市场经济接轨步伐，保障生产经营有效展开。

有的企业还成立"厂内银行"，厂部、车间、班组模拟银行的机制进行成本和利润核算，降低生产成本，增加利润。2000 年，众兴建筑安装工程公司、众兴轮窑厂加强成本管理，重点是模拟核算，实行成本否决，即以最终产品的市场价格为参数，最大限度在生产各道工序中核定成本，降低消耗，提高产品的竞争力。

安全管理。20 世纪 80 年代，乡镇集体企业规模较小，预防安全事故措施和制度不健全，职工缺乏安全生产意识，意外伤害防护能力差。尤其是建筑业、烟花爆竹等企业事故隐患较大。针对这一情况，县乡镇企业主管部门首先健全安全组织网络，按照"安全第一、预防为主"的方针，规定各生产经营单位法定代表人负责本单位的安全生产。规模较大的企业成立安全生产委员会，厂长任主任；规模较小的企业设立安全生产领导小组，厂长任组长，车间配备安全员，班组指定兼职安全员。每年年初，县安全委员会下达安全生产控制目标，层层分解落实安全责任。

安全生产的检查、考核结果纳入县社会治安综合治理目标考核内容，实行一票否决制，凡是当年安全生产不合格的单位不得参与评优、评奖，干部不得晋级晋职。其间，各企业先后制定《安全生产监督检查制度》，配备消防栓、灭火器等消防设备。1990 年前，安全生产检查项目，一般是夏季查防暑降温、防洪、防雷，冬季查防寒、防火、防煤气中毒。1990 年后，开展定期、不定期的互查、抽查活动，重点检查锅炉和压力容器设备。同时实行安全生产市场准入制度，凡不具备基本安全生产条件，未开工开业的不允许开工开业；开工开业的,当场整改或限期整改至合格,才允许恢复生产经营活动。

新建项目的安全设施必须与主体工程同时设计,同时施工,同时投入使用。

岗位培训。乡镇企业从业人员,多数是农民出身,只有少数骨干是20世纪60年代从国营企业中下放的人员,大多数职工的文化水平和技术水平不高。政府有计划采取“请进来,派出去”的方法,对企业领导进行全方位培训,着重培养企业队伍。企业领导在“干中学,学中干”中逐步成为内行。到1996年,乡镇企业办组织各类培训计320人次。

企业选介

合肥兴皖电器厂

工厂成立于1992年,厂址众兴集,乡办企业。其主要生产经营电熨斗、电吹风、电沸水壶、电烙铁、熨衣板、速热器等家用电器产品,有专业的销售和技术团队,产品曾畅销全国各地,工厂属于合肥市其他塑料制品企业,1993年获得中国技术市场协会金桥奖。

合肥兴皖电器厂生产的产品 (宰开群/摄)

中国技术市场协会金桥奖 是经国家科学技术奖励工作办公室授权认定的,旨在奖励全国技术市场中做出突出成绩的先进集体、先进个人和优秀科技成果转化项目,是全国技术市场行业的权威奖项,每两年评选出一次。“金桥奖”的由来颇有渊源。早在20世纪90年代,为全面推动中国社会的整体品牌意识,内贸部、经贸委、电子工业部和国家技术监督局等机构联合举办全国畅销国产商品展销会,并连续多届获得“金桥奖”,这一奖项更被企业界人士界定为品牌影响力的至高荣誉。亦因为“金桥奖”的持续推进,伴随着国内经济全球化进程的不断加快,中国品牌经历了意识启蒙、品牌创建、品牌竞争、品牌国际化四个阶段。

合肥兴皖电器厂连续多届获得中国技术市场金桥奖,图为获奖证书 (宰开群/摄)

三、民营企业

改革开放后,作为国营、集体工商业补充的个体工商业开始复苏。随着社会大环境的改善和国家有关非公有制经济政策的逐步落实，民营经济经历一个由无到有、由少到多、由小到大、由弱到强的发展过程。2014 年众兴私营企业 216 家，从业人员 6728 人，注册资金 1.7 亿元；个体工商户 116 家，从业人员 321 人，注册资金 960 万元；产值 500 万 ~ 1000 万元，规模企业 12 家。

发展历程与规模 民营经济发展大致经历起步、加快发展和全面发展三个阶段。

起步阶段（1978—1992 年） 中共十一届三中全会后，国家允许个体工商户和私营企业发展，作为国有集体经济的补充，这一时期的民营经济特点是数量少、从业人员少、规模小，大多是个体工商户、个体运输业、个体建筑业、小作坊、小工厂。1987 年，众兴个体工商业 126 家，产值 630 万元；私营工业 26 家，产值 260 万元；个体运输业产值 64 万元；个体饮食业收入 720 万元。1996 年乡联营个体工业，6 家产值 921 万元； 个体饮食业收入 720 万元。1996 年，乡联营个体工业 6 家，产值 921 万元；个体运输业 26 家，产值 420 万元；个体饮食业 31 家，产值 210 万元。2012 年，联户、个体工业 72 家，产值 1262 万元；个体运输业 32 家，产值 560 万元；个体饮食业 28 家，产值 310 万元。

加快发展阶段（1993—2000 年） 1993 年，县委、县政府出台《关于加快个体私营经济发展的决定》，进一步放宽政策，为个体私营经济发展创造良好的外部环境；实行优惠政策，鼓励和支持个体私营经济健康发展；依法保护个体工商户、私营企业的合法权益，使民营经济快速发展。民营经济在农产品深加工、机械制造、建筑、建材、交通、运输、纺织、服装、印刷、房地产开发等领域都有较大发展。

1994—2000 年众兴乡个体工商户与私营企业发展一览表

表 15-4

年份	个体工业			个体建筑业			个体批零，饮食业		
	企业数（个）	职工数（人）	总产值（万元）	企业数（个）	职工数（人）	总产值（万元）	企业数（个）	职工数（人）	总产值（万元）
1994	62	1540	1826	2	420	760	156	342	1720
1995	54	1370	1932	2	560	820	162	407	1931
1996	31	1260	1836	2	380	1720	157	321	1830
1997	76	2070	2720	2	460	1930	172	506	2070
1998	81	2626	2121	2	492	1720	181	642	2132
1999	91	3720	3962	2	760	1670	183	720	2432
2000	102	3840	4726	2	960	2070	192	860	2672

全面发展阶段（2001—2014 年） 1998 年，县委、县政府逐步对乡镇企业发展进行产权改革。2002 年，县政府印发《批转关于进一步加快县属国有工业企业改革发展实施意见的通知》，启动国有企业改制。随着国有乡镇企业的改制，民营经济得到快速发展。众兴逐步形成钢材深加工产业、绿色化工及新材料产业、农副产品深加工产业、家用电器产业等几大支柱产业。到 2014 年，众兴涌现 42 家规模以上企业，其中注册资金 500 万 ~ 1000 万

元规模企业 16 家。民营经济解决了大批地方人员就近就业，税收在地区生产总值方面贡献越来越大。

2001—2014 年部分年份众兴私营工商业一览表

表 15-5

年份	私营企业			商业
	企业数（个）	职工数（人）	工业产值（万元）	商业零售额（万元）
2004	217	5680	1.7	1321
2006	232	6270	1.4	1430
2009	241	7381	2.3	1562
2012	236	5720	1.6	1792
2014	227	5634	2.1	1926

第十六章 建筑业

永安社区肥东县自来水厂生产车间 （党政办/供）

第十六章 建筑业

永安社区肥东县自来水厂生产车间 （党政办/供）

第十六章　建筑业

众兴乡毗邻合肥市、肥东县城，素有“建筑之乡”之美称。

1972年，组建的众兴运输队兼具房屋、厂房等工程建设，1974年更名为众兴施工队。中共十一届三中全会后，乡将零量、分散的施工队进行选拔组织，组成众兴建筑安装公司、永安建筑安装公司，使之有组织、有领导地活跃于省内外。随着改革开放深入，众兴乡建筑业迅猛崛起，历经30多年发展，成为县内外颇有影响的一支建筑大军，成为乡域经济一大支柱产业。全乡建筑业构筑起从业人员多、专业门类齐全、综合实力雄厚、市场分布广、管理能力强、经济效益好的产业。

至2014年，全乡建筑业从业人员年均输出8000人，主要分布于安徽、北京、新疆、沿海城市等。

第一节　建筑队伍

一、建筑企业

建筑业是众兴传统产业，是乡内国民经济支柱产业之一。建筑业在众兴历史悠久，源远流长。1949年前，建筑业是农民重要的谋生之路。乡农村建筑施工队伍由来已久，多系本乡农村中能工巧匠组成，农闲凑聚、农忙则散。千百年来，农民修房盖屋，主要是这支力量。全乡建筑业也大都是一些规模小、技术水平低的私营建筑队和个体建筑业劳动者。

1949年后，工人阶级成为国家主人，国民经济迅速恢复发展壮大起来，乡建筑工人队伍由小到大、由分散到集中，以各种形式组织起来，迅速发展。在“文化大革命”中又遭受严重挫折。农民工建筑队伍大都基本解体。众兴建筑业的成长壮大基本经历几个发展时期：在这块土地上人们曾寻找赖以生存的基本物质条件，当初是个体工匠以温饱为目的、以提供建筑劳务为主的二十世纪六七十年代的副业型；经历20世纪80年代的改革开放，成为上万农村劳动力集体组成队伍或自发结伙进城从事建筑施工。其间，乡建筑队伍无论是从数量还是从规模上讲，都进入新的发展时期。

中共十一届三中全会后，建筑业企业以改革开放为契机，在产业组织体制、企业经营机制、劳动用工制度、生产经营方式、工资分配制度等方面实行全方位改革，乡建筑业得到快速发展。是拥有工业与民用建筑、水电设备安装、水利建设等各类专业，施工力量逐步扩大，为国家创利不断增加。

1989 年，肥东县被建设部、农业部、国务院贫困地区开发领导小组确定为“全国首批建筑劳务基地县”。同年，众兴有建筑队伍两家，分别是众兴建筑安装队、永安建筑安装公司。两企业固定资产净值 126 万元，流动资金 76 万元，从业人员达 3000 多人，占全乡总人口5%以上。建筑工人一部分在市、县承担农田、水利、道路、民房建设，还有部分遍及上海、北京、东北、宁夏、新疆、沿海城市等，年人均收入 2000 元（相当于当地 5 个农民的平均收入），为肥东争得荣誉，也为全乡的经济建设、农业发展和人民生活水平的提高做出重要贡献。

肥东县众兴建筑安装工程公司　公司于 1994 年 4 月 19 日在合肥工商局登记注册，时韩传省任业务经理，公司注册资本 536 万元，公司办公地址在安徽省省会合肥，公司具有专业的技术团队和销售队伍，主要经营建筑 12 层以下、21 米高度的房屋建筑，是合肥市建筑安装行业知名企业。

公司纪事：

1972 年，为众兴运输队，100 多人，主要建设项目：合肥建工材料厂、北门双岗基建。

1974 年，为众兴施工队，主要建设项目：合肥铁路建筑段办公楼房。

1976—1980 年，主要建设项目：省安装公司一工区、二工区、五工区、巢湖尼龙厂。

1979—1982 年，合肥江淮仪表厂厂房建设。

1983—1986 年，时为众兴建筑队，主要建设项目：安徽针织厂、安徽机械厂、江淮仪表厂。

1986—1988 年，主要建设项目：合肥木器厂、合肥粮食库、合肥金属回收公司。

1989—1992 年，主要建设项目：省物资三库、合肥皮革厂、合肥一建公司。

1993—1996 年，为众兴建筑安装公司，主要建设项目：合肥七里塘站塘工业园、省安装公司五工区、合肥三十三中学、合肥二十八中学。

1997—2000 年，主要建设项目：安徽省合肥送变电。

施工队、建筑队法人代表孙维友。

1994 年成立众兴建筑安装公司，200 多人，韩传省任经理。

2001—2004 年，范礼让任经理。

1986 年成立党支部，孙维友任书记（1986—1999 年）。

1999 年起，范礼让任书记。

安徽省永安建筑有限公司　公司成立于 1986 年 10 月，1989 年 9 月重组获得再生，时属永安乡。2001 年 12 月改制，公司于 2008 年 3 月 4 日经建设部审查核准为“房屋建筑工程施工总承包一级资质”，同时具备“市政公用工程施工总承包二级资质”“建筑装饰装修工程设计与施工二级资质”。

二、职工队伍

众兴是“建筑之乡”。建筑业从业人员众多。早在20世纪80年代，众兴数千名有着悠久历史传统建筑业手艺的能工巧匠在县、乡政府的支持下，建立建筑队、建筑公司。存在着人员多、组织松散、力量过剩、任务不足；乡重视“挂牌”和“收费”；企业管理制度不健全、无章可循；队伍人员素质不高，管理人才缺乏，有技术职称、获得上岗证书的人少等问题。1989年，建设部、农业部和国务院贫困地区经济开发领导小组502号文部署，决定建立第一批国家重点指导的建筑劳务基地，实行农村建筑劳务集约化管理。享有建筑之乡的肥东县被列为全国第一批30个建筑劳务基地之一，这也给众兴乡建筑企业发展带来新的机遇。

2002年，县建管局联合县农发、统计局等部门对农村建筑从业劳动力状况进行抽样调查，调查众兴、王铁等13个乡镇。调查情况如下：众兴人口总数33680人，劳动力22054人，外出打工总人数8769人，总收入3046万元。从事建筑劳务人数4596人，建筑劳力收入2054万元，建筑劳务收入占总收入比重67%。全乡人均收入1991元，建筑劳务收入占人均收入比重31%。从县抽样情况看，乡从事建筑劳动力人数众多，占总人数的13.6%，占外出打工收入60%以上。建筑业不仅转移大量农村剩余劳动力，也是农民增收的一个主要来源。

三、职工培训

在劳动力输出的同时，不断加强对建筑业从业人员的培训，提升技能，培养建筑业专业技术人才。1998年，肥东县建筑教育培训中心成立。2002年，经省建设厅批准，县建筑教育培训中心成为全省唯一一家有资质的县级建筑教育培训机构。

县建筑教育培训中心成立后，不断加大投入力度，其培训设施、师资队伍、规章制度等均已完善，教学方法、教学水平、教学质量均有较大提高。乡坚持以建筑业发展为导向，加快农村剩余劳动力输出就业，以增加农民收入为目标，积极宣传推行职业资格证书制度和市场准入制度，加大对企业职工的新技术、新材料、新工艺的培训支持力度，提高企业职工的岗位竞争能力、工作实践能力和创新能力。

第二节　建筑施工

众兴乡属丘陵地带，肥东属山脉与平原过渡带，建筑材料资源丰富。众兴乡曾有两座砖瓦轮窑厂，除自给外，还供合肥城市建设。乡村建设所需水泥、黄沙，可从县内桥头集、王铁等产地购买。众兴、永安两建筑公司的经营、管理依托县建筑业管理局和建筑质量监督站，加强对施工队伍管理与服务，对工程质量进行检查，确保工程质量。

一、建筑设计

1984年6月，肥东县建筑设计室成立，众兴乡的建筑设计工作由县建设局免费设计监督。

二、建筑材料

砖瓦 民国时期，乡内有生产砖瓦的土窑3家，年产砖5000余块，土瓦1000余片。以手工制作为主，窑户自产自销，供应当地用户。

1985年后，本乡砖瓦生产逐步由手工生产发展为机制生产，轮窑烧制，基本淘汰了灰砖、土瓦。1987年生产砖4万余块、瓦1万余片。

1990年后，由于农村兴起建房热潮，砖瓦需求量大增，乡企业大办窑厂，掀起砖瓦生产高潮。至1995年，新建改建大规模轮窑2家。当年生产销售砖21万块，瓦1万片。众兴乡砖瓦生产销售一直没列入计划，由窑厂自主敞开供应。

黄沙、石料 肥东县内建筑材料资源丰富，县城东部西山驿一带自北向南山脉连绵40余千米，天然建筑材料丰富，众兴地区建筑用黄沙、石料基本取自西山驿一带。各建材生产厂矿为方便广大客户的需求，均配备运输汽车为用户送货上门，众兴地下土质优，宜生产砖(包括空心砖)瓦。众兴有18门以上轮窑厂2座，分别是众兴轮窟厂和吴莫岗轮窑厂。生产的砖瓦除满足本地需求，还供合肥周边地区。

水泥 桥头集、王铁水泥均是规模以上质量达标的产品，其产品425号、525号系矿渣硅酸盐合成结构。巢湖水泥在本地也很畅销。桥头集生产白水泥供建筑装饰用料。

三、建筑设备

建筑设备是可供建筑企业在生产中长期使用，并在反复使用中基本保持原有主物形态和动能的物质资料。

1970年前，众兴建筑大多仍使用传统的工具，如斧、银、刨、凿、墨斗、圆规、尺(含90度的角尺)、瓦刀、泥刀、水平尺(或用线)和竹扎脚手架等，这种简易工具，限制了工人的营造能力和技术水平。1972年起，众兴建筑公司(队)，为适应大型层楼、厂房、商场等工程的需要与更好地提高经济效益，陆续购置的设备有塔吊、龙门吊、卷扬机、机动翻斗车、搅拌机、立式拌灰机、抬铃爬杆、空压机、推土机、打夯机、钢模板、液压机、张拉机、普通车床、喷浆机、灌浆机、砂浆机、震动棒、平板震动泵、磨花石机、钢筋切断机、电焊机、圆盘锯、跑道带锯机、砂轮机、水准仪、钢管脚手架、平板刨、龙门架等。

1986年后，永安建筑安装公司、众兴建筑安装公司分别成立，时机械设备有三吨塔吊2台、大小卷扬机6台、龙门吊2台、抬铃独脚爬杆2台，原值60万元。

2002年永安建筑公司自有主要设备一览表

表16-1

名称	型号	数量	产地	年份	动率	施工	占比
挖掘机	CAT320c	1	山东	2005	229	基础	95%
装载机	ZL50	1	山东	2007	145	基础	95%
消防检测	QTZ315	1	山东	2006	117	消防检测	95%
拖拉机	D40	6	山东	2007	50	运输	96%
自卸汽车	FJ15c8	4	湖北	2008	105	运输	97%
搅拌机	JP350	2	湖北	2008	75	拌合	96%
砂浆机	JXY750	2	四川	2008	3.5	拌砂浆	98%
夯实机	HW60	1	四川	2007	3	基础	95%
发电机组	BX-400	2	山东	2006	400	备用	97%
电焊机	BX360	2	山东	2007	18	焊接	96%
手板振动器	ZW	3	江苏	2009	2.5	楼地面	98%
混合振动棒	ZX25	8	江苏	2009	1.5	混合振鸣	97%
钢筋切割机	GQ40	2	上海	2006	1.5	钢筋加工	96%
综合步伐	GW-40A	2	上海	2007	2.2	综合步伐	95%

四、建筑工程

房屋　中华人民共和国成立前，乡内居民普遍居住在土木草结构房中，土木瓦房结构很少。

只有地主大户人家住砖瓦结构房，还前后多栋，兼具厢房。中华人民共和国成立后，众兴地区的花墩圩子、永安集李圩、关家庙等地主庄园和庙宇相继被拆除，拆除材料用于建设机关单位办公房。

20世纪70年代，永安大礼堂、众兴大礼堂、众兴供电所、众兴永安两公社砖瓦办公房相继建成。

20世纪80年代，居民开始翻建土墙草顶为土墙瓦顶或砖瓦结构、水泥预制平顶房，改善居住环境；机关单位办公营业普遍为砖瓦房。

20世纪90年代，众兴房屋建设达到高潮。一半居民开始建造二层（二上二下居多）楼房，农民也有了家居装潢意识。乡政府、众兴中学开始建造职工宿舍楼，乡政府、敬老院、土管、规划、教委、信用社、派出所、邮电所、卫生院、众兴中心小学等单位办公、营业、教学楼相继建成并投入使用。

2003—2014年，乡政府、中心学校、供电所、国土所相继迁址花灯街，新的办公营业楼以及单位职工宿舍楼、食堂陆续建成并投入运营。各单位职工午餐均免费提供，午休有公寓宿舍。众兴中学建起教工之家、中小学建立塑胶操场。各村居建立党群服务中心和规范化卫生室。

路、桥、坝、沟渠、水库建设　20世纪70年代，滁河干渠及渠上4座便桥、众兴水库及小型水力发电站、滁河大桥、众南电灌站及支渠、众西电灌站及支渠、义合电灌站及支渠、砂塘岗支渠、大众路石子路及单岗桥、永安关老堨桥等重点工程相继建成并投入使用。

众兴乡老年公寓　（康琛/摄）

20世纪90年代，许河湾大桥、梁宇店大桥、郑小河桥、小钟砂石路（店众路）、滁河干渠砂石路、华光砂石路（众兴集至华光社区）、霞光砂石路（众兴集至霞光村）、水库砂石路、众牌沥青路（众兴集至牌坊）、众兴新街门面房翻建二层楼房等工程建成。

2000—2014年，众兴乡实现了村村通水泥路，大众路、小钟路、华光路、霞光路实行了水泥路面硬化改造。对滁河干渠众兴大桥、小朱户便桥进行重建为公路桥；金大坝扩建加固工程完工。

五、建筑劳务输出

劳务输出概况　众兴是建筑大乡，城郊接合乡，区位优势明显。乡党委政府历来高度重视建筑业和建筑业劳务输出的发展，制定出台一系列加快建筑业发展的文件，有效地推进建筑业的改革、发展和壮大。为加强对全乡建筑劳务输出工作的领导，乡建立劳动服务保障所，落实专人管理，在乡为民服务中心设立窗口，配合县建立劳务输出工作网络。

郑小河桥　（康琛/摄）

建筑劳务经济是建筑劳务输出的经济表现形式，是农村非农产业中一个重要的产业门类，是农民非农收入的一个主要经济增长点。乡党委政府始终坚持把“输出产业”作为一项重要战略，紧紧抓住不放，将劳务输出列为乡内的经济支柱之一，尤其是建筑劳务输出工作。2014年，全乡输出劳动力8000人，其中建筑劳务输出超过5000人，实现建筑劳务收入2.5亿元。劳务输出地域主要分布在北京、上海、广东、西藏、新疆、东北等及世界部分地区，行业主要集中在建筑业、餐饮服务业、服装加工业、运输业等，其中建筑人员遍布全国各地及世界部分地区。众兴的建筑劳务在县市处于领先位置。

劳务输出管理　改革开放以来，乡党委、乡政府高度重视劳务输出工作，把劳务输出工作作为发展农村经济，增加农民收入，全力推进社会主义新农村建设的一大产业来抓，采取“政府推、干部带、宣传促、政策引”的措施和方法大力推进劳务经济发展，取得一定成效。至 2014 年，劳务输出人数累计达 40 万人。其中组织输出近 8 万人次，自谋输出达 22 万人次，就地转移达 10 万人次；劳务输出收入累计达 120 亿元，劳务收入大约占农民纯收入的 70%；在新疆、西藏、北京建立劳务基地 3 个，至 2014 年累计达 12 个。

主要管理工作措施如下：

由政府牵头，乡劳保所具体抓 。各村依托党群服务中心配置村民劳务信息工作网络，充分发挥劳务中介组织的作用，内外协调，上下联动；乡成立工作领导组，下设 3 个职能小组；村成立劳务工作小组。县乡每年对劳务工作实行目标考核，形成了一级抓一级、层层抓落实的工作局面和工作合力。确保务工人员来去有人管、挣钱有保障。

充分利用广播、电视、网络、标语、板报等多种形式，宣传劳务输出的政策意义，引导群众转变观念，增强外出务工的积极性。

结合“春风行动”和“再就业援助月”活动开展职业介绍和“五送一落实”行动，拓展就业援助渠道，制定服务计划书，下发“春风服务卡”。2014 年乡召开各类招聘会 16 次，贴宣传标语 226 条，专访农户 300 多次，发布各类宣传单及劳务用工信息 2000 余份。

组织培训，实现劳务输出由数量型向质量型转变、苦力型向技能型转变、分散型向集约型转变、分散型向规模型转变，提高劳动者素质。

充分利用农科教中心基地网络设施，紧紧依托劳动安检、乡企建筑等部门，对务工人员开展就业知识、生活常识、法律法规、安全等项目的素质培训。

依托用人单位，实行委托培训、定点培训、联合企业实地培训。有针对性地开展家电维修、家政服务、汽车和农用车辆驾驶员、安全管理、瓦工、架子工、抹灰工、混凝土工、电焊工等行业技能培训。

先后有 2000 多人参加各班次培训。县劳动部门组织进行资格考试，对合格人员发放职业资格证书和培训证书，实行带证输出，持证上岗。

稳固基地，扩大输转规模。充分利用已建立的劳动力市场服务网络，立足城郊信息畅通、建筑工业企业多、劳务输转灵便的优势。坚持把就地输转一批、季节性输出一批、能人带动输转一批、有组织地输出一批作为工作的主要形式。扩大劳务输转的规模和渠道。

稳定就地转移。围绕城郊做文章，开阔眼界搞三产。全乡在县城范围内从事餐饮、商业、娱乐、修理建筑等各类个体从业人员达 5000 余人，众兴金安劳务公司常年组织众兴乡 1600 多名建筑工人参与全国各地的工程建设。

能人带动巩固西北劳务基地。劳务输出呈现出常年性“东南飞”与季节性“走西口”的喜人局面。

主动联系拓展东南沿海劳务基地。乡领导外出考察时与用人单位联系，及时发布用工信息，与深圳、广东等职介所建立协作关系。

依托在外务工的带头人、劳务能人，利用他们丰富的市场信息和社会关系，开展传帮带，进行挥带动式输转工作。

建立劳动力市场，开展全方位服务。2012年，乡挂牌成立众兴乡劳动力市场，配备专职工作人员，完善服务设施。在为民服务中心设置窗口，开展求职登记、职业介绍、职业指导、政策咨询、职业培训等服务。

强化信息服务。建立健全劳动力资源数据库和劳务用工信息库，实行动态管理。对准确真实的用工信息及时编印下发，信息服务下发为前来求职的人员开展职业指导、提供用工信息，做到信息上下衔接、内外沟通、快捷高效。

加强维权服务。认真开展农民工维权活动，督促用人单位依法与农民工签订规范的劳务合同。

提供组织服务。乡领导经常与用工单位协调沟通，确保外出务工人员输得出、留得住、挣上钱。

提供优质服务。开辟劳务输出绿色通道，免费为外出务工人员体检、统一办理证件；协调村外出人员家庭开展农忙互助。解决生产生活实际问题，解除外出务工人员后顾之忧。

提供政策服务。落实就业再就业、灵活就业、异地就业、小额担保贷款等优惠政策；开发公益性岗位，鼓励下岗工人自主创业。2019年，各村（居）为下岗失业人员提供就业岗位676个，下发劳动信息1200多条。

发展劳务组织。培育劳动力市场载体，建立规范的劳务派遣组织，支持民办职业介绍所和劳务经纪人的发展，作为劳动力市场的有力补充。

第三节　建筑管理

一、建筑业管理

根据1992年，县委、县政府根据《关于进一步加快建筑业发展意见》，进一步加快建筑企业结构调整，积极培育以总承包为龙头，专业承包为依托，劳务分包为基础的承包商体系。支持有条件的建筑企业向交通、水利、电力、市政、通信、工业等国家重点投资领域拓展。扶持园林古建筑、节能建筑、钢结构、消防设施工程、环保工程和建筑装修等企业发展。鼓励建筑企业以资本为纽带，深化产权制度改革，推进股份制改造，不断完善现代企业制度，健全公司法人治理结构，通过投资、收购、兼并等多种资本运作方式，实行跨行业、跨地区重组。打造众兴“建筑航母”。

企业资质管理　积极帮助建筑企业做好资质晋升工作，对建筑企业资质由一级升至特级的，县财政给100万元奖励；二级升至一级的，给予5万元资励（新注册的建筑企业有直接升二级的,享受同等待遇)。晋级企业在增资时可用评估后的资产、周转材料、分证后的债权作为注册资本。对晋升和新申报资质的企业,其注册资本允许在三年内逐步到位。

大力发展建筑劳务企业,鼓励施工班组带头人、召集人办理工商注册,申报劳务企业。对注册资本在50万元以下的建筑劳务企业,允许注册资本在三年内分期到位。首期注册资金到位不少于20%,2年内到位不少于80%。核定经营范围时在列明主要经营项目后,可附加其他相关行业经营项目。县工商、劳动和社会保障等部门进一步简化申报程序,降低市场准入门槛,提供优质服务,推动劳务经济有序发展。

质量安全管理　弘扬“徽匠精神”、展示“徽匠风采”。县鼓励建筑企业积极争创市优、国优工程活动。对当年新获得“鲁班奖”的县独立承建和参建企业,县财政分别给予50万元和10万元的一次性奖励;对获得“国家优质工程奖”“国家科技示范工程奖”独立承建和参建企业分别给予15万元、5万元的一次性奖励;对独立承建企业获得省级优质工程奖的给予5万元的一次性奖励。同一工程获得多种奖项的按最高级别奖励,不重复奖励。对在省级以上(含省级)技能比赛中取得优异成绩的“肥东建筑能手”,由县财政给予5000元奖励,并授予“荣誉证书”。

进一步加大县建筑宣传力度。县建管局、县建筑业协会每年安排一定的资金作为品牌宣传专项资金,在全国、地方新闻媒体进行有重点的宣传,特别是对肥东建筑整体品牌和重点建筑企业进行宣传,使“肥东建筑”品牌成为全省乃至全国的“金字招牌”。县政府每年开展一次“十强建筑企业”“十位优秀建筑企业家”“十佳建筑师”评选活动,对获奖企业和个人在全县范围内通报表彰,并给予物质奖励。

安全生产管理　开展“安全生产月”宣传教育活动。组织全乡各施工企业每年在“安全生产月”期间,大张旗鼓地开展宣传活动。各施工企业在所有施工现场悬挂印有安全宣传标语的大、小型条幅。2000年,安全生产月期间,全乡建筑企业工地悬挂大型条幅标语30余条,小型条幅标语120余条,组织乡建筑企业工人参加6月13日在县政府广场举办的“安全生产宣传咨询日”活动,宣传建筑行业有关安全生产法律法规和相关安全知识。

县建管局加强对乡镇中小学校舍安全工程的监督管理,从落实人员岗位责任出发,要求各单位有充足管理人员在岗履责,同时,要求监理单位、施工单位认真开展自查活动,定期报送自查报告。同时,积极开展督查。每年都及时印发《关于加强高温天气建筑施工安全生产工作的通知》和《关于加强冬季施工防火防电安全施工的通知》等相关文件,要求各单位提高认识,坚持以人为本,切实改善农民工作业、生活环境,尤其是禁止安排工人午后高温时段露天作业。同时突出重点,有效开展夏季高温、冬季低温安全生产专项检查,并完善应急预案,及时妥善处理突发事故。

每年都及时印发《关于加强五一、中秋、国庆等节假日期间建筑施工安全生产工作的通知》,要求各单位充分认识到节日期间安全生产工作的艰巨性,牢固树立安全第一的思想,从讲政治、促发展、保稳定的高度来充分认识节假日期间安全生产工作的重要性。进一步加强组织领导、落实安全责任,认真开展安全生产隐患排查治理工作,同时,加强节假日值班、落实应急预案。每逢节假日期间，乡安全生产管理办公室，对各单位工作情况进行督查。对查出的隐患，督促各责任单位严格按照“定时间、定措施、定人员”落实整改，确保节假日期间施工安全。

二、招标、投标

20世纪90年代初、中期，县内建设工程发包主要由建设单位与施工单位自行洽谈签订施工合同。1997年，县政府设立县建筑业管理局，局内设建设工程招标、投标管理办公室，负责全县工程建设招、投标管理工作。2001年，设立肥东县建设工程交易中心，与招标、投标管理办公室一个机构、两块牌子；同年，成立安徽同济招标代理事务所，实行监管、服务、代理分开设立，共同组成县招标、投标市场服务体系。规定依法必须进行招标的项目，全部进入县建设工程交易中心进行交易，招投标服务体系的成立为肥东县建筑市场健康有序发展作出了积极贡献。

招标　招标方式有两种。一是公开招标。方法为在省级以上媒体发布公告，邀请不特定企业参加。二是邀请招标。邀请县内外特定企业参加招标。标底委托有资质的工程造价咨询机构封闭编制，实行全程保密，标底报招标监督管理机构审查或备案。

投标　在投标工作环节中，投标人应当具备规定的资格条件，并按照招标文件的要求编制投标文件，投标文件应当对招标文件提出的实质性要求和条件作出响应。投标人应当在招标文件要求提交投标文件的截止时间前，将投标文件送达投标地点。招标人收到投标文件后，签收保存，不得开启。投标人少于3个时，按流标处理，依法重新招标。

评标　1998年5月，县建管局设置招投标、评标专家名册，在工程建设行业内经过考核筛选，吸收工程建设、管理技术等领域具有较高理论水平和丰富经验的专业人员组建《肥东县建管局招投标评标专家名册》，招投标评标时，由工程建设单位从《肥东县建管局招投标评委名册》中随机抽取4～6人，工程建设单位派1～2人组成该工程的评标委员会。评标委员会对评标结果负责。招、投标办公室对评委名册人员实行动态管理，建立档案，进行考核，对评标活动予以记录，对有评标活动违规行为者给予相应的处罚。

第十七章 商贸

众兴集农贸市场 （康琛/摄）

第十七章

商贸

众兴集农贸市场 （康琛/摄）

第十七章 商 贸

中华人民共和国成立前,经济落后、交通不便,村民有就近在附近的较大村庄或交通便捷的地方建立集市的情况。众兴乡曾先后出现过刘岗集、谢岗集、马庙集、单岗集等。众兴集成市于清光绪年间,永安集成市于清乾隆年间(起源于关家庙庙会)。后随经济发展,区划调整,村民逐渐集中到乡级政府所在地众兴、永安集市进行商品交易,小集市逐渐解散。中华人民共和国成立前,集市的买卖基本相同,所在地村民、手工业者以及外地居民直接出售农业生产生活品,基本上是生产者相互之间的商品交换。

1950 年后,国家发展国营商业和集体合作商业,同时对私营商业采取保护政策,打击投机倒把活动。1951 年,建立店埠供销合作社众兴、永安两分站;1956 年 1 月,国家对私营商业进行社会主义改造后,建立众兴、永安两集体合作商店;1956 年 4 月成立众兴、永安两食品购销品分站;1958 年起,国营商业和集体合作商业开始"一统天下"。

20 世纪 50 年代后期起至 80 年代初期,国家实行高度计划经济体制,凭证、凭票、凭券购买商品,是这一时期主要特征。供销商业系统在这一制度保护下得到较快发展,1982 年,供销合作社有门店两个,农村代购代销点有 16 家,销售额 196 万元,比 1964 年 186 万元增长 5.49%,集体合作商店有门店 4 家,农村下伸点 2 家,销售额 43 万元,比 1972 年 39.5 万元增长 8.6%。1980 年后,在"改革、开放、搞活"方针指引下,商业得到快速发展。紧缺商品逐步由计划、凭证供应改为敞开供应,市场价格逐步放开。国有商业继续占据主导地位,同时出现社会百业经商局面,个体私营业迅速增加,1996 年,供销社销售额 6350 万元,达到历史最高水平。1983—1997 年,先后开设乡(公社)办商业企业 30 家。1998 年,个体工商户 112 户,营业额 9272 万元。

20 世纪 90 年代末期起,供销社、食品站(组)、粮站等国有、集体商业企业经多次改革,但占有市场的份额仍逐年下降。个体私营及连锁超市开始统领众兴商业市场。2002 年,粮站建制撤销,2003 年,先后撤销供销社经营机构、食品站。2014 年底,全乡有商业网点 152 家,社会商品零售额 9815 万元,其中个体工商户 139 户,销售额 7322 万元。大型商场超市 3 家。

第一节 商品经营

一、机构与网点

私营商业 民国26年(1937年)以前,众兴地区大小集镇多达5个,都为私营商业,比较大的是众兴集和永安集,分别经营粮食、油脂、棉布、土纱、土布、文化用品、京广杂货、食品、国药、屠宰、山货、陶瓷、饮食、旅栈、洗染、竹木、酱园等百货行业。周边集市规模较大、商品较齐全有梁园、店埠、撮镇、合肥等集市。比较出名的有梁园的茶庄、布店、国药、黄烟店、染坊;店埠的大杂货、旅栈;撮镇的竹木行;石塘的布行、纱行。一般都雇有工人、学徒、管账,以零售为主,批发为辅,小型零售以薄利多销为原则,凡大批杂货、糕点,都以批发方式卖出,价格优惠,附近集镇的商店和摊贩均有账客(主要营业员)联系,一年三节收款,凭折往来,年终结算。

店埠、排头、长临河等地普营木材,常通过长江、巢湖水路运来木材投入市场。民国10—20年(1921—1931年),为鼎盛时期。排头王、童二姓100多家,户户经营木材,家家加工棺材出售。排头王姓等10大家组成一个"金斗帮",自营代销并举,代销售佣金为10%。另安庆"宿松帮",便由20多个木商大户组成,拥有木材十几万立方米,一时垄断排头木材市场,近销县邑北乡,远销定远、凤阳一带。往来客商车水马龙,川流不息。除此,饮食业中的梁园火烤"酥小鳖"(酥烧饼)、油炸"狮子头""烤仔猪",还有石塘桥的卤驴肉巴、羊肉面,长临河的玉带糕、酱萝卜干,方圆百里闻名。

抗日战争全面开始,淮南铁路沿线,大片土地沦陷。沦陷后的商业多系"合资",时合时散,股东们直接参加经营。民国27年(1938年),日本侵略军进占合肥,民国30年(1941年)和民国32年(1943年),日本侵略军两次扫荡梁园,众兴商业凋敝。

众兴大多数零售商户分散在众兴集和永安集以及较大的村庄,他们兼有土地,亦农亦商,逢集经商,农忙务农。其夫妻店便是小本经营,薄利多销。货郎担走乡串户,销售日用百货,深受欢迎。

抗战胜利后,避难回乡的商人,恢复旧业,惨淡经营,但由于国民政府苛捐杂税太多,物价一日千里,故朝不虑夕,多数商店亏本4/5,有的甚至破产关闭。至中华人民共和国成立前夕,私营商业只有12户,从业18人。

中华人民共和国成立初,国营、供销、合作商业兴起,私营商业保留,一时货源充足,买卖方便,市场繁荣。

1956年以后,通过对私改造,私营商业以各种形式组织起来,仍能满足社会需要。

1958年,农村集镇上的合作商店(组)人员均过渡到基层供销社。1959年,众兴私营商业基本无存,给人民生活、生产带来不便。

1961年,农村集市贸易恢复,自发个体商不断出现,零散销售日用杂品,市场逐渐活跃。栏杆集和梁园等镇一时出现三步一摊、五步一店、家家成行、户户皆商的繁荣局面。但到 1964 年以后，以“整顿”栏杆集自由市场为开道，先后对全县各个大小集镇进行一次全面“整顿”。凡农民出售多余的农副产品和长短途贩运物资，都被当作“投机倒把”或“资本主义倾向”予以打击。“整顿”后，除城镇户口和私改时属于商业人员保留外，其余商贩一律取缔，其时，市场物资紧缺，商品供应不足。

中共十一届三中全会以后，对过去发证的个体商贩，经过工商部门批准，允许经营服务性行业。1979 年，部分退休干部、职工家属、城镇居民纷纷申请开业，农村的较大自然村和交通路口也设有商品零售网点，个体商业迅速发展。1985 年，个体商业有 159 个，从业 296 人，年销售总额达 568 万元，占众兴社会商品零售额的 10.5%。

1986 年，经济体制改革全面展开，企业承包经营责任制开始实行，鼓励发展个体工商业，社会主义国家公有制经济主体地位没有改变，单一所有制经济结构已被突破。

1990 年后，市场经济逐步建立，商品经营放开，供销社商业经营逐步由个人承包经营，集体经营逐步退出市场。

供销合作社　原合肥县合作事业的推行，始于民国 23 年（1934 年）。县政府设立合作指导办事处。那时，以乡镇为中心推行合作社，首先完成乡镇合作社的组建。对于保合作社设置略加限制，故进度较缓。抗战初期，合肥东北梁园、石塘桥等较大集镇均设有供给合作社，亦称消费合作社。集股合资，利润分红。合作业务初系一种救济性质，后为适应战时经济建设需要，特别侧重生产供销事业。之后，设置合作产品推销所，办理合作产品推销。同时，兼营生产及生活必需品供应。合作社分利用合作社（亦称生产合作社）、信用合作社、运输合作社、供给合作社。

肥东县众兴供销社综合服务社　（刘斌/摄）

1951 年 7 月，相继成立永安（时为巢湖专区第一个成立的农村供销合作社）、众兴两供销合作社分销站，商品有棉布（起初，来自农民手工制作的土纱、土布）、煤油（洋油）、火柴（洋火）、肥皂、烟酒、食盐、土产等；有管理人员 18 人，召开社员代表大会，组织发动农民集体入股，时群众认股 2002 股，筹集股金 2400 元，对入股社员给以九折至九五折优惠供应商品。合作社一成立，帮助分散的农村手工业推销当地产品。向农民贷放肥料、种子，春放秋收，开展棉花存放工作。从此，合作社进入市场购销，占领农村商业阵地。县合作总社分别在梁园、石塘等地，先后组织 3 次规模较大的物资交流会，组织大购大销，把工业品卖给农民，把农副产品收购进来销往城市。3 次交流会，合作社成交的贸易额达 23 万余元，占交流会成交总额75.8%。

1952年，合作社进行民主整社，对外清股，对内清资。年底，众兴地区入股社员、股金分别增长52%、63%。

1954年10月，“肥东县合作总社”更名为“肥东县供销合作社”。是年，粮食已经实行统购统销，取缔了集镇上的私营粮店(行)。供销社在众兴设购销点，承担了粮食代购、代销、代储、代运、代加工，简称“五代”。1953—1955年，共收购粮食187.635千克，油料40.395千克。

1956年，动员合作商店(组)网点下伸，委托小商小贩代购代销。至此，众兴基层供销社、分销站、零售点供销网点建立。商业网点遍布农村，购销业务逐渐扩大。年底，购进总额比1951年增长9.4倍；销售总额比1951年增长178.1倍。

1958年，国合合并，供销社转为全民所有制商业。其下设采购、生产资料和生活资料3个组，时有从业人员32人。供销采取“二放、三统、一包”(放人员、放资金财产，统一计划、统一政策、统一价格，利润包干)办法。由公社领导和经营。1959年7月，管理权限收回，重归县供销合作总社领导。

1961年，国合分设，恢复集体所有制的供销商业，众兴基层供销社(部)合并为1个核算点，2个分销站，继续开展扩股增股。同年，众兴入股社员达30人，股金150元，年终按股息0.21元分红，共分给社员红利90元，并优惠供应紧张商品。

“文化大革命”中期，再次砍掉集体商业，供销合作社并入国营商业。粉碎江清反革命集团后，恢复供销社的名称，但商品、资金、劳动工资仍纳入国家计划，职工待遇仍与国营商业相同，利润上交国家，亏损由财政补贴。

1983年，供销社系统实行选举成立新的理事会、监事会，调整基层社的网点，恢复组织上的群众性、管理上的民主性、经营上的灵活性。体改后，众兴设置2个基层社、2个废旧物资和畜产品收购门市部、36个农村代购代销店。

1988年，永安供销社在原永安小学东侧兴建供销商场，占地350平方米。1994年众兴供销社在发生火灾后重建10间420平方米的商场。

2003年1月，众兴、永安两供销合作社经营机构撤销，职工分流，小型经营网点作价转让给职工，其余超市、农药店、农资、棉花购销等由县供销社经营管理。

集体合作商店　1956年，对众兴、永安两集镇上的私营商店、商贩进行社会主义改造后，建立众兴、永安两集体合作商店，从业人员12人。合作商店实行单独核算，归店埠区供销合作社领导。

1958年，合作商店网点与人员全部并入众兴、永安两集镇供销社。

1961年下半年，实行体制改革，全民与集体分开，重建集体合作商店，归所在地供销合作机构领导，时有从业人员19人。此后，合作商店经营范围扩大，门店增加，设立工业品、副食品、饮服业、财务4个组，编制人员至1983年达36人。

20世纪80年代后期，集体合作商店缺乏市场竞争力，加上退休人员多、负担重等历史原因,经营连年亏本,1992 年由供销社实施兼并。

食品购销站　1956 年 4 月,在众兴、永安分别成立食品购销组(简称食品组),从业人员 15 人,1958 年,食品组并入供销分站。1962 年与供销分站分离,独立建制,从业人员 22 人,1968 年再次并入供销社。1978 年,食品组重新与供销社分离,独立核算,时有从业人员 16 人。2003 年 7 月,食品组建制撤销。

粮油管理所　1957 年冬在众兴、永安两集市建立粮油管理所(简称粮管所)。内设立收保组和粮油供应站,负责全公社粮油收购保管和居民粮油供应。配主任 1 人,职工 17 人。1982 年底,两粮管所占地面积 30986 平方米,其中众兴站 20123 平方米,露天货场面积 1024 平方米,职工 22 人,下设购销站、粮油供应站、饲料供应站、保管组、后勤组、财务科、粮食加工厂、饲料加工厂等部门。1992 年,实行转制成立粮油公司。2002 年,粮食管理体制改革,众兴、永安两粮油站撤销。2003 年 1 月起,两粮油站只留 1 ~ 2 名工作人员负责代收粮食业务。

二、商品购销

1951 年 7 月,在众兴供销分站设综合商店 1 家,1953 年,在永安供销分站设综合商店 1 家。1958 年,在众兴集建 260 平方米草房 8 间,设烟糖、棉布百货 2 个综合门市部;是年,营业额 9.6 万元。

1959 年,在永安集建瓦房 6 间,设棉布、百货门市部、生产资料及五金门市部。至 1961 年 10 月,供销社共有门市部 16 个,其中生产资料 2 个、采购站 2 个、针织等门市部 4 个、点心店 2 个、理发店 2 个、农村综合商店 6 个。

1961 年 12 月体制改革后,集体合作商店从供销社分离出去,时供销社共有门市部 12 个,从业人员 26 人,其中,生产资料门市部 2 个、农副产品采购站 2 个、综合门市部 2 个、食品什货门市部 2 个、百货门市部 2 个、文具门市部 2 个、布匹门市部 2 个、五金门市部 2 个、家日用品门市部 2 个、酒菜门市部 2 个、集贸服务所 1 个、糖业门市部 2 个。

1977 年,两供销社设立棉花收购站,建占地 3333.35 平方米的棉花收购仓库 2 幢。是年,供销社销售额首次突破 260 万元。1981 年供销社经营门店扩大。设五金家电门市部,生产资料门市部,下设农药、五金、竹木、拖拉机配件、油麻、电器钟表修理。日用工业品下设棉布、针织服装、书文、医药;烟糖副食品下设烟糖批发部和水产土特产。农副产品收购下设农副产品棉花收购公司。农村下设 15 家大队代销店。

此后,随着老百姓购买力日渐旺盛,1993 年,全社销售额突破 7620 万元,1995 年销售额突破 1.2 亿元。1996 年,销售额创历史纪录,达到 1.3 亿元。

1997 年后,随着商业经营权的放开,供销社一统天下的商业经营优势日渐失去。全社销售额开始大幅度萎缩,人员分流,门店关闭、出租或转出是这一时期的主要特征。2002 年,供销社所有小型门店全部出售。大型网点收归县供销总社经营。众兴、永安两供销合作社经营机构撤销。

第二节 供销合作商业

一、农业生产资料供应

中华人民共和国成立前，本地商品肥料主要是饼肥。1952年冬，开始对农村试行粮肥“存实预售”办法，同农民签订存实预购合同，农民以粮食、棉花等实物存在供销社，抵购肥款，供肥结束后结算。

1953年，饼肥资源减少，供销社开始采购和宣传推广化肥。1959年，供应磷肥382吨、钾肥96吨、化肥236.2吨。其中，氨肥176吨。1962年，县化肥厂建成投产，全公社化肥供应量猛增。

1983年前，由生产队按计划集体购买。1983年后，由农户自行购买。1984年，化磷肥销售961吨，其中碳氨231吨、尿素72吨、磷肥562吨、钾肥96吨。

1986年起，执行“粮肥挂钩”政策，农民每交售100千克粮食，奖售平价尿素15千克。是年，兑现尿素78吨。1987年起，执行“棉肥挂钩”政策，农民每交售100千克皮棉，奖售平价尿素70千克。

1986年起，化磷肥从滞销转为紧缺，县供销社组织采购计划外化肥调拨。1987年销售527吨。1990—1992年，化磷肥实行专营，销售基本稳定在800吨左右。

1997年起，化肥市场价低于计划价。部分承包户直接到厂方进货，供销社化磷肥供应量减少。是年销售72吨，比上年减少90%。此后，个体户参与化磷肥经营。1998年，全乡化磷肥供应3786吨，2002年供应4762吨，2006年供应2121吨。

二、棉花收购

1965年前，本地大多利用植边地种植棉花，产棉少，多自用。1966年起，本地开始在大田种植棉花。是年，供销社设立棉花收购站，当年收购棉花8吨。

1969年起，本地棉花种植面积扩大，成为主要经济作物。1977年，种植棉花3720亩，皮棉总产234吨。是年，供销社扩建棉花仓库1幢，占地3333.35平方米。确保把各生产队交售的棉花全部收购进仓。当年，棉花收购价格标准（3级棉纤维长27毫米）为每担105.20元，1978年调整为每担115元，1980年，皮棉收购价提高到每担145.80元。

1981年，收购棉花326吨。1983年起，由原生产队统一交售，改为按户交售，结算到队到户，是年收购皮棉比1981年增长83%。1984年新棉上市起实行正四六（棉农售棉总量的40%按国家政策加价，60%按原价不变）比例加价收购办法，标准每担棉牌价仍为145.80元，结算价为163.30元，调拨价为168.55元，并实行按户交售，现金结算，现时兑付。

1987年提高棉花奖售化肥标准，每交售皮棉50千克，奖售化肥由原35千克增至40千克，是年收购皮棉826吨。1996年起，产业结构调整，压缩棉花种植面积。棉花收购量随之减少，棉花收购价从“正四六”改为“倒三七”（售棉总量的70%加价，30%按原价不变）。

是年收购皮棉比1983年减少84%。1990年，新棉收购价从1989年每50千克标准皮棉236.42元提高到300元，全乡棉田2741亩，收购皮棉214.4吨，比1983年减少81.4%。1994年起,棉田面积大幅度减少,是年种植面积1000亩,1999年810亩,棉花收购成本倒置。是年棉花收购站关闭,房屋、场地等作为供销社化肥仓库使用。

三、农副产品与畜产品购销

中华人民共和国成立初,本地有私营肉铺4户,自行收购、宰杀、出售,购销结合。1951年后,猪、禽、蛋购销业务主要由供销社统一经营。1954年,乡开设副食品经营部,猪、禽、蛋等大部分副食品购销业务由副食品经营部经营。1956年4月,众兴、永安分别建立食品购销站,猪、禽、蛋等收购业务统一由食品购销站经营。

1959年6月起,收购生猪按白肉净重发奖励肉票5%,同时实行经济补贴(头重30~39.5千克,每头补7~9元,40千克以上每头补2~4元)。

1961年,正值三年困难时期,猪禽蛋购销基本取消。1962年7月起,对生产队和社员,实行猪、禽、蛋超售奖励办法,凡完成猪禽蛋派购任务后的自留部分,愿意卖给国家的,按零售价优惠收购。或购买指定的优待商品,如铅锅、搪瓷、器皿等。同年,在养猪业流通环节上提出“保两头、砍中间”改革方案,以保护生产者、消费者利益,减少中间环节。

1963年7月1日起,生猪派购奖售饲料标准,按收购额计算,每头50元以内,每元奖售饲料1千克,50元以上,每元奖售饲料3千克。1965年1月起,由派购改为计划收购,收购标准为每头(连头白肉)35千克,符合收购标准每头奖励布票1.33米(4市尺)和饲料票15千克。5月起,生猪收购每头在50元以内,每元奖励饲料0.5千克。是年,生猪收购头重由50千克改为55千克,完成任务的多余部分允许集体、个人自行处理。

1979年3月起,提高家禽、鲜蛋收购价格。家禽调高幅度为17.4%,鸡蛋由每千克1.40元提高到1.70元。4月起,各等生猪平均收购价由百千克107.60元提高到129.60元,调高20.45%。是年,众兴生猪上市量2.28万头,家禽上市量12.71万只,其中产鸡8.2万只。1980年3月起,肉票停发,猪肉敞开供应,同时实行“猪禽蛋派购,按计划饲养,按计划供应饲料”的办法,是年生猪上市量2.78万头,家禽8.67万只,鲜蛋21.32万千克。

1984年10月起,对集体和社员上市的一、二等生猪,每50千克给予10元价外补贴。12月起,对一、二等生猪实行每50千克上浮10元,同时取消价外补贴。从此生猪收购价格开始浮动。1985年4月起,副食品价格逐步放开,统购派购改为定购,食品独家经营变为以食品站为主体与乡副业公司联购联销,同时开放个体户等其他渠道经营。是年,众兴上市生猪3.15万头,其中食品站收购1.76万头,集市贸易等其他渠道收购1.39万头,上市家禽9.63万只,上市鲜蛋49.26万千克。

1992年起,畜禽产品收购价格进一步放开,食品站收购量明显下降,1996年食品站停止收购,养户所产禽畜产品,一部分由集市贸易消化,一部分由外县收购商收购。1998年,众兴收购生猪53251头,家禽2366吨,禽蛋337吨,2006年产生猪1206吨,家禽720吨,禽蛋 862 吨。统购统销计划经济时代,动物皮毛也由供销社集中收购。

四、再生资源购销

1956 年以前,废旧物资收购无专业网点,手工业、个体旧货业、供销社竞相收购。1956 年后,废旧物资收购业务由供销社主管。当时,供销社在各高级农业生产合作社设废品收购点,收购废铁、废纸、破布、废旧棉、动物杂骨皮毛等废旧物资。1958 年,“大炼钢铁”,全公社掀起突击回收活动。不适当地以“无钢户”“无锡户”为荣,收购人民群众不乐意出售的钢锡制作生活用品。

20 世纪 70—80 年代,随着人民生活水平的提高,废旧物资的产生及收购量也逐渐增多。1997 年起,供销社废品收购站转为个体经营。

五、烟花爆竹经营与管理

经营　1989 年前,烟花爆竹的经营,县以土产公司为主,乡以供销社土产门市部为主经营,其他私营渠道为辅,由于部分私营主生产条件简陋,安全隐患较多,爆炸事故连年不断。为减少事故发生,1990 年,县政府决定将烟花爆竹划归土产公司专营。由公安、工商部门配合加强市场管理,部分私营主忽视生产安全,采取游击战术进行生产和销售,众兴乡因临近梁园,在改革开放前有少数村民制作爆竹,后逐渐取消。县内烟花爆竹生产地主要集中在梁园镇附近,以至于有“炸不醒的梁园”之说。

1996 年,县政府下发《关于加强烟花爆竹市场管理的通告》,县公安、工商、供销部门联合成立“肥东县烟花爆竹管理办公室”查堵非法经营和制造伪劣商品。土产公司抓住时机,搞好烟花爆竹专营管理,到正规厂家组织货源。以优质产品占领市场,消除安全隐患,把批发点向乡镇扩展。

管理　1999 年,省供销社和省公安厅联合下文,要求对全省烟花爆竹批发企业重新进行资格审查认定。县政府成立“肥东县烟花爆竹经营管理工作领导小组”,由县政府分管领导任组长,县政府办公室、公安、工商、供销等部门负责人为副组长或成员。全县的烟花爆竹生产、储存、运输和销售实行归口管理,产品必须严格检测,贴上统一印刷的“经营标志”后,方可投入市场。严把发证关,合理设置批发和零售网点。实行定点经营、亮证经营,加大查禁力度,杜绝假冒伪劣产品。整顿市场秩序,通过严厉打击和严格管理,市场经营秩序稳定,安全系数提高。

2006 年 1 月 21 日,国务院《烟花爆竹安全管理条例》公布施行。规定:从事烟花爆竹批发的企业和零售经营的经营布点,应当经安全生产监督管理部门审批。主要经营者经过安全知识教育,通过考试并取得相应资格证书,实行专店或专柜销售,经营场所配备必要的消防器材,张贴明显安全警示标志,悬挂烟花爆竹经营许可证正本。至 2014 年底,众兴乡领取经营许可证的零售点有 26 家,爆竹年销售额稳定在 200 万元以上。

众兴供销社简介　众兴供销社成立于 1955 年,位于众兴村街南村民组,即众兴集老街南西半街，坐北面南，占地6666.7平方米。建有物资仓库200平方米，职工宿舍15间，办公室2间，天井院内有砖井。时设生资、土产、日杂、华纱、小型农具等六个门市部。1972年，门市部扩大至众兴集新大街中部，原乡政府对面，坐南面北，新建综合商场400平方米，物资仓库350平方米，增设棉花收购站。1990年，供销社逐步推向市场，开始转型，职工分流。

1952—2014年众兴供销社负责人一览表

表17-1

姓名	职务	任职时间
刘朝发	主任	1952—1962年
陈立葛	主任	1963—1967年
许家海	主任	1968—1972年
陈　兴	主任	1972　1977年
窦维奉	主任	1990—2014年

第三节　粮油贸易

1953年，由于完成了土地改革和开展了农业生产互助合作运动，农民生产积极性很高，生产得到很大改善。农民的吃饭问题基本得到解决，有些农民开始有余粮。这时，国家第一个五年计划开始，国家对粮食的需要增加，而私营粮商乘机抬价抢购，囤积居奇，对此，国家决定在农村采取统一政策。

1953年10月16日，中共中央作出《中共中央关于实行粮食的计划收购与计划供应的决议》，从1953年11月起，实行粮食计划收购（即统购）。这个办法推行了30多年，政策基本未动，具体做法不断演变。1978—1984年，粮食实行计划收购和计划销售（简称统购统销），取消粮食自由市场，城镇居民实行粮食定量供应。1985—1992年，实行以计划收购为主、市场调节为辅的政策，国有粮食企业没有完成定购任务前不允许其他企业和个人收购。1987年，收购实行双轨制，即定购一块，议购一块。1993年，粮食购销价格和市场逐步放开，粮食定量供应停用，粮票成为历史。2001年5月1日起，居民粮油供应停止使用。1997年，国家实行保护价敞开收购农民余粮政策。2003—2004年，粮食购销充分市场化。2005年以后，实行稻麦最低收购政策和临时收储政策，以最低价收购为主的粮食政策性收购和市场化收购并行。

一、计划收购

1953年是实行粮食统购的第一年，要求把社会上的余粮统一由国家收购。统购范围是：农民现存粮食除去缴纳公粮和维持生产生活资料所需以外可能出售的粮食，非农业户口从市场收购口粮以外的多余粮食。统购的品种为稻、米（包括糙米）、小麦、高粱、玉米、黄豆、豌豆、绿豆、豇豆等九种。统购办法由乡(公社)粮管办根据各地粮食生产和消费情况，组织群众进行自报互评，由乡审查核查，出榜公布，指定的收粮地点交售，众兴设吴莫岗和梁宇店两粮食收购点。

二、"四定"

1954年省委、省政府决定实行"四定"，即定产、定用、定售、定供，规定按种多少地，产多少粮食的原则，核定产量，采取划片定产、归户计算办法，由乡评议按照不同土地类型，结合当年粮食生产情况划片，每片确定一个有代表性的中等产量，作为定产的参考指标，经过讨论修改，分别核对，再与邻里比较平衡。农民当年实产粮食，加上原有陈粮，除去实缴公粮以后，按人均达不到留粮标准的为缺粮户，乡按实际情况评议出缺粮数，一次发给购粮证，对少数农民卖了过头粮的，同时发给调剂证(调剂粮是农民卖给粮站的，需要时可凭证买回)，1954年因全省发生水灾，"四定"中的任务未能完成。

三、"三定"

1955年8月，国务院颁布《农村粮食统购统销暂行办法》，即"三定"(定产、定购、定销)。乡确定粮食统购的原则是:必须根据国家颁布的控制数字；只购农民余粮，不购过头粮；对余粮多的农民多购、多留，对余粮少的农民少购(或不购)、少留；春季向农民公布统购数字一般不予变动，但为了准备支援灾区，在丰收地区酌情增购一部分余粮，其增购比例不得超过增产部分的40%。

四、"三留"(留口粮、种子、饲料)

众兴属于稻杂兼产地区，口粮每人160～180千克，连同种子、饲料粮，每人195～230千克。农民交纳公粮和完成余粮交售任务后还有余粮的，可以自由储存使用，可以卖给国家，也可以随市场上互通有无，但不得进行投机。农民为生产、生活所需，对留粮进行季节周转的，可以到粮站出售，由粮站发给调剂证，需要时凭证购回。"三定"办法明确规定常年产量三年不变，统购任务也三年不变，按常产计算后的余粮，只统购80%～90%，通过"三定"，农民安心，生产积极性大大提高。

五、调拨包干

1958年3月，国家将粮食"集中统一管理"改为"购销差额管理调拨包干"办法，征购包干基数自1958—1960年基本不变，丰产不增，小灾不减，层层包干到农业社。农业社留足口粮、种子、饲料和完成国家征购任务后，包干余粮，根据以丰补歉的精神，积极扩大社内粮食储备，将余粮30%～40%给生产大队掌握，60%～70%由农业社自行掌握，生产队需要动用储备粮时，必须经过生产大队批准，生产大队需要动用时，必须经过乡(公社)批准。在粮食分配程序上，先留后购，第一保证留足口粮、种子、饲料，第二保证国家征购任务，第三完成征购任务以后，多余粮食再作为农业社的储备粮。

1959年开始，高指标、瞎指挥、浮夸风严重，粮食产量上报浮夸149.67%，国家征购占当年产量的50.6%。大办食堂，层层克扣。在1959年冬和1960年春，众兴出现了疾病、人口外流和非正常死亡等严重情况。

1960年，省委已觉察到农村粮食问题的严重性，调减征购包干任务。当年农村人均占有量为205.5千克，比1959年人均增加31千克，在此情况下，工业被迫下马，精减大批职工，下放城镇居民，压缩吃商品粮人口。同时，采用降低口粮标准，压缩副食口粮，大搞“代食品”等措施。

六、少购少销

1961年众兴实行了“责任田”，农村形势开始好转，渡过了难关，省在粮食政策上开始贯彻少购少销精神。当年，征购任务只占粮食产量的21.4%，允许社队提留机动粮，用于备荒、兴修水利和下放人口粮。1964年4月起，粮食征购实行“小队死、大队活”的包干办法，要求按照包产指标的余粮情况，逐级分配到生产队，由大队负责完成。生产大队按照国家分配的任务，分配到生产队，对生产队包死，全年任务一次核定，重灾适当减购。

对粮食任务确实不能完成的社队，可以用油料抵交，0.5千克花生仁或芝麻抵交原粮1千克，夏季完成油料任务以后，超额多卖的油菜籽，可以抵交夏粮和全年任务，卖0.5千克油菜籽抵1千克粮食，农民口粮提留不超过“三定”标准的15%。

1964年，国家征购粮食占总产量的29%，农民人均占有量234.5千克，农民生活得到进一步改善。

七、“一定三年”

1965年10月，中共中央决定从当年起，实行粮食“一定三年”，稳定负担，坚决不购过头粮，切实改变在农村同一核算单位（生产队）内又购又销。具体办法：两头调整、中间不动、纠正以往在粮食任务上的畸轻畸重现象。社员说：“以往征购任务要年年长，节节高，上头是没有底的口袋，下边是挤完了的牙膏，增产不能多留，现在“一定三年”，生产有奔头，干活有劲头。”

1967年“一定三年”到期。1968年国务院通知继续沿用一年，以后一直沿用到1970年。

八、“一定五年”

1971年8月中共中央发出《关于继续实行粮食征购任务“一定五年”不变政策》的通知。众兴属稻杂兼产区，社员口粮按210～240千克计算，完成征购任务后的余粮，采取“三四三”的办法处理，即国家超购30%，集体储备40%，其余30%用于生产队集体事业开支和分配给社员改善生活或作家庭储备。1973年，对口粮的余粮留量规定：种子留量，一麦一稻的每亩20～30千克，杂粮产区每亩15～20千克，一麦一豆的每亩20～25千克；生产队的备荒种子与集体储备粮结合起来，不单独提留，集体大牲畜，种母猪饲料粮，耕牛50千克，种母猪150千克，购后粮按“三四三”的比例分配。少数增产大的队，社员口粮标准一般不超过“三定”标准的15%。留足这标准后的余粮，动员多卖一些给国家，留一些增加集体储备，不得再分作口粮。集体事业开支粮，主要用于兴修水利、集体和个人育肥猪精饲料补助，集体饲养的牛、家禽越冬补助饲料等。

“一定五年”的征购任务实际沿用到1978年。1970—1978年，粮食生产稳定发展，农民口粮比较充足，国家收购增加部分大都是用超购价和议购价收来的。

1979年，中共十一届三中全会后，农村经济体制开始进行改革，众兴较早地推行家庭联产承包责任制，同时，国家提高了粮食收购价格和超购加价幅度，调减粮食征购任务，扩大了加价(超购价)收购的比重，增加了农民收入。农民生产积极性很高，在有灾的年份中，粮食产量仍大幅度上升，农民售粮踊跃，数量猛增，国家仓储设备不足。加之收购工作人员过去的生产队为单位交售、结算，改为分户交售、结算，工作量增加数十倍。众兴一度出现卖粮难、国家存粮难、调粮难等问题。为此，粮食部门积极增设粮点，增加人员，延长收购时间，实行计划送粮，预约收购和抓紧调运等措施，使农民卖粮难、存粮难问题逐步得到解决。

一个较长时间内，粮食征购指标继续稳定在1975年“一定五年”的基础上，并且从1979年度起全国减少25亿千克，以减轻农民负担，发展生产。

九、多渠道经营

粮食收购　1983年3月9日，省人民政府通知各地、市、县人民政府，遵照国务院办公厅转发商业部《关于完成粮油统购任务后，实行多渠道经营若干问题的试行规定》，在完成粮油统购任务后实行多渠道经营，执行中要坚持计划为主、市场调节为辅的方针，坚持粮食统购统销政策，坚持国家、集体、个人利益三兼顾和以丰补歉的原则，国家下达的粮食征购任务和油料收购任务是指令性计划，在正常年景下，必须保证完成。

粮食征购任务继续按夏、秋两季划分，以乡为单位完成当季征超任务后，即可开展多渠道经营。供销社、农村其他合作商业及农民私人都可以经营，也可以出县、出省运销，但必须经工商行政管理部门登记，发证并依法纳税。运销出省要经省粮食厅批准。规定：外省、外县完成国家征购任务的县购买粮油的，必须向当地工商行政管理部门登记，委托议价公司、粮站营业所、交易所或供销社代购，并依法纳税。受委托单位承办代购、代存、代运业务，收取手续费。属于控制出省的粮食品种，报省粮食厅后批准方可代购。还规定，在全县未完成国家征超购任务前，不得把粮食运销县外、省外。同时加强市场管理，撤销原来关于不准多方插手经营粮食，旅客携带和邮寄的限量以及运销粮食须经省批准的规定。

农民完成征超购任务后，多余粮食，可以按照超购价卖给国家，不受超购任务限制，粮站要积极收购，可以到集市议价出售，亦可以自行加工成半成品、成品出售。

粮食部门发挥主渠道作用，积极开展粮食订购业务，参与市场调节，对农民出售粮食，凡是符合质量标准的，坚持按质论价，积极收购。

1993年起，改定购合同为指导性计划收购。1998年按保护价鼓励农民种粮、售粮。从1986年起，县出台了多项收购政策和措施。

一是“以工补农”，对交售的粮食、油料，在规定价格外，再实行加价补贴。

二是“三挂钩”，对交售定购粮食的农户，按定购计划比例发放预购定金，按交售定购粮数量奖售平价化肥、柴油。

三是“现金收购”，从 1993 年起，逐步推行现金结算，不代扣除农业税外的其他任何费用。这些政策和措施的实施，激发起农民种粮、售粮的积极性，众兴农民售粮从 1986 年的 3726 吨增长到 1988 年的 5684 吨、1991 年的 7862 吨，农民的口粮水平也在高位运行。1988—1991 年，四年的平均口粮为 296.8 千克。

1998 年开始，实行粮食流通体制改革，国家按保护价敞开顺价收购农民余粮。是年，农民交售商品粮 13413 吨，产值 2126 万元；2002 年商品粮 9380 吨，产值 1887 万元；2006 年商品粮 13139 吨，产值 2951 万元。

油料收购　1958 年起，全社成规模种植油菜，当年种植油菜 4386 亩，总产 132.8 吨，除留种外，全部由国家统一收购。此后，种植规模逐年增加，至 1970 年达 7126 亩，并在以后 10 年里，一直维持在 6000 ~ 7000 亩，油菜籽总产维持在 1000 ~ 1000 吨，自食之余全部上交，国家敞开收购。是年，农民交售油菜籽 546 吨，产值 158 万元。

1983 年起，实行粮食征购大包干，县政府下达包干任务(包括 3%附加)“一定三年”不变，并自当年夏熟开始实行。是年，夏收起，国家对油菜籽取消统购任务和以粮换油办法，实行按“倒四六”比例两种价格收购。粮油交售由过去以生产队为单位逐步改成以户为单位。当年，全公社虽因受灾粮食减产，但仍超额完成征购任务，完成率达到 104.8%。

1985 年起，国家取消粮油统购，实行合同定购，收购价格实行比例补贴。小麦“倒四六”，即 40%为平价，60%为加价(下同)，籼谷“倒三七”粳谷“倒二八”、油菜“倒四六”。当年完成定购合同任务。

1981 年，油菜收购实行“以粮换油”政策，即生产队在完成交售油菜籽计划任务后，每超售 0.5 千克油菜籽，国家换给原粮 1.05 千克，当年，全公社种植油菜有较大增加，达到 9321 亩，总产 1278 吨。

1983 年夏收起，国家对油菜籽取消统购任务和以粮换油办法，实行按“倒四六”比例 2 种价格收购，粮油交售由过去以生产队为单位逐步改成以户为单位。

1985 年起，国家取消粮油统购，实行合同定购，油菜籽收购价格实行“倒四六”比例补贴，众兴当年超额完成定购合同任务。

从 1986 年起，县政府出台多项收购政策和措施。一是“以工补农”，对交售的油料，在规定价格外，再实行加价补贴；二是实行农民口油自留政策，农民将自留口油菜籽在多售定购菜籽时一并入库。这些政策的实施，激发起农民种植油菜的积极性，油菜种植面积和交售数量有较大增加。1987 年全乡交售油菜籽 1302 吨，农民人均口油 3.665 千克；1988 年交售油菜籽 1738 吨，农民人均口油 4.155 千克；1990 年交售油菜籽 726 吨，农民人均口油达 10.6 千克。

2002 年，油菜籽 1758 吨，产值 268 万元。2006 年，油菜籽 172 吨，产值 28 万元。

十、粮油储存与调运

保管　本地农户传统粮油储藏方法比较简单，用脚匾、栈条、叉袋、草围、木桶、缸、坛坛罐罐等器具盛放，因粮油不多，发热霉变少见，但虫鼠危害普遍严重。

1957年，众兴、永安粮管所分别成立，开始收储业务，分别利用罗岗张姓祠堂和李鸿章家族粮仓储藏粮食，开展建立"四无"（无虫、无霉、无鼠雀、无事故）粮仓活动。

1958年，由于仓库紧缺，曾采取在各大队就地收粮就地设仓的办法，结果造成很大浪费。同年，分别在众兴梁小郢自然村和永安集建粮食仓库。

1961年开始，各生产队也陆续建造粮食仓库。

1959—1964年，众兴、永安两粮管站陆续建造储粮仓库3幢。

1968—1971年，众兴、永安两粮管站和部分生产队建造土圆囤28个，由于本地多雨潮湿，不宜储粮，后随经济发展，陆续废弃，被粮仓所取代。

1976年6月，众兴粮站新建3号、4号仓库。

1982年7月，永安粮站建3号、4号仓库。

调运　本地每年有较多的粮食、油菜籽调往外地，小杂粮、食油、糠麸等要部分调进，面粉及制品大部分靠调进。

1973年，调出粮食3226吨，其中稻谷3121吨，占96%；调入粮食726吨，主要是麦、面粉及制品、小杂粮等；调入油脂24吨。1978年，调出粮食3668吨，全部是稻谷；调入粮食824吨，以玉米、麦、小杂粮为主，调入食油22吨。1983年，调出粮食1726吨，全都是稻谷，调出油菜籽320吨；调入粮食327吨，其中玉米276吨，其他为麦、面粉及制品，调入食油36吨。1989年，调出粮食4826吨，其中稻谷3276吨，调出油菜籽1387吨；调入粮食726吨，其中玉米516吨，其他是杂粮、面粉及制品。1958年起，粮油调运由县粮食局交运站统一运输。1989年后，粮油调运大部分由个体运输户承运。

十一、粮油、饲料加工

粮油加工　中华人民共和国成立前，一般农户加工大米、菜油都利用石臼、牵砻、榨油床等原始器具手工操作，抗日战争胜利后，县城开始出现由柴油引擎作动力的机械碾米厂，本地只有部分殷实农户肩挑稻谷至碾米厂加工成白米，大多数农户仍自己手工操作碾稻谷。

中华人民共和国成立后，随着国家征购粮改以稻谷为主，部分私营米厂先后添置砻谷机设备，从自营逐步转为代农民加工口粮。

中华人民共和国成立初，农民自种的油菜到油坊加工成菜油。1953年，粮油统购统销后，农民吃油从商店购买，本地的小油坊渐渐消亡。

1957年底，区粮管所设有米厂，设备有20瓦老式碾米机1台，谷车1部，料车2部，专为当地农民加工口粮。

1970年，区粮管所新建大米加工车间800多平方米，设备有除杂筛、去谷机、谷糙分离筛、大米分离筛和大米计量打包机等，加工工艺采用一砻二机碾米法，从毛谷进去直至大米出来，中间不需人工操作，基本实现自动化。

20 世纪 70 年代初，各大队都办起集体小型加工厂。各加工厂一般都置备碾米机、制粉机、饲料粉碎机，并利用机械和电力动力，加工效率、质量都在逐步提高。1990 年开始，集体加工厂普遍解散，私人加工点渐渐兴起，一时加工生意红火。2000 年后，饲料、米厂逐步专营，分工精细化，居民渐渐用粮食换取或直接购买现成品，至 2014 年，农村加工厂也基本消失。

饲料加工　1992 年前，本地没有专门的饲料加工厂，农民用碾米和制麦粉脱离的稻糠和麦麸掺和粗粮喂养牲畜。1993 年起，饲料生产由过去的简单粗制方法转变成科学配方生产的全价饲料，后随着养殖业向规模化方向发展，大多数养殖场自办饲料加工厂。

十二、粮油销售

1953 年 12 月 30 日，国家对粮食实行统购统销政策后，粮食的计划收购与计划供应同时进行。自 1954 年 1 月开始，众兴集镇居民凭粮油供应证购买粮油，凭证记数不限量。1955 年起粮食实行按户定量，制订分月计划，定量供应，过期作放弃。1955 年 10 月 1 日开始，粮食供应实行按人定量，归户计算，凭证定点，记数供应每人每月平均 11.59 千克。1960 年 12 月，粮食定量又作适当调整。

1955 年 8 月，众兴地区执行国务院颁发的市镇粮食定量标准一览表

表 17-2　　单位：千克

等级	标准	等级	标准	等级	标准
特重体力劳动	45 ~ 55	脑力劳动	12 ~ 14	6 ~ 10 周岁儿童	10
重体力劳动	35 ~ 44	大中学生	13 ~ 17	3 ~ 6 周岁儿童	6.5
轻体力劳动	26 ~ 34	10 周岁以上	13	不满 3 周岁儿童	3.5

说明：该定量标准执行到 1960 年 11 月

1957 年 1 月起，食油供应实行“月度下达定量，当月有效，隔月作放弃”的办法，每人每月 0.188 千克，人少户给予照顾。同年 2 月起，调整食油定量，实行统一标准，取消照顾，众兴工作人员每人每月 0.156 千克，农民实行“多产多购多留，少产少购少留”政策，按丰歉年成给社员留口油。1959 年 7 月，调低定量标准，工作人员每人每月 0.156 千克，农民 0.125 千克。此后，供应定量又多次作调整。

十三、粮油价格

1957—1978 年的 22 年，粮油统购统销政策一直没有调整，粮油销售价格虽作过几次调整，但变动不大。中籼稻 192 元 / 吨，统销成品中籼米 272 元 / 吨，食用菜油 1600 元 / 吨；返销农村缺粮口粮中籼稻 212 元 / 吨，食用菜籽油 2012 元 / 吨。

粮食自1979年9月起,食油自1981年起,在平价按定量供应的基础上,开展议价销售。1992年,实现粮油销售收入449.5万元。1993年4月1日起,国家放开粮油购销价格,生活、生产用食油全部敞开供应,但对城镇居民购粮证和粮籍关系、粮食关系迁移办法不变,1990年后,粮油供应渠道放开,各超市、卖场、杂货店等均能经销粮油。

粮食　1963年9月1日,每千克中晚粳米0.276元,中早籼米0.244元;1966年8月1日,每千克中晚粳米0.32元,中早籼米0.28元。

食油　1957年5月5日,每千克菜油0.575元;1960年,每千克菜油1.27元;1961年9月1日,每千克菜油1.46元;1964年5月1日,每千克菜油1.56元。

第四节　物资　烟草　盐业

计划经济时期物资按计划供应,计划内销售平价供应,计划外议价供应。由于计划内分配物资购销与计划外议购议销物资之间存在着较大差价,物资经营上的“双轨制”让物资经营部门取得丰厚效益,滋生倒买倒卖行为。1988年后,部分物资取消计划,计划分配物资逐年减少,议购议销物资不断增加。至1994年,“双轨制”取消,放开经营,一律按市场敞开供应,物资经营企业也随之改制。

烟草、盐业是一种特殊商品,国家对烟草、盐业的生产、销售、进出口依法实行专卖管理。

一、物资

购销　计划经济时期,钢材、机电设备产品、煤炭、化工产品和部分建材产品实行计划供应。随着社会主义市场经济的逐步建立,这些物资的购销全部放开。

计划　1986年前,钢材销售分计划外和计划内,计划内钢材由县计划委员会根据上级拨给指标和县内所需品种行文,交县金属材料公司到省市物资局购回,再由县计划委员会根据乡镇实际情况开单供货。1987年,县物资生产资料服务公司开始组织计划外钢材销售,货源来自合钢、马钢、首钢、武钢、宝钢、南钢等大型钢厂。1994年后,金属材料市场放开,物资系统专营地位逐渐解散。

1986年、1987年机电设备、机电产品由县机电设备公司专营。上级管理部门每年按计划分配给肥东机电物资,主要产品有汽车15辆、电机50台、裸铅线30吨、漆包线7吨、电焊条50吨,数量少,供不应求,而且各乡镇必须有县计划委员会的开单才可购置,1988年后计划取消。

1986年前,乡内生产生活用煤,由县燃料公司根据计划负责安排、供应。乡内企业、学校等单位供煤指标,由县计划委员会确定,下发文件执行。城镇居民每人每年300千克,凭票供应。众兴乡非农业236人,每年计发煤票7.8吨,剩余由批准供应。1988年,计划煤数量未变,但随着乡镇企业的发展,用煤量增大 。超计划部分,由县燃料公司组织人员到河南、淮南、淮北等地协调采购，补足用煤缺口。

计划经济时期，化工产品和部分建材产品由县化建公司购销。1986年，国家分配计划产品水泥由巢湖、合肥、桥头集、王铁(东海)等水泥厂供给；油毡由巢湖、合肥建材公司供给；玻璃由合肥市建材公司供给；尿素、烧碱、纯碱、大小轮胎、电石，由合肥市化经公司供给；炸药若干，由皖西化工厂和当涂化工厂供给。

计划物资在销售时，水泥由县计划委员会开单销售。炸药由县公安局批准，开单出售。其他计划物资由国家统一定价销售。计划外化工产品由县化建公司根据市场需求，自行采购销售，主要有三角带、运输带、传动带等。

供应　计划经济时期，乡内的金属材料由县金属材料公司供应。主要品种有圆钢、螺纹钢、板材、角钢、管材等。销往乡镇企业、集体企业和农村用于建房。

机电物资的供应由县机电设备公司根据市场需求组织货源，主要经营仪表、轴承、砂轮、工具、裸铝线、漆包线、电机、水泵等，汽车是以销定购。计划经济时期，机电产品的销售逐年上升。1993年后，机电物资供应全面走向市场。

1986年前化工建材产品由县化建公司组织供应，1992年后，化工建材产品按市场化的方式运作。

经营　计划经济时期，县内经营金属材料的企业有肥东县金属材料公司、肥东县物资生产资料服务公司、肥东县物资局钢材市场、肥东县金属回收公司(用废钢铁换成品材)、肥东县物资局劳动服务公司、梁园物资门市部、白龙物资门市部等。1993年，县物资局所属物资流通企业，除县燃料公司外，其他公司均有金属材料购销业务。1994年后，金属材料市场放开，国营钢材销售量逐年下降。1998年后，由于多数企业破产，县物资系统不再销售金属材料，但市场所需的钢材数量仍在上升，经营者大多为个私企业。

随着市场放开，机电设备及机电产品的专营地位消失，销售收入开始下滑，1998年县机电设备公司破产。

1994年放开煤炭市场，个私经营户迅速增加，价格竞争激烈，县燃料公司的离退休与在职职工面临困境，因缺乏市场竞争意识，企业亏损、职工下岗。1997年后，燃气液化气普遍进入城乡居民家中，生活用煤减少，生产用煤进入买方市场，县燃料公司基本停止经营。

化工建材市场于1993年基本放开，1996年民用爆炸物品购销业务从化建公司分出，成立肥东县民用爆炸物资公司，专营炸药。1997年，肥东化工建材公司因资不抵债依法破产。

截至2005年，除民爆物资公司，旧机动车辆交易市场正常经营外，其余公司倒闭注销。民爆公司成立后，从开始100吨左右的经营规模，到2005年400余吨。旧机动车辆交易只限农用车、摩托车，其他车辆必须经省、市旧车贸易市场才可交易，此后，旧机动车辆交易市场逐步全面放开。

二、烟草

国家对烟草专卖店实行专卖许可证制度,对烟草专卖品的生产、销售、进出口依法实行专卖管理。

1981 年,全县烟草种植面积约为 330 公顷。1985 年春天,合肥市烟草专卖局(公司)、市计划委员会联合下文,取消白龙地区的烟草种植和各项计划指标,结束肥东县种植烟草的历史。

销售　1981 年前,卷烟属于县糖业烟酒公司经营。1981 年成立肥东烟草公司。1983 年后,成立肥东县烟草专卖局和肥东县烟草公司,一套班子,两个机构,负责全县的卷烟销售和市场管理。

1982—1984 年,县烟草公司相继在白龙、撮镇、梁园、八斗、古城、石塘设立卷烟分销处,取消委托卷烟代批单位的业务资格。卷烟出现旺销,只要烟草公司能调拨到的卷烟就不愁销,连低档的卷烟也供不应求。如"精佛子岭""硬(黄)嘴合肥"等中低档卷烟,不得不采取发放"烟票"的形式限制购买。

管理　1990 年后,肥东二十埠形成以销售为主的自由市场,各种假冒和走私卷烟等非法活动应运而生,仅二十埠市场的日卷烟销售量就达 8000 ~ 10000 件,严重冲击烟草公司卷烟的正常销售。由于烟草行业各项政策尚未完善,各卷烟生产厂家盲目生产,个体烟贩与烟草公司相互竞争,导致卷烟价格和供货渠道混乱。

1999 年,县烟草专卖局(公司)重点治理二十埠烟草自由市场,净化全县卷烟市场,充分发挥网点(分销处)功能,加强网点建设,规范网点经营活动,坚持省局(公司)限价,杜绝卖大户、赊销等现象。

2000 年,县烟草专卖局(公司)成立网络推进领导小组,全面清查登记各乡镇、村民委员会卷烟零售户,逐户发放准销证,卷烟零售户全部建档入网,为送货服务打下基础。通过对零售户反复摸底调查,基本了解每个零售户的地域分布,主销品牌和销量情况。2001 年,县烟草公司经过 3 次大的整合,探索网络建设新模式。成立一个访销中心、一个配送中心,物流以县城城关店埠镇为原点,辐射至全县各村组。

三、盐业

管理机构　1993 年前,肥东县食盐市场尚未实行专营管理,当时的县盐业蔬菜公司隶属县商业局,主要从事食盐、工业盐加工销售。1993 年 12 月,经合肥市政府批准,撤销县盐业蔬菜公司,成立肥东县盐务管理局,负责全县食盐供应和市场管理,食盐专营管理得到全面实施。

生产　国家食盐加碘始于民国 29 年(1940 年)。1979 年,国务院下发《食盐加碘防治地方性甲状腺肿暂行办法》,这是国家第一个食盐加碘的法规性文件。1994 年,国务院 163 号令《食盐加碘消除碘缺乏危害管理条例》正式确立实施全民加碘。

购销　县盐业公司成立前,众兴供销社负责本地区的食盐调拨供应,盐种主要是麻袋装的大粒粗盐（90 千克 / 袋），居民食用盐大都是经过加工粉碎的粗粒盐，用秤散装出售，碘含量微乎其微。1995 年后，食盐加工、包装精致化，众兴群众普遍食用加典粉末状袋装食盐，粗盐逐渐消失。

专营管理　国家对食盐实行专营管理，通过对食盐生产实行定点制度，批发实行许可证制度，对食盐运输实行准运证制度，并利用指令性计划，政府定价体制，实现对食盐市场专营管理。计划经济时代，乡村食盐由供销社、国营商店和村代销点统一专营；1995 年，县盐业公司在众兴设立批转点两家，2003 年一家；2005 年，实行统一配送直达零售点销售食盐。

第五节　集市贸易

一、市场贸易

中华人民共和国成立初，众兴有大小集镇 7 个（单岗集、马庙集、刘岗集、谢岗集、永安集、众兴集、义合集），是附近群众传统自由交换商品的场所。凡做买卖按期赶集，逢集一律按农历定期，众兴地区一般都是十天四集，分为"大集""小集"。大小集各半逢期交错，如众兴集为农历二、五、七、十日逢集，其中五、十是大集，二、七是小集。永安为二、七、四、九日逢集。相传已久的"大集"猪牛上市，农副产品集中。"小集"则相对较少。

赶集人在早上吃过早饭八九点钟陆续上市，中午正是贸易高潮。午后离集，猪、牛买卖更迟，多在午后成交。上市交易的日常食用、生产物资多由农民、手工业和集镇居民直接交易。大宗农副产品以粮食、油料、油脂、土纱、土布、竹木器为主，多归私人商行（店）经营。

1949 年前，众兴历年形成的行（店）有粮油行、纱布行、杂货店、竹木行、猪牛行、禽鱼行、旧货行、柴草行等，其中粮油行占 1/3 以上，这些行（店）有合资经营，也有独资经营。他们手中都拥有大量资金进行买卖，有的从中收取佣金；有的从事吞吐业务，淡季压价收，旺季高价出，下市压价收，上市高价出，欺买欺卖，袖筒作价，见利忘义。

市场物资越是紧缺，越是抢购囤积，哄抬物价，贱买贵卖，从中牟利。中华人民共和国成立后，集市贸易基本依行政区划一乡一集。

中华人民共和国成立以来，众兴集市贸易时起时伏。

1951 年，国家规定取缔投机商，凡从事经商者一律在交易所进行交易，不准囤积和拒售人民生产生活的必需物资，与此同时，国营商业和供销商业组织购销参与市场调节，保持物价稳定，限制私商投资经营和获取暴利行为，并组织各种集市贸易交流会，繁荣集市贸易。

1953 起，国家对粮油、棉、烟等主要农副产品逐步实行派购和统一收购，多余部分允许进入自由市场，集市贸易活跃。

1956 年，对私营改造完成以后，农村自留地每人 0.1 亩至 0.2 亩，许多农产品列为一、二类物资，如粮油、棉、麻、生猪、菜牛、皮革、废金属及贵重药材等，禁止进入自由市场。集市贸易只限于耕畜、家禽、蔬菜、柴草等物资。由于主要物资购销关系起了变化，集市贸易额相对缩小。是年，全乡集市贸易成交额比1950年下降23.6%。

1958—1960年，一度关闭自由市场。三年困难时期，粮和猪肉等紧缺物资都转为地下交易。

1961年高峰时，猪肉每市斤卖到5~6元，大米每市斤价格高达3元以上，当时，胡萝卜也成为主食，每市斤卖到六七角钱。1961—1962年，允许农民经营家庭副业，集市贸易随之复苏。

1963—1964年，大小集市全面恢复，集市商品上市量日益增多。肉食、鲜蛋、蔬菜、粮食、糖果、生活用品等无所不有，而且价格也比过去大大下降，如猪肉每千克1.96元，大米每千克0.68元，白菜每千克0.04元。1967年开始，“狠抓阶级斗争”和“割资本主义尾巴”，禁止仔猪、耕牛和一些土副产品外流。

1969年，允许三类物资上市，但不准商贩插手，按规定价格、地点出售。随着“文化大革命”不断深入和开展“农业学大赛”运动，对集市贸易越管越紧。为控制社员农忙上集，先后采取封集和统一规定各个集镇，十天只能逢五、十两集。1978年，集市贸易稍有松动。

1979年，集市全面开放，允许个体商业经营，放宽农副产品贩运，上市品种除一、二类物资外，部分粮油复制品允许上市。特别是农村实行联产承包责任制后，农副产品、肉类禽蛋、干果蔬菜极为丰富，上市量大。购销两旺，集市空前繁荣。

20世纪90年代，农产品收购价格实施改革，在主要农产品种（如稻谷、小麦、油菜籽、棉花）上以调整价格为主，并逐步扩大调价幅度。其他农产品（蔬菜、中药材、木材、水产品、畜禽蛋、粮油副产品、制成品、副食品等），以放开价格为主，并扩大放开价格范围。

截至1990年，在农民出售农产品总额中，国家定价的比重由92%减少到24%，国家指导价由2%增加到22%，市场调节由5%扩大到54%，农产品收购价格总水平有较大幅度提高，这些政策和措施促进贸易市场朝着健康有序的方向发展。

二、农贸市场

20世纪50年代前后，众兴集市大都没有固定地点，沿街乱设摊点、叫卖或设摊销售农副产品、手工业品。1999年10月，在众兴南大街东侧新建大棚农贸市场，占地面积520平方米，内建有水泥柜台等交易设施。设计摊位90个，实行分类定点，分户立卡，编号定位，发放摊位证，在指定地方经营。严禁强买强卖、欺行霸市、坐地转手倒卖、哄抬物价等不法行为。2006年3月，在永安集西侧，原永安小学南侧建设一标准化农贸市场，占地670平方米，内建有水泥柜台等交易设施，设计摊位92个，实行分类定点，编号定位，在指定地方经营。

第六节　社会服务业

民国时期至20世纪50年代初，本地经营餐饮、服务业有10多户，1956年，“私改”后，网点多次撤并，大幅度减少。至1961年，饮食业网点减至2个，从业人员6人，服务业网点减至2个，从业人员4人。“文化大革命”时期，实行“二统三不变”办法（即合作商店人员统一使用、统一核算，人员性质、工资、福利三不变）。至1976年社会餐饮业、服务业网点基本停办。此后，供销系统餐饮、服务业网点数基本不变。1981年，社会餐饮业网点3个，从业人员6人，服务业网点2个，从业人员4人。1986年餐饮业网点5个，从业人员10人，服务业网点3个，从业人员6人。1990年，由于个体户和商业系统外的集体企业纷纷进入餐饮、服务业，供销系统餐饮、服务业经营连年亏损，逐步解散，退出市场。

1984年，众兴第一家个体饭店开业。1987年，众兴粮站集体开办的旅社开业，同时有一家私营旅馆。此后餐饮、服务业领域个体私营户和集体企业迅速增加。至2002年，个体餐饮业网点有16个，服务业网点12个。2014年，餐饮业网点增至26个，服务业网点增至18个。

第七节　土特产品

众兴水库生态优良，水质清冽，是得天独厚的天然“渔场”。“好水养好鱼，好鱼净好水”。每年春节前夕，是捕鱼的繁忙季节，引得合肥市民起早摸黑竞相采购，供不应求。

众兴鱼头火锅　这是一道以鱼头为原料的美味佳肴，具有养颜美容之功效，具有丰富的蛋白质，适合各类人群食用。

做法：洗净，从鱼头正中一劈为二。锅中放少许油，加上姜片。油热后，放入鱼头。鱼炒至胶质后，倒水，同时把盐和打成结的葱等佐料放入。水煮开后，去掉鱼汤上面的浮沫，倒入料酒，中大火煮15分钟。再把腌制5分钟后的剁椒涂抹在鱼头上。在盘底放2～3片白萝卜片，将鱼头放上面，再在鱼身上搁适量切好的葱蒜。将煮好的汤浇淋在鱼头上即可食用。

第十八章 经济综合管理

肥东县众兴乡便民服务中心　　（刘斌/摄）

第十八章 经济综合管理

肥东县众兴乡便民服务中心　（刘斌/摄）

第十八章　经济综合管理

中华人民共和国成立前,众兴无经营管理机构。中华人民共和国成立后,随着土地改革和农业合作化,农民走上集体化道路,逐步形成计划、劳动、购买、收益、分配等一套管理制度。1982 年,公社经济管理站成立后,各项管理制度日趋规范,国家、集体、个人三者之间利益分配科学合理,农民收入增长较快。1993 年,经济管理由计划经济逐步向社会主义市场经济转轨。

中华人民共和国成立初,县人民政府成立工商科,负责受理有关工商业登记。1952 年,众兴住商和流动商贩登记办照只有 3 户,1953 年增至 5 户,以后逐年增多。1980 年,店埠区成立工商行政管理所,对众兴的工商登记和集贸市场加强管理。2006 年,登记注册的私营企业有 236 户,从业人数 1811 人。工商管理部门在依法进行企业登记发照的同时,还加大市场管理力度,查处各种违法案件。进入 21 世纪后,会同派出所、市场管理部门多次联合执法,取缔无证经营场所和摊贩,整顿市场秩序,维护消费者合法权益。

20 世纪 80 年代,统计、审计工作由乡农村经济管理站兼管,进入 21 世纪后,与农经站分离,2003 年成立众兴乡统计站,并独立开展工作。

第一节　财　政

一、机构沿革

中华人民共和国成立初期,农业生产由小乡乡长管理,另设辅导会计 1 人,负责乡(公社)政府财务及基层会计业务辅导等工作。

1958 年 10 月,人民公社成立后,建立社级财政,农业由公社副主任主管,同期设辅导会计 2 人,主要负责全公社的财务管理工作。实行“两放、三统、一包”,即下放人员,下放资金;统一计划,统一物价,统一流动资金;包干财政收支任务。在支出上除教育经费外,均按财随事走的原则办事。其间,由于公社缺乏管理经验,加上“大跃进”“高指标”和“一平二调”,造成混乱。1961 年取消公社一级财政。

1978 年,公社成立财政组,重新试办公社一级财政,工作人员 5 人,由公社主任任组长,负责管理人民公社各级集体经济单位的财务活动。实行“定收定支,收入上交,支出下拨，超额分成（社三县七），节约留用”的管理办法，收支指标一年一定，由社包干。

1982年，成立众兴公社财政所，设所长1人，工作人员6人。其主要协助人民公社制定分配政策，负责基层会计业务培训，审批农、副、工及其他各业分配方案，做好年终分配复查及审计工作，协助基层建立经济承包责任制，对党的农村经济政策贯彻情况进行调查研究。

1984年，公社财政组统一改为乡财政所，设所长1人，工作人员2~4人。

1985年，对乡财政实行“划分税种、核定收支、分级包干、增长分成”的新管理办法。同时，扩大乡财政业务范围：将乡范围内原由国家开支的各类乡属机构人员经费，统归乡财政管理；将乡范围内的国家财政收入（不含县属企业）划分为乡财政固定收入和县、乡财政共享收入。乡财政固定收入部分全部留乡；县、乡共享收入增收部分实行五五分成；烟税单列分成，先实行乡增收分成，后又改为总额含量分成。

从1986年起，实行乡财政向乡人民代表大会报告工作制度。1987—1988年，进行乡级金库试点，始设乡级财政金库。1989年后，取消乡“小金库”“包包账”，由乡财政所对乡自有资金实行统一管理，并对乡因人员变动和调整工资等项增加的支出，实行县、乡共同负担。1990年，对乡企业全面实行报表管理。

2014年，众兴乡壮大村集体经济组织收入工作推进会召开

（党政办/供）

二、计划管理

互助组时期，农民根据实际条件与耕种能力，共同决定农作物种植，一般以一熟单季中稻为主，辅以少量夏熟作物，如小麦、油菜、蚕豆等。

合作社时期，各类农作物按计划种植，农用物资由合作社计划分配，生产资金由信用社计划贷款，农产品由国家计划收购。

1961年整改后，国家与生产队订立“粮油大包干，一定三年不变”合同，核定每年征购任务，在完成征购任务后，生产队再考虑口粮、饲料粮、种子粮和储备粮“四留问题”。在以粮为纲的前提下严格控制计划种植面积，公社、大队、生产队都有生产计划，即春播规划和秋播规划。生产队必须按田块落实茬口计划，制定作物茬口明细表。

1971年后，年度计划编制以发展农业生产为主，加大农业投资，开始发展社队工业。

1978年，实行家庭联产承包责任制，生产队按劳力或人口比例分田到户，包产到户，年底按承包卡向国家交售粮食,余粮自行处置,承包户有一定的种植自主权。1985年起,国家取消粮食统购,实行合同定购,农民的种植自主权进一步扩大。

1997年起,国家取消粮食指导性收购计划。1999年家庭联产承包责任制转向大户承包,农民逐步以市场取向调整农业种植业结构,大棚蔬菜、瓜果、苗木、花卉等经济价值高的品种种植面积成倍扩大。

20世纪80年代的工业计划由县工业公司制订,主要有新产品、总产量、销售、利润四项指标。1993年起取消产品计划,1998年起增加工业增加值计划,2001年起增加招商引资、固定资产投资、标准厂房建设、盘活存量资产的计划,编制上报。

三、劳动管理

土改后,农民分得土地,但多数农户缺乏农具、耕牛、资金。1951年,党和政府号召农民组织起来,走互助合作道路。是年本地开始出现临时互助组,自愿组织,规模统一,一般是农忙组织,农闲解散,俗称"春组织夏解散"。1952年4月,众兴地区陆续建立常年互助组,实行自愿互利、以劳记工、以畜换工、等价交换等办法,解决生产困难。

初级社时,由社务管理委员会统一指挥生产,分组作业,按劳动力强弱、技术高低评工分。

高级农业生产合作社实行集体劳动,劳动力由生产队统一分工,根据不同类型和工种制定劳动定额,实行定额管理。

人民公社化初期,实行组织军事化,搞大兵团作战,取消定额,劳动不计工分。1962年,根据中共中央《农村人民公社工作条例(修正草案)》,恢复和健全生产责任制和劳动定额管理制度,实行"三级所有,队为基础",生产资料分别归三级所有,以生产队集体所有制经济为基础增强生产队自主权,劳动力安排、劳动定额全由生产队讨论决定,生产队长具体安排日常生产。

1967年8月,推行"大寨式"评工计分。由记工员记好每人出勤天数,月底上墙公布,相互核对,评工时,队长召开社员大会,定出每天工分,再评出男女两个标兵,然后社员轮流自我总结,对照标兵,自报工分,经由群众评议审定,大寨式评工,一般一月评一次,也有半年评一次的。

1980年,众兴对经济作物实行联户到组、联户到劳,采取以产计酬办法。1983年,众兴进行家庭联产承包责任制试点,至1984年在全乡全面铺开,以生产队为单位,按人口分口粮田,按劳动力分责任田,形式由原来的"联户到组到劳",发展为"联产到户、家庭经营",此时农村劳动力多数从事责任田的经营。1990年后,随着机械化、科技化程度提高,特别是农田由大户承包以后,农村剩余劳动力增多,南来北往,许多农民外出打工,走上自主发展道路。

四、财物管理

1954年，农业生产合作社实行财物管理制度和会计制度。

初级社时 以社为经济核算单位，独立账务，配有会计及经济保管员记账，采用现金收付单式记账法，会计核算以货币反映为主，实物、工分为辅。将集体收支记载清楚，以便年终结算分配，并实行权责发生制。会计账簿有日记账、总分类账、社员往来明细账和工分登记簿。

高级社时 采取复式收付记账法，配备会计、出纳员和保管员，每年春秋两季，县里对农村财务人员分批进行政治和业务培训，落实岗位责任制，制定工分报酬和考勤奖励制度。账簿分经济账、财产账、工分账三大类。

1958年人民公社建立后，逐求“一大二公”，实行“统一领导，三级管理，两级核算制度”。公社实行“统收统支”，大队只设现金出纳簿，生产队不立账册，如发生经济事项，由大队汇总报账。

1961年，贯彻《安徽省农村人民公社试行会计制度》，恢复以生产队为基本核算单位，采用复式借贷记账法。1962年，财务管理实行“三不见面”制度，即管账不管钱，管钱不用钱，用钱不存钱。物资管理实行“两把锁”制度，生产队集体仓库设两把锁，一把归保管员，一把归社员代表，物资进出仓库必须两人到场，同时开锁。

1965年“四清”运动中，各生产队成立贫下中农财务监督小组，生产队收支账目做到日清月结，逐笔公布，让群众审查。建立开支审批制度，集体购买物品，根据金额大小，分别由队长、队委或社员大会审批，并由经办人、验收人、负责人签字后进库入账。实行账务互审制度，生产队会计由大队会计组织互审，大队会计由公社辅导会计组织互审。集体的固定资产做到每年清点，账物相符。

1970年开始，为简化会计核算方法，人民公社生产队会计核算采用钱、物、收付记账法。1980年起，凡实行统一经营包干分配的生产队，只核算合同内所规定的包干上交收入和生产队的经营收入。由集体代理的业务和往来部分，均列入承包户经营往来进行核算。

五、收益分配

互助组时（1952年）劳动采用伴工做法，农户之间借用耕牛等农具等一般折算成工时，以还工方式解决，还不了工时的再按其他方式酬谢（实物或现金）。

初级社时（1954年），1954年前，生产资料属私有。入社时，耕牛结合土地作为股份参股。实行“土地入股，土劳分红”。初级社统一经营，劳动力统一调配使用，年终分配时采用“二头红”，即劳动力分红和土地分红。劳动力按劳动天数取得报酬，土地按股份获取报酬。在核定年收入中，减去税收、生产费用，留出集体积累，对净收入部分采用三七开或四六开进行分成，一般是劳动力高于土地。

高级社时（1956年）生产资料公有。农民集体劳动统一分配，实行评工计分，按工分领取报酬，建立一年两次预支分红和年终一次决算分配制度。

人民公社初期(1958年)实行工资制与供给制相结合的分配制度。公社总收入扣除成本、税金、积累、粮食物资储备后,属于社员消费部分由公社统一支配和社员个人支配两种。统一支配部分,即供给制部分(包括基本工资和奖励)。基本工资实行等级工分制,按照劳动者体力强弱、技术高低、劳动态度、参照当年实做工分评定等级,评出级差,平均分配。1959年底,年终分配改为社队两级核算。取消级差,实行工分制与粮、草、米供给制相结合的分配制度。此分配制度一直持续到1960年食堂解散。

1962年,集体经济实行“三级核算,队为基础”。大队、生产队全部采用工分制,实行按劳分配,公社企事业农村户口职工的劳动报酬,由原来的收入交队,回队记工,归户结算分配制,逐步过渡到企事业单位分配制和工资制。对生产队外出人员,如个体工匠或临时工,一般采用定额交队评工计分,年终参加分配,或按年度定额上交给生产队集体积累等方法。

1970年后,社队企业迅速发展,为了缩小务工社员与务农社员收益分配的差距,公社拿出社办企业部分利润,下拨到各生产队纳入年终分配。一些大队也拿出部分队办企业利润,下拨到所属生产队,以增加按劳分配收入。

1978年,农村实行家庭联产承包责任制后,农户除完成定额上交款外,其余所得全归个人所有。

企业职工的收益一开始参照农村社员评工计分(每月发放定额生活费)年终结算。1978年起,实行工资制,并根据工作岗位定级加工资。1986年,实行全年人均列支计算报酬,工资以外报酬作为奖金。1997年改制后,企业分配由董事会决定,定额、定工资,称为“计件制”,实行多劳多得。

第二节　税　务

中华人民共和国成立前,本地财税由县统管,派人直接向农户征收,以田赋为主。1949年后,财税权归乡(公社)人民政府。20世纪50—80年代,众兴财政收入主要依靠上级财政补贴。1988年起,县对乡实行一定三年的“大包干制”,国家实行“分税制”财政管理体制,众兴在税收返还和税收分成的比例上得到了政策性倾斜。财政管理体制改革和经济发展,促进了众兴财税的增长。2014年各种税收增长是1990年的82倍,2014年财政收入是1990年的58.4倍。

1953年,农村信用合作社建立,1978年前,信用社业务主要是收集社会闲散资金,用作股金储蓄,办理贷款业务,解决农民实际困难,扶助社队发展生产。1978年后,国家实行经济体制改革,贷款因业务领域和服务项目增多而大幅增长。1996年,信用社在众兴地区各种贷款达1900多万元,至2000年底,共贷款1亿余元。随着经济发展,农民收入不断增加,集体和个人的储蓄存款也随之水涨船高。1996年,信用社各种存款678万元,2006年超过1.7亿元。其中个人储蓄存款1.1亿元。

中华人民共和国成立后，中央人民政府向全国发行"人民胜利折实公债""经济建设公债"，众兴人民踊跃认购。1981年起，国库券开始发行，由集体和个人认购。1991年，本地认购国库券7.26万元，1995年认购17.6万元。从1986年起，众兴经管站代办保险业务，主要是家庭财产保险。1989年起增加简易人身保险，后又增加农作物、机械设备等保险业务。

一、税收

机构沿革　中华人民共和国成立初期，区人民政府设1名财粮员，负责地方政府的财政收支业务，兼征农业税。人民公社初期，设财政助理一人，负责公社财政。1986年12月成立众兴财政所，设所长1人，总会计1人，管理员2人。后逐步充实人员，1995年增至8人。2006年减至4人。所址设在政府办公大楼内。

税收管理　财政所是调控政府财政收支的职能机构，主要负责每年度乡财政的预算、结算、农税征收、资金管理、企业财务管理、发放转移资金、专项资金、管理会计事务、统计农田面积核减等。

1953年，建立县地方财政。1959年起，凡地方管理的企事业收入列入地方财政预算收入，财政性各项支出列为地方财政支出。根据上级核定的收支预算，以支出总额的百分比，定为分成比例，年终结算，一年一定。

1986—1987年，乡财政沿用"收入全部上缴，支出按实下拨"的办法，采用统收统支财政管理体制。

从1988年起，财政管理体制实行改革。县财政对乡财政实行税收包干，第一轮财政管理按"核定收支基数，递增包干上缴，一定三年不变办法"，以1987年上缴的税收额为基数，每年递增5%，超收金额返还。1994年，实行新的财政管理体制。以"事权与财权相一致"为原则，确定县与乡财政收入、财政支出范围，即"分税核定基数，收入增量分享"。内税以核定的1993年地方税收入为基数，基数的增量部分，按"六四"比例分成，县得40%，乡得60%。

1998年5月，县财政修订完善与乡实行分税制财政管理办法（即第二轮财政管理办法），"还原法"重新核定内外税收为依据，超基数增量部分，按2∶8分成，即县得20%，乡得80%。

2001年5月，县政府批转财政局第三轮分税制管理办法。调整收入基数和支出基数，超基数增量部分，众兴地区实行全额返还。

2003年起，实行第四轮分税制管理办法，确定事权与财权相一致原则，兼顾两级利益，按照实事求是原则，确定"收入基数适度调整，支出基数转为定额补贴"。

农业税　中华人民共和国成立后，1950年9月中央人民政府批准并公布《新解放区农业税暂行条例》。该条例规定以户为纳税单位，在设定起征点的基础上实行全额累进税率。鉴于新解放区尚有出租地和佃耕地的实际情况，条例对出租地和佃耕地的纳税也作了明确规定。为鼓励开垦荒地、发展农业、提高农业生产力，对耕种荒地的，条例规定在一定时期内免交农业税，对收获量超过常年产量的仍照常年产量计算纳税额。

1952年后，根据土地制度改革、农业生产发展和互助组合作开展等情况，对农业税政策进行了一些调整。总的原则是，征收农业税只征收农业生产税，其他凡有碍发展农业、农村副业和牲畜的杂税，概不征收。农村中的交易税，也只是对于比较大量的货物交易采取征税，因此，1952年农民的负担较1951年有所减轻。1953年中央又规定，1953年后三年内将农业税额固定于1952年的水平。

农业特产税　20世纪80年代中期，为促进农业生产全面协调发展，国家于1983年设立农业特产税。农业特产税是对从事农业特产品生产、有农业特产品收入的单位和个人征收的一个税种。1989年，国务院发布《关于进一步做好农林特产农业税征收工作的通知》，这是国家加强农业特产税征收的一个重要标志。该通知明确要求对农林特产收入要全面征收农业税。为了规范农业特产税的征收问题，国务院还于1994年发布《关于对农业特产收入征收农业税的规定》。该规定明确规定了对大宗农业特产品收入实行全国统一税率。但是，随着粮食等农产品由短缺转变为相对过剩，农业特产税政策与现实已经不相适应，过高的特产税在一定意义上阻碍了农业种植结构的调整，削弱了农业的整体竞争力。特别是进入21世纪后，经济形势发生了很大变化，农业特产税的征收，在很多情况下表现出与结构调整政策目标相矛盾。更重要的是，国家加入世贸组织以后，迫切需要大力加强和提高我国农产品的国际竞争力，在一些主要农产品大国不仅不征收农业税还对农产品给予高额补贴的情形下，我国农业特产税的征收就更显得不合时宜。

耕地占用税　国务院于1987年4月1日发布的《中华人民共和国耕地占用税暂行条例》，设立了耕地占用税。耕地占用税征税范围包括种植农作物的耕地、鱼塘、园地、菜地和其他农业用地，如人工种植草场和已开发种植农作物或从事水产养殖的滩涂等。耕地占用税以占用耕地建房和从事非农业建设的单位和个人为纳税人，采取地区差别税率。为了规范耕地占用税的征收，财政部于1987年6月25日发布了《关于耕地占用税具体政策的规定》。该规定就耕地占用税的征税范围、税额的确定、免税范围等进行了明确而具体的规定。耕地占用税的设立对合理利用土地资源，加强土地管理，保护农用耕地具有一定意义。

另外，国家针对农民设立了屠宰税等赋税。

除了国家的税收以外，农民还需要缴纳各种费用。这些费用虽然不是正式意义的农业税，但与农业有密切联系，而且在当时税制方面，国家对这些费用是与农业税联系在一起考虑、调整的。这些费用主要有乡统筹、村提留、义务工等。

乡统筹　乡统筹是指乡镇向所属的农户收取的、用于辖区内乡村两级办学经费或农村教育事业费附加、计划生育、优抚、民兵训练和修建乡村道路等五项由乡镇支配的资金。

村提留　村提留是指村级集体经济组织向农户收取的、用于本村的管理费、公益金和公积金等三项由村级支配的资金。所以，人们又形象地称乡统筹、村提留为“三提五统”。三提五统的存在，一方面保证了乡村两级组织的正常运转，另一方面，缺乏监督制约导致了乱集资、乱收费、乱摊派，加重了农民的负担。

农村义务工和农村积累工　根据《农民承担费用和劳务管理条例》的规定，农村劳动力还要承担农村义务工和农村积累工。农村义务工，主要用于植树造林、防汛、公路建勤、修缮校舍等。按标准工日计算，每个农村劳动力每年承担5～10个农村义务工。农村积累工，主要用于农田水利基本建设和植树造林。按标准日计算，每个农村劳动力每年承担10～20个农村积累工。有条件的地方，经县级以上人民政府批准，可以适当增加。

统购统销制度的建立、发展与取消　统购统销是农民所负担的一种比较特殊的农税形式，对农村和城市都产生了深远影响。统购统销的内容包括统购和统销两部分，统销又分为城市统销和农村统销，其中影响最大的是城市统销。

统购统销确立于1953年，1985年取消农产品统购派购，1992年城市统销被废止。

统购统销制度的建立具有深刻的时代背景。1953年经历了中华人民共和国成立以来第一次严重的粮食危机。粮食市价大大高于牌价，导致国家购粮比重急剧下降，购销倒挂。1953年1月份收购9.7亿千克，比原计划少收5.15亿千克，销售19.58亿千克，比原计划多销0.8亿千克；2月份上半月收购比计划少1.15亿千克，销售比计划多2.25亿千克。

正如陈云在1950年6月中共七届三中全会上说过的："中国是个农业国，工业化的投资不能不从农业上打主意。搞工业要投资，必须拿出一批资金来，不从农业打主意，这批资金转不过来。"正是在这一时代背景下，依据《中国人民政治协商会议共同纲领》第28条规定："凡属有关国家经济命脉和足以操纵国计民生的事业，均应由国家统一经营。"制定了《关于实行粮食计划收购和计划供应的命令》等政策法规。至此，国家正式确立了统购统销制度。据统计，1953年7月1日到1954年6月30日，国家收购了粮食392亿千克，超过计划38亿千克，比上年度多收89亿千克，使得粮食库存有了较大幅度的增加，基本实现了统购统销的目的。

需要指出的是，在统购统销早期，计划收购基本上是参照当时的市场价格确定收购价格的，因此统购统销也维护了农民利益，农民的生活水平也有所提高。

1978年12月召开的中共十一届三中全会深入讨论了农业问题，制定了《中共中央关于加快农业发展若干问题的决定(草案)》。草案规定："必须在经济上充分关心他们的物质利益。"1979年以后，国家粮食以每年2000万吨的速度递增，而粮食统购价从1979年夏粮上市的时候起提高20%，超购部分在这个基础上再加价50%，棉花、油料、糖料等农副产品的收购价格，也要区别情况，逐步作相应的提高。

1979—1985年，全国农产品收购价格提高66.8%。在逐步提高统购价格的同时，中央又提倡并试行合同制，在《关于加快农业发展若干问题的决定》中明确指出："粮、棉、油等统购物资和其他农副产品的统购、统派和议购都应签订合同，遵守合同，不准强迫命令。"此背景下，农产品统购制度走到了尽头。1985年1月1日，中共中央、国务院颁发了《关于进一步活跃农村经济的十项政策》，正式取消了农产品的统购派购制度。自此，国家不再向农民下达统派购任务，1993年国家决定彻底废除"统销制"，放开粮食购销价格。

税费改革 改革开放初期，由于国家在农业方面实施了一系列正确的政策措施，农业获得长足发展，农业普遍增产增收，农民生活水平有了极大改善。20 世纪 80 年代中后期，逐渐出现了“卖粮难”、农民收入增长乏力等问题。随着时间的推移，农民负担逐渐增加，“三农”问题日益严重，尤其是在农业税之外的各种杂费，更让农民不堪重负。

在此背景下，农村问题专家、安徽省政府参事何开荫于 1988 年公开撰文，要求从改革农村税费制度入手减轻农民负担、推动农村经济发展。这是第一次见诸文字的农村税费改革动议。

早期试点改革在具体方式方法上各有不同，但大致说来，有如下几种模式：

公粮模式 其主要做法是将农业税与村提留、乡统筹合并，按正常年粮食产量的 8%～10%征收粮食，政府按卡收粮，农民按卡交粮，并以此为抵制各种乱摊派的依据。税费合一模式，其主要做法是将农业税与农村统筹资金合并，统一向农民征收。

税费大包干模式 其主要做法是农业税、村提留部分与承包土地挂钩，乡统筹则按现有人口分摊，税归财政，统筹费归乡，村提留归村，即“税费分流”。

费改税模式 其主要做法是取消统筹提留及各种行政性无偿收费，征收公益事业建设税。

这些早期的税费改革，主要围绕“三提五统”进行，在短期内不同程度地减轻了农民负担，但是，由于农村体制的制约及相关利益部门的抵制，这些局部改革大都“从减轻农民负担入手，以增加农民负担告终”。

由于地方改革的局限性，中央决定加大力度，从全国、全局的高度指导农村税费改革。1998 年，中共十五届三中全会后，中央组成农村税费改革三人领导小组进行新一轮改革的设计工作。

1996 年 12 月，中共中央、国务院发布《关于切实做好减轻农民负担工作的决定》。1998 年 7 月 21 日，中共中央办公厅、国务院办公厅发出《关于切实做好当前减轻农民负担工作的通知》。同年召开的中共十五届三中全会通过《中共中央关于农业和农村工作若干重大问题的决定》，该决定明确指出，要切实减轻农民负担。

2003 年 1 月 8 日召开党的中央农村工作会议。会议指出，要更多地关注农村，关心农民。2003 年 12 月 27 日，中央经济工作会议和中央农村会议上又制定一系列“三农”政策，一方面，要“巩固和加强农业基础地位，千方百计增加农民收入”。另一方面，国家从粮食风险基金中拿出 30%直接补贴给农民。“把通过流通环节的间接补贴改为对种粮农民的直接补贴”。同时“加快推进全国农村税费制度改革试点”“逐步降低农业税税率”。这一政策，已经不再是单纯地制止不合理收费了，而是要在法律规定的税收幅度内减少农民的赋税，这意味着农村税费改革即将迈入一个新的历史阶段。

农业税的废除 农业税的废除是从局部减免逐步扩大到全国的，并呈加速发展趋势。2004 年，中共中央、国务院在《关于进一步加强农村工作提高农业综合生产能力若干政策的意见》中指出，继续加大“两减免、三补贴”等政策实施力度。减免农业税、取消除烟叶以

外的农业特产税,对种粮农民实行直接补贴,对部分地区农民实行良种补贴和农机具购置补贴……进一步扩大农业税免征范围,加大农业税减征力度。

2005年,在国家扶贫开发工作重点县实行免征农业税试点,在其他地区进一步降低农业税税率。在牧区开展取消牧业税试点……因减免农(牧)业税而减少的地方财政收入,由中央财政安排专项转移支付给予适当补助。有条件的地方,可自主决定进行农业税免征试点。继续对种粮农民实行直接补贴,有条件的地方可进一步加大补贴力度。因此,意见不仅指出了农业税减免补贴的对象、范围,而且对农业税减免予以了坚实的财政保障,并鼓励地方积极实行减免补贴政策。

2004年3月,在十届全国人大二次会议上,温家宝在政府工作报告中宣布,自2004年起"逐步降低农业税税率,平均每年降低1个百分点以上,五年内取消农业税"。自此,中国走上了将具有2600年历史的"皇粮国税"彻底废除的伟大进程。

2005年,中央和地方的农业税减免进一步提速。2005年,农业税在国家财政收入中所占比重已经微乎其微。农业税已经名存实亡了。

2005年12月,十届全国人大常委会第十九次会议审议废止农业税条例的决定草案。会议经过认真审议,决定废止农业税条例,取消农业税这一税种,给农民吃一颗定心丸。

第三节 金 融

一、机构沿革

银行 民国初期,肥东无金融机构。民国22年(1933),店埠、梁园,长临河等地始设典当和具有合作性质的信用社。民国24年(1935),始建合肥县金库,专司地方财物出纳保管事宜。七七事变后,因受战事影响,县金库无所置用,乃于县财委内另设出纳组代办库务事宜。民国31年(1942),恢复原建制,合肥县银行奉令成立筹办机构,资金限额6万元(法币),筹足资金,先行开业,并代理金库业务。

中华人民共和国成立后,肥东先后建立4家银行系统和信用合作社、保险公司等机构。

中国人民银行肥东县支行于1949年成立"肥东金库",原属财税局。随着征粮、平抑物价、评税工作的开展,1950年初,肥东金库从财税局划出,成为独立机构,改为"中国人民银行巢湖地区肥东办事处",主要负责税款业务。同年3月,正式成立"中国人民银行肥东县支行",发行人民币,收兑金银,推行全国统一的货币制度,打击金银黑市,稳定金融市场,开展存款贷款业务,内设政秘、会计、出纳、农金4个股,经营范围逐年扩大。1958年,随着党的社会主义建设总路线的贯彻,工农业生产迅速发展,银行机构下伸,支行内部增设一个城市业务股,除撮镇、梁园、石塘、古城、众兴、青龙6个营业所外,还在赵岗、山王、定光、大兴、三十埠、店埠、长临河、长乐、湖滨、复兴、埠里、柘塘、元疃、白龙、张集、新河、乌龙、护城、八斗、响导、杨塘、草庙、双墩、磨店、三十头、高亮、陈集、富旺、杨店、三官、解集、马集等32个乡设立乡银行。各营业所为乡银行的辅助机构。是年，信贷基金无固定指标，年末存款余额1367万元，放款余额3130万元。

1961年，行政区划变更，乡银行相应改为公社营业所。1962年5月，机构精简并调整银行体制，各营业所由原来以行政区划设置改为以经济区划为中心的主要集镇设置。在银行基层机构上除保留撮镇、梁园、八斗、石塘、古城、青龙、双墩、桥头集8个办事处和长临河、马集、草庙、高亮、富旺、柘塘、元疃、众兴8个公社营业所外，其余营业所全部撤销。1963—1979年，人民银行、农业银行两行分而又合、合而又分，银行基层机构也几经变动（至1980年分设农业银行时，将7个区营业所划归农行，人行主要办理城市存贷业务，并各设营业部办理汇兑、结算）。1984年，分设工商银行，将原人行撮镇办事处，桥头集办事处，阚集分理处，店埠南街、北街、桥西等储蓄所划归工商银行。同时，按照国家规定，人行具体领导和管理全县的金融业务，不再直接办理对企业、个人的存贷业务。1985年，全行工作人员10人，有工农两行缴存的存款余额957万元和两行信贷借差7620万元，当年盈余187万元。

中国农业银行肥东县支行成立于1955年12月，1957年并入人民银行，1963年又分设，1965年接办原由县农林局主管的社队财务辅导工作，1966年3月又再次并入人民银行，1979年再次分设。

中国建设银行肥东县支行，1978年前，基本建设拨款管理由县人民银行兼办。为适应新时期社会主义现代化建设需要，1978年1月，成立中国建设银行肥东县办事处。1979年8月，正式成立中国建设银行肥东县支行，办理基建拨款、贷款和结算管理基建支出预算以及财务监督等，履行银行和财政双重职能（建行对存、放、汇业务原通过人民银行办理，1984年起改为工商行办理。1985年，全行工作人员9人，年末放款余额1067万元，拨款682.5万元，盈余28.5万元）。

信用合作社　1954年底，众兴建立农村信用合作社（简称信用社），行政归属区领导。信用社有职工2人，由本地乡村选拔，办公地点设在众兴集老街。主要业务：收集社会闲散资金，动员社员入股，办理贷款，解决农民生活困难及添置小农具等。信用社有备用金几百元，资金流转由中国人民银行肥东县营业所负责。信用社职工每天早晨去银行领款，下班前去银行解款。有时把现金、账册包在一起，打上封条，寄予银行库房，名曰“封包寄库”，第二天，早晨直接取包，免去手续之繁。

1957年撤区并乡，众兴乡农村信用社正式成立。1958年10月，成立公社信用部，实行人员统调，存贷合一。1962年12月，恢复信用社为自主经营、自担风险、自负盈亏、独立核算的经济实体。

众兴信用社始建地址位于众兴村街北村民组，前后各4间，左右各2间厢房，内有天井院，皆为土墙草屋。1965年10月，新建办公用房100平方米，地点在众兴集老街中心位置。有职工6～8人。

1985年实行管理体制改革，确定农村信用合作社的经济性质属集体企业。2月，进行人事制度改革，干部由委任制改为选举制，职工由统一分配制改为招聘录用的合同制。

1995年，迁址众兴集滁河干渠大桥东旁，建三间三层综合楼使用面积450平方米。

2005年8月，众兴信用社改为众兴农村商业银行，在县总行领导下，统一转制为独立法人的股份制企业。

2014年有员工28人。其中，行长1人，会计1人，副行长兼客户代理1人，专职客户代理2人，前台营业员3人，年存款20120万元。

至2014年众兴信用社（支行）负责人一览表

表18-1

姓名	性别	职务	任职时间
窦其相	男	主任	1952—1957年
张华满	男	主任	1957—1964年
张仁凯	男	主任	1964—1976年
郑治金	男	主任	1976—1980年
张继泉	男	主任	1980—1993年
童宗文	男	主任	1993—1996年
管景林	男	主任	1996—1997年
童宗文	男	主任	1997—2001年
陈立常	男	主任	2001—2007年
吴晓泉	男	主任	2007—2009年
谢兆勤	男	主任	2009—2012年
陈立常	男	主任	2012—2016年

永安信用社负责人名录

表18-2

姓名	性别	职务	任职时间
周业端	男	主任	1961—1975年
张仁凯	男	主任	1975—1980年
周业端	男	主任	1981—1986年
徐兴勇	男	主任	1989—1992年
管景林	男	主任	1994—1995年

二、信贷业务

存款　（1）单位存款：单位存款主要出现在1961年实行三级核算以后，当时公社有142个生产队，都在信用社开户立账，大宗存款出现在交售夏粮或秋粮后，平时主要是出售生猪、禽蛋后的存款，为数不大。

农业存款的利息计算，是每天抄余额，实行一旬一结，一月结算，三个月计一次息。

20世纪60年代，年集体存款额在10万元左右，随着经济的迅速增长，信用社不断开拓中间业务，更新服务观念，改进服务方式，把组织存款作为各项工作之首。1996年底，农业存款296万元。2006年底，存款增至1.32亿元。

(2)储蓄存款：入股储蓄是信用社的一大特色。信用社成立之初，正值过渡时期，为收集闲散资金，帮助社员顺利过渡，乡信用社职工积极动员入股。小股3元，大股5元，年集股金1000元左右，凡入股者发给社员证，信用社成立股东理事会，理事由信用社经理担任，监事由各村选举产生，各村村长即是股东代表。

(3)股金利息实行分红制：一年一次，以分实物为主(火柴，肥皂等)，1957年停止分红。1997年曾大肆扩股，股金达20多万元。2005年因为转制，所有股金实行退股。储蓄存款一般批私人存款。储蓄种类跟银行开设的科目大同小异。在不同的历史发展时期，制定不同的指标，做到宣传到位，服务到位。"存款自愿，取款自由，替用户保密"是一贯的宣传口号，"不强求，不刁难，不泄密"是信用社职工坚持的原则。在过渡时期，储蓄金额只有几百元。三年困难时期，存款额等于零。20世纪70年代，经济开始好转，存款额上升到几万元。随着改革开放的深入，经济收入有明显增长，存款越来越多。1996年底，存款总额达1264万元，其中储蓄存款926万元，占存款比重的73%；2006年底，存款额达1.76亿元，是1996年的14倍。

贷款　信用社贷款的对象主要是农村集体和社员个人。贷款种类有固定资产贷款、生产资料贷款、专项资金贷款等。在不同的历史发展时期，贷款的对象、项目、数量也在不断变更。

在社会主义过渡时期，贷款对象是社员个人。凡参与入股社员凭信用社发给的社员证，可申请办理贷款(生活贷款或添置小农具)，手续是：本人申请，信用组长(村长兼任)同意，主任(信用社负责人)审批数额很小，一般一次只能贷2～3元，乡一年贷款不超过1000元。

1961年，实行三级核算以后，贷款对象主要是大队企业和生产队集体。项目有固定资产贷款、生产资料贷款等，涉及建房、添置农具、购买饲料、化肥以及除虫抗灾等各个方面，相对而言，对固定资产的贷款审查较严，而对农业生产费用货款是敞开的，手续也很简单，先由生产队去提货，单位开解款单，然后在贷款凭证上填好数字，盖上生产队公章和队长私章，信用社营业员审核盖章后，把借据第三联和借款单第二联交还给生产队，用于提货和入账。这种贷款称为"逐笔贷款"，等生产队账上有钱时，即时扣除借贷。如果生产队账上有钱，可直接给发货单位开转账支票，再由发货单位跟信用社结算。但有的生产队账上无钱，转账支票照开不误，造成转账支票满天飞的状况，为规范存贷业务，信用社规定，凡生产队购买东西，必须填写借款单，账上有钱的账上扣，账上无钱的由信用社贷款，称"逐笔解款"，年贷款额在10万元左右。

20世纪70年代，除加大集体贷款力度，还增加私人的贷款，用以发展经济。为确保借贷的公平合理，考虑私人的还贷能力，要求信贷员加强责任认真做好贷前调查、贷时审查、贷后检查、防止盲目发贷。

1980年，信用社贷款总量实行指标管理，贷款分类管理，按档次划分审批权限。贷款范围、贷款种类由农业银行决定，信用社不得随意发放。

1984年11月，恢复信用社"组织群众性、管理民主性、经营灵活性"的三性原则，农业银行不再下达贷款指标，多存多贷。1987年，信贷体制由存贷差管理改为资金差管理，对乡镇企业流动金贷款实行企业分类管理扶优限劣，限制、清理有问题资金，控制新贷款。

1988年、1989年调整贷款结构，重新修订贷款审批权限，落实分级管理责任制，推进管理规范化，操作程序化。1990年起，为发展地方经济，支"持三农"，信用社放宽信贷政策，其间众兴农业贷款直线上升。1996年，农业贷款621万元，2014年，农业贷款达2926万元。

1990年起，盘活贷款存量，开展行内清欠，偿还拖欠款。根据实际情况，督促还贷，对已经破产的，无能力归还贷款的企业或拖欠很久的呆滞贷款额，实行按季考核，申报核销，1994—2005年，核销金额达362万元。

结算　结算业务：信用社结算分支票结算、本票结算、银行汇票、商业汇票、汇总、委托收款、定期借记、托收承付、贷记业务结算等。

其中同乡结算先后推行支票、付委、托收承付、购袋限额、农村付委等，当地结算先后推行汇兑（信汇、票汇、电汇）、托收、承付、信用、委托收款。

结算监督　对支票结算，着重审查出票人印鉴及款项用途，严禁签发空头支票及远期支票，控制大额现金支付。

对汇兑结算，着重审查款项用途是否符合企业的经营范围。

对托收承付结算，着重审查有无签订经济合同及发运证件。

对限额结算凭证，着重审查发证行公章及结算金额是否超过限额。

对账面无足够余额而逾期付款的单位，执行扣收罚息、罚款的决定。

三、民间借贷

借贷沿革　民间借贷活动在农村自古有之，事实上，民间借贷作为一种普遍的经济现象，并非始于近代，至少已经有3000年的历史。其在社会经济生活中的作用比我们想象的要大得多，并随着商品经济社会的发展而发展，在社会经济生活中起到了举足轻重的作用。

民国时期　民国时期民间借贷比较发达，"高利贷""典当""期粮""标会""童子会"等相当普遍。

中华人民共和国成立后至改革开放前，由于实行计划经济，民间借贷受限制，几乎没有发展空间。中华人民共和国成立初期，国家开始整顿清理民间私营借贷。经过社会主义改造，私营银钱业被组合为公私合营银行；典当行业改组后消失。但民间生活性的借贷仍然广泛存在。

改革开放后　经济的发展导致资金的需求量越来越大，为满足企业发展的资金需要，民间借贷又逐渐兴起，但是那时候形式、规模、范围都比较小。伴随着乡镇企业的迅速壮大，民间对资本的需求空前高涨，于是，民间出现各种游走于灰色地带的借贷形态。

1991年8月，最高人民法院发布《关于人民法院审理借贷案件的若干意见》，对民间借贷最高利率作出规定："民间借贷的利率可以适当高于银行的利率，各地人民法院可根据本地区的实际情况具体掌握，但最高不得超过银行同类贷款利率的四倍（包含利率本数）。超出此限度的，超出部分的利息不予保护。"

1998年7月，中国人民银行发布《非法金融机构和非法金融业务活动取缔办法》，规定除部分小额信贷、不计息的亲友借款之外，其他非正规金融组织或活动均属非法。

1999年1月，国务院正式取缔农村合作基金会。从此，民间金融及其融资基本上处在非法状态。但是由于农村资金供需缺口较大，民间融资在农村比较普遍地存在，而且是农村融资的主渠道则是不争的事实。

2006年12月，银监会发布《调整放宽农村地区银行业金融机构准入政策的若干意见》，首次允许产业资本和民间资本进入农村金融领域，并提出要在农村增设村镇银行、贷款公司和农村资金互助社等三类金融机构。

2008年5月4日，央行银监会联合发布《关于小额贷款公司试点的指导意见》，为民间资本进入金融业领域打开了一扇大门。

2015年9月1日，《最高人民法院关于审理民间借贷案件适用法律若干问题的规定》正式实施，该规定废止一直以来被严格遵守的最高四倍的利率的限制，认定符合条件的企业间借贷为有效，这些新规定将会使民间借贷进入一个崭新阶段。

借贷方式

口头约定型　这种情况大多是在亲戚、朋友、同乡、邻居等熟人中进行的，他们完全靠个人间的感情及信用行事，无任何手续。

简单履约型　这种借贷形式较为常见，双方只是简单履行一下手续，大多是仅凭一张借条或一个中间证明人即可成交。借款期限的长短，借款利率的高低，凭双方关系的远近而定。

高利贷型　个别富裕农民把目光投向民间借贷，他们甚至联合城市中有闲置资金的亲戚、朋友共同出资，以比银行贷款利率高出许多的利率将款项借给急需资金的农户或企业，从而赚取高额回报。

借贷的主体和用途　农村民间借贷服务的对象除农户外，还包括个体工商户、私营业主。由于商业银行对个体工商户、私营业主的贷款审批严格，而农村信用社又以农户小额贷款为主，个体工商户和私营业主基本上成为信贷支持的盲区，只有从民间寻求支持，他们自然成为农村民间借贷的主体。资金用途主要集中在生产和生活两方面，生产上主要是用于种植业、养殖业、运输业、购买农机具、农产品加工等。生活上主要用于看病就医、婚丧嫁娶、子女教育、建造新房等。

借贷手续简便、期限短、利率高　大多数借款人向放款人写下借据，签字后，即可获得所需资金，相较于金融机构目前信贷管理体制下的贷款操作程序，其时效性比较强，手续也比较简单。农村民间借贷期限一般较短，绝大多数集中在2～12个月。利率一般都是在银行贷款利率的基础上按一定上浮幅度确定的。

四、公债

1950—1958年，中央人民政府曾发行“人民胜利折实公债”，年息5厘，分5年抽还本金。

1954—1958年，发行“国家经济建设公债”，年息4～5厘，分8年偿还，人民自愿购买。

1955—1961年，安徽省发行“地方经济建设公债”，分5年还清，年息1%，在偿还本金时一次付给，不计复息。

1989年，乡机关人员购买公债3382元。

1990年，众兴部分企业（玩具厂、面粉厂、轮窑厂、电器厂）购买特种国债3800元。

五、国库券

1981年起，国家开始发行国库券，恢复公债发行，国营集体事业单位及个人都可认购，利息略高于同年期储蓄利息。

1982年，发行的国库券分10年、5年、3年期3种，面额有100元、50元、10元、5元4种。开始几年，中央到地方逐级分配国库券的认购任务，指标下达到公社（乡），由会计分派，后转为财政所认购手续，一般按单位大小、职工人数多少分派任务。单位财务认领国库券后，直接把任务摊给职工，一般按工资比例分派，从工资中扣除国库券部分。

1984年，国家下达给众兴国库券认购任务10200元，集体（农机厂、砖瓦厂、化肥厂）认购3500元，个人认购8240元，超额780元，完成认购任务105.4%。

1985年机关认购1090元，企业认购5800元，村认购3220元。1987年机关认购1320元，1988年机关认购1120元，1989年机关认购3230元。

1992年开始，国库券不再分配任务，并由金融机构直接面向社会发行。据不完全统计，1991年，众兴认购国库券12960元，1993年17650元，1995年认购22470元。

六、保险业务

1951年，县保险公司初建，1952年扩大业务范围，1953年，保险公司撤销，1955年又恢复并增办火灾保险，1959年，撤销停办，1982年再次恢复保险机构。其间，农村基本没有保险业务。

1986年起，众兴经管站代办保险业务。初期的保险险种有家庭财产保险、生猪保险。家庭财产保险是众兴乡个人和家庭投保的主要险种，是以投保人的家庭财产为保险对象的一种保险。其保险责任为火灾、爆炸、雷击、台风、洪水、龙卷风、暴风、暴雨、雪灾、雹灾等自然灾害导致的房屋及附属设备、室内装潢、家用电器和文体娱乐用品、衣物及床上用品、家具和其他生活用具损失。另有金银饰品、现金、有价证券盗窃保险等附加险，保险期限定为一年，保险费率为千分之一，附加盗窃的家庭财产保险费率为千分之二。

1989 年 7 月，增加简易人身保险，期限分别为 5 年、10 年、20 年。有 12 个村(居)单位投保，投保人数 2324 人，全年保险费 50242 元。

1989—1998 年，增加稻、麦、油菜、机械设备和仓库场地保险。1989 年共有 18 个村(居)参与，投保粮田面积 25715 亩，每亩保费 0.5 元，农机具保险金额 8590 元，仓库保险金额 1016 元，电料保险金额 9443 元，保险费率均为千分之二。1998 年，6 个村投保，投保稻、麦、油菜田面积 4789 亩，每亩保费 1 元。农机具保险金额 5076 元，仓库保险金额 5446 元，电料保险金额 1176 元，保险费率为千分之三点五。

1992 年 4 月，增加儿童保险，有 12 家单位投保，月缴保险费分别是 5 元、10 元、15 元、20 元。保险期限从投保日起至 22 周岁。

1995 年，开设众兴女性安康保险，保险时间为 10 年。1995 年有 623 名妇女投保，保费金额为 56087 元，1996 年有 246 名妇女投保。

历年开设的其他保险险种还有长寿还本意外险、团体人身意外伤害险、短期人身还本险和液化气险等。

第四节　审计　统计

一、机构沿革

审计　1987 年，《安徽省内部审计工作暂行办法》出台；1988 年，众兴乡成立审计工作领导小组，由 3 人组成，具体指导经管站开展对下属单位内部审计工作；1989 年 4 月，成立众兴审计室，设负责人 1 人，工作人员 3 人，审计人员由农经站人员兼任。

统计　中华人民共和国成立后，人民政府接管旧政府田粮处，开展归户并册工作。互助组、初级社时期，统计工作由乡干部兼任；高级社时，统计工作改由高级社会计完成。“文化大革命”时期统计工作仅靠公社、生产队完成年报。

1978 年起，统计工作列入常规，乡(公社)一般不设独立的统计机构，统计工作由经营管理站负责。

1984 年，在经营管理站内设统计助理 1 人，主管综合统计工作。

1995 年 3 月，增设专职统计员 1 人。

1998 年 6 月，成立众兴乡统计站，设站长 1 人，专职统计员 1 人，办公室设在乡党政办。

2001 年，取消助理制，实行部门制。乡设财经办公室，统领财政所、经管站、统计等部门，撤销统计站。2003 年，重新建立众兴统计站。

2006 年 2 月，专职统计员增至 3 人。

乡下属各单位(部门)设专职或兼职统计员,负责完成本单位(部门)统计工作。

二、统计

统计报表　1951年起,政府重视统计数据,制成统计报表汇集成册。其时有工业企业报表(第一次工业普查)、固定资产、劳动工资、生产进度等月报、年报表。1953年,进行第一次人口普查绘制各种人口报表。从1986年开始,统计报表逐年增加种类。

1989年,村以上独立核算工业实行全员劳动生产率、工业销售利税率、工业资金利税率,按月、季定期内部通报制度。8月,修订固定资产投资定期统计报表制度,后又增加交通运输统计报表。

1992年3月,工业统计制度由生产统计向综合统计职能转变,确定"五率"(工业产品销售率、工业资金利税率、工业成本利税率、工业净产值率、全员劳动生产率)、"一周期"(全部流动资金周转天数)的财务指标统计制度。

1993年,国家颁布新的统计制度,指定综合统计职能部门负责本地区本部门各项专业统计。

1995年,相继建立材料、能源、建筑业、房地产业的报表制度。

进入21世纪后,由县下发年度统计定报的各种报表,乡统计站依据报表内容,做好各项数据的收集、审核和汇总。报表内容涉及工业统计、科技统计、批发零售统计、餐饮住宿统计、服务业统计、劳动工资统计、固定资产统计、能源统计、科技统计、房地产统计十大类,各种报表近百张。定报形式采用月报、季报、半年报或年报。乡统计站2人专职统计实行分工合作,落实条块,明确任务,对采集到的数据做好登记、汇总,按时间要求上报。

统计人员积极做好全国性的各类普查工作, 如1995年的第三次工业普查,1996年的第一次农业普查,2004年的第一次经济普查,2005年的第五次人口普查,2006年的第二次农业普查。

统计法规　1988年,县统计局开班培训,乡安排6人参加,重点学习统计学、工业统计等科目。通过考试,获得统计专业文凭,拿到统计上岗证。1998年起,乡统计站制订培训制度,每年年底,对各村、企事业单位兼职统计员实行培训。在一些新的统计科目出台时,也组织相关统计人员开展业务培训。

为保证所送统计资料的真实性,从1987年起,县统计执法机构不定期地开展统计检查,先由各单位自查,再随机抽查。

1987年9月,县统计局开展"统计法"及其"实施细则"贯彻执行情况检查。

1989年4月,进行统计法执行情况大检查,历时3个月。

1990年,对25个单位劳动统计数据质量抽样检查。

1994年6月,重点检查1993年以来统计中的虚报、瞒报、伪造、篡改数据等方面。

2004年,第一次经济普查数据首次运用电脑处理。

2004年,乡一级统计数据全部由计算机操作实现全县信息联网。

三、统计方法

定报制度　定报分月报、季报、半年报和年报。由国家统计局制定报表下发到乡，再由乡统计站把报表分送到各单位，要求单位统计员按时完成报表统计，对一些重点单位，由乡统计站派人蹲点协助，数据汇集后，由乡统计站按时定报。

定报大都涉及工商企业，同时对农业副业实行年度统计。报表由乡统计站设计，按月、季、年上报给县统计站，由统计站编成小册子分送各部门、单位，实现内部通报。

抽样调查

农产品调查　从 1983 年起，众兴被列为县农产量抽样调查乡之一。是年，共测产田 31 块，其中理论测产 17 块，实割测产 14 块。理论测产与实际产量误差率为 6.3%。

1984 年众兴乡农作物产量抽样调查情况表

表 18-3

作物名称	实种面积（亩）	实际产量（千克）	理论测试（千克）	误差（%）	实割测试（千克）	误差（%）
三麦	278.12	213.4	205.55	-3.20	206.4	-3.80
水稻	363.93	347.55	382.8	10.10	356.5	2.60
油菜	9.08	165.1	152.25	-7.80		

商业零售批发调查　乡统计站按调查要求，每月对 3 个商业抽查点进行调查统计（包括进货渠道、业务销售、营业情况和所得利润），填好报表按时定报。

百家农户抽样调查　为真实反映农村经济、农村工作和农民收益状况，2002 年起，全县开始家庭调查，由县统计局抽样，乡抽取 100 户，发给册子，记录好每笔收入、支出，年底做好统计，称为“百户调查”或“农村住户调查”。众兴乡根据好、中、差 3 种情况，指定 10 个村，每村 10 户确定家庭收支记账调查点，乡统计站根据上级要求，加强对住户记账质量的检查，坚持初审、复审、先审后录的工作制度；召开专业会议，加强对村级辅导员的思想教育和业务指导，提高他们的工作积极性和责任感。

2006—2009 年众兴乡百户农民收支情况表

表 18-4　　单位：元

年份	农民人均现金收入来源					农民人均支出情况							
	工资性收入	家庭经营收入	财产性收入	转移性收入	合计收入	家庭经营支出	生产固定支出	生活消费支出				转移性支出	合计支出
								合计	衣着	食物	住房		
2006	3826	2114	66	256	6262	683	357	4415	142	1505	1250	471	5926
2007	4564	2824	77	488	7953	1355	959	6263	143	2476	1821	535	9112
2008	3544	4136	14	308	8002	1144	1078	5644	166	2092	1384	668	8536
2009	5036	3134	329	529	9028	802	743	6362	193	2800	1380	432	8339

2005年、2006年众兴乡农村住户人均消费与结构情况表

表18-5

年份	项目	吃	穿	用	住	通信	医保	文娱	其他	合计
2005	消费金额(元)	2710	166	307	1385	539	471	594	72	6244
	占总量比(%)	43.3	2.6	4.9	22	8.6	7.5	9.5	1.1	
2006	消费金额(元)	2799	193	326	1379	573	357	661	69	6357
	占总量比(%)	44	3	5.1	21.7	5.6	10.4	1		

2005—2007年众兴乡百户家计日常食品人均消费情况表

表18-6　　单位:元

项目	2005年	2006年	2007年	项目	2005年	2006年	2007年
粮食	439	421	404	豆制品	232	236	250
蔬菜	180	213	243	植物油	78	75	100
肉类	574	561	579	茶饮	31	42	38
烟酒	436	486	486	其他类	246	271	296

普查　1953年，进行全国第一次人口普查,1964年国家为编制国民经济第三个五年计划和长远规划,进行第二次人口普查,1982年为准确掌握基本国情,有计划地进行社会主义现代化建设,进行第三次人口普查。1990年、2000年、2010年分别进行第四、五、六次人口普查。

1951年,具体了解全县工业基本情况,作为恢复和发展工业生产的根据,在国家统一部署下,组织全县第一次工业普查。1986年进行第二次工业普查。1995年,开展第三次工业普查。1997年开展第一次全国农业普查。2004年,开展第一次经济普查(含工业普查)以后,逢年的尾数3和8定为经济普查年。

四、统计分析

每次统计过后,统计人员利用统计资源,开展统计分析,主要是撰写分析文章,每个统计员每年不少于4篇。并参加县统计学会每年组织的交流和评比。

第五节　工商行政管理

一、机构沿革

1950年前,众兴地区无市场管理机构,众兴、永安两集镇设有杂货、木业、布业、饭馆、屠宰、纱行、药店、粮行、各种作坊等门市。各行业经营者随行就市,买卖自主。如遇商务纠纷或欺行霸市事件,先请有德望的长者从中调解,调解无效,方始涉讼。

中华人民共和国成立后,工商管理机构开始逐步建立。1951年,县撤销工商管理局,分设工商科和税务局。由于工商科人员少,管理机构尚不健全,工商行政管理大部分工作分

别由供销合作社、国营商业、税务局、工商联去做。

1955年,肥东县实行城乡市场管理分工。国营商业负责城镇市场的领导,公司经营比重的掌握、价格的统一规定和对私营商业、饮食服务业的改造等;供销社负责农村市场的领导和管理,公私经营比重的掌握,农业生产资料、土特产品、废旧物品的收购和供应,工业品零售,合作商店、饭店和小商小贩的利用、限制、改造等。

1968年10月4日,县成立打击投机倒把领导小组及下设办公室,领导小组由7人组成。

1975年8月,成立肥东县革命委员会工商行政管理局。同年10月,分别成立肥东县工商行政管理局撮镇、店埠、梁园、八斗、古城、白龙、石塘等区和店埠镇8个工商所,其中,众兴属于店埠所管辖。

1986年9月,成立肥东县工商行政管理局经济检查队。

1989年10月12日,成立肥东县工商行政管理局经济检查分局,撤销经济检查队。

2014年,响应中央关于机构改革的决策,肥东县工商行政管理局、质量技术监督局、食品药品监督管理局三局合并,成立肥东县市场监督管理局,承担原来三局的职能。

2017年8月,众兴市场(食品药品)监管所成立,监管所地址位于原众兴村办公室,设有注册大厅、快检室等,配备工作人员5名,基本完成标准化所建设。

二、企业登记

1964年11月,肥东县工商行政管理局根据国务院发布的《工商企业登记管理试行办法》制定《关于工商企业登记工作的几点意见》,决定在全县开展首次工商企业登记发证工作。

"文化大革命"期间,肥东县的企业登记管理工作中断。

1982年《工商企业登记管理条例》及其施行办法颁布实施后,肥东县工商局按条例及其施行办法开展日常性的企业登记管理工作。

1989年,肥东县工商局在全县范围内进行换发证照和重新核准企业法人登记工作。

1993年,肥东县工商局在企业名称、经营范围、经营方式、注册资金、许可证以及登记审批程序等方面改善企业登记管理工作,支持企业深化改革。

众兴辖区截至2018年10月,共登记各类经济主体1360户,其中个体工商户705户,企业640户,农民专业合作社15户。

三、企业登记管理

执照管理　1950年县工商管理局对私营工商业进行普查登记,开始核发营业许可证,引导工商业者在登记许可范围内,从事合法经营。

1956年,私营经济改革后,全面换证。1958—1961年,重新划分各行各业的经营范围,调整商业网点布局,取缔无证经营。"文化大革命"时期,中断工商业登记发证管理,对企业开、关、并、转和变更生产经营项目失去了控制,工业出现重复建厂,商业上片面强调"大而全”，割掉“资本主义尾巴”，使零售网点大大减少。1981—1982年，恢复工商企业登记发证工作，建立经济户口，工商业户分行业进行登记发证，核发营业许可证。

到1985年，经过登记发证的国营、集体和乡镇企业主要有工业、农林牧渔水利系统企业、交通运输邮电业、建筑安装业、商业(包括饮食、服务和物资、供销社)、教育文化企业等。对上述企业的关、停、并、转等，凡是符合核定登记项目的，均予以积极支持。企业在生产经营中，有转产的，符合改革精神，均予以办理登记发证。对于企业生产有违法行为的，依法予以取缔。

1986年，县工商局印发《肥东县关于加强工商企业登记管理》的通知。对企业擅自改变名称，为他人提供银行账户证明、合同书、坐收管理费、多处设立账户、逃避管理等行为给予严肃查处，在全县范围内对无资金、无人员、无生产经营场地、无生产经营设备的“四无”企业进行清理整顿。至1996年，全县企业全面进行重新登记以及换发新的法人证书和营业执照占应换证的99.3%，对未换证的12家予以处理，对其中3家进行诉讼，9家依法进行破产程序。

改制企业登记　1988年，改制企业名称核准登记，企业名称可采用肥东县+商号+组织形式(厂、店、有限公司等)。县工商局在县行政服务中心设立工商窗口，实行“一厅式”办公，“一站式”服务，规范企业登记和注册操作规程，实行登记责任制。除国家明令禁止的领域和行业外，其他所有竞争性领域和对外开放性领域，都允许民营企业投资经营，消除所有制差别。

登记注册窗口推行“一次办成法”实行“一人承办，一日办结”，在国有集体企业(包括假集体企业)改制登记中把握四个要点：看企业设立性质是否真实，看批准设立该企业的主管部门是否授权给一定数量的资金和资产，看法定代表人办企业的途径，看收益分配是否符合国家法律规定。

企业年检　企业是否按核准事项从事经营活动，务必通过年检，发现问题及时解决。1995年1—4月，县工商局对1994年度企业年检采取“请进来，走上门，先近后远”的方法。年检中发现擅自改变企业登记注册事项、涂改、复印执照、改变企业名称、企业法人代表的变动，未及时办理变动登记，通过对企业进行法律法规的培训，及时办理变更手续。

企业登记　工商所对本地工商户建档，一户一档，以登记簿、原始登记材料、行业分类卡片三大类构成建档体系。其内容为开业申请登记表、户籍登记、不在职证明、经营场地证明、法定批准登记表、计划生育证明、变更登记材料、合同鉴证、商标注册、名称产品证明、外地来经营的经营执照及副本等。根据1988年6月25日国务院第4号令《中华人民共和国私营企业暂行条例》的规定。工商行政管理部门对城镇人员在“文化大革命”前持营业执照的个体商贩、农村中技术工匠、从事烟酒、小百货、小五金销售、修理服务、手工业加工、饮食点心、小水产品及蔬菜瓜果等个体工商户恢复登记。属城镇人员的持户口簿，农村人员持当地乡、镇政府以上证明向所在地工商所提出申请，凡符合条件的换发全国统一个体营业执照。

1994 年 5 月，县工商局对个体私营经济登记提出“四放宽”办法。

1.放宽经营对象。具备生产经营条件和能力的行业人员、农民、留职停薪人员、复员退伍军人、自谋职业的大、中、专毕业生、离退休人员以及企业、行政事业单位在职人员（副县级以上干部、执法干部、企业负责人除外）在做好本职工作和不以权经商的前提下均可申请从事个体、私营经营。

2.放宽经营范围、方式。凡是国家没有明令禁止的行业、商品都允许个体经营户、私业企业经营，允许开办批零兼营，允许个体经营户、私营企业跨地区、跨行业、跨所有制地开展多种形式的联营，允许与外商合资。

3.放宽开业条件，简化办照程序。新办个体工商私营企业凭个人身份证到所在地工商所登记办照。按核准权限，只要条件基本具备，手续基本符合的（除国家法律法规规定的特殊行业外）随到随办。

4.放宽核定企业名称，对净增值或营业额在 30 万元以上的个体工商户，私营企业在不重名前提下，允许挂县名，符合条件的可申请挂省市名。

2002 年，县工商局进一步简化个体私营企业登记注册手续，实施“四简化”办法。

1.简化个体工商户登记注册手续。除申请从事易燃易爆化学危险品等登记注册仍由县局核准后发照，其他行业由所在地工商所核准发照。

2.简化企业登记注册手续。凡涉及安全生产经营管理的企业设立、变更登记、注销企业登记由县工商局核准外，其他登记注册由行政服务中心工商窗口核准发照。

3.简化外出经营审批手续。办理营业执照的个体工商户申请外出经营由所在地工商所开具外出经营介绍信。

4.简化个体工商户名称、字号核准手续。有申请名称、字号者直接由县行政服务中心工商窗口电话查询后，窗口及时予以答复。

四、扶持服务

1991 年 5 月，县成立发展个体经营经济工作领导组，开展对个体工商户和私营企业帮扶活动。

1996 年，县工商局完善服务个体私营经济发展的政策措施，把县城外的注册、登记发照工作，放到基层分局或工商所，符合条件的随到随办，减少经营者往返时间，提高办事效率。

1998 年，县工商局确定 33 家个体工商户和私营企业为重点联系户，县委、县政府主要领导人分别与其中 6 家私营企业建立“一对一”帮扶活动。

2000 年，县工商局根据县纪律检查委员会《关于进一步做好重点企业实行挂牌保护工作的通知》要求各工商分局、所和直属单位优化发展环境，维护企业合法权益；不准任何部门、单位和个人以任何名义对企业生产、经营等事项设置障碍，利用职务或工作之便到企业搞“吃、拿、卡、要、报”；对企业申请办理的事项，只要符合规定，必须在规定时间内办结，不准扯皮推诿，不准到企业乱收费、乱罚款、乱摊派、乱集资和乱拉赞助；对企业检查要依法行政,不得多头检查,不准向企业推销茶叶、苹果、烟酒、挂历等,即使是生产性物品或劳保用品,也不许以权谋私,强行推销。

2002年,县工商局开展省工商局组织实施的“七帮扶”活动:在城镇帮扶个私企业参与国有集体企业改制;在农村帮扶个私企业参与农业开发;帮扶个私企业注册商标,争创著名商标;帮扶个私企业规范合同,争创“重合同、守信用企业”;帮扶个私企业增强广告意识,实施广告战略;帮扶个私企业进行股份制改革和集团化运作;帮扶个私企业依法维护权益。

五、商标注册

1986年4月,商标注册实行二级核转制,凡申请注册商标,先由县工商局核转省工商局,再由省工商局核转国家工商局商标局给予批准。县工商局于1990年6月设立商标广告股,配合相关股、所对全县商标进行监督管理。

1991年,县工商局下属各工商所建立“五簿制度”:商标申请登记簿,注册(含未注册)商标登记簿,咨询服务登记簿,核查反馈登记簿,商标违章违法查处登记簿。广告股对注册商标逐个整理,每个商标均建一个档案,装订成册,对新增加注册商标或注册商标的企业法人变动,商标管理人员的变动,商标的变动,续展、注销等及时补充材料、登记整理入档。

1992年,县工商局对企业采取走上门宣传、动员,从未注册商标企业开始进行登记,设联络站,负责商标咨询,发放登记表格审查核转。

1997年,县工商局对商标登记实行三级(县工商局、工商所、企业)存档,分别建立档案,让企业自我管理,用法律维护自我合法权益,使管理者有针对性地用商标战略指导企业创名牌产品,增加企业经济效益。

2003年,县工商局特为“商标进万家”活动成立组委会,把该项活动列入年度岗位目标督查及考核内容。

2004年春训期间,县工商局组织执法人员开办商标法律法规讲座,增强消费者维权意识。

第六节 众兴工商行政管理

一、国营、集体工商企业登记管理

1956年,私营工商业的社会主义改造完成以后,国营、集体企业开始发展,时众兴地区只有供销社名下的8个门市部及设在农村的几家合作商店,隶属于县供销社领导,登记、注册也由县供销社办理。

1961年,众兴供销社申请产权变更,单独登记注册、独立核算,其中有棉百、土产、生活资料、生产资料、糖果糕点、农副产品收购及批发等门市部,以及设在大队的12家代销店。

1964年9月,申请歇业3家,众兴合作点心店变更为众兴合作饭店,1965—1968年,棉絮加工业发展以大队集体名义向工商局申请营业执照，委托私人开业。

1982年起，开展商业饮食业、服务业、交通运输业全面登记。是年底，众兴有社办企业6户，队办企业5户，核发工商企业执照4户。

1997年，在册登记4家企业转制为股份制企业。1999年，实行咨询、受理、调查、核准、交费、领照、刻章一条龙服务，是年，众兴有工业企业16家，镇办企业9家，村办企业3家，联营企业4家。2001年后，村级集体企业、乡镇企业陆续改制为民营企业。

二、私营企业登记管理

1995年，私营企业办照受理由县局下放到基层工商所。是年，众兴核准登记私营企业116户，注、销、歇24户。年末，共有私营企业16户，从业人员216人，注册资本121万元，工业产值132万元。另有商业网点92个，从业人员131人，批发零售额达1716万元。

三、个体工商户登记管理

中华人民共和国成立初，工商企业登记直接由县工商科负责。工商企业登记最早是私营工商业，工商科对准许营业的私营工商业者发经营证，其时众兴驻商、流动商贩虽有40多家，大多没有登记注册。1956年对私营工商业的社会主义改造基本完成以后，一些个体商户逐步并入合作商店，至1957年工商登记注册的个体工商户为零。

人民公社成立后的“大跃进”时期，个体工商户停业改行。1962年恢复经营，1966年并入综合服务站。中共十一届三中全会恢复个体商贩经营，其时众兴有绱鞋、修伞、修板车、竹器、修钟表、弹被絮、小百货等个体户30多户。1988年，取缔无证经营，凡符合条件的都发给执照或临时执照。是年，工商所批准20户个体户，其中颁发正式执照6户，临时户照2户。

至2014年，众兴登记领证的个体工商户有362户，其中制造业28户，餐饮业116户，零售批发及服务业132户，从业人员2200多人，年销售收入1231万元，利税146万元。

四、行政管理

市场管理　众兴地区的集镇小商小贩居多。中华人民共和国成立初，为充分发挥其在恢复国民经济中的积极作用，政府扶助他们克服困难，恢复和发展生产。有个别私营商店批发、零售兼营，存在批发投机行为。对此，国家一面在集镇增设国营商业网点，发挥主渠道作用，一面限制批零兼营商店的货源，使其只能专营零售业务。

1953年起，国家先后对粮食、油脂油料、棉花、棉纱、棉布实行统购统销；对烟叶、生猪等重要物资，实行计划收购与派购，不准私营商业插手经营。众兴先后取缔了私营粮油行与棉花(包括土纱、土布)行。在粮食、供销社归口管理下，设立交易所，指导其合法经营。

市场管理工作，贯彻执行维护社会主义计划经济，维护国家统购统销的实施，对各行各业进行爱国守法教育，整顿经营作风。农民完成统购任务后多余的粮油，可以继续出售给国家，或在政府批准的粮油市场调节有无，但不准进行粮油投机倒把活动。

1956年工商业社会主义改造完成后，由于生产资料所有制起了变化，社会主义统一市场也随之形成，国家规定的管理物资逐步增多，管理范围越来越大。

1957年开始，不准进入集市贸易的物资，包括粮、油、棉、麻、烟叶、生猪、菜牛、皮革、废旧金属及重要中药材等有86种。

1958年，对私人开设的“四坊”也加以限制，封闭油坊、面坊，豆腐坊、粉坊的产品，不准进入市场出售，只许来料加工或以原料兑换成品。社员完成生猪派购任务后，自宰自食多余的白肉，也不准进入市场，更不准私营屠宰商开业了。这时，大部分市场管理人员被抽调去“大办钢铁”，市场管理工作有所削弱。

1963年，使用了农副产品自产自销证和三类农副产品自产运销证，允许农民在完成国家征购任务后，多余的产品可以参加集市贸易。“文化大革命”期间，集市贸易管理过死。1967年开始，“狠抓阶级斗争”和“割资本主义尾巴”。全县设置11个检查站，连仔猪、耕牛和一些土副产品等不准擅出县境。1967—1969年，众兴乡查处的物资有粮、油、棉、耕牛、生猪、家禽、水产品、木材、毛(元)竹、种苗、编织品、土特产品、中药材、粮油制成品和三类小商品120多种。

中共十一届三中全会后，对市场重申“管而不死，活而不乱”的原则，允许个体工商户开业经营，放宽农副产品运销、上市品种，除一、二类物资外，还有粮油制成品，集市贸易是活跃的。

1964—1985年，定期或不定期地开展市场大检查，整顿市场秩序，纠正掺杂使假与扣斤少尺等不良行为，维护消费者利益。重点查处木杆秤、磅秤作假、冒牌香烟、散酒掺水、过期药品、霉变食品以及伪劣农业生产资料等与居民密切相关的生活生产资料。轻的给予没收、罚款，重者依法处置。

打击投机倒把活动　1950—1952年，经济恢复时期，政治、经济还不够稳定，有些不法工商户抢购粮食，囤积居奇，贩卖银圆与黄金，出售伪劣商品。对此，国家除加强市场管理外，国营粮食、百货、烟酒企业和供销合作社，积极开展大购大销活动，占领市场，平抑物价，稳定市场。开展“五反”运动，打击投机倒把，使工商户普遍受到一次教育。

1953—1957年，私营资本主义工商业改造基本完成，这一时期投机倒把活动明显减少。

1961年，处于三年困难时期，国民经济贯彻“调整、巩固、充实、提高”方针，工农业生产恢复得很快，物资多了，商品流通渠道趋于正常。

“文化大革命”期间，社会秩序混乱，投机倒把活动案件增多。当年查处的物资，大多是粮油、生猪等农副产品。

1968—1977年，查处投机倒把行为主要是在粮油、猪肉、生鱼与鲜蛋、豆制品、粮食制成品、草袋、钢材、生铁、焦炭、粮票、布票、煤票、小本卷烟纸、缝纫机、涤卡布等方面。

1979年后，国家实行对外开放、对内搞活的经济政策，一些不法分子认为有机可乘，钻改革的空子，采取各种手段，从事投机倒把活动。重点打击粮票、布票、煤票、香烟、手卷烟、卷烟纸、走私手表、木材、元竹、耕牛、化肥、粮食、油脂油料、棉花等走私行为。

1983—1985 年，市场管理工作重点，由打击投机倒把处理违章案件，逐步转向发展商品生产，疏通商品流通渠道。1986 年后，投机倒把活动案件逐渐减少，1990—2014 年重点是打击假冒伪劣商品。

肥东县地方志系列丛书

众兴乡志

（下册）

肥东县众兴乡地方志编纂委员会 编

方志出版社
Publishing House of Local Records

下册目录

第二十四章　居民生活

第二十五章　民族　宗教　姓氏　宗祠　宗谱

第二十六章　人　物

第二十七章　村、社区概况

附　录

第十九章 教育

安徽省五金商会爱心捐助众兴大学生，图为众兴乡领导干部与受捐大学生合影　（党政办/供）

第十九章 教育

安徽省五金商会爱心捐助众兴大学生,图为众兴乡领导干部与受捐大学生合影 （党政办/供）

第十九章　教　育

众兴的学校教育发端于明清时期。此前，有义学和少量私塾。清朝时期经历过学宫、书院、高等小学堂。清光绪三十二年(1906年)，清政府推行新学，设立劝学所。民国12年(1923年)废除劝学所，设立县教育局。但因兵匪骚扰，政局动荡，至民国16年(1927年)方废除劝学所。民国时期的众兴教育，几经风雨坎坷，在战争动乱中艰难前行。直至中华人民共和国成立，众兴教育才迎来蓬勃发展曙光。

中华人民共和国成立后，众兴的教育事业经历1949—1952年的恢复和整顿时期，1953—1957年的稳定发展时期，1958—1961年的盲目冒进时期，1962—1965年的调整提高时期，1966—1976年的惨遭破坏时期；1978年以后的健康发展时期。

1951年，清匪反霸后，人民政府大力办学，以满足工农子弟入学之需。第一个五年计划期间，始终贯彻"调整巩固、重点发展、提高质量、稳步前进"的方针，学校规模不断扩大，截至1958年，众兴共有中小学28所，教职工176人，学生3236人。

1958—1960年，学校教育受高指标、浮夸风、"共产风"的冲击，一度盲目发展，激进办学，学校教育遍地开花，众兴地区学校增至36所。

1961年，贯彻"调整、巩固、充实、提高"的八字方针，学校规模被压缩。1962年，众兴小学减少至22所，56名学历不合格的教学人员，被精减出队伍，学校教育逐步恢复稳定。

1966年，"文化大革命"开始，学校停课闹革命。

1978年，中共十一届三中全会召开，教育改革的春潮开始在祖国大地激情涌动。在党的"调整、改革、整顿、提高"战略方针指导下，教育教学通过拨乱反正，各项工作步入正轨。

1982年9月，中共十二大把教育列为国家发展国民经济的战略重点和精神文明建设的重要内容，特别是1983年邓小平的"教育要面向现代化、面向世界、面向未来"战略思想的提出，再次为教育发展吹响了号角，擂响战鼓。从1978年开始，国家进入改革开放后的十年中，"县管中学，乡管小学，村管初小"的三级教育管理体制基本形成，各项工作成绩显著。截至1986年，众兴普及初等教育，基本扫除青壮年文盲。

1988—2014年，是众兴教育驶入发展快车道的27年。27年间，教育的各项工作，始终围绕普及义务教育和教育教学质量提升这两条主线全面展开。历经普及初等教育、扫除青壮年文盲、普及实验教学、普及九年制义务教育、学校布局结构调整、各级学校质量目标责任管理、高中教育改革、义务教育阶段新课程改革等系列重大教育活动过程。并且围绕这些活动先后启动和实施村小建设、危房改造、寄宿制建设、实验室建设、图书室建设、远程教育配套设施建设、新农村卫生新校园建设以及教育体制改革等系列工程。

第一节 旧式教育

众兴民间开办私塾直至中华人民共和国成立初期仍然存在，大都是塾师自行设馆或受聘在大户人家进行教学，也有小户人家自愿结合共同筹集资金，聘请老师。教材是从《三字经》《百家姓》《千字文》到四书五经。塾师教学只教不讲，只有对已读完四书五经有较高文化水平的学生才“开讲”。学生每天只是读书、背书、写字，高水平的尚有属对、作文、写诗等。民间开办私塾，在众兴源远流长，民国期间仍存在于集镇和较大的村庄。直到中华人民共和国成立前，尚有中岗、花墩、永安集、东岗上等私塾5所，多利用于宗庙、祠堂、私人堂屋等场所办学。中华人民共和国成立后，县人民政府发出通令，要求各地限制和改造私塾，规定所有私塾都要办理申请登记手续，服从当地政府领导，接受附近学校辅导，废除体罚，使用新教材，对愿意并入学校的私塾同意并入。通过限制改造，少数停办，其余并入当地学校，至1953年私塾在众兴地区消失。

一、旧式私塾的教材

先教字纸干，后读《三字经》《百家姓》《千字文》《龙文鞭影》《幼学教事琼林》等启蒙书籍，再读《千家诗》《论语》《孟子》《大学》《中庸》《左传》《古文观止》。随着时代的变迁，私塾的教材也略有增减和改善。20世纪20年代，设国语、算术，少数改良私塾增开英语和物理、化学。写毛笔字是私塾的必修课，开始教学生描红、蒙影，然后临帖，先学柳体，再学颜体，大部分学生能写一手好毛笔字。

二、私塾的教学方法

个别教学，单科独进，以读为主，以讲为辅。一般在3年之后开讲，有些塾师则不会讲解，只教学生熟读，学生只会诵读，不解其意。

私塾重规矩、讲礼节，提倡“尊师重道”“非礼勿动”。大多私塾设有孔子牌位，牌位中间写：大成至圣先师文宣王孔子之位。两侧写着“颜曾”和“思孟”，上头写“万世师表”。学生每天上学、散学，要向孔子牌位作揖，逢年过节，要给先生送礼，以示尊师。塾师的教育方式是体罚当先，对违犯塾规者，轻则面壁、敲头拐、拧耳朵，重则罚跪、打手心。

三、私塾的类型

有三种：一是塾师设馆招生；二是私人延师罗馆；三是少数富庶之家聘请塾师，专教自家子女。取酬方式，凡是塾师自行设馆的，自己向学生收取学米，私人罗馆由东家支付。学生开蒙时，每年交学米3~5斗，开讲时缴7~8斗，程度再高的缴1石左右，分节令缴，至年关清。塾师每年收入10~15石米,待遇微薄,生活清苦,众兴地区流行的庐剧《老先生讨学钱》就是本地塾师辛酸生活的真实写照。

民国时期的塾师,不少学识浅薄,只凭自己能背诵一部四书,就到处设馆,他们只能写写公式化的农村应用文,也有少数塾师在古典文学研究方面造诣较深,如永安集的完颜义璜和完颜义泰,学有专长,教学有方,桃李遍地,成为本地一方名塾师,为乡里人所钦佩。

中华人民共和国成立前,劳动人民深受帝国主义、封建主义、官僚资本主义三座大山的压榨,政治上受压迫,经济上受剥削,没有读书受教育的机会。上学的绝大多数是地主、富农、资本家的子女。因此,绝大多数劳动人民是文盲、半文盲。

第二节　教育机构

一、乡教育机构

1958年,人民公社建立后设立文教部。1961年后,公社范围变小,撤销文教部设置。1971年,公社配备一名教卫干事,属行政编制。1978年,教卫干事撤销,1984年恢复文教干事。

二、业务辅导机构

区中心小学　1952年以前,只在各区内划分若干个辅导区,以条件较好的学校为辅导小学,1953年,确定各区公所所在地的学校为中心小学,这一建制除在“文化大革命”期间中断外,一直比较稳定。

乡中心小学　1955年以前,乡的范围较小,由3~5个乡成立辅导学区。1956年,乡范围扩大,就以乡成立辅导学区,乡政府所在地的学校为辅导小学。1978年起,乡(公社)的辅导小学改称乡中心小学。一个乡只设一所中心小学,负责全乡所属学校的业务辅导。1992年,众兴乡成立教育委员会,负责全乡的业务辅导,乡教委主任由乡分管副职兼任。

三、中小学管理体制

中学　1957年前,公立中学均由省教育厅统一管理,同时省教育厅委托专区教育局代管一部分工作,如中学教师调整、教育经费分配、招生计划安排、教育质量检查均由专区教育局办理。1958年后,教育管理权限下放,高中由县委、县政府委派教育局管理,初中由公社管理。1963年贯彻国家颁发的《全日制中学暂行工作条例》后,所有中学均由县教育局管理。“文化大革命”期间,农村中学下放到公社办,由贫下中农宣传队进驻学校,管理学校;城镇中学交厂矿办,由厂矿派工宣队进驻学校,管理学校;1978年起,中学全部由县教育局管理。

小学　1957年前,小学由县教育局统一管理,委托区代管一部分工作。1958年,实行“政社合一”和“一元化领导”,将农村小学全部下放给公社管理。1963年后,恢复1957年前的管理体系。1968年,实行贫下中农管理学校。1979年后,县教育局收回小学管理权。1985年,贯彻《中共中央关于教育体制改革的决定》,实行县、区、乡分级管理。

四、管理体制改革

20世纪80年代初,县教育实行县、区、乡镇三级管理。全县形成县教育局,区教育小组和乡中心学校三级管理格局。众兴属于店埠区教育小组。县教育局管县属中小学,区教育小组管理全区乡办初级中学和小学,乡镇中心小学管理本乡镇小学的教育教学工作。

1990年7个区教育小组改为教育办公室,并增设店埠镇、撮镇镇2个教育办公室。众兴属于店埠镇教育办公室。1992年,撤销区、镇9个教育办公室,众兴乡成立教育委员会。教育由三级管理变为两级管理,即县、乡(镇)两级。1995年,县实行"分级办学、分级管理",将县办初级中学统一移交乡镇管理。

2004年起,随着完善农村义务教育阶段管理体制的改革,众兴乡撤销乡教委。花灯小学成立肥东县众兴学区中心学校。教育管理体制基本实现以县为主。

第三节 幼儿教育

一、幼教机构

公办幼儿园 1958年,建立人民公社,众兴开始发展幼儿园教育。1959年,众兴有5所小学附带设幼儿园,在校幼儿数462人,大部分吃住在园,由生产大队指定一两名社员照料生活,对幼儿教育甚少。1961年,农村幼儿园大都停办,"文化大革命"期间,幼儿园全部停办。

1984年,众兴中心小学创办学前教育。至1989年,众兴、永安两个乡的25所完小相继开办学前教育,幼儿入班达510人,教师大多数自聘,少部分教师是全日制兼课。

1997年,众兴中心幼儿园成立,每年招收幼儿70余人,设园长1人,专职教师3人。

2014年,财政投入300万元,在中心幼儿园原址新建标准化幼儿园学校。截至2014年底,全乡有幼儿园3所,幼儿数376人,专职教师9人,校园面积1020平方米,校舍面积480平方米,配有滑滑梯、大转盘、小型坐式赛车等幼儿玩具18套,另有12个学前教育班。学前一年幼儿入园率98%,学前三年幼儿园入园率为84%。

民办幼儿园 2001年,小百灵幼儿园成立,常年招收幼儿70余人,园长兼教师1人,专职教师2人,生活教师1人。

2003年9月,永安幼儿园成立,常年招收幼儿50余人,园长兼教师1人,专职教师1人,生活教师1人。

2007年2月,星语心愿幼儿园成立,教职工8人,在校幼儿常年达200余人,2013年被县教育局评为A类园。

2014年,乡有民办幼儿园3所:小百灵幼儿园、永安幼儿园、星语心愿幼儿园。1所公办幼儿园:肥东县众兴乡中心幼儿园。

二、幼教活动

幼儿教育着重培养良好的品德及生活、卫生习惯,传授浅显的自然常识和社会常识,开展以娱乐、表演、智力、技能为主要内容的游戏活动,引导幼儿个性健康发展。课程设置有体育、语言、常识、计算、音乐、美术等。上课以游戏为主要形式。上课时间随着幼儿年龄递增。小班每周 6~8 节,每节 10~15 分钟;中班每周 10~11 节,每节 20~25 分钟;大班每周 12 节,每节 25~30 分钟;大班第二学期增设识字和汉语拼音课。

1990 年后,采用教学挂图、磁带、VCD(影音光碟)机等辅助教学;开展讲故事、诵儿歌、书画展、小小运动会等丰富幼儿教育内容,组织幼儿春游、秋游;培养幼儿环境意识和安全意识,讲授基本的交通规则和浅显的社会经验。

三、幼儿学前班

1984 年,中心小学创办学前教育。至 1989 年,众兴、永安 2 个乡的 25 所完小相继全部开办了学前教育,均设在全日制小学内。1990 年,全乡有学前班 26 个,学生 746 人。县教委制定《关于加强全县幼教工作的意见》,从学前班设备、行政管理、教育教学、卫生保健等四个方面制定《众兴乡合格学前班检查验收标准》,下发各个小学学前班。

根据国家教委"在幼儿园已能满足群众需求时,不必举办学前班"的意见,县教育局于 2003 年秋季取消完小及城关地区小学附设的学前班,众兴各小学也相继取消学前班。至 2005 年底,全部取消学前班教育。

四、幼儿园选介

众兴中心幼儿园　位于众兴小学西侧,创办于 1997 年,是众兴唯一的一所公办示范园。2005 年,有 4 个班级,300 多名幼儿。在职职工 6 人,其中大专 2 人,幼师 2 人,技工 2 人,一级教师 1 人,普通话一级乙等 2 人,计算机初级 1 人。全园占地面积 760 平方米,有综合楼 1 幢,分设办公区和宿舍区。室内设备齐全,有配套的幼儿活动室、午睡室、盥洗室、舞蹈室、办公室、传达室、保健室、隔离室、幼儿食堂、蒸汽消毒间等;有安全监护系统、办公电脑、数码摄像机、VCD 机、录音器材等设备;班班有钢琴、空调、闭路电视、吊扇、投影仪、录音机等;园内绿树成荫,四季鲜花盛开,阳光充足,空气清新,如毯的草坪上设置了各种大型玩具,是一所花园式幼儿园。

肥东县众兴乡中心幼儿园　(康琛/摄)

小百灵幼儿园　（康琛／摄）

小百灵幼儿园　创办于1997年，是众兴第一所民办幼儿园，由乡原小学代课老师王凤云创办。起初在永安集租用民房办学，总投入10万元，在园幼儿100多人，开设大班、中班、小班、艺术班等6个教学班，配有卫生间、睡房、电视机、空调等设备，2部接送幼儿专车。

星语心愿幼儿园　（康琛／摄）

星语心愿幼儿园　成立于2007年，位于众兴中学北面50米，由下岗职工李祥、原众兴学区代课教师窦桂琴夫妇创办。起始租用民房办学，2012年，投资130万元兴建一所规范化幼儿园，占地1180平方米，建筑面积820平方米，室内空调、一体机、监控等设备齐全；教学设备达县要求，基本实现现代化教学；自2013年起一直被县教育局评为A类园（动态评价）。设6个班级，常年在园幼儿数达200余人，教职工18人。

办园思路：规范管理提效率，提升质量求生存，彰显特色促发展，优质服务创品牌。

办园目标：营造幼儿心中理想的“快乐大家园”。

办园理念：快乐地成长，全面地发展，创一流办园水平。

办园宗旨：一切为了孩子发展。

第四节　小学教育

一、学校概况

众兴创办小学始于民国20年（1931年），众兴集小学是众兴地区第一所面向大众的新式教育。

中华人民共和国成立后，人民政府坚持教育向工农大众开放的方针，积极发展教育事业。1949年底，公、民办学并存，也有少数民办小学内开设公办班，时学龄儿童入学率为30%。

1950—1952年，在整顿原有小学的同时，大力宣传和鼓励群众办学，广大农民通过土地改革运动，觉悟提高，生活改善，迫切要求在文化上翻身，普遍成立校董会，自筹基金，自聘教师，创办学校，使小学教育蓬勃发展。同时，绝大部分私塾并入学校。至1952

年秋，众兴小学发展到8所，教职工增至34人，在校学生达200人，学龄儿童入学率达52%。这年秋，全乡小学都改为公立。

乡司法所法制教育进校园 （司法所/供）

小学归政府接办后，进行了整顿，把重点放在纠正学校中的混乱现象上，建立了正常的教学秩序，明确规定教学工作是学校工作中压倒一切的中心任务，教师的基本任务是把学校办好，把学生教好。学生的任务是学好功课。各地不准抽教师做其他工作，不准抽学生到校外从事突击性工作，严禁教师对学生进行体罚和变相体罚。后5年，众兴小学教育一直沿着正常的道路向前发展，被人们誉为教育战线的“黄金时代”。

1958年，全乡小学达28所，教职工176人，在校学生3236人，入学率上升至63%，由于学校发展过快，教师、校舍、经费三紧张。当时，教师和高年级学生都要参加“大炼钢铁”，大战“三秋”，教学秩序遭受破坏，加上一批骨干教师被错划为“右派分子”，教育质量急剧下降。

1961年，小学贯彻执行“调整、巩固、充实、提高”的八字方针，调整小学布局，撤并一批在“大跃进”中盲目发展的学校，精减了超编教师，还动员超龄生回乡参加劳动。至此，小学压缩到22所，教职工减至82人，学生2300人。

1963年3月，中共中央颁发《全日制小学暂行工作条例(草案)》(即四十条)，对小学的教育任务、培养目标、课程设置、教学时间、校长职责、教师职责均作了明确规定。从这年的下半年开始，贯彻“两种劳动制度、两种教育制度”，民办教育事业得到发展。从1964年下半年开始，进行“三学段”试点办学。这些学校根据农事季节特点，把寒暑假改为午忙假、秋忙假和春节假，改年两学期为三学段，改星期天休假为初一、十五休假。全年教学、劳动休息的时间比例，由原来的“九、一、二”(即9个月教学，1个月劳动，2个月休息)改为“八、三、一”。与此同时，还试行小学五年一贯制。

“文化大革命”初期，学校“停课闹革命”，1969年开始复课，众兴各小学交生产大队领导，进驻贫宣队，实行“工农兵上讲台”“开卷考试”“推荐升学”“教师回原籍，接受再教育”。

1977年后，开始拨乱反正，调整学校布局，整顿民师队伍，重建中心小学，恢复考试制度，恢复秋季开学，在小学中贯彻执行教育部颁发的《小学工作条例》和《小学生守则》，并把普及小学教育作为教育工作的重点。

至1985年，众兴7~11周岁学龄儿童入学率为96.69%，年巩固率为99.08%，毕业率为96.05%，普及率为97.19%。

2014年众兴小学概况一览表

表19-1

校名	地址	说明
众兴小学	众兴集	1992年前为乡中心小学,1992年8月成立乡教委后,为众兴村小学
金王小学	联合村	2012年8月撤并
范岗小学	范岗村	2003年9月撤并高小,2005年8月撤并
庙岗小学	华光村	—
中岗小学	霞光村	—
霞光小学	霞光村	—
花灯小学	花灯村	2004年9月更名为学区中心学校
共和小学	花灯村	1997年9月撤并
谢岗小学	谢岗村	2003年12月撤并
单岗小学	合肥新站区	2003年撤并
红星小学	合肥新站区	1998年9月撤并
河西小学	联合村	2006年9月撤并
大高小学	大高村	2003年12月撤并
田埠小学	永安村	2003年12月撤并
永安小学	永安村	1992年撤区并乡前为永安乡中心小学
光华小学	合肥新站区	2004年9月撤并
漕坊小学	合肥新站区	1996年9月撤并
三合小学	合肥新站区	2003年12月撤并
徐户小学	合肥新站区	2003年12月撤并
浏河小学	合肥新站区	2003年12月撤并
联合小学	合肥新站区	2009年9月区域调整到合肥市新站区
曙光小学	民族乡曙光村	1994年8月,区划调整为民族乡
树周小学	民族乡曙光村	1994年8月,区划调整为民族乡
赵坊小学	民族乡曙光村	1994年8月,区划调整为民族乡
牌坊小学	民族乡曙光村	1994年8月,区划调整为民族乡
大兴小学	民族乡曙光村	1994年8月,区划调整为民族乡

二、学制和课程

学制　清末兴新学期间,本地小学贯彻《初等小学办法》之规定,改学制为五年,第一年为预科,其余4年为正科。入学年龄为8岁,班级学额一般为每班20人,每周学时低幼为25学时,其余年级为30学时,成绩采用百分满分制。

民国11年(1922年),小学学制改为6年,四、二分段,即初小4年,高小2年。

中华人民共和国成立后,学制仍沿用四、二分段制。1968年改为5年制。

1970年,改秋季招生为春季招生,1978年恢复秋季招生。

1981年,恢复6年制办学。

1986年至2002年7月，小学生一律实行五年制。2002年秋季，改为小学六年制，并开始试点工作，2004年秋季，众兴各小学全部由五年制改为六年制。

课程　1983年，中低年级每周29课时，高年级每周30课时，小学阶段共6336课时。

1986年，小学开设语文、数学、思想品德、自然、地理、历史、音乐、体育、美术、劳动等学科。每周各年级课时数25～30节。

1992年，根据学校工作实际，每周增加一节健康教育课和一节手工制作课。

1993年，实行国家教委九年义务教育全日制小学课程计划和教学大纲。

2001年后，全乡有条件的学校从三年级起开设英语课。2002年秋季开设课程为语文、数学、品德与生活、品德与社会、科学、音乐、体育、美术。四至五年级开设综合实践课，每周，一、二年级增设5节、三至六年级增设3节“地方与学校”课程。周课时总量一、二年级26节，三至六年级30节。

2003年，肥东县被省教育厅批准为合肥市首批基础教育课程改革实验区，起始年级全部使用实验教材。

三、教育教学

德育　清末兴新学，学校教育仍强调“读经、讲学”，以《论语》《孟子》为基本教材和学生行为规范。

五四运动后，学校改革课程、教材和教学方法，学生开始接触社会学校教育，增加了民主和科学的新内容。

民国20年(1931年)，“教育以三民主义为宗旨，以礼义廉耻为共同教训，以陶冶学生忠孝、仁爱、信义、和平之美德，以及养成具备智、仁、勇之品格”。

中华人民共和国成立后，人民政府对学校进行整顿改造，取消“公民课”“童子军课”，剔除教材中封建反动内容。在课程中设晨会、夕会、周会，加强对学生的政治思想教育。

1950年起，通过建立少年儿童队(后改为少年儿童先锋队)组织，结合土地改革、抗美援朝等，对学生进行反帝反封建和“五爱”教育。

1954年，强调劳动教育。1955年起，将教育部公布的《小学生守则》作为小学生思想品德教育经常性的基本内容和主要要求。

1957年，学校重视教育培养学生成为有社会主义觉悟的有文化的劳动者。

1959—1961年，对学生进行勤俭建国、艰苦奋斗的教育。

1960—1963年，掀起向雷锋同志学习的热潮。

中共十一届三中全会后，整顿教学秩序，恢复学校常规教育。1979—1984年，在学生中间开展“三热爱”(热爱祖国、热爱社会主义、热爱中国共产党)和“学雷锋、争三好”以及“五讲四美”(讲文明、讲道德、讲礼貌、讲秩序、讲卫生和心灵美、行为美、语言美、环境美)教育活动。

1985年起，利用思想品德、班级队会、晨会等德育课程及主题活动对学生进行“四有”

（有理想、有道德、有文化、有纪律）、“两热爱”（热爱中国共产党、热爱社会主义）、“两精神”（献身精神、科学精神）教育及小学生行为规范训练。学校成立学生思想品德教育工作领导小组，开展优秀班主任、文明班级的评选活动，是年评选出优秀班主任 15 人。

1986 年起，在一、二年级开始建立少先队的队前教育组织——小红星儿童团，并按照“五爱一准备”（爱红星、爱学习、爱师长、爱同学、爱劳动，准备参加少先队）开展各项教育活动，入团儿童戴上绿领巾。

1988 年，开办家长学校。同年，根据教育部《小学生行为规范》精神，结合本地实地，制定《众兴乡小学一日生活制度》和《众兴乡小学校纪校规》，对学生生活、学习、活动行为进行规范训练。1989 年起，规范升旗仪式，对学生进行爱国主义教育。

1990 年，开展“学雷锋、学赖宁，做党和人民的好孩子”主题活动，同时还举行了规模盛大的少儿队列歌曲和队列操比赛活动。同年 6 月，各校开展“爱的奉献”主题活动。

1991 年，对学生进行“二史一情”教育，在爱国主义主线贯穿下，在学生中间开展爱同学、爱老师、爱父母、爱学校、爱家乡“小五爱”系列活动。1992 年，各校普遍建立少先队室，举行少先队会。

1993 年，在学生中开展“少先队进度性技能奖章课程”活动，让学生在活动中培养良好学习习惯，是年，众兴中心小学被评为县“行为规范合格学校”。

1994 年起，结合新课程开设，广泛开展社会实践活动，到工厂、特种养殖场参观、劳动。

1997 年，在中年级学生和六年级女生中开设“心理健康”“青春前期心理和生理卫生课”。

1996—1999 年，开展“我们爱香港（澳门），我们爱祖国”系列主题活动，对学生进行爱国主义教育。

1998—2000 年，在学生中开展“红领巾读书读报”活动，被称为素质教育特色项目。

2001 年起，坚持“低重心、抓基础、求实效”的原则，扎实开展学生日常行为和文明礼仪教育训练，并创设良好的校园育人氛围，给学生以熏陶。

2003 年起，聘请派出所民警担任法制副校长。同年起，贯彻《中共中央、国务院关于进一步加强和改进未成年人思想道德建设的若干意见》，开展以“弘扬民族精神，立志报效祖国”为主题的爱国主义读书活动。

2005 年起，加强“弘扬民族精神，彰显生命意识”的校园文化建设，开展以“让感恩伴我成长”为主题的感恩教育活动，以培养学生对社会、家庭、集体的热爱、负责任、愿奉献的美好品格。

智育　清末兴新学期间，本地小学贯彻《初等小学办法》之规定，课程一般设读经、国文、修身、历史、地理、理科、体操、图画、手工、唱歌等科目，教学方法以“读讲”为主。

民国元年（1912 年），读经科废止，加强手工科和兵式操，自第三学年起兼授珠算。民国 12 年（1923 年），倡导语体文，加强语言训练。民国 18 年（1929 年）起设党义、国语、社会、自然、算术、工作、美术、体育、音乐等九科。并在正式课程以外设童子军、国会、朝会以及课外活动。教学方法上曾推行“自学辅导”和“设计教学法”，开始注重提高学生学习兴趣。

中华人民共和国成立后，人民政府对本地公私立学校进行整顿改造，设国语（包括读书、说话、作文、写字）算术（四年级起增设珠算）、常识、唱游、工作和课外集体活动（包括周会、晨会、夕会以及文娱、生产劳动、社会活动和运动）。教学方法上注意引导学生自学，进行讨论。1954年起，全面学习苏联经验，课程设语文、算术、历史、地理、自然、体育、唱歌、画图、手工、劳动等科，课堂教学推广“红领巾”教学法，着重5个环节（组织教学、复习旧课、讲授新课、巩固练习、布置作业）评估采用五级记分制。1957年起，在高年级增设农业常识课，1958年起把劳动列为正式课程。

1961年，小学课程进行改革，五、六年级增加劳动时间，学生每年劳动4个月，精减课程，补充农业基础知识，增加简单簿记评工记分和珠算教学的内容和时间。

1963年，贯彻《全日制小学工作暂行条例》，全面贯彻教育方针，开展教学改革，减轻学生过重负担。

“文化大革命”期间把原有11门学科改为毛主席著作学习、语文、算术、农业常识、军体、音乐、图画7科，课时大为减少。1979年起，着重加强基础知识教学。

1981年起，学习贯彻“加强基础、培养能力、发展智力”的要求。

1983年起，全面贯彻邓小平关于教育要“面向现代化、面向世界、面向未来”的方针，基本恢复1963年的课程，设置语文（阅读、作文、写字）、数学、地理、历史、体育、音乐、美术等学科，增设思想品德、手工劳动和自然常识3科。

1986年，推行“四个一”教学管理：每位教师每周（或每两周）在校听一节课，每位教师每学期在考研组（或备课组）内系统分析一次所教的教材或该教材的部分单元，每个考研组每学期（或每学年）阅读一本现代教育理论或专著的一部分。众兴小学教研空气活跃，校际互相听课、互相交流，教师的业务素质，教学质量逐年提高。

1988年，县教育局以小教股和教研室为主体，成立小学语文、数学、自然等学科学习指导组织，开展教研活动。

1993年，以小教为主体，县成立小学7个教研大片，指导各乡镇小学的教研工作，组织开展全县性的教研活动。如青年教师课堂的教研活动；青年教师课堂教学大奖赛；各学科中青年教师课堂教学观摩评比；小学教师业务达标活动；九年制义务教育小学语文、数学、综合学科教学、论文评选活动；优质课评活动；“教坛新星”评比等。

2000年，县教委制定《肥东县小学办学水平督导评估方案》，对小学的各项管理进行督导评估。共评选出优秀等级学校26所，良好学校18所，合格学校3所。同年，小学成绩通知单从寒假开始改为“素质发展报告单”，取消百分制，实行等级制。2002年，小学入学年龄由7周岁改为6周岁。

2003年，肥东县被省教育厅批准为合肥市基础教育课程改革实验区。4月，成立“新课程标准实验用书选用委员会”，6月，印发《肥东县基础教育新课程实验工作实施意见》；7月，召开“全县基础新课程实验工作动员大会”，对起始年级各学科教师进行培训；9月，起始年级全部使用实验教材，课程改革正式启动。

2004年，县教育局开展新课程实验课堂教学评比活动，通过层层评比，众兴有2名教师获县三等奖。

体育　小学从清末“兴新学”起，开始注重体育。1912年规定，各类体操课程初等小学每周4小时，高等小学每周3小时。民国26年(1937年)抗日战争全面爆发之前，本地小学已建立起每日坚持做早操的制度。

1951年，开始推行广播操。1954年，全面推行少年广播操，各年级每周安排体育课2节。“文化大革命”开始后，体育课改为军体课，训练内容以队列操，野营拉练和学游泳为主。

1947年，贯彻周恩来总理提出的“中小学生每周有1小时体育活动”的要求和《国家体育锻炼标准》，开展篮球、足球等活动，体育运动渐有起色。

1976年，开展“比跑”“比跳”“比投”的“三比”田径活动。

1978年起，根据市、县教育行政部门规定，学校每周安排2节体育课，2次课外体育活动，每天做广播操、眼保健操各一次，坚持每天1小时体育锻炼。1981年起，在做好“二课、二操、二活动”的同时，加强学生体育达标训练，开展各项运动竞赛活动，每年定期举办秋季运动会。

1992年起，贯彻《小学生体育合格标准实施办法》，规范各项管理制度和课堂常规，加强对低年级学生的队形队列训练、中高年级学生的体锻达标训练以及运动项目的训练。

四、学校选介

众兴学区中心学校　众兴学区位于肥东店埠镇的西北部，东与民族乡接壤，西连长丰县，南邻合肥新站区，北接元疃镇。至2014年，本学区辖有6所完小，1所中心幼儿园，51个教学班，学生768人，专任教师96人，小学高级教师53人。学区占地面积65800平方米，校舍面积10431平方米。

众兴学区中心学校　(众兴学区中心学校/供)

肥东县众兴学区中心学校创办于2004年(由众兴小学改花灯小学为中心学校)，其时学校占地面积14600平方米，校舍面积2298平方米，有教学班13个，学生438人，教师38人。学校设有实验室、电脑室、远程教育室及藏书10000余册的图书室。学校师资队伍结构基本合理。

学校坚持以“教学为主，德育先行”为主导，培养德、智、体全面发展人才，探索出一条教学改革的新途径。学校把每学期的第一周定为“行为规范周”，星期一为每周“行为规范日”。

针对教育对象不同,教师对学生晓之以理,动之以情,给出一个自由而全面的发展空间。学校开辟好人好事宣传栏,广播站等宣传渠道,开设法制课。少先队大队辅导员经常组织学生开展队活动。2009 年,六年级学生施益婷同学在肥东举办的读书活动中,获得县一等奖,被推荐参加安徽省暑期学生夏令营活动。在学校不断发展、壮大过程中,“教研兴校”一直是中心学校的优良传统。

进入 21 世纪,中心学校开户新一轮的课程改革之旅。在新课程改革中,许多教师付出了大量的卓有成效的创造性劳动,并收获了成功。并且在教育管理和教育教学活动中涌现出许多人才,有 10 余人被市级表彰,20 余人次被评为县级先进,更有许多青年教师获县市优秀论文、教学设计奖,据不完全统计有 30 篇以上,学生获奖也有上百人次。在 2009 年,学区获得以下荣誉:2009 年合肥市德育工作先进单位、2009 年文明创建先进单位、2009 年肥东县语言文字规范化学校 。

花墩小学　创办于中华人民共和国成立前,原址在花墩圩里,初为完小,时名为花墩小学,中华人民共和国成立后,1956—1963 年为草庙区辅导小学;1964—1971 年为众兴乡辅导小学;1972—2003 年为花灯村小学,2004 年更名为花灯小学;2004 年 12 月为众兴乡中心学校。同年从原校址搬迁至花灯大街现新校址,学校占地面积 14600 平方米,校舍面积 2298 平方米,有教学班 13 个,学生 460 人,教师 25 人。

众兴中心学校举行升旗仪式　（众兴学区中心学校 / 供）

第五节　中学教育

中华人民共和国成立前,肥东从民国 30 年(1941 年)起,陆续办起 3 所中学,分别是合肥县立初级中学、私立肥东初级中学、私立巢湖初级中学,众兴地区没有设立中学。

中华人民共和国成立后,众兴普通中学有公办中学、乡办中学、小学附设初中班。

一、学校

县办中学　1958 年,中学发展加快,县政府当年就办众兴中学。

1962 年后,贯彻“调整、巩固、充实、提高”八字方针,停办中学,精简中学教职工,下放超龄中学生。至 1965 年,众兴中学属全县公办 8 所中学之一。

1964 年,为适应农村生产特点,中学推广“三学段”(改一年二学期为三个学段)教学。

1976 年众兴中学试办高中部,学制由原来的“三、三”制改为“二、二”制。

1977 年后,中学进行调整,至 1985 年,众兴中学为全县 11 所完全中学之一。

从 1977 年开始,中学先后恢复考试制度,恢复秋季开学,恢复初中三年制和部分高中三年制,贯彻执行教育部颁发的中学工作条例、教学计划、教学大纲和中学生守则,使教育质量显著提高。

乡办中学　1958 年夏,全县出现社办农业中学的高潮,一个月内就办起 26 所,在全省教育战线上形成“一马当先”的局面。由于发展过快,师资不足,教育质量过低,在三年困难时期,绝大部分停办。

从 1963 年开始恢复,至 1980 年众兴乡有 3 所农业中学。

永安农中　创办于 1962 年,1971 年迁至侯湾自然村, 利用浏河村 10 间办公室办学; 1984 年,永安小学戴帽初中班独立办学后,成立永安初级中学。起初,无偿征用李大郢自然村 50 亩地新建校舍 15 间办学; 因学生数激增, 曾借用永安供销社仓房 12 间办学;1992 年,撤区并乡后,校舍迁至原永安乡政府办公地办学,扩建校舍 12 间,9 个教学班。随着城镇化发展,学生陆续去城里读书,2002 年,学校停办,原校舍用于永安小学办学。

梁宇农中　创办于 1962 年, 起始用梁宇店店埠河边副业小鸡场房办学,1971 年迁至侯湾自然村,利用浏河村 10 间办公室办学,1987 年迁到梁宇店李瀚章粮仓办学,改名为梁宇初中,为永安初级中学分部。

众兴农中　创办于 1964 年,校址位于谢岗村吴莫岗村民组。占地 2000 平方米,15 间教室,2 间办公室,5 间教室宿舍,皆为土墙草屋,校长张国权。1980 年撤并,校舍用于办乡敬老院。

农业中学的办学宗旨是面向农村,半耕半读,为人民公社培养农业技术人才,但创办不久,就逐渐改变“半耕半读”的教学形式,执行普通中学的教学计划,教授普通中学的课本,按照普通中学的培养目标去培养学生。

为名实相符,县政府于 1984 年 11 月正式下文改为乡办初级中学,当时众兴有永安初级中学和梁宇初级中学两所。

小学附设初中班　1968 年,县革委会急于普及初中,在小学附设初中班,永安小学于 1976 年增设初中部,俗称“戴帽子”初中,招收初一两个班,1977 年,在整顿学校工作中,发现小学附设初中班弊多利少,削弱了师资力量,影响小学的普及和提高,也降低初中生质量。1978 年,采取停、并、转的办法,对附设初中班进行调整,1984 年分开,成立永安初级中学,新校址建于永安集南李大郢自然村。

二、教育教学

德育　1958 年,众兴中学建立后,学校要求学生在学好知识的同时,热爱劳动,与贫下中农打成一片。1959—1961 年,对学生进行勤俭建国、艰苦奋斗教育。

粉碎江青反革命集团后，开展“学雷锋、争三好”活动，整顿校风校纪，贯彻《中学生守则》，进行尊师守纪、勤学苦练教育。

1979年起，对中学生进行“三热爱”（热爱祖国、热爱社会主义、热爱中国共产党）和坚持四项基本原则教育。开展“创三好”和“五讲四美”活动。1985年起，对学生进行“四有”（有理想、有道德、有文化、有纪律）、“两热爱”（热爱社会主义、热爱中国共产党）、“两精神”（献身精神、科学精神）教育。1986年，学校在初中学生中开展创造性教育及集体主义、文明守纪、共青团基础知识教育活动；在高中生中通过举办“我与当代英雄比青春”——学习老山英雄演讲会、“时代与我”——人生价值讨论会等活动，对学生进行人生观、价值观教育。

1987年3月开始，组织学生学习革命先烈的光辉事迹，以观看烈士事迹展览和影片录像与写学习心得体会、诗歌、日记以及演讲、朗诵、交流相结合的形式，对学生进行革命传统教育。是年起，每年组织高一新生参加军训，高二学生参加农村“三秋”劳动和社会考察，高三学生参加社会公益活动和社会考察。

1991年起，通过开展知识竞赛、主题班会、参观革命纪念馆等活动，对学生进行“二史一情”教育。同时，在学生中开展“三爱一小”（爱班级、爱学校、爱家乡，写小论文）活动。1994年，开展“五爱一比”（爱班级、爱学校、爱家乡、爱祖国、爱学习，比一比谁的进步快）活动。1997年，通过组织“迎香港回归”征文等活动，对学生进行爱国主义教育。同年起，加强对学生进行法制教育，每年邀请有关专家来校给学生上法制课。

2002年起，通过开展“养成道德好习惯，我做合格小公民”实践体验活动，组织学生学习《公民道德实施纲要》；通过举办“民族精神代代传”主题队会和征文活动，对学生进行爱国主义教育；同时建立学生“日常行业规范”评估体系；修订《中学学生行为十不规范》，对学生进行行为规范养成教育。利用小广播、名人名言墙报、环境美化等加强学校校园文化建设，营造良好的育人环境。

2006年，通过开展“鲜花送给我尊敬的老师”主题感恩活动，对学生进行社会主义荣辱观教育。通过举办“纪念红军长征胜利70周年”系列活动，“12·9”诗歌朗诵比赛，“让青春绽放真善美”等活动，引导学生秉承优良传统，提高道德素养。

智育　1958年，众兴中学按照统一教学计划，开设语文、数学、物理、化学、外语、史地、生物、音乐、美术等课程，每周在30课时左右，同时开设生产实习课。同时，学校建有蔬菜基地、农业基地饲养场等，实行一天上课、一天劳动教学制度，学生学习之余有计划地参加一些农业劳动，开展一些农业技术研究项目。1962年，梁宇农业中学的老师和学生一起开展水稻良种培育和蔬菜栽培等研究活动。梁宇农业中学除外语课程不开设外，其余课程与普通中学一样，另增设农机和会计两门课程。

“文化大革命”开始后，学生一度停课。复课后，初中学制从1970年改为两年制，开设毛泽东思想、语文、数学、工农业基础、革命文艺等课程，取消升留级制度。语文课基本当政治课上，听贫下中农“忆苦思甜”，作文主要写大批判文章，初二数学课增设会计内容，学打算盘，工农业基础课主要是“三机一泵”，农机课主要学种农田。实行“开门办学”，“走出去，请进来”，号召打破“三个中心”，即要打破“教师为中心，课堂为中心，课本为中心”的教育理念。

1970年，众兴中学试办二年制“土高中”，只开设工农基础课和革命文艺两门课。同年，改秋季招生为春季招生。

1978年，恢复高考，钟卫国考入马鞍山师专（后任县教育局化学教研员），是众兴中学第一个大学生。

1978年，恢复初中三年制，改春季招生为秋季招生，课程设置有所变化，改工农业基础课为物理、化学、生物课，军体课改为体育课，开始注重抓初高中的教学质量。

1981年，高中恢复三年制。1982年，乡中学缩至2所。1984年众兴中学高考达本科、专科、高中专分数线86人，中考达初中专分数线15人，震动全县。

1985年，认真贯彻县教育局提出的加强初中，面向大多数学生的要求，积极探索教法改革，实行启发式教学方法，教学质量明显提高。

1986年起开辟第二课堂，举办作文和绘画、书法、口琴、摄影、刺绣等课外兴趣小组。

1987年，教育局制订颁发《办好高中、搞高教育质量评估细则》，众兴中学健全和完善教学常规管理，制定《教师备课的几点要求》《中学生学习与作业的基本要求》等制度，提高教师基本教学能力和业务水平，加强学生学习方法指导，改革教学方法和考试制度，顺利通过验收。

1988年，初中课程设政治、语文、数学、外语、物理、化学、生物、卫生常识、历史、地理、体育、音乐、美术及各类活动课，每周总课时35～42节。

1989年，在初三年级中选择有音乐、美术特长的学生开设“音美选修班”，进行教改实验。

1991年起，开始新课程教材试点（简称“一期课改”），新课程分必修课、选修课、活动课三个板块。1995年，全面实施新课程教材。

1988年起，开始二期课程教材改革试点（简称“二期课改”）。“二期课改”以学生的发展为本，以创新精神、实践能力培养为重点。构成新的学习观。新课程分基础型课程、拓展型课程和探究式研究型课程3个板块，2006年全面实施二期课改课程。

2000年起，学校以学生主动发展工程为抓手，加强教学动态管理，深化课堂教学改革，全面推进素质教育。

2002年，众兴中学修订《众兴中学教育教学奖励措施》，加大奖励力度。

2003年，加大教研组建设力度，着重加强教材研究和集体备课，做到“三定”（定时间、定内容、定中心发言人）、“四统一”（统一教学目的、统一重点、统一作业内容、统一教学进度），努力实现基础教育“严管理、轻负担”的教学目标。同时尝试将学生按学习程度分班，因材施教，实现均衡发展。2005年，初三数学、英语学科尝试“走班制”教学，最大限度挖掘学生潜力。同时，开展教师校本培训，有26人次开设教学展示课。2006年、2007年继续通过教研组建设推动教师教学水平提高，要求教师抓好课后小结和反思，注重学生个案研究，同时抓好“我的真彩”教学展示课活动。

体育　众兴中学自1958年创办。

1978年12月以后，学校配备保健教师，每年对学生进行两次健康检查和视力矫治检查。落实“二课、二操、二活动”的“三个二”活动，学校的运动竞赛日趋活跃，每年举办一次运动会，组织田径运动队定期进行训练。

2006年起，落实“每天锻炼一小时，人人参与体育锻炼”的阳光体育活动，把体育锻炼活动纳入课程中，做到人人有项目，班班有活动，定期举行娱乐与竞赛为一体的校园综合运动会。

三、学制和课程设置

初中学制一般为3年。开设的学科类课程有思想政治、语文、数学、物理、化学、生物、历史、地理、体育、音乐、美术、劳动技术，活动类课程有晨会、班团队与科技活动。

1993年秋季，执行国家教委九年制义务教育全日制初级中学课程计划。1994年实行双休日制，课程内容有所调整。2003年秋季进行义务教育新课程实验，在原有课程基础上，开设信息技术课，“思想政治”改为“思想品德”，“体育”改为“体育与健康”，活动课程改为综合实践课程。

1983年前，高中学制为二年。

1989年后，高中学制统一为三年制。依据部颁课程教学计划，高中开设政治、语文、数学、英语、历史、地理、物理、化学、生物、体育、劳动技术等科目。

1992年，实行高中毕业会考制度，会考科目有政治、语文、数学、英语、历史、地理、物理、化学、生物。考查科目有高二理化实验操作考查、高三劳技课考查。

2000年秋季，进行高中课程改革，课程分为必修、选修、综合实践和国家、地方、学校三级课程。开设课程学科类为思想政治、语文、数学、英语、物理、化学、生物、历史、地理、体育和保健、信息技术、艺术(音乐、美术)，综合实践活动为研究性学习，劳动技术教育、社区服务、社会实践。信息技术列入高中毕业会考科目。

四、学校选介

肥东众兴中学　(众兴中学/供)

众兴中学　众兴中学坐落在众兴乡花灯社区，创办于1958年，是一所农村完全中学。2014年，校园占地面积63324平方米，建筑面积约2万平方米，实验中心设备达二类标准，学校有理化生实验室，基本满足教师演示实验和学生实验要求，学校配备 2 个 64 座计算机室(2014 年,学校有计算机 580 台)、图书室、阅览室、多功能多媒体教室、高、初中六个年级组办公室、文印室、老年活动室、乒乓球室。一个 300 米的标准化操场,一栋 4242 平方米的综合实验楼,音、体、美教学设备基本齐全。学校办学经费主要靠上级财政拨款。校园春有花、夏有荫、秋有香、冬有青。

学校设有党支部、校长室、工会、教务处、总务处、政教处、保卫处、团委(包括少先队)等部门。开设语文、数学、英语、政治、历史、地理、物理、化学、生物、音乐、体育、美术、信息技术(计算机)、劳动技术、综合实践活动等课程。

2014 年,学校开设 37 个教学班(其中高中 22 个班),教职工 146 人(其中退休 20 人,专任教师 112 人,自聘教师 14 人,教师学历合格率达 95%以上)。在校生 2369 人(其中高中部 1332 人)。

众兴中学校园　　(众兴中学/供)

至 2014 年,学生参加全国、省、市、县各种竞赛获奖 100 多人次,教师论文有多人次获县级以上奖励。

公开课,“教坛新星”评比有 60 多人获奖,初中会考、高中会考多次受到上级表彰,2004 年以来,高中虽然是三类生源,但高考升学率逐年上升,并有考取全国重点大学的学生,特别是 2006 年和 2007 年连续两年应届生本科达线率均居全县第四位,教师中因为工作、学习及表现出色获得市级以上表彰的有 3 人、骨干教师 2 人。

附:众兴中学校歌

我们的校园

庐州东边滁河之旁,我们的校园是美丽的地方,春意融融林木苍莽,人才荟萃桃李芬芳,啊,众心向往,啊,蓬勃兴旺,蓬勃兴旺。飞向北大,飞向南航,飞向田园,飞向工厂,嗨,飞向祖国需要的地方。

庐州东边滁河之旁,我们的校园是育人的地方,拼搏进取斗志昂扬,勤奋学习天天向上,啊,努力锻炼,啊,歌声嘹亮,飞向四方。飞向北大,飞向南航,飞向田园,飞向工厂,嗨,飞向祖国需要的地方。

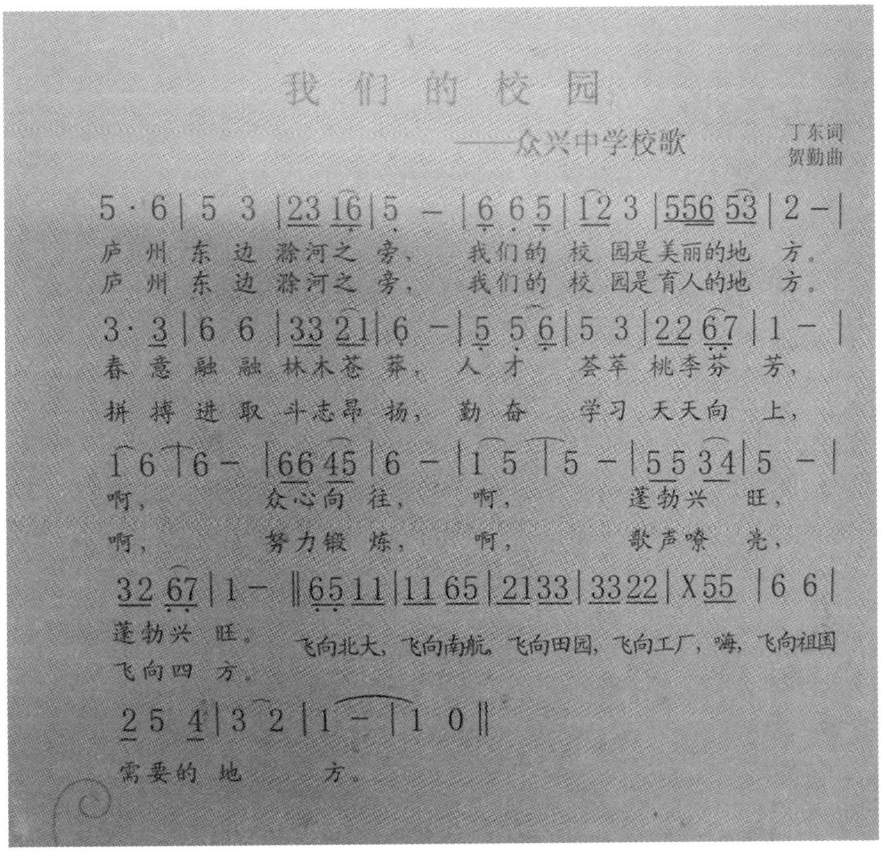

《我们的校园》歌谱　（众兴中学／供）

第六节　成人教育

一、学校

中华人民共和国成立后至1986年，成人教育的主要任务是扫除青壮年文盲。1957年8月，众兴成立乡（公社）扫盲组织，配备1名成人教育干部，指导各村开办民校，开展扫盲工作。1979年1月，公社成立工农业余教育委员会，继续推进扫盲工作。1984年8月，乡工农业余教育委员会下设工农教育办公室，配干部2人，专任教师3人，负责工农教育和职工教育。先后用众兴供销社、敬老院、乡政府等单位的空余房屋、仓库、食堂、会议室等做教室，开展教学活动。

二、扫盲工作

1950年冬，众兴地区各个村兴办夜校（简称冬学），每校配备群众教师2～3人，教成人识字。在识字教育的同时，还辅之以教唱歌、打腰鼓、扭秧歌等。

1951年11月，乡设文教委员会，组织培训冬师，办冬学。课程设置除文化课外，还向学员进行土地改革、抗美援朝、生产互助、治理淮河、民主建政以及婚姻法等时政教育。

1952年春，众兴扫盲运动进入高潮，众兴成立扫盲工作队，从此，农民业余教育纳入国家教育发展事业。不少人通过学习识字，会写短文和书信、计工分、做会计，少数当上供销社营业员或基层干部。

1955年，各小乡成立扫盲协会和青年扫盲队，采取包教包会的教学方法。

1958年，各大队成立由3~5名群众教师组成的群师组，负责全大队的扫盲工作，小学老师也配合下村参加扫盲工作。

1960年和1961年，生活困难，农民业余教育转入低潮。

1963年冬，结合社会主义教育运动，组织一批青壮年文盲参加冬学。

1964年，众兴兴起半耕半读的简易小学（或称"一揽子"学校），采取农闲多学，农忙少学，大忙放假，除招收些不能上全日制学校的学龄儿童外，还大量吸收青壮年文盲、半文盲参加学习，这对扫除文盲起了积极作用。

1970年，212个生产队以及企事业单位，办起政治夜校，群众教师改称"学毛选辅导员"，组织群众学习《毛主席语录》，以学政治代替识字教育。1973年以后，识字教育逐渐恢复。1975年起，统一使用省编《农民识字课本》，以会读、会写、会用1000~1500个常用字为脱盲标准。

1978年以后，重建业余教育领导组织，制订了发展规划，取得了一些成效。

至1977年，共开办扫盲班、识字班57班次，学员1644人。1966年，公社26个大队开办民校96所，学员2421人。青壮年文盲、半文盲人数占青壮年总数比例：1960年为82.4%，1964年为76.2%，1966年为36%，7年之间下降了近45个百分点。

1978年冬开始，为实现"青壮年非文盲应占青壮年总数的85%"的目标，公社于1979年1月成立工农教育委员会，开展突击扫盲，到1980年，共计脱盲956人，青壮年非文盲率87.8%，达到扫盲标准。

1988年起，根据国务院《扫除文盲工作条例》的精神，乡成立扫盲工作领导小组，各村、乡办厂分管厂长、办学干部、团支部书记、妇代会主任等150多人加入了扫盲工作行列，形成乡、村（企业）二级扫盲工作网络。成人学校发挥自己的优势，自编扫盲辅导材料，制订规划，分段实施，办好中心扫盲班，同时专门抽调6名教师实行定点包干联系指导，做好学前、学中、学后的系列服务，使扫盲计划按期实施。

至1991年底，有1153人参加扫盲学习，占文盲、半文盲总数的74%，经乡统一考试，有943人脱盲，全乡非文盲率达95.9%，其中28个村（厂）单位达到县教育局规定要求，24个村（厂）单位100%完成扫盲任务。众兴乡完成"两基"工作的检查验收。

1998年，全县对扫盲工作采取三项措施：从源头上杜绝农村女孩辍学，提高小学入学率，继续扫除青壮年文盲。2001年，全乡脱盲巩固率达97.5%，2005年，农村非文盲率达99%。

三、众兴乡成人文化技术学校

1993年，乡开始创建乡成人文化技术学校（简称成技校），属县二类型成技校。设在众兴小学内,采用统编教学大纲,统一组织参加市毕业考试,成绩合格者发给毕业证书,承认学历。乡政府出台有关奖励措施,对学习优秀的党员给予优先评先进和发资金等奖励。同时调整充实乡工农教育委员会,由其下设的工农教育委员会办公室具体负责统一办班。

四、成人学历教育

农业广播教育　1980 年,中央农业广播学校在县城设立教学点,地址在县政府办公楼一楼。创办于 1981 年,是一所面向农村、面向农业、面向农民的农业中等专业成人函授学校,为副科级事业单位,主管单位是肥东县农业委员会。开设专业有现代农业、畜牧兽医、农村计划生育、会计与统计、农业机电、农村乡村管理等。

函授学校　1955 年,县成立函授师范学校,招收不及中师毕业程度的小学教师,幼儿园教养员参加学习,单科独进,分科结业。1960 年,因成绩显著,县出席全国群英会。“文化大革命”期间,县函授师范学校停办。1985 年,恢复函授教育,由县教师进修学校主办。

教师进修学校　创办于 1984 年,负责全县教师培训工作,有教师 8 人。1984 年至 1990 年,招函授、卫星电视中师学员 1375 人、毕业 1001 人,合格率 73%。1990 年至 1995 年,培训中小学教师 1048 人,为中小学民办教师转正打基础。1995 年,与安徽师范大学联合办学,招收中小学本科 602 人,毕业 485 人,合格率 80%(乡教委及永安中学教师罗志云、王永富、王贤龙、程永忠、黄忠华、徐守鹏、刘华仁、李克建、吴先梅、关朝萍、黄忠珍、关翠萍、许俊敏、许才福、刘斌等均毕业取得了本科学历);1997 年与安徽师范大学联合办学,招收师范类本科汉语言文学、数学、历史、物理、化学 6 个专业 568 人,毕业 401 人,合格率 71%;2000 年与合肥联合大学联合办学,招收音乐、美术、中文 3 个专业专科 358 人,毕业 350 人,合格率 98.50%;2001 年至 2005 年,对中小学教师实施继续教育培训。

电视大学　安徽电视大学在肥东设立教学班(简称肥东电大),1979 年开办,设在县教育局。采用电视、广播和定期辅导等方式教学,学员参加全国统一成人高考。以开设文科专业为主,大专层次,面向全县机关、企事业单位干部、职工。先后为肥东培养近 500 名优秀人才,其中 100 余人成为党政机关、企事业单位的领导和骨干。1993 年,停办。

电视中专教育　肥东职工电视中专工作站成立于 1986 年,开设工业企业管理、财务、会计、机械制造、化工工艺、幼儿师范等专业。1999 年,停止招生。

老年教育　1986 年,众兴建有老干部活动室,与党员活动室一室多用。1999 年,乡成立老年大学,分管书记任校长,经费列入县财政预算,开设时政、历史、法制、保健、诗词、书画等课程。

农业广播学校　1981 年,设立农业广播学校肥东分校,报名的含各类工作人员,其中乡基层占 80%,毕业率达 80%,单科结业率 95%。

众兴乡各级各类人士均有参加上述成人学历教育。

第七节　教师队伍

一、教师结构

小学教师　民国期间，众兴地区小学教师的学历少部分在初中以上。1952年，本地16名教师中，初中学历6人，占37%，其他为初小、高小学历。

1958年，发展大量民办小学教师，初小毕业的人数大幅度增加、教师水平明显下降。

1962年，对1958年进教师队伍中水平过低的教师进行精减，小学教师文化水平有所提高。

1972年，许多临时工和民办小学教师转正，学历水平明显下降。

1979年，中师毕业生开始充实小学教师队伍。1980年，首批6名中师生分配至众兴，此后每年均有10名左右的中师生进入小学教师队伍。同时，一些在职低学历教师和中师生也开始进行合格学历培训和高一层次学历培训，小学教师的学历水平稳步提高。

1989年，中师、高中学历61人，占51.9%；中专以下54人，占48.1%。2000年，本科、大专学历22人，占33.7%，中师、高中 学历78人，占53%，中专以下12人，占6.8%。2006年，本科、大专学历38人，占45.2%，中师、高中学历4人，占47.6%，中专以下6人，占7.1%。2014年，有教师95人，其中小学高级教师5人，一级教师54人，本科学历35人，专科学历45人。

中学教师　“文化大革命”期间及以前，中学教师的整体文化水平较低。据1979年统计资料，在69名教师中，大学专科学历7人(其中4人为工农兵大学生)，占10.1%；中专学历36人(其中34人为培训生)，占52.2%；中专以下26人，占37.7%。

1980年高中教师18人中，大学本科2人，占11.1%；大专学历6人，占33.3%；中专以下10人，占55.6%。

此后，采取多渠道培养措施，中学教师文化水平提高较快。1989年，84名初中教师中，大学本科学历3人，占3.6%；大专学历43人，占51.2%；中专以下38人，占45.2%；在26名高中教师中，大学本科学历8人，占30.8%；大专及以下18人，占69.2%。

2000年，本科学历25人，占36.5%；大专学历32人，占50.8%；中师，高中学历4人，占6.4%；中专以下4人，占6.4%。

2014年，本科学历46人，占54.7%；大专学历38人，占45.2%。教师学历合格率达100%。

二、教师培训

学历培训　1956—1966年，乡分批组织未达到中专毕业的小学教师参加县教师进修学校的函授学习和业余中专班学习。

1978年起，小学和中学开始大规模选送教师参加不同层次的合格学历培训。1986—1995年，小学组织未“达标”教师参加县教师进修学校举办的中师、幼师函授学习。1988—

1991年，小学、初中组织20年教龄以上的未“达标”教师参加县举办的专业合格证书培训班。至1995年，合格教师培训基本结束。

1985年起，本地学校选送青年教师参加高一层次学历培训。刚开始，中小学每年选送2～3名教师前往合肥教育学院参加大专班学历培训。

1994年起，县进修学校与合肥市教育学院等高校联合办学，经费采取个人、单位、国家三方面负担，故称“三结合”培训。从此，高一层次的学历培训进入高潮。

至2002年，中小学、幼儿园、1961年后出生的教师全部完成大专及以上学历（中学为本科）培训。

2010年后，采取多种措施鼓励已获大专学历的教师参加大学本科学习，至2014年，幼儿园3人、小学有12人、中学有38人获得大学本科学历。

职务培训　1990年起贯彻执行《安徽省中小学教师进修规定》，凡中学、小学、幼儿园合格教师，都必须参加“教师职务培训”。培训内容根据形势发展需要，由教育主管部门规划确定。培训时间以5年为一轮，高级教师五年中参加进修培训不少于540学时，中级以下教师不少于240学时。

“八五”期间，全乡参加教师职务培训的中学教师32人，小学教师42人。“九五”期间，参加教师职务培训的中学教师28人，小学教师36人。“十五”期间，参加教师职务培训的中学生教师26人，小学教师41人。

骨干培训　1990—2014年，参加骨干班主任培训班的中学教师46人，小学教师62人，参加语文、数学、英语骨干研究班的中学教师12人，小学教师6人。

干部培训　1991年下半年起，开始组织基层学校中层干训，后备干部开展干部岗位职务培训。至2014年底，参加校级干部岗位培训26人，参加中层干部岗位培训40人，参加后备干部培训8人。

三、专业技术职务评聘

1987年7月，中小学、幼儿园教师进行职称评审。本乡中、小学校分别成立教师职务评审小组，对所属教师进行职务评审，首批评审出中学中级教师12人、初级教师47人、小学中级教师10人、初级教师63人。

以后每年评审一次，至1999年，中、小学共评出高级教师3人，中级教师63人，初级教师115人。1999年后实行评聘分离，各校分别成立评审小组和聘任小组。至2014年，共评审出高级教师5人，中级教师93人，初级教师49人。

四、教师待遇

经济待遇　中华人民共和国建立至1984年，教师的经济待遇不断改善，大体可分为三个阶段，自中华人民共和国成立至1952年7月为第一阶段。这个阶段主要是实行民办公助，除极少数公办中小学教师由政府发给每人平均每月大米150斤外，其余教师的报酬，或由群众摊派，或以生养校，甚至义务教学，当时教师的生活十分艰苦。

1952年8月至1956年为第二阶段。这一阶段实行工资分制。1952年8月,民办和私立中、小学由政府接办,教师工资全由政府包下来,实行工资分制。根据"德才结合,照顾资历"的原则,给每人评定工资分等级,当时教职员工平均95个工资分,工友80个工资分,工资分值由省里按月公布,工资分等级每年都有调整。

自1956年9月至1985年为第三阶段。这一阶段实行工资制。

1956年9月,教育系统实行工资改革,按照"教龄、学历、工作量、工作质量"四个条件给教师评定级别。改革后,六班以上的完小校长、主任月工资一般为51.5~57元,高年级教师月工资为38~43.5元,中、低年级月工资为34~38元,小学教职工平均月工资为40元左右,中学教职工的工资略高于这个标准。

1962年,部分低工资的教职工工资得到调整。

"文化大革命"期间,教师工资处于冻结状态,"文化大革命"后,多次调整教师工资。

1977年,给40%的教职工提级。

1981年,全体教职工普遍向上调整一级,有的还提两级。

1985年是中华人民共和国成立后中、小学教师工资提高幅度最大的一年,由每人平均月工资60.27元,上升到82.69元,净增22.4元,增长37%。

教师除工资之外,还享受公费医疗、福利费、班主任津贴、粮食和副食品补贴,享受离、退休制度。

1978—1983年,离、退休教师可让一名子女替代自己,众兴享此待遇达26人。

1983年,经县政府批准187名中教五级或小教三级的教师享受讲师待遇,并将他们在农村的直系亲属转为城市户口。

民办教师的生活待遇一直较低。中华人民共和国成立后,对民师的报酬即实行"民办公助",发给每人每月的公助部分。1977年前,小学每人每月7元,中学每人每月13元。1978—1982年,小学每人每月13元,中学每人每月16元。1983—1985年,小学每人每月16元,中学每人每月19元。

民师的副食补贴、班主任津贴由政府按公办教师的50%发给。

群众自筹部分标准不一,视各地经济发展情况而定。

1977年前,发给每名民师每月15元左右;1978年后,20元左右;1983年后,30元左右。

由于民师队伍庞大,教育经费不足,自1952年部分民师转正后,长时期没有转正指标。

从1978年开始,具有5年教龄,35岁以下以及具有10年教龄,40岁以下(1980年为45岁以下)身体健康、品德优良的民师,通过考试,考核合格后转为公办教师,对获有县以上模范教师称号的民师,在转正时给予适当照顾。

1985年前,教师工资偏低,结构简单。同年,工资制度改革,教师工资增加2倍。

1987年,教育系统职称改革,教师工资与职称挂钩,中小学和幼儿园教师工资提高10%。

1993 年，教育系统工资制度改革，实行新的工资标准，体现“尊重知识、尊重人才”。此后，教职工经两个年度考核，考核等次为称职以上的人员，晋升一个档次工资。

1995 年 8 月，凡教龄男满 30 年、女满 25 年的教师，增加岗位工资和地方性的福利费与合肥市市区教职工工资福利接轨。

2001 年，教职工工资上划到县财政统一划拨并按月打到个人账户，建立教职工的医疗保险机制，全县教职工统一办理医疗保险。

1998 年，受聘中小学民办教师工资一般由同级财政和乡镇民筹各负担一半。财政负担部分，由财政部门列入预算，民筹部分，从农村教育经费附加中支付。2000 年，对“1993 年 9 月 30 日在中小学教师岗位上持有‘安徽省民办教师任用证’不能转公的民办教师”办理退养手续，2005 年底，乡实有退养民办教师 21 人，月平均退养生活费 500 元。

政治待遇　中华人民共和国成立初，原有公、私立学校教师全部留用。

1950 年，组织教师参加政治学习，对他们进行土地改革、镇压反革命、抗美援朝等思想教育。并结合土改和镇反，对教师队伍进行初步整顿。

1951 年，成立教育工会，大多数教师参加工会组织，成为工人阶级的一分子。

1952 年暑假，中学教师参加全省中学教师思想改造。11 月份，根据华东军政委员会通知精神，宣布“人民教师算为革命工作人员”，大力纠正社会上的歧视，侮辱教师的不良现象，年底评选模范教师 12 人。

1956 年，县在教师中开展评选活动，评选 17 人代表县出席省优秀教师代表大会。

1957 年，教师参加整风运动。众兴有中、小学教师被错划为“右派分子”，占教师总数的 16%。

中共十一届三中全会后，全党尊重知识、尊重知识分子，推倒“两个估计”，平反冤假错案。重视在教师队伍中发展党员，至 1985 年底，全乡教师队伍共有党员 20 人（十一届三中全会前只有党员 12 人）。

从 1984 年开始，按照革命化、知识化、年轻化、专业化的要求，把大批年富力强的骨干教师提拔到各级学校的领导岗位上来，乡有 3 名教师当选为市、县人大代表。1981 年 12 月，县人民政府召开全县 30 年教龄教师庆祝大会，向老教师颁发荣誉证。

1977—1984 年，乡共评出市、县优秀教师 25 人。

1988 年 9 月 10 日，国家第一个教师节，众兴开展尊师活动。至 2014 年，每年教师节，乡政府均举办教师节表彰大会，营造尊师重教社会氛围。

第八节　教育设施与经费

一、教育设施

学校　中华人民共和国成立前，众兴学校一般都利用祠堂、寺庙和借用民房作校舍。

中华人民共和国成立初,校舍改观不大。1951年,人民政府将土地改革没收的地主部分房屋转给村民作校舍用(永安小学、花墩小学)。

1964—1965年,政府和大队共同负担,翻建、新建学校13所,其中小学10所,农业中学两所。总建筑面积为4500平方米。

1966—1976年,政府拨款翻建新建学校7所,其中小学6所,中学1所,总建筑面积3500平方米。

1984年,永安初级中学建成,占地5333.36平方米,教室6间,办公室2间。

1986年,通过政府拨款,社会集资,共翻建、新建学校5所,其中小学4所,中学1所,总建筑面积4049平方米。

1988年实行分级管理后,多渠道筹措资金的力度加大,政府对校舍投入规模不断扩大,校舍建设步伐加快,建设标准提高。

1989年,众兴中学续盖二层楼房17间,造价约7万元。

1990年,众兴中学实验中心楼落成,造价约6万元,众兴小学原地翻建626平方米的教学综合楼建成。

1992年,众兴中学建成全县农村第一个水泥篮球场,面积达840平方米。

1993年,众兴中学文职教师四合院建成,共28间,造价约9万元。

1994年,众兴乡教委办公楼建成,面积达720平方米,造价约12万元。

1996年,众兴中学续建西半教学楼和400平方米的广场,一幢24个教学班的四层教学楼建成投入使用,基本解决学校教室问题,永安中学两层教学楼建成,共6个教学班。

1998年,多方筹资,改扩建6所小学的操场和体育设施。

至2014年底,全乡中、小、幼学校9所,占地面积52221平方米,建筑面积16290平方米,绿化面积13071平方米。

设备　中华人民共和国成立前,本地大部分学校设备极其简陋,学生用的课桌椅大多学生自带,且不敷用,有用泥桌子现象。

中华人民共和国成立初,学校设备仍很贫乏,桌椅学生自带,只有教师用的公办桌椅,黑板是学校自制,作息信号用的钟、铃用铁器代替,哨子使用不广泛。此后,随着国家经济形势的好转,教育经费的稳步增长,学生的课桌椅、教师的办公桌椅配备逐步趋向标准化,各学校逐步配备了教学仪器、实验器材、体育器材、风琴、油印机等。

1990年,众兴中学建成物理、化学、生物、实验室和音乐专用教室。

1997年,小学开设音乐、美术、劳技3间专用教室。1999年,全乡共有学生课桌椅1476套,106874元;教师办公桌椅216套,27262元;图书18570册,72718元;电脑12台,186600元。

2005年,添置电脑13台,将电脑配至办公室,平均每5名专任教师拥有1台电脑。至2014年底学生桌椅共726套,53851元;教师办公桌椅126套,29458元;办公橱31只,23400元;图书20681册,165148元;扩音设备4套,35893元;电脑82台,479724元;多媒体3套,102237元;汽车1辆,104668元。

2008年,中学有学生课桌椅960套,123000元;办公桌椅78套,13715元;图书25416册,146732元;电脑92台,617075元;多媒体1套,35060元;体育器材35992元;理、化、生实验器材设备127377元。

2010年,多媒体增至12台,409590元;理、化、生实验器材设备53万元。

2010年,中、小学、幼儿园所有专任教师配备1台电脑,所有上课班级配备1套多媒体教学设备。

二、教育经费

教育经费是受国民经济制约的。民国时期,公办学校的教育经费来源有财政拨款、学生学杂费、募集等,经由教育行政机构统收统支,主要用于教职员的工资与办公费两项。由于社会混乱、物价飞涨,加之教育经费严重不足,村校寥寥无几,贫苦子女极少上学。民办中、小学教师的生活待遇靠群众投资。

中华人民共和国成立后,即采取民办公助的办法。农村小学的校舍维修基本上靠群众自筹,政府只给少量补助。

1982年,成立"三结合"(群众自筹,学校勤工俭学,政府补助相结合建校领导小组,统一领导学校修建工作。

群众自筹　1982年,群众集资1.4万元;1984年,群众集资5.2万元;1985年群众集资18.4万元;用于修建校舍和添置教具。

勤工俭学收入　1958年,在"教育与生产劳动相结合"的教育方针指导下,学校普遍办起了工厂和农场,开展勤工俭学活动。"文化大革命"期间,实行"开门办学",校办工厂、农场遍地开花,后因工厂的供、产、销难以解决,多数工厂关闭,农场荒芜。1979年后,对校办工厂和农场逐年进行整顿和调整,勤工俭学活动得到稳步发展。

政府补助　1984年国务院颁布《关于筹措农村学校办学经费的通知》,开征农村教育事业经费附加。1985年,中共中央印发《关于教育体制改革的决定》,指出国家增拨教育经费的同时,开辟多种渠道筹措经费。为此,国务院于1986年4月28日颁布《征收教育费附加的暂行规定》,并于同年7月1日开征。由乡镇人民政府征收农村教育事业附加,由教育部门统筹安排,专门用于发展农村教育事业的预算外资金。

1988年起,教育实行分级管理,农村办学形成以乡投资为主,多渠道筹措教育经费的投入机制,教育经费增长明显,教育得到长足发展。

1987—2006年部分年份众兴乡教育经费支出情况一览表

表19-2

年 份	教育经费支出总数(万元)	占财政支出比例(%)
1987	62.63	30.81
1990	135.17	26.05
1992	143.05	20.80
1996	435.53	18.58
1998	741.62	18.61
2000	765.39	15.89
2001	916.8	18.37
2004	1261.83	10.02
2005	1363.09	10.02
2006	1182.38	8.72

第九节 教育行政管理

小学 1957年前,小学生由县教育局统一管理,委托区代管部分工作。1958年,实行“政社合一”和“一元化领导”,将农村小学全部下放给公社管理。1963年后恢复1957年以前的管理体系。1968年实行贫下中农管理学校。1979年后,县教育局收回小学管理权。1985年,实行县、区、乡分级管理。1992年,撤区并乡,乡成立教育委员会,负责全乡的教育教学管理。2004年,撤去乡教委,成立众兴学区中心学校,负责全乡的教育教学管理。

中学 1957年以前,公立中学均由省教育厅统一管理,同时省教育厅委托专区教育局代管一部分工作,如中学教师调整,教育经费分配,招生计划安排,教育质量检查,均由专区教育局办理。

1958年以后,教育管理权限下放,高中由县委、县政府委派教育局管理,初中由公社管理。1963年,贯彻中央教育部颁发的《全日制中学暂行工作条例》后,所有中学均由县教育局管理。“文化大革命”期间,农村中学下放到公社办,由贫下中农宣传队进驻学校,管理学校。1978年起,中学全部由县教育局管理。

1986年,众兴中学校长由县政府任命。完全中学副校长、初级中学校长由县委宣传部任命。

1992年,完中正、副校长由县委组织部考核,县委任命;初级中学校长、学区中心学校校长由教育局考核,报县委组织部批复后,由教育局党委任命。教育局机关中层干部、初级中学和学区中心学校副校长由教育局党委任命。

教师调动 教师调动出县:2000年前,报送市教育局审批,由县人事局办理手续;2001年后,县教育局报送县人事局办理。新增加教师:2002年前,主要接收分配的肥东籍师范类大中专毕业生;2003年后,主要招收分配的肥东籍师范类本科毕业生。2005年,实行聘用合同制，教育局依据县编委核定的教师编制，向县政府申报用人计划，批准后，从师范类大中专毕业生中择优招聘，试用一年后正式录用，工资由财政供给。

第十节　体　育

中华人民共和国成立后，众兴先后成立文化站、农民体育协会、体育运动委员会、体育指导站、老年人体育协会等管理机构，统筹本地区体育设施的建设、管理和群众体育活动的开展等。至1970年，部分大队建有泥地篮球场。1984年，依托粮站水泥晒场建起第一个灯光标准篮球场。2006年起，政府开始在各村、居建设公园式健身点。配置各类健身器材。至2014年底，全乡有公共体育场地6个，总面积1120平方米，公益性棋牌室11个，面积420平方米。众兴地区民间体育活动有练拳、挤杠、翻石磙、举石锁、游泳以及儿童打岗球、打石球、跳绳、踢毽等。中华人民共和国成立后，篮球、乒乓球、象棋、田径、游泳等成为众兴地区的传统优势项目，深受群众喜爱。

一、机构沿革

1957年，体育工作由乡文教卫生委员分管。1959年，成立文化站后，体育工作由文化站具体负责，乡党委副书记或行政副职分管。1987年10月，成立众兴乡农民体育协会，党委副书记或行政副职分管。1987年10月，成立众兴乡农民体育协会，由武装部、劳动服务所、团委、妇联、教委、文化站等部门人员任委员，党委书记任主任，下设办公室，配体育专职干部1人。

2004年，成立众兴乡老年人体育协会，分管老年工作的人大主席任会长，办公室设在老龄委，由老龄委负责人兼管。

二、设施

中华人民共和国成立前，除少数学校外，本地无体育设施。中华人民共和国成立后，只有少数学校有少量体育设施。1960年，开始出现利用学校操场辟建泥地篮球场，简陋乒乓球台。20世纪70年代伴随着篮球运动的兴起，少数村、单位建起比较简易的泥地篮球场。

众兴中学学生运动会　（众兴中学/供）

1980年，部分企事业单

位辟有乒乓球室。

2004年,中心小学建成面积4767平方米的标准运动场,内含有250米环形跑道1条,并配置高低杠,滑梯等室外体育器材,设置篮球架2副。

2006年,众兴中学建成面积5276平方米的标准运动场,内含250米环形跑道1条,配置高低杠等体育器材,在操场上设篮球架3副、排球架1副。

2006年起,在全乡范围内开始建设健身点。同年,建成华光、花灯两社区文化乐园两个,占地面积210平方米,内置跑步器、乒乓球台、多功能锻炼器等健身器材19套。此后,健身点逐年推进。至2014年,全乡各村均建成了健身点,总占地面积1231平方米,健身器材174套。

2013年,众兴中心幼儿园建成,内设置560平方米的塑胶幼儿活动场,配有沙池、大型玩具10套。同年,众兴中学原运动场改建成塑胶运动场,内设标准足球场1个。

至2014年12月底,全乡有公共体育场地6个,总面积1120平方米,学校体育场地9个,总面积26064平方米,公益性棋牌室11个,面积420平方米。

2014年众兴乡非标准体育活动场地情况一览表

表19-3

场地名称	场地面积(平方米)	建筑面积(平方米)	建设费用(万元)	设施类型(平方米)		用 途	建造年份
				室内	室外		
乡政府健身房	460	240	86	240	—	机关健身	2013
华光社区健身点	720	120	112	120	600	全民健身	2009
范岗村健身点	860	160	72	160	700	全民健身	2011
霞光村健身点	320	20	46	120	200	全民健身	2012
谢岗村健身点	260	80	26	80	180	全民健身	2010
众兴村健身点	320	82	32	82	238	全民健身	2012
花灯社区健身点	1121	96	320	96	1025	全民健身	2009
大高村健身点	460	80	41	80	380	全民健身	2013
联合村健身点	520	112	56	112	408	全民健身	2010
永安村健身点	1231	120	321	120	1111	全民健身	2012

三、群众体育

中华人民共和国成立前,本地群众体育以民间传统项目为主,主要有象棋、翻石磙、举石锁、挤杠、练拳、游泳、掰手腕等。

中华人民共和国成立后,现代体育逐步在本地发展,乒乓球、篮球运动率先在群众中推广开来。

1960年前后,众兴的篮球运动快速发展,至1968年,有大队成立篮球队,并经常与邻近公社和大队进行友谊比赛。“霞光打球——稳住的”一直流传至今。1968年起,一批“知识青年”来众兴插队落户,他们带来先进的篮球技术,推动了本公社篮球运动的发展。至1970

年，每年冬季农闲时节，篮球队之间比赛频繁。一些球队还经常接受外地球队邀请或主动邀请外地球队举行锦标赛。1970 年后，民间篮球比赛活动有所减少，大型体育运动也逐渐淡出。

改革开放后，乒乓球在各地中小学开始发展起来，1990 年后，各中小学均建起室外乒乓球桌台。2006 年起，室内乒乓球台开始普及。

四、民间传统体育

（一）成人项目

挤杠　人们利用挑担的扁担，两人在扁担两头握紧后向对方用力挤，挤到谁后退一方谁就输了。一般成人在农忙挑担间歇时间玩。

翻石磙　在打谷场上，间歇时，身壮力强的劳动者利用翻石磙比赛娱乐，谁翻石磙的次数多为胜利者。

石磙　（刘斌 / 摄）

掰手腕　掰手腕比赛有两种，一种为"两人各伸出一手握住，臂肘放于桌上，等裁判一声"开始"后，两人就奋力将对方的手向下压，手先碰到桌面的判负；另一种为两人站定，右手握住，等裁判说"开始"后，双方用力将对方的手往身后推拉，脚先移动者判负。本地掰手腕比赛在男女老少中比较流行。

象棋　本地象棋爱好者众多，茶余饭后，树荫下、田埂上、办公室，皆有对弈之人。每有象棋比赛，报名者蜂拥而至。

摔跤　摔跤双方手脚并用，先臀部着地者为败。旧时农闲时节，农村的田野里，场地上摔跤活动较多。有句俗话叫"摔跤岁数喻同龄人"，两个年岁相仿的年轻人常用摔跤来娱乐比个输赢。也有邻村的大家称"英雄"，各不相让，遂用摔跤的方式来比高低。

（二）少儿项目

爬树干　夏天人们在树荫下乘凉时，常鼓励小孩爬树，自娱自乐，爬得高者为胜利者，如果树上有鸟窝，孩子们爬上去摸鸟蛋。大人在树下指导注意安全事项。

荡秋千　夏天人们在树荫下乘凉时，用根绳索，两头扎在两棵树上，然后让孩子坐在绳子上荡前荡后。

削水片　用碎瓦片在池塘里漂削，瓦片贴水面漂飞，远者或跳跃次数多者为胜，男女孩皆好玩。

踢毽子　用 1 个铜板，取 1 布块，再从家养的公鸡身上拔几根毛用线扎紧，就做成了 1

只毽子，踢毽子主要在女孩中间进行。玩时，把毽子往上一抛，然后用脚踢，不使毽子落地，踢得越多越好，也可以2只脚轮番踢，踢式多样。一般为儿童玩的多。

踢毽子 （刘斌/供）

跳骆驼　又称撑跳背。1个小孩弯腰两手撑地或撑膝(似“骆驼”)，另1个小孩手撑骆驼跳跃而过。人多时，可连成一排，众孩可连跳。玩时，“驼背”不断升高，跳不过的为失败者，遭淘汰。

跳房子　地上画成数个长方块，两排有5～10格，先由1人用1小块砖块式石块或瓦片扔第一格，单脚跳进去后把石块踢出，再到第二格，仍用单脚跳进去踢出，脚不能踩线，石块不能出界。犯规者让别人踢后再重踢，参加跳房者往复，先到末格者为胜。

跳房子 （刘斌/供）

打弹子　打弹子的器具只要有一粒玻璃弹子就行。打弹子游戏玩法较多，这里介绍两种。一种是“打弹子出圈”，在地上画一个圈，几个孩子各自在圈内放好弹子，按事先确定好的次序打。谁的弹珠被打出圈，谁就被淘汰，最后留在圈内的就是胜者。另一种是“老虎进洞”，在场地上挖5个小洞，每人用1粒弹子，分先后进行投洞，谁先投完5个洞，谁就是老虎，可以随便吃掉未投完5个洞的弹子。吃的方法：做老虎的用弹子打碰掉其他没有进洞的弹子，如打不着，进完5个洞后也可以吃掉对方，这叫老虎吃老虎。

斗鸡　参与双方将一腿盘起，膝盖为“鸡头”，单腿跳跃，用“鸡头”撞击对方，将对方撞翻后使其双脚落地为赢。这个活动2人为一对，人多时可组成几对，3战2胜为赢。也有3人为一组，互斗，最后站立者为胜者。

斗鸡 （刘斌/摄）

跳绳　跳绳分短绳和长绳两种。短绳即一个人用一根绳子跳，跳的速度根据个人的发挥有快有慢，谁跳的时间长或同一时段内谁跳的个数多为胜者。长绳用一根比较长比较粗的绳子，由2个人甩绳，其余人窜进绳圈跳，可在绳圈内连续跳，也可以跳几下后出来，再由其他人进入绳圈内跳。还有一种跳法叫“猫捉老鼠”，参与者几个人不等，第一个进入绳圈的好似老鼠，进去一跳就出来逃跑，第二、第三个马上进去跳一跳就出来去追第一个人，这叫猫捉老鼠。谁被捉住，谁先被淘汰。

滚铁圈　工具由铁圈和推杆组成。铁圈利用废旧木桶上拆下的铁制箍桶圈，推杆用粗铁丝自制而成，方法是取一根 80 厘米长的粗铁丝，一头折转作柄，另一头折成“U”形，玩时，用“U”形口套住铁圈，朝前快跑，铁圈就会在推杆的推动下朝前滚动。滚铁圈游戏一般一个人玩，技高者可以在细岸上推行。也有比赛的，几个孩子各自推动铁圈，持续时间长的获胜。

掼包子　旧时有一种绘有各类人物画的卡片，状似现在的之扑克牌，店家有售。玩时双方将卡片贴于墙上，放手后卡片落地，离墙远者将自己的卡片用力拍地，靠拍地的风力将对方地上卡片翻过面，取为己有。1970 年，卡片无处购买，遂用纸张或香烟包装纸折成正方形或三角形的“包子”代替，俗称“打包子”。玩时将包子往墙上一掼，落地离墙远者先用“包子”拍地将对方“包子”翻过面，取为己有，对方另放一“包子”于地，赢者续翻，失手后由对方翻之，轮流往续。也有先以“锤子、剪刀、布”猜拳确定赢者为先翻者。

掼包子　（刘斌/供）

打菱角　20 世纪 50—70 年代，少年常聚在一起玩打菱角游戏。菱角制法：用坚实木材打制成中间大两头尖的菱形器具，一头钉上铁钉（作旋转支撑点），独自玩时，用一根稍长绳子绕住装有铁钉一头的菱角，然后捏住绳子一头，将菱角往地上摔，菱角便在地上旋转起来，旋转时间越长，越有满足感。几个人玩时，先在地上画一个圆圈内旋转，旋转时间长者一方便可用自己的菱角对准对方菱角摔，把对方菱角打出界者为胜。

说明：根据本地实地情况，结合网络语言。

第二十章 文化 旅游

位于众兴社区的中共合肥东乡旧址、合肥团史展陈中心、先锋农场

（刘斌/摄）

第二十章

文化　旅游

位于众兴社区的中共合肥东乡旧址、合肥团史展陈中心、先锋农场

（刘斌/摄）

第二十章　文化　旅游

中华人民共和国成立初，电影电视在农村没有得到普及，党的宣传工作和群众的文化生活基本上是组织各种形式的群众文化活动来实现。活动的开展大多是群众自发和下放知青指导，活动场所大多在校园内或农村的打谷场上，没有固定活动场地。

1968—1969年众兴乡和原永安乡分别建成近400平方米的2个大会场，会场设有主席台兼舞台，作为多功能使用。1980年后，众兴乡成立文化站，由初、高中文化或退伍文艺军人组成文化专职干部。乡大会场作为电影院和文艺演出场所，配备广播员，广播站做到一天三播音。

1986—2005年，文化体制改革随着经济体制改革的不断深化而逐步展开，文化事业由过去的政府包揽，逐步转变为国有、集体和个人多种所有制相互补充、相互促进的格局，文化事业得到快速发展。

20世纪90年代初，社会主义基本路线教育在农村广泛开展，文化工作显得较为重要，众兴乡文化站工作取得较大发展。农村三级文化网基本形成，群众文化活动丰富多彩。文化市场管理较为规范。

众兴比邻合肥、店埠、长丰，河流交错，土地肥沃，富庶之地。官宦商贾南来北往的必经地；李鸿章、王亚樵、张伯平、孙子模成长地；淮军诞生地；马政寺、关家庙远近闻名；花墩圩子、小朱户圩子、李圩、圩里圩外、张氏宗祠、许氏宗祠的现存遗迹见证旧时众兴地区的富庶。沧海桑田，佳话传说历久弥新。

第一节　文化机构与设施

一、文化机构

1950年8月，乡设文教辅导员1名，这一时期，职能以识字、教育、政治宣传、文艺活动和普及科学知识为主。

1957年，文化、教育合并，乡设文教辅导员1名。1958年，乡自办文化站成立，1960年撤销。1978年，乡设文化干事1名。1986年，成立众兴文化站，转为公助，设站长1名，工作人员1名，配有20平方米的办公室，各村配文化宣传员1名。县制定《区镇乡文化站岗位职责实施办法》，对乡文化站实行量化管理。

1992年后，随着市场经济深入，乡文化工作有滑坡现象。

2005年，中办、国办《关于进一步加强农村文化建设的意见》，国家加强文化站综合职能建设，组建乡镇综合文化站，把乡镇综合文化站建成集图书阅读、广播影视、宣传教育、科技推广、科普培训、体育和青少年校外活动等于一体，服务于农村群众的综合性公共文化机构。

肥东县众兴乡新时代文明实践所办公室门牌 （地方志办/供）

二、文化设施

2010年，乡将综合文化站建设纳入建设规划。按照“美观、大方、经济、实用”的要求，在乡政府办公大楼东侧建成320平方米三层标准化办公楼。按省要求统一名称、统一标识、统一功能。建设用地由乡政府无偿划拨，设施建设按照公益性文化服务性质依法给予减免各项配套费用。室内建有多功能活动室、图书阅览室、综合培训室、文化共享工程服务室、老年和少儿活动室、体育健身活动室、多媒体播放室等。按照功能划分相应配备书报刊阅览设备及培训室桌椅、文化信息资源共享工程设备（IPTV、电脑、投影设备、音响、灯光、摄影、体育活动器材等设备）。并制定众兴乡图书借阅制度、文化共享工程服务制度、科普培训制度和考勤考核档案管理、资产管理、安全保卫等管理工作制度。

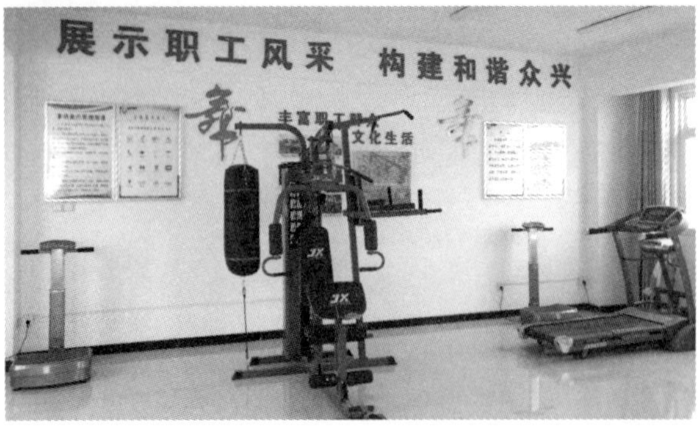

乡机关职工健身房 （地方志办/供）

乡综合文化站免费向群众开放。法定节假日、农闲和学校寒暑假期间，文化站向群众公示开放内容和时间。2013年6月，乡综合文化站被评定为省二级，并投入使用。县文化馆、图书馆负责对乡文化站的业务指导，加强人员培训、上门辅导；以文化下乡等形式，丰富文化站的活动内容，提升文化站的服务水平。乡人民政府负责文化站的日常管理，县级文化行政部门负责对乡文化站的工作进行业务指导、监督和检查。

乡综合文化站的职能　文化站是政府设立的公益性文化机构。综合文化站的主要职能有：

开展宣传教育活动，宣传党和国家方针政策，开展普法教育，传播科技文化知识。

组织开展公益性文化体育活动，为群众提供广播、电影放映等文化服务。

开展图书借阅和读书指导活动，利用文化共享工程设备提供数字文化服务，组织建立农村图书和信息服务网络。

搜集整理非物质文化遗产，开展非物质文化遗产普查和传承活动。

指导村文化室和农民文化户开展文化活动，培养农村文化骨干。

受县级文化行政部门委托，协助做好农村文化市场管理。

肥东县众兴乡新时代文明实践所公共电子阅览室管理员室门牌　（地方志办/供）

人员和经费　文化站专职工作人员配备数额，综合考虑文化站所承担职能和工作任务及所服务的乡人口规模确定。

乡人民政府通过公开招聘方式聘任文化站站长，县文化部门对公开招聘活动进行监督和指导。文化站长具有大专以上学历或具备相当于大专以上文化程度，具备开展文化站工作的业务能力和管理水平，热爱文化事业。

众兴综合文化站办公楼　（地方志办/供）

文化站工作人员参加省、市、县文化行政部门举办的岗位培训，掌握管理知识和业务技能，并取得合格证书。

文化站专职人员实行聘用制，聘用人员按月足额发放工资，并按有关规定为其办理失业、养老、医疗等社会保险。

文化站专职工作人员的专业技术资格评定，参照省群众文化系列专业技术标准条件执行。

文化站工作人员实行专编、专职、专用。乡人民政府不随意调离、辞退或者借调。因特殊情况确需调离、辞退或借调的，应及时聘用其他专职工作人员，确保文化站工作正常运转。

文化站的日常运行和业务活动经费，列入财政预算，专款专用，不得随意核减或挪用，并接受财政、审计等部门的监督。

三、群众文化

民间常有戏班、杂耍、锣鼓、舞狮、舞龙等乡村娱乐组织，逢年过节，串村巡回演出。平常群众文化活动主要有：

听书　20世纪60年代，县里组织部分盲人，经过简单培训到各个村庄利用晚上时间为社员说“大鼓书”，颇受百姓欢迎。多数村居在冬闲季节晒太阳的同时，听说书人或识字人讲《三国演义》《七侠五义》《水浒传》等。尤其是1979年，从县城到乡村、从大人到小孩均听刘兰芳播讲的《岳飞传》和《杨家将》。那时，孩子放学第一件事就是搬个板凳老老实实坐到有收音机人家里（当时只有少数家庭有收音机）听刘兰芳的评书。1990年后，随着电视的普及，听书逐渐消失。

大鼓书　（地方志办/供）

看电影　1950年秋，皖北行署文教处电影放映队到县城店埠放映《红旗漫卷西风》，系县内首次放映电影，轰动店埠以及众兴周边地区，观众数千人。1952年，省文化局派1个电影队常驻肥东，巡回放映，所到之处，群众争相迎送。1955年，众兴地区建立2个固定放映点。1958年，农民每年可以看到一场电影。

居民在花灯社区看电影　（地方志办/供）

从1970年起，农村人民公社办集体电影队，到所辖村庄，轮流放映《新闻简报》、“样板戏”等影片，摊派生产队集体公款付放映费。至1976年，众兴成立集体电影队增至2个；放映员2人，8.75毫米放映机2台。当年9月，彩色宽银幕故事片《天山上的红花》上映，反响强烈。1982年起，文化专业户自筹资金，购买设备，建立个体电影队。1983年，随着集体、个体电影队的发展，国家办的电影队全部撤销。1984年，首次放映立体影片《欢欢笑笑》。

乡村开始放映露天电影，看电影成为人们最向往的娱乐活动。听说晚上要演电影，往往从下午开始就拿着板凳“占窝”，有的则步行十多里到外村去看。1960—1970年电影放映处于低谷。1980—1990年农村电影放映处于高潮。1990年后，乡村露天电影渐少。

看戏　庐剧被称为下里巴人的文化，最早流行于基层老百姓中间，人们在栽种收割时哼着庐剧，犁田打耙时唱着庐剧，逢年过节、婚丧嫁娶更是要搭台唱庐剧，庐剧已经成为农民群众主要的精神娱乐方式。

早期的庐剧戏班以唱小戏为主，演员是由一些破产者和手工业者组成的半职业化戏班，演出形式也非常简单，演出道具用两个花篮就可挑走，戏班里演员人数很少，一人可兼多职，农忙时种地，农闲时才会出来唱戏赚钱，养家糊口。传统的倒七戏伴奏形式比较简单，是以打击乐器为主，其中包括堂鼓、大锣、小锣和板鼓，在其发展过程中不断与京剧、徽剧合班演出，在唱小戏的基础上，逐渐形成了连台本戏，伴奏形式也在锣鼓的基础上，加入中国民族乐器——弦乐伴奏，最终形成独具风格的安徽地方戏——庐剧。

居民在谢岗村看送戏下乡　（综合文化站 / 供）

随着人们生活水平的不断提高，人们日益增长的美好生活需求存在着不平衡不充分的发展状况。2014 年 3 月 5 日，肥东县首届全民文化月在众兴乡谢岗村正式启动。以“送文化”和“种文化”为主要形式，让农民成为农村文化的主角，形成“百姓参演、村干助阵、村民喝彩”的盛况。坚持草根化，让专业文艺团队和民间艺人、草根达人同台演出。并通过文化月，结合做好涉及“三农”各项工作的宣传和指导工作，充分发挥乡综合文化站的综合职能。乡司法所设立法律咨询台，向村民进行法治宣传，发放法律援助、社区矫正、禁毒铲毒、平安创建、非法集资、群众安全感满意度等方面宣传手册，为村民提供法律援助；水利部门举办水法宣传周活动，向村民传递节水、防水、水环境保护知识；妇联、计生、畜牧、综治、信用社等单位均结合文化月活动，为村民服务。

2014 年，肥东县全民文化月（送戏进万村）众兴乡谢岗村专场　（综合文化站 / 供）

2014 年众兴乡全民文化月村专场节目单(一)

表 20-1

节目形式	节目名称	表演者	演出单位
开场舞蹈	《开门红》	刘　莉　戴世喜等	长丰县庐剧团
女声独唱	《谁不说俺家乡好》	陈文云	县文化志愿者服务队
广场舞	《北江美》	乡文化志愿者	乡文化志愿者
功夫扇	《中国功夫》	村文化志愿者	村文化志愿者
京剧联唱	《我是肥东人》	王　勇等	长丰县庐剧团
折子戏	《桃花女》	刘长芬　邓继方	肥东青年庐剧团艺术团
打连厢	《九连环》	许道珍等	村文化志愿者

续表 20-1

节目形式	节目名称	表演者	演出单位
黄梅戏	《路遇》	陈君子　邓继方	肥东县青年庐剧团
独　唱	《包容》	朱家翠	村文化志愿者
独　唱	《无言的结局》	张冬梅	村文化志愿者
广场舞	《武功中国》	许海燕	村文化志愿者
小　品	《老来难》	陈先余等	肥东县青年庐剧团
诗朗诵	《我的祖国》	钟　鑫	乡文化志愿者
古筝表演	《春江花月夜》	王　辉	乡文化志愿者

2014 年众兴乡全民文化月村专场节目单(二)

表 20-2

节目形式	节目名称	表演者	演出单位
广场舞	《风筝误》	库塔拉　郑善梅	乡文化志愿者
折子戏	《张天秀私房》	陈君子　温俊俊	肥东青年庐剧团艺术团
武　术	《打拳》	李永阁	乡文化志愿者
独　唱	《闯天涯》	张　霞	村文化志愿者
钢琴演奏	《故乡原风景》	王辉等	长丰县庐剧团
恰恰舞	《拉丙》	胡恒香	肥东青年庐剧团艺术团
京　剧	《从有颗红亮的心》	王　芳	村文化志愿者
广场舞	《花蝴蝶》	柴义菊	肥东县青年庐剧团
三句半	《众兴赋》	刘桂珍	村文化志愿者
折子戏	《唐伯虎点秋香》	曹培强	村文化志愿者
扇子舞	《祝福祖国》	许道珍	村文化志愿者
折子戏	《包公三借白玉带》	陈先余等	肥东县青年庐剧团
小　戏	《叹十里》		乡文化志愿者
二胡独奏	《二泉映月》	夏爱群	县青年庐剧团

四、民间艺术

至 2014 年,在本地乡村广泛流传着一些具有鲜明地方特色的娱乐活动,这些活动内容丰富、形式多样,且多数不受时间、地点、器材的限制,具有明显趣味性、竞技性、启智性、健身性特点。随着社会发展和生活进步,如今,多数项目已渐行渐远,消弭不见,有的则日渐式微,有的仍在延续。

说书　说书简称大鼓书,说唱通俗,起源于清末民国初。1950—1980 年,大鼓书在众兴地区十分流行,出现一批土生土长的说书艺人,“文化大革命”期间,大鼓书演出基本停止。改革开放后,说书演出得以恢复。1990 年后,说书专场演出不复多见,但在文艺演出活动中穿插一两段说唱时有所见。说书内容大部分是长篇历史故事,夹杂神话传说,如《三国演义》《杨家将》《水浒传》《七侠五义》等书目。“文化大革命”后说书演唱内容有所改革,演唱现代和近代书目,如《智取威虎山》《渡江侦察记》等,说书演唱时,说书艺人左手持快板,右手持一鼓棒，敲鼓打快板演唱，说与唱交替进行。

号子　号子是在劳动生产中产生，故又叫劳动号子，一般在干重体力如打夯、挑、扛重物时所唱。号子音调激昂有力，似歌非歌，一般由一人领喊，众人呼应，以达到统一步调，增加劳动情趣的目的。其唱词不固定，大多由领喊人根据现场情况灵活发挥。众兴地区号子可分为以下几种：

搬运号子：搭房上梁、装卸、扛物、推拉。工程号子：打夯、打桩、锯木。船渔号子：拉纤、摇橹、拉网、扯篷。作坊号子：打铁、舂米。如打夯号子：

领	众人	领	众人
弟兄们那个，	好嗨！	着力干那个，	好嗨！
齐心合力那个，	好嗨！	加油干那个，	好嗨！
拼命干那个，	好嗨！	不怕苦那个，	好嗨！
不怕热那个，	好嗨！	不怕累那个，	好嗨！
干到底那个，	好嗨！	干到好那个，	好嗨！
生活做好那个，	好嗨！	喝老酒那个，	好嗨！

五、民间体育

众兴地区民间游戏包括儿童游戏、青少年游戏、大人游戏等，使用的道具或为石子、土块，或为砖头、瓦片，不一而足，随手可得，任意选用。春夏秋冬各有重点，白天晚上不尽相同，有的游戏男女有所侧重。

众兴学区学校开设儿童游戏课程　（地方志办/供）

挖鸟雀　20世纪80年代前，大人、小孩都喜欢挖鸟雀。挖鸟雀一般在晚上，手拿电筒进行，其时鸟雀已回巢，或进入睡眠状态，不易惊动。目标大多是在房檐下或门楼子底下。过去农村草房比较低矮，踩在凳子上探探身就可摸到雀栖息的地方。有时不踩凳子，踩在另一名伙伴的肩膀上亦可实施行动。一般情况下，鸟雀在手电筒的照射下会老老实实、一动不动，任你摆布。

若要到树上掏鸟窝，就不仅要有“掏”的技术，还要有“爬”的技术。尤其是爬刺槐树，要注意不被树刺扎伤。掏鸟者爬到树端，发现小鸟或鸟蛋，往往会脱下衣服，把出生不久的鸟儿或鸟蛋包着慢慢递下来。鸟蛋和鸟儿要按人数分配，当然上树掏鸟者会多分几个。

捕蜻蜓　夏秋之际，蜻蜓纷飞，儿童们也纷纷开始用扫帚或自制蜘蛛网粘连“捕蜻蜓”，儿童将捕到的蜻蜓用线拴起，看其在空中飞舞以取乐或放在蚊帐里捕食蚊虫。

画手表　20世纪70年代前，农村很少有人戴手表。孩子们偶尔看到有戴手表的，十分羡慕。于是使用钢笔在自己手腕上画只手表，先在手腕上画一个圆圈，然后在圆的右侧画一个上弦的钮，再环绕着手腕画上两道线跟圆圈连接，即是表带。画完了表带，再画表盘。表盘要求比较细，先要在圆上找到“中心点”，分成12等份，圆的最上面点一个点，代表12点，再在最下面点一个点，代表6点，接着在左右标出3点和9点，其余的每格之间的2个点就好分了。12个钟点标出后，接下来再画3根长短不一的表针。一般时针指在8点，分针指在12点。手表画好后，有的孩子就举着手腕到别人面前显摆，有的嫌画一个不过瘾，就在两条胳膊画上大大小小十几块手表，跟文过身一样。

叠纸飞机　过去小孩喜欢玩的一种游戏。叠纸飞机所用的纸，材质不能过于柔软，也不宜太硬。叠法是：用一张普通的16开纸，先对折，再在两边各折成三角，将两个三角再沿中轴翻折，出现一个明显的锐角三角形。然后再翻到背面，将两边沿着中轴翻折，出现了一个更小的锐角三角形。接着再对折，捏住当中的轴面，将两边的机翼平摊——飞机的大致样子就出现了。玩时，将机尾根据不同的纸张及当时的风力稍作调整。用手捏住纸飞机中间，猛力朝空中投去，纸飞机便飞上空中，然后徐徐落地。要使飞机飞得远，最重要的是比例，机头不能过重，也不能过轻。太重，一升上去就会一头栽下来；太轻，刚甩出去就会七扭八扭了，甚至会被风倒吹回来。

滑冰　20世纪90年代前，冬天雪大天冷，池塘里往往结着厚厚冰层，几个月不融，为农村孩子们滑冰提供了便利。那时农村孩子滑冰，没有什么正规冰鞋之类，多数因陋就简，自制冰鞋和冰车，大多干脆就靠脚上平日穿的布鞋或胶鞋，饭前饭后、上学路上过一把滑冰瘾。所谓冰鞋，就是分别将2块长1尺左右、宽十几厘米的长方形木板两头各钻2个孔，把2根粗铁丝固定在其中一面（接触冰面，以减少摩擦）作为滑板，再在滑板另一面钉上2根粗布条用来捆绑2只脚。然后再找2根棍子，在其一头固定上一枚尖钉，作为撑杖。如果习惯于蹲着滑，撑杖就短一些；如果是站着滑，撑杖就长一些。滑冰时，双脚固定在滑板上，双手握撑杖向前滑动，用力越大，撑得越急，滑板速度越快。冰车，由一整块木板或几块木板拼成，平板底下两边是两根木条，木条下面镶有铁皮或固定上铁丝。滑行时，或盘腿坐于木板上，或跪于其上，借撑杖助力快速前行。

打“懒老婆”　即打陀螺，俗称打“懒老婆”。玩法是取一段半米长、手指粗的枝条，拴上布绳，做成“鞭子”。将直径鸡蛋般的圆木截取六七厘米，其中一端削成圆锥形，在圆锥的尖部钉上一粒“钢豆”，即成陀螺。玩时，将鞭绳一圈圈缠绕在陀螺婆的上半段，然后一手紧握鞭杆，一手将陀螺尖朝下直立在平地或池塘的冰层上，用力将鞭杆向外一抽，使陀螺随着鞭绳抽动的惯力，在平地上急促地转动，然后用鞭绳顺着陀螺转动的方向，不断抽打，使其不停地旋转移动，熟练者可一次持续打半个小时不倒。

打弹弓　过去，男孩子们喜欢玩弹弓。弹弓杈一般用“Y”形榆树、洋槐树枝杈做成。弹弓皮有的使用女孩子扎头发用的橡皮筋，有的使用自行车内胎皮（结实耐用、弹力足、射程远）。弹弓包，一般用薄猪皮、牛皮做成。碎石子、泥蛋等作为弹丸。打弹弓不像打枪，有准星，三点一线，瞄准就能打。弹弓没有，所以要想打得准，得下功夫苦练。树干、酒瓶、鸟窝，秧子上的丝瓜、葫芦等，都可以当靶子。练得多了，手感、距离感、眼力就都有了，能十打九不空。孩子们经常打的，是那些能飞会跳的鸟雀（喜鹊、燕子是吉祥之物不能打；夜猫子、黑乌鸦之流，农民忌讳不敢打），兼打马蜂窝等。

下地棋 过去，农村物质文化生活简陋，农民下地劳动歇息时常因地制宜，因陋就简，把棋盘画在地上，下起“地棋”。

打麻将 中华人民共和国成立前，打麻将多为社会上层人士在玩，如商人、职员、财主、官太太等，一般平民百姓玩得的很少。20 世纪 80 年代后，打麻将逐渐由上层人士扩大到普通百姓。盛夏时节，街头巷尾、树荫下、楼道旁，随处可见年龄不同、身份各异的人们在打麻将。打麻将比较讲究，一般选择没有外人打扰的地方，在室内摆一张桌子，桌边放 4 张椅子，桌上铺一层比较贴实的毡，麻将牌整齐地放在毡上。正式开始前，先找出“东、南、西、北”4 张牌，通过摸牌确定座位。也有通过掷骰子确定座位的，点大者坐东，下面依次是南、西、北。麻将的玩法很多，有“推倒和”“数番”“八张”“二五八将”等，每种方法都有各自规矩，用哪种方法打，须提前协定。

打扑克 俗称“打牌”。过去打牌，一般由 4 人凑局，打“争上游”“五十 K”等。20 世纪 80 年代后，有 2 人以上凑局打“拖拉机”、3 人凑局“斗地主”、3 人以上凑局打“把一”等牌技不一而足。进入 21 世纪，在网上、电视等进行牌类娱乐的人越来越多，“掼蛋”“拱猪”等牌技颇为盛行。盛夏季节，在街头巷尾仍能见到一堆儿、一簇儿打扑克的人们。

游泳 境内多河、湾、塘，人们习惯上称游泳为“洗澡”。夏天一到，男孩子们即成群结队，赤条条地跳入村中的水塘、村外的河湾嬉戏玩耍。游泳姿势主要是传统的“打嘭嘭”，即两手前伸在水中划动，两腿在水中上下用力击打水面，发出“嘭嘭”之声。当时，除个别男孩会用类似于仰泳、蛙泳、蝶泳的姿势，大部分采用“狗刨式”。其中“扎猛”潜水捞物最受青少年喜爱，常当作水中比赛项目。游泳要先学“凫水”，即用两手向后划动，双腿由“打嘭嘭”时的击打水面变为半没在水中用力往后蹬。“打嘭嘭”一般是在原地画圈，“凫水”一般是较快前行。比“凫水”更高级的游泳技术为“踩水”：将双手高举出水面，只用两腿在水底游动前进。“踩水”难度较大，一般儿童难以达到这一层次。20 世纪 80 年代前，民间游泳曾盛极一时。后随着居民条件、环境不断改善，尤其太阳能热水器出现后，夏季，居民大多在室内洗热水澡，民间游泳之风渐衰。

拔河 拔河是人数相等的双方对拉一根粗绳以比较力量的对抗性体育娱乐活动。拔河的场地要求简单，只要有宽 5 米以上、长 20 米左右的一块平坦土地即可进行。所用绳子一般是麻绳，长 15 ~ 20 米。分 2 队，每队 10 人左右。比赛时，在地上画两条平行白线作为河界，绳中点系红绸，甲乙两队各设一名鼓动员手拿小旗统一指挥。两队闻令用力拉绳，以将对方拉过河界或红绸过界河中线为胜。中华人民共和国成立后，拔河活动较为普遍，特别是在节假日，机关、部队、工厂、学校常将拔河活动列入比赛内容，近年来有所减少。

拉大锯 母亲对幼儿进行启蒙教育，常与小孩对面而坐，扯着小孩的手臂一推一拉，按节奏念唱“割大锯儿，扯大槐，割到姥娘家大门外，姥娘不给饭吃，锅后抓把盐吃，齁着，买个烧饼压压,好了”。小孩则一仰一合,跟着学。此游戏也可在两个儿童之间进行。

逗逗飞　大人逗引幼小孩子玩耍,常将小孩面对面地放在支起的双腿上,握起小孩双手,用自己的食指和拇指捏住孩子食指,使其两食指指尖不断靠近、分开,一边口头念叨:“逗、逗——飞”“逗、逗——飞”,以吸引孩子的注意力和视线。

拍手　在儿童稍大时与其相互边唱歌边拍手的游戏。大人和孩子面对面坐在床上或平地上,相互拍一下手,便齐声唱一句歌谣:“一拍一,把门出;二拍二,齐下地;三拍三,上南山;四拍四,把草拾;五拍五,去种谷;六拍六,看谷秀;七拍七,织女哭;八拍八,遛街耍;九拍九,桂花酒;十拍十,穿棉裤;十一拍,下大雪;十二拍,齐欢笑,穿新衣,戴新帽,包饺子,吃酒肴,欢欢乐乐新年到。”拍手一般是左右手交替,唱词的内容各有差异。

放风筝　多在春天特别是清明节前后进行。风筝的花样有鱼鸟、龙凤、百花、百虫等,形状有四角、八角、圆桶、长条等。过去人们放的风筝多为自制自绘的“八卦”或“四角形”风筝,也有从集市上为孩子们买来的小风筝。20世纪80年代后,有厂家制售风筝,花色品种齐全。

推牌九　是一种赌博游戏,有扑克牌、骨牌牌九等玩法,一般以骨牌牌九为正宗玩法。

骨牌牌九的基本玩法是以骨牌点数大小分胜负,一般分大牌九与小牌九。大牌九是每人4张牌,分为大、小2组,分别与庄家对牌,全胜全败为胜负,一胜一败为和局;小牌九是每人2张牌,胜负立现。小牌九流行较广。游戏开始前,先确定庄家。可固定1人坐庄,也可轮流坐庄,全凭玩家协定。人数包括庄家通常是4人以上。游戏中,其他玩家主要与庄家比大小。各人下注后,由庄家将所有牌面朝下,开始砌牌,然后以4排每排4张排列。用骰子掷出点数,然后按顺序将牌分配到每个参与者手中。一般的玩法是庄家掷出点数后,按顺序每家发4张牌,每个人就把这4张牌二二搭配,小的点数放前,大的点数放后。庄家和每人比较,必须前后都大于对方才算赢,前赢后输或前输后赢就是和局,所以配牌也是很讲究的。现在玩这种牌已属违法行为。

打猴　即打骰、掷骰子,民间称“执猴子”。是旧时成人儿童都喜欢玩的一种娱乐游戏,部分人也以此进行赌博。执猴的游戏规则是:3个猴数字相同为“豹子”,其中3个“6”为最大“豹子”,3个“1”是最小“豹子”;3个数字连在一起为“拖拉机”,“4、5、6”为最大“拖拉机”,“1、2、3”为最小“拖拉机”;第三是“对子拼牌”,“6、6、5”最大,“1、1、2”最小;最后是“杂牌”,“3、5、6”最大,“2、3、5”最小。在所有牌中,大小排列顺序依次是“豹子”“拖拉机”“对子拼牌”“杂牌”。

游戏开始前,先备好1个大瓷碗、1副骰子(即猴,3只),参与者围成一圈,然后通过“将军包”等方式确定庄家。游戏开始后,先由庄家将3只骰子抓在手中并同时扔进瓷碗内,等骰子落定后,记下朝上面的点数。如果庄家掷的点数是最小的“2、3、5”,则为全输,要向所有参加游戏的人赔偿所压赌注的1倍;如果庄家掷的点数是最大的“6、6、6”,则为全赢,可获得所有参加者压的赌注;如果是其他情况,则根据其他玩家掷出点数的大小决定输赢。其他人则在庄家之后依次掷骰子,与庄家比点数。跟庄家点数一样或低于庄家点数的都算输家,庄家要没收压在面前的赌注,反之即为赢家,庄家要向赢家赔偿赌注的1倍。直到所有参加活动的人全部掷完1遍骰子,算一轮结束。接下来庄家继续掷骰子,新一轮开始。

六、童趣

吹柳哨儿　农历二月,柳树开始发芽,嫩柳条逐渐变绿,儿童们纷纷走出家门,截取嫩柳条作柳哨儿。做柳哨儿要掌握柳条成熟的“火候”,时间过早或过晚柳枝均不“离骨”,无法剥离。必须等时间适宜,柳枝能“离骨”,才能进行柳哨儿制作。选柳条也很重要,必须粗细合适,表皮光滑无疤痕。选好后用小刀截取5~6厘米一截儿,用手轻轻反复捻转,将皮完整地从枝上脱下来,成为一个长形的皮筒(皮筒中间不能断裂,以防漏气)。然后将皮筒一端(半厘米左右)用小刀刮薄,捏成扁形,就成了一个柳哨儿。柳哨儿长短、粗细、皮质不同,音质也各有千秋。儿童口含柳哨儿既可吹出简单音节,也能吹出简短乐曲。

擢鱼　过去,农村水沟、河塘、湾渠常年有水,水中有鱼,擢鱼成为当时儿童们的活动乐趣。擢鱼之前要先“截堰”圈定水域,水域的大小根据儿童人数多少、年龄大小决定。决定截取范围以后,儿童们即用湾边较硬之蓑墼(即水边由水草根盘结住的草泥)截堰。截好堰后,年龄小的用水瓢、小脸盆,年龄大的用水桶向堰外擢水。待圈起的水擢得差不多时,孩子们便迫不及待地用手中的水瓢、脸盆,或木棍在水底反复搅动,进行“浑水”。当鱼儿在水底无法呼吸纷纷浮出水面时,孩子们便一齐抢着捉鱼,擢水工具也变成了存鱼工具,所获有鲇鱼、泥鳅、鲢子、黄鳝、鲤鱼、鲫鱼等。

20世纪90年代后,擢鱼这种活动已不多见。

打水漂　20世纪80年代前,男孩子们多喜欢在宽阔的河(塘)水面上打水漂,所用工具为石片或瓦片。石片或瓦片要表面光滑,面积大小、轻重适宜,最好有轻微的弧度。打水漂有技术性,讲究瓦片抛出后的速度和角度,瓦片旋转速度越快,又能和水面保持平行,打的水圈就越多而不致很快沉落。技术好的儿童一手抛去,不但能接连激起一串串水圈,还会突然腾空而起像只蝴蝶,盘旋飞去然后再落入水中,给人一种美的享受。

射箭　过去,农村男孩子多自制“土弓箭”玩。其做法是:将杨树或柳树、榆树柔韧鲜枝两端各用刀刻上一圈浅槽,然后将树枝弯成半月形,用细而结实的麻绳或铁丝拴在浅槽中,做成“弓”;将筷子粗、一尺长的干树枝一端钉上铁钉做成“箭”。射箭时,选一枯树或草垛,贴上一张画好的纸圈作“靶”,人站在5~10米处,将箭杆卡在“弓”中央,拉紧弓弦,瞄准靶心后松手射击,在规定时间内,射中靶心最多者为胜。

拉钩　孩子们在共同办某一件事情之前为表示同心协力,或为表达对某种承诺的信守和坚持,常面对面地将各自右手小指伸出来,互相钩在一起,一边拉动手臂一边唱:“拉钩,上吊,一百年不许变”,表现了孩子们重信守诺的美德。如今,拉钩游戏仍在孩子中间流行。

将军包　也叫“剪子、包袱、锤”。这既是一个决结果胜负的独立游戏,也是一种决定其他活动和游戏出场顺序常用的办法。参加活动的人围站在一起,随着“将军包”的喊声,一齐伸出各自的手掌。出手的形态分三种，一是包袱（手掌全伸），二是剪子（伸食指和中指呈剪刀形），三是锤（握起拳头）。规则为包袱胜锤，锤胜剪子，剪子又胜包袱。如果同一场较量中“包袱”“剪子”“锤”同时出现，则算平局，需重新来，直到逐个分出输赢，排好先后顺序为止。

打鼻子眼　该游戏限于二人，且不受场地限制，随时进行。游戏开始前，先通过“将军包”或双方自由协定的方式确定主动（打）方和被动（被打）方，然后主动方用左手执被动方右手，被动方用左手食指指着自己的鼻子，主动方用右手掌突然打一下被动方的右手掌，同时发出要被动方指鼻子或眼睛的口令，被动方听到主动方口令时，要迅速用指着鼻头的左手食指指向口令所指的五官位置。指认范围以鼻、眼、耳、口、舌为主，也可扩大到眉毛、腮、下巴等部位，须事先讲明。若被动方照主动方所下指令指认无误，则双方交换位置；如果被动方照主动方指令指认有误，双方位置不变继续玩，直到被动方指认无误。

摸乎儿　这是过去青少年冬闲时在大街、小巷或场院、草垛群中进行的一种游戏活动。游戏时，“摸乎人”被别人用手巾或帽兜遮住双眼，拦腰抱起在原地转圈，分不清方向，然后被放在地下，去摸远在十几米以外的指定目标。摸乎儿时不得露出双眼，其他人可在其四周一边拍着巴掌，一边欢叫着乱指方向，以扰乱其注意力，使其偏离正确方向。长时间摸不着指定目标，即可揭下蒙眼手巾或帽兜，结束本场活动。

捻转转　这是过去乡村青少年常玩的一种活动，既可进行比赛，也可自娱自乐。方法是：在一枚方孔铜币中心，用纸或棉花直竖着固定一根火柴，做成一个“转转”。然后用食指、中指和拇指将自己的转转使劲捻动，力求使转转最大限度地旋转。谁的转转转的时间最长，谁就是赢家。捻转转至今仍被大人哄孩子玩使用，只不过人们一般不再自制转转，而是直接购买商家出售的转转玩具了。

老鹰叼小鸡　又称“叼老鹞子”，是男孩女孩都喜欢玩的一种游戏。一般先推选两个个儿大者分别来充当“母鸡”和“老鹰”，多名儿童逐个扯后衣襟扮作“小鸡”结成长队，紧随母鸡身后。规则是：老鹰每次只能抓 1 只小鸡，且只能抓最后一个，以此类推。老鹰不可侵犯母鸡，使母鸡得以护卫小鸡。游戏开始，老鹰扑上来捉小鸡，母鸡则张开双臂全力保护自己的孩子，拼命护着小鸡不让老鹰叼去。作小鸡的孩子们动作必须要快，要与母鸡协调配合，机灵地躲闪老鹰，避免被抓住。若母鸡选得不好，小鸡配合不到位，就会在躲避老鹰追击时磕磕绊绊，甚至不慎跌倒，其结果是小鸡全军覆没，最后只剩下老母鸡。

丢手绢　儿童和低年级学童喜欢玩的游戏。一般每组 10 ~ 30 人，围坐成一个大圈。游戏开始，第一人手握一条花手绢在圈外按顺时针转圈，坐者一边拍巴掌一边唱着儿歌制造欢乐气氛，以便让“丢手绢”的人寻找机会，在跑圈中把手绢悄悄地留在某个人的背后，而自己又要时刻警惕地提防着，搞清楚背后是否被丢手绢。背后被丢手绢的人，如果在丢手绢人跑回来之前发觉自己背后的手绢，要马上捡起手绢接跑，并在跑中寻机将手绢丢给别人。如果一直没发现丢在背后的手绢，要让出座位，让丢手绢的人顶替自己坐下休息，自己则拿着手绢走到圈中间，为大家唱一支歌，或讲一个笑话，成为新的丢手绢人。

将媳妇　过去乡村男女儿童常模仿大人结婚仪式玩“将媳妇”游戏。游戏开始前，大家先推选出“新郎”“新娘”，余者扮作其他角色。新郎这边，要有人作大马，让新郎骑在身上，去迎亲；新娘那面要找出两个有力气的男孩子两臂交叉盘住对方左右手脖，搭成花轿，让新娘坐在上面。然后，送亲乐队的孩子们，会摇头晃脑地双手握拢放在嘴边，“唔噜哇、唔噜哇”地发出声音，热热闹闹地抬着新娘送上新郎的门来。到家后，当马的和抬轿子的孩子会把新郎、新娘扔在地上，逗得大家大笑不止。

藏猫儿　又称“捉迷藏”，为多人游戏。参加者先用“拔筹”或“剪子、包袱、锤”的办法决出谁是“捉猫”人。游戏前，先在靠墙或草垛跟前画出一块直径1米左右的圆圈为“家”，捉猫人要在“家”中面朝墙或草垛，双手捂住眼，其他人则分别藏到附近的墙旮旯、沟底、树丛、草垛，甚至爬到树上，但不能超出规定所藏区域。待一切归于平静，捉猫人会在家捂着双眼大声问：“藏好没有？”如听不到回音，则松开双手走出“家”，四处去搜寻“藏猫人”。藏猫人则躲在暗处等待捉猫人来找，捉猫人只要找到一人（或自行规定）便获胜，输家要接替捉猫人，开始下一轮游戏。

争山头　过去冬闲时节，孩子们常玩一种“争山头”的游戏。参加者一般四五人至十几人不等。方式是：将参加活动的人分成二组，在村内或场院里选一高大土堆或封起的粪堆当“山”，每组选一人为“王”。王通过“将军包”或“按先后”的办法决定谁攻、谁守。攻者站在土堆下面跃跃欲试，守方站在土堆上面严阵以待。

游戏开始后，双方在王的带领下对话：

攻方问：“谁的‘山’？”守方答：“我们的‘山’！”攻方问：“叫上不叫上？”守方答：“不叫上！”

这时，攻方的王对自己的战士下命令：“小的们，踏着梯子也要上！拧着脖颈也要上！冲啊——”说完，便带着自己的兵从几个方位向“山头”发起强攻。山上的王便带领自己的队员把山下冲上来的对方队员往土堆下猛推。直到山下的王带领自己的队员冲上山顶，并把山上的王和他的队员全部推下山，自己成为山上的王，一个回合才算结束。简单休整后，被赶下山的王带领自己的队员开始攻山，新一轮“争山头”活动开始了……

挤油渣　这是过去农村儿童冬闲时既取乐又取暖的活动。参加活动者贴墙紧挨成一字儿，面朝外排好队，队尾的人紧靠在墙的拐角处。选出一个力气较大的人站在队头当“挤头”。“挤头”一声令下，便带头一个挨一个地用力向队尾的方向挤，谁被挤出队外，谁就是“要饭的”。如此反复，直挤得人气喘吁吁，汗流夹背，浑身发热。

掼炮　20世纪80年代前，农村儿童流行“摔泥娃娃”。玩法是：找黑黏土加水和匀，反复揉搓，使泥团更具韧性。摔泥娃娃一般在两个儿童之间进行。双方各用揉搓好的泥捏制一个圆形泥娃，形状像汉字中的“凹”字，所以此游戏称“摔泥凹凹”更贴切。做泥娃娃时，要尽量做得表面光滑，尤其底部，必要时要用手指蘸水或用唾沫慢慢润泽，做到厚薄适宜。摔时，向泥娃娃底部哈一口气，口里高喊：“东南风、西北风，我的炮炮好大声！”用力将泥娃娃口朝下摔在石板或平地上。随着一声响，泥娃娃的底部炸出或大或小的窟窿，对方儿童要用自己的泥把窟窿补上，再由对方儿童摔自己的泥娃娃，规则相同，依次轮换。如果人多，则分组进行。

第二节　文化创作

韩永乐，霞光村中保岗人，参与编著《军队刑事侦查》和《军队刑侦技术》。

徐守榜，永安村老徐村民组人，编著《安徽旅游揽胜》，海洋出版社 2000 年版。自编刊印本《寸木文集》《诗联千古中庙》。编辑《安徽旅游博览》《安徽名胜古迹诗词选》《安徽名胜名联》。

韩龙惠，霞光村中保岗人，出版散文、诗歌《天竺园记忆》和诗词《心闲斋诗影》著作各一部。

张沈昌，霞光村人，出版散文集《我的故乡情》，小说集《破灭》，《芙蓉国文汇》签约作家。

第三节　书　画

李航　众兴学区中心学校学生，分别获"第三届笔墨先锋"杯全国硬笔书法大赛学生组金奖、首届"逸道雅集"杯全国硬笔书法大赛少儿组铜奖。

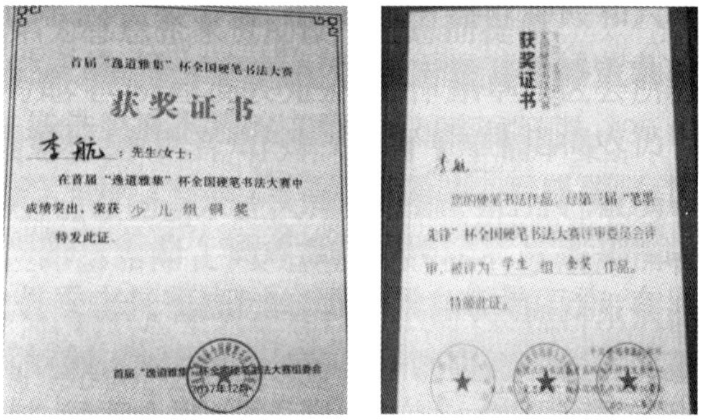

2017 年 2 月，李航获得首届"逸道雅集"杯全国硬笔书法大赛少儿组铜奖　（学区中心学校 / 供）

许子晨　众兴学区中心学校学生，荣获中国—意大利 PH 杯国际书画艺术大展青少年儿童作品金奖、第九届（国际）青少年儿童书画交流大赛银奖，并被授予"国际小书画家代表"称号；荣获第三届"美好安徽"全省少儿书画大赛"佳作奖"、第十二届"华夏杯"全国青少年书画艺术大赛小学生银奖、"第五届全国中小学语文素养大赛" 全国总决赛（冬季赛）小学 A 组银奖。

童兴照　众兴学区中心学校教师，荣获第十三届全国语文规范化知识大赛教师组二等奖、第八届全国规划汉字书写大赛成人组硬笔字三等奖。

付静　众兴学区中心学校教师，荣获"首届安徽省规范化汉字书写网络大赛"三等奖。

许晨获得 2015 年中国—意大利 PH 杯国际书画艺术大展青少年儿童作品金奖

（学区中心学校 / 供）

黄建东　众兴学区中心学校教师，荣获合肥市教师软笔书法作品二等奖。

张华金　男，1950年生，华光社区居民，中共党员，原义合村委会主任，书法爱好者，获多项书法作品奖项。

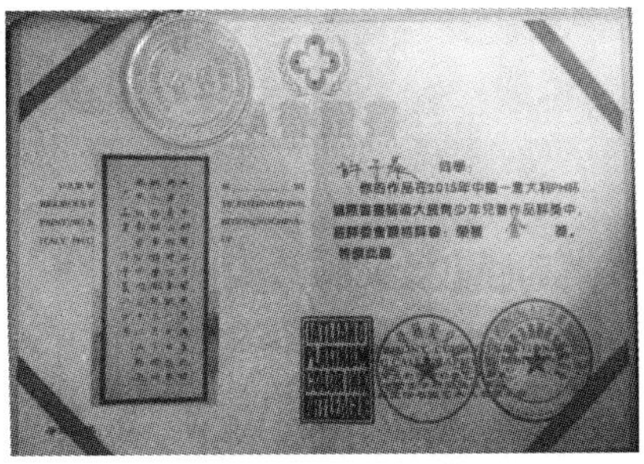

许子晨获奖证书

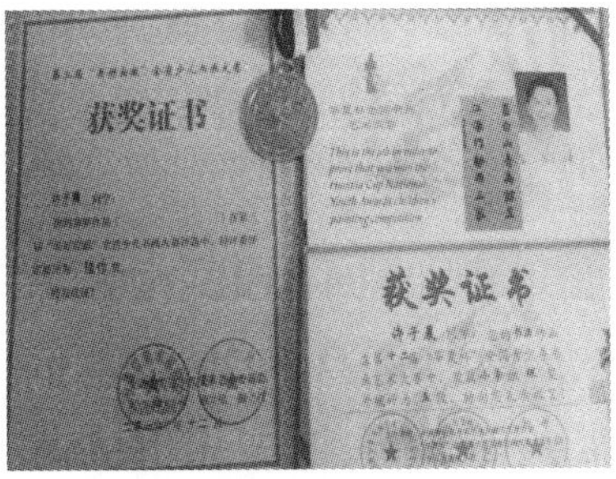

许子晨获得第九届国际青少年儿童书画交流大赛书法作品银奖

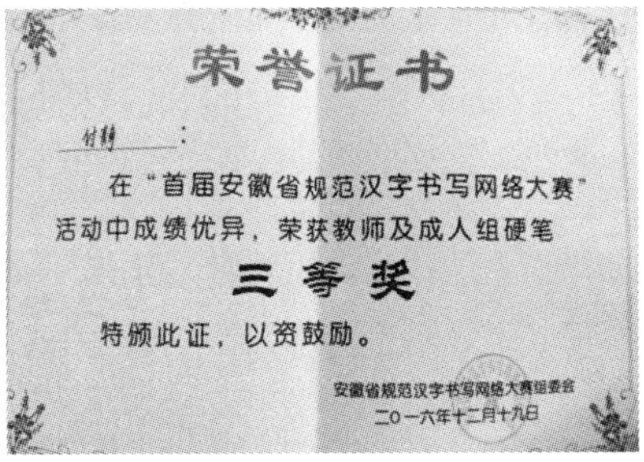
荣誉证书

付静：

在“首届安徽省规范汉字书写网络大赛”活动中成绩优异，荣获教师及成人组硬笔

三等奖

特颁此证，以资鼓励。

安徽省规范汉字书写网络大赛组委会

二〇一六年十二月十九日

2016年12月19日，付静获得“首届安徽省规范文字网络大赛”教师及成人组三等奖

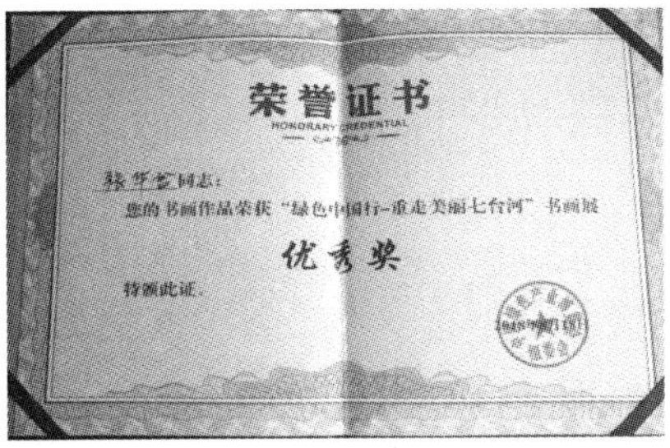
荣誉证书

HONORARY CREDENTIAL

张华金同志：

您的书画作品荣获“绿色中国行-重走美丽七台河”书画展

优秀奖

特颁此证。

2018年8月18日，张华金荣获“绿色中国行—重走美丽七台河”书画展书法作品优秀奖

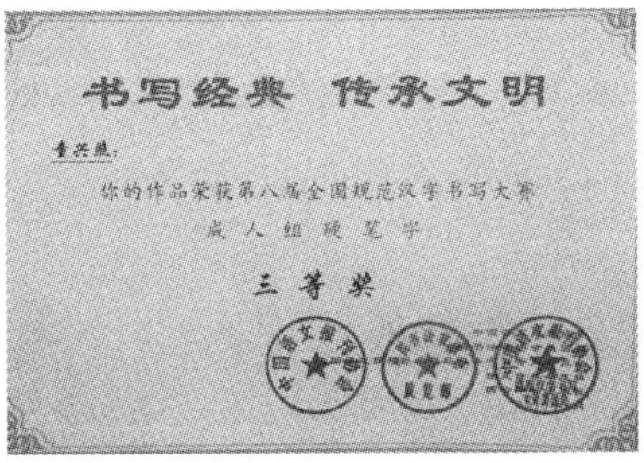
书写经典　传承文明

童兴照：

你的作品荣获第八届全国规范汉字书写大赛

成人组硬笔字

三等奖

童兴照荣获第八届全国规范汉字书写大赛成人组三等奖

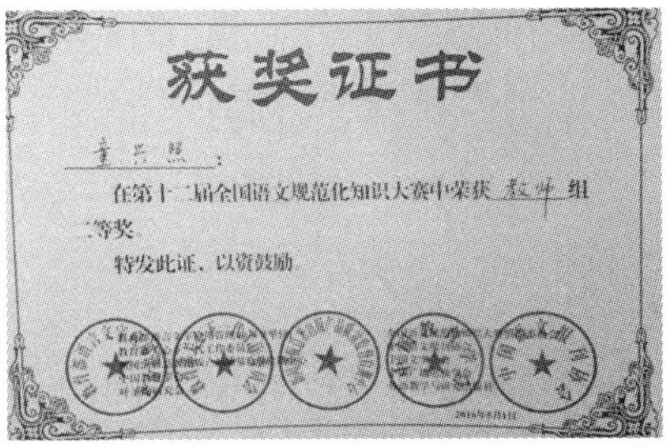
获奖证书

童兴照：

在第十二届全国语文规范化知识大赛中荣获教师组二等奖。

特发此证，以资鼓励。

2016年5月1日，童兴照荣获第十二届全国语文规范化知识大赛教师组二等奖

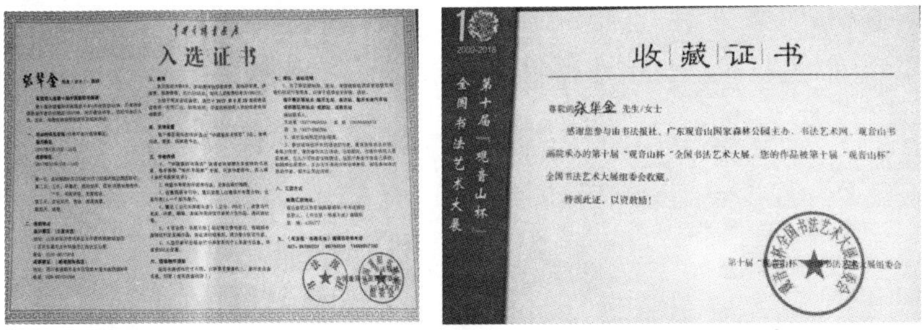
入选证书

收藏证书

尊敬的张华金先生/女士

特颁此证，以资鼓励！

中国重阳书画展颁发给张华金书法作品入选证书

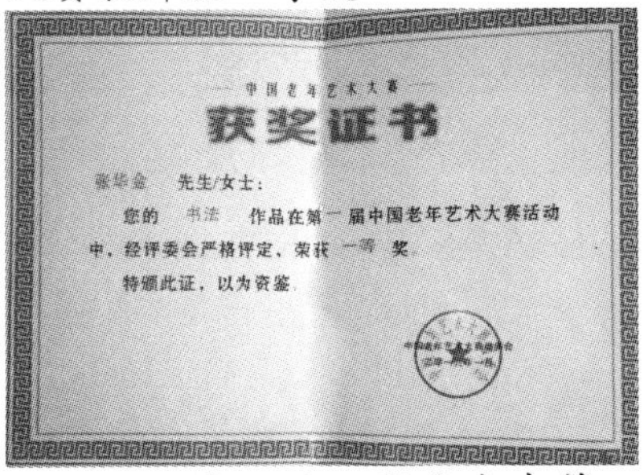
中国老年艺术大赛

获奖证书

张华金　先生/女士：

您的书法作品在第一届中国老年艺术大赛活动中，经评委会严格评定，荣获一等奖。

特颁此证，以为资鉴。

2019年1月，张华金在第一届中国老年艺术大赛活动中，荣获书法作品一等奖

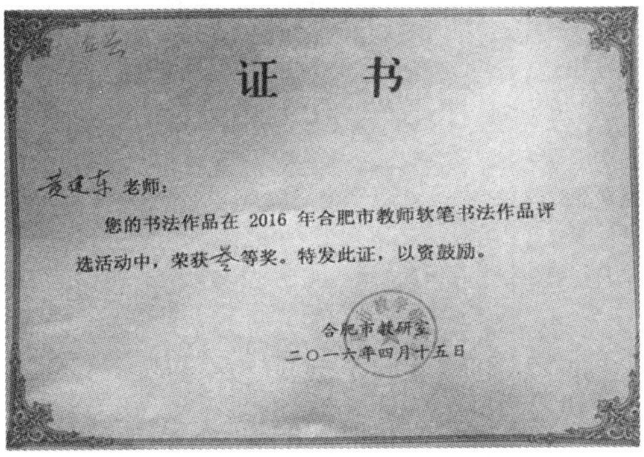
证书

黄建东老师：

您的书法作品在2016年合肥市教师软笔书法作品评选活动中，荣获叁等奖。特发此证，以资鼓励。

合肥市教研室

二〇一六年四月十五日

2016年4月15日，黄建东在2016年合肥市软笔书法作品评选活动中荣获三等奖

花灯小学学生书法课场景

众兴小学学生书法课场景

（以上图片均由学区中心学校/供）

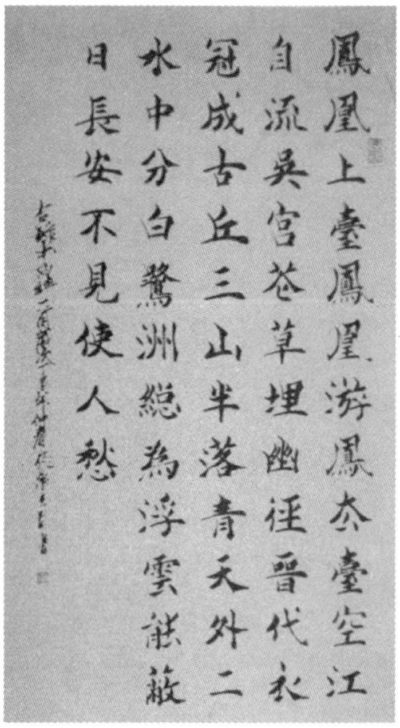

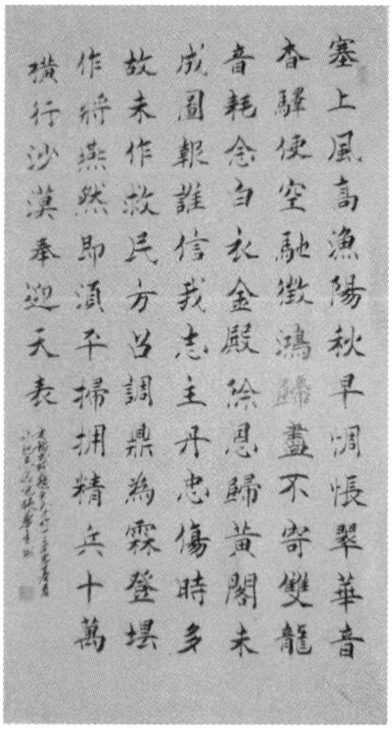

张华金书法作品 （张华金／供）

第四节 非物质文化遗产

马政娘娘庙会 （统战办／供）

马政娘娘庙会 马政寺位于众兴乡华光新村，西连合肥新站区，东濒众兴水库，北接元疃镇。店元路环村口宛若一绸带飘向四面八方。西南一华里的高小郢村庄是肥东县的海拔最高点；众兴水库宛如碧玉，万亩水库涵养林绿意盎然，环若列屏；苗木花卉，四季飘香。马政寺巍峨村西北，清幽而势阻，地廊而形藏。城市文明与乡村气息和谐共生。

马政娘娘庙会节正日是农历三月初三。2007 年 10 月，合肥市批准其为“第一批合肥市非物质文化遗产”。杜甫有诗曰“三月三日天气新，长安水边多丽人”，古称“上巳日”，是古人出门踏青的日子。

马政寺位于江淮分水岭南侧、原店埠河西沿。岗冲交错，地形落差大。夏季是“三天不雨小旱，七天不雨大旱”；雨季，店埠河水倾斜而下，冲垮桥梁、庄稼、房屋，居民苦不堪言。

灾年,居民在此高地筑台设祭坛祈佑苍生;丰年,居民载歌载舞以告慰神灵。耍狮的、舞龙的、划船的、说书的、杂要的等各具特色的民间文娱活动参与,构成了独特的书坊画摊、江湖杂要、风味饮食、医卜星相玄妙观集市。由祭祀而成庙会。

店埠河发端于江淮分水岭元疃镇,众兴水库截其上游筑坝而成。当地居民称淹没于水库段为马政寺河,水库中央有一高地名为马政寺墩,与马政寺是有位佳人在水一方。马政寺河由西北向东南环绕马政寺墩顺势而下,马政寺墩旁有一石板桥——梅岭桥,位于马政寺河上,据说系马政寺居士梅姓母女化斋募捐而建,时人为纪念母女俩的功德习惯称作“梅岭桥”“美人桥”,马政寺墩也称作为“美人礁”“美人娇”;是合肥东北部居民南来北往的必经之地。

佛、道等宗教流派在此交融发展,各方祭祀活动经年不断。

自初二日上午,四面八方游人、香客、商贩如潮般涌向马政寺,多数来自合肥周边及安徽北部地区,远及江浙沪豫乃至全国各地,人数达十余万之众。傍晚进入高潮,多为各行商贩云集摆摊设点。午夜凌晨,钟鼓声声,香客纷纷争进头灶香,达高潮。

初三日,无论阴晴风雨,马政寺方圆两公里车流、人流、商品流比肩继踵,旌旗蔽空,蔚为大观。

庙会以大雄宝殿南门500米神道中轴线为中心,庙前广场为基点,一路向南至进香池,中有照面荷花塘,上建平安桥。商户沿神道一字摆开,游人顺神道前往进香入庙祭拜。

他们或进香祈求孕育,或观光游览,或收集古玩,或易物献艺。地方杂货、日用土产品比比皆是。山货、土产、民间工艺品及农具、日用品随处可见。地方戏搭台,马戏团锣鼓喧天;各种小吃摊点、卖艺的、说大鼓书的、测字的、看相的、算命的皆有。

捏面泥、吹糖塑、融玻璃制品栩栩如生;高粱扫帚、打包袋菜篮等传统农具及各类手工艺品琳琅满目;杂技、木偶、广场舞、地方戏鼓瑟声响彻云霄;湖南臭豆腐、武汉热干面、成都夜包子各类名吃令人欲罢不能;众兴狗肉、众兴鱼头、泥鳅挂面、马政寺菜籽油、石塘驴巴、撮镇公和堂狮子头、梁园小鳖、竹塘挂面、岱山湖牛轧糖等土特产名优荟萃;书坊画摊、江湖杂要、占卜命相不一而足;花市遍布,花团锦簇。

庙会期间,灯火通宵达旦,香火铺天盖地,香池灰积成山;爆竹声声,鼓乐震天,礼花闪烁,人声鼎沸,交汇成一片五彩缤纷的海洋。

初三日傍晚,一声暮鼓响起,游人兴尽晚回舟,马政寺又恢复了往日的宁静。

如今的庙会有了很大的变化,政府搭台、文化做媒、助力乡村振兴,是新时代庙会主题。

百姓祭拜烧香的少了,庙宇烟雾缭绕没有了。

“乡村游、逛庙市、享美食、观表演、感民俗、品浓浓乡愁”成为风尚。

据寺庙遗存物石碑载:马政庙早在北宋时奉敕淮南香火神(据说,神灵借力香火收集信仰,信徒须诚善,念行一致,不可亵渎,念致意达,香火越多愿力越重。每月有10个名额,每年有70个成愿名额。早香、头香,成愿率最高)。明朝建立后,奉马娘娘作庙主,神佑大显,香火延绵愈盛。

元朝末年,江淮大地义军蜂起,红巾军领袖郭子兴(明太祖孝慈高皇后马凤英养父)奋臂定远[其父郭公少以占卜术游定远及古滁阳城(古城镇)一带],拔濠城而守之。洪武元年,天下既一,剖符行封,追思更生之恩,实帝业所始,乃封滁阳王,建庙墓滁阳(滁州),命有司岁时率滁人祭之。

岁逢忌日,马皇后感念再生之恩,年年致祭,并走访民间,体察民情。

《明史》志六十八载:“初,太祖起江左,所急惟马,屡遣使市于四方。”洪武六年(1373年),兵部在滁州设立统一管理放牧繁殖军马的机构——太仆寺,管理“马政”,令滁军民养殖马牛(因南京一带为水乡泽国,不宜牧马;滁阳一带为江淮丘陵地貌,又环卫京都,是“马政”的最佳处所)。户养马一匹,一年上交马驹一匹;或养牛,一年上交牛犊一头。时肥东的青龙厂(马厂即牧马场之意)、白龙厂、全椒的马厂等均为牧马备战的卫所,至今青龙、白龙至众兴的牧马道遗址仍依稀可见,时年,马皇后经滁阳城一路向西,路过众兴,天大旱,瘟疫横行。马皇后惜民情,免役赋,发钱粮,医救灾民;设祭坛,祈神灵,禳灾痨,慰藉民心。

乡人感念马皇后懿德,自筹资财在此扩建生祠,祭奉马娘娘。马政寺(庙)由此得名。

寺庙历经风雨,几度兴废。清淮军将领、首任台湾巡抚刘铭传在此办团练,斥资修建,增其旧制;合肥人龚仰璩出使英法俄三国荣归,回乡探亲,还愿,扩建。重建后的寺院三进:延以回廊,雕梁画栋,重塑佛像百余尊。其间,乡绅富户程少卿等纷纷解囊,寺庙规模逐步扩大。

抗日战争时期,国民党第37军第7师驻防此寺。撤离时为防日军占据,将寺庙付之一炬。抗日战争胜利前夕,地方乡绅领建正房五间,东厢2间。住持华海法师增建50平方米草屋两间。民国后期,庙产办学兴起,寺被辟为庙岗小学。

1957年,马政寺因大风坍圮。1962年,地方民众自发筹资重建草堂三间,“文化大革命”时遭毁坏。

改革开放后,党的宗教政策得以落实。居民在原址出资建造草房二间,供奉祭祀。马皇后孝慈、亲善、勤俭等懿德根植民间,广为传颂。

园疃居民汪姓孩子自小体弱多病,常年求医拜佛,不得解,其父母耳闻马娘娘爱民如子,步行10千米路三次到庙里进香,灵验。不几日,其母还愿,默念将孩子立与马娘娘义子,名朱洪宝,若有发达之日,必扩建寺庙,以佑苍生。义子朱洪宝念念在兹,为母愿立志,走四方,奋力拼搏。为促进社会进步,发挥宗教的社会功用,各级政府与佛教协会给予大力支持与帮助。2005年,马政寺建设启动。

新建的马政寺由多进院落组成。沿中轴线展开,从南至北,建有报恩寺、大雄宝殿、慈母塔三大主体建筑。按照寺庙功能配有山门、天王殿、观音殿、地藏殿、五路财神殿和六十甲子殿,还有圣贤堂、方丈室、上客堂、居士楼、大斋堂、素斋养生堂,寺前广场、神道和放生池。银杏、白果、孝顺竹、梅花、五针松、罗汉松、紫檀、松柏、香樟等名贵花木遍布其中。

慈母塔是寺内最高建筑。登九层塔远望,众兴水库碧波荡漾;万亩园林,绿浪翻腾;田园风光，尽收眼底；市区大厦鳞次栉比。这是市区居民郊游难得的好去处。

第五节　广播　电视

一、广播

1957 年秋，肥东县广播站借用电话线向各乡输送广播信号，众兴始有第一台有线广播机。

有线广播喇叭　（刘斌/摄）

1968 年，部分农业生产合作社安装喇叭，电话、广播合用一根线，时有广播喇叭 9 个。

1972 年 9 月，众兴乡广播站建立，设于乡政府办公地内，两间各 20 平方米，配机务员、线务员各 1 人。主要播放县广播站节目。

1978 年，广播站人员增至 4 人，配机务员、线务员、播音员和采编员各 1 人。

1984 年，增添 TY500 瓦扩大机，美多牌 15 瓦扩音机、电唱机等设备。

1993 年，众兴乡广播站更名为广播电视站。

2006 年底，乡文化广播站有职工 4 人。公社广播站成立初，广播线杆用毛竹架设 16 号铁丝。每个生产大队在公共场所安装 10 瓦广播喇叭 1 只。1965 年，全公社半数以上社员装上广播喇叭，每大队安装 1 个高音喇叭。

1966 年，“文化大革命”开始后，公社投资 2000 元重新整修线路，用水泥杆或碳化木头代替毛竹竿，广播线路全部换新，由 16 号铁丝改成 14 号。每个生产队的中心处均安装 1 只以上 25 瓦田头高音喇叭，共 168 只。“文化大革命”结束后，根据县要求，对线网全面整修，并进行登记，编号造册，绘制图纸，传线网达到末端电压不低于 40 伏。

至 1995 年，高音喇叭 25 个，输出功率 3000 瓦。随着电视的普及，广播逐渐退出历史舞台。

2002 年 12 月，广播停播，喇叭停用。

二、节目采编

1969 年，各大队建立由 3～7 名通讯员组成的广播通讯组，设组长 1 人。广播通讯员也称“土记者”，平时不脱产，业余时间写作。至 1974 年，各大队先后建立大队通讯组“土记者”180 余人。“土记者”写稿积极性高涨，除通讯组组长由各大队年底给予 30～100 元务工补贴外，其余“土记者”写稿均无报酬，但仍踊跃投稿。

村民郑圣祥是终身从事撰稿的“土记者”代表，在广播站、《肥东报》、《合肥晚报》等省内报纸杂志上发表报道稿件上千件。

每年广播站来稿 1000 余篇，录用播出 500 余篇，稿件内容大多反映各大队在农业生产上所取得的成绩，生产生活中的好人好事以及“阶级斗争”动态等。

1979 年，大队通讯组撤销。同年，经各大队和企事业单位选派，乡广播站组成有 26 人参加的通讯员队伍。通讯员仍为业余写作，广播站根据稿件录用情况，适当给予稿酬。稿费每篇在 0.2～0.5 元。稿件内容主要反映改革开放后，各行各业在经济建设和社会发展方面取得的成绩。

至 1980 年，广播站每年收到通讯员来稿 500 余篇，录用播出 300 余篇，此后，通讯员人数、广播站来稿数逐年减少。

1993 年，广播站有通讯员 12 人，来稿数 216 篇，录用播出 172 篇。

三、培训与评比

为提高通讯员写作水平，广播站定期组织通讯员培训。“文化大革命”初期至 1980 年，通讯员培训年年组织，主要采取讲课形式，有时请公社干部讲宣传报道重点，有时请专业人士讲新闻写作知识。

1980 年后，县台组织过数期通讯员写作培训班，众兴乡广播站每期推荐几名通讯员参加。

1995 年后不再组织通讯员培训。

1985 年起，广播站每年开展评选“好通讯员”活动，对“好通讯员”除了给予一定的物质奖励外，还组织外出活动。同时，选择比较有价值的稿件推荐到县电台。

四、播音

1958 年，初办广播时，以转播县广播站节目为主。1970 年起，乡广播站配备 1 名专职播音员，开始自办节目。每天播音时间为 5：50—7：30，转播县广播站节目；11：30—13：50 转播县广播站节目。1980 年，逢“三夏”“三抢”“三秋”大忙季节，公社广播站在转播县站节目前提前 1 小时播音，主要播放文艺节目，起“叫早”作用。自办节目播音时段除开设“新闻节目”，每星期二、四播出，每次半个小时，每星期一、三、五，根据形势需要，在“新闻节目”时段增设专题节目，主要专题有“农副业”“卫生知识”“生活常识”“家长广播学校”等。

五、电视

2002 年，根据市县广播电视要求，乡有线电视必须与市县联网的要求，乡政府投资 35 万元，于年底正式接通合肥市有线电视网络。至 2005 年末，众兴乡有线电视用户数达到 192 户。2008 年，由市投资 722 万元，开始实施“村村通”工程。工程共铺设光缆长度 46.75 千米，电缆长度 248 千米，水泥标杆 1284 根，安装光接机 15 台，用户放大器 92 只，工程于年底竣工后，全乡通上有线电视，农村用户申请安装费用 200 元 / 户，其余费用由乡村负担。

第六节　古遗址

众兴比邻合肥、店埠、长丰县，河流交错，土地肥沃，富庶之地。官宦商贾南来北往的必经地；李鸿章、王亚樵、孙子模成长地；淮军诞生地；马政寺、关家庙远近闻名；花墩圩子、小朱户圩子、李圩、圩里圩外、张氏宗祠、许氏宗祠的现存遗迹见证旧时众兴地区的富阔。

一、大古井

位于霞光村中保岗自然村西北之首，井坛高0.3米，井口直径40厘米，由直径1.5米的圆形整体石开凿而成，石头均匀为米黄色，布满人们用绳索提水留下的深浅不一的沟槽，平均深约2.5厘米。井两旁有两块曲形石，供居民提水时放扁担衣物用。

中岗大古井　（康琛/摄）

2000年，立碑一块，碑文如下：大古井位于中保岗西北之首，南北龙脊之地，土地高，风水好，明代军师刘伯温相地脉进，凿此深井，谋达斩乱龙，保明主登基之目的。

大古井深约20米，壁石似斧砍刀削，刻有龙形与罗汉图纹，井底凸凹不平，低视呈黑月吞白月之状。黑月是石，白月是水，还隐显龙眼亮点，水质清澈甘醇，昔日虽水浅，但取之不尽，几百年来似乳汁哺育地方数十代百姓，已方圆百里闻名，随着人口增多，用水量增大，古井深钻。致水位淹没井内原貌，由于郢房扩大，古井被村庄环绕。随天地日月之运转，经风霜雨雪之沧桑，年久的大古井在2003年除夕夜突然坍塌其中上部，立时，群情痛惜，纷纷要求修复，众多有识之士出谋划策，捐资赞助，经过数月精心操理，已按原样修复，值此告竣之际，特将资助者和具体人铭刻于碑，以表彰于世。

二、宋小郢古井

位于众兴至三十头镇公路南侧边上，谢岗村宋小郢自然村。此井约有500年历史，井口直径约1.5米，井体与井口一样粗，深10余米，出水量大，从未干过，现村民已用上自来水，井水几乎漫至井口边。

三、齐王堆

位于永安村小河岗南200米，店埠河边。为一台地，周边300米内较为平坦，近河较陡，西北为缓坡地。表面为油白土，因长期耕作，表土中陶片、鬲足被清除，50厘米上下为严重扰乱层，60 厘米以下为丰富的文化层。清理出的粗夹砂陶、鬲足、淘片等多附加堆纹。从出土遗物判断，是商朝时期的村落遗址。

四、许河湾遗址

位于永安村许河湾自然村西南 200 米，店埠河边。西、北两面 300 米内较为平坦，沿河陡峭，表面为油白土。长期耕作，表土中陶片、鬲足仍依稀可见，50 厘米上下为严重扰乱层，60 厘米以下为丰富的文化层。清理出的粗夹砂陶、鬲足、淘片等多附加堆纹。从出土遗物判断，是商朝时期的村落遗址。

许河湾遗址 （康琛/摄）

五、花墩圩

清同治年间，李瀚章长婿、四品道员张文燕在李园自然村建“洄溪别墅”，四周两道溪水呈“回”字形，四周广植花木，溪宽约两丈，深 1.98 米，挖沟土垒圩墩，故称“花墩”。

因张、李两家姻亲，建筑材料由李鸿章兄弟为感恩张家资助读书之恩而提供。

中华人民共和国成立后，圩内张姓被划为地主，房屋没收充公，曾作原草庙区公所办公地、花墩小学校舍之用。人们为摆脱旧社会思想，取谐音“花灯”，以寄予幸福平安。

2014 年，花墩圩子四周的护城河依然可见，清澈的溪水让人浮想联翩。旧址已成为一处厂房。

六、跑马道

1950 年前，乡内有条自霞光村黄窑自然村、经黄小郢、西王岗、谢岗头、冲西、漕坊郢、新庄、西岗头、义一 9 个自然村 5 千米长、宽丈余的跑马道，专供黄姓地主跑马用。

七、张绍棠庄园

位于众兴集北 1 千米的小朱户自然村。同治十年（1871 年）开工，光绪七年（1881 年）建成。共有 300 余间豪华房屋。内设宫殿式大厅、西式洋楼、苏州园林式亭阁、碑刻林立的长廊；外用城砖砌成高大围墙，方圆 1.5 千米。抗日战争初期被焚毁。从遗址、花园池塘仍依稀可见当年建筑的宏伟。

第七节 旅 游

一、旅游资源

众兴乡位于肥东县中西部，乡域面积 53.4 平方千米，人口约 2.8 万人，辖 5 个村、4 个社居委会。中共合肥东乡支部(肥东第一个党支部)诞生地,合肥地区团组织重要发源地。近年来,众兴乡紧扣“生态立乡、工业强乡、文化兴乡、城乡融合”的发展理念,围绕“聚焦产业转型、打造特色乡镇”目标,坚持“生态众兴、花样众兴”发展战略,做好美丽乡村、休闲旅游、生态养老、特色小镇四篇文章,全力打造“城在绿中、人在景中”的省城后花园魅力乡镇。干群众志成城,兴业创业,经济和社会事业保持良好发展态势。

众兴乡旅游资源丰富,如中共合肥东乡支部诞生地展陈中心、团史展陈中心、先锋先支场,市非物质文化遗产马政寺、李鸿章报恩祠、李府粮仓、郑埠大古井、八联夫妻树、鸿章枣树、获得市级农家乐证书的梁宇芳草地、水资源旅游观光众兴水库,等等。

生态环境　全乡绿化面积26000余亩,森林覆盖率达45%以上,位居全县第一,被评为安徽省森林乡镇;2011年起,连续4年进入合肥市造林绿化二十佳乡镇行列;素有“苗木花卉之乡”的美誉。2009年以来,众兴乡连续8年位居肥东县科学发展先进乡镇综合考评前列,2009年、2011年分别进入合肥市综合发展十快乡镇名单;2014年荣获合肥市科学发展先进乡镇称号。

区位优势　西南零距离对接合肥新站开发区和职教城。分别距合肥火车站和肥东高铁站12千米和13千米,魏武路可直达距环城高速12千米的梁园道口和距10千米的合肥北环高速三十头道口,石三路(石塘—三十头)已全线贯通,穿越乡域7.5千米。

基础设施　石三路(石塘—梁园—三十头)、众牌路(众兴—牌坊)、店元路(店埠—元疃)穿境而过,大众路穿过合肥市区直达巢湖,滁河干渠风光大道、北蒋塔向东直达张集乡表河西水库,向西穿越合肥北城,直达肥西将军岭。日产20万吨肥东县自来水厂和省市供电公司500千伏、35千伏变电站位于众兴乡境内。

人文底蕴　众兴历史上涌现出多位淮军将领,众兴张氏与李鸿章家族几代姻亲。肥东的“大水缸”——众兴水库宛如一块碧玉镶嵌在众兴东北部。水库之畔的马政寺古色古香,马政娘娘庙会是合肥市非物质文化遗产。霞光刘伯温大古井,流传着令人神往的历史传说。位于永安村许河湾的大谷堆遗址是肥东县文物保护单位。关家庙碑文叙述着昔日的纷繁。

二、旅游景点

马政寺　肥东今有40余座寺庙。若论规模,马政寺首屈一指。

马政寺是奉祀明太祖朱元璋皇后马政娘娘的寺庙,始建于明初。马政寺地处众兴乡华光村,背靠众兴水库,西南距合肥市21千米,东南距县城店埠22千米。

古树　古树名木是一个地方、一个村落的历史见证和文化底蕴体现,它们的故事在老百姓中间广为流传。

(一)鸿章枣树　花灯社区四房组有三棵超过百年的枣树。2014年,三棵古树均被列为合肥市三级古树。

两棵古树周围砌有水泥护栏,树上有古树身份的标识,另一棵因太靠近房屋没有护栏。在标识上有“合肥市三级古树”以及“120年树龄”的字样。

至2014年,该树为张顺国、张祖国、张苏国三位堂兄弟所有。古树为其曾祖父当年征战沙场时所得。当年,其曾祖父张继涛随李鸿章征战,得赏三棵枣树,曾祖父从天津运回这里进行栽植。除了这三棵枣树,还带回了其他许多树种,到现在只剩下这三棵枣树了。

虽说三棵枣树已有100余年历史,可至今仍能开花结果。每年七八月份,树上结的枣子又大又甜,都叫它“牛奶枣”。

受李鸿章赠植枣树影响,周边村民家家有种植枣树的习惯,自食之余,畅销于合肥市大街小巷。

鸿章枣树　（康琛/摄）

百年麻栎　麻栎树位于范岗村众元路边,树干笔直,高度足有近20米,树龄有100多年。在当地老百姓眼里,甚至被称为“神树”。该树有何神奇之处?据当地老人回忆,在20世纪50年代,这棵树已有一个人抱不过来那么粗了,不过在一次意外中,树身断了,当时乡民就将树断的横截面锯掉,没想到,自此之后,这棵麻栎又得以重生,枝叶繁茂,一直笔挺挺地往上长。村民传说树顶偶有冒烟现象。

百年麻栎树　（康琛/摄）

柿树群　（康琛/摄）

多少年来,这棵树一直都是大伙赶集回来的纳凉歇脚之地。这棵树每年仍能开出黄色的花并结出果子。逢年过节,偶有村民来这棵树前祭拜,祈盼平安幸福。

(二)柿树群　范岗村的柿树群是合肥市有记载的7处古树群之一。柿树成古树"别样风景"。

树身标识记录这几棵柿树都有两百年的历史。以前这里是一个柿园，有十几棵柿子树,后来有不少都被人卖了,现在只剩下这8棵柿树了。

几棵古柿树有的主干部分已出现了空洞,甚至有的枝杈已有枯朽的迹象。经林业部门维护,每年仍然开花结果。

第二十一章

艺文

众兴乡综合文化站演出现场　　（综合文化站 / 供）

第二十一章 艺文

众兴乡综合文化站演出现场　（综合文化站/供）

第二十一章　艺　文

本章记录至2014年12月底，众兴籍人士公开出版发行的书籍以及有关于众兴的人和事的文章，分著述、诗词、楹联、文赋、散文5节辑录。

第一节　著　述

众兴乡

表21-1

作者	籍贯	作品	出版单位	出版时间
张华盛	众兴	《包拯》	安徽教育出版社	1985年7月
张沈昌	霞光	《我的故乡情》	中国文联出版社	2014年
		《破灭》	黄河出版社	2015年
韩龙惠	霞光	《天竺园记忆》	团结出版社	2017年7月
		《心闲斋诗影》	团结出版社	2018年12月
张国松	联合	《龙泉随笔》	中国文联出版社	2010年5月
		《组织工作实践与探索》	党建读物出版社	2011年6月

第二节　诗　词

春到众兴（韩龙惠）

蒙蒙细雨浥轻尘，放眼全乡景色新。苗木连天播绿韵，菜花遍野洒金缤。鹭鸶步步平湖上，布谷声声麦浪频。特教旌旗博重彩，交通枢纽绕村巡。

春游众兴（韩龙惠）

风和春日丽，学友约相陪。黄雀歌林圃，塔尖破雾开。云随波荡漾，舟自柳丛来。造化钟神秀，人工别意裁。

三月三逛马政寺庙会（韩龙惠）

风和日丽逢三月，绦细鹅黄柳色妍。寺外菜花金荡漾，路旁春水绿潺湲。楠香缥缥飘千野，钟响声声震九天。人海人山如浪涌，梵音句句话丰年。

众兴水库唱晚(韩龙惠)

夕阳重影琉璃镜,鹭踏波光乱画屏。应是渔家喜忘返,一舟摇醒满天星。

韩永乐将军书法(韩龙惠)

心宇平铺三尺素,川原壑谷墨飘香。意驱笔走灵蛇舞,腕动神随羽翼翔。气势模仿张草圣,临池取法米元章。等闲识得东风面,越发风流美誉扬。

雨中瓦锡岗(韩龙惠)

晨雨新荷叶半开,珠凝绿树韵心裁。南冲稻菽连天碧,西塅鸥鹅破浪开。檐水叮叮琴瑟伴,茅台陈酿友邻陪。辞归挥手不言谢,满肚情思任尔猜。

瞻马政寺有感(韩龙惠)

走进山门忆昔朝,政权一握善心消。朱家皇帝相比较,名誉当然马后高。

大古井(韩龙惠)

斧开锤錾镜幽深,地涌甘泉直到今。索印沟痕犹证取,分明滴滴是黄金。

大古塘(韩龙惠)

百亩禾秧漾绿波,四方五谷唱丰歌。每歌都赞古塘韵,百载千秋代代和。

(韩龙惠,学名韩永叶,众兴乡霞光村人。曾种过田、烧过窑、拉过板车。1984年,进肥东县直机关工作,其间挂职乡镇工作三年。1991年,毕业于中国政法大学研究生院,后调入县人民法院。2014年,退休于县法院高级法官岗位。几十年来,学习、写作不辍,百余万字作品散见于国内多种刊物。出版散文、诗歌《天竺园记忆》和诗词《心闲斋诗影》著作各一部。现为肥东诗词学会会员、太白楼诗词学会会员、安徽省作家协会会员。)

敬贺韩龙惠先生《心闲斋诗影》付梓(王培垠)

(一)

天赐文心闲墨浓,包公故里蕴春风。敲钟击鼓凝诗影,泻玉飞珠硕果丰。俯首亲民秋月白,横眉扫雾夕阳红。利名淡泊真情盛,斋集凌空化彩虹。

(二)

一卷心闲情意浓,灯前拜读沐春风。天南地北皆诗语,皖韵徽音妙曲丰。师友相邀新作出,爷孙逗趣天伦融。文坛随笔扬骚雅,邀月举杯夜正中。

第三节　楹　联

一、古楹联

花灯社区洄溪别墅正门联:

烟云供养古盘谷,风景依稀今辋川。　　清,李经畲,合肥人。

花灯社区洄溪别墅正厅联:

水远山高，斯人不出；烟情霞想，其志可知。　　清，李鸿章，合肥人。

土地庙楹联：

公公十分公道，婆婆一片婆心。

保四方清洁，佑一庄平安。

望望世态摇摇手，看看人心点点头。

汝休妄想，须知道勤俭般般有，懒惰件件无；

我若有灵，也不至灰土处处堆，筋骨块块落。

为人果有真心，何须你烧香还愿；行事若无天理，须防我拐杖敲头。

神恩施大化，厚德载群生。

我自有神头神脑，你休要鬼心鬼肠。

花灯社区洄溪别墅联：

绿水回荡，供香四季；白云封护，霞蔚满庭。　　清，张文燕，众兴人。

花灯社区洄溪别墅贞节祠联：

祠宇千秋，碧水泠泠环翠竹；音容隔世，白云叆叆护青松。　　清，李瀚章，合肥人。

花灯社区洄溪别墅贞节祠联：

（上联缺）；荣褒下孚，允合礼昭崇祀，后生瞻拜颂芳微　　清，王尚辰，合肥人。

花灯社区贞节祠前板桥凉亭联：

腊雪消融溪径外，春泥滑汰板桥边。　　清，李经畬，合肥人。

众兴集知稼轩楹联：

刺水秧针朝露润，牵衣柳线晓烟迷。

漠漠水田当户映，青青山色入窗明。　　清，张孟英，众兴人，诗人。

众兴集荷亭联：

游鱼浅渚荷钱动，叱犊平畴笠影低。　　清，张孟英，众兴人，诗人。

众兴集船厅联：

午饭香时红稻软，野塘深处白鱼肥。　　清，张孟英，众兴人，诗人。

众兴集张氏祠堂大门联：

昭遐列祖，佑启后人。

众兴集张氏祠堂大殿楹联：

列祖俱是福星，能与贫寒共年谷；

合族生来将种，须凭弓箭得功名。

众兴集张氏祠堂大殿楹联：

华堂百忍，金鉴千秋，古训常留锦世泽；

词赋两京，簪缨七叶，令名永继绍前徽。

众兴集张氏祠堂耳门联：

松影覆庭鱼钥静，香烟篆彩鸭炉温。　　清，张孟英，众兴人，诗人。

众兴集张氏祠堂照壁联：

海纳百川，有容乃大；壁立千仞，无欲则刚。

华光社区张氏祠堂正门楹联：

张氏宗族繁荣昌盛，安定后裔孝贤忠良。

华光社区张氏祠堂百忍堂楹联：

清河延世泽，百忍振家声。

花灯社区郑氏宗祠正门楹联：

祖功父德千年盛，子孝孙贤百世昌。

马政寺北顶娘娘殿正门楹联：

入真门秉真心参透真玄真自在，来妙理达妙境展开妙道妙神通。

马政寺五路财神殿正门楹联：

普锡子之原权衡有主，握流通之牢褒益维均。

马政寺普贤殿正门楹联：

普度众生登净城，贤开大道化慈航。

马政寺地藏殿正门楹联：

众生度尽方证菩提，地狱不空誓不成佛。

马政寺大雄宝殿正门楹联：

世道大凌夷拜佛诵经正好安心韬智慧，

界限慕分别有教无类愿随多士证菩提。

马政寺大雄宝殿正厅楹联：

世外人法无定法然后知非法法也，

天下事了犹未了何妨犹了以不了。

马政寺报恩殿楹联：

真诚清净平等正觉慈悲，看破放下自在随缘念佛。

马政寺正门楹联：

众善奉行年年如意，诸恶莫作岁岁平安。

永安集蟠龙寺门联：

四面云山收眼底，万家忧乐在心头。

永安集蟠龙寺偏殿联：

蟠龙生福地，踞虎护禅林。

永安集蟠龙寺大雄宝殿联：

一阜特高，形成踞虎蟠龙，安排福地。

双流汇合，声助晨钟暮鼓，唤醒苍生。

第四节　文　赋

众兴赋(王培垠)

皇帝御赐花灯,福祉天降;宰相题词众兴,芳名显扬。众志成城,全民兴办大业;闻名遐迩,苗木花卉之乡。

历史众兴,人文大乡。合肥非遗马政,珍楼宝屋;明代宗室规制,广殿长廊。紫烟袅袅,庙会梵音禅语;钟声幽幽;神祇祐民护乡。晚清遗存,文物满布村落;淮军将领,遐迩千秋敬仰。郑埠古井,李府粮仓万石;花灯元夜,鱼龙舞动一方。张文宣,晚清武进士,扼守刘公岛;韩永乐,今朝儒将军,戎马设绛帐。文翰墨海,诗联俯仰触目;厚史崇文,词曲童叟吟唱。张伯平点燃革命星火,播民族拯救真理;孙子模首建中共小组,启肥东党史新章。花墩私塾,砥砺英才摇篮;众兴中学,栽培桃李栋梁。

城郊众兴,融合富乡。晚清重地,淮军故里;县域边端,省城依傍。北界元疃,东连回满牌坊;倚偎瑶海,白龙隔湖相望。承接城区辐射,工贸融入农家;省城千企落户,村居引来凤凰。追溯历史渊源,昔日同邑比邻;土地集约开发,城乡相得益彰。众兴水湖,上苍碧玉镶嵌;清流汩汩,市县放心水缸。规划蓝图,华光新村诗意栖息;创建市镇,永安老街流连难忘。定位发展,风生水起,创造跨越,万民共襄。

花样众兴,生态美乡。地承甘露,古树密布庭院;溪淌清流,名卉遍及四旁。洄溪别墅,依稀当年胜迹;五柳山庄,回首今朝辉煌。楼榭亭阁,点缀田园秀色;梅兰菊竹,纵横绿色走廊。君茂园林,乡中休闲憩所;鼎和艺苑,城外桃源山庄。鹦鹉锦雉黄鹂,林间窃语;百灵雄鹫灰鹊,树杪高唱。众兴大湖,碧水潆潆,时有嬉戏钓叟莲娃;滁河堤畔,佳木葱葱,常伴婷婷国色天香。紫气东来,雨顺风调龙气象;莺歌燕舞,锦山秀水凤文章。

创业众兴,工业强乡。开十里画境,做工业文章;军用带民用,小厂傍大厂。工业聚集区,多点机器响;建筑开先河,海内花飘香。国有民营,各显其能;内企外企,引资招商。电缆制造,自主研发;机械加工,产品多样。新型建材,土洋兼有;包装配套,利益共享。百业勃兴,奋崛起而风翥;万人瞩目,展鸿图而龙骧!

噫吁嘻!定为全省森林城镇兮,八皖风靡;众谓苗木花卉之乡兮,江淮名扬。科学发展先进乡镇,十载蝉联;综合发展十快乡镇,名列市榜。引经据典,细述花灯春秋;寻章摘句,状摹众兴花样。美哉斯土,绿色天堂;余言未竟,恭书八行。诗曰:结伴花墩喜欲狂,怡然持笔纪斯乡。九重宝刹承霞露,一库晶莹泛玉光。描绘蕙兰成画卷,采收蜂蝶入诗囊。林荫大道车如鲫,饱览归来衣袖香。

(王培垠,店埠镇人。中华诗词学会、省作家协会、省太白楼诗词学会、散曲学会会员,省散文家协会理事。曾出版长篇小说《歧路英雄王亚雄》《李鸿章出使欧美真相》、长篇报告文学《七月征椒》(执笔)。主编《肥东县志》,执行主编《走进肥东树堂》《肥东明代军事将领》

《肥东人物》等多部书籍，全国多家图书馆收藏，省老年大学《松云诗词》主编。曾于《中华诗词》《中华当代散曲》等报刊发表古典诗词曲赋多首。）

众兴赋（金祥寿）

三山倒，建新国。民欢腾，百业兴。合肥东乡之众兴，清代名相鸿章赐名；地灵九岗还有二墩（花墩、马政寺墩），人杰生淮将，名曰张绍棠，赈灾济民马娘娘等；革命人物张伯平、孙子模；当今新时代，韩姓又出永乐少将军。鄙人退休赋闲，畅聊家乡成长。

新社会，新模样，扒滁河，挑水库。滁河滋润良田千顷。众兴水库如今成合肥大水缸，碧波荡漾，鱼翔浅底；渔船点点，悠然自得；用时滔滔滚滚，闲平如镜。

驱车西进，柏油路两旁，花树、果树，密密麻麻，林中鱼塘，东一个，西一双，圹坝上垂钓者常常来凑忙。塘边不远处，农家两层小楼，整齐划一，掩映其中，门前金鸡，登高鸣叫，声音高亢悠扬，尽显欢乐。

车往北折，举目远眺，马政寺是也！乡内最古老建筑，走进瞧瞧，迎面门厅，高大雄伟。大理石台阶，光亮可鉴，两端石狮稳坐，呈看门状。入内浏览，五路殿堂高低不一，东西包厢缓回，中部广场博大，最后面，九层宝塔高耸。所有房舍灰墙红瓦，檐牙高啄，光彩熠熠。若逢春日，登临塔顶，凉风徐来，面南俯览众兴无余，花海遍地，心旷神怡，似与寺中佛人同仙。

车出庙宇，众卅路两旁，众联枣园、福森园林、香榭里园林等一字摆开。直至乡尽头，还有马尚生态园、徽艺坊·朗迪。各具特色，各有操持。

车折回转，莅临古镇。古式建筑，百户一面，家家门廊，户户生意，一派徽风皖韵，生机勃勃。车往南行，面东众中，隔壁乡府，对门晶徽达、卓众、锦成胶粘等有限公司，经营有道，产销面旺。再往前走合肥君茂科技、安徽红星机电科技、肥东丹明机械、合肥广胜管业科技产业入驻。特别是红星机电科技有限公司，规模庞大。厂房边上木风园林，饭米粒农庄，南溪生态国跻身左右。场地楼房林立，连遍数里。香树、果树仍陪伴前后。正是一边机声隆隆，一边鸟语花香，真可谓景象繁荣非常。

再往前行，龙王大河，贯通南北，直抵县城店埠。河上架桥三座，一大二小。大者，店埠河第一，小者，比之依次略逊。过河一小集镇，名曰永安，与民族乡毗邻。集镇虽小，但人气却旺盛。

嘻！数来聊去，皆社会主义新景！吾生幸运，命临盛世，乐度终生。今告老闲修，草上几笔，感谢党，感谢人民！

注：龙王大河即店埠河。中华人民共和国成立前，众兴居民习惯称众兴境内为龙王大河

沁园春（金祥寿）

——庆祝中华人民共和国成立五十三周年

中华景象，群情激昂，奋发向上。望神州工厂，星罗棋布。大河西边，路织如网。楼遍野，

歌声荡漾，欲攀天公与吻面。几晴日，看彩旗漫卷，分外艳美。江山如此多娇，全奈改革开放引导。惜同盟英法，举步到早，日本、德倭，稍前卖俏，跃跃欲霸，美国佬佬，痴想占台攻我噢！喂！错了！港澳已回归，还未见到！

浪淘沙(金祥寿)

——祝众兴乡老年大学成立

昨日站在岗，天南地北，为人民一心服务。流逝岁月催人老，已近夕了！

辈存多骄，夕阳美好，抖尽余热作贡献。改革开放力更劲，国富民殷。

第五节　散　文

藕塘情思(张沈昌)

现在的农村，变化之快，如同孙悟空的七十二变！套用“日新月异”已经过时了。

农历五月初的一天，我再次回到肥东县众兴乡我曾经的居住地。才几何时，家乡又一次让我惊喜！

不说一条穿村而过的宽阔笔直的水泥路，水泥路两旁那整齐的景观树和一幢幢整齐有序的二层红色琉璃瓦楼房，沿路两旁昂立的太阳能路灯伴着楼群笔直地向远方伸去。往日那高低不一，错错落落的草房、瓦房不见了，住户之间狭窄泥泞、坑坑洼洼的土路不见了；不说村上有阅览室，内设空调，免费供应茶水，全天候对村民开放，村民休闲的地方有风景树，有草木花卉，有座椅，有各种健身器材；不说一辆辆私家车整齐地停放在水泥路两旁，红的，白的，黑的；夏利、捷达、现代、本田、宝马；也不说家家户户窗明几净，家庭有冰箱，有自来水，有太阳能热水器和抽水马桶。做饭不仅不烧柴草，连煤球也早已拜拜了，一律烧液化气或电磁炉。单就村头过去的那条臭水沟，现如今早已不见了踪影。

我们没出来工作前，村上的那条臭水沟真是让人谈沟色变，谁家的死猫、死狗，破碗烂罐，都随手扔在这里。平时还好点，气温高或天气闷热时，成天臭气熏天，行人从此经过只能紧紧地捂着鼻子快步离开。

后来，政府对我们村子进行新农村改造时，用挖掘机把臭水沟清理、深挖、扩大、绿化，成了现在这像模像样的当家塘，大家叫它新塘。

眼前的新塘，说是荷塘倒是更确切。

新塘南北走向，北面岸边高，是一条高而宽的大埂，塘埂上栽培着郁郁葱葱的杨柳、冬青和香樟树，塘坡上开满着许多不知名儿的野花，南面与高度无异的水田一埂之隔。长长的塘面上，遍布莲荷，那片片荷叶亭立在碧波之上，似层层绿浪，如片片翠玉。

一阵轻风荷摇，清香阵阵，沁人心脾。荷叶们翩翩起舞，千姿百态，有的荷叶绿中带点黄色，那是新近生长出来的嫩叶子，像四五岁的孩子，不时亲近着爸爸妈妈，一会儿蹭到这边，一会儿蹭到那边。爸爸妈妈对孩子们的亲昵似乎早已习惯了，一会儿仰望蓝天，一会儿俯视水面，一会儿抚摸了一下孩子，享受着天伦之乐。

水塘中，绿色欲滴的荷叶像一把把太阳伞，遮住了水面，荷叶稀疏的地方，透过清澈的水，小鱼儿一会儿自由自在地在水底游来游去，一会儿欢快地跃出了水面，激起的水滴溅到周边的荷叶上，形成一个个水珠，闪着银光，似珍珠，似宝石。水底那些高高低低，绿茵茵，不知名的水草清晰可见，嫩绿诱人。

小鸟在水塘边的柳树上悠闲地唱着动听的歌，青蛙在水塘边不停地呱呱鸣叫，蜻蜓在荷叶上愉快地飞舞盘旋，飞虫忽飞忽落，起落不定，似起舞寻伴，又似觅食。

随着轻微的水声，“啪嗒”，一只青蛙“唰”地跳起，嘴中快速弹出了长长的弧线，飞行中的昆虫还没来得及反应，已成了青蛙口中的美食。

这个季节的温度，正适合荷叶快速地生长，一天一个样。远处，荷叶中零零落落抽出了细嫩的青茎。近处，性急的，三三两两挺直的青茎举着被青叶裹着含苞待放的花骨朵，底部白中泛红，顶部尖尖的，像刚啄开蛋壳的雏鸡的嘴，像初到人间急于偷窥未知世界的婴儿。

正望得出神，荷塘那头，恍若一位气质十足的荷花仙女轻盈地踏着荷叶向我飘来……

村里人说，现在还不是观赏荷花的最佳季节，再过月把时间，你再回来，那是另一番景象，别有一番情趣。

那时，亭亭玉立的荷花在夏日的骄阳里竞相盛开，争奇斗艳，荷塘里层层叠叠的碧绿中点缀着千万朵色彩各异的花朵，有的傲然娉婷在碧叶之上，卓然不群地展示着自己的美丽。有的盛开，有的衰败，绿浪滚滚，落红片片。有那种“接天莲叶无穷碧，映日荷花别样红”的意境。

迷人的水韵，清爽的凉意，醉人的荷香，形成了村庄夏日里一道亮丽独特的风景。

当时忽然回想起什么人说过，有荷的地方，自会有一份别样的风雅与情趣。这话确实不假。

闲聊中，我还了解到，党的十九大着眼全局，顺应亿万农民对美好生活的期待，把实施乡村振兴战略写入了党章，今后的农村会更美丽，农民的生活将更加美好！

我回去的那天不是望月，无缘享受月光下荷塘的壮观，更无法体验荷塘月色。

就在我准备返程，要离开荷塘时，恍惚间，傍晚时分，阵阵微风，树影婆娑，荷摇莲曳。举目远眺，满目翠绿之间，点缀了一塘的莲花。那白的淡雅而清爽，粉的妩媚而妖娆，红的热烈而奔放。

回来的路上，我的思绪仍然定格在荷塘上。倘能在雨天，摘一片荷叶当伞，依着树干当靠椅，亲吻大自然的风光，体现人与自然的和谐相处，虽说无缘倾听雨打芭蕉的美妙声音，享受一下雨打荷花，也不枉来人间一趟。即使淋成了落汤鸡，也是一种别样的享受，总算沐浴了一次家乡的雨水；即使沾上了一身泥巴，没能“出淤泥而不染”，但这是家乡的泥土，有着浓郁的家乡气息，让我有幸圆了一次儿时的梦！

中国人的观念是叶落归根。

晚年，老了，假若能定居于此，过上田园生活。在春夏之交的早晨，泡一杯绿茶，背靠竹椅，边喝茶，边欣赏田园风光，梳理梳理在这片土地上留下的酸甜苦乐，追忆追忆儿时的梦想，回味回味孩提时的诸多乐趣……该是怎样的一种惬意啊！

风和日丽的中午或傍晚，约上三五个幼时的伙伴或至亲好友，烧几个土菜，来一瓶二锅头，边喝酒，边畅叙新时代的美好生活！

那时，要是茶圣陆羽、诗仙李白途经此地，不知作何感想？

乡　土(张沈昌)

一说到乡土，我的心就难以平静。

我才开始学习码字时之所以用“乡土”二字为笔名，是对“乡土”有着别样的情愫，也是为了时时铭记生我育我的那片热土。

乡土，是我魂牵梦萦的地方；众兴，是我生活历程的起点。

虽然那里没有鳞次栉比的摩天大楼，没有流光溢彩的霓虹灯，没有雨后彩虹映照下海滩的旖旎风光，没有壮丽的山川秀水，也没有“平岸小桥千嶂抱，柔蓝一水萦花草”(王安石《渔家傲》)。

那里却有我儿时的梦。

那里有我幼年太多的辛酸与痴迷。

那里有我和伙伴们在一起度过的岁月。

那里有我的父老乡亲，他们心地善良，勤劳朴实，邻里和睦相处，宽容待人。

那里有一望无际的田野，绿油油的庄稼，路边的野花，犁田耙地的吆喝声，小鸟婉转动听的鸣叫声，鸡鸣犬吠声……

那时，生产效率低，粮食紧缺，农闲之时的冬春，没有晚饭吃是常有的事。买不到煤油，太阳一落山，屋里就黑咕隆咚的，天一黑就上床睡觉，只能大睁两眼躺在冰冷的床上，享受着饿得咕咕直叫的肠鸣。

那时，买不起雨伞，雨天，我们光着头，赤着脚上学去；雪天，没有衬衣，我们穿着空筒的旧棉衣，刺骨的寒风从颈部钻进身子，从没有穿袜子的脚面跑出来。虽然冻得浑身颤抖，鼻涕直流，上下牙打架，心里却是热乎乎的。

那时，夏有草帽冬有棉袄就是幸福。

那时，我们就喜欢生病。因为兄弟姐妹多，父母平时无暇照顾我们，只有生病时，父亲才关切地问这问那的，母亲总是守护在我们的身边做针线活。那感觉真好！

那时，虽然日子过得清苦，粗茶淡饭，数月闻不到肉香，却觉得非常快乐，不知道什么叫愁！

往事虽说是无边的彩虹，可望而不可即，但乡土的一年四季却让我难以忘怀！

明媚的春天是声声婉转清脆的鸟语，更是我们无限眷念的纯洁的梦。

残雪悄悄地消融了，随着在树枝、竹叶上跳动的几场春雨，天气暖和起来了。

我们到野外放风筝,迎着和煦的春风,我们拼命地跑啊,大声地叫啊!吓得空中飞翔的鸟儿不知究竟发生了什么,急速地扇动着翅膀,飘落到我们附近的树上,扭着头看着我们。见我们仍然欢呼雀跃地跑来跑去,大呼小叫的,鸟儿们也高兴了,交头接耳,啁啾细语!

天气越来越暖和了,燕子飞回来了,房檐下,柳枝上,它们双双对对,呢呢喃喃地畅叙着一路上的见闻。

田野里绿草如茵,不仅到处生长着各种野菜,葳蕤的野花也不甘落后,一团团、一簇簇地点缀在万绿丛中,有名的,没名的,红的,绿的,高的,矮的,满目皆是。随风翩翩的蝴蝶也凑热闹来了,扑腾跳跃,忽上忽下,享受着明媚的春光。嘤嘤嗡嗡的小蜜蜂忙活起来了,它们佝偻着腰,忙忙碌碌地在花朵里采集花粉。天地间处处弥漫着昂扬之气,生机盎然。

我们结伴在田间地头挖野菜,有时也学者女孩子的样,挑拣色泽鲜艳的花朵摘下来,别在衣领上,装进口袋里。浑身散发出香气,招来了蝴蝶,惹来了蜜蜂,围着我们团团转,挥之不去。

夏天是一个炎热而又张扬的季节,缤纷绚丽,灿烂热烈。

清早,嫩绿的庄稼叶尖上的露珠更是锦上添花,活脱脱一颗颗晶莹剔透的珍珠,顶着露珠的花草散发出诱人的香味,让人陶醉其中!

一群群小鸟在绿树枝头欢蹦乱跳,叽叽喳喳地唱歌,成群结队的蜻蜓在水面上来回巡航,呱呱呱呱的蛙声悦耳动听……

夜幕降临,萤火点点,虫鸣声声。月光下,一幅壮美的画卷映入了眼帘。

水塘边,四个村民用龙骨水车车水,四个车肘合力摇动水车的大轮轴转动。忽然,一人放开嗓子唱起了车水歌:“一个呢吆一来,嗨嗨嗨……”其余三人随即对答,轮番上阵。一时间,水车肘与大轮轴叽叽呀呀的摩擦声,车辐从水塘里刮水的声音,车辐子跟着龙骨转动的哒哒哒哒声,车上来的水流淌到田地里的哗哗声,远近的蛙鸣,夏虫的呢喃,布谷鸟“快黄快熟”的尖叫声,上演了一场绝妙的音乐盛会!毫不夸张地说,那是世上最美的乐曲!它时时刻刻回荡在耳边,久久不能忘怀!

金色的秋天在我们的盼望中到来了,峭厉的西风把天空洗刷得愈加湛蓝和高远的时候,树叶黄了,溪水清了,庄稼成熟了。田野里,长着长长胡须的玉米露出了满嘴金牙,笑容可掬;大豆的叶子凋零了,豆荚黄中带黑,业已成熟,等待人们收获;沉甸甸的稻穗低垂着头,像闺中待嫁的少女,空气中弥漫着秋风带来的潮湿和庄稼成熟的淡淡香味。野外的篝火被我们烧起来了,烟雾中,我们抓来枯枝败叶,把火烧得更旺,我们高兴得手舞足蹈,张开双臂拥抱大地,对着蓝天大声吆喝,似乎自己就是远古的勇士,是不可战胜者!

我们抬头看着南飞的鸿雁,听着它们嘎嘎嘎嘎的叫声,心,早已跟随着鸿雁,去了遥远遥远的地方。

冬天,虽然寒风凛冽,万物枯萎,可鹅毛大雪如同白衣仙女当空起舞,给我们带来了无限的乐趣和遐想,皑皑白雪也成了万物苏醒前的报信鸟!屋顶上,草垛上,原野里,到处白茫茫一片,耀得人睁不开双眼。整个大地散发出别样的诱人的芬芳。

我们在雪地里跑啊，笑啊，玩雪球，打雪仗，堆雪人，砸冰凌当冰棒吃……虽然穿着破旧，可不仅一点不感觉到冷，反而享受着恬静与快乐！

成年了，为了生计，我们告别了乡土。虽说那时的日子过得清汤寡水，可童心乃一片神奇的天地，儿时的记忆似炊烟时刻袅袅地摇曳在我的脑海里，禁不住想伸出双手触摸那些泛黄的老时光！

乡下的房舍、庄稼、农田、水渠、老人、孩子……都让我自然想到乡土，伙伴们的音容笑貌也立即浮现在眼前。顿时有种冲动，恨不能把他们约请到一起，倾心相诉，寻找当年的感觉，重温儿时的梦！

偶见儿时的伙伴或闲聊到乡土之事，就怦然心动，叙不完的往事，说不尽的离别。此情此景犹如李商隐《锦瑟》中仰叹的“此情可待成追忆，只是当时已惘然”。又恰似陈宓在《题妙寂寺》中嗟叹的“独坐思往昔，愁绝泪盈襟”。

乡土，得意时思念它，失意时更想到它。逢年过节，悲欢离合，都会想到它。不仅雨后的彩虹，打麦场上上百个连枷同时举起同时落下那震撼的场面，就连原先非常厌烦的虫鸣鸟叫，冬天刺骨的寒风，盛夏晒破皮肤的烈日，狭窄烂泥的土路，随风扬起的黄沙，经常被扎伤的草蜂，现在回想起来，都有种回家了的感觉。

历史的长廊是穿不过了，儿时的生活是回不去了，儿时的记忆随着年龄的增长也渐渐地模糊了，可乡村的面貌，父老乡亲的热情，乡土的气息，夏日的蛙声，秋野的虫鸣……永远刻在我的脑海中，那些美好的记忆和未知的向往随着思乡之情的日益加深坠入万千思绪之中！

就生活条件而言，以前虽然没法和现在比，可内心深处总感觉缺少点什么。离开了乡土，似乎成了随波逐流的浮萍，随风四散的蒲公英，离了群的孤雁，失落感日渐强烈。唯独乡土的梦，才是我生命的永恒！

过去，人们崇尚叶落归根。在外面混得好的，志得意满，往往想满足一下虚荣而“衣锦还乡”。《史记》中记载，楚霸王项羽乡土观念很浓厚，一心想荣祖耀宗，攻占咸阳后，认为“富贵不归故乡，如衣锦夜行”，便毅然回乡，痛失了先破咸阳者为王的良机。

那些浪迹天涯，碌碌无为，郁郁不得志的人，或者“厌恶官场”“淡泊名利”、仕途坎坷的人，也会“衣锦还乡”。小说《水浒传》中的宋江宋公明，被朝廷招安后，自觉心灰意冷而回归故里。

“未老莫还乡，还乡须断肠”这句陈旧废话而今已经不适用了。今天，不要说“未老”，即使老了，恐怕也难圆“须断肠”的“还乡”之梦！

家乡这些年（张沈昌）

还记得我们村头的那口水塘吗？

还记得我们村前那条泥泞的小路吗？

还记得村子东边的那口水井吗？

…………

记不得了？那就对了！村子早已旧貌变新颜了，连人的面孔也没有几张是熟悉的。青壮年的，告别了土地，早已出门在外闯荡，经商的经商，办厂的办厂，有的还携家带眷去国外淘金。在外面混得有模有样的已经不能屈指来数了。

我老家是安徽省肥东县众兴乡。

二十年前离开家乡时，村上还这里一户，那里一家，错错落落，高高矮矮，杂乱无章，住的大多是土墙草顶，窗户小，家里黑暗，潮湿，生活用具也简陋得很。乍一进门，一股霉味呛嗓子。人长期住在里面，经常生病。

那时的土地贫瘠，缺少肥料，庄稼长势不好，乡亲们虽然起早贪黑地干，收成却很差，每年收的粮食总是不够吃，经常是靠黄瓜、苋菜来代替。吃鱼吃肉，那是城里人的事，农村逢年过节才能享受。为了把粮食省下来以备农忙时吃饱肚子，青黄不接或农闲时，就没有晚饭吃，只能苦着肚子。外地人还戏谑说我们农村人够种(有勇气)，忙活一下午，不吃晚饭，第二天早上起来还能照常干农活。

蔬菜，现在的人吃油腻了说是好东西，又有营养又减肥。可那个年代的人，一年到头吃的是粗粮，炒的蔬菜也几乎不放油，肚子里哪来的油水？哪来的营养？吃蔬菜不过为了活命罢了。

当时连饭都吃不饱，更谈不上文化娱乐生活了，农村很多人没见过黑白电视机，一年也难得看几场露天电影。有时邻村放电影，跑了四五里路，碰到放映机坏了，只能是“英雄跑白路”。

那时的经济条件比较差，健康意识自然就淡薄，夏天在外面睡大都没有蚊帐，任由蚊虫叮咬。

当时的农村谈不上交通，极少数土公路也是晴通雨阻。乡下人不说买摩托车，自行车都很少见。偶有自行车从村子经过，一群屁孩子绝不会放过。因为土路又窄又坑坑洼洼不好走，很多路段自行车是不能骑的，只能推着走，孩子们老远看到了就会迎上去，一直跟在自行车屁股后头追，直至送出村外。

五年前，一次顺路回家，发现家乡的条件比以前好多了，原来的小水塘都用挖掘机挖成了大水塘，确保了庄稼旱涝保收。很多人家盖起了新房，摩托车“轰轰轰”的发动声此起彼伏。很少看到耕牛了，大多是犁田机之类的农机具……

国家不仅不要农业税，不要征购，还反过来给农民种田补贴，财政还拨款为村民办理新型农村合作医疗，真是闻所未闻。

今年清明节前，我回故乡祭祖时，被眼前的一幕幕惊呆了。

村庄周边的田地里栽了很多杨树，整片整片的，猛一看还误以为是森林呢。

原先的村子经过新农村改造，家家户户一律的二层琉璃瓦洋楼，楼房之间的水泥路上，停满了私家车。据村上人说，现在家家有汽车，有的一家大小车几辆，高档车也不乏其中。

闲聊中得知，现在农民种田已经轻松了，播种收割都是机械化，农民已经从繁重的体力劳动中解脱出来了，村上有的人远赴东南亚等国家去发展，有的成了该国当地的主力军。自己赚了钱，也带动了该国经济的发展，解决了该国的就业难题。

家里有老有小走不开的，农闲时就到附近的厂矿企业打工，几个月下来，赚个三两万的也不在话下。

现在，吃粮不缺了，家家户户的房前屋后都不种庄稼了，鸡鸭鹅可以散养，鸡鱼鸭肉早已是餐桌上的家常菜。蔬菜自己种植，用的是农家肥，不用化肥农药，没有污染，纯绿色食品。每家每户养的、种的自己吃不了，经常送给城里的亲友。

村上的人早已不用固定电话了，除了小孩子，手机人手一部。不仅有线电视入户了，大多家庭还安装了宽带。自来水，洗衣机，电冰箱，空调，热水器，电脑，样样不缺，煤气灶、电子炉已经在大家小户落户，烧柴禾、烧煤球已经成了历史。村民们正享受着有些城里人也难以享受到的生活。

一位邻居家的一体式电脑摆在客厅的写字台上，我问老人："你会用电脑吗？"她哈哈哈大笑："我哪会那东西，开关都不晓得在哪里，教过就忘了。村上人家都有，我家不能没啊！逢年过节的，放暑假或放寒假，孩子们回来或家里来了客人，不能到人家去玩啊！"

身带残疾的人也不愁没饭吃，全部享受政府相应的生活补贴，连医疗保险和养老保险政府也给村民们办了。

原来，村上的适龄女孩找对象眼光总是瞄准城里人，现在变戏法似的，农村的女孩子不稀罕城市了，倒是城里的姑娘主动要嫁到农村来，农村真是脱胎换骨了。

临走时，乡里乡亲的坚持要送给我们农产品和腌制的鱼呀肉的，说现在不像以前了，这样的东西家里多，不稀罕了，孩子们都懒得吃。

家乡，是永远镌刻在我心中的最美画卷，是永远写在我心头最壮丽的诗篇！

我所知道的李鸿章（张沈昌）

清道光二十三年（1843年）春。

这天上午，经过一夜春雨的洗礼，天空蓝蓝，草色青青，暖风阵阵，百鸟啼鸣。

安徽合肥北乡，我们邻村的土城，龚员外难得清闲，早饭后便步入书房，临窗阅读。

"土城"，不是真正意义上的城池，而是一个住着几十户人家的村庄，因院落庞大、门楼气派的龚家大宅门而得名。

这时，一个下人匆匆进来禀报，李府二公子李鸿章登门拜访来了。

李鸿章虽在庐州（今安徽合肥）生活，可老家距土城不过五六里路，鸡犬相闻，和龚员外是实实在在的老乡。

龚员外一听，眉头不觉皱了起来，李鸿章，他来干什么？不是说他遵父命要进京吗？我与他不过一面之交，进京前也摊不到和我道别呀？莫不会……

龚员外沉思了片刻，回头问下人："来了几人？"

"就李鸿章一人。"

世代耕读,不问政事的龚家对李鸿章这种身世的人不感兴趣。一来想图个清静,过个安稳的日子,二来不想攀附权贵。即使有这个心,巴结不上不说,到头来甚至惹祸上身。

想到这里,龚员外连忙叫来管家,小声地附耳如此这般地交代一通。末了说:“这种人,我们既不能深交,但也得罪不起。要热情接待,不许怠慢。他如不想等我,绝不强留。”

随即,龚员外躲进客堂的耳房中,他倒要看看他李鸿章小小年纪能捣鼓出什么名堂来。

管家旋即来到前门,边热情地把李鸿章迎接到客堂,边抱歉地说:“先生来的真不凑巧,我家老爷早饭后出门会客去了,一时半会怕是回来不了。”

听了管家的话,李鸿章脸上露出了不易察觉的不快。但人在屋檐下,哪能不低头?他只得佯装龚员外真的出门了,就在管家的邀请下,在客堂的桌子旁落座了。

看样子,李鸿章是决意要等主人回来了,管家连忙吩咐两个女用人奉上香茗和南瓜子及葵花籽。

南瓜子和葵花子是用升子(过去的一种量具,四方,上大下小,当中用一块板等距离隔开,十升为一斗,十斗为一担)盛着的,一边放南瓜子,一边放葵花子。

两个年轻貌美、姿色可餐的少女奉上香茗和瓜子时,李鸿章接过茶盅和盛瓜子的升子,只礼貌性地对她们点了点头,对近在身旁的两名美女目不斜视,不像那些官宦人家不求上进的纨绔子弟。

龚员外看得真切,觉得此人是很有抱负的。

李鸿章把升子当中的隔板直对着自己,南瓜子和葵花子便在自己的左右边。他低着头,两手一会掰南瓜子吃,一会掰葵花子吃,慢慢悠悠,不急不躁。既不左右顾盼打量客堂,也不与一旁陪伴的管家说话。

不久前,李鸿章在安徽的庐州府学被选为优贡。时任京官的父亲李文安望子成龙心切,接连函催鸿章入北京,以备来年顺天府的乡试,鸿章唯父命是从。北上前,他意气风发,“想有广泛的交游和开阔的眼界”,发誓“遍交海内知名士,去访京师有道人”。

社会名流,想攀附人家,没有一点交情,再空口讲白话,谁搭理你?

可初出道,自己的想法又不能对人说,怕人说自己初出茅庐就好高骛远。用什么理由来向家里开口多要银两呢?到了京城,更不可动用父亲官账上的银两去换取私人交情。

怎么办?唯一的办法就是一个字:借!

谈何容易,没名没分地四处借贷,传了出去,李家的名声往哪搁?

再说,凭自己的头脸,要是借不到,不是颜面扫地吗?

李鸿章虽把与自己交往甚密的友人在头脑中一遍遍地拿捏,却始终没有信心。最后,头脑中鬼使神差地冒出了曾经蒙面过的龚员外,觉得龚大人爱惜人才,为人仗义,是个信得过的人。

当时泥烂路滑,李鸿章穿了一双钉鞋(一种雨鞋,鞋底很厚,鞋面鞋底都是布做的,鞋的外表全部用桐油油过,外部的泥水不易渗进去。鞋底钉上很多炮钉,用以防滑),自坐下后，他放在地上的两只脚丝毫没动过，两只钉鞋印在地上的湿印的轮廓清晰可见。

大约一盏茶的工夫，龚员外已经从耳房通向客堂窗帘的缝隙中偷窥李鸿章的背影多次。他不仅两只脚始终没动，且吃的南瓜子壳子堆在升子放南瓜子的一边，吃的葵花子壳子堆在升子放葵花子的一边，没有星点废渣掉落地上。

两个锥形堆，整整齐齐，像是两个精心堆砌的艺术品。

那盅香茗，李鸿章当时从女佣人手中接过来放在桌子的一边后，始终没动过。

李鸿章走了这么远的烂泥路，肯定有点口干舌燥的，吃了那么多南瓜子和葵花子，不可能不渴，但硬是坚持不喝一口水。大有你不恭我就不敬的意味！

见此，龚员外暗暗点头：仅一面之交，竟然来访，即使不是借贷，也肯定有求于我，他能认定我不会推辞，足以说明此人有眼力，没把我龚某人看成是见利忘义，酒囊饭袋之辈。

此人器宇轩昂，胸有大略，绝不是那种等闲之辈。经一番磨砺，今后必成大器。善待这样的人，也算是为我华夏民族出点绵薄之力。

他庆幸自己当时留了一手，没有鲁莽行事。

想到此，龚员外非常高兴，不是他李鸿章慧眼识珠，就是我龚某人伯乐识马。

不容迟缓，龚员外立即从后门出去，绕过深宅大院，来到自家的前门。

“哎呀！李二先生来了？”

人刚进门，声音已到客堂。龚员外三步并作两步，快步来到客堂，双拳抱胸，一边：“不知李二先生驾临寒舍，失礼失礼！”一边斥责下人：“李二先生光临，怎么也不及时招呼我回来？”

几句寒暄，龚员外试探性地问：“李二先生怎么有时间……”

“抱歉得很，不瞒龚大人，鸿章准备入京求学，想多备些盘缠，又不便与家里多说。这次是来向大人乞讨的，不知大人肯否赏脸？”没等龚员外把话说完，李鸿章已经双手抱拳，主动说明来意。

见李鸿章素养颇高，举止得体，又如此直率，龚员外佩服不已。连忙还礼：“先生说哪里话？我想巴求先生还唯恐无缘呢？区区小事，您只要给个口信，我立即派下人送到府上就是了，何劳您亲自来一趟？”

有了不菲的交际资金，李鸿章对自己的前程更坚定了信心。

入京后，在时任刑部郎中的父亲李文安引领下，李鸿章拜访了安徽籍的京官，并很快得到这些前辈的器重和赏识。

李鸿章后来扶摇直上，官至直隶总督兼北洋大臣。

日理万机的李鸿章不忘家乡父老乡亲对他的帮助扶持以及期望。

一次回庐州，稍事休息的李鸿章在幕僚的陪同下，亲自徒步来到位于肥东县众兴的马政寺参拜。

马政寺，民间称为马政庙，相传始建于明初，为纪念明太祖朱元璋之妻马政娘娘放粮赈灾而立寺奉祀。

相传元末战乱时马氏路过此地，见战乱给地方百姓带来的重大灾难，人们衣不蔽体，食不果腹。马氏立即招呼随从，拿出粮食救济百姓。

为纪念马政娘娘赈灾救济，地方百姓及周边善男信女自发集资兴建了马政寺。初期寺院有三进，延以回廊，光以色墙，浮雕四壁，庙貌巍峨。庙会期间，方圆数十里香客接踵而至，不计其数，鼎盛时达数十万之众。

日转月移，风雨侵蚀，马政寺破败不堪。

在马政寺住持的引领下，李鸿章参拜了马政娘娘及寺内供奉的众位神灵，并逐一进香。在和寺内外的一些香客们闲聊时，李鸿章不时听到他们的埋怨之声，庙宇年久失修，如此残破，地方政府却未能出面修缮。

李鸿章在和马政寺住持饮茶叙谈中，有意无意间询问了庙宇的一些实际情况及主持等人对马政寺的修缮与扩建的想法。

回到家，李鸿章陷入了沉思。

百姓们遇到困难无法解决，为了寻找精神寄托，缓解心理压力，才来马政寺祈求马正娘娘保佑。虽说这带有迷信色彩，但这属于劝善从良的，对世人有一定的教化作用，不乏积德积福、惩恶扬善的理念。自己身居朝廷要职，不能回报家乡父老对自己的厚爱，不能给家乡众百姓带来福祉，但为家乡尽一份微薄之力是应尽之责！

想到这里，李鸿章立即召来管家等人，命其抓紧时间和有关人士探究在马政寺原有基础上重建，得到什么样的规模，拿出具体方案，核算要多少银两等事宜。

不久，重建马政寺的方案出台，由李鸿章私自出资扩建马政寺的工程拉开了帷幕。

重建的马政寺系木质砖石结构，大殿雄伟壮观，九进到后。大殿正面端坐着马政娘娘的塑像，金碧辉煌。寺内增设多尊雄姿威武的菩萨塑像。

院内外苍松挺拔，庄严而肃穆。

马政寺经历了几百年的风雨沧桑及战乱的毁损，1938 年日军进犯合肥时又破坏焚烧，后来国民党 37 军第 7 师御日军在马政寺设据点，进一步破坏，最终被“文化大革命”时的造反派彻底摧毁，马政娘娘的金身塑像也在狂热的铁锤下粉身碎骨。

改革开放后，一座崭新的，宏伟壮观的马政寺又展现在人们的面前。

家乡的嬗变（张国松）

30 多年前，和许多中国乡村一样，我的家乡也是地地道道、名副其实的农村。放眼望去，也是空旷的黄土地上杂乱点缀地冒着袅袅炊烟，面朝黄土背朝天的父老乡亲天天重复着昨天的“故事”，农耕糊口、无他追求。家乡虽是省会合肥的近郊，但周围除了农田、水塘、菜地，再也看不到更新奇的东西了，因为村里没有一条像样的马路，进进出出只能步行，捎货购物靠肩挑手提，乡亲们买卖交易都要到 3 千米外的集镇上，稍微大件的物品都要到 15 千米外的合肥城区购买。乡亲们尽管十分辛劳，但日出而作、日落而息的日子难以让他们富起来、好起来，在八十年代以前绝大多数住的都是泥墙草房，只有寥寥几家是泥墙瓦房。

这就是当时我真实的家乡。

忽如一夜春风来，千树万树梨花开。十一届三中全会召开后，如火如荼的改革开放浪潮席卷了神州大地，吹拂着大江南北。家乡的县委、县政府紧紧抓住这千载难逢的大好发展机遇，本着对老百姓负责、对历史负责的使命感和责任感，以战略性眼光，坚持工业立县、城乡一体、开放合作的发展理念，发展经济，富裕人民。

一年一个样，三年大变样。经过改革开放30多年的苦干、实干、巧干，家乡肥东发生了翻天覆地的变化，它与省会合肥接轨相连，主动张开双臂迎接省会发展的辐射带动。家乡进城购房、开店经商、办厂务工的乡亲们个个心花怒放，沐浴着改革开放的春风，共享着社会经济发展的新成果。

如今，家乡的耕地虽然越来越少，但乡亲们的生活却像芝麻开花一样节节高，日子过得甜甜蜜蜜、红红火火，生活质量和过去相比简直就是“两重天”。宽阔的道路纵横交错直通到家门口，“楼上楼下，电灯电话”已不再是神话；家家户户用上了干净卫生的自来水，太阳能热水器早已不再是城里人的专用，小轿车开进了寻常百姓家里，昔日脏乱差的穷村子变得如此整洁、如此之美。乡亲们购物几乎足不出户，大大小小的商场超市放眼可见。每次回老家，与乡亲们笑谈闲聊，大家都会自豪地说：“如今社会发展变化真是太快了，过去想都不敢想的生活，如今都变成了现实，这辈子做梦也没想到，会过上和城里人一样的生活啊！”

是啊！岁月悠悠，沧桑巨变，风风雨雨一辈子，父辈们怎么也没想到在他们的有生之年能与城里人一样，一夜之间过上幸福的生活。乡亲们在改革开放的大潮下，一个个都成了时代的弄潮儿。凭借各自的智慧和实力，他们在政府、政策的引导下，八仙过海，各显神通，大家自主创业的浪潮一浪高过一浪，小老板、大商人家家户户都有代表，乡亲们的感慨和兴奋还在于失地不失业。政府将征用土地的补偿款，用了相当的比例帮助乡亲们入股兴办企业、实体获得红利，让大家月月有收入，年年有分红。特别是统筹城乡医疗合作保险，让看病不再难、不再贵了，而且和城里人一样看病可以报销了。同时，人人都办理了社会养老保险，到了60岁以后，就像“公家人”一样，也可以月月领到“退休金”了，而且还可以住上环境舒适的敬老院，享受政府集中供养。

是的，发展依靠人民，发展为了人民，发展成果由人民共享，家乡的一点一滴变化就是中国改革开放的缩影与诠释。看到家乡发生的嬗变，乡亲们再也掩饰不住内心的激动和喜悦，脸上整日洋溢着幸福的笑容。

母亲的菜园（张国松）

母亲天生是个闲不住的人。年富力强的时候，每天天不亮就风风火火起床下地干活，别人起床时，他已经锄完了半亩庄稼。

母亲忙忙碌碌的生活状态，一晃就是三四十年。当我们兄弟姐妹一个个或由农村走进城镇安家置业，或远赴异国他乡孜孜求学之后，家里的责任田一点点在减少，直到最后只剩下一亩来地。

按说，母亲应该在家安享晚年，含饴弄孙，可母亲并没有停下来。没有田种了，母亲决定扩大她的菜园规模，将原来的一分地扩大到半亩来地。闲不住的母亲，用铁锹将房前屋后的场地刨开施肥，培垅挖沟，弄出一块绿莹莹的菜地。

当第一个夏天来临时，母亲看着自己亲手开辟出来的菜园，开心极了。做饭的时候，缺什么菜，伸伸手就可以到园子里摘。青椒、西红柿、黄瓜、小青菜、胡萝卜、青萝卜、茄子、香葱、大蒜、大白菜，一年四季应有尽有。

今年夏天，我带着儿子回老家，母亲从菜园里摘下一盆黄瓜，用清凉的井水泡着，说："自家种的黄瓜，比你们城里的冷饮保健多了，没用一粒化肥，绝对是绿色食品。"拿起一根，咬上一口，又脆又凉，真的很好吃。看我们吃得高兴，母亲清瘦黝黑的脸上盈满了笑容。

菜园里的菜，实在太多，每天光熟透的西红柿就能摘一大筐，母亲每天就左邻右舍的送。时间长了，邻居们开始主动来摘，缺什么菜就摘什么菜。有好心的邻居对母亲说：自己辛苦种出来的，白白给人家吃，你傻不傻啊？她却憨憨地笑而不答。

我在某些方面很像母亲。不讲究穿戴，随便一身衣服便招摇过市，不在乎别人说长道短；不喜与人争先后高低，随遇而安。我也曾思考过母亲的为人处世，觉得她骨子里还是有些老庄的，而她的这种思想，在她传给我血液时候就传给了我。

我想，当有一天我老了的时候，也许会像她一样，锄一块小菜园，每天经营着绿莹莹的蔬菜。像母亲经营她的菜园一样经营人生，也许是个挺不错的主意。

刮泥鳅（张国松）

今天一大早，在新浪微博里，看到我们的县委书记零点时分还在下乡指导工作，在回来的车上发了一条微博，谈到刮泥鳅。在顿感钦佩书记废寝忘食工作的同时，勾起了我对童年往事的一段美好回忆。

小时候，由于家里生活拮据，父母含辛茹苦供我们兄弟姐妹上学读书，能够解决温饱已经相当的不错了，至于大鱼大肉的生活，对于那时的我们来说，简直就是一种奢望。

我和哥哥从小就喜欢捞鱼捉虾，不仅是为解一下自己的口头之馋，更主要是将吃不完的拿到集镇上卖，挣点零用钱来贴补日常家用，减轻父母的生活压力。

谷雨前后，天气逐渐变暖。农民用犁耙将稻田翻整一新，准备栽早稻。摆脱冬眠的泥鳅、黄鳝习惯在夜间嬉戏于平整的稻田之中。在秧苗还未栽插的这段时间里，最适宜刮泥鳅。

每年的这个季节到来，父亲就会买点废旧柴油回来，哥哥就会早早准备刮泥鳅的工具，他一般将妈妈用坏的针，整齐划一地并排焊接到一个铁片一端，然后再将铁片的另一端固定到一根长长的竹竿上，泥鳅刮子就算制成了。至于火把，做起来则更简单，只要用一截废旧的铁丝固定到另一根竹竿的一头，从实在无法缝补的破旧衣服，撕扯一块，裹成团，拧紧就行了。每次出发前，要将刚拧上去的火把，放到柴油里浸透。哥哥说，这样火把会烧时间长些。

由于我们爱吃泥鳅，而且还能换到钱，我和哥哥又喜欢刮泥鳅。不知为什么，哥哥在夜晚刮泥鳅，总要带上我。我也很乐意跟哥哥一起去。

每当天色渐渐暗下来，我和哥哥急匆匆吃过晚饭，带上工具，到村庄附近的秧田里刮泥鳅。哥哥一手拿着刮子，一手拿着火把；我则紧随其后，一手拎着油桶，一手拎着铁桶。

乡村的田野里，到处弥漫着红花草腐烂味和泥土的清香。萤火虫在田间飞舞着，青蛙呱呱地叫个不停。这时的乡村田野非常热闹。远远望去，灯光如繁星点点。遇上熟人，便问："刮得可多？""刚刚来。"

泥鳅警觉性很高，遇到大点水声和说话声，便一下子溜走了。哥哥告诉我，不要大声说话，走路轻一点，以免惊动泥鳅。我轻手轻脚地跟在后面，一边要小心自己的脚下，以防摔倒；一边还时不时地瞅着秧田，发现了，就会赶紧提醒哥哥。哥哥则总是全神贯注地瞪大眼睛注视着水面，一发现泥鳅，便用力迅速地刮下去，泥鳅还未缓过神，已被提出水面，顺手往铁桶边上一磕，便会掉进铁桶。黄鳝可不像泥鳅只会蹦两下，它死劲缠住刮子不放，想逃脱。即使放进了铁桶，也还不断地往上蹿。黄鳝目标大，难得逃脱。倒是有些狡猾的泥鳅，一发现动静，便用尾鳍把水搅浑，乘水混之机溜走。

初夏之夜，不仅泥鳅、黄鳝出来嬉戏，小蛇也出来乘凉了。在浑浊的水田里，时不时会发现水蛇，我们一般不予理睬；但偶尔也会发现毒蛇，我们则从不放过，哥哥总会将其刮住，用火把将其活活烧死，以免日后伤害乡亲。

月亮在天空指引，火把在前面带路，走过一块稻田又一块稻田，我不时地看看铁桶里跳跃的泥鳅、黄鳝们，感觉到越来越沉。莹莹的月光慢慢淡化得昏黄，虽然感觉又累又困，情绪也由兴奋激动变到无精打采，但看到铁桶里的泥鳅和黄鳝越来越多，总是感到毫无睡意。

有时夜间会经常遇到有的秧田正在从池塘里放水灌溉，这是就会有更大的意外惊喜出现，一条条鲫鱼会顺着水沟嬉戏，有时还会有大鲇胡、大鲤鱼之类，碰巧的时候，会抓住十来条。有时我的惊叫声还会吸引村里别的伙伴们跑过来，加入我们的"捉鱼行动"，那场景，好不热闹。每每回忆起来，至今还异常兴奋。

对我们生长在乡村里的这代人来说，刮泥鳅是对童年一种美好的记忆。现在都市里的孩子们已难以享受到这种乐趣了。由于各种化学肥料、农药和除草剂大量的使用，加上电子捕鱼器的滥用，农村生态环境也遭到了极大的破坏。如今，乡村稻田里的泥鳅、黄鳝已经越来越少，甚至几近绝迹了。

刮泥鳅的时间又快到了，可稻田里再也难觅泥鳅、黄鳝的踪影了，还刮什么？还是让我们回味那一段美好的时光吧！

淮军故里　众兴"圩子"

——地主家的庄园（刘斌）

众兴现有四处"圩子"遗址，清晰可见。分别是花墩圩、小朱户圩、李圩、圩里。

圩，是低洼地周围防水的堤，肥东地区通常指在巢湖沿岸筑堤阻挡洪水。后来，“圩”被引申为“围绕村落四周的防御性障碍物，亦称‘围子’”。

众兴“圩子”始建于清光绪十三年（1887 年）。淮军将士“荣归”故里，或在原有村寨基础上翻修、扩建，或另选新址重建。他们迷信风水，遵循“靠山出人，近水出财，金银都归洼处来”的观念，建庄园于绿水环绕的平畈中央。四周筑壕沟，以吊桥连通里外，主要功能是为了居家防御。

清政府覆灭后，淮军后代的政治地位发生变化，圩文化内涵演变为地主庄园，其规模堪比王侯私邸。

庄园养兵守卫或雇用保镖、家奴百余人或几百人，有文武教师、唱戏班子、缝制、修建、实办、运输、管理和看管人员、丫鬟使女、老妈，等等，且有关押、剥夺人命的大权。

花墩圩 又名回溪别墅，两道溪水呈“回”字形，溪宽两丈，深 6 尺，遍植花木，挖沟成溪，垒土为圩墩，故名“花墩”。

圩内建有 3 口水井，12 幢楼房、自北向南，6 路到后，花园、果园、亭台楼阁交错，装饰富丽堂皇。排排幢幢均是重梁起架，雕梁画栋，出挑有撑拱，柱间均有扯枋，或刻有龙、虎、狮、鳌，或雕有扇、鱼，或绘有“水仙灵芝”“蝙蝠”“鸳鸯”“松柏”，其他还刻有“和合二仙”“八仙过海”“二十四孝”等折子戏人物。雕刻绘画，造型逼真，令人叹为观止。墙身金包银，屋顶清一色小瓦；面砖起屋脊，浮雕起脊，两端均配龙、鳌、兽头；门窗各异，框雕架花，窗格或圆或方；室内铜柱石墩，方石、方砖铺地，正堂楼天棚地板；大小门前铺筑青石台阶。

所有建筑，辉煌大气，精巧秀美。

花墩圩的平面布局是正门建门楼朝北开，设吊桥，门楼两侧建有亭台，左侧亭盖形如武生帽子意为武楼、右侧亭盖形如儒生方巾意为文楼，寓意“一品当朝”的“当”字头。正门后是主屋正堂楼 32 间，呈“一”字排开，设正堂、客厅、接待室、账房、主卧等，正堂楼是长辈居室，正堂楼两侧建有闺房、绣房，是小姐、婢妾居所。主屋后正中是中院，前后两栋房屋 16 间，和主屋构成“品”字形。中院内设仆人、丫鬟、偏房、子女的住房，与东西两侧房用耳门相通。中院往南是后院，后院西侧是雇工住房、磨坛、马厩、仓房、储藏室、伙房等四排 16 间，建有侧门。后院的东侧是祠堂、佛堂、贞洁祠、书房等。

花墩圩子始建于张绍棠（李鸿章妹夫），后李翰章婿张文燕续建“洄溪别墅”。

中华人民共和国成立初，溪岸古木参天，藤条缠绕，溪内荷鱼窜动，溪上设吊桥，专人把守。

中华人民共和国成立后，土改中，花墩圩子张孟英、张三老爷（张孟英三弟）等被划为地主，张家后人四地离散，过着平民生活。房屋没收充公，先后用于草庙、双墩区公所办公地、花灯小学校舍，现为厂房所在地。

人们为摆脱穷困生活的噩梦，改取谐音“花灯”，寄寓幸福平安。

花墩洄溪别墅楹联

正门联：烟云供养古盘谷，风景依稀今辋川。　　清·李经畬

正厅联：水远山高，斯人不出；烟情霞想，其志可知。　　清·李鸿章

绿水回荡，供香四季；白云封护，霞蔚满庭。　　清·张文燕

贞节祠联：祠宇千秋，碧水泠泠环翠竹。

音容隔世，白云云爰护青松。　　清·李瀚章

中华人民共和国成立前，众兴地主张三毛横行乡里，随便抓人扣押，瞄准打死村民孙道煌。1937年，肥东第一位女共产党员龚建平在众兴集街上组织召开妇女大会，诉苦斗争地主张三毛。张三毛认罪，自愿赔付40亩田以养孩子了事。而花墩圩子的联保主任张鹤对此不服，密报国民党合肥县长唐晓光（时，唐已为中共地下党员），后来，唐晓光以张鹤贪污公款罪而枪杀之。

小朱户圩　位于谢岗村小朱户村庄，占地53333.6平方米，系张绍棠后人所建。四周一道深壕固防，门留二处，安吊桥。圩内大兴土木，建筑错综复杂，房屋四合院式砖瓦结构，数量多达百间，生活功能分区布置，曲折幽深，配置对称，主次分明，重门深巷，仅次于花墩圩。且四角建哨塔、炮楼，可观打三面。民国26年（1937年），日本侵略军进入众兴地区时付之一炬。

李圩、圩里　地主“李麻子”（名李经武），发迹于含山县运漕镇，曾为“李鸿章当铺”管家。先后在永安社区李圩、联合村圩里建造两处庄园，两圩占地近两百亩。

李圩建筑规模吸收官府、园林和军事堡垒等特点。占地约66667平方米，经营10年，建房100余间。周围青山环抱，绿水环绕，前双吊桥，石砌桥墩，木制桥面，出入落桥，御防高悬，圩沟石檐陡壁，难以攀登，围墙高厚坚实，设有卧、跪、立三排枪眼，四角筑有四个炮楼，三面布有射孔，全圩深壕固防，胜似金城汤地。圩内分三宅，一宅分四院，宅宅一线穿。从头道大门向纵深度过，经四道大门直至后堂楼，院院又建起各具特色的三合、四合小院。三宅均有楼、厅、堂、库、房、台、亭、棚、连廊。

圩里位于联合村沈皇地自然村。据传，曾有沈姓居民在此修壕沟筑城，欲做“土皇帝”，方言“地”与“帝”同音，久之，成了“沈皇地”。

1950年，众兴进行土地改革，圩子作为封建社会的产物而被没收充公，花墩圩曾先后作为草庙、双墩区公所办公地和花墩小学校舍，现为一民企厂房；小朱户圩（现居住49户，154人）、李圩（现居住26户，104人）、圩里（分圩里、圩外两个村组，现居住71户，316人）被改为村庄。

“文化大革命”后，众兴“圩子”原建筑物荡然无存，或拆他用、或烧毁。遗存的四个圩沟和水井仍涓涓细流，生生不息、泽润桑田，抑或是在向世人渗透着当年的无赖和喧嚣。

最早女共龚建平（张广余）

龚建平同志生于清宣统元年（1909年），系肥东县众兴集人。其父龚大寿佃种地主外号王七爷、又称“闯街虎”家的土地，因身患其痨病，经常遭地主打骂。其母李氏双目失眠，生育女三人，龚建平居长，十几岁就为家中的主要劳动力，农忙种地，春冬季节即引着母亲外

出乞讨。由于生活极端困难，她的妹妹出生后就送给别人家做童养媳。

1928 年，众兴集的孙吴大郢第一个成立了农民协会，在协会负责人的宣传影响下，龚建平同志积极要求参加活动，被吸收为农协会会员。1930 年春季，众兴地区又建立了党的组织，龚建平同志作为农协会员的积极分子，经上级派来的周未绍同志考察后，亲自介绍她加入了共产党，从起，龚建平同志便是肥东县最早的女共产党员，农民协会的骨干，妇女运动的带头人。

1930 年夏季，党的组织又扩大为东特支部，孙子模同志担任支部书记。在党的东特支部领导下，党的小组和共产党员都分别在各自的村庄开展工作。龚建平同志采取串亲访友的办法，深入贫苦农民中去，先后动员十几位妇女与她们的丈夫一道参加了农协会，并从中介绍了刘大姐、沈大姐等人加入了党的组织。在国民党的白色恐怖下，为了安全起见，她向参加组织的人提出，对外要绝对保守秘密，上不准传父母，下不准告诉儿女。因此，被发展入会入党的女同志和男同志一样，她们虽然东奔西走，以砍草、铲野菜、拾粪等各种形式，深入敌占区的梁园镇、店埠镇、元疃集等地搜集情报，张贴宣传标语，以及在农村进行反封建、反压迫斗争，发动群众抗租、抗税、抗丁(壮丁)等活动，有力地打击了反动势力，扩大了革命影响，做了大量工作，但始终没有一个女同志暴露了自己的身份，或者给革命造成过损失。

1932 年，合肥地区党的组织遭到敌人破坏，众兴东特支部与上级失去了联系，无法坚持斗争，被迫停止了活动，龚建平同志随爱人孙子模同志于民国 34 年(1945 年)去上海谋生。1948 年，日军侵占了合肥，国共合作成立抗日动员委员会时，龚建平与孙子模同志得悉，毅然地回到众兴集，重新组织妇抗会、农抗会，并于民国 38 年(1949 年)秋又恢复了党的组织，龚建平同志被委任为妇抗会负责人。妇抗会在其领导下，由众兴集扩展到永安、磨店、张洼、瓦庙、三十头、五十头、元疃、草庙、梁园、高塘等十几个乡镇，从事声势浩大的抗日活动和反对地方恶霸豪绅的斗争。例如，众兴地区的农抗会、妇抗会领导成员，大多数都是恶霸地主张五毛家的佃户或户工，一次由龚建平同志主持妇抗会员诉苦时，农民孙道谱的妻子在会上控诉了张五毛有枪不打敌人，而惨无人道地把她正在田间劳动的丈夫、张家的长工孙道煌作为活靶子打死，这件事激起妇抗会的极大愤恨，遂于众兴集召开群众大会，龚建平同志在会上宣布了张五毛的罪行，勒令其承担无辜受害者家属的生活，并惩罚限期交纳五挺机枪。张五毛怀恨在心，后来还组织反革命武装进行报复，被我军彻底消灭。

1943 年，成立中共磨店区委和区政府，孙子模同志担任区委书记，龚建平同志为区妇抗会负责人、当时成立这个区是为有利新四军二师与七师的交通而建立的地下政权，斗争非常尖锐。妇抗会就在这种恶劣的环境下，为二师、七师的联络做了大量工作。但由此而引起了敌人的注视，曾通缉以千元偿价收买龚建平同志的人头。由于她的活动机警，紧密地依靠人民群众，一次又一次地化险为夷。

1944 年，龚建平同志由组织决定调到新四军二师六旅十八团工作，远离家乡。在龚建平同志的影响下，其弟和三个侄儿都先后参加了革命，弟弟龚玉金于抗日战争中负伤致残，现在上海已离职休养；大侄儿龚文才于北撤时牺牲。在艰苦的斗争生活中，龚建平同志患有多种疾病，生育儿女六人中，有五人自幼夭折。只有一男孩寄托在亲戚家抚养成长，现在上海市金山县畜牧水产局工作。解放后，龚建平同志从部队转业到地方上工作，曾在滁县地委招待所、上海市水产局任职，1954 年 8 月，因脑中风病与世长辞。

（本文摘自 1987 年《肥东文史资料》第 4 辑）

马政寺探源（黄忠粹）

马政寺原名马政庙。据马政庙唯一幸存物——石碑记载：马政庙者，历史悠久也，早在北宋时奉敕淮南香火神，大明建立后，奉马政娘娘作庙主，大显神佑，凡请求保佑者无不应求耳，故香火之隆矣。然明末洪扬起义，神庙被焚，未几又重建草屋数楹，清光绪中业，由合方人士公建瓦都三间，又在日寇侵华时毁于一旦。环居乡邻无不触目心忧。后有地方乡绅振臂一呼，又建草屋数楹，直至十年浩劫，此庙又荡然无存。赖神主大显威灵，普度众生，乡民感其德，又建陋室一间，香祝日隆，历久不衰，抚今追昔，几经沧桑，令人感慨。而时届戊午，三月三庙会时，人群从四面八方蜂拥而至，然庙小不堪拥挤，众人难承福泽。一汪姓香客见状后，慷慨解囊，斥资建造一座仿古庙宇，室三间，堂皇富丽，古色古香。自此香火更盛。尤其是三月三庙会期间，善男信女不下万众，车马之声响彻数里，氤氲之气香薰八方。神庙再次面临不堪重负的境地。此时，又是这位汪姓达人，率先与上级佛教协会联系，并在地方政府的鼎力配合下，多予募集善款，同时自己也投入巨资，建造了这座气势恢宏、号称“华东第一寺”的豪华仿古庙宇。遂更名为“马政寺”。

春满校园（黄忠粹）

柔柔的春风，绵绵的细雨，唤醒了校园的花草树木。

小草悄悄地探出脑袋，甜甜地伸了个懒腰，好像刚刚离开美美的梦境；冬青球也脱去了厚厚的冬装，换上了一身薄薄的浅绿；石楠仰起粉嘟嘟的小脸蛋，更显得楚楚动人；就连一向老于世故的苍松翠柏们也更加郁郁葱葱，靓丽多姿；最夺人眼球的还要数校园内的两株大桂花了，仿佛一夜之间树冠上就缀满了新枝嫩叶，在朝阳映照下，似有无数的小彩蝶在树顶上翩翩起舞，愈发庄重妩媚。

清晨，叽叽喳喳的鸟鸣声吵醒了沉睡一冬的鱼儿。当你漫步在校园内古朴的小桥上，放眼向池塘望去，你会看见他们这儿一簇，那儿一群，浮在水面上，翘起小脑袋，调皮地吹着小泡泡，舒展着慵懒的身躯，好像在做有氧运动呢！

几阵春风过后，扑面而来的是纷纷扬扬的杨花榆荚，蓦然使人想起“杨花榆荚无才思，惟解纷纷作雪飞”的佳句来，惊羡古人观察之细致，想象之丰富。难怪现今国学经典受到如此追捧。无论古人“老吾老以及人之老，幼吾幼以及人之幼”之爱的传承，还是“莫以善小而不为，莫以恶小而为之”之善的教育，抑或今天“富强、民主、文明、和谐、自由、平等、公正、法治、爱国、敬业、诚信、友善”的社会主义核心价值观的践行，无不闪耀着中华民族智慧的光芒。

叮铃铃……一阵悦耳的上课铃响后，二楼多功能教室传来悠扬的歌声，噢，这是中心校的音乐老师正在利用音乐课堂给我校五年级学生教唱《小鸟》。孩子们那稚嫩、灵动的歌声霎时传遍校园的每个角落。充满神秘色彩的实验室内，孩子们正在老师的带领下遨游在科学的海洋中。电子白板更给课堂增添了无穷的乐趣，动漫演示，取代了枯燥的说教，“寓教于乐”真正落到实处。

下课了，活动场地上顿时沸腾起来了：过去，那些“斗鸡”“老鹰抓小鸡”类乏味而危险的游戏不见了，取而代之的是小足球、篮球、羽毛球、高低杠、网游等一系列健康益智的活动。

教学铃响了许久，孩子们仍久久不愿离去，除了一些好动的孩子们仍在操场上挥洒青春和汗水外，花径上柳荫下，石凳旁仍有不少同学，他们有的还痴迷在“取经路上”；有的则徜徉在“大观园”中；有的则正在吟诵高尔基“让暴风雨来得更猛烈些吧”等经典名句。

嘿！这些昔日梦寐以求的场景，现在都历历在目。

是啊！“老牛自知夕阳晚，无须扬鞭自奋蹄”。我这头在教育这块沃土上辛勤耕耘四十个春秋的老牛，就要卸套了，可我却仿佛看到教育的春天才刚刚开始！

华光新村（刘斌）

华光新村，中华人民共和国成立初，属于马庙乡，1958年，建制为华光大队。位于合肥市北7千米处，东傍众兴水库，西临新站区三十头社区，北接元疃镇。县元店公路环村口而过，宛若一绸带飘向四面八方。236路公交直达县城和元疃镇。绕村万亩水库涵养林绿意盎然，环若列屏；马政寺巍峨村西北。城市文明与乡村气息和谐共生。耕地面积1122亩，人口1272人。

华光新村村口　（华光社区/供）

绿树村边合，青山郭外斜。华光新村建设是省里批准的美好乡村中心村建设项目。乡村结合实际，把新农村建设同新型集镇建设紧密结合，按照“产业富民、旅农互赢”的发展思路，建设“生产发展、生活宽裕、乡风文明、村容整洁、管理民主”的新型城镇化新农村。“新农村，齐共建；贯路网，建广场；华灯下，歌舞影；修碉楼，延古迹……”是华光新村建设发展的持久遵循。

项目区涉及6个自然村，357户，1272人，土地规模1122亩，通过新村建设和宅基地复垦,置换用地面积802亩。按城市建设标准,推进管网、林网、河网、垃圾处理网、污水治理网的村域一体化规划建设。居民住房风格按皖南徽派连体别墅和传统连体别墅分布于主干道沥青路两侧。每户两间上下120平方米,主屋后有院子、厨房;门前有20平方米的开放式栅栏,用于统一绿化;道路、管网、居住环境城市化;户相邻且为独立门户。

道路硬化、绿化、美化,路旁绿树成荫,街道整洁有序,公园点缀村边。环境卫生分路段建垃圾池,配置垃圾桶,购置垃圾车,垃圾规范倾倒,统一清运,全天候清扫保洁。现在,走进村里看到的是“废水有了家,垃圾专人拉,河塘鱼虾跳,满村是林荫……”主次干道绿树掩映、沥青道路宽阔畅通、家家户户干净整洁、新建房屋错落有致、

文化乐园阵阵笑声……

村民利用新建庭院发展景观型种养业,既美化环境又增加收入。新鲜蔬菜随手可摘,果色果香沁人心脾。

投资85万元,建设农民休闲广场、宣传栏、文化墙、图书室、老年活动室、乒乓球活动室、棋牌室、露天篮球场等文体活动中心工程,组建老年健身操队、青年舞蹈队;闲暇时,人们蜂拥而至,学习、交流、运动。

卫生保健事业锦上添花。村卫生室2008年建成达标,工作人员成为新村卫生知识普及、健康宣传、生育、免疫、传染病防治、慢性病管理等公益卫生服务以及村民健康生活的家庭医生。

故人具鸡黍,邀我至田家。依托水库涵养林、市首批非物质文化遗产马政寺、云森、景创两苗木花卉公司、鼎和现代农业示范园(已获合肥市批准)打造的民俗文化观光产业初具规模。村民立足资源优势,形成了菜园、果园、花园、游园“四园”产业发展格局,建成了采摘园、农乐园、垂钓园等农旅项目。村民还办起农家乐、乡村驿站、餐饮等服务行业10余家,承载着浓浓的乡愁。让游客到村里在文化上有说头、景观上有看头、休闲上有玩头、购物上有买头、餐饮上有吃头。来了不想走,走了还想来!

众兴水库　（华光社区/供）

人杰地灵,众兴水库。店埠河发端于江淮分水岭元疃镇,众兴水库截其上游筑坝而成。当地居民称淹没于水库段为马政寺河,水库下游为龙王大河(因河畔有一龙王寺,位于宋巷自然村东旁)。水库中央有一高地(属于水库移民的飞地),名为马政寺墩,与马政寺是有位佳人在水一方。1972年水库建成以来,水涨墩高,不曾淹没过,是附近居民打鱼的栖息地,又是神化了的居民庇护神。马政寺河由西北向东南环绕马政寺墩顺势而下,马政寺墩旁有一石板桥——梅岭桥,位于马政寺河上,据说系马政寺居士梅姓母女俩化斋

募捐而建，时人为纪念母女俩的功德习惯称作“梅岭桥”“美人桥”，马政寺墩也称作为“美人礁”“美人娇”；方圆百里，南来北往，必经之地。马政寺墩西北是三姓集（张、王、司三姓），繁华富庶；向南5华里是义合集，1959年，为义合大队，2001年，并入华光村。

水利风景区众兴水库始建于1958年，竣工于1972年。景观式大坝高大宏伟，8000亩水库涵养林生态环保工程绿浪翻腾，集水面积114平方千米，库容1亿立方米。渔产丰富，农林田湖融为一体，形成一幅山水画：景和季明，波澜不惊；上下天光，一碧万顷；沙鸥翔集，锦鳞游泳；岸芷汀兰，郁郁青青。而或长烟一空，皓月千里，浮光跃金，静影沉璧，渔歌互答，此乐何极！旅其游也，则有心旷神怡，宠辱皆忘，把酒临风，其喜洋洋者矣。枢纽工程由拦河坝、进水闸、节制闸、泄洪涵洞、非常溢洪道、水文观光台组成。

天下名山寺占多。肥东今有40余座寺庙，若论规模，马政寺首屈一指。

马政寺位于华光新村口西北，东濒众兴水库。华光新村西南一华里的高小郢村庄是众兴乡的海拔最高点，众兴水库宛如碧玉；苗木花卉，四季飘香。马政寺清幽而势阻，地廓而形藏。

2005年，马政寺建设启动。

新建的马政寺由多进院落组成。沿中轴线展开，从南至北，建有报恩寺、大雄宝殿、慈母塔三大主体建筑。按照寺庙功能配有山门、天王殿、观音殿、地藏殿、五路财神殿和六十甲子殿，还有圣贤堂、方丈室、上客堂、居士楼、大斋堂、素斋养生堂，寺前广场、神道和放生池。

慈母塔是寺内最高建筑。登九层塔远望，众兴水库碧波荡漾；万亩园林，绿浪翻腾；田园风光，尽收眼底；市区大厦鳞次栉比，海市蜃楼；店元路车辆奔流。清风徐来，心旷神怡。

庙大不怕路途远，酒香不惧巷子深。每年农历三月三日，无论阴晴风雨，四面八方信众达10万人之多，纷纷赶来祭拜。地方戏搭台，马戏团锣鼓喧天；各种小吃摊点、卖艺的、说大鼓书的、测字的、看相的、算命的皆有。有的香客远自上海、天津、河南、江苏，本省的有蚌埠、阜阳、铜陵、滁州、六安等地的。庙会期间，灯火通宵达旦，人声鼎沸。三日内堆积香火如同山丘，火光冲天，爆竹声震耳欲聋，鼓乐喧天，礼花闪烁，五彩缤纷。

寺中有荷花池塘，植有银杏、白果、孝顺竹、梅花、五针松、罗汉松、紫檀、松柏、香樟等名贵树木。

如今，美好华光新村建设日臻完善，“一水一寺一生态，花美果美人文美”的旅游格局精彩纷呈，华光新村已成为合肥地区佛教圣地与市民陶冶情操的好去处，为肥东旅游业增添一道亮点。

众兴水库诞生记（刘斌）

江淮分水岭

江淮分水岭又名江淮丘陵，是秦岭、大别山的东延部分，肥东区域岭头位于元疃镇马皇寺村庄，穿越八斗镇，岭尾处于古城镇，这一线是江淮分水岭地区雨量最少的区域。中部高隆，易旱；两侧低洼，易涝。年降水时空分布不均，年内与年际变化大；地下水埋藏深，储量少，仅作为人畜饮水之源。区内地形西高东低，丘陵起伏，岗冲交错，地形破碎，沿分水岭岭脊一线及两侧，蓄用、停滞难，流失多。土壤以水稻土、黄褐土、黄棕壤土为主，通气、透气性差，下渗难，易龟裂。中华人民共和国成立初，生产力低下，水利设施落后。每遇夏季，白龙地区（原白龙区）旱灾尤为突出，大片的岗区靠小塘小坝供水，是“三天不雨小旱，七天不雨大旱”。

元疃镇杨庵圩处于岭脊最高处，海拔 92 米，是肥东的最高点。元疃、白龙两镇的大陆岗、赵小郢、路集、许瓦屋、塘西、同心、长王、双庙等村庄呈“入”字形位于岭脊一线。“入”字形喇叭口处属长江水系，喇叭口背面属淮河水系。据退休人员许恒业说，蜈蚣与蝎子同属对人有毒蜇爬行动物，它们以岭脊为分界线，脊南是蜈蚣，脊北是蝎子，楚河汉界，从不越雷池一步，村民对这自然现象很感奇特。

白龙、八斗、古城原北三区号称为肥东的“三白区”，是穷在水上，困在路上，落后在“一穷二白”上。

滁河干渠

1958 年，毛泽东主席发出了“一定要把淮河治理好以及备战、备荒为人民”的口号，全国掀起了水利兴修的高潮。合肥市组织肥东、肥西和郊区民工开始滁河干渠工程建设，滁河干渠是一条人工河，是省淠史杭灌区重要组成部分。

现肥东境内全长 42.5 千米，防洪兼蓄。源自大别山，一江春水向东流，穿越江淮分水岭，经众兴水库、管湾水库、袁河西水库节制闸，至滁河流域，顺天然河道入马湖乡刘桥坝，因此，名为滁河干渠。

1959 年 3 月 1 日，肥东县成立水利兴修远征师，组织 6 万多名民工开挖自肥西将军岭至长丰三十头段，长 54.2 千米（现长丰县段，时属肥东县）。1966 年 12 月，4 万余名民工继续开挖通往众兴水库二段建设，1967 年 8 月建成，引大别山水流入众兴水库，沿岸群众沸腾，敲锣打鼓、鞭炮齐鸣。1968 年 9 月，4 万民工开挖众兴水库至袁河西水库段，长 30 千米。1971 年，肥东境内全线通水。

肥东县同步规划兴建反调节众兴、管湾、袁河西三座水库等滁河干渠枢纽工程。

店埠大河

《方舆纪要》卷 26，庐州府合肥县载：“店埠河在府东四十里。源出城北六十里园疃镇，流经此为店埠镇，又东流入巢湖。”

河道弯曲、宽窄不一，群众形象地称为“鸡肠河”，雨季，上游来水面广，支流多，水流落差近 80 米，下泄快，洪水奔腾直下，势不可当；下游店埠、撮镇一带成泽国；淹没庄稼，冲毁房屋、桥梁，河坝决口是常事。而稍有旱情，上游少水或断水，河槽露底，两岸农田无水灌溉，又受旱灾。非涝即旱，旱涝交替，常年困扰着居民生产生活。

水库诞生

众兴水库截店埠河上游筑坝而成，安徽省重点中型水库。元疃、白龙两镇有元疃大河、梳背、汪郢、王巷、塅稍五条自然河汇入水库,上游来水面积为114平方千米。

建设过程

第一次,1959年10月动工。时逢“大跃进”,从勘测、复查、设计、选址到批准动工不到一年时间。县委成立“肥东县众兴水库工程指挥部”,县委副书记、县长张建任政委,副县长袁树仁、妇联主任朱铁华任副指挥,区成立“指挥所”,公社成立“民工团”,劳动力以原白龙区为主,店埠、梁园区参加,共动员17000余名劳力参加会战。在做好大坝部分清基和填筑老河槽工程后,由于规划、准备不充分,又遇三年困难时期,1961年春暂停施工。

第二次,1965年10月恢复施工。1965年11月27日,省计划委员会根据省水利厅、县水利局汇编设计书批复〔65〕计基第1452文件,同意众兴水库建设规划。主要引蓄淠史杭工程发电尾水,同时拦蓄上游径流,解决县境中北部丘陵地区农田灌溉水源不足问题,因此,众兴水库不设下游放水涵洞。其次,提高店埠河的防洪标准。按百年一遇的特大洪水标准量设计(即24小时降雨1000毫米)。设计流量176立方米每秒,按此标准校核洪水水位为48.5 m(吴淞高程),相应库容为12640万立方米,兴利水位45.60 m,相应库容6800万立方米,底水位39米,相应库容600万立方米,总库容9948万立方米。设计灌溉效益30万亩农田。灌区跨巢湖、滁河、池河三大水系,枢纽工程由拦水坝、泄洪涵洞、进水闸、节制闸、非常溢洪道五部分组成。

县成立工程指挥部,由县委副书记韩立仁任指挥,宣传部部长汪海波和县教育局局长张映发任副指挥,县水利工程队指导员李安才,队长胡斌长期驻库指导,最多时有两百余名技工突击施工。省水利厅沈家树工程师、水利科学研究所宋钧玉、县水利局卞华璞、张继贵、张文晋、付文时等同志负责施工技术。

动员全县7万多名民工安营扎寨附近村庄,在3180米长的大坝上实施冬春大会战。1966年10月,泄洪涵洞建成。时遇1965年持续101天秋冬旱,1966年7月至11月无透雨,1967年少雨。1967年3月,大坝填到48米高程时,因“文化大革命”停止施工。

第三次,1969年11月继续施工,淠史杭滁河干渠指挥部统一组织,由白龙区完成上下坝剩余土方任务。1970年4月,上坝按设计要求填至49.2米高程,下坝填至46.60米高程,完成土方185万立方米。接着做了大坝护坡、溢洪道,防浪墙,除险加固,大坝加高、加长等工程。扩大库容、提高泄洪能力,于1981年7月全面竣工。

劳动场面　谈到挖土捣固大坝等火热的劳动场面,当年参加建设的柏培龙、张有田两位退休人员为之振奋和自豪。3100米长坝埂及左右1000米宽范围内,彩旗猎猎,人头攒动,如忙碌蚁群,热情似火,汇成一片五彩的海洋;喇叭战报声、口号声、歌曲声,劳动号声奏成一支震天动地、震撼人心的交响曲。“水利是农业的命脉”“鼓足干劲,力争上游,多快好省建设社会主义”“青年上工像罗成,壮年上工如赵子龙,老年上工似黄忠,妇女上工赛穆桂英”“大雨小干,小雨大干,无雨拼命干,北风当南风”等口号标语,漫山遍野。三天两头“放卫星”,干劲冲天——早上吹灯上工,晚上点灯吃饭;提出“一人一天顶两天,月亮底下当白天”。愚公移山,筚路蓝缕,战天斗地。至1967年,历时三年冬春,肥东史上最大的水利工程——众兴水库大坝建成开始蓄水。

民工生活　铁锹、扁担、箩筐、绳子、米、咸菜、锅碗、被服、地单草等施工、食宿工具均由民工自带，附近居民免费为民工提供住宿、炊饮场地。民工睡的是稻草铺地单，咸菜拌饭是常事，时而吃点自带或从农户家买的蔬菜，生产队偶尔加餐，吃点肉。烧的是煤炭，由县设立的工地煤炭供应部负责供应，由民工自店埠挑运至水库工地。民工出工由各生产队统一调派轮换，工地一天工相当生产队 10 分、12 分、15 分工不等。时条件艰苦，困难也多，但建成水库、造福一方是全县数万民工坚定不移的唯一祈盼和信念。

施工技术　据参加建设技术员卞华璞回忆，修筑坝埂是建设水库重点工程。为保证坝基稳固，在库区内划定距离坝基 200 米之外为取土区，以公社、生产队为单位依次抓阄分坝埂建设位置；以生产队为单位计量土方，用石灰线划一方形地块，在地块内取一平均高点，作为测量挖深土方的高度；一块地取土结束后，再延续，这样取土区离坝埂越来越长，民工为了节省时间，争先恐后，你追我赶；坝埂每堆土 40 厘米高，打一次夯，由技术人员用铁制圆筒取等量夯土放到炉火锅里炒干水分称重量，判定夯土层是否达标，以确保坝埂质量；坝坡借助人力运土来回踩踏，自然落实；用一块硬纸板自制一个简易的半圆量角器，在量角器半圆的圆心处用图钉和一根小细线悬一重物，双手握住量角器，使量角器的底边与坝坡保持平行一致，读取细线经过量角器的刻度数，再从该刻度数中减去 90°，则为坝埂坡度。仅有的万分之一和五万分之一两份地形图是测量面积工具。

施工工具　当时因中华人民共和国成立不久，生产力低下，全靠人力。肩挑杠抬，藤条箩筐是运土的主要工具。力气大的两个人用木杠或扁担抬土，力气小的或女民工（不多）用箩筐挑土。夯土工具分树夯和石头夯两类，树夯是就近选取当地质地较密的槐树、椿树、楝树制作，在圆桶形的夯中间平均间隔安装四个铁制圆环，拴紧四条绳子，夯顶安一抓手，打夯时，安抓手的一边负责夯移向，一边起喊夯令，另四人接夯令同时用力将夯抛向半空，夯实堆土；石夯由工程指挥部统一取自县内东山西山驿一带，在圆柱形的石头中间偏上处砸两道沟槽，用来交叉绑缚四根竹杠（有弹性），八人喊夯令同时抬高，夯实堆土，有力量，但操作有难度，树夯用的较普遍。干旱，土板结；或挖土至卵石层，卵石层土形似鹅卵石，圆硬杠损锹口；民工自创“撇桩法”取土，即将木桩楔入土缝中，再横敲木桩至土崩。

“众兴”水库，众人兴建，众水汇入，众志成城，众业兴旺，众民祈盼，众望所归。

肥东县滁河干渠工程管理处位于众兴水库进水闸东、滁河干渠与水库之间，现为众兴乡联合社区田中份自然村。

一个美丽的传说　店埠河发端于元疃镇江淮分水岭一线，众兴水库截其上游筑坝而成。当地居民称淹没于水库段为马政寺河，水库下游为龙王大河（因河畔有一龙王寺，位于众兴乡宋巷自然村东旁）。水库中央有一高地（属水库移民飞地），名为马政寺墩，又名荷叶地，与众兴马政寺是有位佳人在水一方。1972 年水库建成以来，水涨墩高，不曾淹没过，是附近居民打鱼的栖息地，又是神化了的居民庇护神。马政寺河由西北向东南环绕马政寺墩顺势而下，马政寺墩旁有一石板桥——梅岭桥，位于马政寺河上，据说系马政寺居士梅姓母女俩化斋募捐而建，时人为纪念母女俩的功德习惯称作“梅岭桥”“美人桥”，马政寺墩也称作为“美人礁”“美人娇”；合肥东北郊，方圆百里，南来北往，必经之地。马政寺墩西北是三姓集（张、王、司三姓），繁华富庶；向南5华里是义合集。

移民精神

支持国家建设是中国劳动人民的坚定理念。中华人民共和国成立后，三大改造运动，生产关系发生了根本变化，大型水利工程能够进行统一规划、部署。移民工作开展大协作和八方支援政策，“移得出、稳得住、能致富”是目标。移民自主选择新址，各地全面支持，国家给予经济补偿，以保障移民的住房和恢复生产生活。

水库　20年一遇洪水位为46米。根据此标准作为迁移淹没水位，涉及当年草庙、高塘、众兴、元疃四个乡镇，10个村委会（时称生产大队），65个村民组，1316户，5518人，拆迁房屋4518间，淹没田亩15320亩。

在安置去向上很复杂，移民户大多“故土难舍”，习惯当地的生产生活，部分村民在水漫田地时才开始撤离，故安置原则一般在本区、乡、村非淹没区内，进行分散安置。如就近安置确有困难，或不愿就近安置的即可外地联系，投亲靠友，落户安家。本着先急后缓，先低后高（地形），分期进行安置。对淹田不淹村，淹没后人均耕地达到一亩的不迁移，若剩余土地人均不足一亩的可部分迁移，剩余土地仍由本组不迁移的人耕种，不得荒废。移民户迁到接受的村民组，宅基地、耕地、场地等应本着节约土地的精神，给予合理安排，所占耕地，消除田亩和农业税费，减除征购任务，以减轻接纳社队的负担。

时三年困难时期刚过，国家经济困难，村民生活简陋。政府一声令下，移民们领取洋钉（铁钉）、竹竿等少量政府物资补助，拆除房屋，牵着畜禽，搬着锅碗瓢盆、床铺等家什至新址开展新的生活。

移民大多本着投亲靠友的方式，分散落户与现众兴、元疃、白龙、民族及县内其他乡镇，远至定远、全椒、滁县等地。众兴乡最多，元疃镇次之。少数户按政府规划安排至闲置地。

据老人们回忆当时的移民情形，那种故土不舍、背井离乡、搬家三年穷得酸楚；响应号召，“舍小家、为大家”“我为社会主义建设做贡献”的自豪，个中情结犹如碧波荡漾的湖水涌向湖岸，时而激情澎湃，时而婉转幽咽。众兴乡负责水库移民工作的政协组长程世友感慨地说道：“水库建设，移民是立了功的，做出了牺牲。”

上善若水

修建水库的初心是解决原白龙区抗旱，灌溉庄稼，人畜饮用。

绿水青山就是金山银山。改革开放后，肥东经济社会发展日新月异，水利建设日臻完善，水库功能效应发生蝶变，防洪、民用、工业、生态功用日显。水利是农业命脉，更是工业乃至整个社会发展的命脉。

灌溉　水库建成前，十年九旱，当地农作物以高粱、山芋、豆类为主且“靠天收”，居民食不果腹，每到冬季部分农民靠外出乞讨过活。

水库建成后，设众兴、高塘两电灌站，有效灌溉面积31.15万亩，众兴电灌站灌区通过设置的一级、二级、三级提水站将水送至岭北肖凤地区，贫瘠分水岭成为鱼米粮仓。“春吃野菜夏吃糠，秋收结束去逃荒”的历史成为历史。

防洪　洪水一般多在7—8月发生。水库有资料记载自1985年至今，众兴水库四次最大泄洪量为1987年5月6日、1991年9月1日、1997年7月10日、2003年7月10日，泄洪流量分别为60米^3/秒、120米^3/秒、60米^3/秒、138米^3/秒（众兴水库设计最大流量176米^3/秒）。5次累计滞洪2.1亿立方米，消减了洪峰。1991年大水是建库以来发生百年一遇的大洪水，水库蓄水位达46.25米，超汛限水位45.60米0.65米，错峰泄洪水量达7632万立方米，最大泄洪下泄流量达120米^3/秒。

有效保护了下游工业重镇店埠、撮镇镇以及县城居民生产生活安全。有力保障店埠河下游水位稳定、桥梁河坝安全。

民用　中华人民共和国成立初，县城店埠政府机关食堂及居民曾挑店埠河水饮用，部分居民至20世纪90年代。1958年，北京打井队来肥东机械钻井，时钻出两处泉眼，一处是县政府食堂用井，水流溢出井口时长达五年，后水位下降趋于稳定；一处是石塘路定光河桥下，泉水长期高于地面溢流，流量稳定，从未间断。1967年，众兴水库蓄水，1969年，县政府在店埠河沿岸建自来水厂，以众兴水库为水源，店埠河为天然管道。1971年，县城居民开始饮用自来水。2002年，水源联络管道建成，水源直接取自众兴水库经管道直接流向自来水厂车间。2010年，水厂迁址众兴乡永安社区王六九村庄，2012年投产，日供水规模达10万吨；2020年，日供水规模达20万吨。供水范围覆盖全县1700平方千米以及合肥市龙岗开发区（古城、马湖、张集、陈集、响导五乡镇以及八斗部分地区自来水水源取自岱山湖），肥东人民亲切地称谓众兴水库为“母亲湖”“大水缸”。

工业　承担全县乃至合肥市东部地区工业企业的供水任务。项目涉及机械加工、农副产品、食品加工、纺织服装、家用电器、化学工业、新型建材、电力等七大产业30多个行业，集中于合肥循环经济示范园、省级肥东经济开发区、合肥市龙岗经济综合开发区三园区，合店路、合白路、合马路三条工业长廊带，店埠、撮镇、龙塘、众兴、元疃、白龙六个工业聚集片区以及合肥二电厂、合肥铁路枢纽、龙岗新海工业园等。

自从有了众兴水库，肥东乃至合肥市东部地区取得了长足发展。为新时代肥东勇做合肥东向发展桥头堡、安徽加快长三角一体化建设奠定了坚实的物质基础。

“三水”互济 2017年9月26日，合肥市政府在众兴水库举行“江水西调”工程通水仪式，覆盖肥东县的滁河、驷马山、撮镇三大干渠灌区，大别山、长江、巢湖三大水系实现了互济联通。标志着肥东县、合肥市的城市供水、生产用水、生态补水达到了全面保障。

生态旅游 景观式大坝高大宏伟，枢纽工程由拦河坝、进水闸、节制闸、泄洪涵洞、非常溢洪道、水文观光台、滁河干渠工程管理处组成。

众兴水库诞生，利在当代，功在千秋，泽被万物。众兴水库建设者孕育的拼搏奉献精神激励着新时代水利人坚定“忠诚、干净、担当，科学、求实、创新”信念，为实现中华民族伟大复兴的中国梦作出新的更大贡献。

先锋农场诞生记(刘斌)

党的十九大报告提出实施乡村振兴战略是新时代乡村发展的根本目的和方向。乡党委深刻认识以文化兴乡建设“生态众兴、花样众兴”为引领,培育产业生态,助力乡村振兴。2018年4月,众兴乡乡贤馆建成对外开放,第二篇章以革命火种、最早萌芽为主题展现肥东革命火种传播人 --- 张伯平让马克思主义新思想、新文化最早在肥东地区传播。众兴是肥东第一个党小组、东特党支部的诞生地,是肥东第一面党旗升起的地方,孙子模分别任党小组长和书记。

2018年8月,乡成立地方志办公室,时任乡党委书记黄庆梅、乡长陈宏云提出要进一步发掘众兴红色文化内涵,丰富乡贤馆革命人物内容。地方志办工作人员视为一项政治任务来开展。经多方走访打听,原众兴乡八联村党支部书记孙建维提供一条重要线索,原众兴中学教师、后考取上海师范大学研究生、现为博士生导师孙圣涛有可能对孙子模的情况有更多的了解。据孙建维所说,新中国成立后,孙子模一直在上海工作退休的,生前两次回老家孙吴大郢,文化大革命时期,上海还来人调查过他。工作人员如获至宝、顺藤而上、百度引擎、电话上海师范大学。三个月后,孙圣涛外出回校,听说家乡有人联系他,很高兴,很热心。他在上海学习期间去过孙子模家几次,有次孙子模交给他一本手写回忆录和家庭照片要他带回老家收藏,有关资料有他父亲孙维柱保管着。孙子模在众兴地区闹革命时期曾得到过孙圣涛爷爷的帮助。

2018年12月,孙圣涛父亲在合肥瑶海区的家里接待了我们,把复印好的两万余字的《孙子模回忆录》交给了乡党委。工作人员也对资料进行了逐页拍照,将手写体编印成书写体。县志主编王培垠给与校正,比如,CommunistPart 在当时简写为“cp 党”,回忆录写成 c9 党以及汉字、地名不同时期的不同区别辨认等等。

2020年6月28日,席绪芳任乡党委书记。《孙子模回忆录》呈到了书记办公桌上。8月,乡党委开始筹划启动先锋农场建设,时任乡党委副书记阚建伟负责。紧扣“党建引领、红色传承、绿色发展”理念,重点打造肥东县第一个党支部的诞生地、合肥地区早期党组织的重要发源地、合肥地区团组织的创始地”三张名片。

2021年3月26日下午,合肥党团溯源地研讨会在众兴召开。在大量史实基础上,省、市党史团史专家一致认为众兴是肥东县第一个党组织诞生地、合肥地区早期党组织发源地、合肥地区团组织创始地。肥东,再添一张红色名片!

4月,地方志办主任与省卫视两名工作人员一道前往上海汇众汽车制造厂(孙子模长子工作单位)和上海师范大学,并现场采访了孙圣涛。

2021年是中国共产党成立一百周年。先锋农场于9月24日首期建设正式对外开放。位于乡众兴社区高西村民组——第一面党旗升起的地方,占地面积3000平方米。

至2022年7月,完成二期建设。

2022 年 7 月 9 日,《众兴乡志》省市县专家评审会召开,时任乡长许在刚至欢迎词,再次阐释了先锋农场红色文化建设对众兴经济、社会发展的重要作用,并邀请与会人员到先锋农场实地察看给与指导。

2022 年 10 月 15 日,中共县委党史和地方志研究室与中共众兴乡委员会合编的《孙子模回忆录》在合肥东乡特别支部旧址(先锋农场)举行首发式。

2024 年 4 月 16 日,县政协文史工作交流会在牌坊乡召开。乡政协联络组组长程世友提出众兴应以先锋农场的建设与发展作为文史主题,进一步为文化兴乡添砖加瓦。得到县政协文史编写组领导的一致认可。

先锋农场按照学做结合的理念,分为学习教育区和劳动实践区"两大区域"。学习教育区,突出的是"学";劳动实践区,突出的是"做"。由"先锋讲堂""先锋议事厅""中共合肥东乡支部展陈中心""红岛""合肥团史展陈中心""五四青年广场""乡村会客厅""红色加油站""先锋大食堂""先锋露营地""红色沉浸式剧本体验"11 个区块组成。先锋农场是肥东县干部教育培训指定实践基地,是安徽省首个党员、团员、少先队员为一体的综合性爱国主义教育实践基地。

先锋农场有工作人员 10 人,专业讲解员 3 人。

通过实物、照片、模型、绘画、雕塑等陈列,珍藏历史图片、老物件、复制的党史资料等 50 余件、图片 5 幅、文献资料 1 套、多媒体设备 3 套。结合建党、建军、建国等重大纪念活动和重要节假日,面向全省,服务各地机关、企事业单位、社会团体到先锋农场开展教育实践活动。

运用报刊、电视、广播、演绎、微博、微信、抖音、小红书等声、光、电现代科技,展现肥东地区党史、团史发展历程。

年均讲解接待 300 余场次,开展各类社会教育活动 50 余场次,经济、社会效应明显。

众兴有考证立牌的店埠河殷商遗址、水利风景区众兴水库、市首非物质文化遗产马政娘娘庙会、淮军圩子、乡贤馆、民俗馆、农家乐、立面徽派建筑众兴大街、滁河干渠风光大道(西自肥西将军岭跨市区与铜陵北路相交通,东达张集乡北张水库)、鸿章枣树,刘伯温大古井, 众兴水库中央的马政寺墩附近跨越原店埠河的一座石板美岭桥是东北部地区南来北往合肥的必经要道。众兴在合肥东乡中与撮镇、店埠位置一样重要。

众兴具有"传统苗木花卉基地"、"建筑大乡"之美誉,是小小众兴乡惊动党中央"黄桃事件""小钟事件"的发生地,标志着商品经济在众兴乃至肥东的最早萌芽,展现了众兴人民的勇闯四方,勇于革新的奋斗精神。众兴是安徽省森林乡镇、合肥市造林绿化 20 佳乡镇,森林覆盖率达 56%,居全县第一。

众兴"千里莺啼绿相红,花美果美人文美","生态众兴、花样众兴、宜居众兴"、省城"后花园"已初具规模,是市民休闲的好去处。

校园春光(张华金)

春天,悄无声无息地来到了我们的校园,使本来就很优美的校园更增添了勃勃生机。一进校门,首先映入眼帘的是一块巨石,八个大字“和而不同,和融共生”使巨石增加了耐人寻味的意境。巨石周围,鲜花,小草五颜六色,花团锦簇,仿佛也来为巨石凑趣,还有那高大俊秀的宝塔松,枝繁叶茂,层层秀枝增古色,簇簇松针起精神。教学楼排列有序,窗明几净,使人眼前一亮,小操场整洁宽敞,让人心旷神怡,篮球、排球、足球是男孩子们的强项,跳绳,游戏,跳舞有女同学们专场。转过墙角,大操场绿茵如碧,红跑道使人激情昂扬。操场四周,绿化带上,小草青青,探头探脑,争先恐后、积极向上。鲜花朵朵,红,黄,蓝、紫初露头角,默默绽放,花引蜂蝶当空舞,草现高矮沐骄阳,还有那调皮的爬山虎,屏声息气,张目四望,轻手轻脚地爬着高墙。上课时,校园内鸦雀无声,同学们专心致志,聆听着老师们讲解课文,下课了,小操场,大操场人声鼎沸,万般欢畅,篮球翻飞,足球游荡,乒乓球掷地有声,羽毛球来来回回在空中飘荡。暖风习习,和煦骄阳,伴随着我们快乐地成长。

优美的环境,宜人的春光,给校园增添了无穷的乐趣,使我们每天都流连忘返。我爱我们的校园,更爱这秀丽的春光。

老有所乐(张华金)

来者多银丝华发,坐下学琴棋书画,老有所乐,老有所学,神采奕奕的一群老年人,汇聚在肥东老年大学堂。

上学来精神饱满,放学去满面红光,谈笑风生出校园,心中揣摩着今天所学,本次收获。

琴奏高山流水,知音多遇,笛吹百鸟朝凤,凤领众鸟朝太阳,京剧弘扬国粹,铿锵有力,葫芦丝乐声悠扬,余音绕梁,老年学子满怀激情,衷心齐颂伟大的祖国,英明的中国共产党。

还有那棋牌书画,桩桩样样,非凡课堂,棋盘上运筹帷幄,苦思冥想取胜对方。纸墨笔砚,文房四宝,博大精深的中华文化,古往今来靠它们传扬。兰亭集序,书法精品,右军羲之,人人敬仰。真篆隶行草,山水鸟虫鱼,古人遗留下的书画精华,中华文明将代代传承,久久颂扬。

党的关怀,无处不在,学校安排,人人舒畅。老年学员们,心情愉悦,群情激荡,学习氛围犹如那广场舞的羽扇,上下翻飞,轻盈飘荡。学在班里,传遍四方,让祖国大地歌声四起,尘土飞扬。

啊!我们伟大的祖国正在天天向上。

清明(张华金)

青明晴明过清明,谁家后裔不倾情,纸烛明船茔台上,灰飞烟灭入青云。香火绵延古至今,孝道本宜眼前人,焚香化烛终何用,莫让神鬼左右人。

第二十一章 卫生

花灯社区志愿者在清理群众公共健身场地　　（花灯社区／供）

第二十二章 卫生

花灯社区志愿者在清理群众公共健身场地　（花灯社区/供）

第二十二章　卫　生

清末，众兴行医治病均为中医、中药。以保障农民健康为目的医疗卫生事业起步于民国时期，但其在农村发展和影响甚微，有名无实。广大农村不仅经济落后、教育不普及，而且农村多数人健康状况不良，疾病流行、死亡率高，农民卫生知识缺乏，迷信盛行。“愚、贫、弱、私”长期困扰着农村农民生产生活。

中华人民共和国成立初，政府即致力于农村卫生保健网的建立和完善，到 1965 年，初步形成以集体经济为依托的农村初级医疗卫生保健网，公社设卫生院，大队（村）设卫生室。公社卫生院兼有提供基本医疗服务和初级卫生保健技术指导及乡村卫生行政管理的功能，成为三级预防保健网的枢纽，流行病控制管理的筹资、治疗、人员培训等都是由公共部门来完成，有效地控制当时肆虐的传染病。

1965 年 7 月，众兴地区农村短期速成培训一大批“赤脚医生”，向农民提供初级卫生保健服务。

到 1966 年，众兴基本达到每个生产队有一名卫生员（又称赤脚医生）。

1979 年后，农村经济体制改革使村级（大队）卫生组织失去集体经济依托，村（大队）卫生室纷纷改变了所有制形式、经营方式和服务方向；此后的财政“分灶”吃饭又使原来的公社卫生院陆续下放到乡（镇）政府管理；于是，农村卫生组织在人、财、物等方面越来越自力更生了，合作医疗纷纷解体，城乡卫生资源的配置差距再次逐步扩大。

市场化改革后，合作医疗培养起来的赤脚医生按市场化原则改造为自食其力、自负盈亏的乡村医生。

1980 年后，城乡基本形成以县人民医院和县中医院、乡卫生院、农村医疗室为主要框架的三级医疗保健网络。

1997 年后，减轻农民负担、提高农民收入成为农村中心工作，合作医疗再没有人提起了。

2003 年，以大病统筹为主的新型农村合作医疗制度开始建立。按个人交费、集体扶持、政府资助原则筹集资金。参加合作医疗的乡村居民生病住院，可得到比例不一的医药费报销。到 2010 年，众兴有 1.81 万名农民参加新型农村合作医疗。

1998 年，通过安徽省初步评审。形成由县级卫生机构、县级医院、中心卫生院、乡卫生院、民营医院和村卫生室构成的覆盖全民的医疗卫生网络，基本满足众兴人民医疗卫生需求。

医政、药政管理步入法制化、规范化轨道，药品、医疗器械销售网络遍布城乡。

第一节 医疗机构

一、机构沿革

众兴乡卫生院 始建于1954年，时位于众兴集老街东北三间民用草房，名称为众兴联合诊所。由第一任院长韩佩林组织众兴私人诊所、药铺营业人员，本着自愿、民主管理、集体经营、政府领导的原则而成立。

肥东县众兴乡卫生院大楼

（众兴卫生院/供）

1957年，原有的联合诊所转为中心卫生所，属于防治结合、中西医结合、医药结合性质的综合性医疗机构，相当于现在的乡卫生院。1958年，改称医院，有卫生人员6人，床位8张，时逢“大跃进”，医疗设备、技术力量、看病水平都比较差。随后，搬迁至众兴集新大街与元店路交会处东南现址。当时，新建10间瓦房和10间草房。

1960年2月，各地人民公社须设立卫生院，由国家开办。1960年前后，属于公私合营，医生关系是师承式的传授培训。

1965年6月，一批县城和城市医生下放到众兴卫生院，给每个大队选拔培训两名“赤脚医生”，这样农村三级卫生服务网络基本形成。时众兴卫生院有卫生人员14人，床位数21张。

肥东县人民医院共体众兴门诊住院综合楼

（众兴卫生院/供）

1972年，公社医院改称卫生院。“文化大革命”期间，乡卫生院的规章制度被破坏，但并未影响卫生院的机构和医疗人员数量，1975年乡卫生院有卫生人员18人，床位21张。

1976年，扩建10间瓦房门诊部和10间瓦房职工宿舍。在该阶段，国家财力不强，经济基础薄弱，但国家仍十分重视农村卫生工作，在计划经济体制下，建立国有医疗卫生机构为主体的卫生体系，对乡卫生院给予较大的支持和较多的投入，使乡卫生院得到较快发展，在解决农民就医问题上起到非常大的作用，大大缓解了农民看病难的问题。乡卫生院与当时的合作医疗、“赤脚医生”一起成为农村卫生的三大支柱。

1978 年，由城市下放的医务人员相继离开农村回城，但这对乡卫生院的发展影响并不大，主要原因是 1978 年 10 月，卫生部、财政部等五部委发布《全国农村人民公社卫生院暂行条例》，对乡卫生院在财务上实行全额管理、定向补助、节余留用制度，促进了乡卫生院各项事业的发展。

20 世纪 80 年代开始，随着国家经济政策的调整和转型，财政分级管理，农村经济体制改革对农村乡卫生院工作产生重大影响。1985 年，国务院转发卫生部《关于卫生工作改革若干政策问题的报告》，即在宏观体制上，推行了乡卫生院三权下放至乡镇，要求农村卫生在改革中探索前进，国家对乡卫生院投入逐渐减少。

乡卫生院立足自身，加强微观管理，实行综合目标管理责任和院长负责制，实行四定（定编、定人员、定任务、定质量）一奖励（精神与物质奖励）的责、权、利相结合的管理体制，同时，积极尝试承包、股份制等经营方式和改革模式。调动了广大职工的积极性。在城乡差距拉大，整体乡镇卫生院发展滞后的情况下，经广大职工的努力，众兴卫生院得到长足的发展。1995 年，乡卫生院投资 28 万元（时价）兴建 27 间三层医疗综合楼，卫生人员达 26 人，床位数 28 张。

2009 年，投入 70 余万元完成乡卫生院的改扩建。至 2014 年，乡卫生院拥有 2 幢业务综合楼，医务人员的工作环境和看病就医条件得到有效改善，基本满足基本医疗和公共卫生服务需求。

1954—2014 年众兴卫生院院长一览表

表 22-1

姓名	任职时间	姓名	任职时间
韩佩林	1954—1966	陈圣贵	1969—1974
方金海	1979—1980	司开仓	1975—1978
蔡圣林	1988—1992	陈道铸	2001 年起
司开仓	1966—1969	司开仓	1975—1978
方义江	1981—1982	陈金炳	1985—1987
杨永海	1992—2000		

1964—2011 年永安卫生院院长一览表

表 22-2

姓名	任职时间	姓名	任职时间
许家凤	1964—1966	程积炳	1982—1985
关敬年	1989—1999	许珩才	1967—1981

续表 22-2

姓名	任职时间	姓名	任职时间
牛善南	1986—1988	葛明虎	2000—2010

说明:1963 年,由葛教芝、许珩才、刘正东三人各办的卫生室合并而成;2011 年 3 月,合并为众兴卫生院永安诊所,由医师许慧荣负责。

二、众兴联合诊所

1949 年前,由于长期受外族侵略和内战,科学文化卫生十分落后,民众中传染病、寄生虫病和地方病十分流行;鼠疫、霍乱、天花、血吸虫病、黑热病、痢疾、结核病、营养不良等疾病肆虐;缺医少药,众兴乡民也不例外。

中华人民共和国成立后,1950 年 8 月,第一次全国卫生工作会议召开,确定了"面向工农兵""预防为主""团结中、西医"的卫生工作三大原则。还对农村卫生工作做出了特别的决定,每个乡都要有医疗卫生组织,农村要兴办集体所有制的联合诊所。

众兴乡于 1954 年由中医葛仙洲、司开仓,西医韩佩林、何伯泉、司开顶等组建成立众兴联合诊所,院长韩佩林。实行独立核算、自负盈亏、民主管理、诊所人员采用全脱产、半脱产或轮流坐班等方式应诊。

联合诊所的成立,医务人员可以相互学习,提高技术,培养人才,有利于积累资金,扩大业务,改善服务水平,方便群众对疾病的预防和诊治,保证国家卫生法令的执行。

在农业合作化运动中,以联合诊所为农村主要医疗机构,由经过短期培训的农业生产合作社员为保健员宣传卫生政策,协助联合诊所开展预防接种,为社员提供伤口包扎和急救之类的简单医疗服务。1958 年,随着人民公社化运动开展,国家要求在公社设立卫生院,由公社经营管理。1960 年,众兴联合诊所改名为众兴公社卫生院。

三、民间诊所

坐堂医生　过去有"名号"的中医药铺,一般都坐堂诊治,诊费和药价相对较高,没有急难重症,医生不出诊。请医出诊,俗称"搬先生",得用车或驴、马接送,酒饭招待,诊费、药费,说多少就是多少,不讲价钱。俗话说"求医吃药不讲价",普通人家请不起。

专科医生　民间专科医生,一般是家传秘方,专治某一种病,如骨折、烧烫伤、肝病、皮肤病等。专科医生只看病,卖自制成药,不开药铺,不出药方,对症效果通常较好。患者若觉得不对症可另投他医。

个体诊所　1982 年后,国家允许个体行医,原村医疗室都成为个体诊所,还有一些卫生学校毕业生以及退休卫生技术人员,在乡下也开办个体诊所。

四、农村卫生室

1965 年,一批城市医务人员下放到农村,给每个大队培训两名赤脚医生和每个生产队培训一名卫生员,并在此基础上要求各个大队成立医疗卫生室。

1969年,众兴各生产大队建立医疗室,各医疗室统一配有听诊器1副、血压计1台、注射器20支、体表20只、诊断床1张。房屋和器械由村集体投资,运转和经费由集体经济维持,卫生人员(赤脚医生)的报酬通过计分的形式从生产队领取,村民看病用药的费用按成本收取现金,政府对药品生产和销售严格控制,质优价廉的药品医疗惠及每个农民。医疗室的主要职责是承担上级卫生行政部门赋予的预防保健任务,提供常见伤病的初级诊治。

20世纪80年代初,农村推行家庭联产承包责任制为主的农村经济体制,村集体经济解体,原医疗室的"赤脚医生"逐渐走向个体行医,每个村均有1~2个卫生人员(赤脚医生)走村进户为民看病。1982年后,原集体性质的卫生室,逐渐演变成自负盈亏的私营机构,医疗卫生事业走向市场化。1984年,改为乡村医疗点。

到2001年,各村均有医疗室,80%以上的村民首次就诊选择为村卫生室,农村私营卫生室(诊所)成为农村卫生服务体系的主要组成部分。众兴乡村卫生室均为村医个人承办,位于村医自建房或租赁房内,绝大多数卫生室能做到业务用房和生活用房分开,统一挂牌,并有规范的制度和诊断床、高压消毒锅、药柜和胎心听诊仪等基本设备,村医皆是全天候从事医疗服务工作,没有白天黑夜之分,没有节假日和双休日。

第二节　医疗队伍

至2014年,众兴乡卫生院成功创建示范乡镇卫生院,做到标识规范醒目,就医环境做到美化、绿化、整洁、温馨。乡有永安分院一所,两所卫生院有职工38人,在职在编32人。其中中级职称6人,副高级职称20人,中专学历12人,大专学历15人,大学学历5人。

众兴乡基本公共卫生服务承担机构信息表

表22-3

机构名称	联系人	电话号码	机构地址	机构类型	主办类型	上级机构
大高村卫生室	高文举	0551-67623120	大高村	村卫生室	政府办	乡卫生院
范岗村卫生室	张　勇	13349193855	范岗村	村卫生室	政府办	乡卫生院
花灯社区卫生室	刘晓娟	13956011548	花灯社区	村卫生室	政府办	乡卫生院
华光社区卫生室	胡调广	13705602809	华光社区	村卫生室	政府办	乡卫生院
联合村卫生室	张继福	0551-67625803	联合村	村卫生室	政府办	乡卫生院
霞光村卫生室	陈　飞	0551-67621394	霞光村	村卫生室	政府办	乡卫生院
谢岗村卫生室	陈　龙	13956088401	谢岗村	村卫生室	政府办	乡卫生院
永安村卫生室	罗志远	13399696120	永安社区	村卫生室	政府办	乡卫生院
众兴村卫生室	许治中	0551-67621667	众兴社区	村卫生室	政府办	乡卫生院

说明:

承担内容:居民健康档案管理、健康教育、0~6岁儿童健康管理、孕产妇健康管理、老年人健康管理、高血压健康管理、2型糖尿病健康管理、严重精神障碍患者管理、肺结核健康管理、中医药健康管理、传染病及突发公共卫生事件报告和处理。

落实村卫生室补助和村医待遇。县财政每年补助每室 3600 元运行经费。国家每年拨付 40%的基本公共卫生服务经费给村卫生室，用于公共卫生服务。药品零差率补助，省财政每千农业户籍人口每年补助村卫生室 5000 元，县财政配套补助 330 元。卫生室收取每门诊人次 6 元的一般诊疗费，每位在岗村医平均年收入 3 万元左右，建立村医到龄退出机制。2013 年 9 月，印发肥东县村医到龄退出养老生活补助实施办法，对符合条件到龄退出的医生，按每月 300 元的标准发放生活补助费。设立村医执业风险分担统筹资金，减少村医执业风险。解决村医后顾之忧，维护社会稳定大局，农村居民基本医疗服务水平得到了很大的提高。

第三节　医疗设备

医疗设施逐年更新，2011 年，投资 12 万元购置医疗设备。至 2014 年，乡卫生院有病床 26 张、500 毫安光机 1 台、多普那彩超 1 台、12 寸心电图机 1 台、全自动生化分析仪 1 台、全自动分析仪 1 台、全自动血常规分析仪 1 台，建立完善信息化管理平台、乡合作医疗信息系统、居民健康档案系统、乡卫生院 HIS（医院信息系统）、电子病历系统均已互联互通、信息共享，与省市县卫生综合管理平台系统无缝对接。

2008—2010 年，众兴乡投入 70 万元建成 9 个标准化村卫生室，均配有电脑、打印机、体重秤、血压表等，省卫计委为每个卫生室配备一台健康一体机，建立卫生室 HIS 系统，全部使用电子病历和门诊处方集系统。

第四节　疾病防控

县卫生局管理全县防疫、保健工作，乡卫生院做好传染病普查、治疗和善后事宜，制定中长期防疫、妇幼保健和消灭传染病计划。

一、主要疾病

病毒性肝炎　病毒性肝炎报告发病数在法定报告传染病中位次较高，是乡境流行较为严重的传染病之一。

1987 年，草庙乡某队 65 户 250 人，肝炎发病 34 人，发病率为 13.6%。

1993 年，三十埠乡某小学学生中甲型肝炎暴发流行，历时 6 个月，发病率高达19.59%。

2002 年 8 月，合肥市卫生防疫站在元疃镇某村调查自然人群中肝炎感染情况，采血 249 人，其中，乙型肝炎表面抗原阳性 197 人，感染率 79.1%，乙型肝炎感染 153 人，感染率 61.45%，其中，乙肝表面抗原阳性 34 人，病毒携带率为 13.65%。

1998 年和 2001 年，由于以上三乡镇均与众兴相邻，在众兴乡群众中引起较大影响，时县乡病毒性肝炎防治任务繁重。卫生部门主要通过免疫预防降低病毒性肝炎的发病率。

1992年1月1日起，开展新生儿、学龄前儿童乙肝疫苗接种工作，将普及儿童乙肝疫苗接种作为控制乙肝的主要策略。

经过10年努力，1岁以下儿童乙肝疫苗接种率在85%以上。为尽快降低儿童乙肝病毒携带率，县政府从2002年12月起，将乙肝疫苗免疫纳入儿童计划免疫管理，由县政府出资，适龄儿童均及时免费接种。

2004年9月，乙肝疫苗接种率97.5%；2005年，乙肝疫苗合格率97.6%，均达到上级下达的工作指标。

结核病　结核病是由结核分枝杆菌感染引起的慢性传染病。结核菌可能侵入人体全身各种器官，但主要侵犯肺脏，称为肺结核病。结核病又称为痨病和“白色瘟疫”，是一种古老的传染病。

20世纪前期曾有“十痨九死”之说，全国每年有数百万人死于结核病，是当时因病致死最多的病种。80%的病人在农村，其中近3/4是青壮年，结核病已成为农村因病致贫、因病返贫，制约农村特别是贫困地区经济发展的主要疾病之一。

中华人民共和国成立初，推行肺结核分类法，大力开展卡介苗接种，在农村逐步推广，为大批儿童接种卡介苗。

“文化大革命”期间，结核病防治工作一度处于低潮状态。1980年，推荐短程化治疗，1990年则实施以结核病控制项目为核心的国家结核病防治研究，一批新药物被临床应用。

但随着改革开放的深入，人口流动性增强，为肺结核排查以及治疗带来困难。

至2014年，因流动人口广、外出务工、吸烟、城市雾霾、家族病史、接触史等，使得结核病防治情况更复杂。临床上，结核病合并HIV情况也有发生，耐多药性病例增加等。2010年，全国第五次结核病流行学抽样调查开展，提供了不少有用的数据。此次流调结果与2000年流调结果相比，15岁及以上人群以及不同年龄性别的涂阳肺结核患病率均呈下降趋势，乡村患病率高于城镇，调查结果提示结核病疫情虽有下降，但是结核病特别是耐药结核病负担仍很严重。

二、传染病防治

中华人民共和国建立后，通过公共卫生和广大医务工作者的共同努力，坚持不懈地开展传染病群防群治，先后消灭和控制曾经殃及群众生命的九种传染病：回归热（1953年）、天花（1954年）、黑热病（1958年）、斑疹伤寒（1976年）、白喉（1984年）、脊髓灰质炎（1994年）、恶疾症（1995年）、头癣病（1982年）、丝虫病（1996年），基本消灭麻风病（1997年）。可控制传染病有流脑、乙型脑炎、疟疾、麻疹、百日咳、新生儿破伤风、狂犬病7种。至2014年，乡内流行较为严重的传染病有肺结核、病毒性肝炎、细菌性痢疾以及性病。

霍乱　1983年合肥市区及周边发生霍乱暴发流行，疫情波及众兴。乡卫生院设二类肠道门诊，每年5月1日至10月31日，对就诊腹泻病人的大病培养霍乱弧菌外，还对外环境（水及公厕大便）采样送检，结合卫生创建工作，加强食品卫生管理和饮用水卫生监督检测,对村民发放传单开展健康教育活动,防止“病从口入”。

人感染高致病性禽流感　乡政府成立禽流感防控领导组，乡卫生院设监测点与畜牧水产部门密切配合,互通信息,实行零报告和日报告制度。对乡内养殖专业人员作为禽流感高危人群进行密切观察和免疫预防。2004 年 2 月中旬,县疾控中心举办以禽流感防治为内容的乡镇卫生院防疫人员培训班,加强业务知识培训。

细菌性痢疾　细菌性痢疾(简称菌痢)是县内主要肠道传染病。1986—1989 年,全乡报告菌病 86 例,占同期报告传染病总数 28.52%。1990—1999 年全乡报告 53 例,占同期报告传染病总数 22.12%。

2000 年 6 月,张集中学及周边农村发生腹泻病流行,是一场暴雨后发生的,该中学有 170 多人感染发病,发病率达 12.14%。

2003 年 6 月至 7 月,开展“三管一灭”(管水、管粪、管饮食,灭苍蝇)活动,开展全民健身教育,注意饮食,饮水卫生,不喝生水,引导群众养成饭前便后洗手等良好个人习惯。

伤寒副伤寒　伤寒副伤寒在众兴内偶尔发生暴发流行,发病数呈逐年下降趋势。

狂犬病　1986—2005 年,县内发现报告狂犬病 77 例,无一例幸存。流行 10 年后,曾有一段间歇期(1991—2003 年)未发生病例。由政府组织,部门分工负责,采取限制养犬,消灭野犬等综合性防治办法。卫生部门负责供应狂犬疫苗和注射及病人抢救和疫情监测。在全乡开展健康教育活动,让群众懂得预防狂犬病知识,增强自我保护能力。众兴没有发现病例。

疟疾　俗称“痹寒”“打摆子”,是由疟原虫寄生在人体血液内所引起的传染病。通过蚊子叮咬吸血时传播,改革开放前是村民常见病、多发病,年发病率居各种报告传染病之首。对人体健康危害较大,是当时影响农业生产的主要传染病。随着经济的发展,蚊帐、蚊香的出现,人们防止蚊虫叮咬的方法越来越多。1987 年后,乡内疟疾发病率开始下降,至 1990 年下降更为明显,进入 21 世纪,疟疾基本消灭。

三、地方病防治

县地方性甲状腺肿调查资料分析,众兴境内属于轻度缺碘地区。1995 年 10 月起,众兴开始全民普食碘盐。

1995 年起,政府将食盐加碘,消除碘缺乏危害工作作为政府工作任期目标。

1996 年起,县教育行政管理部门将碘缺乏病防治知识纳入中小学教学内容,学生防治知识知晓率均在 90%以上。

1996—2005 年,开展碘盐和病情监测。对碘盐加工企业、销售点、居民户分别按规定采样并检验。

自 2000 年起,5 月 15 日是“全国碘缺乏病宣传日”,提高国民对碘缺乏病危害的认识,促进国民身体健康。

四、抗击非典型肺炎(简称“非典”)

2002年冬至2003年春，开展以预防“非典”为目的的全民健康教育和防“非典”知识咨询，以新媒体为载体向广大群众宣传预防“非典”基本知识。在乡机关、医疗机构、学校、自然村张贴宣传画694份，印发预防“非典”指导材料32份，培训乡村医务人员非典型防治知识32人次，建立乡村信息管理体系和科学防疫体系。

乡、村医疗单位实行24小时畅通，乡卫生院设立疫情监测点，实行“非典”疫情零报告、日报告制度。乡政府组织对返乡人员隔离观察，测量体温和填写健康随访表，全乡共完成611名返乡人员的健康随访工作。乡内未发现确诊“非典”病例。

第五节　爱国卫生运动

中华人民共和国成立初，农村医疗条件差，乡村环境差。天花、鼠疫、疟疾等地方病、传染病泛滥。1952年，毛泽东发出“动员起来，讲究卫生，减少疾病，提高健康水平，粉碎敌人的细菌战争”的号召，在全国范围内发动群众，开展以除“四害”讲究卫生为中心的爱国卫生运动。

20世纪50年代，以村民自发组织人力物力人工开挖大口水井，取地下水供村民用，每个自然村有一至两口大水井，井壁用旧式砖块堆砌，井口由大石块开凿而成。

二十世纪六七十年代，众兴乡广泛开展改厕活动，加强对人畜粪便的管理，对粪池进行密封，对牲畜进行圈养，粪便集中管理，基本上杜绝露天粪池和牲畜散养。

1980年，开展“五讲四美三热爱”文明礼貌月活动，深入机关、学校、家家户户，于是成了人们所传诵的经典口号。至今，经过那个年代的人记忆犹新，有力地激励广大人民群众的积极性和创造性，投入改革开放的大潮中，掀起建设美好家园和社会主义强国新高潮。

众兴乡人居环境整治再升温再加压工作推进会召开

(党政办/供)

20世纪80年代后，村民经济逐渐改善，基本每家有一口大水井或一口压水井。至2014年底，乡建成自来水厂一座，水源取自众兴水库，受益人口近2万人。农村饮用水卫生监测合格率100%。

1990年，沼气式粪池在农村逐步推广，全乡有1/4的农户建设了沼气池，对粪便做到无害化处理，改厕成效显著。

2004年县采取以奖代补的形式，每个乡镇卫生院公厕补助3000元，众兴乡卫生院完成了厕所改造。至2014年底，随着新农村建设工作的推广，农村改厕与时俱进，科学改厕形成了双瓮式、沼气式、粪尿分集式、下水道式和生态式改厕的多样式格局。

爱国卫生活动是发动群众，清洁卫生环境、预防和控制疾病的有效方式。2012年，全面建设小康社会，深化医药卫生体制改革，爱国卫生运动面临着新的形势和任务。2013年，安徽省委在全省开展“三线三边”整治工作，给人民群众对环境卫生与健康需求带来新的期待和更高的要求。

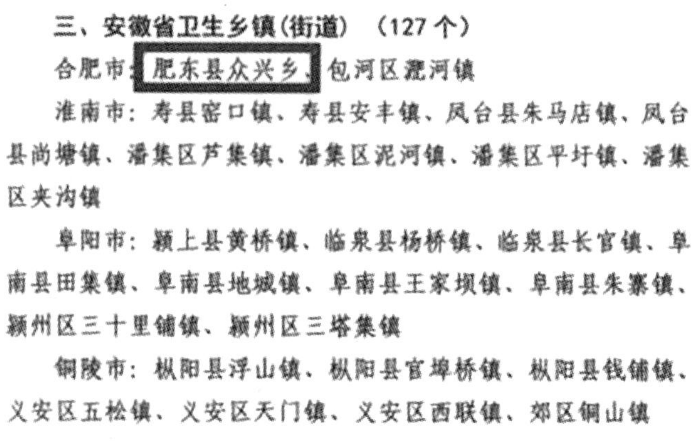
三、安徽省卫生乡镇(街道) (127个)

合肥市：肥东县众兴乡、包河区淝河镇

淮南市：寿县窑口镇、寿县安丰镇、凤台县朱马店镇、凤台县尚塘镇、潘集区芦集镇、潘集区泥河镇、潘集区平圩镇、潘集区夹沟镇

阜阳市：颍上县黄桥镇、临泉县杨桥镇、临泉县长官镇、阜南县田集镇、阜南县地城镇、阜南县王家坝镇、阜南县朱寨镇、颍州区三十里铺镇、颍州区三塔集镇

铜陵市：枞阳县浮山镇、枞阳县官埠桥镇、枞阳县钱铺镇、义安区五松镇、义安区天门镇、义安区西联镇、郊区铜山镇

2008年，众兴乡获评安徽省卫生乡镇(街道)

（地方志办/供）

20世纪60年代，众兴乡在各级政府的领导下，结合农村实际，广泛开展爱国卫生运动，20世纪50年代开展除苍蝇、老鼠、蚊子、蟑螂“四害”，预防疾病。

苍蝇防治　垃圾日日清，推广粪便无害化处理、对滋生物采用有机磷杀虫剂灭幼虫，在有些必要的场所用化学或物理的方法杀灭苍蝇。如滞留喷洒，空间喷洒，人工拍打以及粘蝇纸、灭蝇灯、毒蝇绳等捕蝇。众兴乡在20世纪70年代基本做到粪池进行密封，杜绝了露天人畜厕所。部分家庭安装沼气池，普及无害化厕所。

老鼠防治　村民常用的灭鼠方法有器械灭鼠和药物灭鼠，如灭鼠夹、关鼠铁笼以及敌鼠钠盐、磷化锌、大隆等药，村民采用总体歼灭战、持久战交替使用等方法在灭鼠方面取得明显效果。

蚊子防治　20世纪70年代前，主要是清除蚊子的滋生条件，填平水洼地，清理污水塘，密封下水道、水缸、水池、树洞等。改革开放后，经济有所改善，村民广泛使用蚊香，熏蚊纸等，室内安置蚊帐、纱门、纱窗等，有效防止蚊子叮咬。改革开放后，开始使用化学杀虫喷剂灭幼虫及成蚊。

蟑螂防治　二十世纪五六十年代，广泛动员家家动手，统一行动，采用环境治理与化学防治并重的措施。方法是用开水烧烫缝隙灭虫卵，清理杂乱破脏环境。改革开放后，主要采用投毒饵、喷药粉等化学药物消除蟑螂。“讲究卫生，减少疾病”成农户碗橱上的标准化对联。二十世纪六七十年代开展除害灭病活动，有力地遏制霍乱、鼠疫、疟疾等疾病在农村的蔓延。

第六节　医疗制度改革

农村合作医疗　1997 年、1998 年，为实现初级卫生保健中集资医疗覆盖率的指标。推行由个人、集体和社会多渠道集资的合作医疗保健制度。农民缴一定基金后，与乡卫生院签订合同。

可享受儿童计划免疫保偿：医院按规定接种相关疫苗，保证不发生麻疹、百日咳、白喉、破伤风、小儿麻痹症等五种疾病，否则按规定数额赔偿。可享受孕产保健保偿：医生提供产前产后服务，减免住院分娩费用。合医不合药：农民就诊免缴“四费”（出诊费、挂号费、诊断费、治疗费）。

新型农村合作医疗　伴随着集体经济的解体，原有的农村合作医疗失去经济基础，备受世人称赞的合作医疗制度迅速衰落。农村医疗保障的缺位，使得不少农民“因病致贫”“因病返贫”，与此同时随着经济发展和生活水平的提高，农民对健康更加关注。

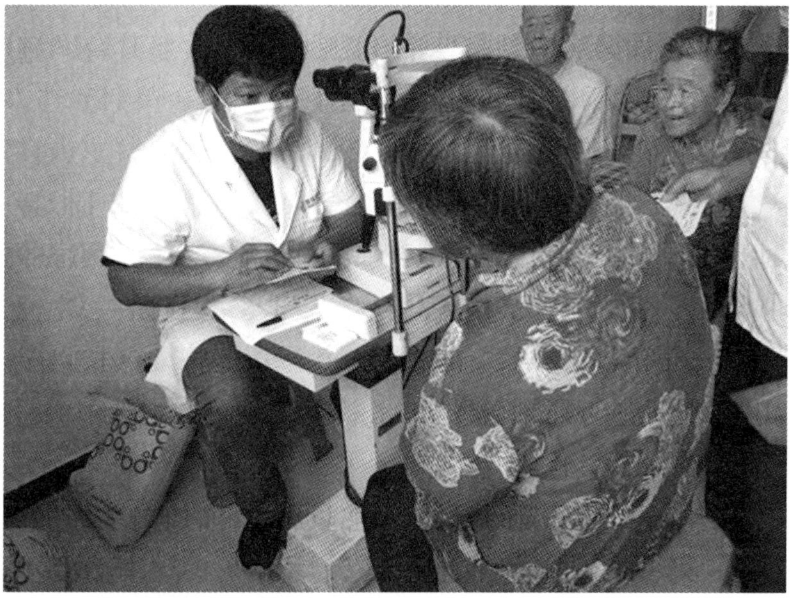

2008 年众兴乡卫生院对居民开展白内障筛查工作

（卫健办/供）

2004—2005 年，县在部分乡镇开展新型农村合作医疗试点。2005 年 11 月，县被列为 2006 年省级试点县后，众兴乡开展新型农村合作医疗。乡卫生院按照省卫生厅的《病历书写规范》要求，健全住院病历，这一做法是乡卫生院医疗质量建设中的历史性工作。县本着“严格审核，快速高效，简化手续，方便操作”的原则，设计好费用受理审批，兑现支付等操作流程，县合管办每月下旬将当月 20 日前受理的参合农民医药费审核、报批结束，向县财政局申请拨付资金，县合管办收到补偿资金支付到乡合管办合作医疗资金支出专户，乡合管办及时向农民兑付医药费补偿金。每月县合管办对病历、各项收费标准、住院情况进行审核。对乡合管办进行监督。至 2014 年，众兴乡的新农合各项工作均步入平稳发展轨道。

第七节 妇幼保健

一、妇女保健

婚前保健 1956年,规定农业社对妇女产期给假40天,小产给假30天,产假期间劳动报酬按同等劳力发给。

1958年,提倡和推行妇女经期、孕期、产期、哺乳期的"四期"保护,规定农忙季节"三调三不调"(经期调旱不调水、孕期调轻不调重、哺乳期调近不调远)。

1960—1962年,农村妇女由于劳动强度过大和营养不良,常有闭经、子宫脱垂等病发生。本地先后设立临时妇科病房。

1960年,成立防治子宫病领导小组,3年共治愈子宫脱垂病人243人。1979年,乡卫生院在部分社队开展妇科病查治,共查治三度子宫脱垂52人,尿漏63人。至2014年,全乡共查治妇科病1324人次。

2002年7月,政府召开专门会议,要求各有关部门和单位对婚前医学检查要高度重视。卫生主管部门制定具体实施意见,做到方便群众、优质服务,价格降到最低标准,并确定县妇幼保健所是县唯一合法的婚前医学检查单位。

新法接生 1950年前,众兴地区产妇生育孩子多为老法接生,用未经消毒用火烧过的剪刀断脐,妇、婴健康无保障,民间俗语有"产妇娘一只脚踏在棺材里"之说,新法接生即消毒接生。接生时应严格执行"一躺"(躺着生)、"三查"(产前、产时、产后)、"四消毒"(外阴、接生员、手臂、接生用具脐带消毒)和不能乱掏胎盘的新法接生四点规定。新法接生时降低新生儿破伤风,产褥感染热等疾病的有效手段。1986年后,县培训乡村新法接生员,每年有培训计划和任务,尤其是培训能够接生的"赤脚医生",并且从财政经费中拨出专款用于培训。20世纪80年代,县卫生进修学校成立,培养大批新法接生员充实到基层卫生院。

众兴的新法接生率从1979年的74.2%上升到1999年的98.6%。1996年后,产妇死亡率大大降低,至2005年,新法接生率达到100%,至2014年住院分娩率达100%。

围产期保健 20世纪80年代中期,随着经济文化水平逐步提高和计划生育工作大力开展,人们对母婴安全要求迫切,产前检查、住院分娩、产后访视等围产期保健日益得到重视。2001年,乡统一使用由县保健所印制的《孕产妇新生儿保健手册》。孕妇在孕3个月前到医院建卡,进行早孕检查,接受至少5次产前检查,于分娩前持保健卡到医院分娩,由医院为其发放"出生医学证明"和"儿童保健手册",并做产后访视。新生儿访视工作结束后,乡卫生院将保健册报道县保健所,经核实后换领出生医学证明和《孕产妇新生儿保健手册》,有效地督促和指导保健员开展好围产期保健工作。

1988—2014年部分年份众兴乡孕产妇保健管理情况一览表

表22-4

年份	产妇数（人）	建卡数（人）	建卡率（%）	早孕检查数（人）	早检率（%）	产前检查率（%）	产后访视次数（次）	产后访视率（%）	产前检查数（次）
1988	427	136	31	107	25	31	127	29	136
2002	367	226	61	216	58	59	217	59	218
2008	396	372	93	378	95	96	362	91	381
2014	354	354	100	354	100	100	354	100	354

妇科病查治　20世纪80年代，妇女多胎多育，老法接生，自生自接现象常见。生育造成子宫脱垂，尿瘘病例屡有发生。

20世纪90年代，经过广泛宣传指导，增强全乡广大妇女月经期卫生保健意识。在妊娠期通过对孕妇早孕检查和产前检查，筛查出高危孕产妇减少怀孕风险。分娩期提倡产妇住院分娩和新法接生，降低产妇分娩的风险，督促高危产妇住院分娩和新法接生，降低产妇分娩的风险，督促高危产妇住院分娩。产后访视，减少产后并发症发生。2000年后，保健所专门抽调两名专职人员产后访视。通过爱婴医院活动增加对产妇科建设，广大产妇有了更安全的分娩场所，降低产妇死亡发生率。哺乳期保健，通过对保健员培训，母乳喂养调查，母乳喂养知识宣传，使母婴安全度过哺乳期。

更年期通过门诊、义诊接受咨询，心理指导，帮助需要帮助的妇女顺利度过更年期。

二、儿童保健

1952年始，众兴地区为儿童接种预防疫苗（卡介苗）。1952年冬，妇幼保健委员会成立。次年，要求各地成立农忙托儿组，组织亲邻相帮带孩子。1959年，办好农村幼儿园、托儿所和产院。1962—1965年，每年“六一”国际儿童节，组织医务人员对婴幼儿实行健康检查，并给予免费矫治。

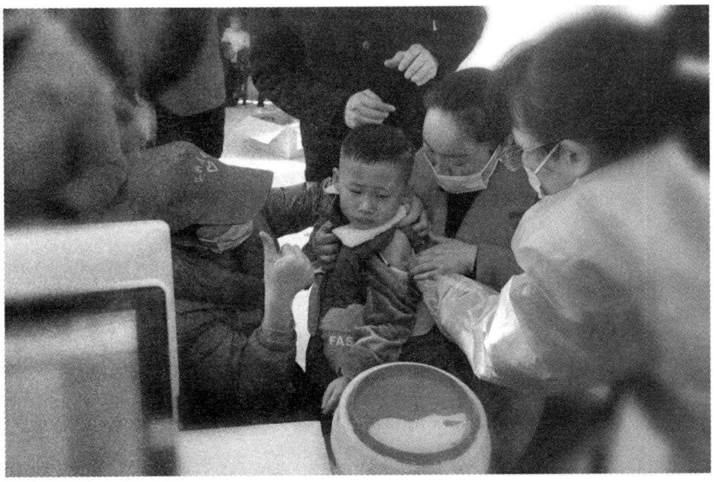

2006年，众兴乡卫生院下乡对居民儿童开展疫苗接种工作

（卫健办/供）

从1964年起，按预防医学和免疫学的规定，定期给婴幼儿种牛痘苗、划痕卡介苗、送服小儿麻痹糖丸和注射麻疹疫苗等。

1979年，恢复儿童保健工作，并优先为独生子女服务。同年始，全面推行儿童计划免疫，为新生婴儿接种卡介苗、乙肝疫苗、脊髓灰疫苗、百白破疫苗及乙脑疫苗等。

20 世纪 80 年代后，婴儿保健品营养品增多，乡卫生院对儿童进行全面体格检查。同时，还结合计划生育大力宣传优生优育，加强科学育儿技术指导，狠抓 14 周岁以下的儿童的健康检查，做到独生子女有专册，普通儿童有专卡，保障了新一代健康茁壮成长。

1982 年为儿童发放驱虫药。1999 年，做好高危儿童的智力测试和 0～3 岁儿童系统观察，系统观察率达 90%；降低贫血、佝偻病、营养不良的发生率，矫治好转率分别为 70%、75%、80%。

三、运动保健

旧时，乡村很少有专门体育锻炼者，民间仅有少数拳坊，趁冬闲组织人们练拳防身、健身。乡村居民因侧重于体力劳动，故一般不进行专门体育健身。20 世纪 50 年代后，乡村青少年开展各种形式的“民间游乐”活动。改革开放后，城镇居民兴起早晚散步、跑步、打太极拳、踢毽子、扭秧歌、跳健身舞等保健活动。进入 21 世纪，部分村（社区）和街道驻地建设休闲公园，安装健身器材，为居民健身提供方便；有家庭购置跑步机等，大妈广场舞风靡城乡。

四、季节保健

随着气候与环境变化，一年四季适时更换单、棉衣裳。民间穿衣有“春捂秋冻”“二八月乱穿衣”之说。冬春之交，天气渐暖，不可立即更换单衣，一般“吃了端午粽，才把棉衣扔”。春日载阳，万物复苏，运动或干活时，身体易出汗，马上脱掉棉衣会着凉。夏季身体出汗后，不要立即用凉水冲澡。秋后气候渐凉，不可立即添加棉衣，要适应一段时间，逐渐添加衣裳，否则易出汗感冒。冬季要勤晒被褥、枕头，杀菌消毒；冬天运动或干活时，要视付出的体力轻重，于出汗前减少衣服穿着，以免出汗着凉，完事后及时穿衣。

第二十三章 方言 民俗

华光社区民俗墙展示图　　（地方志办/供）

第二十三章 方言 民俗

华光社区民俗墙展示图　（地方志办/供）

第二十三章　方言　民俗

众兴地区方言属江淮官话中洪巢片的合肥话。县域以及合肥市内不同地区的交流不存在语言障碍，但与县内古城片和巢湖沿岸部分地区有细微差别，特别在口音上有明显区别，本章方言以众兴地区农村中老年人语言为代表。

众兴方言属北方语系江淮官话区。普通话的推广和渗透对方言虽有影响，但对语音变异干扰不大。

民间俗语、谜语、歌谣、传说是人们在日常生活中口头流传的一种通俗语言，言简意赅，寓意深刻，比喻形象，鲜明生动，具有通俗性、适应性和地域性等特点。它是劳动人民用精练的、固定的语句，总结生产斗争、社会斗争和生活经验的语言艺术结晶。其充满了真知灼见，揭示客观事理，是广大劳动人民生活智慧与经验的结晶，具有一定的教育意义和很强的语言表现力。它不仅"摭千古之虑，成一家之言"，而且是"逸文不坠于世，奇言不绝于今"，去雅取俗，口传心授，流传甚广。

第一节　词　汇

一、方言称谓用语

方言	普通话	方言	普通话
伯伯	父亲(父亲排行为长子)	老丈人	岳父
伯伯	伯父(父亲的哥哥)	丈母娘	岳母
妈姨	母亲	泰山	岳父
姑子	丈夫的妹妹	姑姑	姑母
大姑娘	丈夫的大妹妹	姥姥	姑母
爹爹	祖父	老姑	小姑母
大大(第二声)	父亲	老汉	最小儿子
大大(第四声)	伯母	小老巴	最小女儿
大姑	大姑母	老丫头	最小女儿
大姥	大姑母	老的们	男人

老姑娘　老处女，排行最小

老大娘　妻子背下对丈夫大哥之妻的称呼

奶奶　祖母

老爹　称祖父最小的弟弟

老爹爹　丈夫的父亲

男太太　曾祖父

老弟太　兄弟（尊称）

三婶　三婶母

女太太　曾祖母

娘娘　姨母

婶么　婶母

上人　称父母及祖父母等长辈

小嗣　小男孩

小老姑　小姑母

下人　子女、晚辈

小姑子　丈夫的小妹妹

兄弟　弟弟

寡汉条　单身汉

伙家　（口头语）　开口说话时对对方的称呼表示两人关系亲近

爷、叔父、父亲　（按排行叫二爷、三爷、四爷、老爷等）

二爷　父亲（父亲在兄弟中排行老二）

老爷　叔父中最小的称呼

伢子　小孩子

丫头　女儿、女孩

侠们　小孩

二伯　二伯父

二大　二伯母

二嬷　二婶母

二大娘　妻子背下对丈夫二哥之妻的称呼（以此类推三大娘……）

外爹　外公、外祖父

外奶　外母、外祖母

妯娣伙　妯娌、自己与丈夫的兄和弟的妻子的合称

奶奶们　女子

二、生活用语

方言	普通话
搅屎虫	胡搅蛮缠的人
现世宝	爱出洋相，不怕丢脸的人
活宝	爱出洋相，滑稽诙谐的人
寿器	棺木
嫁妆	为女儿出嫁准备的陪赠品；健在的老人所备的棺木
扒家	顾家、为家着想
扒娘家	嫁出去的女子顾娘家为娘家着想多
把滑	止滑、做事持稳
把人家	闺女出嫁
往人家	闺女出嫁
把灯哨过	把灯吹灭了
把尿把屎	双手抱持小孩解大小便
扮扮	故意的
罢罢的	故意的
罢意	故意的
不犯着	不值得
不顶弄	孬，思路不正常
不上线	不按规矩
不一当	无主张，前后言行不一致
不过意	不好意思，有愧疚
不思理	不讲理，胡搅蛮缠
不烈	不厉害

不过劲	不厉害
不吃劲	看不起人,轻视人
不经搞	(东西)不耐用,(人)经不起开玩笑
不扎窝鸡	坐不住板凳、不能持之以恒地在一个地方做同一件事
不清头	头脑不清楚、事理不清
不管经	不管用、不起作用
不瓤劲	不软弱、不简单、有能耐
不成器	一事无成、不成人
不张猫影	不伸头、遇事回避
板扎	身体结实健康
搬	扔,丢弃
扳价	讨价还价
嫑	不要
滗	挡住渣滓或泡着的东西把液体倒出来
摽劲	憋着劲
摽着干	比着干
扁巴巴	扁形状
边防四转	周边附近,四周
半吊子	头脑不清醒,言行不近情理
白茶茶	脸色煞白不健康
包单人	责怪人
屁磨	撒谎,骗人
纰漏	闯祸
皮条	做事拖拉,不讲信用
撇	使牛向左转
撇汤	引申为不自然,模仿某种语言、腔调
漂漂游	用力扔碎瓦片于水面上,飞快漂向远处
排场	体面大,要面子
配混	讲义气,够朋友
盘缠	路费
脬	一脬屎,膀胱
泡	虚而松软,不坚硬,如泡土、泡肉、泡桐树
炮仗	爆竹,鞭炮
旁人	外人,不是家里人或亲戚
潽得了	煮粥米汤从锅溢出
破嘴话	不吉利的话
泯一点	用嘴唇蘸点酒或品尝较烫汤液
慢慌	不用急,不要慌
慢慢吃	聚餐同桌先吃完饭向别人打招呼的客套话
忙不彻	急匆匆做事
毷氉	做事急躁、烦躁、不细致
冇	没有
冇谈头	不值得讲
麻花亮	天微亮
码	堆叠,码书,码箱子
卖麻油	哭、掉眼泪
蒙得了	溢出,漫出
磨	骗人,撒谎
反	批评,如他被父母反一顿
发怂	示弱,没有办法
肥	肥肥胖胖的
打驿伙	众人凑钱吃饭喝酒
打手巾把	把毛巾搓洗过后拧起来让长辈或客人擦脸
打腺	打扫卫生或清洗鱼鸡肉类食品
打尖	中途休息,短暂
打晚	连夜带晚做事
大憨皮	慢性子
荡刀布	理发用的磨刀布,意为人脸皮厚
挡浪	开始得势,正能干事的时候

逮	传染
带	多次用清水冲洗衣物，如把衣服带干净
呔	关系近，套近乎的招呼话（对长辈或陌生人一般不用）
对搭	凑合
兑掉了	抵消了
饾上	连接上
逗猴	开玩笑
戳断	说话不委婉，不留余地
刁	精明
叨	用筷子夹菜
捣腿	和别人共睡一张床
倒姐姐	骂人话，不满意时说的口头禅
倒巧	讨巧，占便宜
倒卯	缺德
到地	到顶，做事不留余地
得味	好玩，有趣
搭雨	淋雨
搭衣服	用缝纫机缝衣服
嗒姐姐	不满意时说的口头禅
哒僵	难办，不听话
搭车	乘车
第个	这个
第些	这些
第帮	这帮
第毫毫	一点点
定归	丢脸，没面子
趟趟瞧	试试看
煻灰	夏天天气炎热干燥，地上出现的一层细碎的土灰
倘底	假如，万一
搪	用手搪，抵挡，遮掩
抬石头	众人聚餐，平均摊钱
抬杠	激烈争辩

疼嘴	亲嘴
它兑它	相互抵消
唾啰	啰唆烦人
抟	抟圆子，引申把因意见不合而分开的人劝和到一起
一尺长	两臂平伸的长度
田岗	田间地头
停当	能干（多指好）
投到	等到
拿搪	故做不情愿姿势，摆架子
攮	小攮子，用刀刺
辣燥	干事雷厉风行，厉害
来不彻	来不及赶上
那毫	那点
那毫毫	那点点
那帮	那边
那块子	那儿
捏骚	假客气
拎包	手提包
老么	总是，老是
淖骚泥	烂泥
闹门	串门
能逗子	喜欢逞能的人
能过	能干聪明
愣头青	做事不听人劝，刚愎自用，鲁莽
拢一拢	凑合着
癃陷	衰弱，不灵便
拢共	一共，总共
弄妈	骂人的话，不满意时说的口头禅
弄送	捉弄人
砸蛋	糟糕
咂奶	小孩吃奶
女赞	好看、可爱。赞美女孩子的词

压紧	集聚
搒劲	用劲，使劲
趱紧	赶快
趱么走	赶快走
鏨头	碰头
鏨运气	碰运气
鏨几句	顶几句嘴
嘴不怂	嘴硬
坐月子	生小孩
作厌	讨厌
作死	找死
齐琨琨	整齐
蹭养	身体在某物体上来回摩擦以止痒
撑	吃饱了还吃
操人	训斥人
搓一顿	吃，请大家一起吃
骚聒	批评，讥讽，谩骂
搡諳	东西使劲填入空隙处，用拳头打人
随嘴諳	随意乱讲
潲雨	雨随风斜降至衣物或须遮挡的器物上
扫	快吃猛吃
骚不弄	说话做事颠三倒四，前后不一
趟	速度快，走路趟
絜	在嘴里慢慢吮吸，絜小糖
扨	踢人
怂	人软弱不中用，没劲，没精神
送日子	订婚
嘣	吮吸，如嘣冰棒，小孩嘣奶
梭	锯开
利亮	麻利，干净彻底
愚着	固执
支客	安排，支配来客座席次序
纸烟	香烟
眨巴眼	不理想，不满意的人
渣巴头	泥巴块，泥巴团
踋	阔气，有钱
踋老资格	摆老资格
照	行了，可以
中	行，可以
徛	滑行，路滑
扯呼	打鼻鼾
扯能	逞能
扯精	胡说八道
抽人	骂人
抻	抻头抻脑
抻腿	从别人要
撑坦	舒坦
冲瞌睡	困极打盹儿
冲开水	往水瓶里装开水
冲人	带着气大声和别人说话
膗	身体肥胖不灵便
膗癧	动作不灵便
戳包	惹是生非
戳觉	调皮
戳纰漏	惹麻烦，闯祸
砂牙	吃到食物中夹杂的细砂等杂物有杠牙的感觉
伤蛋	伤心，可怜
赏进	长辈对晚辈夸奖赞赏
上马庄	犯错误，惹麻烦要受到惩罚
上筵	宴席上长辈的座席，俗称长辈
上冻	结冰
上园	如厕的雅称
蚀	不结实，软，扁担太蚀
屎	笨拙，低劣

屎棋、屎牌	棋牌技术笨拙
拾弄得弄	衣着不整洁，做事拖沓
手敞	出手大方
烧包	卖弄，炫耀
韶道	显摆，卖弄
什个	什么
拾掇	整理，修理
煽矜	自傲，摆架子
收亲	男子娶亲
操劳	忧虑
唵	不用手而用嘴直接吞吃食物
瓤	称物体秤杆向下倾斜，多得一点斤两
瓤和	软和，不硬、有弹性，米饭瓤和
硬扎	坚固结实，健康
怄气	心里有气，不对外发泄
搛	夹取
奸头巴鸡	做人做事尖滑
惊吵	打扰
矜味	自高自大，显摆
交	量词，遍、次、趟、全，庄稼要浇三交水，浇交了
结石	头脑不清，不讲理
结杠	身体结实健康
俊嫽嫽	小孩长得俊
解	锯
解手	上厕所，解大小便
讲搞	怎么办
讲婆家	女孩找对象
结巴撩舌	口吃，言语不清
巧	东西价格便宜
瞧病	看病
乔奴	卖弄，打扮过分
勤利	勤快
秋眼	烟气熏，使眼难睁

缺精	自以为稀奇少见
缺气	奇怪，碰巧
缺薄	缺德，刁钻，鬼点子多
缺丫	物体破损的一小部分
吃箭	深入骨子眼里，比喻压力大难承受
现世	丢人
枵	薄，不厚
枵而薄	不重情，不厚道，势利
小气	吝啬
小意	谦虚，客气，低调
兴菜	种蔬菜
喧番	撒娇
轩	称物体使秤杆稍翘起
降人	用别人没有的东西来炫耀诱人
歇伙	不干了或散伙了
行	借钱物，事后偿还
嘎	诱骗人上当
行蛮	不按情理一个劲要求
习害	对人有坏心
掴	用弯起的手指头拷打人头部
敲头拐	孩子有错，长辈用手指敲打头部教训
呱空	闲聊，说别人坏话
惯	溺爱，骄纵，迁就，纵容（子女）养成不良习惯
惯跤	摔跤
官饷	发工资
干	吃
够呛	够受的
够种	讲义气，够义气
格式	美观，漂亮
格厌	讨厌
搁	放置

干夯	并非为了达到与己有关的事而瞎起哄
搗脏	小孩子跟大人撒娇哭闹
矼	身体某一些部分被坚硬的东西顶着，如矼脚
跟将	争气，孝顺
跟脚	鞋子合脚
寡寡	仅仅、单单
乖乖	表示赞叹，惊讶，赞赏
光朗朗	空光光、干干净净
精光	一点不剩
光朗头	光头
逛胡子	刮胡子，喻批评
过劲	有力量，有本领
卡（人）	骗人
剋	打架，剋架
空寥寥	空洞无物
闶阆	物体间或物体中空旷的部分，如鞋闶阆
扛锅铲	和被邀请的人一起去人家吃饭，也称摽饭
拷们	敲门
抠	吝啬
开窍	开始懂知识，明白事理
啃头	低头
看乔了	看不起，小看人
看扁	看不起，小看人
睱腰	弯腰
哈痒	用手指触人体好痒处，使人发笑
哈格湫	用指触动别人怕痒的地方
哈气	吹气
齁子	呼吸道患病哮喘的人
齁心	太甜或太咸使人不适
嚎	大声哭
哄张子	什么时候，哄时候
哄东	什么东西
黄掉	事情半途而废
涵	称物体时秤杆尾部向下沉，指缺斤少两
伙大蛋	拍马屁
伙人	讨好人，拍马
伙价	与人套近乎称谓对方
烀	加水用火煮烂食物
护短	袒护缺点
回力	因用力过猛且时间长而后期有些乏力
划廉	划算，划得来，划来
二百五	缺心眼，傻子
掂	用瓢勺挖盛东西
瓦扎	碎瓦片
忘失	忘记
歪死缠	胡搅蛮缠
挝气	手脚等软组织受伤
崴人	讹诈人
煨	慢火炖
温汤热	温热，不烫
哦错	差错
哦腔哦调	说话语气蛮横，有讹人意味
窝宕	凹陷的、面积小的圆形小水坑
洋货	傲慢，不顺服
一了	一向，从来
大豁四开	指门全敞开
舞倒	做，干某件事
拾掇	整理，修理
鹜得了	很好
好些	很多，多少
海	吹牛，漂亮，会来事
哈个	那个谁
肘手	事情难办，不听话

三、自然用语

方言	普通话	方言	普通话
冰窿	冰	盐豆子	雪霰
雾落雨	毛毛细雨	水克阆	水洼
热头	太阳	扫帚星	彗星
日头	太阳	溜点	稀稀落落的小雨

四、时令用语

方言	普通话	方言	普通话
哄张子	什么时候	半晌	半上午
这肮子	这时候	麻麻亮	拂晓
那肮子	那时候	天擦黑	黄昏,快入夜
将刚	刚刚	一刹功	一会儿,一下子,一阵子,一段时间
将将才	刚才		
往常子	以前,从前	八月节	中秋节
今个	今天	九月九	重阳节
后个	后天	三十晚	除夕夜
昨个	昨天	年根上	年底
前个	前天	皇历	农历,阴历历书
大前个	大前天	晚末西	傍晚

五、方位用语

方言	普通话	方言	普通话
前头	眼跟前,前面	下头	下块,底下,下面
后头	后面	东搬格	东边
左搬格	左边	西搬格	西边
右搬格	右边	哄地场,哄场子	什么地方
里头	里面	二边二	两边平分
外头	外面	二旁边	两边
上头	上面	外首	外面
高头	上面	把把边	最边上

六、动物用语

方言	普通话	方言	普通话
盐老鼠	民间传说，蝙蝠是老鼠偷吃盐而变成的	雀子	鸟的统称
		小燕子	燕子
牯牛	公牛	老雕	老鹰
水牛	母牛	蟆蚱	蚂蚱
叫驴	公驴	灶马	蟑螂
草驴	母驴	杂碎	动物的内脏
伢猪	雄性猪	下水	畜类动物的内脏（多指消化系统）
犍猪	阉割后的雄性猪		
绝猪	给母猪配种的公猪	血晃	杀动物血流后的凝固物
伢狗	公狗	舌条	多指畜类的舌头
草狗	母狗	舌头	多指人、禽的舌头
米猫	母猫	颈口肉	猪颈部的肉
子鸡	半大的鸡	下拽	猪等动物的裆下肉
爬蟹	螃蟹	前座	猪等动物的前胛肉
歪歪壳	蚌	后座	猪等动物后股
癞痞蛄子	癞蛤蟆	膀胯	家畜禽动物翅膀、腿根部
蛤蟆咕嘟	蝌蚪	翅嘴白	白丝(鱼)
曲蟮	蚯蚓	参条	白鱼
千千	蜻蜓	红尾子	鲤鱼
遮溜	蝉	僵牯牛	天牛
刀螂	螳螂	放屁虫	一种会放出烟雾的昆虫
火莹虫	萤火虫	叫叫油	蝈蝈
蛇蚤	跳蚤	镟鸡	阉割过的公鸡
遮蛛	蜘蛛	旱螺狮	蜗牛
四脚蛇	壁虎	豚猪	阉割过的母猪
膀子	翅	抱鸡	孵小鸡
子	鱼虾及蚊虫的卵	抱	禽类孵蛋

七、植物用语

方言	普通话	方言	普通话
常花	向日葵种子	葵花荏	葵花籽

灰面	面粉
麦麸子	麸皮
粗糠	稻壳
六谷	玉米
芋头	红薯
洋四子	西红柿，番茄
蒜苗	蒜薹
烘四子	漤过的柿子
梗	茎
红萝卜	胡萝卜
白菜	青菜和大白菜
茭瓜	茭白
腊菜	芥菜

八、饮食用语

方言	普通话
饭	一般指午饭，和稀饭相对
盈汤	粥米汤
筒子面	机制装成桶形的面条
挂面	手工挂出的面条
六谷面	玉米面
精肉	瘦肉
芽菜	豆芽
麻油	芝麻油
香油	菜籽油，花生油
荤油、化油	猪油
茶	开水
浓水	泔水
萝卜将	萝卜干
喫	吃
拔烟	抽烟，吸烟
叨	用筷子夹
鲊肉	米粉肉
纸烟	香烟

九、房舍器具用语

方言	普通话
披厦	靠主屋一墙搭盖的斜面屋顶小房子
拐子	屋内的角落
墙拐	墙角
天井	四合院的院子
门了了	旧时门的襻子，锁门扣子
催子	水壶
唰子	挑子、勺子
担床	搭一个临时床铺
凉床	竹子做的夏天乘凉用的床
箩窝子	幼儿的摇床
被单、卧单	垫单，床单
枕头膛子	枕套
板担、板板	板凳
站柜	放衣物的站立柜子
百刀	切菜刀
套板	砧板
茶缸、茶盏子	茶杯
盅子	酒盅
洋油	煤油
洋火	火柴
烟笼	烟囱
水瓶	保温瓶
顶顶子	套在手指上顶着针缝

	补衣服的圆环物	山墙	人字形屋顶的房屋两头的墙壁
朝簸	簸箕		
推子	梯子	小量子	小水桶
剃头	理发	盖屋	建房子
起子	螺丝刀	锅间	厨房

十、身体用语

方言	普通话	方言	普通话
老井把	脖子	胯子	大腿
拐轴	胳膊	腡	呈圆形的指纹
额脑头	前额	手颈子	手腕
眼珠子	眼球	脚颈子	脚腕
眼眨毛	睫毛	浓鼻	鼻涕
耳道眼	耳孔	仁仁子	身上天生的印记、胎记
脊梁	脊背	瘊子	疣子
胳老肢	腋下	鸡巴、麻秋	男性生殖器
磕老头	膝盖	瘸胯	瘸腿、瘸子
铺卢盖	膝盖骨	拽子	手脚胳膊不灵便的人
屁眼	肛门	脚顾拐	脚踝
屁眼沟	股沟	脊梁心	后背
老鼠窝子	后颈窝	腿白肚	小腿肚
肚么齐	肚脐眼		

十一、疾病

方言	普通话	方言	普通话
敞风、伤风	感冒	打脾寒	又称“打摆子”,患疟疾
打岔	生病	打岔	生病
不称坦	病了	拽	手脚胳膊有毛病行动不灵便
发热	发烧		
不好过	病了	拽瘫	动作不灵便
不称坦	病了	敞风	感冒
不调和	病了	伤风	感冒
发热	发烧	瘸跨	瘸子,瘸腿

十二、鞋服用语

方言	普通话	方言	普通话
二五大氅	双排扣棉大衣	围腰	用布做的围裙,围在衣服外面以挡脏物
色鞋	拖鞋	荷包	衣服口袋
深筒靴	胶靴		

十三、人称用语

方言	普通话	方言	普通话
小家伙	小孩子、小伙子	要饭	叫花子,乞丐
小一班	小青年们、晚辈	送信者	邮递员
结巴	口吃者	看大门	门卫
先生	老先生、教师、医生,对成年男性的尊称	货郎	走村串户卖小百货的
郎中	江湖行医者	玩把戏	玩杂技

十四、特征用语

方言	普通话	方言	普通话
左郭照	左撇子	闷头驴	不爱说话的人(贬义词)
老拐子	人贩子	活妖怪	妖艳的人(多指女人)
三只手	扒手,小偷	抠精	非常吝啬的人
人种	人物(贬义词)	老实头	过于老实的人
龅牙	门齿外露	出气筒	比喻常被人发泄怨气的人
老朗头	光头		

十五、讳言

方言	普通话	方言	普通话
住寿	对老人停止呼吸,“死”的婉称	去世	对“死”的婉称
		走掉了	对“死”的婉称

十六、讳行

家人过年哭　在本地有这样一条不成文的习俗，当过年的时候大家问候最多的话就是“过年好”，并且这种说法一直流传到今。人在过年哭，人们觉得这个行为会把霉运招进来，被外人看见哭是件丢人的事，更不能在亲戚朋友家哭泣，否则，别人认为你是霉头。

抖腿　身边总有些人会不由自主地抖腿，看电视时抖、开会时抖、上课时抖……好像只要坐着，腿就不自觉地开始抖。尽管这只是小习惯，但在村里有的老人看来这使家里越抖越穷，虽然我们听着不靠谱，但从个人的行为来看，不管是男孩还是女孩抖腿都是不文雅，我们大都喜欢举止得当的，所以有这毛病的趁早改。

吃饭“吧唧嘴”　农村餐桌文化礼仪也很讲究。如夹菜每次要夹准，不要在盘子里翻动，有公用餐具一定要用公用餐具；吃饱后筷子要放在桌子上，不要放在碗碟上；吃饭不要发出声音，这样不但会让人觉得你不礼貌，还会漏财。

第二节　俗　语

很多俗语说的是生活中的一些经验总结，并在群众口语中流传，具有口语性和通俗性的语言特点，大多数是劳动人民创造出来的，反映人民生活经验和美好愿望，是农民在长期生产实践里总结出来的经验。

一、谚语

气象　一九二九不出手，三九四九冰上走，五九六九河边插柳，七九河开（七九六十三，行人把衣担），八九燕归来（八九七十二，穷人说大话），九九加一九，耕牛遍地走。三九心，不冷都冷，六月心，不热也热。

大寒年年有，不在三九在四九。霜前冷，雪后寒。

春寒多有雨，夏寒水断流。一场秋雨一场寒，十场秋雨穿上棉。

蚂蚁搬家，雨水朝家。燕子低飞，天将雨。

早霞不出门，晚霞行千里。十雾九晴，东虹日头西虹雨。

五月南风下大雨，六月南风井底干。谷雨不雨，交回田主。

日晕三更雨，月晕午时风。春东风，雨祖宗。

清明要晴，谷雨要淋。夹秋三场雨，遍地出黄金。

春雾雨，夏雾热，秋雾凉，冬雾雪。久旱东风无雨，久雨东风不晴。

“立夏”不下，犁耙上架。

西风不过酉（傍晚），过酉连夜走。

早凉晚凉，干断种粮。重阳无雨看十三，十三无雨夹秋干。

月落乌云涨，半夜听雨响。夏至西北风，蔬菜瓜果稀。

过了寒露夜，一夜凉一夜。小寒大寒，缩成一团。

吃了冬至面，一天长一线。天上鱼鳞斑，晒草不用翻。

农业　养猪不赚钱，回头看种田。好种出好苗，好葫芦结好瓢。

寒露豌豆霜降麦。正月上粪，上金子；二月上粪，上银子。

三月三，南瓜葫芦都上滩。麦到春分昼夜长。

十成稻九成秧。十成黄，九成收；九成黄，十成收。

有收无收在于水，收成多少在于肥。谷雨前，好种棉；谷雨后，好种豆。

小满栽秧家把家，芒种栽秧普天下。

芒种芒种，样样要种。芒种不种，秋后收空。

水是稻的命，也是稻的病。麦要风，稻要哄。

大暑前、小暑后，两暑之间种绿豆。

麦菜一黄，前三天不割；后三天割不彻(来不及)。

人误地一时，地误人一年。

满(密植)三担，稀(稀值)六箩，不满不稀收九箩。

清水下种，浑水栽秧。种田不要问，深耕多上粪。

人不亏地皮，地不亏肚皮。肥多急坏禾，柴多压死火。

人黄有病，苗黄缺粪。猪粪红花草，农家两件宝。

要想韭菜好，只要灰里找。

商业　生意无大小，仁义值千金。人无笑脸莫开店。

生意不成，言语未到。　　只有错买的，没有错卖的。

吃喝不计较，买卖论公平。　亲兄弟，明算账。

好借好还，再借不难。　　不怕不识货，就怕货比货。

老王卖瓜，自卖自夸。　　坐商变行商，财源达三江。

好货不便宜，便宜没好货。　大生意靠嘴，小生意靠腿。

人好不怕贬，货好不怕选。　买卖讲公道，顾客做广告。

百问不烦礼相待，买卖不成人情在。

三分利胀死人，七分利饿死人。

疾病　好话怕冷水浇，好汉怕病缠绕。什么风都下雨，什么病都死人。

英雄只怕病来磨。天怕乌云地怕荒，人怕疾病草怕霜。

百病从口入。寒从脚下起，病从口中入。病怕没名，疮怕有名。

小伤风三天，大伤风七日。伤风是百病之母。

背无好疮。天黄有雨，人黄有病。男怕脚肿，女怕头肿。

积劳成疾。眼睛害病是手上得的，肚子害病是嘴里得的。

小孩无假病。小孩不蹦，必定有病。

阴来阴去阴下雨，病来病去病倒身。病来如山倒，病去如抽丝。

病来如箭，病去如线。得病想亲人。炕上有病人，地上有愁人。

气鼓、噎、干痨，阎王请帖到。穷勿信命，病勿信鬼。

有病早治，无病早防。三分医，七分养，十分防。

百治不如一防。一份预防方，胜过百份药。

只忙治病不忙防，没有忙到点子上。与其病后去求医，不如病前早预防。

大病要养，小病要抗，无病要防。预防伤风和感冒，增强体质最重要。

预防伤风和感冒，当心着凉最重要。

出汗不迎风，跑步莫凹胸。大汗后，莫当风，当风容易得伤风。

汗水没有落，莫浇冷水澡。头对风，暖烘烘，脚对风，请郎中。

白露身不露，寒露脚不露。白露切勿露，免得着凉又泻肚。

多衣少寒，少衣多寒。热不马上脱衣，冷不马上穿棉。

春捂秋冻，少生杂病。春不忙减衣，秋不忙加帽。

即脱即着，胜过服药。勤穿勤脱，胜过吃药。

新生孩儿无六月。防病无别窍，卫生要搞好。

丰收要靠劳动，强身要靠卫生。机器不擦要生锈，人不卫生要短寿。

预防肠胃病，饮食要干净。卫生搞得好，疾病不来找。

不干不净，吃了生病。卫生好，病人少；饮食净，少生病。

吃瓜果，要洗净，吃得卫生少生病。饮食要卫生，一热二鲜三干净。

卫生好，病人少，锅灶净，少生病。吃瓜果，要洗净，吃得卫生少生病。

饮食要卫生，一热二鲜三干净。卫生好，病人少，锅灶净，少生病。

喝开水，吃熟菜，身体健康少病害。要想身体健，食物要新鲜。

鱼吃新鲜米吃熟。东西要吃暖，衣服要穿宽。鱼过千滚，吃肚自稳。

臭鱼烂虾，送命冤家。冬忌生鱼，夏忌狗肉。

宁吃鲜桃一口，不要烂杏一篓。

饭前一碗汤，气死好药方；饭后一百步，强如上药铺。

洗脸洗鼻窝，扫地扫墙角。扫地如清心。

无事勤扫屋，强如上药铺。屋内屋外勤打扫，开窗通气精神好。

清爽的空气，百病的良药。强光底下无毒虫。

常常晒太阳，身体健如钢。常开窗，透阳光；通空气，保健康。

日光不照临，医生便上门。入厨先洗手，上灶莫多言。

饮前洗手，饭后漱口。要离药罐，洗手吃饭。

勤吃药，不如勤洗脚。剃头洗脚，赛过吃药。

剃头常洗澡，身体自然好。焚香不如扫地，吃肉不如剃头。

害眼洗脚，强似吃药；害眼剃头，火上加油。

衣服常洗常换，强如上医院。灭虱没有巧，换衣常洗澡。

常洗衣，常洗澡，常晒被服疾病少。常常洗澡，虱子不咬。

饱不洗澡，饿不剃头。牙齿不剔不空，耳朵不掏不聋。

一只苍蝇一只虎，飞到谁家谁家苦。苍蝇消灭光，肠胃得安康。

除了苍蝇灭了蚊，夏令毛病去七分。预防肠道传染病，要把苍蝇消灭尽。

得病容易治病难。小病不治，大病难医。新病好医，旧病难治。

有病最怕乱投医。身冷的人和衣裳亲近，有病的人和医生亲近。

百病一针，病情要分。小单方能医大病。偏方气死名医。

药方无贵贱，效者是灵丹。话传三遍假成真，药方子抄三遍吃死人。

毒病毒药医，十个大夫九“当归”。针灸拔罐，病去了一半。

感冒不是病，不治要了命。饿不死的伤寒，吃不死的痢疾。

清泻不用医，饿到日沉西。撑痢疾，饿伤寒。鼻子不通，吃点火葱。

千枝连根，十指连心。伤筋断骨一百天。疮大疮小，出头就好。

挤疮不留脓，免受二回痛。治疮不能怕挖肉。红肿高大，大夫不怕。

三肿三消，预备铁锹。病人怕肚胀，雨落怕天亮。丑病不瞒医生。

有病不瞒医，瞒医害自己。有病去烧香，死得更快当。

吃药不忌嘴，跑断大夫腿。吃药不忌口，枉费大夫手。三分吃药七分养。

养病如养虎，不可掉以轻心。慢病在养，急病在治。学医不明，暗刀杀人。庸医杀人不用刀。懂得医术的是医生，不懂得医术的是屠夫。

久病能知医。久病成良医。吃药三年会行医。

生姜汤，自暖肚。管你伤风不伤风，三片生姜一根葱。

人吃五谷生百病。树有生疤长节，人有头痛脑热。

好人也有三分病，世间没有无病人。一病发，百病生。

长病无孝子，久病妻也嫌。床上的病人，床下的罪人。

无病不知有病苦，有病方知无病福。忙人事多，病人心多。

船在江中望顺风，人在病中想亲朋。青草起，枯草落，要脱不得脱。

伤风伤风，多在秋冬。气不走成病，血不畅成疮。心中有火，肝气不舒。

暴病无热，久病无寒。日咳肝上火，夜咳心肺凉。

寒从脚下起，热从五心来；怄气伤肝，久咳伤肺。人从脚下老，病从虚处发。

久病无实症，胃虚肝火盛。牙疼不是病，疼死无人问。

胃不和，卧不安。伤胃则吐，伤脾则泻。

伤寒好治，咳嗽难医；白痰轻，绿痰重，吐了黄痰要了命。

大风先倒无根树，伤风偏死下虚人。风为百病之长。

十哑九聋，十齁九抽。睡觉磨牙，肚里虫爬。

眼怕瞎，耳怕聋，鼻子就怕气不通。

树怕钉钉，人怕抽筋。睡成病，抠成疮，懒身婆娘长痒疮。

土蛇咬了团鱼边，三天不医上西天。水蛇咬个包，一路走，一路消。

病人腰痛，郎中头痛。十指连着心，骨头连着筋。

二、格言

本地乡民视作人们行为规范、言简意赅、生动现象的语句，是人们机智的精华，众人汇成的睿智，是指导人生走向成功之路的法宝，时刻激励人生取得进步。

生活　树无九桠，人无十全；树怕剥皮，人怕伤心；树挪死，人挪活。

人情大似债，头顶大锅也要卖。吃不穷，喝不穷，算计不到一世穷。

小时偷针，长大偷金。晴带雨伞，饱带干粮。

黄鳝多大，洞有多粗。泥鳅兴捧，伢们兴哄。

满坛醋不晃，半坛醋晃来晃去。开水不响，响水不开。

会看看门道，不会看看热闹。不听老人言，吃亏在眼前。

捣巧（贪便宜）是吃亏后门。上梁不正下梁歪，大梁不正倒下来。

有理走遍天下，无理寸步难行。人往高处走，水往低处流。

人活一口气，佛争一炷香。三百六十行，行行出状元。

天无一月雨，人无一世穷。一回经蛇咬，三年怕草绳。

人心不足蛇吞象，贪心不足吃月亮。只有大病害死人，没有生活累死人。

活到老学到老，还有三分没学到。

无农不稳，无工不富，无商不活，无粮则乱。经一事，长一智。

人品　在家不睬人，出外没人瞅。哪个人前没人讲，哪个人后不讲人。

衣裳是新的好，朋友是旧的好。萝卜青菜各有所好。

叫人不佘本，舌头打个滚。聪明不可用尽，便宜不可占尽。

吃人家嘴短，拿人家的手短。跟好人，学好人，跟猫狗学咬人。

宁丢一村不丢一户。人要真心，火要空心。

秤砣虽小压千斤，孙子有理斥太公。穷不失志，富不张狂。

怡乐　（地方志办/供）

逢人只说三句话，不可全抛一片心。

任他富贵乾坤大，守我本分日月长。耳听为虚，眼见为实。

交通　远路无轻担，路遇不是伴。春雨不误路，雨停路也干。

条条大路通罗马。路在嘴边，钱在手边。

理越辩越明，路越走越宽。路在人走，事在人为。

路在脚上，福在手上，祸在嘴上。路有千条，理有一条。

路要一步一步地走，饭要一口一口地吃。路走三遍熟。

卫生、养生　寒从脚下起，病从口中入。冬吃萝卜夏吃姜，不用医生开处方。

久视伤神，气多伤身。早餐要吃好，中餐要吃饱，晚餐要吃少。

要想小儿保平安，常带三分饥与寒。萝卜青菜豆腐保平安。

饭后百步走，活到九十九。夏不睡石，秋不睡板。

晚上开窗，一觉都香。睡前洗脚，胜吃补药。

白天多动，夜里少梦。春不露脐，冬不蒙头。

家庭　家和万事兴；家有黄金万两，不如一技在身。惯子不孝，肥田收瘪稻。

农家乐　（地方志办/供）

外面要有行钱手，家里要有聚钱斗。儿不嫌母丑，狗不嫌家贫。

人老要五有：一要有老身（健康），二要有老伴，三要有老窝（住房），四要有老友，五要有老底（积蓄）。夫妻没有隔夜仇。

当家方知柴米贵，养儿才晓报娘恩。儿孙自有儿孙福，莫为儿孙当马牛。

兄弟齐心，其利断金。一年之计在于春，一生之计在于勤。

不当家不知柴米贵，不生子不知父母恩；当家才知油米贵，出门才晓路难行。

生儿子名好，生女儿命好。千有万有不如自家有，儿有女有还瞒着一只手。

人穷别走亲，马瘦别走兵。升米养恩人，斗米养仇人。

再穷不卖看家狗，再富不卖耕地牛。一代亲、二代表，三代、四代嘴藐藐。

三十不立子，一直累到老。吃不穷，穿不穷，算计不到就是穷。

三、俚语

俚语是民间非正式、较口语的语句，是百姓在日常生活中总结出来的通俗易懂顺口的具有地方色彩的词语。其地域性强，较生活化。

人分三六九等，肉分五花三层。

生就的骨头，长就的肉。（指江山易改，本性难移）

积谷防饥，养儿防老。人勤地不懒。怕处有鬼，痒处有虱。

端人碗受人管，吃人饭看人脸。日子长了事多，夜长了梦多。

有样学样，无样看世上。

错一时累一世[意思是说凡事要三思而后行，有些事，决定（做）错了，影响一生]。

宁要一个乞丐（婆）母，不要十个做官（爷）父。

乞丐也有三年运。（意思是说天无绝人之路，世上没有跨不过的坎，也指就是再无用的人也有用得着的时候,不要小看他人)。

穷不过三辈,富不过三代。当面教子,背后教妻。烧香惹鬼,送礼惹事。

烂田好打桩。(指本分老实人,被人欺)

前不栽桑(桑树,谐音丧),后不栽柳(柳树不结籽,象征无后代)。

货到地头死,人到集市活(指货放仓库难赚钱,买东西要到集市买)。

(你以为你说了)两片好词(瓷)贴在尿壶里就能当茶壶。

躲脱不是祸,是祸躲不过。

肚子疼怨灶王爷(指出了事不分析自身原因,找借口推脱)。

做官莫在前,做客莫在后。

掀开帽子见癞痢(指事情很明白的,用不着藏着掖着)。

做人不成,眼泪朝前(指无能或遇大事小事就先流泪)。

找老婆看母,开船看底。

老人多话,团子(小孩)多涕。

得了不该得的,就会失去不该失的。

芋叶只能装得芋叶水(指:命中若有终须有,命中若无莫强求)。

歪竹出好笋(指父母智商偏低或父母为人不善,而他们的子女确是个高智商,为人善良而大有作为的人)。

七十不留宿,八十不留饭(指人到了七十岁后,不要在他人家住宿;到了八十岁后,吃饭都别在他人家吃)。

喜鹊喳喳尾巴长,娶了媳妇忘了娘。有钱不买河边地,有钱不买活汉妻。

宁可给人停丧,不能给人成双。勤穿不新,勤行不亲。

宁给君子提鞋,不与小人同财。菜无盐无味,话无理无力。

四、歇后语

歇后语是劳动人民自古以来在生活实践中创造的一种特殊语言形式,是一种短小、风趣、形象的语句。它由前后两部分组成:前一部分起“引子”作用,像谜面,后一部分起“后衬”的作用,像谜底,十分自然贴切。在一定的语言环境中,通常说出前半截,“歇”去后半截,就可以领会和猜想出它的本意,所以就称为歇后语。歇后语一般寓意深刻,短短一句凝聚着很多智慧。

一张纸画个鼻子——好大的脸面。

裁缝打架——真(针)干。

兔子尾巴——长不了。

老鼠钻风箱——两头受气。

哑巴吃饺子——心里有数。

棺材里伸手——死要钱。

外甥打灯笼——照旧(舅)。

狗咬耗子——多管闲事。

狗头上长角——装佯(羊)。

豆腐渣贴门对——两不沾。

小和尚念经——有口无心。

高射炮打蚊子——大材小用。

老母猪下豌豆田——老嫩一把捋。
麻包装菱角——里戳外捣。
阎王爷出告示——鬼话连篇。
小葱拌豆腐——一清二白。
照相馆搬家——跌相。
卖布不带尺——居心不良(量)。
吃过早饭的大油条——过时了。
狗撵鸭子——呱呱叫。
大牯牛掉井——有力没处使。
老鼠拖木锨——大头在后头。
头上长疮,脚底淌脓——坏透了。
巷子里抬木头——直来直去。
拉虾子过厕所——谦虚过分(粪)。
三十埠西瓜——红到边。
大姑娘上轿——头一回。
费大手裤子——有把握。

五、新谣谚

改革开放以来涌现大量的新谣谚(顺口溜),其中有些是外地传入,但多数是民众口诵心传,耳熟能详的。有的虽然难免偏激,但却从某一侧面反映在经济转型期人民思想的活跃,人们对改革开放的憧憬和希冀中夹杂着的困惑、迷茫乃至焦虑、激愤。

村看村,户看户,社员看干部,干部看上头。
讲给群众听,做给群众看,带着群众干。
上下一条心,黄土变成金。
只要精神不滑坡,办法总比困难多。
今天工作不努力,明天努力找工作。
再穷不能穷教育,再苦不能苦孩子。
国以民为本,民以食为天。
权为民所用,情为民所系,利为民所谋。
金杯银杯不如老百姓的口碑。
不吃不喝,怎么工作。

第三节　谜语　歌谣

谜语　暗示事物或文字等供人猜测的隐语,也可引申为蕴含奥秘的事物,是劳动人民集体智慧创造的文化产物。

一、动物类

妈妈有眼,爸爸有眼,养下的儿子没有眼,吓得妈妈乱喊叫。(鸡蛋)
日织夜织,个家(自己)光光。(蚕)
一个老汉七十三,胡子又长脊背弯,还没死哩先戴孝,死了以后穿红衫。(虾)
一个老汉,背个圈圈,过个坎坎,跌跌绊绊。(蜗牛)
一个红娃娃,爬到墙上叫大大(爸爸)。(公鸡)

白胡子老汉顺墙走，大碗豆遗了二三斗。（羊粪）

反穿皮袄，眼活像胡椒。（老鼠）

两把扇子扇着哩，哼哼吱吱唱着哩。（猪）

怪怪怪，怪怪怪，肉在里面骨在外。（蜗牛）

黑姐姐，白肚皮，不吃谷子不吃米，你若问我在哪里，我就住在你屋里。（燕子）

2014 年，花灯社区养牛场　（地方志办 / 供）

高高山上一棵水草，后头野鸡娃多少。（虱子）

植物类　红茶壶，银顶盖，大人提起娃娃爱。（柿子）

紫色树，紫色花，开了紫花结紫果，紫果子里装芝麻。（茄子）

小时候绿娃娃，大了红娃娃，娃娃不惹人，人把辫子拔。（辣椒）

白娘子，穿黑衣，会吃的成双成对，不会吃的五马分尸。（瓜子）

弟兄七八个，围着柱子坐，大家一分开，衣服就扯破。（蒜）

没吃是绿的，吃着是红的，吐出来的是黑的。（西瓜）

爷麻的，娘红的，儿子雪白的。（花生）

像桃不是桃，肚子里长白毛，拨开毛来看，还有一个小黑桃。（棉花）

水果类　红灯笼，绿宝盖，十人见了九人爱。（柿子）

抿嘴笑，半边歪，有红有绿人人爱。（桃子）

远看玛瑙紫溜溜，近看珍珠圆溜溜，掐它一把水溜溜，咬它一口酸溜溜。（葡萄）

脱了红袍子，是个白胖子，去了白胖子，吃到嘴里笑吟吟，剩个黑圆子。（荔枝）

兄弟几个真和气，天天并肩坐一起，少时喜欢穿绿衣，老来都穿黄衣裳。（香蕉 ）

红果子，麻点子，咬一口，甜丝丝。（草莓）

孩童钓鱼玩耍　（地方志办 / 供）

千姊妹，万姊妹，同床睡，各盖被。（石榴）

二、字谜

山上还有山——出。

十张口，一颗心——思。

点点成金——全 。

皇帝新衣——袭。

一点水准——淮。

格外大方——回。

一月一日非今天——明。

综合门市部——闹。

守门员——闪 。

有人偷车——输 。

一人——大 。

一人在内——肉。

一口吃掉牛尾巴——告。

一大二小——奈。

一斗米——料。

一月七日——脂。

一加一——王。

一百减一——白。

一夜又一夜——多。

一个人搬两个土 ——佳。

一个礼拜 ——旨。

一家十一口——吉。

一只牛——生。

一只狗四个口——器。

七人头上长了草——花。

九号——旭。

九点，猜一字——丸。

人不在其位——立。

人有他则变大——一。

人无信不立——言。

八十八 ——米。

刀出鞘——力。

十二点 ——斗。

十日十月(武昌起义)——朝。

十个哥哥——克。

三张纸——顺。

上下串通——卡。

上下难分——卡。

雷不下雨——田。

大丈夫不得出头——天。

雨落在横山上——雪。

小姑娘——妙。

山上复山——出，岳。

互吻——吕。

公而忘私——八。

反比——北。

天天——晦。

夫人何处去——二。

心如刀刺——必。

手提包——抱。

文武两全——斌。

日复一日——昌。

兄有债——歌。

半个人——伴。

半个月亮——胖。

半真半假——值。

古时候的月亮——胡。

田中——十。

多一半，猜一字——夕。

旭日东升——九。

有心得志——士。

有两个动物，一个在水里，一个在山上 ——鲜。

说它小，下边大，说它大，上边小——尖。

天上无二，合去一口，家家都有——人。

一边是红，一边是绿，一边怕风，一边怕雨——秋。

存心不让出大门，你说烦人不烦人——闷 。

一只狗，两个口，谁遇它谁发愁——哭 。

一人一张口，下面长只手——拿。

自小在一起，目前少联系——省。

一字十三点，难在如何点——汁。

四面都是山，山山都相连——田。

需要一半，留下一半——雷。

太阳西边下，月儿东边挂——明。

第四节　衣食住行

众兴民风民俗有历史传承，包括信仰民俗，服饰、饮食、居住之民俗，建筑民俗，生产生活民俗，岁时节令民俗，生仪礼民俗，商业贸易民俗等，与一定时期的政治、经济和文化相关。中华人民共和国成立初期，受移风易俗变革影响，求神拜佛和时令节气祭祖习俗逐步消减；三年困难时期，由于物资匮乏，礼尚往来的习俗和传统节日的庆祝也随之淡化。

改革开放后，传统民俗不断得到恢复，并受到西方文化和现代科学的影响产生许多时尚新风俗。

一、服饰

1950年前，农民多着土布，少数穿“洋布”(即白市布)，春秋多穿长衫；冬季，富者穿皮袄、皮袍，一般穿棉袄、棉袍。妇女上衣，长齐膝盖，袖口、领口、衣边镶几道花边。未婚女梳一条独辫，脸部留绒毛；已婚则盘辫成髻，除去脸上绒毛，叫“开面”。

男女老幼多穿布鞋，参加劳动或出外远行穿草鞋。

冬天，一般男青年戴礼帽，老头子多戴套头帽，平时卷边戴，遇寒风即放下卷边，套着整个头部，眼睛部位有枣核形的透视孔。女青年扎头巾，有花毛巾，也有用土织白底蓝条头巾；老年妇女都扎黑毛巾。夏天，乡绅和官员戴白细草帽、拿破仑帽，其他都戴粗草帽。

1950年后，人们爱穿咔叽布。颜色单一。

改革开放后，多穿化纤布。1990年后，居民开始追求棉、毛、皮、绸衣料。服装颜色：中年以上男女蓝色居多，灰黑间或有之；女青年花色偏多；幼女都着花衣。

改革开放后，青年流行穿喇叭裤、牛仔裤，西服、花衬衫。农村姑娘留辫渐少，多剪自由式发型，城镇女青年烫发较多，男子发型因年龄而异，有平顶头、大包头等，还有少数烫发，男女难分。老年妇女和男子一般穿松紧口布面鞋，夏天穿凉鞋，雨天穿胶鞋，城镇穿皮鞋的较多，青年妇女则爱穿中、高跟鞋。

(一)帽子

礼帽　20世纪初，民间乡绅、商人和富户男性在婚娶、赴宴、走亲访友时多戴一种硬胎毡呢，四周出檐、圆形的礼帽。中华人民共和国成立后，该帽被戏称“特务帽”，一度无人戴。1980年后，礼帽又兴起，戴者多为老年人。

瓜皮帽　因形似半个西瓜皮而称。帽子以六块等腰三角形黑缎为表，内有衬里，下有宽边走沿，上有顶饰，俗称“葫芦”，常用手工黑缎带盘结，有用琉璃珠做饰品者，忌用绿色盘结。

毡帽　俗称“帽头”，1950 年前，民间常见，多为黑色。样式大致有两种，一种是大半圆形；一种是边缘左、右、后长出三块，折向上做成三耳，折下可掩两耳与后颈，俗名“三块瓦”。这类帽子广泛为农民及市井劳动者所戴。

“老头乐”　亦称“撸头帽子”“漫头撸”，圆筒形，卷起时为一软胎棉帽，放下时，前脸与后项全可掩蔽，仅于两眼处开孔，风雪中戴之极便防寒。先时只有老年人戴用，后年轻人亦偶有戴者。

鸭舌帽　因帽檐形似鸭舌而得名。中华人民共和国成立后，演剧中扮演反动特务的角色常戴而被戏称为“特务帽”。民间戴之较少。

风帽　也叫风兜、脑袋子、将军盔，因其与神像上观音大士所戴之帽相似，也呼为“观音兜”“观音帽”。有棉夹的，也有单布的，多为男女老年人避风寒所用，黑色居多。随着服装的时尚，常与棉衣连体。

干部帽　亦称“解放帽”。此帽多为呢布料，蓝色，前额出遮盖，常与中山装佩戴，故亦有称“中山帽”者。

军帽　抗日战争时期，青年景仰八路军，仿军帽较流行。“文化大革命”期间，红卫兵多戴，草绿色风靡一时。其他人也以戴军帽为荣。

老嬷嬷帽　旧时中老年妇女常戴的一种用黑平绒布料做成的软帽。帽子两侧下垂，后脑上弯，留后髻在外，前额订有琉璃、翡翠或玛瑙饰物，也有以平绒包纽扣以为饰物者。

虎头帽　即幼儿帽，多用绸缎制成。帽前顶绣虎面，耳目鼻口、齿眉胡须和“王”字图案俱全；帽前脸用彩色绸缎合皱褶，夹以白兔毛，前额订“福禄寿喜、长命百岁”吉语；帽后系有带银铃的两条飘带。“虎头”寓意镇妖压邪，消灾祛病。此外，婴儿还戴一种“瓜皮小帽”，一般为紫红布绸缝制，帽顶不封露空，以免压迫幼儿头心，即中医谓之的“百会”穴位。

草帽　一种防日晒的圆形帽子，多用麦秆草辫编制。20 世纪六七十年代，草帽帽檐上常印有“红太阳”“红五星”图案或“劳动光荣”“勤俭持家”等字样。

苇笠　一种用于防晒防雨的帽子，多用芦苇秆剁成篾条编制而成，六角，披在身上。

头巾　20 世纪 50—70 年代，乡村妇女流行戴方头巾，也称“围巾”，系在项间或头上，以期像帽子一样保暖、防尘、防晒，颜色有红、绿、灰等。1980 年后，除农村老年妇女外，女青年一般不再戴头巾，改以戴各种装饰帽。

（二）上衣

清代，达官贵人穿长袍马褂，普通百姓穿大襟或对襟褂子，春秋穿一表一里两层布的夹袄。夏天，男子或赤身露背或穿单衣单衫。冬季，中老年男人穿大襟棉袄，用宽布带子束腰；如穿对襟袄，则将两襟交叉于腹前再束带子。衣服纽扣均用布绳挽结，一般在衣襟上钉五至七副。民国时期，商人、公务人员、教师，冬季内穿制服（中山服）或便衣，外穿长袍或棉大衣(俗称大氅);春秋穿长衫或中山服。农民穿便衣,冬棉夏单,春秋穿夹衣。

中华人民共和国成立后,厂矿职工穿工作服,学生穿三兜学生服,干部穿军干服,教师穿中山服等。农民、中老年人仍沿旧习,青年人不再束腰带。20世纪60年代后,青年男女上身仍穿便衣,改大襟为对襟;冬季,男女青年喜穿列宁式小大衣;儿童穿小棉袄,袖口用袜筒扎封,防止进风,外套单衣;为防磨损衣肩,劳动者扛抬东西时,多扣带垫肩。"文化大革命"期间,穿绿军装成为时尚。1980年后,城乡男女衣着有了根本性变化,由军干服向西服转化,逐渐出现了长短衬衫、毛衣、针织衫、羊绒衫、蝙蝠衫、风衣、羽绒服、呢子大衣、T恤、夹克、皮衣、卫生衣、运动服、休闲服等以及棉背心、坎肩、马甲、睡衣、睡袍、保暖内衣、塑身衣、打底衫、短外套、羊绒外套等新式上衣。

马褂　清朝习俗,有身份的人在长衫袍之外加穿马褂。马褂较一般外褂短,长及于脐。常见两种,一种为对襟,一种为大襟,衣襟开在右边,四周用异色绸缎镶边。马褂通常为青色,辛亥革命后,马褂渐被淘汰,但是在人们心目中留下了很深的印象,至今形容人衣着整齐时仍说:"长袍马褂的。"

长衫　俗称大褂、长袍,长身单衣。20世纪20—50年代,一般为知识分子、商人的日常服装,农民在交际场合才偶尔穿着。

大衣　民间称之为"大氅",有连帽大衣,俗称"棉猴"。

褂子　亦称单衫、小褂。清时有大襟、对襟两种。后来,老人们仍沿用大襟衣衫,尚蓝色,夏装用麻布做成,谓之"夏布衫"。青年中主要流行对襟的一种。前襟各制一外衣袋,俗称"对门小褂",成了流行很久的农民夏装。女式褂子衣长可及膝,高领,大袖,襟及袖口等处镶边,后来的褂子身长渐短,窄袖,多不镶边。20世纪80年代后,西装衬衫逐渐兴起,为青年人所喜欢,称为"洋服小褂"。再后,又有半袖"港衫"、T恤衫。

夹袄　夹袄为春秋季上衣,形如对门小褂,一表一里,形制略宽大。

西服　20世纪80年代,西服开始兴起,至1990年,普及于农村。服装特点是三开身,左胸有一个手巾袋,衣身下方左右各有一个双开线挖袋,开襟,门襟有单排扣和双排扣之分,单排扣一般为1~4粒纽扣,双排扣为2粒、4粒或6粒。西服领子为驳领,袖口有假开衩儿,开衩上缝有1~4粒纽扣不等。西服有里有面,内里上部左右各有一个口袋。

夹克　一种短上衣,翻领(立领),对襟,多用拉链或暗扣,胸围宽松,紧袖口克夫(服饰剪裁专业术语,外来语音译,指沿袖口边的镶边,也指上衣腰口、裤口的镶边),紧下摆克夫。20世纪90年代后兴起,如今是现代生活中最常见的一种服装。它造型轻便、活泼、富有朝气,有"长西服、短夹克"之说,广为年轻男女喜爱。

羽绒服　一种内充羽绒(一般为鹅绒或鸭绒,须经清洗、高温消毒)填料的上衣,20世纪80年代末开始兴起,其外形庞大圆润,后戴帽子,前胸及口袋使用拉链,保暖性好。其织物分硬性、软性二类。涤府、涤卡、棉布属硬性类,穿着平整;真丝塔府绸、尼丝纺属软性类,穿着柔软舒适。

背心　男式背心又称半臂、汗背心、汗溜儿、汗溻,有对襟和身右侧边开口两种,对襟用布扣或“按扣”，侧边开口的以小布带代扣，布带密。妇女所着背心，在清代，往往秋凉即加于外衣之上，长可及膝。后来渐被淘汰，只保留夹、棉两种短背心，通常只作内衣使用。

婴儿服　婴儿出生后，母亲为其缝制一件椭圆形的红布小布兜，昼夜冬夏穿在身上，以免肚脐受凉。缝制小衣裤，下端不缝边，俗称“毛布衫”“毛布裤”。毛布衫为斜襟，用薄软布条代为结系，在背脊上订一个半月形的小袋，口朝上，俗称“衣志”，寓意为孩子装魂，避免受惊失魂。同时，母亲还要为孩子缝制小斗篷。斗篷有连帽和连领两种，花布装，中间夹棉絮制成，帽领下缝有两条系带，用以固定额下颈上。

蓑衣　是由一种柔软细长水边生草，晒干后编制而成，内里打结、外面上下理顺厚重的草制披衣，既可在雨天与苇笠配合穿戴，用以遮雨，又可在伏天铺地歇晌。

下衣　20 世纪 50 年代前，男女冬季均穿镶白腰的大裆裤。穿时，将腰围宽余部分于小腹前折向一边，用裤带束紧。中老年人束绑裤腿，青年人不绑腿带。男子夏天穿大裤衩子。至 20 世纪六七十年代，青年妇女穿偏开口制服裤，穿裙子者很少。1980 年后，男子流行穿喇叭裤、直筒裤、西服裤、老板裤、休闲裤、牛仔裤等；女子流行穿健美裤、紧身裤、灯笼裤、微喇裤、铅笔裤、皮裤、靴裤、九 / 七分裤以及百褶裙、旗袍裙、连衣裙、超短裙等。牛仔裤、运动裤受到多数青年男女青睐。

夹裤　一种单裤，俗称大裆裤子、宽裆裤子，一般青裤白腰。穿裤之后，自裤腰处竖打一折，以带子扎裤腰。已婚青年男女多用红色裤腰带。

棉裤　旧时，乡村生活贫苦，衣着无多，做棉裤时，高其腰，多絮棉花，用以护围胸前胸后，利于防寒，但十分笨拙，至今乡人比喻人嘴笨时常说：“那人嘴笨得和棉裤腰似的。”当时做棉裤，难得全用新布、新棉，偶尔得全新棉裤，穿在身上倍觉体面，美称“里表三新”。20 世纪 80 年代后，人们下衣多内穿春秋裤、保暖内裤，外套各式单裤，棉裤已很少穿了。

短裤　又称为裤衩，男子夏季穿用，或作男女常年内裤。

喇叭裤　因裤腿形状似喇叭而得名，多为追求时尚青年男女穿。

牛仔裤　是用一种靛蓝色粗斜纹布裁制的直裆裤，裤腿窄，缩水后穿着紧包臀部，其裤缝沿边缉双道橘红色的缝线针迹，男女均可穿。20 世纪 80 年代后，开始广泛流行。

直筒裤　20 世纪 80 年代，男子下装经历了喇叭裤、牛仔裤的演化，形成直筒裤，或称筒裤，其裤脚口一般均不翻卷，脚口较大，裤管挺直，有整齐、稳重之感。

（三）鞋

过去，民间男女，一般穿自制的黑布帮、“千针底”鞋。20 世纪 80 年代后，鞋的款式不断增多，除传统布鞋、胶鞋、棉鞋外，又增加了运动鞋、旅游鞋、皮鞋、高跟鞋、凉鞋、拖鞋等。

自制布鞋　过去，普通家庭一般由妇女自制布鞋穿用。做鞋要有谱样，俗称鞋样。向人讨“样儿”称“托样”。收拾样儿的簿册，俗名“样册”。做鞋时，先用“褙子”裁出鞋底，再用棉线纳鞋底，然后上鞋帮（鞋面），套上棉絮为棉鞋，不套棉絮则为单鞋。20 世纪 80 年代后，除老年人，城乡青年已很少穿自制布鞋。

割花鞋　过去，年轻妇女多穿“割花鞋”，即鞋的前脸用各种色线绣成画图，缝纳一起，绣制完成后，用薄利快刀平分割开，成为图案对称的一双鞋帮。

老嬷嬷鞋　过去，妇女缠足，脚趾尖小，多穿小尖脚鞋，俗称“老嬷嬷鞋”。此鞋由“袼子”纳底，鞋面一般绣有花草，故又称“绣花鞋”。

虎头鞋　为20世纪50年代前后城乡幼童普遍穿的花鞋。一般是用“袼子”照鞋样剪出鞋底和鞋帮，鞋面通常为红色且较肥大，鞋脸处绣有老虎黑眼睛、嘴巴、胡子，两侧缝有老虎耳朵和盘带。此鞋一般在幼童学走路前与连衣裤配合穿。

解放鞋　20世纪60年代，盛行穿解放鞋，仿照军队鞋的样子做成，胶底，帆布制鞋面，耐磨轻便，价格适中。2014年，解放鞋在农村仍有穿者。

松紧鞋　一种普通布鞋，分衲底和胶底两种。不同之处在于鞋舌两旁缝上了松紧布，从而变得合脚，松紧自如。

皮鞋　一种以皮革为主要原料配合其他合成材料制造的鞋，主要有猪皮鞋和牛皮鞋两种。皮鞋比布鞋坚固耐用，防水，透气性稍差，可以正式场合穿，也可以休闲时候穿。款式一般分商务正装皮鞋、休闲皮鞋、时尚皮鞋、户外皮鞋等。根据穿用对象可分为男、女、童皮鞋，按穿用季节可分为春秋鞋、凉鞋、棉皮鞋，根据鞋帮面结构可分为高统（高腰）、低统（矮腰）、单皮鞋、夹皮鞋等。过去，城乡居民很少穿皮鞋。20世纪80年代后，穿皮鞋者遍及城乡。经济条件较好者穿真皮皮鞋居多，一般百姓穿人造革皮鞋居多。

运动鞋　与运动有关的鞋的统称，1990年后，开始在农村流行。

高跟鞋　以女士穿用为主，样式尖、圆、方，种类棉、单、凉等，鞋跟通常四五厘米高，高者8厘米以上。

凉鞋　一种脚趾外露的鞋类，通风凉快似拖鞋，不过凉鞋比拖鞋有厚跟，有鞋尾，其用料有软胶、塑料、人造皮、牛皮、猪皮、植物皮等。

拖鞋　早前为木拖鞋、草编鞋，多为自制，夏天穿用。条件好一点的人家用布制拖鞋。20世纪80年代始，逐步发展到塑料和橡胶拖鞋，夏天穿之轻便、透气、凉爽、洗脚方便。冬天有海绵底的工艺保暖拖鞋，以绒布或毛绒作鞋面，鞋面中间夹有柔软保暖的填充物，造型有熊猫，棕熊等丰富多彩的图案，供人们冬天休闲保暖，由此拖鞋也分为夏冬两类。

（四）其他配衬

腰带　20世纪50年代之前，男人多用白、黑、蓝三色布条做腰带，女人则用红色布条作腰带。逢有闰月之年，女儿要为母亲新置一条红腰带。本命年之人扎系红腰带，以求平安。

手套　民国时期，商人、公务人员戴棉线或织绒手套。中华人民共和国成立后，戴手套较普遍，特别是帆布手套已成为厂矿职工的劳保品。20世纪80年代后，市场开放，棉制、毛织、皮毛等制品手套兴起，花色品种多样。除此，普通百姓在寒冬季节喜戴一种用棉花絮自制的拇指独立、其他四指连通的“手闷子”，以带绳相连，挂在脖颈上，较为暖手。

袜子　过去，人们多穿白粗布袜。个别富裕家庭从商店购置现成的细线“洋袜子”；一般农家购置市集或乡村制袜点加工的直筒粗线袜，回家后截出斜角，纳制袜底，缝连袜筒，俗称“挂袜子”；小脚妇女则用两条白“裹脚布”缠足，外穿自制的布袜子。20 世纪 70 年代后，兴起了尼龙、丝织、腈纶等化纤袜，花色品种繁多。夏季，长筒袜成为穿裙子妇女的配套之物，以肉色者居多，亦有穿黑色的。

套袖　乡间妇女做成新衣后，爱惜非常，常常作套袖护衬。相沿成习，至今不变。

抄袖　又称手拢、抄手、暖袖。长约 2 尺，圆筒形，里表两层，中实棉絮或再附皮毛，两手交插其中取暖。

耳套　又称耳捂，用布或皮毛做成，中系一绳，挂两耳上，用以防寒。

围裙　男用围裙多流行于工匠间。如铁匠常用帆布长裙，屠户卖肉多系油布裙；厨师与饮食小贩围裙系在下身无护胸部分。女用围裙，一般用蓝布做成，单片，妇女炊事时，系于腰间，长可过膝。

色调　男装以藏青、铁灰、咖啡、草绿、蓝、黑和白色居多，女装以花色、大红、大绿、大紫为主，冬深夏浅。

20 世纪 80 年代始，服装花色繁多、时尚，有的服装还印上明星头像，风景名胜，神舟飞船等。大红大绿也在男性青年和中老年人中流行起来。

质料　衣服的布料，1950 年前，民间多为自纺自织的老粗布，因织幅八寸，亦称“小布”。20 世纪 50 年代，机关、学校工作者流行穿“苏联花布”。60 年代后，棉织品的平纹布、斜纹布、灯芯绒等上市，老百姓凭布票购买。1980 年后，布料渐由棉纺、混纺向化纤制品、毛制品、丝绸制品、竹纤制品等发展，具体顺序为：棉布、洋布、凡立丁、的确良、涤纶、人造丝、毛呢等。

腈伦　20 世纪 80 年代中期，皮革制品，腈伦棉流行，丝绸、全棉织品受到重视；20 世纪 90 年代后，流行毛涤、涤绸、涤麻、涤丝绉、特纶绉、覆膜织物、水洗布等，此后，绫罗绸缎及羊毛制品日趋时尚。

（五）发式

男子发式　清代，男子留束后辫，脑后拖着一条长辫子。辛亥革命后剪辫，剃光头。个别老年男人仍保留发辫，改盘于头顶，以帽掩盖。20 世纪 40 年代，偶有留分头者，庄户农民多剃光头。中华人民共和国成立初，青年女性打短发“耳朵毛”，又名“革命发”；农村青年始渐蓄发，发式有平头、分头两种，青年及学生以留分头为多。1980 年后，部分青年人喜蓄长发或染金丝发，部分中老年男人则将白发染黑。

女子发式　清代，女子发型为：幼时绾双髻，长大后梳一长辫垂背后，除丧事散发外，均扎红头绳。结婚拆开长辫挽一圆鬏于脑后，俗名“鬏鬏”，且在外面加发网，叫做“鬏鬏网”（俗称“把把头”），网上复插一银质或铜质簪，或插四枚银钗。青年妇女额前留短发，谓“刘海”。

20 世纪 30 年代，始有少数上学的女孩子将长辫剪为短发。1940 年后，抗日政府提倡妇女解放，妇女留单根大辫被视为封建意识，于是剪独辫改梳两根短辫。先是披肩，后来渐短,多于两侧各扎一短刷。已婚妇女仍挽“鬏鬏”。1950年,时兴长辫、单辫、双辫。1960年,一度出现“白菜帮子头”。此后又有羊角辫、扎刷、马尾辫等样式。女童在头顶扎梳两个小抓髻或小辫;青年女子扎双辫或拖长辫,通常是三股编结,下端多用红毛线或红绸条束扎,额前留一排“瓦古沿”。

1966年秋,妇女所有发型一律剪成“齐耳发”或“齐肩发”,时称“革命头”。

1980年后,城乡妇女发型呈多样化发展趋势,青年妇女以烫发为开端,逐步兴起了披肩发、波浪发、卷发、拉直、盘头等,并将黑发染成金丝发。部分老年妇女则将白发染黑。改革开放后,美容美发成为时尚。女性发式变化最大最快,其大类有长发式、齐耳短发式、流行卷白式、编结发式等。或高贵雍容,或朴素自然,或庄重典雅,或清新活泼。

美容美发护肤　过去,民间美容没有特别讲究,常见游医为脸上有斑痣的人用镪水(硫酸)消除斑痣,俗称点“痞子”。护肤方法是将猪胰子装入瓶子,用黄酒浸泡数日后,用黄酒擦脸擦手,防止皮肤皴裂。乡村青年女子爱用桃花汁染指甲。

乡下洗发以肥皂、洗衣粉为主,对护发不利,洗发次数少,改革开放前,男女头发经常生虱、蚤子。21世纪初,随着高科技化妆品的普及,洗发染发成为时尚,白发老人及少年白者多染成黑发。有些青年男女染金色、橙色、棕色和杂色相间的色发。追求新奇的男人有剃去秀发成为光头者。

佩饰　旧时,妇女所戴首饰多为银质或铜质。其中,妇女多戴银质耳环、耳坠、戒指、手镯、头簪等,间或戴金戒指、金耳环;婴儿多戴长命锁、银项圈、手镯、银铃等;少年戴桃木雕品;青年男子多戴荷包。

女孩于六七岁时,父母以针穿其耳,将丝线穿入耳内打结,不时拉动。针孔痊愈形成后,过半年戴耳环。耳环一般银质,富者金质。幼儿多佩戴银手镯和银项圈(俗称狗头箍),少数富家孩子胸前佩挂玉石。这些项饰常作为信物世代相传。女人头上佩戴也很讲究,发鬓上插金簪、金钗。有的新娘出嫁还头戴凤冠霞帔,脚穿刺绣的童鞋,以示阔气。20世纪50至70年代,此俗渐废。20世纪80年代略有回潮。20世纪90年代后成为时尚。商家用特制手枪为小孩打耳孔戴耳环,有些年轻女子在耳郭上打多个耳孔戴多个耳饰为美。文眉成普遍现象。乡村普遍有戴耳环、项链、戒指、手镯、玉器者,质料多为金、铂、玉、石、翡翠、钻石、玳瑁等,款式各异,档次相差甚远。男性喜戴金戒指和名牌手表。

20世纪90年代后,女青年涂口红、描眼线、染指甲、刺身、美容,男青年异性化装饰也越来越多。

二、饮食

(一)主、副食品

20世纪50年代,城镇因统购统销和之后出现的浮夸风,农村粮食紧缺,实行“粮不够、瓜菜代”,一时以黄(胡)萝卜、山芋、南瓜等作物为充饥主食。改革开放后,粮食自给有余,乡内人主食大米、辅以麦面,杂粮有山芋、玉米、豆类、花生等。

20世纪90年代始，农业科技提高了大米的品质。杂交米、粳米等优质米受到广泛的喜爱。小麦加工成面粉，多为商家做面条、饼干、油条、包子、大馍等的原料。村民把面粉加水和成面泥放入热水中可以做成简单的叫疙瘩的面团子食用；还可以放在油锅摊做成粑粑，自食或招待客人。一般春节前，家家户户把面粉掺和其他食材做成油香、圆子等各类食品，豆类深加工成干子、千张、豆腐、腐乳，春节时家家都做。随着科技的发展，人们用豆浆机将豆磨成豆浆直接饮用，营养美味成人们进食的选择。

民间自制大众化点心主要有切糖、油香、炒花生、炒瓜子、锅巴等，早餐店加工的有油条、油饼、春卷、麻圆、麻花、馓子、糍粑、馄饨、包子、馒头、烧饼、粽子、发糕等。

（二）食品选介

小笼包子　用圆形饺皮包肉馅，肉馅放葱、蒜、味精、酱油、盐等调料，用小蒸笼蒸熟，喜食醋者可蘸醋食用。

烧麦　用糯米饭掺和肉馅，再用面皮包起捏成石榴状，用蒸笼蒸熟，食之黏而不腻。

粽子　以糯米为主要原料，掺和盐，内或放蜜枣、蛋黄制成馅，用芦苇叶包裹成不同形状，做成不同风味的粽子，再用线绳捆扎紧，放锅中煮熟，一般蘸白糖食用。乡村端午节，农家有包粽子自食和互赠的习俗，平时市场和早点摊也有卖。

（三）餐饮

一日三餐，民间有“日图三餐，夜图一宿”之说，平时两稀一干。乡民以茶作饮料。20世纪70年代始，虽有汽水、雪碧、矿泉水、可口可乐等饮料，但饮茶仍为乡下普遍习惯。20世纪70—80年代，乡下饮酒，多为山芋干散酒和高粱大曲、明光优液、濉溪大曲以及肥东酒厂的简易瓶装酒等白酒。

20世纪90年代后，散酒极少，村民多饮瓶装酒，而且档次较高，名目繁多，以安徽省内酒为主，兼饮四川、贵州等省外名酒。有“卖酒不入皖、造酒不入川”之说。如口子酒，古井贡酒、种子酒、明光特曲、宣酒、五粮液、郎酒、红星二锅头，等等；啤酒渐成乡下夏天解热的常用酒。酒桌上，女性饮白酒的不多，多饮红葡萄酒、健力宝、可乐、酸奶等饮料。

（四）烹调

烹调方式以红烧、炒、炸、煮、炖、烤、煎为主。

调味品有菜油、麻油、豆油、酱油、醋、食盐、味精、生姜、葱、蒜、八角、辣椒、料酒、胡椒、花椒等。

乡下以咸小菜、辣椒、豆腐乳、青菜、韭菜、萝卜、瓜果等为常用蔬菜。

肉菜类：有红烧肉、炒肉丝、炒肉片、炒猪肝、炒腰花、炒肚片、米粉蒸肉、氽汤圆子、炖排骨、糖醋排骨、红烧牛肉、红烧羊肉等。

鱼类：有熏鱼、红烧鲫鱼、糖醋鳜鱼、清炖青鱼、红烧黄鳝、火爆虾、泥鳅挂面等。

禽菜类：清炖老母鸡、红烧崽鸡、老鹅汤、老鸭汤等。

卤菜类：卤鸡、卤鸭、卤鹅、卤猪蹄、卤猪耳朵、卤牛肉、卤舌条、乳鸡爪、鸭爪、鹅爪、卤鸡蛋、卤花干、卤小菜等。

蛋菜类:有炒鸡蛋、蒸鸡蛋、煎荷包蛋、打蛋汤、蛋饺、蛋卷、腌盐鸭蛋等。

炒菜类:有炒青菜、炒菠菜、炒苋菜、炒韭菜、炒洋葱、炒茄子、炒豇豆、千张炒韭菜、青椒炒干丝、青椒肉丝、青椒虾子、炒扁豆、炒土豆丝、炒南瓜等。

汤类:冬瓜汤、丝瓜汤、西红柿汤、海带汤等。

凉拌菜类:拌番茄、拌黄瓜、拌芹菜、拌莴笋丝、拌凉粉、拌豆腐皮、拌海带丝等。

锅蒸菜:馇茄子、馇鲜肉、蒸排骨、蒸咸菜(咸鹅鸭鸡、咸肉、鱼)等。

20世纪90年代后,冬春季节的鱼头锅子、牛肉锅子、羊肉锅仔常见于农家的餐桌。

(五)特殊年代饮食

吃食堂　1958年秋,集体食堂遍地开花,打破人们居家饮食习惯,农村小学也办食堂。食堂饭菜极其单调,通常只有面食,每人4小两,或地瓜1斤,黏粥一碗,新鲜萝卜、白菜腌制的咸菜一份,一日三餐花样基本不变。到年底,农村食堂支撑不下去,只好撤灶分户,恢复原有饮食习惯。

吃糠菜　改革开放前,农家生活多较困难,许多人过着“半年糠菜半年粮”的日子。连续自然灾害,城乡居民粮食大多不够吃,只好到田野里剜野菜,到树上撸树叶子,到地里摘地瓜叶、萝卜缨,和着面粉充饥。

剜野菜　农村百姓(以老人、儿童为多)一有时间多挎着篮子上坡剜野菜。所剜野菜计有荠菜、苦菜籽、曲曲芽、齐齐毛、蚂蚱菜、蓬蓬菜、扫帚菜、灰菜、车车子、婆婆丁、人青菜、黄花菜、麦蒿等。野菜剜回家后,择一择,洗一洗,和上豆面或玉米面、地瓜面、胡秫面做成菜团子、菜饼子,或馇小豆腐、菜糊糊吃。更有家庭困难不掺任何粮食只吃野菜者。

撸洋槐花、榆钱　洋槐即刺槐,春季开花,其色洁白,其味香甜,生熟皆可食。困难年代,洋槐花一开,儿童即争相爬树撸之,边撸边吃,然后拿回家由母亲掺地瓜面蒸食,亦有用洋槐花包包子者。

榆钱也为农家常吃食品。暮春季节,榆树上所结榆钱一串一串挂满枝头。此时,农家即让善爬树的男孩上树采摘,然后掺上地瓜面或黑面蒸食或熬稀粥。不只榆钱好吃,榆树叶同样可以和面蒸食,其“艮硬”“香泛”之味亦远胜其他野菜、树叶。伐倒的榆树皮剥下晒干,可代筋骨面用。

萝卜缨、地瓜叶　农村百姓为充饥馁,将地里采摘的萝卜缨、地瓜叶晒干贮存,以备充饥度日。干萝卜缨、地瓜叶吃时需用水浸泡,淘洗后剁碎,加少许豆面或玉米面,做成菜团子蒸食。较之萝卜缨,地瓜叶色黑味劣,粗粝难咽。

换油条　20世纪80年代前,受经济条件限制,现在视为最普通的食品——大油条,俗称香油果子,也非普通人家经常可食之物。由于手头现金紧张,人们想吃油条时习惯用麦子换,也不舍得换太多,只是解解馋。20世纪80年代后,随着生活水平提高,人们想吃油条时多直接用钱买,而不是用粮食换了。

烧山芋、豆子　20世纪80年代以前集体生产时期,每到秋天,生产队劳动休息时,有些社员耐不住饥饿,就找一处沟崖,挖以顺风的长沟,拾些干草压在沟里,干草中间放上地瓜，上面再放些草，顶上用细土埋好，点燃底下的干草，让其慢慢燃烧熏烤山芋，熟后食之。

烧蚂蚱　众兴所称蚂蚱有“土蚂蚱”“梭木甲”“青头郎”等。每到秋天蚂蚱成熟时，其肚内即长满了“子”。此时，孩子们即三五成群地满坡寻觅捉蚂蚱。捉到后以蔓草串之放入火中烧烤，片刻即熟，然后食之解馋。除此，孩子们还烧“截留”、烧豆虫、烧“勃焦”(螳螂的卵巢)吃。

猎兔　生活困难，人们没钱买肉吃，于是一些有“土枪”的农民便到田野里打兔子，吃顿免费的兔子肉“犒劳犒劳”。一般秋后庄稼收完或者冬春之际，是打兔子的黄金季节。那时，兔子藏身之地已少，且多集中于麦地里，容易打。

偷瓜　过去，生活在农村的男孩大都有偷瓜的经历。到了夏天，当菜瓜、大瓜(只收取瓜子卖)熟了的时候，男孩子们常趁夜色降临后到瓜园偷瓜。进瓜园前，先由比较机灵的男孩前往“侦察”，若是壮年男子看瓜园，则不可贸然进入；若是小孩、老人看瓜园即为偷瓜最佳时机。偷瓜多趁无月暗夜进行，男孩子们将腿脚收拾利索，即三五成群地摸进瓜地，到瓜地后，再在地边观察一阵子，若看瓜之人已在瓜棚睡觉或与来玩之人拉呱，即蹑手蹑脚地进入瓜地，摸到瓜后即用指弹弹，凡所弹之瓜发声“死贴”“板实”，即为生瓜；若弹后发出“澎澎”声，有空洞感，即为熟瓜。此时，先趴在瓜地里狼吞虎咽几口解馋，而两耳、两眼却始终警惕地听着，看着，注意看瓜人的动静。若被看瓜人觉察，或迅速卧趴瓜地观察动静，或火速逃离瓜地，逃离时不忘顺手捎走一两个瓜。

赌食　过去，农村普遍生活困难，群众大部分吃不饱，平素所食以玉米、山芋干、菜团子为主，今日最普遍的馒头、面条、包子、猪头肉等，当时即便过年也不易吃到。因此，人们贪吃、想吃的欲望十分强烈，在此基础上即出现打赌吃食物的陋习。一般而言，食物不外乎米饭、包子、面条、烧肉等。每有两人欲打赌吃食物时，必有许多旁观者跟着起哄，围观看热闹。打赌双方首先讲好所吃食物及数量，挑战者出钱买食物，应战者负责吃光，所赌食物一般为平常人食量的两三倍，应战者往往吃到一半即面露难色。谚语有云：“一勿赌力，二勿赌食”，因为会伤害身体，即便胜了也是自己遭罪。20 世纪 80 年代后，各种食品十分丰富，因贪吃而赌食的现象几乎绝迹。

(六)饮食器物

炊具、餐具　中华人民共和国成立前，民间传统做饭用具，烧火用风箱，蒸馒头用箅梁棍、箅子和盖垫，馇汤、炒菜用铁锅，擀面用案板和擀杖，切肉切菜用菜刀、菜墩，擦萝卜丝用礤床儿，和面用瓷盆或瓦盆，放米放面用瓦瓮，放筷子用箸笼子(匙笼子)，盛菜用圆盘或条盘，盛汤用瓷碗，舀水用葫芦瓢、水舀子，舀饭舀汤用铁勺、铝勺等，刷锅用抹布、炊帚，夹菜用筷子，盛水用水瓮、水缸，吃饭用饭桌，放菜放饭用碗橱。

中华人民共和国成立后，随着工业的发展，市场的繁荣，炊具和餐具不断改进和更新，一些搪瓷、塑料、铝制、不锈钢炊具和餐具不断上市。1980 年后，集镇和乡村普遍使用蜂窝煤炉、液化气灶以及电饭锅、电炒锅、微波炉等做饭炒菜。

茶具　茶壶，多为朱砂壶和白瓷壶，其中白瓷壶有带金属提梁和端把两种，还有土陶的“茶罐”。

暖水瓶　20世纪70年代前外壳多为竹皮,70年代后多为铁皮,80年代后则多为塑料皮。

烧水壶　20世纪80年代前多用锅、炉子烧水,进入21世纪,人们多用电水壶、饮水机烧水。

酒具　过去多使用锡酒壶,后来用黑、白瓷酒壶。改革开放后,酒杯有瓷杯和玻璃杯。酒杯有盛三钱、五钱、八钱、一两、二两半、五两的酒杯不等。

石磨　过去,每村少数条件较好的人家有石磨,相互借用以粉碎粮食。磨分大磨和小磨,都是上下两层,下层固定在磨盘上,磨盘是一块大圆石板;下层中间安“磨圈”,上层偏两边凿两个“磨眼”,用来添粮食。在上层磨盘边沿凿两个眼,叫“磨鼻”,用来拴绳子插棍推磨用。磨膛周围凿有斜沟叫“磨齿”,用来磨碎粮食。

(七)做饭燃料

民间自古以来以秸秆和野草作为燃料,烧火做饭。20世纪80年代之前,作物收获后,秸秆全用于集体牲畜喂养,烧草一度匮乏。无奈之下人们只好在农闲时节到田坎荒地割草,晒干后当燃料。

1990年后,随着农业机械广泛应用,大牲畜喂养渐少,柴草有了富余,煤炭得到普及,乡村居民做饭用的烧草得到满足。进入21世纪,随着液化气灶的普及,原先的小麦秸秆、水稻秸秆多得用不完,不少被粉碎还田。

20世纪50年代前,取火多用“火镰”。火镰包括“火刀”“火绒”“火筒”,钢质,形状如长饼。用时将火镰背划火石刃发出火花,火花落到火绒上引火。火石是一种坚硬的石头,色如牛角,故称“牛角火石”。火绒有“纸绒”和“莛杆绒”。1950年后,火柴代替了“火镰”。1990年后,取火多用打火机,火柴使用渐少。

(八)就餐方式

多为共桌合食制,即吃饭时全家人聚在一起合食。在堂屋正间放置一张木桌,一家人围坐桌子周围吃饭。多数家庭是各人盛碗饭、夹点菜分座就餐。不过在乡村,不局限在屋里餐桌吃饭,由于季节或环境因素,饮食地点常比较灵活。如天气晴暖时会在庭院吃饭或饮酒;农村端碗闹门风俗一直盛行;农忙时节,为节省时间抢收抢种,多让人送饭到田间地头,在田间进食。不管何种方式,通常都是老人坐上位,孩子把桌头。

附:行酒令

宝一对,一家亲、俩相好、三结义、四季彩、五魁首、六顺意、巧七梅、八福寿、九州同、十在好。

宝拳一对,一路高升、二龙戏珠、三星高照、四季来财、五子登科、六六大顺、七星高照、八仙过海、九老长寿、十全十美。

元宝一对,一帆风顺、两全其美、三顾茅庐、事事如意、五星魁首、六畜兴旺、七女下凡、八面玲珑、九九重阳、实实在在。

三、住房

习俗　乡内建房多坐北朝南，一明两暗，南开窗，连户居住。有就耕作之便，依田面水建房；有依丘陵高地而居，多户居住成自然村落，村落命名多以湾、岗、冲加主姓户合名，有部分村落以主姓加“郢”字成名。20 世纪 90 年代后，农村逐步规划，多沿公路两旁建房，有平房、二层楼房等房屋结构相对统一，并配有绿地、谷物晒场，形成新型农村格局。

择地基　村民在建房前，一般要请阴阳先生开罗盘、看风水、选宅基地。新房一般建在地势较高、平坦开阔的地方，门向多朝南，冬暖夏凉的效果比较明显。附近须有水源地，生活用水方便。宅前富有开阔地，谓出场好，房后有院子，建有厕所猪舍和厨房。

联合社区民房　（联合社区 / 供）

正房大门避开正对人家的后门、猪舍、厕所、山墙、窗子等，否则意为不吉利。

本地还有“避三箭，顾左右”之俗，即避路箭、火箭、木箭，即大门不能正竖对大路，不能正对人家的烟囱，不能正对人家的山墙，否则视为不吉利。普遍迷信住宅左为青龙、右为白虎，俗语“宁让青龙高三丈，不叫白虎抬头望”，即一排相连的房子必须保持门前地面一样平，即左边的房屋可以比右边的高，右边的房屋高度绝不可以超过左边，且同排房屋在一条直线上，不能向前超越直线。

人们认为住宅风水好，家庭人旺财旺，可以趋吉辟凶。1990 年后，无论乡下还是集镇，新建房一律要经过政府有关部门审批，不可随意迁建。

21 世纪后，乡实施旧村庄改造和中心村建设。村民逐渐向水、电、通信讯、交通等设施齐全的中心村或集镇集中，迷信、风水渐渐淡化。人们注重环境，讲究人和自然的和谐。也有部分经济条件好的农户在县城和集镇购商品房居住、门面房经商。

结构造型　旧时，农村多用土墙、草顶、木架三间作居室。土墙即用土和水踩熟搭墙，层搭层晒，干结后搭房架，屋顶加盖小麦和稻草屋面。草房常受刮风漏雨困扰。后发展到叉墙，即用碎草和泥踩熟，用叉子层叉层晒，干后加满头撒面，叉墙房不易塌。

20 世纪 70 年代，改用土坯（土基）垒墙，拓土基，即用木模装上黏土踩实，拓成长方形的土坯晒干；裁土基，即用平整后的水稻田，用石磙碾实，用裁刀按尺寸切线，再用专用的平铲铲起晒干，和泥浆砌墙。改满头酒屋面为硬山墙屋面，先盖草再盖瓦，冬暖夏凉，又防风防雨。

20 世纪 80 年代，农村普遍盖砖瓦结构的平房，墙体四大壁，屋面为桁条加椽子盖瓦。

20 世纪 90 年代，农村以砖混结构做楼房，多为平顶，水泥预制屋面。进入 21 世纪，农村楼房造型多中西合璧（民间称洋房），多预制顺水屋面(有些另设顶层，称假三层)，再加盖紫色釉面瓦，光彩夺目。屋脊用双龙戏珠琉璃瓦装饰，改木制窗为塑钢窗，改窄大门为门面门。室内重设计、装潢。私人建房讲究阳台、客厅、卧室等设计，注重前庭后院，其间点缀花木。集镇居民建房以钢筋水泥砖混结构为主，机关学校都用框架结构。1980年后，机关单位时兴群楼大院，注重配套设施，美化环境。

永安社区民房　（永安社区/供）

奠基　建宅前，先请风水先生看地形、定坐向、下线定桩、择吉破土，并开写详单，上写宅主姓名、属相、院落坐向、长宽尺寸、破土时辰等。破土之日，行奠基礼，放鞭炮，宅主焚香叩拜迎吉神；随之在房基中央和四角各挖三锨土、放一块砖，破土之后，即可动工兴建。建房开工一般要选二、四、六、八、十双日子，意为好事成“双”。

梁记　梁记是建房纪念，一般都将梁记写在中梁上，内容包括八卦“乾坤”图、建房时间(年月日时)、男性宅主及男性子孙写“全力兴建永臻吉庆”等字样，也有最后写工匠姓名。按乾为天，坤为地，中间写人名，取“天时、地利、人和”之意。

立木　上梁的前一日，除中梁外，所有大小梁柱都要按木工安排的位置，一一撑好，用撇椽固定，叫“撑架”。

上梁　俗称“起屋”，一般指架中梁而言。上梁时间，多选用卯、辰时，即上午5—9时，取“旭日东升”之意。上梁之日，主人要给新屋明柱贴对联，上写“吉星高照”“上梁大吉”“太公在此”“百福齐臻”“上梁迎百福，立柱纳千祥”“上梁黄道日，立柱祥云风”“上梁欣逢黄道日，立柱正遇紫微星”等语。亲戚、朋友、邻舍依据行情送礼品，屋主要予以吃酒设宴答谢。

众兴社区民房　（永安社区/供）

上梁时，中脊檀上均系有红布袋，袋内装有五谷，取“五谷丰登”之意。系红布袋的红线绳上按东西方向别进一双筷子，取“快发家致富”之意；而东西方向，则取“东西”二字意即拿着筷子能吃上东西。也有在“上梁大吉”字上钉五色布、铜钱和筷子的。

浇梁之后，接着撒上梁饽饽。一般由木匠拿着装有“欢头”的升桶在梁上向下撒，抛撒时还配以糖块、花生、红枣等。据说吃到这些东西可以免灾，因此往往是你争我抢，挤作一团。房主同时鸣放鞭炮，以示庆贺。

迁居俗称搬家，新房落成，房主要选一个好日期，乔迁新居，一般选择农历双日。乡下还有"腊六"(每年的农历冬季腊月和夏季六月)不搬家的习俗，由于天气比较冷、热，这两个月一般不做搬家之类的大事。按"五行学说"火旺于夏，六月属火；水旺于冬，腊月属水。水与火，均属"无情之物"，故有"六月、腊月不搬家"之说。

众兴社区民房　　(众兴社区/供)

在时辰的选择上，一般在早晨六点前开始，"搬家饭"是在旭日东升时，迎着太阳走，搬锅灶和日用品进新房，在新房门两边或楼道两边摆放用红布包裹的糕点、桃树枝和糖，有"日子步步高"、趋吉辟邪、越走越亮堂之意。搬家饭是一重要仪式，搬家前，先在原家把饭菜烧好后，搬至新房一家人吃饭。乔迁日，饭前，房主要烧香敬佛，燃烧鞭炮以示吉庆；中午，置办酒席招待亲邻好友。

附记：

上梁歌(一)

序

三星落地晓星高，今天上梁时辰好，东家选择黄道日，黄金屋上吉星照。

奉　承

一进堂前喜洋洋，堂前是个好地方。前门能载千棵柳，后院可载万棵松。

千棵柳下拴骡马，万棵松上落凤凰。凤凰不落无宝地，宝地就是贵华堂。

熏　梁

八仙桌子四方方，摆在堂前正中央。步步高升两头摆，大红锦缎披梁上。腾腾紫气绕正梁，升斗玉盘呈吉祥。

敬　香

一支青烟送上苍，两支红烛照华堂。三星福禄华堂佑，四时八节保安康。

上　梁

木瓦匠人手艺好，脚踏楼梯步步高。百尺青布随身带，良辰吉日就来到。

缠　梁

青布飘飘宽又长，左右缠在正梁上。左有青龙盘玉柱，右有双狮架金梁。

升梁

大梁升到半虚空，摇摇摆摆赛金龙。我问金龙哪里去，它到贵府坐正中。

落位

竖柱喜逢黄道日，落梁正遇紫微星。恭喜发财又兴旺，加官晋爵托正梁。

响斧

斧头向下落，东家真快乐，元宝顺地扫，银圆动锨撮。斧头落下去，东家有福气。东边三锤生贵子，西边三锤出娘娘。

撒果

一接宝喜气洋洋，二接宝福寿满堂，三接宝状元及第，四接宝四季发财，五接宝五子登科，六接宝六六顺当，七接宝七巧姻缘，八接宝八面威风，九接宝久久（谐音）洪福，十接宝十全十美。

上梁歌（二）

爆竹一放响当当，贵人行步上大梁，远望大梁朝上上，手拿圆斗接凤凰。大梁上上一枝花，千人瞅，万人夸。远望好比金銮殿，近望好比宰相家。

今天大梁来落卯，东家东家快接宝。东家接到头只宝，蟒袍玉带放光芒，东家接到二只宝，脚踏楼梯步步高，东家接到三只宝，福禄长寿全来到。三只宝来圆又圆，荣华富贵万万年，左边盖起金银库，右边盖起米粮仓，金银库万斤元宝，粮仓万年余粮。

四、出行

中华人民共和国成立前，人们远出都要选黄道吉日，逢七、九、三等，都是远出的忌日，逢八是归家的忌日，有“七不出，八不归，九日出门惹是非”说法。一出家门如见穿孝服的、怀孕的、犯人、死人、兔跑、蛇行或听到不吉利话以及乌鸦叫等，都认为不吉利，要回家改日出行。外出交通工具，显贵者和富有者骑马或坐轿，贫贱者步行。

交通道路　1990年前，乡村之间都是土路，众兴集有唯一的一条砂石路向南通原县磨店乡达县城和合肥市，均须绕道县原三十埠乡；永安集有条砂石路通店白路到达县城，晴通雨阻，出行困难。1990—2000年，众霞路、众店路、众牌路等乡内主干道陆续建成砂石路，机动三轮车、面包车、客车、开始营运，交通出行便捷起来。2005年，村村通公路的大力建设，众兴集开通了往返县城的357路公交车，家家户户拥有电动自行车和电动三轮车，私家小轿车也开始多起来。人们出行以车代步成为常事，外出自驾游渐成时尚。

交通工具　随着生活水平的不断提高，人们的出行工具也跟着发生了变化。

1980年前，农村通信基本靠吼，走路基本靠腿，那时在农村人们出行基本全靠两条腿。有时需要去城里买卖东西，要走很远的路，走一天下来两条腿都会发肿。

至1980年，在农村普遍有了代步工具——二八自行车。自行车有段时间还要挂牌照。

不管是过年走亲戚还是出远门，骑自行车成为时尚。

1990年后，农村的代步工具最多的变成了摩托车、面包车。在农村出现最早的摩托车是幸福250，之后又有了无级变速的小木兰等。

至2014年，各式各样的私家轿车在乡村得到了普及。

五、变化

衣　改革开放以前，衣服都是大姐传小妹，大哥传小弟，衣服裤子都是大的穿了小的穿，大大小小的补丁贴满了衣服还不舍得扔掉，家里的小孩一年只有一个人能穿上新衣服，年纪小的小孩便只能呆呆地看着，期待衣服到自己身上的时候还不至于太坏，补丁不至于太多。有“新老大旧老二补补纳纳就老三”“新三年，旧三年，缝缝补补又三年”之说，以前穿的衣服，哪件没有补丁，现在的衣服都穿不坏，还把补丁当成时尚。

改革开放以来，人们的生活水平不断提高，手头宽裕了，便时不时地给自己或者家人置办一些新的衣物，现在村民的穿衣标准由30年前的“能穿就行”变为现在的“集品位质量于一身”，时尚、美丽、舒适、个性等成为人们的时尚追求。

食　改革开放前，每到春荒二月之时，85%的家庭口粮不足，他们到处寻找粮食，挖野菜，吃榆钱儿充饥。只有在逢年过节的时候，他们才能凭票购买一些肉类，或者糕点糖果，即便能买到，分量也特别少，能吃到硬糖果也是在春节或走亲戚时候，吃苹果、香蕉等水果简直是一种奢望。

农村集体公社，每家每户派出劳动力挣工分，挣得多的就能多分一些粮食，家里人能饱一些。于是，大大小小，成年未成年的，都上地里干农活，大人一整天在地里，而小孩放学后也跟着做，也只是图着吃饱饭。

改革开放以来，家庭责任承包制的推行，分田到户，农民有自己的田可耕，劳动积极性也得到提高。一个月才能吃一顿肉的时代过去了，至2014年每餐有鱼肉成家常便饭，以致三高（高血压、高血脂、高血糖）成为人们的健康杀手，如今讲究的是运动和营养均衡，这个舌尖上的中国，渐渐将美食升级成了一种生活常态。

住　改革开放前，人们居住的大都是平房，泥土垒的房子也随处可见；经不起风雨的袭击，刮风漏雨十有八九。屋内少有装饰，平常人家里除了床、桌椅、衣物柜外基本农具都不全。

2014年，人们的居住条件有了根本改善，从以前的草房、瓦房，向平房、楼房、别墅等发展；窗明几净，里面装修或豪华，或简洁，各具特色，屋内装修精美，设备齐全，彩电等电器一应俱全。

行　出行，是人们生活中必不可少的一个环节。改革开放前，我们最主要的交通工具是步行，农村大部分村庄不通公路，自行车是奢侈品，出门办事大多靠步行。

道路经历土大路—砂石路—水泥路—沥青路的发展，先乡内主干道—村村通—户户通；到了20世纪90年代，实现了城乡道路无缝衔接村村通公交车。

出行工具电动车、摩托车、小汽车也进入了寻常百姓家，公交车、出租车、各种打车软件成为人们常用交通工具，出远门选择飞机、火车已成常事；“说走就走”的旅行也是司空见惯；“日行千里”由梦想成为现实。

教育　自2007年，义务教育免交学杂费，还送一部分课本以及资料，部分贫困学生还能得到补贴，真正做到了读书不用缴钱。

家长们在生活奔小康的同时，更加关注孩子的教育问题。改革开放前的孩子，多半在田地劳作和帮忙干家务。而今，父母不惜重金送孩子上各类培训班和县城教学条件高的学校，部分家长还陪读。

精神生活　至2014年，春节前后，县文化部门组织剧团来村子为村民表演。村委会无偿提供学习机会，教年轻人唱歌跳舞，大妈跳广场舞成为新时尚，学成后发给奖金并参加县乡的各类文化演出活动。

除了村子里的这些活动，许多人都在一年的收成中拨出一部分钱用于外出旅游，去北京、上海、南京等大城市不再是村民的奢望，自驾游渐成时尚。

第五节　婚丧喜庆

一、婚嫁

中华人民共和国成立前，众兴婚嫁类似古代“六礼”程序——纳采、问名、纳吉、纳征、请期、亲迎。男女童年时，家长即为择配，通过媒人说和，取得双方家长同意后，交换生辰八字，经算命合八，两造俱佳，男方即送彩礼，俗称“过礼”。届嫁娶之年，男方择定吉日，春节请春酒（请女方亲人），中秋送月饼，备彩礼。请媒人向女家送嫁娶日子。婚期前一天，男方备齐美酒、猪腿、鸡、鱼、面等成双礼品送到女家。婚期当日，男方备花轿、高灯、火把、吹鼓手等到女家接新娘。新娘下轿，由伴娘扶着走布袋上，一人道好，谓之“传代”。接着，新婚夫妇行拜天地、祖宗、父母及对拜礼。晚上，青年闹新房，肆意出难题，摆布新人，逗引哄笑。最后吃团圆饭，合卺礼成。第三日新夫妇同往女家谓之“归宁”（又叫回门）。

以上系正常婚礼习惯，但还有买卖、换亲、抢亲、抱童养媳、襁褓订婚、指腹联姻等陋习、恶习。

1951年，国家颁布了婚姻法，婚俗有所改观。改革开放后，大有改进，男女双方首先通过结识，两相情愿，才到政府登记，领取结婚证，算合法婚姻。家长强迫包办婚姻，日趋减少。婚嫁程序虽还存在，但已简化。如迎亲、归宁用步行代替花轿，择日不凭八字推算，而只选双日或节日。至于选择对象，要看对方家庭政治地位及经济收入等情况。婚礼随社会生活的提高而不断提高；由要家具、衣服到要家用电器、时髦嫁妆了，为此有些家长债台高筑。1980年后，农村出现女子私奔现象（当然未经政府登记），为数虽不多，但已说明父母干涉子女自由择配的现象，又死灰复燃。另一因素是女方家过高的要求（新盖三间瓦房、时新家具、时髦服装),男方因财力不足而屡延婚期,引起私奔。

中华人民共和国成立前招赘,被讥为“倒插门”,现在男到女家落户,人们称作新风,政府也给予支持。据2000年统计:众兴就有218名男青年入赘女家。

20世纪末,婚姻以自由恋爱为主。进入21世纪,互联网的广泛应用,新媒体、QQ、微信等交友媒介的流行,媒体、婚介牵线搭桥增多,也有促成男婚女嫁的。

定亲　乡下定亲一般经人介绍,家长、子女同意后,由女方家长、姑嫂和姐妹陪同,先对象(双方第一次见面),再去男方家,看人品、家产,了解从事职业、有无酗酒、赌博和好吃懒做等恶习。

女方“看家”,男方以茶、糕点、糖果之类零食热情招待。女方如中意,便留下来接受宴请吃饭,如告辞,即为不中意;也有男女青年先自由恋爱,再征求父母意见,男方约媒说亲,“定亲”后再按乡下风俗成亲,成为乡下的普遍现象。

有些父母因子女长相、家庭贫富、职业好坏、人品,干涉儿女婚姻。定亲后也有反悔的,谓之“悔亲”。若男方悔亲,不但定亲彩礼一切花费奉送,还要赔礼道歉,若女方悔亲,须退还男方的定亲礼物。“悔亲”现象在乡下也较为正常。定亲后,男方一年三“接”(春节、端午节、中秋节)邀请女方去男方家吃饭,还须向岳父岳母拜年送礼。

彩礼　20世纪60年代前后,乡下百姓结婚,一般男方家给女方做几套衣服(即棉袄、棉裤、夹袄,夹裤、罩褂、罩裤)便可。

20世纪80年代,送给女方的彩礼为“三转一响”(自行车、手表、缝纫机、收音机)。

20世纪90年代,彩电、收录机成为新的亮点,家具至少“24条腿”(五屉橱、三开厨、写字台、三面镜子床、床头柜、梳妆台)。除此部分,女方家庭索要赡养双亲的“养娘费”,一般3000到5000元不等。后发展到2万~5万元,甚至更多。办婚事建购新房成为风俗,民间有俗语“养儿不要多、三间搭一拖”,三间指正房,后面还要拖个小厨房。三金(金项链、金戒指、金耳环)等首饰作为信物也开始流行。

21世纪初,对新房居住的地段、环境、结构、面积、装潢及庭院等都有不同档次的要求,部分女方要求男方在市、县城有商品房,才能谈婚论嫁。首饰、家电、衣物、家具更趋时尚、高档及现代化。

婚期将至,农村男方家须向女方家提前一个月送“过礼”,烟、酒和糖果等。并在日子的前三天送大礼,礼品有:猪肉、鱼、烟酒、糖果等谓之“四彩礼”。后来,送彩礼的习俗大多数方法简化,如一次性折合现金交女方家自己操作,也有部分女青年及家长接受新观念,不要彩礼或象征性收一点以示随俗,有的如购房、买轿车等大件由男女双方共同分担。漫天要价的高价姑娘常受社会舆论谴责,也随经济条件改善逐渐淡化。

出嫁　姑娘出嫁前,娘家要置办嫁妆。嫁妆的被褥要“全福人”(即花烛夫妻并子女双全的妇女)缝制。被褥的四角放入枣子、生花生、柏枝、百子糕,象征着早生贵子和百子千孙。所有嫁妆都要贴上大红双“囍”字。装上敞篷货车随新娘一道嫁入男家,以显示女家陪嫁物品多而贵。

婚前晚上，新娘由长辈妇女陪护接受“洗浴礼”，嫁日凌晨，请女礼宾替新娘化妆、更衣洗漱。披上婚纱后，坐在床上，俗称“坐富贵”。

发亲前，新娘头顶红盖头，谢过父母、长辈、兄嫂后，一般由长兄或长辈背起，绕摆放有烛台和糕点的八仙桌一周后，站在筛子上，再度背起时，须将插有筷子的米升(量米用器)用脚碰倒，以示娘家人财两旺，然后在伴娘的簇拥下上车(以前以轿子为多)。改革开放前，众兴乡下大多为晚亲(即晚上12点前新娘嫁到男家)。男方家在新娘嫁入洞房后开始闹洞房；到21世纪后，大多在城里购房，婚宴在酒店举行仪式，闹洞房习俗渐渐淡化。

迎亲　20世纪90年代后，大多数用迎亲轿车组成车队，一般是8辆车以上，以双数为宜，车上结彩球、系彩带、插鲜花、贴大红双“囍”字。摄影师随车拍摄制成光碟作为纪念，仪式隆重。嫁妆均用红纸缠绕，皆贴有大红“囍”字，以示吉祥。娶亲时，女家提出的要求男方尽量满足，迎亲的路线也很讲究，一般从村东出，村西入，不走回头路，寓意婚姻无反复。

迎亲队伍一到女方家门口，女方随即关门拒人。待放足爆竹，奉上各种礼数(如开门礼、起床礼、厨房礼、饱堂礼等)才开门相迎，让茶递烟、吃糕点等。

待嫁妆搬上车安顿好后，按约定时间发亲。发亲时间颇为讲究，早前一般是晚上九点十八分发亲(谐“久要发”)寓意吉祥。现为早上或者上午意为越走越亮堂。

娶亲途中，每过一村庄、桥梁，车辆转大弯，都要燃放爆竹。到达男家后，须由新郎开车门，由新郎背新娘入洞房，再由男方亲友搬嫁妆，女方送亲人到男方家喝茶，被捧为座上宾。新娘到家后，新郎父母即刻回避称“避舌”。待新郎新娘登堂拜亲后，当面称公婆为爸妈并敬茶后与新娘说话，称之“改口”，有的还要给“改口费”“敬茶费”。

闹洞房　新婚俗有“洞房内无老少”之说，当晚闹新房说“好”，要新郎新娘唱歌或者表演取乐。如有让新娘给新郎点烟，新娘给闹房人点烟，故意吹灭逗乐的；有用红线吊一苹果让新郎新娘共咬的；有让新娘新郎拥抱、接吻或跳舞唱歌的；或口述恋爱经过的，等等；均以取乐为宜，直闹到深夜方休。

闹房人散后，由至亲陪同吃团圆饭后，两位新人才同床共眠。

21世纪初，闹洞房由在档次较高酒店举行婚宴的形式所取代。婚日，新郎西装革履，打领结或领带，佩戴胸花。与新娘穿婚纱同在酒店门口迎客，陪亲友拍照留念。开席前，由司仪主持仪式，如夫妻对拜，敬茶双方父母等如闹洞房之类的来为婚礼增添欢乐色彩。间或有主婚致贺词，双方父亲致答谢话，场面颇为大气端庄、热闹。开席后，在主婚人的陪同下到各桌敬酒还礼，接受亲朋好友祝福。

随着经济条件的改善，婚礼仪式也随之发生变化。有旅游结婚的，有参加集体婚礼的，有节俭办婚事，也有在教堂举行仪式的，等等。在商家炒作下，也有少数青年沿用旧式婚礼习俗，即用大红花轿迎亲，鸣锣开道，乐队随行。

接新亲　婚期将至，男家设宴并派人专程请姑娘家的嫡系亲戚及至亲来认门户、看新房，双方亲戚相互认识、交流，以便日后走动，谓之“接新亲”。

回门　新婚夫妇在第二天同至女家，俗称“回门”。回门由娘家专程派人接女儿、女婿，新女婿需多备糕点、烟酒等礼品。当日娘家开办酒席，召集并宴请新女婿所拜见的本家及亲戚，新女婿坐首席。娘家以赠送“欢团”(糯米做的甜食，形状是圆形的)。男方回家后散给同村庄人家，意为“团团圆圆”。

换亲　双方家庭条件较差，有儿无力娶妻，两家均有姐妹未嫁，经介绍，互换姐妹成亲的称“换亲”。嫁妆微薄，礼仪从简。换亲弊端较多，男女双方均由父母做主，不尊重子女意愿。婚后家庭不和闹离婚现象时有发生，甚至酿成悲剧。政府虽经制止，但此俗民间尚存。

入赘　男子就婚于女家并成为女方家庭成员，俗称“招亲”或“倒插门”。一般由女方举办仪式，承办酒席。旧时因赘婿社会地位低下，所生子女必须用女家姓氏。并赡养岳父母终生，但有遗产继承权。此俗常见于一女或多女家庭。也有中途携妻儿返家的。国家法律保护赘婿不受歧视。

填房　家境殷实的男子亡妻，被续取的叫填房。亡夫之妇如不愿改嫁，也可招夫成家。略备酒席招待长亲，一般都不举行婚礼。

老年再婚　丧偶老人，双方家庭均有子女，多不在身边，难以照应，形成“空巢”。为图相互照应，排遣孤独寂寞，在双方子女同意下，经人介绍或相互认识后，重新组合的老年家庭，谓之老年再婚。此事在乡下由子女不认可到理解、到支持，逐渐习以为常，以至成为风尚。

附记：新娘到门前(道好)

花炮一放不住声，大轿到门庭，新人在轿堂，贵人站两旁。请一遍，她不起，请二遍，她不慌，请三遍，她在轿里理衣裳。新人下了轿，宝瓶怀中抱，扬起香酥手，喜果两边撂。新人下了轿，脚踏莲花步步高。走一步，心心相印共海棠；走两步，和合美满又成双；走三步，桃园结义永和好；走四步，事事如意心欢畅；走五步，五子全登科；走六步，六郎赶太阳；走七步，七星拱八斗；走八步，八仙过海洋；走九步，九世同堂；走十步，走到高堂，高堂里灯烛辉煌。一对灯烛明又亮，夫妻二人来拜堂。一拜天来二拜地，三拜公婆多欢喜，四拜鸳鸯今成双，五拜亲戚共朋友，满堂亲朋全拜过，我送新人入洞房。拿起稍袋就传代，上代传下代，子子孙孙传后代，一代传一代，传下贵子来。新人过门槛，添个小状元。小小秤杆圆溜溜，我为新人挑盖头，盖头掀起，公婆欢喜；盖头落箱，买田置庄。花从枝上来，酒从槽坊来，新郎从书房来，新姐从绣房来。菜从厨房来，客从四方来。大麦酿酒绿茵茵，斟盅美酒庆新人，二人初会交杯酒，一杯长命富贵，二杯金玉满堂，三杯桃园结义，四杯事事如意，五杯五子登科，六杯六六大顺，七杯七子团圆，八杯八仙过海，九杯九九归一，十杯夫妻美满。福如东海长流水，寿比南山不老松，恩爱与日月同辉，幸福共地久天长。

新婚说好(一)

新人进房：我送新人进洞房，新人站在搭板上，面顾四壁心里笑，幸福时刻今来到。

伴婆揭盖头：乌木秤杆圆溜溜，我代新人揭盖头，盖头落裳，子孙兴旺，盖头落东，子孙满堂，盖头落西，买田置地。

喜进客堂：爆竹一放震天响，亲朋好友来闹房。日落西山去，闹房好时候。一步一花开，两步走进来，三步四步堂前站，诸亲六眷两旁看。一进客堂对上望，朱红对子挂两旁，福禄寿三星中堂挂，红纱灯高悬两山墙；大红蜡烛香案照，走马花灯挂正梁，我请诸亲六眷堂前坐，喝杯黄茶再来看新娘。

洞房叫门：手拿爆竹在堂前，细听粗人几句言，不喜玩者安稳坐，喜欢玩者请上前，非是我等当歌手，新娘新郎要团圆。小小盘子四角尖，五色果子在中间，新郎捧盘前头走，诸亲六眷随后头，小小门帘七尺长，挂在龙头生贵子，挂在凤尾生娘娘，桃之夭夭花正开，其叶臻臻长上来，之子于归小大姐，宜其家人把门开。我是张仙送子来，老者开门多福泰，中年开门多子孙，学生开门中举人，娘娘开门绣巧云。

客闹洞房：进到新房喜洋洋，大家恭喜来闹房。新姐今晚不要藏，快快专心听我讲：难事有姑娘做到底，姑娘出嫁是一样，何不学个开通女，叫你怎样就怎样，今晚时间不太长，今晚赏光不赏光？新郎新姐站一旁，各位亲友围四方，再请新姐和新郎，姓名年龄互相讲。看新姐，闹新房，新姐不要面对墙，请新郎过来请新姐，拉过来大家望一望。你看新姐脸发黄，是否在家想新郎？现请新郎问新姐，到底在家想不想？如今结婚真正好，家家银钱用不了，请新郎掏掏新娘腰，看看腰里有多少？新娘身穿红棉袄，不知怀里是糕还是宝？请新郎摸新娘，到底是糕还是宝？

又到客堂：说是说，赶路动身，走是走，鼓打三更。我请诸亲六眷到堂前，喝口黄茶定定心，我们再来看新人。说了一遍又一遍，绿布下缸染翠兰，我请诸亲六眷堂前坐，让他二人细细谈，爆竹一放喜洋洋，诸亲六眷到客堂。站客堂，看门楼，门楼两边挂彩球。金砖铺地多光彩，财门两扇洞洞开。一幅好画作中堂，客堂之内喜洋洋。左边是金银库，右边是米粮仓。说过堂前到灶前，灶师父手艺真不瓤，大锅烧肉两边黄，小锅烧鱼千帆滚，亲戚吃了常来常往，朋友吃了四海名扬，家人吃了和和气气，夫妻吃了恩爱非常。灶前说了转前堂，八仙桌子摆中央，四条板凳各一方，金茶壶，银茶缸，倒杯黄茶扑鼻香，我请大家来坐好，喝杯香茶再看新娘。

新婚说好(二)

拜堂：昨日在家里是娇子，今日双双拜高堂。一拜高堂多福寿，二拜公婆福远长，三拜桃园三结义，四拜二美结成双，五拜五男并二女，六拜六国苏丞相，七拜七星拱北斗，八拜八仙过海洋，九拜甘罗为宰相，十拜儿孙状元郎。

门外道好：爆竹一放响当当，诸亲好友来闹房。日落西山去，正是闹房时，寿同山岳永，福共海天长。荣华富贵，金玉满堂。撒开步向前闯，一径来到大门堂。抬头一望，光芒万丈；黑漆大门，边红椽绿；金龙当头，玉虎相凑；金师彩球，白象好逑；彩球撒星，代代高明；彩球闪亮，大发其祥；门庭保安，富贵万千；福寿来庆，世世茂顺；财门两扇开，入洞神仙送子来。一进门来喜洋洋，金丝灯笼挂两旁；走马转灯挂梁中，点着寿香登金榜，两只明烛照家堂。三教福神长护佑，四时八节保安康；壁灯对着两山墙，满壁生辉真好望；东山墙挂的神童古画，西山墙挂的架海金梁。东厢房备的金银财宝，西厢房备的玉米大仓。金银财库不断珍珠玛瑙，玉米大仓不断万年陈粮。头顶摩砖景阳殿，脚踩螺丝梅花砖，子子孙孙状元郎。堂前景致观不尽,喘口气调调音,再到新房看新人。

新房内外:(对说好)

小小银盘四角齐,新郎哥哥捧手里。一步花正开,二步登金阶,三步来到房门口,门帘招起来,小小门帘六尺长,挂在龙头凤尾上。挂在龙头生贵子,挂在凤尾添娘娘。桃之夭夭花正开,其叶臻臻长上来,之子于归大小姐,宜其家人把门开。老者开门多福多寿,少者开门多子多孙,姑娘开门描龙绣凤,学生开门独中头名,我带欢乐上门台,房门紧闭为何来?牛郎就在河边等,请你快快把门开。

内说:洞房今日喜冲冲,怎能轻易进房中,若无好话引凤起,牛郎进房不理客。

外说:门外贺客一大帮,洞房何必把门挡。我等俱是来贺喜,望你贵手拔门闩。

内说:月白风清花正开,礼貌不周在瑶台,春色满园关不住,凤凰台上难进来。

外说:洞房内外乐融融,句句笑语化春风,请君快把门闩拔,好让凤凰遇蛟龙。

内说:凤凰独占凤凰台,一点红云起意来,解带宽衣还尚早,梨花满地门不开。

外说:出口话语句句好,百年夫妻在今宵。牛郎早在河边等,快把织女渡鹊桥。

内说:这门好似一重山,要进房来并不难,你再说句吉利话,我便用手拢门闩。

外说:吉利好话句句香,我有一句比新娘;金童玉女成双对,好比梁鸿配孟光。

进房赞好:一进新房看四方,四四方方鲁班床,各样摆设看不尽,箱合柜来柜合箱;大红帐子红帐沿,罩在中心象牙床,麒麟送子绣中央,十八学士绣两旁;挑开罗账看新人,月里嫦娥赛观音,房里因为场头小,我请新人到客堂。请新哥,拉新姐,风摆杨柳到堂上,倒杯茶,奉支烟,请诸位歇歇再闹新房。

堂前闹房:一看她,青丝发又黑又亮,好似巫山一朵云,飘飘荡荡。请新哥拉新姐,拉过来看看,可有虱子在头上?二看她,秋波眼分外明,好似玉壶一点冰,彻底澄清。请新哥,拉新姐,扒一扒眼皮,可有萝卜花在眼睛?三看她,芙蓉脸白生生,好似桃花雨后芬,分外光明。请新哥拉新姐,朝脸上摸一摸,可有细白麻子在脸庭?四看她,樱桃口小尖音,好似莲花出浮萍,白子在中心。请新哥,拉新姐,拉过来看看,可有龅牙在嘴上?五看她,十指尖尖真可夸,好似春笋出新芽,白子芙蓉花。请新哥拉新姐,捧过来看看,可有六指在手上?六看她,杨柳腰生得娇,好似春柳靠围墙,分外显苗条。请新哥,拉新姐,肩并肩来比一比,两个哪个高?七看她生得俊,长得神,挺着胸,凹着胸,十分妖娆。请新哥,拉新姐,摸一摸新姐,二乳可是一般高?八看她,百褶罗群新花样,上面绣着八字堂,荷花在中央。请新哥,拉新姐,挪开罗裙望,三寸金莲长得怎么样?九看她九世同君张公仪,百忍字训诂家堂,子孙满堂。请新哥拉新姐,问一问新姐,何时能添姣儿郎?十看她,凤头鞋,绣得巧,牡丹花草绣中心,丹桂有根,这边站的标标致致白面书生,那边站的文文雅雅红粉佳人,他二人好比七夕过鹊桥,牛郎忙相会,织女慢逍遥。今朝婚姻来配定,生得巧,配得好,又逢今日是黄道,交杯挽盏,百年同偕又到老。请诸公,喝杯茶,吸支烟,大家再来说阵好。

即兴说好:小小欢团圆溜溜,黑色蜜糖在里头,糖是台湾福建产,米是当地田里收。请新哥，拉新姐，二人伏吃这欢团，好比狮子抱绣球。小小花生麻又麻，生在土中自发芽。请新哥，拉新姐，二人共吃一粒米，添个儿子中探花。一对蜡烛照新人，八洞神仙都来临；张果老骑白马，韩湘子吹玉箫，四大金刚来抬轿；汉钟离吕洞宾，和合二仙打高灯，曹国舅放花炮，何仙姑来坐轿，蓝采和采仙草，八洞神仙一齐到，夫妻二人福气好，今日喜事红星照。请新郎，拉新姐，脸对脸，腮对腮，亲个嘴儿大家瞧。众人欢众人笑，众人临别再道好，天长地久有时尽，夫妻恩爱白头老。

说好词：鞭炮一放响当当，诸亲好友来送房，一步二步朝前走，三步来到大门旁，来到门旁抬头看，门头高挂玉彩球，四步来到宝华堂，看到华堂好排场，左边又是金鸡叫，右边又是凤凰啼。日落西山去，正好闹房时。红漆桌子四方方，我劝诸位莫要慌，喝杯香茶来送房。

大红盘子四方方，两条酥糕放中央，两个果子当中摆，一对蜡烛分两旁。我请新郎捧手上，大家送郎进洞房。

诸亲好友到洞房，看到洞房好排场，左边是箱和柜，右边是柜和箱，红漆桌子靠墙摆，当中摆张象牙床，红绸被子绿罗帐，两头一对金凤凰，洞房摆设说不尽，请到华堂看新娘。

火树银花不夜天，今晚时间已到点，亲戚朋友舞翩翩，时钟已敲十二点，歌声响彻月儿圆，我请诸位莫再慌，良宵盛会喜空前，欢送新人进洞房。

二、出生

祈子　民间讲究“早生贵子”，且有“早养儿早得济”之说。女子婚后一两年不孕，即多方祈子。旧时多祈“麒麟送子”“观音送子”，亦有采取“点孩儿灯”“吃石榴”“吃枣子”“吃南瓜”等方法祈子者。如今，对不孕不育问题虽已能通过现代医学手段查明原因并有效施治，但在某些盼子心切的婚后无子者面前，这些祈子方式仍被沿用。

实际上，在新婚夫妇结婚前后的一些礼仪中，就已经渗透着“祈子”的内容。如迎娶时，新郎要从新娘家带回两双筷子（意喻“快子”，快生贵子）；给新郎、新娘铺炕时，要在炕的四周撒上红枣（早）、花生（生）、桂（贵）圆、莲子（子）等。

有喜　民间称婚后妇女怀孕为“有喜”“得喜”，且有根据孕妇行为预测胎儿性别的习俗。认为孕妇爱吃酸食，兆生男孩；爱吃辣食，兆生女孩，俗称“酸男辣女”。孕妇过门槛时，经常先迈左腿者生男孩，先迈右腿者生女孩，谓之“男左女右”。胎动强烈而又频繁者生女孩，胎动轻微者生男孩。

旧时，民间对孕妇流产、难产及生残缺儿、怪胎难以作出科学解释，往往以种种迷信说法警示。如孕妇不能手抓食盐跨门槛，据说会触犯所谓的门槛神，造成孩子“横产”；不能跨扁担，担心孩子“横生”；不能跨戥秤，会导致孕期延长至16个月，因以前的老秤为16两1斤；不能坐笤帚，忌生“尾巴孩子”；不能参加别人的婚礼，说新娘见到双身人一辈子生活不顺利；忌吃兔肉，担心产下的孩子长三瓣嘴（即兔唇）；忌食狗肉，认为狗肉不洁，食后难产，亦有吃狗肉孩子爱咬母亲奶头一说；忌吃生姜，担心生下的婴儿长“六指儿”；忌吃鳖肉，认为吃鳖会令孩子颈项过短；忌吃鸭子，认为吃鸭子，孩子会生摇头病；忌吃螃蟹，担心生下的孩子流口水；忌吃驴肉，担心孩子驴性，夜里啼哭。又认为，吃驴肉、马肉，会使孕期延长，如同驴、马的怀胎期一样，超过10个月。

添喜　婴儿降生，俗称“添喜”。旧时，生男谓之“大喜”，生女谓之“小喜”。产妇分娩时，屋内不能有男性、儿童、寡妇和未出嫁的闺女。降生的婴儿，一般用剪刀剪断脐带。若生男孩，要把胎盘埋到锅旮旯里，以期将来顶天立地；若生女孩，则将胎盘于其他僻静地方埋掉。不少农家习惯将胎盘埋在大树下，意为孩子倚大树、好养活；也有的将其埋在家门旁，男孩的埋在门左，女孩的埋在门右。男孩脐带脱落后，有的将其放到屋梁上，预期孩子将来高升；有的保存好以备无子之家祈子之用。

20世纪60年代前，乡村医疗条件落后，长期以来民间多在家请“接生婆”接生，采用一把剪刀一锅开水的接生方法，婴儿成活率较低。遇有难产，常有孩子残疾或母子双亡的事情发生。80年代初，开始由乡镇卫生院或城区医院专业医生接生。进入21世纪，城乡孕妇分娩全到城镇医院或城区妇幼保健院接生，母婴安全得到保障，安全率达99%以上。

报喜　一般在婴儿降生的第三天，小儿父亲要到岳父家报喜。去时，要带点带红色的“喜包”（一般都为红鸡蛋），以示喜庆。如今，随着交通和通信工具的发展，居民一般都在婴儿诞生当天即向亲朋好友报喜。

起名　民间一般由祖父母或父母提前起好乳名，俗称“小名”，仅由家中长者或邻里长辈呼唤。上学后要取学名，多按族中辈规排序，俗称“大名”。20世纪90年代后，许多家庭已不再按族中辈规为孩子起名，名之所称渐呈随心随意之状。

坐月子　产妇一个月内不能下床，俗称“坐月子”。坐月子期间，产妇日常生活有专人服侍，一般由婆婆或母亲伺候。饮食以鸡蛋、小米稀饭、猪蹄子、老母鸡、面条、红糖、红枣、鲫鱼为主，以保障产妇有足够的奶水与营养。不可吃辛辣涩苦等食品以及对婴儿生长发育不利药物。为防止母婴生病、着风，月子期间一般不能开窗，不能出门，少下床、少活动，不能沾凉水，亦不能接触其他凉东西。男性长辈不能随便到床前看望幼婴；女性长辈看望孩子时，要多说吉利话。孩子满月后，产妇娘家要接母婴到家里住几天，返回时，娘家要为外甥做衣鞋等礼物带回，以图安康。

认干亲　认干亲主要是认干爹、干妈。一旦认了干亲，过年、过节、寿诞等都要按乡间礼俗办理。民间有些地方认干亲要举行“干儿出生”仪式，即由母亲给干娘缝制一条不连裆的裤子，让所认干儿从裤裆中钻过，以示干娘亲生。干儿须在干娘家里过3个新年，之后，干娘拿1个碗、1双筷子给干儿，意为将干儿“分出去”，从此干儿便成为“大人”了。20世纪80年代后，随着社会的发展，城乡百姓为孩子认干亲习俗渐淡，但仍或多或少地存在。

三、喜庆

祝寿　人满60岁称花甲之年，即可祝寿。生日那天要庆祝一番。民间有“有钱三十即为老，无钱六十老长工”之说。岁数越大仪式越隆重，遇整十岁提前一年祝寿，如79岁做的是80岁寿。农村做寿，子女及亲朋好友一般送布料、衣服、寿面、礼金及生日蛋糕。做寿子女办酒席招待。席间祝寿者多以吉利、恭维的话愉悦寿星，宴毕，寿星向众分食蛋糕，晚上，多吃鸡蛋挂面，谓之“长寿面”。随着生活条件的改善，做寿的形式也日渐多样，多数于酒店包餐，子女亲友说一些“健康长寿、福寿齐天、祝您生日快乐”等祝词，愉悦老人。有些晚辈摄像拍照留作纪念，有出资放电影或在电视台点歌为老人祝寿。

做满月　婴儿出生满一个月请酒谓之“满月酒”。孩子出生后的五日至七日，婿家给岳父母及亲友送红蛋（染成红色的鸡蛋）报“喜”。女方娘家诸亲前往送礼以示祝贺。礼品有摇床、学步车、衣帽、鞋袜等。当日婴儿剃去胎发，并置办酒席招待亲友。亲友多以礼金相贺，长辈另送婴儿“富贵钱”。

抓周　幼儿出生第一周年之日，由外婆和其家人购书、笔、糖果及玩具类小手枪、小汽车等物件。将所有物品摆放家桌子上或床上。让满周岁的小孩随意抓取谓“抓周”。首先拿到的物品，将预示小孩未来职业及喜好，如抓书笔预示从文，抓枪的从武，抓钱的从商，抓吃的会吃。此俗城乡皆时尚之。

做生日　20世纪90年代，条件较好家庭子女生日当天，常备酒肴、生日蛋糕，依照西方国家方式做生日，燃蜡烛祝愿，一家亲人围桌唱“生日歌”。然后由做生日的小孩吹灭所有蜡烛，切蛋糕分食，说一些祝福的话，称之“做生日”。一些学生也常于生日聚会，互赠贺卡、小礼物或网上祝福等。

做十岁　小孩年满十虚岁前九周岁生辰当天，亲朋好友携礼前往祝贺，家长置酒席招待。21世纪初，小孩大多为独生子女，为小孩做十岁而在电视台点歌并配以彩色照片，成为时尚。

庆晋升　参军、上大学、工作晋升调动等，亲友携礼庆贺。主人设宴招待或用喜糖、喜烟酬谢，临出行或鞭炮齐鸣以示庆贺，随着时代的进步，此俗在农村逐渐淡化。

贺新居　农村建房封顶时，俗称封顶大吉，亲友到户主家鸣爆竹祝贺，有馈赠匾额、中堂字画的，也有合伙送高档家用电器的。房主设宴款待亲朋好友，谓之办“回情酒”。

贺大件　一户人家添置上档次的大件物品。如跑运输购置卡车、购置私家轿车、耕田拖拉机、收割机、做生意门面开业等，亲友一般要鸣放爆竹以示祝贺，主人设宴招待。其间曾有愈演愈烈之势，有人连别人购置日用小件也鸣炮庆贺，俗称为“和彩”。随着经济社会发展，“贺大件”时风也有所淡化。

庆典　大型建筑落成、商店开张、厂矿开工、公路通车、单位楼房落成、校庆、重要赛事等大事件，燃放烟花爆竹，领导和贵宾讲话、剪彩或题词外，会场布置和欢庆仪式也别出心裁。如拉横幅、插彩旗、设气模拱门、放氢气球悬挂标语、献立柱花篮等，热闹非凡。社会不断发展，庆典形式有所淡化。

四、丧葬

送终　老年人临终前，子女须火速赶回，不论多远。临终前与老人见最后一面，或听取临终嘱咐，俗称“养老送终”，乡人均以未送父母终者为遗憾，人们崇尚送终习俗。

报丧　死者家属，委托亲邻向诸亲六眷和亲友报送丧情，俗称报丧。随着城镇化进程加快，人们住地比较分散，现在一般为电话、微信等通信设备报丧；有身份地位的死者，单位常以张贴讣告或登报发布丧事消息。

整容　在老人病危前几天，由子女为其揩脸、洗脚、剪指甲、梳头，子女要日夜守护，必须赶在老人没有呼吸前为老人穿戴好衣袜鞋帽等，俗称穿老衣。老衣穿好后，尽量在没有呼吸前将老人移到木板上，或稻草铺上，以纸盖脸，用被单覆盖遗体。此俗农村一直沿用，条件好的把死者遗体运至县殡仪馆后，由工作人员整容，后举行告别仪式，有的还举行悼念追思会，拍照后火化。

吊唁　农村在亡父或亡母后，于堂屋设一孝堂，又称“灵堂”。老人遗体头朝门而放，用布帘遮挡，布帘靠大门前放一小桌子，桌子上供奉骨灰盒及死者的遗像。遗像前放一碗饭，中间直立一双筷子夹一只熟鸡蛋，谓之“倒头饭”。灵桌下放一盏点亮的油灯，名腰灯，灯上倒扣一只菜篮，上放一双死者的布鞋，寓意给死者照冥路。年轻死者一般不设灵堂吊唁，仪式从简。

父母去世，儿子须披麻戴孝，身穿白大褂孝衣，腰系稻草绳，头戴白布拖地头巾，脚穿白鞋，布上扎麻，意为披麻戴孝。晚辈亲友或腰束白布带，或头戴白布帽，或脖围白毛巾，由亲疏而定，并配以白帽、红帽、黄帽以区分子孙、曾孙、玄孙辈分，孝布长短也按辈分亲近有区别，孝鞋用白布或麻布蒙鞋面。

夫亡，妻子全身素白，头扎白布头巾，布上扎麻，脚穿白鞋。妻亡，夫不戴孝。

亲朋吊唁一般以草纸、孝幛（多为毛毯、被面、太空被）、花圈或现金等礼物相赠。

有女婿的，婿家多备礼物并安排乐队随从至主丧家。凡来吊唁者，无论年龄、辈分，都要向死者行磕头礼，以示“亡者为大”。长子跪于灵堂侧旁以示还礼。

堂祭　（出殡前一日晚）当日晚上，由专为出殡服务类似道士之人（俗称山人）主持，诸亲六眷孝服齐整，向灵堂遗像依次跪拜上香，仪式虔诚庄重。条件好的请他人代为守灵者哭丧，哭到凄戚动心时，由跪拜者家人给予砸彩（俗称），相当于付给酬劳。

送葬　俗称“上山”。即将死者骨灰按事先选好的较高地方埋葬或存放。农村出殡多安排在上午，中午十二点前死者骨灰必须送到安葬地，以示吉祥。出殡时，诸亲穿着孝衣，长子披麻戴孝，手捧骨灰盒，次子手捧遗像，其他至亲晚辈走在前，走一段路，回头跪向骨灰盒遗像，边走边跪，俗称“跪路”。沿路两边提前摆放好爆竹，送葬时爆竹齐鸣，奏乐呼天动地，一路悲恸，啼哭到墓地。吊唁者所送花圈、花篮，由亲友手执走在跪路者前面，一直送到墓地安插在坟墓周边。然后由安葬人员（一般为中老年人）用土掩埋堆成坟，或安放事先用砖块水泥砌好的坟墓。送葬人员送到墓地后即回至村里，须从死者家点燃的一堆草火跨过，俗称“浴火”以示吉祥。

当天下午，在亲友酒席散后，死者至亲带点酒、菜、饭、鞭炮去坟地告慰先灵。俗称“完火”“圆火”。

做七　为纪念老年亡故者，死者亲属请“山人”写出七单，每七天为一个七，自头七至七七,逢七祭奠。一般头七(开始一七)和七尽(最后一七)比较重视。孝子在“做七”期内蓄发,穿孝鞋或戴黑色袖套。有丧家在七尽结束时,请山人做法事念经文,超度亡灵,将扎好的灵屋焚烧,以慰亡灵。

灵屋糊扎颇为讲究,用竹篾片做架构,各色纸裱糊成多层的徽式建筑,纸屋内置纸扎的空调、电话、洗衣机、轿车等现代化家用设备。摆设如同生者一般,有根据死者生前爱好,配置麻将、扑克、烟酒等,有的配有保安、保姆,希望逝者在另一世界过上幸福生活的美好愿望。

五、行情

行情俗称送礼、出人情。乡人重情礼,一家有大事,亲朋好友之间常送礼贺。礼尚往来,乡间有“人情大似债,头顶大锅也要卖”之说。1990年前,乡人行情多为婚嫁、“坐月子”(生育)、丧葬、建房等,情礼大多为实物。婚嫁常送衣物、贺匾、热水瓶、床上用品等;“坐月子”常送老母鸡、猪肉、鸡蛋、挂面、红糖、小孩衣被;丧葬常送花圈、纸钱;建房常送被面、贺匾、热水瓶等。

1990年后,行情范围逐渐扩大,参军、升学、过生日、寿诞、乔迁、生病住院都有送礼。除送传统的实物外,也因人而异,送水果、烟酒、鲜花,也有送金银的,大多30元、50元不等。

至2014年,随着居民生活水平提高,送礼更多,逢年过节,家有喜事,均有亲朋好友送礼。多为烟酒、果篮、红包,价值在100~200元。多的上千元,收情者大多在饭店置办酒席答谢。

第六节　生活器具

一、厨房用具

炉灶具　1970年前,农村及部分集镇家庭用柴草灶、风箱做饭,使用泥盆、瓦缸、铁铲、木勺、笊篱、铁筲、木桶、生铁锅、葫芦瓢等器具。1990年,钢精、塑料器皿进入村民家庭,旧式炊具逐步淘汰,乡村普遍使用蜂窝煤炉。1980年前,农村大多数使用土块、砖砌的烟囱柴草灶,1990年后,家庭烧煤、燃气灶逐步普及。

1990年后,灶具更新加快,液化气灶、电磁炉、油烟机、微波炉、电饭锅、电高压锅、电水壶等新式灶具在农村也得到广泛应用。传统的大小两口铁锅,随着家庭成员的减少和农村牲畜的集中化饲养而逐渐消失,改用带把的铁锅、不锈钢锅,灶台大都用瓷砖贴面,清洁卫生美观,生活进入电气化时代。

餐具　中华人民共和国成立前,农村宴客多用大海碗、锡酒壶、小酒盅;日常就餐用粗瓷大碗、竹木筷。1980年,乡下人餐具多为铁、竹、木、陶、搪瓷制品。如铁锅、铁锅铲、铁饭勺、木锅盖、木竹蒸笼、竹筷、竹壳水瓶、陶瓷盘盏、搪瓷茶缸等。1990年,传统的粗瓷大碗在乡下越来越少,大多使用各种小型多样、美观的细瓷碗碟和不锈钢制作的餐具。各种玻璃杯、真空保温杯、工艺瓷杯、磨砂杯、旅行杯成为人们喜爱随身携带的专用杯，磁化杯也曾风行一时。机关企事业单位、酒楼、饭馆大多给客人使用塑料或纸质的一次性水杯。火锅、啤酒、成套细瓷餐具也开始进入百姓家。

二、家具

1960年前，农村人家普遍睡土床，少数家庭室内摆方桌、椅子、板凳、橱柜、木板床等。1980年后，镶镜大衣柜、高低柜、碗橱、书橱、酒柜、写字台、沙发等开始在乡下出现。

1980年，居家大件家具普遍为木质站柜、条桌、板床、大桌、长板凳、竹椅、靠背椅、碗橱等。

1990年，大衣橱、五斗橱、床头柜、书柜、梳妆台、写字台、电视柜、组合式家具、西式桌椅、沙发、高低床、席梦思等逐渐流行起来，中老年人大多仍使用老式家具。

2000年，村乡兴起置办家具热潮，做工精细、风格典雅、色调明快的捷克式、镜框式、板式组合家具相继出现。其间，席梦思床进入部分家庭，电镀折叠桌椅等逐步普及。

三、卫生洁具

改革开放前，农村仅有脸盆和脚盆两种洗浴工具，且都为木工制品，搪瓷脸盆是在中华人民共和国成立后出现的。大盆洗澡和洗衣服两用(木制或改革开放后多为塑料制品)。农村冬天洗澡难，次数少，有的用塑料浴罩坐浴。洗衣用棒槌和搓衣板，上厕所大多使用室内便桶，室外断砖砌成的露天粪窖，条件好的家庭盖成茅房与猪舍相通。

1990年，农村实施改水改厕，部分家庭有独立卫生间，卫生环境明显改善，多数家庭安装太阳能热水器，建有洗浴间，洗衣机得到广泛应用。器具经历了瓦制、木作、搪瓷、塑料、不锈钢、陶瓷等变化过程。

四、照明用具

棉油灯　中华人民共和国成立初，农村使用棉油灯，是利用棉花籽油作为燃料，用棉线做灯芯制作而成的一种简陋的灯具。其结构是将棉花籽油放在一个容器(其实只是一块破瓷碗的碎片而已)，也有专用的灯具，然后将浸透棉花籽油的棉线放入其中，并将线的一端从油中伸出，这样就成了一盏灯了。棉油灯点亮后光线很昏暗，所能照射的范围也很小，这种灯的安全性很差，因为油放在瓷碗的碎片里很容易泼洒出来，从而引燃周围可燃物引发火灾。

煤油灯　后来用上了煤油，因为煤油不像棉花籽油那么黏稠，流动性和挥发性都比较大，所以煤油的这一特性决定了灯具不可能再像以前那样是敞口的了，于是，人们寻找各种方法来装煤油，以保证其不被泼洒出，一般最常用的是用比较小的玻璃瓶，因为体积小，所以方便使用。透明的玻璃可以及时发现灯具内油的量，保证及时供给，灯芯是棉线，为了固定灯芯，人们将牙膏壳的铝嘴剪下后洗净，然后将棉线从中穿过，再将铝嘴稍微捏紧一点以保证灯芯不掉入容器中，这样，煤油就可以通过棉线源源不断地向上输送供给火焰燃烧了。另外，为了方便灯具移动和悬挂，在瓶颈处拧了一圈铁丝并弯成一个小圆环，这样就可以随便移动灯具了，并可以根据使用需求将其悬挂在不同地方。

电灯　改革开放后，居民家庭逐渐使用电器照明，多为白炽灯、日光灯、沼气灯、手电筒等。2000年，太阳能、节能灯得到广泛应用，集镇水泥大街有路灯照明；居民家中的照明灯具注重装饰。灯饰造型千姿百态，各种各样的壁灯、吊灯、台灯、彩灯进入居民家庭。商场、酒店霓虹灯闪烁，灯饰、灯箱广告形态各异，成为一道亮丽的风景线。

五、通信用具

改革开放前，经济落后，人们唯一可以采用的通信方式就是捎口信，经常会听到“我要回娘家了，有没有话要带给你家闺女啊？”“小王，你妈让你回家走一趟！”那时的人大多不识字，所以有代写家书的人。还有比较快的一种方式就是拍电报，但是电报可是够贵的，一个字就要几毛钱，除非是非常紧急事情。1980年，用的是手摇式电话，每次打个电话，还要先接到邮电局，然后再转接至某个地方或某个单位，遇上信号不好的话，打个电话也要急死个人，呼叫上一天不一定能接通。

1980年，出现了按通话次数收费的投币式公用电话——IC卡公用电话，乡政府通常只有一两部手摇式电话机。居民打电话，只能到邮电所，通讯不便捷。

1990年，众兴开通数字程控电话，部分居民家庭也安装程控电话，很多人使用上BP机。

2000年，居民普遍安装程控电话，部分经济条件好的开始使用无线电话“大哥大”。

2005年，美观大方，形式多样的手机基本普及，一般家庭成人基本人手一部，有的中学生，也使用手机，电脑得到普及，互联网得到广泛应用，通信方式多样化。

六、取暖纳凉用具

1986年前，农村居民冬季常用盐水瓶或橡胶热水袋装热水取暖。部分用稗草闷燃暖手脚，夏季用芭蕉扇、羽毛扇和竹篾席纳凉。随着经济发展，电热毯、取暖器、电风扇得到广泛使用，2000年，冷暖空调在农村也开始流行起来。

七、部分消失用具

随着农村经济发展和社会进步，农村有很多农耕、生活工具现在已经用不上了，正在慢慢消失中，以前随处可见的各类工具，现在农村的年轻人已经不认识了。以后再想看到，估计只能在某些收藏馆、博物馆、民俗馆了。在农村生活长大的人对它们都怀有一种特殊的感情。

畜槽

板车　以前是农村主要运输工具，
也是炫耀的资本

纺车

犁田的犁

磨豆腐的石磨

谷笼

抓鱼篓子

挑水用的水桶

（以上图片均由华光社区／供）

扬谷壳风车

借谷升斗

煤油灯

石磙是农村传统的农作物脱粒工具

（以上图片均由华光社区／供）

第七节 时 令

一、传统节日

（一）春节

农历正月初一为春节，俗称“过年”，是乡下最隆重的传统节日。进入腊月，过年氛围渐显，农家宰杀禽畜，腌制腊肉，熬山芋糖，爆炒糯米做切糖，购买香烛、鞭炮、烟酒等年货。

居民在永安集玩蛇灯 （华光社区／供）

小 年 腊月二十三祭灶，俗称过小年，家家掸尘，清扫室内外。人人理发洗澡、添置新衣、鞋帽，请人写门对（门对联），年味渐浓。在外工作的人纷纷踏上返乡旅程。赶在年三十前回家与亲人团聚，俗称“有钱没钱，回家过年”。

春节门联　（地方志办 / 供）

赶年集　腊月二十三祭灶后，集市物品交易活跃，人们开始“赶年集”，置办年货。所购之物通常为鸡鸭鱼肉、烟酒糖茶、果蔬糕点、新衣新帽、鞋袜围巾、锅碗瓢盆以及纸香、蜡烛、香炉、烛台、鞭炮、年画、对联、灶马等。

贴年画　年画是乡村过年不可缺少的美化家庭环境的艺术装饰品，有中堂画、书房画、灶画、窗画等样式，涉及吉祥喜庆、风俗习惯、保吉除邪、故事喜剧、动物花鸟等题材。

贴门联　又称“贴门对”，除夕当天或提前。年夜饭前，家家户户贴上对联。对联常以大红纸底、黑字为主，讲究对仗。常见有“忠厚传家久，诗书继世长”“物华天宝，人杰地灵”等内容，也有与时俱进的新内容。对联通常贴在临街大门、堂屋门的正中偏上。门框上面贴吉祥横批。两大门合上，在门缝正中贴“开门大吉”或“抬头见喜”等。年长者贴福字亦有倒贴者，寓意“福到”家门。畜禽圈栏门两边贴“六畜兴旺”，谷仓处贴“五谷丰登”，井坛边贴“饮水思源”等吉语。

烀汤　大年三十上午开始，烀汤是千家万户忙碌的内容之首。过去家家都是大铁锅，在锅里放进猪肉、整鸡，或整鸭整鹅，以及佐料，锅底下猛火烧、慢火炖。直至香气满屋，勾起全家人的食欲。

一年忙到头，大年三十一碗汤是必需的。喝汤时，鸡大胯都是盛给长者或最宠爱的幼儿，其余家人吃猪肉或吃鸡肉，随便吃。喝汤也有讲究，家中常年在外的人，得吃鸡的飞膀，预示来年飞得更远，求财更多；小孩吃胸脯或走胯，预示新的一年身体健壮；婆婆和儿媳妇平分鸡头、鸡尾和鸡脚，预示婆媳之间和和睦睦。

烀汤不仅是为了大年三十全家人的一碗汤，而且是全家年尾与年头的有效衔接。烀到七八成熟时，便从锅里捞出一些猪肉、鸡等，放进碗柜里晾着，相当于今天的卤菜。等年饭吃过以后，将碗柜里的猪肉、鸡等切好，正月招待客人。因为正月的三天年“不下生”，锅里的烀汤不能全部喝完，得留部分后几天煮面条时用。“大年三十一碗汤”的年俗今天还在延续着，只不过很多人家不用大铁锅烀汤，而是用砂锅炖汤，或是用电器煲汤了。

上年坟　喝过汤后，家族“五服”以内的男人，集结一起，拎着纸钱、鞭炮去上坟。上坟时先在各个坟头上压“茔顶”（烧纸），燃放鞭炮、烧纸、浇奠、叩头，慰藉祖先。

吃年饭　年饭要硬，吃饭要剩，与其他地方不同，一直以来，众兴以种水稻为主，习惯吃米饭，把一年中的最后一顿饭称为“年饭”。人们讲究阔绰，特别是煮年饭不比一般的煮饭，一要分量多，是平时的好几倍。有意多留剩饭，剩饭用淘米箩盛起来，留着正月初一到初三的中午吃。二要煮得硬，一定要比平时的饭硬，意味着全家生活一年硬似一年，图个好兆头，以此祈求新的一年里生活更好些。三是饭粒硬，饭硬放得时间长，不会轻易糖化。

吃年饭慢慢吃，吃饭要剩。全家人不可只吃一碗，都得吃两碗。第一碗饭盛少一点，第二碗饭可以盛得再少一点，一定要剩着，有意“剩碗底”。长者对“剩碗底”的解释有二：一则年尾剩到年头，意味着不缺饭；二则年年有余，图个吉利。只可惜，这个年俗在很多年轻家庭已经消失，只有一些上年纪的老人还在坚持。

全家团聚，在除夕之夜一起吃年饭，村民最为重视。少数家庭图时尚，在酒店包席年夜饭。年夜饭是一年中最丰盛的聚餐。鸡、鱼、肉、油炸圆子是必备菜，大多数家庭，鱼只是供奉不实用，谓之“年年有余”。圆子是后上的一道菜，表示全家身体健康、团团圆圆。

压岁钱　年饭后，尊长以红包形式发钱给晚辈，名曰“压岁钱”，也示来年吉祥顺利，表达对晚辈的关爱。也有借此要孩子磕头，考验孩子，寓教于乐。

守岁　除夕晚上，家家户户香烟缭绕，烛光通明，全家男女老少围坐一起，喝茶酒、吃瓜子，说国事、话家常，称为“守岁”。守岁时有许多娱乐活动，长辈往往讲故事、说笑话，给孩子们猜谜语，以驱逐孩子们的睡意。除此之外还玩游戏、打麻将、打扑克等。

1983 年，中央电视台推出春节联欢晚会后，全家人多聚在电视机旁，边看晚会边守岁，增添新的乐趣。大多一直到 12 点后入睡休息，意为“守岁”。多数在 12 点钟声响起，再次燃放鞭炮、焰火，以示新的一年已开始。

散元宝　众兴还有一个独特的风俗，“除夕夜里散元宝”。20 世纪 80 年代以前，每年的年三十深夜都会有人（家族困难，值得人们同情）散“元宝”。

在过年前，有人就会把黄泥巴揉熟，做成泥巴元宝和泥巴金条。待泥巴元宝和泥巴金条晒干后，用染料把泥巴元宝染成银色，把泥巴金条染成金色，有的专门做上记号。集市上也有卖的，看上去和真的一模一样。大年三十晚上 11 点以后，散元宝的人背着“元宝”进村，开始给已经关了大门的人家散“元宝”。“元宝”放在门槛正中的门缝处，依着门缝，确保初一早上开大门的时候向家里一滚。开大门的人当然喜欢，因为新年第一天开大门就有元宝滚进家，好兆头，遂将“元宝”小心翼翼地放到书案上。

3 天年过后，散元宝的人便上门讨要喜钱。到达门前，开始说一些“开门大发财，元宝滚进来；滚进不滚出，装满三间屋”之类的喜庆话。几句“好”说完，上前，伸手要钱。一般人家都给几毛，大方的人家也有给几块的，也有给糕点和糖果的。

现在，当然没有了这种除夕夜里散“元宝”的习俗，只是，一些人家图吉祥，新年之际到文化商店买一两个工艺品“元宝”，摆在书橱里，作为发家致富的吉祥物。

拜年　正月初一至初三，晚辈照例向长辈登门拜年，或亲友相互登门拜年。1990 年后，亦流行电话、手机、短信拜年，后发展为 QQ、微信、视频拜年。每年春节前，乡党政机关、企事业单位多以不同形式开展拥军爱民，访贫济困，慰问军烈属、孤寡老人、劳动模范和离退休人员、困难党员等活动。

2000 年，国家实行春节七天假制度（春节法定假三天，春节前后两个双休日四天），正月初八公职人员上班。

（二）元宵节

农历正月十五为元宵节，村民称为“过小年”，有“月半大似年”说法。20 世纪 90 年代前，大清早村民有起早去挑井水，俗称“挑仙水”。有人家早上吃饭仪式和除夕隆重程度基本相同。中午吃元宵，有“正月十五闹元宵”之说，有地方玩龙灯、狮子灯、洋蛇灯等活动。过了此节，春节气氛即告结束，新的一年各项农作转入正轨，有“过了元宵节又是原还原”的说法。

（三）清明节

二十四节气之一，在每年 4 月 4 日前后。乡下有挑坟、踏青等传统。男女老少携带爆竹、纸钱、杨柳枝等上祖坟，缅怀先人。异地游常于清明前，不远万里，回乡祭祖扫墓。有不能回乡的即在所在地的岔路口烧纸遥祭也可。有机关学校组织职工和师生祭扫革命烈士墓。

（四）端午节

节日起源说法不一，本地区一般认为是纪念五月五日投汨罗江自尽的楚国大夫屈原的节日。农历五月初五为端午节，乡民俗称为“五月节”。村民有裹粽子、吃绿豆糕、喝雄黄酒、门旁插菖蒲、挂艾蒿等习俗。大多年轻闺女、女婿到女方娘家吃饭，也有接未过门媳妇吃饭。端午节还有母亲为小孩制作“香布袋”的习俗，香布袋用彩色绸缎布料制作而成，形状有月牙、元宝和球状不等，袋内装有艾蒿叶、香料等，戴在身上香气四溢，意为驱瘟辟邪。

（五）中元节

农历七月十五为中元节，俗称七月半，又叫鬼节。古人以农历七月为鬼月。众兴民间有部分烧纸钱慰祭先祖（大多是离世时间不长的），保佑平安，一般不放爆竹。

（六）中秋节

农历八月十五为中秋，民谚有“月到中秋分外明，每逢佳节倍思亲”之说，又称“八月节”。也有“年怕中秋月怕半，男儿立志在少年”之说，意为一年中剩下时间不多了，要珍惜时间，光阴一去不复返。一年中除春节外，中秋节是家人团聚的重要日子。全家老幼要聚在一起吃饭，晚上一起吃月饼赏月。

2000 年前，大多孩子中秋晚上有“玩火把”习俗，有除虫害、庆丰收的寓意。此俗兴盛时，夜晚满田野都是火把，邻村孩子相互戏耍，好不热闹。

玩火把、摸秋　中秋佳节，作为节日习俗，可不止赏月、吃月饼，玩火把、摸秋也是众兴地区传统民俗。

中秋节最大的乐趣，是玩火把。这个民俗在农耕时代十分隆重、热烈，不论男女老少、长幼都来参与，用玩火把的形式，来庆祝红红火火的日子。

玩火把在众兴地区又叫“打火把”，家长给孩子用葵花秸秆等长秆，绑上稻草。中秋之夜，大家相约一起到田野里点燃火把，挥动燃烧，一片火红，火花四散，场面十分壮观。现在城乡的孩子很难感受到这种乡野的乐趣了，玩火把已经成为很多人的记忆。

玩火把之后，孩子们还有一个好玩的游戏——摸秋。秋天各种蔬菜、水果都成熟了，孩子们可以趁着月色，到农家的地里去采摘一些。摸秋结束，大人孩子们都要回家吃月饼了。过去物资贫乏的年代，一大家子才有个大月饼，长辈要按家里人口来切开分食，全家人围坐在一起边吃月饼边赏月，分享团圆的快乐。除了月饼，不少人家还会吃石榴，因为石榴也是圆形的，十分喜庆好看，象征多子多孙多福多寿，家族和睦。

（七）重阳节

农历九月九日为重阳节，亦称“老人节”，民间有晚辈给年满花甲的长辈送衣服、鞋子等礼物，也有为老人做寿的习惯，机关、团体常于此日对离退休老人进行慰问，或组织老人聚会、参观、旅游等。

华光社区居民老人集体过重阳节　（华光社区/供）

二、法定假日

至2014年，连同春节、清明、端午、中秋，法定节假日有11个。

元旦　公历1月1日为元旦，俗称“洋冬年”。国家法定放假一天，此日，机关、学校、团体多在门前挂“庆祝元旦”横幅、插彩旗以示庆祝，有的举办联欢会（学校大都举办）。男女婚嫁、乔迁、生贵子等喜事，也常常在此日举行。此节日在农村也逐渐时兴起来。

“五一”国际劳动节　公历5月1日为全世界劳动者的节日，1999年9月，国务院规定法定假日3天，加上节日前后两个双休日，共放假7天，称为“五一黄金周”。2008年改为连同双休日3天，习惯叫作小长假，人们常用小长假举办婚嫁、乔迁等喜事活动，随着经济条件改善，农村也有部分人选择就近自驾游。

国庆节　10月1日是中华人民共和国成立日，称国庆节。1999年9月，国务院规定的法定假日3天。加节日前后两个双休日，共放假7天，民间多称为“十一黄金周”。“十一”期间，政府机关、学校团体、企事业单位多在门前挂庆祝横幅，升国旗，摆鲜花，张灯结彩，以示庆祝。居民多外出购物、旅游、举办婚庆等家庭喜事。

“三八”国际妇女节　公历3月8日为妇女节，单位女职工放假半天，政府机关，企事业单位多提前（不占用假期时间）一天召开座谈会、表彰会等形式欢度节日，也有组织妇女短途观光旅游、慰问农村困难留守妇女，农村妇女过此节者少。

“五四”青年节　公历5月4日为青年节，14周岁以上28周岁以下青年放假半天，政府机关、学校、团体和企事业单位的共青团组织常以举办入团宣誓和召开座谈会、联欢会等形式纪念。农村青年过此节者少。

“六一”国际儿童节　公历6月1日为儿童节。13周岁以下的少年儿童放假一天。各小学举办少儿文艺演出、书画展览，少儿载歌载舞，欢度自己的节日，家长常常带孩子去动物园、少儿活动中心等地方游玩，满足孩子的节日心愿；政府机关、学校团体、企事业单位大多为儿童(特别是留守儿童)准备节日礼物、赠送学习用品和玩具，慰问留守儿童。

八一建军节　公历8月1日为中国人民解放军建军节，现役军人放假一天。乡人民政府要举行慰问军烈属，发放入伍军人优待金，开展拥军优属系列活动，以增强国防意识和拥军爱民意识。

三、新兴节日

母亲节　公历5月的第二个星期日为母亲节，源于美国。2000年以后，此风俗逐渐兴起。节日到来，男女青年时兴为母亲送上节日礼物和感恩问候，尚未成规模。

父亲节　公历6月的第三个星期日为父亲节，和母亲节基本相同，在青年子女中比较时兴。

圣诞节　公历12月25日，20世纪90年代，随着宗教政策的落实，乡内少数村民开始信仰基督教，庆圣诞节，过平安夜。2000年后，在年轻人中开始流行起来。大多为联欢聚餐，商家多以圣诞节招徕顾客，圣诞卡片、圣诞老人也开始出现。

情人节　公历2月14日为情人节，源自西方古代罗马。20世纪90年代后，青年男女普遍接受这一习俗，在这一天互送玫瑰花或馈赠礼品，或相约会面表达爱意，夫妻之间也比较盛行。

国际消费者权益日　3月15日为国际消费者权益日。乡政府机关在集市开展纪念活动，发布公益广告，散发宣传资料，开展现场咨询，优质产品展销，抵制打击假冒伪劣产品，保护消费者权益。

四、其他节日

试灯节　农历正月十三，“过小年”前，晚上村民在家门口挂灯笼、放鞭炮、吃试灯粑粑。俗称“试灯节”。

三月三庙会　农历三月初一至初三，众兴马政寺的庙会节日。马政寺是合肥地区最大的寺庙。庙会期间有近20万香客云集于此，场面蔚为壮观。乡下有“二月二龙抬头，三月三庙会节”的说法。

冬至　二十四节气之一，在每年12月22日前后。当日，居民上坟烧纸、燃放爆竹祭祖先。远离家乡的就在附近岔路口烧纸祭祀。殡葬改革前，当地老人去世实行土葬，先将遗体放入棺材，送至山上立一丘房。三年后的冬至日前后三天，再另选一块地连同棺材埋入土下，培土成丘，谓丘改。

第八节　忌讳　陋习

一、忌讳

生活忌讳　孩子忌食鱼子，认为吃了会"笨"或是好争嘴。忌女人衣裤横街或在人行道上晾晒。断线风筝忌落他人家屋面，说是要发生火灾。夫妻忌在亲戚家留宿同房。主人不打招呼，客人忌入内房。客走忌泼水。忌来客在家号啕大哭。孕妇忌吃牛肉，否则会延长孕期；孕妇忌在娘家生孩子；孕妇忌跨绳索，犯忌会生怪胎。寡妇和孕妇忌入产房，否则产妇会倒霉。不满月的产妇忌串门走动，否则血身会冲门神。忌女人打男人嘴巴、耳光，说是不吉利，被打者会倒霉。妇女吃饭，忌捧饭碗靠门框与人搭话，犯讨饭之嫌。忌蹲在门槛上与人闲聊；忌早上蓬头垢面串门。忌挎扁担，否则会生"担痄子"。忌将药渣倒在别人家门口；忌戴长白孝入邻居家门，否则会带去晦气，不死即病。家主忌家蛇出现或家蛇盘鼠于梁上，有"蛇盘鼠、伤家主"之说。戴帽子忌压于眉，有"帽子压在眉、不是强盗就是贼"之说。吃饭时忌将筷子直插饭碗之中，避"倒头饭"之嫌。春节忌妇孺说不吉利的话。春节忌说洗脸，"洗"与"死"在本地同音，要说抹脸。祖坟后忌有路，有"不怕坟前千人过、就怕坟后一条路"之说，认为坟后有路会踩断"龙脉"。坟冢堆土要多要高大，有"坟有千担土、家有万担粮"之谣。婴儿要有一根桃树作料，说能辟邪驱灾。婴儿熟睡时须靠扫帚于箩旁，说是"陪睡"。空窝子要放一条小板凳于上。新婚嫁妆木制品材料，须有"柏、梓、桐、椿"四种树料，以示"百子同春"之意，20世纪90年代嫁妆多购于家具店，此俗日渐淡化。

生产忌讳　插秧时，忌互相直接秧把，否则手腕会蹉气，俗称"秧气"。

忌用牛说使牛，因"使、屎、死"谐音，否则牛不出活。民间忌将厕所建于东边、厨房设在西边。

择基建房忌讳　忌大门对准大路，说路是路箭，家门会不幸。民间并列建房，屋脊高矮一致，忌左高于右，更忌右高于左。有"左青龙右白虎"或"宁愿青龙高一丈，不许白虎抬头望"之说，否则矮房人家会遭灾或不兴旺。有门前忌栽楝树，屋后忌栽桑树。楝为苦，桑丧谐音，认为不吉利，此俗存。

二、陋习

封建迷信　中华人民共和国成立前，众兴封建迷信活动盛行，如算命卜卦，以问吉凶，生病不求医而求神，香灰当作万灵药；盖房、葬坟要择吉地，以求吉星高照，子孙昌盛；烧灵焚衣，望先人保佑；求巫婆神汉，请鬼下神，以消灾避祸；还有妇女分娩未满月不准进别人家（认为产妇是血腥人，进谁家，谁家六畜就不兴旺），有事只能在大门外接洽；年三十晚用草纸擦小孩嘴，忌讲讳话，堂屋贴"童言妇语，一概不忌"的红纸条子等。中华人民共和国成立后，科学知识逐渐普及，不少迷信活动，已不禁自解。但在偏僻的角落里，仍偶有活动。

纳妾蓄婢　中华人民共和国成立前，众兴地主、富家纳妾、蓄婢，普遍存在。1950年后，认真贯彻执行婚姻法，实行一夫一妻制，使作妾的改嫁，令奴婢回家，妇女真正得到解放。

溺婴　中华人民共和国成立前，生育无计划，贫苦人家长期处于半饥饿状态，兼有重男轻女思想，所以，溺女婴成为常事。1950年后，人民政府严令禁止，并提倡计划生育，溺婴现象渐趋终止；超计划生育溺婴者，也受到法律处理。

吸鸦片烟　据资料载，1950年1月统计：众兴种烟苗122亩、开烟馆2家、吸毒28人。吸毒者均休形枯瘦、倾家荡产，甚至卖妻鬻女，亦所不惜。有的沦为盗匪，影响社会治安。中华人民共和国成立后，政府三令五申，严禁种烟、吸毒、贩毒。政府对少数屡教不改者，即依法处理。原卅埠乡的费志年因戒鸦片烟被三次拘留，1956年最后一次拘留，他写了一首打油诗："坐牢三四天，学习一大篇，人问干什么，戒烟！"此后，他不再吸鸦片烟。

赌博　中华人民共和国成立前，本地赌博方式有打麻将、推牌九、抹纸牌、押单双、摇摊、押宝、掷骰子（俗称掷猴子）、斗蟋蟀等。赌场滋生出放高利贷（俗称放爪子，利息高昂，按天计算）者，甚至卖淫嫖娼等。官场、民间四季都有赌场，大小集镇逢集，更是赌徒赶赌的日子；更有甚者，搭台唱戏、乘逢庙会明灯执火，聚众赌博；有些人以地方上的权势为后台，开赌场向赌徒抽头（每次从赢方抽头1%），养肥自己，而赌棍们朝夕沉醉于迷魂局，多致倾家荡产，陷入潦倒困境。求生乏术，为非作歹，影响社会治安。中华人民共和国成立后，政府多次颁布禁赌令，对屡教不改的依法惩治。

中华人民共和国建立后，人民政府明令禁止赌博，赌风有所收敛，但暗中仍常有发生。20世纪90年代新增"斗地主""诈机""打80分"等，城镇多开办棋牌室、茶楼、娱乐活动中心供人们消闲。但仍有少数人以各种形式参赌、聚赌。

乞丐和娼妓　旧社会贫苦人家，一遇天灾人祸，无法生活，有的沦为乞丐，有的被鬻为娼妓。乞丐中大多属失业求生，但也有少数闯江湖的，专事诈骗以求财。他们背竹桶、持吹筒，到人家门前，胡吹乱奏一道，即讹声讹调地索钱，不达目的，决不离开，有的用刀划破头皮，大耍无赖（俗称破头花），他户为了图安，大多满足，不能满足要求的，就要请乞丐的头目——"照街"来处理，但也要破费些钱物，否则，就会招致同伙成群结队地前来取闹，造成要更大的损失。

中华人民共和国成立后，人民政府重视对乞丐和娼妓的教育改造，并在土地改革中分给土地，使之就业和从良。20世纪50年代中期，乞丐大大减少，娼妓近绝迹。三年困难期间，群众生活较为困难，为了生活，行乞人数有所上升。改革开放以及普遍实行联产承包制后，村民走上致富路，但仍有个别把行乞当作致富门路。1990年后，乞丐在众兴地区消失，政府把失去劳动能力的残、老、孤、幼人员，或收到福利院，或收到乡敬老院或在各住处享受"五保"待遇。

酗酒　亲戚朋友相聚，往往狂饮、豪饮，喝得酩酊大醉。失态者常出现恶语中伤、呕吐不止、举止轻浮甚至大打出手等现象。因酗酒误事、失足溺水或酒醉不醒者屡见不鲜。民间"一杯酒和风细雨、二杯酒甜言蜜语、三杯酒豪言壮语、四杯酒粗言恶语、五杯酒不言不语"

的顺口溜对此作出形象的概括。

骂街　农村妇女多因蔬菜、家禽被偷，家中钱物有失或小孩打闹造成轻伤等原因，往往不问青红皂白便指桑骂槐，更有甚者捶胸顿足开骂，语言恶毒和形象恐怖足伤人心，有的甚至用菜刀在砧板上一边乱砍，一边咒骂。集镇因邻里关系恶化或男女私情等也有旁敲侧击的骂街现象。

开后门　一些人想达到某种目的，常以送礼、请客、找关系等方法打通关节解决问题，叫“开后门”。此风涉及上学招工、提干、工作分配、工作调动、工程承包、农村择址建房等。进入21世纪后，承包工程多公开招标，招工提干，晋升多通过考试、评议或公示，开后门不正之风逐渐好转。

包二奶　多指有钱有权势的人拈花惹草，利用钱权暗地租房、购房包养情人，称“包二奶”或“养小蜜”。也有极少数有钱富婆、花心妇女包养男情人，称“养小白脸”。

第九节　民间传说

民间传说，一般是指发生于民间社会或主要传承于民间神会的有关神明、鬼魂、祖先、圣贤及天象的信仰和崇拜，具有地域性、分散性、自发性、繁杂性特点，其目的是祈福禳灾，并不追求超脱，而是追求现实的幸福，解决现实的苦难与问题。随着科学的发展、社会的进步，民间传说多被人们遗忘和摒弃。

一、灵物崇拜

过“年”的传说　相传，古时候有一种叫“年”的怪兽，头长触角，凶猛异常。“年”长年深居海底，每到除夕才爬上岸，吞食牲畜伤害人命。因此，每到除夕这天，家家户户的人们扶老携幼逃往村外，以躲避“年”兽的伤害。

这年除夕，人们正扶老携地出村避难，从村外来了个乞讨的老人，只见他手拄拐杖，臂搭袋囊，银须飘逸，目若朗星。乡亲们有的封窗锁门，有的收拾行装，有的牵牛赶羊，到处人喊马嘶，一片匆忙恐慌景象。这时，谁还有心关照这位乞讨的老人。只有一位老婆婆给了老人些食物，并劝他快走躲避“年”兽，那老人捋髯笑道：“婆婆若让我在家待一夜，我一定把‘年’兽撵走。”老婆婆惊目细看，见他鹤发童颜、精神矍铄、气宇不凡。可她仍然继续劝说，乞讨老人笑而不语。婆婆无奈，只好撇下家让他住，自己避难去了。

半夜时分，“年”兽闯进村庄。它发现村庄气氛与往年不同：村东头老婆婆家，门贴大红纸，屋内烛火通明。“年”兽浑身一抖，怪叫了一声。“年”朝婆婆家怒视片刻，随即狂叫着扑过去。将近门口时，院内突然传来“砰砰啪啪”的炸响声，“年”浑身战栗，再不敢往前凑了。原来，“年”最怕红色、火光和炸响。这时，婆婆的家门大开，只见院内一位身披红袍的老人在哈哈大笑。“年”大惊失色，狼狈逃窜了。

第二天是正月初一，避难回来的人们见村里安然无恙，十分惊奇。这时，老婆婆才恍然大悟，赶忙向乡亲们述说了乞讨老人的许诺。乡亲们一齐拥向老婆婆家，只见婆婆家门上贴着红纸，院里一堆未燃尽的竹子仍在“啪啪”炸响，屋内几根红蜡烛还发着余光……欣喜若狂的乡亲们为庆贺吉祥的来临，纷纷换新衣戴新帽，到亲友家道喜问好。这件事很快在周围村里传开了，人们都知道了驱赶“年”兽的办法。

从此每年除夕，家家贴红对联、燃放爆竹；户户烛火通明、守更待岁。初一一大早，还要走亲串友道喜问好。这风俗越传越广，成了民间最隆重的传统节日——“过年”。

龙　古代传说中的一种神异动物，在人们心目中具有极高的地位。《大戴礼·易本命》曰：“有鳞之虫三百六十，而蛟龙为之长。”传说龙有鳞有须，有脚有爪，威动天地，声震海内，可兴云作雨，可兴风作浪，而且变幻莫测——能幽能明，能细能巨，能短能长，春分而登天，秋分而潜渊。民间有“二月二龙抬头”“龙不抬头天不雨”的俗语。

龙图腾　（地方志办/供）

同时，龙亦是中华民族的图腾，古时是皇帝的象征，现在部分年轻人追求时尚，在身上刺龙图腾图案。图腾就是崇拜的对象，也就是一个民族用一个事物来让自己去效仿或追随的行为。龙，是中国人想象中的完美生物，它有所有动物的优点，海陆空全能，呼风唤雨，腾云驾雾。龙图腾的象征意义就是指人们追求龙的境界，就要不断取长补短，完善自己，梦想终有一天能叱咤风云。古代民间除了新婚、生育用龙作吉祥图案；取得功名的人亡后，立龙头碑（碑身的上半部分雕刻两条龙，朝上的龙头中间有一绣球）外，一般场合不能出现龙图案。从20世纪末至今，民间兴起为已亡父母立龙凤碑（左龙右凤）；出殡时的挂旌上也印有龙案。

对龙王的崇拜，源于古老的龙崇拜。人们认为，龙王是行云管水的神灵，天上天下、江河湖泊、风云雷电，都归其所管。过去，众兴村庄曾设有几处龙王庙。每逢风雨失调、久旱不雨、久雨不止时，民众都要到龙王庙摆上猪、鸡、鱼等祭品，烧香祈愿，以求龙王治水，风调雨顺。

凤凰　是人们心目中的瑞鸟，属鸟中之王，有“百鸟朝凤”之说。传说，凤凰性格高洁，非晨露不饮，非嫩竹不食，非千年梧桐不栖，常被誉为封建社会中的宫廷“皇后”。民有凤凰除恶传说和以凤凰命名的山川、村庄。男女结婚、生儿育女，家中常贴“龙凤呈祥”的年画和剪纸，迎亲花轿与新娘穿戴的服饰上常绣有凤案，婚庆礼乐中常吹《百鸟朝凤》乐曲。女孩常用“凤”字起名。

麒麟　古人认为麒麟是仁兽、瑞兽，它超脱沼泽，行不踩蚁虫、趾不踏花草，为中国古代生育崇拜之一。过去，男女婚后，常用“麒麟送子”年画比喻生儿育女，送子图案有繁有简。繁者：或以童子为中心，戴长命锁，持莲抱笙；或为童子骑麒麟，角挂一书；或为童子背后一把伞持扇仕女护送。简者：为童子骑麒麟，手持莲花。民间版画作品中，还多配吉祥联语“天上麒麟儿，地下状元郎”。

狐狸　境内见到的狐狸一般为棕红色，俗称“火狐狸”，行踪于山区与平原。民间有人被狐狸“魔”着的说法。人们认为，年深日久的狐狸会得道成仙，给人降福消灾，也可给人带来灾难。出于敬畏心理，人们多把它当成仙家供养，禁忌直呼其名，常以“狐仙”“狐仙姑”尊称之。许多年老体弱的妇人遇有家人病灾、失物，常到狐狸进出的洞口、庙碑前进香焚纸、供食品，祈求消灾。20世纪五六十年代，此活动被作为迷信禁止，随着科技日新月异，人们已视狐狸为一比较精明的动物而已。

黄鼠狼　民间又称“黄大仙”“黄猫”等，常以老鼠与家禽为食，出入民间旧宅、草垛之间。传说，年时长久的老黄鼠狼有“魔人”本领，人被魔后，常神志不清、胡言乱语，行为失常。农村有专门捉“妖”的巫师，他们首先用桃树枝子朝患者及周围墙拐或困打一阵，意喻驱逐“黄仙”。若“驱妖”不成，巫师则用手掐住患者(男左女右)腕脉，沿脉探捋，寻找黄鼠狼在体内的踪迹，发现皮下“硬状”物时，即用针将其扎住，被魔的人则发出凄厉叫声。传说此时，会有住房或草垛周围隐蔽处有四爪朝天、满身沾血、在地上挣扎动弹不得的黄鼠狼。

所谓黄鼠狼魔人一说，现代科学的解释是：当人的脑电波与黄鼠狼的脑电波合拍时，黄鼠狼便会模仿人的声音、发音的频率来说话。实际上，民间所说“黄仙”不是降福消灾，人们所以敬奉之，多祈求其少做坏事。

喜鹊　民间亦称“鸦鹊”。《本草纲目》中说它的名字包括两层含义，一是“鹊鸣”，故谓之鹊”；二是“灵能报喜，故谓之喜”。喜鹊一般栖息于山区或平原高耸的杨树上，叫声为“喳喳喳喳、喳喳喳喳”，意为“喜事到家，喜事到家”，民间还流传着“早叫喜、晚叫愁、不中不晌祸就来”“树上的喜鹊叫喳喳，不知喜事到哪家”等俗语。传说农历七月初七，是喜鹊聚集搭桥，为牛郎与织女相会的日子。民间喜庆婚礼时常剪贴“喜鹊登枝”来装饰新房，以“喜鹊登梅”寓意喜事来临，以“喜上眉(梅)梢”寓意人的心情好。据说喜鹊还能预报天气，古代《禽经》中这样记载：“仰鸣则阴，俯鸣则雨，人闻其声则喜。”

二、巫术　占卜　风水

(一)巫术

巫术是一种由原始崇拜而产生的古老法术，属迷信范畴，其种类涉及祭祀、驱鬼、招魂、求子、治病、生产、建房等。1990年后渐失，2014年，仍极少存在。

叫魂　为民间最突出的巫术行为。若幼儿受惊后发烧不退，迷糊不醒，服药打针都无效果，做母亲的便请村里的巫婆来家试脉“确诊”。经试脉确定小孩吓着的地点(通常是在沟塘、河边、树上、井旁、旧屋等地)或土地庙，母亲便到这个地点为小孩叫魂：“×××回家了。”其父便答:“来了。”连喊、答三遍。或是摸着孩子的耳朵唇儿,连喊三遍:“摸摸耳朵唇儿,来了儿(闺女)的魂儿。”

驱邪　若被黄鼠狼或狐狸“魔着”,需“拿邪人”用桃树枝、咒符来驱邪。驱邪者须在晚上带着肉食来到“老坟岗”,将肉食放下,在周围观看,如果带去的肉食被狐狸、黄鼠狼吃光了,说明“拿邪人”,驱邪有效。

驱鬼　旧时,家里有人久病不愈或不知何故得病,疑是家中或其他已故老人灵魂在作祟,便请巫师到病人房中,点上香、纸,祈祷着缠身的恶鬼快走开,边祈祷边用桃树枝子抽打病人的衣帽,一直抽打着走到村闹市口。

站鸡蛋　若家中有人得病,经巫婆看视,认为是已故亲人在作祟,便用站鸡蛋方法逐一查应,直到鸡蛋立住。许愿:“快点让×××病好了,×月×日去还愿。”偶有见效者,便四处传播。

催眠贴　小儿夜间长哭不睡,便在黄表纸上写道:“天黄黄,地荒荒,我家有个哭夜郎,过路君子念三遍,一觉睡到大天亮。”连写三张,分贴在人多显眼的地方,据说有路过三个人念过后,孩子便会入睡。

下神　民间有位老妇人,常代称某某“狐仙”,在家中设神位供奉,装神弄鬼为人治病,人称“下神”。许多虔诚者带上厚礼或金钱,前去登门求药治病,传得神乎其神。此医疗方法有个奇怪的现象:当地人不信,外地人相信。

(二)占卜

乡下占卜以算卦最为流行,自古至今,男女老少仍有信者。

算卦　乡村集市、庙会等处亦有设摊,均以“文王神课”为标榜。算卦多将制钱放在卦筒里摇动,然后倒出,根据字和幙的数目与次序来确定卦象祸福。算卦者多会察言观色,无论问病还是问财,都能从你的言谈中套出一些蛛丝马迹,再结合卦象诠释,其中必有几项说得你信服,或则模棱两可。算卜者一般少谈过去,多谈未来,因为未来一时无法验证。

算命　常见的占卜形式,旧时以盲人操此业者为多。其一手拿着探路竹杖,一手敲着“报君知”(一只被敲打的单面钹)来往于大街小巷。盲人算命一般都是“掐算”,问卜者报生辰八字和所问事由后,算命者口中念念有词,以拇指掐食指、中指的关节,然后分析一通,让人听了满意。八字为人的出生年、月、日时,各配上干支凑成八字。八字与五行相配便产生了命相(如金命、火命等)。20世纪80年代以后,常人亦参与了这一行当。

测字　被测字人任意提出一个汉字,由拆字人根据字形、字义和写字时的背景情况,分析所卜事情的凶吉,其中多随机应变、牵强附会。

抽签、抽帖　以签、帖上的固定文字和签语,来解释吉凶。签是竹制的,有与之相关的文字;帖是纸制的,上面有图画。抽签一般在寺庙里进行,抽签人叩头拜祭后,跪捧竹筒,默祷神灵保佑赐给上签,接着用力摇晃签筒,跳出签即为抽出的签。然后根据签上字码,查对有关记录。签有上上、中上、中下、下下四种,每种又有若干支和若干解释。上上签大吉,下下签最凶。求官、求财、求婚姻、求事业都可以抽签。抽帖一般不去寺庙,操此业者常手敲竹板,沿街高喊:“抽灵帖,占灵卦!”其帖是一些长方形的纸质折子,对折为两面,翻开来看,一边是图画,一边是诗句。问卜者随意从中抽出一张,由卜者根据所问事项讲解内容。用鸟占卜者,养一只黄雀按人的指令,抽帖,以此眩人耳目,增添神秘气氛。

面相　通过辨察人的头骨、面相、体型以及人的神情、声气、举止,推断人的寿命、贵贱、吉凶、祸福。众兴地区旧时相面的依据是“麻衣神相”,将人的脸部分成52个部位,脸部上下分“天庭与地格”,骨骼分方骨、圆骨、尖骨,总的概念是“天庭饱满,地阁方圆”为福相。

手相　手相,是相面的特殊形式,即以掌上纹理来推测人生的来去。习惯上男看左手,女看右手。手相上有事业线、婚姻线、寿命线三类,如手纹粗而长是事业心强、前途顺利等。

人的手指纹络一般有三种类型:同心圆或螺旋纹线(像水中漩涡),叫“斗”形纹;纹线一边开口,形似簸箕,叫“箕”纹;纹形像升者,叫“升”线纹。民间对幼婴观其丨指指纹,有“一斗穷,二斗富,三斗四斗开当铺”“七斗八簸箕,到老没福气”等俚语,以此断定一生贫富。

(三)诅咒

民间流传的诅咒方式主要有以下两种:

咒语　当两人因事发生争执,各执己见,互不相让,而又无法判定谁是谁非时,被气之人往往会说:“谁做得不对就遭天打五雷轰”“谁撒谎(说谎)就不得好死”“你一出门就叫车撞死你”“出门‘嘎嘣’死了”“叫你断了根”等。

刺面人　将仇人做成面人,写上其名字和生辰八字,每当夜深人静时,用针在面人身上刺,一次刺四十九针,连刺四十九天后烧掉。据说此法会使仇人心惊肉跳或大病不起。

(四)征兆

圆梦　亦称“梦占”。圆梦通常以推理的方法来解释梦兆,分正梦、噩梦、思梦、喜梦、惧梦等,预测吉凶。圆梦的理论基础是五行相生相克的学说,“周公解梦”是圆梦的依据。民间认为梦幻与现实相反。如梦见死人,说是增寿,谓之“梦死得生”;梦见红色东西不吉利,梦见白色东西吉利(白色兆财,红色兆灾);梦见白色棺材、手沾血迹、水中有鱼、被猪咬、粪便,预示要见钱财;梦见结婚的红色花轿,预示要遭火灾;梦见大雨或大片流水、太阳升,预示家庭和个人要交好运;梦见吃东西,预示会生气;梦见脱发、掉牙,预示骨肉分离(丧亲人);梦见被狗咬,预示不吉利。

跳眼皮　民间说,“眼皮跳,客来到”是吉兆事象;或说,“左眼跳财,右眼跳灾”;或说,眼皮跳是背后有人说坏话。

动物预兆　民间说,猫头鹰叫不吉利;乌鸦头顶叫要死人;狗咬主人不吉利,不能再养下去;早晚见到喜鹊是为“早报喜,晚报财,半晌不夜有客来”;喜鹊枝头叫,锅底柴火笑,必有客人到,是喜兆。

(五)其他

生意人做生意时,若看见出殡的,意为“发财”;看见“结婚”的,意为“结束”;看见野兔子,意为"白跑腿了"。

飞禽粪便落身上,过去预兆时运不吉,须在粪便处系一红线破之。现在则预示要交好运,意为"沾屎气"。

去治病的人若在路上遇见结婚的,预示着病要好了,病被喜事冲了。家中重病老人往往喜欢给年轻人办喜事,用喜事冲病。

清晨打喷嚏、吃饭或喝水上呛,预示要来客人。平时打喷嚏预示有人正在想你或念叨你。

耳朵发热,有"左耳亲、右耳邻"之说,左耳发热意为有亲友在惦记你,右耳发热意为是左邻右舍在品点你。

(六)风水

晋代郭璞是最早提出风水概念的人,他认为:"气乘风而散,界水则止。古人聚之使不散,行之使有止,故谓之风水。"清代范宜宾作注曰:"无水则风到而气散,有水则气止而风无,故风水二字为地学之最,而其中以得水之地为上等,以藏风之地为次等。"山有来脉,水有来源,犹人身之有经络,树木之有根本,水以地载,山以水分,考山犹当考水,知水之所由,后能知山之发脉。

20世纪60年代前后,风水理念曾被作为"四旧"加以批判。1980年后,又逐渐兴起,一些个体私营业者,在建筑厂房、办公楼大门时,多请风水先生指点选址,祈求来日兴旺发达,事业顺畅。

阳宅　民间选择阳宅的基本原则,是依山傍水、林木茂密、道路便利、坐北面南。住宅与住宅之间整齐,大小高低,进退适中,天井布局方正,正门与房门等要稍稍错开。宅舍与人口成正比,厕所、灶房应置于下风处。

阴宅　民间每一家族都有自己的坟地,人死后依次葬入坟地,故对坟地(阴宅)的选择十分重视。认为,阴宅要有生气,死者才会安逸,也会给生者带来吉祥。风水先生通过看山水走向、穴地环境,尝水质苦涩、辛甜,推算出内在关系,预测吉凶祸福。测定方位时,在门角或穴地的石头上放平罗盘,把磁针连掷两三次,看针是不是指在子午线上,如针晃动则不吉。

第二十四章 居民生活

众兴社区陈小郢美丽乡村建设 （康琛/摄）

第二十四章 居民生活

众兴社区陈小郢美丽乡村建设（康琛/摄）

第二十四章　居民生活

中华人民共和国成立前，众兴绝大多数居民生活长期处于饥寒交迫状态，只有地主过着比较富足的生活。中华人民共和国成立后，进行土地革命，地主消失，由于生产力低下，众兴居民仍然缺吃少穿、起居简陋，生活较为窘迫。改革开放给众兴乡经济建设注入新的活力，城郊型优势得到充分发挥，人民的生活水平大幅度提高。进入20世纪80年代，众兴人民生活逐步实现了温饱，2005年，农民人均纯收入3134元，是1995年1211元的2.59倍。2014年更达到9505元，2005年在岗职工人均年工资14320元，2014年23230元是2005年的1.62倍，是1985年721元的32.22倍。至2014年，众兴居民的生活正步入小康时代。

第一节　居民收入

一、务农收入

中华人民共和国成立后到改革开放前，农业是在计划经济体制下，走合作化发展道路。农村长期实行人民公社制，农产品进行统购统销。与此同时，为了迅速摆脱中华人民共和国时的经济落后局面，国家实施重工业优先发展战略，工农业产品交换比价“剪刀差”，国民收入分配格局由农业向工业倾斜。因此，这个阶段农产品价格低下，农民收入增长速度也缓慢。改革开放后，经济制度逐渐由计划经济向市场经济转变，实行家庭联产承包责任制和农地制度改革，并推行多项发展农业生产力的政策措施，大大提高了农民生产积极性，使农业生产力和产出水平显著提高，农民收入实现较快增长。

自改革开放以来，农民收入增长和农产品价格波动变化大致分五个阶段，两者在不同阶段呈现出不同的变化特点。

第一阶段（1978—1984年）　农产品价格大幅提高，农民收入超高速增长。

改革初期，农村经营体制和农副产品收购价格进行全面调整。彻底废除人民公社制度，建立以家庭联产承包责任制为主的经营体制，并计划性地大幅度提高主要农副产品收购价格。

连续12年粮食收购价格未动的局面被打破，1979年的农产品价格比1978年上升

22.1%;1984 年的农产品价格比 1978 年提高 53.7%。农产品价格大幅提高使得农民收入超高速增长,农民人均纯收入从 1978 年的 133.6 元增加到 1984 年的 355.3 元,增长 2.66 倍,年均增长率高达 23.7%。

第二阶段(1985—1989 年) 农村经营体制改革在 1984 年基本完成,农产品市场开始实行自由化改革,30 年的农产品统派购制度被合同定购和市场收购并行的“双轨制”所替代,除粮食和棉花以外,其他各类农产品的价格由市场供求调节。部分农产品价格在产量供不应求情况下大幅增长。农民人均收入从 1985 年的 366 元增长到 1989 年的 471.6 元,年均增长 28.85%。

其次,农村剩余劳动力进入乡镇企业,一部分转移到城市。农民开始由农业向非农产业流动,促使非农收入在这一时期开始实现飞速增长,年均增幅达 18.3%,比农业收入高出一倍多,致使农业收入占农村居民人均纯收入的比重不断下降,从 1985 年的 66.4%下降到 1989 年的 61.8%,同期非农收入的占比则从 26.3%增加到 33.2%.

第三阶段(1990—1996 年) 农产品价格不断攀升,农民收入增速回弹。众兴居民人均收入从 1990 年的 496 元猛增到 1996 年的 1147.3 元,年均增长率高达 131%,较上个阶段的收入增速提高了整整一倍。农产品价格在这个过程中年均增长 10.9%,扮演了重要角色。1989 年粮食产量达到历史最高水平,供过于求,使得 1990 年、1991 年农产品价格整体疲软,实现 2.6%、2.0%的低增长,农民农业收入增速突降 21.7 个百分点。国务院立刻出台新的粮食保护政策,将合同定购进一步改为国家定购,1992 年农产品价格回升,涨幅为 3.4%,农民收入增速随之上涨 4.7 个百分点。而后两年,除粮食之外,其余农产品完全以市场价格售卖,不实行保护价格政策。

1994 年,国家又重新以政府定价定购粮食,进一步拉高农产品价格,单年涨幅高达 39.9%。农民收入也在农产品价格的大力拉动下,涨幅高达 31.7%。1993—1996 年劳动力外出打工年增长达 12.6%,居民非农收入成分增速快,高达 19.3%,比务农收入高出 1.3 个百分点。农业收入占居民收入的比重继续下降,从 1990 年的 66.4%降到 1996 年的 59.6%,而非农收入的比重不断增长,由 29.4%提高到 34.6%.

第四阶段(1997—2002 年) 农产品价格走势下跌,农业收入出现负增长。

农民收入出现改革开放以来从未有过的负增长,在这一阶段,出现了持续三年之久的负增长。农民人均收入从 1997 年的 1220.1 元下降到 2002 年的 1135 元,年均增速为 -1.1%,相比于上一阶段,跌 18 个百分点。

农业收入所占比重下降至 45.8%,首次低于 50%。1995—1998 年,粮食连续四年增收,价格下跌,降幅分别为 4.5%和 8.0%。1998 年,亚洲金融危机影响,1999 年的农产品价格降幅达 12.2%。非农收入比重增加,2002 年占比 48.1%,第一次赶超农业收入,成为农村居民收入的主要来源。

第五阶段(2003—2014 年) 农产品产量与价格波动,农民收入增长缓慢,年均增长 8.6%。2003 年粮食、棉花、油料等农产品减产,农产品价格开始回升。2004 年,放开粮食收购市场，出台稻谷和小麦最低收购价政策，以及对农业生产实行四减免和四补贴的政策。受两种因素的推动，2004 年，主要农产品大幅增产，农产品价格上涨 13.1%，农民收入涨幅达 17%。农民收入恢复性上涨，从 2003 年的 1195.6 元增加到 2011 年的 9200 元，年均增速为 9.4%。同时，非农收入继续提高，年均增速达 13.4%，比农业收入高 4 个百分点。农业收入在农村居民收入中的比重下降至 2011 年的 36.1%，非农收入比重提高到 52.5%。

1986 年，农民人均纯收入 385 元，随着全乡农业结构不断调整，农民收入较快增长；1990 年，人均纯收入 496 元；1995 年，农民人均纯收入首次突破千元大关，达 1126 元；2001 年，农民人均纯收入突破 2000 元，为 2024 元；2005 年，农民人均纯收入再上一个大台阶，为 3134 元；2008 年，突破 5000 元；2014 年达 9800 元。在农民收入中，以传统农业收入为主的家庭经营收入的比重呈逐年下降趋势。1986 年，农业人均家庭收入占人均总收入 90%，1991 年降至 87%，2000 年降至 70%，2005 年降至 54%，2009 年降至 32%，2014 年降至 15%；以农村常住人口外出打工、经商为主的劳务收入比重呈明显增长趋势，1986 年，农民人均劳务收入占人均总收入 5%，1995 年增至 16%，2005 年增至 41%，2009 年增至 47%，2014 年达 85%。

二、务工收入

2007 年，众兴农村居民务工年收入人均 4322 元，在农民人均纯收入中占 44.6%，比 20 世纪 80 年代初期提高近 20 个百分点；2014 年达 9468 元，占人均纯收入的 66%。务工收入成为农民的主要来源。

改革开放以来，农村劳动力大规模向城市流动和转移，在加工制造业、建筑业、采掘业及环卫、家政、餐饮等服务业中已占从业人员半数以上。1997 年以来，农民外出务工收入一直呈两位数增长。

2014 年，统计显示，农村户籍劳动力中离开本乡外出从业的有 7821 人，占农村从业人员总数 1/2 多。外出从业劳动力中，近半数去省外就业。

1986—2014 年部分年份众兴乡农村居民人均纯收入及构成一览表

表 24-1

年份	人均纯收入（元）	人均总收入（元）	其中收入							
			劳务收入（元）	其中企业（元）	家庭经营（元）	其他收入（元）	劳务收入（元）	其中企业（元）	家庭经营（元）	其他收入（元）
1986	385	735	35	23	663	37	5	3	90	5
1988	607	943	66	64	826	51	7	6	88	5
1990	621	977	67	55	867	48	7	6	89	4
1992	611	994	78	71	844	72	8	7	85	7
1994	963	1674	188	94	1465	20	11	1	88	1
1996	1666	2593	519	181	2034	44	20		78	2
1998	1910	2300	402	49	1821	77	18	2	79	3
2000	1954	2484	401	23	1744	339	16	1	70	14

续表 24-1

年份	人均纯收入（元）	人均总收入（元）	其中收入							
			劳务收入（元）	其中企业（元）	家庭经营（元）	其他收入（元）	劳务收入（元）	其中企业（元）	家庭经营（元）	其他收入（元）
2002	2178	2789	863	101	1749	185	31	4	62	7
2004	2859	3677	1283	88	2093	301	35	2	57	8
2006	3824	4932	2022	197	1923	779	41	4	39	16
2008	5173	5843	2687	292	2220	642	46	5	38	11
2010	5937	7021	3650	210	2527	631	52	3	36	9
2012	7016	8434	4807	506	2698	421	57	6	32	5
2013	8434	9123	5656	456	2554	456	62	5	28	5
2014	8826	9505	6468	294	2352	686	66	3	24	7

三、城镇职工收入

1986年，众兴全民和大集体在岗职工793人，工资总额50.98万元，人均工资643元。此后，随着经济发展、国家工资制度改革和多次工资调整，职工工资逐年增长，职工生活水平逐年提高。

1992年，在岗职工1350人，工资总额1736万元，年人均工资12859元。1996年，在岗职工1001人，工资总额13291万元，年人均工资13278元；2006年在岗职工708人，工资总额1327万元，年人均工资18743元；2014年，在岗职工623人，工资总额1828万元，年人均工资29343元，比2006年增长56.56%。

1986年至2014年众兴乡在岗职工人数及工资概况，职工因行业不同差异不大，2005年分别为23798元，与1986年相比，年均增长18.9%。农林牧渔水利年平均工资9832元，行业年平均工资最低，与1986年相比，年平均增长12.2%，最低行业工资与最高行业工资之比为1∶3.25。2014年，最高工资与最低工资之比为3∶1.2。

1986—2014年部分年份众兴乡在岗职工人数工资概况表

表 24-2

年 份	职工人数（人）	工资总额（万元）	年人均工资（元）	人均工资比上年增长（%）
1986	793	50.98	642.88	12.3
1987	984	1094	11117.89	72.94
1988	1024	1364	13320.31	19.69
1989	1140	1560	1368	2.78
1990	1225	1820	1485	8.55
1991	1160	1841	1587	6.87
1992	1350	1736	1286	18.97
1993	1324	2892	2184	69.83
1995	1441	4579	3178	45.51

续表 24-2

年份	职工人数(人)	工资总额(万元)	年人均工资(元)	人均工资比上年增长(%)
1996	1001	13291	13278	34.4
1999	1110	13745	12382	12.7
2000	878	16246	18503	17
2002	871	17399	19975	6.2
2003	741	18362	16357	32.9
2005	746	18746	25128	26
2006	708	19236	27169	15
2007	690	20520	29740	30
2008	692	20996	30342	9
2009	686	21805	31786	0.9
2010	654	21409	32736	3.8
2012	654	21409	33826	0
2013	626	21889	34968	4.1
2014	623	22894	36748	0.7

第二节　居民消费

一、穿

中华人民共和国刚成立时，农村男子一般穿中式的对襟短上衣、长裤，妇女穿左边开襟的短上衣、长裤，有的还穿一条长裙。当时人们做衣的面料多是家机织粗棉布(俗称家织布)、麻布，少数较富裕的购买洋布。

20世纪60年代，是中华人民共和国历史上较艰苦的时期。人们买棉布和日用纺织品都要凭布票，为了尽可能地节约，购买料子的标准是耐磨和耐脏，灰、黑、蓝色成为街头流行色，千篇一律、季节不分、男女不分的服装样式也更通行了，“人人一身蓝”正是当时的情景。购买衣服是改革开放以后有市场才出现的。

“文化大革命”时，拥有一套军装是那个年代无数年轻人的理想。艰苦朴素是那时的时尚，补丁衣服随处可见。当时的顺口溜是这样说的:“新三年，旧三年，缝缝补补又三年”“新老大，旧老二，补补纳纳救老三”……

改革开放后，服装的花色、款式更加多样化，面料、质地也发生很大变化。

1990年，众兴居民生活开始向小康过渡，思想观念更为开放。人们的服饰在急速变化，穿衣打扮讲求个性和多变，很难用一种款式或色彩来概括时尚潮流，强调个性、不追逐流行本身也成为一种时尚。

二、食

“民以食为天”,“食”摆在人们生活中的首要位置。从“食”的变化中,反映出一个社会的贫富盛衰、农村历史发展的变迁。

中华人民共和国成立初期,生活贫困,食不果腹或粗茶淡饭。

改革开放前,票证盛行,人们营养不足,部分农村没有解决基本的温饱问题。物资短缺,只有在逢年过节的时候,人们才能凭票购买一些糕点、糖果、猪肉。

三年困难时期,粮食、蔬菜紧缺,人们常以野菜、野果充饥。由于缺乏最基本的营养,农村人出现浮肿现象。

改革开放后,20 世纪 90 年代以来,农村居民的食品消费逐步从追求数量满足为主转入了以追求质量为主的阶段,人们开始在吃上讲科学、求营养。市场上丰富的肉、蛋、鱼、时蔬、水果四季常有,居民家庭想吃什么买什么。2014 年,餐鱼顿肉进入寻常百姓家。

与此同时,沼气、煤气、液化气等取代柴草成为主要燃料,农村原始灶台使用越来越少,步入电气化时代。

三、住

改革开放前,多为土坯房茅草屋,房屋破旧,有人畜混居现象,卫生条件差。

改革开放后,居住条件有了明显改善,土坯房不复存在,平房、瓦房取而代之。1990 年,一座座二层楼房平地而起,或于路边,或于地头田间,成为农村一道亮丽的风景线。

四、行

改革开放前,步行是最普遍的出行方式。下雨天土路变成泥泞路,出门难行,需要借助胶鞋等工具。道路建设十分落后,给人们的日常生活、生产带来诸多不便。

改革开放后,自行车成为 20 世纪 80 年代主要的交通工具。

1997 年,众兴首条柏油马路众牌路建成通车;至 2014 年,农村也由泥泞小道变成村村通水泥路。自行车由笨重单一向轻便时尚发展,越来越多的村民购买了摩托车、电动车,小汽车也开始普遍进入农家小院。

五、用

用的,从无到有,从低档向高档现代化发展。自中华人民共和国成立六十年来,随着农村居民收入增长,农村居民耐用消费品发生巨大变化,经历从无到有、从低档到高档、从单一向全面的发展过程。

改革开放初,农村居民耐用品消费始终是低水平的,“自行车、手表、缝纫机、收音机”四大件是高档用品的象征。

改革开放后,农村居民紧跟城市消费,20 世纪 80 年代黑白电视、洗衣机、电风扇、录音机、照相机等逐步进入农村居民家庭。

20 世纪 90 年代,彩电、电冰箱、摩托车等快速进入农村家庭。

进入21世纪,电话、手机、电脑、大屏幕彩电、家用汽车不断进入居民家庭,家庭日用品得到长足的发展。

2000年,每百户农民拥有电视机102台、电冰箱9台、摩托车3辆、音响13台、燃气灶具56台、照相机一架。

2003年,每百户农民拥有自行车101辆、电风扇192台、电视机124台、电冰箱19台、摩托车9辆、电话75部、电脑13台、洗衣机13台。

2005年,每百户农民拥有电动自行车70辆、电风扇205台、电视机131台、电冰箱29台、摩托车12辆、电话131部、电脑14台、空调6台。

2009年,每百户农民拥有电动自行车102辆、电风扇298台、彩电112台、电冰箱64台、摩托车16辆、移动电话162部、电脑26台、空调26台、电动车三轮车18辆。

2012年,每百户农民拥有电动自行车162辆,电风扇362台,彩电136台,电冰箱86台,摩托车4辆,移动电话178部,电脑30台,空调59台、电动三轮车54辆。

2014年,每百户农民拥有自行车212辆、电风扇372台、彩电192台、电冰箱78台、摩托车4辆、移动电话212部、电脑32台、空调78台、电动三轮车68辆。

1986—2014年部分年份众兴乡农村居民年人均支出及构成一览表

表24-3　　单位:元

年份	人均支出	年人均生活费支出	其中构成							
			食品支出	衣着支出	居住支出	教育文化及其他	食品支出	衣着支出	居住支出	教育文化及其他支出
1986	533	254	129	29	30	66	51	11	12	26
1990	962	594	260	43	101	190	44	7	17	32
1992	1002	581	260	52	111	133	49	9	19	23
1993	1026	585	320	44	99	122	55	8	17	20
2000	1882	1359	859	46	164	431	57	3	11	29
2001	2127	1500	859	46	164	431	57	3	11	29
2002	2085	1370	771	38	181	380	56	3	13	28
2003	2682	1790	978	70	164	578	55	4	9	32
2004	3224	2280	1207	88	284	701	53	4	12	31
2005	3407	2305	1297	85	247	676	56	4	11	29
2006	4374	3464	1835	207	554	866	53	6	16	25
2007	5268	4378	2232	306	700	1138	51	7	16	26
2008	6138	5238	2566	419	1152	1099	49	8	22	21
2009	6700	4900	2254	490	980	1176	46	10	20	24
2012	8600	7100	2840	781	1988	1775	40	11	28	21
2014	9600	8200	2870	820	2460	2050	35	10	30	25

第三节 居民新建住宅

一、农村私人建房

1986年,众兴农村私人建房竣工面积821平方米,投资8.21万元;1990年,农村私人建房竣工面积379平方米,投资15.16万元;2000年,农村私人建房竣工面积1142平方米,投资5.139万元;2005年,农村私人建房2795.7平方米,投资12.978万元;2008年,农村私人建房624平方米,投资49.92万元;2010年,农村私人建房432平方米,投资36.72万元;2012年,农村私人建房168平方米,投资15.80万元;2014年,农村私人建房168平方米,投资16.80万元。

30年间,农村私人共建房约106万平方米,总投资约53000万元,农村居民人均居住面积39平方米。

二、集镇私人建房

1986年,众兴集镇私人建房197.1平方米,投资2.37万元;1990年私人建房87平方米,投资1.4万元;1995年,私人建房87平方米,投资4.1万元;2000年私人建房307平方米,投资16万元;2005年私人建房127平方米,投资7.62万元;2009年私人建房520平方米,投资41.6万元;2014年私人建房72平方米,投资7.2万元。

1988—2013年部分年份众兴乡新建住宅情况一览表

表24-4

年份	农村私人建房		集镇私人建房	
	竣工面积(平方米)	投资额(万元)	竣工面积(平方米)	投资额(万元)
1988	714.96	6.63	206	2.41
1989	12423.7	175.24	107	1.5
1992	29760.4	709.87	201	4.78
1994	46500.03	1544.55	24	0.8
1995	46667.59	2600.00	87	4.1
1996	55836.3	2367.95	99.84	4.3
1999	47595.85	1655.11	127.37	4.6
2001	79657	4105.75	273.28	14.21
2002	82854	4469.94	201.17	10.86
2003	93051	5534.16	172	10.32
2004	72539.8	4429.78	87	5.39
2006	51726.7	7003.6	929	126.7
2007	26923	64.61	1884	7.84
2008	18624	1489.92	1236	98.88
2009	16551	1344.08	520	41.6
2011	1324	127.54	240	20.4
2013	2324	32.4		

第二十五章

民族 宗教 姓氏
宗祠 宗谱

花灯社区宗教工作宣传牌 （花灯社区／供）

第二十五章 民族 宗教 姓氏 宗祠 宗谱

花灯社区宗教工作宣传牌 （花灯社区/供）

第二十五章　民族　宗教　姓氏　宗祠　宗谱

众兴居民绝大多数为汉族。但民族类别较多，来源于移民或联姻。2014 年，有 14 个少数民族，人口占全乡总人口 0.4%，其中回族占少数民族的 50.9%，满族占少数民族的 14.5%，土家族占少数民族的 9.7%。

2014 年，乡内民间宗教信仰有佛教、道教、伊斯兰教、天主教、基督教五大宗教，活动场所有 5 处，信众 300 余人。

第一节　民　族

一、民族概况

1953 年第一次人口普查，众兴乡有 2 个民族，即汉族和回族，其中汉族人口占 99.6%，回族人口占少数民族人口的 50.4%。

1964 年第二次人口普查，有汉族、回族、蒙古族、布依族 4 个民族。其中汉族占 99.6%，少数民族占 0.4%。

1982 年第三次人口普查，有汉族、回族、蒙古族、满族、布依族、苗族、土家族、壮族 8 个民族，这和民族政策得到落实，改称汉族的少数民族恢复填报原民族有一定关系。

2014 年，全乡有汉族、回族、满族、蒙古族、布依族、侗族、哈尼族、傈僳族、苗族、水族、土家族、土族、维吾尔族、瑶族、壮族 15 个，汉族占全乡总人口的 99.6%，14 个少数民族 104 人，占全乡总人口的 0.4%，少数民族以回族、满族、土家族居多。其中，回族 52 人，满族 15 人，土家族 10 人，其他 11 个少数民族人口 27 人。

中华人民共和国成立后，民族平等，积极培养和选拔少数民族同胞参与国家事务及其他社会活动。

回族　是乡内少数民族中人口最多的一个民族，其祖先原居住在河南、山东、北京、内蒙古等地，先后于唐初、元初和明代迁至本地开垦屯田，或经商行医。以马、米、白、沙等姓人口居多。

满族　在 1982 年人口普查时只有 7 人。1983 年 5 月，有 756 名完姓人口，此后，逐渐恢复满族和完颜复姓。县内主要分布在民族乡牌坊村（原属众兴乡，1994 年 10 月县成立民族乡,成为民族乡政府所在地),乡内满族居民至2014年居住在永安村较多,原为女真族,是金太祖完颜阿骨打后裔,复姓完颜,祖居东北长白山麓。金灭亡后,一部分完颜氏人口迁至山西大同府云冈州居住。因金、宋长期混战,造成民族仇视。为避免歧视和压迫,遂隐族易姓,改女真族为汉族,改完颜氏为完姓。元末,该族完佩将军参加朱元璋起义,后随军至庐州军垦屯田,从此落户肥东,成为本地完姓的一世祖。主要分布在牌坊民族村(1994年10月,划为民族乡)、大兴民族村(1994年10月划为民族乡)。至2014年,众兴乡满族主要分布于永安村。根据完姓人民要求,肥东县人民政府上报省人民政府批准,1983年5月7日恢复其民族和姓氏,族人于6月23日在永安乡(1992年并入众兴乡)牌坊村举行庆祝大会,省、县有关部门负责人到会祝贺。

除回族、满族外,其他少数民族大多为婚姻关系,先后到众兴落户定居,改革开放后居多。

2014年众兴乡各少数民族人口分布一览表

表25-1　　单位:人

民族类别	合计	永安	联合	大高	众兴	花灯	谢岗	范岗	华光	教育	水库	乡政府
汉族	18875	4307	334	1276	1982	3023	2463	2547	2277	162	162	342
回族	51	32	7	2	1	1	4	—	—	2	2	—
满族	15	9	—	1	4	—	—	1	—	—	—	—
蒙古族	6	1	1	—	—	—	2	2	—	—	—	—
布依族	1	—	—	1	—	—	—	—	—	—	—	—
侗族	2	—	—	—	—	—	2	—	—	—	—	—
傈僳族	1	1	—	—	—	—	—	—	—	—	—	—
苗族	4	—	—	—	1	—	—	1	2	—	—	—
水族	2	—	—	—	—	—	—	—	—	—	—	—
土家族	10	4	2	1	—	1	—	—	2	—	—	—
土族	2	—	—	—	2	—	—	—	—	—	—	—
维吾尔族	2	—	1	—	—	1	—	—	—	—	—	—
瑶族	2	—	—	—	—	—	—	—	—	—	—	2
壮族	2	—	—	—	2	—	—	—	—	—	—	—
哈尼族	1	—	—	—	1	—	—	—	—	—	—	—

二、优惠政策

中华人民共和国成立后，教育部门规定在招收新生时，对少数民族学生予以适当照顾,制定了“同等条件、优先录取”的原则。并对他们降低学杂费减免条件,放宽了助学金补助标准,切实解决少数民族适龄儿童普遍入学问题。

1985年秋季开始,各类高等学校对少数民族考生降低录取分数线,并在招工、参军等方面予以照顾。

1996年起，在中小学招生中，对少数民族考生同归侨子女和台湾籍考生一样给予照顾。各类学校适当提高少数民族学生的助学金、奖学金、生活补助的比例。

1993年,国家教育发展纲要指出:“要对全体中小学生进行民族团结的教育,各地认真抓好散读在各中小学的少数民族学生的教育,形成具有中国特色的社会主义民族教育体系和基本框架。”

改革开放后,金融、财政部门对于少数民族个体户、个私经济等方面给予重点支持,信贷部门根据法律、法规和国家其他有关规定,在贷款额度、还款期限、自有资金比例等方面给予照顾。

工商、税务部门依照税收管理权限,对少数民族企业,在税费收缴上给予照顾,支持民族经济发展,劳动部门在招工方面制定“同等条件,优先录用”的原则,对确需下岗待业的少数民族职工,有再就业条件的,应当优先安排技能培训,为其再就业创造条件。倡导“多给少数民族一份爱心,多给少数民族一次上岗机会”,积极安排下岗少数民族职工再上岗。

第二节　宗　教

众兴本地人大多信奉道教和佛教、基督教,有少数信奉伊斯兰教、天主教。中共十一届三中全会后,基督教开始在众兴流传发展,少数民族因婚嫁或移民落户于本地后,他们各自民族信仰多已同本地民族文化、风俗习惯、礼仪活动等联系起来,形成民俗。在日常生活中还深受影响。

中华人民共和国成立以后,党和政府尊重并保护宗教信仰自由。

改革开放后,宗教政策重新得到落实,至2014年,重建于2003年的马政寺获批准后对外开放。2014年,落成的谢岗村基督教堂投入使用,信教群众达200多人。

一、宗教概况

中华人民共和国成立前,本地佛事比较盛行,有“三里一庙,五里一庵”之说,比较大的寺庙有关家庙、马政寺、周姑奶奶庙、龙王寺、谢岗庙、范岗庙。人们为祭祀神佛,常举行庙会,借以募化钱物,关家庙、马政寺两庙会曾闻名于百里之外。1950年,关家庙改为办学,庙宇不复存在,庙会也随之消失。但“三月三”马政寺庙会在改革开放后至2014年有日趋兴盛之势,男女信士,四方云集,唱戏、说书、玩灯、游神、马戏、杂技、商贸,热闹异常,吸引省内外群众前来观光。

1986—1993年,乡内宗教发展较快,宗教活动无序。

2005年,乡政府成立由统战、宣传、政法、土管、公安、妇联、共青团等部门负责人为成员的宗教工作领导组,宗教活动管理逐渐规范,宗教活动逐渐步入正常化轨道。

2014年,全乡有佛教、道教、伊斯兰教、天主教、基督教五大宗教,经批准登记的宗教活动场所3处,信教群众达300余人。相关寺庙教堂相继恢复兴建。

源流　旧时,众兴地区民众信仰佛教、道教较多,一般农民不分佛教、道教或迷信。佛、道、神、鬼都信，如玉皇、观世音、关公、包公、岳飞、城隍、灶君、地藏，上到天兵天将，下到夜叉小鬼，都是信奉对象。大多农民相信“举头三尺有神灵”“求神拜佛”。众兴地区有大小寺庙（含土地庙）12处，其中较大的寺庙有马政寺、关帝庙。两座寺庙建于明代，时规模宏大，几度毁于战乱。

佛教

马政寺始建于明初，重建于2003年，同年获批准开放。寺内佛教活动内容丰富，常年有僧6人，居士18人，勤杂人员12人，居士每天诵经念佛。每个礼拜天聚会探讨佛法。每逢重大节日，寺内都举行法会、念经、拜佛。

佛事活动

烧香　农历七月三十地藏王生日、十二月二十三献灶日在家烧香。

每逢初一、十五，进本地庙宇烧香。寺庙的佛像前备有香烛台，地上放有拜斗，善男信女进庙，先点烛烧香，然后在拜斗上虔诚跪拜，祈祷默念神灵保佑、合家平安。每年三月三，远近20万香客会集马政娘娘庙会，烧一次香，必连续三年烧。

道教

中华人民共和国成立初，众兴地区道士及道教徒人数较少，前后仅有10人左右，以为民众做堪舆、卜筮、迎神赛会等活动谋生，为民众做道场。中华人民共和国成立后，国家破除迷信禁止道士活动，至此，道士改行，传教活动停止。

众兴地区道士均属正一道，不出家、不吃素、穿俗装、娶妻生子，与素人一样，故也称之为“伙居道”。中华人民共和国成立初，众兴有伙居道士6人，为民间做道场，画符驱魔，净宅安土，诵经拜签，取适量酬金，以谋生为主。1950年后，信奉渐少，遂失业改行。

天主教

1998年，乡内有教徒几人，经常去合肥天主教堂过礼拜天。随着县内信徒人数逐渐增多，店埠镇三房郢一户开设家庭式聚会场所，由合肥天主教堂神父每月亲临聚会传教一次。

伊斯兰教　乡内少数信徒去县内黄栗、路口等清真寺做礼拜、沐浴。

乡内回族群众与信仰伊斯兰教的少数民族群众风俗习惯基本相同。

基督教　2014年，乡内基督教活动场所有2处，谢岗教堂、永安基督教点，信徒达200余人。

清光绪年间（1875—1908），基督教传入众兴地区。20世纪60年代，宗教活动停止。20世纪80年代中期，宗教活动恢复，时众兴有基督教徒120余人。

二、教堂选介

谢岗村基督堂点　2008年6月，教会出资购买民房（3间120平方米），简单装修后，作为基督教堂的聚会场所。2012年5月投资20万元重新翻建。2014年10月19日新堂献堂典礼，并举行感恩礼拜，时众兴基督教徒120余人。

众兴基督教堂　（康琛 / 摄）

三、寺庙选介

土地庙　又称福德庙，为民间供奉土地神的庙宇，多于民间自发建立的小型建筑，属于分布最广的祭祀建筑。本地各村均有分布，以至凡有汉族民众居住的地方就有供奉土地神的地方——土地庙。

四、宗教事务管理

乡统战部门每年配合消防部门多次到重点场所对安全情况进行检查，发现问题，及时纠正。同时，对其进行多方面的关心，力所能及地帮助解决一些实际困难。在马政寺大雄宝殿建设中，县宗教局和乡党委政府多次派人协调规划周边用地、建筑设计等工作，使寺庙建设得以顺利进行。

第三节　姓　氏

2014 年，全乡有姓氏 289 个，其中单姓 287 个，复姓 2 个。有 2 处宗祠，建筑占地面积 460 平方米。有家谱 72 部。

一、姓氏列表

众兴乡姓氏情况一览表

表 25-2　　　　单位：人

序号	姓氏	人数	主要分布村居	音序
1	艾	3	—	A
2	爱	1	—	
3	昂	2	—	
4	敖	1	—	
5	白	13	永安	B
6	柏	4	—	
7	班	1	—	
8	包	4	—	
9	鲍	4	—	
10	毕	3	—	
11	卞	2	—	
12	卜	4	—	
13	蔡	80	谢岗	C
14	曹	45	华光	
15	曾	5	—	
16	查	2	—	
17	柴	92	大高	
18	常	4		
19	陈	835	大高	
20	谌	1	—	
21	成	1		
22	程	217	联合	
23	仇	1	—	
24	储	6	—	
25	楚	1	—	
26	褚	17	联合	
27	传	1	—	
28	春	1	—	
29	崔	21	—	
30	催	1	—	
31	代	10	—	D
32	戴	8	—	
33	单	2	—	
34	党	1	—	
35	邓	17	—	
36	刁	1	—	
37	丁	37	霞光	
38	董	34	霞光	
39	豆	1	—	
40	窦	288	大高	
41	堵	1	—	
42	杜	73	霞光	
43	段	9	—	
44	樊	93	大高	
45	范	791	范岗	F
46	方	137	霞光	
47	房	2	—	
48	费	48	大高	
49	丰	1	—	
50	封	17	—	
51	冯	14	—	
52	伏	1	—	
53	符	1	—	
54	付	22	—	
55	傅	6	—	
56	甘	4	—	G
57	高	1177	大高	
58	戈	1	—	
59	葛	174	联合	
60	耿	6	—	
61	龚	50	花灯	
62	谷	3	—	
63	顾	6	—	
64	关	490	永安	
65	管	30	众兴	
66	桂	4	—	
67	郭	53	霞光	
68	韩	520	霞光	H
69	何	65	大高	
70	贺	6	—	
71	衡	1	—	
72	红	1	—	
73	洪	5	—	
74	侯	25	—	
75	候	2	—	
76	胡	394	华光	

续表 25-2

序号	姓氏	人数	主要分布村居	音序	序号	姓氏	人数	主要分布村居	音序
77	花	2	—	H	117	凌	11	—	L
78	华	3	—		118	刘	730	霞光	
79	怀	1	—		119	柳	30	—	
80	黄	292	霞光 永安		120	龙	3	—	
81	惠	1	—		121	娄	2	—	
82	慧	1	—		122	楼	1	—	
83	霍	44	谢岗		123	卢	10	—	
84	吉	1	—	J	124	芦	2	—	
85	计	7	—		125	庐	1	—	
86	季	4	—		126	鲁	16	—	
87	贾	75	联合		127	陆	413	花灯	
88	江	27	—		128	鹿	3	—	
89	姜	11	—		129	路	2	—	
90	蒋	28	—		130	栾	1	—	
91	焦	3	—		131	罗	370	永安	
92	金	418	范岗		132	骆	2	—	
93	晋	1	—		133	吕	42	华光	
94	荆	1	—		134	马	64	永安	M
95	景	2	—		135	满	2	—	
96	居	1	—		136	毛	13	—	
97	开	1	—	K	137	茆	2	—	
98	阚	5	—		138	梅	3	—	
99	康	4	—		139	美	1	—	
100	柯	5	—		140	孟	12	—	
101	孔	9	—		141	米	2	—	
102	寇	1	—		142	缪	2	—	
103	蒯	39	花灯		143	莫	2	—	
104	赖	2	—	L	144	牟	1	—	
105	兰	4	—		145	沐	1	—	
106	蓝	1	—		146	倪	8	—	N
107	雷	5	—		147	年	2	—	
108	黎	3	—		148	聂	3	—	
109	李	842	永安		149	宁	8	—	
110	栗	1	—		150	牛	4	—	
111	廉	1	—		151	欧	4	—	O
112	练	1	—		152	欧阳	3	—	
113	梁	75	霞光		153	潘	26	—	P
114	疗	1	—		154	庞	4	—	
115	廖	4	—		155	裴	1	—	
116	林	8	—		156	彭	22	—	

续表 25-2

序号	姓氏	人数	主要分布村居	音序	序号	姓氏	人数	主要分布村居	音序
157	戚	3	—	Q	197	覃	2	—	T
158	漆	2	—		198	谭	9	—	
159	齐	2	—		199	汤	64	花灯	
160	祁	1	—		200	唐	22	—	
161	钱	37	—		201	陶	41	花灯	
162	乔	9	—		202	滕	1	—	
163	秦	17	—		203	田	194	霞光 花灯	
164	邱	3	—		204	童	779	众兴 华光	
165	屈	1	—		205	涂	4	—	
166	曲	2	—		206	屠	2	—	
167	权	1	—		207	拓	1	—	
168	卻	1	—		208	万	11	—	W
169	冉	2	—	R	209	汪	178	华光	
170	饶	4	—		210	王	1904	范岗 华光 众兴	
171	仁	1	—		211	韦	4	—	
172	任	14	—		212	维	1	—	
173	荣	2	—		213	卫	10	—	
174	阮	5	—		214	蔚	2	—	
175	桑	3	—	S	215	魏	16	—	
176	沙	2	—		216	温	5	—	
177	上官	1	—		217	文	8	—	
178	尚	3	—		218	闻	1	—	
179	邵	13	—		219	翁	2	—	
180	沈	143	霞光		220	巫	2	—	
181	圣	1	—		221	吴	370	永安	
182	盛	10	—		222	伍	2	—	
183	施	103	范岗		223	武	26	—	
184	石	11	—		224	席	13	—	
185	时	8	—		225	夏	48	谢岗	
186	史	14	—		226	向	5	—	
187	侍	1	—		227	项	31	霞光 华光	
188	舒	3	—		228	肖	18	—	
189	束	2	—		229	小	1	—	
190	水	2	—		230	谢	57	—	
191	司	751	霞光华光范岗		231	辛	3	—	
192	宋	98	花灯		232	新	1	—	
193	苏	100	谢岗		233	刑	2	—	
194	随	1	—		234	邢	6	—	
195	孙	406	谢岗		235	熊	21	—	
196	谈	1	—		236	胥	1	—	

续表 25-2

序号	姓氏	人数	主要分布村居	音序	序号	姓氏	人数	主要分布村居	音序
237	徐	534	花灯永安	X	264	虞	16	—	Y
238	许	1843	联合永安		265	宇	35	谢岗	
239	宣	5	—		266	郁	1	—	
240	薛	29	—		267	喻	1	—	
241	雪	1	—		268	元	1	—	
242	鄢	1	—	Y	269	袁	32	—	
243	闫	5	—		270	岳	6	—	
244	严	39	永安		271	昝	1	—	Z
245	颜	3	—		272	臧	2	—	
246	晏	2	—		273	翟	4	—	
247	燕	1	—		274	詹	4	—	
248	杨	220	联合		275	张	4567	谢岗 华光 花灯	
249	姚	29	—		276	章	20	—	
250	叶	41	郑河		277	赵	94	—	
251	易	2	—		278	甄	4	—	
252	音	4	—		279	郑	202	花灯 霞光	
253	殷	32	花灯		280	钟	614	永安 范岗 霞光	
254	尹	16	—		281	周	806	永安 联合 谢岗	
255	英	1	—		282	朱	702	联合 范岗 谢岗	
256	应	11	—		283	竹	1	—	
257	雍	1	—		284	祝	1	—	
258	尤	4	—		285	卓	1	—	
259	游	1	—		286	宗	1	—	
260	於	85	永安花灯		287	纵	1	—	
261	于	6	—		288	邹	11	—	
262	余	108	大高范岗		289	左	4	—	
263	俞	6	—						

二、姓氏渊源

李氏　郡望:陇西郡。明末避乱由江西湖口迁至合肥。九世祖李心庄无子,过继同庄姻戚许光照(字银溪,又字迎溪)次子许慎所为嗣,改姓李,名李慎所。李家世代耕读为生,至李鸿章高祖时才“勤俭成家,有田二顷”,一直与科举功名无缘,直到李鸿章父亲李文安于清道光十八年(1838 年)考中进士,李氏一族才“始从科甲奋起,遂为庐郡望族”。李文安之后,李瀚章、李鸿章等兄弟各自出仕,李氏家族权倾朝野,风光一时无两。李姓也成为清末至民国时期合肥四大姓氏(龚、张、李、段)之一。

许氏　郡望:高阳郡　堂号:庆余堂。许氏出自姜姓,以国为氏,是炎帝神农氏的后裔。许氏与齐氏同祖,为上古四岳伯夷之后。伯夷之文叔助武王伐纣,因功封于许,称许国,故文叔也称为许文叔。战国初期,许国为楚所灭,子孙以国为氏,称许氏,史称许姓正宗。该支许氏族人以高阳(今河北高阳旧城)为郡望。

元朝末年,有许福三(字福益)自江西湖口花山尖迁居潜山龙骨嘴,传四世至许胜芬因避乱迁合肥东北乡下赵园(原肥东县众兴乡光华村许庙),奉许福三为始祖。许胜芬生子伯乾、伯坤、伯盛、伯造。伯乾出家求道,伯盛迁回江西。伯坤、伯造留居合肥,后为二、四两大分支始祖。伯造又传五世至许光照(字迎溪),有子六人,将次子祥谨(字慎所)出继姻亲兼好友李心庄,繁衍至第七世李文安时家族开始显贵,故有"李许本一家,百世不通婚"的祖规。

童氏 郡望:雁门郡 堂号:廉益堂。据《童氏宗谱》载:童氏源自上古,是黄帝的后代。黄帝之孙叫颛顼,颛顼有个儿子叫老童。他的后世子孙以"童"字命姓。

本支童氏始迁祖童开元,字裕昆,昆仲共六人,其排行第五。明朝初年,携弟太六自江西瓦屑坝迁至合肥北乡五十头朱公庙一带。后童太六因水土不服,重返江西。童裕昆遂定居于此。

徐氏 郡望:东海郡 堂号:和训堂。徐姓源于嬴姓,以国名为氏。远祖可追溯到五帝时代金天氏少昊(嬴姓)。少昊重孙为伯益,佐大禹治水有功,夏王封伯益之子若木于徐。因若木首封徐国,其后代以国为氏,称为徐氏,徐若木便为徐姓的得姓始祖。

本支徐氏始祖徐贞庆(字太六),于明朝洪武年间,"爱兹山水之胜",由宣城迁居至合肥东乡四顶山之红石嘴(今肥东县长临河镇)。配赵氏,共生四子,以贵、富、荣、华为名。

朱氏 郡望:沛国郡 堂号:白鹿堂。朱氏源于曹姓,以国名为氏,相传颛顼的后裔陆终娶鬼方氏妹,名曰女隗,共生六子,第五子名晏安。周武王灭商之后,封晏安后人挟于邾,史称"邾挟"或"曹挟",为邾国之开国始祖。

公元前507年,邾国国君邾隐公在位时,不理朝政,国事日非。其孙邾夷鸿多次苦谏均遭拒绝,心灰意冷之下,携家小避居于沛邑(今江苏沛县)。为避杀身之祸,邾夷鸿改姓为朱,称为朱夷鸿。其子朱秺为齐国大夫,晚年隐居于鲁国相邑(今安徽萧县西南)。从此,相邑成为朱氏家族最早的聚居地和源头,朱秺被则奉为沛国朱氏的开基始祖。

邾国灭亡后,其遗民或改姓朱,或改姓邹,或改姓娄,或仍姓邾,但皆尊奉曹挟为共同始祖。

众兴朱氏属沛国朱氏一派,为宋代大儒朱熹后裔。明洪武七年(1374年),朱熹第九世孙朱儒鸿自江西迁居至南直隶凤阳府定远县西永兴乡老洼子。朱儒鸿生三子,后善、永善、守善。明末清初时期,永善第九世孙朱成枝自定远永兴寺迁居合肥花张集(今八斗镇花张社区),是为花张集朱氏始祖。截至2010年,朱儒鸿后辈人数有1000余人,主要聚居于肥东、长丰、定远三县。

汪氏 堂号:留余堂。据本宗汪氏清光绪十六年(1890年)《纂修宗谱原序》、光绪二十六年(1900年)《重修宗谱序》以及1957年《续三修宗谱弁言》记载,本支汪氏迁肥始祖汪大三,于明朝末年,自徽州迁至合肥北乡元疃集汪家大村。娶妻金氏,生子四:毅九、文九、华

九、瞻九。此后，世代繁衍，成为合肥北乡一大旺族。又，汪大三的兄弟汪大七也于同时迁来，后为合肥北乡富旺集汪氏始祖。

本支汪氏为徽州汪氏，属于婺源大畈汪世系。

吕氏　郡望：河东郡　堂号：河东堂。本支吕氏于明朝洪武二年（1369年）自河南南阳迁居至江西鄱阳县瓦屑坝境内，明朝中期复迁居至合肥东乡，奉吕中兴为迁肥始祖。吕氏迁至合肥东乡后，主要散布居住于今店埠镇西山驿、包公镇大吕家、众兴乡吕小郢（义合新村）三处。

至2014年，除肥东县外，合肥、蚌埠、芜湖、滁州、宣城以及湖北省武汉等地都有本支吕氏家族成员分布。

葛氏　六合堂（联宗后统一堂号）。明洪武初年，葛顺先、葛祯武、葛祯祥、葛盛合、葛世登、葛文友等，前后由江西吉安、樟树、南昌等地经瓦眉坝渡江北上，分别迁至肥东双山（属桥头集镇）、鸡笼山（属桥头集镇）、梁乡（属梁园镇）、迎水庵、定远东西葛等地；宣德九年（1434年），有葛九仪自寿县安丰塘迁至双山口六步山麓。六百年来，七支葛氏已繁衍20余世，总人口17000余人，广泛分布于肥东县境内（自南而北分布顺序：葛顺先支系、葛九仪支系、葛祯武支系、葛祯祥支系、葛盛合支系、葛世登支系、葛文友支系）以及南京、芜湖、马鞍山、六安、合肥、上海、广州、滁州等地。众兴属葛祯祥支系。

程氏　程姓一出自风姓，为重、黎（一说二人皆为老童之子，颛顼曾孙；另一说黎为颛顼曾孙，重为少昊之子）的后裔。周朝时，重、黎的后裔伯符（又称乔伯）向周王敬献“泰山之车、井中之玉和双穗之禾”，因献三瑞有功，被分封于程地，后世子孙以国为氏，称程姓，尊伯符为程姓始祖。

东晋时，程伯符第45世孙程元谭任新安太守，卒于任上，子孙遂留居于此，后程元谭被尊为新安程氏始祖。

肥东境内程氏，有路口程氏、草庙程氏、马湖程氏、富旺程氏、元疃程氏，除元疃程氏外，其他程氏皆为新安程氏支脉。

元末明初，有程仕儒（程颐第18世孙）携三子自六霍（今安徽六安市）迁居合肥东乡，长子福大（字道广）居西山驿（今店埠镇西山驿社区），次子福二（字道宽）居富旺集（今肥东八斗镇富旺社区），三子福三（字道泓）居店埠程家巷（今肥东店埠镇）。据路口程氏宗谱载，程福三后生三子（学、普、珍），分为三大房，繁衍至今。

窦氏　堂号：五桂堂。众兴窦氏宗谱燕山家乘叙载窦姓先世祖窦禹钧，始祖伯岩公由中州柘城迁至肥东乡临河集河西骆家圩，首村名大窦。

范氏　堂号：安乐堂。据清道光二十六年（1846）岁次丙午季冬月上浣之吉合族后裔谨志，先祖自明洪武以来相传自江西抚州府瓦木歇坝峨眉山入籍庐郡魁星楼旁，祖继又分支于东北乡众兴集北东岳庙旁居住。

张氏　（众兴集张）堂号：绍忍堂。张氏得姓始祖“挥”是黄帝之孙，少昊之子，因善弓矢，赐以张姓，“谓其长于弓也”。后世遂以官职称谓为氏。这一支张姓素以青阳（即清阳，在今河北清河县东)为发源地,是为清河张氏,民间自古有“天下张姓出清河”的说法。

众兴集张氏始祖张福九,明朝初期由江西迁安徽青阳县,再迁合肥东乡众兴集,兄弟五人,分东南中西北五份。数百年来,张氏后裔遍布合肥城区以及肥东县境内,众兴为其主要聚居区,人口近4500人,占众兴乡总人口约1/6。

众兴张氏以武科闻名乡里,故子孙多以武功著,能用枪械剑戟者多。同时,因为和李鸿章家族互为姻亲的关系,张氏家族子弟在淮军系统中,往往身居高位。据统计,任副将以上职衔者,有十余人,参与淮军的有数百人之多。其中以张绍棠、张文燕、张文宣、张士珩等人最具代表性。

张氏训文

张氏家训

读书为治家之术,勤俭为持家之道,和顺为齐家之脉。积善之家,必有余庆;积恶之门,定遭祸殃。处人记情不记仇,真诚相待。做事认真不马虎,持之以恒。爱憎分明,知恩图报。

张氏治家格言

自从盘古天地分,齐家治国讲认真;积善之家有余庆,积恶之门遭报应;
积德行善威望高,愚昧奸诈害人群;传家两字读与耕,兴家两字俭与勤;
安家两字忍与让,亡家两宇暴与淫;败家两字贪与毒,发家两字勇与奋;
仁厚谦恭为立教,知义识礼万里行;勤劳诚信生存道,经营有方财源滚;
养子不教父之过,纵容溺爱留祸根,教子先教子做人,伦理道德是根本;
科学文化要掌握,匹夫之勇难立身;学海无涯苦作舟,书山有路勤为径;
书破万卷济沧海,金榜题名光族人;自古百善孝为先,逆子之名臭一生;
不敬公婆千夫指,空给娘家背骂名;娶妻择婿看人品,错定伴侣悔终身;
百年修得共枕席,不离不散呢喃情;夫直妻正子嗣淳,举案齐眉暖君心;
兄弟相煎伤父母,相亲相敬土变金;携手而行千般好,家和才能万事兴;
姐妹血脉紧相连,嫁与他乡莫忘根;敬夫教子名声好,贤良守道光张门;
父母财产莫争分,骨肉相残又何忍;从来钱财如粪土,和气生财福盈门;
妯娌和睦家庭旺,休搬是非伤感情;远亲不如近邻好,和谐相处益终生;
婚丧嫁娶多帮忙,古道人心换人心;族门老少辈有序,尊长爱幼感天庭;
一家有难八方援,血浓于水富亲情;人生要立鸿鹄志,创业莫惧艰与辛;
君子之交淡如水,推心置腹情意深;责人之心常责己,恕己之心常恕人;
国家有难士当先,为国尽忠人人敬;敛财不义起祸端,勤劳致富享平生;
铺路筑桥争奉献,荫及子孙扬美名;清明不忘前人恩,冬至携儿祭祖坟;
纸钱多少后人心,告慰吾祖在天灵;张氏家训众人立,行为准则赖以诚;
一路高歌手挽手,强族兴邦共存进。

张氏道德准则

尊长爱幼　和亲睦邻　遵规守法　自律持家　重德诚信　谦恭宽容　贫富循理

勤俭敬业　团结和谐　报国为佳

字派　绍文继武　华国传家　修仁树德　辅世经邦　秉忠承孝　振朝兴纲

堂号:绍忍堂

2014 年众兴乡前 10 名姓氏人口一览表

表 25-3

姓氏	人数(次)	主要分布村(居)
张	4567	霞光　华光　花灯
王	1904	范岗　华光　众兴
许	1843	联合　永安
高	1177	大高
李	842	永安
陈	835	大高
周	806	永安　联合　谢岗
范	791	范岗
童	779	众兴　华光
司	751	霞光　华光　范岗

第四节　宗　祠

一、宗祠概况

宗祠又称为祠堂、家庙,记录着家族的辉煌与传统,多建于家族的聚居地或其附近,祠堂内供有祖先的牌位。宗祠还要定期集会和祭祖,祭祖一般在清明期间,俗称办“清明会”。祭祖仪式隆重庄严,常置酒席以庆贺。

旧社会,祭祀完毕后,族长还要当众处理族中的公共事务和救济事宜等。如有违犯族规的人,也要在这时处罚。族长是本姓家族的尊长,往往也是有声望有势力的人,权力极大。负责聚集家族,解决家族内的纠纷。举办家族内公共事宜和救济事业,实行家族法规等。祠堂一般有产业,由族长掌握,收入用于祭祖、办公和救济等。中华人民共和国成立后,族权被取消,宗族观念却长期存在。

众兴的宗祠原多建于明清时期,历经风雨侵蚀及 1958 年“大炼钢铁”“文化大革命”等政治活动,众兴集张姓宗祠、大高村高姓宗祠被拆毁,材料用于建粮仓和公社大礼堂,其规模与保留下来的许氏宗祠相当;许氏宗祠作为原光华小学校舍保留下来,位于漕坊村(2010 年划为合肥新站区托管)。至 2014 年,乡新建宗祠有花灯社区李园自然村建的郑氏宗祠和华光社区义合新村张氏宗祠,两所宗祠建设规模相较于被拆毁的两所宗祠简易了许多。

二、宗祠介绍

华光张氏宗祠　坐落在华光社区义合新农村东侧，落成于2004年5月，是新建祠堂，主房由三间单体仿徽式结构砖瓦房，房四周建围墙，属院落式宗祠，主房门前有两尊石狮子，房内设祖宗牌位和香龛，由张姓宗族48人捐款85900元建成，占地面积320平方米。门前建有两块石碑，分别为张氏第四次续修家谱理事会捐款功德碑和张氏宗祠训谕碑。训谕碑文如下：

华光张氏宗祠　（康琛/摄）

敦弟子以重人伦，守本分以禁非为。栖身地以睦乡邻，守法令以保名声。

重智能以学成才，保廉洁以杜奢淫。讲美德以净风尚，奉礼义以和为贵。

爱勤劳以尽其力，为官正以保清廉。尚从伍以固边防，重科学以建强邦。

花灯郑氏宗祠　（康琛/摄）

花灯郑氏宗祠　坐落于花灯社区李园自然村东入口处，落成于2008年清明，建三间单体结构仿徽式瓦房，建筑面积140平方米，比较简易，室内设祖宗牌位和香龛，由郑氏宗亲29人捐款31800元建成，门前有一对石狮子，主要用于家族祭祀，平时有专人看管。门前设一功德碑，碑文如下：

物来于天，人来于祖，祖宗之重要可知也。郑氏先前无宗祠，以至春秋无祭祀，年节无团拜，先祖之德不可忘，先祖之德可续也，我郑氏建祠亦属当务之急也。

2007年，族众公议，修建祠堂，在建祠期间，族人慷慨，诸公善举，其诚可嘉，其功不朽，以彰其德以励后人，特立碑为表。

关家庙碑记　将授江南庐州府合肥县正堂加十级记录十次，左为给谳勒石，以垂永远。

事僧人广度寺与关应书等互控一案，本县审得北乡一里地方旧存关家庙名，有历年丁粮名册及据呈完粮印串可凭，至永庆庵之名，据称古刹碑摹，虽属新刊，而所呈乾隆三十二年岁次丁亥钟记确载永庆庵，且记载主持体洁讯处，各供实系关家庙僧可见永庆庵名，亦非新造。揆厥由来，其地原供关帝，且近关姓村庄或系关姓创始，故有庙名。其后，屡废屡修，功成。众姓兼奉诸佛，遵古刹名曰永庆，其异同沿革之故，志乘虽不附列而核之。现在各据庙即是庵，洵无异义。关应书、关应和因该僧广度嘉庆三年将关家庙粮册丁名改为永庆庵，恐没其先人创捐之迹，出而鸣控广度及周殿华、周宝传等，以现今出力募捐修整，恐关姓籍占庵产，欲去旧名，以彰新举，出而讦控，各有私见，均属非是定例。山主檀越久奉禁革，凡捐入庵庙之产，应听主持僧经理，关应书等固不得混争，而旧名亦不可没断，令丁名乃改关家。其庵额许标永庆，为该处众香火。依查明，关姓原捐田亩，更正关姓丁名，其众姓与该僧续置捐入之田，即立永庆庵丁名，概为庵内公产，听僧纳粮收租，永为常住之用。关口(字迹不清)众姓均不许混称。山主违例搀越图占，如或广度不守清规，许众姓鸣官究逐，另招住持。现在该僧广度并无过犯，听其在庵焚修经理书，将迅断缘由报详。

奉庐州府正常张批示，如详销案合行给谳该庵勒石，所有庵产应分别立正丁名，已饬驻册，遵照完粮捐开列于左。

计开：

原随庵老田二十三亩六分一厘，完银五钱六分八厘八毫。

乾隆五十五年，关俊宏等公捐田六亩零二厘，完银一钱四分五厘二毫。

以上共田二十九亩六分三厘，完银七钱一分四厘，立关家庙丁名。

乾隆五十五年，广度续买王廷珍田八亩，完银一钱九分二厘六毫。

乾隆五十八年，广度找换袁茂等田六亩，完银一钱四分四厘五毫。

嘉庆元年，广度续买袁照西田一十二亩六分，完银三钱零三厘六毫。

嘉庆二年，广度续买王相州田二亩八分，完银六分七厘四毫。

以上共田二十九亩四分，完银七钱零八厘一毫，立永庆庵丁名。

嘉庆八年，广度续买袁照西、袁照堂四十弓六斗。

嘉庆七年十一月初八给永庆庵勒石

三、被毁宗祠

张氏宗祠　众兴集张姓宗祠原坐落在花灯社区罗岗自然村，原为三进五开间，两边带厢房27间房屋，砖木结构，有门楼，规模较大，内部雕刻精美，祠建于清同治年间。中华人民共和国成立后，曾作为校舍、加工厂使用，后在扫四旧和“文化大革命”期间被拆毁，所拆材料用于建乡政府大礼堂和粮站粮仓。

高氏宗祠　大高村高姓祠堂原位于大高自然村，二进五开间，左右厢房各两间，仿徽派建筑，占地560平方米，建筑面积330平方米，1971年，除四旧拆毁建村小学。

第五节　宗　谱

一、宗谱述介

又称族谱、宗谱等。是一种以表谱形式，记载一个家族的世系及重要成员事迹的文书，是一个家族的发源、生息、繁衍的历史，具有较为可靠的史料价值。众兴居民对记录宗族世系和历史沿革的家谱十分重视，宗谱大修约60年一次，多数为三四十年一修。中华人民共和国成立前历经战火劫难，中华人民共和国成立后又经“文化大革命”浩劫，多数家谱被毁。

20世纪80年代起，乡内有个别宗族，秘密续修家谱，后续修者渐多，发展至公开进行。2000年后，续谱渐盛。修谱同时，有建立宗祠的，其经费由宗族人士捐款集资。谱成，于宗祠举行仪式，各宗裔领谱分发(多在清明、冬至日结合祭祖进行)，并有专人保管。修谱要组建编委会，选德高望重者为“谱董”，下设编辑、采稿、财经、印刷等多个小组，不分男女均列名记载。

二、谱序辑录

李氏　1.宗祠重修记：昔先王定庙堂之制，禘尝之礼，所以明慎终追远之义也。秦汉以来，宗法既废，庙无定制，宋儒乃增损礼仪，以为祠祀。士大夫之族得祭其高曾，而并及其始祖，盖不如是，为子孙者不能安也。吾族始居合肥县东乡李家岗，历数世，先人之坟墓多在焉。又数世，迁于近数里山见冈之南，即今所谓李老家者。同治辛未，勤恪公、文忠公议兴宗祠，以为国宣劳不遑家事，嘱和甫公集族与议，就所居老家住宅改建宗祠，岁时伏腊，族人之来祠祭祀，祀弗缺也。辛末距今近五十年。昨岁之秋，经滇自沪归荐于祠，见堂宇历时既久欹侧，有不任风雨之虑，心不能安，爰谋诸族众集赀重修。议有成，乃绘图式，定建筑方法，授诸元璐、国恩使任其事。二人实力董理，选料鸠工，虽暑雨祁寒，皆躬亲其役，以丙辰年四月经始至丁巳年三月落成，堂宇改观，丹雘一新，因记始末，以告来者。世世子孙奠主祠内，宜竟竟以负荷析薪为念，勿徒循旅酬交错之文，斯可矣。

丁巳年八月初五日族人公立

2.李氏宗谱序(清·林则徐)

《尔雅》云：归异同出，肥。肥水一在中州，见《毛诗·鄘风·泉水》章；一在淮南，晋谢玄破秦军于此。梁韦叡堰水以灌合肥。唐韩愈所谓淝水百里入淮流。宋杨沂中击金兀术于藕塘，高宗手谕岳飞札谓驻军合肥，皆其地也。

考淝水源出紫逢山，一西北流三百里，走寿春入淮；一东南流经巢湖入江。一说肥东北经鸡鸣山入金斗河，一支西北流复东转南下，二水相合，故名曰合肥。其说未知，孰是要知归异同与肥泉同。予持节数经其地，见夫风水沦漪，土物丰美，其间英贤辈出，为低回留之不能去。

嗣交玉泉比部暨嗣君少荃庶常，深悉李氏肥邑望族，扶舆清淑之气，盖于是钟焉。

其初系出自李氏五世，钟灵公曾叙梗概，而谱牒未修。嘉庆己朝珍诸公倡修之，道光己丑玉泉、尊人、庆庵公暨族人重修之，及甲辰，玉泉从兄鹤堂暨族人又重修之。支分派别，源远流长，披阅之，余了如指掌。洵足见敬宗睦族之义矣。抑余更有进者，夫颂叶知本，饮水思源，谱所为纪厥先也。星宿之流洒为万派，谱所为联乃后也。今李出自许，不忘源之出于同也。详纪支分不嫌流之归于异也，世世子孙浸昌浸炽，不令人俯察地道而会其旨耶。

李氏世有厚德，至玉泉以进士起家，与儿子汝舟戊戌同年，服官刑部，卓著政声，将来设施岂有量哉！

（赐进士出身 诰授荣禄大夫 云贵总督 侯官林则徐拜撰）

家谱乘序（清·曾国藩）

古者，虞姚、夏姒、殷子、周姬，百世不通婚媾。《小史》奠系世、序昭穆，实掌其事。战国纷争，封建之典废氏族之学紊焉。汉晋迭兴，谱牒始盛，六朝讫唐，尤尚门第，士或投牒就试。唐初奉敕，第甲乙勒成书，欧阳修赖以成宰相世系表，然而颜师古犹有近代谱牒妄将托付之讥，五季而后，私谱攀系至诬其祖洵乎，实事求是之难也。

合肥李氏本姓许，先世迁自江右，始迁之祖曰福三公，传十世慎所公，遵其父迎溪许公命，为心庄李公嗣，遂世为李氏，至于今浙江巡抚筱荃中丞八世矣。惧源流之昧也，与子孙之繁而罔纪也，为谱以鸠之。奉慎所公为李氏一世祖，而以许氏始迁祖福三公至迎溪公九世，冠于谱端。许与李百世不通婚媾，犹《周礼·小史》义也。不标远胄杜托付也。

筱荃尊人玉泉公，与余同登道光戊戌钮福保榜为进士。有子六人，筱荃其冢嗣也。曩以拔萃试成均，余忝一日之长。筱荃仲弟少荃，今湖广总督、协办大学士，又与余同官。诸季当粤寇炽时，麟腾凤翥，各以功名显。合肥称望族者，莫李氏比，当代以为荣。筱荃独兢兢业业，举葛庇其根葵卫其足，聚族人而诰之。持盈保泰惟筱荃尤贤，韦平事业鼎鼎未艾。然则是谱也，谓即他日宰相世系表也。可视五季私谱倜乎，远矣！

（诰授光禄大夫 太子太保 武英殿大学士 直隶总督 一毅勇侯 湘乡曾国藩拜撰）

金氏宗谱序　庚星堂台宜德之功烈非常铭垂玉简赫赫前贤照人耳目然系不可考纂谱者何必强为附会哉自，竹溪公当元之际为避地谋由江西南康府始迁庐郡卜居梅岭桥东北遂为金氏祖焉历数百年，一分迁居义合集西，一分迁居龙王寺东，勤俭为本，耕读传家。

先世诸公有志订谱力未能辑廷及，润安先生宿敦诗书为人慨慷精明常处世远族繁，不有谱牒将何以使亲者不疏，疏者亦亲而能收其族乎于是倡议纂修令佳蓉斋先生亦奋然相助悉力查明，各家捐资筵梓修谱数月告竣徵序于余不禁肃然起敬曰所谓善继善述而为祖宗之功臣克家之令子者莫如君之贤竹林矣以余陋劣曷敢操笔但润庵兴，余素共文壇忝在戚好谊不容辞聊弁数语志其梗概，金氏子孙从此仰而承之沿而溯之岂不绵绵翼翼丕振家声，无乱其源而源之远者流益长元忘其本而本之固枝益茂也哉。

皇清道光十八年岁次戊戌桂秋月 谷旦

钦点刑部主事玉川弟 李文玕 拜撰

王氏宗谱序《三槐堂铭》 天可必乎？贤者不必贵，仁者不必寿。天不可必乎？仕者必有后。二者将安取衷哉？吾闻之申包胥曰："人定者胜天，天定亦能胜人。"世之论天者，皆不待其定而求之，故以天为茫茫。善者以怠，恶者以肆。盗拓之寿，孔颜之厄，此皆天之未定者也，松柏生于山林，其始也，困于蓬蒿，厄于牛羊，而其终也，贯四时，阅千岁而不改者，其天定也。善恶之报，至于子孙，则其定也久矣。吾以所见所闻考之。而其可必也审矣。

国之将兴，必有世德之臣，厚施而不食其报，然后其子孙与守文太平之主，共天下之福。故兵部侍郎晋国王公，显于汉，周之际，历事太祖、太宗，文武忠孝，天下望以为相，而公卒以直道不客于时。盖尝手植三槐于庭，曰："吾子孙必有为三公者。"已而其子魏国文正公，相真宗皇帝璟德，祥符之间，朝廷清明天下无事之时，享其福禄荣名者十有八年。今夫寓物于人，明日而取之，有得有否，而晋公修德于身，责报于天，取必于数十年之后，如持左契，交手相付，吾是以知天之果可必也。

吾不及见魏公，而见其子懿敏公。以直谏事仁宗皇帝出入侍从将帅三十余年，位不满其德。天将复兴王氏也欤？何其子孙之多贤也。世有以晋公比李栖筠者，其雄才直气，其不相上下。而栖筠之子吉甫，其孙德裕，功名富贵，略与王氏等。而忠恕仁厚，不及魏公父子，由此观之，王氏之福盖未等也。

懿敏公之子巩与吾游，好德而文，以世其家，吾以是录之。

铭曰："呜呼休哉！魏公之业，与槐俱萌；封植之勤，必世乃成。即相真宗，四方砥平。归视其家，槐阴满庭。吾侪小人，朝不及夕。相时射利，皇恤厥德？庶几侥幸，不种而获。不有君子，其何能国？王城之东，晋公所庐。郁郁三槐，惟德之符。呜呼休哉！"

宋·苏轼撰文

许氏宗谱序 据《姓氏甲骨》记述，全国几千姓中，许姓居35位。又据《许氏通书》高阳君许氏祖先，系上古三皇之一炎帝，神农苗裔。神农姓姜，乃姜水部落首领，号刘山氏，原居姜水流域，后徙居中原。传数世，周王统一天下后封先贤伯夷后代文叔（姜信）于许国（今河南许昌东）传十五世丞灵公宁（亦说元公成），春秋时据《春秋》记被郑所灭（亦说楚灭）。文叔后裔尊文叔为始祖，神农为鼻祖。

许国失国后，文叔公后裔，相约以国为姓，迁客城（今河南鲁山），后迁冀州高阳（今河北）北新城都乡乐善里等各地，默默无闻至战国时许偃、许行、许历先后出仕。汉时许氏人口增多，人才济济，许平君为宣帝后，许相如为帝后，平君文广汉，相如文许嘉等数世入朝辅弼，并贵为宣、元二帝皇戚。

东汉时许氏重光又连续数世入朝辅佐。两汉封侯二十余人。许慎为经学名家。汉末许靖入蜀贵为刘备政权太傅。许褚乃国骁勇名将。西晋许氏演变为邑昌、汝南、高阳三大支系，高阳许氏最盛。两晋南北朝三百余年传承不替。文叔公五十世孙惊公官怀拜尚书令，迁左丞相，兼管中书手章事。其后裔迁徙福州，在唐宗五季之初，由福州而临川。在前宋末由临川而吉水。惊公子孙连续五代官拜左仆射，上卿，尚书，谏议大夫等，惊公八世孙敬宗、字延族，杭州富阳人，唐太宗，秦五府十八位学士之一，官拜礼部尚书，中书右相执掌朝政。敬宗公七世孙许远初为中原令迁睢阳(今河南高丘)刺史,至德二年(757年)安史之乱被叛军尹子奇围困数月,兵尽粮绝,城陷殉国,谥封东平忠尽五。文天祥诗赞“忠烈爱君者许远也”。远公八世孙驭,官拜尚书迁左丞相,驭公儿孙连续四代官至翰林学士,参政事,中书令,右丞相。驭公四世孙清,以谏议为己任,曰“殿上虎”。清公五世孙昌公避兵乱携资泛舟四游而徙浔阳,生一子庚二赘于徐,遂居湖口花尖山。庚二公生三子福一,福二,福三。福一公字寿元,号双崖,妣朱氏,续黄氏生二子长道成次道明。后裔凤苞公明嘉靖十九年(1540年)因肥赤旱携子等复往江西星子县,后迁南康府都昌县三叉江港四都柳。福二公字闻元号松崖,世居湖口塌水桥树万毛林坡。湖口,都昌二县之许姓皆福一、福二公之后裔。福三公生于至正四年(1344年)字益元讳,福益增文林郎。避寇乱徒潜阳(今皖潜山)龙骨嘴,使四世至胜芬公邑庠生。于明初年由潜迁徙合肥东乡下赵国(今肥东众兴乡光华村许庙)。胜芬公生子六,伯乾、伯仲、伯盛、伯造、伯五、伯六,伯乾公及进士第学道信佛,伯盛公回迁江西,伯五公未传,伯六公迁舒成乌沙。伯坤,伯选二公两大支亲世居下赵国(今许庙),伯选公传五世光照公字迎溪生六子,将次子祥瑾公字慎所过继给李心庄为子,传七世李讳文安生六子。二子鸿章字少荃,清末洋务派和淮军首领,先后任江苏巡抚,两江直隶,两广总督,北洋大臣,授武英,文华殿大学士,握清廷外交、军事、经济大友。吾高阳许氏,自胜芬公徒居肥东拓基业,至德辈二十三世,历五百余年,裔孙兴旺,逾数万之众,联而结谱者一万七千余人。且世代有达人。福三公二十二世孙高群、高龙职军级,高鸿出使意大利,墨西哥,缅甸使涫武官,少将军衔,高杰科技大教授,二十三世孙许珂留美。县外、团营(科)局乡(镇)、军政科技、文化及企业厂长、经理等数百人之多,均守岗位,为国建功立业。

张氏宗谱序(义合新村)　间尝于稽古之暇,博览汉普唐宋代有伟人西铭为理学之宗,南轩免公辅之望,宋子厚世号横渠先辈明元桢帝称东白先生至若堪公之惠政标,炳阳,渔翰公之清才流传江右,凡此诸公何不可弭笔以艳我本宗,然世远莫考,未信为谁公之裔,可考信者惟我,始迁祖安定公旧笈江右,处厚爱时移徒合邑卜居梁乡十二里,迄今代传目为安定村者职是故耳,时闻囊哲文老遗言,数十年前,江右中还有抱谱牒,执藏书至我都寻对世系,沿及后世,支繁派冗,道经千里,路阻山川,谅彼亦必简编断残,杳邈失实,余生晚近不得不从,安定公以下亟起修明详考,当年仅生一子孙,有四公茔墓,尚有足拠,字讳历有可微况,现今家有数十丁男满百,且集居错处者,不外左右前后,故计口捐资,按分领部恭延欧,传二位先生谨恪梓刊刻设规条,议立族长,庶俾耕织者各勤尔业,不阪惰乎。前代千秋金鉴诵读者,各勉尔功,尚期垂之,后世百忍堂模非敢自附于先前裕后之会儒也,聊堪为目前之范,闸异时之仪型云耳是为序。时大清乾隆五十三岁戊甲岁九月上浣之吉。

陈氏宗谱四修代序　中华民族有五千年辉煌灿烂文明史,炎黄子孙之吾氏宗族,古往今来,绵延流长。据史料记载,陈氏明初由江西南康府都昌县“瓦西坝”徒徙至合肥东乡“三清观”。约200年之后即明万历四年(1576年),通海公出生,为吾族始祖。始祖号晴峰,为员处郎,原配赵孺人生一子,迁居江苏扬州,名讳失孝,继配陶孺人生四子,四百余年来,“颖川延世泽,淝水振家声”,生生不息,已传至十九世系,且仁义 志士辈出,引领吾氏风骚也。

家谱与方志，正史构成了中华历史大厦三大支柱，是中华民族悠久历史文化重要组成部分。以“通海”公为同一父系之“世德堂”吾氏宗谱，始修于清咸丰四年(1854 年)，重修于清光绪二十七年(1901 年)相隔始修 47 年，三修于民国 34 年(1945 年)，相隔 44 年。四修于 2009 年，相隔 64 年。

徐氏四修宗谱序　盘古开天地，轩辕泽九州。方国初起时，徐方立海岱。尧舜禹汤，亘古君王。太史公曰：伯益佐舜驯兽，辅禹治水，功成身退，箕山之阳。次子若木，因此受封；以国为姓，始成徐宗。

徐偃王治国安民有方，外策睦邻，内重农桑；朝国卅六，威德远扬；青铜有铭文，韩愈书颂章；江淮远古史，闻名唯偃王；功在夏商周，彪炳史册上。春秋无义战，草民何聊生；徐王秉仁义，‘不忍斗其民’；昭公三十年，痛失大徐城。徐国子民，离乡背井，徐扬二州，拓荒谋生；四方繁衍发展，如雨后春笋；迨至明代，成第十大姓。

吾一世祖元昭公，脉系徐方国南下江淮之一支。梯山渡淮，辛勤耕耘；继承徐国仁义文明，坚持东海发祥之郡。元昭公仕明，位列国戚人臣，清廉秉公执政；考妣张孺人，明赠一品夫人。东海家声远，蒿陂世泽长，隔五代至仓山公，由油坊巷迁至合肥东乡蒿陂圹，繁衍盈升，族大丁繁，子孙遍及九州，堪称“淝水特出之家”。

先祖失谱，堕绪难寻。一世祖元昭公后，族人事迹，口碑相传，散记仅存。八世祖徐俊公，高瞻远瞩英明，创修徐氏宗谱，亲撰“纂修原序”。安禄、学忠、尚德诸公共襄善举，无奈搁浅于咸丰战火。宣统三年(1911 年)初，族人公推十一世祖宗银领修并作徐世宗谱序，不料又因辛亥风云而暂停。徐氏先人，编修牒谱，前接后继，勠力同心。宗银公之后，由十二世恒盛、十三世守国主导，十一世浩银、浩濂，十二世恒铸、恒仪、恒山、恒才、恒康等诸公鼎力相助，东海郡(爱玉堂)三修六卷本《徐氏宗谱》，终于在中华民国 32 年(1943 年)嘉平月上旬，大功告成。

时光荏苒，时至戊子年(2008)清明，十三世守海、守登，十四世道韫等倡议四(续)修牒谱，族人积极响应。此后多次会商，成立组织，明确任务。十三世建守、守枝、守珍、守云、守明(全椒)，十四世道友、道金(含山)、道芝，十五世义友等，或运筹帷幄，谋划协调，联络族人；或登门拜访，采集信息，编辑校对；或慷慨解囊，积极替助；或提出建议，献计献策。由于各司其职，群策群力，新编就的八卷本《徐氏宗谱》，承上启下，将于己丑(2009 年)十二月面视族人。上可告慰先祖在天之灵，下则为后代留下寻根问祖之依据和根本。四海族人，不亦乐乎！可喜可贺可庆！

受诸位之约，草成《徐姓溯源》于后。谨以长短文白呈正之句，浓缩为序。

刘氏谱序　关公第一世行一，配戈孺人，生子二：耀山、耀镕公与龚陈兄弟三人，祖居江西乐平，因明初寇乱，徙与肥东游陂，距城三十余里，有一庄名刘土地庙，区址虽隘，而山明水秀堪赅。于是兄弟嗟商，遂家于此焉。殁后，葬竹基塘上，闻先代流传，龚回梓里，仅刘、陈二公立墓也，不然，该三冢，何仅二焉？或者西为陈公，东冢刘公，亦未可知也，下有古墓六十五塚，或疑为古籍先人也。是无征而足信。上下护坟地两丘，秧五斗。清嘉庆十九年岁凶，族众将建桐公款分散，仅有基地尚存，恐日后轶，特为志。

1.青藜堂　青藜，一年生草本植物。劲老可做拐杖，坚硬而轻，还可点燃照明。相传，汉高祖帝刘交四世孙刘向元宵节在天禄阁校书至深夜，当烛尽灯灭之后，仍不肯就寝，就暗中背诵经书。忽有一位黄衣老人，手拄青藜杖叩门进来，接着将手中青藜杖顶端一吹，藜杖竟然燃烧起来，发出光芒。刘向见状，对老人肃然起敬，施礼相迎，并询问老人尊姓大名。老人答道：我乃太乙星精，闻知刘氏之子好学，特来视察。现赠你《洪范五行》之文。老人说完，果断从怀中取出一卷简牍，传授给刘向。此后，刘向果然成为一代著名学者宗师，在中国文化史上建立起不朽伟业。刘氏后人为了纪念这一“燃藜夜读”的神奇传说，鼓励族人发奋读书，就以“青藜堂”作为自己刘氏堂号。缘出这一典故的刘姓堂号，除了藜照堂外，还有很多，诸如藜照堂、藜阁堂、燃藜堂、光藜堂、藜光堂、尚黎堂、宝藜堂、天禄堂、禄阁堂、校书堂、太乙堂、传经堂、授经堂。藜照堂及与此相近的堂号，不只在刘向后裔彭城刘氏宗派中，在中国南北各地各宗派刘氏后裔中都被广泛使用，该堂号已成为刘姓的标志之一。

2.李瀚章送刘家兴回乡序　老农刘家兴，乡之善人也。宅心忠厚，居家孝友。世居合肥东乡，以耕种为业。同治甲子年间，随其亲戚张逸斋至粤，朝夕趋侍奉主，命惟谨。余见其古心古貌，窃心异之。公馀之暇，询及故乡情事，言之历历如绘。间有臧否，皆切中夫事理。然则老刘其愿，于貌而慧于心者也。自世风不古，缙绅之士竟尚浮夸，侈言功利于孝友忠信之道，几不知为何事。老刘能卓然自守，不为世俗转移，其亦人之豪杰者欤余奉巡抚湖南之钦命，老刘随至湘，后告假归里，余不忍其去也，书以赠之。

张氏宗谱序（众兴集）　溯我张氏，黄帝之孙，少昊之子行五名挥者，善弓矣，少昊赐以张姓，谓其长于弛。考之《千姓编》《姓氏笺录》《氏族笺录释》均无异词。嗣后，张氏代有传人，史不绝书。虽门户纷繁，殊域遐方，皆挥之裔也。禀山川之秀丽，萃人文之辉光，麟麟炳炳，赫赫扬扬，孰有如张氏哉！自明代洪武年间，始祖讳霖自青阳迁合肥之中兴里，世以耕学业其家。兄弟五人东南中西北分为五支，迄今名字生卒俱无能考。乃固张氏一世至八世皆未有谱，年代久远。追溯无从，不知埋没几许英雄辈矣。直至道光庚子年间，九世祖相甫公，吁之公，城斋公，始创首谱……延至光绪丁亥年，先祖又堂解囊倡议重修家谱于金陵。

明清时期，先祖张廷和、张绍棠、张桂芳、张翼高、张继良封将称爵，名留青史；众兴小朱户十一营统领，深宅大院，古木参天。

民国时期，先祖张必成任职国民革命军师长，系国民党创始人之一，先祖张亚威任职安徽省保安副司令，名扬一时。

宗族精神为“厚德、报国、自强、奋进”，张氏宗祠名“绍忍堂”“家范”“家戒”等治家法宝，遵行不变，祖宗遗训，遵之不易。

今后，凡吾族人位不分卑尊，财不分多寡，人不分南北，都要尊长爱幼，和睦相处，助人为乐，兴族为荣，不断增强吾族张氏家族的公信力和凝聚力。

窦氏宗谱序　窦氏子孙系燕山后裔，这段历史先人已记述，在此不再重述，为了氏族的团结,勉励后人创造业绩,而续此谱。

氏族宗谱,可供后人查阅,了解先人文明业绩,洞悉奋斗精神,汲取精华。

弘扬正气,发扬光大,以育后代。本氏历史的健康发展是中华民族优秀历史中的光辉一页。

续谱不仅是字辈的延续,更重要的是体现团结奋斗的精神,有极强的凝聚力。人生有限,贡献无限,要做更大的贡献,必须吮吸前人的先进经验,促进后人的发展。不知自身的近代史,怎知社会的历史。不知伦理关系,造成生活障碍,削弱奋斗精神,不知瞻老扶幼,哪有社会公德?因此,续谱是本氏发展的迫切需求。可望后代奋发图强,立志向上,守纪奉献,勇于创新,争做世人之优,世人之最。

此次,续谱作如下申述:对违反原续谱规定、违法、道德败坏、邪教者不予入谱。

现续谱远距上次续谱近百年之久,由于居住变更,失去联络,三番五次寻查,杳无音信,在此情况下,已于2002年2月委托《合肥晚报》刊登数日,仍无反应,甚感遗憾。

鉴此,续谱具有重大政治、历史意义,众所知之,众所之托,维虎族侄不惜余力,乐于奉献,在其主持下,由各地负责人的鼎力支持历时两个多春秋,宗谱终于告竣。余甚感欣慰,特写几句,以此为序。

三、辈序辑录(按姓氏笔画为序)

王氏字辈序(一)

文章华国　忠孝传家　礼乐典常　克绍先业　光明正直　右启后贤

王氏字辈序(二)

文舒国华　仁振家昌　经邦友道　益世荣光

田氏字辈序

(宗祠原在霞光村高岗村民组西,夏司郢东,现无考证)

文运宏开盛　武承永振扬　安邦隆世泰　定国庆家祥

刘氏字辈序

(宗祠在合肥新站区刘土地庙自然村)

佩怀腾骧尔美　天廷家治安常(道光十年立)

经华广大　运际宏昌　永存仁厚　世守文章(同治十三年立)

吕氏字辈序

崇(宗德)仁(敬维)永(大义)宗(志家)安(仕邦)　昌盛茂发强　善儒卫泽贤　清正连礼浩　忠良诚信传

孙氏字辈序

大怀子升　孙玉秀尚(第九世修立)

吉福昌盛　克家之道　惟善永传　世守勋荣　懋昭恩德　承守忠义　开发洲洋

关氏字辈序

华宏世道　礼敬朝堂　家吉余庆　国运盛昌

许氏字辈序(宗祠在许庙,现划为合肥新站区)

福云庆胜伯　积善发光祥　诗礼艳朝志　世传永远昌

才高俊业建　德立继明良　道义开成裕　英贤必茂芳

仁政隆宗泽　新光富盛邦　敦诏先祖训　玉简载弘扬

李氏字辈序(宗祠在李圩)

文章经国　家道永昌　福寿承恩　勋荣世守(1809年立)

祖德积厚　克绍辉光　宗绪廷长　同敦孝友(1872年立)

张氏字辈序(宗祠原在众兴乡罗岗自然村,“文化大革命”时被拆,材料建乡大礼堂和粮站用)

绍文继武　华国传家　修仁树德　辅世经邦　秉忠诚孝　振朝兴纲

张氏字辈序(义合集张姓,宗祠在义合新村)

世德共修　仁厚孝友　昭嗣贤良　光昌启佑　家正永明

陈氏字辈序

仕道长存　开诚立公　国盛经荣　本国良邦　道义发祥　溥化礼治　大有文章　世德家典　宗训善昌　光荣祖武　庆泽延长　浩远中泰　经纬安康　学儒思源　自正崇尚

金氏字辈序

文运鸿开泰　怀仁定国邦　传家宗绪永　显耀庆隆昌

范氏字辈序

井运开文圣　家新育孝良　积德生余庆　守政丁厅昌(范岗)

传家宜道　　经国纬贤　　绍文继武　　经治承先(霞光)

费氏字辈序

耀化邦祥瑞　贤才学业昌　国家兴礼仪　盛世永安康

鸿运忠文武　芳名齐正扬　先君积福厚　绍继裕荣长

郑氏字辈序

银朝守尚　健德宗荣　湘明文家　浩劫月立业

怀孝礼仪　少汉长忠

陆氏字辈序

功崇惟志　业广在勤　忠厚传家　文章华国

胡氏字辈序

国绪调动恒　家道德兴　宏开广运　修正之本

钟氏字辈序

文传盛世家长泰　学萃华宗国永崇(光绪二十八年)

正大昌明　以承先志　绍辅科武　经纬乾坤

崇礼信誉　耀祖荣宗

徐氏字辈序

浩恒守道义　仁德治家邦　建业传少宝　兴才承中华

徐氏字辈序

三子文初学　同怀在大成　道明定朝用　世继日常新

高氏字辈序(祠堂原建在大高村大高自然村,后被拆毁建村小学)

正尚时业　理学传家　克绍先泽　世守荣华　立德和厚

修本庆长　兴廷孝友　辅佐忠良

韩氏字辈序

克履先传永　功承世业长　义芳崇孝友　明德毓贤良

高科振华富　博学兴国强

程氏字辈序

宗邦佰世　永家国宇　西守万记

童氏字辈序

邦家长兴　乃有贤英　文章经圣　道德光明

窦氏字辈序

大道其昌　维本恩良　世守宏业　崇尚文章　前程如锦　德泽万方

周氏字辈序

绍复先家(业)　文章(荣)华国　光明道启　长庆永昌

四、宗谱列表

2014年众兴乡部分姓氏宗谱一览表

表25-4

谱名	修谱时间	郡望	堂号
金氏宗谱	清道光十八年(1838年)	—	庚星堂、仁山堂
梁氏宗谱	2006年6月	—	翠凤堂
李氏宗谱	民国14年(1925年)	陇西郡	青莲堂
陈氏宗谱	2007年4月	鄱阳郡	孝友堂
张氏宗谱	2016年3月	—	绍忍堂
葛氏宗谱	2003年	—	六合堂
吕氏宗谱	2010年	河东郡	河东堂
王氏宗谱	2006年3月	太原郡	三槐堂
吴氏宗谱	2014年	—	至德堂
程氏宗谱	2004年	安定郡	二贤堂、四箴堂
蔡氏宗谱	1997年	济阳郡	大学堂
童氏宗谱	2012年	雁门郡	廉益堂
汪氏宗谱	2007年	—	留余堂
许氏宗谱	2001年	高阳郡	庆余堂

续表 25-4

谱 名	修谱时间	郡 望	堂 号
徐氏宗谱	2009 年	东海郡	爱玉堂
黄氏宗谱	2005 年 4 月	—	敦伦堂
朱氏宗谱	2010 年	沛国郡	白鹿堂
陈氏宗谱	2009 年	—	—
钟氏宗谱	2001 年 4 月	颍川郡	集贤堂
关氏宗谱	民国 11 年(1922 年)	—	忠义堂
高氏宗谱	民国元年(1912 年)	渤海郡	孝义堂
刘氏宗谱	2007 年 3 月	彭城郡	青藜堂
黄氏宗谱	1995 年	江夏郡	宽和堂
张氏宗谱	2008 年 4 月	清河郡	百忍堂
施氏宗谱	2006 年 10 月	吴兴郡	仁正堂
司氏宗谱	2009 年	—	宝禄堂
周氏宗谱	2012 年 2 月	—	爱莲堂
韩氏宗谱	2006 年 11 月	—	五福堂
孙氏宗谱	2004 年 5 月	乐安郡	映雪堂
胡氏宗谱	2007 年 3 月	—	一本堂
陈氏宗谱	2007 年 3 月	颍川郡	世德堂
苏氏宗谱	2008 年 4 月	武功郡	冰玉堂
陈氏宗谱	2009 年 6 月	庐州郡	聚星堂
窦氏宗谱	2003 年 2 月	—	五桂堂

五、家训选

陈氏家训:急公好义,乐于助人,己所不欲,勿施于人,施恩必报,受恩勿忘,缅怀先辈,增进亲情,激励后人。

孙氏家训:积财千万,无过良言一句;结友过百,不如知己一个。

郑氏家训:尽孝道、事必躬亲;勤为本、谨守读耕;守法纪、一身清正;重礼仪、恪守信诚;善忍让、和睦乡邻;广积德、济弱扶贫;尚节俭、力戒奢淫;修身性、踏实做人。

张氏家训:忍为上、孝当先、勤耕读、俭持家、忠职守、廉奉公。

王氏家训:心中有秤不计较,言而有物不闲聊。枕边有书不浮躁,尽力有度不炫耀。

李氏家训:细耕作犁头自然有宝,勤读书笔下就会生金。

黄氏家训:做人诚实坦白,做事奉职尽责,为民遵纪守法,为官清正廉洁。

胡氏家训:勤劳朴素方能成人建业传家,诚实忠厚才会安身立命济世。

朱氏家训(朱文公家训):君之所贵者,仁也。臣之所贵者,忠也。父之所贵者,慈也。子之所贵者,孝也。兄之所贵者,友也。弟之所贵者,恭也。夫之所贵者,和也。妇之所贵者,柔也。事师长贵乎礼也,交朋友贵乎信也。

见老者,敬之;见幼者,爱之。有德者,年虽下于我,我必尊之;不肖者,年虽高于我,我必远之。慎勿谈人之短，切莫矜己之长。仇者以义解之，怨者以直报之，随所遇而安之。人有小过，含容而忍之；人有大过，以理而谕之。勿以善小而不为，勿以恶小而为之。人有恶，则掩之；人有善，则扬之。

处世无私仇，治家无私法。勿损人而利己，勿妒贤而嫉能。勿称忿而报横逆，勿非礼而害物命。见不义之财勿取，遇合理之事则从。诗书不可不读，礼义不可不知。子孙不可不教，童仆不可不恤。斯文不可不敬，忠难不可不扶。守我之分者，礼也；听我之命者，天也。人能如是，天必相之。此乃日用常行之道，若衣服之于身体，饮食之于口腹，不可一日无也，可不慎哉！

张氏家训（众兴集张）：读书为治家之本，勤俭为持家之道，和顺为齐家之脉。积善之家，必有余庆；积恶之门，定遭祸殃。处人记情不记仇，真诚相待。做事认真不马虎，持之以恒。爱憎分明，知恩图报。

许氏家训：家规劝善十二条（标题摘录）敬祖先 孝父母 隆师长 宜兄弟 正闺阁 慎交游 尚勤俭 睦家族 务读书 重节孝 勤职业 崇阴骘

许氏家训：家规惩恶十二条（标题摘录）戒凶横 戒忤逆 戒酗酒 戒盗窃 戒强葬 戒伐荫 戒邪淫 戒抗粮 戒争讼 戒轻佻 戒刻薄 戒赌博

徐氏家训：明宗法 立宗长 莅臣职 供子道 择交游 端蒙养 定生理 敬师友 重教训 习文艺 序尊卑 睦家族 别男女 重婚姻 恤亲邻 重祭奠 谨茔基 禁争讼 崇俭约 供赋税

葛氏家训：尊老抚幼，睦邻扶危。爱国守法，贪佞莫为。勤俭兴业，诚信处世。好学奋进，子孙牢记。

陆氏家训：积善之家，必有余庆。积恶之门，必遭祸殃。传家两字读与耕；兴家两字俭与勤；安家两字忍与让；亡家两字暴与淫；发家两字勤与奋；败家两字贪与毒。勿存猜忌之心，勿听离间之言，勿做亏心之事，勿贪意外之财。

第二十六章 人物

位于众兴社区的中共合肥东乡旧址 （康琛/摄）

第二十六章 人物

位于众兴社区的中共合肥东乡旧址 （康琛/摄）

第二十六章　人　物

众兴历来崇文尚武，人才荟萃，绵延不断。本章收录人物传略，淮军人物为张文宣、张继良等；革命人物为张伯平、孙子模、周哲夫、许高群；知名工匠周成业；抗美援朝人物高理让、黄学银等。人物简介依次为韩永乐、司久水、范升石、徐在仁、徐守榜、孙圣涛、张国松、韩玉龙、王仕传、方维保、窦本年；历任党委政府、人大政协负责人简介42人；党政军副科副乡镇副营级人物表71人、教科文卫体界中级职称以上人物39人，经济界民营产值达1000万元以上人物13人。烈士英名录43人。

第一节　淮军人物、革命人物、知名工匠、抗美援朝人物

一、淮军人物

张文宣

张文宣

张文宣（1850—1895），字德三，众兴乡人，系李鸿章外甥，李鸿章大妹婿张绍棠之侄，天津军械局总办张士珩之堂兄。同治十三年（1874年），张文宣中武进士，以守备派往两江听用，张文宣被荐入营为哨官。

光绪十三年（1887），威海设防，张文宣自旅顺调防至威海，率亲军正、副两营驻刘公岛。张文宣到防后，先后修筑东泓、黄岛、旗顶山、迎门洞、南岛等五座炮台。在修筑炮台之暇，张文宣率士兵加练新式陆操，"且操且防"，使刘公岛一跃成为海防重镇。历次叙功，先后三次擢升，并赏"技勇巴图鲁"勇号。张文宣治军严明，深得民心，岛上至今存有光绪十六年（1890）时绅商为其所立"治军爱民"功德碑，可见其治军声誉颇佳。

光绪二十年（1894），日本公然挑起甲午战争，战火很快燃至中国境内，日本海军多次到刘公岛外扰袭，均被张文宣指挥各炮台击退。光绪二十一年（1895）一月三十日至二月二日，日军占领威海卫城及南北两帮炮台，刘公岛成为孤岛。张文宣致电登莱青兵备道刘含

芳谓:“刘公岛孤悬海中,文宣誓同队勇先用力,后用命。”此后,日本海、陆两路猛轰刘公岛,先后发起八次进攻。张文宣率部配合北洋水师发炮抗击,使日军企图登陆刘公岛的计划破灭。张文宣知时局已不可挽回,遂遗书李鸿章:“此次战事有守一月而不支者,有守数月而不支者,有守半年不支而至死不屈者。相座当付泰西各国观战武员评其得失勇怯,不能以成败论。”之后壮烈自杀殉国。

美国《纽约时报》评论道:“三名中国海军将领,北洋舰队司令丁汝昌、右翼总兵兼‘定远舰’舰长刘步蟾和张(文宣)将军,在战争中表现出了比他们的同胞更加坚贞的爱国精神和更高尚的民族气节,他们值得中国人民引为骄傲。”

对于张文宣的为国捐躯,李鸿章心里深感内疚,他上奏清廷,对张文宣从优议恤,按提督阵亡例赐恤,特谥武毅公,并赐白银800两,世袭骑都尉加一云骑尉世职。

治军爱民石碑 (地方志办/供)

张继良

张继良

张继良(1867—1917),字汉英,谢岗村小朱户人,系张绍棠次孙。幼时读书,性孝友,年未弱冠,入天津武备学堂,毕业后充北洋制造局枪炮样子房委员。之后入新毅军统领龙殿扬军门部下,任后路第四营管带。光绪二十年(1894)中日甲午战争起,在威海卫与日军作战,身先士卒,三易骑马中伤蹶地,仍坚持抗敌。后调至直隶,在聂士成部下任马队管带兼左军后营管带。因作战勇敢,委任武卫前军营务处。后又调任山东先锋队前路左营管带,吴淞炮台第八标标统,惠州东路巡防营统领 。四川地方动乱,又调往四川充兵备处参议,后改任全省营务处兼统中路巡防等营,奉命入藏平乱。李经羲总督云贵,叠奏请由藏之滇委全滇团防兵备处会办,旋奏授云南鹤丽总兵。1911年10月10日,武昌辛亥革命起义成功,即绕道返皖,任安徽省全省营务处兼将校讲习所所长。后省都倪嗣忠令募新军四营统领训练,移防合肥。民国3年(1914)任安武军第六路统领,授陆军少将,获三等文虎章、三等嘉禾章各一枚。民国6年(1917)夏,由蚌埠出师临淮,病故,享年50岁。

韩宗燮

韩宗燮(1819—1894),字福五,郡庠生。诰授武功将军。

韩　宗

韩宗(1816—1882),字叙五。韩宗出生耕读世家,自幼饱读诗书。自幼饱读诗书,四书五经通览。苦练武功,弓马娴熟。紫诰守备花翎,武骑尉,赠镇威将军。咸丰六年(1856),遵塾谊李鸿章书托在乡创办团练,招收附近乡邻数十里青壮年男丁参加武术训练,培养大批淮军事人才。其门下出类拔萃者有两进士:刘翠成、张文椿;都尉以上将官六人:司国玉、凌建魁、凌维琪、张文锋、张文楼、张文寇;其侄韩克睿(大沽协镇、提督、一品衔)、堂侄韩克偕(金陵守备、武功将军、一品)、韩克恭(郧阳总兵一品衔)等。团练中选拔上百名出众者投李鸿章部下,为淮军效力。

韩照阳

韩照阳(1818—1875),字和衷,号鉴堂,谱名克恭。郡庠生。道光庚子(1840)科举人,题奏提督,诰授镇威将军,正一品衔。曾任南汇营都司,郧阳总兵等职。其后裔现居住合肥市瑶海区磨店光明家园小区。

韩照明

韩照明(1828—1883),字远村,谱名克谐。襄办团练,咸丰年间投淮军,屡立军功,累升至正四品,赏顶戴花翎。同治十二年(1873)补江宁守备。遂任两江制军先锋,诰授武功将军。墓葬肥东县众兴乡霞光村中保岗。后裔一支民国时期居南京,后去台湾。另居肥东县众兴乡霞光村中保岗。

韩照鹏

韩照鹏(1853—?),字献之,谱名克猷。曾任淮军建昌营千总,蓝翎守备,五品衔。卒年失考。墓葬众兴乡霞光村中岗自然村漏塘南坡地。其后裔30余人分别居住合肥市庐阳区、蜀山区和众兴乡霞光村中岗自然村,其中曾孙韩传霖为电影剧本作家,曾任合肥市航运局局长。韩传艮曾任蜀山区检察院副检察长、人大常委会副主任等职。

韩照升

韩照升(1840—1906),号照升,字佩之,谱名克果。同治癸酉年(1873)举人,蓝翎守备。诰赠武德骑尉。墓葬其父韩宗夔坟左一。

韩照暄

韩照暄(1842—1906),字受之,谱名克辅。光绪丙子(1876)科举人。诰授宣德都尉。墓葬其父韩宗夔坟右一。

韩履璋

韩履璋(1870—1921),号云清。诰授武义都尉。墓葬南京南门外,其后裔迁往台湾。

韩履珍

韩履珍(1859—1901),字子元,号金甲。其貌壮伟,弓马娴熟。应童子试太守见甚爱,拔为案守。成年后入淮军北洋水师任教官,以功升任都尉。后入北洋武备大学堂研习中外军事,毕业后帮淮军革故鼎新,教练新军。上峰见其宏才伟略,甚为赏识。选任直隶大沽上五关守备,诰授宣武都尉,四品衔。墓葬肥东县众兴乡霞光村中保岗自然村。其后裔散居合肥市和庐江、肥东县城及众兴乡霞光村中保岗等地。

韩履元

韩履元(1849—1919),字沧泉,号学川。其生于武略世家,均享清朝廷封位。其从淮军二十几年,初在其叔父韩功恭部任军需官,后从罗荣光(直隶提督)征战东西,积功叙官至都尉,遂辞去武官,改任盐大使兼知县。由于其性格刚烈,看不惯清政府各级府衙贪腐情形,愤然辞官,归乡不出。其后人分别居住在南京、合肥和肥东及众兴乡霞光村中岗等地。

韩履康

韩履康(1874—?),字子卿,号鑫甲。光绪十二年(1886)投效淮军古北口提督麾下,屡立战功,升任千总。以蓝翎配享。光绪十八年(1892)大沽协镇韩克睿推荐其往北洋武备学习三年。光绪二十一年(1895)由两江总督张之洞调任自强军哨官。后松江提督李占春升任其为守备。光绪二十七年(1901)山东巡抚袁世凯调其任帮带,清光绪二十八年(1902)任管带、四品衔。

张绍银

张绍银,团首出身,同治初期入淮军(武毅军),官至记名总兵。

张席珍

张席珍(张绍棠长子),李鸿章幕府,同治元年(1862)入淮军,官至候补道。

张士瑜

张士瑜(张绍堂次子),字谨卿,李鸿章幕府,同治初期入淮军,官至分省候补道。

张士芬

张士芬,团勇出身,同治元年(1862)入淮军,“芳”字营统领,官至提督,赏“强勇巴图鲁”号。

张士潘

张士潘,同治元年(1862)入淮军,官至候补道,二品衔。

张士璋

张士璋,同治元年(1862)入淮军,官至候补道,二品衔,赏花翎。

张士璜

张士璜,同治元年(1862)入淮军,官至江西同知,四品衔。

张士凡

张士凡,同治元年(1862)入淮军,官至候补知府。

张绍甲

张绍甲,字鼎臣,同治元年(1862)入淮军,官至副将。

张翼高

张翼高,团勇出身,同治元年(1862)入淮军,官至花翎副将。

张文桐

张文桐,字世达,号良才。团勇出身,同治元年(1862)入淮军,官至记名总兵,建威将军(配王氏生二子,长子继玥,次子继森)。

张士球

张士球,同治元年(1862)入淮军,官至浙江东场大使,候补同知。

张文林

张文林,团勇出身,同治元年(1862)入淮军,官至记名总兵。

张文鹤

张文鹤,团勇出身,同治元年(1862)入淮军,官至副将,诰封建成将军。

张文宗

张文宗,字培三,邑庠生,同治元年(1862)加入淮军,官至总兵。

张文清

张文清，字在山，团勇出身，同治元年（1862）入淮军，官至副将。

张文昶

张文昶，团勇出身，同治元年（1862）入淮军，官至副将，封建威将军。

张绍堪

张绍堪，登侍郎出身，同治元年（1862）入淮军，官至游击，封振威将军。

张绍坡

张绍坡，团勇出身，同治元年（1862）入淮军，官至游击。

张文泰

张文泰，团勇出身，同治元年（1862）入淮军，官至参将。

张文举

张文举，团勇出身，同治元年入淮军，官至游击。

张庭标

张庭标，团勇出身，同治元年（1862）入淮军，官至参将，诰封建威将军。

张桂芳

张桂芳，团勇出身，同治元年（1862）入淮军，黄河兵备道，记名提督。

张文燕

张文燕，道员，李鸿章外甥。

张福元

张福元，团勇出身，同治元年（1862）入淮军，官至总兵。

张绍清

张绍清，字文锦，团勇出身，同治元年（1862）入淮军，官至蓝翎五品千总。

张绍馨

张绍馨，诰封振威将军。

张绍厚

张绍厚，同治元年（1862）入淮军，官至琥义都尉。

张绍铭

张绍铭，邑庠生，诰封振威将军。

张文椿

张文椿，团勇出身，同治元年（1862）入淮军，升游击，加副将军衔，授振威将军。

张文枫

张文枫，团勇出身，同治元年（1862）入淮军，升候补千总。

张文和

张文和，同治元年（1862）入淮军，官至花翎游击，授振威将军。

张德昭

张德昭，同治元年（1862）入淮军，两江督标，候补游击，参将，赏戴花翎。

张光亮

张光亮，团勇出身，同治元年（1862）入淮军，官至记名提督。

张士焕

张士焕，同治元年（1862）入淮军，直隶副将，诰封副将。

张士智

张士智，官至知县。

张继龄

张继龄，同治元年（1862）入淮军，官至巢湖水师统领。

张继笼

张继笼，同治元年（1862）入淮军，官至候补知县。

张继诚

张继诚,同治元年(1862)入淮军,官至县丞。

张继恒

张继恒,同治元年(1862)入淮军,官至五品守备。

二、革命人物

张伯平

张伯平(1904—1932),又名张定武,化名石生,大高村人。1915 年考入安徽省立第一师范读书,积极投入反帝反封建的五四爱国运动。1925 年任共青团安庆地方委员会委员。1926 年 4 月成为中国共产党党员。1928 年任中共合肥特区委委员。1932 年在“肃反”中被错杀。

合肥东乡第一个党支部旧址　　(张国松 / 供)

1927 年,党的工作由公开转入地下,由城市转向农村。张伯平回到了家乡,在众兴、桑园一带以教师身份为掩护,组织农民成立协会,开展农运工作,秘密散发《新青年》《每周评论》《新潮》等进步刊物。一些进步青年相互传阅,初步接触了马克思主义和新思想、新文化,使马克思主义和新思想、新文化开始在肥东地区传播。张伯平和柯武东等组织了“十人团”,把一些进步青年组织起来,领导当地群众开展抗捐、抗税、抗丁、抗租斗争,唤醒民众,投身革命。

孙子模

孙子模(1907—1998),又名孙道楷,外号斡夫,曾化名李新、黄河,八联村孙吴大郢人,幼年读私塾,后以教书为业。

1927 年蒋介石发动“四一二”反革命政变后,住在孙子模隔壁的张伯平,早年在安庆读书并加入中国共产党,于这年冬回众兴地区,进行秘密活动。此后,共产党员周味韶到众兴,以教书为掩护,秘密组织农会、发展党员。1929 年 12 月,孙子模被发展为共产党员。

孙子模

1930年春，被选为党小组组长，同年建立了党支部，孙子模任支部书记。

1931年2月23日，成立合肥中心县委。众兴支部改为东特支部（准备区委），孙子模仍为书记。

1932年9月，因合肥党组织遭到破坏，东特支部与上级党组织联系不上，孙子模等人坚持到1934年8月，为避风和谋生，离家到上海做工。

抗日战争全面爆发后，日军进攻上海，孙子模从上海又回到家。1938年秋，新四军四支队东进皖东敌后抗日到肥东，孙子模等人主动到梁园一带找老八团民运股长周利人联系。后他受组织指派带领40多名青年到青龙厂四支队政训班学习结业，重新填表办理入党手续。1939年7月成立党小组，不久，即扩大成立党支部，孙子模任支部书记。1939年冬，成立区委，孙子模任书记。同年11月，组成磨店游击队，孙子模兼任队长。

1940年3月，孙子模随游击队编为新四军江北游击纵队新八团一营二连任连长，后调任新八团特务连指导员、卫生队指导员。1941年，孙子模调江北游击纵队三团二营（后改编为十八团营）任指导员。

1942年秋，成立淮南铁路工委，孙子模为委员，同时被派到磨店开辟新区。1943年，磨店区委成立后，孙子模任书记兼任区武装游击队教导员。

1945年，孙子模被调任定合县合五区委书记，在青龙厂一带活动。1946年春，新四军和地方主力北撤，孙子模等带领40多人留下并就地坚持活动，直到1946年六七月间，因国民党进攻津浦路西地区，孙子模等离开肥东，转移到苏北任八大家区委书记。

中华人民共和国成立初，在滁县地委组织部任组织科长、干部科长。

1952年后，孙子模调华东党校学习，不久任华东局水产公司副经理、上海市商业局人事处长。

后因江苏省划7个县给上海市，他到金山县工作。1972年离休，孙子模享受地厅级干部待遇。

周哲夫

周哲夫（1911—1950），名业浚，字哲夫，永安村人。烈士（皖烈字第040651号2005年11月8日省民政厅发），女儿周道理。少聪颖，幼读私塾，师从名师世和（清秀才，李鸿章府第塾师），后毕业于安徽师范学校。精通四书五经，文学基础深厚。初在村中设馆教私塾二年。其父周谦如，早年入泮、名著乡里，为巨室所重视，争相聘为西席。当时数十口之家，聚居一室，均能和睦相处，颇为邻里称道。世代以耕读为本，兼营酒业，既是农民家庭，又是书香门第。

周哲夫当时比较年轻，但见多识广、宽厚待人，在兄弟之间行八，村人多尊呼他“八爷”。年近而立，不甘屈居乡里，独自负笈安徽省会所在地安庆，自谋职业，先后在中、小学任教，约1943年去上海。自此即往来于安庆和上海之间，有时回乡小住几日。其间，结识了一些革命党人，并在上海国术馆习武一段时间。抗日战争爆发，栖身于英巡捕房。他曾去西安战干团，为战干团学员，从事抗日活动。抗日战争胜利后，他先后在福建古田、晋江县政府任科员。夫人蔡秀雪在某中学教书。周哲夫系中央陆军军官学校第十期步科毕业。曾任福建省保安纵队兴权地区指挥部少校参谋，又任军事委员会特种技术训练班少校营副、少校营长等职。

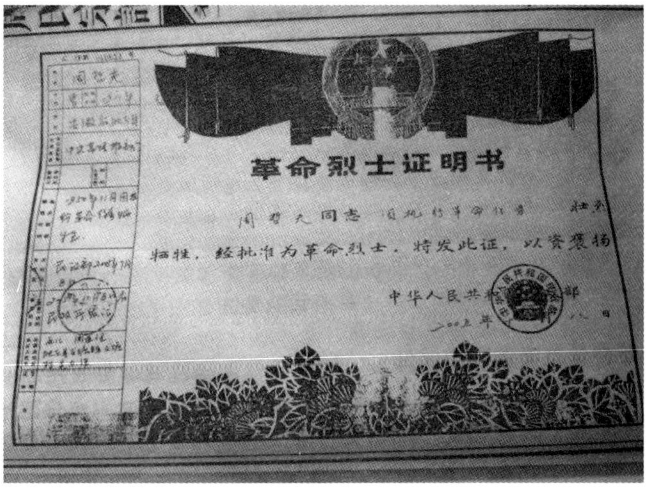

周哲夫革命烈士证明书　（民政所/供）

1950年蒋介石在台湾大肆捕杀中共地下党员、破坏中共组织，5月，周哲夫在张堡所被捕入狱，经多方营救未果，11月8日被国民党以“叛乱”和“匪谍”罪而杀害。是台工作组成员第二批被杀害者之一，其遗骨存放在台北市内湖区。

2003年3月天津市国家安全局来人来函寻周哲夫在合肥地区的亲属下落。台湾海基会赞助中心来函给合肥市台湾事务办公室，代为查找其在大陆合肥地区的亲属下落。当亲属下落查明后，天津国家安全局即于2005年通过地方民政部门，由中华人民共和国民政部追认周哲夫为革命烈士，颁发革命烈士证明书。

许高群

许高群

许高群（1923—2009），永安村人。副军级领导干部。1940年4月参加新四军，1941年3月加入中国共产党。1945年起，历任淮南、高邮巡视组组员，高邮县塔集特派干事、保卫处侦查科员、新四军卫生部军区学校政治指导员、新四军山东军区卫生部直属政治处组织干事、第三野战军卫生部医学院政治指导员、副教导员、上海军事管制委员会后勤部第四接管处联络员。其间，在津浦路东联中政治班路东行政学院淮南区党校学习。中华人民共和国成立后，先后任华东军区人民医学院二大队政治教导员，第二军医大学政治部组织科副科长、科长。1956年7月任第二军医大学第一附属医院政治处主任。1961年5月任第二军医大学第一附属医院副政治委员、政治委员。1977年10月任第二军医大学校务部政治委员。1978年11月任第二军医大学训练部政治委员。1979年任第二军医大学副政治委员，1983年离休，2009年离世。

解放战争时期，许高群先后参加过豫东、淮海、渡江等重大战役。荣获解放华东、淮海战役、渡江战役胜利纪念章，中华人民共和国三级解放勋章，中国人民解放军独立功勋荣誉章，中国人民抗日战争胜利60周年纪念章，荣立三等功一次。

三、知名工匠

周成业

周成业（1920—2008），许河村人。自幼勤奋好，16岁时从师学习木工技术，历尽艰辛。其师傅性格古怪，脾气暴躁，稍不遂意，非打即骂。在三年的求艺生涯中，煎熬的岁月曾使他几度想放弃，知情者曾劝他："你干啥事不能生存，偏要遭这非人般的折磨。"他却说："艰难的处境是暂时的，严冬终将过去，再说，师傅的严苛未必是坏事，挫折是终生的财富。"就这样，他练就了一手好的木工技艺。他制作的耕田农具及家具都是闻名遐迩的，尤其是牛耕田用的犁弓，巧慧天成，好使耐用；还有人们吃饭用的"一马站"大桌（又称卄四卯朝天），这么多卯眼，周成业制作起来，竟不加一个木楔，制成后拉动起来发出咣咣的响声，历经多年，不变形、不松动，技术精湛。

周成业成名后，上门邀约者络绎不绝，门庭若市。他应允别人的事，从不食言。言必行，行必果。为人制作的农具或家具总是诚信在先、价格合理、满足要求、童叟无欺。

不仅如此，周成业还是一位爱祖国爱他人、行侠仗义、爱憎分明的智者高士。1939—1941年，日军侵略军一度指派周成业当地方上的保、甲长（相当于现在的乡长、村长），并配有枪支，但周成业却拒绝了。周成业明辨大是大非，即使在平时家居或做户活时，也不忘助人为乐，遇事总是及时地为他人排忧解难。东家有纠纷，请他到场排解；西家有急难，请他伸手去解救；某家有大事（如婚丧嫁娶之类），经济短缺他就替人家去转借或到信用社去借贷（在地方上人脉好，信誉高），而到还款还贷时，借款人不能兑现，周成业往往自己掏腰包还上，据说他一生曾为贫困者还了5万多元欠贷，但他做好事一如既往，从不动摇。其中还有个别人，长期与周成业不睦，但当他走投无路求到周成业时，成业也积极为他奔走呼告，竭尽全力，成人之美。还有一些事情，不是地方行政部门能处理好的乡规民情。而周成业一到场后，总是用道义民约、古风民俗说得人们心服口服，从而使人们心存感激。时人曾评：成业所到的地方，人气就旺。周成业平时告诫妻儿：做人应以德报怨、知恩图报；与人为善，吃亏是福，忍让、谦让是美德。正是他具有"以责人之心责己，以恕己之心恕人"的心胸和品质，才赢得四方广泛的人脉和众口一词的赞誉。

四、抗美援朝人物

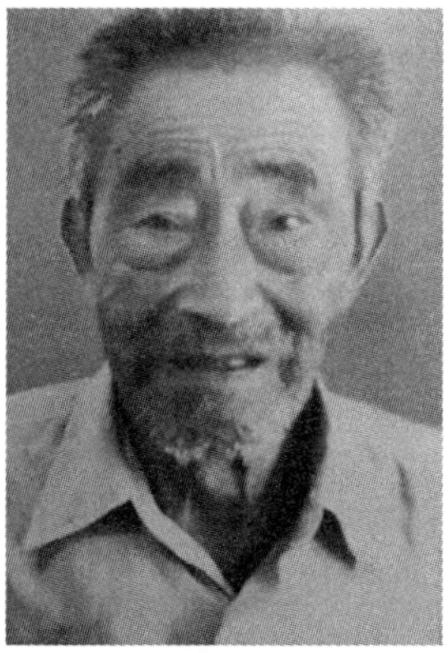
高理让

高理让

高理让，1953年参加中国人民志愿军，赴朝鲜参加抗美援朝，编属第二十四军某团一班，时任副班长。1956年11月10日，高理让复员回到祖国，受到中央首长接见，回国后安排在合肥市南门轴承厂人保科工作，享受中国人民志愿军待遇。

黄学银

黄学银

黄学银，1953年正月入伍，从县城店埠换上军装，步行到撮镇坐火车到水家湖驻一个多月，上课学习（文化、军事），然后到内蒙古自治区白漂县进行军事训练，当年端午节后坐火车经郑州、天津到丹东，过鸭绿江到朝鲜新义州编制在某连担架队，抬送伤病员到团部医院治疗，一支担架每天要运送十余名伤员。不久被调入师部独立三中队一连任班长，负责运输枪支弹药到战地。

1955年从朝鲜回国，又驻天津训练，然后在合肥市公安局工作，1962年分田到户回家务农。享受中国人民志愿军待遇。

张锡文

张锡文

张锡文，1932年11月13日出生，众兴村（张小郢）人，1953年正月参加中国人民志愿军。被编在步兵连一班，任班长。在235阵地，激战五天五夜，迫使敌人后退。1955年，回到甘肃兰州休整，1957年退伍回家，享受中国人民志愿军待遇。

许其河

许其河

许其河，1929年2月出生，谢岗村（王岗村民组）人。1951年正月初二入伍，在合肥公安八队一排一班训练两年，后到河南洛阳军区训练团驻军两年，后因生病在江苏徐州105医院住院治疗一年多时间，1956年11月9日退伍回乡。享受中国人民志愿军待遇。

王华俊

王华俊

王华俊，1933年10月出生，联合村（王小郢村民组）人。1953年2月1日参加中国人民志愿军，在定远县芦桥镇学习、训练12天，然后到内蒙古自治区北漂县驻下来又训练1个月，再经丹东过鸭绿江赴朝鲜，时任213团通讯员，同年7月调入9182部队当侦察连战士，1955年9月编入中国人民志愿军9182部队214连当战士，1956年2月任214连某班班长。其间，荣立三等功两次。1957年4月20日转业，在大连工作1个月时间后，调合肥轴承厂。1961年回乡，任永安公社郑河大队党支部书记。享受中国人民志愿军优抚待遇。

第二节　人物简介

韩永乐

韩永乐

韩永乐，1955年2月生，霞光村中保岗人。解放军少将，副军级领导干部。

1973年春，众兴中学高中毕业后回乡务农，担任郑埠大队团支部副书记、公社团委委员。

1974年11月加入中国共产党。同年12月加入中国人民解放军空军，先后任空降兵第某军，军司令管理处警卫排战士、副班长、班长。1977年9月入第某军教导队学习。翌年元月转至信阳步兵学校学习，1979年2月，因准备参战提前毕业。后任某军排长，团宣传骨干干事、军政治部保卫科干事。1981年3月，湖北公安学校进修，1983年9月任军政政治部保卫科科长。1988年12月，合肥炮兵学院，任政治部保卫科干事、干训大队政委、政治部副主任。1992—1998年，参加中央党校经济管理专业和北京大学法律专业本科函授学习，取得法学学士学位。2004年9月，解放军炮兵学院政治部主任。2010年2月，工程兵指挥学院政委，少将军衔。

参与编著《军队刑事侦查》和《军队刑侦技术》等教材，发表多篇学术论文。先后4次荣立三等功。

司久水

司久水

司久水，1951年11月出生，霞光村人，1972年12月入伍，1975年3月入党。1979年3月，某师作训参谋。1981年3月，某连连长，后历任某师作训参谋，某团某营营长，某团副参谋长，某团(朱德警卫团)参谋长，某师某团(襄阳特功团)团长，某旅副旅长，淮南军分区参谋长，合肥警备区参谋长，淮南军分区司令员。2006年8月，当选淮南市第八届委员会常务委员。2007年1月，合肥警备区司令员，合肥市委常委，大校军衔。2011年退休。

范开石

范开石

范开石，1944年9月出生，范岗村人，众兴中学1961届初中毕业生，大学本科，中共党员。1968年被分配至青海省贵德县任小学教师、中学教师、干部。1975年8月，湖北省畜牧进出口公司业务员、办公室副主任、副经理。1984年3月，湖北省轻工业进出口公司经理、书记。1986年2月，湖北省经贸厅副厅长、党组成员。1990年7月，湖北省外经委副主任、党组成员。1994年2月，湖北省外经委副主任、党组副书记。1994年9月，为正厅级干部。1995年5月，湖北省对外贸易经济合作厅副厅长、党组副书记。1997年12月，当选为湖北省第九届人民代表大会代表。2004年退休。

徐在仁

徐在仁

徐在仁，1951年11月出生，谢岗村人，中共党员。

1971年12月入伍，由班长、排长、连长后转至江西省武警支队任支队长，后参加中共党校培训，达本科学历后，任江西省武警总队副总队长，享受正师级待遇。

徐守榜

徐守榜

徐守榜，1941年出生，永安社区老徐村民组人。曾用笔名杨岭、寸木、余寸木、徐拾肆等。中共党员，大学本科学历，工程师职称，江南诗词学会会员，助理巡视员岗位退休。编著有《安徽旅游揽胜》(海洋出版社2000年版)，自编刊印本《寸木文集》《诗联千古中庙》。编辑《安徽旅游博览》《安徽名胜古迹诗词选》《安徽名胜名联》等。

1957年，在合肥市第五中学学习，任第十届学生会主席；1963年，安徽水利电力学院河网枢纽及水电站专业学习，曾任团支部书记。任嘉山县(今明光市)下庄公社宣传队组长。1968年，在安徽华阳河第五农场劳动，任安徽生产建设兵团三师十四团工程连副指导员。1970年，兵团三师十四团参谋。1976年，安徽省农垦厅勘察设计室技术员、助理工程师(工程师)。1982年3月，安徽省工商业联合会组宣处干部、办公室秘书。1984年10月，安徽省工商业联合会办公室副主任。1993至1997年，安徽省工商业联合会(总商会)办公室主任。1997年，安徽省工商业联合会(总商会)助理巡视员。2001年底，退休。

1997年起，为中国民(私)营经济研究会理事，安徽民(私)营经济研究会副秘书长；1996—2002年为安徽省纪委、监察厅两届特约(邀)监督员；曾任一届省政协文史委员等。

孙圣涛

孙圣涛

孙圣涛，合肥新站区磨店社区孙东组人(原众兴乡八联村)，现任上海师范大学教育学院心理系正教授。主要从事发展心理，尤其是特殊儿童心理的研究。主讲课程有特殊儿童心理学、心理学与教育、学习心理与教学、青少年心理与辅导、学校心理辅导等。主持上海市级课题“中度弱智儿童语言判断能力的实验研究”等多项各类课题。在《心理科学》《中国特殊教育》等国内各类期刊上发表论文近 30 篇。部分论文在国内相关领域受到广泛关注，并被多次引用。如《中重度智力落后学生对汉语副词理解的研究》等 2 篇论文被中央教科所赵晓红所发表论文《近 30 年大陆地区智力落后儿童的认知研究进展》(《中国特殊教育》2010 年 8 月)的正文中介绍。参与著作 7 部。其中，参与的《心理学与教育》等系列教材获得“上海市教学成果一等奖”。代表论文有《智力落后学生句子判断能力的研究》(《心理科学》2008 年 4 月)、《应付的研究概况》(《心理科学》2004 年 4 月)、《中重度智力落后学生对不同句类理解的研究》(《中国特殊教育》2011 年 12 月)等。

张国松

张国松

张国松，男，汉族，1974 年 11 月出生，大学学历，中共党员，联合社区王小郢人。安徽广播影视职业技术学院毕业，系安徽省作家协会会员，肥东县作家协会常务副秘书长。工作之余，常有诗歌、散文见诸报纸杂志。10 余年来，共发表各类党建文章数百篇、诗歌散文数百篇，创作电视专题片数百部，多部电视专题片在中央及省、市电视台播出，其文学作品和主创的电视专题片多次在各类评比中获奖，曾获 1997 年度合肥新闻奖一等奖。

1995 年 7 月，参加工作。1999 年 11 月，加入中国共产党。1993 年 9 月，安徽广播电视学校节目制作专业学习；1995 年 7 月，在肥东县广电局工作。1998 年 8 月，在县委组织部工作；1998 年 12 月，是县委组织部电教办办事员、科员。1999 年 9 月，在中央党校行政管理专业函授大专班学习。2001 年 7 月，选派到草庙乡周岗村任党支部第一书记。2004 年 10 月，任县委组织部副主任科员、党员电化教育办公室科员。2002 年 8 月至 2004 年 12 月，在中央党校党政管理专业函授本科班学习。2006 年 9 月，任县委组织部副主任科员、办公室副主任。2007 年 8 月，任县委组织部副主任科员、党员电化教育办公室副主任(主持工作)。2009 年 10 月，任县党员电化教育办公室主任。2011 年 4 月，任县党员电化教育办公室主任、县委组织部研究室主任；2012 年 8 月，任县委组织部副主任科员(保留原职级待遇)、研究室主任。2013 年 7 月，任县委政策研究室副主任。2016 年 6 月，县政府办公室副主任。2018 年 11 月，肥东经济开发区(合肥上海产业园)党工委委员、纪工委书记。2020 年 9 月，县委组织部副部长。2021 年 2 月，县委组织部副部长、县委非公工委书记。2022 年 4 月，县委党史和地方志研究室主任、一级主任科员。

韩玉龙

韩玉龙

韩玉龙,汉族,1966年1月生,霞光村人。中共党员,大学本科学历。1989年7月,毕业于皖南医学院临床医学专业,分配至肥东县人民医院工作,历任外科医师、主治医师及科室副主任、主任。1996年6月入党,后兼任大外科党支部委员、院工会委员。1994年、2001年、2006年分别在安徽医科大学第一附属医院、上海市第一人民医院、安徽省立医院进修学习。2008年10月,任县人民医院党委委员、副院长和普外科副主任医师,兼任合肥市外科学会委员、合肥市乳腺病学会副理事长、第一届合肥市医学会卫生后勤管理分会副主任委员、合肥市医学会医学工程学分会常委。在CN级医学期刊上发表论文9篇。2004年荣获合肥市第一届“十佳医生”称号,2008年荣获合肥市“优秀共产党员”称号、肥东县第三批拔尖人才称号。

王仕传

王仕传,1975年6月出生,华光村人,工学博士,教授。1982年9月至1987年9月,在肥东县众兴乡庙岗小学上学;1987年9月至1990年9月,在肥东县众兴中学初中上学;1990年9月,在肥东县第一中学高中学习;1993年9月,在浙江大学读本科;1997年7月,是安徽省建筑设计研究院工程师;2001年9月,在同济大学读硕士研究生;2004年3月,在同济大学读博士研究生;2007年9月,任安徽建筑大学土木工程学院教师。

方维保

方维保

方维保,文学评论家,学者,安徽师范大学教授,博士生导师,安徽省作家协会副主席。1986年,毕业于滁州师范专科学校。1989年,在辽宁大学攻读中文系中国现当代文学专业研究生,获文学硕士学位。2006年,在南京师范大学攻读文学院中国现当代文学专业博士研究生,获文学博士学位。1992年,任教于安徽师范大学文学院,是安徽师范大学文学院教授、博士生导师。先后担任安徽师范大学文学院省级重点学科中国现当代文学学科(学位)点负责人,中国现当代文学专业博士生导师,中国现当代文学专业、比较文学与世界文学专业硕士研究生导师。现任安徽省作家协会副主席、中国现代文学研究会理事、中国当代文学研究会理事、中国老舍研究会常务理事、安徽省文学学会副会长、安徽省张恨水研究会副会长等。曾担任安徽省文艺评论家协会副主席、芜湖市文艺评论家协会主席。出版中国现当代文学研究专著10余部,发表中国现代文学研究和当代文学批评文章200余篇。主要文章散见于《光明日报》《人民日报》《文学评论》《文艺争鸣》等报刊,多次获得安徽省社会科学奖、安徽省文艺评论奖、安徽省高校人文社科奖。多次主持国家社科基金项目、省社科基金项目;多次受邀担任国家社科基金项目、青年少年科技创新大赛、教育部人文社科奖、安徽文学奖的评委。

窦本年

窦本年

窦本年,1976 年 10 月生,大高村窦小郢人。中共党员,南京理工大学理学院副教授。

2005 年 10 月, 以国家留学基金委派出访问学者身份至德国达姆施塔特工业大学(TU Darmstadt)进修密码学专业;2007 年 7 月,在南京理工大学计算机学院学习密码学并获博士学位。从事密码学、代数学等研究和教学工作,主持过江苏省自然科学基金和江苏省高等教育教学改革研究等项目,在国内外重要期刊发表 SCI(科学引文索引)、EI(工程索引)等发表论文 10 余篇,出版教材 1 部。

先后获南京理工大学“优秀教师”, 南京理工大学“优秀共产党员”、理学院“先进个人”等称号;获得南京理工大学“青年教师讲课比赛”一等奖、江苏省“高校数学基础课青年教师授课竞赛”二等奖等奖项;撰写的教学论文曾在第九届全国密码学与信息安全教学研讨会上获一等奖;并多次指导大学生在各类竞赛中获奖。

第三节 历任乡(公社)党委人大政府政协主要负责人

一、众兴乡(公社)党委书记

邹远福

邹远福

邹远福 1924 年 10 月出生,民族乡邹岗村张小郢人,1951 年 9 月参加工作,1953 年 7 月入党,初中文化。

1937 年,在小邹私塾读书。1941 年 3 月,在含山县叔父处读书。1942 年 1 月,在张小郢种田。1948 年,在本村居民家酿酒。1950 年 5 月,任浏河西村(原众兴乡浏河村)行政组组长。1951 年 9 月,任会棚乡办事员(脱产)。1952 年 11 月,任会棚乡副乡长。1953 年 8 月,任会棚乡乡长。1954 年 11 月,任龙塘乡指导员。1955 年 3 月,任店埠区副区长。1955 年 9 月,任撮镇区副区长。1957 年 1 月,任众兴乡乡长。1958 年 7 月,任众兴乡党委书记。1970 年 10 月,任众兴公社党委书记。1981 年 3 月至 1984 年 2 月,任县石油公司经理。

高用璋

高用璋，1941年12月至1952年12月，巢县炯炀河公社姚王村读书、学徒、务农。1952年12月，任巢县(原肥东县)尖山乡团支部干部、八斗公社管委会委员、八斗公社中心小学校长。1958年10月，任八斗公社、八斗区中心小学校长，八斗公社管委会委员。1962年1月，任八斗公社管委会委员、八斗区文教辅导员。1963年5月至1970年5月，任古城区中心小学校长、古城公社管委会委员、古城区文教辅导员、县杂技团党支部书记。1970年6月，任店埠区公所教育干事、店埠区委组织干事、店埠区委委员。1970年，任店埠区委委员、众兴乡党委书记。1983年3月，任店埠区副区长、区委副书记，店埠镇人民代表大会主席团常务主席。1995年1月，退休。

丁业根

丁业根

丁业根，1933年7月生，1954年12月加入中国共产党。

1953年10月，任长乐区供销社营业员。1954年12月，任草庙区委组织干事。1956年12月，任石塘区团委书记。1957年11月，任石塘乡党委副书记。1959年10月，任马集乡党委副书记。1961年12月，任解集乡党委书记。1970年4月，任复兴乡党委书记。1974年10月，任众兴乡党委书记。1975年11月，任县水利局副局长。1977年10月，任新河乡党委书记。1983年3月，任县农业局副局长。1984年10月，任县农村能源办公室主任、书记。1993年12月，退休。

王汝静

王汝静，1935年在村私塾读书。1939年，在本村读书。1945年1月，在长乐集学杂货生意。1946年7月，在家做田、代做杂工。1951年4月，任王村乡北岗村村长。1954年6月，任王村乡调委高级社主任。1955年9月，任王村长乐乡办社指导员。1956年11月，任长乐乡共青团书记。1957年6月，任长乐乡武治财贸委员。1958年10月，任长临河公社财贸部部长。1959年11月，任长临河公社党委副书记。1961年11月，任长乐公社党委副书记，1964年5月，任西山一公社党委副书记。1975年12月，任众兴公社党委书记。1980年10退休。

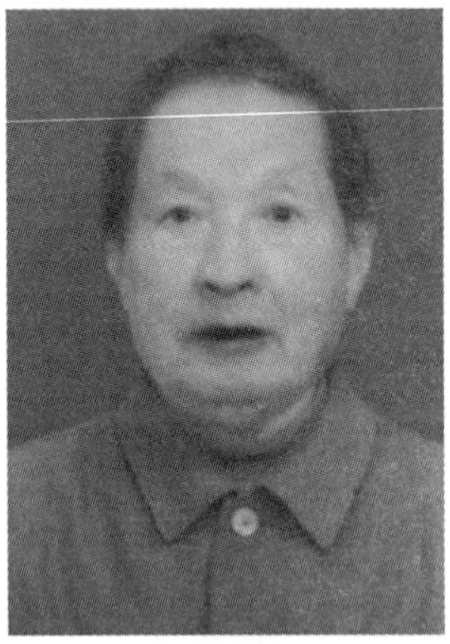
史世源

史世源

史世源，1934年2月16日生，马湖乡王沟社区大何岗组人，1958年10月28日加入中国共产党，中专文化。

1941年至1950年12月，在大何岗私塾参加春学、冬学。1951年1月，在家务农，王沟财粮员(会计)工作，闲时在鸡鸣小学学习。1952年9月，考入全椒师范速成班读书。1953年9月，参加编级考试，考入滁州师范初师甲班，任该班团支部书记、校团总支委员。1956年7月，八斗区双庙小学教师，任八斗区文教统计员。1958年3月，任县委审干室外调干部、八斗公社管委会委员、八斗公社中心小学校长。1958年10月，任八斗公社、八斗区中心小学校长，八斗公社管委会委员。1962年1月，任八斗公社管委会委员、八斗区文教辅导员。1963年5月，任古城区中心小学校长、古城公社管委会委员、古城区文教辅导员、县杂技团党支部书记。1970年6月，任店埠区公所教育干事、店埠区委组织干事、店埠区委委员。1981年，任店埠区委委员、众兴乡党委书记。1983年3月，任店埠区副区长、区委副书记，店埠镇人民代表大会主席团常务主席。1995年1月，退休。

关朝政

关朝政

关朝政，1942年12月15日生，众兴乡永安社区中东组人，1966年2月15日入党，中专学历。

1961年毕业于众兴中学；1964年9月，被县委组织部选拔为社会主义教育工作队队员，在全椒、无为县等地工作；1969年2月，任永安公社永安大队民兵营营长、大队革委会副主任；1971年7月，任永安公社团委副书记；1972年10月，任县革命委员会政工组组织干事；1977年3月，任磨店公社革委会副主任、党委副书记；1980年11月，任众兴乡党委副书记；1982年3月，任众任兴乡党委书记；1986年8月，任店埠区委副书记兼西山驿乡党委书记；1987年2月，在合肥市委党校中专专修函授班学习；1989年2月，任店埠区委副书记、区长；1992年2月，任西山驿镇党委书记；1992年9月，任县城乡建设环境保护局副局长、党委副书记，县住房制度改革办公室主任；1997年4月，任县建筑业管理局党委书记；2004年11月退休，按合肥市委组织部批复享受副处级工资待遇。

张华保

张华保，1953年9月，在巢县机关干校任教导主任；1966年9月，在肥东文教局任干事；1970年1月至1983年3月，任众兴公社任干事、副主任；1983年4月，任众兴乡党委副书记；1986年8月，任众兴乡党委书记。

宰开群

宰开群

宰开群，1951年7月3日生于合肥小东门，1981年3月加入中国共产党。

1968年11月，插队落户磨店公社磨店大队李大郢生产队。1974年，就读于肥东师范。1976年，任教于刘桥、广兴两地，任广兴中心小学教导主任、广兴中学副校长（主持工作）。1984年4月，任马湖乡组织委员、副书记。1986年9月,当选为马湖乡乡长。1989年5月,任永安乡党委书记、人大主席。1992年2月,任众兴乡党委书记。1994年3月,任复兴乡党委书记。1995年10月,任县林业局局长、党委书记、绿化办主任。2005年4月,任县直工委副书记。2011年退休。

程忠长

程忠长

程忠长,1942年6月生,永安社区小河岗人,1961年7月,参加工作,1972年7月加入中国共产党,中专文化。

1952年7月,在永安小学读书;1958年9月,在肥东师范读书。1961年9月,任县曙光小学教师、少先队大队辅导员。1963年9月,任永安小学教师、公社少先队总辅导员、校"无产阶级文化大革命"委员会副主任;1969年10月,在永安农业初级中学工作,任校"无产阶级文化大革命"委员会副主任,主持校工作;1975年8月,任永安小学校长。1979年10月,在店埠区中心校(排头小学)和区教育小组工作,任区中心学校副校长、区业余教育干事,1982年9月抽调,在县委宣传党的十二大办公室工作。1982年12月,到永安乡政府工作,任组宣委员、党委副书记、乡长。1985年3月,任众兴乡党委副书记、乡长(其间,在市委党校函授中专班学习毕业)。1994年4月,任众兴乡党委书记。1998年3月,任店埠镇政府正科级调研员、镇离退休干部党支部书记。2002年7月,退休。2002年7月,任镇离退休干部党支部书记(2007年9月,创办镇老年学校,任常务副校长,主持工作;2015年,参加店埠镇志编写工作)。2021年3月,退职。

陈富中

陈富中

陈富中,1964年12月10日,大学学历。1984年1月参加工作,先后任县水利局工管股长、副局长。1997年4月,任众兴乡党委书记。1998年8月任县建委党委委员,县自来水厂支部书记、厂长。2003年3月任合肥市水务局水政水资源处处长。2008年12月,合肥市水务局直属党委专职副书记。2012年10月任合肥市水务局党组成员、副局长。2020年9月,任二级调研员。

王道富

王道富

王道富,1962年10月14日生于肥东县经开区燎原社区贵三组,大专学历,1988年9月1日,加入中国共产党。

1980年在三十埠中学高中毕业。1985年9月,经县政策研究室考试录用为三十埠乡农经员。1988年,任三十埠乡农经站站长。1991年3月,任三十埠乡副乡长。1993年3月,任三十埠乡财办主任。1994年,任三十埠乡副乡长。1996年10月,任磨店乡党委副书记、副乡长。1997年12月,任磨店乡乡长。1998年1月,在县委驻众兴乡工作组任副组长。1998年2月,任众兴乡党委书记。2004年6月,任牌坊回族满族乡主任科员。2020年3月,牌坊回族满族乡一级主任科员。

梁建文

梁建文,1972年12月生,1994年6月加入中国共产党,研究生学历。

1994年7月,巢湖师专毕业参加工作,历任长临河镇团委书记、党员电教站长、团县委组宣部部长、县少工委主任(副科)。2004年11月,任团县委副书记。2005年9月,主持团县委工作。2007年3月,任团县委书记、党组书记。2008年5月,任众兴乡党委书记、团县委书记、党组书记。2009年10月,任众兴乡党委书记。2012年3月,任县委宣传部副部长、县文广新局局长。2017年5月,任长临河镇党委书记。2020年11月,任合肥市总工会党组成员、副主席。

费晓芳

费晓芳

费晓芳,女,1984年11月参加工作,1989年10月加入中国共产党。

1971—1975年,在花张小学读书。1976—1978年,在八斗中学读书。1979年,在杨塘中学读书。1982年,在八斗中学读书。1984年11月,任古城乡政府总预算会计(1988年9月至1991年7月,在安徽省中华会计函授学院会计专业中专班学习)。1992年3月,任店埠镇财政所自有资金会计。1998年3月,任店埠镇党委政府办公室副主任(1994年8月至1997年6月,在中央党校函授学院经济管理专业大专班学习)。1998年12月,任店埠镇财贸办公室主任。2002年1月,任店埠镇副镇长(2000年8月至2002年12月,在安徽省委党校经管专业在职本科班学习)。2006年3月,任店埠镇党委委员、副镇长;2008年5月,任众兴乡党委副书记、乡长候选人。2008年6月,任众兴乡党委副书记、乡长。2012年3月,任众兴乡党委书记。2017年6月,任店埠镇人大主席。2021年12月,当选为县人大常委会副主任。

黄庆梅

黄庆梅

黄庆梅,女,1977年1月生,2001年11月加入中国共产党,1999年5月参加工作。

1996年9月至1998年7月,在安徽师范大学应用英语专业学习。1999年5月,任广兴乡计生办干事。2000年3月,任广兴乡党政办科员。2001 年 5 月，任广兴乡团委书记、组织干事（其间：2000 年 8 月至 2002 年 12 月，在安徽省委党校经济管理专业在职本科班学习）。2005 年 7 月，任广兴乡党委委员、组织干事。2005 年 9 月，任县委组织部组织科科员（借调）。2006 年 1 月，任县委组织部组织科科员。2007 年 12 月，任县委组织部副科级组织员（其间：2005 年 9 月至 2008 年 7 月在省委党校在职研究生班经济管理专业学习）。2008 年 5 月，任县地方志办副主任（其间：2009 年 2 月至 2009 年 11 月，挂任县信访局局长助理）。2010 年 8 月，任撮镇镇党委副书记（正科职级）肥东县第十一届党代表。2016 年 3 月，任众兴乡党委副书记、乡长。2017 年 6 月，任众兴乡党委书记、乡长。2018 年 7 月，任众兴乡党委书记、团市委第十一次团代会代表、团县委第十二届常委。2020 年 3 月，任县统计局党组书记、众兴乡党委书记、一级主任科员、团市委第十一次团代会代表、团县委第十二届常委。2020 年 6 月，任县统计局党组书记、一级主任科员。2020 年 7 月，任县统计局党组书记、局长、一级主任科员。

席绪芳

席绪芳

席绪芳，女，1981 年 1 月生，2002 年 11 月参加工作。1999 年 9 月，在安徽广播电视大学法律专业学习；2002 年 11 月，任肥东县原复兴乡党政办干事。2003 年 7 月，任肥东县原复兴乡团委书记、党政办科员（其间：2004 年 12 月，在安徽大学法律专业自学考试本科毕业）。2005 年 2 月，任共青团肥东县委办公室副主任、组宣部副部长。2005 年 9 月，任共青团肥东县委办公室主任、组宣部部长。2009 年 10 月，任共青团肥东县委副书记、党组成员。2013 年 7 月，任肥东县公务员管理办公室主任（其间：2015 年 7 月，省委党校研究生）。2015 年 9 月，任中共肥东县委组织部副部长、县公务员管理办公室主任。2016 年 7 月，任中共肥东县委组织部副部长（其间：2016 年 12 月，合肥工业大学公共管理硕士毕业）。2017 年 6 月，任中共肥东县委组织部副部长、县委非公工委书记。2019 年 5 月，任中共肥东县委组织部常务副部长、县委非公工委书记。2019 年 12 月，任中共肥东县委组织部常务副部长、县委非公工委书记、一级主任科员；2020年 6 月，任众兴乡党委书记。

二、永安乡（公社）党委书记

周家发

周家发，1921 年 12 月生于梁园汤小郢村，高小文化，1949 年 7 月加入中国共产党。

1934 年 3 月，在梁园永丰乡小郑户读私塾。1936 年 8 月，在梁园永丰乡小郑户种田。1943 年 12 月，在芜湖豆腐店帮工。1947 年 6 月，在永丰乡小郑户耕田。1949 年 4 月，任永丰乡治安主任。1949 年 11 月，任永丰乡民兵中队长。1952 年 5 月，任梁园区供销社副主任。1953 年 8 月，任西山一区供销社副主任。1955 年 3 月，任县合作总社工会主席。1955

年7月，任古城区供销社主任。1956年10月，任县合作总社工会主席、机关书记。1957年1月，任众兴乡党委副书记。1958年12月，任众兴乡党委副书记，分工在桥头集搞副业。1959年4月，任县双山开采厂党委副书记。1960年7月，任桥头集化肥厂副书记。1961年1月，任众兴公社副书记兼社长。1961年9月，任永安公社副书记。1962年4月，任永安公社书记。1979年，离休。

程敬洲

程敬洲，1930年10月生，高小文化，1950年4月参加工作，1950年4月加入中国共产党。

1937年，随父亲去高冲孙岗讨饭。1941年1月，在本村私塾读书。1944年1月，停学做家务。1944年7月，在王子城小学读书。1946年6月，种田。1949年2月，任行政组组长。1949年7月，任新庄村财粮员、村长。1950年4月，在富旺乡工作。1950年8月，任邵兴乡财粮员。1951年1月，在唐井乡工作，任副支书。1952年9月，任泊岗引河政治处人事股统计干事。1953年5月，在县法院帮助清理案件。1953年8月，任县委统战部干事。1957年2月，任县委统战部秘书。1966年3月，任永安公社党委书记。1970年2月，任马集公社党委书记兼革委会主任。1974年4月，任拆镇公社党委书记、革委会主任。1979年7月，任肥东禽蛋加工厂书记兼厂长。1990年1月，退休。

王恩圣

王恩圣

王恩圣，1928年11月21日生，2019年9月24日卒。

1941年1月，在私塾读书。1951年工作，任梁宇乡农会长及青年团书记。1952年2月，任合作乡银行员。1952年末，任单岗乡乡长。1955年，任草庙区副区长。1956年，参加淮北地区稻改运动，任濉溪县烈山区副区长。1957年，任濉溪县马桥乡党委书记。1958年，任濉溪县杨柳公社党委书记。1961年，任濉溪县百善区委副书记。1962年至1963年初，任龙塘公社组织委员。1963年初，任长乐公社党委书记。1965—1966年，在无为县小涧公社开展社教运动。1967—1969年在滁干河众兴水库任工程总指挥。1970年，任永安公社党委书记。1974年，任阚集公社党委书记。1979年，任撮镇公社党委书记。1981年，任撮镇区委副书记。1982年，任梁园区委书记。1984年，任撮镇区委书记。1988年，是肥东县政协在职常委。1990年2月，退休。

杨国宪

杨国宪

杨国宪，1924年生于西山驿，1950年3月入伍，1949年10月加入中国共产党。

1949年，任杨厂村村长。1950年，任西山驿乡副乡长。1952年，任高亮区农会副主任。1954年，任撮镇供销社主任。1956年，任滁县地区整党工作队员。1957年，任撮镇区副区长。1960年，任卅埠公社党委书记。1961年，任磨店公社党委书记。1966年，任店埠镇镇长。1971年，任撮镇镇党委书记。1974年，任永安公社党委书记。1980年，任县农机局副局长兼经理。1983年9月，退休。

王庆凡

王庆凡，1935年7月生，1951年11月参加工作。

1942年7月，在三十埠乡读书生产。1949年8月，在合肥市原生布店做学徒。1951年1月，是沿河乡村财粮员。1951年11月，任店埠区工作队队员。1952年3月，任三十埠乡财粮员。1955年5月，任三十埠、马岗乡副乡长、乡长。1956年5月，任撮镇区委干事。1957年3月，任赵岗乡干事。1957年7月，任赵岗乡、撮镇公社、山王公社宣传委员。1968年9月，任山王公社党委委员、革委会常委。1970年5月，任山王公社党委委员、人保干事。1973年3月，任山王公社党委副书记。1976年3月，任店埠公社党委副书记、革委会主任。1980年3月，任永安公社党委书记。1983年4月，任店埠乡书记。1984年7月，任店埠镇副镇长、党委委员。1994年12月，退休。

葛伦来

葛伦来

葛伦来，1935年1月出生，磨店社区沿河村罗小庄组人，1955年6月，加入中国共产党，初中文化。

1953年12月，任合作乡信用社会计。1955年5月，任大兴乡财粮员。1958年4月，任大兴乡武治委员。1959年12月，任三十埠公社党委副书记。1962年10月，任三十埠公社干事。1972年3月，任店埠公社党委副书记。1978年2月，任永安乡乡长、书记。1984年，任三十埠乡乡长。

丁之应

丁之应，女，1951年1月生于长临河涧桥大队，1972年12月参加工作，1971年6月加入中国共产党。

1971年6月，任长临涧桥村支部书记。1972年12月，任长临公社妇联主任。1974年3月，任县庐剧团指导员。1976年3月，任八斗区王城公社党委书记。1978年4月，任店埠区妇联主任。1984 年 3 月,任店埠区永安乡党委书记。1985 年 3 月,任梁园镇副镇长、党委委员。1986 年 7 月,在肥东党校脱产学习。1989 年 1 月,任桥头集镇副镇长、党委委员。1989 年 12 月,任拆镇镇党委委员。1992 年 3 月,任拆镇镇副镇长。1996 年 11 月,任拆镇镇人大主席。2006 年 2 月,退休。

张华高

张华高

张华高,1950 年 10 月生, 众兴乡联合社区人,1975 年 4 月加入中国共产党。

1969 年为永安乡不脱产通讯员, 由巢湖市记者站负责每乡培训 1 名通讯员。1975 年,为国家工作人员;1975 年,任向导公社革委会副主任、党委委员,其间,兼任公安特派员、武装部部长、组织干事。1979 年,任磨店公社革委会副主任、党委委员。1983 年,任永安公社革委会副主任、党委副书记。1984 年,任永安公社党委书记、人大主席。1986 年,组织推荐到合肥市委党校学习。1987 年,任店埠区组织员。1989 年,任张集乡党委书记、人大主席。1992 年,任县政协五届委员、草庙乡党委书记。1993 年,任众兴乡副调研员。2010 年 10 月退休。

何章鹤

何章鹤,1950 年 1 月为肥东磨店乡瓦庙村财粮员。1953 年 5 月为磨店乡财粮员。1954 年 10 月,任磨店乡治安主任、共青团书记。1955 年 6 月,任磨店乡武治委员。1956 年 8 月,任磨店乡团委书记。1958 年 8 月,任磨店乡宣传部部长。1963 年 3 月,任众兴公社团委书记。1968 年 9 月,任众兴公社组织委员。1973 年 3 月,任三十埠公社组织委员。1976 年,任三十埠公社主任。1979 年,任三十埠公社副书记。1984 年,任三十埠乡副书记、主任。1987 年 2 月,任永安乡党委书记。1988 年 11 月,在肥东县工商局工作。

周性和

周性和

1937 年 7 月 20 日生于店埠镇,高中文化,1960 年加入中国共产党。1954 年 12 月参加工作,先后任店埠区三合乡财粮员、马岗乡团支部书记。1956 年 12 月参军,任上士班长、团部广播员、电影放映队队长。1962 年退伍,先后任卅埠公社团委书记、党委组织委员、店埠区委宣传干事。1972 年 3 月,任永安党委副书记。1978 年 3 月,任西山驿公社党委副书记。1988 年 3 月,任永安党委书记。1989 年 3 月,任店埠区委直属机关党委书记。1992 年 4 月,任西山驿镇政协联络组长(正科)。1994 年 3 月,任店埠镇人大主席;1998 年退休,任店埠镇关心下一代工作委员会主任至 2018 年。

三、众兴乡(公社)政府主要负责人

王继刚

王继刚,1923年3月生于原磨店群治村,1954年加入中国共产党,1955年7月参加工作,1983年10月退休。

1935年,在费新庄读书。1942年,在磨店王大郢种田。1949年9月,在费新庄酿酒代做账,无股开办。1950年,为财粮员,帮助村长催缴公粮。1951年1月,为梁宇乡财粮员。1952年,任梁宇乡治安副主任。1954年,任梁宇乡副乡长兼信用社副主任。1955年,任梁宇乡党支部书记、信用社主任。1956年,任办社指导员。1957年6月,在省行政学院学习。1958年3月,任曙光三社主任。1958年11月,任众兴公社主任。1970年,任众兴公社党委副书记、革委会副主任。1971年1月,任卅埠公社党委书记。

史鉴林

史鉴林,1951年7月为双桥乡财粮员、副乡长,草庙区农技站辅导员。1956年3月,任草庙区、撮镇区农技站站长、县农业局股长。1962年11月,任撮镇区干事。1971年2月,任县农林局植保站站长。1975年12月,任众兴公社主任。1981年至退休,任定光乡乡长、调研员。

程宏元

程宏元,1932年9月生,1953年2月工作,1956年10月加入中国共产党。

1941年,在永安小学半耕半读。1947年8月,在上海港务整理委员会做工。1949年11月,小郢庄生产。1950年7月,在银行工作。1951年7月,任永安乡、合作乡青年团书记。1953年2月,为志愿军战士、步兵215团炮营一连副班长。1957年2月,为步兵215团炮营一连给养员。1957年5月,任曙光高级公社团支书记。1958年6月,任教育局干事。1962年7月,任县庐剧团干事。1964年2月,任教育局干事。1969年11月,任县审干室干事。1976年1月,任众兴乡副书记、乡长。1984年2月,为众兴乡调研员。1992年12月,退休。

高怀贵

高怀贵

高怀贵,1946年1月生,花灯社区人,1982年5月加入中国共产党。

1954年,花灯小学读书。1959年,在众兴中学读书。1962年,在黑龙江佳木斯市读高中。1963年,在黑龙江佳木斯市东辉电影院放映电影。1964年12月,入伍中国人民解放军原总后勤部8333部队。1968年2月退伍,8月任花灯大队民兵营营长。1970年,在肥东县电影公司放映电影。1982年,任众兴乡公安员。1989年,任众兴乡党委副书记、副乡长。1991年，任众兴乡专职副书记。1995年，任众兴乡乡长。1998年，调至县水利局工作。2001年，任县防汛抗旱指挥部书记兼防汛抗旱公司书记。2006年1月，退休。

杨松泉

杨松泉，1956年10月生于马集乡大杨村，1977年9月参加工作。1993年5月加入中国共产党。1964年9月，在解集小学读书。1970年2月，在解集初中读书。1973年2月，在县五七大学附中读书。1980年，在肥东师范读书。1977年9月，为解集初中教师。1978年9月，为解集大邵小学教师。1982年9月，为撮镇大丁小学教师。1992年9月，任众兴乡政府干事、副乡长、副书记、乡长。2001年8月，任龙岗镇党委副书记。2016年11月，退休。

陈宏云

陈宏云

陈宏云，1976年3月出生，2000年6月加入中国共产党。省委党校大学学历。1995年9月，在安徽经济管理干部学院市场营销专业学习。1997年7月，参加工作。先后任王铁乡计生专干、党政办副主任、党委组织干事。2003年8月，先后任桥头集镇党政办副主任、团委书记、党政办主任、信访办主任(其间:2001年8月，在省委党校函授学院本科法律专业学习。2007年2月，在招商局挂职)。2007年9月，任县委办公室秘书、秘书科副科长、县常委会会议秘书、综合室主任、县常委办主任[其间:2017年6月，挂职众兴乡党委副书记、副乡长(负责政府工作]。2018年8月，任众兴乡党委副书记(负责政府工作)。11月，任众兴乡党委副书记、乡长候选人。2018年12月，任众兴乡乡长、党委副书记。2021年4月，任牌坊回族满族乡党委书记。

许在刚

许在刚

许在刚，1980年9月生，2000年7月参加工作。1996年9月，在安庆农业学校财务会计专业学习。2000年7月，任陈集乡林业员、林业站站长、党政办主任。2008年5月，任陈集乡副乡长。2010年3月，任陈集镇副镇长。2011年12月，任陈集镇党委委员、副镇长。2015年9月，任古城镇党委委员、副镇长。2016年3月，任众兴乡党委副书记、三级主任科员。2020年8月，任肥东经济开发区党工委委员、二级主任科员。2021年4月，任众兴乡党委副书记、乡长、二级主任科员。2023年9日，任众兴乡党委书记。2024年7月，众兴乡党委书记，一级主任科员。

四、永安乡(公社)政府主要负责人

黄学才

黄学才,1940年4月在草庙乡施户放猪。1942年9月，帮本村方华传个人家放牛。1944年9月,因为壮丁搞管灯训40天,任勤务员。1945年3月,在村后边徐祠堂村念书。1947年1月,在草庙施户务农。1948年3月,在村后边的桃冲村念书。1950年2月,为草庙施户组组长。1950年7月,为肥东农训班学员。1950年10月,为梁园区土改队员。1952年1月,为草庙区草庙乡财粮员。1953年2月,为草庙区草庙乡乡长。1954年2月,为杨店区副区长。1954年12月,为石塘区副区长(参加区委)。1955年10月,下放梁园区张集乡乡长。1962年8月,任永安公社主任。1965年6月,任无为县百胜公社社教工作队党委书记。1970年3月,任三十埠公社党委副书记。1978年4月,任店埠公社党委副书记。1978年12月,任店埠公社党委书记。

邹守创

邹守创,1947年11月生,1970年3月参加工作。1970年3月，任西山驿公社团委书记。1974年4月,任永安公社革委会主任、党委第一副书记。1980年3月,任店埠法庭庭长。1982年9月,在安徽农业大学学习。1984年9月,任店埠区委副书记、副区长。1986年2月,任县外贸局局长。1993年3月,任县商业局局长。1997年3月,任县计划委员会党组副书记、副主任。2007年12月,退休。

丁必荣

丁必荣

丁必荣,1950年9月生，梁园镇管湾村人,1970年3月14日加入中国共产党,中专文化。

1969年2月,应征入伍。1973年2月退伍回乡务农。1973年9月,考入六安农校植保专业学习。1975年9月,毕业分配到店埠区农技站,任技术员。1981年3月,任西山驿乡公社副主任。1982年,公社改为管理委员会,任副主任。1983年3月,管理委员会改为乡,任西山驿乡副乡长。1985年3月,任永安乡党委副书记、乡长。1986年12月,任店埠区生产干事。1992年3月,任三十埠乡副乡长。1996年3月,任龙岗镇党委副书记、副镇长。2002年3月,任龙岗镇主任科员。2010年9月,退休。

牛忠仁

牛忠仁,1944年8月生于长临公社星二大队中西生产队,1964年8月参加工作,中师文化。

1952年9月，在牛官堡小学读书。1958年9月，在撮镇中学读书。1961年9月，在肥东师范(后同店埠中学合并)读书。1964年7月，任磨店群治小学教师。1968年7月，任磨店农中校长兼教卫干事。1969年7月，任磨店公社教卫干事。1976年，任磨店公社组织委员。1983年，任西山驿乡副书记、常委副乡长。1986年，任永安乡副书记、乡长。1989年，任撮镇镇司法所长、宣传委员。2004年10月，退休。

五、众兴乡人大主要负责人

周文新

周文新，1959年7月，在怀远县新马桥中学任教。1964年8月，在双墩区中心小学任教。1969年1月，在长丰县罗集公社工作，任干事。1975年3月，在长丰五十头工作，任干事。1978年6月，在肥东众兴乡工作，任干事。1983年1月，任永安乡副书记。1989年3月，任永安乡乡长。

王成龙

王成龙

王成龙，1952年8月生，肥东富旺人，1972年3月参加工作，1983年7月加入中国共产党。

1971年3月，在省财经学校学习。1972年3月，任〇一〇十局352处工作会计。1980年，在安徽省定远县张桥镇工作。1986，在定远县郭集乡工作，任经委主任。1990年，任西山驿镇党委副书记、镇长。1994年2月，主持西山驿镇党委工作。1994年3月，任众兴乡党委副书记、乡长。1997年12月，任众兴乡人大主席。2003年1月，任肥东县人大常委人事代表选举工作委员会主任。2012年8月退休。为肥东县第十四、十五届人大常委会常务委员。

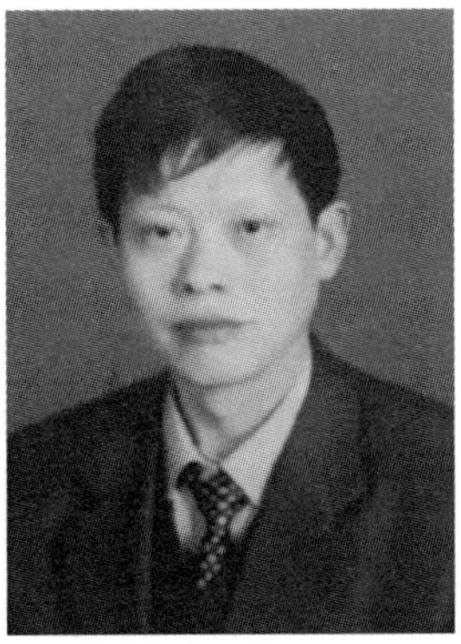

王家成

王家成

王家成，1961年12月出生，1994年12月加入中国共产党，本科学历。1985年1月，为元疃乡公安员。1987年11月，为青龙乡民政助理员。1992年2月，为青龙乡民政办主任。1996年2月，为青龙乡副乡长。1998年12月，为青龙乡党委副书记。2001年8月，为青龙乡党委副书记，纪委书记。2006年3月，为青龙乡党委委员，纪委书记。2006年12月，为众兴乡党委副书记。2008年5月，为众兴乡人大主席。2020年8月为四级调研员。2021年12月退休。

张良金

张良金

张良金，1966年11月生，1982年9月，肥东县梁园高中学生。1985年1月，肥东县张集乡计生专干(其间:1982年12月至1989年12月，在农广校会计专业学习)。1992年4月，任肥东县张集乡计生办主任、副乡长。1993年2月，任肥东县张集乡副乡长。1998年12月，任肥东县张集乡党委副书记 。2001年8月，任肥东县王铁乡党委副书记。2006年3月，任肥东县王铁乡党委委员。2006年12月，任肥东县众兴乡党委委员。2007年1月，任肥东县众兴乡党委委员、政法委书记。2019年6月，任众兴乡党委委员、政法委书记、二级主任科员。2020年3月，任众兴乡党委委员、政法委书记、一级主任科员。2020年9月起，任众兴乡人大主席、一级主任科员。

六、众兴乡政协主要负责人

许高银

许高银

许高银，1951年10月7日生，1971年3月加入中国共产党，众兴乡花灯社区王岗村民组人。

1969年3月参军，后任班长。1976年7月就读于肥东师范。1978年9月，任谢岗小学教师。1979年1月，在众兴中学工作。1983年1月，任磨店乡宣传干事、组织委员。1985年3月，任磨店乡党委副书记。1991年1月，任店埠区委组织委员。1992年3月，任众兴乡第一副乡长。1994年9月，任众兴乡党委副书记。1999年1月，任众兴乡政协联络组组长。2003年6月，在众兴乡工作。2011年11月，退休。

程世友

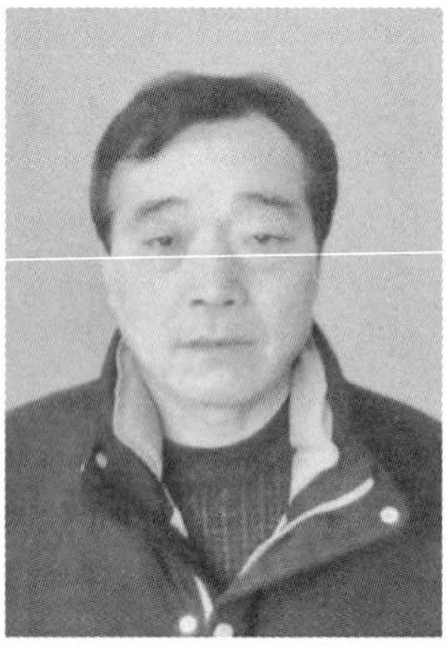
程世友

程世友，1971年7月1日生于陈集乡石塘大队老张生产队，1995年7月加入中国共产党。

1979年7月，就读于石塘小学。1984年9月，就读于杨塘中学。1987年9月，就读于肥东高级建筑职业学校会计专业。1990年8月，为肖圩乡工作人员。1991年5月，任肖圩乡团委书记。1992年3月，任陈集乡统计员。1994年10月，任陈集乡文教办副主任。1995年12月，任陈集乡党委委员、纪检副书记(其间，在省委党校党政管理专业学习)。1999年1月，任陈集乡副乡长(其间，省委党校经济管理专业学习)。2001年8月，任陈集乡党委副书记(县七届政协委员)。2006年，任陈集乡党委委员、纪检书记。2006年12月，任众兴乡人大副主席。2016年当选县党代表。2018 年 2 月，任众兴乡党委委员。2018 年 11 月，任众兴乡主任科员。2018 年 12 月，任众兴乡政协联络组组长、二级主任科员。2020 年 3 月，任众兴乡政协联络组组长、一级主任科员、十一届县政协委员。

第四节　精神文明建设

一、首届肥东县文明家庭

孙花　女，众兴学区中心学校教师。2017 年 6 月，肥东县精神文明建设指导委员会办公室、肥东县妇女联合会授予其家庭“首届肥东县文明家庭“荣誉证书。

付静　女，众兴学区中心学校教师。2017 年 6 月，肥东县精神文明建设指导委员会办公室、肥东县妇女联合会授予其家庭“首届肥东县文明家庭”荣誉证书。

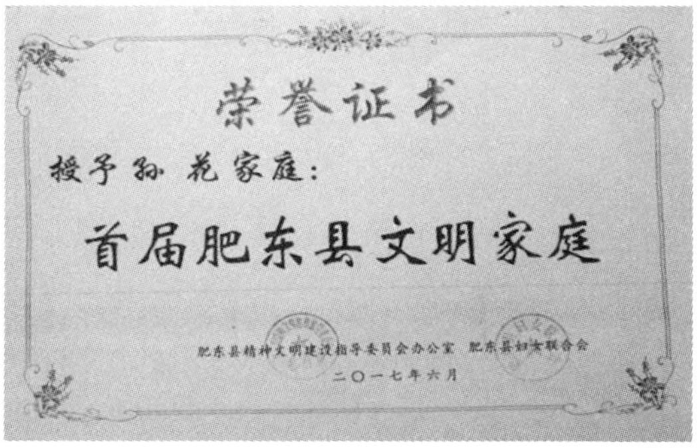

2017 年 6 月，孙花家庭被授予“首届肥东县文明家庭”荣誉证书　（民政所 / 供）

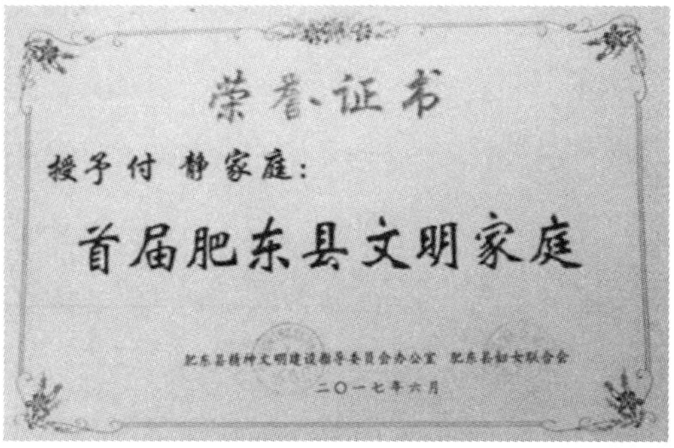

2017 年 6 月，付静家庭被授予“首届肥东县文明家庭”荣誉证书　（民政所 / 供）

二、首届肥东县“好婆媳”

黄金凤、王玉霞　系婆媳关系。2018 年 5 月，肥东县精神文明建设指导委员会办公室、肥东县妇女联合会授予其首届肥东县“好婆媳”荣誉证书。

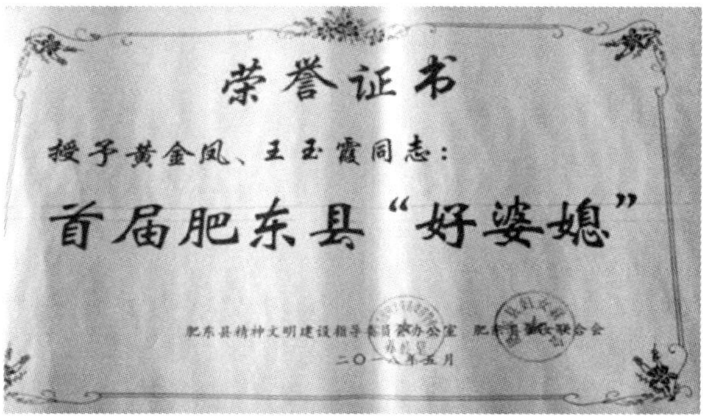

2018 年 5 月，黄金凤、王玉霞被授予首届肥东县“好婆媳”荣誉证书　（民政所 / 供）

三、第二届肥东县文明家庭

高清萍　女，1968 年出生，霞光村金王村民组人。14 年如一日精心照顾高位截瘫的丈夫，含辛茹苦抚养孩子，任劳任怨照顾公婆，在生活面前不逃避、不放弃，克服重重困难，勇挑家庭生活重担，她用自己瘦弱的肩膀为家人撑起一片天。

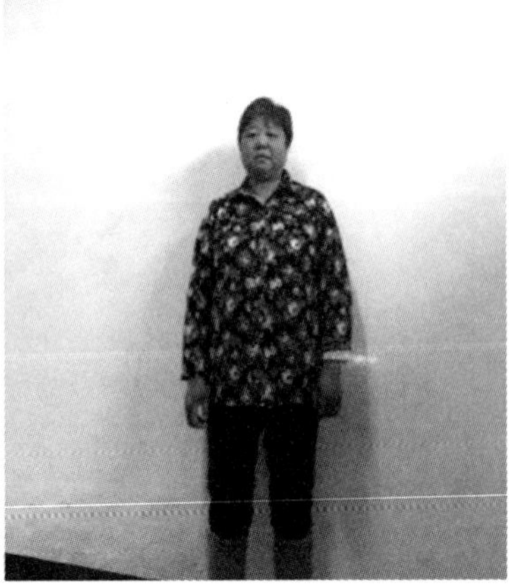

高清萍　（民政所/供）

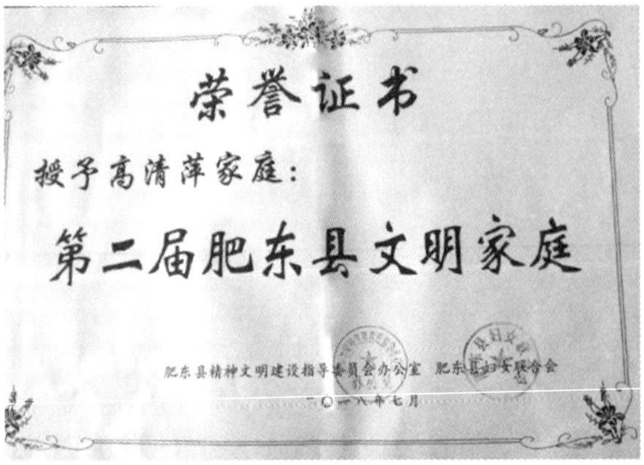

2018年7月，高清萍家庭被授予“第二届肥东县文明家庭”荣誉证书　（民政所/供）

四、肥东县文明村

肥东县委、县政府授予华光社区“肥东县文明村(社区)”荣誉证书。

社区简介：华光社区位于众兴乡北部，北与元疃镇交界，西与合肥新站区三十头镇接壤，南面是范岗村，东临众兴水库，像是镶嵌在水库边的一颗明珠，华光四射。“华光”二字有中华之光之义，表达村民对中华人民共和国成立的热烈庆贺，也寄予村民对美好生活的向往和追求。

五、肥东县道德模范候选人

王孝林，众兴村王北组村民。2016年11月12日，下班途中遇见落水儿童，经过不懈努力，救活一名3岁女孩。

见义勇为

30分钟与“死神”搏斗抢救落水儿童

王孝林是众兴乡众兴村王北组居民。2016年11月12日，他下班途中看到路边有一位小女孩不慎落水，在水里浮沉，他连忙跑上前准备下水救人。到了跟前，小女孩已经被她爸爸救起，抱上来时已经不省人事，全身僵硬，没有一点生命迹象。“我来试试吧！”王孝林一腿跪地，另一腿屈膝，俯下身子，一手扶住小孩头部，一手按压腹部。“活过来了，活过来了……”围观的群众高呼。经过30多分钟与“死神”搏斗，他用急救知识徒手成功抢救了这位年仅3岁的落水小女孩。王孝林用行动诠释了这样一个道理：一个人的强大不是来自外表，而是来自于一颗善良勇敢的心。

王孝林　民政所/供

六、众兴乡道德模范人物

见义勇为模范

朱正忠，1976年12月生，众兴村。

敬业奉献模范

程永法，1952年4月生，联合村。

张厚银，1955年1月生，联合村。

葛凤英，女，1951年8月生，花灯社区。

於国瑞，1978年7月生，众兴中学教师。

助人为乐模范

高明德,1965 年 6 月生,谢岗村。

陈家芳,女,1971 年 11 月生,大高村。

徐道荣,1953 年 1 月生,永安村。

诚实守信模范

周守国,1951 年 10 月生,范岗村。

黄世义,1943 年 3 月生,霞光村。

孝老爱亲模范

孔祥霞,女,1962 年 10 月生,霞光村。

方　丹,女,1988 年 11 月生,谢岗村。

张国勤,1958 年 6 月生,华光社区。

胡家怀,1964 年 5 月生,华光社区。

勤劳节俭模范

田庆荣,1951 年 9 月生,霞光村。

罗勤和,1958 年 9 月生,范岗村。

七、各村(居)道德模范人物名单

众兴村:王孝林、汪翠玲、王可宏、韩萍、王家孟、张华丽、刘廷凤。

花灯社区:孙少梅、陈义龙、郑国珍、徐道荣、许家玉、张朴华。

大高村:窦本高、王玉霞。

永安村:钟承霞、罗致远、周文同、程忠季、於建国、陈弘、周业银。

霞光村:李艳、徐朝兴、韩永庆、韩永培、高清萍。

联合村:张武福。

谢岗村:汪元翠、张国柱、张卫国。

范岗村:张宇华、范文龙、范开顺、张云、许其海、蒯正梅。

华光社区:胡恒政、林春风、胡调广。

众兴中学:王铁英、程良霞、汪凤云。

八、道德模范提名奖名单

诚实守信模范

朱家翠,女,1978 年 12 月生,谢岗村。

关礼平,1951 年 4 月生,永安村。

王一鸣,1982 年 10 月生,众兴中学教师。

勤劳节俭模范

郑志翠,女,1962 年 10 月生,谢岗村。

程忠季,1945 年 10 月生,永安村。

张国珍,女,1974 年 4 月生,众兴村。

孝老爱亲模范

王玉霞,女,1978 年 11 月生,大高村。

司武萍,女,1968 年 10 月生,范岗村。

敬业奉献模范

郑圣祥,1947 年 5 月生,乡敬老院。

周文聪,1949 年 9 月生,永安村。

王玉昌,1950 年 5 月生,永安村。

刘冬梅,1980 年 8 月生,众兴中心学校教师。

司圣萍,女,1975 年 8 月生,花灯社区。

钟以发,男,1954 年 10 月生,永安村。

高友业,男,1951 年 1 月生,众兴村。

郑晓婷,女,1989 年 12 月生,众兴中心学校教师。

第五节 人物表

一、党政军界

众兴乡党政军界人物一览表

表 26-1

姓 名	性别	出生年份	村别	单 位	职务 职称
王国春	男	1965 年	联合	省淝河监狱	监狱长
方维银	男	1958 年	霞光	合肥市国家保密局	处长
叶露露	女	1989 年	花灯	县民政局	研究生
田守贵	男	1964 年	范岗	无为县洪巷乡	人大主席
高学东	男	1968 年	众兴	县工商联	党组书记
司胜平	男	1962 年	霞光	合肥市委、政策研究室	副秘书长
关朝高	男	1951 年	永安	肥东长乐乡	人大主席
关朝元	男	1953 年	永安	省信息产业厅网络安全处	处长
陈大仁	男	1963 年	霞光	肥东县人事局	主任科员
金开德	男	1949 年	霞光	肥东县司法局	副局长
关朝升	男	1953 年	永安	省民政厅区划管理处	主任
关朝银	男	1962 年	永安	县检察院	副检察长
关朝峰	男	1966 年	永安	县社会保障局	副局长
关礼准	男	1984 年	谢岗	合肥市委宣传部	科长
徐朝清	男	1965 年	霞光	中国国际广播电台	高级编辑
许家宏	男	1962 年	谢岗	淮南市毛集公安分局	政治委员
刘华胜	男	1949 年	众兴	中共肥东县纪律检查委员会	书记

续表 26-1

姓 名	性别	出生年份	村别	单 位	职务　职称
陆广银	男	1956 年	花灯	上海市闵行区武装部	部长
宋德贵	男	1969 年	花灯	广州市人民政府行政处	处长
李克荣	男	1963 年	永安	肥东循环经济示范园	正科
李道松	男	1966 年	永安	蜀山区税务局	正科
张仁云	男	1950 年	华光	梁园区	区长
张华勤	男	1938 年	众兴	滁州市教育局	副局长
张华创	男	1935 年	花灯	磨店乡	党委书记
张华驹	男	1942 年	花灯	芜湖市政公司	经理工程师
张国银	男	1947 年	花灯	合肥瑶海区磨店乡政协	政协主席
张华尧	男	1949 年	谢岗	省委政策研究室	处长
张华升	男	1950 年	联合	省水利研究院宣传部	部长
张华发	男	1953 年	华光	省国土资源厅	处长
张国桂	男	1953 年	花灯	合肥市物价局物价检查所	所长
张国良	男	1947 年	花灯	蚌埠市西市区民政局	局长
张伯平	男	1904 年	八联	中共合肥特区区委	委员
张厚伦	男	1963 年	联合	合肥市农业委员会	副主任
张国昌	男	1963 年	联合	省司法厅	处长
张定国	男	1964 年	花灯	肥东经济开发区	副主任
张俊华	男	1964 年	花灯	县委宣传部宣教中心	主任
张进华	男	1964 年	花灯	中国汽车工程学会	秘书长
张华春	男	1966 年	联合	安徽省高级人民法院	调研员
张传根	男	1970 年	花灯	县规划局	局长、书记
张兵武	男	1975 年	众兴	合肥市司法局	副主任
张国杰	男	1978 年	华光	合肥市人社局办公室	主任
陈祥安	男	1947 年	大高	西安市雁塔粮食分局	副局长
陈家虎	男	1955 年	范岗	上海市电教馆	副馆长
罗国珍	男	1938 年	永安	国家环境保护局办公室	主任
罗志年	男	1963 年	联合	省人社厅人才开发处	处长
郑宗先	男	—	花灯	护城公社	党委书记
郑玉英	女	1943 年	花灯	芜湖市政工程管理处	科长
郑向阳	男	1978 年	花灯	上海虹桥机场	机长
金　苗	男	1968 年	联合	肥东县公安局	总支书记
徐大武	男	1971 年	谢岗	浙江省嘉兴市公安局	副局长
徐成国	男	1977 年	谢岗	江西省某营	副营长
高存业	男	1945 年	大高	省物资储备局	副处长
高业顺	男	1947 年	大高	—	正科
高学习	男	1954 年	永安	安徽省委组织部	正处巡视员
高　巍	男	1972 年	大高	海军潜艇学院院务部	副部长
黄学保	男	1962 年	谢岗	东方航空公司安徽公司	经理
黄忠柱	男	1974 年	霞光	杭州市商务委员会	副调研员

续表 26-1

姓 名	性别	出生年份	村别	单 位	职务 职称
葛伦华	男	1949 年	花灯	安徽省电力公司	纪检书记
韩旭初	男	1937 年	霞光	省委党史研究室	副主任
韩传平	女	1937 年	花灯	北京燕山石化总公司	办公室主任
韩永芳	女	1943 年	霞光	县人大常委会	委员、正科
韩龙惠	男	1952 年	霞光	肥东县法院	四级高级法官
蔡传龙	男	1965 年	谢岗	安徽省海事局运管处	处长
高朝来	男	1967 年	谢岗	众兴乡	副乡长
金 武	男	1972 年	谢岗	合肥徽商银行	行长
童乃高	男	1969 年	霞光	合肥龙岗经济开发区党工委	副书记
吴承建	男	1974 年	霞光	合肥瑶海区城东街道	副主任
蔡传奇	男	1962 年	谢岗	长丰县杜集乡党委	副书记

二、教科文卫体界

众兴乡教科文卫体界人物一览表

表 26-2

姓名	性别	出生年份	村别	单 位	学位 职称
司圣柱	男	1957 年	华光	安徽教育学院	教授
司言武	男	1972 年	范岗	浙江财政大学	博士
许忠和	男	1939 年	华光	肥东师范学校	高级讲师
许亚中	男	1956 年	众兴	众兴中学	高级教师
关朝菊	女	1954 年	永安	安徽省妇幼保健院	副教授
李永松	男	1936 年	霞光	众兴中学	高级教师
李光泉	男	1943 年	霞光	肥东县中医医院	副主任医师
刘旭初	男	1980 年	花灯	上海国际微软公司	博士
苏 敏	女	1952 年	花灯	淮南矿务局第一矿工医院	主任医师
张华煦	男	1938 年	华光	县人民医院	副主任医师
张华林	男	1940 年	花灯	肥东一中、合肥市生物学会	教务主任
张国煊	男	1940 年	联合	永安初级中学	高级教师
张 瑞	男	1941 年	花灯	合肥市第 36 中学	高级教师
张树平	男	1952 年	花灯	淮南市矿务局医院	主任医师
张国民	男	1960 年	花灯	梁园中学	高级教师
张华贵	男	1964 年	众兴	中国电子信息总公司 38 研究所	高级工程师
程 彬	男	1967 年	联合	美国华盛顿科学研究院	博士后
张国徽	男	1976 年	花灯	安徽中医学院	硕士
张 敏	男	1981 年	花灯	北京奇鱼时代科技有限公司	博士、技术总监
范文安	男	1966 年	范岗	合肥市中心血站	副主任、检验师

续表 26-2

姓名	性别	出生年份	村别	单 位	学位 职称
郑荣保	男	1934 年	花灯	安庆市林业局林场	高级工程师
郑荣年	男	1949 年	花灯	众兴中学	高级教师
周之志	男	1933 年	永安	淮南市绿化委员会	高级工程师
周栋杨	男	1936 年	永安	长丰县三十头中学	高级教师
周良荣	男	1948 年	永安	解放军电子工程学院	副教授
周林章	男	1964 年	永安	解放军炮兵学院	副教授
周采章	男	1971 年	永安	美国旧金山市	博士
钟卫国	男	1959 年	霞光	县教体局	化学教研员
柴义江	男	1970 年	大高	江苏经贸技术学院	副教授
殷　俊	男	1988 年	花灯	安徽文一投资控股集团	研究生
徐朝伦	男	1965 年	霞光	北京中关村产业园	博士
徐在兴	男	1958 年	谢岗	县城关中学	高级教师
高凰英	男	1936 年	谢岗	众兴中学	高级教师
曹效德	男	1963 年	霞光	肥东师范学校	高级讲师
韩永清	女	1961 年	霞光	合肥师范学院	副教授
窦本旺	男	1979 年	大高	宿州学院附属实验中学	高级教师
刘华仁	男	1963 年	联合	众兴中学	高级教师
关朝萍	女	1965 年	永安	众兴中学	高级教师
张国宣	男	1954 年	联合	肥东县教育局	副局长

三、经济界

众兴乡经济界人物一览表

表 26-3

姓名	性别	出生年份	村别	单 位	职务 职称
朱含忠	男	1977 年	范岗	合肥钢强保险材料厂	总经理
张武海	男	1963 年	联合	安徽村镇银行	行长
张建国	男	1963 年	花灯	安徽交通银行信贷部	主任
张本华	男	1934 年	花灯	合肥市建材局	供销科长
何章明	男	1962 年	大高	中铁四局集团	项目经理
陈发林	男	1956 年	大高	合肥巨豪房产开发有限公司	董事长
陆广香	男	—	永安	合肥市建工第八工程公司	项目经理
范礼让	男	1955 年	霞光	合肥金安建筑劳务有限公司	经理
柳庆斌	男	1977 年	霞光	深圳九鑫机械有限公司	总经理
徐朝海	男	1944 年	霞光	合肥搪瓷厂	厂长
韩梓民	男	1941 年	霞光	广东省隧道建筑工程公司	总工程师
韩传省	男	1950 年	霞光	众兴乡建筑安装公司	经理

四、烈士英名录

众兴乡烈士英名一览表

表 26-4

烈士姓名	牺牲时年龄	直系或旁系亲属		籍贯（乡、村）	牺牲前所在单位	职务	参加革命及牺牲时间、地点、原因	发证时间、单位、号码
		姓名	称谓					
于经荣	19 岁	胡老奶	母	永安乡许河村	志愿军一三〇团四连	战士	1931 年 3 月入伍，1951 年 6 月在朝鲜战争中牺牲	志愿军政治部，1956 年 3 月，0013 号
王存彬	—	王许氏	祖母	众兴乡	巢湖警备营	通讯员	1949 年 6 月因枪走火而死	—
司开顺	40 岁	司开云	弟	众兴乡	解放军	战士	1938 年入伍，1946 年在定远藕塘地区北撤时失踪	肥东县委 1966 年失踪证明书
司开广	38 岁	关道兰	妻	众兴乡	不详	战士	1946 年 11 月入伍，1949 年 5 月解放上海后失踪	肥东县委 1963 年发失踪军人证明书 323 号
许加伦	28 岁	许业炳	儿子	永安乡	新四军二师九旅十五团三营	连长	1941 年自愿入伍，1946 年在清江战斗中牺牲	中央人民政府 1952 年 1 月 25 日 252 号
许才翠	35 岁	候其英	妻	永安乡华光村	新四军十八团	战士	1948 年因送情报路过家中被匪李进中捕去牺牲	抄 1955 年烈士普查表
许昌荣	22 岁	许才斗	侄	众兴乡	巢北支队一大队第三中队	班长	1942 年 7 月 20 日自愿入伍，1944 年 7 月 24 日牺牲	皖北行署革命烈士证明书 266 号
许鑫	27 岁	许国俊	弟	永安乡	十五军四十四师十三团（三野四兵团）	班长	1949 年自愿入伍，1951 年在上甘岭战斗中牺牲（朝鲜）	抄 55 年烈士普查登记表
许国九	22 岁	许金贵	父	众兴乡	志愿军四十七团	战士	1951 年 3 月自愿入伍，1952 年 6 月 20 日在朝鲜二合执行任务，因敌机轰炸牺牲	志愿军政治部 1952 年 9 月 2 日革命军人牺牲证明书
许启传	20 岁	许柳氏	母	众兴乡	志愿军七十二师炮兵团三营九连	战士	1949 年 12 月自愿入伍，1953 年 6 月 15 日在朝鲜战壕牺牲	查无号码
孙圣周	42 岁	孙维海	父	众兴乡	二师六旅十八团	战士	1942 年 1 月在定远县战斗中牺牲	皖北行署 1950 年 7 月革命军人牺牲证明书

续表 26-4

烈士姓名	牺牲时年龄	直系或旁系亲属		籍贯（乡、村）	牺牲前所在单位	职务	参加革命及牺牲时间、地点、原因	发证时间、单位、号码
		姓名	称谓					
孙道山	—	孙昌凤	父	众兴乡	二师六旅六团四连	班长	在涟水战斗中牺牲	转抄 1955 年烈士普查表
孙维磋	—	孙张氏	母	众兴乡	店埠马岗乡	乡长	1943 年在长临河被捕后牺牲	转抄 1955 年烈士普查表
孙邦界	25 岁	李恒英	妻	众兴乡霞光村	巢北支队	大队长	1943 年自愿入伍，1948 年 8 月于罗集北庄剿匪中牺牲	省政府 1951 年 10 月 27 日 759 号
刘长玉	—	刘吴氏	母	众兴乡	志愿军三〇八〇四部队七支队四连	炊事员	1953 年 3 月入伍，1953 年 7 月在朝鲜牺牲	中央人民政府 1957 年 8 月 3 日 11883 号
朱霖	41 岁	朱守英	母	众兴乡	空军四十五师	团长	1954 年入伍，1978 年 5 月驾机失事牺牲	军人牺牲证明书
关敬圣	—	徐守英	女儿	众兴乡	九六六四部队炮营战炮连	战士	1961 年 5 月在蚌埠因公牺牲	牺牲证 06051 号
李家映	26 岁	李陈氏	妻	众兴乡	老九团	农抗会长	1944 年探敌情被捕后牺牲	转抄 1955 年普查登记表
杜逸群	—	杜学高	侄	众兴乡	淮南路东二和集区	区员	1939 年自愿入伍，1944 年在义和集战斗中被捕后牺牲	皖北行署 1950 年 7 月 14 日革命烈士证明书
沈国锋	—	沈华玉	儿	众兴乡义合村	中原野战军四纵队二十二旅六团	战士	1948 年在淮海战役中脑部受伤后牺牲	证件遗失
张华勉	23 岁	张华堂	弟	众兴乡	十四团二营一连	副排长	1938 年自愿入伍，1940 年 9 月在大马厂与敌斗争中牺牲	华东军区政治部 1951 年 11 月 9 日 27 号
张昌友	20 岁	李世英	母	众兴乡郑埠村	志愿军二〇八〇号三支队	战士	1953 年 7 月 16 日在朝鲜夏季反击战中牺牲	中央人民政府 1957 年 6 月 14 日证明书
张君波	35 岁	张伍纯	父	众兴乡	川东军区壁山军分区	战士	1947 年 3 月入伍，1950 年解放云南时失踪。1963 年部队复信说失踪	肥东县委 1963 年革命军人失踪证明书
张子华	28 岁	张华宽	弟	众兴乡	西南军区	战士	1949 年自愿入伍，1951 年元月 26 日失踪	西南军区 1951 年发革命军人失踪证明书 14718 号

续表 26-4

烈士姓名	牺牲时年龄	直系或旁系亲属		籍贯（乡、村）	牺牲前所在单位	职务	参加革命及牺牲时间、地点、原因	发证时间、单位、号码
		姓名	称谓					
范文才	22岁	陈世忠	母	众兴乡范岗	新四军巢北支队	战士	1940年入伍，1944年在下塘集被日本侵略军杀害	烈属证
周四	43岁	周守桂	子	众兴乡	巢湖小分队	战士	1938年入伍，1942年在定远县南城牺牲	1983年新证025053号
陆广德	—	陆许氏	母	众兴乡	江北游击队十八团	班长	在定远县殷家店打游击时牺牲	烈属证
陆志远	37岁	陆业祥	子	永安乡	—	军官	1928年外出打游击1942年病故	原证遗失1974年4月9日补证013号
钟以华	—	钟以春	兄	众兴乡	七十四师二二〇团	战士	1953年入伍，1953年在朝鲜三次反击战中牺牲	中央人民政府1957年3月20日1390号
钟金昌	1911年出生	钟葛氏	妻	永安乡漕坊村	一〇八师二营五连炊事班	班长	1948年12月解放入伍，在战斗中牺牲	中央人民政府1960年11月7428号
钟金昌	—	钟龙明	子	众兴乡	—	战士	1949年解放入伍，1949年8月和家通信信访至今无音信	烈属证
侯得开	—	夏传银	叔父	众兴乡花灯村	—	战士	1943年入伍，1948年在淮海战役中牺牲	烈属证
夏绍锦	21岁	夏守年	侄	永安乡	志愿军	战士	1953年入伍，1953年在朝鲜作战牺牲	肥东县政府1961年5月20日1314号
殷宗芬	—	殷明干	叔	众兴乡	老九团	侦察员	1938年入伍，1948年在战斗中牺牲	烈属证
高怀全	—	高先明	父	众兴乡	磨店区	班长	1944年被捕后牺牲	烈属证
徐兴元	—	童朝英	母	永安乡	志愿军二一五团三营	战士	1953年7月在朝鲜战争中牺牲	烈属证
徐在良	20岁	徐文元	子	永安乡曙光村	志愿军	排长	1949年冬解放入伍，1953年在朝鲜战争牺牲	中央人民政府1953年5月10日2700号
徐在朝	—	徐淑明	母	永安乡	新四军	指导员	1941年于泰县高明庄战斗中牺牲	烈属证
徐耀卿	—	徐埠生	父子	众兴乡	店埠马岗乡	乡长	1944年被捕后牺牲	烈属证

续表 26-4

烈士姓名	牺牲时年龄	直系或旁系亲属		籍贯（乡、村）	牺牲前所在单位	职务	参加革命及牺牲时间、地点、原因	发证时间、单位、号码
		姓名	称谓					
徐桥吾	1906年出生	徐兆勤	子	永安乡	地方农抗协会地下联络员	—	1944年在永安乡被伪乡长发觉后杀害	1980.5.26 安徽省人民政府皖烈字第 004161 号
童继章	20岁	童长友	父	众兴乡	志愿军三兵团十二军三五师	战士	1949年解放入伍，1951年在云南剿匪战斗中牺牲	中央人民政府烈属证
窦昌友	21岁	窦昌余	兄	众兴乡	新四军津浦路独立团三连	战士	1941年入伍，1945年在白龙场战斗牺牲	皖北行署烈属证 64 号
薛贤文	—	薛广兴	父	永安乡	巢北支队	战士	1944年于滁县黄道山战斗中牺牲	

第二十七章

村、社区概况

中共合肥东乡支部展陈中心　（刘斌/摄）

第二十七章

村、社区概况

中共合肥东乡支部展陈中心　（刘斌/摄）

第二十七章　村、社区概况

1992 年，县撤区并乡，原永安乡与众兴乡合并成立众兴乡，时有华光、范岗、八联、许河、谢岗、花灯、大高、小钟、光华、浏河、刘岗、永安、众兴、霞光、郑埠、金王、梁宇、郑河、三星、田埠、共和、司老、义合、滁河、大兴、牌坊、赵坊、大塘、邹岗、树周、许大郢 31 个村民委员会。

1994 年 10 月，民族乡成立，大兴、牌坊、赵坊、大塘、邹岗、树周、许大郢 7 个村划为民族乡。

2002 年，乡开展并村工作，设沿河（浏河、梁宇、刘岗），八联（八联、三星合并），槽坊（晓钟、光华合并），永安（许河、永安合并），联合（金王、郑河合并），大高，众兴，花灯（花灯、共和合并），谢岗（谢岗、滁河合并），霞光（霞光、郑埠合并），范岗（范岗、司老合并），华光（华光、义合合并）12 个村民委员会。

2010 年，槽坊、沿河、八联 3 个村被划入新站区。

至 2014 年，乡有范岗、霞光、大高、众兴、永安、联合、谢岗 7 个村民委员会，华光、花灯 2 个社区居民委员会。

第一节　村

一、联合村

1958 年建队，时名为众兴大队，1961 年析置金王大队，1983 改置村，2007 年，金王和郑河两村合并组建联合村委会，取意"团结壮大、共同发展"。辖 17 个自然村、24 个村民小组，村位于众兴乡东部，北傍众兴水库，东邻牌坊回

联合村区域图 〔审图号：皖合 S(2022)01 号〕

族满族乡，南接永安村，西连众兴村，村委会所在地郑小河自然村，距离县城 17 千米。村辖区面积 619.53 公顷，耕地面积 405.75 公顷，林地 28.56 公顷。其中，旱田 143.39 公顷，水田 262.36 公顷。人口 3875 人，男 1976 人，女 1899 人，劳动力 2426 人，少数民族 13 人，分别为回族、土家族、维吾尔族。村处于众兴水库泄洪闸口下游，店埠河上游，店埠河穿境而过 3.5 千米，村内有条自然河郑小河，自西向东流经村 2 千米注入店埠河，村内水资源充沛，土地肥沃，生态优良。

1.自然环境

地貌岗冲交错，原郑河村地势起伏大，原金王村较平坦。岗垄以黄白土为主，洼冲以油白土为主，植被达 88%；境内有店埠河（田中份—河沿上，4.5 千米）、郑小河（众兴集—许小郢—郑小河—白地岗—店埠河，长 2 千米）、小（2）型水库任大塘 100 亩水面、拦水坝三处；村水域面积 89.29 公顷，森林覆盖率 44%。易旱不涝，旱涝灾害少。

2.组织建设

1.中共党组织建设与发展（党支部负责人名录）

1958—2008 年金王村（大队）党支部负责人一览表

表 27-1

机构名称	职　务	姓　名	任职时间
众兴大队党支部	书记	张怀新	1958—1961 年，金王属众兴村
金王大队党支部	书记	朱德修	1961 年至 1962 年
金王大队党支部	书记	田邦仁	1963 年至 1966 年
金王大队党支部	书记	程永康	1968 年至 1976 年
金王大队党支部	书记	张仁华（女）	1976 年至 1978 年
金王大队党支部	书记	田邦仁	1980 年至 1985 年
金王村党支部	书记	许运友	1985 年至 1999 年 10 月
金王村党支部	书记	田家广	1999 年 11 月至 2001 年 11 月
金王村党支部	书记	程永发	2001 年 11 月至 2008 年 4 月

1961—2008 年郑河村（大队）党支部负责人一览表

表 27-2

机构名称	职　务	姓　名	时　间
郑河大队党支部	书记	王永凤	1961 年
郑河大队党支部	书记	王华俊	1961 年至 1975 年
郑河大队党支部	书记	张华凤	1976 年至 1986 年
郑河村党支部	书记	金祥语	1987 年至 1988 年
郑河村党支部	书记	刘经凯	1988 年至 2008 年

2008—2014 年联合村党支部负责人一览表

表 27-3

机构名称	职　务	姓　名	时　间
联合村党支部	书记	刘金凯	2008 年至 2011 年
联合村党支部	书记	王斌宏	2011 年至 2014 年 7 月，乡干兼职
联合村党支部	书记	李　勇	2014 年 7 月起，乡干兼职

2.村务管理沿革（负责人名录）

1961—2004 年郑河村（大队）负责人一览表

表 27-4

机构名称	职　务	姓　名	时　间
郑河大队	大队长	王永凤	1961 年前
郑河大队（革委会）	大队长（革委会主任）	张华福	1961 年至 1967 年
郑河大队革委会（村委会）	大队长（革委会主任、主任）	王华俊	1967 年至 1986 年
郑河村委会	主任	王华吉	1987 年至 1989 年
郑河村委会	主任	金祥语	1989 年至 2002 年
郑河村委会	主任	张华涛	2002 年至 2004 年

1978—2008 年金王村（大队）负责人一览表

表 27-5

机构名称	职　务	姓　名	时　间
金王大队	大队长	张松武	1978 年至 1984 年
金王大队（村委会）	大队长（主任）	陈家华	1984 年至 2001 年
金王村委会	主任	朱家举	2002 年至 2004 年
金王村委会	主任	程永发	2005 年至 2008 年

2007—2014 年联合村负责人一览表

表 27-6

机构名称	职　务	姓　名	时　间
联合村委会	主任	刘金凯	2007 年至 2011 年
联合村委会	主任	朱翠红	2011 年起

3.公共设施

2007 年，两村合并后，在郑小河自然村兴建上下两层、建筑面积达 300 平方米的村党群服务中心。内设村企一体为民服务中心、农家书屋、党员活动室、计生服务室；门前建广场、广场内建村务公开栏、乒乓球桌、篮球场等设施。

2014 年，全村有 6 条村村通水泥路呈放射状通往四面八方。南通永安村与县道石三路相连，可达合肥市和县城；西通众兴集，可直达合肥市新站区、长丰县，北面有滁河干渠水库路与店白路相通；村办公室向北直达水库路，村民出行便捷。

联合村党群服务中心 （联合社区/供）

道路绿化带16千米，2014年在村办公地东兴建村民文化广场，占地5亩，广场内人行道路、绿化等基础设施齐全，配有篮球架等各类健身器材12套，村部有公厕1座。2008年开工建设的安徽省500千伏变电站位于村张郢坊组，供电至华东各省市。供水管网铺设21千米。2014年，村建供水管网4.2千米，月带水量16吨，426户用上了自来水。

4.区域经济

种植业　2014年，主要农作物总播种面积（含复种指数）416公顷。

其中，粮食作物播种面积376公顷，总产量3835吨；油料作物播种面积360亩，总产量64.8吨；棉花播种面积92亩，总产量18.4吨；蔬菜瓜果播种面积62亩，总产量372吨。

养殖业　2014年，牛饲养存栏数26头；羊肉总产量500公斤；家禽饲养量24000只，禽肉总产量36吨，禽蛋总产量30吨；水产养殖116亩，可养殖水面89.29公顷，养殖种类12种，总产量29.6吨，总产值89万元。

养殖场选介。2008年，钟小郢组钟圣银土鸡养殖场面积2000平方米，年饲养量2000只；宋巷组宋尚发土鸡养殖场面积6000平方米，年饲养量3000只；田中组张生土鸡养殖场面积300平方米，年饲养量2000只；白地岗组张俊国土鸡养殖场面积1850平方米，年饲养量4000只；许小郢组张继云土鸡养殖场面积40平方米，年饲养量200只；李陈户组李琼土鸡养殖场面积3000平方米，年饲养量8000只；李陈户组程国权土鸡养殖场面积460平方米，年饲养量200只；陈户组陈德才土鸡养殖场面积1300平方米，年饲养量800只。

林业　2002年，村抓住国家实施退耕还林政策的机遇，林业发展加快。

村民在低洼荒地、岗垄坡地，沿河边栽植杨树等生态林1280亩，道路绿化长度16千米，路旁植树5680棵，村内有栽树、育苗大户2家，苗围内广植香樟、龙柏、广玉兰、黄杨、垂柳、雪松、棕榈等苗木。

劳务输出　2014年，全村劳务输出人数1576人，其中，男性896人，女性680人，主要流入地是合肥、上海、浙江等沿海地区，少数去国外打工，主要从事建筑业、服务业，全村劳务年总收入1728万元。

水利建设　至2014年，村民多渠道筹集水利资金，建设小(2)型水库任大塘、金王大塘，共占地204亩。郑岗组任大塘占地100亩，拦河设坝3座(分布下金王、王小郢、郑小河村民组)，涵闸配套3处，村民打各类压水井572口，水利枢纽店埠河与郑小河纵横交错，自然灌溉区面积960亩。

农业机械设备　2014年，全村拥有农业拖拉机198台，收割机1台，旋耕机1台。

交通、邮电、供电

交通　2014年，境内水泥路17千米，砂石路2千米，全村拥有车辆372辆，其中农用车辆202台，货车5辆，摩托车10辆。

邮电、电信　2014年，全村安装固定电话8部(2000年，固定电话安装率90%以上，后逐渐被移动电话手机取代)，电话拥有数人口总人口的59%，占农户数99.9%，网络覆盖率45%，通信设施齐备，拥有手机2089部，微机联网362台。

供电　1982年7月通电，2014年，全村有供电台区12座，线路里程3.7千米。

2011年11月进行电网改造，杆线总长度26.4千米，电网覆盖率100%，年用电总量51.2万千瓦时，时居民用电价格0.56元/千瓦时，年用电量49.3万千米。至2014年，户户用上瓶装液化气。

商业贸易　村内较中心位置的王小郢组、张郢坊组、圩外组、郑岗组等有日用百货、副食品、卤菜、理发等10余家。

村居企业　至2014年，全村拥有12家企业，均属个体户私营企业。

2014年村部分企业一览表

表27-7

企业名称	地 址	负责人
门窗密封条厂	圩东组	周传松
永成陪驾服务有限公司	李户组	—
合肥超然家具有限公司	原郑河小学	金开翠
合肥奇顿生物工程有限公司	原郑河小学	方　波
合肥王者门业有限公司	原郑河小学	—
安徽佳虎建筑装饰有限公司	圩东组	—
对农加工厂	王小郢	王华权

建材

砖瓦　民国时期，村内有生产砖瓦的土窑1家，年产砖3000余块，土瓦1000余片。以手工制作为主，窑户自产自销，供应当地用户。1985年后，砖瓦生产逐步由手工生产转为机制生产，轮窑烧制。基本淘汰了灰砖、土瓦。

1990年后，农村兴起建房热潮，砖瓦需求量大增，村民朱宗刚、李永胜各办砖瓦厂1家，掀起砖瓦生产高潮。众兴地下土质优宜生产砖(包括空心砖)瓦，至1995年，乡企业新建改建大规模轮窑2家，分别是众兴轮窑厂和吴莫岗轮窑厂。由窑厂自主敞开供应，红砖基本取自乡内。

住房　1978年后新建房572户,平顶368户,二层172户,三层12户，建筑面积14.7万平方米。2014年,人均住房面积38平方米,70%的村民在合肥市、县城和集镇购置商品住房,部分购置门面房。

民办砖瓦厂　(联合社区/供)

5.社会事业

教育事业　村原有小学3所。

水库小学(1983—1998年),校址在原水库办公地大院内。

金王小学(1965—2013年),校址在钟小郢村民组。

河西小学(1952—1956年),初在小圩组办学,1956—1977年迁至小岗上办学,1977年后迁入周大郢,2000年后撤销。

2014年,村小学生大多去县城、合肥市或众兴小学上学。学龄儿童入学率99%,小学巩固率98%;1949年到2014年小学入学率由17%上升至99%，毕业率由31%上升至99%,累计考取高中562人,中专76人,大专146人,大学96人。

1949年到2014年办扫盲班42班次,脱盲人数568人,农业技术学校举办各种实用技术培训班36期,培训906人次。

文化事业　村党群服务中心设有文化广播电视室,配专职工作人员。有线电视覆盖率58%,调频广播覆盖率100%,农家书屋收藏各类图书3500余册,村民可凭证免费借阅,村在乡文化广播电视站等部门的安排指导下,利用节假日,组织村民参加文艺下乡会演、调演、有奖知识竞赛等,丰富村民业余生活,提高村民素质。

卫生事业　至2014年,村有卫生室1所,卫生从业人员3人,村民合作医疗参保率96%。门诊病房建筑面积96平方米,分诊室、治疗室、处置间、留观室。

计划生育　村设计生专干1人,建计生服务室2间、计生宣传栏1组,适时公开计生卫生法律法规、奖励优惠政策和各项办事流程,宣传国家免费优生孕检项目,开展新婚、产前、产后和四项手术随访,畅通监督渠道,培育婚育新风,促进村民健康生活,全面建设小康社会。2014年,村人口出生率6.3‰,出生人口政策符合率97.6%,目标责任考核属一类村。

精神文明建设　村通过广泛开展文明村镇、文明行业、文明家庭、十星级文明户等创建活动,大力宣传和倡导社会主义核心价值观。户户张贴《村规民约》《公民道德章程》,倡导敬老爱幼、见义勇为、拾金不昧、捐资助学、手拉手等文明风尚;广泛开展反邪教、禁毒等政策法纪、科普知识和文明新风教育活动，引导农民崇尚科学，破除迷信。

村民蔡定芬2013年被评为乡孝老爱亲模范人物。2012年起，村成立5个志愿者组织，分别是敬老爱幼志愿者组织21人、关爱留守儿童妇女志愿者21人、关爱空巢老人志愿者16人，进行一对一帮扶；三线三边整治志愿者16人，维护社会和谐志愿者组织12人。

主要姓氏、宗谱、宗祠　人口较多的姓氏有张（分布全村）、李（分布全村）、王（主要在王小郢）、刘（主要在刘小郢）、许（分布全村）、朱（分布原金王全村）等，均有宗谱，张姓宗祠原建在花灯村罗岗自然村，毁于"文化大革命"期间，王姓宗祠原在永安村王宣户自然村，毁于1958年"大炼钢铁"。

组名　河沿、郑岗、东岗、王小郢、周大郢、小岗上、郑小河、刘小郢、白地岗、郢东、郢西、田南份、田中份、钟小郢、李户、陈户、上金王、下金王、许小郢、路东、路西、圩里、圩外、圩东。

社会保障　2014年，村绝对贫困人口62人，低收入人口93人，县、乡两级政府救助资金16.7万元。集中供养五保户人数7人，年人均赡养费8952元，分散供养五保户人数21人，低保人口定期补助每人每月320元。

安徽省电力公司500千伏众兴变电站　（联合社区 / 供）

（六）省市县驻境企业

众兴500千伏变电站是合肥地区的第三座500千伏变电站，与肥西500千伏变电站、合肥南500千伏变电站、合肥北部的吴山500千伏变电站互为联通、相互支撑，构成"四足鼎立"的坚强供电格局，是保障省城安全稳定用电的重要一环，被誉为安徽电网"峰度夏"头号工程，缓解用电紧张的局面。

二、大高村

1958年建队时，名为大高大队，因队内有较大的自然村大高户而得名。

1957年前，属高级农业生产合作社井店四社；1959年划为花灯大队；1983年改置大高村。村委会所在地众牌路与元店路交口东北角，距离

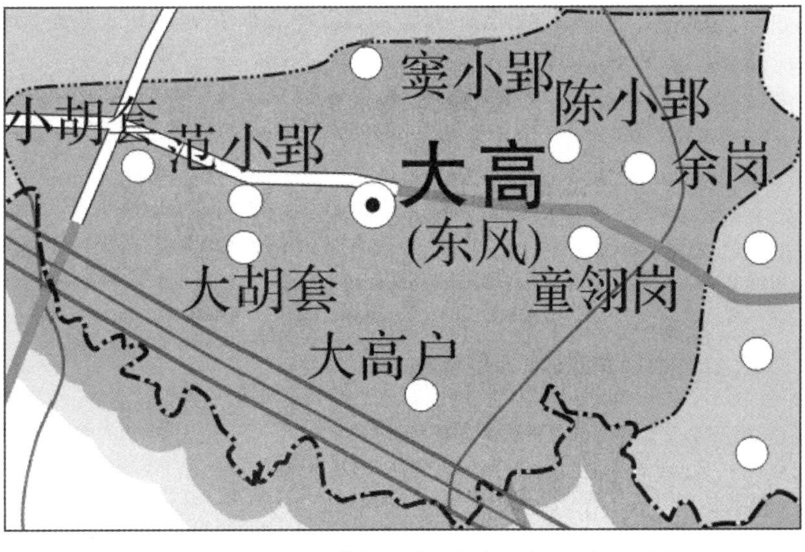

大高村区域图　〔审图号：皖合S(2022)01号〕

县城10千米，合肥市新站区1千米。村总面积357.5公顷，耕地面积201.27公顷，其中水田1562亩，旱田1457.05亩，全村村民小组12个，自然村9个，人口1726人，男880人，女846人，劳动力532人，少数民族3人，分别为布依族、土家族。大高村位于众兴乡的南大门，区位优势明显，东接永安村，南临合肥新站区的八联、漕坊（原均属众兴乡）两村，北靠联合、众兴两村，西连花灯社区。众牌路与元店路穿村而过约6千米，呈十字形交会于村中心位置；大众路（众兴至合肥）穿村0.5千米，交通便捷、优势明显。众兴南电灌站砂塘岗支渠自西向东穿村而过流向永安村，自北向南流向新站区。2012年获得“合肥市第二届文明村”称号。

1.自然环境

大高村岗冲交错，西北高东南低，海拔高程42米，年降雨量960毫米，年平均气温15.6 C°，岗垅地属黄棕壤、油白土类。洼冲地以褐粒土居多。土体深厚，有机养分含量丰富，光热资源充足，农作物生长旺盛，植被覆盖率达72%，水面42.87公顷，森林覆盖率54%以上，易旱不涝，旱涝灾害少。

大高村党群服务中心 （众兴社区/供）

2.组织建设

1.中共党组织的建设与发展（党支部负责人名录）

1958—2014年大高村（大队）党支部负责人一览表

表27-8

机构名称	职　务	姓　名	时　间
大高大队	书记	杜世祥	1958年至1982年
大高大队	书记	窦　平(女)	1982年至1984年
大高大队(村)	书记	窦维良	1984年至1990年
大高村	书记	高榜业	1990年至2002年
大高村	书记	张伦华	2002年至2008年
大高村	书记	高清柱	2008年8月起

2.村务管理沿革(负责人名录)

1958—2014年大高村(大队)负责人一览表

表27-9

机构名称	职 务	姓 名	时 间
大高大队(革委会主任)	大队长(革委会主任)	高余业	1958年至1982年
大高村委会	主任	张伦华	1986年至2002年
大高村委会	主任	高清柱	2008年至2011年8月
大高村委会	主任	窦本高	2011年8月起

3.公共设施

晶木园林　（众兴社区/供）

众兴至合肥的大众路从小胡套村民组经过，众牌路与众店路纵横交错于村内，总长6千米，穿过全村9个自然村，村组通路率100%。原先两条道路为土路、石子路，后经县乡投资建设，现为水泥路和柏油路，众店路是原店埠至白龙的老路基，后因修众兴水库而改道民族乡。合六叶高速路穿境而过，在村内设立众兴服务区，分南北两区间，占地298668.16平方米，服务区内建有旅馆、餐厅、加油站、汽车维修、百货商店等服务设施，就近吸纳务工人员100余人。

道路绿化带11千米，路灯建设8千米，夜晚村内灯火通明。县公交车357路在村里设大高、敬老院、范小郢、小胡套4个停靠站，每隔20分钟一次班车。

乡水利设施砂塘岗支渠贯穿东西南北，向东流入永安村，向南流入合肥新站区，农业基本旱涝保收。2008年，村建村民健身园区一处，占地3063.6平方米；村党群服务中心，占地2397.6平方米，建筑面积376平方米；建公厕1座。

1994年，乡敬老院由原众兴农业中学迁至村东风组，2006年被评为合肥市515项目，共投资222万元，建成现在的标准化养老社区。至2014年，村铺设自来水管网26千米，70%户用上自来水。

4.区域经济

以传统农业为主，逐步形成种植、养殖和劳务输出并举的区域经济形式。农作物有水稻、油菜、小麦、棉花、玉米、花生、山芋、豆类等。耕作制度是一油一稻、一麦一稻、一莜(麦)一棉；早、晚稻复种面积小。

种植业　2014年，主要农作物总播种面积（含复种指数）3975亩，其中粮食作物播种面积2720亩，总产量1849吨；油料作物播种面积260亩，总产量4.68吨；棉花播种面积72亩，总产量1440公斤；蔬菜、瓜果播种面积62亩，总产量37.2吨。

养殖业　2014年，牛饲养存栏数62头，牛肉总产量200千克；猪饲养存栏数626头，猪肉总产量4.06吨；山羊饲养存栏数16只，羊肉总产量320千克；家禽饲养量3600只，禽肉总产量2400千克，禽蛋总产量6000千克；水产养殖96亩，可养殖水面42.87公顷，养殖种类8种，水产饲量320千克，总产量2.1千克，总产值9.2万元。

饲养场选介　合肥乔元生态农业有限公司位于村窦小郢组，主营蔬菜、花卉、苗木种植、水产、畜禽养殖等生产销售。占地213334.4平方米，注册资本100万元，年营业额720万元，吸纳就业人员76名。

林业　2014年前后，林业大户有君茂园林公司、晨坤园林公司、泰自达园林公司、义洋园林公司、厚土园林公司等，总占地152.40万平方米，栽植果树132亩，经果林1416亩，杨树460亩。村道路绿化长度9千米，路旁植树棵数12300棵，森林覆盖率达54%。

劳务输出　2014年，全村劳务输出人数476人，其中男性296人，女性180人，主要流入合肥、上海、浙江等地，主要从事建筑、缝纫、运输、餐饮行业，有少数出国打工，劳务年总收入1966万元。

建筑公司选介　合肥巨豪房产开发有限公司，法人陈发林，注册资本2000万元，经营范围：房地产开发与销售、营销策划及咨询服务，物业管理、装饰工程施工、建材销售。

安徽建科置业投资发展有限公司，法人樊昌余，注册资本2000万元，经营范围：房地产开发、销售、置业投资、建材销售。

水利建设　至2014年，村农户多渠道筹集水利资金，新建大中塘坝3口，村民自筹资金打各类压水井462口，蓄水总量达201万立方米，高速路桥梁2座，涵洞12处，涵闸1处，自然灌溉区面积462亩。

农业机械设备　至2014年，全村拥有农业拖拉机132台，工农业拥有搅拌机8台，挖掘机2台，龙门架14台。

龙门架　村内主要属于2个建筑公司拥有。广泛用于建筑结构主体施工以及旧房装修等施工工程，在没有塔机的情况下，可独立完成建筑主体施工。主要作材料上下运输使用，实现起重机械化。减少人力，降低建设运营成本，提高工作效率。

搅拌机　是一种建筑工程机械，用于搅拌水泥、沙石、各类干粉砂浆等建筑材料。这是一种带有叶片的轴在圆筒或槽中旋转，将多种原料进行搅拌混合，使之成为一种混合物或适宜稠度的机器。搅拌机为好多种，有强制式搅拌机、单卧轴搅拌机、双卧轴搅拌机等。村内的属于简易的一种，用于生产透水砖、建筑垫块等水泥建筑设施材料。

交通、邮电、供电

交通　2014年，境内水泥路6千米，沥青路5千米，沙石路1千米；拥有车辆81辆，其中，农用车2辆、货车16辆；三轮车372辆、摩托车163辆；公交站台4处。

邮电、电信　2014年，全村安装固定电话4部(2000年，固定电话安装率90%以上，后逐渐被移动电话手机取代)，电话拥有人口占总人口的69%，占农户99%，网络覆盖率52%，通信设施齐备，拥有手机1089部，微机联网162台。

供电　2014年，全村有供电台区10座，其中企业6座，杆线长度16.4千米，电网覆盖率100%，年用电总量136万千瓦时，用电户数611户。2010年9月进行电网改造，时居民用电价格每千瓦时0.56元，居民年用电量24万千瓦时。

商业贸易　2006年建成的花灯大街，东侧门面房160间，吸纳各类经营户(五金、时蔬、百货、饭店、小吃、旅馆、通信、缝纫、种子、农产品加工、理发、修理、电焊、棋牌)等72家。2014年，集市1.2亿元，税收总额达140万元。

2014年，村自来水管网长度38千米，70%居民用上自来水，日供水量达16吨；户户用上瓶装液化气。

村企业　2014年，全村拥有企业33家，联户办4家，个体户29家，年产值1600万元，企业性质均为私企，经营方式私营，年上缴税收162万元。

2014年驻村部分企业一览表

表27-10

企业名称	地址	负责人
肥东兴连粮食加工厂	小胡套	王忠良
肥东众兴忠良饲料粮油经营部	小胡套	王忠良
众兴民匠坊	小胡套	刘　刚
肥东金利商业展具厂	小胡套	张先国
肥东众兴再生资源回收站	小胡套	王成飞
合肥吴氏厨具有限公司	小胡套	王菊梅
合肥泽晟机械制造有限公司	众兴工业聚集区	熊文彬
合肥民志桥架设备有限公司	众兴工业聚集区	袁理云
合肥昊达冷冻食品有限公司	众兴工业聚集区	张武勇
合肥锦成胶粘制品有限公司	众兴工业聚集区	何　军
合肥中丽包装材料有限公司	众兴工业聚集区	田丽莎
合肥新睿建材预制品厂	范小郢	柴义兵
众兴文庆预制厂	范小郢	柴义文
肥东众兴义东水泥制品厂	范小郢	柴义东
肥东仁开水泥制品厂	范小郢	柴义兵
肥东众才水泥制品厂	东风	柴仁友
合肥靓之佳展台有限公司	东风	华子伟
北京丰瑞工贸肥东分公司	东风	高　飞
合肥丰之瑞沙发销售有限公司	东风	高天阳
肥东鸿福水泥垫块经营部	大胡套	胡传福
合肥本华水泥制品有限公司	窦小郢	窦本华
合肥意洋现代农业开发销售有限公司	窦小郢	高国民

续表 27-10

企业名称	地 址	负责人
安徽雷鸣红星化工有限公司	童中	徐先俊
合肥君茂现代农业科技有限公司	童中	黄晓燕
肥东翔琳家庭农场	高西	王 琳
合肥厚土生态园林有限公司	高西	刘绍亮
肥东高原新型建材制品厂	余岗	高理云
合肥晨坤生态旅游开发有限公司	陈小郢	陈建武

企业选介 徽海吸塑制品厂，主要产品：吸塑面罩、托盘、内托、折边、对折、三折等吸塑制品，透明或丝印胶合、卷边圆筒、高周波、热合、胶片整平、软膜袋、切片印刷等。药品、五金等包装材料。拥有电脑全自动高速成型机，采用防静电、镀金、普通环保、植绒毛等原材料，产品晶莹透亮、美观大方、环保、价廉、质优、交货快，畅销江、浙、沪、皖等地区。

晶徽达名门制造厂，位于花灯大街，主要产品有中控推拉门、单玻隔断门、衣柜推拉门、中空平开门、衣柜平开门等，产品远销全国各地。

建材 民国时期，村内有生产砖瓦的土窑1家，年产砖2000余块，土瓦1000余片。以手工制作为主，窑户自产自销，供应当地建房户。

1985年后，砖瓦生产逐步由手工生产转为机制生产、轮窑烧制。基本淘汰了灰砖、土瓦。

住房 至2014年，全村新建房575户，其中，平顶396户，二层167户，三层12户，总建筑面积8.5万平方米。至2014年底，人均住房面积达49平方米，近70%的村民在合肥市及县城、众兴集镇购置商品住房或商铺门面房。

5.社会事业

教育事业 大高村小学创办于1970年，2003年8月撤去高小，2004年撤并。学龄儿童入学率98%，小学巩固率97%，1949—2014年，小学入学率由21%上升至99%，毕业率由31%上升至99%，累计录取高中362人、中专76人、大专172人、本科64人。1949年到2014年办扫盲班21班次，脱盲人数462人，农业技术学校举办各种实用技术培训班28期，培训969人次。

文化事业 村党群服务中心设有文化广播电视室，配专职工作人员。有线电视覆盖率52%，调频广播覆盖率100%，农家书屋收藏各类图书3300余册，村民可凭证免费借阅，村在乡文化广播电视站等部门的安排指导下，利用节假日组织村民参加文艺下乡会演、调演、有奖知识竞赛等活动，丰富村民业余生活。

肥东县全民文化月（送戏进万村）众兴乡大高村专场

（众兴社区/供）

卫生事业　2014年，村有卫生室1所，卫生从业人员2人，村民合作医疗参保率95%。医疗设备符合国家标准。门诊病房建筑面积96平方米，分诊室、治疗室、处置间、留观室。

计划生育　村设计生专干1人，计生信息员1名。建计生服务室2间、计生宣传栏1组，适时公开计生卫生法律法规、奖励优惠政策和各项办事流程，宣传国家免费优生孕检项目，开展新婚、产前、产后和四项手术随访，畅通监督渠道，培育婚育新风，促进村民健康生活，全面建设小康社会。2014年，村人口出生率13.6‰，出生人口政策符合率97.6%，目标责任考核属一类村。

精神文明建设　紧紧围绕村容洁净、环境优美、乡风淳朴、邻里和睦、社会和谐、治安良好的总体目标，做好文明村镇创建工作。2012年，村建一个基层文化资源共享服务点，配一名宣传员，建一个精神文明宣传栏，建立农村志愿者队伍，成立3个志愿者组织，分别是敬老爱幼志愿者组织12人，与关爱留守儿童妇女志愿者8人，与空巢老人、留守儿童、残疾人，进行一对一帮扶；三线三边整治志愿者18人，整治维护村容村貌；社会和谐志愿者组织16人，日夜执勤维护社会治安。开展乡规民约教育，印发至每家每户，倡导婚事新办，丧事简办，喜事廉办，开展移风易俗，树立文明新风活动，以及“三下乡”“欢乐下基层”等活动，把优秀作品和服务送到村民家门口，广泛开展各类文化活动。

2013年村民张玉芬被评为敬业奉献模范人物。

主要姓氏　村内主要姓氏有高（主要分布大高、童翎岗、余岗村民组）、陈（主要分布陈小郢组）、胡（主要分布大胡套组）、窦（主要分布窦小郢自然村）等。

村有12个村民组：窦小郢、东风、范小郢、小胡套、胡前、胡后、高东、高中、高西、陈小郢、童中、余岗。

社会保障　2014年，村绝对贫困人数57人，低收入人数94人；县乡两级政府救济资金16.2万元。集中供养五保户人数4人，年人均赡养费8952人；分散在村的五保户人数21人，城镇低保人口定期补助每月每人320元。

6.省市县驻境企业

安徽雷鸣红星化工有限责任公司　办公地址位于余岗组，于2007年5月11日在肥东县市场监督管理局注册成立，注册资本7000万元。主要经营项目：工业电雷管、塑料导爆管、导爆管雷管生产；危险货物运输（1类1项）。有专业的销售和技术团队司属于合肥化工公司行业。

合肥外环高速众兴服务区　双侧式服务区布局，道路两侧均设置服务区，两侧服务设施及功能分区相同。配备了便利店、汽修厂、餐厅、加油站、停车场、公共厕所等服务设施。

三、霞光村

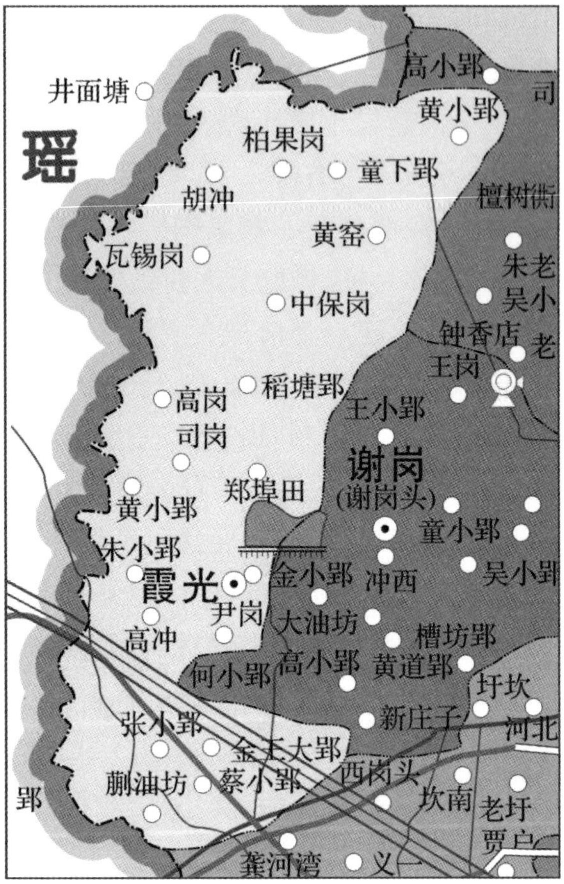

霞光村区域图 〔审图号:皖合 S(2022)01 号〕

中华人民共和国成立后，随着农村政策的发展变化，霞光村经历了村民互助组到农业生产合作社、霞光大队、霞光村、霞光村民委员会几个发展阶段。中华人民共和国成立初，属原郑埠乡管辖。1956 年，原郑埠乡的三个大队——霞光、谢岗、郑埠并入众兴乡。2007 年，霞光、郑埠两村合并为霞光村。

村位于乡西部，西、南是新站区的三十头镇，北与长丰五十头乡和众兴乡华光社区相邻，东连谢岗村，距离县城 20 千米，毗邻合肥新站区。总面积 829.24 公顷，耕地面积 4406.95 亩，其中水田 3982 亩，旱田 424.95 亩，村民小组 29 个，自然村 19 个，人口 3524 人，男 1797 人，女 1727 人，劳动力 881 人，少数民族 8 人，分别为回族、蒙古族、苗族、水族、土家族。村委会所在地为郑埠田自然村。

1.自然环境

岗冲交错，丘陵地带典型，北高南低，两冲夹一洼，一条自然河——金大坝河，横穿滁干河渠底涵洞，经龚河湾流入新站区淤湾水库，另一条蒯油坊河自黄小郢村前低冲流入众兴水库；海拔高程 36 米，年均降雨量达 1000 毫米，土壤有黄土、白土、褐料土，土体深厚，有机养分含量丰富，光热资源充足，农作物生产旺盛，植被达 78%，年最高温度 44 ℃，最低温度 –16 ℃，森林覆盖率 58%，水面 362 公顷。易旱不涝，农民俗话称“三年两头旱”。

2.组织建设

1.中共党组织的建设与发展(党支部负责人名录)

1956—2007 年霞光村(大队)党支部负责人一览表

表 27-11

机构名称	职　务	姓　名	时　间
霞光大队党支部	书记	金宏榜	1956 年至 1960 年
霞光大队党支部	书记	江家才	1960 年至 1962 年

续表 27-11

机构名称	职　务	姓　名	时　间
霞光大队党支部	书记	蔡圣江	1962 年至 1966 年
霞光大队党支部	书记	朱恩祥	1966 年至 1976 年
霞光大队(村)党支部	书记	朱恩贵	1976 年至 1995 年
霞光村党支部	书记	范家文	1995 年至 2007 年

1962—2007 年郑埠村(大队)党支部负责人一览表

表 27-12

机构名称	职　务	姓　名	时　间
郑埠大队党支部	书记	孙维祥	1962 年至 1965 年
郑埠大队(村)党支部	书记	程百寿	1966 年至 1997 年
郑埠村党支部	书记	韩永为	1997 年至 1999 年
郑埠村党支部	书记	韩永掌	2000 年
郑埠村党支部	书记	苏永柱	2001 年至 2002 年
郑埠村党支部	书记	张开银	2002 年至 2003 年,乡干兼职
郑埠村党支部	书记	韩永为	2005 年至 2007 年

2007 年霞光村党支部负责人一览表

表 27-13

机构名称	职　务	姓　名	时　间
霞光村党支部	书记	范家文	2007 年起

2.村务管理沿革(负责人名录)

1956—2007 年霞光村(大队)负责人一览表

表 27-14

机构名称	职　务	姓　名	时　间
霞光大队(革委会)	大队长(革委会主任)	徐存和	不详至 1976 年
霞光大队(村委会)	大队长(主任)	范传科	1977 年至 1995 年
霞光村委会	主任	范家文	1995 年至 2007 年

1982—2007 年郑埠村(大队)负责人一览表

表 27-15

机构名称	职　务	姓　名	时　间
郑埠大队(村委会)	大队长(主任)	韩永为	1982 年至 1997 年
郑埠大队村委会	主任	苏永柱	1997 年至 2000 年
郑埠村委会	主任	韩永为	2005 年至 2007 年

2007—2014 年霞光村负责人一览表(2007 年郑埠村并入)

表 27-16

机构名称	职　务	姓　名	时　间
霞光村委会	主任	范家文	2007 年至 2011 年
霞光村委会	主任	孔祥霞	2011 年至 2014 年
霞光村委会	主任	韩海峰	2014 年起

3.公共设施

村党群服务中心位于小(2)型水库金大坝北岸,占地 1998 平方米,建筑面积 260 平方米,独立办公院。内设村企一体便民服务中心、计生服务室、党员活动室、农家书屋、阅览室、棋牌室等机构;建有村民健身公园 1 处,配备 10 多种健身器材;道路亮化安装路灯 86 盏,道路绿化带 16 千米。

霞光村党群服务中心　(霞光社区/供)

2011 年建设自来水主管网 5 千米,支管网 15 千米,村民用上了自来水;村办公室建有公厕 1 座;合肥市外环合六叶高速路穿村西南而过,建设长 80 米,宽 5 米的上跨桥 1 座;众霞路穿村约 2 千米向西与新站区三十头社区相通。南北走向的两条水泥路,霞光东路 2 千米长(2008 年建成,黄窑—金大坝)、霞光西路 3 千米长(2010 年建成,柏果岗—蒯油坊)连接众霞路,总长约 8 千米,贯穿各自然村;1980 年 9 月通电,2012 年 10 月进行升级改造,改造线路里程数达 15.3 千米,电线杆数 391 根。2014 年,村建有水管网 2.4 千米,1/4 的用户接通自来水。

4.区域经济

种植业　2014 年主要农作物播种面积(含复种指数)7628 亩。其中,粮食作物播种面积 6820 亩,总产量 4569 吨;油料作物播种面积 560 亩,总产量 100.8 吨;棉花播种面积 116 亩,总产量 230 吨;蔬菜、瓜果播种面积 132 亩,总产量 792 吨。

福森园林公司　(霞光社区/供)

养殖业　2014 年,牛饲养存栏数 96 头,牛肉总产量 900 千克;猪饲养存栏数 4200 头，猪肉总产量 546 吨；山羊饲养存栏数 72 只，羊肉总产量 1440 千克；家禽饲养量 4.2 万只，禽肉总产量 126 吨，禽蛋总产量 60 吨；水产养殖 112 亩，可养殖水面 106 公顷，养殖种类 12 种，水产饲料 32 吨，总产量 56 吨，总产值 16.8 万元。

林业　2012 年，国家提出发展现代农业，开展土地流转，促进农业产业化、规模化发展。引进栽树大户、育苗大户有同创园林公司占地 53.33 公顷，沈家园林公司占地 63.33 公顷，众农园林公司占地 46.67 公顷，高宏园林占地 33.33 公顷，福森园林公司占地 20 公顷，家庭农场一处占地 200 亩。苗圃栽植各类花卉 70 多个品种，主要有桂花、茶花、含笑、白兰、苏铁、南洋杉、杜鹃、菊花、月季花等；各种苗木 30 多个品种，主要有雪松、龙柏、香樟、广玉兰、黄杨、棕榈、垂柳等，远销全国各地。道路绿化长度 19 千米，路旁植树 7200 棵，森林覆盖率达 53%。

香榭里园林公司　（霞光社区 / 供）

劳务输出　2014 年全村劳务输出人数 1424 人，其中男性 806 人，女性 618 人，主要流入合肥、上海、广东、北京等地，少数出国务工，主要从事建筑、运输、餐饮、服务、个体等行业，全村劳务年总收入 4000 余万元。

水利建设　至 2014 年，村民多渠道筹集水利资金，在县乡的支持下，兴建当家塘四口，其中，大古塘 80 亩、稻塘 100 亩、东大河 60 亩、西大河 30 亩；打各类压水井 463 口。2014 年，村有小(2)型水库金大坝 1 座，拦水坝 2 座，大中型塘坝 6 口，蓄水总量 115 万立方米，提水电站 2 座，桥梁 4 座，涵洞 6 处，涵闸 2 处，自然灌溉区面积 762 亩。

农业机械设备　2014 年底，全村拥有农业拖拉机 2 台，播种机 2 台，收割机 1 台，工农业拥有搅拌机 4 台，挖掘机 2 台，龙门架 6 台。

徽艺坊·朗迪工艺制造基地　（霞光社区 / 供）

交通、邮电、供电

交通　至 2014 年底，境内水泥路 14 千米，沥青路 4 千米，沙石路 0.5 千米。全村拥有车辆 142 辆，其中客车 1 辆，货车 2 辆，农用车 2 辆；电动三轮车 312 辆，摩托车 4 辆，机动船 1 艘。

邮电、电信　至 2014 年底，全村安装固定电话 42 部(2000 年后，移动手机得到普及),总人口电话拥有率57%,占农户总数的99%,网络覆盖率100%,电信年营业额4.98万元,通信设施齐备,村民拥有手机2065部,微机联网32台。

供电　2014年底,全村有供电台区7座,杆线长度15.3千米;2012年完成电网改造,电网覆盖率100%,居民用电价格每千瓦时0.56元。

商贸　村中心位置司岗自然村,有便民商店1家,其他较大自然村也有小型商店3家。95%的农户用上瓶装液化气。

村企业　2014年,全村拥有16家个体户企业,年产总值560万元,经营方式私营,2014年上缴税金40万元。

2014年驻村部分企业一览表

表27-17

企业名称	地址	负责人
柏果粮食加工厂	柏果	—
汽车配件厂	柏果	周　凯
胡冲棉絮加工厂	胡冲	—

建材　民国时期,村内有生产砖瓦的土窑1家,年产砖3000余块,土瓦600余片。以手工制作为主,窑户自产自销,供应当地用户。

1985年后,砖瓦生产逐步由手工生产转为机制生产,轮窑烧制,基本淘汰了灰砖、土瓦。

1990年后,农村兴起建房热潮,砖瓦需求量大增,乡企业兴办窑厂,掀起砖瓦生产高潮。至1995年,新建改建大规模轮窑2家,分别是众兴轮窑厂和吴莫岗轮窑厂。由窑厂自主敞开供应,红砖基本取自乡内。

5.社会事业

文化事业　2014年,村党群服务中心设有文化广播电视室,配专职工作人员。有线电视覆盖率30%,调频广播覆盖率100%,农家书屋收藏各类图书300余册,村民可凭证免费借阅,村在乡文化广播电视站等部门的安排指导下,利用节假日组织村民参加文艺下乡会演、调演、有奖知识竞赛等活动,丰富村民业余生活。

霞光社区党员开展党日活动　(霞光社区/供)

大古井　村内有古井2口,1口名叫大古井,位于中保岗西北之首,井坛高 0.3 米，井口为直径 50 厘米的整体圆筒石，米黄色；井口布满用绳索提水留下的深浅不一的沟槽，沟深均约 2.5 厘米；井两旁有两块曲形石，供居民提水时放扁担衣物用。2000 年立有碑一块。

大古井　（康琛/摄）

卫生事业　2014 年，村有卫生室 2 所，卫生从业人员 4 人，医疗设备达标，村民合作医疗参保率 90%以上；医疗设备符合国家标准；门诊病房建筑面积 210 平方米，分诊室、治疗室、处置间、留观室。

计划生育　村设计生专干 1 人，计生信息员 1 名；建计生服务室 2 间、计生宣传栏1 组，及时公开计生卫生法律法规、奖励、优惠政策和各项办事流程，宣传国家免费优生孕检项目，开展新婚、产前、产后和四项手术随访，畅通监督渠道，培育婚育新风，促进村民健康生活，全面建设小康社会。2014 年，村人口出生率 16‰，出生人口政策符合率 97.26%，目标责任考核属二类村。

精神文明建议　村建立道德讲堂，开展经常性宣讲活动，充分利用宣传车、宣传栏宣传党和国家的方针政策，举办文体活动，1986—2014 年，开展科普教育，放映科技、教育、廉政电影 15 场次，开展送文化、科技、法律下乡活动 56 次，乡组建舞蹈队、秧歌和腰鼓队，利用农闲时节和“五一”国际劳动节、国庆、元旦、春节等重大节日，在村文化广场展演民间艺术节目，满足了广大群众求富、求知、求乐的精神需求；广泛开展争创“十星级文明户”“致富带头人”“遵纪守法模范户”“文明信用户”等评先创优活动，共评选出的模范家庭和先进个人 32 人，并将其事迹上墙。2014 年，全村 80%的农户掌握一到两门实用技术，65%的农户成为“十星级文明户”，90%的农户成为“文明信用户”。

至 2014 年，共表彰好媳妇 20 名、好婆婆 15 名。

2013 年，村民刘延华被评为乡孝老爱亲模范，陈永双被评为乡见义勇为模范，陈家海被评为乡敬业奉献模范，司宏礼被评为乡助人为乐模范。

主要姓氏、宗谱　韩姓，有宗谱，发源于江西，分布于上中岗、下中岗、柏果童下、司岗、尹岗、高岗等自然村。

范姓，有宗谱，发源于江西，分布于蔡小、金王、尹岗等自然村。

司姓，分布于司岗、尹岗、高岗等自然村。

陈姓，分布于油坊岗、高冲、金王等自然村。

刘姓，分布于高冲、朱小郢等自然村。

组名　上一、上二、上三、下东、下西、高南一、高南二、高北一、高北二、高东、高西、尹南、尹北、张一、张二、黄南、黄北村民组、郑东、郑西、柏果岗、黄小郢、童下郢、西黄小郢、朱小郢、蔡小郢、金王大郢、稻塘郢、胡冲。

6.社会保障

2014年，村民绝对贫困人口67人，低收入人口112人，县、乡两级政府救济资金27.2万元。集中供养五保户人数9人，年人均赡养费8952人，分散在村的五保户人数26人，低保人口定期补助每人每月收入320元。

四、永安村

永安村因名永安集，永安集原名关集，关家庙改称为永庆庵后，关集也随之称为永安集，取意“永保平安”，寄予人们对美好生活的向往和追求。

1949年2月至1955年12月，永安集、关大郢、中兴户、河岗4个自然村为永安村，属永安乡，乡政府所在地永安集，为店埠区所辖；许河湾、田埠周、王宣户、万岗、老徐、赵岗、小周、小高、王六九、李兴圩、张小郢11个自然村为许河村，属许河乡，政府所在地许河湾自然村，为草庙区所辖。

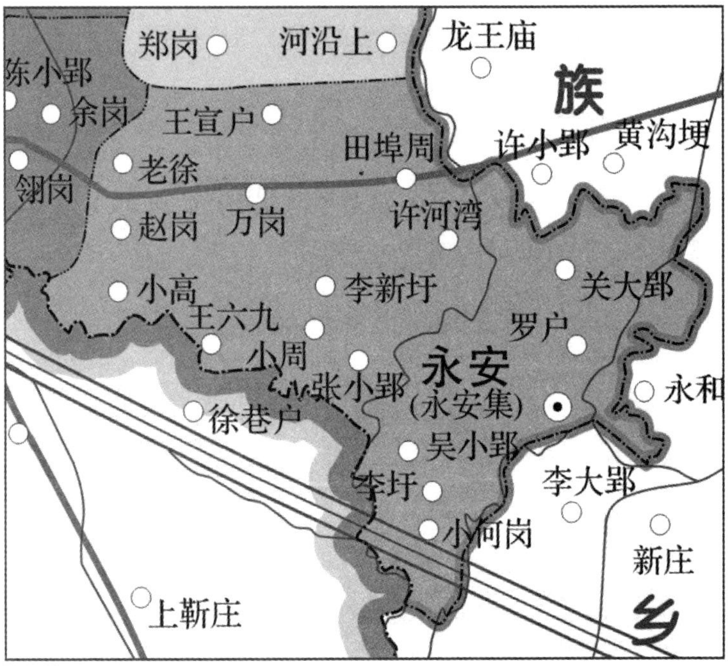

永安村区域图 〔审图号：皖合S(2022)01号〕

1955年12月至1956年12月，永安村随乡划属草庙区；1956—1957年，永安村为高级农业生产合作社曙光四社（当时设有曙光一至四社）。1956年12月至1961年6月，永安乡撤并为众兴乡，永安村为众兴乡所辖，其间，1958年10月后，永安村为众兴乡人民公社永安大队，属草庙区；1961年6月至1963年4月，众兴公社划分为众兴和永安两个公社，同属于双墩区；1969年4月至1992年2月，永安村又随永安乡划为店埠区，其间，1983年10月永安公社恢复乡建制，永安大队改称为永安村。

1992年2月，县撤区并乡，永安村随乡并入众兴乡。永安村各自然村不同时期也发生着变化，小高、赵岗、老徐、王宣户、田埠周5个自然村为原田埠村，王六九、万岗、李圩、小周、张小郢、许河湾6个自然村为原许河村，2004年，田埠村并入许河村；2008年，许河村、永安村两村合并，成立永安村。村党群服务中心建在中兴户自然村，距县城店埠镇7千米。村东、南两面是牌坊民族乡，北依联合村，西与新站区沿河村、漕坊村接壤，总面积689.74

公顷，耕地面积 453.98 公顷，其中水田 307 公顷，旱田 146.98 公顷，村民小组 29 个，自然村 15 个，人口 4227 人，男 2156 人，女 2071 人，劳动力 1056 人，少数民族 47 人，分别为回族、傈僳族、满族、蒙古族、土家族。

永安村党群服务中心　（永安社区 / 供）

1.自然环境

村属丘陵地貌，西北高，东南低，海拔高程 22 米，年平均气温 15℃ ~ 16℃，年均降雨量 1000 毫米，土体深厚，店埠河流域两旁土地比较平坦，以油白土为主，岗垅地以黄白土为主，植被覆盖率 67%，店埠河自北向南穿境 3 千米，流向店埠河注入巢湖，永安集东有条自然河流永安河（又名大寨河）流经村内 2 千米，村民在河上设坝造桥，建拦水坝小（2）型水库关老埂 1 座，坝上建造关老埂桥，关老埂下游因地制宜设拦水坝发展综合养殖，河两岸生态林茂盛。

2.组织建设

1.中共党组织建设与发展(党支部负责人名录)

1958—2008 年永安村（大队）党支部负责人一览表

表 27-18

机构名称	职　务	姓　名	时　间
永安大队党支部	书记	许才华	1958 年至 1962 年
永安大队党支部	书记	王存富	1962 年至 1966 年
永安大队党支部	书记	李道伦	1966 年至 1983 年
永安村党支部	书记	李道云	1983 年至 1989 年
永安村党支部	书记	关朝贵	1989 年至 2002 年
永安村党支部	书记	李义开	2002 年至 2005 年
永安村党支部	书记	王以宝	2005 年至 2008 年

1961—2008 年许河村（大队）党支部负责人一览表

表 27-19

机构名称	职　务	姓　名	时　间
许河大队党支部	书记	关道洲	1961 年至 1965 年
许河大队党支部	书记	周业荣	1966 年至 1975 年
许河大队党支部	书记	关道轩	1975 年至 1982 年
许河村党支部	书记	许俊鹏	1983 年至 2008 年

1978—2001年田埠村(大队)党支部负责人一览表

表 27-20

机构名称	职　务	姓　名	时　间
田埠大队(村)党支部	书记	李永发	1978年至1998年
田埠村党支部	书记	徐道荣	1999年至2001年

永安村(2007年与许河村合并成立永安村)。

主任:王以宝(2008年起)。

2.村务管理沿革(负责人名录)

1966—2008年永安村(大队)负责人一览表

表 27-21

机构名称	职　务	姓　名	时　间
永安大队(革委会)	大队长(革委会主任)	罗国庆	1966年至1983年
永安村(村委会)	主任	关朝贵	1983年至1989年
永安村委会	主任	李义开	1989年至2002年
永安村委会	主任	王以宝	2002年至2008年

1965—2000年许河村(大队)负责人一览表

表 27-22

机构名称	职　务	姓　名	时　间
许河大队(革委会)	大队长(革委会主任)	周文宏	1965年至1973年
许河大队革委会主任	革委会主任	周文凯	1973年至1975年
许河大队革委会主任(大队)	革委会主任(大队长)	许俊鹏	1975年至1982年
许河村委会	主任	许其柱	1988年至1993年
许河村委会	主任	於建国	1993年至1998年
许河村委会	主任	钟以荣	1999年至2000年

1978—2001年田埠村(大队)主要负责人一览表

表 27-23

机构名称	职　务	姓　名	时　间
田埠大队(村委会)	大队长(主任)	周文凯	1978年至1987年
田埠村委会	主任	徐道荣	1987年至2001年

永安村(2007年与许河村合并成立永安村)

主任:王以宝(2008年起)。

3.公共设施

1990年,原永安乡政府组织群众,自筹资金15万元对原永安集长600米老街进行水泥街面硬化改造,改变了过去晴天尘土飞扬、雨天满街泥沼的窘境,群众拍手称快。

众兴乡永安村开展建设美丽家园宣传活动　（永安社区/供）

1994年，因兴新建众牌路，原永安乡政府所在地、信用社、粮站、永安供销社、村小学、供电站等单位进行了改扩建，依托众牌路拓建一条长300米、宽40米、门面房42间的新街，与原老街形成丁字形街道。

2002年，在原小学所在地兴建1座标准化农贸市场，设置生蔬各类摊位112个，街道吸纳日杂、百货、餐饮等各类商户132家，农历二、四、七、九日逢集，安装路灯97盏，夜晚集市、村居灯火通明。

2008年建设的村党群服务中心占地3333.35平方米，内设村企一体便民大厅、计生服务室、党员活动室、农家书屋，门前广场建村务公开宣传栏、村民文艺大舞台；永安集老街南与永安河交界处傍河而建农民健身公园1个，占地3666.6平方米，内建公厕1座；自来水主支网管道26千米，村民用上自来水。

众兴到牌坊民族乡和长丰三十头镇的石三路穿境4千米，众兴村经联合村至永安集水泥路1千米；以石三路为主线，全村村组通7条水泥路里程达9.5千米与此相交，村组通路率100%，道路绿化带12千米。2014年，村建供水管网2.6千米，村开通自来水。

4.区域经济

种植业　2014年主要农作物播种面积（含复种指数），其中粮食作物播种面积327公顷，总产量3000吨；油料作物播种面积320亩，总产量57.6吨；棉花播种面积72亩，总产量1.44吨；蔬菜、瓜果播种面积112亩，总产量672吨。

养殖业　2014年，牛饲养存栏数56头，牛肉总产量600千克；猪饲养存栏数320头，猪肉总产量7150千克；山羊饲养存栏数42只，羊肉总产量420千克；家禽饲养量2400只，禽肉总产量3.6吨，禽蛋总产量12吨；水产养殖210亩，可养殖水面412亩，养殖种类8种，水产饲料112吨，总产量89吨，总产值26.7万元。

南溪生态园　（永安社区/供）

林业　2004年起，村推行国家退耕还林政策。2014年底，全村造林面积2620亩，其中，退耕还林420亩，林场育苗2000亩；四旁植树4.2万棵，环村林带2千米；房前屋后庭院绿化面积101.62公顷；合六高速路绿色长廊宽300米，长600米，路旁植树12000株；村森林覆盖率46%。

2013 年 10 月，王六九、万岗、王宣户、小高组流转土地 500 亩，成立安徽饭米粒园林公司。

2014 年 9 月，万岗、赵岗、老徐、王宣户组流转土地 500 亩，成立安徽木枫园林公司。

2012 年 4 月，田埠周、王宣户组流转土地 300 余亩，建立安徽驰天园林公司。

2006 年 3 月，李圩、王宣户组流转土地 300 余亩，建设绕城高速合六路绿色长廊。

安徽木风园林　（永安社区/供）

2007 年 7 月，田埠周、王宣户组流转土地 300 余亩，建立肥东和诚养殖公司。

园林公司栽植各种苗木花卉 70 多种，主要有桂花、茶花、含笑、白兰、苏铁、南洋杉、杜鹃、菊花、月季、雪松、龙柏、香樟、广玉兰、黄杨、棕榈、垂柳等，畅销全国各地。

劳务输出　2014 年，全村劳务输出人数 1236 人，其中男性 796 人，女性 440 人，主要流入广东、浙江、北京、合肥等地，以建筑、餐饮、运输、等行业为主，劳务年总收入 5201 万元。

水利建设　至 2014 年，村民多渠道筹集水利资金 70 多万元，修建大中小型塘坝 7 口，分别是关老段、许老塅、万西大塘、罗户大塘、关沿塘、大平塘、墩塘，永安河坝 1 座、关老段小(2)型水库 1 座，村内水利枢纽主要有店埠河、永安河和沙塘岗灌溉支渠。关老塅拦水坝上(众牌路)关老塅桥 1 座，于永安河与关老塅交汇处，宽 8 米，跨度 9 米，是众牌路上的主干桥；1992 年建成的许河湾大桥横跨店埠河，宽度 9 米，跨度 21 米，是原永安乡内以及与众兴乡的唯一通道，极大地方便了群众生产生活，有“天堑变通途，一桥飞架南北”之说；至民族乡李大郢曙光桥横跨于永安河上，宽度 8 米，跨度 10 米，从此桥往南直达店埠镇；河岗组至合肥市漕坊村相通的便民桥，横跨于店埠河上，跨度 7 米，宽度 12 米，自然灌溉区面积 462 亩。

农业机械设备　2014 年，全村拥有农业拖拉机 212 台，收割机 1 台，工农业拥有搅拌机 2 台、龙门架 4 座。

交通、邮电、供电

交通　2014 年，境内水泥路 9.5 千米，柏油路 5 千米，高速公路 600 米；村民拥有车辆 316 辆，其中货车 2 辆，农用车 2 辆，摩托车 12 辆，木盆船 1 艘。县城区 352 路公交车停保场 1 座。

邮电、电信　至 2014 年，全村安装固定电话 64 部(2000 年后，固定电话逐渐被移动电话手机替代)，居民电话拥有率 56%，占农户总数 99%，网络覆盖率 37%，电信年营业额 48 万元，拥有手机 2410 部，微机联网 48 台。

供电　2014年，全村有供电台区15座，杆线长度25.3千米，电网覆盖率100%，年用电总量272万度。2012年12月进行电网改造，时居民用电价格每千瓦时0.56元。

商业贸易　永安集是传统集镇，相传起自于宋朝，自关家庙兴起而形成。

农历二、四、七、九日逢集，逢集日商品琳琅满目，家具、蔬菜肉类、服装、小百货名目繁多，有力促进农副业生产发展，活跃城乡经济，便利群众生产生活。1949年至2014年贸易量达1.2亿元，税收总额达800万元。

村民用上瓶装液化气。

驻村企业　2014年，全村拥有16家企业，均属个体户，年产值456万元，经营方式私营，企业性质私企，上缴税金72万元。

广胜管业厂房　（永安社区/供）

2014年驻村部分企业一览表

表27-24

企业名称	具体位置	负责人
安徽饭米粒园林有限公司	万北组	许传道
安徽新石建设有限公司	万西组	张　军
合肥兴益德物资贸易有限公司	南溪生态园	李体君
肥东县世友菌菇基地有限公司	关大郢	杨邦胜
肥东县俊能家具制造有限公司	万西	许　文
合肥驰天生态农业有限公司	田东	刘　流
肥东县荣伦体育用品有限公司	许河湾	许俊化
安徽红星机电科技股份有限公司	赵岗组	在　建
肥东丹明机械有限公司	田西	刘　丹

建材　民国时期，村内有生产砖瓦的土窑1家，年产砖3000余块，土瓦1000余片。以手工制作为主，窑户自产自销，供应当地用户。

1985年后，砖瓦生产逐步由手工生产发展为机制生产，轮窑烧制，基本淘汰了灰砖、土瓦。

1990年后，由于农村兴起建房热潮，砖瓦需求量大增，周边企业大办窑厂，掀起砖瓦生产高潮。红砖取自店埠、排头轮窑厂。

住房　1978年后，全村建房635户，平顶372户，二层242户，三层21户，总建筑面积20.7万平方米，至2014年人均住房面积达49平方米。

5.社会事业

教育事业　2014 年，村有幼儿园 1 所，小学 2 所，分别是永安小学、田埠小学。

田埠小学　成立于中华人民共和国成立初，开始租用田埠周民房办学，1958 年迁至万岗村民组。

永安小学　成立于中华人民共和国成立初，原校址关家庙舍，后迁至原永安乡政府办公地，也是原永安初级中学校址，撤区并乡前，属永安乡中心学校，高峰期有学生数 600 余人。

肥东县众兴乡永安村开展巾帼传习走基层活动

（永安社区 / 供）

2014 年，两校在岗教师职工 16 人，在校学生数 124 人，学龄班儿童 26 人，学龄儿童入学率 99%，小学巩固率 98%，专职教师合格率 100%。1949 年到 2014 年，小学入学率由 21%上升至 99%，毕业率由 37%上升至 97%，累计录取高中生 476 人，中专生 72 人，大专生 162 人，本科生 78 人。1949 年到 2014 年办扫盲班 26 班次，脱盲人数 900 余人，农民技术学校举办各种实用技术培训班 16 期，共培训 2000 人次。

许河湾遗址　（永安社区 / 供）

许河湾遗址　位于永安村许河湾自然村西南 200 米，店埠河边。西、北两面 300 米内较为平坦，沿河陡峭，表面为油白土。虽长期耕作，表土中陶片、鬲足仍依稀可见，50 厘米上下为严重扰乱层，60 厘米以下为丰富的文化层。清理出的粗夹砂陶、鬲足、淘片等多附加堆纹。从出土遗物判断，是商朝时期的村落遗址。

齐王堆　位于永安村小河岗西南 200 米、店埠河 100 米。为一台地，周边 300 米内较为平坦，近河较陡，西北为缓坡地。表面为油白土，因长期耕作，表土中陶片、鬲足被清除，50 厘米上下为严重扰乱层，60 厘米以下为丰富的文化层。清理出的粗夹砂陶、鬲足、淘片等多附加堆纹。从出土遗物判断，是商朝时期的村落遗址。

卫生事业　2014 年，村有卫生室 1 所，卫生从业人员 2 人，门诊病房建筑面积 92 平方米，医疗器材符合标准，村民合作医疗参保率 98%。

计划生育　村设计生专干 1 人，计生信息员 1 人，建计生服务室 2 间，计生宣传栏一组。适时公开计生卫生法律法规、奖励优惠政策和各项办事流程，宣传国家免费优生孕检项目，开展新婚、产前、产后和四项手术随访，畅通监督渠道，培育婚育新风，促进村民健康生活，全面建设小康社会。2014 年，村人口出生率 14‰，出生人口政策符合率 97.8%，目标责任考核属一类村。

众兴乡永安村卫生室　（永安社区 / 供）

精神文明建设　村以开展文明村镇、文明行业、文明家庭、十星级文明户等创建活动为载体，大力宣传和倡导社会主义核心价值观，户户张贴《村规民约》《公民道德章程》，倡导敬老爱幼、见义勇为、拾金不昧、捐资助学、手拉手等新风尚行为；利用村民文化广场，开展反邪教、禁毒等政策法规，科普知识和文明新风教育活动，引导农民崇尚科学、破除迷信。

众兴乡永安村家庭教育知识讲座　（永安社区 / 供）

村民於经所 2013 年被评为乡孝老爱亲模范。退休村干部张光金被评为乡 2013 年度助人为乐模范。陆业发被评为 2013 年度乡诚实守信模范。

2012 年起，村成立 5 个志愿者组织，分别是敬老爱幼志愿者组织 16 人，关爱留守儿童妇女志愿者组织 22 人，关爱空巢老人志愿者组织 12 人，进行一对一帮扶；三线三边整治志愿者组织 18 人，整理维护村容村貌；社会和谐志愿者组织 18 人，日夜值守，维护社会治安。

主要姓氏、宗谱　关（关大郢）、李（李圩、李新圩）、王（王宣户、永安集）、周（田埠周）、许（许河湾、万岗）等，均有宗谱。

组名　河岗、李圩、兴圩、永和、永兴、永红、永北、关一、关二、关三、罗户、张小郢、小周、万西、万北、许河、田东、田西、宣东、宣西、王六九、高东、高西、老徐、赵岗、中东、中西、汪郢、兴旺。

6.社会保障

至 2014 年底，居民绝对贫困人数 58 人，低收入人数 86 人，县、乡两级政府救济资金 13.1 万元。集中供养五保户人数 6 人，年人均赡养费 8952 元，分散在各村民组五保老人数 18 人，低保人口定期补助，每月每人收入 320 元。

五、范岗村

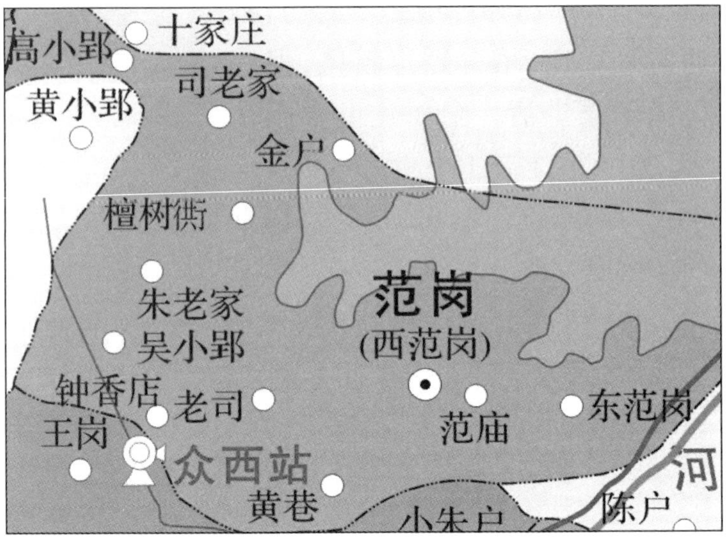

范岗村区域图 〔审图号:皖合 S(2022)01 号〕

范岗村,1958 年建队时属华光大队,1961 年析置范岗大队,1983 年改置村委会,2001 年,原司老村并入范岗村。因村内范姓村庄有二,以东西方位取名为东范岗、西范岗,村民范姓居多,两村庄村内人口达千人,故取名为范岗村。位于众兴乡中北部,北面是华光社区,西连谢岗村,南接众兴村,东濒众兴水库,村委会所在地西范岗,距离县城 20 千米,合肥市 5 千米,总面积 649.16 公顷,耕地面积 353.67 公顷,其中水田 176 公顷,旱地 177.67 公顷,辖 11 个自然村,总人口 2547 人,男 1309 人,女 1238 人,劳动力 764 人,少数民族 3 人。

范岗村党群服务中心 华光社区/供

2012 年 9 月,美好乡村建设启动,通过土地流转政策,以林业招商为抓手,引进鼎和瑞海科技有限公司,高标准建设众兴水库涵养林,结合本地旅游资源、生态资源、人文资源,规划面积 6000 多亩,建成核心区面积 4000 亩,投资上亿元,建设水源生态涵养林滨水生态湿地保护区、历史文化区、花卉生产区、现代园艺观赏区等;园区栽植各类苗木 80 多万株,主要有香樟、桂花、红叶李、北美彩叶、海棠、法梧、日本晚樱等 60 多个名花贵树品种。其中,新彩叶植物基地栽培 20 多个品种,着力打造安徽省最大的彩叶植物基地;具有城郊休闲旅游、健身运动、农业科研、大学生实习基地等功能;俨然成为省城合肥市的后花园、市民的"天然氧吧"、众兴乡的一张名片。种树育苗,原司老村 2000 年并入范岗村。它是合肥北乡苗木生产的开启村、示范村。

1.自然环境

村属典型丘陵地带,岗垄地居多,地形起伏大,全乡的海拔最高点位于高小郢自然村,海拔高度 56 米,年降雨量 900 毫米,降雨不均,年平均气温 15 ℃,常遇春旱、夹秋干,夏季酷热少雨易旱，农业基本是提水灌溉，水源取自众兴水库和滁河干渠。土壤有黄土、油白土，以酸性土为主，植被达76%以上，森林覆盖率60%以上。

2.组织建设

1.中共党组织的建设与发展（党支部负责人名录）

1984—2001年范岗村党支部负责人一览表

表27-25

机构名称	职　务	姓　名	时　间
司老村党支部	书记	许昌招	1984年至1985年
司老村党支部	书记	葛明仙	1985年至1986年
司老村党支部	书记	童兴	1986年至1987年
司老村党支部	书记	朱根胜	1987年至1995年
司老村党支部	书记	张国权	1996年，乡保险员兼职
司老村党支部	书记	金开文	1997年至2001年

1961—2014年范岗村（大队）党支部负责人一览表

表27-26

机构名称	职　务	姓　名	时　间
范岗大队党支部	书记	张仁凯	1961年至1963年
范岗大队党支部	书记	范运昌	1963年至1968年
范岗大队党支部	书记	王明发	1968年至1973年
范岗大队党支部	书记	朱德修	1973年至1983年
范岗村党支部	书记	张开银	2008年至2011年，乡干兼职
范岗村党支部	书记	高克香	2011年至2014年，乡干兼职
范岗村党支部	书记	汪元平	2014年起

2.村务管理沿革（负责人名录）

1961—2014年范岗村（大队）主要负责人一览表

表27-27

机构名称	职　务	姓　名	时　间
范岗大队	大队长	范开余	1961年至1963年
范岗大队	大队长	张怀兴	1963年至1967年
范岗大队革委会	主任	司圣权	1967年至1973年
范岗村委会	主任	张国元	1987年至2014年

3.公共设施

店元路自南向北贯穿全境2.5千米，向北直通县元疃镇，向南直达县城和合肥市；司东至众兴水库2.2千米村村通水泥路与店元路呈十字形相汇于村中心位置；老司自然村向东直达县道店白路，村至义合集2千米水泥路与店元路相交于檀树衖自然村；道路绿化带12千米；安装太阳能路灯26盏。

2006年，村投资20多万元对原范岗小学进行改建，建立村党群服务中心，占地3333.35平方米，建筑面积320平方米，内建有健身园区，公厕1座；2011年，乡自来水厂在村内铺设自来水主管网1.4千米，支管网16千米，2014年，村内有自来水管网3.8千米，80%村民用上自来水。

4.区域经济

种植业　村域经济由以传统农业为主，逐步发展为种植、养殖、林业和劳务输出并举的复合型经济。2014年农作物总播种面积(含复种指数)361公顷。其中粮食作物4203亩，总产量2858吨；油料作物面积320亩，总产量57吨；棉花播种面积72亩，总产量1.44吨；蔬菜、瓜果(主要是西瓜)播种面积92亩，总产量552吨；农作物有水稻、油菜、玉米、花生、棉花、小麦等。

养殖业　2014年，牛饲养存栏数72头，牛肉总产量450千克；猪饲养存栏数460头，猪肉总产量8970千克；山羊饲养存栏数12只，羊肉总产量150千克；家禽饲养量9700只，禽肉总产量6750千克，禽蛋总产量14.5吨；水产养殖260亩，可养殖水面197公顷，养殖种类12种，总产量7万千克，总产值36万元。

饲养场选介　2014年，华东组村民范文余建拉网养鸡场，占地66667平方米，年产鸡6000只；华南组村民范圣文建80亩养鸡场，年产鸡5000只；华北组村民张圣国建网圈养鸡场，占地5333.36平方米，年产鸡3500只；华中村民范开发圈地养鸡12亩，年产鸡4000只；华南组村民范圣海利用林地发展综合养殖场占地2666.68平方米，年产鸡3000只；范东组村民范文奎发展室内养鳖场，年收入10余万元；黄巷组村民姚本柱发展水面养虾150亩，年纯收入8万元。

饮用水源保护区　(华光社区/供)

林业　通过土地流转政策，以林业招商为抓手，引进鼎和公司建立现代农业林业示范园，占用土地116.67公顷；保强公司建设众兴水库涵养林430亩；云森公司发展现代城郊型农业示范区560亩；景创公司建设众兴水库水源涵养林420亩；兴烨公司培植经果林500亩，栽培大樱桃、美国山核桃。各类苗圃、林场共栽植果树5万多株，经果林20万株，杨树10万株；道路绿化带12千米，路旁植树2万株，村民房前屋后植树30万株，森林覆盖率70%。

劳务输出　2014年,劳务输出人数1026人,其中男性628人,女性398人,主要流入合肥、温州、苏州、上海等大城市,少数流入日本、非洲等国家和地区,以建筑、服务行业为主,全村劳务年总收入4104万元。

水利建设　2014年,村民结合县水利部门小农水奖补项目资金,多渠道筹集水利资金20多万元,新建大中塘坝8口,全村总计80余口,蓄水总量达2亿立方米,打各类压水井564口,水利枢纽有众兴水库、滁河干渠、众西水电站,陈和段和店元路涵洞共10个,自然灌溉区面积小,基本为提水灌溉。

农业机械设备　2014年底,全村拥有农业拖拉机240台,收割机1台,旋耕机1台,工农业搅拌机1台。

旋耕机　旋耕机是应用较多的一种耕、整地机械,能使田土充分细碎、地耕平坦、土肥掺和均匀,一项作业能达到耕、耙、平等三项作业的效果,有利于抢农时、省劳力,对土壤湿度的适应范围大,避免了少拖拉机在潮湿地上驱动轮滑转的现象。旋耕机用于旱地,能使土肥掺和好,用于水田能做到泥烂起浆。旋耕机在水稻插秧前整地、稻麦两熟地打茬、蔬菜地耕耘以及盐碱地浅耕等方面得到广泛使用。村民自筹部分资金结合农机补贴购置,兼顾周边农田耕作,每亩纯收入20~30元,经济效益可观。

卷扬机　用卷筒缠绕钢丝绳或链条提升或牵引重物的轻小型起重设备,又称绞车。卷扬机可以垂直提升、水平或倾斜拽引重物。因操作简单、绕绳量大、移置方便而广泛应用于农村建房升降或平拖物料。由手动到机动再到电动的发展过程。

交通、邮电、供电

交通　2014年,村境内公路12千米,其中水泥路9千米,砂石路3千米,全村拥有车辆296辆,其中客车1辆,货车4辆,农用车12辆;电动三轮车172辆,摩托车17辆,机动船1艘,木盆船3艘。

邮电、电信　2014年,全村安装固定电话64部(2000年后,固定电话逐步被移动电话手机替代),农户电话拥有率98%,网络覆盖率30%,通信设施完备,手机1724部,微机联网18台。

供电　2014年,全村有供电台区11处,杆线长度14.9千米,电线杆根数377根,电网覆盖率100%,年用电总量92万千瓦时。村于1976年开始通电,2011年4月进行电网改造,居时民用电价格0.56元每千瓦时。

商业贸易　村民在村位置较中心的老司自然村"十"字形交通主干道两侧自建商业门面十来间,主要经营烟、酒、百货、副食、卤菜等便民生产生活日用品。村民均用上瓶装液化气。

驻村企业　2014年,村内有个体户16家,联户办企业1家,是范东村民范文军等人于2012年投资300万元在南冲组兴建塑料加工厂,占地1公顷,年产值500多万元。

2014 年范岗村部分企业一览表

表 27-28

企业名称	具体位置	负责人
肥东县众兴乡香店垫块厂	钟香店	范文金
安徽国平建设有限公司	兴　华	范家国
合肥农发农业科技有限公司	范　岗	张铸华
合肥天力阻燃材料有限公司	树　上	高国银
范二食品有限公司	华　南	范开通
合肥香满客食品有限公司	华　南	范开通
金宝木业加工厂	金　南	张俊武

建材　1985 年后，砖瓦生产逐步由手工生产发展为机制生产，轮窑烧制，基本淘汰了灰砖、土瓦。

1990 年后，由于农村兴起建房热潮，砖瓦需求量大增，乡企业大办窑厂，掀起砖瓦生产高潮。众兴地下土质优宜生产砖（包括空心砖）瓦。至 1995 年，乡新建改建大规模轮窑 2 家，分别是众兴轮窑厂和吴莫岗轮窑厂。由窑厂自主敞开供应，红砖基本取自乡内。

住房　全村 1978 年后建房 512 户，平顶 218 户，二层 294 户，三层 26 户，总建筑面积 10.7 万平方米，至 2014 年，人均住房面积达 42 平方米。70%的村民在市、县、集镇购置商品住房或商铺门面房。

5.社会事业

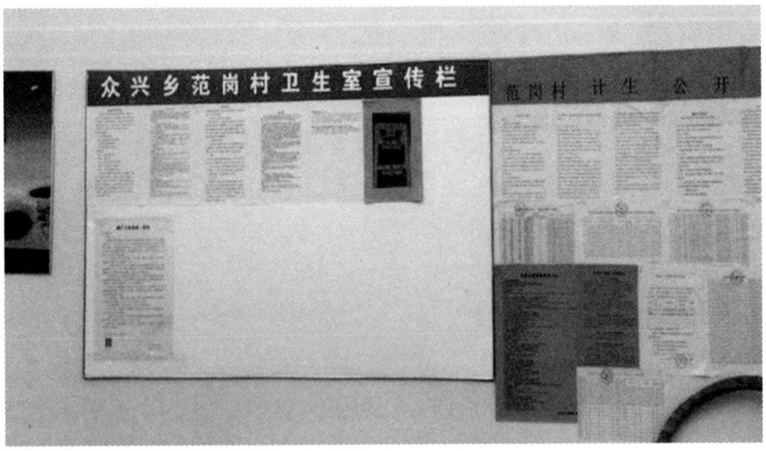

众兴乡范岗村卫生室宣传栏　（华光社区 / 供）

教育事业　村小学始办于 1958 年，时为初小（1～4 年级）校址设在东范岗，1965 年改办为完小，校址迁至范庙自然村，1974 年迁至西范岗，2003 年被撤并。高峰期内设幼儿园 1 所，在校学生数 300 多人，学前班儿童 40 多人，在岗教师 14 人，专职教师合格率 80%，学龄儿童入学率 98%。1949—2014 年，小学入学率由 21%上升至 99%，毕业率由 49%上升至 98%，累计录取高中生 462 人，中专生 72 人，大专生 321 人，本科生 98 人；1949—2014 年办扫盲班 76 次，脱盲人数 426 人；举办各种农民实用技术培训班 46 期，参加人数 620 人。

卫生事业　2014 年，村有卫生室 1 所、卫生从业人员 2 人，门诊病房建筑面积 180 平方米，村民合作医疗参保率 99%，医疗器材符合规定要求。

门诊病房建筑面积96平方米，分诊室、治疗室、处置间、留观室。

计划生育　村设计生专干1人、计生信息员1人，建计生服务室2间，计生宣传栏一组，广泛宣传计生、卫生知识，培育婚育新风，促进村民健康生活，全面建设小康社会；村人口出生率14.2‰，出生人口政策符合率98%，2014年，目标责任考核属二类村。

村里有1名百岁老人李兰英，女，高小村民组人，1910年8月8日生。

精神文明建设　紧紧围绕村容洁净、环境优美、乡风淳朴、邻里和睦、社会和谐、治安良好的总体目标，做好文明村镇创建工作。2014年，村建有一个文化资源共享基层服务点，配有1名宣传员，建1个精神文明宣传栏，发展农村志愿者队伍。成立3个志愿者组织：敬老爱幼志愿者组织22人，与留守儿童、妇女、空巢老人、残疾人进行一对一帮扶；三线三边整治志愿者组织18人，维护村容村貌；社会和谐志愿者组织16人，日夜值勤，维护社会治安。

2008年，开展乡规民约教育，印发张贴至每家每户，引导村民婚事新办，丧事简办，喜事廉办，推动移风易俗，树立文明新风，开展"三下乡""欢乐下基层"等活动，把优秀作品和服务送到村民家门口，广泛开展各类文化活动。

2013年村民王世兰被评为乡孝老爱亲模范人物，村民范圣宏被评为乡助人为乐模范人物。

主要姓氏　范（东、西范岗），张（黄巷），司（老司、司老家），金（金户），童（高小郢、檀树衖），钟（钟香店），朱（朱老家）。姓氏均有宗谱。

组名　华南、华北、华东、华中、兴华、华前、华后、司东、司西、香店、黄前、黄后、树上、树下、金南、金西、朱老家、吴小郢、司上、司下、高小郢。

6.社会保障

2014年，村绝对贫困人数57人，低收入人数94人，县、乡两级政府救济资金162万元。集中供养五保户人数4人，年人均赡养费8952人，分散在村的五保户人数21人，低保人员定期补助，每人每月收入320元。

7.名胜

百年"神树"麻栎

麻栎树位于范岗村众元路边，树干笔直，高度足有近20米，树龄有100余年。在当地老百姓眼里，视其为"神树"。该树有何神奇之处？据当地老人回忆，在20世纪50年代，这棵树已有

百年麻栎树　（华光社区/供）

脸盆那么粗了，不过在一次意外中，树身断了，当时乡民就将树断的横截面锯掉，没想到，此后，这棵麻栎又得以重生，枝叶繁茂，一直笔挺挺地往上长。村民传说树顶偶有冒烟现象。

多少年来，这棵树都成了大伙儿赶集回来的纳凉歇脚地。这棵树每年仍能开出黄色的花并结出果子。逢年过节，偶有村民来这棵树前祭拜，祈盼平安幸福。

柿树群成为“风景线”

众兴乡范岗村的柿树群是合肥市有记载的七处古树群之一。柿树群成古树“别样风景”。

树身标识记录这几棵柿树都有200年的历史。以前这里是一个柿园，有上百棵柿子树，后来有不少都卖了，现在只剩下8棵柿树。

古柿树有的主干部分出现了空洞，枝杈有枯朽迹象。经林业部门维护，每年仍然开花结果。

六、谢岗村

谢岗村因村内曾有一自然村位于岗头上，时村民多姓谢，故名谢岗头，也称谢岗集；又因谢岗头有座庙，庙里住有张姓道士，香火旺，由此谢岗集名词在当地较大，后成立村民组织时取名为谢岗村。1958年属郑埠大队，1962年，析置谢岗大队，1983年改置村委会，2001年滁河村并入，辖19个自然村，20个村民小组，640户，2463人，男1241人，女1222人，劳动力616人，少数民族8人，分别为回族、侗族、蒙古族。

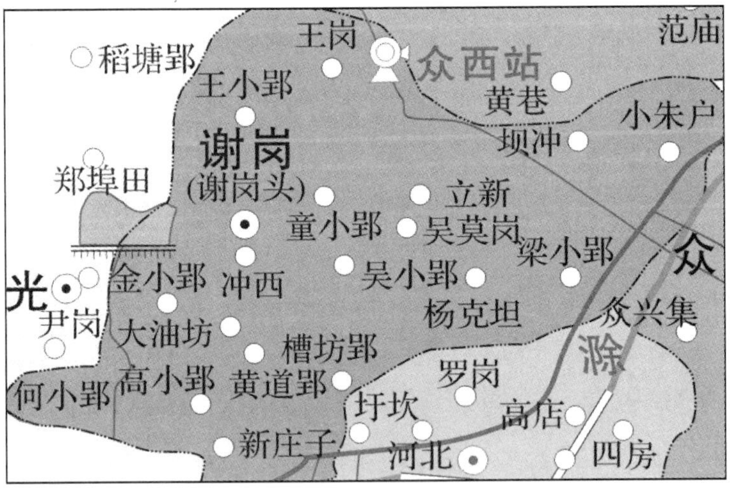

谢岗村区域图 〔审图号：皖合S(2022)01号〕

村委会所在地吴小郢自然村，距离县城20千米、合肥市新站区仅3千米；位于众兴乡中西部，南面是花灯村，西面是霞光村，北面是范岗村，东面是众兴村。总面积565.31公顷，耕地面积387.97公顷。其中水田194公顷，旱地193.97公顷。

1.自然环境

村属丘陵地带，岗冲交错，海拔高程47米。年均降雨量980毫米，年平均气温15.5 ℃。

岗垄地属黄棕壤土类，洼冲地以黄褐土为主，易干旱。滁河干渠穿境流域达2千米；众西提水站8米宽进水渠流经村1.5千米，提水渠流经王岗自然村1.5千米。植被覆盖率达76%，森林覆盖率45%。

2.组织建设

1.中共党组织建设与发展（党支部负责人名录）

1962—2001年谢岗村（大队）党支部负责人一览表

表27-29

机构名称	职　务	姓　名	时　间
谢岗大队党支部	书记	王忠球	1962年
谢岗大队党支部	书记	张国权	1963年至1964年
谢岗大队党支部	书记	王忠球	1964年至1965年
谢岗大队党支部	书记	张国恩	1966年至1972年
谢岗大队（村）党支部	书记	金开胜	1976年至2001年

滁河村（1979年成立，2001年并入谢岗村）。

书记：童兴发（1979—2000年）。

2001—2014年谢岗村党支部负责人一览表

表27-30

机构名称	职　务	姓　名	时　间
谢岗村党支部	书记	金开胜	2001年至2002年
谢岗村党支部	书记	王国华	2003年至2004年
谢岗村党支部	书记	童乃华	2004年至2005年
谢岗村党支部	书记	孙圣义	2005年至2014年

2.村务管理沿革（负责人名录）

1962—2001年谢岗村（大队）主要负责人一览表

表27-31

机构名称	职　务	姓　名	时　间
谢岗大队（革委会）	大队长（主任）	关世权	1962年至1975年
谢岗大队	大队长	张华英	1976年至1979年
谢岗大队（村委会）	大队长（主任）	王国华	1980年至2001年

滁河村（1979年成立，2001年并入谢岗村）。

主任：童乃华（1979—2001）。

2001—2014 年谢岗村主要负责人一览表

表 27-32

机构名称	职 务	姓 名	时 间
谢岗村委会	主任	王国华	2001 年至 2003 年
谢岗村委会	主任	童乃华	2003 年至 2005 年
谢岗村委会	主任	孙圣义	2005 年至 2014 年

3.公共设施

众霞路自众兴集向西贯穿村 2.5 千米直达合肥市新站区三十头镇与合白路相交。以众霞路为中轴线，村有 6 条村组通水泥路呈“丰”字形通向各自然村，南交滁河干渠路；众元路与众霞路相汇于梁小郢自然村滁河大桥处。

2001 年两村合并后，在吴小郢自然村兴建四间两层上下的标准化村党群服务中心，占地 5 亩，建筑面积达 450 平方米，内设村企一体便民服务中心、计生服务室、党员活动室、农家书屋（存有养殖、种植、法律、政治、文学、养生等各类书籍 3000 余册，光盘 100 余套）、阅览室（村民凭证免费借阅）、棋牌室、台球室和 1 个篮球场，门前配有村务公开栏。

2014 年在村党群服务中心西侧兴建村民文化广场，占地 2000.01 平方米，配有各类健身器材，广场内道路绿化排水等硬性建设合理规范，村内建有公厕。2014 年，乡村两级投资 22 万元，建设 10 千米长的自来水主管网，支网长度 35 千米，户户用上了自来水。

2013 年 5 月，村对居民供电设施进行了整改，改装线路 15.9 千米，电线杆数 544 根，变压器 11 台，加工厂 1 所，村民用电设施达到国家规范标准。

谢岗村党群服务中心 （花灯社区 / 供）

滁河干渠自村西南流经村 2 千米向东注入众兴水库，跨渠建便民桥三座，自然村小朱户段建有地下涵闸 3 个、涵洞 3 个。

众西电灌站　位于立新村民组，始建于 1975 年，在“农业学大寨”“水利是农业的命脉”的两面旗帜下，时原众兴乡动用上万名民工，人工开挖，历经 2 年竣工，灌溉面积涉及范岗、华光、谢岗、霞光四村（居）49 个村民组，总灌溉面积达 1.57 万亩，出水渠多为填方工程，渠底宽 3 米，面宽 12 米，深 3 米，主渠长 4 千米，支渠流向华光社区 4.5 千米，流向霞光村 5.5 千米，扬程为 19.8 米。电机房设 3 台电机，每台 160 千瓦，变压器 1 台 800 千瓦，出水量 6900 立方米 / 时。

2012 年，国家水利部门投入 1014 万元进行改扩建，增建 4 处供水涵闸，加固危段工程，配套建设水泥路 7 千米，对机房进行改造修建办公楼、宿舍楼、仓库，现有工作人员 4 名，总资产达 2000 万元，淠史杭滁河干渠为提水灌溉水源。

4.区域经济

种植业　2014 年，农作物总播种面积(含复种指数)502 公顷。其中粮食作物播种面积 364 公顷，总产量 6442.8 吨；油料作物面积 68000 平方米，总产量 1.8 吨；棉花播种面积 114666.7 平方米，总产量 35 吨；蔬菜、瓜果(西瓜)播种面积 288000 平方米，总产量 396 吨。

养殖业　2014 年，牛饲养存栏数 36 头，牛肉总产量 600 公斤；猪饲养存栏数 9100 头，猪肉总产量 19.5 吨；山羊饲养存栏数 12 只，羊肉总产量 225 公斤；家禽饲养量 33000 只，禽肉总产量 16.5 吨，禽蛋总产量 165 吨；水产养殖 260 亩，可养殖水面 77.89 公顷，养殖种类五类，总产量 72 吨，总产值 21.6 万元。

村民自建饲养场有金小郢自然村张国艮建养鸡大棚 3 个，占地 2000.01 平方米，年产鸡 2000 只；王小郢自然村孙维所建养鸡大棚 2 个，占地面积 1733.34 平方米，年产鸡 2000 只；漕坊自然村童兴发建养鸡大棚 4 个，占地面积 2666.68 平方米，年产鸡 3000 只；王岗自然村许文俊建养鸡大棚 6 个，占地 3600.02 平方米，年产鸡 1 万只以上；养猪大户孙圣国建养猪场占地 16 亩，饲养猪年存栏数 2000 头左右；王忠良建养猪场占地 2666.68 平方米，饲养猪年存栏数 1000 头左右；养鱼大户陈家福改扩建塘坝水域面积 30 亩，年产各类鱼 1 万条以上。

林业　2012 年，响应国家发展现代农业号召，积极开展土地流转政策，促进农业产业化，规模化经营。引进园林公司 4 家，分别是小陶园林(王小郢肖昌宝的小桃园林 400 亩)、众联枣园(苗木植树大户童小郢组张勇的众联枣园林木 350 亩)、国成园林(吴莫岗组王国成的国成园林 450 亩)、帝茂园林(大油坊组赵士成的帝茂园林 400 亩)，共流转土地 2900 亩。其中，经果林 900 亩，绿化苗木 2000 亩。苗圃内广植香樟、冬青、桂花、垂柳、石楠、栾树、紫薇、皂角树、黄杨、棕榈、义杨等名贵花树。道路绿化长度 11 千米，路旁植树 3 万多棵，全村森林覆盖率 45%以上。

众联枣园　（花灯社区 / 供）

劳务输出　2014 年，全村劳务输出人数 1170 人，其中男性 680 人，女性 490 人，主要流入合肥、苏、浙、沪、京等省市，以建筑、服务业、运输、商业为主，全村劳务年总收入 2010 万元。

水利建设　至 2014 年，村民多渠道筹集水利资金 82 万元，新建特大标准塘金大坝 1 口、大中塘坝 4 口(其中梁小郢梁大塘 60 亩)，村民自筹资金打各类压水井 542 口。村内大中型塘坝 7 口,分别是梁大塘 60 亩、扬大塘 70 亩、王岗长塘 20 亩、金大坝 150 亩、童河塘 22 亩、黄道漏塘 20 亩、大油坊红塘 10 亩,总蓄水量 10 万立方米;涵洞 3 处,涵闸 3 处。自然灌溉区面积 216 亩。

农业机械设备　2014 年,全村拥有收割机 1 台,工农业拥有搅拌机 1 台,用于生产城镇马路街道两旁的道板砖;挖掘机 4 台属于村民自有,用于村民建房和大棚、园林、果树等生产生活方面,挖沟挖渠、挖坑种树、土地平整等,大大提高工作效率,还有城市室内的工程活,别墅地下室建车库、城市排水管、电缆开沟等市政建设。

交通、邮电、供电

交通　2014 年底,境内沥青路众兴至三十头镇 3 千米,村组通水泥路 12 千米,全村拥有车辆 142 辆,其中货车 4 辆,农用车 6 辆,摩托车 12 辆;另外,电动三轮车 167 辆。

邮电、电信　至 2014 年底,全村安装固定电话 32 部(2000 年后,移动手机得到普及),户电话拥有率 99%,网络覆盖率 29%,通信设施全覆盖,拥有手机 1342 部,微机联网 26 台。

供电　2014 年底,全村有供电台区 11 座,杆线长度 15.9 千米,电网覆盖率 100%,年用电总量 148 万千瓦时。2013 年 5 月全村进行电网改造,时居民用电价格 0.56 元每千瓦时。

商业贸易　村民依托村中心位置王小郢组,在众霞路两边自建商业门店十来家,吸纳百货日杂、餐饮、猪肉案、理发店、棉花收购站、粮油收购点等商业网点,经营各类便民生产生活用品,方便群众生产生活。2014 年,瓶装液化气得到普及。

驻村企业　2014 年底,村拥有个体企业 9 家,私营,自产自销。

2014 年驻村部分企业一览表

表 27-33

企业名称	具体位置	主要负责人
合肥向东塑胶制品有限公司	梁小组	童兴权
肥东县梦杰水泥制品厂	童小组	张建国
肥东海凤年糕厂	金小组	孔海凤
肥东县坝冲粮油加工厂	坝冲组	张国春
范晶晶塑料制品加工厂	梁小组	范晶晶
肥东县童兴柱加工厂	梁小组	童兴柱

建材　民国时期,村内有生产砖瓦的土窑 1 家,年产砖 3000 余块,土瓦 1000 余片。以手工制作为主,窑户自产自销,供应当地用户。

1985 年后,砖瓦生产逐步由手工生产发展为机制生产,轮窑烧制,基本淘汰灰砖、土瓦。

1990 年后,由于农村兴起建房热潮,砖瓦需求量大增,乡企业大办窑厂,掀起砖瓦生产高潮。众兴地下土质优宜生产砖(包括空心砖)瓦,至 1995 年,新建改建大规模轮窑 2 家,分别是众兴轮窑厂(位于该村梁小郢村民组)和吴莫岗轮窑厂(股份制,位于该村内)。由窑厂自主敞开供应，红砖基本取自乡内。

住房　1978 年后，村民建楼房 612 户，平顶 262 户，二层 344 户，三层 6 户，总建筑面积 8.8 万平方米，2014 年，人均住房面积 36 平方米。

5.社会事业

教育事业　1997 年前，村有小学、幼儿园各 1 所，谢岗小学创办于 1949 年，初为 4 年制，1958 年改办为 6 年制完小，校址在冲西自然村，1997 年并入霞光小学，撤并前，在岗教职工 14 人，在校学生数 100 余人，学前班儿童 30 多人，学龄儿童入学率 98%，小学巩固率 98%，专职教师合格率 92%。

1949 年到 2014 年，小学入学率由 26%上升至 98%，毕业率由 52%上升至 99%；累计考取高中生 312 人、中专生 19 人、大专生 72 人、本科生 48 人，1949 年到 2014 年办扫盲班 26 次，脱盲人数 600 多人，举办各类农民实用技术培训班 32 期，培训 400 多人次。

文化事业　村党群服务中心设有文化广播电视室，配专职工作人员。有线电视覆盖率 36%，调频广播覆盖率 100%；农家书屋收藏各类图书 3000 多册，村民可凭证免费借阅；村在乡文化广播电视站等部门的指导下，利用节假日组织村民参加文艺下乡会演、调演、有奖知识竞赛等活动，丰富村民业余生活。

宗教　梁小郢村民组有 1 座基督教堂。2014 年自筹资金 20 多万元，对原教堂进行改扩建，现主教堂 5 间，建筑面积 265 平方米，配套房屋 8 间，建筑面积 160 平方米，有信徒 260 多人，管家 1 人，在乡内有 3 处分点。

卫生事业　2014 年，村有卫生室 1 所，卫生从业人员 2 人，医疗设备符合规定要求，村民合作医疗参保率 94%。门诊病房建筑面积 96 平方米，分诊室、治疗室、处置间、留观室。

计划生育　村设计生专干 1 人、计生信息员 1 名，计生服务室 2 间；建计生宣传栏 1 组，广泛宣传计生、卫生知识，培育婚育新风，促进村民健康生活，全面建设小康社会。2014 年，村人口出生率 14.5‰，出生人口政策符合率 98.1%，目标责任考核属二类村。

精神文明建设　围绕村容洁净、环境优美、乡风淳朴、邻里和睦、社会和谐、治安良好的总体目标，做好文明村镇、文明家庭、十星级文明户活动等创建评比工作。2013 年，村建有 1 个文化资源共享基层服务点，配有 1 名宣传员；建 1 个精神文明宣传栏，发展农村志愿者队伍，成立 3 个志愿者组织，分别是敬老爱幼志愿者组织 12 人，与留守儿童、妇女、空巢老人、残疾人进行一对一帮扶；三线三边整治志愿者组织 18 人，维护村容村貌；社会和谐志愿者组织 26 人，日夜值勤，维护村治安。开展《乡规民约》和《公民社会公德》教育，印发张贴至每家每户，引导村民婚事新办、丧事简办、喜事廉办，推动移风易俗，树立文明新风；开展“三下乡”“欢乐下基层”等活动，把优秀作品和服务送到村民家门口。

2013 年，村民杨风明被评为乡孝老爱亲模范人物。

主要姓氏、宗谱　王、孙、童、高、张等姓。王姓多分布于王岗、冲西、王小郢自然村；孙姓多分布于王小、冲西、王岗自然村；童姓多分布于童小郢、梁小郢自然村；高姓分布于高小郢、油坊、何小等自然村；张姓多分布于吴莫岗、王岗、童小、坝冲、小朱户自然村。姓氏均有宗谱。

组名　坝冲、小朱户、良小郢、整新、立新、吴莫岗、吴小、童小、王岗、谢岗头、王小、冲西、漕坊、黄道、高小、新庄、何小、金小、油南、油北。

6.社会保障

2014年，村绝对贫困人数64人，低收入人数104人，县、乡两级政府救济资金27.4万元。集中供养五保户人数9人，年人均赡养费8952元，分散在各自然村的五保老人数26人，低保人口定期补助每人每月320元。

7.县驻村企业

众兴粮站　位于梁小郢自然村，建于1968年，占地面积8243平方米，仓容量24000吨。从事国家政策性粮油统购统销、供应与销售、储存、加工等工作。

众兴粮站　（花灯社区/供）

七、众兴村

众兴村，因众兴集得名。成立于1951年，包含当时的金王村，时称众兴初级社；1956年，原滁河村并入众兴村，更名为众兴大队；1961年，又析出成立金王大队；1979年又析出成立滁河大队（2001年被划入谢岗村）；1983年改制为村。

村位于乡中部，众兴水库西南，东与联合村接壤，西连谢岗村，南邻大高村、花灯社区，距离县城15千米、合肥新站区2千米。总面积291.49公顷，耕地面积191.44公顷，其中水田102.4公顷，旱地89.04公顷。村民小组10个，自然村8个，人口1982人，男1010人，女972人，劳动力496人，少数民族11人，分别为回族、哈尼族、满族、土家族、壮族。村委

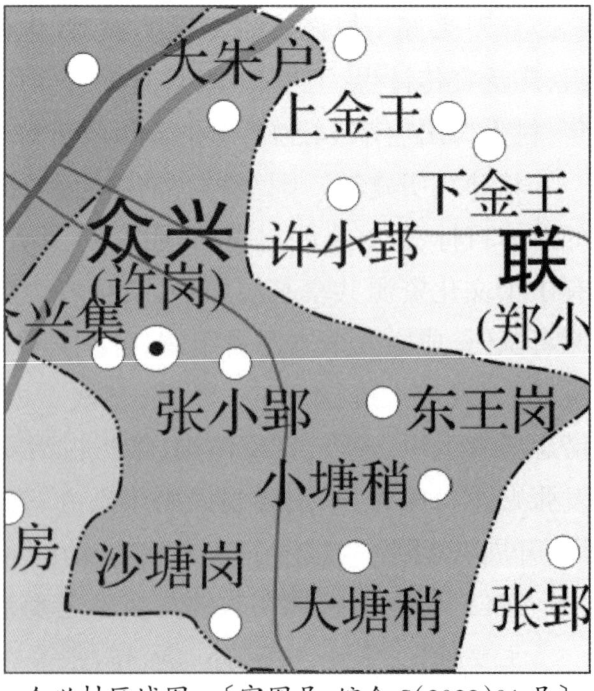

众兴村区域图　〔审图号：皖合S(2022)01号〕

会所在地众兴集。滁河干渠自村西北穿境而过流向众兴水库，境内有乡主要提水灌溉沙塘岗支渠、郑小河渠。

众兴村党群服务中心　（众兴社区/供）

1.自然环境

地形属丘陵地貌，海拔高程 32 米，年降雨量 1000 毫米，年平均气温 15.6 C° ，以黄土、褐粒土居多，植被覆盖率达 78%，水面 33.64 公顷，村内自然河沟小朱闸小河流经村域约 2 千米，向东流经联合村，注入店埠河。易旱不涝，旱涝灾害少。森林覆盖率 35%。沙塘岗支渠从众兴供电所自西向东至塘稍组约 2.5 千米。

2.组织建设

1.中共党组织的建设与发展（党支部负责人名录）

1955—2014 年众兴村（大队）党支部负责人一览表

表 27-34

机构名称	职　务	姓　名	时　间
众兴大队党支部	书记	张怀新	1955 年至 1959 年
众兴大队党支部	书记	罗正香	1960 年至 1963 年
众兴大队党支部	书记	程永康	1964 年至 1969 年
众兴大队党支部	书记	童兴发	1970 年至 1976 年
众兴大队党支部	书记	徐存金	1977 年至 1983 年
众兴村党支部	书记	王家孟	1984 年至 1985 年
众兴村党支部	书记	张宇荣	1985 年至 2000 年
众兴村党支部	书记	张开银	2000 年至 2001 年，乡干兼职
众兴村党支部	书记	张金武	2001 年至 2014 年
众兴村党支部	书记	张文裕	2014 年 3 月起，乡干兼职

2.村务管理沿革（负责人名录）

1955—2014 年众兴村（大队）主要负责人一览表

表 27-35

机构名称	职　务	姓　名	时　间
众兴大队	大队长	葛友圣	1955 年—1959 年
众兴大队	大队长	童长海	1960 年—1963 年
众兴大队（革委会）	大队长（主任）	童兴发	1964 年—1969 年
众兴大队革委会	主任	徐存金	1970 年—1976 年

续表 27-35

机构名称	职　务	姓　名	时　间
众兴大队革委会(村)	主任	张宇荣	1976 年—1985 年
众兴村委会	主任	高理财	1986 年—1989 年
众兴村委会	主任	张锁武	1989 年—1992 年
众兴村委会	主任	张金武	1992 年—2011 年
众兴村委会	主任	张君武	2011 年—2014 年

3.公共设施

众兴集是众兴乡机关单位所在地，是众兴乡政治、经济、文化、教育、信息中心。2014年，驻地单位有众兴粮站、众兴派出所、众兴农村商业银行、众兴供电所、众兴邮电所、众兴乡卫生院、众兴供销社、众兴小学、众兴市场监督所、众兴水库管理处、众兴集农贸市场等13家企事业单位。

1992年，乡政府对众兴集大街进行拓宽水泥硬化改造，改造后的大街两面房屋相距约50米，中心道路宽9米；1995年兴建南北走向的新大街与众兴大街呈十字形街面。

1992年，原土管所大楼、医院门诊大楼、教委大楼、乡政府办公大楼、农贸市场、派出所办公大楼、信用社办公楼相继建成，集镇发展初具规模。

2008年，乡政府对老街进行排水和硬化改造；2014年，投资百万元对众兴大街道排升级改造，众兴集告别了过去那种晴天尘土飞扬、雨天满街泥泞的历史。2017年，乡购置垃圾运输车1辆，投放垃圾桶26个，兴建垃圾池12处，垃圾中转站1座，公厕1所。

村党群服务中心占地20000.01平方米，建筑面积276平方米，有独立的办公场院，内设村企一体服务中心、党员活动室、农家书屋、文化广播室、计生服务室等机构。

集镇共安装路灯52盏，道路绿化带2千米，2007年10月，省水利厅金汇水利公司投资300万元建自来水厂1座；2014年，又投入2000万元进行扩网工程，覆盖全乡，日供水量达2000吨，水源取自众兴水库。村民饮用水达国家标准。大众路、店元路、众霞路、众永路、水库路、众店路似米字形交会于众兴集，纵横众兴村，四通八达。至2014年，建供水管网64米。

4.区域经济

种植业　2014年，主要农作物总播种面积(含复种指数)3320亩。其中，粮食作物播种面积2762亩，总产量1878吨；油料作物播种面积260亩，总产量46.8吨；棉花播种面积54亩，总产量10.8吨；蔬菜、瓜果播种面积42亩，总产量252吨。

养殖业　2014年，牛饲养存栏数36头，牛肉总产量300千克；猪饲养存栏数1260头，猪肉总产量163.8吨；山羊饲养存栏数16只，羊肉总产量120千克；家禽饲养量5200只，禽肉总产量1.56吨，禽蛋总产量4000千克；水产养殖92亩，可养殖水面33.64公顷，养殖种类8种，水产饲料72吨，总产量3.3万千克，总产值11万元。

林业　众兴是苗木花卉之乡，村民有栽植苗木花卉的传统，全村栽植果树2600余棵，经果林12300余棵，杨树7200余棵，道路绿化长度11千米，路旁植树株数7320余棵，森林覆盖率41%；村民利用荒滩、荒埂、房前屋后，建立苗圃，培育各类苗木70多种。主要有桂花、含笑、白兰、杜鹃、菊花、月季花、雪松、龙柏、香樟、广玉兰、黄杨、棕榈、垂柳等。

协调村民土地流转工作　（众兴社区/供）

劳务输出　2014年，全村劳务输出人数726人。其中，男性496人，女性230人，主要流入地浙江、合肥、北京、广州、上海等地，少数国外打工，主要从事建筑、商业、缝纫、餐饮服务等行业，全村劳务年总收入2304万元。

水利建设　至2014年底，村民多渠道筹办水利资金，兴修特大标准型塘坝1口，大中塘坝5口，村民自筹资金打各类压水井452口，建自来水厂1座。2014年，全村有大中型塘坝6口，涵洞、涵闸各2处，蓄水总量33万立方米；桥梁有梁小郢滁河大桥、小朱户滁河大桥两座，桥梁跨度26米，宽度9米，横跨于滁干河上，沙塘岗支渠上有座公路桥；水利枢纽有滁河干渠、沙塘岗支渠；众兴南电灌站交错纵横村内处，自然灌溉区面积762亩。

农业机械设备　2014年，全村拥有农业拖拉机12台，工业搅拌机2台。

搅拌机　村民施工队主要用于农村建房、道路施工搅拌水泥、砂石等建筑材料。大多将立式搅拌机（如图）安放在适用于操作的工地上即可，无须专门固定，但要注意保持水平位置，不要倾斜，最后将控制箱的电缆与主机插座相连接，即可开机使用。

搅拌机　（众兴社区/供）

交通、邮电、供电

交通　2014年，境内水泥路11千米，沥青路1.5千米，沙石路2千米；全村拥有车辆115辆，客车1辆，货车4辆，农用车1辆；电动三轮车332辆，摩托车12辆，车站1座，公交车站牌1处。

邮电、电信　2014年，全村安装固定电话116部（2000年后，移动电话得到普及），电话拥有率占总人口的72%，占农户总数的99%，网络覆盖率56%，电信年营业额346万元，通信设施齐备，村民拥有手机1920部，微机联网176台。

供电　至2014年，全村有供电台区11座，杆线长度18.7千米，电网覆盖率100%，年用电量62万千瓦时。2010年7月开展电网改造，时居民用电价格0.56元/千瓦时，年用电量58万千瓦时。

商业贸易　众兴集是众兴乡商贸集镇，农历“二、五、七、十”四个日子逢集，十天四集，有专业的农贸市场，商店遍布大街小巷。沿街门面房近200家，容纳各类商户100多家，烟酒百货、家用电器、华联超市、种子农机销售、门窗家具、餐饮、服装、药房、美容等百姓生活类商业，一应俱全。1949年至2014年，集市贸易量达2.3亿元，税收总额1472万元。户户用上瓶装液化气。

村企业　2014年，村有企业12家，均属个体户，年上缴税金652万元。

2014年驻村部分企业一览表

表27-36

企业名称	地址	负责人
肥东众兴恒景木雕加工厂	众南	高学海
合肥佛缘工艺制香有限公司	大朱户	张传明
合肥古坛香业有限公司	大朱户	张传江
缘法制香厂	大朱户	张传法

建材　民国时期，村内有生产砖瓦的土窑1家，年产砖3000余块，土瓦1000余片。以手工制作为主，窑户自产自销，供应当地用户。

1985年后，砖瓦生产逐步由手工生产发展为机制制作、轮窑烧制。基本淘汰灰砖土瓦。1987年生产砖4万余块，瓦1万余块。

1990年后，由于农村兴起建房热潮，砖瓦需求量大增，乡企业大办窑厂，掀起砖瓦生产高潮。1995年，新建改建大规模轮窑2家，分别是众兴轮窑厂和吴莫岗轮窑厂。由窑厂自主敞开供应，红砖基本取自乡内。

住房　1978年后，全村新建房492户，平顶268户，二层160户，三层46户，建筑面积10.3万平方米，2014年人均住房面积达52平方米。

5.社会事业

教育事业　众兴小学创办于1970年，时设一至四年级，四个教学班。1976年迁至乡原财政所员工宿舍处，学制为一至五年级。1978年再迁至老街北头，即现在的校址，自建校起至2005年为乡中心学校。2005年起改为众兴小学，校园占地3万平方米，有1幢三层综合教学楼、2幢四层教师公寓宿舍。

2014年，兴办1所封闭式公办中心幼儿园，在岗教师职工22人，在校小学生数460人，学前班儿童36人，学龄儿童入学率99%，小学巩固率97%，专职教师合格率100%。

1949年到2014年，小学入学率由22%上升至99%，毕业率由54%上升98%。累计考取高中467人，中专64人，大专231人，本科176人。

1949年至2014年办扫盲班24班次，脱盲人数786人，农民文化技术学校举办各种实用技术培训班32期、1261人次。

文化事业　村党群服务中心设有文化广播电视室，配专职工作人员。有线电视、调频广播全覆盖，农家书屋收藏各类图书3000多册，村民可凭证免费借阅。

2010年3月，众兴小学开展拔河比赛活动　（张文/摄）

村在乡文化广播电视站等部门的安排指导下，利用节假日组织村民参加观看文艺下乡会演、调演有奖知识竞赛等活动，丰富村民业余生活。

古遗址　大朱户古井，人工挖掘，修建于清朝，整石凿挖井口，绳沟约1.5厘米，水位稳定，常年距井口2.5米，现仍为村民提供生产生活用水。

卫生事业　至2014年底村有卫生室1所，卫生从业人员2人，村民合作医疗参保率98%。医疗设备符合国家标准。门诊病房建筑面积116平方米，分诊室、治疗室、处置间、留观室。

计划生育　村配计生专干1人、计生信息员1人；建计生服务室2间、计生宣传栏1组，适时公开计生卫生法律法规、奖励、优惠政策和各项办事流程，宣传国家免费优生孕检项目；开展新婚、产前、产后以及四项手术随访；畅通监督渠道，培育婚育新风，促进村民健康生活，全面建设小康社会。

2014年，村人口出生率13.8‰，出生人口政策符合率98%，目标责任考核属一类村。

精神文明建设　围绕村容洁净、环境优美、乡风淳朴、邻里和睦、社会和谐、治安良好的总体目标，做好文明村镇创建工作。2008年，村建1个基层文化资源共享服务点，配1名宣传员，建1个精神文明宣传栏，建立农村志愿者队伍。

2012年，成立3个志愿者组织，分别是敬老爱幼志愿者组织12人，与关爱留守儿童妇女志愿者、空巢老人、农民工、残疾人，进行一对一帮扶；三线三边整治志愿者16人，整治维护村容街貌；社会和谐志愿者组织12人，日夜执勤维护社会治安。

2014年，开展乡规民约教育，印发至每家每户，倡导婚事新办，丧事简办，喜事廉办；开展移风易俗，树文明立新风活动，以及“三下乡”“欢乐下基层”等活动，把优秀作品和文化服务送到村民家门口，广泛开展各类精神文明建设活动。

2013年，村民苏昌群被评为孝老爱亲模范，许昌镜被评为乡诚实守信模范。

主要姓氏、宗谱、宗祠　有张（分布各自然村），高（主要分布砂塘岗），许（主要分布众兴集、许岗）等。张、许姓来源于江西省，张氏宗祠原在花灯社区罗岗组，“文化大革命”时期遭拆除，四修宗谱已编制完成。许氏一族宗祠建在新站区许庙自然村。

组名　塘稍、王北、王南、张小郢、许岗、众南、众北、沙塘岗、大一、大二。

社会保障　至2014年底，村绝对贫困人数52人，低收入人数76人，县乡两级政府救济资金23.1万元；集中供养五保户人数5人，年人均赡养费8952元，分散在各村的五保户老人数18人；城镇低保人口定期补助每人每月320元。

第二节　社　区

一、花灯社区

花灯社区，名自地主庄园“花墩。墩内原建有12幢楼房，占地33333.5平方米，亭台楼阁交错，屋内配置天棚地板，气势恢宏。当年，溪岸古木参天，藤条缠绕，溪内荷鱼窜动，溪上有木桥，有专人值守。

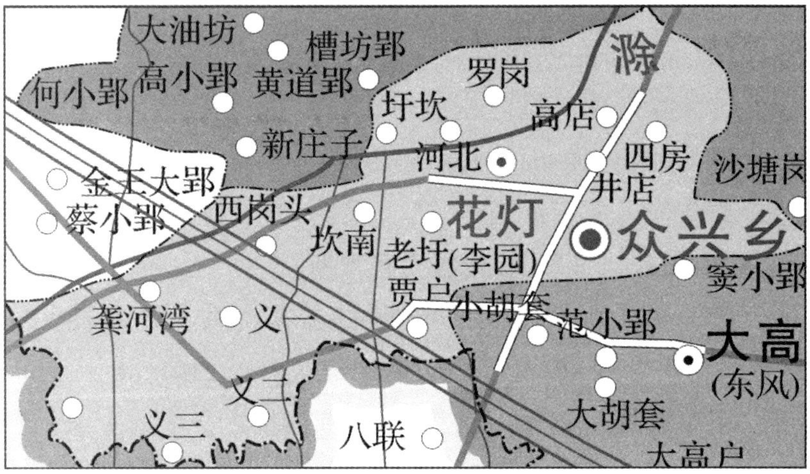

花灯社区区域图　〔审图号:皖合S(2022)01号〕

1958年，建花灯大队，1983年改置村委会，2002年，共和村并入，2012年12月，更名为花灯社区居民委员会。位于乡西南部，南邻新站区磨店社区，西接长丰三十头社区，北与谢岗村、众兴村相依，东邻大高村，距离县城13千米，总面积533.64公顷，耕地面积319.59公顷，其中水田165.79公顷，旱田153.8公顷，全村有村民小组19个，自然村16个，人口3083人，男1572人，女1511人，劳动力770人，少数民族2人，分别为回族、维吾尔族。村委会所在地是花灯大街。

花灯社区党群服务中心　（花灯社区/供）

石三路、店元路、大众路交会于花灯大街，交通便捷；紧邻新站区，地理位置优越。

花灯村获得2011年“合肥市优秀妇女之家”称号、2013年“共青团合肥市优秀五四红旗团支部”称号、2014年第十三届“合肥市文明单位”称号。

1.自然环境

村属丘陵地貌，岗冲交错，海拔高程 32 米；年降雨量 960 毫米，年平均气温 15.6 C°；主要土壤有黄土、褐粒土、白土；植被达 82%。水面 74 公顷，境内 2 千米长共和湾河流经新站区于湾水坝注入店埠河，县滁河干渠穿村 3 千米流经众兴水库，易旱不涝，旱涝灾害少；森林覆盖率 46%。

2.组织建设

1.共村党组织的建设与发展（党支部负责人名录）

1958—2014 年花灯社区（大队）党支部负责人一览表

表 27-37

机构名称	职　务	姓　名	时　间
花灯大队党支部	书记	刘华才	1958 年至 1976
花灯大队（村）党支部	书记	胡文继	1976 年 2 月至 1992 年 3 月
花灯村党支部	书记	张康华	1992 年 3 月至 1993 年 3 月
花灯村党支部	书记	吕柳村	1993 年 3 月至 1995 年 3 月
花灯村党支部	书记	陈圣英	1995 年 3 月至 2001 年 2 月
花灯村党支部	书记	张兴华	2001 年 2 月起

1971—2002 年共和村党支部负责人一览表

表 27-38

机构名称	职　务	姓　名	时　间
共和大队党支部	书记	张国恩	1971 年至 1976 年
共和大队党支部	书记	孙圣仙	1976 年至 1977 年
共和大队（村）党支部	书记	张国权	1978 年至 1990 年
共和村党支部	书记	张开银	1990 年至 1992 年
共和村党支部	书记	陆在虎	1993 年至 1994 年
共和村党支部	书记	陆广金	1994 年至 1996 年
共和村党支部	书记	陆广仁	1997 年至 1999 年
共和村党支部	书记	陆广志	1999 年至 2002 年

2.村务管理沿革（负责人名录）

1958—2014 年花灯社区主要负责人一览表

表 27-39

机构名称	职　务	姓　名	时　间
花灯大队革委会	大队长（主任）	汤德祥	1958 年至 1974 年
花灯大队革委会（村、村委会）	革委会主任(大队长、主任)	张华开	1974 年至 1992 年
花灯村委会	主任	张康华	1991 年至 1992 年
花灯村委会	主任	陈义龙	1993 年至 1999 年
花灯村委会	主任	张兴华	1999 年至 2014 年
花灯村委会	主任	张国福	2014 年起

3.公共设施

2003年，启动花灯大街建设，2006年建成，乡政府机关、中心学校、供电站、花灯小学陆续搬迁至花灯大街新址。大街中心道路大众路宽12米，道排管道5千米，大街两旁绿化带宽3米，栽植香樟、栾树等树木2000余棵，安装路灯112盏。

2009年，东大街兴建农贸市场1座，配建公厕1座；村民健身园区建在众店路与大众路交口处，占地3600.02平方米，园内建有树木、花坛、草地、水体、道路、亭、榭、座椅以及乒乓球桌、单双杠等成套体育健身器材。2014年，村有自来水管网12.6千米，70%居民用上自来水，日供水量达16吨。

4.区域经济

种植业　2014年，主要农作物播种面积（含复种指数）316公顷。其中，粮食作物播种面积276公顷，总产量2898吨；油料作物播种面积350亩，总产量6.3吨；棉花播种面积120亩，总产量7.8吨；蔬菜瓜果播种面积170亩，总产量510吨。

养殖业　2014年，牛饲养存栏数72头，牛肉总产量1.5吨；猪饲养存栏数1500头，猪肉总产量19.5吨；山羊饲养存栏数26头，羊肉总产量520公斤；家禽饲养量1320只，禽肉总产量1980吨，禽蛋总产量9吨；水产养殖320亩，可养殖水面72公顷，养殖种类6种。水产饲料总产量106吨，总产值46万元。

饲养场选介　村民王国兵承租立新组160亩低冲洼地，机挖4口大塘，投资22万元，建成“农家乐垂钓中心”；义二、义三、陆老三村民组村民因地制宜发展综合养殖，在林间拉网搭棚养鸡，鸡吃林间草虫，肉肥味美，又给树林清理虫草，鸡粪给树以营养，树木成材快，效益高。

林业　2000年，村实施退耕还林政策，优化产业结构，栽植杨树560亩，67200棵；村民利用低洼荒地，岗坡陇地栽植经果林9200余棵，各类苗木花卉2万余株。2013年，云森公司承租贾中、义一两村民组连片200亩田地种植香樟、垂柳等风景苗木；旭升公司栽植林地800多亩；锦天红公司栽植盆景花卉48亩；村道绿化长度17千米，植树11300棵，森林覆盖率46%。

劳务输出　2014年全村劳务输出860人，男性520人，女性340人，主要流入上海、浙江、北京、合肥等地，大多从事建筑业，其他以服务业、经商为主，劳务年总收入1680万元。

水利建设　至2014年，村民多渠道筹办水利资金，兴修当家塘坝12口；村民自筹与县冬修水利资金相结合打各类压水井612口。村有拦水坝1座，大中型塘坝32口，蓄水总量2万立方米，县滁河干渠自村西北穿境而过，是村内主要水利枢纽。滁河干渠上有四座混凝土钢构桥，6吨以下小型车辆可以通行。涵闸、涵洞配套建设8处，自然灌溉区面积72公顷。

交通、供电

交通　至2014年底，境内公路17千米，其中水泥路12千米，沥青路2千米，砂石路3

千米，合肥市外环高速合六路穿境而过3.5千米；全村拥有车辆114辆，其中客车1辆，货车12辆，农用车3辆，摩托车6辆，私家轿车92辆，公交站牌2座。

供电　2011年，村进行了电网改造，村民用电符合国家标准，时居民用电价格0.56元/千瓦时。2014年，全村有供电台区9座，杆线长度17.7千米，电网覆盖率100%，年用电量52万度。

商业贸易　2006年建成的花灯大街，两侧门面房162间，吸纳各类经营户（五金、时蔬、百货、饭店、小吃、旅馆、通信、缝纫、种子、农产品加工、理发、修理、电焊、棋牌）等30多家。至2014年集市贸易量1.2亿元，税收总额达140万元。户户用上瓶装液化气。

社区企业　2014年，社区拥有企业12家，联户办4家，个体户8家，年产值1600万元，企业性质均为私企，经营方式私营，上缴税金162万元。

2014年花灯社区部分企业一览表

表27-40

企业名称	地 址	负责人
肥东智胜通风设备有限公司	花灯大街	陈汉智
合肥宝丰通风设备有限公司	花灯大街	冯德先
肥东苏菊门窗厂	花灯大街	姚忠发
合肥金智仓储服务有限公司	花灯大街	刘志立
华洪门窗加工厂	井 店	冯维杰
和兴家具厂	贾 户	李鲁生
合肥智奇门窗装饰工程有限公司	李 园	张武朝

企业选介

合肥市宝丰通风设备有限公司

注册资本100万元。经营范围：通风设备、五金产品、铝制品生产及销售；消防器材、制冷设备销售、安装及售后服务。

肥东县欧帕斯新型建材厂　办公室位于社区井店组，主要经营民用建材、加工及零售，有专业的销售和技术团队。产品畅销合肥及周边省市。

合肥智奇门窗装饰工程有限责任公司　公司位于社区李园组，主要经营铝合金塑钢门窗、玻璃安装及销售、室内外装潢、五金交电销售。

住房　2014年，全村新建房739户，平顶346户，二层320户，三层3户，建筑面积11.1万平方米，2014年人均住房面积36平方米。

（五）社会事业

教育事业　社区内有民办幼儿园1所、中心学校1所、完全中学1所。

花墩小学　创办于中华人民共和国成立前，原址在花墩圩里，初为完小，中华人民共和国成立后，1956—1963年为草庙区辅导小学；1964—1971年为众兴乡辅导小学；1972—

2003年为花灯村小学;2004年为众兴乡中心学校。

共和小学　成立于1974年,1997年撤并至花墩小学。

中华人民共和国成立初,小学是6年制(“文化大革命”时期为5年制,2002年恢复6年制),读完四年级为初小毕业,通过升学考试后再升五年级,升学率为60%左右,读完六年级,先举行毕业考试,再通过升学考试上初中,小学升初中通过率从30%逐步上升至2014年的95%。原校舍因年代久远,不适宜办学,2003年,迁至大众路西侧新建,随后,改为乡中心学校。

2014年,有教职工21人,在校小学生数421人,学前班儿童46人,学龄儿童入学率99%,小学巩固率98%,专职教师合格率100%。

1949年至2014年,小学入学率由30%上升至99%,毕业生由26%升至98%。累计考取高中726人,中专326人,大专421人,大学116人;1949年到2014年办扫盲班22次,脱盲人数461人,农民技术学校举办各种实用技术培训班26期1672人次。

2014年,花墩圩子四周的“护城河”依然可见,清澈的溪水让人浮想联翩,旧址已成为一处厂房。

跑马道　中华人民共和国成立前,村内有条自霞光村黄窑自然村,经黄小郢、西王岗、谢岗头、冲西、漕坊郢、新庄、西岗头、义一等村组,路长约5千米、宽丈余的跑马道,专供黄姓地主跑马用,时过境迁,跑马道仍断断续续依稀可见。

鸿章枣树　花灯四房组,3棵已有120年的古枣树根深蒂固,枝繁叶茂。据张姓居民说,当年因四房组张继涛随李鸿章征战有功,故赏3棵枣树,并自天津运回栽植。张继涛虽然有功,但性格上过于武断,李鸿章认为此人并不适合当官,就赏了枣树好让他衣锦还乡。时至今日依然开花结果,已被市、县列为国家三级古树。

卫生事业　村民合作医疗参保率98%。2014年,村有卫生室1所,卫生从业人员3人,门诊病房建筑面积80平方米,有分诊室、治疗室、处置间、留观室。

计划生育　村设计生专干1人、计生信息员1人,建计生服务室2间、计生宣传栏1组,适时公开计生卫生法律法规,奖励优惠政策和各项办事流程,宣传国家免费优生孕检项目,开展新婚、产前、产后和四项手术随访,畅通监督渠道,培育婚育新风,促进村民健康生活,全面建设小康社会。2014年,村人口出生率13.6‰,出生人口政策符合率97.6%,目标责任考核属一类村。

精神文明建设　村通过广泛开展以文明村镇建设、文明行业创建、文明家庭创建、十星级文明户评选等活动为载体。大力宣传和倡导社会主义核心价值观,户户张贴《村规民约》《公民道德章程》,倡导敬老爱幼、见义勇为、拾金不昧、捐资助学、手拉手行为,利用村文化广场,开展科普知识和文明新风教育活动,引导农民崇尚科学,破除迷信。

村民金桂琴被评为众兴乡2013年孝老爱亲模范人物。

花灯村获得2009年合肥市“清洁家园,绿化乡村”活动示范村”、2011年“合肥市优秀妇女之家”、2013年、2014年“共青团合肥市优秀五四红旗团支部”、2014年“合肥市第十三届文明单位”荣誉称号。

2012年起，村成立5个志愿者组织，分别是敬老爱幼志愿者组织（26人）、关爱留守儿童妇女志愿者（16人）、关爱空巢老人志愿者（16人），进行一对一帮扶；三线三边整治志愿者（18人），整理维护村容村貌；维护社会和谐志愿者组织（8人）。

主要姓氏　社居主要姓氏有张（主要分布贾户、高店、四房、井店、罗岗等自然村），陆（主要分布陆老、光明、义三等自然村），郑（主要分布义三、李园、老圩等自然村）姓等。

组名　贾北、贾南、贾中、井店、高店、共和、光明、罗岗、李园、立新、小河北、陆老、新村、四房、义一、义二、义三、西岗头、圩南。

社会保障　至2014年底，居民绝对贫困人数57人，低收入人数84人，集中供养五保户人数7人，年人均赡养费8952元，分散供养五保户人数24人，低保人口定期补助每人每月320元。

二、华光社区

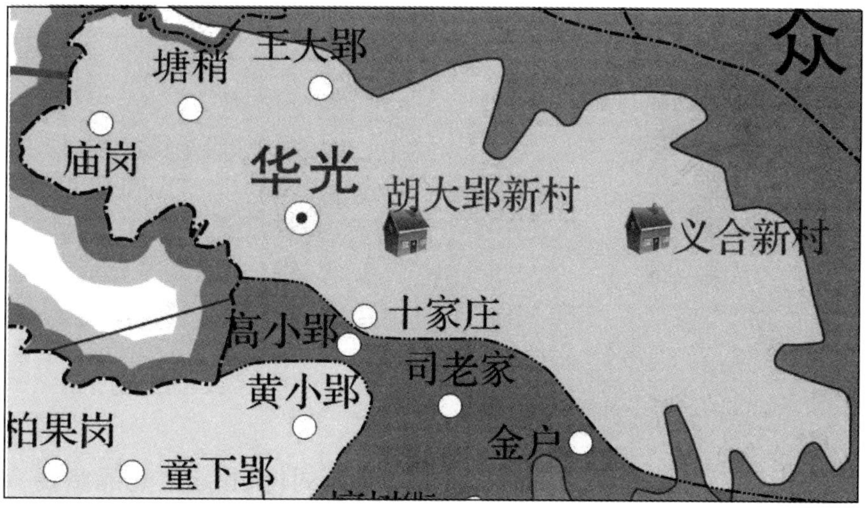

华光社区区域图　〔审图号：皖合S(2022)01号〕

华光社区位于众兴乡北部，北与元疃镇交界，西与新站区三十头社区接壤，南面是范岗村，东临众兴水库，像是镶嵌在水库边的一颗明珠，华光四射。1958年建队时，命名为华光大队，1983年改制为村。“华光”二字有中华之光之意，表达村民对中华人民共和国成立的热烈庆贺，也寄予村民对美好未来的向往和追求。中华人民共和国成立初，华光社区属成立时间不长的马庙乡管辖，属草庙区；1957年成立高级社区四大联防，划为众兴乡所辖；2007年，原华光、义合两村合并为华光村；2014年，经上级有关部门批准成立华光社居委，社居委所在地胡大郢组，店元路西边，距县城22千米。总面积807.84公顷，耕地面积316.42公顷，其中水田149.21公顷，旱田167.21公顷，居民小组24个，自然村6个，人口2277人，男1162人，女1115人，劳动力673人。少数民族4人，分别为土家族、苗族。

1.自然环境

村位于众兴水库上游，地貌岗冲交错，地势起伏，岗陇地以黄土为主，洼冲地以油白土为主，海拔高程47米，年降雨量970毫米，平均气温15.6 ℃，植被率64%，水面362.69公顷，退耕还林610亩，水源充足，旱涝灾害少。

华光社区党群服务中心　　(华光社区/供)

2.组织建设

1.中共村党组织的建设与发展(党支部负责人名录)

1959—2000年华光村(大队)党支部负责人一览表

表27-41

机构名称	职　务	姓　名	时　间
华光大队党支部	书记	司宏林	1959年至1963年
华光大队党支部	书记	钱朝清	1963年至1966年
华光大队党支部	书记	童长江	1967年至1969年
华光大队党支部	书记	吴俊成	1970年至1971年
华光大队党支部	书记	童　兴	1971年至1973年
华光大队党支部	书记	童长江	1973年至1975年，窑厂下派
华光大队(村)党支部	书记	胡恒所	1975年至2000年

1959—2000年义合村(大队)党支部负责人一览表

(1994—1995年并入司老村)

表27-42

机构名称	职　务	姓　名	时　间
义合大队党支部	书记	张有顺	1959年至1964年
义合大队党支部	书记	张仁财	1966年至1971年
义合大队党支部	书记	周道权	1971年至1980年
义合大队党支部	书记	张华锁	1981年至1993年
司老村党支部	书记	朱根胜	1994年至1995年
义合村党支部	书记	张华琪	1995年至1996年
义合村党支部	书记	韩传首	1996年至1997年，乡干兼职
义合村党支部	书记	刘　斌	1997年3月至1999年4月，乡干兼职
义合村党支部	书记	张仁忠	1999年5月至2000年10月

2.村务管理沿革(负责人名录)

2000—2014年华光村党支部负责人一览表

(2001年义合村并入,2014年成立华光社区)

表27-43

机构名称	职　务	姓　名	时　间
华光村党支部	书记	胡恒所	2000年至2007年
华光村党支部	书记	司圣元	2008年
华光村党支部	第一书记	胡恒所	2008年至2010年
华光村党支部	书记	应祚超	2009年2月至2010年6月,乡干兼职
华光村党支部	书记	王　林	2010年6月至2013年8月,乡干兼职
华光村党支部	书记	范传临	2014年,大学生村官
华光社区党支部	书记	程世友	2014年起,乡干兼职

1959—2001年华光村(大队)主要负责人一览表

表27-44

机构名称	职　务	姓　名	时　间
华光大队(革委会)	大队长(主任)	司宏林	1959年至1975年
华光大队革委会(村、村委会)	主任	司圣元	1975年至2001年

1981—2001年义合村(大队)主要负责人一览表

表27-45

机构名称	职　务	姓　名	时　间
义合大队(村)	大队长(主任)	张华满	1981年至1986年
义合村委会	主任	张仁忠	1986年至2001年

2001—2014年华光村主要负责人一览表

表27-46

机构名称	职　务	姓　名	时　间
华光村委会	主任	张仁忠	2001年至2008年
华光村委会	主任	王国发	2011年至2014年
华光社居	主任	胡恒飞	2014年起

3.公共设施

1999年,原华光村办公室建于王大郢组,三间两层上下;原义合村办公室建于原王小郢自然村东三间砖瓦平房,均设计生服务室、党员活动室。2000年两村合并后,于2005年在胡大郢兴建三间180平方米村办公室。2014年,经扩建为五下三上的两层楼房,标准化党群服务中心。房前有院地,建筑面积达560平方米,内设村企一体为民服务中心、计生服务室、党员活动室、农家书屋,门前设村务公开宣传栏,店元路与华光通往三十头社区的水泥路呈十字形交汇于村办公室所在地胡大郢组，纵横穿村约4千米，村组通水泥路，装有路灯32盏，夜晚灯火通明，马政寺前建村民健身休闲广场，占地12000.06平方米，配有健身器材12套，公厕1座，道路绿化带13千米。2014年，村建供水管网64米，新农村居民用上了自来水。

华光新村　（华光社区/供）

4.区域经济

种植业　村域经济以传统农业为主，逐步发展为种植、养殖、林业和劳务输出并举的复合型经济，农作物有水稻、油菜、玉米、花生、棉花、小麦、瓜果、蔬菜。2014年，农作物总播种面积412公顷，其中粮食作物播种面积356公顷，总产量3471吨；油料作物播种面积420亩，总产量75.6吨；棉花播种面积112亩，总产量150公斤；蔬菜、瓜果（主要是西瓜）112亩，总产量672吨。

养殖业　养殖业由散养向集中圈养方面发展，规模较大的集中圈养大户有：塘稍郢组村民童迺刚建养猪场占地3333.35平方米，胡前一组王仁超建养猪场占地7亩。2014年，全村猪饲养存栏数712头，猪肉总产量35吨，山羊饲养存栏数72头，羊肉总产量1.75吨；家禽饲养量3210只，禽肉总产量3.6吨；水产养殖业总面积达300亩，建有4个鱼类养殖场，由村民个人承担，总产量186吨，总产值56万元。

林业　2002年村推行退耕还林工作，村民植树560亩，义杨36000棵。

劳务输出　2014年，全村劳务输出人数862人，其中男性561人，女性301人，主要流入合肥、上海、江浙沿海，少数在国外，以建筑、餐饮、服务、运输等业务为主，全村劳务年总收入2686万元。

水利建设　至2014年，居民农户多渠道筹办水利资金，新建大中塘坝8口，其中胡大塘占地1.33公顷，王大塘占地1公顷，两塘深均2米，配有涵洞、涵闸各2个；中陂段占地25亩，社陂塘占地2公顷有余；2012年投资4万元兴建庙岗水电站；打各类压水井729口；自然灌溉区面积94.9公顷，

农业机械设备　全村拥有拖拉机323台，收割机1台，龙门架8个，木盆船13条。

交通、邮电、供电

交通　2014年，境内水泥路8千米，沥青路4千米，沙石路2千米；全村拥有车辆324辆，其中货车3台，农用车3台；电动三轮车286台，摩托车38辆。

邮电、电信　2014年，全村安装固定电话36部（2000年前，固定电话户安装率达95%以上，后逐渐被移动电话、手机替代），电话户拥有率达99%，网络覆盖率100%，通信设备

全覆盖,手机 1804 部,微机联网 18 台。

供电　1983 年,胡大郢村民组开始通电,1987 年,全村实现了户户通电,2011 年村对供电设施进行了整改。至 2014 年底,全村有供电台区 8 座,杆线长度 18.8 千米,居民用电价格 0.56 元 / 千瓦时,年用电总量 32 万千瓦时,电网覆盖率 100%。

商业贸易　2008 年,启动建设的华光新农村是省里批准的缩村让地建设项目。村民依托马政寺和居委会办公室中心位置建有门面房 30 多家,吸纳餐饮、百货、理发店、香店等各类商家十多户。马政娘娘庙会在合肥地区颇负盛名,平日香火旺盛,每年农历三月初三,全国各地信众在此会合,赶庙会者每年达 10 万多人。庙会期间,烟火缭绕、锣鼓喧天、人山人海,各路行商小贩叫卖生产生活资料、文化娱乐用品、东西南北货、土特产等,各种民间工艺、风味小吃、地方戏曲、民间艺人等竞相出彩,构成热闹非凡的玄妙观集市。瓶装液化气得到广泛使用。

社区企业　社区属众兴水库水源一级保护区,为加强饮用水水源保护,保障饮用水水源安全,2014 年前,按有关法律法规对社区企业进行关停并转,社区内已无企业。

建材　中华人民共和国成立后,村内有生产砖瓦的土窑 1 家,年产砖 2000 余块,土瓦 1000 余片,以手工制作为主,窑户自产自销,供应当地用户。

1993 年,村民自建小型轮窑 1 座(位于马政寺后面),砖瓦生产逐步由手工生产发展为机制生产,轮窑烧制,砖瓦畅销于周边十里以外,供不应求,基本淘汰了灰砖、土瓦。1997 年生产砖 4 万余块、瓦 1 万余片。

1995 年后,由于农村兴起建房热潮,砖瓦需求量大增,乡企业兴办窑厂,掀起砖瓦生产高潮。至 1995 年,新建改建大规模轮窑 2 家,分别是众兴轮窑厂和吴莫岗轮窑厂。由窑厂自主敞开供应,红砖基本取自乡内。

住房　全社区 1978 年后建房 722 户,其中平顶 246 户,二层 445 户,三层 31 户,总建筑面积 9.3 万平方米,2014 年人均住房面积达 41 平方米。

5.社会事业

教育事业　社居庙岗小学在岗教师职工 16 人,内设幼儿园,在校学生数高峰期有 500 多名,学前班儿童 50 多名。2014 年,学龄儿童入学率 98%,小学巩固率 97%,专职教师合格率 100%,1949 年到 2014 年, 小学入学率由 21%上升至 100%, 毕业率由 50%上升 100%。累计考取高中 436 人,中专 96 人,大专 142 人,本科 76 人。华光社居内原有 2 所小学。义合小学成立于 1952 年,起始在义合自然村办学;1959 年迁至马政寺内;1963 年迁至吕小郢组,改名庙岗小学,占地 1 公顷,即现在的社区小学。华光小学建校于 1962 年,起始用胡大郢司开银户民房办学;1966 年迁至村王大郢组盖 4 间草屋;1974—1976 年两次扩建,校舍达 16 间,占地约 0.53 公顷;1998 年 9 月,华光小学并入庙岗小学。1949 年至 2014 年办扫盲班 64 班次, 脱盲人数 600 多人, 举办各类农民实用技术学校 76 期, 参加 2000 人次。

卫生事业　2014 年底，村有卫生室 1 所，卫生从业人员 3 人，村民合作医疗参保率 98%。医疗设备符合标准,门诊病房建筑面积 96 平方米,分诊室、治疗室、处置间、留观室。

计划生育　村设计生专干 1 人、计生信息员 1 名;建计生服务室 2 间、计生宣传栏1组,适时公开计生卫生法律法规、奖励优惠政策和各项办事流程,宣传国家免费优生孕检项目。开展新婚、产前、产后和四项手术随访,畅通监督渠道,培育婚育新风,促进村民健康生活,全面建设小康社会。2014 年,村人口出生率 15.6‰,出生人口政策符合率 98%,目标责任考核属二类村。

精神文明建设　村通过广泛开展以文明村镇建设、文明行业创建、文明家庭、十星级文明创建等活动为载体,宣传倡导社会主义核心价值观,户户张贴《村规民约》《公民道德章程》倡导敬老爱幼、见义勇为、拾金不昧、捐资助学、手拉手一对一帮扶行为,广泛开展反邪教、禁毒等政策法规、科普知识和文明新风教育活动,引导农民崇尚科学,破除迷信。

村民童家贵被评为 2013 年度众兴乡助人为乐模范。

2012 年起,村成立关爱空巢老人志愿者 16 人,进行一对一帮扶;三线三边整治志愿者 18 人,维护村容村貌;维护社会和谐志愿者组织 8 人,日夜值守,维护社会治安。

主要姓氏、宗谱、宗祠　胡(分布于胡大郢)、王(分布于王大郢)、张(义合新村)、司(王大郢)等姓,均有宗谱。

新建祠堂　张姓于 2013 年在原义合村修建祠堂一座,占地 320 平方米,自筹资金 8 万元。

组名　庙东、庙西、王东、王中、胡中、庙塘、胡后、立新、胡一、胡二、塘稍、吕小、吴东、吴西、团结、建设、胜利、义上、王西(原义合村)、河心、前进。

6.社会保障

至 2014 年底,村绝对贫困人数 57 人,低收入人数 94 人,县、乡两级政府救济资金 176 万元;集中供养五保户人数 7 人,年人均赡养费 8952 元,分散在各村的五保老人数 23 人,低保人口定期补助每月每人 320 元。

7.名胜

马政寺　位于华光村王大郢自然村,众元路边,是合肥地区规模最大的寺庙。

附:众兴乡各村(居)有关共同概况

1.农业机械设备

中华人民共和国成立后,特别是中共十一届三中全会以来,农机具革新加快。

植保机具　有单管喷雾器、喷粉器、机动喷雾器、担架式喷粉机的发展过程。

排灌工具　有解放式人力牵引水车、柴油机、电力高扬程水泵等发展过程。

加工工具　有旧式石磨、石磙、水磨、油磨、铡子到压面机、铡草机、粉碎机、磨粉机、碾米机、榨油机等发展过程。

运输工具　历史上主要是人担、手推、畜驮，工具有扁担、笼筐、手推板车、驮筐等，后发展为畜力胶轮板车、农用拖拉机、汽车。

农作物人工栽植　牛力耕作被机械所取代，播种机、收割机、巡耕机、施药肥机器得到广泛应用，农村、农业、农民取得划时代的革新进步。

2.农业科技

科技组织　村设1名科技副主任，由农村发展能手32人组成农业农技科普小组，与乡农技部门形成科技工作网络。

科技普及　村组织农民参加科技进村入户、科普赶集、科普讲座等活动。科普小组通过良种推广和对直播移栽、地膜、免耕、垄作等栽培技术的探索和推广，促进粮油增产，农业增效，农民增收。随着农村劳动力进城务工，土地流转不断深入，农业种植耕作向规模化、集约化、机械化方向发展。

3.建材

黄沙、石料　县内建筑材料资源丰富，县城东部自北向南山脉连绵40余千米，天然建筑材料丰富，村民起初用县内西山驿的风化石机械破碎沙，2000年后，逐渐被质量好的六安、舒城水沙所替代。

2000年前，农村建房封顶大多用楼板(水泥预制品)，后期，逐步由混凝土现浇取代，房屋质量逐年提高。至2014年城乡建房质量、工艺已无差别。

水泥　桥头集、王铁水泥均是规模以上质量达标的产品，其产品425号、525号系矿渣硅酸盐合成结构水泥在农户建房中得到广泛使用，巢湖水泥在本地也很畅销。桥头集生产白水泥供建筑装饰用料。

建材加工　黄沙水泥、混凝土搅拌、浇灌起初由人工操作，后逐步被搅拌机、卷扬机、振动棒等机械取代，至2014年基本实现机械化。

4.村卫生室建设

至2014年底，各村建有卫生室1所。

诊室有诊断桌、诊查床、诊查凳、候诊椅、血压计、听诊器、脉诊枕、手电筒、清洁口表、肛表、一次性压舌板、身高体重仪、人体穴位挂图、诊查记录书。

治疗室　备有药物配伍禁忌表、药敏配制表、治疗台，治疗台上摆放无菌持物钳、缸、治疗盘、弯盘、消毒缸。有无菌物品柜、急救药品专柜，开展外科的换药器械、敷料缸、有盖方盘、各种型号的输液管、注射器、吸氧管、针头、消毒棉签配备齐全，并配备压脉带、输液网袋、启瓶器、剪刀、胶布、夹板、输液卡、签字笔、消毒泡手水或消毒毛巾等。

处置间　作为污染的体温表、回收输液管、注射器、输液瓶、玻璃瓶、压脉带、输液袋、外科换药器械等一切医疗物品的处置之所，室内设处置柜，内置消毒液、量杯、手套等外用物品。

留观室 留观床2张以上,每床占用面积5~7平方米,床旁桌、床旁椅、褥垫、棉被、毛毯、枕芯、被单、被套统一整洁,并配备输液架、氧气瓶(袋)、留观椅、痰盂、电视机、天轨输液架,房内设置厕所、洗手池等。

药房 调剂台宽敞、透明,中药调剂设备齐全、清洁,冰箱清洁无污渍,温度适宜,无过期药品。

5.人民生活

农村居民人均年收入 2014年,农民人均纯收入9800元,主要收入来自外出务工。

工资性收入 2014年,人均工资性收入5194元,占全部纯收入的54.6%。随着城乡一体化进程的加快推进和农村劳动力就业渠道的不断拓宽,农村劳动力转移速度加快,就业机会不断增加,各类从业人员的工资也得到相应增加,农村居民工资性收入提高较快。2014年,农村居民工资性收入人均达到5194元,比上年人均增加630元,增长13.8%。

家庭经营纯收入 2014年,农村居民从事家庭经营得到的纯收入人均3495元,比上年增加425元,增长13.8%。其中,农村居民从事第一产业得到的纯收入人均为2247元,占家庭经营人均纯收入的64.3%,比上年增长14.2%;从事工业、建筑业、交通运输业、批发零售贸易餐饮业、服务业等二、三产业经营得到的纯收入人均1249元,占家庭经营人均纯收入的35.7%,比上年增长13.2%。

非经营性纯收入 2014年,人均816元,比上年人均增加79元,增长10.7%,占全部纯收入的8.6%。主要是土地征用费、亲友赠送、赡养费和养老金等其他财产性和转移性收入有明显的增加。

村民人均支出 生产费用支出,由1997年的65.8%下降至2014年的36%。

人均生活消费品支出,由1985年的275.81元增长到2012年的7383.27元,年均增长率95.44%。其中,食品支出占45%,

子女教育费支出,1997—2006年均排名第三,随着城镇化加快,教育支出增加。2014年人均达1235元。

医药费支出,随着收入水平的稳步提高和农村医疗保险制度的逐步完善,居民开始更多地关注身心健康。2002年起,农村居民医疗保健消费所占比例逐年增加;2014年,人均达432元。

建房支出,1997—2014年,居住支出占比仅次于食品,排名第二。就人均住房面积来说,从1997年的人均24.74平方米增加到2014年的42平方米。居住消费增势强劲,2014年人均达2285元。

社会亲友赠送及赡养支出,2014年,人均达362元,比上年增长16%,呈逐年增长趋势。

恩格尔系数少数年份有所波动外,大体呈下降趋势。其中,1978—1979年,分别为74%、72.9%,居民生活处于饥寒状态;1980—1999年,在60%~70%波动,这20年居民生活处于贫困阶段;2000—2008年在50%~60%波动,人民生活处于温饱阶段;从2009年的49%递减到2014年的37%,居民生活基本达到小康水平。

6.章程　公约

众兴村、永安村、谢岗村、霞光村、范岗村村规民约选录

爱国家　爱集体　跟党走　志不移　务正业　勤劳作　公益事　多出力
多学习　遵章法　不赌博　禁恶习　搞建筑　要审批　用水电　不违纪
按计划　来生育　对子女　全教育　敬老人　合伦理　邻里间　有情谊
婚事俭　丧事简　破旧俗　有新意　讲文明　行礼义　宽他人　严自己
除六害　灭劣迹　爱卫生　好习气　此规约　大家立　执行好　都受益

华光社区、花灯社区、联合村、大高村村规民约选录　为推进村民主法制建设,维护社会稳定,树立良好民风、村风,创造安居乐业的社会环境,促进经济发展,推进社会主义新农村建设。经全体村民讨论通过,村民理事会制定村规民约。

村规民约宣传墙　(华光社区/供)

社会治安　(1)每个村民都要学法、知法、守法,自觉维护法律尊严,积极同一切违法犯罪行为作斗争。

(2)村民之间应团结友爱,和睦相处,不打架斗殴,不酗酒滋事,严禁侮辱、诽谤他人,严禁造谣惑众,搬弄是非。

(3)自觉维护社会秩序和公共安全,不扰乱公共秩序,不阻碍公务人员执行公务。

(4)严禁偷盗、敲诈,哄抢国家、集体、个人财物,严禁赌博。

(5)严禁非法生产、运输、储存和买卖爆炸物品,经销烟火、爆竹等易燃易爆物品,须经公安机关等有关部门批准。

(6)爱护公共财物,不得损坏水利、道路、交通、供电、通信、生产等公共设施。

(7)严禁非法限制他人人身自由或非法侵犯他人住宅,不准隐匿毁弃、私拆他人邮件。

(8)爱护他人庄稼、瓜果及其他农作物,加强牲畜看管,不散放鸡、鸭、鹅等。

对违反上述社会治安条款者,触犯法律法规的,报送司法机关处理。尚未触犯刑律和治安处罚条例的,由村委会批评教育,责令改正。

消防安全　(1)加强野外用火管理,严防火灾发生。

(2)家庭用火,做到人离火灭,严禁将易燃易爆物品堆放户内,定期排查,排除各种火灾隐患。

(3)对村内、户内电线要定期检查,损坏的要请电工及时修理、更新,严禁私拉乱接电线。

(4)加强村民尤其是少年儿童安全用火、用电知识宣传教育,提高全体村民消防安全知识水平和意识。

村风民俗 (1)提倡社会主义精神文明,移风易俗,反对封建迷信及其他不文明行为,树立良好的民风、村风。

(2)提倡喜事新办、丧事简办,破除陈规旧俗,反对铺张浪费,反对大操大办。

(3)不请神或装神弄鬼,不搞封建迷信活动,不传淫秽书刊、音像,不参加邪教组织。

(4)积极开展文明卫生村建设,搞好公共卫生,加强村容村貌整合,严禁随地乱倒垃圾。

(5)建房应服从村建设规划,经村委会和上级有关部门批准,统一安排,不得擅自动工,不得违反规划或损害四邻利益。

违反上述规定的给予批评教育,情节严重的交上级有关部门处理。

邻里关系 (1)村民之间要互尊、互爱、互助,和睦相处,建立良好的邻里关系。

(2)在生产、生活、社会交往过程中,应遵循平等自愿、互惠互利的原则,发扬社会主义新风尚。

(3)邻里纠纷,应本着团结友爱的原则平等协商解决,协商不成的可申请村调解委调解,也可依法向人民法院起诉,树立依法维权意识。

婚姻家庭 (1)遵循婚姻自由、男女平等、一夫一妻、尊老爱幼的原则,建立团结和睦家庭关系。

(2)男女青年结婚必须符合法定结婚年龄要求,提倡晚婚晚育。

(3)自觉遵守计划生育法律、法规政策,实行计划生育,提倡优生优育。

(4)夫妻地位平等,共同承担家庭劳动,共同管理家庭财产,反对家庭暴力。

(5)父母应尽抚养、教育未成年子女义务;子女应尽赡养老人义务,不得虐待老人。

附录

村规民约宣传墙 （地方志办/供）

附录

村规民约宣传墙 （地方志办/供）

附　录

一、乡党委、政府重要文件辑存(至2014年)

肥东县众兴乡人民政府文件

众政字〔86〕1号

关于一九八六年国库券推销任务分配的通知

各村民委员会并乡直有关单位：

根据县政府、区公所安排我乡一九八六年国库券推销任务37150元，经研究分配各村及有关单位(附表)。关于推销国库券的重大意义和《中华人民共和国1986年国库券条例》等有关文件、报刊、广播、电视的宣传精神，要反复多次向广大群众讲深讲透。乡党委也提出几点要求通知如下：

一、各村要抓紧时间宣传发动，四月底认购落实，五月份开交款，要求集体和国家干部、在职人员(民师、乡脱产、企办室、建安公司)在五月份底以前交款结束，农民交款在六月十五日前结束。

二、对农民要本着实事求是，根据经济情况落实认购任务，平均分配。不搞一刀切，并动员富裕队、户和乡办企业职工多购，早交款。

三、实行时间奖和名次奖相结合，乡党委决定凡在六月十五前完成任务的，以时间分一、二、三名奖，奖金50元、40元、30元。

四、各单位要切实加强对这项工作的领导，普遍发动，抓住典型，重点推销。国家干部、各单位的领导和党团员要带头交款，以上通知希抓紧落实，及早行动，确保按时和超额完成任务。

一九八六年四月三十日

肥东县永安乡人民政府

党字〔1990〕002号

关于成立岗位责任制等领导组的通知

各党支部、村委会：

为了强化领导、理顺工作关系，归口处理工作中遇到的问题。做到各负其责。各司其职，经研究决定，成立岗位责任制、财务管理、计划生育、人口普查、沼气、棉花、社会治安、土地管理、普教、国防教育、学习、爱国卫生、双学双比十三个领导组。

中共永安乡委员会

一九九〇年五月一日

报:区委、区公所;
抄:区派出所、区司法办公室、区土管所。

岗位责任制领导组:由宰开群、黄世庆、余孝钧三同志组成,宰开群任组长,黄世庆任副组长。

财务管理领导组:由李跃庭、罗志银、许高品三同志组成,李跃庭任组长。

计划生育领导组:由高绍武、李晓凤、周玲三同志组成,高绍武任组长。

人口普查领导组:由程永松、徐道海、郭其玲三同志组成,程永松任组长。

沼气领导组:由罗志银、刘军、许俊尧三同志组成,罗志银任组长,许军任副组长。

棉花领导组:由李跃庭、罗志银、侯昌海三同志组成,李跃庭任组长,罗志银任副组长。

社会治安领导组:由高绍武、孔泉、刘圣文三同志组成。高绍武任组长。下设两个办公室,社会治安办公室由刘圣文、马杨文、完礼仁、许道华四同志组成,刘圣文任办公室主任,马杨文任副主任。司法办公室由孔泉、程永松、王良荣三同志组成,孔泉任办公室主任,程永松任办公室副主任。

土地管理领导组:由周文新、许俊福、张国权、余孝钧四同志组成,周文新任组长,许俊福任副组长。

普教领导组,由郭世新、周本华、周玲、吴高礼、张开文、王武云五同志组成,郭世新任组长,周本华、吴高礼任副组长。

国防教育领导组:由宰开群、郭世新、周本华、程永松、张开文四同志组成,宰开群任组长,郭世新、周本华任副组长。

学习领导组:由黄世庆、李跃庭、梁发玉三同志组成,黄世庆任组长,李跃庭任付组长。

爱国卫生领导组:由郭世新、张开文、周玲、关敬年、程永松四同志组成,郭世新任组长。

双学双比领导组:由李跃庭、周本华、张开文、周玲、侯昌海五同志组成,李跃庭任组长,周本华任副组长。

众兴乡人民政府文件

众政字〔92〕19号

关于实行乡、村干部目标管理责任制补充意见的通知

各村党支部、村委会:

为了进一步深化改革,加快我乡两个文明建设的速度,增强乡村两级干部责任制意识,经乡考评领导组研究,广泛征求各部门意见,对〔92〕06号文件《关于1992年目标管理责任制评分记绩的通知》作部分修改。修改后的内容重点是对精神文明建设的硬件部分给予物质奖励,以使两个文明建设同步发展。具体修正内容如下:

一、物质文明建设(60分)

农业税10分,水费9分,沼气6分,保险3分,畜禽防疫2分,电影2分,民兵训练2分,优抚2分,外资分摊3分,防汛2分,公路集资7分,五保2分,教育附加5分,村干工资5分。

二、精神文明建设硬件部分(40分)

土管5分,企业5分,结婚领证5分,计划生育8分,冬修5分,电价6分,党员活动室6分。

三、考核标准

1.物质文明建设方面,若按规定时间完成任务的得基本分,提前完成任务被列为第一名加3分,第二名加2分,第三名加1分;在规定时间内完不成任务,除不得分外,被列为倒数第一名的扣3分。倒数第二名的扣2分,倒数第三名的扣1分。

2.精神文明建设的硬件部分,按其完成的程度不同得分,按规定要求完成好的得全分,中等、差的依次减分。

四、经研究,同意增补沈永刚同志为乡岗位责任制考评领导组成员,领导组下设办公室,杨海燕同志任办公室主任,沈永刚同志任办公室副主任。

五、此补充意见若与(92)06号文件有不相同的地方,以此文件为准,其余部分仍以(92)06号文件为准。

特此通知。

众兴乡人民政府

1992年12月14日

肥东县众兴乡人民政府文件

众政字〔95〕002号

众兴乡关于房改方案的暂行规定

为了进一步贯彻落实县房改方案精神。结合我乡实际情况,经党政联席会议研究决定,特制定我乡房改方案的暂行规定:

一、按居住条件,房屋(房租)分成三个等级:二级(0.4元/平方米);三级(0.3元/平方米);四级(0.2元/平方米)。

二、乡属房屋等级划分:二级:财政所住宅区,办公楼二楼;三级:办公楼三楼,乡院内二、三幢、老永安乡政府院内平房;四级:永安集门市房屋(不包括经营租赁)。

三、在乡工作人员按10平方米每人分配,长期带家属每人照顾10平方米。

四、每户住房不论何种情况,若超过35平方米,超出部分按所住房屋等级加50%的租费。

五、每月租金从当月工资中扣除。

六、本规定从一九九五年四月一日起执行,若有新的方案出台,按新规定执行。

众兴乡人民政府

一九九五年三月十日

肥东县众兴乡人民政府文件

众政字〔1998〕5号

众兴乡关于实施农业地膜覆盖栽培工程的安排意见

各村民委员会、乡直各单位:

地(农)覆盖栽培应用可有效地解决积温不足、季节与茬口的矛盾,起到避灾保收的作用,对发展春播旱作物提供了有力的技术保障。为切实加快我乡地膜覆盖技术推广应用步伐,根据上级要求,结合我乡实际,特提出如下安排意见:

一、实施方式

"五旱"作物,即花生、玉米、棉花、瓜菜、山芋以地膜育秧、大田地膜覆盖为主。实施技术重点是搞好品种选择、茬口搭配,实行间作套种,育苗移栽,推广化学除草、病虫害防治、合理施肥等,提供技术含量。

二、实施主要措施

1.提高认识、加强领导。成立地膜覆盖工程领导组。王道富同志任组长,杨松泉同志任副组长。成员有:张国银、张维珍、张恒乐、梁发玉、陈卫华、张仲华、张开银、张松武、罗志银等九同志。领导组下设办公室,办公室主任由张松武同志担任。各村要相应成立领导组,做到各负其责,认真完成各自承担的任务。

2.层层抓点,强化服务,努力解决好技术、物资等具体问题。做到思想、计划、种子、技术、物资等五个落实。乡政府示范点为大高、许河、田埠、刘岗、范岗等六村。各村相应有自己的示范点。

三、明确责任、严格奖励

为了保证地(农)覆盖栽培技术的推广应用,实现增产、增收、增效,全面打好"白色工程"这一硬仗。乡实行严格的目标管理责任制,并开展经常性的检查、评比、督促活动。

1.乡试点的大高、许河、田埠、刘岗、范岗、华光等六村。每村成片面积100亩,由片长、乡包村干部负责保证面积;农技人员保证技术服务(除特大自然灾害外),确保产量:玉米亩产550公斤,棉花能够亩产160公斤,花生亩产300公斤。完成面积的奖励片长100元,包村干部200元;完不成面积的罚片长40元,包村干部80元;农技人员包片,如果达不到产量的罚100元,达到的奖励200元。

2.其他各村试点成片20亩,完成任务奖村200元,包村干部50元,完不成任务罚村100元,乡村干部30元。

3.乡供销社、农牧站保证做好地膜、种子、农药等生产资料供应和技术服务工作,若供应、服务有误，造成经济损失的，追查供销社、农技站主要负责人责任。

（附：实施重点项目分配表）

众兴乡人民政府

一九九八年三月二十四

肥东县众兴乡人民政府文件

众政字〔1999〕10号

关于大力实施“白色工程”的通知

各村民委员会：

农业“白色工程”是以农地膜覆盖栽培技术为主，综合运用各类适用技术的一项系统性工程。具有增温保湿、改良土壤等优点，同时可缓解季节与茬口的矛盾，起到避灾保收作用。为加快科教兴乡战略，大力推广地膜覆盖技术，确保农业增效、农民增收。各村要对该项工作进一步提高认识，加强领导，务必在4月13日前完成乡下达的地膜覆盖任务，迎接县乡两级的检查验收。各村完成情况将作为相关村干部政绩考核的重要内容之一，希接通知后搞好技术辅导，确保100%完成任务。

众兴乡人民政府

一九九九年四月六日

肥东县众兴乡人民政府文件

众政字〔2000〕27号

关于转发《关于规范村级“一事一议”筹资管理问题的通知》的通知

各村民委员会、乡直各单位：

为切实减轻农民负担，规范我乡村级兴办集体生产公益事业的筹资管理，加快我乡两个文明建设步伐，现将县人民政府《关于规范村级“一事一议”筹资管理问题的通知》转发给你们，希遵照执行。

特此通知

众兴乡人民政府

二〇〇〇年九月十日

肥东县众兴乡人民政府

众政字〔2003〕26号

关于《众兴乡2003年退耕还林工程作业设计》的送审报告

肥东县退耕办：

根据肥东县〔2002〕30号文件精神，我乡组织3名工程技术人员按照《安徽省退耕还林工程作业计算价细则》要求，已完成全乡5769.5亩退耕还林工程作业设计、编写，现随文送审。

附:《众兴乡2003年度退耕还林工程作业设计》

特此报告

众兴乡人民政府

二〇〇三年元月十五日

附：

一、众兴乡概况

众兴乡位于肥东县中西部，西与瑶海、长丰县相邻，南与县城店埠镇接壤，东与民族乡、草庙乡邻近，北有众兴水库环抱，滁河从众兴集西部穿越，全乡地形复杂，岗冲交错，全乡土壤结构为黄棕土，农业生产效益较低，林业起步早，已成气候，林业育苗更是全县闻名。

二、建设内容

我乡2003年度新退耕还林5769.5亩，其中坡耕地3235亩，荒山荒地2534.5亩。华光村774.4亩，郑埠村292亩，范岗村210亩，霞光村279亩，谢岗村503.5亩，众兴村139亩，郑河村208.1亩，花灯村44.7亩，大高村61亩，许河村117亩，八联村131.8亩，光华村712亩，小钟村176亩，刘岗集村513亩，梁宇村1208亩，共15个行政村范围内。造林密度为3×4米，每亩56株，用工量75004个，需苗木34.6万株，本乡育苗1480亩，产苗592万株，本乡自给有余。

三、施工组织

成立以党委书记，乡长为政委、指挥长的退耕还林工程建设指挥部，下设技术组、宣传组、后勤组并由分管副书记具体抓落实，按照作业设计要求，安排劳力，做到统一时间，统一放线，统一标准，统一整地、打凼，统一验收树苗，统一购苗，统一时间栽植，确保工程质量。

四、投资预算

全乡2003年退耕还林5769.5亩，预购树苗34.6万株，每株1元计款34.6万元，造林投劳用工75004个，每个工日按15元计112.5万元，基础设施(护林棚、扑火机械、林道、水保措施)每亩20元计11.54万元，管护费每亩按30元计款17.3万元，合计全乡总计需投资175.94万元，每亩均投资305元。

关于表彰全乡“五好文明家庭”“平安家庭”及“廉洁家庭”的通知

各村党支部、各村民委员会：

为进一步加强新时期精神文明建设，引导更多家庭追求文明、健康、科学的生活方式，激发更多家庭倡导清廉家风，以家庭的廉洁促进社会的廉政，树立维护社会稳定意识，以家庭的平安促进社会的稳定，发挥家庭在构建和谐社会中的重要作用，据县相关文件精神，在全乡开展“五好文明家庭”“平安家庭”及“廉洁家庭”评选表彰活动，共评选出40户“五好文明家庭”、20户“平安家庭”及10户“廉洁家庭”。希望全乡家庭向他们学习，为我乡精神文明建设作出贡献。

附：“五好文明家庭”“平安家庭”“廉洁家庭”名单

中共肥东县众兴乡委员会

二〇〇〇年二月二日

肥东县众兴乡人民政府文件

众政〔2010〕16号

关于举办“马政寺三月三文化旅游庙会”的请示

县人民政府：

“马政寺三月三文化旅游庙会”是合肥市批准的第一批非物质文化遗产。为传承民族文化、发展旅游经济，拟于2010年4月14日—16日（农历三月初一至初三）在众兴乡华光村举办2010年“马政寺三月三文化旅游庙会”（具体活动方案附后）。特具文请示，妥否，请批示。

附：2010年肥东县“马政寺三月三文化旅游庙会”活动方案

二〇一〇年四月二日

众兴乡2012年秸秆禁烧和综合利用工作方案

为贯彻落实《关于合肥市油菜秸秆综合利用和禁烧工作意见》（合政〔2009〕120号）、《关于印发合肥市2012年秸秆禁烧和综合利用工作方案的通知》（合政办秘〔2012〕47号）和《关于印发肥东县2012年秸秆禁烧和综合利用工作方案的通知》（东政办〔2012〕21号）等文件精神，为切实做好今年我乡午季农作物秸秆禁烧和综合利用工作，保护生态环境，保障人民群众身体健康，促进生态文明建设，特制定本工作方案。

一、禁烧时间

2012年5月15日至6月30日

二、重点禁烧区域

沿外环高速公路沿线的永安、大高、花灯、谢岗、霞光等5个村为乡域内的一级重点禁烧区域，其他4个村为二级重点禁烧区域。

三、禁烧目标

禁烧期间，一、二级重点禁烧区域内禁止焚烧农作物秸秆、垃圾、荒草、落叶等，力争实现“不燃一把火，不冒一处烟”。

四、工作措施

（一）狠抓认识提高，强化干部群众禁烧意识。农作物秸秆禁烧和综合利用是一项长期、复杂的工作，近两年我乡的秸秆禁烧工作取得了阶段性成效，但秸秆禁烧工作基础仍比较薄弱。据统计,今年全乡油菜、小麦种植面积仍有 2 万亩左右,其中重点禁烧区油菜仍有 7000 多亩,小麦仍有 6000 多亩,与上年基本持平,但长势好于上年,秸秆总量将有所增加。因此,今年午季秸秆禁烧的形势依然严峻,禁烧任务十分艰巨,禁烧工作的难度丝毫没有降低,稍有不慎,很可能出现焚烧秸秆反弹现象。各村和相关部门要站在加快城乡统筹发展的高度,充分认识秸秆禁烧和综合利用工作的重要性,消除松懈麻痹思想和厌战情绪,克服困难,合力攻坚,真正做到秸秆禁烧工作的重视程度再提高、力度再加大、措施再强化、投入再增加,努力把这项涉及民生的大事抓好抓实抓紧,确保顺利完成今年午季秸秆禁烧和综合利用工作任务。

(二)狠抓宣传发动,营造禁烧浓厚氛围,5 月中上旬,乡政府召开秸秆禁烧和综合利用工作会议,并与各村签订秸秆禁烧目标管理责任书。各村也要层层召开专题会议,安排布置秸秆禁烧和综合利用工作,逐级签订禁烧责任书。及时发放《合肥市人民政府关于秸秆禁烧的通告》和《合肥市环保局关于禁止露天焚烧农作物秸秆行政告知书》,利用群发短信、张贴标语、悬挂条幅、流动宣传车巡回宣传等形式,借助广播、电视、报纸、网络等媒体,开展形式多样的宣传活动。要立足早宣传、早发动,反复宣传,深入宣传,确保宣传工作到村到户,深入人心,家喻户晓,着力形成秸秆禁烧的强大舆论氛围,切实增强广大群众的法制观念和环保意识,充分调动广大农民群众支持禁烧、主动禁烧的积极性,?不断夯实秸秆禁烧工作的群众基础。

(三)狠抓责任落实,强化禁烧管理成效。继续强化"乡为主、村落实、组管片、户联防"和乡干部包村,村干部包组包片,组干部包户的网格化管理责任制,完善乡、村、组三级管理网格秸秆禁烧宣传教育、留茬监管、政策落实、困难帮扶、综合利用、监督管理、应急处置、责任追究等方面的职责,提升管理效果。禁烧期间,乡巡查督查组以及乡、村、组网格责任人、监管人要实行 24 小时驻守、巡查和值班制度,实行人盯人、人盯地,严防死守,死看硬守,做到白天不见烟、夜晚不见火,杜绝焚烧秸秆现象发生。

(四)狠抓技术推广,积极推进秸秆综合利用。坚持农机农艺结合,大力推广油菜、小麦秸秆机械粉碎旋耕还田,农机部门要加强农机作业监督管理,保证小麦机收留茬高度不超过 10 厘米。引导农民把油菜秸秆挑回家,分散处理,或者采取"田头窖"还田、快速腐熟还田塆沟埋草、免耕还田,培肥地力。坚持方便群众原则,因地制宜设立秸秆集中堆放点,落实看管人和责任人,确保不发生火灾事故。坚持组织干部搬运、突击队或志愿者搬运等行之有效的方式,帮助困难户、无劳力户及时将秸秆搬运离田,集中堆放。鼓励秸秆收购公司(经纪人)到集中堆放点打捆收购,开展肥料化、饲料化、基料化、燃料化、工业化利用,变废为宝。

(五)狠抓政策落实,加大秸秆禁烧投入力度。秸秆禁烧和综合利用工作是一项彰显环保和社会效益的系统工程。2012 年,乡政府对重点禁烧区油菜秸秆离田还田、小麦秸秆机械粉碎旋耕还田工作落实有力,秸秆禁烧和综合利用工作成效突出的村给予以奖代补(具体标准以会议研究为准),乡、村要提前做好禁烧队伍、物资、场所等方面的准备工作,确保禁烧工作有备无患。

（六）狠抓执法检查，依法推进秸秆禁烧。乡巡查督查组要严格执行焚烧秸秆“黑斑倒查制度”和“田主”责任追究制度，继续执行秸秆禁烧督查责任制和责任追究制度。禁烧期间，乡秸秆禁烧巡查督查组，要实行驻点督查，分片督查，加强监控。一旦发现焚烧现象，将积极配合县环保部门依法依规查处，同时，追究乡、村、组三级网格责任人责任。

五、工作机制

（一）进一步建立健全组织领导机制。乡成立秸秆禁烧和综合利用工作领导组和巡查督查组，全面负责我乡今年的秸秆禁烧和综合利用工作。各村也要成立相应的组织，做到机构、人员、职责、经费“四落实”，形成“统一领导、统一组织、统一调度”的组织领导机制。

（二）进一步强化网格化管理责任机制。继续按照《关于印发合肥市油菜秸秆禁烧网格化管理工作实施方案的通知》（合政办秘〔2010〕140 号）要求，进一步调整充实乡、村、组三级管理网格责任人，完善禁烧区域面积等基础资料并及时汇总上报乡禁烧办，积极利用合肥市秸秆禁烧网格化管理地理信息系统（GIS）功能，充分发挥 GIS 在秸秆禁烧工作中的快速准确定位作用

（三）进一步完善督查调度机制。坚持并不断完善乡、村目标管理、政务督查、行政监察、定点督查、领导检查、调度督办、舆论监督“七位一体”的秸秆禁烧督查机制，实行驻村24 小时督查，形成乡督查村、村督查组、组督查户，一级督查一级、一级对一级负责的工作格局。严格执行《关于严肃秸秆禁烧工作纪律的通知》（合纪发〔2010〕15 号）有关规定，加强对各级干部禁烧期间在岗情况及履职尽责情况的监督检查。继续坚持督查通报、工作调度、重点村、组监控等制度，加大秸秆禁烧的推进力度。

（四）进一步创新服务机制。午收期间，乡、村要组织干部深入基层，集中时间，集中力量，大力开展支农惠农政策宣传、秸秆利用技术指导和秸秆离田帮困服务。5 月 15 日前，乡下派干部要到岗到位，禁烧结束后，经乡禁烧工作领导组同意，方可撤回驻点工作组。

（五）进一步完善应急机制。认真落实秸秆禁烧快速反应机制，根据天气变化情况，及时发布秸秆禁烧应急预警，调度监管力量和应急队伍，加强对重点地区的监控。一旦出现火情，快速处置，及时处理，及时上报。

（六）进一步严格考核奖惩机制。继续坚持秸秆禁烧和综合利用工作目标考核制度，按照乡与村签订的目标管理责任书内容，逐项考核，并将考核结果纳入年度目标考核内容。对责任落实到位、任务完成较好、禁烧和综合利用成效较为显著的村，给予表彰奖励，对工作不到位，措施不落实，出现焚烧较多的村，根据不同情况，追究村主要负责人和网格化责任人的责任。

肥东县众兴乡人民政府文件

众政〔2013〕34号

众兴乡政府请求整治校车的请示

县安委会办公室：

我乡现有幼儿园四家，他们分别是晨阳双语幼儿园、心愿心语幼儿园、众兴小白灵幼儿园、永安小白灵幼儿园四家，晨阳双语幼儿园有学生100人，教师6人，租赁民用面包车2辆，每天分别接送两趟，以每车分摊50学生接送量，每接送一趟25人，超载257%；心愿心语幼儿园有学生260人，教师9人，4辆车接送，每天分别接送两趟，每次分摊28人，超载300%；众兴小白灵幼儿园，以及永安小白灵幼儿园的每趟超载均超过250%。由于我们多次劝说无效，加之我们没有交通执法权限，故我们申请上级领导给予执法支持，整治校车超载现象，给学生家长一个安全之心，特此请示！

众兴乡人民政府

2013年4月15日

众兴乡招商引资目标管理考核办法

为进一步加大招商引资力度，推动我乡经济持续健康发展，特制定本办法。

一、考核范围

当年承担招商引资目标任务人及自发引进项目的乡村干部和有识之士。

二、考核内容

（一）引进外资（包括港、澳、台地区）。主要指对外借款、外商直接投资、外商其他投资以及境外个人和组织无偿捐赠的现金。

（二）引进内资。主要指县外投资者投入到本乡范围内的各种资金，包括合资、合作、独资、收购、重组、增资扩股等。

三、目标

在确保县政府下达的年度招商引资目标任务的前提下，本着实事求是、科学合理原则，确定相关党政班子成员及招商办工作人员全年招商引资目标任务（目标附后）。鼓励不承担招商引资目标任务的乡村干部以及有识之士自发招商引资，不承担招商引资目标任务的乡村干部引进项目同奖不同罚。

四、考核办法

（一）资金确认

实际到位外资和内资：现金投资以银行进账单、验资报告或外汇管理部门的相应统计数字为准。实物投资（生产性固定资产）以有资质的资产评估部门评估为准。无形资产投资以合同双方确认并经有资质评估部门评估为准。资产重组项目以重组方实际注入资金为准。

（二）完成目标任务确认

1.填写完成招商引资目标任务表。任务单位或个人完成招商引资任务后，填写招商引资目标任务登记表。如两人以上单位或个人共同完成的，应自行协商完成比例并以联合函形式报乡招商办。

2.报送有关材料。目标任务单位或个人在报招商引资目标任务登记表时，需附送相关材料。主要有：批准证书、工商营业执照、验资报告、银行进账单、评估报告、引进项目法人身份证明等。

3.完成目标任务确认时间。完成目标任务时间为当年元月1日至12月31日，逾期不予确认。

4.考核确认组织机构

招商引资目标任务的日常考核确认由招商办负责，并提交党委扩大会议审核后兑现奖惩。招商办在确认时依据县招商局对该项目是否确认，确认的投资额度为准。

五、奖励办法

（一）招商引资工作经费补贴

对完成年度招商引资目标任务的单位和个人，根据年度签约并投资到位资金给予招商引资工作经费补贴。

1.完成招商引资目标任务。签订项目入驻协议书，按规定付定金（按协议投资10%计付），协议投资100万元，补贴工作经费100元。签订项目入驻协议书，预付定金达不到规定标准的按比例享受工作经费补贴。

2.当年完成实物投资100万元，补贴工作经费500元。

3.引进省外资金和国外资金分别按上述标准的1.2倍、1.5倍兑现。

4.项目投资额低于50万元的不予受理确认。

（二）招商引资先进单位奖

根据项目落地乡机关部门为项目入驻提供项目用地、拆迁及项目施工生产协调服务情况，评选招商引资工作成绩突出的单位进行表彰。设一等奖、二等奖、三等奖，一次性分别奖励5000元、3000元、1000元。

同时对被评为先进单位的第一责任人给予奖励，给予获一等奖单位第一责任人奖2000元，获二等奖单位第一责任人奖1500元，获三等奖单位第一责任人奖1000元。

（三）招商引资先进个人奖

据招商引资目标任务完成情况，在全乡相关部门评出招商引资先进个人，授予“众兴乡招商引资先进个人”称号，并给予每人1000元奖励。

六、其他

（一）招商引资目标考核纳入年度目标管理考核体系，对承担招商引资目标任务人，年度完成招商引资目标任务不足30%者，取消出席各级评优资格，不推荐提拔重用。

（二）对弄虚作假获奖者，给予通报批评，追回全部奖金，取消下年度目标管理评奖资格。

（三）对村级不分配招商引资目标任务，但项目落地村应积极提供协调服务。协调服务不力的村取消其年度所有评优资格，支部书记年度所有评优资格一并取消。

（四）本办法由乡招商办负责解释。

（五）本办法自公布之日起实行。

众兴乡人民政府文件

众政〔2014〕87号

众兴乡关于申报省级森林城镇的请示

县政府：

众兴乡地处省城合肥和县城店埠近郊，肥东县的“大水缸”——众兴水库之畔，乡域面积50.3平方千米，人口2.8万人，辖7个村，2个社居委，是传统的苗木花卉之乡。为积极呼应森林合肥建设，落实森林增长工程，众兴乡确立了“生态立乡、工业强乡、文化兴乡、绿色美乡”的工作思路，以林业招商为龙头，全力打造森林众兴。

众兴乡历来高度重视造林绿化工作。切实加强对绿化工作的领导，把“生态众兴”建设作为全面建设小康社会的重要载体；大力推进创森工程，积极发展绿化苗木产业，促进农民增收。“十二五”以来，相继完成了合六高速绿色长廊、小胡套公园、花灯大街等规模较大的绿化工程，城镇建成区绿地面积达到了35公顷，有效提高了城镇绿量，城镇绿化面貌发生了日新月异的变化。以改善生态，增加农民收入为目标，在全乡大力发展绿化苗木产业，多措并举，共引进造林企业24家，累计成片造林936多公顷。获得2012年、2013年度“合肥市植树造林20佳乡镇”荣誉称号。到2013年末，全乡土地总面积5400公顷，林业用地总面积1806公顷，森林覆盖率33.44%，其中水源涵养林533公顷，江淮分水岭沿线造林446公顷，退耕还林230公顷，高速绿色长廊255公顷，四旁绿化折合307公顷，城镇建成区公园绿地35公顷，人均公共绿地面积为12.77平方米。众兴乡各项森林绿化指标逐年增长，为创建森林城镇奠定了良好的基础。

经自查得分93分，具备创建省级森林城镇的基本要求和相关条件。为此，恳请县政府批准申报。

妥否，请批示

众兴乡人民政府

2014年8月29日

二、至2014年部分获市厅级以上单位表彰先进集体一览表

获奖时间	荣誉称号	授予单位
2012年4月	2011年度人口和计划生育目标管理先进乡镇	中共合肥市委市人民政府
2012年8月	合肥市2011—2012年度合肥市先进基层党校	中共合肥市委宣传部
2012年10月	2011—2012年度合肥市植树造林20佳乡镇	合肥市人民政府
2013年12月	2013年度合肥市植树造林20佳乡镇	合肥市人民政府
2014年11月	2014年度合肥市植树造林20佳乡镇	合肥市人民政府
2012年11月	合肥市2011年度科学发展先进乡镇	中共合肥市委市人民政府
2012年度	2011年度合肥市优秀司法所	合肥市政法委、市司法局
2012年3月	优秀综治工作中心	合肥市社会管理综合治理委员会
2012年3月	2011年度合肥市社会管理综合治理工作先进集体	合肥市社会管理综合治理委员会
2012年3月	众兴乡优秀招商小组	中共合肥市委办公厅、市人民政府办公厅
2012年3月	“十一五”期间残疾人工作先进集体	合肥市人民政府残疾人工作委员会、中共合肥市委组织部

说明:按篇目大纲要求辑录受表彰的单位集体,个人不作要求。

三、众兴人轶事

(一)淮军

“淮军文化”在肥东历史上留下了浓墨重彩的一笔,过去的李鸿章家族、六家畈吴氏家族在当地可谓赫赫有名,而与李鸿章有着密切联系的众兴乡张氏家族,却并不为人所知。其实,李鸿章一直对张氏一族特别关照,在淮军中也培养和重用了一大批肥东众兴张氏族人,这些人也在淮军的历史中留下了自己的印迹。

杀鸡受诲

李鸿章小时候,爱的是钓鱼、玩鸟、斗蛐蛐。父亲骂过揍过,都是“西望长安——不见家(佳)”。

一天,李鸿章随父亲到许家去做客。许家也是个大户,和李家世交。见李家父子来了,非常高兴,便让到客房喝茶叙话。李文安是个大官,许家不无巴结说:“文安兄,听说二公子喜欢逗鸟,前天友人送我一只八哥,玲珑可爱,能作人语,我就转赠给他吧!”

李文安讨厌李鸿章玩鸟,就说:“许世兄——”话刚出口,姓许的已把鸟笼递到李鸿章的手里,李鸿章连声说:“谢谢许叔。”许说:“甭,甭。”便去安排饭菜。

李鸿章欢欢喜喜逗着八哥,忽然听到后院有人喊:“水开了。”“水开了就杀鸡嘛”!这是许家主人的声音。“杀公的,还是杀母的?”那人又问。“公的母的都可以,就是莫要乱杀,要拣着杀。”“拣着杀?那么多鸡,你叫我怎么拣呢?”“那还不好拣吗?公鸡杀那不叫鸣的,母鸡杀那不下蛋的。”李鸿章听了这番话,大吃一惊,如梦初醒。心想,鸡不下蛋,就要被宰了,

人没本事岂不要被社会淘汰吗？他越想越害怕，没精打采地吃了这顿饭。

李鸿章回到家中，便折断鱼竿，放走笼中鸟，砸了蛐蛐盆，收心读书，再也不用父亲操心。李文安见儿子一下变了，心里高兴，常常说："死宝（金银财宝）不如活宝，活宝发愤才是真宝。"

（二）民间名人

王本银　艺名小庄锁，1906年生，原籍肥东县关家庙（永安村）。幼年，先后迁居本县蔡楼子、泥板岗等地。出身贫苦，五岁丧母，与姐姐王巧云随父亲生活。父亲王而传，除了租种两斗田外，主要以剃户头为生。王而传无师自通，喜唱倒七戏。晚间无事，常被邀至附近小戏班子演唱，扮旦角，也能有些收入。

王本银还有许多绰号，在朱巷一带，因扮旦角，长得俏，唱得俏，演得俏，人称王三俏；在定远及周家圩一带，因他演《讨学钱》中老先生一角庄重而诙谐，人称王老本、王老先生……但在肥东一带群众，最习惯的是叫他小庄锁。

少年首登舞台

王本银九岁时，因与同村孩子打架跌断了腿，当地郎中以草药敷断处，夹板捆扎，言一百天后才能去掉。时值夏季，王而传每天要外出剃头，姐姐王巧云也要下地扒草拾柴，就将王本银置一竹床上养伤，托邻居照管。王本银因过去时常随父亲看戏，也跟着学会了一些调门。他一人在家，闲着无事，一来对唱戏感兴趣，二来解闷，就不断哼唱倒七戏。有次唱时，被其父听到，问："锁子，你跟谁学的？"王本银说："我听你们唱的嘛！"王而传甚喜，说："唱的还可以，我就来教你一出戏。"不久，王而传就教王本银学会了《秦雪梅教子》中路儿这个角色的戏。时值夏季天旱，乡下邻里请戏班子在蔡楼子唱戏祈雨，唱的戏是全本《秦雪梅》。那时，戏班里的演员年纪都在40岁上下，没有可演路儿一角的少年演员。王本银对父亲说："路儿一角我能唱。"王而传听他把路儿的戏从头到尾说唱了一遍，觉得可以一试，就去和班头商量，征得班头的同意，让王本银来扮演路儿。当时演的《秦雪梅》，共有《观画》《闯楼》《得病》《熬药》《归天》《吊孝》《游地府》《上坟》《骂陶荣》《闹学》《教子》等折。全本戏很长，需要唱一夜。演戏那天，天晚开戏，按折唱下去，等到唱"教子"一折时，天色已亮。看戏的也早看累了，有的躺在草垛旁边，有的靠在坟茔堆上。王本银则倒在后台的一角睡着了。当王而传给才被叫醒的王本银脸上抹铅粉胭脂化妆时，王本银浑身发颤。王而传见状，说："你这样不中用，牙齿打牙齿，这样颤，那还能……"王本银说："我不是怕，这是刚爬起来冷的。"就这样，王本银上了戏台。许多戏迷听说小庄锁会唱戏，都站起来拥到台口。王本银虽说会唱，可是初次登台，不会表演，只是在台这边唱一句，走到那边唱一句，但因人小，扮的路儿一角也还像个样，加上嗓子好，唱得好听，受到观众称赞。回到村子里，乡邻们不仅夸赞，还凑钱做了一件衣裳送给他。

跟随父亲入戏班

王本银第一次登台唱戏就受到了观众喜爱，传扬出去，许多班社不断来找王而传，叫他带儿子去唱戏。王而传一边唱，一边教。王本银聪明伶俐，学得也快，不久，一般小丫鬟及旦角的戏也能唱了。小庄锁很快就出名走红了。

王本银在11岁至13岁期间，随父亲先后搭过的戏班有：宁庙子老丁三班子，周小蛮班子（周小蛮本姓潘，家住梁园油坊周村），管志高班子（管志高不会唱戏，但有几个侄子，名管梦德、管梦陶、管梦臣都会唱戏，当时都在20多岁），还有费业发班子，费五班子（费五名费志泉，唱旦角出名，因排行第五，人称费五）等。经过不断搭班唱戏，王本银有了更多的实践机会，会唱的戏更多了，表演上也有了一定的进步。

1920年前后，在撮镇、东大圩一带，有个唱倒七戏比较出名的王凤山班子。王凤山当年40多岁，唱武丑。班子里有张宗耀、范家业、窦为仙、陈朝炳、陈克金、陈克广、陈克明等艺人，年纪都在40岁上下，都有一定的演唱才能。这在当时，算得上人员不少、阵容整齐的戏班子。王凤山派人找王而传，叫他带王本银去搭班唱戏，来人先送了五块银圆作为"死贴角"（即预付的礼钱、聘金）。"死贴角"是当时戏班中的行话，只有唱戏比较红的人，班头在邀请其搭班时，才给"死贴角"。五块银圆在当时是个不小的数目，连王凤山这样有名的班子请王而传去唱戏也送了五块钱"死贴角"。

勤学苦练始冒尖

王本银从13岁那年起就随父亲进了王凤山班子，在片塘、撮镇、东大圩、晓星集一带唱戏。约一年后，王而传和王凤山、张宗耀结为把兄弟，王本银也正式拜王凤山为师傅。拜师后，王本银算是入了师门。那时，学戏是极苦的事。艺人们忙于生计，不断唱戏，而且唱戏的时间很长，经常是"两头红"，即从太阳落山时的傍晚开戏，唱一夜到早晨太阳出山时散戏。所以，教戏也无固定时间，瞅个空子师傅教一出戏，顶多说唱两遍，即需大体背熟。上台演唱时，还需要能即兴发挥，才能把戏唱活。徒弟不仅向师傅学戏，还必须在生活上侍候师傅，烧饭、洗碗、炊茶、买烟是常干的事。有一次散戏后，王本银干完杂事，刚睡倒，又被师傅叫起来，要他背"雪梅教子"一折戏。王而传看了，有些不忍，说："叫他明天背吧！"师傅对王而传说："你要是心疼孩子，就不该让孩子学艺。"好在王本银正在少年，血气方刚，能吃苦，又勤快，学戏也能刻苦认真，会唱的戏也就更多了。王凤山扮演丑角，极受群众欢迎。他在台上表演动作粗犷而多变，把丑角演得诙谐风趣，每句台词，大都能逗观众发笑。他常对王本银说："演丑角，就要让人家笑，人家没笑，自己先笑，就不值钱。"王凤山的丑角戏以及他的表演方法，很多都被王本银学了下来，这使王本银不仅能演奶生、小旦戏，丑角戏也演得很出色。其间，王本银还找当时唱戏走红的另一班子里的襶盛学过两折戏，即"三娘教子"和"十八扯"，唱的都是京剧调门。学会后，还和王凤山同台唱过"十八扯"。

过了两年，王凤山班子里除有张宗耀等40多岁的一班演员外，还添了与王本银年纪不相上下的几个青少年演员，如刘铁嘴，当时20多岁，肥东人；小才子，15岁，是王凤山捡的一个孩子，原名吴胜奎，跟着王凤山改名为王金奎，唱小丑，拿手戏是《刘秀讨饭》；小福子，名李春发，唱老生。这些青少年在一起互相较劲，争强斗胜，都想唱得不比别人差，个个学艺认真，唱戏卖劲。王凤山班子所以能跑红，主要就是因为有小才、小锁子、小福子三个人冒尖，吸引观众。

在旧社会，唱戏的艺人备受歧视，又屡遭腐败政府及土豪的欺凌，靠唱戏混饭吃是件极不容易的事。大约在王本银 16 岁（1922 年）时，不知为何原因，王凤山班子得罪了撮镇团防局。团防局宁五爷派当差的把王而传抓去，捆在集头示众，不给饭吃。王本银偷偷递两个烧饼给父亲，被团防局当差的看见了，夺过去就扔到阴沟里。王而传直到当天晚上才被放回。王凤山班子一度只好停演。后来，离撮镇不远的姜大塘有个温二爷，是当地有一定势力的乡绅。为了显示自己有势力有面子，就叫王凤山班子到姜大塘唱了一阵子戏。因王凤山班子唱倒七戏中有时夹唱京剧调门，所以，姜大塘人又叫他们是“大倒七戏班子。”

王本银 18 岁（1924 年）时，随父亲离开了王凤山班子，回到家乡关家庙。此后，他常到高塘的张乐山班、草庙老丁三班子和费业发的德胜班里唱戏。当时，凡是对整折戏中每个角色的唱、念都会的艺人叫“一棵菜”，只会唱某一个角色的叫“半连子”。王本银因会的戏多，且对戏中每个角色的唱、念都熟，自然就是“一棵菜”，缺哪行就上哪一行；还可以在演唱中通过唱、念，提示对方演唱什么，该讲什么。所以，搭班唱戏，很受欢迎，且常拿“顶头账”（即分账时拿最高一股账）。但即使如此，也只能过着一般的穷苦生活。不唱戏的时候，王本银则以唱门歌维持生活。门歌是肥东一带民间的说唱性小调，多是穷苦人乞讨时演唱。王本银因为唱过戏，嗓子好，唱门歌时能唱出较为完整的故事情节，因而颇受群众欢迎。

含辛茹苦浪迹江湖

王本银在家乡唱了几年戏和门歌，觉得难以发展，生活也感困难，听同行徐祖传说，费业发班子正在南京唱戏。1933 年，王本银与徐祖传一同到了南京。那时，南京下关有个游艺场叫怡和堂（或义和堂，实际是个说书、卖艺、玩杂要的空场子），里面有四个较大的摊子：邻近大门是费业发的倒七戏班（南京人称倒七戏为和州戏）、班头是个北方人，叫张傻子；第二个摊子是泗州戏（当时叫拉魂腔）；第三个摊子是唱坠子的；第四个摊子又是倒七戏，是张大生班子，肥东艺人潘保章就在这个班子里。

王本银和徐祖传找到费业发，落下脚来。唱的第一出戏是《薛世荣上京》，王本银扮薛世荣。班头张傻子看过之后，对费业发说：“王瘪嘴（王本银又一绰号）这个戏没什么东西!”第二次，王本银又唱了一折《曹瞎子闹店》，张傻子才觉得可以，对费业发说：“戏班里只留一个王瘪嘴，不要徐祖传。”徐祖传知道张傻子不要他，就要到离南京数里远的一个飞机场工地去做工。王本银觉得是徐祖传约他一起到南京来的，班子不留徐祖传，他也不能干，出于义气，也就随徐祖传去了飞机场。到工地一看，住的是破帐篷，到处苍蝇乱飞，条件极差，也赚不到什么钱。两人没做工，又回到张傻子班。张知留王不留徐，王也留不住，就对王本银说：“都留下来吧!”

王本银留在张傻子班里，开始时没什么影响。不久，合肥东大圩一带“玩船的”（即跑运输的船民）经过南京，听说小注锁在这里唱戏，便哄到怡和堂，出 5 块钱。专点小庄锁唱《宋江杀惜》《曹瞎子闹店》，由于听戏的船工捧场，从那以后，王本银在班子里名声大振，分账也比别人多些。王本银站住了脚，父亲和姐姐也相继到了南京，王二传班里唱戏，王巧云在外帮工。经张介绍，王本银与当地夏姓妇女结了婚。

王本银在南京唱了两年戏。29岁(1935年)离开张傻子班。随当时在长江客轮"德和号"上当茶房的同乡陈玉寿坐船到了上海,参加了一个由六安人李小二凑的戏班子。班子里有几个唱倒七戏的艺人,还有几个唱淮剧的艺人,在闸北北烟花里(或北义华里)的一块空地上唱起戏来。他们常常是以小戏开锣,招来观众,看的人多了,就唱连台本戏,如《老张赶子》等。腔调依剧而变,有时唱京剧调门,有时唱倒七戏调门,淮剧艺人上场演出则唱淮剧。演唱中间,班子里有人手拿盘盒,向坐在周围板凳上的观众收钱。当时,合巢地区有不少人在上海闸北区一带当机匠(即手工织布工人),所以看倒七戏的观众也很多。后来有一肥东家乡人,名孙绪伦,在巡捕房当巡捕,编号330,大家都叫他三百三。他在南烟花里(或南义华里)租了一个棚子,把李小二班子找去唱了一段时间的戏。但没有什么大的影响,收入也不多,仅仅能维持生活而已。

由于和淮剧艺人同班,王本银也学会了几个淮剧调门,并把一个调子带回肥东一带传唱。王本银说,原调叫"淮城调",倒七戏艺人把它叫"道情调",因为该调第一次唱是用在《珍珠塔》小方卿唱道情的一个唱段上。

因父回家乡发展

王本银在上海唱戏约一年多时间。后因父亲生病,又值卢沟桥事变前夕,政局动荡,在上海唱戏谋生亦感艰难,于是携父、妻辗转回到肥东家乡。到家第二天,王而传因病去世。

回到家乡后,因唱戏屡遭禁止,生活无门。有一次,王本银随老丁三班子到蒋集唱戏,适逢说大鼓书的名艺人谢有银也在蒋集说书。王本银本来就喜欢听说书,听了几次,也想学说书,就正式拜谢有银为师,学说大鼓书。由师傅先讲说书的路子,开头学了一折《小八义》。谢有银喜欢听王本银唱戏,说王本银嗓子好,而说书则要沙哑低沉的嗓音,谢有银就对王本银说:"学说书不要把原来的嗓子搞坏了。"王本银亦留恋唱戏,所以,学说书也没改变自己嗓子的音色,仍用原来的嗓音。这样一来,王本银说的大鼓书,就不如别人说的有味。但听他说书的人还是很多,主要是因为他唱戏出了名。那时群众戏谑地说:"小庄锁说书,是人值钱,书不值钱。"由于经常外出唱戏,不在家中,约在1947年前后,王本银与原妻离异,后与王姓妇女成亲。

王本银说了几年大鼓书,又断断续续地搭过费业发班子、张乐山班子、周小蛮班子、费志泉班子、金山班子唱过戏,直到1949年。

翻身解放艺名远扬

1949年,合肥地区解放了。王本银随费业发班子应邀从张洼到了合肥,在合肥李公祠(今省邮电管理局后院处)唱戏。不久,由合肥市文化馆领导,成立了平民剧社,王新海(艺名王小嘎子)任社长,王本银任副社长。后台老板是黄朝仙、吴邦志。由于李公祠不适宜作长久演出场地,1950年,剧社和当时负责前台的一些人,凑钱在双井巷盖了平民剧场。1951年,皖北行署文教处接收了平民剧社,改为国营皖北地方戏实验剧场,开始了对倒七戏的继承、研究和改革工作。王本银热情地参加了这一体制改革工作,成为国营剧团的一名演员。他一面演戏,一面参加为艺人举办的各种学习班。他还积极参加扫盲,学习文化,学习音乐常识及新的表演知识等活动，因而政治思想和文化水平逐渐有了提高。1956 年,王本银又光荣地加入了中国共产党。不久他又被选为肥东县人民代表。出席省人民代表大会,他还被任命为安徽省庐剧团副团长、艺委会主任,成为中国戏剧家协会会员。

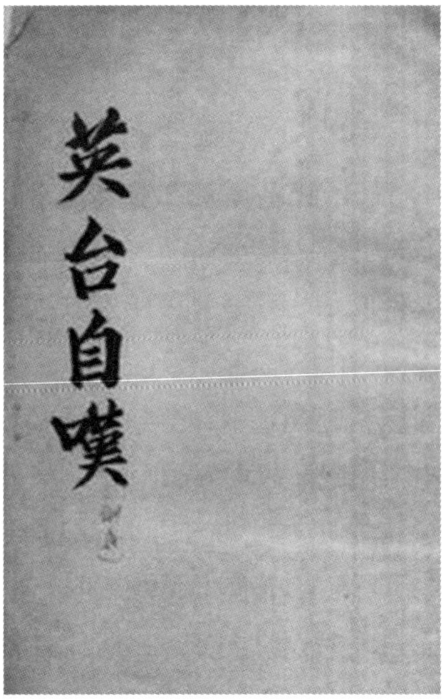

《英台自叹》（地方志办/供）

王本银从旧社会一个被人看不起的艺人，到参加革命文艺工作,入了党,在思想上和生活上都有了翻天覆地的变化,在表演艺术上也不断有所提高。

1952 年,他在庐剧艺术改革有开创意义的《梁山伯与祝英台》一剧的演出中,扮演祝公远一角,获得好评。以后他又在舞台上塑造了《罗汉钱》中的张木匠、《讨学钱》中的老先生,因而蜚声庐剧界。他还在《宝莲灯》《白蛇传》《两兄弟》《打灶》《休丁香》《双锁柜》《江姐》等戏中,扮演过许多角色,刻画了各种类型的人物形象,个个有血有肉,性格鲜明。他的表演,动作细腻,情感逼真,唱腔圆润,吐字清楚,富于变化,独具一格。

1954 年，王本银参加在上海举办的华东地区戏曲观摩演出大会，荣获演员一等奖；1956 年又获安徽省第一届戏曲观摩演出大会演员荣誉奖。他还参加了文化部在上海举办的第三届戏曲演员讲习会,与许多兄弟剧种的著名演员在一起交流经验,切磋技艺。1957 年春,王本银参加了安徽省地方戏赴京汇报演出,在中南海怀仁堂作专场演出时,他主演了《讨学钱》,丁玉兰主演了《借罗衣》。毛主席、周总理、刘少奇、朱德等党和国家领导人观看了演出,并登台和演员握手。演出结束后,周恩来总理还亲切接见了王本银等演职员。这崇高的荣誉和那幸福的时刻,使这位饱尝旧社会辛酸的老艺人感慨万千,终生难忘。在剧团的日常工作中,王本银除不断参加演出外,还积极向青年演员教授传统唱腔,传授表演技艺。他还长期与作曲创作同志合作,认真探讨庐剧音乐的改革与发展,共同创作出不少好的唱段。他还和其他老艺人一起,回忆传统剧目,提供给剧目创作人员,并参加传统剧目的加工整理工作。1963 年,王本银又光荣地出席了中国共产党安徽省第二届代表大会。

退休生活

1974 年,王本银同志退休了。退休之后,他仍保持着对庐剧艺术的热爱和关心,保持对党的事业的赤诚忠心。1986 年夏初,80 岁高龄的王本银还热情参加了《讨学钱》盒式磁带的录制工作。磁带发行后,极受庐剧观众的欢迎。1990 年 10 月 18 日,王本银因病去世,享年 84 岁。

(三)报刊辑录

快乐学习教育集团总裁张浩

快乐学习教育集团总裁张浩如何励志创业？张浩从家教老师到教育集团总裁的励志创业奋斗史是怎样？张浩如何励志奋斗从菜鸟变成总裁？让我们看看 快乐学习教育集团

总裁张浩的励志创业故事。

疯狂的想法

我是2005年开始创业的。2004年寒假，我回老家合肥，突然发现爸妈老了，而我还在读书，一无是处，还要靠他们养活我。我爸爸是个小学老师，每天骑电动车上下班，合肥冬天很冷，我看得心很痛。男孩的成熟往往是突然完成的。回到厦门学校，晚上睡觉的时候我就想家，想父母，想自己，于是很快就冲动地做了一个决定——在老爸退休之前买辆车送给他。

有了想法后，我觉得很紧张，他快退休了，而我还没毕业。我马上产生第二个想法——要赚钱，我一定要挣十万元。当时恰好在看卡耐基的《成功学》，有点疯狂，我拿了张纸打印了"十万"两个大字贴在墙上。

干什么能挣十万?那时候我能做的只有家教。我算了下账，当时厦门家教是两小时50元，也就是一个晚上50元。我决定每周做六个晚上家教，300元，周六、周日每天做四份家教，400元。一个月四周，不到3000元，一年下来4万元不到。可我的目标是10万元，我有没有可能两小时收100元?

我可以先找一份家教，做出成绩后，拿这个做案例，再涨价。我通过中介给一个初二的男孩做家教，带了他一年后，他中考时候从全年级360名中的倒数第五十名，考到全校第二，考到厦门最好的中学——厦门一中。

之后，那个孩子的父母主动帮我介绍100元的家教了，后来好多人找我，所以几个月后我的业余时间就排满了，但是我觉得很累，每天要一遍一遍地讲。我就对孩子父母讲：周末的时候你把孩子送到厦大来，让孩子感受下厦大的人文氛围。这样我就在厦大找了个小教室，然后同年龄段的孩子放在一起教。就这么做一直做到暑假前。暑假我开了两个班，招了20多个学生，挣了18000多元。

当时厦大对面有个光大银行，我每次做家教拿到钱都会全部存进去，每次特别开心的就是看存折上最后的那个数字。有时候为了凑一个整数，会把口袋的零钱全搭进去。暑假后开学的时候我开了四个班。那年的11月，我存最后一笔钱进去的时候，整10万元。

创业之初

这是2005年的事情，后来我最多在厦门大学同时租用4个教室，开16个班。那个时候我已经开始招兼职家教老师了，我去贴招聘广告，亲自面试、培训、代课。我们公司现在的副总裁、上海事业部的主管，很多骨干都是那时加入的，那时他们才上大二、大三，从那以后就没有离开过"快乐学习"。

2008年，我从厦门回了趟合肥，给我爸爸买了一辆车，我爸成了他们小学唯一一个开着轿车从乡下去上课的老师，那部北京现代每天都会停在学校操场上。

从2005年开始我在讲台上一直站到2009年，五年中我每个周末每天八个小时的课。中午我们去小教室吃盒饭，然后一个人躺一个垫子立马睡着，睡半个小时，起来后洗把脸，看一下下午的讲义，下午接着上课到晚上8点。2009年之前我们没有请过一个保洁员，卫生都是我们自己打扫,晚上9点钟吃饭,之后备课。

奋斗中那些事

课外辅导,首先必须满足家长的功利性需求,就是成绩要改变,所以在这方面一定要有效果。但是一个机构如果只做到这样的话,我们称之为有现在,没未来。我们有个"三步快乐学习法":第一步,激发你的学习兴趣,孩子不想读的话,神仙也帮不了他;第二步,教给孩子学习的方法和习惯;第三步,培养孩子的价值观。

关于竞争对手,最大竞争对手其实是自己——能不能静下心来做好这件事?教育是个慢产业,需要紧紧聚焦在企业核心竞争力的建设,耐下心来慢慢做。"企业如同万物,有其自然生长规律",如果你违背了规律,迟早是要还的。

教育产业政策上没有风险,只要高考不取消,家长对补习的需求一定存在。我们希望在师资的培养上,"快乐学习"是这个行业最用心、做得最扎实的。稳定的教师资源是"快乐学习"最大的财富。未来我们要做一家在所有教育机构中最有灵魂的机构,而不仅仅就是为了满足孩子们上课、考试。

那时招生压力很大,有时候备课后还要背个大包,里面装着满满的传单,往一个个小区的邮箱里塞、贴。常常会碰到大叔大妈干涉,有时候碰到熟人也很没面子,更糟糕的是会碰到保安。

一次我们到一个小区,信箱有一排,很长、很多,每次看到这种情况我都很兴奋,有点像电影《摩登时代》中卓别林饰演的那个见到螺丝就疯狂的劳工,于是就唰唰往里塞传单,速度那是相当快。

不幸的是,保安来了,告诉我小区不能发广告,要把传单从信箱中一个个夹出来,不夹就得挨揍,一群保安把我围起来,那一瞬我最无助。

我带着我太太天天晚上出去,特别是像暑假前的招生旺季,每次投到凌晨一两点。我太太不想去,我说你还是陪我吧,你什么都不用做,站在我身旁跟我讲讲话就好了,只为克服心理恐惧。

有时候想想,我们为什么要这么辛苦啊?研究生毕业,厦门大学企业管理系,找一份体面的工作没问题,但是想完后还是继续贴。为什么?大概奋斗是一件容易上瘾的事儿。

张浩家训:

读好书、做好人、办好事

张浩,1980年8月10日出生于安徽省肥东县众兴乡的一个小村落。2002年毕业于厦门大学,2006年获得厦门大学管理学院硕士研究生学位。一个从家庭教师成长为快乐学习教育集团总裁的"80后";教育O2O平台疯狂老师创始人;"金宗奖"教育基金发起人;2015年中国杰出贡献教育人物。

张浩父亲是一名小学教师,父亲上学时就一直成绩优异,然而"文化大革命"让他高中没读完就中止了学业,这成了张老师一辈子的遗憾。为了让孩子少走弯路,父亲对张浩要求十分严格,经常叮嘱他珍惜机会、珍惜时光,"读好书、做好人、办好事"。

张浩没有辜负父亲的期望，1998年，张浩从县城肥东一中毕业，以班级第一名的成绩考入厦门大学化学系。回过头来，张浩觉得自己选择化学专业是一个错误，毅然决定跨专业考研，2003年初夏，张浩拿到了厦门大学管理学院的硕士研究生录取通知书。第二年寒假，张浩回到家中，看到父母白发和皱纹都多了很多，父亲还要每天骑着自行车上下班，心里就有了一个冲动：一定要在父亲退休前给他买一辆车。要买车就必须要赚钱，也许是父亲的影响吧，他选择从家教开始。正是这次冲动和选择，彻底改变了他的人生。

厦门大学研究生的招牌让张浩找家教并没有费多大的劲，开始是一个学生，然后是两个、三个……“一定要把孩子教好”，这是张浩给自己定下的目标。老天不负有心人，一个学期下来，他的学生个个成绩突飞猛进，张浩成了当地的“名师”。很多家长带着孩子慕名而来，家教已经不能满足需求，张浩干脆在厦门大学租了一间教室，开了两个辅导班，这成了“快乐学习”的前身。2006年10，研究生毕业不久的张浩在厦门文屏大厦租了1000平方米的场地，“快乐学习”第一个校区正式成立。用张浩自己的话说就是“创业是一件让人上瘾的事”，此后，快乐学习在厦门、福州、泉州、南昌、合肥、上海等地的综合校区先后诞生，全职教职人员很快扩大了1000多人。2008年，张浩兑现了他的那次“冲动”，专程回到家给父亲买了一辆轿车，父亲也成了他们小学唯一一个开着轿车从乡下去学校上课的老师。

然而，意气风发的张浩在事业蒸蒸日上的时候也曾迷失自己。2008年，快乐学习在福建市场已经小有名气，年收入超过千万元。2009年进军上海，灯红酒绿的上海滩让张浩有些眼花缭乱，他也像一些“小土豪”一样买房、买豪车、买游艇，一度家里的保险柜放的全是房产证。快乐学习也遇到了困难，在上海的发展遇到了瓶颈。迷失方向的张浩很快患上了严重的抑郁症，他无法接受这样的自己，他开始整夜失眠，开始拷问自己：人为什么活着？

“读好书、做好人、办好事”，远在家乡的父亲察觉到儿子的变化，每天在电话里同儿子谈心，叮嘱儿子任何时候不忘根本。张浩意识到自己过度膨胀，以致远离了初心。“读好书”更要用好书，“土豪”当然不是读书人的追求。张浩用一次南极的远行让自己静下心，整理心情，调整方向。回来后张浩重又走进教室，给孩子们上课。此时，一个再创业的计划又在他心中逐渐成形。

在互联网对各行各业的强大冲击下，张浩开始思考如何乘着这阵东风，让教师过上更有尊严的生活。梦想形成，张浩重新上路，他又开始了第二次创业！2014年底，疯狂老师APP在IOS、安卓等各大平台上线！在张浩看来，在互联网浪潮下，那些没有粉丝、没有形成自身品牌、没有大数据和没有共生关系的4类老师都将会消失掉。“疯狂老师”就是帮你沉淀粉丝、数据和品牌的一个平台，是一个服务于老师的平台，并且帮助老师匹配生源、提升老师工作效率、构建适合名师的生态环境。同时，他又开始酝酿成立一个教育基金，奖励在教育界做出突出贡献的教育工作者。

多年的打拼让张浩收获了累累硕果。疯狂老师荣获“2015年度竞争力在线教育品牌”称号；他本人也荣获“2015年中国杰出贡献教育人物”称号；由张浩发起的“金宗奖”教育基金也于2015年正式运行，2016年初评选出2015年度金宗奖教师。本届金宗奖首次细化了各类奖项的设定，引入“年度独立教师”“年度人气教师”“年度网络教师”等概念，同时还发布了“独立教师”行业标准。同时，疯狂老师开始更多地关怀农村和贫困地区学子命运，支持乡村教师、支教教师和公益项目。

面对这些成就，已经褪去青涩的张浩没有表现出谈论事业时的激情四射。他没有忘记创业之初爱人陪他一起骑着自行车奔走在大街小巷散发传单时的艰辛；他没有忘记家庭的支持和父亲的教诲，正是听从了父亲的建议，在高考和考研时的两次关键抉择，使他少走了很多弯路。每次面对困难时，父亲总是提醒他不忘读书初衷、老实做人、认真做事。父亲在家里的影响是全方位的，张浩妹妹和她爱人都是教师，张浩的妻子也曾是厦门一中的教师，可谓一门书香。张浩的梦想是把他的“快乐学习”和“疯狂老师”进一步做大做强，为在全社会弘扬“读好书、做好人、办好事”的风气，尽自己的一份力。

（四）郑圣祥报道选编

普通人家的事（叶昌国）

“一线”通信员——郑圣祥

一直生活在最底层的农家。但是他写稿的范围却非常广泛，不仅涉及肥东范围的10多个乡镇，而且还经常深入瑶海区和包河区进行采访。他，就是众兴乡的老通信员郑圣祥。

郑圣祥写稿，其精神最令人感动。他采访的地方，往往都是用双脚量出来的。

他是个办事负责和写稿非常认真的人。在别人都用电脑的时候，他仍然坚持用钢笔抄写。为了减少编辑的麻烦和负担，他在每篇稿件上都加盖被采访单位的公章。

郑圣祥写新闻稿，完全出于一种热爱，也是纯义务性质的。有时候，从早到晚，连一分钱的报酬也得不到。但是，他却乐于做这样的奉献。

农闲没事的时候，郑圣祥就夹着自己的采访包出门找新闻。一天下来，有时候能写出几篇稿件。已经50出头的他，至今仍然单身，但是，他并不着急，倒是几日不写新闻稿件，他却浑身不自在。

多少年来，郑圣祥的足迹踏遍四乡八邻，写出了很多新闻稿件，虽然没有惊世之作，但是，人们却记住了他。记住了众兴有个写新闻的业余记者——郑圣祥。

为党旗增辉的人

——记市人大代表、众兴敬老院院长张玉芬

这里，要介绍一位共产党员、合肥市人大代表、众兴乡敬老院院长张玉芬。

张玉芬20岁高中毕业，回农村后不久就加入中国共产党。她先是在所居住的大高村担任妇联主任，后因工作成绩突出，被乡党委任命为村党支部书记，是全乡当时唯一的女支书。

2006年春，一座占地面积12000平方米的众兴乡敬老院动工兴建，于2007年建成并交付使用，集体供养108位五保老人。这样大的敬老院，需要有一位得力的有责任心的同志担任院长。乡党委在物色人选时，一致认为张玉芬能胜任这项工作。2007年7月1日，她正式上岗担任院长。

初到敬老院，眼看一座硕大的院子四周是围墙，当中除了院民宿舍楼和食堂、餐厅外，光秃秃的，没有一株花草树木。为给老人们营造一个清新优美、自然和谐的生活环境，她着手精心设计院内的绿化美化方案。把全院分成五大块，其中两幢宿舍楼中间四块对称地作园林。宿舍楼东南的开阔地作菜园。同时，又在餐厅、食堂门前建一口鱼塘。图案设计完毕后，购进香樟、红枫、桂花、白玉兰、蜡梅、五岭松等 10 多种苗木，栽植在四大块园林内，院内的十字通道两旁栽植黄杨球，鱼塘四周栽植水杉。经过绿化美化，敬老院绿树成荫，花香四溢。

作为一院之长，最主要的是关爱每一位院民，与老人们建立和谐融洽的关系。要做到这一点，靠的是和老人们的交流沟通。为改善院民生活，在她的带领下，院内的菜园地常年绿油油、脆生生的。食堂里一年四季新鲜蔬菜不断。院民们在菜园从事的都是力所能及的劳动，也都是心甘情愿的，形成了浓厚的老有所为、老有所乐氛围。

张院长的家就在敬老院附近。家里承包 5 亩地，老公在外工作无暇顾及家庭。每到农忙季节，她既要忙家里的承包地，又要照顾院里的工作，起早贪黑人都瘦了一圈。院民们看在眼里，疼在心上，就主动要求上门。每当院民们到她家助耕时，张院长总是以客人相待，热情款待大家。这样，与院民们的情感也更加深厚了。

张院长还十分关心病残院民。院里有 10 多位下肢残疾老人，还有卧床不起的病人。张院长总是鼓励他们锻炼，自强自立。安排专人给卧床不起的老人送茶送饭，料理起居，还抽空不时到宿舍看望安慰，鼓励他们战胜病魔，早日康复。

对一些患气管炎、高血压等病情较严重的定期雇用专车送往县医院检查治疗。院民许俊勇、张国能、李家碧经常感慨地说："要不是有热心的张院长，我们早就命归黄泉了。"

润物细无声

——记众兴乡范岗村计生主任汪元平

汪元平，范岗村支部书记，在任村计生主任时，为了胜任本职工作，注重加强自身文化、政策各方面知识学习，使村里的计生工作一年一个新水平。

香店村民组朱某某户为二女户结扎对象，该户常年在外躲避，当时，计划生育工作紧迫，王元平多次上门，做其父母思想工作，和他们谈心，终于把朱某某劝回来做了手术。

司西村民组司某某和本人有亲戚关系，计划外超生后，想通过关系超生，在这个问题上，汪元平坚持计生政策不动摇，不徇私情，坚持上门和其交心，让其明白党的计生政策和工作的原则。最后，该户主动做了人流手术。

育龄妇女王某某年仅 40 多岁，不幸患上直肠癌，她和家人思想几乎崩溃。汪元平得知情况后，常和其谈心、拉家常，鼓励她坚强起来，和病魔作斗争。逢年过节，自己掏腰包买鲜花、礼品看望她、安慰她。

范岗村是众兴乡苗木花卉生产基地，位于众兴水库之滨，是水源保护地。为把范岗村打造成生态村与村民致富结合起来，汪元平带领全村妇女学习苗木花卉种植技术，鼓励广大妇女少生快富奔小康的带头人。村妇刘广翠，家里的长子司炎武是博士生导师，在上海有住房，出行有小轿车，可作为母亲不依赖儿子的学位、地位，在汪元平的带领下，辛勤从事苗木花卉生产，年出产桃、李、杏、葡萄、桂花、无患子、金合欢等苗木2万多珠，家庭年收入十多万元。

由于勤奋工作，汪元平获得多项荣誉，先后被评为优秀共产党员、优秀村干部、好媳妇、优秀村党支部书记等。

街头钣金工

众兴集街头的钣金工张旺，自1983年退伍后在街头挂牌营业，已有30多年了。

1978年，刚满20岁的张旺应征入伍，在解放军这座大熔炉里，得到了很好的锻炼，并入了党。1983年退伍回乡后，投师学习钣金技术，用勤劳的双手为百姓服务。

20世纪80年代，农村生活条件有限，厨房中的生活用品主要是煤球炉、钢筋锅和铁皮制品。他一面为顾客换钢筋锅底，修补锅碗瓢盆，一面生产加工煤球炉、铁皮桶等。他服务热情周到，讲信誉，收费标准低，每天顾客盈门，深受客户的依赖。

改革开放后，取而代之的电饭锅、煤气灶、电水壶、电风扇、自来水、沼气等进入寻常百姓家。他又自学小家电等农村实用技术，店铺还摆设喷雾器、自来水、沼气等橱窗，生意如火如荼。

如今，张旺的钣金工铺可谓家喻户晓，在众兴集算是独家经营，铺面也扩大了三四倍，每天络绎不绝的顾客让他更加钟爱这个行业。他说，我干这一行是方便群众，变废为宝，变旧为新，为群众节省，对于建立资源节约型和环境友好型社会发一份光和热。

八子跃龙门

众兴乡霞光村黄窑村民组，位置偏僻，而就在这个村，世代面朝黄土背朝天的农民在改革开放政策的感召下，毅然走出家门，奔向陌生城市发展，有的农户已在城市定居。其中，杜世龙老汉，八个子女全部跳出农门，在合肥有了稳定如意的工作和生活，成为村民中的佼佼者。

杜老汉自1962年娶妻生子，又八位子女。

长子学凯，于1991年因家庭弟妹多、负担重，首先闯入合肥，在中国科技大学从事豆制品加工，后来经校方专业培训，担任厨师，在合肥有两套住房、两女一男。

二子学奇，先在合肥做瓦工，后来改行，在郊区养殖区养猪，在市内有一套住房，一男一女。

三女儿学梅是合肥常青机械厂采购部门干部，一男孩。

四子学忠是合肥常青机械厂工人，两套住房，一个男孩。

五子学春在江淮机械厂当厨师，有两套住房，一男孩。

六子学红在市内自谋职业，在科大校外一边开饭店一边为市民送煤气。其长女学校毕业后,已分配工作。

七子学余是安徽农业大学劳动服务公司干部,一男孩大学毕业。

八女儿学菊在常青机械厂上班。

杜老汉是地地道道的农民,在穷乡僻壤,相继把八个子女拉扯大,抚养成人,且尽力让他们学多点文化知识,已十分不易。然而,他的子女们不以学历浅为包袱,放开手脚在城市闯荡拼搏,终于早日实现了由泥腿子迈入城市稳定工作生活的梦想。事实证明,诚实苦干勤奋闯天下,学历并非跃龙门的唯一条件。

退休教师钟爱农家书屋

为提高广大劳动者的科学文化素质,新时代“农家书屋”在农村应运而生。大高村“农家书屋”就是众兴众多“书屋”中的一朵奇葩。

大高村的“农家书屋”之所以办得好,是因为有一位有爱心的义务图书管理员——退休教师樊德林。

当年,市民生工程办公室和省司法厅为村捐献了各类图书3000多册,光碟200多盘,同时,送来了图书专柜和阅览桌凳。当时,因村两委人手不够,没有专业的图书管理员,送来的图书等物品凌乱地堆放在村办公室一角。本村退休教师樊德林看到这种情形后,毛遂自荐,担任义务图书管理员。

村党支部对于樊德林的自荐十分支持,从村办公室腾罗45平方米的房子作“书屋”专用房。有了房子,樊老师着手把所有的图书、光碟等进行整理归类,编号、贴书签、登记造册。每逢周一、三、五全天开放。樊老师同时公开电话号码,即使不在开放时间,需书者,只需打一个电话,立即给予办理。

“农家书屋”开放后,前来借书的,有借种植、养殖方面的书籍,有借法律方面的书籍,还有借文学、养生方面的书籍,还有借文学、养生方面的书籍,为村民致富本小康架起金桥。养猪专业户柴义开为提高科学养猪技术,从书屋借来了养猪方面的书籍,从此掌握了喂猪饲料的科学配方,且能够自养自防猪病。村民窦维玉养羊,通过技术学习,提高了养羊效益。为学习法律常识,村民高理春、刘少龙借来有关法律方面书籍,在经济维权方面为自己讨回公道。

3年来,樊老师兢兢业业,义务为村民办好农家书屋,家里应做的事经常“掉链子”,可他毫无怨言,从未向村领导讨价还价。与他同龄的人几乎天天打麻将。可他未上过一次麻将桌,全身心投入“农家书屋”服务中。他说:“我是退休教师,又是一名共产党员,党和政府给了我优厚的生活待遇,理应为人民做点贡献。”

穷家里走出两个大学生

罗勤芝是众兴街上的清洁工。自1900年开始,伴随他的是一辆板车,一把扫帚和铁锹。身为清洁工的他,承担着众兴集新街、老街100多家店面,9万平方米的清扫保洁重任,尽管收入低，工作繁重。可他一直钟爱这项工作。同时，他两个孩子培养上了大学。

要说弱势群体和特困户，罗勤艺家最为典型。全家5口人，妻子张凤英左下肢残疾，拄着拐杖行走。母亲80多岁，年老体衰。一个女儿和两个男孩都要上学读书，家庭生活的重担全靠罗勤芝一人承担，而他的月收入只有300元。

20世纪90年代，正是罗家3个孩子上学的年龄。那时学校收费高，300元的工资，不要说让三个孩子读书，就连一家6口的生活费也难以维持，大女儿罗梅初中毕业后主动辍学外出打工，减轻家庭负担。长子罗根勇，次子罗根林读书成绩很好。看到整日劳累的父亲，身患残疾的母亲以及老迈的祖母，兄弟俩对父亲说，你借点钱给我们读书，等我们学有所成后，再来偿还债务。罗勤芝只好托亲拜友，借钱让他俩读书。2000年和2007年罗根勇、罗根林分别以正取成绩被安徽教育大学录取。如今两个孩子相继参加了工作，家庭生活比以前大有好转，所欠债务也已还清。

看看现在的家庭，残疾母亲张凤英夸赞自己的孩子说，他俩长心眼，有志气。还说："孝子往往出在寒门。"

孝媳妇王三梅

新正月，人们都要走亲访友，互致问候，到一起闲话家常。众兴乡大高村青年妇女王三梅就成了人们夸赞不已的对象。

人们夸赞三梅什么呢?大家都夸赞她是村里最孝顺的儿媳妇。

三梅的婆婆徐老奶今年78岁。由于突然患脑出血晕倒在地，和她在一起的大儿媳立即把她送往医院抢救，由于治疗及时，挽回了老人的生命。

徐老奶一生生有两男三女。原本老人跟大儿子过。因为大儿媳智障残疾，已经卧床不起的老人不可能得到她周到的服侍。二儿媳王三梅当时在一家玩具厂上班，月工资2000多元，听说婆婆生病出院回家调养，赶紧向厂方请假回家，把老人接到自己家里调养。对于这种做法人们在议论时说：三梅孝顺就体现在这里，如果是一般人完全可以推辞，因为老婆婆原本就跟大儿大媳过，自己在外面上班，月工资不菲，脑出血本来就是很难痊愈的病，回家来服侍这样的病人，还不知何时才能上班。

婆婆接到家里，整日卧床不起，三梅一日三餐为老人送吃送喝，用勺子慢慢地喂茶喂饭。为了更周到地照顾病人，三梅不嫌老人身上气味难闻，干脆和老人睡在一张床上，一日数次为老人翻身擦背，倒屎倒尿。经过三梅精心照顾，卧床不起的老人渐渐硬朗起来，不久就可以拄棍下床了。这时，三梅就每天扶着老人在马路上练习走路。就这样一天、两天、一个月、两个月，持之以恒，6个月后，老人终于可以拄着拐杖自己行走了。

过春节时，儿孙们回家团聚，老人总是夸赞王三梅懂情理、有孝心，是娘家父母教育出来的好女儿。

家庭打工妹

这里所说的家庭打工妹不是指外出打工，而是指足不出户，在自家办的工厂里打工，使家庭企业日益发展，家庭增收，并带动周边村民致富的打工妹。

家庭打工妹叫郑红艳，30 来岁，个头不高，十分精干，是众兴乡大高村东风村民组村民。每天和姐妹们一起加工，晚上还要负责厂事务。2006 年，郑红艳的丈夫王老武通过对建筑建材行业的走访调查，了解到建筑业中的建材配件供不应求，如彩板砖、垫块、路牙砖等，办一个小厂，投资小，见效快，可很快使家庭走上致富之路。说干就干，王老武自筹资金 10 万元，买来一台搅拌机，一台模具机和翻斗车等，让郑红艳一个人加工。开始，郑红艳起早带晚、加班加点，也跟不上需求。于是又从附近聘用两名姐妹，又添置两台模具机。白天，郑红艳和姐妹们一起生产，晚上还要负责把生产产品码好，清场地，好让第二天继续生产。这样，每天干活 16 个小时，但她仍不觉得累，整天像上足劲的钟摆运转不停。

聘用来的两名姐妹每天早出晚归，计件工资，紧张生产一天，收获也很可观。于是，她两除下雨天不能生产外，一年 365 天，无假日，无休息日的勤奋生产。

王老武自从开办家庭建材配件厂，不到两年，家庭收入大增。如今，家庭又购买一辆中型运输车，变以前请人运送为自家运送，同时扩建了生产场地，生产进度加快。同村的原来在外打工青壮年，看到王老武企业日渐兴旺，都来取经探宝，筹资办厂。王老武毫不保留地传授，鼓励他们投资兴办。目前，在众兴乡大高、华光等村，生产园林建材的家庭有 10 多户，既走出了一条家庭致富之路，又为本村的多余劳动力找到了出路。解决了部分留守儿童问题。

勤劳致富的夫妻档

范文德是众兴乡范岗村一位有文化、懂技术、会经营的新型农民。他种植的 30 亩白花藕，饲养的 20000 只鹌鹑，年收入 10 多万元。这样的年收入，少不了他的贤内助妻子王传枝的支持。

范岗村南冲原本是一片滩涂和废塘组成的撂荒地，有 50 亩。1999 年，初中毕业的范文德对这片土地有了想法，认为任其荒芜浪费资源，不如承包整合，开垦这片土地，为自己家庭增收。于是，范文德和妻子王传枝商讨这件事，得到同意后，他和村两委签订合同。然而，启动资金怎么办?想方设法从妻子娘家兄弟那里借款 50000 元。经过 1999 年一个冬季的平整治理，建起了 30 亩鱼塘和一个大白鸭养殖场，养殖场周边栽上风景树苗。2000 年春，鱼塘内投放 2000 尾鱼苗，养鸭场饲养了一周期为 2000 只的樱桃谷大白鸭。苦心经营三年，为市场提供鲜鱼 1.5 万公斤，大白鸭 3 万多只，盈利 45 万元。

随着市场的变化，自 2005 年开始，大白鸭养殖市场不景气，开始滑坡，鱼塘连续三年养鱼，也已不理想了。这时，范文德便改变养殖方式，在鱼塘种藕，把大白鸭场改建成鹌鹑养殖场，改建鹌鹑场全是范文德自己设计，自己施工。在施工建厂时王传枝除担当一切家务外，还帮助老公做小工。鹌鹑场的施工设计以机械化、自动化养殖为主，节省工本费 1 万多元。

2 万只自动化鹌鹑场建成后并开始养殖，王传枝既是家庭主妇，又是鹌鹑场的饲养员。不久，鹌鹑开始下蛋，年收入可达 10 万元。

30 亩鱼塘栽上的白花藕，每年自 7 月份开始采摘上市。每天早晨，王传枝用机动三轮车把白天采摘的藕运往店埠、磨店等农贸市场销售，可以向市场提供 1.5 万公斤莲藕。

张继柱为粮食安全做贡献

在众兴乡合六高速公路高架桥北端，有一座新建的城北粮站。粮站总经理是众兴乡众兴村的普通农民张继柱。这座新建的粮站为众兴乡 50 平方千米内的粮食生产、流通提供了便利。

张继柱自 2005 年开始经营粮油，2006 年自筹资金 300 万元动工兴建占地 22 亩的城北粮站。这是座拥有两幢仓库，储油 5000 吨的便民粮站。仓内有通风设备。有输油粮机、清粮机、地磅等机械化设备，堪称一流，年收购外调稻谷小麦等主粮 1 万余吨。收购均按国家保护价收购，让种粮农民得实惠，调动农民生产积极性。该粮站被县物价局授予质量监测优良单位。

王发仁自筹资金收秸秆

秋收季节，大量玉米秸秆焚烧会危害环境，不焚烧又障碍农作物耕作。为解决这个难题，众兴乡华光社区村民王发仁自筹资金 10 万元，购买了 3 台秸秆破碎机，分设三个收购点，把农村难有出路的玉米秸秆以每吨 120 元的价格收购。加工破碎后，以每吨 330 元价格送至现代牧场作奶牛饲料。自初秋开始收购以来，收购量近 100 吨，大大减轻了周边农村玉米秸秆对环境的压力，同时也为农民增加了额外收入。

雪中送炭暖千家

众兴集老街上住着的 10 多户人家大都以经商为主，陈应龙却以运销为职业，做着雪中送炭的苦力活。

说起陈应龙卖煤，还得从 20 多年前说起。那时，成婚不久的他已有一女一男两个孩子，家里很穷，靠种 2 亩承包地生活。夫妻俩累死累活，却难以维持一家人生活。于是，他和妻子商量，要找一项第二职业来弥补家庭不足。

那时农村实行责任制不久，生活能源用的是柴草和煤球。陈应龙决定经销煤球。因为运送煤球成本不大，只要有辆板车能吃苦耐劳就行。当时的煤球厂在合肥花冲，离众兴集 20 千米。用板车拉趟煤球得夜里 12 点钟从家中起程，到第二天早上 8 点才能返家。而在 80 年代，众兴至合肥花冲的路况很差，多为土路，坑坑洼洼。夫妻俩拉着千斤重的煤球，弯腰曲背，步履蹒跚。遇到上坡时，前行更是艰难，汗水常常湿透了衣服。

夜间 12 点钟起程，夏天还好，冬天则是一天中最冷的时候。空车空人行走，冻得直打战。负重回来时,衣服又被汗水湿透。在一旁背绳的妻子,肩膀刻出一道道血痕。陈应龙扶车的双手磨出一个个血泡。尽管条件异常艰苦,但他们从未想到放弃。

从1988年开始卖煤球,到1994年,陈应龙用积蓄买了一辆三轮车。自起之后,劳动强度减轻了,销售量比以前提高5倍,服务范围也在不断扩大。

陈应龙卖煤球,讲诚信,服务周到。他从正规厂家进货,足斤足两,含泥量少,同时送货上门,把煤送到用户指定的地方放好。然后,还让用户烧剩下的碎煤块返还。对于孤寡、单居老人更是以优惠价出售,无钱也可以赊销。现在,虽有不少家庭都用上了液化汽。可通过对比,还是用煤球成本低,一个煤炉只要20多元,可用3年,而冬天用煤作燃料,家中热水不断,比用液化气和电更省钱,也更方便。

前不久,陈应龙又花上1万多元买了一辆小型运输车,运载量比三轮车提高了3倍。他要把服务范围再扩大一些,满足更多用煤用户的需求。

种蜀黍卖笤帚

众兴乡大高村年已七旬的葛明金老人一生节俭勤劳。种庄稼、千农活是他的老本行,现在他虽然儿孙满堂,可是,仍然惜地如金,种好承包地的劲头不减当年。

老人挂在嘴边的话是:“人勤地不懒,种田人只要珍惜土地。付出定有回报。”他是这么说的,也是这么做的。多年来,他在种好承包地的基础上,把田周边的荒滩、阔埂开垦出来,种上蜀黍,秋季收获后,用苗子扎笤帚出售,为家庭增加收入。

葛老汉扎笤帚十分考究,种的蜀黍选的是黏性高粱品种,这种蜀黍苗子长,分枝稠密,以此为原料扎出的笤帚既大方美观,又经久耐用。在街上,每把20元出售,十分抢手。

葛老汉扎笤帚,细绳是用遗弃的尼龙袋抽丝搓的,这样既节约又环保。每到冬天,村里的老人们都聚到一起打麻将,他则在家里埋头搓绳,扎笤帚。冬春两季的近半年时间里,老人要扎100多把扫帚出售,收入2000多元,而这都是用承包地旁的边角地所得的收入。

种蜀黍,卖笤帚,让葛老汉尝到甜头。他说,他明年除利用边角地种植外,还将专门腾出一两亩地种蜀黍,一亩地除仁子不算,单苗子就能收2000多元,比种稻谷还划算。

敬老院里的理发师

家住众兴乡敬老院附近的大高村理发师柴文新从14岁开始拜师学艺,理发近60年。今年73岁的柴文新,中年时代在众兴乡范围内承担几百户人家理发任务,每年理发万人次。如今,他虽不下户理发了,却被乡敬老院聘用,专为五保老人理发。

众兴乡敬老院共有100多位院民,承担这项业务并不轻松,许多年轻的理发员都不愿干,柴老却毫无怨言地承担了。每半个月就得为老人们理一次发,一年每人要理24次,柴老雷打不动,不漏一人。许多本来在家理发的五保老人,蓬头垢面,一到敬老院就变得年轻清爽多了。朱大年、金开发等几位院民,原先四处流落,乞讨为生,长年不理发、不洗脸,邋遢得不像人。住进敬老院,经常理发、洗浴,更换衣服,就像变成了又一个人。敬老院里有几位卧床不起的老人,每到半个月,柴老就主动到床头替他们理发,从不嫌麻烦。

除了理发外,柴文新老人家里还承包几亩耕地。每到农忙季节,自己还得犁田耙地,抢收抢种,即使在这样的季节里,到了月半月尾,他也是丢掉家里事,到敬老院为老人们理发。院民称赞柴老是位手艺精、守信用的理发师。

敬老院里的清洁使者

高翠萍是众兴乡敬老院的卫生保洁员，主要职责是负责敬老院里的环境卫生和园林管理。

到敬老院一年多来,她每天早晨6点上班,晚上6点下班,把一座占地近万平方米的敬老院的卫生搞得干干净净,园林也打扮得整洁优美,让住院的老人们心旷神怡。

每天清早一到敬老院,高翠萍首先用大扫帚把院内所有的水泥道,以及办公室、娱乐室门前门后打扫一遍,接着用小扫帚把上、中、下45间楼道、走廊扫一遍,把垃圾送到院外垃圾窖里。三项工作完成之后,再到身体有残疾的老人宿舍扫地、叠被,整理生活用品。忙活一个上午之后,下午则要整理园林,给需要除草的园地除草,需要整枝的园林修剪花木。到了蔬菜种植季节,协助院里种植蔬菜,让院民们一年四季都能吃到新鲜蔬菜。

在敬老院里担任卫生保洁员工作量很大,每月院里发给她的工资是600元,这样高付出、低收入的工作,许多人不愿干。附近的村民也在她面前说:“不合算,不如在家种田。”可高翠萍不是这样认为,她说,尊老、爱老、助老是中华民族的传统美德,能在敬老院里为五保老人做点服务值得。

一年多来的敬老院卫生保洁工作，让高翠萍感悟到一个道理，要减小自己的劳动强度,重要的是提高院民的文明素质,让每一位住院老人懂得:“敬老院是我家,文明卫生靠大家”,形成文明卫生人人参与的氛围。对于平时那些乱扔果皮果壳,乱扔烟蒂,乱倒剩饭、剩菜的老人,高翠萍见了不是当面指责,而是采取你扔我扫的办法:你扔了一次,我扫一次。这样,一次、两次、三次,终于使乱扔乱倒的老人感到不好意思,从而改变了不文明行为。

租地种瓜蒌

原在合肥从事屠宰行业的众兴乡众兴村村民张汉武去年回乡,租种联合村30多亩闲置土地,引进国家科委重点扶贫项目中药瓜蒌种植,为村民发展观光生态节水型农业起到示范带头作用。

瓜蒌属多年生攀缘植物,其植株的根、茎、叶都可以人药。所结出的果实(果皮、果瓤、果籽)药用价值更高,主治哮喘、肺炎等呼吸系统疾病。亩均收入可达5000~6000元,且实行订单种植。在旺盛生长的6—7月份,植株攀缘在支架上,亭亭如盖,犹如绿色的屏障,很有观赏价值,其作物还有耐旱、抗病虫作用,是农民增收致富的好门路。张汉武表示,明年将扩到100亩以上,并带动周围村民种植。

民生无小事

——众兴乡实施安全饮用水工程

众兴乡依托靠近众兴水库的优势,致力改善民生,实施安全饮用水工程。由安徽省水利厅金汇水利有限公司投资300万元兴建的自来水厂在众兴村落成,并试水运行。向乡直单位,私营企业,中、小学和合六高速公路服务区供水。目前,全乡12个村实行了管网对结,乡内最边远的华光新村300多户也接通管道,正式送水,水费按国家物价部门的规定收取。自此之后,众兴乡群众告别了"七十年代挑水吃,八十年代压水吃,九十年代用砖井"的历史。

公交车通到众兴乡

春节前夕,县交通部门开通了撮镇至众兴的5路公交车。该路段全长20千米,起点是撮镇石油处,终点是众兴集车站。途经瑶岗村、东方花园、店埠新华书店和梁宇、安乐、许槽坊等村站牌。车内设有自动投币箱,全程两元。值得一提的是,5路车对众兴敬老院有院民证的五保老人免收1元。5路公交车开通后,给沿途村民出行带来了方便。让撮镇、众兴两地多年交通不便的亲戚又重新互往。

众兴幼教待规范

众兴乡现有幼儿园5所,在园3~5周岁幼儿400多人,其中4所民办,1所公办。在4所民办幼儿园中,仅有1所永安村的"小百灵"幼儿园领取了县教育局颁发的办学许可证,其他3所均为无证办园。

因无证办园,幼园的餐饮卫生条件差,存在多收费、乱收费现象,接送孩子们的车辆也存在安全隐患。

在餐饮方面,园内幼儿教师不足,有的是夫妻办园,孩子们的饮食达不到营养质量要求,中午在园里休息的孩子们床铺拥挤等等。

更令人担忧的是,孩子们上学放学接送车辆混乱,有家长专门接送的自行车、电瓶车、三轮车等,有雇佣接送的面包车。雇用的车辆有的无牌照、破损严重,且多数是超员超载。

针对上述情况,众兴学区教育主管部门十分重视。要求上级教育主管部门给予关注,规范民办幼儿园的管理措施,让民办幼儿园领证办学。

解决多余劳动力出路

众兴乡面对建筑大市场,着力发展无污染,无排放的民营建材业,解决了部分多余劳力的出路问题,从而优化了产业结构,拓宽了农民增收渠道。

随着城镇化和美好乡村建设步伐的加快,对建材的需求量日益增大。不少民营企业主瞄准这一市场行情,在人均耕地占有量不足的情况下,转变生产方式,发展建材业。近年来,在大高、众兴、花灯等村先后有20家建材业,年创利润100多万元,解决了一定数量的劳动力就业。

众兴节水型农业唱主角

连续几个月的干旱少雨天气,使众兴乡境内的塘坝蓄水严重不足。为确保农业丰收,自春播起,以旱作农业、节水型农业唱主角。育秧以地膜覆盖的秧苗为主,棉花、瓜类以营养钵育苗为主,着力提高精耕细作水平和科技含量,力争优质、高产、高效。在花灯、谢岗、永安等水稻主产村,农民在场地上用地膜育秧,起到节水、壮苗的效果。在水利条件较差的华光、霞光等村,安排地膜花生、地膜玉米、地膜土豆等旱作"五旱"作物。

水库之滨生态村

位于众兴水库西岸的众兴乡华光、范岗两村,辖区面积15平方千米。这两个村的支柱产业、特色产业是苗木花卉。

步入这两个村,有百年以上的柿子园,有受到合肥市政府挂牌保护百年以上的麻栎树。一片片林地,一条条绿化带,镶嵌在波光旖旎的众兴水库之滨,如绿色屏障。村民承包地上那一垄垄、一畦畦苗木花卉,是他们走上致富之路的可靠保障。

说起这里种植苗木花卉,已有上百年历史。范岗村有个"檀树伴"的自然庄,就是因多年种树而得名。这里的地貌特征高低落差大,土地贫瘠,加上解放前生产效率低下,种植粮食只能广种而薄收。因此,居住在这里的农民只好种树苗,以嫁接培育桃、梨、杏、柿、李等果树苗为主,对外销售。"文化大革命"期间,农民种树苗被当作"资本主义尾巴"割除。到了改革开放的80年代,苗木生产又如雨后春笋,蓬勃发展。应运而生的苗木公司,让众兴乡的果树苗、经材树苗、风景树苗行销全国10多个省、市、自治区,每年为农户增收上千万元。

近年来,随着"绿化乡村,清洁家园"工作力度的加大,华光、范岗两村的苗木花卉生产更是乘势而上,两村的苗木基地从前几年的1500亩扩大到2500亩;基地从分散种植到成片种植,形成灌木苗、乔木苗立体种植模式。

种苗示范户、华光村委会主任司圣元说:该村位于众兴水库周边,而众兴水库是县城店埠、撮镇等30多万人的大水缸,实行苗木花卉生产,不仅调优了产业结构,更是对众兴水库水质起到保护作用。村委会计金开文是农艺师,自家从事苗木花卉生产多年,他还扶持、指导本村金户、司老、朱老等村民组农户种植,每个扶持户年收入达3万元以上。他说,农业的发展要讲求科学,而发展生态农业,让农民增收致富,走的就是科学发展观之路。

美化亮化乡村公路

自9月份开始,乡政府投入50万元资金,美化、亮化乡敬老院至乡政府的主干道。该路修建于1996年,原为水泥沥青路,经过10年的岁月洗礼,路面破损严重。为整治环境、改善路况,乡政府出资,大高村出劳,把破损的路面重新铺上沥青后,又对路面进行了拓宽,并在路两边增建了人行道。30盏全新的太阳能路灯整齐地排列在公路两旁,方便了群众夜间出行。

村民自发集资建桥

众兴乡范岗村的华北、华中、华南三村民组共有村民400多人。居住在众兴水库滁河干渠北岸。因一河之隔，离对岸不足1千米的水泥路要绕道三、四里才能到达。因交通条件差，近年来，合肥市有几家投资商到此洽谈业务都因此而中止。为改善投资环境，方便村民出行，三村民组自发集资24万元，在滁河干渠上架起一道宽4米，长28米的钢筋水泥大桥，到12月初，大桥全面竣工，可承载10吨大卡车通行，村民原先要绕道1小时的路程，现在只要10分钟就可以到达。

县凯莉集团融资粮站收购秋粮

秋季稻谷收获登场后，县凯莉集团融资县城北粮站，及时收购众兴地区的中籼稻等新粮。坐落在众兴境内（合六）高速公路高架桥北侧的县城北粮站是一家民营企业，每年为国家收购粮食1万多吨。今秋中稻收购登场后，粮站便于县凯莉集团协商融入资金，9月24日开磅收购，采用驻站上门预约等多种收购方式加快收购进度，日收量在5万公斤左右，价格以超出国家保护价0.2个百分点收购，让种粮农民得实惠。为确保收购粮质量，粮站采用机械化除杂，电脑水分测定仪测定粮质水分等方式，杜绝不合标准的粮食进仓人库。

近万只珍禽来众兴水库越冬

入冬以来，近万只珍禽候鸟来到众兴水库栖息越冬，其中有大雁、野鸭、白天鹅、黑天鹅、秧鸡、塘鹅等。

众兴水库蓄水量为1亿立方米，著水面积1.9万亩。近年来，众兴乡加大对水库周边的绿化力度，使林区的森林覆盖率达65%，极大改善了库区的生态环境。同时，建立三级水源保护区，使库区不仅生态环境好，水质也好，使得珍禽候鸟由往年只在此短暂停留到近年来则是长期栖息、越冬。

在碧波荡漾的水库内，各种水禽时而盘旋高飞，时而嬉戏栖息，构成一幅动静结合、美不胜收的画卷。

众兴有支竞走晨练队

每天清晨，在众兴至店埠村村通水泥路上，有一支竞走的晨练队伍，这就是众兴集上的老年晨练队。

自春季开始，这支晨练队每天在太阳出来前，起点从众兴集起步，向店埠方向走两千米，然后返回。队员们的年龄在50~60岁，成员以乡直退休干部为主，也有街上的个体经营户。

晨练使老人们身体素质提高，精神面貌改观。供销社窦维奉体重80多公斤，通过10

个月的晨练，体重减轻5公斤。服装经营户朱宗山身体虚弱，经常小病小闹，通过竞走锻炼，体质增强，小毛病不复存在。目前，这支晨练队伍正在扩大，就连街道居民也相继参加。

又一座变电站落成众兴乡

近日，由安徽省供电有限公司投资820万元兴建的35千伏变电站工程在众兴乡大高村落成。变电站的建筑面积146平方米，由安徽海联建安公司承建，使众兴地区的变压器容电量由原来的2000千伏安增加到16000千伏安。使该地区的供电可靠率、电压合格率均得到很大提高，同时，有效地改善了本地区的投资环境，满足了人民群众生活质量提高后对电力的需求。

八联村里的“夫妻树”

“在天愿作比翼鸟，在地愿做连理枝”。这两句诗比喻夫妻之间情感深切，达到形影不离的地步。在众兴乡八联村，有两株自生在坟地旁边的百年古树，被当地称为“夫妻树”。

这两株树于2006年9月被合肥市政府挂牌保护，编号为0386。树龄为180年，树名称“麻栎”，属“壳斗科”。两树株距不足2米。一雌一雄。东立的雄树不结果，西立的雌树春末夏初开花结果，树的枝叶茂密，直到深冬才开始落叶。由于这两株树距离太近，在向上生长过程中，两树在东边的向东倾斜；在西边的向西倾斜，逐渐形成大“八”字状。

这两株树除树龄久、树干粗壮外，还有一些传说。在1972年农业大集体时，生产队里有一个豆腐坊。因豆腐架坏了，村民张世宏用斧头砍几个枝杈回来修理。砍后两天，膀子歪斜不能动，全身疼痛难忍。还有人发现，碰断它的枝干处会流出血状液体。自此之后，树里再没人敢碰这两株树。当地树民议论纷纷，说这两株树有灵气。于是，村民在两树之间的北面建一座小庙，庙内供奉的是南海观世音像，终年香火不断，善男信女们有的来烧香求子，有的来求夫、求妻，还有的求保佑合家平安。

“庐剧”充实百姓生活

每天上午10点至下午6点，是电视台播放“精品庐剧”时间。庐剧，尤其是老腔庐剧是合肥地区的传统地方戏，有着深厚的文化底蕴，深受当地百姓的喜爱。

近日闲来无事在乡村转转，无论是在敬老院院民宿舍，还是在村民家的客堂，电视屏幕上播放的多是精品庐剧节目在晓钟村一排东西走向的10多户村民住宅楼，农家电视机传出的都是庐剧唱腔。笔者走进一户姓钟的老大爷家，老夫妻俩正带着孙子、孙女收看庐剧《薛凤英》。这是一出悲剧，剧情大意是因为剧中的主角小生取后妻，结果是后妻逼死前妻留下来的七岁小女儿。剧情悲烈，引起钟老夫妇泪流满目，坐在一旁的孙子，孙女也看得目不转睛。

合肥地区的老腔庐剧之所以深受当地百姓的喜爱，首先是剧中情节无论是悲剧或是喜剧，都是源于百姓的实际生活，渲染真、善、美，鞭挞假、丑、恶。歌颂的是纯真爱情，赞美的是勤劳善良，警示的是当官要清正廉洁，一心为民。剧情对于构建和谐社会，建立幸福美满家庭，教育意义重大。因而，合肥庐剧是社会主义先进文化不可缺少的重要组成部分。

未雨绸缪话秋禁

中秋节一过，大秋农作物将陆续成熟、收获，这就意味着农村基层干部又将面临骑路打场和秋季禁烧工作的考验。

今年午季，市、县两级政府从讲大局、讲政治和保护生活环境的角度出发，加大禁烧工作力度，出台了一系列禁烧政策和措施。乡、村、组、户，一级抓一级，一级对一级负责，形成人人肩上有担子，个个都是禁烧者的氛围，真正实现了今年午季不点一把火、不冒一处烟的目标。

烧和骑路打场能否取得午季那样的好成绩，回答是：能。但是难度比较大。其原因是秋收延续的时间要比午季长得多，午季仅油菜、小麦两样，从成熟到收获不过20来天。而秋季则从收割中稻开始，接着要收获玉米、豆类、花生、棉花、山芋等，一直延时两三个月。同时，田埂上蒿草多，林地和公路绿化带上的枯枝败叶随风飘落。以往，农村中的生活能源是柴草，稻草用来喂耕牛，不存在禁烧问题。如今，农村中的生活能源是电气化，农家耕牛也大为减少。因而，如果不实行机械化和秸秆粉碎还田，发挥好“田头窖”的堆腐作用，秋季难以禁烧和骑路打场就不可避免。

综上所述，要做好秋季禁烧工作，农村基层干部要未雨绸缪，在秋收之前要鼓励、引导农户在自家的房前屋后做脱谷场，杜绝就近在公路上骑路打场。要大力开挖“田头窖”土法上马，做好作物秸秆堆腐工作。有条件的地方和牧场联系，把秸秆饲草卖给牧场，变废为宝，多项措施并举，定能取得秋季禁烧的实效。

永安村超前开挖“田头窖”

目前，已到了油菜移栽季节。众兴乡永安村为做好明年午季的油菜秸秆禁烧工作，确保境内不生一把火，不冒一处烟，凡在种植油菜的地头，都开挖一口容积为3立方米的“田头窖”。10月初，村里动用挖掘机给公路边的田块实行机挖。同时发动劳力，对机械不能到的冲田进行人工开挖，总共开挖“田头窖”650口，可覆盖堆腐油菜秸秆650亩。

众兴派出所狠刹赌风

今年元月，大量外地农民工返乡，少数赌徒便在花灯村的立新、河北村民组聚众赌博，赌资近万元，有百余人围观参与，影响极坏。众兴派出所两次接到群众举报后，立即组织民警，一连端掉这两个赌窝，没收了赌资和赌具，并当场教育聚众家主，要他们写保证书，以后不再聚赌。

为严控春节期间赌风再次回头和蔓延，派出所民警假日不休息，派出警车四处巡逻，24小时方开通举报电话，无论何时接到举报，立即出警，有效的防范措施和民警们的辛劳，使众兴地区的赌风得到有效控制。

“油耗子”光顾服务区

本报讯、最近，在合肥北高速众兴服务区，“油耗子”夜间频繁光顾，偷盗过境夜间停歇车的油。作案方式是，趁夜间司机熟睡之际，身带凶器，开着小型车进来，靠近停歇的大型车辆，撬开油门，将导管插入油箱，把油吸干偷走。服务区因保安人员少，缺少必要的保安器具。因此，保安人员提醒司机，过境夜间停歇时油箱内尽量少存或不存油，等临走时再加。另外，不可睡得太沉，发觉“油耗子”时大声呼喊，这样，可以迅速配合共同制服“油耗子”。

也谈“如何面对包公”

1月16日，《肥东报》第3版刊登了一篇题为《我们将如何面对“包公”？》的署名文章，这是一篇热爱家乡，弘扬正气，服务大局，怀有强烈责任感的好文章。

多少年来，到外地的肥东人一直把包公作为名片——“我们是肥东人，包公的故里和出生地就在我们肥东”。然而，在开发人文旅游业方面，却远不如包公曾经工作或者与他沾上边的地方。该文以河南开封、广东肇庆以及天津等地为例，举出那些打包公牌的地区和城市，如何千方百计制造景点，编写与包公有关的传说，不断弘扬包公文化和包公精神!

紧接着，文章痛心地写道：“然而，在真正的包公故里肥东，许多自然景观却屡遭破坏，在包公的出生地包公镇小包村大尖山，就有两家石料开采厂。包公的许多传说与大尖山都有关，如‘九疼十三包’‘衣包地”等原始景点也遭到无序开采。无序开采不仅破坏了自然环境，也给将来的旅游开发造成一定损失。”然而，文章仍对发展包公旅游业抱有希望和信心。

打造人文景观旅游牌，不可抱残守缺，也不可坐井观天。常言道：“他山之石，可以攻玉”，我们得学习借鉴别处的成功经验。用只争朝夕精神，尽快开发包公旅游业，让这块“处女地”为振兴肥东释放能量。在发展人文旅游方面，瑶海区磨店乡是最值得肥东人学习的。2003年，磨店乡从肥东县区划调整给合肥市瑶海区管辖后，着力开发旅游业，打的是清朝重臣李鸿章牌。

磨店乡群治村是李鸿章的故里和出生地。这个离肥东县城不足10千米的村子，自区划调整后，乡党委、政府集多方面的智慧和力量，打李鸿章人文景观旅游牌。首先开发少荃湖旅游区，建农家乐。接着投入巨资辟“李鸿章美食一条街”，数百米长的新大街建筑为清一色的徽派建筑，古色古香。2004年至2007年，在磨店集东西侧兴建学府路、瑶海大道直通合肥市内。如今磨店集新街老街，以李鸿章名字命名的“红府”超市比比皆是。在李鸿章的故里和出生地群治村，还制造遗迹“李家庙、熊砖井、大脚塘”等景点。同时搜集编写史科料，在街心街头树立碑文。这一切，促使磨店乡的经济面貌快速发展。如今，这个2003年以前还是穷乡僻壤的地方，现在已完全融入合肥大都市行列。再看看包公的故里和出生地小包村大尖山，有的只是石料开采厂。我们知道，包公的历史声望远胜于李鸿章，为什么在开发人文旅游业方面，反不如李鸿章呢?

《我们将如何面对“包公”》还提到早八年前，有识之士就曾在市级党报《合肥晚报》上大声疾呼，要求大尖山的石料厂必须立即停止开采，否则，许多无形资产将遭到人为破坏。未来的开发将无法弥补……但是七八年过去了，大尖山的石料厂不仅仍在开采而且愈演愈烈。那些原生态的各种景观，已经被破坏得不成样子。看到这些文字，真是令人揪心。在大力提倡科学发展观，十分重视生态环境的今天，仍在做这样的蠢事，实在是祸患当今，遗患子孙。

学习身边的先进典型

雷锋传人郭明义的模范事迹通过新闻媒体广泛传播后，举国上下引起强烈反响。郭明义那种爱岗敬业、助人为乐、奉献是福的人生观、价值观，正在感动着、感化着全国人民。

如今，郭明义那一件件感人事迹已成为构建和谐社会，提高全民族道德风尚的强大动力。党中央号召把学习郭明义的模范事迹广泛、深入持久地开展下去，让郭明义精神在建设有中国特色社会主义的进程中大放异彩。

为使这项学习活动卓有成效地开展下去，在人民群众中有必要提倡学习身边的先进典型。把远学郭明义和近学身边先进结合起来，这样，可收到更好的效果。

雷锋生前在自己的日记中这样写道"见困难就上，见荣誉就让，见先进就学，见后进就帮。"可见，雷锋平时也是注重向身边先进学习的。雷锋精神不是从天上掉下来的，而是根植于人民群众的沃土中。他是在学习身边先进中使自己精神得到完美、升华。

雷锋精神和郭明义精神都是伟大的共产主义精神，也蕴含着中华民族精神。中华民族精神渊源于儒家文化，儒家文化的至圣先师孔子说："十室之色，必有忠信。"又说："三人行，必有我师矣。择其善者而为之，其不善者而改之。"这就是说，我们身边总会有讲诚信的人。尽管各人的品德，素质有差异，但是，总有值得学习的地方。有的人在厉行节约方面值得学习；有的人在尊老爱幼、孝敬父母方面值得学习；有的人在顽强拼搏方面值得学习；有的人在见义勇为方面值得学习……总之，我们每个人只要虚心向善，身边总想到就说会有值得学习的人。

"迎秋雨"

宋代大儒朱子有诗云："少年易老学难成，一寸光阴不可轻。未觉池塘春草梦，阶前梧叶已秋声。"此诗说的是时光宝贵且易流逝。不是吗？迎新年的鞭炮声尚在耳畔缭绕，转眼间，秋又款款走来。

今年入秋前有个好兆头，我们合肥地区，一连下了好几场"迎秋雨"。雨下得及时又适中，对农作物来说，如奶酪，如甘霖。农谚有"迎秋三场雨、瘪稻变饱米"之说。

"迎秋雨"之所以珍贵，就是旱作物正开花、做果；中稻正在孕穗抽穗'扬花'灌浆，是农作物生长成粮的关键时期，需大量水分。如这时遇上干旱，农业上叫"卡脖子旱"这种干旱会使农作物大幅度减收。

旧社会，一遇上"结秋干""卡脖子旱"，许多家庭就要逃荒要饭，卖儿卖女。"朱门酒肉臭，路有冻死骨”的社会矛盾更加显现。据老年人介绍，民国十六年大旱，农村民不聊生、饿殍千里。

中华人民共和国成立后，共产党领导人民逐步走上康庄大道，农民靠天吃饭逐步由人定胜天取代。然而，改革开放前，农业遇上“结秋干”和“卡脖子旱”，还会造成缺吃少穿，温饱问题照样难以解决。

记忆中是1974年光景，农村仍处于“大集体”阶段。虽是大锅饭，每家也有几分自留地。这年，遇上了“结秋干”，眼看绿油油的大秋作物即将死亡。当时，堂兄家有五分地水稻，为救这五分地水稻，中午时分，堂兄一人扛着潜水泵打水。水泵电源利用高压线直接挂线接上，刚开始出水，突然，挂好的一根线脱头，掉到了地上，不大懂电的堂兄直接用手捡起来想再挂，哪知电线头有回路电，堂兄当场被击倒在水渠边，倒地身亡，年仅三十二岁。堂兄是我三叔的儿子，三叔有一儿一女。早年婶子去世后，三叔既当爹又当娘地把两个孩子拉扯大，女儿出嫁后，儿子是家里的顶梁柱，突然触电身亡，三叔真是痛不欲生。

改革开放后，惠农政策从减轻农民负担到完全取消农业税：“粮补”“林补”“畜牧补”“新农保”“农机补”，现在农民种田不但不交税，且还有资金补助。虽然自然灾害较之以前有增无减，但是，党的一系列方针政策胜过一场“迎秋雨”。让农业增产，农民增收，步入小康生活。

大红纸上乐耕耘

我常在相关报刊上发表些“豆腐干”之类的文章。

可近段时间，作品少了。有心人会问，土记者到哪里去了?不会“纵浪大化中乘鹤西去”吧。我可以告诉你，那是不可能的。尽管我前两年生过一场重病，但身体恢复得很好。同时我的头发黑、眼球黑，视力好。虽耳有时鸣，牙齿不大好，可有现代医学上的高科技陪伴，与生活上无障碍。其实，自从国庆节过后，我就从合肥长江批发市场批了很多大红纸，准备着写春联了。

谈到写春联，那是八九年前的事。同乡中有一位姓苏的农民书法爱好者，种地、养猪是行家，毛笔字也写得很好。曾经在县法院举办的“天平杯”书法大赛上获奖。每年腊月，要写几千副大、中、小春联在市郊等地销售，收入不菲。有一次，我去采访他，他劝我说，以后不要写稿子。写春联的收入远胜于写新闻报道。我信他的话开始尝试写春联，尽管头两年写得比较少，可收入真比写稿的稿费多。

我的书法功底差，写出的字自己也不满意。于是，我开始钻研书法知识和技要。

在个练书法，心情浮躁是绝对无济于事的。必须楷书开始，练篆书、隶书、然后才能行草。而我却远远没有做到，平时不能专心致志地练字，一副对联写出后，字体格调难得一致，笔画生硬没有柔和美。尽管如此，乡亲还是能包容认可的。

春联原本是中华民族的精髓，有着数千年历史。老百姓在品味一副对联的字迹之后，还得看联语是否精妙高雅。大、中、小门、七十二行要对号入座，否则很难受到认可。

从前年开始，住进了乡敬老院的我，衣、食、住不成问题，深感这是读书学习，做学问的最佳境地。有两句励志佳句牢记在心：“心身饥寒天未尝负我，学无长进我何以对天。”我得利用敬老院的优厚条件多读书，读好书弥补以往之不足。此时，使我想到《红楼梦》的作者曹雪芹。自从他家被抄后，住进了破庙，忍着伤子之痛，患有肺结核过着“茅椽篷牖，瓦灶绳床”的生活，就在这样的环境下，把《脂砚斋石头记》披阅十载，增删五次著成《红楼梦》，为世界文化添瑰宝，这是何等的毅力。想想自己的条件胜于曹雪芹千倍百倍，可至今自己一事无成深感惭愧。

在我有生之年，已不会有什么大抱负，只想利用目前的有利条件，为广大百姓多写一些让他们满意的春联，也算是为精神文明建设作一点奉献。

饮水的变化

水是生命之源，是人们生活须臾不可缺少的物质。常态而和谐的生活离不开水。洗衣的水，洗菜的水，煮饭的水，沏茶的水，洗脸刷牙的水。还包括洗澡浇花的水。有了干净而清洁的水，就是幸福的生活。

我所居住的众兴乡花灯村位于离众兴水库约 3 千米的自然村里。淠史杭枢纽工程滁河干渠穿村而过。水利条件极其优越。民生工程实施以后，乡党委政府把百姓的饮水安全工程摆在重要位置。在安徽省水利厅的支持下，以众兴水库为水源，在附近的众兴村建设占地面积 15.6 亩的自来水厂。让寻常百姓家用上清洁、甘甜、便捷的自来水。

饮水思源。在享受自来水给人们的生活带来便利幸福生活的同时，人们没有忘记，在生产条件落后的年底里。人们在饮用水方面的艰难历程。

在初解放的 20 世纪 50 年代里。老百姓过着一家一户的生活，那时的生产力低下。农民种地全靠人力、畜力，十分累人。可是，在田里劳动回家。烧锅做饭还要到村外的水井挑水，真是累上加累。

1958 年农村实行人民公社，农民土地归公。干活大集体，吃饭“食堂化”。这一下，有的群众就高兴起来。说：这下子可好了。吃食堂了。不需要再挑水吃了，可是，好景不长。“吃食堂”，农业大集体，毕竟是刮“共产风”的产物。到了 1959 年至 1960 年，因农业大集体田里不收粮食。公共食堂无粮食下锅。散了伙，全国性大饥荒。

到了人民公社解体，“文化大革命”过后，党中央通过拨乱反正。农村实行改革开放，农业的大集体变为家庭联产承包制。农民生产有了主动权，农民的收入分配趋于合理化。可是，落后的生产力仍然没有改变，农民家庭饮用水仍然要到村外的老井挑。这是，有人就发明了用钢针、铁钻头掏井的办法，家庭的院子里或房前屋后掏压水井。这种井的水质倒是清凉。可是，出水量少，用不了两年就坏。

到了 20 世纪 90 年代和 21 世纪初，农村经过改革，不少农民家庭靠勤劳走上致富路。有些家庭就废除了压水井，打起了大砖井。有条件好的家庭又在打出大砖井里安上潜水泵，建水塔，用上了私家自来水。可是，对于多数农户家庭来说，还是摆脱不了挑水吃的状况。

多年以来,农村因饮用水的困扰,一定程度上制约了社会生产力发展。

以马克思、列宁主义,毛泽东思想为指导的中国共产党,是以先进社会生产力代表登上历史舞台的。党的一切奋斗,归根到底都是为解放和发展社会生产力,为人民谋福祉。中国改革开放的总设计师邓小平生前有言:“发展是硬道理。”秉承这一理念,党中央新的领导集体坚持“发展为了人民,发展依靠人民,发展成果由人民共享”。大力实施民生工程,实现了今天人民“学有所教,劳有所得,病有所医,老有所养,住有所居”的社会秩序,社会的各项事业蒸蒸日上。

我所在的众兴乡政府,民生工程以安全饮水工程为重点。2007 年 10 月由安徽省水利厅金汇水利公司投资 300 万元,建设自来水厂。首先在邻近村铺设管网,日供水量 400 吨。以后管网逐步扩展。让机关、学校、工厂、合六高速公路服务区供水。日供水量增至 600 吨。近两年管网扩展投资达 2000 万元。覆盖众兴地区近 70 平方千米。让 12 个行政村全部用上自来水,日供水量 1500 吨。

自来水厂的水源水质安全是关键。众兴自来水厂以及肥东县 10 万吨供水厂的水源都是众兴水库。为了保护水资源,改善水环境,众兴水库管理处,在库区内建立三级水资源保护区。一级保护区内禁止乱扔家禽、家畜,禁止乱倒垃圾,禁止在库内洗衣、游泳、垂钓。二级保护区内禁止建设带有污染性的企业和养殖场。在三级保护区的白龙、元疃、民族乡,加大水库边缘的生态绿化。建设绿色长廊。在众兴水之滨的范岗村、华光社区,营造 6000 亩水库涵养林。以此改善水环境,在生态治理水源的基础上,肥东县环保局在众兴水库建立一座水质自动监测站,24 小时不间断监测。

(五)杂 记

众兴名字的由来

众兴实为“三姓为众”。过去村庄、集镇大多以姓氏来命名,众兴集在清朝时期有三姓:张、许和李(有说周)。李鸿章祖上姓许,所以李、许实为一家,而张家与李家又是世代交好,单独以一个姓来给集镇命名都不合适。于是,三个家族派人一同上京城找李鸿章,让他来定夺。李鸿章热情款待了家乡人,并在席间亲自提笔写下‘三人为众,众家兴旺’这八个字,这就是众兴乡的由来。

众兴的“郢”文化

关于村落,东北曰屯,华北曰庄,西北曰堡,西南曰寨,合肥周边曰“郢”。众兴人如果在外地遇着,互相“叙”起来,“一个郢子的”无疑是最高规格的亲近了。

众兴的郢子名大多带个姓氏,如贾小郢、李小郢、刘小郢等比比皆是,共有 24 个。还有两两对应,很有趣味。比如张小郢、张大郢,前郢、后郢,上高郢、下高郢等等。有着姊妹名的郢子一般都田连埂、或左右前后挨着,相互依偎难舍难分。

一个郢子就是一个自然村庄,几个郢子组成一个村民委员会。一个自然郢一般三五十户人家,也有仅一户人家的。众兴多丘陵,为让水利较好的田地种植水稻,一个个郢子就立在一个个岗头上，村周常有自然或人工河流经过；岗冲起伏间，是一片片梯田。元末明初，江淮分水岭间尚多不毛之地，这些梯田应该是江西瓦屑坝移民战天斗地的杰作吧。

众兴村庄何以多称郢

乡域很多村庄叫作某某郢子或某某郢。这“郢”的称呼除了在江淮地区流行外，其他地方是极为少见的。县内主要是元疃52个、众兴24个、店埠镇27个、撮镇镇25个、民族乡21个。主要是合肥市周边，其来历可以追溯到春秋战国时期。

早在战国以前，江淮和汉水流域的广大地区都隶属于楚国管辖。楚文王元年（前689年），楚都城自丹阳迁都纪南城，始称郢，故地在今湖北省江陵县西北。后来于楚昭王十年（前508年），吴师入郢，楚又迁都于江陵，仍称“郢”。到了楚考烈王二十二年（前241年），复徙都寿春（今寿县），命名曰“郢”。这是楚国的最后一座都城，称为“郢都”。连在合肥郊区出土的当年楚国发行的黄金货币也都称“郢爰”。

秦始皇二十四年（前223年），秦国大将王翦统率60万大军伐楚，攻破郢都寿春，楚遂亡。郢都寿春城内楚人纷纷四处逃亡，流离到江淮之间定居下来，他们仍用“郢”来命名自己居住村落，以纪念自己失去的故都、故土。就这样世世代代相传下来，保留至今。可见“郢”字由来已久。为了加以区别，当地的村民习惯地在“郢”字前面冠以居主人的姓氏以示区别。

可见，“郢”字与楚国有关系，与楚人有关系。今天，国家已成为统一的民族，但思念故土，热爱祖国的情节是值得世世代代提倡的。

寻根问祖“瓦屑坝”

乡域多数人在一起聊天时，往往谈起祖上来自江西瓦屑坝（又说瓦家坝、瓦折坝）。张家人这样说，李家人也这样说，说的人多了，似乎众兴人的祖籍都在瓦屑坝。瓦屑坝到底在哪里？人们都说不出个子丑寅卯。据考证，明洪武三年（1370年）从江西饶州、九江等府迁徙移民14万户约50万人到安徽庐州、江淮地区。

江西省会南昌东北100千米开外的鄱阳县，县城叫鄱阳镇，历史上曾是饶州的州府。县城往西不远处就是中国五大淡水湖之一鄱阳湖。湖东有一个莲湖乡，莲湖乡有一个3000多人的村庄叫瓦爕坽。瓦爕坽在岛的最东端，实际上它距县城的直线距离不到10千米，但村民们上县城要过轮渡绕行20千米。

瓦爕坽的“坽”，《现代汉语词典》《辞源》《辞海》均查不到，《康熙字典》释文是：“《集韵》郎丁切，音灵，峻岸也。”瓦爕坽的“爕”，原来是“屑”。村中现存的《朱氏族谱》和《何氏族谱》中明确记载，“瓦爕”就是“瓦屑”的雅称。至于为何瓦屑坝改成瓦爕坽，人们不妨从鄱阳湖的变迁来找原因。鄱阳湖的南部在元明时期处于扩展期，到清朝才因泥沙淤积而缩小。当年的瓦屑坝是一个陆地上濒临鄱阳湖的水码头，有起着护航作用的坝，这个货物和客流的集散地因此得名。后来瓦屑坝所在的莲湖地区都成了湖中之岛，坝因不再有存在的意义而湮没，瓦屑坝这个重要的码头集镇渐渐衰落为岛边的小村镇改称为瓦爕坽了。朱元璋得天下后，从各地大量移民到他的家乡周边地区。当年南昌、抚州、饶州一带的外迁人口沿抚州、信江、昌江、乐安江(婺水)及其众多的支流而下,在饶州城外的瓦屑坝只是一个集中地,还不是他们真正的故乡;对多数手提肩扛没什么文化的农民、渔民来说,客居他乡后,留给后代的记忆可能只是他们同一的出发地瓦屑坝了。

背手、解手的由来

把解大便、小便,说成“解手”,众兴老年人都有这一习惯。大小便同“解手”有什么关系呢?这还得从明朝江西移民说起。大明洪武年间,朝廷开始大批迁民。迁民是强制性的,常言说穷家难舍,故土难离。人们用各种方法反抗迁民。移民官员和押解的差人,怕他们半路逃跑,在编队定员之后,便把他们捆绑起来,才肯上路。先是大绑,即绑住两条胳膊,行动起来很不方便。后来又改用“小绑”,每人只绑一只胳膊,几十个人联在一条绳子上,相互牵连在一起、一人要动,牵动别人,谁也跑不脱。因此,无论在行路当中,还是晚上歇息的时候,如果其中有人要大便或者小便,就是恳求押解的差人,给他们捆在胳臂上的绳子解开。最初时,人们为了把意思传达清楚,话说得比较完整:“请大人把我的手解开,我要大便(或我要小便)。”后来说得多了,渐渐就把原来的话简化了。先说“给我解开手”,就知道他是要大小便。后来干脆简化成“解手”,只要有人高声喊“解手”,那就是他要大小便了。一路如此,天天如此,“解手”之声,充斥耳鼓,大家说顺了,用得也习惯了。久而久之,“解手”就成了大小便的代名词。在漫长的迁徙过程中,由于移民的手臂长时间捆着,胳膊逐渐麻木,被迫成了习惯。所以,移民们大多习惯背着手走路,其后裔也沿袭了这种习惯。

四、限后重要资料辑存

(一)乡域旅游专项规划

1. 规划目标　立足合肥市面向长三角地区,发展农家乐休闲观光旅游。

2. 规划原则和指导思想　(1)发挥区位优势,依托合肥市整体旅游体系发展定位,充分发挥众兴水库休闲观光旅游资源和梁宇村芳草地农家乐旅游资源,实现众兴乡旅游产业化、市场化和规模化。

(2)做好客源市场分析与产业布局,配套建设服务设施,完善旅游资源配置。

(3)加快景点开发,突出文化内涵,形成旅游体系。

(4)突出旅游资源保护,实现社会效益、经济效益与生态平衡相统一。

3.旅游景点资源　(1)梁宇芳草地农家乐位于原沿河村内,获得市级农家乐证书,占地面积500余亩建筑面积500平方米,一次性接纳80人用餐,内有棋牌室、休息别墅、垂钓中心、苗木、花卉及果园。

(2)李府粮仓,李鸿章家族粮仓所在地;五柳山庄农家乐坐落于合肥市、肥东县城郊,占地30多亩,是一个集饮食、娱乐、休闲、观光于一体的游玩、度假胜地。水清林幽、风光秀丽、亭台楼榭、徽风皖韵。徽派文化浓郁、农家菜纯正地道,游乐活动丰富多彩,服务热情周到。

(3)报恩祠位于漕坊村,内部有精美木雕、考究彩绘,建筑开间达到七间,是目前合肥祠堂中规格最高的。

（4）夫妻树，位于八联村，紧邻县道大众路，是众兴乡的门户景观。

（5）郑埠古井，位于霞光，靠近长丰三十头乡。

（6）马政庙，建于明朝，马政庙原是朱元璋的皇后马政娘娘的庙宇，常年香火不断。特别是每年农历三月三庙会人潮如海。中华人民共和国成立前，马政庙有九排房子，战争时期相继被毁，现经当地人修建，主庙有三层楼高。

（7）众兴水库，是镶嵌在合肥市周边的五大水晶之一，通过淠史杭灌区与大别山的佛子岭水库、磨子潭水库、响洪甸水库、龙河口水库、梅山水库连为一体，属无污染山泉水质，水源充沛，清冽甘甜。众兴水库占地2.3万亩，水面达2.1万亩。是开发乡村生态旅游的风水宝地。

（8）众兴乡水塘、油菜花的田园景观十分丰富。规划形成比较突出的湿地景观体系和田园景观体系，在华光开辟自然生态景观区。

4.游览线路规划

（1）众兴旅游接待中心—水库生态休闲区—马政庙—郑埠古井

（2）众兴旅游接待中心—报恩祠—夫妻树—李府粮仓—五柳山庄—芳草地农家乐—自然生态休闲区

5.旅游客源　来自合肥市区，来自长丰三十头乡，来自东部的民族乡和牌坊乡，来自东南部的肥东县城。

乡域产业及发展方向专项规划

1.众兴乡基础资源分析　众兴水库，位于众兴乡，属巢湖水系南淝河支流，是淠史杭灌区滁河干渠上的反调节水库，控制流域面积114平方千米，总库容9948万立方米。

合肥市第三大水库——众兴水库位于众兴乡境内，方圆20里内全是田园风光，地势起伏，沿路有许多生态示范园，水库周围有群众建起垂钓鱼塘，每逢节假日，吸引不少市民前来垂钓休闲。

众兴工业聚集区，2005年在大高、花灯、八联三个村0.5平方千米范围内，本着用地集约、产业集聚、布局集中的原则建立众兴工业聚集区。

苗木生产，肥东县众兴花木草种公司，该乡从事林业生产有几十年的历史。1987年以后，发挥林业生产的传统优势，扩大苗木繁育和经济林生产面积。

范岗、华光、霞光为苗木生产基地。

众兴、永安两个集镇 是群众从事商品交易的主要场所。2005年，集市年贸易额4000万元以上。

马政娘娘庙会，合肥市第一批“非物质文化遗产”。

2.产业规划　众兴乡发展结构　四心两轴三点

众兴集——商业集贸中心、公共服务中心。

华光——生态旅游中心。

永安集——商业集贸次中心。

花灯、大高、霞光——工业聚集中心、行政中心、教育中心、乡镇门户。

一条主发展轴——工业、商业、旅游，联系合肥城区。

一条次发展轴——联系两县城。

众兴乡性质，合肥市重要水源基地。以农副产品生产加工、建材、化肥等加工制造业、生态旅游为主导产业的现代工农一体化城镇

众兴乡产业定位，农副产品供应基地、加工产业承接基地、生态旅游休闲基地、生态水源基地。

城镇发展方向，以发展农副产品生产加工为主导，并注重加工制造，同时兼顾生态旅游业的发展。

产业布局：四区。

北区：基本农业 + 经济林业 + 旅游业。

西区：基本农业 + 水产养殖业。

东区：基本农业 + 加工制造业。

南区：基本农业 + 家禽家畜养殖业 + 旅游业。

产业发展战略：从时间层面上分为“两步走”。

第一步，在今后 1 ~ 10 年，结合自身的产业优势，发挥现有优势产业。

积吸引来自合肥的产业转移进行垂直分工，发展在省会经济圈地区已经不具备优势的劳动密集型行业。

第二步，今后 10 ~ 20 年，培养自身的经济增长点，培育较大市场需求、较好的成长性，较强的经济带动作用的产业。

（二）大事记

2015—2022 年资料辑存（大事记）

2015 年

1 月 3 日　爆破拆除众兴轮窑厂，复垦新增耕地 120 亩。

1 月 8 日　合肥皖星公司总经理侯昌杰一行到众兴乡敬老院开展“送温暖、献爱心”活动。

3 月　第二届全民文化月活动举办。

4 月　花灯社区被中共合肥市委、合肥市人民政府评为“第十三届合肥市文明单位”。

5 月　“五一”国际劳动节前夕，众兴乡“一事一议”项目 4 条水泥路全部开工，4 条路分别位于众兴、霞光、谢岗、范岗等 4 个村，总长 4.2 千米，投入 150 万元，5 月底完工。

5 月　共青团合肥市委表彰众兴乡花灯社区为“2014 年度合肥市五四红旗团（总）

支部”。

同月　众兴中学荣获“合肥市五四红旗团委”称号。

同月　众兴乡地方志编纂工作开始。

7月8日　县委常委、组织部部长、考核组组长，县委组织部副部长、老干部局局长、考核组副组长张正余等出席众兴乡2014年度“三项考核”述职述德述廉大会。

同月　安徽农业大学部分学子来到众兴乡，开展“三下乡”爱心志愿服务。

9月10日　县委常委、宣传部长许高彬来众兴中学，看望慰问教师。

10月18日　重阳节前夕，县委常委、政法委书记余永松，县委常委、组织部长，副县长顾义勇一行到众兴乡敬老院，走访慰问老人。

11月5日　市政协党组副书记、副主席杨思松带队的市政协视察组到众兴视察农村公路危桥加固改造项目。县杨宏星、干文宏、张红军等参加。

2013年、2014年、2015年连续三年，众兴中学荣获“合肥市普通高中教育教学质量综合评价三等奖”。

12月　安徽省司法厅授予众兴乡司法所“省级示范司法所”称号。

1996—2015年　众兴乡累计发放3100人的移民补贴费，共计1848.6万元。

同年　众兴乡获肥东县秸秆禁烧先进单位。

同年　众兴乡在残疾人专项调查中被合肥市评为先进集体。同年2月获县综合评比二等奖。

同年　众兴乡妇联荣获“2015年度合肥市妇联系统先进基层组织”称号。

2016年

1月下旬　寒潮侵袭，众兴最低气温达到-12℃～14℃，其间，出现露天PPR水管被冻裂现象。

1月下旬　众兴自来水厂纳入了肥东县自来水厂管理、经营。

2月4日　县民政局社会科科长孙传锦一行到众兴乡看望慰问老上海下放户王文美。

3月　黄庆梅(女)任众兴乡乡长。

3月6日至10日　众兴乡开展第三届全民文化月活动。

3月30日　上海市虹口区民政局乐跃明局长一行、县民政局局长丁必会看望慰问老上海下放户王文美老人。

6月1日　合肥市经信委副主任翟新明一行到永安村慰问困难留守儿童。

2017年

2月　县人大副主任李明浒来永安、大高村慰问困难党员群众。

3月　众兴乡被肥东县委、县政府评为科学发展先进乡镇二等奖。

4月　黄庆梅(女)任众兴乡党委书记。

4 月　众兴乡政府被评为合肥市综合治理工作先进单位。

6 月　县委书记耿延强来众兴督查拆违工作，与乡学区中心学校学生共庆“六一”国际儿童节。

6 月 19 日　肥东县文化市场管理办公室联合众兴政府，在乡中心学校开展了主题为“远离有害出版物，多读书读好书”的“绿书签”进校园众兴启动仪式。

同月　陈宏云任乡党委副书记、副乡长，主持政府工作。

9 月　市委副书记汪卫东来乡谢岗村调研扶贫工作。

10 月　省妇联来华光社区、永安村督查妇联工作。

同月　众霞路升级改造成 7 米宽沥青路面通车。

11 月 17 日上午　县委常委、宣传部部长许高彬领队县委宣传部、县文明办、县国税局、县东投公司、中国银行肥东支行等单位负责人到众兴督查指导脱贫攻坚工作。

12 月 8 日　县委常委、宣传部部长许高彬为众兴党员干部宣讲中共十九大精神。

同月　县城 352、357 两路公交车底站停保场建成通车。352 路公交车自民族乡延伸至永安集，357 路自众兴集延伸至霞光村（与新站区三十头社区接壤）。

2018 年

1 月 3 日、23 日　合肥市出现入冬以来较强的两次降雪过程，最低气温达 -14℃。合肥市教育局于 1 月 4 日上午发布全市中小学幼儿园做好低温雨雪冰冻天气应对工作的紧急通知。雪灾导致合肥市内多个 BRT（快速公交系统）公交车站台坍塌，造成了多人受伤！众兴乡迅速启动防灾减灾应急预案，应对雪灾，确保人民群众生命财产安全。

2 月 10 日上午　中国共产党众兴乡第十二届代表大会第三次会议胜利召开，党委书记黄庆梅作《众兴乡党委工作报告》。

3 月 8 日上午　为庆祝“三八”国际劳动妇女节 108 周年，乡组织全体乡村妇女干部到白马山开展登山健身比赛活动。

3 月 12 日上午　乡在谢岗村组织开展大型植树公益活动，携手义务植树、掀起“扮绿”热潮。参加此次活动的单位有肥东县委宣传部、县新闻中心、县农委、县东投公司、县公路分局、县交通局及众兴学区中心学校，周围村民也自发赶来参与其中。

3 月 22 日　永安村妇联荣获合肥市 2017 年度先进集体称号。

4 月 2 日上午　乡中心学校举办一场壮观的千人诵读《众兴赋》活动。

4 月 6 日　乡贤馆建成对外开放。

4 月 8 日　元店路建成通车，该项目总投入 2000 万元，全程 6.29 千米，路面由原来的 5 米拓宽至 9 米，主线按一级标准设计，道路路面结构为沥青混凝土路面。

4 月 13 日　“全民文化月，送戏进万村”活动开展。

5 月 31 日　乡工会联合委员会成立暨第一次会员代表大会召开。42 名代表选举产生许在刚为第一届工会委员会主席、应祚超为副主席，首届经费审查委员会、首届女职工委员会委员。

6月21日　副县长方志山到乡考察乡贤馆建设管理工作。

7月　投资近1.7亿元的安徽广胜管业有限公司、合肥丹明机械有限公司陆续开工建设。

8月2日　金邦集团投资近3亿元的养老项目开始启动。

8月　蒸小皖项目通过县招商项目预审会。

8月30日　副市长宁波来众兴乡调研五小道路安全及众元路畅通工程。

同月　永安河整治工程破土动工。

9月8日　众兴大街立面综合整治工程启动。拆除违章搭建，采取统一店招店牌、徽派街面构筑、植绿布景、管线入地等措施，提升众兴形象，改善群众生活品质，打造“花样众兴、生态众兴、宜居众兴”。

9月30日　小(2)型水库金大坝除险加固工程启动建设。

10月26日　众兴至梁园段沥青路建成通车，至此，石卅路(石塘—三十头)肥东段全线贯通。

11月22日上午　新一届村“两委”干部业务培训班举办。乡党委书记黄庆梅出席开班仪式作廉政谈话主题讲话。

11月6日　县长姚飞到众兴调研指导工作。

11月12日下午　肥东县人大常委会副主任袁经林一行先后深入众兴乡调研指导“七五”普法工作。

11月30日　肥东县税务局众兴分局挂牌成立，群众不用东奔西走，家门口就能办业务。

12月6日　众兴乡第十四届人民代表大会第四次会议选举陈宏云为众兴乡人民政府乡长、李宝森为副乡长。

12月7日　县委副书记汪功胜来乡调研指导工作。

12月20日上午　众兴乡商会成立暨第一届会员代表大会召开，选举朱含忠为会长、许家宝为秘书长，全乡30余名民营企业家参加会议。众兴乡商会成立。

12月24日　众兴、永安两村民委员经县民政局批准会更名为社区居民委员会。

2019年

1月19日上午　中国共产党众兴乡第十二届代表大会第四次会议在乡大会场隆重召开，来自全乡的68名党员代表和2名列席代表参加大会。

2月12日上午　众兴乡2019年乡村干部春训在县委党校开班，全体乡村干部80余人参加培训。

2月27日　《中共肥东县委、县人民政府关于2018年度乡镇(园区)目标管理绩效考核情况的通报》确定众兴乡为“2018年度目标管理绩效考核优秀等次”，同时被评为“肥东县2018年度招商引资工作突出贡献单位”“肥东县2018年度民生工作突出贡献单位”“肥东县 2018 年度征迁安置工作突出贡献单位”。

3 月 7 日　众兴乡庆祝“三八”国际劳动妇女节 109 周年暨先进表彰大会在乡大会场召开，对乡“最美家庭”“五好文明家庭”“廉洁家庭”“平安家庭”等 45 个先进家庭进行表彰。

3 月 9 日上午　众兴乡召开“严规矩、强监督、转作风”集中整治形式主义官僚主义专项行动动员会。众兴乡全体乡村干部 130 余人参加会议。

3 月 30 日　众兴乡第十四届人民代表大会第五次会议上在乡政府大会场召开。4 月 2 日下午，肥东县检察院副检察长关朝银带队到众兴乡开展“扫黑除恶专项斗争宣传周——众兴乡宣讲会”。

4 月 6 日　《江淮晨报》采访报道大高村人居环境提升工作。

4 月 10 日　新华社报道宣传众兴乡“农家小院满庭芳，美丽乡村展新颜”。

4 月 19 日　响导乡来大高村陈小郢交流人居环境整治工作经验。

4 月 19 日　众兴乡被评为县信访工作先进单位。

4 月 23 日　众兴乡被评为合肥市先进信息站。

4 月 23 日　元疃镇到乡大高村、永安社区、联合村学习考察人居环境整治工作。

4 月 24 日　张集乡到大高村交流人居环境整治工作。

4 月 26 日　县人武部、水务局到乡视察众兴水库防汛工作。

4 月 28 日　长丰县左店乡到大高村陈小郢组交流人居环境整治工作经验。

4 月 29 日　县纪委到乡检查三公经费、经补贴及效能建设。

4 月 29 日　范岗村被评为县“五四红旗团支部”。

4 月 29 日上午　乡召开“青春心向党，建公新时代”的五四青年干部座谈会，乡党委书记主持了会议。会后前往蔡永祥烈士纪念馆开展团日主题活动。

4 月 30 日　书记、乡长看望派出所民警。

4 月 30 日　《合肥日报》、《合肥晚报》、《江淮晨报》、人民网集中宣传报道众兴乡人居环境提升工作。

5 月 3 日　安徽学习平台报道大高村陈小郢人居环境整治工作。

5 月 10 日　及时整改众兴社区王岗组村民突击栽树事项。

5 月 11 日　合肥绕城高速众兴段绿化提升项目工作推介会召开。

5 月 12 日　省、市媒体来乡宣传众兴大街徽派改造建设并采访联合村基层治理好经验。

5 月 14 日　县美丽办到乡考察大高、永安人居环境提升示范点建设。

5 月 15 日　副县长王伟程、县环保局负责人到乡调研指导环境工作。

5 月 22 日　谢岗村被省林业局命名为“安徽省森林村庄”。

5 月 29 日　县委常委、政法委书记吴立新到乡调研指导工作。

6 月 16 日　乡机关支部党员开展“弘扬红船精神，锻炼党性修养”主题教育党日活动，组织党员共45人前往嘉兴南湖参观学习。

6月25日　农村党员“共产党员户”集中授牌仪式在霞光村会议室举行。

7月9日　县农村人居环境整治工作现场观摩会，会前与会人员参观花灯社区贾户、大高村陈小郢自然村人居环境整治现场。

7月9日、10日　众兴乡第十四届人民代表大会第六次会议召开，会议听取和审议乡党委副书记许在刚所作的《关于众兴大街改造项目开展情况的工作报告》，选举李祥文为乡人民政府副乡长。

8月19日　众兴乡开展“我为创城，创成有我”的志愿服务活动，一群头戴红帽、臂戴袖章的党员志愿者成为众兴一道亮丽的风景，他们用自己的实际行动为文明创建“接力”。

8月23日　合肥市农业农村局、蜀山区、四县一市相关责任人到肥东众兴乡大高村陈小郢现场观摩聚乙烯装配式三瓮化粪池改厕项目。

8月28日　《激发内生动力促进特色种养殖业稳定发展》一文刊登在安徽学习平台上。

8月29日　《改厕助力人居环境提升》一文刊登在“学习强国”安徽学习平台。

8月29日　机关党员干部赴蜀山监狱开展一次深刻的警示教育活动。

8月29日　乡妇联开展留守儿童科学知识竞赛活动。

8月29日　众兴乡举办义务献血活动。

9月2日　肥东县公安局举办的“开学第一天安全第一课”主题安全教育进校园系列宣讲活动在众兴中学举行，近800名师生及家长参加活动。

9月2日　《党建引领，助力文明创建开新花》一文刊登在“学习强国”安徽学习平台。

9月4日　《受工伤索赔偿生纠纷司法所调解女子获赔》一文刊登在江淮晨报上。

9月10日　《三棵百年枣树结甜果　背后故事大有来头》刊登在合肥在线上，

9月10日　众兴乡“三线三边”环境治理工作以88.57分获评全县第二名。

9月14日　乡美好乡村建设办敲锣打鼓来到张国宝家中为其授予“最美庭院”荣誉牌，颁发流动小红旗，给予现金奖励。此次共评选出137户“最美庭院”户。

9月19日　众兴乡召开“不忘初心、牢记使命”主题教育工作会议，县委主题教育第九巡回组副组长桑朝传带队到会指导，乡长陈宏云主持会议。

9月29日上午　肥东县新时代文明实践建设工作现场会在众兴乡召开。县领导汪功胜、许高彬、赵庆一、赵荣到现场指导工作。

10月17日　永安社区村民肖万群获得合肥10名“最美巾帼脱贫人”荣誉称号。

10月22日起　众兴乡司法所深入辖区花灯社区开展“送法进村居”法治宣传活动。

10月23日　合肥学院党委来众兴开展主题教育走访入户活动。

10月24日　众兴学区中心学校迎来第二十七届小学生秋季运动会暨第四届师生趣味运动会。

11 月 1 日　合肥市“扎实‘抓三基’，推进规范化”现场观摩交流会在众兴召开，市委常委、统战部长陈晓波，县委副书记汪功胜，县委常委、组织部长、统战部长张圣涛以及各县区统战负责人参加会议并观摩众兴乡“三基”建设及乡贤统战工作和众兴乡花灯社区贾户组美丽乡村建设。

11 月 3 日　县委副书记、县长姚飞到众兴实地调研指导抗旱和江水西引工作，副县长何斌、王伟程及相关部门负责人陪同调研。

11 月 11 日下午　县红十字会携手爱心企业安徽皖信人力资源管理有限公司慰问众兴乡困难群众，把企业的温暖送到需要关爱的群众手中。

11 月 20 日上午　机关干部、普法骨干到肥东法院参加旁听庭审，将法治宣传活动推向深入。

11 月 16 日　乡第十四届人民代表大会第七次会议召开，选举孟凡为众兴乡人民政府副乡长。

12 月 3 日　众兴学区中心学校六年级开展心理健康讲座，国家二级心理咨询师郭文亚主讲。

12 月 20 日上午　乡综治办、司法所、派出所、文明办、妇联、统计等多部门联合走上街头开展综合宣传活动。

12 月 30 日上午　合肥六中三位名师到众兴中学开展送教下乡活动。

2020 年

1 月 7 日上午　预防职务犯罪暨作风建设宣讲大会召开。

1 月 9 日凌晨　肥东县迎来 2020 年的第一场大雪，乡机关工作人员积极组织志愿者铲雪活动。

1 月 14 日上午　司法所、劳动保障事务所、综治等部门开展 2020 年“法援惠民生、助力农民工”主题法治宣传活动。

1 月 17 日　乡启动“天翼看家”建设。可以通过 PC（个人计算机）端、手机实时查看视频并进行录像回放，实现视频看家，随时查看老人、儿童在家情况等多种场景应用。

1 月 20 日　乡纪委开展“赠春联、书正气、扬清风”送廉政春联下乡活动，为群众送上新年廉洁祝福，让廉洁之风“吹”进农村、“吹”进社区。

1 月 22 日上午　乡劳保所工作人员来到众兴集街头开展城乡基本养老保险民生工程宣传工作。

1 月 25 日　乡召开新冠疫情防控工作推进会。

2 月 17 日　乡党委、政府发布致广大爱心企业、爱心人士的感谢信。自新冠疫情发生以来，众兴乡全体乡村干部、广大党员、志愿者日夜奋战，全乡 2.8 万人民同心协力，英勇战斗。有企业捐献资金；有企业捐献紧缺防控物资；有商户自发给一线防控人员送饭加餐；有党员交特殊党费；更有群众选择宅在家里，捐出医用防护口罩，等等。

2月24日　众兴中学各年级全面开启“空中课堂”，老师们当起了“主播”。同学们认真线上听课，及时完成各项学习任务，师生们共同努力，确保打赢疫情防控阻击战。

2月29日22时43分　随着第一股长江水流入众兴水库，拉开了肥东县2020年“江水西引”的序幕。

3月2日　乡举行庆“三八”居家亲子绘画比赛。

3月16日　决定2020年三月三马政寺庙会停办。

3月17日　根据合肥市疫情防控应急指挥部通告(第25号)精神，肥东县决定自3月17日起，全县文化和旅游场所有序开放。

3月18日　《众兴乡助贫又防疫小岗位推动大民生》一文刊登于3月18日《安徽日报》。

3月19日　肥东县发布关于解除村(社区)及小区封闭式管理的通告。

3月21日　乡政府机关大院的两户居民房开始拆迁整治。

3月24日　县文明办、民政局发布2020年清明节文明祭扫倡议书。

4月7日上午　众兴中学高三年级学生正式复课开学，同学们结束了一个特殊的“寒假”，重返校园。乡党委政府、派出所、卫生院、市场监督所等单位来到学校，指导配合复课开学工作。

4月10日　肥东计划裁减93个村(社区)调整合并方案公布。

4月15日　第五个全民国家安全教育日，众兴乡多措并举认真组织开展“4·15”全民国家安全教育日系列普法宣传活动。

4月20日上午　众兴中学初中八年级、高二年级同学有序复课。

4月26日上午　众兴学区中心学校四、五、六年级返校复课，乡党委政府、肥东县开学复课疫情防控第三指导组、肥东县市场监督管理局众兴管理所到校检查指导复学工作。

4月30日　县人武部政委刘泽生考察众兴水库防汛工作。

5月18日下午　县妇联到众兴学区中心学校调研学校调研师资队伍、生源情况、学生学习、社团活动、午间就餐、校园文化建设、特色亮点创建等方面情况。

5月20日上午八时整　众兴学区中心学校庄严而特别的举行了一年一度的“六一”国际儿童节庆祝活动暨一年级学生入队仪式。

5月22日上午　乡综治办、派出所等部门利用赶集日联合开展集中宣传活动。扩大平安建设，增强群众安全感满意度，强化扫黑除恶专项斗争宣传教育工作，提高辖区群众电信诈骗、反邪教及禁毒意识。

5月27日上午　乡派出所到众兴中学开展安全工作检查。

5月28日上午　乡新时代文明实践志愿服务支队普法教育志愿服务队的志愿者们来到合六高速众兴服务区，开展反电信诈骗、扫黑除恶集中宣传。

5月29日　乡卫健办在众兴大街和众兴高速服务区开展了两次“5·29”会员活动日宣传活动。

6月4日上午　乡综治办联合司法所、派出所工作人员走上街头，开展2019年全民禁毒集中宣传月活动。

6月1日上午　县农业农村局、乡妇联、关工委一行到众兴学区中心学校和分校开展“六一”慰问活动，为32名品学兼优、家庭贫困孩子带来了书包、文具盒等慰问品。

6月4日上午　众兴乡综治办联合司法所、派出所工作人员走上街头，开展2020年全民禁毒集中宣传月活动。

6月12日　众兴中学开展“安全教育进校园”暨反邪教集中签名宣誓活动。

6月16日　大众路小胡套至梅冲湖路段维修改造完工通车。

6月22日上午　众兴学区中心学校与合肥蚌五小开展云教研活动开班仪式暨“我们爱科学”主题活动。参加活动的有两校中层以上领导和结对老师，此次活动借助人人通网络平台进行在线交流。

6月28日下午　众兴乡领导干部会议召开，席绪芳任众兴乡党委书记。

6月30日下午　2020年安徽民爆行业“安全生产月”和“安全生产江淮行”活动暨生产安全事故应急救援预案演练在肥东县众兴乡安徽雷鸣红星化工有限责任公司成功举办。此次活动由安徽省经信厅和合肥市经信局主办，肥东县经信局、应急管理局和消防大队协办，众兴乡人民政府和雷鸣红星公司承办。

6月30日　众兴乡党委班子一行前往抗疫斗争一线党员和困难党员家中，送去党组织的温暖和关怀，并致以节日的问候与祝福。

7月14日上午　众兴乡花灯社区组织辖区内“法律明白人”“法治带头人”共30余人参加专场法治培训会。

6月10日至7月15日　众兴累计降雨量达484毫米，是常年梅雨量的2倍。

7月20日　最新汛情通报，众兴累计降水量达1164毫米，众兴水库水位达超汛限水位。

7月25日　众兴乡50余人奔赴撮镇镇华光社区二十埠河左岸一线参加巡堤查险工作。

7月26日　乡召开青年干部廉政座谈会。

7月28日　乡党委书记席绪芳、乡长陈宏云到一线慰问抗洪抢险人员。

7月30日　乡党委书记席绪芳及领乡党政领导班子成员开展慰问军人活动，慰问对象主要包括退伍军人、参战人员、因公牺牲军人遗属等。

7月30日　众兴乡政协联络组组长程世友同乡人大副主席张登荣对众兴乡水库移民后期扶持工作进行专题调研。

7月30日　徽商银行肥东支行党支部到撮镇镇慰问众兴乡防洪抢险工作人员。

8月5日下午　众兴乡综治办联合派出所及志愿者，在众兴服务区开展扫黑除恶、反电诈宣传活动。

8月21日　众兴乡认真组织乡村两级干部集中学习《中华人民共和国公职人员政务

处分法》,促进公职人员依法履职、秉公用权、廉洁从政从业、坚持道德操守。

8月27日　肥东县第七次人口普查工作动员培训会议召开,众兴80余名普查员参加会议。

8月31日　县委常委、政法委书记吴立新到众兴走访调研重点企业。

8月31日　众兴敬老院开展“情暖敬老院”2020年百场文艺下基层活动。

9月2日上午　众兴乡综治办联合派出所、司法所、公路站及惠普社工,走进众兴学区中心学校开展“开学第一课”活动。推进禁毒宣传教育进校园工作。

9月8日上午　党委书记、乡长等一行3人深入众兴学区中心学校进行调研。

9月9日上午　县低保中心“情满江淮　共享小康”社会救助服务提升暨品牌创建在“百街(镇)行动”小分队来众兴乡,为低保户送大米、食用油、面包以及生活用品大礼包等生活必需品,把温馨家访品牌创新活动进行“再辐射”。

9月22日　众兴集直通合肥3号线地铁站的313路公交车开通。

10月29日　联合社区郑小河拆老桥建新桥工程开工建设。

9月26日　众兴乡第十四届人民代表大会第八次会召开,会议听取陈宏云所作的《众兴乡人民政府工作报告》,选举张良金为乡人大主席。

10月31日　为期2天的众兴乡村干部能力提升培训班举行,陈宏云主持,席绪芳作开班动员讲话。

11月7日　众店路大高段水泥路拓宽改造成沥青道路建成通车。

11月14日　众兴乡举行“保护大水缸,环保你问他”生态环保毅行活动。

11月18日　新建办公楼启用。

2021年

1月1日　省农村工作领导小组办公室授予华光社区省美丽乡村重点示范村荣誉称号。

1月6日　众兴中学举办迎新年书画展。

1月9日上午　乡召开传达贯彻县两会精神会议,领导班子成员、各办站所负责人、社区两委干部参加了会议。

1月25日　合肥市爱国卫生运动委员会授予华光社区2020年度(合肥市卫生村(社区)荣誉称号。

2021年2月,乡党委书记席储芳、乡党委副书记、乡长陈宏云、乡党委副书记阚建伟到超市查看新冠疫情防控情况
(地方志办/供)

1月25日上午　2020年度安委

会第一次(全体)扩大会议召开。

2月3日上午　众兴乡综治办、司法所、派出所联合平安志愿者在众兴大街开展禁毒宣传活动。

2月4日　乡召开社区党组织书记述职评议会。

2月7日　霞光村香榭里园林花卉基地的各色蝴蝶兰竞相绽放,周边市民前来选购。

2月8日上午　乡党委书记席绪芳将带来的春节大礼包送到天豪电缆公司留企过年的16位外来务工人员手中,祝他们牛年红红火火。

2月9日　乡召开维稳安保会议。

2月19日　乡召开干部节后收心会。

2月24日　众兴乡举办乡村干部春季培训班。

2月25日下午,众兴乡组织《中华人民共和国民法典》专题讲座,全体乡村干部以及社区"法治带头人"130余人现场聆听讲座。

3月1日　《肥东县众兴乡:民生好政策"家门口"托起幸福夕阳红》《肥东县众兴乡:发扬"三牛"精神 "犇"向财政 新征程》两文刊登于中安在线。

3月4日　巾帼志愿者在华光社区金户劳动。

3月6日　北蒋路开工建设。

3月9日　2021年春季"食品药品四员培训会"召开。

3月15日上午　众兴乡开展志愿者植树活动,以实际行动,争当志愿服务"义士"、绿水青山"卫士"。

3月26日下午　合肥党团溯源地研讨会在众兴召开。在大量史实基础上,省、市党史团史专家一致认为众兴是肥东县第一个党组织诞生地,合肥地区早期党组织发源地,合肥地区团组织初创地。肥东,再添一张红色名片。

3月28日　谢岗公祭堂开工建设。

4月2日上午　乡组织20余名年轻党员代表和团员代表前往肥东县茶壶山烈士陵园,开展以"祭英烈忆峥嵘,学党史践初心"为主题的祭奠活动。

4月2日下午　乡党史学习教育领导小组的组织安排60余名乡村两级干部集中观看红色革命电影《瑶岗1949》。

4月4日　清明节活动期间,道路交通在派出所、市容中队、公路站、花灯众兴两社区工作人员的努力下,整体平稳有序出行,高峰期也没出现堵塞和占道情况得到了众兴集市民的称赞。

4月21日上午　众兴乡第十四届人民代表大会第九次会议在乡大会场召开，来自全乡各条战线的49名人大代表及10名列席人员参加了会议。许在刚全票当选为众兴乡人民政府乡长,李光美全票当选为众兴乡人大副主席。

5月7日上午　共青团肥东县委员会主办"学党史 强信念 跟党走"主题团日活动暨集中入团仪式在众兴乡举办。副县长方志山,团市委副书记张雷勇,团市委四级主任科员王杏，众兴乡党委书记席绪芳，团县委书记、包公镇镇长王磊，肥东县教育体育局党委副书记王红兵出席活动。

5月16日　稳脱贫民生工程就业技能培训正式结业。培训工种为果蔬种植，共有20名脱贫人口免费参加培训，2名专业老师授课，学员们结束理论与实践课程的学习并顺利完成结业考试。

2021年5月，乡市容中队查看渣土运输车辆证件

（地方志办/供）

6月22日　来自华光和联合社区的大学毕业生前往县医院参加秋季征兵第一批体检。

6月24日　省农村户厕摸排整改工作督导指导组来我乡督导农村户厕摸整改工作情况。

6月26日　众兴版MV《万疆》创作完成。表达普通众兴人质朴真挚的爱党爱国之情。

2021年6月，乡机关党群支部开展党日活动　（地方志办/供）

6月26日上午　众兴乡召开庆祝中国共产党成立100周年暨“七一”表彰大会，“光荣在党50年”获得者代表，受表彰对象共计120人参加此次表彰大会。

6月28日　县资规局现场核查制梁厂卫片监测图斑超占部分。

6月29日　庆祝中国共产党成立100周年，众兴乡组织开展“爱心送进光荣门——庆百年、学党史”关爱帮扶活动。

7月1日上午　众兴乡组织党员干群集中收听收看了中国共产党成立100周年庆祝大会盛况。

7月6—10日　省惠民工程肥东县“送戏进万村”演出活动在6个社区陆续开展。活动组织优秀剧团免费送戏进村。

7月7日　众兴中学作为艺考考点，600名考生来此参加考试。

7月8日上午　受短时间内雷雨大风极端天气影响，众兴乡小部分地区出现停电和农林作物受灾情况。

7月14日上午　乡组织办邀请中共党史高级讲师、肥东县“红色讲师团”成员黄升永老师，在众兴社区开展“百堂党史课程进基层”党史学习教育。

众兴乡开展“百堂党史课程进基层”活动 （地方志办/供）

7月15日下午　乡党委副书记、乡长许在刚，乡党委委员郭晓峰同合肥同创科技有限公司有关负责人到农村卫生厕所粪污资源化利用示范基地查看项目进程，并对项目建设和后期运营作出安排。

9月3日下午　副县长方志山在县教体局党委副书记王红兵、安全科科长胡莹等陪同下，到众兴中学指导疫情防控和检查校园安全工作。

9月3日　众兴乡开展街头集中反邪教法治宣传科普宣传活动，工作人员和反邪教宣传志愿者通过摆放宣传展板、发放宣传资料和现场解说等方式为居民现场讲解邪教的危害，让群众更加深刻地了解反邪教相关知识，教育居民应远离邪教，自觉抵制邪教。

9月26日　县商务局、乡人民政府联合主办的“带着电商去赶集”国庆展销会在众兴大街举办。全县50家肥东电商企业参加展会，合肥荣事达小家电、安徽乐服家居、金红叶生活用纸、合肥亚太日化洗涤用品等“电商好网货”产品集中亮相。

9月28日　众兴乡开展无偿献血活动。

10月14日　乡民众所联合乡团委、妇联开展“校园欺凌，对你说不”未成年人保护法专题宣讲活动。

10月21日上午　众兴中学第29届秋季田径运动会开幕。

11月3日上午　众兴学区中心学校邀请到合肥市关工委新时代五老报告团成员、县关工委树人五老报告团成员童宗海作“严格遵纪守法，做阳光青少年”法制报告会。全校五六年级全体学生及部分老师参加报告会。

11月10日晚间　众兴中学在阶梯教室召开学生会换届大会。会议由校团委副书记余安国主持，副校长徐勇、少先队辅导员王继、全体学生会成员参加会议。

11月23日下午　合肥市共青团“个十百千万”行动青少年“快乐成长”主题活动走进众兴中学，给同学们带来一场生动形象的主题教育课。

11月28日　众兴乡电商办在乡文化站三楼召开电商培训会，组织全乡电商主体、乡社区两级电商平台联络人员和特色种养殖或经营的贫困人口开展电商业务培训。

11月29日下午　众兴中学在创智楼五楼会议室召开八届十一次教职工代表大会。会议由工会主席沈世年主持，有代表38人、列席代表7人参加会议。

12月14—15日　众兴乡召开第十五届人民代表大会第一次会议，会议以无记名投票的方式，选举张良金为乡人大主席团主席，李光美为人大主席团副主席，许在刚为众兴乡人民政府乡长，孟凡、李阳、孙家威为众兴乡人民政府副乡长，并举行庄严的宪法宣誓仪式。

12月16日上午　县消防队到众兴中学开展学校消防安全检查和督导工作，众兴中学相关负责人陪同检查督导。

12月17—19日　众兴学区中心学校组织党员赴庐江、巢湖两地开展“共学党史强党性·红色之旅铭党恩”党史教育实践活动。

12月20日　众兴乡统战办牵头组织乡应急办、派出所、社区民族宗教信息员，安排对辖区内宗教活动场所集中开展宗教场所安全检查。

12月22日　众兴学区中心学校大队部组织四、五年级少先队员开展校外实践活动。

12月24日　肥东融媒报道，众兴乡的“先锋农场”火了。位于农场内的“中共合肥东乡支部展陈中心”带动乡里的红色旅游，带动周边百姓就业，拉动乡村游消费。

五、新闻报道

百名五保老人喜迁新居

发布日期:2008-10-07　《合肥晚报》

1月4日上午，众兴举行敬老院开院入住仪式，100余名五保老人住进了新楼。副市长杨增权和县委副书记、县长杨宏星前往表示祝贺，并为敬老院揭牌。县领导杨炳华、王海霞、刘华胜、丁玉金、阚延长等出席入住仪式。

众兴乡敬老院始建于1983年，用原众兴农中校舍，当时入住老人仅5人，1996年迁新址大高村。2006年下半年，在市县两级的关心支持下，该乡申报合肥市“515”项目并获得批准，争取“515”项目资金170万元，乡政府投入近100万元，新建了占地面积30亩、建筑面积达3000平方米、可容纳200名五保老人居住的敬老院，使全乡五保老人入住率达60%以上。副县长丁玉金就我县敬老院和“五保老人之家”建设管理工作提出三点要求。一要加强领导，明确责任。乡政府是敬老院和五保老人之家建设与管理的主体，要切实履行职责，主动承担责任；县直有关部门要相互配合、密切协作、热情服务，以建立起“政府主导，财政保障，民政主管，部门支持，社会参与，乡村实施”的五保供养工作长效机制。二要科学规划，稳步推进。各乡镇要因地制宜，科学规划，整合资源，合理布局，高标准设计，稳步推进敬老院和五保老人之家建设。三要健全制度，规范管理。各乡镇要借鉴先进地区办院经验，坚持建设与管理并重的原则，努力提高敬老院管理水平，建立健全各项规章制度，实行民主管理、文明办院，推行人性化管理、亲情式服务，不断丰富五保老人的物质和精神生活。

众兴乡加快推进新农村建设

发布日期:2008-10-17　《肥东报》

挨家挨户发放《致华光新农村村民的一封信》，深入各个村民组召开群众座谈会，众兴乡通过耐心细致的工作让新农村建设真正得到当地广大群众的关心、理解和支持，使新农村建设中面临的阻力和困难逐步减少。工程建设进度明显加快。

“服务大局、服务群众，科学发展、全面跨越”是众兴乡新一届党政班子的执政理念，而华光新农村建设正是能够加快农村经济社会发展，提高当地群众生活水平，实现村庄科学规划，为我乡跨越发展提供有益经验的试点项目。因此，众兴乡新一届党政领导上任以来，即决心以该项目为突破口，积极动员、协调各方面力量，力争将华光新农村建成领导放心、群众满意的优质工程、民心工程。负责该项目的乡村干部不辞辛苦，夜以继日地走村串户，利用村民们晚间的空闲时间为其排疑解惑，了解其实际困难和需求，为领导决策提供有效依据。乡党政主要负责人也经常亲自深入农户家中，听取群众的意见和建议，并积极组织村民代表前往兄弟乡镇的新农村村庄参观学习。通过一系列艰苦但富有成效的工作，我乡华光新农村建设现已进入项目实施的快车道。

众兴乡创新方法抓好维稳工作

发布日期:2009-09-04　《肥东报》

60 周年大庆在即，众兴乡紧绷维稳工作之弦不放松，出台多种举措，确保全乡持续稳定的局面。该乡制定了乡村干部维稳工作包保责任制，将信访隐患点包保到人，每个隐患点都至少有乡党政领导、乡干及村干各一人负责，全部包保责任人手机 24 小时畅通，确保信访对象能够及时掌握沟通渠道，以便为其随时提供政策咨询、解释及其他服务。同时，该乡积极探索维稳工作新方法，对于确因政策原因不能满足其要求的老上访户，该乡整理出信访服务台账，详细记录党政机关为其接待服务的次数及解决的实际困难，以情感人，使信访对象看了之后有所触动，能够理解党委、政府的良苦用心，积极维护好和谐稳定大局。

马政寺文化旅游庙会取得圆满成功

发布日期:2009-04-02　《肥东报》

阳春三月，草长莺飞，在这生机勃勃的季节里，省、市、县领导及市佛教协会一行，在众兴乡党政主要负责人陪同下，莅临马政寺文化旅游庙会活动现场进行指导。省政协副主席王鹤龄宣布庙会开幕。

历时三天的庙会活动，既包括佛、道、儒三家的传承祭祀，也有各类丰富多彩的民间艺术表演，实乃各界人士共同祈福迎祥的盛事。从今年起，众兴乡政府还依托马政寺庙会这一合肥市非物质文化遗产，开辟了马政寺—众兴水库—八联生态园林—芳草地农家乐—五柳山庄系列文化生态旅游线路，努力打造旅游品牌，受到了上级领导的肯定和广大游客的欢迎。

据统计，参加庙会人数超过 10 万人，各类商品成交额达 200 余万元。2009 年肥东县马政寺文化旅游庙会取得了圆满成功。

整治幼儿园接送车辆

发布日期:2009-06-18　《肥东报》

“靠边停车”“请出示您的驾驶证”……6 月 16 日下午，众兴乡综治办、安监办、教委会同县交警大队龙岗中队的公安干警，对众兴境内接送幼儿园儿童的车辆安全开展了一次重点整治行动。

一直以来，众兴乡境内的民办幼儿园雇用小面包接送儿童往返，部分车辆驾驶员不具备法律规定的校车驾驶资格，更有甚者，一些面包车严重超载，对所载儿童的人身安全构成严重隐患。此类现象屡禁不止，必须给予重点整治和严厉打击。

此次县乡多部门共同组织参与的交通安全整治专项行动，查扣严重超载的面包车一部(该车所载儿童竟达 27 人之多)，对部分违章情节较轻的驾驶员现场进行了批评教育，群众无不拍手称快。上路整治行动结束后，参加行动的各单位在众兴乡政府会议室随即召开了交通安全整治联席会议，并召集全乡民办幼儿园负责人及部分从事营运的相关驾驶员参会。会议指出，办学必须以安全为前提，忽视安全的后果必然是害人害已，同时也将危及整个众兴乡和谐稳定的局面，各幼儿园负责人和驾驶员要切实承担起安全责任，把儿童的安全摆在首位。参会人员均表示，今天的行动使自身受到了震撼和教育，将引以为戒，决不再违章载客，确保儿童的安全，也为众兴的安全稳定做出自己应有的贡献。

众兴乡全面启动新农保试点工作

发布日期:2010-01-11 《肥东报》

1 月 9 日，众兴乡召开新型农村养老保险试点工作动员大会，全体乡村干部、村民组长 200 余人参加会议，县劳保局领导莅临指导并作重要讲话。会上全文传达了众兴乡新农保试点工作相关文件，并对试点工作进行了全面布置。

众兴乡新农保工作起步快、规范性强。按照“保根本、广覆盖、有弹性、可持续”的总体要求和政府主导与村民自愿相结合的原则，成立组织、广泛宣传、落实责任、动员到户。按照乡实施方案，做到宣传海报上墙、手册入户，60 岁以上应保人员登记不漏不错，参保款在 1 月 31 日前收取到位。乡成立督查组，对各村新农保工作开展情况进行检查，从宣传资料发放到位率、农户对新农保政策知晓率、参保人员登记收款到位率等方面考核促进全乡新农保工作，把这项关系全乡农民福祉的好事办实办好。

稳步推进人普工作

发布日期:2010-08-10 《肥东报》

为确保第六次人口普查工作顺利完成，众兴乡人普办未雨绸缪，严抓各个关键环节，稳步推进人普工作。具体体现在以下几个方面：

一、进一步提高工作认识。通过乡人普办的大力宣传，乡村两级工作人员充分意识到人普工作的重要性，并不断加强与人普工作有关的业务学习和人口信息的采集工作，为下一步人普工作的入户调查打下良好的基础。

二、进一步强化工作落实。乡人普领导组建立了第六次全国人口普查工作长效管理机制，制定和完善一系列行之有效的管理制度和工作职责，实施了众兴乡第六次人口普查工作方案，明确乡村两级工作人员的分工，将责任分解到人。

三、进一步强化工作保障。在乡党委、政府的高度重视下，我乡迅速解决了人口普查经费，落实办公场所，配备办公用品，为人普工作的提供坚强的后勤保障。

市妇联指导留守儿童活动室建设

发布日期：2010-11-22　《肥东报》

11 月 19 日上午，合肥市妇联主席江玲一行在肥东县妇联负责人的陪同下来到众兴乡，检查指导留守流动儿童活动室建设情况。

检查组一行首先听取了肥东县妇联以及众兴乡妇联相关负责同志的汇报并仔细翻阅了众兴乡留守流动儿童活动室相关资料。江玲指出，各级领导高度重视民生工程，建立留守儿童活动室是一项温暖关爱广大农村留守儿童的重要民生工程，希望县、乡妇联能够让留守流动儿童活动室真正发挥其作用，实实在在地为留守流动儿童的学习生活提供帮助；使留守儿童充分感受到家的温馨，不断丰富充实留守儿童的课余生活，让他们感受到全社会的关爱，真正为那些外出务工人员解决后顾之忧，使活动室真正成为孩子喜爱、家长放心的温馨之家。

随后，检查组一行来到了众兴乡留守儿童活动室，通过实地检查，对于该乡留守儿童活动室做到制度规范上墙，各类图书摆放整齐，音乐、体育器材安放到位，活动开展有序，表示充分肯定。

召开秋冬季爱国卫生运动动员大会

发布日期：2010-10-26　《肥东报》

10 月 22 日，众兴乡组织全体乡村干部召开了秋冬季爱国卫生运动动员大会。会议传达了上级会议精神，对众兴乡秋冬季爱国卫生运动进行全面动员部署，宣读了众兴乡秋冬季爱国卫生运动领导小组成立文件以及实施方案，要求全体乡村干部全力投入到爱国卫生运动工作中，使此项工作做到家喻户晓，全民参与。会议强调，各村、乡直各单位要做到统一思想、提高认识、加强领导、落实责任，创造性地开展工作，全乡上下共同努力营造一个卫生、清洁的美好生活新环境。

全力推进“新农村电气化乡”建设工程

发布日期：2010-08-19　《肥东报》

为加大农村基础设施建设力度，加快农村电网改造和建设步伐，更好地造福群众，满足人们日常生产生活用电需求，服务新农村建设和社会主义和谐社会建设。众兴乡迅速行动，成立了以乡主要负责人为领导组长，乡分管领导、供电所长为副组长的领导小组，全力推进“新农村电气化乡”建设工程。

迅速开展瘦肉精检查

发布日期:2011-03-24　《肥东报》

根据县畜牧水产局《关于切实做好畜产品质量安全监管工作的紧急通知》(畜水字〔2011〕25号)文件精神,近日众兴乡动防办公室迅速在全乡开展"瘦肉精"专项检查工作,组织检疫员及村级防疫员深入辖区内的养殖场、小区、大户的兽药、饲料进行拉网式排查,有可能出现"瘦肉精"的地方,详细检查,堵塞漏洞,严密防范。同时向养殖户和饲料经营户散发《禁止在饲料和饮水中添加"瘦肉精"等违禁药品》告知书100余份,积极向养殖户宣传"瘦肉精"的危害性,提高养殖户的认识。对在检查发现的问题,及时处理,彻底消灭死角,消除隐患,确保全乡畜牧生产及畜产品质量安全。

依法拆除老砖窑厂

发布日期:2011-06-07　《肥东报》

2011年6月3日,随着震耳欲聋的爆破声,位于众兴乡谢岗村的汇丰窑场的烟囱轰然倒塌,汇丰窑场的拆除,标志着众兴乡人民政府依法对非法生产砖瓦窑场集中整治工作进入新高潮。

为全面贯彻落实科学发展观,有效保护耕地和生态环境,去年以来,众兴乡不断加大依法拆除砖瓦窑场工作力度。乡党委、政府组织由国土、公安等各部门参加的工作组,抽调精干人员组成联合执法队伍,集中统一行动,对刘岗集窑场、汇丰窑厂两家砖瓦窑场进行依法拆除。此次依法拆除行动乡党委书记梁建文、乡长费晓芳带领党政班子到拆除现场坐镇指挥,形成强大的执法阵容和工作合力。

在依法实施拆除的同时,我乡制订了详细的复垦计划,对已拆除的砖瓦窑场积极组织复垦,并积极组织土地流转工作。据悉,本次共拆除建筑面积1400平方米,预计拆除后可复垦耕地面积100余亩。

大学生村官奉献乡村

发布日期:2011-08-17

8月16日上午,众兴乡组织部门领导热情接待了选聘来该乡任职的三位大学生村官。他们分别是来自安徽师范大学的周良龙同学,合肥师范学院的刘薇同学,宿州学院的殷少华同学。

三位大学生村官的到来,受到众兴乡党委政府的热情欢迎。该乡首先在安排好他们临时生活的同时,又及时把他们分送到各自任职的大高村,花灯村,谢岗村。该乡表示:以后将善始善终帮带好大学生"村官",帮助他们理思路,想办法,定措施。为他们提高本领和创业技能提供条件。三位大学生"村官"也表示:在所任职的行政村,要虚心向干部群众学习,以沈浩同志为楷模,处处想着百姓,一心为了百姓,珍惜自己的青春年华,把在学校里学到的科学文化知识奉献给农村,在新农村建设中展示自己的才华,实现自己的人生价值。

认真做好土地复垦工作

发布日期:2011-09-15

荣获县“创建国土资源执法模范所”称号的众兴乡国土资源规划管理所,坚持国务院规定的耕地保护红线不动摇,牢固树立可持续发展意识,惜地如金,不给子孙留后患。

土地是不可再生资源。珍惜每一寸土地尤为重要。众兴乡基本农田保护面积6.37万亩,耕地保有量5.74万亩。为实现耕地保有量稳中有增,该乡党委政府在出台新农村建设规划中,以缩村让地为主,大挖土地复垦潜力。华光村在建设新农村土地置换时,建成徽派建筑320套,拆迁旧房350户,复垦新增土地620亩,新增的土地已经在众兴水库西岸营造成生态林。霞光村在新农村建设中,拆去高岗、瓦锡两个村民组50多户的旧房,新建城市化住宅50套,新增复垦土地100多亩。今年6月中旬,在该乡党委政府的领导下,炸掉谢岗村18门轮窑1座,为让爆破的轮窑厂基地及时复垦,乡党委有专人负责,及时把基地平整,将新增耕地75多亩。

财政文化综合楼开工

发布日期:2011-09-06

日前,众兴乡财政文化综合楼开工典礼隆重举行,标志着该乡财政文化综合楼的建设迈出坚实的一步。

众兴乡人民政府财政文化综合楼工程项目是经县发改委、财政局、文广新局批准建立的综合性文化、财政公益设施。大楼建成后将进一步完善该乡办公基础设施,同时为丰富广大人民群众的精神文化生活增添新的硬件保障。

扎实开展第二届道德模范摸底工作

发布日期:2012-05-04

为大力褒奖群众身边的好人好事,充分发挥身边好人好事的模范作用,积极传承道德模范的优良品德,营造学习、关爱、崇尚、争当道德模范和身边好人好事的浓厚氛围,众兴乡党委政府高度重视县第二届道德模范评选工作,根据评选活动的要求,以社会公德、职业道德、家庭美德和个人品德建设为重点,成立专门小组,由分管领导亲自带队,利用一个月时间全面开展乡内道德模范摸底工作,截至目前,共摸排出助人为乐模范1名、诚实守信模范2名、敬业奉献模范2名、尊老爱亲模范1名。

切实减轻农民负担

发布日期:2012-06-07

众兴乡党委政府高度重视减轻农民负担工作,采取多项措施确保减轻农民负担工作走上规范化、制度化轨道。

一是坚持一把手负总责。该乡成立了减轻农民负担工作领导小组,乡主要负责人担任组长。各村也成立减轻农民负担领导小组,各村书记负总责。

二是全面落实减轻农民负担五项制度。涉农收费和补贴及时进行公示;严格执行农民负担预算审核程序,及时填写发放农民负担监督卡;涉及农民负担的来信来访及时进行调查处理,并追究相关责任人的责任。

三是广泛宣传,营造浓厚舆论氛围。利用村广播、悬挂横幅、张贴标语、散发一封信和乡村干部进村入户等多种宣传方式大力宣传。

四是定期开展检查督促。乡减负办每年至少组织两次以上的全面检查,督促各村及各涉农单位严格执行减负政策,对工作中发现的问题及时落实整改措施,整改到位。

五是严格考核,兑现奖惩。众兴乡将减负工作纳入村干部岗位责任制考核,考核结果与村干部工资奖金直接挂钩,并严格兑现奖惩。

家电下乡"回头看"工作开展扎实有效

发布日期:2012-08-27

为认真贯彻市、县关于做好民生工程"回头看"活动的精神,进一步细化分解任务,确保此项活动取得成效。众兴乡结合该乡家电防骗补工作,在全乡范围内开展一次"回头看"活动。

乡党委政府十分重视,成立领导组,由分管财政的领导任组长,财政所人员为成员,全面检查我乡 2011、2012 年度家电下乡工作,重点是群众反映强烈的突出问题、历年检查中发现的重点问题和薄弱环节。检查方式,采取"看、查、访"的方式进行,"看"实地查看;"查"相关资料;"访"走访受益对象。重点检查补助资金是否及时、足额、准确发放到位,是否存在骗补行为。

活动期间,财政所人员加班加点,走访各销售网点与农户家中,进行细致的检查与回访,并记录好回访活动中群众反映较为突出的问题,提高民生工程质量和水平,建立健全科学化、系统化、规范化的民生工程长效管理机制,确保家电下乡工作顺利推进,以进一步扩大家电下乡的政策效应,保证财政补贴资金安全,将国家惠民政策落实到位。

众兴乡扎实开展农户基础信息采集工作

发布日期:2012-09-11

为进一步提高财政补贴农民资金"一卡通"科学化精细化管理水平,适应县乡财政一体化管理要求。近日,众兴乡财政所对全体财政干部,三资人员、各村文书进行涉农基础信息采集工作进行培训。

会上乡财政所所长宣读了安徽省财政厅文件财农村〔2012〕1335 号关于认真做好农户基础信息采集和"一卡通"管理发放软件升级工作的通知。实行财政所,三资代理人员内部分工包村责任制度,全员参加分工负责。分工人员要熟悉农户基础信息采集工作内容,要求和程序监督和指导各村采集工作。①信息核对为主信息填报为辅。②户口簿本和身份证号,家庭人口数尽量采集,确实有困难的有乡财政所去派出所查询。③手机号码一定要填写上,户主没有手机,采集家庭成员的手机号。④银行账号不许动,如果为空次户作为销户处理。⑤田亩数一般情况不动,以农办数字为准。⑥信息采集经办人和农户均需要签字确认。⑦对于一户多折确需保留一定要填写上理由(计生、水库移民、五保户、低保户)等。此次信息核对意义重大,是采集新补贴信息系统的基础数据。各村一定要务必认真做好此项工作,实行谁签字谁负责。

财政所要加强对各村信息采集工作的指导,确保农户信息真实、准确完整。确保工作按时按质完成。从而保证各种涉农补贴资金及时、安全、准确地发放到农户手中。

立碑保护文物

发布日期:2012-09-28

近日，肥东县文物所一行来众兴乡永安行政村许河湾村民组西200米的商周古遗址进行立碑。石碑上刻着“县级文物保护单位许河湾遗址”等字样。由肥东县人民政府于2012年3月19日公布,属于肥东县重点文物保护名录。

截至目前,众兴乡共有古遗址5处、古墓2座、古建筑7个,这些文物历史跨度较长,分布在历史的不同时期,是各个时期历史的见证,也正是这些经历了历史变迁的不可移动文物,组成了该乡历史发展的脉络。目前均立碑进行了标示和保护,让历史文化能够长久传承下去,为后人所铭记。

爱心人士来众兴乡搭起爱心桥

发布日期:2013-01-28

近日,众兴乡妇联积极依托社会各界爱心人士,联系了合肥市六中和合肥市《教育信报》等单位爱心人士驱车到众兴乡慰问看望了部分家庭困难的儿童。爱心人士们走过泥泞的小道,深入到困难儿童家里,与儿童们面对面的交流关怀,为他们送去慰问金和慰问品,表示长期对他们进行帮扶,并勉励他们要坚强面对困难,刻苦学习。

苗木产业推动众兴乡经济发展

发布日期:2013-03-22

阳春三月的众兴乡早集上,出售树苗的摊位前热闹非凡。植树造林在众兴乡的深入开展,其价值已经不仅仅体现在环境资源的改善上,更是促进了农业结构的调整,拓宽了农户们的收入来源,为众兴经济带来了良好的促进作用。

近年来,众兴乡积极响应省“千万亩森林增长工程”的号召,大力发展苗木花卉特色产业,建起了一大批苗木花卉基地,使得众兴乡俨然成为省城合肥的后花园。众兴乡将会紧紧围绕“绿色美乡、文化兴乡、工业强乡、生态立乡”的发展主题,继续推广植树造林工程,营造更加良好的生态环境。

完成农村籍退役士兵老年生活补贴申报工作

发布日期:2013-06-05

近期,县民政局2013年退役士兵补助对象审核认定工作,对部分农村籍退役士兵按照相关规定发给老年生活补助。按照县民政局的统一部署,众兴乡圆满完成农村籍退役士兵老年生活补贴申报工作。

众兴乡民政办高度重视此项工作,认真做好政策宣传、解释工作,特别是要把党和政府对这部分人员的关心爱护宣传到位。同时要深入细致地做好核查认定工作,做到不错、不漏,严格按政策把这部分人员的身份、服义务兵役年限、年龄等信息核准。

到目前为止众兴乡共有××名农村籍士兵享受老年生活补贴待遇,今年新增×名退役老年士兵符合申报条件,待县民政局审批通过后,他们将享受老年生活补贴待遇。

众兴乡26万农机补贴助“三农”

发布日期:2013-07-31

今年,众兴乡继续对购置农机施行定额补贴政策,实行全价购机,县级结算,直补到卡的操作程序。截至目前,该乡共有11户农民购置农具12套,价值总额1107600元。合计享受财政补贴261200元。补贴所需手续已审核完毕,补贴对象已在肥东农机局网站进行公示。全部补贴资金均已通过“一卡通”发放到位,为我乡今年夏粮增收增产提供良好的保障。

众兴乡召开选派、选聘工作会议

发布日期:2013-08-26

为进一步做好选派和选聘工作,8月22日上午众兴乡召开选派和选聘工作座谈会,交流近期工作心得体会,安排下一阶段工作。会议由乡党委组织委员张文裕主持,乡党委组织办、第五批选派干部、第三、五、六批选聘干部参加会议。

会上首先请第三批选聘干部结合自身工作实际谈体会、谈建议,重点谈如何做好选聘工作,第五批选聘干部重点谈如何尽快完成角色转变,及早融入选聘工作。选派干部汇报交流上一阶段工作、下一步工作打算,新来的三位选聘干部谈认识、谈打算,大家在一起畅所欲言,交流经验、分享心得。乡党委组织委员肯定了前一阶段我乡选派和选聘工作取得的成绩,存在问题,对下一阶段工作进行安排。他要求选派和选聘干部要认真负责,脚踏实地,新来的三位选聘干部更要尽快完成角色转变,静下心来、踏实做事,在基层这片沃土上丰富阅历、历练人生。

最后乡党委组织委员对选派和选聘干部提出四点要求:一要多记,好记性不如烂笔头,特别是要记好工作日志。二要多问,遇到问题,多问为什么,多向群众请教,多向领导、同事、乡村干部请教。三要多学习,既要学习理论,更要学习实践,牢牢学习掌握与群众利益息息相关的政策并广泛宣传；四要多思考，经过深刻的思考后给自己一个定位，放下身价、踏实做事；五要多总结，年轻人不要怕犯错，关键是善于总结和反思，不在同一类事情上犯相同错误，从哪里跌倒，从哪里爬起来。六要多交流，既要横向交流，又要纵向交流，多和同事之间、乡村干部之间、领导和群众之间加强交流，互通有无，促进工作。

认真做好古树保护

发布日期：2013-08-22

众兴乡扎实推进古树保护工作。根据县东办文件精神，为了使百年古树不被破坏，众兴乡党委政府十分重视，有林业站负责，对全乡百年古树进行摸底，它们分别在花灯村枣树、柿树和范岗村的栎树共15株，对树周围砌砖围墙保护起来，到目前全乡全部已施工结束。

深化农环工作

发布日期：2013-12-23

为达到“清洁环境、美化乡村、造福群众”三大目标，巩固前期工作成果，健全完善农村环境综合整治工作长效机制，众兴乡迅速制定实施意见，召开全体乡村干部大会，全面部署，“准、狠、稳”三步走抓好农环工作。

“准”，制订详细实施方案，明确工作目标任务，分片包干，层层抓落实，人人有责任；“狠”，加大工作力度，不放过一个卫生死角。建立考核机制，强化奖惩措施；“稳”，建立长效机制，实现农环工作常态化，确保工作积极稳妥开展。

众兴乡培训维稳干部

本报讯针对当前信访培训新形势、新问题，众兴乡加强信访维稳工作培训，深入学习推进“枫桥经验”，加强农村基层综治维稳工作。

培训会上，县信访局、县综治办负责同志和专家就当前形势下如何做好信访稳定工作进行指导。要求全乡干部要从讲政治、讲大局的高度抓好综治维稳工作，充分认识到众兴的发展离不开社会稳定。要认真学习“党政动手，依靠群众，预防纠纷，化解矛盾，维护稳定，促进发展”的新“枫桥经验”，把“枫桥经验”落实到平时的工作中。同时加大法制宣传力度，面对面地做群众工作，努力创新社会管理方式，认真听取群众的利益诉求，随时掌握民情民意，从而真正做到“小事不出村，大事不出乡，矛盾不上缴，就地化解”，坚决保障人民利益，维护全乡的繁荣稳定。

乡志编纂工作节后进展迅速

发布日期：2016-02-18

随着城市化进程的加快，昔日田园相望的农村景象已逐步被高楼大厦所替代。乡村的飞速巨变，迫切地要求我们把各乡村的人文书写下来、保留下来，而乡志正是全面记载农村历史的一个重要载体，它较详细地记录现当代乡村发展变迁情况，全面盘点乡村地理、历史、经济、风俗、文化、教育、法治、物产、人物等方面的状况，追溯乡村的历史渊源，填补文献空缺，可以说，乡志是十分珍贵的历史遗产，有着特殊的历史价值。

按照全县乡志工作部署，众兴乡春节后上班伊始就迅速开展了乡志编纂工作。由乡主要领导挂帅成立了乡志编纂领导组，同时组建了编纂委员会，确定12位同志负责乡志具体编写，其中专职2人，兼职10人。为了充分保障乡志编纂的顺利进行，乡腾出两间房屋作为乡志编纂的固定办公场所，建立众兴乡乡志编纂工作QQ群，并配置了两步固定电话，购置了现代汉语词典等工具书供编写人员使用。截至目前，众兴乡乡志编纂已完成文字编写20万字，图片收集300余张，全乡概况和各村基本概况已收集完毕，已进入下一步的补缺补差阶段。

农药化肥供应量锐减

发布日期：2016-02-26

在往年的春耕备耕中，众兴乡供销社的头等大事就是想方设法组织车辆到外地调运化肥和农药。供销化肥、农药的供应点常常是门庭若市，前来购买化肥和农药的农民用平板车或三轮车一袋袋地往家里拉。现在，供销社的仓库大门紧锁，仓库也是空空的，无人上门问津了。

据众兴乡供销社负责人窦维奉介绍，在没有实行土地流转的年份，供销化肥的年供应量大概在500吨至800吨之间。现在的年供应量已不足20吨，仅是往年的1/30，农技站里的农药供应量也大为减少。究其原因是土地流转带来的变化。

众兴乡近年来大刀阔斧实行土地流转。自2012年以来，全乡在38200亩耕地的基础上，已流转耕地23000亩，约占总耕地面积的70%。造林绿化面积已达20000亩左右。大面积土地流转不仅解放了农村劳动力，让农民从事新的工作，也调优了产业结构。发展林业不需像当年种粮时那样多施肥多用药导致生产成本大、农业生态环境受损。众兴乡土地流转实现了土地的规模化、集约化经营，向现代农业迈出了一大步，实现了资源节约、环境友好的目标。

肥东众兴：用文化“点亮”美丽乡村

2017年8月29日

在合肥市区东北角，美丽的少荃湖畔，有一个文化气息浓厚的美丽乡村，这个村因为和李鸿章家族的联系而远近闻名。这就是肥东县众兴乡花灯村。

众兴乡位于合肥近郊，花灯村紧邻合肥新站区。从大众路一进入众兴乡，就会看到一块巨大的灵璧石，上面“花样众兴”四个字格外醒目。旁边是一面精美的文化墙，墙上画着花灯村徽，写着花灯村训，一旁的花灯村史记录了花灯与李鸿章的渊源。

众兴乡在建设花灯美丽乡村进程中不忘与时俱进。村口的农民公园除了配齐健身器材和体育活动器材外，还被打造成民生文化园，将民生工程相关知识以漫画、故事的形式，图文并茂地展示在公园各个角落。公园里还设置了一个道德模范长廊。众兴乡近年评选出的道德模范事迹详细记录在长廊里。人们休闲漫步时，可感受到浓浓的正能量。众兴乡还十分注重挖掘邻里故事、乡间传说，于是，一个个小巷也变得“文化”起来。“五尺巷”讲述了邻里和谐、相互谦让的故事；“加工厂巷”记录了花灯加工厂的前世今生。

开展文化下乡、文艺惠民活动，是提升群众参与度的民生工程，也是众兴“文化兴乡”的初衷。在众兴乡积极争取下，肥东县首届全民文化月开幕式、闭幕式均在花灯村举行；肥东县美丽乡村艺术团首场文艺演出也在这里上演。

如今，众兴乡正在花灯村谋划建设众兴乡贤馆和众兴籍淮军将领纪念馆，浓浓的文化气息让这个村美得更加淳厚、更加让人回味无穷。

肥东县众兴乡倾力打造乡贤文化馆

时间：2018-05-22 08:54:52

乡村振兴，文化为魂。近日，肥东县众兴乡倾力打造独具特色的乡贤文化馆正式开馆，以优良乡贤文化涵养文明乡风，提振乡村精神面貌。

据了解，刚建成的乡贤文化馆，占地面积120平方米，布展面积300平方米，分“淮军将领抵御侵略”“革命火种最早点燃”“抗美援朝保家卫国”“市场经济初步萌芽”“人文荟萃道德高地”“众兴精神熠熠生辉”等多个板块，全面展示众兴乡人文历史和现代社会的发展变迁。

该乡有关负责人表示，作为众兴乡文化民生工程重点项目之一，乡贤文化馆的建设对于培育文明乡风、良好家风、淳朴民风有着不可替代的作用。该乡将以此为契机，全面推动和落实系列文化民生工程，加强社会主义核心价值观宣传，全力推动乡村文化发展，助力乡村振兴。

民建安徽省直企业家五支部赴肥东县众兴乡敬老院献爱心

来源：中国网　　发表于 2017-05-08

中国网肥东讯(曹保春 江冬兴)5月6日上午，安徽省政协副秘书长、民建安徽省委专职副主委陈广文率领民建安徽省直企业家五支部的会员们赴肥东县众兴乡敬老院献爱心。民建安徽省委宣传部、社会服务部、众兴乡政府的领导参加了此次献爱心活动。

众兴乡政府黄乡长(右一)向民建安徽省委专职副主委陈广文(中)汇报情况仪式上，安徽省政协副秘书长、民建安徽省委专职副主委陈广文对五支部开展献爱心及积极参加民建省委活动表示了肯定，鼓励企业家们多做公益事业，履行好企业家的社会义务，为和谐社会作出贡献。并希望五支部的会员们再接再厉，积极参与自身建设及民建省委组织安排的各项活动，取得更好成绩。

据本次活动的发起人，安徽兴高建筑劳务有限公司总经理、今合网合肥瑶海区4S服务机构负责人、民建安徽省直五支部会员高兴华介绍，尊老、敬老、爱老、助老是中华传统，要努力帮助需要帮助的人们把爱心传递下去，为社会尽自己的一份责任，作为企业不能只追求经济效益，还应积极履行社会责任，本着以“老吾老以已人之老”的心态，尽我们的绵薄之力，给老人们多一份关爱，形成全社会爱老、尊老、敬老、助老的良好社会风气。

据了解，肥东县众兴乡敬老院系合肥市第一批“五一五”工程，于2007年投资兴建，2008年元月开院入住，建设资额为210余万元。现有住宿楼两幢，住宿房间84间，168张床位，现有住院老人74人，目前住院老人全为该乡境内五保老人。多次获得肥东县民政局表彰，连续三年获得“肥东县优秀敬老院”称号，并且荣获肥东县“2011年度先进文明单位”称号。

活动期间，同时五支部献爱心全体成员召开了支部座谈会。民建安徽省委宣传部部长秦克明从自身谈在民建事业发展的同时自己也在成长的经历，激励人家积极投身民建组织建设中，与民建事业共成长。民建安徽省委社会服务部部长谢强介绍了民建安徽省委社会服务部的基本情况及近几年来取得的成绩。五支部主委黄家杰委托黄志义副主委把会费收取、会员职能的分工及今年开展的活动向支部会员们作了通报，侯晓明副主委带头与会员之间相互做了交流。

众兴乡：全面完成2014年粮食补贴发放工作

发表日期：2014-3-7

据悉，众兴乡2014年粮食补贴发放工作于近日全部结束。全乡共核定小麦种植面积21358.18亩，水稻种植面积12885.05亩，共计发放粮食直补及农资综合补贴资金2776761.4元。本年度补贴标准为粮食直补每亩12.559元，农资综合补贴每亩70.7元，合计每亩83.259元，补贴标准与上年持平，补贴资金将于近日通过“一卡通”发放到户。

众兴乡：乡村广场舞舞出新生活

发表日期：2013-12-27

连日来，气温虽然在不断下降，众兴乡永安集和众兴集广场舞舞蹈队的热情却不断升温，一群农家妇女每天傍晚吃过晚饭，成群结队来到众兴街和永安街上，踏着舞曲的节拍，舞动整齐的舞步，摆动着优美的身姿欢快地跳着，场面非常热闹。永安村许大姐说：“以前晚上除了看看电视或者和朋友在聊天、打麻将，没什么事可做，现在通过学习跳舞，不仅丰富了自己的业余文化生活，而且锻炼了身体。”

如今跳广场舞融入众兴乡农村妇女的生活，舞出妇女们对美好生活的向往，给当地群众业余文化生活增添了一道亮丽的色彩。

众兴乡:关闭一黏土砖窑厂

发表日期:2015-1-4

2015年1月3日上午10时许,在众兴乡可才新型建材厂,随着一声巨响,位于该乡境内的一座20门黏土砖窑厂大烟囱瞬间被夷为平地。

据了解,众兴乡可才新型建材厂始建于20世纪八十年代,刚开始时占地面积不足50亩,慢慢发展到100多亩。随着国家淘汰落后产能企业政策的出台,该窑厂被列入关闭序列。众兴乡经过多方耐心细致的工作,明确了关闭日程表,并于3日会同国土、环保、公安等部门对窑厂进行了爆破拆除。拆除后,众兴乡将立即着手对窑厂进行复垦,预计可新增耕地面积100多亩。

肥东众兴:推进民生事业　提升群众获得感

2017年12月22日 11:39　来源:人民网－安徽频道

今年以来,肥东县众兴乡坚持民生为先,深入推进民生事业,让民生工程成为实实在在的民心工程。

众兴乡加大了民生工程宣传力度,创新工作机制,继续突出群众满意度和知晓率,开展了形式多样的民生政策有奖问答活动及民生“五进”宣传活动,受到了群众的好评。在拉近干群关系的同时深入了解群众所想所需所急,为民生工作的开展奠定了良好的群众基础。

一年来,众兴乡完成危房改造26户,为全乡526户低保户发放资金274980元,集中和分散供养五保204户,新农合参合率逐年上升,计划生育特别扶助资金发放到位,9个村(社区)均配备留守儿童专干,充分发挥民生工程兜底作用。此外,该乡加大基础设施投入力度,完成了乡文化站改造升级任务,做到公共文化场所按时开放。众霞路、众元路实现改造升级,美丽乡村、“三大革命”工作稳步推进,乡村面貌焕然一新。困难群众法律援助、基层经费保障、食品安全等工作顺利开展,确保民生工程惠民生,全乡群众幸福指数进一步提高。

众兴乡:主动退出低保,让生活更美好

发表日期:2018-05-24

“这些年,感谢党和政府对我的照顾,让我享受低保,渡过难关。我现在生活过得去,不再给党和政府添麻烦,请把我家的低保取消,让给更需要的人吧。”近日,在众兴乡民政所办事大厅,众兴乡众兴村高友业主动找到乡民政所工作人员,要求取消自己的低保。

高友业今年已67岁,他的家境并不富裕,生活条件较为贫苦,但极为简陋的房屋被打理得井井有条,屋里屋外干干净净。2005年,家属王迺琴因患脑梗后遗症造成生活完全不能自理,如同植物人一般长期卧床不起。村委会根据高友业实际情况将其纳入低保户推荐名单,因为家庭本就贫困,高友业本人患有高血压、心脏病加之王迺琴无劳动力,所以得到了辖区居民的一致同意。

问及高友业主动退出低保的原因,高友业说:“以前,家属生病,我在家中照顾她,日子

实在是揭不开锅,现在家属去世了,我不用照顾她了,我也有时间去打工,开个五金店完全够生活了。在困难时是党和政府帮我渡过难关,现在我能自给自足就不需要给党和政府添麻烦了。把我家低保取消,让给最需要的人!"

脱贫摘帽,反映了民生工程在基层实施的成效,更重要的是反映了困难弱势群众脱贫摘帽的意愿。高友业的生活虽然清贫,但是他的精神生活相当富有,渡过难关之后能够主动向上级提出取消低保,留给更需要的人,这种精神值得赞扬。

众兴乡:防汛第一线的"猛男"

——记众兴乡永安村防汛志愿者马会云

发表日期:2016-7-20

在众兴乡的防汛队员中,有一位堪称"猛男"的志愿者,干活一点不惜力,扛得次次比人多,速度总是比人快,而且好像从来不会累,他就是来自该乡永安村的村民马会云。

得知乡里要招募人员到南部乡镇抗洪抢险,马会云第一时间就报了名。用他自己的话说就是:"自己得还有一把力气,到那边能用得上。"果不其然,一到抗洪一线,马会云就大展手脚。马会云今年44岁,身强体壮。众兴乡防汛任务在撮镇李六村的沙河段。该村汛情严重,为了不让河水漫坝倒灌,必须加高河堤。此处道路不通,抢险车辆无法入内,要加高河坝只有肩扛手抬。马会云和防汛突击队员从远处挖土装袋,一袋一袋的扛送到险段。此时正下着大雨路滑,扛一袋泥要上4~5米高的堤坝。为了给突击队员做出表率,人家扛一袋他总是2袋一起扛,一路小跑送到目的地,每天都要比别人多跑好几趟。看着加固的河坝他说"总算加高了,这样就不会破坝的危险,坝那边的群众也放心了。"12号上午,在初步完成任务后,刚坐下喝点水,传来了临近防汛堤段出现管涌危急坝梗,马会云顾不上喝水带上10几个突击队员冲上前去,他带头跳入管涌深水处,用队员们传来的沙袋及时将管涌填实,消除该段的溃堤隐患。

在河堤上每天都看到他的身影,那里有困难那里就出现他的身影,体现了一个普通百姓乐于奉献的精神。永安村同来的群众都说:"他这个人是热心肠,只要谁家有困难,找到他总是第一时间赶到。"在永安村只要提到他没有人不知道的,马会云无论在抗洪一线还是在村里,都受到广大干群的高度赞扬。

众兴乡离任村干部生活补助进入三榜公示

发表日期:2014-7-6

按照"尊重历史、注重实际、统筹兼顾、区别对待"的原则,众兴乡严格遵循《肥东县离任村干部生活补助工作实施方案》要求,在经过一榜、二榜公示,县组织部进一步审核后,众兴乡离任村干部第一批共有179人进入三榜公示阶段。

自4月份开展离任村干部生活补助认定工作以来,乡党委政府周密部署,严格把关,保证认定工作高质量完成。一是高度重视,明确责任。众兴乡及时成立离任村干部生活补助工作领导小组，对认定工作人员进行了业务培训。全乡九个村（居）分别由一位分管领导全程指导、监督认定工作。二是宣传发动，摸底调查。乡村分别召开宣传、动员会议，同时广播、条幅、发放明白纸等方式进一步宣传。对是否开除党籍、行政撤职、刑事处罚等进行详细调查取证，绝不允许对任何一个违法乱纪者进行认定。三是公示到位，全民监督。分别在乡政府网、万村网页，乡村党务政务公开栏，交通要道口，各村民组等进行公示，接受广大老百姓监督。

离任村干部生活补助，对加强农村基层组织建设，增强基层党组织的凝聚力、战斗力和创造力有重要作用。这充分体现了党和政府对村干部的关怀，既妥善解决了离任村干部的生活保障问题，又为现任村干部干事创业，带领群众致富解决了后顾之忧。

美丽乡村检察行，肥东检察在行动

——肥东检察院到众兴乡开展扫黑除恶宣传周活动

2019-04-03　22:37　肥东检察院

为贯彻落实安徽省检察院《关于充分履行检察职能服务保障乡村振兴战略意见》，更好地服务和保障美丽乡村建设，近日，肥东检察院开展“美丽乡村检察行，扫黑除恶专项斗争”宣传周活动。

4月2日下午，副检察长关朝银带队来到肥东县众兴乡开展“扫黑除恶专项斗争宣传周——众兴乡宣讲会”。讲座上，关检向村乡两级干部介绍了“扫黑除恶”专项斗争的重大意义、目标任务和具体要求，并结合发生在肥东的真实案例向大家进行宣传，使参会人员认识到扫黑除恶的必要性和运用法律武器维护自身合法权益的重要性。

肥东检察院到众兴乡开展扫黑除恶宣传周活动　（司法所/供）

关检生动的讲解、鲜活的案例让村乡两级干部真实地感受到政法机关扫黑除恶的坚定决心，参会人员表示会更加积极把扫黑除恶斗争精神传达到基层，鼓励广大人民群众积极参与到同黑恶势力作斗争的活动中。

这是肥东检察院第二次来到众兴普法，肥东院还曾给众兴乡的乡镇民营企业人员开展扫黑除恶普法，活动同样取得良好的效果。

在众兴乡扫黑除恶宣传周活动中，检察干警们还以设立咨询台、悬挂横福、发放宣传资料的方式，向众兴乡范岗村村民宣传扫黑除恶方面的有关知识。现场群众兴致勃勃地听着干警们讲解有关重点打击的11类黑恶势力犯罪、扫黑除恶专项斗争举报电话、举报奖励办法等内容，并时不时提出问题。干警们还用通俗易懂的语言向群众介绍“保护伞”是指哪些公职人员，什么是“村霸”，什么是“软暴力”等等，鼓励广大群众积极踊跃检举揭发“村霸”“保护伞”等黑恶势力违法犯罪线索。此次宣传活动先后发放宣传资料200余份，受益群众60余人次。

为期8个月的“美丽乡村检察行”活动在全省检察机关集中开展，以农村为阵地，通过组织开展扫黑除恶大排查、司法救助大摸底、生态环境大巡查、坑农害农犯罪大扫除、护农助农大行动、法治文化大宣讲等六大方式，使扫黑除恶工作深入人心、赢得民心，为美丽乡村建设贡献检察力量。

乡村春晚乐开怀

“春满众兴喜庆放歌新时代，福临众兴同心共圆小康梦……”1月20日，“2020年安徽省乡村春晚”肥东县众兴专场在众兴乡圆满演出。

当天下午，众兴乡人头攒动，热闹非凡，演出在《鼓舞飞扬》中拉开帷幕，此次“乡村春晚”活动，通过展现当地群众风采农村风貌的方式，弘扬中华民族的传统文化，增进了邻里感情，营造出了团结奋进、和谐文明、喜庆祥和的节日氛围，描绘出了乡村群众欢欢喜喜过大年的幸福生活景象。

“乡村春晚”坚持群众演、演群众，倡导村村有“村晚”，人人当“民星”。不仅有绚丽的舞蹈《中国山河美》、婉转的歌声《好儿好女好江山》、优雅的旗袍秀《最美的歌儿唱给妈妈》、现代相声《我大哥说》传统快板《走进新时代》，更有多种乐器的巧妙交织……整场演出12个节目，历时2个小时，描写、讴歌了新时代乡村振兴战略背景下乡村的大事小情、百姓的美好愿望，全面展现农村生态美、人文美、和谐美，深切表达新时代群众奔小康的喜悦之情。

“村晚”是老百姓的舞台，舞台虽小，但一样有戏。在这里，人人都可以唱起来跳起来，家家都可以乐起来，接地气的“村晚”自然让人有亲切感，唱响了“村晚”，群众乐享惠民文化带来的成果，切实提高了惠民文化普及率与辐射面。
活动现场，还举办了写春联活动，也吸引了众多群众的参与。

（李菲）

农家小院满庭芳　美丽乡村展新颜

初春时节，漫步在众兴的乡村道路上，柏油马路婉转逶迤，或高或矮的花木万紫千红，空气中散发着芬芳气息。走进大高村陈小郢，一片片金灿灿的油菜花、一条条干净整洁的道路、一排排整齐的房屋映入眼帘，仿若优美的山水画卷徐徐展开。

随着农村人居环境整治工作持续开展，一幅幅优美的美丽乡村画卷，在肥东大地铺展开来。按照“产业兴旺、生态宜居、乡风文明、治理有效、生活富裕”的乡村振兴战略方针，众兴乡立足乡情实际，上下一心，共同致力于打造“花样众兴 生态众兴”这张“绿色”名片。

因地制宜　变废为宝

“农村人居环境整治我们不搞大拆大建，要因地制宜。各村、社区要根据实际情况，注重利用现有资源，变废为宝。”众兴乡对人居环境整治工作，有着深刻思考。在陈小郢道路两边，间隔安放着石磙。这是20世纪90年代以前，农村打谷场上经常见到的一种石器农具。随着农机化进程不断推进，石磙逐渐退出历史舞台，散布在田间乡野，既笨重又不美观。大高村两委充分发挥主观能动性，将群众家中的石磙收集起来，摆放在乡村小路两侧，既是一种装饰，也是农耕文化的展现。像这样因地制宜，变废为宝的“金点子”，在这里随处可见，水沟两侧有整齐排列的废瓦，有废砖铺成的羊肠小道，有造型别致的陶瓷瓦罐花瓶等等。“就地取材”这种低成本、接地气、有亮点的创新之举，无不体现了众兴人的智慧和对美好生活的热爱。

以点带面　优化布局

农村人居环境整治讲究循序渐进、久久为功。搞不得突击，来不了虚假。2019年，众兴乡坚持以点带面，科学布局，以大高村窦小郢中心村为市级美丽乡村民生工程进行重点打造，突出一个点，每个村、社区自主选择一个村民组，进行重点提升，穿成一条线，带动全乡整体推进，形成一个面。同时，积极谋划“增减挂”项目，配合“三大革命”民生工程，统筹谋划，全方位、立体化推进人居环境整治。

绩效考核　激发活力

为明确任务，落实责任，印发《众兴乡农环工作考核实施细则》，从队伍和机制建设、生活垃圾管理、村容村貌和环卫管理等方面，细化考核标准，设置具体分值。同时进一步明确各村、社区农环工作职责和村保洁员职责，严格落实网格化管理制度，每月进行考核打分，并严格兑现奖惩，进一步压实责任。

“他山之石，可以攻玉”。为高水平推进人居环境整治及美丽乡村民生工程建设，今年年初，众兴乡党委政府带领乡村干部，赴巢湖市学习先进经验做法，进一步激发乡村干部工作激情。大家认真地参观学习了当地农村党建、乡村规划、景观改造、污水处理设施、垃圾收集清运等情况，并表示要以此次参观学习为契机，全面推进花样众兴建设。众兴乡将以“一村一品”为目标，以农村环境“三大革命”为抓手，全面整治村容村貌，注重规划引领，因地制宜，着力打造“村庄秀美、生态宜居”的美丽乡村典型。

据了解，今年众兴乡申报了大高村为市级美丽乡村民生工程项目点，在原计划投入300万元基础上追加至1000万元进行重点打造。目前省设计院已前来完成规划设计，正在进行项目编报，预计4月份完成招投标工作。此外，众兴乡计划在全乡9个村（社区）各摸底一个村民组进行试点打造美丽村庄，加速推进美丽乡村“遍地开花”，逐步实现从“一处美”向“一片美”，从“一时美”向“长久美”转型。

（李宝森）

众兴乡:四条民生路同时开工

发表日期:2015-4-30

"五一"前夕,众兴乡"一事一议"项目4条水泥路全部开工,4条路总长4.2千米,投入150万元,预计5月份全部完工。

作为2015年民生工程的"重头戏",众兴乡高度重视"一事一议"财政奖补项目,于年初便安排民生办会同部分人大代表、政协委员深入村组进行调研,并逐村召开村民代表会议,最终确定张小郢路等4条水泥路。4条路分别位于众兴、霞光、谢岗、范岗等4个村,惠及群众近万人。为使工程早日完工,众兴乡于4月中旬就完成了招投标工作,并按规定确定监理单位。随后,该乡成立4个工程监督组,安排专人督促工程进度和质量,确保民生工程落实不走样。

众兴乡:"扫黑除恶"再升温 坚决打击黑恶势力

发布日期:2019-04-10

为进一步提高广大干部对"扫黑除恶"的了解,全力铲除黑恶势力及其"保护伞",进一步提升基层社会治理能力和群众安全感满意度,近日,肥东县众兴乡集中开展"扫黑除恶"专项斗争宣传周活动,多措并举在实效、长效上下功夫,提高"扫黑除恶"工作法治化、规范化、专业化水平,做到"黑恶必除,除恶务尽"。

加强重视,完善制度。众兴乡党委、政府高度重视,成立并调整了众兴乡"扫黑除恶"专项行动领导小组,负责统筹协调、指导督察全乡扫黑除恶工作,研究解决重大问题。乡党委和政府主要负责同志是"扫黑除恶"专项斗争第一责任人,亲自研究部署,一级抓一级,层层抓落实。印发了《众兴乡2019年度"扫黑除恶"专项斗争实施方案》。

加强引导,提高认识。邀请县检察院副检察长关朝银为乡村两级干部讲解"扫黑除恶"专项斗争。他从"扫黑除恶"专项斗争的重大意义、目标任务和具体要求,并结合发生在肥东的真实案例向大家进行宣讲,使干部进一步认识到"扫黑除恶"的必要性和运用法律武器维护自身合法权益的重要性。

加大宣传,广泛动员。召开"扫黑除恶"专项动员会、再升温再加压布置会等,充分调动乡村干部参与积极性。在众兴集、永安集等人群密集的重点区域和马政寺旅游庙会、清明节等重要时间广泛开展宣传活动,深入农户发放、讲解"扫黑除恶"相关政策,同时利用微信公众号、各村党员群、计生群等工作群形成线上线下同频共振的宣传氛围。充分展现党委和政府扫黑除恶的决心,切实增强人民群众同黑恶势力作斗争的信心,形成全社会"扫黑除恶"的浓厚氛围。

排查线索,摸清底数。全面摸排,对涉黑涉恶总体情况、表现形式及成因等进行全面排查分析,做到底数清、情况明。加强对近年来信访案件、治安案件、职务犯罪案件、轻微刑事案件、涉众型经济案件的排查梳理、串并分析,深挖潜藏在幕后的涉黑涉恶线索。充分运用大情报、大数据等信息化手段和人力情报手段,从重点人员、重点场所和警情案件系统中排查涉黑涉恶线索。

畅通渠道，欢迎举报。设立扫黑除恶专项斗争举报电话、举报信箱和举报网站，加大有奖举报力度，提高奖励标准，发动群众举报涉黑涉恶犯罪和“村霸”等突出问题。

开展反邪教宣传打造平安众兴

发布日期：2016－11－21

为做好反邪教工作，强化反邪教警示教育，全力防范农闲时节邪教人员活动，让更多的家庭远离邪教，努力营造积极向上、健康和谐的社会环境。近日，众兴乡综治办联合司法所开展了“崇尚科学、关爱家庭、珍惜生命、反对邪教”为主题的警示教育宣传活动。

据悉，此次活动开展包括：设展板，在乡司法所门口摆放防邪教宣传展板，结合邪教典型案例，对邪教组织的骗人伎俩进行揭批；设咨询台，供来往群众咨询，对如何有效抵御和防范邪教侵害进行引导；发宣传单，向群众宣传“什么是邪教，如何识别、防范邪教”“处理邪教问题的基本政策与法律法规”，等等。活动开展同时，在全乡各村一墙（宣传墙）一栏（公示栏）分别张贴反邪教宣传图册，供各村群众学习。

此次活动的开展，为从源头上筑牢防范和处理邪教打下基础，营造了和谐稳定的社会环境。

众兴乡：花样小乡植树忙

发布日期：2017－03－10

安徽省森林乡镇——花样众兴植树造林热火朝天。

3 月 10 日上午，在位于众兴乡永安村境内的南溪生态园内一片繁忙的景象，来自县委宣传部、县农委、县国税局、县交通运输局、县新闻中心和众兴乡的 300 多名志愿者在这里开展义务植树活动。

志愿者在众兴开展义务植树活动　（党政办 / 供）

作为苗木花卉之乡的众兴乡，森林覆盖率位居肥东县第一。2017 年，众兴乡将乘着全县绿化大会战的东风，继续落实好“生态立乡”战略。在完成“一路一村五塘”造林任务的基础上，完善“一片两带”示范区，全力打造花样众兴。“一路”即霞光路，全长 4.5 千米，两旁打造 15 米的绿化带；“一村”即大高窦小郢的村庄绿化；“五塘”即完成 5 口塘坝的绿化任务。此外，2017 年县下达众兴乡成片造林任务 400 亩，截至目前，已在范岗、花灯完成成片造林 1000 多亩。

众兴乡:推动卫生厕所改造　创建美好人居环境

发布日期:2019-01-08

农村卫生厕所改造工作属于农村环境“三大革命”民生工程的重要项目之一。为改善农村人居环境,提高广大群众生活质量,2018 年众兴乡在该乡范岗村和永安村开展实施卫生厕所改造。

一、工作部署

众兴乡召集范岗村、永安村村两委干部召开“众兴乡改厕工程布置会”,成立改厕工程推进小组,该乡建设项目分管领导任小组组长,乡建设办工作人员和两村村干为组员,项目任务明确划分到个人。

二、项目准备

1.众兴乡民生办、宣传办大力开展政策宣传,向群众普及卫生厕所改造项目政策,为项目的开展实施营造良好氛围;

2.各村经调查,向乡建设办统计上报了参加卫生厕所改造项目的户数及户主情况;

3.逐一与户主签订改厕申请协议书;

4.乡建设办根据各村上报情况,编写了项目实施方案,并在肥东县公共资源交易中心公开招标,最终与中标单位签订施工合同和项目责任书。

三、项目实施

2018 年 6 月 15 日,众兴乡卫生厕所改造项目在范岗村和永安村同时开工,到 2018 年 10 月 10 日项目施工成分全部完成。其间,众兴乡建设办全程参与项目建设实施与监督。为保证项目更好地实施,该乡邀请了县住建局工作人员到现场给工匠进行技术指导工作。在施工过程中,该乡按时向上级部门反馈项目进展信息,并积极接受县财政局和民生办对工程施工进度和施工质量的年中检查。2018 年 12 月,众兴乡所有改造后的卫生厕所成功通过县住建局验收。

2018 年众兴乡农村环境“三大革命”民生工程的改厕项目完成了总任务共 643 户。通过卫生厕所改造项目,六百多户群众告别了落后的旱厕,迎来更加卫生的生活环境,生活质量有了显著提高。新的一年,众兴乡将继续推动农村环境“三大革命”民生工程的深入开展,努力建设好生态宜居的花样众兴!

众兴中学接受市示范高中验收

发布日期:2013-11-07

11 月 4 日,肥东县众兴中学迎来了校史上具有历史意义的时刻。合肥市示范高中评估验收专家组一行 5 人对该校申请市级示范高中进行检查验收。县委常委、宣传部长许高彬出席评估验收汇报会并致辞。

众兴中学创建于 1958 年,是一所农村完全中学。学校占地 108 亩,校舍 4 万余平方米。现有 39 个教学班(初中 13 个,高中 26 个),学生 2100 余人,教职工 152 人,其中音、体、美专任教师近20人。近年来,众兴中学坚持特色发展,走艺体化教育模式。作为一所农村中学,每年录取的高一新生中,80%的学生在音、体、美方面是没有专业特长。众兴中学历经数年探索、钻研,总结出了一整套培养办法,通过该校三年系统的自主培养,在音、体、美专业高考中,绝大多数学生能上线,超过一半能上本科,充分显现了该校特色化办学效益。

我县目前有肥东一中、肥东二中两所省级示范高中,城关中学、撮镇中学两所市级示范高中,其中三所示范高中在县城,撮镇中学地处肥东重镇——撮镇。如果此次众兴中学能顺利通过验收评估,我县将会有一所严格意义上的农村市级示范高中,这将会给我县的农村教育带来信心和鼓舞。

11月5日,合肥市评估验收专家在反馈会上对众兴中学创建工作给予了较为肯定的评价,具体申报结果还有待时日。此次创建市级示范高中在众兴中学校史上是浓墨重彩的一笔,该校艺体特色办学,对我县农村教育的发展也起到了引领和借鉴作用。

众兴乡道德模范形象上年画

发布日期:2014-01-22　肥东宣传网

春节将至,众兴乡干群惊喜地发现,他们身边的道德模范形象出现在年画上,进入了寻常百姓家。

为充分发挥道德模范榜样作用,提高公民素质和社会文明程度,进一步营造学习、关爱、崇尚、争当道德模范浓厚氛围,众兴乡自2013年5月份开展了"乡村道德模范"评选工作。经过基层推荐、审核公示、评选审定等程序,最终确定20名乡村道德模范。

为进一步弘扬道德模范精神,2014年春节前夕,众兴乡将20名道德模范的照片及事迹制作成年画,分发到各村,并在乡村宣传栏张贴,在全乡进一步营造学模范、讲文明、树新风的良好社会氛围,引导全乡干群过一个安乐祥和的春节。

省发改委督查我县众兴泵站更新改造二期工程

发布日期:2016-04-27

4月26日上午,省发改委稽查办副主任杜昌秀来我县督查兴泵站更新改造二期工程进展情况。县委常委、常务副县长汪功胜及市县发改委有关人员陪同检查。督查组一行深入众兴泵站一级站、二级站等现场,实地查看工程进展情况,并听取了有关情况汇报。

我县众兴泵站是全省22处大型灌排泵站之一,位于我县西北部的白龙镇和元疃镇境内。众兴泵站始建于1970年,到1978年全部建成,现有三级六站,众兴一级站、众西一级站、高塘一级站、众兴二级站、元疃三级站、同心三级站,原总装机44台11570 kW,更新改造后总装机为22台套6925千瓦。我县众兴泵站更新改造(二期)工程共四个施工标,于2014年12月31日开工。截至目前,已基本完成全部建设任务,工程完工后将使灌区的用水保证率由过去的30%提高到80%,为我县中北部地区农业增产、农民增收作出贡献。

肥东县肖万群:助力脱贫攻坚　彰显巾帼力量

2019年11月1日9:51　来源:人民网—安徽频道

谁说女子不如男,脱贫攻坚战役不仅是男人的战场,也是女性彰显巾帼力量的地方,近日,在合肥市2019年扶贫日主题活动暨首届县域帮扶结对帮扶县(区)农产品展销会上,众兴乡永安村贫困户肖万群荣获"合肥市最美巾帼脱贫人"称号。细微处守初心,平凡中担使命,肖万群当之无愧。

合肥市最美巾帼脱贫人肖万群　(宣传办/供)

俗话说"女子可抵半边天",对于关敬忠一家来说,妻子肖万群却撑起了家庭的一整片天。她是妻子,她是妈妈,她是媳妇,她更是全家的太阳和希望。2000年,丈夫关敬忠正值壮年却遭受重大打击,双眼视网膜脱落,导致失明,失去了劳动能力。他的妻子肖万群是四川人,没有读过书也没有工作,夫妻二人还育有三个小孩,当时都在上学,家中还有一个年迈的婆婆需要服侍,由于关敬忠失去了劳动能力,家庭的重担全部压在肖万群一人身上。

面对如此困难的遭遇和变故,肖万群没有逃离,而是咬紧牙关独自支撑,虽然村委会帮助他们申请了低保,也为他们落实了精准扶贫政策,把他们纳入建档立卡贫困户,但是这些帮扶措施也只能稍微地减轻一些他们的生活压力,肖万群不等不靠,自强不息,任劳任怨,自己一人在家种地、打工,维持家庭开支,一边照顾失明的丈夫,一边把三个孩子拉扯长大。2016年,关敬忠一家顺利脱贫,现如今三个孩子都已经长大成家,而肖万群现在也并没有闲下来,仍然在家附近的蘑菇厂打工,并一如既往地照顾关敬忠的生活起居。

坚韧战胜了困苦,勤劳打破了贫穷。肖万群数十年如一日早出晚归,用耐心和爱心守护一片真心,用汗水和勤劳灌溉一个家庭。众兴乡也以此为典型,宣传肖万群的巾帼风采,用身边人、身边事示范带动,促进贫困户比学赶超,发扬吃苦耐劳的精神,有效发挥巾帼力量,助力精准脱贫。

六、众兴乡贤文化

一、报道

让乡贤文化成为乡村振兴的新动能

——众兴乡贤馆建设的启示

"乡贤"一词始于东汉,是国家对有作为的官员,或有崇高威望、为社会作出重大贡献的社会贤达去世之后予以表彰的荣誉称号,是对享有这一称号者人生价值的肯定。后来在乡村社会建设、风习教化、乡里公共事务中贡献力量的乡绅,都被称之为"乡贤"。如今我们则把那些德高望重的还乡官员、耕读故土的贤人志士、农村的优秀基层干部、家乡的道德模范和热爱家乡、反哺桑梓的企业家等榜样人物、先进人物、精英人物称之为“新乡贤”。

作为生于众兴，长于众兴的土著人，我时常抽空研究家乡的历史。通过查阅《肥东县志》和家乡三大家族的族谱，我被先辈们的爱国忠诚之情深深吸引和感动着。生态环境幽美，乡风人文和美的众兴大地可谓人杰地灵。这里曾是淮军的诞生地，走出了 100 多位著名淮军将领，被誉为“淮军摇篮”，在历史的长河中群星璀璨。从甲午战争到抗日战争，从抗美援朝到中越边境自卫还击战，在这片爱国忠诚的热土上，走出了一批批热血男儿，谱写了一曲曲壮烈诗篇，他们是民族的骄傲和自豪。中华人民共和国、新时期，新一代众兴儿女秉承爱国、忠诚、团结、向上的众兴精神，众志成城，奋勇拼搏，百尺竿头，更进一步，在各行各业不断涌现出一批批杰出代表，他们是众兴的未来和希望。

于是，近年来，在工作忙碌之余，我撰写了大量众兴的人文历史文章，见诸于各类报纸杂志，以此来宣传推介家乡，并时不时蹦出要在家乡办个淮军纪念馆或乡贤馆、名人馆之类的念头。但由于时间和精力有限，这个愿望一直没有实现，但却一直萦绕于心。

不久前，曾经的同事庆梅和宏云同志主政家乡众兴，每逢遇到，便跟我聊起家乡众兴的经济社会发展情况。聊天中，我告诉他俩，众兴历史悠久，人文璀璨，名贤硕儒更是彬彬济济。近年来，随着经济社会的发展，一些宝贵丰富的文化资源正濒临湮灭消失的危险，如果再不抢救挖掘，历史文脉将会不可避免地出现断层。于是，我提议在家乡众兴建设一个乡贤馆。

令人惊喜的是，我们不谋而合。说干就干，于是，我本着“挖掘众兴历史，抢救文化遗产，弘扬乡贤精神，服务地方发展”宗旨，进行搜集整理，谋划建设乡贤馆，着力打造众兴乃至全县的一张文化名片。一连两周，每当夜深人静的时候，我便伏在案头，深思熟虑，认真撰写文稿，筛选代表人物，同时利用自己的专长，进行规划设计和编排文本。

经过紧张的一段忙碌，我结合众兴乡的由来及人文历史，围绕社会主义核心价值观，提炼出了新时期的众兴精神，并按照“爱国、忠诚、团结、向上”的整体脉络，从“淮军将领抵御侵略”“革命火种最早点燃”“抗美援朝保家卫国”“对越自卫还击”“市场经济最初萌芽”“人文荟萃道德高地”“众兴精神熠熠生辉”等几大板块，精心选择各个时期的典型代表人物，全面展示众兴乡的人文历史和现代社会发展变迁，并辅助和运用了声光电等现代科技手段，配合电子显示屏、播放屏、触摸屏等，音频视频，同频共振，图文并茂，声情并茂。身临其中，仿佛穿越与徜徉在众兴的历史与现在时空，耳濡目染，深受教育。

乡村振兴离不开文化的引领。其中，乡贤文化是一个地域的精神文化标记，是一条连接故土、维系乡情的精神纽带，是探寻文化血脉、张扬固有文化传统的一种精神原动力。对于培育文明乡风、良好家风、淳朴民风发挥着不可替代的作用。《中共中央国务院关于实施乡村振兴战略的意见》提出，要培育富有地方特色和时代精神的新乡贤文化，积极引导发挥新乡贤在乡村振兴，特别是在乡村治理中的积极作用。

随着城镇化的快速推进，乡村治理人才流失、主体弱化、对象多元化、环境复杂化等问题日益凸显,而新乡贤在乡村治理中的作用也越来越强大,乡贤文化对于今天的乡村治理仍然具有独特的人文道德价值以及经济社会效益,它是倡导文明乡风的精神力量、传承地域文化的方向坐标,在乡村社会矛盾化解中起着“安全阀”的作用。新乡贤文化作为一种“软约束”“软治理”，有利于健全乡村居民利益表达机制，营造新乡贤参与家乡建设的氛围,激发村民参与乡村事务的积极性,建设乡村共同体,并提高其凝聚力和自治能力。从优化乡村治理文化来看,新乡贤文化所蕴含的文化道德力量,能延续传统乡村文脉;新乡贤的示范引领作用,能教化乡民、反哺乡里、涵养文明乡风,使村民遵循行为规范、价值导向。从提升乡村治理手段来看,在一些乡村出现“空心化”现象的情况之下,推进新乡贤和乡村社会结构有机融合,能够有效促进公共服务普及与公序良俗形成,构建兼具乡土性与现代性的现代乡村治理模式。

习近平总书记在十九大报告中指出,要进一步做好乡贤文化工作,推动乡贤文化由室内走向室外,融入市民日常生活,以文化人,教育引导市民见贤思齐、崇德向善,自觉践行社会主义核心价值观,爱国爱乡,报效祖国,建设家乡,将乡贤文化转化为巨大的社会生产力、发展凝聚力。

这里是一部乡土文化的发展史,一座在外游子的连心桥,一扇宣传众兴的窗口,一帖乡村治理的良药。众兴乡贤馆的建立旨在弘扬优秀乡贤精神,凝聚乡贤力量,充分发挥乡贤在泽被乡里、温暖故土、凝聚人心、促进和谐方面的重要作用,在广大群众中培育知贤、颂贤、学贤的社会风尚。“随风潜入夜,润物细无声。”在社会主义新农村建设过程中,新乡贤的引领示范作用，就如一场场润物细无声的春雨。他们既挑起了乡村治理现代化的重担,又充当起了“讲道德、明是非、守纪律”的“传声筒”和“广播站”。在决胜全面建成小康社会的伟大征程中,我们要不断挖掘和发挥新乡贤的潜力与作用,使其在新时代的新征程中再立新功。(张国松)

让乡贤文化发挥更强道德张力

2018年8月1日上午,县政府办副主任、县方志办主任孙琦,县志主编王培垠等一行4人来众兴指导检查乡志编纂工作,并重点考察了乡贤文化馆建设情况。

4月,莺飞燕舞,众兴乡贤文化馆建成对外开放。坐落在花园式的乡政府大院内,占地160平方米,布展面积380平方米。开篇以《众兴赋》展开“花样众兴”幸福美好画卷,用图片文字及声光电等新技术,分六个展厅集中展示众兴乡贤文化和近年来“生态众兴”建设发展成就。

一、淮军将领、抵御侵略 淮军文化是徽文化的启明星,淮军的“勇”照亮了人们前行的路。

二、革命火种、最早萌芽 肥东革命火种传播人——张伯平让马克思主义新思想、新文化最早在肥东地区传播,众兴是肥东第一个东特党小组、东特党支部的诞生地,孙子模分别兼任党小组长和支部书记。

三、抗美援朝、保家卫国 志愿军雄赳赳、气昂昂跨过鸭绿江的豪迈让人荡气回肠。

四、市场经济、初步萌芽 “小小众兴乡惊动党中央”的“黄桃事件”,展示了众兴人不屈不挠、昂扬向上的创业创新精神。“生态众兴、花样众兴”展示众兴乡村振兴的发展成就和战略目标。

五、人文荟萃、道德高地 弃婴女孩蒯庆华在接连失去养父、养奶、还要独自抚养卧床不起的叔父的情形下,她擦干眼泪,继续种菜、养猪、种田、洗衣、做饭。2009年,以620分的高考成绩从众兴中学考取了哈尔滨工业大学。2008年被评为首届合肥市道德模范,2009年,又荣获首届安徽省道德模范提名奖。

六、众兴精神、熠熠生辉 “团结向上爱国忠诚”的新时代众兴精神凝聚人心,激发人们向上向善的正能量。

听了解说员的介绍后,孙琦主任感慨地说:众兴乡具有丰厚的乡贤文化资源。在乡乡贤馆建成后,又着手三个村的乡贤馆建设,体现了党委政府以乡情乡愁为纽带凝聚各方成功人士参与家乡建设、传承文明、助推乡村振兴的信心,是乡村振兴文化建设的创新,走在新时代前列,具有学习借鉴和广泛的推广意义。

乡党委书记黄庆梅说:党的十九大报告提出实施乡村振兴战略是新时代乡村发展的根本目的和方向,党委深刻认识到文化兴乡是乡村经济、社会、生态振兴的重要抓手。在乡贤文化建设中,重点做好以下三个方面的工作。

一、广泛发掘培育新乡贤,发挥乡贤的引领作用

要实现乡村振兴就需要培育与时代发展相适应的新乡贤文化,广泛团结引导更多根在农村、情系家乡的在外成功人士,包括从乡村走出来的干部、教师、医生、企业家等新一代乡贤。以资源返乡、影响力返乡、技术返乡、智力返乡、资金返乡的形式,积极投身家乡建设,发挥他们的引领作用,并通过他们凝聚起乡村振兴的动力和源泉。

二、增强乡贤文化道德张力,探索乡村治理新模式

乡贤人熟、地熟、村情熟,对农村各种矛盾掐得准脉、找得到根、摸得到门,是农村的“稳定器”。在依法办事的前提下,用春风化雨的方式化解矛盾、促进和谐。在村务监督、建言献策等方面,他们定期出席乡村有关会议,参政议政、为民代言,对各项工作进行监督评判,推进基层工作的科学化、民主化。

“桃李不言,下自成蹊”,乡贤用自身的嘉言懿行垂范乡里、涵养文明。在“三大革命”“三线三边”“精准扶贫”“美好乡村建设”等各项工作中乡贤主动站出来从自己做起、从亲戚族人做起,为各项工作创造良好的发展环境。

针对农村的陈规陋习,乡贤带头移风易俗,倡导文明、健康的生活方式。过去,常见的喝酒闹事、聚众赌博、封建迷信等行为见不到了,大操大办、讲究排场的现象少了,漫天要价收彩礼的行为几乎销声匿迹。

三、搭建常态化机制,营造文化兴乡浓厚氛围

党委制订乡贤文化建设具体方案,让乡村各部门充分认识到乡贤文化建设的重要意

义,使乡贤真正成为“生态众兴、花样众兴”建设的有力助手和中坚力量。充分利用现有的乡村文化讲堂、道德讲堂、农家书屋、妇女之家、儿童之家、人口学校、老年大学、党员议事会、微信QQ群新媒体等有效载体,宣传乡贤事迹、放大乡贤文化力量,树立新时代的乡贤典型,形成尊崇乡贤的浓厚氛围。吸引更多的人敬乡贤、学乡贤、做乡贤,凝聚起乡村振兴的磅礴力量。

(刘斌)

(此文刊登于《肥东史志通讯》第29期)

二、众兴乡乡贤馆前言

众兴乡位于肥东县中北部,与店埠镇、元疃镇、民族乡和合肥新站区接壤,距省会合肥17千米,距离县城店埠13千米,合六高速公路自东向西从众兴乡贯穿而过,交通便捷,地理位置优越。小一型水库——众兴水库位于众兴乡北部,淠史杭灌区支渠——滁河干渠自西向东从乡内穿过。乡域面积53.4平方千米,人口2.8万,辖9个村(社区)。全乡绿化面积2.6万多亩,连续4年进入合肥市造林绿化20佳乡镇,是安徽省森林乡镇,素有“苗木花卉之乡”的美誉。连续八年位居肥东县科学发展先进乡镇综合考评前列;2009年和2011年分别进入合肥市综合发展十快乡镇;2014年和2015年荣获合肥市科学发展先进乡镇称号。

生态环境幽美,乡风人文和美的众兴大地人杰地灵。这里曾是淮军的诞生地,走出了100多位著名淮军将领,被誉为“淮军摇篮”,在历史的长河中群星璀璨。从甲午战争到抗日战争,从抗美援朝到中越边境自卫还击战,在这片爱国忠诚的热土上,走出了一批批热血男儿,谱写了一曲曲壮烈诗篇,他们是民族的骄傲和自豪。中华人民共和国、新时期,新一代众兴儿女秉承爱国、忠诚、团结、向上的众兴精神,众志成城,奋勇拼搏,百尺竿头,更进一步,各行各业不断涌现出一批批杰出代表,他们是众兴的未来和希望。

如今的众兴乡是个不到3万人的小乡,在肥东县面积最小,人口最少。但是这个“袖珍”小乡有一项令人羡慕的指标却位居肥东县“老大”,这里的森林覆盖率达45%,远远高于全县的平均水平,这得益于悠久的苗木花卉培育传统和近些年引进的多家苗木花卉企业。众兴乡境内的大部分土地都种上了花卉苗木,使得这里处处郁郁葱葱,时时水碧天蓝,俨然成为省城合肥和肥东县城的“后花园”。然而真正让众兴乡“名满天下”的,却是20世纪70年代震惊国内外的“黄桃事件”,受牵连处理113人,还不包括在众兴乡接受“学习改造”的100多人。受处理的人中,有党政干部,也有普通群众;有开除党籍的,也有拘留逮捕的。

众兴乡苗木花卉培育种植可以追溯到解放前,那个时候的乡村各家,大人小孩人人都会嫁接、扦插之类的活儿。后来,肥西县三岗等地的不少农民慕名来到这里,跟当地群众学习树苗繁育技术,因此,众兴的老苗农其实还是如今享誉国内的肥西“三岗”花木的祖师爷呢。

众兴人坚持生态为本,执着于造绿播绿,但受市场影响,如今的众兴苗木产业虽未做大做强,但“安徽省森林乡镇”的头衔让这个生态小乡焕发出更加迷人的风采。这里鲜花绿树遍地,枣园、柿园、橘园、桑葚园让人垂涎,还有令世人无法忘却的“黄桃”,更是让人流连忘返。

范岗村居民为村乡贤馆提供展品　（花光社区/供）

三、范岗村乡贤馆前言

乡贤，顾名思义，身边的贤者。何为贤者，贤明才德之人也。

乡贤，生于乡村，长于故乡，有心于乡，有益于民。归是一份乡情，离也一腔乡愁。或建功立业，或励志不懈，或尊老爱幼，或甘于奉献，无不凝聚着一份丰富多彩的乡贤文化。

范岗村虽然名不见经传，但因环境优美，森林全覆盖，被市政府命名为“森林村庄”而闻名遐迩。在此过程中，少不了各方贤德的倾心付出。特立乡贤馆，传颂之。

乡贤馆辟“革命英烈”“道德模范”“诚信创业”“莘莘学子”“森林村庄”五个板块，以展示各位乡贤丰富的人格魅力，和高尚的道德情操。

范岗村始建于1961年，12个村民组。2000年与司老村合并后增至20个村民组，面积5478亩，人口2318人。2012年被合肥市政府命名为“森林村庄”。

范岗村南连霞光、联合、众兴三村，北连华光社区，襟水库，抱左支，人杰地灵，地理位置独特，035县道贯穿而过，柏油马路宽阔、平坦，交通十分便捷，特别是近年来，本着科学发展、生态发展的理念，经乡党委政府牵头先后引进了鼎和公司、景创公司、云森公司、宝强公司。共种植花果树4900余亩，全村森林覆盖面积达90%以上，因此，荣获合肥市政府颁发的“森林村庄”美誉。现在的范岗村，八节有不谢之花、待熟之果，真是鸟语花香、宜居宜业。

四、大高村乡贤馆前言

贤者，贤明才德之人。何以证之，以“立功、立德、立言”而传世不朽。

一方水土养一方人。乡土中国，村族聚居。世代繁衍，以德树人，以功论事，以规立，以贤望。生于其地，而

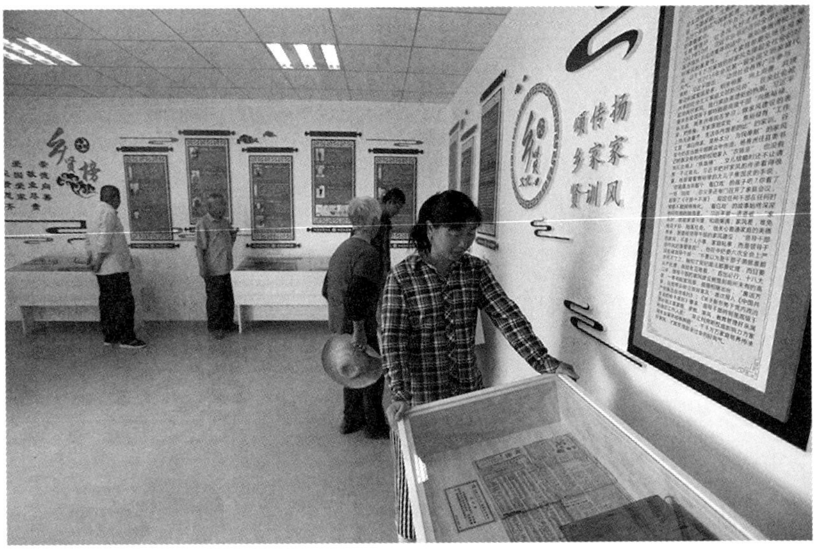

范岗乡贤馆　（花光社区/供）

有德业学行著于世者,谓之乡贤。功德言行,荣光乡梓,丰神仁意,山高水长。

乡贤不分贵贱,无论贫富。生于斯,长于斯,有心于乡,有益于民。归是一份乡情,离怀一腔乡愁。或建功立业,或立志不懈,或尊老爱幼,或甘于奉献……有大人物的寻根故事,有小人物的人生传奇,有才高八斗的教授,有才疏学浅的黎民,有外出创业的弄潮儿,有故土难离的护乡人,是他们不懈的努力,创造着、凝聚着丰富多彩的乡贤文化。

大高并非高傲自大,而因高姓人氏较多,聚集立村,地势岗冲交错,是众兴乡九岗十八洼的缩影,区区小村,然山清水秀,人才辈出,各得其成,各有所贤。村因贤而名,贤助村而盛。特立"乡贤馆"传颂之,铭记之。

"乡贤馆"有前言、后语,之间辟有故乡赤子、成功人士、杏坛师表、乡贤名流、十星好人、孝爱典范、红色军旅七个板块。记其事,述其迹,展示大高村浓重的乡贤文化。读懂乡贤,敬之仰之;家国情怀,宜真宜勤。

附:关于乡志编纂工作(刘斌)

"不忘初心、牢记使命"主题教育学习实践心得体会

自乡党委9月19日和党群支部9月25日"不忘初心、牢记使命"主题教育会议相继召开后,本人认真学习了《习近平关于"不忘初心、牢记使命"论述摘编》和《习近平新时代中国特色社会主义思想学习纲要》等著作,现就个人工作实际和思想认识谈几点体会。

一、政治正确是乡志的政治质量标准,核心是坚持马列主义、毛泽东思想、邓小平理论、"三个代表"重要思想、科学发展观、习近平新时代中国特色社会主义思想的立场、观点和方法,坚定政治上与党中央保持高度一致。乡志中记人叙事、入志资料符合党的政策和国家法律,做到观点正确,有利于社会稳定、民族团结、经济发展。如去掉普遍出现"饿、病、逃、荒、死"的普遍二字,删去给人民造成深重灾难、严重曲折等语句。关于"文化大革命"、人民公社、党在不同时期的中心工作等内容方面强调叙而不论,多用中性词、少褒贬。

二、习近平总书记指出:"改革开放是决定当代中国命运的关键一招,也是决定实现'两个一百年'奋斗目标、实现中华民族伟大复兴的关键一招。"乡志编纂旨在资政、存史、教化,为社会主义政治、经济、社会、文化、生态文明五位一体建设服务,实现中华民族伟大复兴中国梦。本志适时限内,改革开放、发展是主旋律。从实行家庭联产承包、乡镇企业异军突起、取消农业税到农村承包地"三权"分置、打赢脱贫攻坚战、实施乡村振兴战略,从发展个体私营经济到深化乡镇企业改革、从单一的公有制到公有制为主体、多种所有制经济共同发展,从传统的计划经济到前无古人的社会主义市场经济再到使市场在资源配置中起决定性作用、更好发挥政府作用,从以经济体制改革为主到全面深化经济、政治、文化、社会、生态文明体制和党的建设制度改革等内容,均分布于各有关章节中作相时集中记述,将改革举措和发展成果记述有机结合,系统地反映众兴改革开放发展变化的面貌。

三、学习运用辩证唯物主义和历史唯物主义立场、观点和方法记叙史实。历史唯物主义指出：历史发展是有其特定规律的，即生产力决定生产关系，生产关系对生产力有反作用，生产关系一定要适应生产力的发展。伴随着生产力的发展，人类社会从原始社会、奴隶社会、封建社会、资本主义社会、社会主义社会，最终走向共产主义社会。辩证唯物论批判了唯心论和唯物论抽象的、僵死的形而上学的认识观点和方法，以辩证的理论思维方式发展了唯物论，既承认了世界的本源是物质，也承认了意识对客观世界的能动反映。辩证唯物论科学的解决了哲学的基本问题，为人们解决疑难问题提供了科学的方法。结合新的时代条件和实践要求，深化对共产党的执政规律、社会主义建设规律、人类社会发展规律的认识，不断增强"四个意识、坚定"四个自信"自觉做到"两个维护"。引用党和国家不同时期的方针、政策、措施注意全面、准确，不断章取义。入志的旧资料赋予新的观点，如中华人民共和国成立后，不论在城市还是农村进行了社会主义建设的改革，其中，农村改革尤为瞩目，十一届三中全会前的土地改革（摧毁了2000年来的封建土地制度）、互助组、初级社、高级合作社到人民公社以及十一届三中全会以后的家庭承包经营、农业产业结构调整、发展乡镇企业、农业税费改革（废除了几千年来的"皇粮国税"）、工业反哺农业、大学生村官、精准扶贫、新农村建设、乡村振兴。其中，既有"停止、整顿、巩固、提高"等成功经验，也有不足的经验教训。这都体现了中国共产党70年来始终以人民为中心，把人民拥护不拥护、赞成不赞成、高兴不高兴作为制定政策的依据。坚持马克思主义信念，把发展生产力、生产关系作为第一要务，在不同时期统揽伟大斗争、伟大工程、伟大事业、伟大梦想作出的重大实践、重大部署。中国共产党人的初心和使命，就是为中国人民谋幸福，为中华民族谋复兴。

四、注重学习和调查研究。习近平总书记说，学习的目的全在于运用，加强学习，根本的目的增强工作本领。作为志书编纂人员必须熟练掌握方志学的基础理论和编纂方法以及写作所必备的语法、逻辑，还有涉及历史、地理、政治、经济、法律、民俗、宗教等方面的基础知识和常识。结合工作实际，做到边干边学，欠缺什么补什么，需要什么学什么。向同行交流学、向领导请示学、向文献资料查询学、向各部门咨询学。为用而学，勤于思考，不断提高自己的工作水平和质量。注重突出时代特点和众兴特色，增强可读性、可用性。就要改进工作作风，开展走访调查，掌握第一手资料，使入志资料可靠、可信。习近平总书记说，调查研究是谋事之基、成事之道。没有调查就没有发言权，更没有决策权。

（1）按篇目大纲要求把各篇章所需资料分解落实，以党委行文通知的方式分解到各供稿单位，明确上报内容、时限，共下发通知37份，上报资料35件，上报达8万多字数。大多来乡方志办咨询借阅参考，机关和乡直各单位修志热情高，均安排专人负责，形成了众手成志的局面。

（2）通过走访，查询档案、报纸杂志、电话邀约等方式，收集辖区的地情资料、历史资料、人文资料。获得"市非物质文化遗产马政寺""众兴水库""花墩圩子""淮军文化""黄桃事件""关家庙碑文"等人文资料约3万字；走访辖区各行各业健在老人50余人，以事系人，辑录乡直卫生院、供销社、粮站及各村居等单位不同时期的负责人名录，收集到"众兴的由来”“鸿章枣树”“张氏祠堂”“小朱户圩子”“刘伯温大古井”“郢坊的由来”“龙王寺”等口碑资料约2万字;辑录曾国藩、林则徐、李文安等名人谱序4份。

五、突出时代特点和众兴特色,增强可读性、可用性。避免生搬硬套、依葫芦画瓢。

习近平总书记说,一个时代有一个时代的问题,一代人有一代人的使命。滁河干渠风光绿化带和环城合六叶高速公路绿色长廊的生态休闲观光;徽派建筑众兴大街、淮军文化、乡村乡贤馆、民俗馆、生态示范村建设、形成宏珍果园、众联桑葚枣业、天勤家庭农场等农旅采摘业的“一村一品”工程;有序推进旭升园林酒店度假项目、金邦养老、锦天宏民俗园项目建设,鼎和、君茂、晨坤、香榭里等园林26家公司的成立。众兴乡第一届商会的成立和召开,以及加入商会的企业有合肥鼎亮光学科技、安徽徽艺坊朗迪家具木艺制造、合肥永发家具、合肥天力阻燃材料、安徽雷鸣红星化工、合肥奇顿生物工程、安徽天豪电缆、合肥刚强建筑保温材料、合肥顺明建筑材料、合肥锦成胶粘制品、北京丰瑞工贸、安徽广胜管业科技、合肥丹明机械、安徽红星机电科技、鼎和、君茂等公司、合作社52家,这些资料入志,突出了众兴在不同时期的发展面貌和乡村的发展方向,是反映众兴的地情资料。

六、坚持以人民为中心,把群众观点和群众路线植根于思想中、落实到行动上。本志所录人物以名人、好人、能人、善人为标准,不唯官,唯正能量。以众兴籍人物为主,兼录曾在众兴工作、创业、生活,为众兴的发展作出贡献的客籍人物以及精神文明建设中涌现出来的诚实守信、孝老爱亲、遵纪守法、见义勇为、勤俭节约等模范人物。分人物传略、人物简介、人物表三个体例辑录入志。

通过这次学习和实践,认为在以后的工作和生活中坚持以下三个方面的努力。

(1)坚持学习 不仅工作上要学本领、提高能力,理论上要学、武装思想。更要把学习作为一种追求、一种爱好、一种健康的生活方式。

(2)坚持扎根基层 党的全部工作的重心和落脚点在基层,为人民服务是党始终得到人民拥护和爱戴的根本原因,也是共产党人的努力方向,坚持人民的需求是我们的追求。

(3)坚持讲政治 在习近平新时代中国特色社会主义思想指引下,时常清扫灰尘、砥砺心性、涵养静气,保持清醒认识。不能因为工作在基层和事务繁杂而放弃了理论武装。切实做到政治站位、工作胜位、思想定位。把对党忠诚作为首要政治原则,牢记党的初心和使命,坚持党性之上。

编 后 记

2014年11月18日,县委办公室、县政府办公室印发81号文件《关于开展全县乡镇志编修工作的通知》。众兴乡人民政府于2015年1月6日成立众兴乡志编纂领导组和编委会,至2017年12月,3次调整组织和编纂工作人员。2020年3月底,完成了乡志大纲27章、192节以及概述、大事记、名人轶事、杂记、附录等内容编纂辑录工作,乡志初稿内容达90余万字。2020年4月,经县志主编王培垠、乡分管领导审核,根据县乡镇志工作会议精神,乡主要负责人同意,《众兴乡志(初稿)》电子版送至县中标单位合肥普信印刷厂排版。

全志以马克思列宁主义、毛泽东思想、邓小平理论、"三个代表"重要思想、科学发展观、习近平新时代中国特色社会主义思想为指导,坚持辩证唯物主义和历史唯物主义的立场、观点和方法,全面系统地记述本行政区域自然、政治、经济、文化和社会的历史与现状。严格遵守《地方志工作条例》《安徽省地方志工作条例》《乡镇志篇目大纲》要求,坚持质量第一,增强志书的可读性和可用性。发挥其"存史、资政、教化"之功能,为新时代众兴快步发展增光添彩。

党委重视

一、重要意义。乡志是地方志书的重要组成部分,是省、市、县三级志书的延伸和补充。做好乡志编修工作,全面盘点本地地理、历史、经济、风俗、文化、教育、物产、人物等状况,追溯历史渊源,总结发展经验,有利于发挥志书的历史价值、文化价值和学术价值;系统梳理总结乡镇、村庄发展改革历程,有利于从前人奋斗历程中汲取能量,鉴古开今;汇集乡村文化资源,展现地域文化特色,激发人民群众热爱家乡、建设家园的热情;记录农业文明和农村文化,发挥志书记述历史、传承文明、服务当代、垂鉴后世的作用。

二、强化组织。不断调整成立众兴乡志编纂领导组和编委会、众兴乡党史地方志工作领导组。确保编纂质量。坚持党委领导、政府主持、地方志办组织实施、社会参与的工作机制,上下联动、各方支持,科学规划、分步实施。乡成立乡志编纂委员会,组建编写班子,负责资料搜集、志稿撰写、内部评审等工作,经县级史志机构审查验收后方可出版,出版后报省、市史志办公室。

三、乡党委、乡政府视乡志工作为乡村振兴"文化兴乡"建设的重要内容来抓。主要领导定期检查地方志工作进展情况，提出具体要求，把乡志工作纳入全乡部门和村级千分制考核中。分管领导坚持每月召开工作调度会，听取编纂委员会成员汇报，对照篇目大纲细化章节、落实工作，加强编纂人与供稿人的沟通，进一步征集核实编纂资料，完善章节内容。地方志办公室利用网络平台、QQ 群、微信公众号，及时宣传工作进展、布置任务，适时召开座谈会，邀请各村有名望的老干部参加，广泛征求意见。

四、强化修志保障。乡把乡志编修作为文化建设的重要任务，纳入发展规划，提供必要的人力、物力、财力支持。成立地方志办公室，乡主要领导高度重视专职人员的办公环境和工作待遇。在乡办公大楼新拓展 1 间乡地方志办公室，购置办公电话、电脑、打印机、空调、2 个专用档案柜;另外，设 2 处联络场所作为材料收集、相互通联之用。乡党委扩大会议研究决定把地方志工作经费纳入乡财政预算，确保工作人员安心、舒心地做好外出采编、基调阅资料等各项工作。专职人员每月给予 1800 元工生活补助，兼职人员每月给予 100 元补助，信息联络员按供稿业绩给予奖励补助。乡志工作完成后，根据工作实绩，再给予奖励。

五、加强学习培训

(1)多次参加县召开的党史地方志工作专题会议培训班与经验交流会，听取省方志办工作人员及兄弟乡镇的点评、讲解与交流。系统学习志书在资料收集、体裁格式、文字规范等各环节工作要领。

(2)乡召开单位供稿人员业务会议，就乡志工作开展情况进行交流探讨，并对照篇目大纲分解细化资料的收集、供稿等方面的事项。

(3)不定期到县方志办学习请教，参阅借鉴外地乡镇志编纂的成功经验和好的做法，加强同兄弟乡镇联系，相互学习，取长补短。

(4)县方志办主任孙琦、县志主编王培垠等多次到乡督促指导乡志编纂各阶段具体工作，对章节目内容、字体篇章结构设置、众兴人文资料发掘等方面提出了具体要求。

六、宣传报道。通过微信、QQ 群及时传递编纂工作的开展情况，向县宣传等部门投报道稿件 4 件，登录 3 件。其中《众兴乡三举措顺利推进地方志工作》由中共肥东宣传网报道后，百度搜索可见;《让乡贤文化发挥更强道德张力》发表于肥东县史志通讯和肥东宣传网。2018 年 12 月，撰写的《建设“生态众兴、花样众兴”特色乡镇》一文发表于肥东改革开放 40 年。2019 年 11 月，撰写的《众兴乡实施乡村振兴战略的实践与思考》一文在合肥市党史地方志学界庆祝中华人民共和国成立 70 周年征文活动中荣获优秀奖。2018 卷年鉴、2019 卷年鉴。2020 年，应县委党史地方志研究室《古村落》编辑部要约，撰写《永安集》《华光新村》2 篇;应县政协文史资料编辑部要约，撰写《淮军故里、众兴圩子——地主家的庄园》《众兴水库诞生记》2 篇。为全县党史地方志工作的开展营造了良好的氛围。

资料获取

资料是志书的生命，志书本身是一种资料书。方志的核心是“志”，是记事。以记事为基础，开展资料摭拾是编纂志书各环节的基础性工作，编纂志书的过程就是收集、甄别、整理资料的过程。

一、按篇目大纲要求把各章所需资料分解落实。以党委行文通知的方式分解到各供稿单位，明确上报内容、时限，共下发通知37份，上报资料34件，达8万余字数。机关和乡直各单位修志热情高，均安排专人负责，大多到众兴乡地方志办咨询、借阅、参考，形成众手成志的局面。

二、通过走访，查询档案、报纸杂志，收集辖区的地情资料、历史资料、人文资料。对口述、文献、日记、回忆录、家谱、证书、遗址等资料的整理、甄别，获得马政寺、众兴水库、花墩圩子、淮军文化、黄桃事件、关家庙等人文资料约5万字；走访辖区各行各业健在老人20余人，收集到众兴的由来、鸿章枣树、张氏祠堂、众兴圩子、刘伯温大古井、郢坊的由来、龙王寺、马政寺墩、众兴水库诞生记、民国时期地方保甲制等口碑资料5万余字；辑录曾国藩、林则徐、李文安等名人谱序4份。这些资料入志，增加了众兴乡志的地方特色和人文特色。

初稿校正初稿形成后，专职人员实地走访考证36个处所、企事业、村(居)单位，将编纂内容向有关单位反馈，进一步核实资料，补缺补差，形成共识，力争提高志书质量。

编纂要求

一、树立精品意识。坚持思想性、资料性有机统一，系统、翔实记述乡村的发展历程、地方特色和时代特征，力求做到观点正确、体例严谨、内容全面、资料翔实、特色鲜明、记述准确、文字精练。建立健全志书质量保障体系，落实好三级评审制度，规范编审程序，从严审核把关。

二、乡志编纂人员恪尽职守、客观公正，据事直书、忠于史实。

三、体例上，坚持志体，横排门类，纵述史实，述而不论。志书名称冠以下限时的规范的行政区域名称，在本行政区域名称前冠以上一级行政区域名称；不随意越境或突破志书下延时间。

四、内容上，记述完整，横不缺要项，纵不断主线。坚持详今略古，重点记述1949年后乡村的发展历史和现状，尤其是改革开放以来的重大变化和发展成就。突出个性特点，鼓励创新，对于历史特性、时代特点、地方特色等个性内容的记述，必要时适当打破常规。

五、资料上，系统、真实、准确。反映事物发生、发展过程的资料连贯完整，人、事、物，时间、地点、过程等要素齐备；注重使用原始资料，重要资料来源注明出处，有歧义但不可或缺的资料，一并收录。

六、行文上，严谨朴实、简洁流畅，慎用“的、地、得，着、了、过”等助词，以及副词、形容词等。使用规范的现代语体文记述，文字、数字、量和单位、标点符号的用法等符合国家有关出版规定；使用规范汉字，用词概念准确，符合现代汉语语法规范；时间、空间概念表述准确具体，指代明确。

七、部分图片时间无考。

刘　斌

2023 年 10 月